DOCUMENTS ILLUSTRATIVE
OF THE
CONTINENTAL REFORMATION

HENRY FROWDE, M.A.
PUBLISHER TO THE UNIVERSITY OF OXFORD
LONDON, EDINBURGH, NEW YORK
TORONTO AND MELBOURNE

DOCUMENTS

ILLUSTRATIVE OF THE

CONTINENTAL REFORMATION

EDITED BY

REV. B. J. KIDD, D.D.

KEBLE COLLEGE; TUTOR OF NON-COLLEGIATE STUDENTS, LECTURER OF
PEMBROKE COLLEGE, AND VICAR OF ST. PAUL'S, OXFORD

Wipf & Stock
PUBLISHERS
Eugene, Oregon

Wipf and Stock Publishers
199 West 8th Avenue, Suite 3
Eugene, Oregon 97401

Documents Illustrative of the Continental Reformation
Edited by Kidd, B.J.
ISBN: 1-59244-497-0
Publication date 1/27/2004
Previously published by Oxford, 1911

PREFATORY NOTE

In 1890 it fell to my lot to lecture, for the Delegates of Non-Collegiate Students, in the Faculty of Theology, on the English Reformation. In 1892, Dr. Bright, then Regius Professor of Ecclesiastical History, honoured me with a request to lecture for him on the Continental Reformation. Both these subjects were at that time recognized as Ordinary Subjects for the Honour School of Theology. But they were apt to receive unequal attention. The sources of the English Reformation were made accessible in 1896 in Gee & Hardy, *Documents illustrative of English Church History*: but there was no similar collection available for the study of the Continental Reformation. In 1897, I asked the Board of the Faculty of Theology to consider the preparation of such a volume; and they were good enough not only to suggest that I should undertake it, but also to commend the proposal, with all the weight of their authority, to the Delegates of the University Press. The Delegates consented: and hence this attempt. One of their number, Dr. Stubbs, then Bishop of Oxford, made the important suggestion that the collection 'should include some Scottish documents'.

I trust that the attempt to render the sources of the Continental Reformation accessible to English readers will be welcome to a wider audience than the lecturer and the class for whom the volume was originally intended. We have been advised, of late, not to ignore our differences, but to study them. To do this, we must study not origins only, but developments. Origins are common ground. Developments mark the points of divergence. Such developments it has been also part of my object to trace; not so much for their own sake, as because they have become origins in their turn.

I have to thank the Dean of Canterbury for permission to print Nos. 35 and 97 from his edition of *Luther's Primary Works*, and No. 107 from his essay in *Church and Faith* (1890); Rev. T. B. Willson for the translation of No. 131; Miss Norah Leeson for that of No. 117; and my friend, Rev. F. E. Brightman, Fellow of Magdalen College, for reading my proofs. But I am under special obligations to the Delegates of the Press for procuring me the keen but kindly criticism of Mr. C. R. L. Fletcher, formerly Fellow of All Souls and Magdalen Colleges, and of Mr. P. S. Allen, Fellow of Merton College.

B. J. KIDD.

OXFORD: EASTER 1911.

CONTENTS

PART I. LUTHERAN

	PAGE
I. DEFINITION OF THE TREASURY OF MERITS	
1. The Bull *Unigenitus* of Clement VI. 27 Jan. 1343	1
II. THE FIRST APPLICATION OF INDULGENCES TO SOULS IN PURGATORY	
2. The Bull *Salvator noster* of Sixtus IV. 3 Aug. 1476	3
III. THE INDULGENCE AS AN EXPEDIENT OF PAPAL FINANCE	
3. The Bull *Liquet omnibus* of Julius II. 11 Jan. 1510	5
IV. SPECIMEN GRANTS	
4. Formulae of absolution, &c. 1513-17	7
V. THE NEW LEARNING AND OBSCURANTISM	
5. The *Epistolae Obscurorum Virorum*. 1515-17	11
VI. THE COMMISSION OF INDULGENCES TO ALBERT, ARCHBISHOP OF MAINZ, 1515-17	
6. His *Instructio Summaria ad Sub-commissarios*	13
7. Tetzel's *Instructio* for parish priests	17
8. Tetzel's specimen sermons for parish priests	18
9. A contemporary description of the proceedings	19
10. A specimen grant by Tetzel. 5 Oct. 1517	20
VII. THE NINETY-FIVE THESES, 1517	
11. Luther's Theses. 31 Oct. 1517	21
12. Luther's letter to Albert of Mainz. 31 Oct. 1517	27
13. Luther's sermon on Indulgence and Grace. 31 Oct. 1517	29
VIII. THE CONTROVERSY CONCERNING INDULGENCES, 1518	
14. Tetzel's disputations for B.D. and D.D.	29
15. Prierias' *Dialogus de potestate Papae*	31
IX. CAJETAN, 1518	
16. Luther's account of his interview with Cajetan. 12-14 Oct. 1518	33
17. Luther's answer to Cajetan. 14 Oct. 1518	34
18. Luther's appeal to Leo X. 16 Oct. 1518	37
X. LEO X	
19. The Bull *Cum postquam*. 9 Nov. 1518	39

CONTENTS

	PAGE
XI. LUTHER'S REPLY	
20. His appeal to a General Council. 28 Nov. 1518	40
XII. MILTITZ, 1519	
21. Luther's account to the Elector of the agreement with Miltitz. Jan. 1519	41
22. Luther's account to Staupitz of the interview with Miltitz. 19 Jan. 1519	42
23. Luther's submission to Leo X. 3 March 1519	42
XIII. THE DISPUTATION AT LEIPZIG, 1519	
24. The thirteenth of Eck's and of Luther's Theses. March and May 1519	46
25. The letter of George, Duke of Saxony, to the Chancellor. 17 Jan. 1519	46
26. An account by an onlooker	47
27. From the Minutes of the Disputation. 5–7 July 1519	49
XIV. THE CIRCULATION OF LUTHER'S WORKS	
28. Letter of Froben to Luther. 14 Feb. 1519	51
XV. LUTHER'S COMMENTARY ON THE EPISTLE TO THE GALATIANS	
29. His prefatory letter. Sept. 1519	53
XVI. ERASMUS AND LUTHER, 1519	
30. Erasmus to Leo X, on the treatment of the present troubles. 13 Aug. 1519	54
31. Erasmus to Albert of Mainz, on their origin. 1 Nov. 1519	55
XVII. LUTHER AND ULRICH VON HUTTEN, 1520	
32. *Vadiscus* or *Trias Romana*. April 1520	57
33. *Inspicientes*. April 1520	58
34. Hutten to the Elector Frederick. 11 Sept. 1520	60
XVIII. THE THREE TREATISES OF 1520	
35. 'To the Christian Nobility of the German Nation.' Aug. 1520	63
36. *De Captivitate Babylonica Ecclesiae Praeludium*. Oct. 1520	66
37. Letter to Leo X. 13 Oct. 1520	73
XIX. THE EXCOMMUNICATION OF LUTHER, 1520	
38. The Bull *Exsurge, Domine*. 15 June 1520	75
XX. THE DIET OF WORMS, 1521	
39. Aleander's Instructions	80
40. Aleander's first impressions of Charles V. 29 Sept. 1521	81
41. Aleander on the anti-papal sentiment of Germany. 8 Feb. 1521	82

CONTENTS

	PAGE
42. Luther's answer before Emperor and Diet. 18 April 1521.	82
43. The Emperor's declaration of policy. 19 April 1521.	85
44. The Alliance between the Pope and the Emperor. 8 May 1521	86
45. The Edict of Worms. 26 May 1521.	87
46. German feeling in favour of Luther	89

XXI. MELANCHTHON
47. The *Loci Communes*. Dec. 1521 90

XXII. RADICALISM AT WITTENBERG, 1521-2
48. Correspondence between Luther and Albert of Mainz. Dec. 1521	95
49. Opinions on the Mass and on Monastic Vows. Oct.–Dec. 1521	96
50. Carlstadt's alterations in the Mass. Christmas 1521	100
51. The arrival of the Zwickau prophets. 27 Dec. 1521.	100
52. Luther's reproof of Melanchthon. 13 Jan. 1522	101
53. The Confusion at Wittenberg. Jan. 1522	103
54. Luther on his Eight Sermons of 9-16 March. 30 March 1522	104
55. From the Translation of the New Testament. Sept. 1522	104

XXIII. ADRIAN VI AND THE DIET OF NÜRNBERG, 1522-3
56. Aleander's advice to Adrian VI.	106
57. Chieregato and Hans von der Planitz. 8 Dec. 1522	107
58. Brief of Adrian VI to the Diet. 25 Nov. 1522.	107
59. Chieregato's Instructions	109
60. The reply of the Estates. 5 Feb. 1523	110
61. The *Centum Gravamina*.	113
62. The Imperial Edict. 6 March 1523.	121

XXIV. THE NEW ECCLESIASTICAL SYSTEM, 1523-4
63. Luther's notice of the substitution of weekly for daily Mass. 11 March 1523.	122
64. 'Ordinance for a common chest' at Leisnig. 1523.	122
65. Luther's *De instituendis ministris*. Nov. 1523	124
66. Luther's *Formula Missae et Communionis*. Dec. 1523	127
67. The beginnings of German Hymnody. 1524	132

XXV. THE MISSION OF CAMPEGGIO, 1523-4
68. His entry into Nürnberg. 16 March 1524	134
69. The Recess of the Diet of Nürnberg. 18 April 1524	135
70. The Remonstrance, and the Reply of Campeggio	137
71. The remedies desired by the Court of Rome	139
72. The Emperor's instructions to his Ambassador at Rome. 18 July 1524	140
73. The League of Ratisbon. 7 July 1524	141

CONTENTS

	PAGE
XXVI. THE BEGINNINGS OF REFORM IN SWEDEN, 1523–4	
74. Correspondence of Bishop Brask. May, June 1524	152
75. The Disputation at Upsala. 27 Dec. 1524	153
XXVII. THE SPREAD OF REFORM WITHIN THE EMPIRE, 1523–5	
76. A sermon of Jo. Briessmann at Cottbus. 1523	165
77. The proceedings at Magdeburg. 1524	166
78. The proceedings at Nürnberg. Easter 1524	167
79. Articles of the Bishop of Bamberg. 12 Sept. 1524	167
XXVIII. THE WEAKENING OF THE REFORMATION, 1524–5	
80. Letters of Luther and Erasmus. 20 June and 31 Aug. 1523	171
81. Letter of Erasmus to Henry VIII. 6 Sept. 1524	172
82. Erasmus *De Libero Arbitrio*. Sept. 1524	172
83. The Twelve Articles of the Peasants. March 1525	174
84. Melanchthon on Luther's Marriage	179
85. Erasmus on the same	180
86. The Treaty of Madrid. 14 Jan. 1526	180
XXIX. THE DIET OF SPEIER, 1526	
87. The League of Cognac. 22 May 1526	182
88. The Proposition, or Speech from the Throne. 25 June 1526	183
89. The declaration of the Cities. 4 Aug. 1526	183
90. The Recess of the Diet. 27 Aug. 1526	185
XXX. THE ORGANIZATION OF THE LUTHERAN COMMUNITIES, 1526–9	
91. Mandate of the Bishop of Samland. 28 Jan. 1524	188
92. Reforms of the Bp. of Pomesania. 1 Jan. 1525	189
93. Letter of Andrew, Bishop of Premysl. 1525	191
94. The ducal and episcopal prefaces in Prussia. 1530	193
95. Luther's 'German Mass and Order of Divine Service'. Jan. 1526	193
96. Melanchthon's 'Instructions for the Visitors'. 22 March 1528	202
97. Luther's 'Short Catechism'. July 1529	205
98. *Reformatio ecclesiarum Hassiae*. 20 Oct. 1526	222
99. The Church Order of Brunswick. 1528	230
XXXI. THE PROGRESS OF REFORM IN SCANDINAVIA, 1527–9	
100. The Ordinance of the Diet of Odense. 1527	234
101. The Ordinances of the Diet of Vesterås. 1527	234
102. The reforms of the Synod of Örebro. 1529	236
XXXII. THE DIET OF SPEIER, 1529	
103. The Imperial Mandate. 30 Nov. 1528	240
104. The Proposition, or Speech from the Throne. 15 March 1529	240

CONTENTS

	PAGE
105. The Resolution of the Majority. 7 April 1529	242
106. The Letter of Fürstenberg. 7 April 1529	242
107. The Resolution of the Minority. 19 April 1529	243

XXXIII. CATHOLIC AND PROTESTANT, 1529
108. The Treaty of Barcelona. 29 June 1529.	246
109. The Conference of Marburg. 29 Sept. 1529	247
110. The Articles of Marburg, No. 15. 3 Oct. 1529	254
111. The Articles of Schwabach, No. 10. 16 Oct. 1529.	255

XXXIV. THE DIET OF AUGSBURG, 1530
112. Campeggio's 'Instructions' to the Emperor. ? Jan. 1530	256
113. The Imperial Summons to the Diet. 21 Jan. 1530.	257
114. The advice of Dr. Brück. March 1530 .	258
115. The Proposition, or Speech from the Throne. 20 June 1530	258
116. The Confession of Augsburg. 25 June 1530 .	259
117. The representations of the Legate. End of July 1530	289
118. Melanchthon's Concessions. 28 July 1530	293
119. The Fifth Session. 3 Aug. 1530	294
120. Eck's *Articulus de Missa*. 21 Aug. 1530	295
121. Luther's Letter from Coburg. 26 Aug. 1530 .	296
122. An Imperial announcement. 7 Sept. 1530	296
123. The Recess. 22 Sept. 1530	298

XXXV. THE PROTESTANTS IN ARMS
124. The Schmalkaldic League. 27 Feb. 1531	301

XXXVI. A TRUCE
125. The Peace of Nürnberg. 23 July 1532 .	302

XXXVII. THE EXTENSION OF PROTESTANTISM, 1532-41
126. *Consilium delectorum Cardinalium*. 1538	307
127. The Concord of Wittenberg. 29 May 1536 .	318
128. The Schmalkaldic Articles. 23 Feb. 1537	319
129. The Colloquy of Leipzig; Reform in Ducal Saxony. 2 Jan. 1539 .	319
130. Melanchthon on Reform in Electoral Brandenburg. 26 Oct. 1539 .	320

XXXVIII. THE LUTHERANIZING OF DENMARK, NORWAY, AND ICELAND, 1537-40
131. The seizure of the Bishops of Denmark. 12 Aug. 1536	324
132. The Recess of the Diet of Copenhagen. 30 Oct. 1536	325
132 a. The *Ordinatio Ecclesiastica* for Denmark and Norway. 2 Sept. 1537	328
133. The Manifesto of Christian III for Norway. 30 Oct. 1536	334
134. The arrest of the Bishop of Hamar. 23 June 1537.	335

CONTENTS

	PAGE
XXXIX. THE FOUNDING OF THE JESUITS BY PAUL III	
135. The Bull *Regimini Militantis Ecclesiae*. 27 Sept. 1540	335
XL. THE COLLOQUY OF RATISBON, 1541	
136. *Historia Conventus Ratisponensis*. 27 April–22 May 1541	341
137. The agreement on Justification; letter of Melanchthon. 10 May 1541	343
138. The prospects of re-union; letter of Card. Pole. 17 May 1541	344
139. Differences; letter of Melanchthon. 23 May 1541	345
140. Political rivalries; letter of Contarini. 28 April 1541	345
XLI. THE FOUNDING OF THE ROMAN INQUISITION BY PAUL III, 1542	
141. The Bull *Licet ab initio*. 21 July 1542	347
XLII. THE LAST WAR BETWEEN CHARLES AND FRANCIS, 1542–4	
142. The attempted reforms of Hermann, Abp. of Köln. 1543	352
143. The Treaty of Venlo. 7 Sept. 1543	353
144. The Peace of Crespy. 18 Sept. 1544	354
XLIII. THE COUNCIL OF TRENT, 1545–63	
145. A speech of Cardinal Pole. 26 Feb. 1546	355
146. *Decretum de canonicis Scripturis*, Sessio IV. 8 April 1546	356
147. *Professio fidei Tridentinae a Pio IV praescripta*. 18 Nov. 1564	357
XLIV. THE INTERIM OF AUGSBURG	
148. The *Interim Augustanum*. 15 May 1548	359
XLV. THE PEACE OF AUGSBURG	
149. The Peace of Augsburg. 25 Sept. 1555	363

PART II. REFORMED

A. ZWINGLI AND CALVIN

I. SWITZERLAND IN 1513	
150. The Diet of Baden. 11 Aug. 1512	366
151. The League with Appenzell. 17 Dec. 1513	368
II. THE SWISS AT HOME, *c*. 1513	
152. Their military reputation	370
153. A prohibition of pensions. 21 July 1503	370
154. The Perpetual Treaty with France. 29 Nov. 1516	370
155. The Federal Constitution. 1511	371

CONTENTS

	PAGE
156. The defence of Heinrich Göldli. 13 March 1520	373
157. The admissions of Canon Hofmann. Dec. 1521	374

§ 1. German Switzerland.

III. ZWINGLI, THE HUMANIST, TO 1519
158. Student-life in Vienna. c. 1513 376
159. Zwingli's debt to Wyttenbach. c. 1506 . . . 377
160. His enthusiasm for Erasmus. 29 April 1515 . . 378
161. His liturgical discoveries. 1506–16 . . . 380
162. Einsiedeln. 13 June 1517 381
163. Beatus Rhenanus on Indulgences. 6 Dec. 1518 . 381
164. Leo X to Samson and to the Diet. 1 May 1519 . 382

IV. THE ISOLATION OF ZÜRICH, 1520–1
165. The opposition to Zwingli in Zürich. 16 Feb. 1520 384
166. Mandate for Scriptural preaching. Dec. 1520 . 385
167. Bullinger's account of Zwingli's preaching. 1521 . 385
168. Zürich repudiates pensions. May 1521 . . . 385
169. Zwingli on the isolation of Zürich. 29 Dec. 1521 . 386

V. THE BEGINNINGS OF THE REFORMATION IN ZÜRICH, 1522
170. The principles of the Reformation in Zürich . . 389
171. Citizens break the fast on Ash Wednesday. 5 March 1522 390
172. Street-fighting. March 1522 391
173. The defence of Chr. Froschauer. April 1522 . 391
174. Zwingli *De delectu et libero ciborum esu.* 23 March 1522 392
175. The commission of Hugo, Bishop of Constance. 7–9 April 1522 393
176. The decision of the Burgomaster and Council. 9 April 1522 398
177. The Bishop's Letter to the Council. 24 May 1522 . 399
178. Petition to the Bishop for marriage of clergy. 2 July 1522 400
179. Erasmus to Christopher, Bishop of Basel. 21 April 1522 401
180. Zwingli's debate with Francis Lambert. 16 July 1522 402
181. Zwingli's *Archeteles.* 22 Aug. 1522 . . . 402
182. Zwingli *De claritate et certitudine Verbi Dei.* 6 Sept. 1522 406
183. Zwingli's resignation and re-appointment. 12 Nov. 1522 407
184. The Council's order to the nuns of Oetenbach. 1 Dec. 1522 407

VI. THE DISPUTATIONS AT ZÜRICH, 1523
185. The proclamation of the First Disputation. 3 Jan. 1523 410

CONTENTS

	PAGE
186. Zwingli's Sixty-seven Articles. 19 Jan. 1523	411
187. Letter of Adrian VI to Zwingli. 23 Jan. 1523	415
188. The address of the Burgomaster. 29 Jan. 1523	416
189. The First Disputation. 29 Jan. 1523	417
190. The Decree of the Council. 29 Jan. 1523	422
191. The Bishop's Pastoral. 10 July 1523	423
192. The Form of Baptism at Zürich [1525]. 10 Aug. 1523	423
193. Zwingli, *De Canone Missae Epicheiresis*. 29 Aug. 1523	424
194. Ordinance for the reform of the Great Minster. 29 Sept. 1523	425
195. Summons to the Second Disputation. 12 Oct. 1523	427
196. The reply of Obwalden 25 Oct. 1523	428
197. The Second Disputation. 26–8 Oct. 1523	429
198. Mandate for the abolition of Images and the Mass. 27 Oct. 1523	438
199. The Council sends preachers into the country districts. 9 Nov. 1523	439
200. Zwingli's *Isagoge*. 9 Nov. 1523	440

VII. THE REFORMATION COMPLETED IN ZÜRICH, 1524–5

201. Treatment of the Old Learning. 19 Jan. 1524	442
202. The Council's defence of its proceedings. 21 March 1524	442
203. Putting down of relics and organs. June 1524	442
204. Dissolution of the Religious Houses. 5 Dec. 1524	443
205. The last Mass in Zürich. 12 Apr. 1525	443
206. The Lord's Supper as administered in Zürich. 13 Apr. 1525	443
207. The Prophesyings in place of the Choir Office. 19 Jan. 1525	448
208. The Council's mandate for Church-going. 10 Aug. 1531	450

VIII. THE ANABAPTISTS IN ZÜRICH, 1525–32

209. Zwingli's admissions to Hübmaier. 1 May 1523	451
210. Opinions of Grebel and Hübmaier. 1524–5	452
211. The Council's mandate for infant baptism. 18 Jan. 1525	453
212. Anabaptism begins. 7 Feb. 1525	454
213. Anabaptists to be drowned. 7 March 1526	455
214. Zwingli *De Baptismo*. 27 May 1525	456
215. Zwingli *In Catabaptistarum strophas Elenchus*. 31 July 1531	457

IX. REFORM IN THE REST OF GERMAN SWITZERLAND TO 1529

216. The Disputation of Baden. 21 May–8 June 1526	459

		PAGE
217.	The *Theses Bernenses.* 6 Jan. 1528	459
218.	The Disputation of Bern. 29 Jan. 1528	460
219.	Image-breaking at Basel. 10 Feb. 1529	464

X. CAPPEL, 1529-31

220.	The Christian Civic Alliance. 25 Dec. 1527	469
221.	Zwingli to his friends in Bern. 30 May 1529	470
222.	The First Peace of Cappel. 25 June 1529	470
223.	Zwingli to Conrad Sam at Ulm. 30 June 1529	471
224.	Philip of Hesse to Zwingli. 22 April 1529	471
225.	Zwingli's *Fidei Ratio.* 8 July 1530	472
226.	The *Confessio Tetrapolitana.* 11 July 1530	475
227.	The Second Peace of Cappel. 20 Nov. 1531	475

§ 2. French Switzerland.

XI. FAREL, 1526-32

228.	Farel at Aigle. 30 Nov. 1526	478
229.	Bern upholds him. 1527-8	479
230.	Aigle, Ollon, and Bex vote for the Reformation. March 1528	481
231.	Images and the Mass to be put down there. 12 March 1528	482
232.	The rites of Bern to be set up there. 25 April 1528	482
233.	Farel pastor at Aigle, and Robert at Bex. July 1528	482
234.	Farel at Neuchâtel. Nov. 1529	483
235.	Farel's treatment at Valangin. 15 Aug. 1530	483
236.	Catholic worship abolished at Neuchâtel. 23 Oct.-4 Nov. 1530	484
237.	The Recess of Neuchâtel 4 Nov. 1530	488
238.	Morat reformed, with Farel as pastor. Jan. 1530	489
239.	Tumults at Grandson. 23-4 Sept. 1531	489
240.	Toleration of both religions at Grandson and Orbe. 30 Jan. 1532	490
241.	The Waldenses. 1532	491
242.	Farel's attempt on Geneva. 4 Oct. 1532	492

XII. POLITICS IN GENEVA, TO THE ARRIVAL OF FAREL, 1519-32

243.	Berthelier beheaded. 23 Aug. 1519	496
244.	Alliance of Geneva with Bern and Freiburg. 8 Feb. 1526	498
245.	Pierre de la Baume, Prince-Bishop of Geneva. 1522-†44	499
246.	The Peace of St. Julien. 19 Oct. 1530	500

XIII. FAREL IN GENEVA, 1532-6

247.	The Placards. 9 June 1532	503
248.	The Council disclaims 'Lutheranism'. June and July 1532	504

xvi   CONTENTS

		PAGE
249.	Antony Fromment arrives in Geneva. 3 Nov. 1532	504
250.	The Council seeks to temporize. 30 March 1533	505
251.	Bern demands the arrest of Furbiti. 17 Dec. 1533	506
252.	Freiburg requires the silencing of Farel. 24 Dec. 1533	507
253.	Bern sends an ultimatum. 21 Jan. 1534	507
254.	The First Disputation of Geneva. 27 Jan.-3 Feb. 1534	508
255.	The grant of a church to the Reformed. 1 March 1534	509
256.	The Bishop attacks Geneva. 30 July 1534	510
257.	The Reformed still in a minority. 1534	511
258.	The request of the Warden of the Franciscans. 23 April 1535	512
259.	The Decree of the Two Hundred. 26 May 1535	512
260.	The Second Disputation of Geneva. 30 May-24 June 1535	512
261.	Farel completes his victory. July-Aug. 1535	513
262.	The abolition of the Mass. 10 Aug. 1535	514
263.	Religious and Seculars put down. 12 Aug. 1535	515
264.	Departure of the Sisters of St. Clare. 29 Aug. 1535	516
265.	Geneva reports its condition to Bern. 10 Aug. 1535	517
266.	The citizens swear to the Reformation. 21 May 1536	518
267.	The independence of Geneva. 7 Aug. 1536	519

XIV. CALVIN, TO HIS ARRIVAL IN GENEVA, 1509-36

268.	Calvin's conversion. 1532-3	523
269.	Nicholas Cop. Oct.-Nov. 1533	524
270.	Francis I to the *Parlement* of Paris. 10 Dec. 1533	526
271.	Calvin's preface to his *Psychopannychia*. 1534	528
272.	The Placards against the Mass. 17 Oct. 1534	528
273.	Calvin's *Christianae Religionis Institutio*. 23 Aug. 1536	532
274.	Calvin detained by Farel in Geneva. Aug. 1536	544
275.	Calvin Lecturer at the Cathedral in Geneva. 5 Sept. 1536	544

XV. FAREL AND CALVIN IN GENEVA, 1536-8

276.	The Emperor's prohibition of the Disputation at Lausanne. 5 July 1536	548
277.	Bern's summons for the Disputation at Lausanne. 16 July 1536	549
278.	The Disputation of Lausanne. 1-8 Oct. 1536	549
279.	Bern's order to put down 'popery' in the Pays de Vaud. 19 Oct. 1536	554

CONTENTS

		PAGE
280.	Bern's edict of Reformation for the Pays de Vaud. 24 Dec. 1536	555
281.	The Synods of Lausanne. 1537-8	559
282.	The case of Jean Balard at Geneva. 24 July 1536	559
283.	Farel's *Articuli de regimine Ecclesiae*. 10 Nov. 1536	560
284.	Memorandum of the Ministers of Geneva to the Council. 13 Jan. 1537	560
285.	The Councils accept the Memorandum. 16 Jan. 1537	567
286.	*Confession de la Foi . . . de Genève.* 27 April 1537	568
287.	Anabaptists in Geneva. 9 March 1537	572
288.	Caroli accuses Farel and Calvin of Arianism. 17 Feb. 1537	573
289.	The Councils enforce the *Confession*. May-Nov. 1537	575
290.	The Council repudiates Excommunication. 3-4 Jan. 1538	576
291.	The Council votes the Bernese ceremonies. 11-12 March 1538	577
292.	Bern insists on their adoption. 15 April 1538	577
293.	The Council demands their adoption by the preachers. 19 April 1538	578
294.	Farel and Calvin banished from Geneva. 21-3 April 1538	579

XVI. CALVIN IN EXILE, 1538-41

295.	The Synod of Zürich. 29 Apr.-4 May 1538	581
296.	The letter of Cardinal Sadoleto to Geneva. 18 March 1539	583
297.	Calvin's reply to Sadoleto. 1 Sept. 1539	584
298.	The Councils entreat Calvin to return to Geneva. 22 Oct. 1540	586
299.	The pastors of Zürich urge him to return. 4 April 1541	587
300.	Calvin returns to Geneva. 13 Sept. 1541	588

XVII. THE ECCLESIASTICAL STATE IN GENEVA, 1541-2

301.	Calvin's terms. 16 Sept. 1541	589
302.	*Les Ordonnances ecclésiastiques de l'Église de Genève.* 20 Nov. 1541	589
303.	*La petite traicté de la Cène.* 1542	603
304.	*Le Catechisme de l'Église de Genève.* 1542	604
305.	*La forme des prières ecclésiastiques.* 1542	615
306.	Calvin reviews his labours. Jan. 1542	628

XVIII. THE DISCIPLINE IN GENEVA, 1542-64

307.	The Consistory. 1542-6	632
308.	The right of excommunication contested. Easter 1543	633

CONTENTS

		PAGE
309.	Castellio. 12 June 1544 .	634
310.	Pierre Ameaux. 8 April 1546 .	636
311.	Madame Perrin. 24 June 1547	637
312.	Jacques Gruet. 26 July 1547 .	639
313.	Bolsec. 23 Dec. 1551	641
314.	The *Consensus Genevensis.* 1 Jan. 1552	643
315.	Servetus. 27 Oct. 1553 .	646
316.	The right of Excommunication conceded. 24 Jan. 1555	647
317.	The University of Geneva. 5 June 1559	648
318.	Calvin's farewell, and death. 27 May 1564	649

B. CALVINISM BEYOND GENEVA

§ 1. Central Europe.

XIX. SWITZERLAND, HUNGARY, THE PALATINATE, AND POLAND

319.	The *Consensus Tigurinus.* 1 May 1549.	652
320.	The *Confessio Czengerina.* 1557-8 .	656
321.	The Heidelberg Catechism. 1563 .	657
322.	The *Consensus Sendomiriensis.* 14 April 1570	658

§ 2. France.

XX. THE HUGUENOTS, c. 1560

323.	The Edict of Châteaubriand. 27 June 1551 .	661
324.	The Edict of Compiègne. 24 July 1557 .	662
325.	Calvin to the 'Five Scholars of Lausanne'. Dec. 1552	663
326.	The first minister and congregation in Paris. Sept. 1555	663
327.	The first National Synod at Paris. 26 May 1559 .	664
328.	The *Confessio Gallicana.* 26 May 1559 .	665
329.	*La Discipline Ecclésiastique.* 25 May 1559 .	673
330.	The Report of the Venetian Ambassador. 1561	679

§ 3. The Netherlands.

XXI. THE DUTCH REFORMED, 1559-62

331.	The Venetian Ambassador on Philip II. 1559	682
332.	The increase of Bishoprics. 18 Aug. 1559	684
333.	The *Confessio Belgica.* 1561 .	685

§ 4. Scotland.

XXII. THE OVERTHROW OF THE ANCIENT CHURCH, 1560

334.	Ninian Winzet on the corruptions of the Church. 15 Feb. 1562 .	688
335.	The prohibition of Lutheran Books. 17 July 1525 .	689

		PAGE
336.	Birth of Mary Queen of Scots and Death of James V. Dec. 1542	689
337.	Mary's education in France. April 1550	690
338.	Mary's marriage to the Dauphin. 24 April 1558	690
339.	Knox on the Second Prayer-Book of Edward VI. 6 April 1559	691
340.	The King warns the Clergy. 6 Jan. 1540	692
341.	The Synods of Edinburgh. 1549-59	693
342.	Archbishop Hamilton's Catechism. 1552	694
343.	'The Paip, that Pagane full of pryde.' c. 1560	695
344.	The 'Band' or Covenant. 3 Dec. 1557	696
345.	The destruction at Perth. 11 May 1559	697
346.	The assistance of England. July–Nov. 1559	698
347.	The Treaty of Edinburgh. 6 July 1560	699
348.	Parliament alters faith and worship. 17–24 Aug. 1560	700

XXIII. THE NEW FAITH, DISCIPLINE, AND WORSHIP, 1560-4

349.	The First Confession of Faith. 1560	704
350.	The First Book of Discipline. 1560	707
351.	The Book of Common Order. 1564	708

PART I. LUTHERAN

I

DEFINITION OF THE TREASURY OF MERITS

In [No. 1] **the Bull Unigenitus** (*Extrav. Commun.* Lib. V. Tit. ix. c. 2. *Corpus Iuris Canonici*, ii. 1304 ed. Friedberg, Lipsiae, 1881) of 27 January 1343 Clement VI defined the source of Indulgences to be the treasure of the Church, thus authoritatively approving the theory on which they had been based by the Schoolmen; cf. St. Thomas Aq. *Summae Suppl.* qu. XXV, art. 1. It was this definition that Cajetan accused Luther of contravening; cf. Thesis 58 (No. 11 *infra*) and the account of their interview (No. 16 *infra*).

No. 1. The Bull Unigenitus of Clement VI.

Unigenitus Dei Filius de sinu Patris in uterum dignatus est descendere matris, in qua et ex qua nostrae mortalitatis substantiam divinitati suae, in Suppositi[1] unitate, ineffabili unione coniunxit, id, quod fuit permanens et quod non erat, assumens, ut haberet, unde hominem lapsum redimeret, et pro eo satisfaceret Deo Patri. Ubi enim venit plenitudo temporis, misit Deus Filium suum, factum sub lege, natum ex muliere, ut eos, qui sub lege erant, redimeret, ut adoptionem reciperent filiorum. Ipse namque factus nobis a Deo sapientia, iustitia, sanctificatio et redemptio, non per sanguinem hircorum aut vitulorum, sed per proprium sanguinem introivit semel in sancta, aeterna redemptione inventa. Non enim corruptibilibus auro et argento, sed sui ipsius agni incontaminati et immaculati pretioso sanguine nos redemit, quem in ara crucis innocens immolatus non guttam sanguinis modicam, quae tamen propter unionem ad Verbum pro redemptione totius humani generis suffecisset, sed copiose velut quoddam profluvium noscitur effudisse ita, ut a planta pedis usque ad verticem capitis nulla sanitas inveniretur in ipso. Quantum ergo exinde, ut nec supervacua inanis aut superflua tantae effusionis miseratio redderetur, thesaurum militanti ecclesiae acquisivit, volens suis thesaurizare filiis pius Pater, ut sic sit infinitus thesaurus hominibus,

[1] = Ὑπόστασις vel Persona. Cf. Petavius, *de Trinitate*, IV. iii. 2.

quo qui usi sunt Dei amicitiae participes sunt effecti. Quem quidem thesaurum non in sudario repositum, non in agro absconditum, sed per beatum Petrum coeli clavigerum, eiusque successores suos in terris vicarios, commisit fidelibus salubriter dispensandum, et propriis et rationabilibus causis, nunc pro totali, nunc pro partiali remissione poenae temporalibus pro peccatis debitae, tam generaliter quam specialiter, (prout cum Deo expedire cognoscerent), vere poenitentibus et confessis misericorditer applicandum. Ad cuius quidem thesauri cumulum beatae Dei genetricis omniumque electorum a primo iusto usque ad ultimum merita adminiculum praestare noscuntur, de cuius consumptione seu minutione non est aliquatenus formidandum, tam propter infinita Christi (ut praedictum est) merita, quam pro eo, quod, quanto plures ex eius applicatione trahuntur ad iustitiam, tanto magis accrescit ipsorum cumulus meritorum.

Quod felicis recordationis Bonifacius Papa VIII praedecessor noster, pie (sicut indubie credimus) considerans, et attenta meditatione revolvens, quantum apud homines gloriosi principes terrae Petrus et Paulus . . . in speciali veneratione haberi debeant . . . inconsumptibilem thesaurum huiusmodi pro excitanda et remuneranda devotione fidelium voluit aperire, decernens, de fratrum suorum consilio, ut omnes qui, in anno a Nativitate Domini MCCC et quolibet anno centesimo extunc secuturo ad dictorum Apostolorum basilicas de Urbe accederent reverenter, ipsasque, si Romani, ad minus XXX, si vero peregrini aut forenses fuerint, XV diebus continuis vel interpolatis, saltem semel in die, dum tamen vere poenitentes et confessi existerent, personaliter visitarent, suorum omnium obtinerent plenissimam veniam peccatorum.

Nos autem attendentes quod annus quinquagesimus in lege Mosaica, (quam non venit Dominus solvere sed spiritualiter adimplere), iubilaeus remissionis et gaudii, sacerque dierum numerus, quo lege fit remissio, censebatur . . . volentesque quam plurimos huiusmodi indulgentiae fore participes, quum pauci multorum respectu propter vitae hominum brevitatem valeant ad annum centesimum pervenire, de fratrum nostrorum consilio praedictam concessionem indulgentiae ex supra scriptis et aliis iustis causis ad annum quinquagesimum duximus reducendam, statuentes de fratrum consilio praedictorum et apostolicae plenitudine potestatis, ut universi fideles, qui vere poenitentes et confessi in anno a Nativitate eiusdem MCCCL proxime futuro, et deinceps perpetuis futuris temporibus de

quinquaginta in quinquaginta annis praedictas eorundem Petri
et Pauli Apostolorum basilicas et Lateranensem ecclesiam . . .
visitaverint, plenissimam omnium peccatorum suorum veniam
consequantur, ita videlicet, ut, quicunque voluerint indulgentiam huiusmodi assequi, si Romani, ad minus xxx, si vero
peregrini aut forenses, modo simili xv diebus ad praedictas
basilicas et ecclesiam accedere teneantur . . .

II

THE FIRST APPLICATION OF INDULGENCES TO SOULS IN PURGATORY

In his [No. 2] **Bull Salvator noster** (Lea, *A History of Auricular Confession and Indulgences*, iii. 585 sqq.) of 3 Aug. 1476 Sixtus IV granted to the church of Saintes the earliest Indulgence for the dead *per modum suffragii*. The first of the two following extracts is from the Bull and contains the terms of the grant: the second is from a *Summarium* or prospectus issued by the church of Saintes to advertise the privileges which it had received.

No. 2. The Bull Salvator noster of Sixtus IV.

(i)

Et ut animarum salus eo tempore potius procuretur, quo magis aliorum egent suffragiis et quominus sibi ipsis proficere valent, auctoritate Apostolica de thesauro ecclesiae, animabus in purgatorio existentibus succurrere volentes quae per caritatem ab hac luce Christo unitae decesserint, et quae dum viverent sibi ut huiusmodi indulgentia suffragarentur meruerunt, paterno cupientes affectu, quanto cum Deo possumus, de divina misericordia confisi et de plenitudine potestatis, concedimus pariter et indulgemus, ut si qui parentes amici aut caeteri Christifideles pietate commoti pro ipsis animabus purgatorio igni pro expiatione poenarum eiusdem secundum divinam iustitiam expositis, durante dicto decennio pro reparatione ecclesiae Xanctonensis certam pecuniae quantitatem aut valorem iuxta dictorum decani et capituli dictae ecclesiae aut nostri collectoris ordinationem dictam ecclesiam visitando dederint, aut per nuntios per eosdem deputandos durante dicto decennio miserint, volumus ipsam plenariam remissionem per modum suffragii ipsis animabus purgatorii pro quibus dictam quantitatem pecuniae aut valorem persolverint ut praefertur pro

relaxatione poenarum valere et suffragari. Volumus insuper omnes utriusque sexus Christifideles, de plenitudine potestatis ex nostra mera liberalitate, qui manus adiutrices visitando vel mittendo per supradictos nuntios pro dicta ecclesia porrexerint, ac omnes et singulos eorundem parentes defunctos aut eorum benefactores qui cum caritate decesserint, in omnibus suffragiis, precibus, eleemosynis, ieiuniis, orationibus, disciplinis et caeteris omnibus spiritualibus bonis qui fiunt et fieri poterunt in tota universali sacrosancta Christi ecclesia militante et omnibus membris eiusdem, participes in perpetuo fieri . . .

(ii)

Primo notandum est quod quatuor gratiae principaliter conceduntur per dictas bullas cunctis Christifidelibus dictam ecclesiam Xanctonensem certis diebus visitantibus aut ad illam per nuntios ecclesiae de bonis suis mittentibus.

Prima gratia concessa supradictis fidelibus est gratia iubilaei . . . [Sequitur textus bullae] . . .

Secunda gratia concessa indifferenter omnibus et singulis Christifidelibus dictam ecclesiam Xanctonensem visitantibus vel ad illorum arbitrium ad dictam ecclesiam de bonis suis per nuntios ecclesiae mittentibus est facultas confessionalis quae praeter confessionalia solita dari continet unum singulare, scilicet praeter totiens quotiens de casibus reservatis diocesanis et praeter remissionem semel in vita et in mortis articulo, continet remissionem plenariam nedum semel in vita sed totiens quotiens homo verisimiliter dubitat de morte sua etiam si tunc non moriatur, ut puta existens in procella maris, homines existentes in obsidione, mulieres prope partum vel in partu, moram trahentes in loco in quo viget pestis, et sic de multis aliis. Ista est inaudita clausula, praecipue pro transfretantibus. Ista clausula debet praticari erga illos qui dicunt se habere confessionalia. [Sequitur textus] . . .

Tertia gratia praecipua et per S. D. N. concessa est remissio plenaria et gratia iubilaei animabus in purgatorio existentibus . . .

Quarta et ultima gratia : . . S. D. N. . . vult et concedit quod dicti fideles manus adiutrices porrigentes et illorum parentes et benefactores defuncti qui cum caritate decesserunt, ut puta quorum animae sunt in purgatorio, sint participes in omnibus suffragiis ecclesiae universalis nunc et in perpetuum, quae est maxima gratia si bene praticetur . . .

III

THE INDULGENCE AS AN EXPEDIENT OF PAPAL FINANCE

[No. 3] **The Bull Liquet omnibus** of Julius II (*Magnum Bullarium Romanum*, i. 502, Luxembergi, 1727), dated 11 January 1510, is that which seven years later excited Luther's revolt. In the commission now directed to Francesco Zeno no mention is made of repentance and confession as a condition for gaining the indulgence, but only of payment. For an extra sum the sinner may choose his own confessor; and if he impose a 'salutary penance', it is to consist of a further contribution to the fabric of St. Peter's. 'The whole document is evidently drawn with the purpose of enabling the pardoners to represent it as an indulgence *a culpa et a poena*' (Lea, *op. cit.* iii. 75): and, as it offers everything for sale, it illustrates the important place which indulgences had now taken among the ordinary financial expedients of the Papacy.

No. 3. The Bull Liquet omnibus of Julius II.

Liquet omnibus Christianae fidei cultoribus beatum Petrum ab ipso Salvatore nostro Domino Iesu Christo Apostolorum principem fuisse constitutum, eique ligandi atque solvendi animas coelesti privilegio traditam esse potestatem, cum ei dicitur, Tu es Petrus &c.

§ 1. Unde nos qui licet imparibus meritis eiusdem coelorum clavigeri successores sumus, et eius loco in sancta Dei ecclesia residemus, considerantes quod diffusis per orbem terrarum ecclesiis ex iniuncto nobis a Deo Apostolatus officio providere teneamur, ut ecclesiae ipsae quae domus Dei sunt in suis structuris et aedificiis non solum conserventur sed etiam, si opus fuerit, reparentur, circa tamen Basilicam de Urbe ipsius Petri principis Apostolorum maiorem curam et diligentiam adhibere nos convenit, ut sicut ipse beatus Petrus ab ipso Salvatore nostro princeps Apostolorum est constitutus, ita etiam ipsius Basilica quae non parva reparatione indiget inter caeteras Urbis et orbis ecclesias, congruentibus ac etiam necessariis aedificiis reaedificetur, construatur et amplietur, ac reaedificata, constructa, et ampliata conservetur.

§ 2. Et cum nuper ex praemissis et certis aliis rationalibus causis, iuxta nostri cordis desiderium ad dictae Basilicae restaurationem manus operarias apposuissemus, cognoscentes fabricam huiusmodi absque piis et largis fidelium erogationibus ad finem optatum perduci non posse, per quasdam primo universis Christifidelibus utriusque sexus, qui infra annum a die publicationis earundem computandum, in capsa ad id in dicta Basilica collocanda per seipsos mitterent, vel per alios mitti et poni facerent, tantum quantum eorum pia devotio eis dictaret in pecunia numerata aut rebus aliis ad opus ipsum convertendis, vel circa opus se personaliter exercerent . . .

§ 3. Ut idoneum possent eligere confessorem, qui eos a certis tunc expressis casibus absolvere et super certis etiam tunc expressis in foro conscientiae dumtaxat dispensare posset, concessimus facultatem . . .

§ 6. Nos cupientes prout nobis et inter caetera nostra desiderabilia cordi est praedictae Basilicae fabricam ad debitam perfectionem deduci, et de fidelitate, diligentia et solicitudine in praemissis dilecti filii Francisci Zeni de Mediolano, d. Ordinis fratrum Minorum de Observantia nuncupatorum professoris et provinciarum citramontanarum dicti Ordinis . . . Vicarii generalis, . . . plurimum confidentes ipsum in dictis provinciis et insulis[1] indulgentiarum huiusmodi nostrum et Apostolicae Sedis Nuncium et Commissarium . . . tenore praesentium facimus, constituimus et deputamus . . .

§ 7. Et nihilominus universis Christifidelibus utriusque sexus, tam saecularibus quam regularibus Ordinum quorumcumque provinciarum et insularum praedictarum qui iuxta eiusdem Francisci Zeni Commissarii et Nuncii aut deputati seu subdelegati, aut deputandorum seu subdelegandorum, ad eorundem providam ordinationem super hoc faciendam in capsis ad hoc in subsidium dictae fabricae . . . pias eleemosynas effectualiter posuerint, plenissimam omnium peccatorum suorum remissionem consequantur.

§ 8. Et qui cum praefato Commissario, seu delegandis et subdelegandis praedictis convenerint, ut idoneum possint eligere confessorem . . . qui eorum confessione diligenter audita, pro commissis per eligentem delictis et excessibus ac peccatis quibuslibet, quantumcumque gravibus et enormibus etiam Sedi Apostolicae reservatis casibus . . . et in non reservatis casibus, totiens quotiens id petierint, et in mortis articulo, plenariam omnium peccatorum indulgentiam et remissionem impendere ac poenitentiam salutarem iniun-

---

[1] Cf. § 4, Italy, the islands of the Mediterranean, Dalmatia, Croatia, Bosnia, Hungary, Austria, Bohemia, and Poland.

gere, et Eucharistiae sacramentum, praeterquam in die Paschatis, et in mortis articulo aliis anni temporibus ministrare, necnon per eos emissa vota quaecumque ... in alia pietatis opera commutare. ...

§ 14. Ac quoscumque qui ante aetatem legitimam ad sacros etiam presbyteratus ordines ... se promoveri fecerunt ... ac quoscumque, qui publicae honestatis ⟨et⟩ iustitiae impedimento seu alias quomodolibet impediti, matrimonium, scienter vel ignoranter, in quarto vel tertio, ac per copulam fornicariam, non tamen publicam, etiam in primo affinitatis gradu contraxissent et carnali copula consumassent, si impedimentum huiusmodi in iudicium deductum non fuerit, vel scandalum generare non possit, ab excessu huiusmodi ac excommunicationis sententia quam propterea incurrissent, iniuncta inde eis pro modo culpae poenitentia salutari quae ad fabricam huiusmodi dirigatur ... absolvere ...

IV

SPECIMEN GRANTS OF 1513-17

(i)

Francesco Zeno, to whom Julius II had entrusted the indulgences granted by his Bull *Liquet omnibus*, died 23 July 1512. He was succeeded by another Franciscan, Timothy of Lucca. The following are the [No. 4] **Formulae of absolution** (Loescher, *Reformationsacta*, i. 371 sqq.) which he was authorized to employ. It will be observed that the contribution had to be made three times; (*a*) for the general absolution, (*b*) for the dead, (*c*) for leave to communicate at will.

No. 4. Formulae of absolution, &c.

(*a*) Formula absolutionis plenariae praemissa confessione. Semel in vita et in quolibet periculo et in mortis articulo vel verisimili.

Misereatur tui &c. Et post verba communis absolutionis, dicat Sacerdos: Iterum Apostolica auctoritate tibi concessa, et mihi in hac parte commissa, absolvo te ab omnibus peccatis, delictis et excessibus quantumcunque enormibus, hactenus per te commissis, ac censuris quomodolibet incursis, etiam Sedi Apostolicae reservatis, in quantum mihi facultas conceditur. Et iterum remitto, per plenariam indulgentiam, omnem poenam in purgatorio tibi debitam, pro praemissis, ac restituo te illi innocentiae et puritati quam in baptismo accepisti ita quod decedenti tibi ab hoc saeculo clausae sint portae poenarum et apertae ianuae deliciarum Paradisi. Quod si hac vice non morieris, salva sit tibi nihilominus ista gratia, quando alias fueris in articulo mortis. In nomine Patris et Filii et Spiritus sancti. Amen.

(*b*) Pro defunctis.

Quoniam S. D. N. Dominus Iulius Papa II cupiens, subsidio thesauri sanctae matris Ecclesiae, animas defunctorum in Purgatorio existentes, a poenis liberari, Nobis fratri Timotheo de Luca Ordinis Minorum de Observantia, Apostolicae Sedis super totam Italiam, Ungariam, Poloniam, Bohemiam, Austriam et nonnullas alias provincias, quoad executionem Bullae et aliarum literarum Apostolicarum, pro fabrica infrascriptae Ecclesiae emanatarum, Nuncio et Commissario generali, commisit ut singulis Christifidelibus, pro eorum parentum vel amicorum defunctorum animabus in Purgatorii poenis degentibus, fabricae Ecclesiae principis Apostolorum de Urbe eleemosynam secundum ordinationem nostram erogantibus, plenariam in suffragiis, eleemosynis, ieiuniis, orationibus, missis, horis canonicis, disciplinis, peregrinationibus et caeteris omnibus spiritualibus bonis quae fient et fieri poterunt, in tota universali Ecclesia militante, Pontifex ipse participes fieri et esse voluit. Et quia honestus Iohannes Dytting, pietate motus, medio Fratris Baptistae de Austria, Commissarii Apostolici, subdelegati nostri, pro anima suae matris Elisabeth defunctae, capsae praefatae fabricae, iuxta tenorem Bullae super hoc editae, eleemosynam erogavit; ideo animae praedictae defunctae plenissimam indulgentiam praefatam pro plenaria poenarum relaxatione pariterque participatione suprascriptorum omnium bonorum suffragari debere per praesentes auctoritate Apostolica decernimus. Datum in Elwingo, die vigesima sexta mensis Novembris, Anno Domini MCCCCC tertio decimo.

(*c*) Auctoritas communionem recipiendi, extra Parochiam et sine licentia Curati, totiens quotiens devotio exegerit, praeter diem Paschae et mortis articulum.

Universis et singulis, venerabilibus Episcopis, Presbyteris, Religiosis, caeterisque praesentes literas inspecturis, Frater

Timotheus de Luca, Ordinis Minorum Observantiae, quoad executionem Bullae et aliarum literarum, pro fabrica Ecclesiae principis Apostolorum emanatarum, Nuncius et Commissarius Apostolicus generalis, licet immeritus, Salutem in Domino perpetuam. Praesentium tenore vobis fidem facimus et attestamur per nos, medio Fratris Baptistae de Austria, Commissarii Apostolici, subdelegati nostri, concessam fuisse licentiam et facultatem, Eucharistiae sacramentum honesto Iohanni Dytting quocunque tempore, praeterquam in die Paschae et in articulo mortis, a confessore sibi eligendo per se, vel per alium, sacramentum Eucharistiae sumendi, eo quod fabricae praefatae Ecclesiae principis Apostolorum de Urbe secundum conventionem factam, manus adiutrices porrexerit. . . . Datum in Elwingo, vigesima sexta die Mensis Novembris, Anno Domini MCCCCC tertio decimo.

(L. S.) Ego Frater Baptista qui supra
mpp. subscripsi.

(ii)

Leo X in September 1513 (Raynaldus, *Annales*, xii. 47 sqq.: ed. Lucae 1755) 'proclaimed a crusade against the Turks . . . ; in this indulgence there is no condition of contrition and confession ; he promises not only full remission of all sins, but reconciliation with the Most High, and decrees that all who go or send substitutes or contribute according to their means shall be associated with the angels in eternal bliss. No more complete power over *culpa* could well be asserted' (Lea, *op. cit.* iii. 75). Local plenaries of his specify confession (e. g. Hergenröther, *Leonis X Regesta*, n. 3444) or not (e.g. *ibid.* nn. 2312, 3).

Ad futuram rei memoriam.

Nos qui pontificatus dignitate et officio mediatoris, quamvis non paribus B. Petro meritis, potestate tamen pari nuper vocati fungimur, considerantes &c. . . .

Et ut in prosecutione tam sancti et necessarii operis ad eius prosecutionem ipsius Regis Hungariae[1] non suppeterent facultates, Christifidelium suffragia sunt plurimum necessaria, eo promptius assistant, et quae poterunt auxilia studeant exhibere : quo exinde maiora animarum suarum commoda adipisci possint, et eis pro tam salubri bono portas Paradisi et porennem gloriam cum sanctis Apostolis et gloriosis martyribus reserari, universis fidelibus eisdem qui ad bellum contra eosdem Turcas in personis propriis se contulerint et per tempus quod

[1] Ladislas VI, 1490-†1516.

a praefato legato praescriptum et ordinatum fuerit in illo permanserint, confisi de eiusdem Dei omnipotentis misericordia, ac beatorum Petri et Pauli Apostolorum auctoritate, ac verbi eius qui est via veritas et vita, ac nobis, qui in persona eiusdem B. Petri successores sumus dixit: 'Quodcumque ligaveris super terram, erit ligatum et in coelis; quodcumque solveris super terram, erit solutum et in coelis;' ac etiam de apostolicae potestatis plenitudine nobis coelitus tradita, plenariam omnium peccatorum suorum, ac cum Altissimo reconciliationem, indulgentiam, et remissionem qualis per praedecessores nostros dari consuevit proficiscentibus in subsidium terrae sanctae et contra eosdem perfidissimos Turcas, et qualis in anno iubilaei concessa extitit, concedimus pariter et indulgemus, ac eorundem omnium animas, quos in hac sancta expeditione proficisci contigerit, sanctorum angelorum consortio in coelestibus aeterna felicitate mansuras perpetuo decernimus aggregandas.

(iii)

In a formula of absolution (Widemanni *Chron. Curiae*, ann. 1516, *ap.* Menckenii *Scriptores Rerum Germanicarum*, iii. 736 sq.) given, with a grant dated Hof 27 Feb. 1516, to some who had contributed to the Hospital of Santo Spirito in Saxia at Rome, the commissaries assume authority over hell as well as over purgatory.

Formula Absolutionis.

Misereatur tui, &c. D. N. I. C. per merita sanctissimae suae passionis, dignetur te absolvere, et ego auctoritate ipsius, et beatorum Petri et Pauli Apostolorum eius, et D. N. Papae mihi in hac parte commissa et tibi concessa, absolvo te ab omni vinculo excommunicationis, maioris vel minoris, suspensionis et interdicti, si quam incurristi : et restituo te sanctis Ecclesiae sacramentis et unitati fidelium, absolvo te etiam plenarie ab omnibus peccatis tuis confessis, contritis et oblitis, et a casibus etiam Sedi Apostolicae reservatis, in quantum claves Sanctae Matris Ecclesiae se extendunt, tibi concessum et mihi commissum est: et restituo te illi innocentiae et puritati in qua eras quando sacrum baptisma recepisti, remittoque tibi omnes poenas in purgatorio debitas: claudo tibi portas inferni et ianuas aperio Paradisi: bona per te facta et fienda sint in augmentum tuae salutis et gratiae divinae . . .

V

THE NEW LEARNING AND OBSCURANTISM

Johann Reuchlin, 1455–†1522, the famous Hebrew scholar, became involved in a controversy with Johann Pfefferkorn, a Jew baptized in Köln 1506, in regard to the desirability of confiscating and destroying the books of the Jews. Reuchlin demurred Oct. 1510, and defended himself in his 'Augenspiegel'. It was condemned by the theologians of Köln, Ortwin Gratius among them; and Reuchlin was summoned to appear before Hochstraten as Inquisitor-General, Sept. 1513. He appealed to Leo X, who referred the case to the Bishop of Speier; and in March 1514 the Bishop gave sentence in favour of Reuchlin. It was now Hochstraten's turn to appeal to the Pope; but by this time 'the original dispute . . . had merged into a contest between the New Learning and scholasticism', and 'the matter had been practically settled by public opinion'. In March 1514, Reuchlin, to show that the weight of learned opinion was on his side, published a volume of *Clarorum Virorum Epistolae missae ad Iohannem Reuchlin*. It occurred c. 1515–7 to Crotus Rubianus (Johann Jaeger, 1486–†1540) and Ulrich von Hutten, 1488–†1523, to let off their wit at Obscurantism by means of a 'similar collection of letters' professedly 'addressed to Ortwin Gratius by sympathizing members of his university circle'. But 'the real importance of the [No. 5] **Epistolae Obscurorum Virorum** (*Hutteni Operum Supplementum*, i. 226 sq., ed. Böcking, Lipsiae, 1864) lay in its success in popularizing the conception of "a stupid party" which was opposed to the party of progress' (Creighton, *History of the Papacy*, vi. 56, ed. 1897; cf. Beard, *Martin Luther*, 109 sqq., 325, ed. 1896). Luther alludes to the *Epistolae* but slightingly. He spoke of them as the work of a 'Hans Wurst'.

No. 5. From the Epistolae Obscurorum Virorum.

Henricus Schaffsmulius Magistro Ortuino Gratio salutem plurimam dicit. Cum priusquam ambularem ad Curiam, dixistis mihi quod saepe debeo vobis scribere et aliquando debeo dirigere aliquas quaestiones theologicales ad vos: tunc vultis mihi eas solvere melius quam curtisani Romae. Ergo nunc quaero dominationem vestram quid tenetis de eo, quando unus in die Veneris, id est feria sexta, vel alias quando est ieiunium, comedit ovum et est pullus intus? Quia nuper in Campo Florae sedimus in uno hospitio et fecimus collationem et comedimus ova: et ego aperiens ovum vidi quod iuvenis pullus est in eo: et ostendi socio meo, tunc ipse dixit: 'Comedatis cito antequam hospes videt, quia quando videt, tunc oportet ei dare unum Carlinum vel Iulium pro gallina': quia hic est consuetudo quod quando hospes ponit

aliquid ad tabulam, tunc oportet solvere, quia non volunt
recipere. Et si videt quod iuvenis gallina est in ovo, ipse
dicit: 'Solvatis mihi etiam gallinam,' quia computat parvam,
sicut magnam. Et ego statim bibi ovum, et simul illum
pullum intus: et postea cogitavi quod fuit dies Veneris, et
dixi socio meo: 'Vos fecistis quod feci peccatum mortale
comedendo carnes in feriis sextis.' Et dixit ipse, quod non
est peccatum mortale: immo non est peccatum veniale: quia
ille pullaster non reputatur aliter quam ovum, donec est natus.
Et dixit mihi quod est sicut de caseis in quibus aliquando
sunt vermes, et in cerasis, et in pisis et fabis recentibus, sed
tamen comeduntur in sextis feriis, et etiam in vigiliis Apostolorum. Hospites autem ita sunt pultroni quod dicunt quod
sunt carnes, ut habeant plus pecuniam. Tunc ego abivi et
cogitavi desuper. Et per Deum, Magister Ortuine, ego sum
multum turbatus et nescio quomodo debeo me regere. Si
vellem libenter consilium quaerere ab uno curtisano, tunc
scio quod non habent bonas conscientias. Videtur mihi quod
istae iuvenes gallinae in ovis sunt carnes: quia materia est
iam formata et figurata in membra et corpus animalis, et
habet animam vitalem. Aliud est de vermibus in caseis et
aliis: quia vermes reputantur pro piscibus, sicut ego audivi
ab uno medico qui est valde bonus physicus. Ergo rogo
vos multum cordialiter quatenus velitis mihi respondere ad
propositam quaestionem. Quia si tenetis quod est peccatum mortale: tunc volo hic acquirere unam absolutionem,
antequam vado ad Almaniam. Etiam debetis scire quod
Magister Noster Iacobus de Hochstraten acquisivit mille
florenos ex banco: et credo quod lucrabit causam, et diabolus
confundet illum Ioannem Reuchlin et alios poetas et iuristas,
quia volunt esse contra Ecclesiam Dei, id est contra Theologos, in quibus est fundata ecclesia, ut Christus dixit: 'Tu
es Petrus et super hanc petram aedificabo ecclesiam meam.'
Et sic commendo vos Domino Deo. Valete. Datum in
Urbe Roma.

VI

THE COMMISSION OF INDULGENCES TO ALBERT, ELECTOR ARCHBISHOP OF MAINZ

At the end of 1514 Leo X began to organize collections for
St. Peter's on a large scale. He did not venture to issue commissions for Spain, France proper, or England. But there were

three directed to Germany and neighbouring lands: 2 Dec. 1514 to Giovanni Angelo de' Arcemboldi for the provinces of Köln, Trier, Salzburg, Bremen, Besançon, Upsala, &c. (Hergenröther, *Leonis X Regesta*, n. 13053); 10 Jan. 1515 to Cristofero de Forli for Poland,[1] &c. (*ibid*. n. 13641); and 31 March 1515 to Albert of Mainz, 1514–†45, for his provinces of Mainz and Magdeburg (*ibid*. n. 14825). He had obtained his election to the archbishopric of Mainz, 1514, by promising to pay for the pallium himself. It cost 20,000 gulden, and this sum had already been levied twice within the preceding decade on the territories of the see. To keep his promise he borrowed money from the banking house of Fugger at Augsburg, who arranged with the Pope to reimburse themselves out of the Indulgence by retaining half the proceeds and to pay over the remainder to the Holy See. The bargain was concluded in 1515, but its execution was deferred till 1517. The Elector then put the business of preaching the Indulgence into the hands of the Dominican John Tetzel, 1470–†1519, as his sub-commissary. Tetzel had had long experience of such work, ever since 1502; and, being at once an able theologian and a stirring preacher, he had been uniformly successful at it. Albert issued an [No. 6] **Instructio Summaria** (Gerdesii *Introductio in Historiam Evangelii saeculo xvi renovati*, Monumenta, No. ix, ed. Groningae, 1744) for his sub-commissaries. Tetzel issued a similar [No. 7] **Instructio** (Loescher, *Reformationsacta*, i. 415) for the parochial clergy, and also provided them with [No. 8] **specimen sermons** (*ibid*. i. 416 sqq.) which illustrate his style of preaching. [No. 9] **Descriptions of the proceedings** (F. Myconius, 1491–†1546, *Historia Reformationis ap.* Gieseler, *Ecclesiastical History*, v. 362, ed. 1855) have also come down to us from contemporary hands, and [No. 10] **specimen grants** (Loescher, *op. cit.* i. 394).

No. 6. Instructio Summaria ad sub-commissarios.

Instructio Summaria ad sub-commissarios &c.

Albertus, Dei et Apostolicae Sedis gratia, sanctarum Magdeburgensis ecclesiae ac Moguntinensis sedis Archiepiscopus, Primas et sacri Romani imperii in Germania Archicancellarius, Princeps elector ac Administrator Halberstadensium ecclesiarum, Marchio Brandenburgensis, Stetinensis, Pommeraniae, Cassuborum Sclavorumque Dux, Burggravius Nurenbergensis et Rugiae Princeps, et Guardianus fratrum Ordinis Minorum de Observantia conventus Moguntini, praefatarum gratiae plenissimae indulgentiae aliarumque apostolicarum facultatum specialiter coniunctim et in solidum commissarii apostolici deputati: cunctis viris ecclesiasticis,

[1] Ranke says that the commission of Cristofero 'included only Switzerland and Austria.' (*History of the Reformation*, 151: ed. R. A. Johnson, 1905). The *Regesta* say 'Poloniae &c.'. In Switzerland Cristofero's deputy was Bernhardin Samson (see No. 164, *infra*).

saecularibus, et quorumcunque ordinum etiam mendicantium
regularibus, pro executione negotii plenissimarum indulgentiarum aliarumque facultatum &c. in favorem fabricae basilicae
Principis Apostolorum de Urbe per S. D. N. Leonem Papam
decimum nuper in forma iubilaei gratiose concessarum, sub-
deputandis et eligendis, salutem in Domino sempiternam.

Mittimus circumspectioni vestrae processum summarium in
executione negotii indulgentiarum huiusmodi observandum...

Sequuntur quattuor principales gratiae per bullam apostolicam concessae: quarum quaelibet per se sine alia potest
obtineri. Circa praedictas quattuor facultates praedicatores
summam suam diligentiam impendere et facere debent,
singulas fidelibus efficacissime insinuando et in quantum eis
possibile fuerit interpretentur.

Prima gratia est plenaria remissio omnium peccatorum, qua
quidem gratia nihil maius dici potest eo quod homo peccator
et divina gratia privatus per illam perfectam remissionem et
Dei gratiam denuo consequitur. Per quam etiam peccatorum
remissionem sibi poenae in purgatorio propter offensam
divinae maiestatis luendae plenissime remittuntur atque dicti
purgatorii poenae omnino delentur. Et licet ad tantam
gratiam promerendam nihil satis dignum possit retribui eo
quod donum Dei et gratia aestimationem non habet, tamen
ut Christifideles ad illam consequendam facilius invitentur,
sequentem modum observandum statuimus, videlicet:—

Primo unusquisque corde contritus et ore confessus
visitet saltem septem ecclesias ad hoc deputatas, videlicet,
in quibus affixa sunt arma Papae et in qualibet ecclesia dicat
devote quinque Pater noster et quinque Ave Maria, ad honorem
quinque vulnerum D. N. I. C. per quem fuit facta redemptio
nostra...

His vero qui lecto incumbunt poterit deputari aliqua devota
imago, coram qua vel ad quam aliquas orationes secundum
Penitentiarii arbitrium dicant...

Si vero aliqui vel aliqua visitationem ecclesiarum aut altarium praedictorum aliqua ratione vel causa sibi peterent
remitti, tunc Penitentiarii audita ratione vel causa id facere
poterunt: visitationem tamen praedictam faciant maiori contributione compensari.

Modus contribuendi in cistam. Quo vero ad contributionem
ad capsam pro dictae fabricae Principis Apostolorum constru-
ctione: imprimis quidem debent Penitentiarii et confessores
post expositam confitentibus huiusmodi plenariae remissionis et

facultatum magnitudinem eos interrogare, pro quanta contributione vel pecunia aut aliis bonis temporalibus vellent secundum suam conscientiam dicta plenissima remissione et facultatibus carere : et hoc ideo ut postea possint ipsos facilius ad contribuendum inducere. Et quoniam nimis variae et diversae sunt hominum conditiones, quas considerare non valemus et sic certas taxas imponere: ideo visum nobis est communi cursu huiusmodi taxas ita posse distingui.

Reges et Reginae eorumque filii, Archiepiscopi et Episcopi, ac alii magni principes ad loca in quibus crux erecta est confluentes aut alias in eis existentes solvant saltem florenos aureos Rhenenses viginti quinque. Abbates et ecclesiarum Cathedralium Prelati maiores, Comites et Barones, ac alii nobiles potentiores et eorum uxores pro quolibet solvant florenos similes decem. Alii prelati et nobiles minores ac rectores insignium locorum, omnesque alii qui vel ex redditibus stabilibus vel mercibus aut alias communiter percipiunt in anno florenos similes quingentos, solvant florenos similes sex. Alii cives et mercatores qui percipiunt communiter florenos ducentos solvant florenos similes tres. Alii cives et mercatores mechanici proprios redditus et familiam habentes florenum unum similem. Alii minores medietatem floreni similis. . . . Et qui pecunias non habent precibus ieiuniis suam contributionem suppleant : regnum enim coelorum non plus divitibus quam pauperibus patere debet . . .

Secunda gratia principalis est confessionale plenum maximis et relevantissimis et prius inauditis facultatibus ; quod etiam nostrae bullae octennio exspirante semper vigorem vimque habebit, cum textus bullae dicat 'Nunc et in perpetuum participes fiant': cuius continentiam ac tenorem Predicatores et Confessores summis viribus explanare ac extollere debent. Conceditur enim in confessionali ipsum redimentibus :—

1º facultas eligendi confessorem idoneum etiam mendicantium ordinum regularem, qui inprimis eos a quibuscunque censuris etiam ab homine latis de consensu partium absolvat.

2º a quibuscunque gravissimis delictis, etiam Sedi Apostolicae reservatis, semel in vita et in mortis articulo.

3º in casibus non reservatis Sedi Apostolicae totiens quotiens.

4º qui semel in vita et in mortis articulo quotiens ille imminebit, licet mors tunc non subsequatur, indulgentiam plenariam omnium peccatorum possit impendere.

5º qui vota quaecunque (ultramarino, visitationis liminum Apostolorum, et sancti Iacobi in Compostella, religionis et castitatis, votis solemniter emissis duntaxat exceptis) in alia pietatis opera commutare possit.

6º qui Eucharistiae sacramentum omni tempore anni, praeterquam in die Paschae, et in mortis articulo eis ministrare possit.

Statuimus autem quod unum ex huiusmodi Confessionalibus, quatenus pauperes a gratiis in eo contentis non excludantur, pro quarta parte aurei floreni Rhenensis dari et distribui debet . . . quod quidem plus ultra taxam ordinariam in capsa indulgentiarum imponi debet . . .

Tertia principalis gratia est participatio omnium bonorum ecclesiae universalis, quae in hoc stat quod contribuentes pro dicta fabrica ac eorum parentes defuncti qui in charitate decesserunt nunc et in perpetuum participabunt in omnibus precibus, suffragiis, eleemosynis, ieiuniis, orationibus, peregrinationibus quibuscunque etiam ad terram sanctam, stationibusque in Urbe, missis, horis canonicis, disciplinis et ceteris omnibus spiritualibus bonis quae fiunt et fieri poterunt in universali sacrosancta ecclesia militante, et omnibus eius membris. Quam participationem fideles tunc consequuntur quando literas confessionales redimunt. Circa quam facultatem Praedicatores et Confessores summopere insistere debent, fidelibus persuadendo ne ipsam et confessionale redimere negligant.

Declaramus etiam quod pro dictis duabus gratiis principalibus consequendis non est opus confiteri, seu ecclesias aut altaria visitare, sed duntaxat confessionale redimere . . .

Quarta principalis gratia est pro animabus in purgatorio existentibus, plenaria omnium peccatorum remissio, quam remissionem Papa dictis animabus in purgatorio existentibus per modum suffragii largitur et concedit; ita videlicet quod pro eis in capsam contributio per viventes fiat qualem unus dare aut facere pro se haberet. . . . Nec opus est quod contribuentes pro animabus in capsam sint corde contriti et ore confessi, cum talis gratia charitati in qua defunctus decessit et contributioni viventis duntaxat innitatur, prout ex textu bullae claret . . .

Aliae gratiae et facultates Apostolicae quattuor priores principales nunc sequuntur. . . . Sciendum tamen quod eisdem facultatibus indigentes pro ipsis specialiter in usum praesentis negotii ad capsas positas imponere debent . . . quantum alias pro ipsarum consecutione exponere haberent . . .

Prima igitur est votorum omnium . . . in usum dictae fabricae commutatio . . .

Secunda facultas est dispensatio et compensatio cum simoniacis et irregularibus . . . solvant fructus unius anni . . .

Tertia facultas est componendi super male ablatis, incertis vel etiam certis, in aliquibus casibus . . . In his enim omnibus casibus restitutio fieri deberet, et nescitur cui. Unde examinent conscientiam suam in quam summam possent habere male ablata, et componendo ab omni male ablatorum restitutione liberabuntur . . .

Quarta facultas est dispensandi cum eis qui ante aetatem legitimam sine dispensatione ad ordines sacros sunt promoti super irregularitate, et ut possint in susceptis ordinibus ministrare . . .

Quinta facultas est dispensandi cum his qui in gradu prohibito consanguinitatis et affinitatis contraxerunt, scienter vel ignoranter . . .

Sexta facultas est componendi cum iniuste occupantibus bona ecclesiarum vel monasteriorum . . .

Septima facultas est apprehendendi et de iure assequendi ad usum dictae fabricae omnia bona res et pecunias quae hactenus relicta sunt et durante dicto octennio relinquentur pro male ablatorum restitutione in quacunque ultima voluntate, quibuscunque incertis ecclesiis aut piis locis et personis . . . Similiter applicat Papa dictae fabricae omnia bona quae per aliquos iniuste detinentur: sed illi quibus illa bona restituenda essent aliqua ratione non possunt illa repetere . . .

No. 7. Tetzel's Instructio for parish priests.

Fragmentum summariae instructionis Io. Tezelii pro sacerdotibus.

Possunt absolvi et dispensari a quacunque irregularitate contracta, exceptis provenientibus ex homicidio voluntario et bigamia.

Item, qui aliqua coniunctione, spirituali vel carnali, videlicet in tertio vel quarto gradu consanguinitatis vel affinitatis impediti matrimonium contraxerunt, absolvi et dispensari possunt, et in contracto matrimonio remanere, et denuo si opus fuit contrahere valebunt, prolem susceptam et suscipiendam legitimam fore declarando.

Item, de omnibus male ablatis, incertis et etiam certis, per usurariam pravitatem quaesitis.

Item, de omnibus legatis ad pios usus relictis compositio et dispensatio fieri potest.

Item, multae aliae facultates habentur, quae causa brevitatis omittuntur.

Idcirco[1] perpendat populus quod hic est Roma. Ista nunc est ecclesia Sancti Petri, et ecclesiae nunc visitandae erunt loco ecclesiarum Romae visitandarum. Hi confessores poenitentiarii sunt et possunt sicut summi poenitentiarii in ecclesia Sancti Petri. Deus et Sanctus Petrus vocant vos. Disponite ergo ad tantam gratiam consequendam, et pro salute animarum vestrarum et defunctorum vestrorum. Nolite ergo tardare : quia qua hora non putatis Filius hominis veniet.

Item, murmuratores, detractores et qualitercunque et quomodocunque, directe vel indirecte, publice vel occulte, huiusmodi negotium impedientes, ipso facto sunt a Sanctissimo D. N. Papa Leone praedicto excommunicati . . . Ideo cavete ne ponatis os in coelum.

No. 8. Tetzel's specimen sermons for parish priests.

Sermo secundus.

Venerabilis Domine, rogo ut velitis populo vobis subiecto intimare, ne tantam gratiam ad salvandas animas concessam negligere velit . . . Non auditis vocem parentum vestrorum et aliorum defunctorum clamantium et dicentium : ' " Miseremini, miseremini mei, saltem vos amici mei, quia manus Domini tetigit me "[2] ; quia sumus in durissimis poenis et tormentis, a quibus possetis nos parva eleemosyna redimere, et non vultis.' Aperiatis aures, quia pater ad filium et mater ad filiam &c., dicentes : ' Quare sicut Deus persequimini me, et carnibus meis saturamini ? '[3] quasi dicendo, ' Nos genuimus, aluimus, gubernavimus, bona nostra temporalia relinquendo et estis tam crudeles et duri, quod nunc tanta facilitate nos liberare possetis, non vultis permittitisque in flammis iacere, gloriam nobis promissam tardantes.' . . .

Sermo tertius.

Venerabilis Domine, oro ut ovibus vestris meo nomine talia facere verba velitis, ut oculos mentis aperire velint considerare quantam gratiam et donum in foribus habuerunt et nunc habent. Vere beati oculi qui vident quod ipsi vident . . . Capiatis literas salvi conductus a Vicario D. N. I. C., quibus mediantibus poteritis animam a manibus inimicorum liberare,

---

[1] Sermo primus.   [2] Job xix. 21.   [3] ib. xix. 22.

et ad felicia regna, mediante contritione confessioneque, tutam et securam sine aliqua poena purgatorii perducere. Sciant quod in his literis impressa et sculpta sunt omnia ministeria Christi passionis ibi extenti. Animadvertant quod pro quolibet peccato mortali oportet per septem annos post confessionem et contritionem poenitere, vel in hac vita vel in purgatorio. Quot peccata mortalia committuntur in die, quot in hebdomada, quot in mense, quot in anno, quot toto tempore vitae? Fere infinita sunt, et infinitam poenam habent subire in ardentibus poenis purgatorii. Et cum his literis confessionalibus poteritis semel in vita, in omnibus casibus, quattuor exceptis Sedi Apostolicae reservatis, habere plenariam omnium poenarum usque tunc debitarum ⟨remissionem⟩. Deinde toto tempore vitae poteritis, quandocunque vultis confiteri, in casibus Papae non reservatis, etiam habere similem remissionem, et postea in articulo mortis plenariam omnium poenarum et peccatorum indulgentiam, et habere participationem omnium bonorum spiritualium, quae fiunt in militante Ecclesia et in membris eius.

Nonne cognoscitis, quod, si contingat aliquem ire Romam, vel ad alias periculosas partes, mittant pecunias suas in banco et ille pro quolibet centum dat quinque aut sex aut decem ut Romae vel alibi cum literis dicti banci securas rehabeat? Et vos non vultis pro quarta parte floreni recipere has literas, quarum virtute non pecunias sed animam divinam et immortalem tutam et securam ducere potestis ad patriam Paradisi?...

No. 9. A contemporary description of the proceedings.

He gained by his preaching in Germany an immense sum of money, all of which he sent to Rome; and especially at the new mining works at St. Annaberg, where I, Frederick Mecum, heard him for two years, a large sum was collected. It is incredible what this ignorant and impudent friar gave out. He said that if a Christian had slept with his mother, and placed the sum of money in the Pope's indulgence chest, the Pope had power in heaven and earth to forgive the sin, and, if he forgave it, God must do so also. Item, if they contributed readily and bought grace and indulgence, all the hills of St. Annaberg would become pure massive silver. Item, so soon as the coin rang in the chest, the soul for whom the money was paid, would go straightway to heaven. The indulgence was so highly prized, that when the commissary entered a city, the Bull was borne on a satin or gold-embroidered cushion, and all the priests and monks, the town council, schoolmaster, scholars, men, women, maidens, and children, went out to meet him with banners and tapers, with songs and procession. Then all the bells were rung, all the organs played; he was conducted into the church, a red cross was erected in the midst of the church, and the Pope's banner displayed; in short, God himself could not have been welcomed and entertained with greater honour.

No. 10. A specimen grant by Tetzel.

Frater Iohannes Tetzel, ordinis Praedicatorum conventus Lipsiensis, S. T. B. ac haereticae pravitatis inquisitor, . . . dilecto nobis in Christo Tilemanno de Kopenick Brandenburgensis dioecesis, salutem in Domino sempiternam.

Exposuisti nobis, quod volebas suem percutere, in quo casu puer tuus te non vidente tibi appropinquavit, quem, percutiendo post suem, contra omnem voluntatem tuam cum infinita cordis tua tristitia, tetigisti et occidisti : de quo peccato ex intimis doles. Unde volens saluti animae tuae consulere, a nobis de opportuno absolutionis remedio tibi provideri humiliter postulari fecisti. Quocirca nos, qui salutem quorumlibet quaesivimus, te, qui nobiscum secundum vires tuas in commodum praefatae Fabricae compositionem fecisti, auctoritate Apostolica qua fungimur in hac parte, ab homicidio misericorditer absolvimus, teque eadem auctoritate per nos a dicto homicidio absolutum esse, per praesentes denunciamus literas. Mandamus etiam omnibus et singulis ad quos pervenerint, sub sententiis, censuris et poenis in literis facultatum nostrarum Apostolicarum contentis, ut fidem hisce tribuant, te plenissime absolutum esse statuant, huiusque caedis nequaquam quisquam accuset. Ad fidem et testimonium, sigillum praefatae fabricae, quo ad huiusmodi utimur, impressimus. Datum Berlin, A. D. 1517, 5 Octobr. Anno quinto imperii S. D. N. Papae.

VII

THE NINETY-FIVE THESES, 1517

Tetzel was not allowed to preach the indulgence in the dominions of the Elector of Saxony; but he came to Jüterbog and Zerbst, within easy reach of Wittenberg. On 31 October 1517 Luther posted up [No. 11] **ninety-five theses** (Loescher, i. 438 sqq.) for disputation on the door of the Castle Church in Wittenberg, the usual place for notices of such University exercises. On the same day he sent a copy of them, with a covering [No. 12] **letter, to Albert, Archbishop of Mainz** (de Wette, *Luther's Briefe*, i. 67); and explained his position to the people in a [No. 13] **Sermon on Indulgence and Grace** (Loescher, i. 469 sqq.; tr. Gieseler, *Eccl. Hist.* v. 367). He was confident that he had only to expose the evil attendant upon the sale of indulgences to get it removed. 'In iis certus mihi videbar me habiturum patronum Papam, cuius fiducia tam fortiter nitebar, qui in suis decretis clarissime damnat quaestorum (ita vocat indulgentiarios praedicatores) immodestiam.' *Lutheri Praef. ad Opera*: 5 Mart. 1545.

No. 11. Luther's Theses.

Disputatio D. Martini Luther Theologi, pro declaratione virtutis Indulgentiarum.

Amore et studio elucidandae veritatis haec subscripta disputabuntur Wittenbergae, praesidente R. P. Martino Luther, Artium et S. Theologiae Magistro, eiusdemque ibidem lectore ordinario. Quare petit ut qui non possunt verbis praesentes nobiscum disceptare, agant id literis absentes. In nomine D. N. I. C. Amen.

1. Dominus et magister noster Iesus Christus, dicendo: Poenitentiam agite, &c., omnem vitam fidelium poenitentiam esse voluit.

2. Quod verbum de poenitentia sacramentali, id est confessionis et satisfactionis, quae sacerdotum ministerio celebratur, non potest intelligi.

3. Non tamen solam intendit interiorem, imo interior nulla est, nisi foris operetur varias carnis mortificationes.

4. Manet itaque poena, donec manet odium sui, id est, poenitentia vera intus, scilicet usque ad introitum regni coelorum.

5. Papa non vult nec potest ullas poenas remittere praeter eas quas arbitrio vel suo vel canonum imposuit.

6. Papa non potest remittere ullam culpam, nisi declarando et approbando remissam a Deo, aut certe remittendo casus reservatos sibi, quibus contemptis culpa prorsus remaneret.

7. Nulli prorsus remittit Deus culpam, quin simul eum subiiciat humiliatum in omnibus sacerdoti suo vicario.

8. Canones poenitentiales solum viventibus sunt impositi, nihilque morituris secundum eosdem debet imponi.

9. Inde bene nobis facit Spiritus sanctus in papa, excipiendo in suis decretis semper articulum mortis et necessitatis.

10. Indocte et male faciunt sacerdotes ii, qui morituris poenitentias canonicas in purgatorium reservant.

11. Zizania illa de mutanda poena canonica in poenam purgatorii videntur certe dormientibus episcopis seminata.

12. Olim poenae canonicae non post sed ante absolutionem imponebantur, tanquam tentamenta verae contritionis.

13. Morituri per mortem omnia solvunt, et legibus canonum mortui iam sunt, habentes iure earum relaxationem.

14. Imperfecta sanitas seu caritas morituri necessario secum fert magnum timorem, tantoque maiorem quanto minor fuerit ipsa.

15. Hic timor et horror satis est se solo, ut alia taceam, facere poenam purgatorii, cum sit proximus desperationis horrori.

16. Videntur infernus purgatorium coelum differre, sicut desperatio, prope desperatio, securitas differunt.

17. Necessarium videtur animabus in purgatorio sicut minui horrorem, ita augeri caritatem.

18. Nec probatum videtur ullis aut rationibus aut scripturis, quod sint extra statum meriti seu augendae caritatis.

19. Nec hoc probatum esse videtur, quod sint de sua beatitudine certae et securae, saltem omnes, licet nos certissimi simus.

20. Igitur papa per remissionem plenariam omnium poenarum non simpliciter omnium intelligit, sed a se ipso tantummodo impositarum.

21. Errant itaque indulgentiarum praedicatores ii qui dicunt per papae indulgentias hominem ab omni poena solvi et salvari.

22. Quin nullam remittit animabus in purgatorio, quam in hac vita debuissent secundum canones solvere.

23. Si remissio ulla omnium omnino poenarum potest alicui dari, certum est eam non nisi perfectissimis, id est, paucissimis dari.

24. Falli ob id necesse est maiorem partem populi, per indifferentem illam et magnificam poenae solutae promissionem.

25. Qualem potestatem habet papa in purgatorium generaliter, talem habet quilibet episcopus et curatus in sua diocesi et parochia specialiter.

26. Optime facit papa, quod non potestate clavis (quam nullam habet) sed per modum suffragii dat animabus remissionem.

27. Hominem praedicant, qui statim, ut iactus nummus in cistam tinnierit, evolare dicunt animam.

28. Certum est nummo in cista tinniente augeri quaestum et

avaritiam posse, suffragium autem ecclesiae est in arbitrio Dei solius.

29. Quis scit, si omnes animae in purgatorio velint redimi, sicut de S. Severino et Paschali factum narratur?

30. Nullus securus est de veritate suae contritionis, multo minus de consecutione plenariae remissionis.

31. Quam rarus est vere poenitens, tam rarus est vere indulgentias redimens, id est, rarissimus.

32. Damnabuntur in aeternum cum suis magistris, qui per literas veniarum securos sese credunt de sua salute.

33. Cavendi sunt nimis, qui dicunt venias illas papae donum esse illud Dei inaestimabile, quo reconciliatur homo Deo.

34. Gratiae enim illae veniales tantum respiciunt poenas satisfactionis sacramentalis ab homine constitutas.

35. Non Christiana praedicant, qui docent, quod redempturis animas vel confessionalia non sit necessaria contritio.

36. Quilibet Christianus vere compunctus habet remissionem plenariam a poena et culpa, etiam sine literis veniarum, sibi debitam.

37. Quilibet verus Christianus, sive vivus sive mortuus, habet participationem omnium bonorum Christi et ecclesiae, etiam sine literis veniarum, a Deo sibi datam.

38. Remissio tamen et participatio papae nullo modo est contemnenda, quia, ut dixi, est declaratio remissionis divinae.

39. Difficillimum est etiam doctissimis theologis, simul extollere veniarum largitatem et contritionis veritatem coram populo.

40. Contritionis veritas poenas quaerit et amat, veniarum autem largitas relaxat, et odisse facit, saltem occasione.

41. Caute sunt veniae apostolicae praedicandae, ne populus false intelligat, eas praeferri caeteris bonis operibus caritatis.

42. Docendi sunt Christiani, quod papae mens non est, redemptionem veniarum ulla ex parte comparandam esse operibus misericordiae.

43. Docendi sunt Christiani, quod dans pauperi aut mutuans egenti melius facit quam si venias redimeret.

44. Quia per opus caritatis crescit caritas et fit homo melior, sed per venias non fit melior, sed tantummodo a poena liberior.

45. Docendi sunt Christiani quod, qui videt egenum, et neglecto eo dat pro veniis, non indulgentias papae, sed indignationem Dei sibi vindicat.

46. Docendi sunt Christiani, quod nisi superfluis abundent,

necessaria tenentur domui suae retinere, et nequaquam propter venias effundere.

47. Docendi sunt Christiani, quod redemptio veniarum est libera, non praecepta.

48. Docendi sunt Christiani, quod papa sicut magis eget, ita magis optat in veniis dandis pro se devotam orationem, quam promptam pecuniam.

49. Docendi sunt Christiani, quod veniae papae sunt utiles, si non in eas confidant, sed nocentissimae, si timorem Dei per eas amittant.

50. Docendi sunt Christiani, quod si papa nosset exactiones venialium praedicatorum, mallet basilicam S. Petri in cineres ire, quam aedificari cute, carne et ossibus ovium suarum.

51. Docendi sunt Christiani, quod papa, sicut debet, ita vellet, etiam vendita, si opus sit, basilica S. Petri de suis pecuniis dare illis, a quorum plurimis quidam concionatores veniarum pecuniam eliciunt.

52. Vana est fiducia salutis per literas veniarum, etiamsi commissarius, imo papa ipse suam animam pro illis impignoraret.

53. Hostes Christi et papae sunt ii, qui propter venias praedicandas verbum Dei in aliis ecclesiis penitus silere iubent.

54. Iniuria fit verbo Dei, dum in eodem sermone aequale vel longius tempus impenditur veniis quam illi.

55. Mens papae necessario est, quod, si veniae, quod minimum est, una campana, unis pompis et caerimoniis celebrantur, evangelium, quod maximum est, centum campanis, centum pompis, centum caerimoniis praedicetur.

56. Thesauri ecclesiae, unde papa dat indulgentias, neque satis nominati sunt, neque cogniti apud populum Christi.

57. Temporales certe non esse patet, quod non tam facile eos profundunt, sed tantummodo colligunt multi concionatorum.

58. Nec sunt merita Christi et sanctorum, quia haec semper sine papa operantur gratiam hominis interioris, et crucem, mortem, infernumque exterioris.

59. Thesauros ecclesiae S. Laurentius dixit esse pauperes ecclesiae, sed locutus est usu vocabuli suo tempore.

60. Sine temeritate dicimus, claves ecclesiae, merito Christi donatas, esse thesaurum istum.

61. Clarum est enim, quod ad remissionem poenarum et casuum sola sufficit potestas papae.

62. Verus thesaurus ecclesiae est sacrosanctum evangelium gloriae et gratiae Dei.

63. Hic autem est merito odiosissimus, quia ex primis facit novissimos.

64. Thesaurus autem indulgentiarum merito est gratissimus, quia ex novissimis facit primos.

65. Igitur thesauri evangelici retia sunt, quibus olim piscabantur viros divitiarum.

66. Thesauri indulgentiarum retia sunt, quibus nunc piscantur divitias virorum.

67. Indulgentiae, quas concionatores vociferantur maximas gratias, intelliguntur vere tales quoad quaestum promovendum.

68. Sunt tamen revera minime ad gratiam Dei et crucis pietatem comparatae.

69. Tenentur episcopi et curati veniarum apostolicarum commissarios cum omni reverentia admittere.

70. Sed magis tenentur omnibus oculis intendere, omnibus auribus advertere, ne pro commissione papae sua illi somnia praedicent.

71. Contra veniarum apostolicarum veritatem qui loquitur, sit ille anathema et maledictus.

72. Qui vero contra libidinem ac licentiam verborum concionatoris veniarum curam agit, sit ille benedictus.

73. Sicut papa iuste fulminat eos, qui in fraudem negotii veniarum quacunque arte machinantur,

74. Multo magis fulminare intendit eos, qui per veniarum praetextum in fraudem sanctae caritatis et veritatis machinantur.

75. Opinari venias papales tantas esse ut solvere possint hominem, etiamsi quis per impossibile Dei genitricem violasset, est insanire.

76. Dicimus contra quod veniae papales nec minimum venialium peccatorum tollere possint, quoad culpam.

77. Quod dicitur, nec si S. Petrus modo papa esset, maiores gratias donare posset, est blasphemia in S. Petrum et papam.

78. Dicimus contra, quod etiam iste et quilibet papa maiores habet, scilicet evangelium, virtutes, gratias curationum, &c. ut 1 Cor. xii.

79. Dicere crucem armis papalibus insigniter erectam cruci Christi aequivalere, blasphemia est.

80. Rationem reddent episcopi, curati, et theologi, qui tales sermones in populum licere sinunt.

81. Facit haec licentiosa veniarum praedicatio, ut nec reverentiam papae facile sit, etiam doctis viris, redimere a calumniis aut certe argutis quaestionibus laicorum.

82. Scilicet, cur papa non evacuat purgatorium propter sanctissimam caritatem et summam animarum necessitatem, ut causam omnium iustissimam, si infinitas animas redimit propter pecuniam funestissimam ad structuram basilicae, ut causam levissimam?

83. Item, cur permanent exsequiae et anniversaria defunctorum, et non reddit, aut recipi permittit beneficia pro illis instituta, cum iam sit iniuria pro redemptis orare?

84. Item, quae illa nova pietas Dei et papae, quod impio et inimico propter pecuniam concedunt animam piam et amicam Dei redimere, et tamen propter necessitatem ipsiusmet piae et dilectae animae non redimunt eam gratuita caritate?

85. Item, cur canones poenitentiales re ipsa et non usu iamdiu in semet abrogati et mortui, adhuc tamen pecuniis redimuntur per concessionem indulgentiarum tanquam vivacissimi?

86. Item, cur papa, cuius opes hodie sunt opulentissimis Crassis crassiores, non de suis pecuniis magis quam pauperum fidelium, struit unam tantummodo basilicam S. Petri?

87. Item, quid remittit aut participat papa iis, qui per contritionem perfectam ius habent plenariae remissionis et participationis?

88. Item, quid adderetur ecclesiae boni maioris, si papa, sicut semel facit, ita centies in die cuilibet fidelium has remissiones et participationes tribueret?

89. Ex quo papa salutem quaerit animarum per venias magis quam pecunias, cur suspendit literas et venias iam olim concessas, cum sint aeque efficaces?

90. Haec scrupulosissima laicorum argumenta sola potestate compescere, nec reddita ratione diluere, est ecclesiam et papam hostibus ridendos exponere, et infelices Christianos facere.

91. Si ergo veniae secundum spiritum et mentem papae praedicarentur, facile illa omnia solverentur, imo non essent.

92. Valeant itaque omnes illi prophetae, qui dicunt populo Christi 'Pax, pax', et non est pax.

93. Bene agant omnes illi prophetae, qui dicunt populo Christi 'Crux, crux', et non est crux.

94. Exhortandi sunt Christiani, ut caput suum Christum per poenas, mortes, infernosque sequi studeant.

95. Ac sic magis per multas tribulationes intrare coelum quam per securitatem pacis confidant.

No. 12. Luther's Letter to Albert of Mainz.

Reverendissimo in Christo Patri, Illustrissimo Domino, Domino Alberto, Magdeburgensis ac Moguntinensis Ecclesiae Archiepiscopo Primati, Marchioni Brandenburgensi, &c. Domino suo et Pastori in Christo, venerabiliter metuendo, ac gratiosissimo.

Gratiam et misericordiam Dei et quicquid potest et est. Parce mihi, reverendissime in Christo Pater, Princeps illustrissime, quod ego fex hominum tantum habeo temeritatis, ut ad culmen tuae Sublimitatis ausus fuerim cogitare epistolam. Testis est mihi Dominus Jesus, quod meae parvitatis et turpitudinis mihi conscius diu iam distuli, quod nunc perfricta fronte perficio, permotus quam maxime officio fidelitatis meae, quam tuae reverendissimae Paternitati in Christo debere me agnosco. Dignetur itaque tua interim Celsitudo oculum ad pulverem unum intendere, et votum meum pro tua et pontificali clementia intelligere.

Circumferuntur indulgentiae papales sub tuo praeclarissimo titulo ad fabricam S. Petri, in quibus non adeo accuso praedicatorum exclamationes, quas non audivi, sed doleo falsissimas intelligentias populi ex illis conceptas, quas vulgo undique iactant, videlicet, quod credunt infelices animae, si literas indulgentiarum redemerint, quod securi sint de salute sua : item, quod animae de purgatorio statim evolent, ubi contributionem in cistam coniecerint : deinde, tantas esse has gratias ut nullum sit adeo magnum peccatum, etiam (ut aiunt) si per impossibile quis matrem Dei violasset, quin possit solvi ; item, quod homo per istas indulgentias liber sit ab omni poena et culpa.

O Deus optime, sic erudiuntur animae tuis curis, optime Pater, commissae ad mortem, et fit atque crescit durissima ratio tibi reddenda super omnibus istis. Idcirco tacere super haec amplius non potui. Non enim fit homo per ullum munus episcopi securus de salute, cum nec per gratiam Dei infusam fiat securus, sed semper in timore et tremore iubet nos operari salutem nostram Apostolus : et iustus vix salvabitur : denique tam arcta est via quae ducit ad vitam ut Dominus per Prophetas Amos et Zachariam salvandos appellet torres raptos de incendio, et ubique Dominus difficultatem salutis denunciet.

Quomodo ergo per illas falsas veniarum fabulas et promissiones faciunt populum securum et sine timore ? Cum indulgentiae prorsus nihil boni conferant animabus ad salutem aut sanctitatem, sed tantummodo poenam externam, olim canonice imponi solitam, auferant.

Denique opera pietatis et charitatis sunt in infinitum meliora indulgentiis, et tamen haec non tanta pompa nec tanto studio praedicant: imo propter venias praedicandas illa tacent: cum tamen omnium Episcoporum hoc sit officium primum et solum ut populus Evangelium discat atque charitatem Christi. Nusquam enim praecepit Christus indulgentias praedicari, sed Evangelium vehementer praecipit praedicari. Quantus ergo horror est, quantum periculum Episcopi, si, tacito Evangelio, non nisi strepitus indulgentiarum permittat in populum suum, et has plus curet quam Evangelium? Nonne dicet illis Christus: colantes culicem et glutientes camelum?

Accedit ad haec, reverendissime Pater in Domino, quod in instructione illa Commissariorum, sub T. R. Paternitatis nomine edita, dicitur (utique sine tuae Paternitatis reverendissimae et scientia et consensu) unam principalium gratiarum esse donum illud Dei inaestimabile quo reconcilietur homo Deo: et omnes poenae delentur purgatorii: item, quod non sit necessaria contritio iis qui animas vel confessionalia redimunt.

Sed quid faciam, optime Praesul et illustrissime Princeps, nisi quod per Dominum Iesum Christum T. R. Paternitatem orem, quatenus oculum paternae curae dignetur advertere, et eundem libellum penitus tollere, et praedicatoribus veniarum imponere aliam praedicandi formam: ne forte aliquis tandem exsurgat, qui editis libellis et illos et libellum illum confutet, ad vituperium summum illustrissimae tuae Sublimitatis. Quod ego vehementer quidem fieri abhorreo, et tamen futurum timeo, nisi cito succurratur.

Haec meae parvitatis fidelia officia, rogo, tua illustrissima Gratia dignetur accipere modo principali et episcopali, id est, clementissimo: sicut ego ea exhibeo corde fidelissimo et T. P. R. deditissimo: sum enim et ego pars ovilis tui. Dominus Iesus custodiat T. R. Paternitatem in aeternum. Amen. Ex Wittenberga, in vigilia Omnium Sanctorum, anno MDXVII.

Si tuae reverendissimae P. placet, poterit has meas disputationes videre, ut intelligat, quam dubia res sit indulgentiarum opinio, quam illi ut certissimam somniant.

Indignus filius.

Martinus Luther, Augustin. Doctor S. Theol. vocatus.

No. 13. Luther's Sermon on Indulgence and Grace.

First you ought to know that some modern teachers such as the Master of the Sentences, S. Thomas [Aquinas] and their followers, divide Penance into three parts, namely Contrition, Confession, and Satisfaction : and although this distinction, according to their meaning, was found to be hardly or not at all grounded upon Holy Scripture, nor upon the early fathers of the Church, yet we are willing to let it stand and to speak after their fashion . . .

Sixth . . . it cannot be proved from any Scripture that divine justice requires or desires any other punishment or satisfaction from the sinner than his hearty and true repentance and conversion, with a resolution henceforth to bear the cross of Christ and practise the good works before-mentioned, also imposed on him by no man . . .

Ninth, if the Church were at this day to decide and declare that indulgence made more satisfaction than works, still it were a thousand-fold better, that no Christian man should purchase or desire the indulgence, but rather perform the works and suffer the loss . . .

Fourteenth, indulgence is allowed for the sake of imperfect and slothful Christians, who will not exercise themselves industriously in good works or are impatient. For indulgence improves no man, but only tolerates and allows his imperfection. So men should not speak against indulgence, but neither should they persuade any one to take it . . .

VIII

THE CONTROVERSY CONCERNING INDULGENCES, 1518

After a sermon (Loescher, i. 484) in refutation of Luther's on indulgence and grace, Tetzel published in 1517 [No. 14] **two disputations** (*ibid.* i. 504), one for the degree of Licentiate, the other for the degree of Doctor, in Divinity, which he received from the University of Frankfort-on-Oder. Both were composed for him by Conrad Wimpina, 1465–†1531, Professor of Theology there. Then Silvestro Mazzolini, 1460–†1523, of Prierio, a Dominican, who became Sacri Palatii Magister to Leo X in 1515, entered the lists against Luther Dec. 1517 with his [No. 15] **Dialogus de potestate Papae** (Loescher, ii. 12 sqq. *Lutheri Opera Latina Varii Argumenti*, i. 344 sqq. Erlangae, 1865). The controversy was thus given a wider range.

No. 14. Tetzel's two Disputations.

Prima Disputatio Io. Tetzelii.

3. Quisquis ergo dicit Christum, dum praedicavit 'Poenitentiam agite', sic voluisse poenitentiam interiorem et exteriorem carnis mortificationem,

4. Ut non etiam docere vel cointelligere potuerit poenitentiae Sacramentum eiusque partes, confessionem et satisfactionem, tanquam obligatorias, errat. Imo nihil nunc iuvat, si interior poena etiam operetur exteriorem mortificationem, nisi adsit facto vel voto confessio et satisfactio.

5. Haec satisfactio (cum Deus delictum absque ultione non patiatur) per poenam fit, vel aequivalens, in acceptione divina.

6. Quae vel a presbyteris imponitur, arbitro vel canone, vel nonnunquam a iustitia divina exigitur hic vel in Purgatorio dissolvenda.

11. Hanc poenam, ob peccata contrita et confessa impositam, potest Papa per Indulgentias penitus relaxare.

13. Sed licet per Indulgentias omnis poena in dispositis remittatur, quae est pro peccatis debita, ut eorum est vindicativa;

14. Errat tamen qui ob id tolli putet poenam, quae est medicativa et preservativa, cum contra hanc Iubileus non ordinetur.

15. Quantumvis ergo aliquis sit per Indulgentias vere et totaliter relaxatus, quod fieri posse in dispositis qui negat, errat;

16. Nullatenus tamen debet intermittere opera satisfactoria, quoad vixerit, quando sunt reliquiarum curativa et a futuris praeservativa et meritoria.

30. . . . minima contritio, quae potest in fine vitae contingere,

31. Sufficiat ad peccatorum remissionem ac poenae aeternae in temporalem mutationem.

64. Non esse Christianum dogma, quod redempturi pro amicis confessionalia vel purgandis Iubileum possint haec facere absque contritione, error

. . . .

Disputatio secunda Io. Tetzelii.

Docendi sunt Christiani

1. Ex quo in Ecclesia potestas Papae est suprema et a solo Deo instituta, quod a nullo puro homine, nec a toto simul mundo potest restringi aut ampliari, sed a solo Deo.

2. Quod Papae in eos omnes immediatam iurisdictionem habenti ... simpliciter obedire tenentur.

3. Quod Papa iurisdictionis auctoritate superior tota universali Ecclesia et concilio, quodque statutis suis humiliter sit obediendum.

4. Quod Papa ea, quae fidei sunt, solus habet determinare, quodque sacrae scripturae sensus ipse auctoritative, et nullus alius, pro suo sensu, interpretatur, et quod aliorum omnia dicta vel opera habet vel approbare vel reprobare.

5. Quod iudicium Papae in his, quae sunt fidei, et ad humanam salutem necessaria, errare potest minime.

12. Quod claves Ecclesiae non universali Ecclesiae ... sed Petro et Papae et in eis omnibus corum successoribus et universis Praelatis futuris per derivationem eorum in ipsos sunt collatae.

. . . .

No. 15. Prierias' Dialogus de potestate Papae.

Tuum dogma ad examussim cribraturus, Martine mi, normas et fundamenta iaciam, necesse est.

Fundamentum primum.

Ecclesia universalis essentialiter est convocatio in divinum cultum omnium credentium in Christum. Ecclesia vero universalis virtualiter est ecclesia Romana, ecclesiarum omnium caput, et Pontifex maximus. Ecclesia Romana repraesentative est collegium Cardinalium, virtualiter autem est Pontifex summus, qui est ecclesiae caput, aliter tamen quam Christus.

Fundamentum secundum.

Sicut ecclesia universalis non potest errare determinando de fide aut moribus, ita et verum concilium, faciens quod in se est ut intelligat veritatem, errare non potest ... et similiter nec ecclesia Romana nec Pontifex summus determinans ea ratione qua Pontifex, id est, ex officio suo pronuncians, et faciens quod in se est ut intelligat veritatem.

Fundamentum tertium.

Quicunque non innititur doctrinae Romanae ecclesiae ac

Romani Pontificis, tanquam regulae fidei infallibili, a qua etiam Sacra Scriptura robur trahit et auctoritatem, haereticus est.

Fundamentum quartum.

Ecclesia Romana sicut verbo ita et facto potest circa fidem et mores aliquid decernere. Nec in hoc differentia ulla est, praeter id quod verba sunt accommodatiora quam facta. Unde hac ratione consuetudo vim legis obtinet, quia voluntas principis factis permissive aut effective exprimitur. Et consequenter, quemadmodum haereticus est male sentiens circa Scripturarum veritatem, ita et male sentiens circa doctrinam et facta ecclesiae, in spectantibus ad fidem et mores, haereticus est.

Corolla.

Qui circa indulgentias dicit ecclesiam Romanam non posse facere id quod de facto facit haereticus est . . .

IX

CAJETAN, 1518.

Luther put an end to his dispute with Tetzel by his *Freiheit des Sermons D. M. L. päpstlichen Ablass und Gnade belangend* (Loescher, i. 525 sqq.) in June 1518, and to that with Prierias by his *Responsio ad Sylv. Prieratis Dialogum* (*ib.* ii. 390 sqq., and *Lutheri Op. Lat.* ii. 6 sqq.) of August 1518 (Letter of 21 Aug. 1518, de Wette, i. 133). Here he appeals to 'illud B. Augustini ad Hieronymum[1]: "Ego solis eis libris, qui canonici appellantur, hunc honorem deferre didici, ut nullum scriptorem eorum errasse firmissime credam," ' and rejects the appeal of Prierias to 'solas opiniones divi Thomae . . . qui aeque (ut tu) nudis verbis incedit, sine scriptura, sine patribus, sine canonibus, denique sine ullis rationibus'. Meanwhile, Roman judges, Prierias amongst them, had been appointed; and Luther received, 7 Aug., a citation to Rome. But the Elector intervened (Loescher, ii. 445) in favour of a trial on German soil, with the result that his case was committed to Cardinal Thomas de Vio, of Gaeta, called Cajetan, 1468–†1534, the ablest living Thomist, and now in attendance as Legate on the Emperor Maximilian's, 1493–†1519, last Diet at Augsburg. In the interval Luther had completed and sent, under covering letters, to his bishop[2] (Letter of 22 May, de Wette, i. 112), to Staupitz (Letter of 30 May, de Wette, i. 115), to Pope Leo X (Letter of 30 May, de Wette, i. 119), and to the Elector through Spalatin (Letter of 21 Aug., de Wette, i. 132), a detailed elucidation of the Ninety-five Theses, entitled *Resolutiones Disputationum de indulgentiarum virtute* (Loescher, ii. 183 sqq.; and *Lutheri Op. Lat.* ii. 137 sqq.), where, in the comment on Thesis 7,

---

[1] Aug. *Epist.* lxxxii. § 3.
[2] Hieronymus Scultetus (Schultz), Bishop of Brandenburg, 1507–20.

he rejects the 'usitatam sententiam ... qua dicitur sacramenta novae legis iustificantem gratiam dare illis qui non ponunt obicem, cum sit impossibile sacramentum conferri salubriter nisi iam credentibus et iustis et dignis. Oportet enim accedentem credere. Deinde non sacramentum, sed fides sacramenti iustificat'. He arrived at Augsburg 7 Oct.; and thrice, 12, 13, 14 Oct. [No. 16] **appeared before the Legate** (*Lutheri Op. Lat.* ii. 369 sq.); who, though, as Luther believed, he had received instructions, 'ut dictum Martinum haereticum ad personaliter coram te comparendum, invocato ... saecularium brachio, cogas' (Letter of Leo X, 23 Aug., *ibid.* ii. 355), received him 'satis clementer', but demanded a recantation. Luther replied with a protestation, 13 Oct., an [No. 17] **answer** (*ibid.* ii. 372 sqq.) submitted on 14 Oct.; and (*ibid.* ii. 371) an [No. 18] **appeal to Leo X** (*ibid.* ii. 397 sqq.) 16 Oct. On 20 Oct. he left Augsburg; arrived at Wittenberg 31 Oct., where he published in November the *Acta Augustana*, or Minutes of the Augsburg Conference (*Lutheri Op. Lat.* ii. 367 sqq.).

No. 16. Luther's account of his interview with Cajetan.

Veni Augustam,[1] susceptusque fui[2] a R. D. Cardinale Legato satis clementer ac prope reverentius. Hic ubi se nolle mecum disputare dixisset, sed suaviter et paterne rem componere, tria mihi de mandato D. papae (ut asserebat) facienda proposuit: (1) ad cor rediredem erratusque meos revocarem, (2) promitterem in futurum abstinere ab eisdem, (3) et ab omnibus quibus Ecclesia perturbari possit. Ego ... mox petii doceri in quibus errassem, me non esse mihi conscium ullius erroris. Tunc protulit Extravagantem Clementis VI, quae incipit: Unigenitus &c., quod contra eam asseruissem Propositione 58: Non esse merita Christi indulgentiarum thesaurum. Urgebat itaque, ut revocarem ... Secundo, obiecit quod Propositione 7 inter declarandum docueram, Necessariam esse fidem accessuro ad sacramentum, aut in iudicium accessurum. Hanc enim novam et erroneam doctrinam putari voluit, sed potius incertum esse omnem accedentem, gratiam consequeretur, necne ...

Respondi tunc, Mihi non solum istam Clementis esse diligenter visam, sed et alteram eius aemulam ... Sixti quarti ..., verum non habuisse eam apud me satis auctoritatis, cum aliis multis tum ea maxime causa quod scripturis sanctis abutitur ... Ideo scripturas, quas ego in Propositione mea sequor, esse ei praeferendas omnino, ac nihil inde probari, sed recitari duntaxat ac narrari opinionem S. Thomae.

[1] 7 Oct.   [2] 12 Oct.

Tunc coepit adversus me potestatem papae commendare, quoniam supra concilium, supra scripturam, supra omnia ecclesiae sit. Et ut illud persuaderet, reprobationem et abrogationem concilii Basiliensis recitavit, ac Gersonistas quoque una cum Gersone damnandos censuit.

Haec ut erant nova in auribus meis, negavi contra, papam supra concilium, supra scripturam esse. Deinde et Universitatis Parrhisiensis appellationem commendavi, multaque confusa interlocutione de poenitentia, de gratia Dei miscebamus. Nam alteram illam obiectionem cum dolore audivi, nihil enim minus timuissem quam hanc rem in dubium vocandam aliquando. Ita in nulla propemodum re conveniebamus. Sed ut altera alteram inveniebat (ut fit), ita semper nova surgebat contradictio . . .

Altera die[1] . . . adductis notario et testibus, protestabar proprie et personaliter [*Hic sequitur protestatio*] . . . Quo facto, repetiit disputationem hesternam de obiectione priore . . . Me vero tacente et iuxta protestationem in scriptis respondere promittente . . . admissa scriptili responsione abitum est . . .

Quae cum altera die[2] obtulissem, primo contempsit et verba esse, missurum tamen ea ad Urbem sese dixit, interim ad revocationem urgebat, intentans censuras sibi demandatas, ac nisi revocarem, abirem, et non redirem in conspectum suum . . .

Igitur accepto mandato non redeundi . . . praesertim cum antea iactasset sese habere mandatum ut . . . me . . . incarceraret, disposita appellatione affigenda recessi[3] . . .

No. 17. Luther's answer to Cajetan.

Quam non detrectem respondere . . . de singulis . . . meis dictis, reverendissime in Christo Pater, ut obiectionibus satisfaciam, quas heri et nudius mihi obiectas memini, hac volui epistola humiliter protestari. Nam duo sunt quae mihi sunt a P. T. R. obiecta. Primum, Extravagans illa Clemen. VI quae incipit: Unigenitus &c., in qua thesaurus indulgentiarum asseri videtur esse merita Christi et Sanctorum, quod ego in positionibus meis videor negare.

Respondeo itaque: Non fuit mihi incognita Extravagans illa, cum istas meditationes meas meditabar, sed cum certissimus essem unamque totius ecclesiae sententiam esse scirem, merita Christi in spiritu non posse committi hominibus, nec tradi per homines aut ab hominibus, sicut tamen Extravagans ista sonare

---

[1] 13 Oct.   [2] 14 Oct.   [3] 20 Oct.

videbatur, volui intactam relinquere, aliisque ingeniis melioribus committere magnas illas molestias et angustias, quas pro tuenda papae reverentia patiebar.

Occurrebat enim et movebat primo quod nuda essent verba pontificis, et adversus contentiosum vel haereticum invalidum praesidium ; deinde, si quis diceret, turpe esse principem loqui sine lege et, iuxta Zachariam, non verba hominis sed legem Dei requirendam ex ore sacerdotis ; item, quod verba scripturae torquet, et in alienum sensum eis abutitur, nam quae de gratia iustificante dicta sunt ad indulgentias trahit, quo videbatur magis narrare et magis opinione quadam pia exhortari, quam solida demonstratione aliquid probare.

Vexabat etiam, quod fieri posse constat, Decretales aliquando erroneas esse, et contra sacras literas et caritatem militare. Nam licet Decretales Romanorum Pontificum tanquam vocem Petri oportet audire, ut dicitur dist. 19, tamen hoc ipsum intelligitur de iis solum (ut dicitur ibidem) quae consonae sunt sacrae scripturae, et a prioribus patrum decretis non dissentiunt.[1]

Accessit ad hoc, quod de facto Petrus non incedens ad veritatem evangelii reprehensus est a Paulo, Gal. ii. Ideo non mirum videri, si successor eius in aliquo defecerit, quandoquidem et Actorum xv doctrina Petri non fuit suscepta, donec accederet et approbatio Iacobi minoris, episcopi Hierosolymitani, et totius ecclesiae consensus, unde fluxisse videtur id iuris dogma legem tunc firmari quando utentium moribus approbatur.

Praeterea, quam multae Decretales priores correctae sunt per posteriores. Ideoque et hanc forte pro tempore suo corrigi posse Panormitanus quoque, lib. 1 de elect. c. Significasti,[2] ostendit in materia fidei non modo generale concilium esse super papam sed etiam quemlibet fidelem, si melioribus nitatur auctoritate et ratione quam papa, sicut Petro Paulus, Gal. ii. Quod et illo 1 Cor. xiv confirmatur, Si fuerit alteri sedenti revelatum, prior taceat. Ideo sic vocem Petri esse audiendam, ut tamen liberior sit vox Pauli eum redarguentis, porro omnium superior vox Christi.

Maxime vero laborabam, quod eadem Extravagans mani-

---

[1] *Decreti Prima Pars*, Dist. XIX, c. 7 *ap.* Friedberg, *Corpus Iuris Canonici*, i. 62.

[2] Nicholas Tudeschi, 1386-†1445, Cardinal Archbishop of Palermo (Panormitanus), *Super iii libb. Decret.* 199 sqq. (ed. 1524) commenting on Decret. Greg. IX, Lib. I, Tit. vi de electione, cap. 4 (Friedberg, *Corpus Iuris Canonici*, ii. 49).

festissime mihi apparebat falsa quaedam continere. Primo, quod dicit merita sanctorum esse thesaurum, cum tota scriptura dicat, Deum ultra condignum praemiare, ut Rom. viii: Non sunt condignae passiones huius temporis. Et B. Augustinus lib. 1, retract. 19: Tota ecclesia usque in finem mundi orat: Dimitte nobis debita nostra. Ergo non superfluere aliis posse, quae nec sibi sufficerent. Inde virgines sapientes noluerunt oleum communicare insipientibus . . . Ideo sancti non suis meritis, sed sola Dei misericordia salvi fiunt, ut latius dixi in Resolutionibus.

Ego vero non eram tam insigni temeritate, ut propter unam decretalem pontificis hominis, tam ambiguam et obscuram, recederem a tot et tantis divinis scripturae testimoniis apertissimis, quin potius arbitrabar quam rectissime verba scripturae, quibus sancti describuntur deficere in meritis, incomparabiliter praeferenda verbis humanis, quibus scribuntur abundare, cum papa non super sed sub verbo Dei sit, iuxta illud Gal. i: Si angelus de caelo aliud vobis evangelizaverit quam accepistis, anathema sit. Iam illud quoque nonnihil erat, quod Petro hunc commissum thesaurum dicit, de quo nihil constat nec in evangelio nec ulla scriptura . . .

Obiectio altera est, quod in conclusione mea septima declaranda dixi: Neminem iustificari posse nisi per fidem, sic scilicet, ut necesse sit eum certa fide credere sese iustificari, et nullo modo dubitare quod gratiam consequatur. Si enim dubitat et incertus est, iam non iustificatur sed evomit gratiam. Hanc theologiam novam videri putant et erroneam.

Ad quod respondeo: Primum, infallibilis est veritas, quod nullus est iustus, nisi qui credit in Deum, ut Rom. i, Iustus ex fide vivit. Ideo quicunque non crediderit, iam iudicatus et mortuus est: igitur iustitia iusti, et vita eius, est fides eius . . . Secundo, fides autem est nihil aliud quam illud, quod Deus promittit aut dicit, credere, sicut Rom. iv, Credidit Abraham Deo, et reputatum est ei ad iustitiam. Ideo verbum et fides necessario simul sunt: et sine verbo impossibile est esse fidem, ut Isa. lv, Verbum quod egreditur de ore meo, non revertetur ad me vacuum.

Tertio, nunc probandum est, quod accessuro ad sacramentum necessarium sit credere sese gratiam consequi, et in hoc non dubitare, sed certissima fiducia confidere, alioqui in iudicium accedit. Primo, per illud Apostoli ad Ebr. xi, Oportet accedentem credere, quod Deus est, et quod inquirentibus se remunerator est. Hic patet quod non licet dubitare, sed firmiter oportet credere, quod Deus sese inquirentes remuneret. Quod si oportet credere remuneratorem, omnino oportet etiam credere iustificatorem, et gratiae largitorem in praesenti, sine qua praemium non donatur. Secundo necessarium est sub periculo aeternae damnationis et peccati infidelitatis credere his verbis Christi : Quodcunque solveris super terram, solutum erit et in caelis. Ideo si accedas ad sacramentum poenitentiae, et non credideris firmiter tete absolvendum in caelo, in iudicium accedis et damnationem, quia non credis Christum vera dixisse : Quodcunque solveris, &c., et sic tua dubitatione Christum mendacem facis, quod est horrendum peccatum. Si autem dixeris : quid si sim indignus et indispositus ad sacramentum ? Respondeo ut supra : Per nullam dispositionem efficeris dignus, per nulla opera aptus ad sacramentum, sed per solam fidem, quia sola fides verbi Christi iustificat, vivificat, dignificat, praeparat, sine qua omnia alia vel sunt praesumptionis vel desperationis studia. Iustus enim non ex dispositione sua, sed ex fide vivit. Quare de indignitate tua nihil oportet dubitare. Ideo enim accedis, quia indignus es, ut dignus fias, et iustificeris ab eo, qui peccatores, et non iustos, quaerit salvos facere. Dum autem credis verbo Christi, iam honoras verbum eius et ex eo opere iustus es, &c. Tertio, hanc fidem multipliciter nobis commendavit in Evangelio . . .

Istae et multae aliae auctoritates . . . ducunt me in sententiam quam dixi . . . Et stantibus his auctoritatibus, aliud facere non possum : nisi quod obediendum esse Deo magis quam hominibus scio . . .

No. 18. Luther's appeal to Leo X.

In nomine Domini, Amen. Anno a nativitate eiusdem MDXVIII . . . die vero sabbati XVI mensis Octobris, pontificatus S. D. N. Leonis papae X, anno VI. In mei notarii publici testiumque infra scriptorum . . . praesentia, personaliter constitutus R. P. D. Martinus Lutherus Augustinianus, S. T. P., eiusdemque in Wittembergensi studio Brandenburgensis dioecesis lector ordinarius principalis . . .

Quod cum in materia indulgentiarum variae et incertae sint opiniones doctorum, tam canonistarum quam theologorum, nec in his usque hodie aliquid certum et determinatum habeat ecclesia . . .

Deinde in his quae sunt dubia et opinabilia . . . est licitum disputare et contradicere sapientem sapienti . . . Ita ut et ecclesia praeceperit ... ut non permittantur quaestores proponere populo aliud quam quod in literis eorum continetur.

Quibus ... praeceptis nixus, disputandam hanc materiam suscepi, motus immodestissimis declamationibus ... quibus indulgentias divulgabant quidam in nostris regionibus apostolici (ut asserebant) commissarii et quaestores ...

Et licet ego non de fide, non de moribus, non de praeceptis Dei aut ecclesiae, sed de indulgentiis (ut dixi) disputarem ...

Nihilominus quidam mammonae cultores ... timentes ne huius disputationis occasione ... quaestus ipsorum ... funditus periret, exarserunt sicut ignis in spinis. Atque cum ipsi ... praedicando aberrarent, etiam hoc mali adiecerunt, ut frivolis quibusdam ... delationibus, adeo me apud S. D. N. Leonem X ... odiosum fecerunt ... ut ... causam contra me, tanquam de haeresi suspectum ... reverendissimis in Christo patribus, domino Hieronymo de Ghinutiis, episcopo Asculanensi, auditori Camerae, &c., et Sylvestro Prieriati, ordinis praedicatorum, palatii apostolici magistro, committeret ... Qui quidem iudices ... mihi utrique suspectissimi me citari fecerunt ... ad comparendum personaliter Romae, in loco ... non tuto ...

Cum itaque metu huiusmodi ... impeditus Romam ire non possem, sollicitavi per illustrissimum Principem Fridericum S. R. I. Electorem, Saxoniae Ducem ... ut a sede apostolica causa viris ... committeretur ... in loco tuto, coram quibus ... comparere ... paratissimus essem.

Quod cum S. D. N. Leo X ut cuius clementia et ... iustitiae observantia per totum orbem dignissime celebratur, per adversarios suae causae timentes, ut in personam R. P. D. Thomae, Tituli S. Sixti Presbyteri Cardinalis, sanctae Sedis Apostolicae per Germaniam de latere Legati, transferretur, sperantes quod cum idem R. D. de Ordine eorum fuerit, ruinosae et aegrae suae causae, facilius hoc ingenio mederentur. Qui quidem R. D. etsi suspectus merito videri poterat, quod de parte et opinione adversariorum sit ... tamen ut vir est ... doctissimus et humanissimus, paterne ... sese mihi exhibuit ... Sed simpliciter ... me ad revocationem adigere voluit, minando ... me sententia excommunicationis innodare ... Ex quibus me gravatum laesumque ... sentio, cum et hodie fatear solummodo me disputasse, et omnia sub pedibus S. D. N. Leonis X subiecisse, ut occidat, vivificet, reprobet, approbet, sicut placuerit. Et vocem eius vocem Christi in ipso praesidentis agnoscam. Et legitime protestor me nihil dicere aut sapere velle, quod non in et ex sacris literis et ecclesiasticis patribus, sacrisque canonibus probari potest, ut in libro Resolutionum mearum videri potest.

Idcirco a praefato S. D. N. Papa, non bene informato, eiusque praetensa commissione, . . . ad S. D. N. Leonem, divina providentia Papam X melius informandum provoco . . .

X

LEO X

Shortly after Luther's return to Wittenberg, Leo X, addressing Cajetan, reaffirmed the current doctrine of Indulgences, in, 9 Nov. 1518 [No. 19], the Bull 'Cum postquam' (*Lutheri Op. Lat.* ii. 429 sqq.; Loescher, ii. 494 sq.).

No. 19. The Bull 'Cum postquam' of 9 Nov. 1518.

Cum, postquam circumspectio tua Germaniam applicuerat, ad aures nostras pervenisset quod nonnulli Religiosi . . . super Indulgentiis a nobis et Romanis Pontificibus, praedecessoribus nostris . . . concedi solitis, publice praedicando multorum cordibus imprimerent errores, idque nobis intelligere nimis grave et molestum esset, aliis nostris literis eidem circumspectioni tuae . . . commisimus ut auctoritate nostra approbatione digna approbares, ea vero quae minus recte dicta essent, etiam per eos qui Romanae Ecclesiae doctrinam se sequi paratos assererent, reprobare et damnare curares.

Et ne de caetero quisquam ignorantiam doctrinae Romanae Ecclesiae circa huiusmodi Indulgentias et illarum efficaciam allegare, aut ignorantiae huiusmodi praetextu se excusare, aut protestatione conficta se iuvare, sed ut ipsi de notorio mendacio ut culpabiles convinci et merito damnari, possint, per praesentes tibi significandum duximus Romanam Ecclesiam, quam reliquae tanquam matrem sequi tenentur, tradidisse, Romanam Pontificem, Petri Clavigeri successorem et Iesu Christi in terris Vicarium, potestate clavium (quarum est aperire tollendo illius in Christi fidelibus impedimenta, culpam scilicet et poenam pro actualibus peccatis debitam, culpam quidem mediante sacramento poenitentiae, poenam vero temporalem pro actualibus peccatis secundum divinam iustitiam debitam, mediante ecclesiastica Indulgentia) posse pro rationabilibus causis concedere eisdem Christi fidelibus, qui, caritate iungente, membra sunt Christi, sive in hac vita sint sive in Purgatorio, Indulgentias ex superabundantia meritorum Christi et sanctorum, ac tam pro vivis quam pro defunctis Apostolica auctoritate Indulgentiam concedendo, thesaurum meritorum Iesu Christi et Sanctorum dispensare, per modum absolutionis Indulgentiam ipsam conferre, vel per modum suffragii illam transferre consuevisse. Ac propterea omnes tam vivos quam defunctos, qui veraciter omnes Indulgentias huiusmodi consecuti fuerint, a tanta temporali poena secundum divinam iustitiam pro peccatis suis actualibus debita liberari, quanta concessae et acquisitae Indulgentiae aequivalet. Et ita ab omnibus teneri, et praedicari debere sub excommunicationis latae sententiae poena, a qua illam incurrentes ab alio quam a Romano Pontifice, nisi in mortis articulo, nequeant absolutionis beneficium obtinere, auctoritate apostolica, earundem tenore praesentium decernimus. . . .

XI

LUTHER'S REPLY

While the Pope's Bull was preparing, 'Luther had made another step in advance. Dissatisfied with the appeal *ad Papam melius informandum* . . . he replaced it, 28 Nov. 1518, by [No. 20] **an appeal to a future General Council** (*Lutheri Op. Lat.* ii. 438 sqq., Loescher, ii. 506 sqq.) . . . drawn up on the lines of one which the University of Paris had made, on the 27th of March, 1517, against the abrogation by the Lateran Council of the Pragmatic Sanction of Bourges' (cf. Beard, *Martin Luther*, 254 sq., ed. 1896).

No. 20. His Appeal to a General Council.

Cum appellationis remedium in subsidium . . . oppressorum a iurium conditoribus sit adinventum, et . . . ab illatis . . . iniuriis iura appellare permittant: adeo quod inferior de non appellando ad superiorem statuere non possit et manus superiorum claudere. Sed cum satis sit in professo, quod sacrosanctum concilium in Spiritu sancto legitime congregatum, sanctam Ecclesiam catholicam repraesentans, sit in causis fidem concernentibus supra Papam, evenit quod nec Papa in causis huiusmodi, ne ab eo ad Concilium appelletur, statuere possit . . . Idcirco ego Frater Martinus Luther . . . [*here follows a recital of his case, as in the appeal of* 16 *Oct.*] a . . . S. D. N. Leone non recte consulto . . . ad futurum concilium legitime ac in loco tuto [congregatum] . . . provoco et appello in iis scriptis . . . Acta sunt haec Wittembergae . . . in capella Corporis Christi, in parochiali ibidem cemiterio situata, praesentibus, &c.

XII

MILTITZ, 1519.

On 8 Dec. 1518 the Elector Frederick, 1486-†1525, in a letter to Cajetan declined the Legate's request 'ut Martinum Lutherum sive Romam mitteremus sive ex nostris regionibus expelleremus' (*Lutheri Op. Lat.* ii. 410), and thus took Luther once more under his protection. In view of the coming Imperial Election it was worth the Pope's while to show so powerful a prince some mark of his favour. Accordingly Charles von Miltitz (?1490-†1529), by birth a Saxon nobleman, and now both papal chamberlain and agent at Rome for the Saxon Courts, was appointed Nuncio 15 Oct. 1518 (Loescher, ii. 554), and sent to bring him the Golden Rose. Miltitz left Italy Nov. 1518; and, after interviews with Spalatin and the Elector in December which led him to see the necessity of disavowing Tetzel († 4 July 1519), disgraced that worthy at Leipzig, and then went on to Altenburg, where he had a friendly meeting with Luther in Spalatin's house 6 Jan. 1519. In letters of Jan. 1519 Luther gives [No. 21] **an account to the Elector of his agreement with Miltitz** (de Wette, i. 208 sq. ; tr. Gieseler v. 369) ; in another of 20 Feb. to Staupitz, of [No. 22] **his impressions of the interview** (de Wette, i. 231 sq.) ; and in that of 3 March he makes, as promised, [No. 23] **his submission to Leo X** (*ibid.* i. 233 ; Loescher, iii. 92 sqq.).

No. 21. Luther's account to the Elector of the agreement with Miltitz.

First, that a general inhibition should be imposed on both sides, and that both sides shall be forbidden to preach, write, or treat of these subjects any more.

Secondly, he, Charles von Miltitz, would write to our holy father the Pope a short account of the position of affairs, as he had found them, and provide that the Pope's holiness should commission some learned bishop to investigate the case, and point out articles which are erroneous and to be revoked by me. And if then I be shown my error, I ought and will gladly recant it and not weaken the honour and authority of the Holy Roman Church.

In the next place, I was ready to write to the Pope's holiness, and submit myself with all humility, confess that I had been too zealous and too eager, yet with no intention to encroach on the holy Church, but only to show the reason why, as a true son of the Church, I had resented the wicked preaching, out of which great ridicule, ill-repute, dishonour, and discontent had grown up amongst the people towards the Church of Rome. Thirdly, I was ready to issue a paper[1] exhorting every man to follow the Church of Rome with obedience and respect, and my work should be understood not to the detriment, but to the honour of the Roman Church; also to confess that I had brought the truth forward too zealously, and perhaps out of season.

No. 22. Luther's account to Staupitz of the interview with Miltitz.

Carolus Miltitius me vidit Altenburgi, conquestus quod orbem totum mihi coniunxerim et Papae abstraxerim: exploratum se habere per hospitia cuncta quod inter quinque homines tres aut duo vix Romanae parti faverent: fuit armatus 70 Brevibus apostolicis, in hoc negotium ut me captum perduceret in homicidam Ierusalem, purpuratam illam Babylonem, ut postea ex aula Principis accepi. Quod studium cum desperatum esset, coepit agere ut Romanae Ecclesiae restituerem quod abstulissem et revocarem.

Cum autem peterem ut doceret revocanda, tandem convenimus ut episcopis aliquot causa committeretur: ego nominavi Archiepiscopum Salzburgensem,[2] Trevirensem[3] et Freisingensem[4]: atque vesperi me accepto convivio laetati sumus et osculo mihi dato discessimus: ego sic me gessi quasi has Italitates et simulationes non intelligerem. Tetzelium quoque vocavit et increpavit: tandem Lipsiae eum convicit, quod 90 florenos pro suo stipendio menstruo una cum tribus equitibus et curru liberis et gratuitis expensis habuerit. Iamque disparuit idem Tetzelius, nemine conscio quo pervenerit, nisi patribus suis forte. . . .

No. 23. Luther's submission to Leo X.

Beatissime Pater, cogit iterum necessitas ut ego faex hominum et pulvis terrae ad Beatitudinem tuam tantamque maiestatem loquar. Quare paternas ac vere Christi vicarias aures huic

---

[1] *Dr. M. Luthers Unterricht auf etliche Artikel, die ihm von seinen Abgönnern aufgelegt und zugemessen wurden,* published Feb. 1519. Text in Loescher, iii. 84 sqq. Cf. Beard, *Martin Luther,* 274.

[2] Matthew Lang, Archbishop of Salzburg, 1519-†40.

[3] Richard von Greiffenklau, Elector Archbishop of Trier, 1511-†31.

[4] Philip Count Palatine, Bishop of Freisingen, 1498-†1541, and Naumburg, 1517-†41.

oviculae tuae interim clementissime accommodare dignetur B⁰. tua, et balatum meum hunc officiose intelligere.

Fuit apud nos honestus hic vir Carolus Miltitz, Bˢ. tuae Secretarius Cubicularius, gravissime causatus nomine Bˢ. tuae apud illustrissimum Principem Fridericum de mea in Romanam Ecclesiam et Bᵐ. tuam et irreverentia et temeritate expostulans satisfactionem. Ego ista audiens plurimum dolui officiosissimum officium meum tam infelix esse ut, quod pro tuendo honore Ecclesiae Romanae susceperam, in irreverentiam etiam apud ipsum verticem eiusdem Ecclesiae ac plenam omnis mali suspicionem venerit.

Sed quid agam, B. P.? Desunt mihi consilia prorsus: potestatem irae tuae ferre non possum, et quomodo eripiar ignoro. Revocationem expostulor disputationis: quae si id posset praestare, quod per eam quaeritur, sine mora ego praestarem eam. Nunc autem cum, resistentibus et prementibus adversariis, scripta mea latius vagentur quam unquam speraveram: simul profundius haeserint plurimorum animis quam ut revocari possint: quin cum Germania nostra hodie mire floreat ingeniis, eruditione, iudicio: si Romanam Ecclesiam volo honorare: id quam maxime mihi curandum video, ne quid ullo modo revocem. Nam istud revocare nihil fieret, nisi Ecclesiam Romanam magis ac magis foedare et in ora omnium hominum accusandam tradere.

Illi illi, heu B. P., hanc Ecclesiae Romanae intulerunt iniuriam et paene infamiam apud nos in Germania, quibus ego restiti, id est, qui insulsissimis suis sermonibus, sub nomine Bˢ. tuae, non nisi deterrimam avaritiam coluerunt, et opprobrio Aegypti contaminatam et abominandam reddiderunt sanctificationem: et quasi id non satisfuerit malorum, me, qui tantis eorum monstris occurri, auctorem suae temeritatis apud Bᵐ. tuam inculpant.

Nunc, B. P., coram Deo et tota creatura sua testor, me neque voluisse neque hodie velle Ecclesiae Romanae ac Bˢ. tuae potestatem ullo modo tangere aut quacunque versutia demoliri: quin plenissime confiteor huius Ecclesiae potestatem esse super omnia: nec ei praeferendum quidquam sive in coelo sive in terra, praeter unum Iesum Christum Dominum omnium: nec B⁰. tua ullis malis dolis credat, qui aliter de Luthero hoc machinantur.

Et quod unum in ista causa facere possum, promittam libentissime Bⁱ. tuae istam de indulgentiis materiam me deinceps relicturum penitusque taciturum (modo et adversarii mei suas vanas ampullas contineant), editurum denique in vulgus quo intelligant et moveantur ut Romanam Ecclesiam pure colant, et non illorum temeritatem huic imputent: neque meam asperitatem imitentur adversus Romanam Ecclesiam, qua ego usus sum, imo abusus et excessi adversus balatrones istos: si qua tandem gratia Dei, vel eo studio rursum sopiri queat excitata discordia. Nam id unicum a me quaesitum est, ne avaritiae alienae foeditate pollueretur Ecclesia Romana mater nostra, neve populi seducerentur in errorem, et caritatem discerent posthabere indulgentiis. Caetera omnia, ut sunt neutralia, a me vilius aestimantur. Si autem et plura facere potero aut cognovero, sine dubio paratissimus ero. Christus servet B^m. tuam in aeternum.

Ex Altenburgo, 3 Martii, anno MDXIX.

XIII

THE DISPUTATION AT LEIPZIG, 1519

Ten days after his letter to Leo X Luther wrote to the Elector declaring that he himself had intended 'the game should come to an end', but that, as Eck had now attacked him, it was not fair his mouth should be closed and another allowed to speak (de Wette, i. 237).

John Maier, 1486-†1543, known as Eck from his birthplace, a Bavarian village of that name, became, 1519, Professor of Theology and Vice-Chancellor of the University of Ingolstadt. He was also Canon of Eichstädt, and a 'disputator acerrimus'. In 1518, when on a visit to Gabriel von Eyb, Bishop of Eichstädt, 1496-†1535, and Chancellor of Ingolstadt, Eck was asked for an opinion in writing on Luther's Ninety-five Theses. He made a selection, and sent it to the Bishop, with animadversions, in his *Obelisci*. The selection fell into Luther's hands by 24 March 1518 (de Wette, i. 100), and in August he replied with *Asterisci* (*Lutheri Op. Lat.* i. 410 sqq.: Loescher, ii. 333 sqq.).

At this point Andrew Bodenstein, 1480-†1541, called Carlstadt from his birthplace in Franconia, intervened. Summoned to Wittenberg, 1504, he was lecturing *in via Thomae* 1507, and as Professor of Theology and Archdeacon, 1510, was one of Luther's 'most violent opponents' till 1517, when he put out 152 Theses 'concerning nature, law, and grace, against the Schoolmen', of which Luther wrote in high terms (de Wette, i. 55). They were now allies, and in May and June 1518 Carlstadt submitted 406 *Conclusiones* (Loescher, ii. 78 sqq.) against Eck and Tetzel, the twelfth of which asserts 'Textus Bibliae non modo uni pluribusve ecclesiae doctoribus sed etiam totius ecclesiae auctoritati praefertur' (*ibid.* 80). These provoked from Eck a *Defensio*, which contained

THE DISPUTATION AT LEIPZIG, 1519

a challenge to Carlstadt to hold a public disputation in some University to be agreed on. The challenge was accepted; and Luther, meeting with Eck in Augsburg Oct. 1518 (de Wette, i. 216), arranged for the disputation to take place at Leipzig, subject to the approval of George, Duke of Saxony, of the Albertine line, 1500-†39, and the authorities ecclesiastical and academic.

While the negotiations were pending the combatants began to arm: Eck, with twelve propositions, Dec. 1518, directed at Carlstadt whom he now designated 'Luther's champion'; and Luther, by this time no second, but protagonist, with twelve counter-theses which he sent to Spalatin 7 Feb. 1519 (de Wette, i. 222). Eck raised his series to thirteen, 'contra M. Lutherum,' and republished them 14 March (Loescher, iii. 559 sqq., and 210 sq.). Whereupon Carlstadt replied, 26 April, with seventeen (*ibid.* 284 sqq.); and Luther, raising his also to thirteen, sent them to John Lange 16 May (de Wette, i. 274), under the title *Disputatio et excusatio F. M. Lutheri adversus criminationes D. Io. Eccii* (*Lutheri Op. Lat.* iii. 12 sqq.; Loescher, iii. 563 sqq. and 212 sq.). On [No. 24] **the thirteenth of Eck's and of Luther's series** respectively the vital issue was joined at Leipzig, and Luther gave a hint of the line he would take by publishing early in June his *Resolutio super propositione XIII de potestate Papae* (Loescher, iii. 123 sqq.; *Lutheri Op. Lat.* iii. 296 sqq.; and cf. Beard, *Martin Luther*, 292 sq.).

Leipzig, founded 1409, was a seat of the Old Learning; but, though its Chancellor, Prince Adolphus of Anhalt, Bishop of Merseburg, 1514-†26, supporting the Theological Faculty, forbade the disputation, the University was not indisposed to try conclusions with its younger rival Wittenberg, founded 1502, and appealed to Duke George. On 17 June [No. 25] **the Duke sent a highly characteristic letter** (Seidemann, *Die Leipziger Disputation*, App. xi. 119 sqq.) to the Bishop, and fixed the disputation for 27 June. It was held in the Pleissenburg, his castle on the outskirts of the town. Besides the accounts left by the principals, Eck (Loescher, iii. 222 sqq.), and Luther (*ibid.* 233 sqq., and de Wette, i. 284 sqq.), and by others, we have [No. 26] **an account from the point of view of an independent onlooker**, Peter Schade (Mosellanus, 1494-†1524; Loescher, iii. 242 sqq.), the only humanist of the University. On 27-8 June Eck debated with Carlstadt Grace and Free-will; and on 4-8 July, with Luther, the primacy of the Pope. Luther successfully contested the *ius divinum* of the Papacy on historical grounds, but was betrayed into a denial of the infallibility of General Councils as illustrated by the case of Hus, whereupon Eck seized the advantage thus given him to claim the victory in argument for himself (the *Acta*, in Loescher, iii. 292 sqq.; *Lutheri Op. Lat.* iii. 23 sqq.), as appears from [No. 27] **the minutes of the Disputation.**

No. 24. The thirteenth of Eck's and of Luther's Theses, March and May, 1519.

(1) Romanam ecclesiam non fuisse superiorem aliis ecclesiis ante tempora Sylvestri negamus. Sed eum qui sedem beatissimi Petri habuit et fidem, successorem Petri et Vicarium Christi generalem semper agnovimus.

(2) Romanam ecclesiam esse omnibus aliis superiorem probatur ex frigidissimis Romanorum Pontificum decretis, intra quadringentos annos natis; contra quae sunt historiae approbatae mille et centum annorum, textus Scripturae divinae et decretum concilii Niceni omnium sacratissimi.

No. 25. The letter of George, Duke of Saxony, to the Chancellor of Leipzig.

We have received your esteemed letter, and from it we gather that Your Grace is not inclined to permit the disputation which Dr. Eck wished to hold with us and the theologians of our University, but that you intend to prevent it, warned, as you yourself write, in plain letters from Rome, though no charges or injunctions have come from His Holiness.

At this we are not a little surprised. We were always of opinion that our University was a place for all kinds of study, where any one might discuss and propound what he liked, *salva tamen fide catholica*, against which nothing too blasphemous should be argued. So, e. g., there have been held in Leipzig many disputations about the Trinity, the Sacrament of the Eucharist, and other articles of the Faith. No one has been refused, nor has any final judgement been delivered which is against the Christian Faith, thank God, nor ever shall be, God willing.

With regard to the question whether the soul is raised to heaven as soon as the penny rings in the dish, we were of opinion that permission should be given for a disputation to take place; that a final conclusion should be come to on the subject, whereby the poor layman should no longer be ignorantly deceived; and that it ought not to be wrong to grant the wishes of those to whom it is of the most vital importance. We would not, however, suppose that the present course is being taken on your Grace's initiative ... but we hold that your Grace is being worked upon by those who, perhaps, are rather afraid of being disturbed in their idleness and drinking-bouts, such as our theologians whom we have heard reported of as idle and profligate persons. We quite believe that if this disputation brought them a good feast and a fair sum for little trouble, then they would consider it a praiseworthy exercise, and by no means to be refused. But as their leisure would be disturbed, your Grace and everybody else must give in, so that they may have their own way. They are like bad soldiers. If they hear a single shot, they think they have been hit. Dr. Eck has not announced in his writing what he wishes to dispute about. They are afraid he wants to dispute about matters which they would not know how to propound, and consequently they wish to divine and judge before they have heard plaintiff or defendant . . .

That our theologians should shun such disputations seems to us to be contrary to their profession; for to them, as teachers of the Scripture, it ought to be a joy to bring to light that over which they have eaten many good dinners, inasmuch as they have the highest places in lectureships and feasts. But if they know it, and do it not, or will not bring it to the day, I would just as soon have a year-old child in their place; for it is to be hoped that we might in time bring it to do what we wanted and to let us hear what it knew, and we would in the mean time keep it on pap and simple food! Let your Grace consider what your shepherd thinks of his dogs when they will not bark and will not bite the wolf. If they cannot stand these disputations, and are afraid of being worsted, then we would rather have old women in their places to sing to us and spin for us for pay!

This then is our friendly request, that your Grace would not consent to the above who call themselves theologians and yet are ashamed to bring their knowledge to light; but that you would urge them with all your might to allow the disputation to take place, unless it is openly forbidden by His Holiness...

No. 26. An account by an onlooker.

Successit Carolostadio Martinus, sustentaturus hoc: 'Romanam ecclesiam eiusque episcopum ceteris superiorem probari tantum ex decretis, contra quae staret et Scriptura et Niceni concilii auctoritas.' Quam sententiam ut everteret Eccius, nihil non tentavit, hucque omnes ingenii sui machinas admovit, et dies continuos octo impendit obiter, illud potissimum studens, ut plerisque Boiemicae factionis articulis obiectis hominem in maiorem invidiam adduceret. Quas insidias statim intelligens Martinus, graviter, et velut spiritu quodam, infremuit, huc se παρέργως insidiose trahi. Porro obiecta dogmata, partim magna cum indignatione reiecit, partim etiam ut Christiana amplectabatur, nisus ubique vel Scripturae libratissimis testimoniis vel veterum conciliorum decretis. In summa, nihil tam studuit quam Boiemici dissidii per se approbandi suspicionem procul a se amovere. Rursus Eccius in hoc erat totus, ut hanc de Martino opinionem omnibus ingereret, ipso Martino quantumvis reclamante ... Martinus statura est mediocri, corpore macilento, curis pariter et studiis exhausto, sic ut propius intuenti omnia paene ossa liceat dinumerare, aetate virili adhuc et integra, voce acuta et clara. Doctrina vero et Scripturae cognitio admirabilis in eo, adeo ut omnia paene in numerato habeat. Graece et Hebraice hactenus didicit, ut de interpretationibus iudicium facere possit. Nec deest dicendi materia, suppetit enim rerum et verborum sylva ingens. Porro in ipsa vita et moribus civilis et facilis, nihil stoicum, nihil superciliosum prae se fert, immo omnium horarum hominem agit. In congressibus festivus, iucundus, alacris et securus ubique, semper laeta facie florens, quantumvis atrocia comminentur adversarii, ut haud facile credas hominem tam ardua sine numine Divum moliri. Sed, quod ei vitio dant plerique omnes, in reprehendendo impudentior paulo et mordacior, quam vel tutum sit τῷ τὰ θεῖα καινοτομοῦντι vel decorum homini theologo. Quod vitium haud scio an non cum omnibus ὀψιμαθέσι habeat commune.

Haec pleraque omnia in Carolostadio paulo minora deprehendas; nisi quod huic statura est brevior, facies autem nigricans et adusta, vox obscura et inamoena, memoria infirmior et ad iracundiam promptior.

Iam Eccio status est procerus, corpus solidum et quadratum, vox plena et plane Germanica, lateribus fortissimis subnixa, ut non tragoedis tantum sed et praeconibus sufficere possit: aspera tamen magis quam expressa. Tantum abest ut nativam illam Romani oris suavitatem Fabio ac Ciceroni tantopere laudatam referat: os et oculi, totus denique vultus sunt eiusmodi, ut hinc certe quemvis lanium aut Carem militem citius quam theologum possis agnoscere. Quod ad ingenium attinet, memoria pollet insigni, quae si in parem incidisset intellectum, iam omnibus numeris naturae opus fuisset absolutum. Deest homini intelligendi prompta vis, deest iudicandi acumen, sine quo ceterae dotes omnes frustra contingunt. Atque haec causa est quod dum disputat tot argumenta, tot Scripturae testimonia, tot auctorum dicta, citra ullum omnino delectum congerit, interim non advertens quam pleraque sint frigida, quam suis locis recte intellecta, ad praesens nihil faciant, quam denique sint vel ἀπόκρυφα vel sophistica. Hoc enim tantum curat ut copiosam farraginem spargens, auditoribus magna ex parte stupidis fucum faciat, et victoriae opinionem de se praebeat. Adde his incredibilem audaciam, quam admirabili tegit vafricie. Etenim, si quando per hanc in adversarii laqueos incidisse se sentit, disputationem paulatim alio deflectit. Nonnunquam vero et adversarii sententiam aliis verbis conceptam pro sua amplectens, absurdam suam in adversarium mirabili calliditate detorquet, ut quemvis Socratem vincere videri posset . . .

No. 27. From the Minutes of the Disputation.

[Hora 2 die 5 Julii, 1519]

Lutherus.

Obiecit egregius D. Doctor in fine, articulos Wickleff et Iohannis Huss damnatos, et Bonifacium damnatorem eorundem. Respondeo, sicut prius, me non velle nec posse defendere Bohemorum schisma, sed Graecam Ecclesiam mille et quadringentorum annorum, sive cum ea senserint Bohemi, nihil ad me, certum habeo quod nec Rom. Pontifex nec omnes eius adulatores possint tantum numerum sanctorum sub potestate Rom. Pontificis nunquam agentium de coelo deturbare.

Secundo, et hoc certum est, inter articulos Iohannis Huss vel Bohemorum multos esse plane Christianissimos et evangelicos, quos non possit universalis Ecclesia damnare, velut est ille et similis, 'Quod tantum est una Ecclesia universalis.' Haec enim agentibus impiissimis adulatoribus inique est damnata, cum oret universitas Ecclesiae : 'Credo in Spiritum sanctum, sanctam Ecclesiam catholicam, sanctorum communionem.' Hunc nobilissimum articulum fidei inter articulos Iohannis Huss numerant.

Deinde ille 'Non est de necessitate salutis credere Romanam Ecclesiam esse aliis superiorem', sive sit Wickleff, sive Huss, non curo. Scio quod salvati sunt Gregorius Nazianzenus, Basilius Magnus, Epiphanius, Cyprianus et innumerabiles alii Graeciae episcopi, et tamen hunc articulum non tenuerunt. Nec est in potestate Rom. Pontificis, aut Inquisitorum haereticae pravitatis, novos condere articulos fidei, sed secundum conditos iudicare. Nec potest fidelis Christianus cogi ultra

sacram Scripturam, quae est proprie ius divinum, nisi accesserit
nova et probata revelatio. Imo ex iure divino prohibemur
credere, nisi quod sit probatum, vel per Scripturam divinam,
vel per manifestam revelationem. Ut Gerson etiam etsi recentior in multis locis asserit, et divus Augustinus antiquior
pro singulari canone observat, dicens ad divum Hieronymum :
'Ego solis eis Libris didici hunc honorem deferre, qui Canonici
appellantur, caeteros autem ita lego ut quantalibet doctrina
sanctitateque praepolleant, non ideo verum existimem quia illi
sic senserunt sed si ex libris canonicis vel probabili ratione
mihi persuadere potuerunt.'

Quin etiam ipsi Iuristae, de quibus minus videretur, in cap.
Significasti, de elect., statuerint praevalere unius privati
hominis sententiam, tam Pontifici Rom. quam Concilio et
Ecclesiae, si meliore auctoritate nixus fuerit vel ratione. Ideo
nihil est quod D. egregius Doctor, volens ex iure divino
contra me arguere, dimisso iure divino, arguit contra me ex
collectaneis haereticae pravitatis Inquisitorum.

Proinde ista propositio Iohannis Huss : ' Papalis dignitas a
Caesare inolevit,' si est falsa, eradatur Platina in vita Bene-
dicti II, ubi scribit Constantinum IV, Imperatorem Graecorum, sanxisse Pontificem Rom. esse Vicarium Christi generalem,
quanquam nec sic sit observatum a Graeciae episcopis.

Quare, quantum me urget egregius D. Doctor per Bohemos
nondum centum annorum, tantum ego urgeo eum per orien-
talem ecclesiam, meliorem partem universalis ecclesiae et mille
quadringentorum annorum. Si illi sunt haeretici quia Rom.
Pontificem non agnoverunt, haereticum accusabo adversarium,
qui tot Sanctos per universalem ecclesiam celebratos audet
asserere damnatos. Per eadem dico ad Bonifacium VIII, qui
qualis Pontifex fuerit et qua fide eius gesta recipienda, satis
probant historiae.

Proinde concludo et rogo, D. Doctor velit Rom. Pontifices
concedere fuisse homines, et non constituere Deos, praesertim
quoties iudicaverunt in causa propria : deinde non per se
ipsos, sed per indoctissimos adulatores, quando divus Gregorius
multis epistolis, etsi Rom. Pontifex, reiecit a se primatum
totius orbis, allegans ad hoc praedecessorem suum Pelagium,
dicens inter caetera quod veneranda Synodus Chalcedonensis
obtulit hunc primatus honorem Rom. Pontifici et nullus tamen
ausus est acceptare. Si ergo ego erro, errat mecum Gregorius
primus, cum suis praedecessoribus, et damnabiliter pecca-
verunt, quod oblatum primatum non assumpserunt.

Per haec volo probatum quod ex Decretis, damnationibus, approbationibus recentioribus Ecclesiae Rom. nihil contra me agitur, cum sint suspectissima omnia et antiquae veritati et consuetudini per omnia contraria, nihilominus tamen pro reverentia et vitando schismate libentissime tolero, et toleranda persuadeo, modo non tantum iure divino tot sanctos praecedentes damnemus. Haec habui quae dicerem de articulis.

. . . .

Eccius.

... De Graecis sanctis diximus saepius; sed hoc horrendum omnibus Christi fidelibus esse arbitror quod reverendus Pater contra tam sanctum et laudabile Constantiense Concilium tanto consensu totius Christianitatis congregatum non veretur dicere articulos aliquos Hussiticos et Wicklefficos fuisse Christianissimos et evangelicos.

[Hora 7 die 7 Julii.]
Eccius.

... Petit tamen a me, ut probem ei concilium non posse errare. Nescio quid sibi velit ista petitio an tacite laudabile et gloriosum Constantiense Concilium velit habere suspectum. Hoc dico vobis, Reverende Pater, si creditis concilium legitime congregatum errare et errasse, estis mihi sicut ethnicus et publicanus. Quid sit haereticus, in praesentia non discutiam ...

XIV

THE CIRCULATION OF LUTHER'S WORKS

Froben, 1460-†1527, the famous printer of Basel, acting on the suggestion of Beatus Rhenanus, 1485-†1547, then corrector of the press, made the first attempt at a collection of Luther's works in Oct. 1518. [No. 28] **His letter to Luther** (*Lutheri Op. Lat.* iv. 82 sq.) of 14 Feb. 1519 illustrates the rapidity with which they were being spread over Europe, and also the connexion of the press and of humanism with the Reformation. The Day-book of John Dorne, a bookseller at Oxford, shows thirteen entries of Luther's works sold in 1520, his most popular book being the *Resolutio de potestate Papae* (Oxf. His. Society's *Collectanea*, 164).

No. 28. Letter of Froben to Luther, 14 Feb. 1519.

Dono dedit mihi Blasius Salmonius Bibliopola Lipsiensis in proximis nundinis Franckfordensibus libellos varios a te elucubratos, quos omnium doctorum iudicio approbatos typis meis statim excudi. Sexcentos in Galliam misimus et in Hispaniam, venduntur Parisiis, leguntur etiam a Sorbonicis, et probantur quemadmodum amici nostri nos certiores reddiderunt : dixerunt illic doctissimi quidam, se iam pridem talem libertatem desiderasse in his qui sacras literas tractant.

Calvus quoque bibliopola Papiensis, vir eruditissimus et musis sacer, bonam libellorum partem in Italiam deportavit, per omnes civitates sparsurus. Neque enim tam spectat lucrum quam cupit renascenti pietati suppetias ferre, et quatenus potest prodesse. Is promisit ab omnibus eruditis in Italia viris epigrammata se missurum in tui laudem scripta, usque adeo tibi favet Christique negotio, quod tanta constantia tam viriliter tamque dextere geris . . . Praeterea libellos tuos in Brabantiam et Angliam misimus. Impressimus Replicae Sylvestrinae trecenta tantum exemplaria, eam negant docti obesse tibi posse. Hic ut quisque est optimus, ita tui maxime est studiosus. Episcopus noster[1] imprimis tibi favet, eius item suffraganeus Tripolitanus episcopus. Cardinalis Sedunensis[2], cum illi tuas Lucubrationes obtulissemus, statim dixit : ' Luther, tu vere es Luther.' Huic nuper quidam Eccii Propositiones misit adiiciens se victoriae nuncium, quam Eccius sit Lipsiae contra novam doctrinam obtenturus, statim allaturum. Cui respondit Cardinalis : ' Disputet Eccius quantum velit, Lutherus veritatem scribit.'

Exemplaria nostra nos usque ad decem vendidimus omnia, haud feliciorem venditionem in aliquo libro sumus unquam experti. Novum Instrumentum ab Erasmo diligentissime recognitum et insigni accessione locupletatum intra dies decem faventibus Superis absolvemus. Bene vale, Reverende Pater.

Basileae, 14 Febr. MDXIX.

XV

LUTHER'S COMMENTARY ON THE EPISTLE TO THE GALATIANS

The Commentary was the result of lectures, delivered since Oct. 1516. The first edition belongs to Sept. 1519; a revised edition, with a German translation, was published Aug. 1523. 'The Commentary, as it at present exists—one of Luther's most celebrated works, and a chief authority for his theological opinions—

---

[1] Christopher von Utenheim, Bishop of Basel, 1502–†27.
[2] Matthew Schinner, Bishop of Sitten, 1499–†1522.

belongs to 1535' (Beard, *Martin Luther*, 288). The following extract from a [No. 29] **prefatory letter** (de Wette, i. 333 sq.) indicates a stage in Luther's revolt from Rome, as well as the growing resentment of Germany against the Curia.

No. 29. His Prefatory Letter.

Quare et ego horum theologorum laicorum [sc. the princes at the diet of Augsburg 1518] exemplo pulcherrimo . . . distinguo inter Romanam Ecclesiam et Romanam Curiam. Illam scio purissimum esse thalamum Christi, matrem Ecclesiarum, dominam mundi, sed spiritu i. e. vitiorum, non rerum mundi, sponsam Christi, filiam Dei, terrorem inferni . . . Haec vero ex fructibus suis cognoscitur. Non quod magni faciendum sit, res nostras et iura diripi, cum fixum sit in coelo, Christianos in hac vita pressuram, Nimbrotos et robustos venatores pati . . . sed quod omnibus lacrimis sit miseria maior, haec a fratribus et patribus in fratres et filios fieri . . . quae a Turca vix fierent . . . Nullo modo ergo Romanae Ecclesiae resistere licet: at Romanae Curiae longe maiore pietate resisterent reges, principes, et quicunque possent, quam ipsis Turcis. . . .

Sed ad me redeo . . . Maluissem certe et ego exspectare commentarios olim ab Erasmo, viro in theologia summo et invidiae quoque victore, promissos: verum, dum ille differt (quod Deus faxit, non sit diuturnum), cogit me in publicum ire casus iste quem videtis. Scio quidem me infantem et ineruditum, sed tamen (quod ausim) pietatis et eruditionis Christianae studiosum atque hoc ipso eruditiorem his qui divina mandata impiis legum humanarum pompis mere ridicula et ludibria fecerunt. Unum spectavi, si consequar, ut mea opera ii qui me apostolicas epistolas audierunt enarrantem Paulum apertiorem habeant et feliciter me superent: sin nec id effeci . . . conatus reliquus est, quo alios ad Paulinam theologiam volui accendere, quem nemo bonus mihi vitio dederit.

XVI

ERASMUS AND LUTHER, 1519.

Desiderius Erasmus, 1466-†1536, the leading scholar of Europe, had ridiculed the theologians in his *Encomium Moriae*, 1511 (*Opera*, iv, coll. 405 sqq., Leyden, 1703-6), and had rendered reform possible by opening up Christian antiquity in his editions, 1516, of the New Testament in Greek and of St. Jerome. But he looked for it to come by the slow solvent of liberal studies. Luther, before he took open action, found himself out of sympathy with Erasmus, 'quod Augustino in Scripturis interpretandis tantum posthabeo Hieronymum, quantum ipse Augustinum in omnibus Hieronymo posthabet' (Letter of 19 Oct. 1516: de Wette, i. 40), and again : ' Erasmum nostrum lego, et indies decrescit mihi animus erga eum ; placet quidem quod tam religiosos quam sacerdotes non minus constanter quam erudite arguit et damnat inveteratae huius et veternosae inscitiae : sed timeo ne Christum et gratiam Dei non satis promoveat' (Letter of 1 March 1517: de Wette, i. 52). But in 1519, when a word of approval from Erasmus would have greatly encouraged him, he took advantage of certain disparaging remarks about 'pardons' which Erasmus had let fall in his 'praefatione Enchiridii recentissima' of 1518 to entreat him 'si ita tibi visum fuerit, agnosce et hunc fraterculum in Christo, tui certe studiosissimum' (Letter of 28 March, 1519: de Wette, i. 248). Erasmus replied coldly, from Louvain, 30 May, ' Habes in Anglia qui de tuis scriptis optime sentiant, et sunt hi maximi. Sunt et hic, quorum est eximius quidam, qui tuis favent. Ego me quoad licet integrum servo, quo magis prosim bonis literis reflorescentibus ' (*Opera*, III. i, col. 445 B). He did not wish to be compromised. On 13 Aug. in [No. 30] a **letter to Leo X** (Ep. 453 ; *ibid.* III. i. 491 E) he gives his views as to the treatment of the present troubles ; on 1 Nov., in [No. 31] a **letter to Albert of Mainz** (Ep. 477 : *ibid.* III. i. 515 D) he deals with their origin.

No. 30. Erasmus to Leo X, on the treatment of the present troubles.

. . . Protinus haeresis vocabulum in ore est, sicubi dissentiunt, aut videri volunt dissentire : si quid parum arridet, seditiose quiritantur apud crassam et indoctam multitudinem. Haec aliquoties parvis initiis orta, saepenumero vastissimum gignunt incendium, fitque ut malum, quod initio ceu leve negligebatur, paulatim auctum tandem erumpat in grave discrimen tranquillitatis Christianae. Hac quidem in re multum laudis debetur, optimis monarchis qui auctoritate sua dissidium hoc oriri coeptum sedarunt velut Henricus eius nominis octavus, apud Anglos ; Franciscus, huius nominis primus, apud Gallos; apud Germanos, quod ea regio in regulos complures dissecta est, non potest idem fieri ; apud nos, quoniam et nuper Principem habere coepimus atque eum habemus optimum quidem pariter et maximum, sed ingenti semotum intervallo, tumultuantur adhuc impune quidam. Proinde mihi videtur Tua Sanctitas rem factura Christo longe gratissimam, si contentionibus huiusmodi silentium indixerit,

atque id praestet in orbe toto Christiano quod Henricus et
Franciscus in suis uterque regnis praestitere. Tua pietas
summos reges redigit in concordiam : superest ut per eandem
et studiis sua reddatur tranquillitas. Id fiet si tuo iussu
homines qui loqui non possunt desinant obgannire politio-
ribus litteris, et ad benedicendum elingues desinant in
linguarum studiosos maledicere. . . .

No. 31. Erasmus to Albert of Mainz, on their origin.

. . . Spectandi in primis sunt huius mali fontes. Mundus
oneratus est constitutionibus humanis, oneratus est opinionibus
et dogmatibus scholasticis, tyrannide Fratrum Mendicantium,
qui cum sint satellites Sedis Romanae tamen eo potentiae ac
multitudinis evadunt, ut ipsi Romano Pontifici atque ipsis
adeo Regibus sint formidabiles. His cum pro ipsis facit
Pontifex, plusquam Deus est : in his quae faciunt adversus
eorum commodum, non plus valet quam somnium. Non
damno omnes, sed plurimi sunt huius generis qui ob quaestum
ac tyrannidem, data opera illaqueant conscientias hominum.
Ac perfricta fronte iam coeperant, omisso Christo, nihil praedicare, nisi sua nova et subinde impudentiora dogmata. De
indulgentiis sic loquebantur ut nec idiotae ferre possent. His et
eiusmodi multis rebus paulatim evanescebat vigor Evangelicae
doctrinae; et futurum erat ut rebus semper in deterius prolaben-
tibus, tandem prorsus exstingueretur illa scintilla Christianae pietatis, unde redaccendi poterat exstincta caritas : ad ceremonias
plusquam Iudaicas summa religionis vergebat. Haec suspirant
ac deplorant boni viri, haec ipsi etiam Theologi, non Monachi,
et Monachi quidam in privatis colloquiis fatentur. Haec,
opinor, moverunt animum Lutheri, ut primum auderet se
quorundam intolerabili impudentiae opponere. Quid enim
aliud suspicer de eo, qui nec honores ambit nec pecuniam
cupit ? De articulis, quos obiiciunt Luthero, in praesentia non
disputo, tantum de modo et occasione disputo. Ausus est
Lutherus de Indulgentiis disputare, sed de quibus alii prius
nimis impudenter asseveraverant. Ausus est immoderatius
loqui de potestate Romani Pontificis, sed de qua isti nimis
immoderate prius scripserant, quorum praecipui sunt tres
Praedicatores, Alvarus, Sylvester, et Cardinalis sancti Sixti.
Ausus est Thomae decreta contemnere, sed quae Dominicani
paene praeferunt Evangeliis. Ausus est in materia confes-

sionis scrupulos aliquos discutere, sed in qua Monachi sine
fine illaqueant hominum conscientias. Ausus est ex parte
negligere scholastica decreta, sed quibus ipsi nimium tribuunt,
et in quibus ipsi nihilo minus inter se dissentiunt; postremo,
quae subinde mutant, pro veteribus rescissis inducentes nova.
Discruciabat hoc pias mentes, cum audirent in scholis fere
nullum sermonem de doctrina evangelica, sacros illos ab
Ecclesia iam olim probatos auctores haberi pro antiquatis:
imo in sacris concionibus minimum audiri de Christo ; de
potestate Pontificis, de opinionibus recentium fere omnia;
totam orationem iam palam quaestum, adulationem, ambi-
tionem, ac fucum prae se ferre. His imputandum opinor,
etiamsi qua intemperantius scripsit Lutherus . . . Multa
scripsit Lutherus imprudenter magis quam impie, quorum hoc
istos habet pessime quod Thomae non multum tribuit, quod
minuit quaestum veniarum, quod ordinibus Mendicantium
parum tribuit, quod scholasticis dogmatibus non tantundem
defert quantum Evangeliis, quod negligit humanas disputa-
torum argutias. Hae nimirum sunt haereses intolerabiles . . .
Olim haereticus habebatur qui dissentiebat ab Evangeliis,
ab articulis fidei . . . Nunc si quis usquam dissentiat a Thoma,
vocatur haereticus . . . Quicquid non placet, quicquid non
intelligunt, haeresis est. Graece scire, haeresis est. Expolite
loqui, haeresis est. Quicquid ipsi non faciunt, haeresis est . . .

XVII

LUTHER AND ULRICH VON HUTTEN, 1520

Erasmus' chilling reception of Luther's advances was, in part,
made up for by offers of assistance from Ulrich von Hutten,
1488–†1523, half humanist, half German patriot. On 3 April
1518 Hutten had written contemptuously of a 'factio' that had
arisen at Wittenberg 'monachorum ductu', expressing a hope 'ut
mutui interitus causas sibi invicem praebeant' (Hutteni *Opera*, i.
167, ed. Böcking). But 20 Jan. 1520 he wrote to Melanchthon, in
the name of Franz von Sickingen, 1481–†1523, and from his castle
of Landstuhl, 'At nunc scribere Luthero ipse heros iubet, si quid in
causa sua patiatur' adversi, nec melius aliunde remedium sit, ad se
ut veniat, effecturum pro eo quod possit: potest autem tantum pro
Capnione quantum perfecit' (*ibid.* 321). Similar offers came from a
Franconian nobleman, Sylvester von Schauenburg; and Luther
writes gratefully, 17 July 1520, 'securum me fecit S. Schauenberg
et F. Sickingen ab hominum timore' (de Wette, i. 469). But nothing
came of the affair. Luther's aims were religious; those of

Hutten and the lesser nobles political. In April 1520 Hutten published two dialogues: [No. 32] **Vadiscus or Trias Romana** (*Opera*, iv. 262 sq.), in which he lashes the Court of Rome, and [No. 33] **Inspicientes** (*ibid.* 301 sqq.), in which he assigns the drunken stupidity of his fellow countrymen as the reason why they are exploited by Italians. Luther could not but have been aware that his cause had now become the cause of Germany, and was powerfully supported by national feeling. Certainly Hutten's methods were not his: 'Quid Huttenus petat,' he wrote to Spalatin 16 Jan. 1521 (de Wette, i. 543), 'vides. Nollem vi et caede pro Evangelio certari: ita scripsi ad hominem. Verbo victus est mundus, verbo servata est ecclesia; etiam verbo reparabitur': but Hutten's continued efforts to rally Germany against Rome, as illustrated, 11 Sept. 1520, by [No. 34] **his letter to the Elector Frederick** (*Opera*, i. 393 sqq.), were real services rendered to reform.

No. 32. Vadiscus or Trias Romana.

Tria urbis Romae dignitatem tuentur: authoritas pontificis, reliquiae sanctorum, et merx indulgentiarum.

Tria Roma reportantur; depravata conscientia, corruptus stomachus, et vacui loculi.

Tria maxime conservanda Roma interficit: bonam conscientiam, religionis zelum, et iusiurandum: ideo fugienda.

Tria si commemorantur, Roma deridet: maiorum exempla, pontificatum Petri, et extremum iudicium.

Tribus rebus abundat Roma: antiquitatibus, venenis, et vastitate.

Tria inde exsulant: simplicitas, continentia, et integritas.

Tria sunt Romanorum negotiatorum merces: Christus, sacerdotia, et mulieres.

Tria auditu Romae sunt gravissima: generale concilium, emendatio status ecclesiastici, et quod Germani oculos recipiunt.

Rursumque tria dolenter ferunt: principum Germanorum concordiam, populi intelligentiam, et quod suae fraudes innotescant.

. . . .

Tria nunquam satis proveniunt Romae: episcoporum pallia, menses papales, et annatae.

Tribus opus est ei qui Romae lites habet: pecunia, literis commendatitiis, et mendacio.

Tria omne negotium Romae promovent: munera, favor, et

potentia. Sed favor conciliatur et ipse dando: cui quis inutiliter enim Romae favet?

. . . .

Tria Germaniam hactenus sapere non permiserunt: principum ignavia, literarum imperitia, et vulgi superstitio.

Triplex inventum Romae consilium extorquendi ab exteris aurum: per indulgentiarum nundinas, per simulatas in Turcam expeditiones, et concessas legatis apud barbaros facultates.

Tria semper aguntur Romae, neque unquam peraguntur: animarum beatio, collapsarum aedium sacrarum restauratio, et in Turcas expeditio. Haec sunt tria illa quorum sub praetextu fiunt exactiones.

. . . .

Tria sunt Romae in comperto: Romanorum virtus, Italorum versutia, et Germanorum inertia.

. . . .

No. 33. Inspicientes.

Interlocutores—Sol, Phaethon, et Caietanus Legatus.

SOL. At ab antiquo potores sunt ac temulentiae dediti, neque unquam flagitium apud Germanos fuit inebriari.

PHAETHON. In uno eo discedant a vetustate, reliqua teneant.

SOL. Nimis magnos Germanos reddes, si tales reddes. Est hoc proprium illis vitium, ut fraus Italis, furacitas Hispanis, Gallis fastus, aliis alia.

PHAETHON. Si quidem adesse vitium oportet, malo esse hoc quam istorum quicquam; etsi hunc illis morbum adimere diem puto, ut alias hominibus aegritudines, vel te sperare hoc iubente. Sed ad concilium et legatum hunc Leonis redeamus: quiddam de pompa clamat huc, iracundia percitus, pater, et ira inflammatus, atque adeo nobis eum irasci arbitror, nam huc suspicit.

SOL. Mihi succenset: audi vero quid loquatur homuntio: quiddam minatur sublato supercilio insolenter.

CAIETANUS. Quem oportuit ad primum quemque meum nutum elucescere, solito etiam clarius et magis splendide.

SOL. Quid ais, Legate? quid ais? mihin' haec tu obiicis?

CAIETANUS. Tibi? quasi conscius tibi non sis ingentis piaculi.

SOL. Profecto non sum, nisi quid meruerim dicas.

CAIETANUS. Tandem, inquam, prodis, improbe? Tandem

ostendis mundo te? Quem oportuit ad primum quemque meum nutum elucescere, solito etiam clarius et magis splendide?

SOL. Non video quid peccarim.

CAIETANUS. Non vides? qui decem nunc totos dies ne unum quidem radium ostendisti mihi, ita obducens de industria omnes tibi nubes, ac si invideas mundo lucem.

SOL. At astrologorum est ea culpa, siqua est, nam hi calculando invenerunt tale hoc fore tempus.

CAIETANUS. At magis oportuit videre te quid vellet pontificis Legatus, quam astrologis quid conveniat. Scin' Italia exiens quae interminatus sum tibi, ni vehementi ardore intempestive frigescentem Germaniam recalfaceres ac aestiviorem mihi redderes, ne Italiae necessario teneret me desiderium?

SOL. Neque hoc animadverti quid praeciperes mihi, neque unquam scivi quemquam mortalem soli imperare.

CAIETANUS. Non scivisti tu? atque hoc ignoras episcopum Romanum (qui nunc omnem suam in me vim transfudit legatum a latere) et caelo quae velit et terra ligare potenter ac solvere?

SOL. Audieram, sed non credebam esse quod ille iactitaret, neque enim adhuc quemquam mortalium quicquam hic immutare vidi.

CAIETANUS. Etiam non credis, male Christiane, tu? quem oportet, talis cum sis, excommunicatum statim Satanae tradi.

SOL. Satanae tu trades me caelo deiectum? et solem, quod aiunt, e mundo auferes?

CAIETANUS. Equidem faciam, nisi veniam petes a me confessione statim facta uni ex copiistis meis.

SOL. At ubi confessus ero, quid tum fiam?

CAIETANUS. Poenam tibi infligam dies aliquot iubens aut ieiunio macerare te, aut laborem quempiam ferre, aut peregrinationibus fatigari, aut eleemosynam expendere, aut verberari etiam pro delictis.

SOL. Dura conditio: post vero quid dabis?

CAIETANUS. Innocentem dicam tandem, et purum reddam.

SOL. At soli lumen inferes tu scilicet?

CAIETANUS. Si videbitur, etiam hoc vigore facultatum quas mihi concedit X. Leo.

SOL. Nugae! sic arbitraris fatuum quemquam mortalium etiam istorum ut haec te posse credat, nedum solem omnia desuper intuentem? proinde elleborum bibe, insanire mihi enim videris.

CAIETANUS. Insanire? de facto excommunicatus es, irreverenter loquutus pontificis legato : itaque magnis et inexpiabilibus alligasti te execrationibus, quem ego excommunicatum paulo post pronuntiabo solenniter, aliqua advocata concione, in publico, quod sic commotum me reddideris.

PHAETHON. Oppedendum contra has, pater, minas duco ; quid enim posset in divos mortalis homuntio?

SOL. Immo contemnere oportet eum, etsi misericordia dignus videtur, ut ex morbo qui insaniat.

PHAETHON. Quo ex morbo?

SOL. Avaritia laborat : quia itaque arridere sibi in Germania negotium, ut se expleat, non videtur, in furias agitur et insania percitus est.

. . . .

No. 34. Hutten to the Elector Frederick.

. . . Videmus non esse aurum in Germania, nec argentum paene ; siquod reliquum vero est, ipsum avarissime ad se trahit novis cottidie inventis artibus ille sanctissimus Romanistarum senatus ; ubi quid eripuerit vero, tum in pessimos confert usus. Vultis enim scire, Germani, quae vidi ipse, quid faciat Romae nostra pecunia? Nonnihil facit : partem in nepotes suos et cognatos profundit Decimus (habet autem ita multos ille tales, ut proverbio locum dederint 'Leonis Romae cognati et affines '), partem absumunt tot reverendissimi, quos triginta unum pater ille uno atque eodem creavit die : tot referendarii, tot auditores, prothonotarii, abbreviatores, scriptores apostolici, camerarii, officiales et id genus alii principis ecclesiae primates. Nam hi post se trahunt maxima adhuc cum impensa copiistas, pedellos, cursores, scopatores, muliones, stabularios, et scortorum utriusque sexus innumerabilem turbam ac lenonum exercitum. Alunt et canes, equos ac simias et cercopithecas et huiusmodi multa animi causa ; domos vero exstruunt solido quidam e marmore, et gemmas habent, coenantque laute ac splendide vestiuntur, et genio indulgentes secure deliciantur : in summa nostrae pecuniae praesidio magna ociatur Romae pessimorum hominum multitudo. Nulla ibi religionis cura, magnus est contemptus, qualem vix apud Turcas esse arbitror. Fraudant, imponunt, furantur, mentiuntur, falsum obsignant, spe lucri omnia dicunt ac faciunt : propositum vero habent hi omnes pecuniis nostris insidiari ; alii vivunt ut edant atque bibant et sumptuosissime delicientur : nostrisque sumptibus assequuntur hoc. Has ob res, immensam, O Friderice, auri vim Romam quotannis hinc mittimus, nec adhuc intelligimus perdi quod sic elargimur: imo non perdi rem tantum, sed materiam fieri adhuc magnorum infinite laborum. Itaque si philosophari libet ob idque pecuniam abiicere decretum est, patent tot in propinquo maria, sunt fluvii, ille apud nos Moganus, ultra Rhenus, tuus istic Albis, atque alii; demittamus eo ut perdatur ipsa potius quam perditionis causa sit ubique multis, dum istam pascimus turpitudinem Romae superflue adeo ut huc nonnihil inde redundet, dum hanc alimus publicam morum pestem, hanc ipsi fovemus vitae contagionem. Sed non abiiciemus: tantum transferri alio non sinamus. Haec prima et optima est destruendae illius tyrannidis via, hic modus: certe enim subducto hoc luxuriae fomento minus se efferent, tractabiliores passim erunt. Postea duce aliquo Othone illum censebimus senatum, urbem Romam lustrabimus, et eiectis malis compluribus paucos quosdam sua illic sacra curare iubebimus, regnare non permittemus. Ipsi imperatori, siquidem esse volet, imperii sedem reddemus: Romanum pontificem, ut aequalitas episcoporum sit, in ordinem redigemus. Sacerdotum etiam hic censum minuemus, ipsos ad frugalitatem perducemus et pauciores faciemus, centesimo quoque delecto. De iis vero qui fratres vocantur quid statuemus? Quid enim aliud quam quod ego censeo, abolendum omne monachorum genus . . . His tot Germaniam atterentibus magisque ac magis omnia devorantibus ablatis, simul ea qua in nos feruntur Romanistae diripiendi licentia adempta, multum hic auri, multum erit argenti. Verum id, quantumcunque nobis aut qualecunque relinquetur, in meliores verti usus poterit, nempe ut alantur magni exercitus et imperii propagentur fines, etiam Turcae, si videbitur, debellentur; ut multi qui propter penuriam furantur nunc et rapiunt, stipendiis tunc vivant; ut qui aliter egent, publicitus quo inopiam tolerent accipiant, utque doctissimi alantur homines et literarum studia foveantur: in summa ut virtuti praemia sint, internaeque egestatis habeatur ratio, ignavia exsulet, fraus occidat. Hoc videntes Bohemi per omnia nobiscum facient: nam ante, quod adversus avaros sacerdotes sibi consuluissent, prohibiti erant: facient et Graeci, qui cum ferre nec vellent nec possent Romanam tyrannidem, Romanorum pontificum instinctu pro schismaticis sunt habiti multo iam tempore; ac Rutheni erunt nostri, qui cum esse nuper vellent, repulsi a Sanctissimo sunt, iubente pendere sibi aureorum quotannis quater centena millia.

Etiam Turcae minus oderint, nec ulli ethnici calumniandi ut
prius occasionem habebunt : hactenus enim eorum qui religioni
praefuerunt, vitae turpitudo odibile apud alienos Christianum
nomen reddidit . . . Ex Ebernburgo, tertia Idus Septembres.

XVIII

THE THREE TREATISES OF 1520

On 12 Jan. 1519 Maximilian died, and on 27 June his grandson
Charles V was elected Emperor, 1519–56. Charles was born at
Ghent, 1500, and succeeded to a vast inheritance, which included
the Netherlands and Burgundy, Spain, Austria, Naples, Sicily,
and Sardinia, with the New World. He was thus a prince of
German blood, who added unwonted resources to the imperial
crown. He was also reputed to be favourable to reform. Thus,
when, early in 1520 (de Wette, i. 421), Eck was in Rome busy
with the proceedings that ended in the Bull of Excommunication,
issued on 15 June, Luther addressed himself to 'the young and noble
sovereign' by whom 'God has roused great hopes in many hearts',
in a treatise of August 1520, entitled [No. 35] **To the Christian
Nobility of the German Nation respecting the Reformation
of the Christian Estate**. It was an appeal in German directed to
the laity, urging them to take reform in hand for themselves, on the
ground that, in virtue of their priesthood, spiritual authority rested
with them. In October Luther sought to justify this position by
a second treatise addressed in Latin to theologians, [No. 36] **De
Captivitate Babylonica Ecclesiae Praeludium** (*Opera Lat.* v. 16
sqq.). 'In the seven sacraments with which the Church accompanied and controlled the life of the Christian from the cradle to
the grave, he saw nothing but an attempt to bring it all under the
power of the priest; there was nothing but a Captivity and Rome
was the modern Babylon' (Kidd, *Continental Reformation*, 22).
A third treatise [No. 37], **Concerning Christian Liberty**, was no
polemic, but, in intention at least, an eirenicon, to be sent under
a covering letter to Leo X, which, though of 13 Oct. or after
(de Wette, i, 497), was antedated (by a last arrangement with
Miltitz at Lichtenberg 11 Oct.) to 6 Sept., so as to seem to have
been dispatched before the Bull of Excommunication was published
in Saxony. All three treatises are translated in Wace and Buchheim,
Luther's Primary Works, 157 sqq. (2nd ed., 1896), and are of the
first importance for the study of the Lutheran theology.

No. 35. To the Christian Nobility of the German Nation.

The Romanists have, with great adroitness, drawn three walls round themselves, with which they have hitherto protected themselves, so that no one could reform them, whereby all Christendom has fallen terribly.

First, if pressed by the temporal power, they have affirmed and maintained that the temporal power has no jurisdiction over them, but, on the contrary, that the spiritual power is above the temporal.

Secondly, if it were proposed to admonish them with the Scriptures, they objected that no one may interpret the Scriptures but the Pope.

Thirdly, if they are threatened with a council, they pretend that no one may call a council but the Pope . . .

Now may God help us, and give us one of those trumpets that overthrew the walls of Jericho, so that we may blow down these walls of straw and paper, and that we may set free our Christian rods for the chastisement of sin, and expose the craft and deceit of the devil, so that we may amend ourselves by punishment and again obtain God's favour.

Let us, in the first place, attack the first wall.

It has been devised that the Pope, bishops, priests, and monks are called the spiritual estate; princes, lords, artificers, and peasants, are the temporal estate. This is an artful lie and hypocritical device, but let no one be made afraid by it, and that for this reason: that all Christians are truly of the spiritual estate, and there is no difference among them, save of office alone. As St. Paul says (1 Cor. xii), we are all one body, though each member does its own work, to serve the others. This is because we have one baptism, one Gospel, one faith, and are all Christians alike; for baptism, Gospel, and faith, these alone make spiritual and Christian people.

As for the unction by a pope or a bishop, tonsure, ordination, consecration, and clothes differing from those of laymen—all this may make a hypocrite or an anointed puppet, but never a Christian or a spiritual man. Thus we are all consecrated as priests by baptism, as St. Peter says: 'Ye are a royal priesthood, a holy nation (1 Pet. ii. 9); and in the book of Revelation: 'and hast made us unto our God (by Thy blood) kings and priests' (Rev. v. 10). For, if we had not a higher consecration in us than pope or bishop can give, no priest could ever be made by the consecration of pope or bishop, nor could he say the mass or preach or absolve. Therefore the bishop's consecration is just as if in the name of the whole congregation he took one person out of the community ; each member of which has equal power, and commanded him to exercise this power for the rest ; in the same way as if ten brothers, co-heirs as king's sons, were to choose one from among them to rule over their inheritance, they would all of them still remain kings and have equal power, although one is ordered to govern.

And to put the matter more plainly, if a little company of pious Christian laymen were taken prisoners and carried away to a desert, and had not among them a priest consecrated by a bishop, and were there to agree to elect one of them . . . and were to order him to baptise, to celebrate the mass, to absolve and to preach, this man would as truly be a priest, as if all the bishops and all the popes had consecrated him. That is why, in cases of necessity, every man can baptise and absolve, which would not be possible if we were not all priests. This great grace and virtue of baptism and of the Christian estate they have quite destroyed and made us forget by their ecclesiastical law . . .

Since then the temporal power is baptized as we are, and has the same faith and Gospel, we must allow it to be priest and bishop, and account its office an office that is proper and useful to the Christian community. For whatever issues from baptism may boast that it has been consecrated priest, bishop, and pope, although it does not beseem every one to exercise these offices. For, since we are all priests alike, no man may put himself forward or take upon himself without our consent and election, to do that which we have all alike power to do. For if a thing is common to all, no man may take it to himself without the wish and command of the community. And if it should happen that a man were appointed to one of these offices and deposed for abuses, he would be just what he was before. Therefore a priest should be nothing in Christendom but a functionary ; as long as he holds his office, he has precedence of others ; if he is deprived of it, he is a peasant or a citizen like the rest. Therefore a priest is verily no longer a priest after deposition. But now they have invented *characteres indelibiles*, and pretend that a priest after deprivation still differs from a simple layman. They even imagine that a priest can never be anything but a priest—that is, that he can never become a layman. All this is nothing but mere talk and ordinance of human invention.

It follows, then, that between laymen and priests, princes and bishops, or, as they call it, between spiritual and temporal persons, the only real difference is one of office and function, and not of estate. . . .

. . . Therefore I say, Forasmuch as the temporal power has been ordained by God for the punishment of the bad and the protection of the good, we must let it do its duty throughout the whole Christian body, without respect of persons, whether it strike popes, bishops, priests, monks, nuns, or whoever it may be. . . .

Whatever the ecclesiastical law has said in opposition to this is merely the invention of Romanist arrogance. . . .

Now, I imagine the first paper wall is overthrown, inasmuch as the temporal power has become a member of the Christian body; although its work relates to the body, yet does it belong to the spiritual estate. . . .

The second wall is even more tottering and weak: that they alone pretend to be considered masters of the Scriptures. . . . If the article of our faith is right, 'I believe in the holy Christian Church,' the Pope cannot alone be right; else we must say, 'I believe in the Pope of Rome,' and reduce the Christian Church to one man, which is a devilish and damnable heresy. Besides that, we are all priests, as I have said, and have all one faith, one Gospel, one Sacrament; how then should we not have the power of discerning and judging what is right or wrong in matters of faith? . . .

The third wall falls of itself, as soon as the first two have fallen; for if the Pope acts contrary to the Scriptures, we are bound to stand by the Scriptures to punish and to constrain him, according to Christ's commandment . . . 'tell it unto the Church' (Matt. xviii. 15-17). . . . If then I am to accuse him before the Church, I must collect the Church together. . . . Therefore when need requires, and the Pope is a cause of offence to Christendom, in these cases whoever can best do so, as a faithful member of the whole body, must do what he can to procure a true free council. This no one can do so well as the temporal authorities, especially since they are fellow-Christians, fellow-priests. . . .

No. 36. De Captivitate Babylonica Ecclesiae Praeludium.

... Principio neganda mihi sunt septem sacramenta et tantum tria pro tempore ponenda, baptismus, poenitentia, panis; et haec omnia esse per Romanam Curiam nobis in miserabilem captivitatem ducta ecclesiamque sua tota libertate spoliatam ...

[De coena Domini] Duo itaque sunt loci, qui de hac re clarissime tractant, Scriptura evangelica in coena Domini, et Paulus 1 Cor. xi : quos videamus. Consonant enim sibi Matthaeus, Marcus, et Lucas, Christum dedisse discipulis omnibus totum sacramentum, et Paulum utramque tradidisse partem certum est. . . . His adde quod Matthaeus refert non de pane Christum dixisse, Manducate ex hoc omnes, sed de calice, Bibite ex hoc omnes. Et Marcus item non dicit, Manducaverunt omnes, sed Biberunt ex eo omnes, uterque universitatis notam ad calicem non ad panem ponens, quasi Spiritus futurum hoc schisma praeviderit quod calicis communionem prohiberet aliquibus quem Christus omnibus voluerit esse communem. . . . Concludo itaque, negare utramque speciem laicis, esse impium et tyrannicum, nec in manu ullius angeli, nedum papae et concilii cuiuscunque. . . .

Prima ergo captivitas huius sacramenti est quoad eius substantiam seu integritatem, quam nobis abstulit Romana tyrannis. Non quod peccent in Christum qui una specie utuntur . . . sed quod illi peccant qui hoc arbitrio volentibus uti prohibent utramque dari. Culpa non est in laicis, sed sacerdotibus. Sacramentum non est sacerdotum sed omnium : nec domini sunt sacerdotes sed ministri, debentes reddere utramque speciem petentibus, quotiescunque petierint. Quod si hoc ius rapuerint laicis et vi negaverint, tyranni sunt, laici sine culpa, vel una vel utraque carent : fide interim servandi, et desiderio integri sacramenti . . . Itaque non hoc ago ut vi rapiatur utraque species, quasi necessitate praecepti ad eam cogamur, sed conscientiam instruo, ut patiatur quisque tyrannidem Romanam, sciens sibi raptum per vim ius suum in sacramento propter peccatum suum. . . .

Altera captivitas eiusdem sacramenti mitior est quod ad conscientiam spectat, sed quam multo omnium periculosissimum sit tangere, nedum damnare. Hic Viglephista, et sexcentis nominibus haereticus ero. . . . Dedit mihi quondam, cum theologiam scholasticam haurirem, occasionem cogitandi D.

Cardinalis Cameracensis,[1] libro Sententiarum IV acutissime disputans, Multo probabilius esse et minus superfluorum miraculorum poni si in altari verus panis verumque vinum, non autem sola accidentia esse astruerentur, nisi ecclesia determinasset contrarium. Postea, videns quae esset ecclesia quae hoc determinasset, nempe Thomistica, hoc est, Aristotelica, audacior factus sum, et qui inter saxum et sacrum haerebam, tandem stabilivi conscientiam meam sententia priore : esse videlicet verum panem verumque vinum, in quibus Christi vera caro verusque sanguis non aliter nec minus sit, quam illi sub accidentibus suis ponunt. Quod feci, quia vidi Thomistarum opiniones, sive probentur a papa sive a concilio, manere opiniones, nec fieri articulos fidei, etiamsi angelus de coelo aliud statueret. Nam quod sine Scripturis asseritur aut revelatione probata, opinari licet, credi non est necesse. . . .

Permitto itaque, qui volet utramque opinionem tenere : hoc solum nunc ago ut scrupulos conscientiarum de medio tollam, ne quis se reum haereseos metuat, si in altari verum panem verumque vinum esse crediderit. . . .

Est autem meae sententiae ratio magna, imprimis illa quod verbis divinis non est ulla facienda vis . . . sed, quantum fieri potest, in simplicissima significatione servanda sunt ; et, nisi manifesta circumstantia cogat, extra grammaticam et propriam accipienda non sunt, ne detur adversariis occasio universam Scripturam eludendi. Quo consilio recte Origenes olim repudiatus est, quod ligna et omnia, quae de paradiso scribuntur, grammatica locutione contempta, in allegorias verterit, cum hinc possit duci ligna non esse creata a Deo. Ita et hic, cum evangelistae clare scribant, Christum accepisse panem ac benedixisse, et Actuum liber, et Paulus apostolus panem deinceps appellent, verum oportet intelligi panem, verumque vinum, sicut verum calicem. Non enim calicem transubstantiari etiam ipsi dicunt. Transubstantiationem vero potestate divina factam cum non sit necesse poni, pro figmento humanae opinionis haberi, quia nulla Scriptura, nulla ratione nititur. . . .

Cur autem non possit Christus corpus suum intra substantiam panis continere, sicut in accidentibus ? Ecce ignis et ferrum duae substantiae sic miscentur in ferro ignito, ut quaelibet pars sit ferrum et ignis. Cur non multo magis corpus gloriosum Christi sic in omni parte substantiae panis esse possit ? . .

---

[1] Pierre d'Ailly, 1350-†1420, Cardinal of Cambray.

Tertia captivitas eiusdem sacramenti est longe impiissimus ille abusus, quo factum est, ut fere nihil sit hodie in ecclesia receptius ac magis persuasum quam missam esse opus bonum et sacrificium. Qui abusus deinde inundavit infinitos alios abusus, donec fide sacramenti penitus exstincta meras nundinas, cauponationes, et quaestuarios quosdam contractus e divino sacramento fecerint. Hinc participationes, fraternitates, suffragia, merita, anniversaria, memoriae, et id genus negotiorum in ecclesia venduntur, emuntur, paciscuntur, componuntur, pendetque in his universa alimonia sacerdotum et monachorum. . . .

Stet ergo primum et infallibiliter, missam seu sacramentum altaris esse testamentum Christi, quod moriens post se reliquit, distribuendum suis fidelibus. Sic enim habent eius verba: Hic calix novum testamentum, in meo sanguine. . . .

Quaeramus ergo, quid sit testamentum, et simul habebimus quid sit missa, quis usus, quis fructus, quis abusus eius. Testamentum absque dubio est promissio morituri, qua nuncupat haereditatem suam, et instituit haeredes. Involvit itaque testamentum primo mortem testatoris, deinde haereditatis promissionem, et haeredis nuncupationem. Sic enim Paulus Rom. iv et Gal. iii [15] et iv [24] et Ebrae. ix [16] diffuse testamentum tractat. Quod et in verbis istis Christi clare videmus. Mortem suam Christus testatur, dum dicit: Hoc est corpus meum, quod tradetur: hic sanguis meus qui effundetur. Haereditatem nuncupat et designat, cum dicit: In remissionem peccatorum. Haeredes autem instituit, cum dicit: Pro vobis et pro multis, id est, qui acceptant et credunt promissioni testatoris; fides enim hic haeredes facit, ut videbimus.

Vides ergo quod missa, quam vocamus, sit promissio remissionis peccatorum, a Deo nobis facta, et talis promissio, quae per mortem Filii Dei firmata sit. . . .

Ex quibus iam sua sponte patet, quis sit usus et abusus missae, quae digna vel indigna praeparatio. Si enim promissio est, ut dictum est, nullis operibus, nullis viribus, nullis meritis, ad eam acceditur, sed sola fide. Ubi enim est verbum promittentis Dei, ibi necessaria est fides acceptantis hominis. . . .

Videmus ex his, quam grandi ira Dei factum sit, ut verba testamenti huius nos celarint impii doctores, atque per hoc ipsum fidem exstinxerunt, quantum in eis fuit. Iam pronum est videre quid ad fidem exstinctam sequi fuit necesse, nempe superstitiones operum impiissimas. Ubi enim fides occidit, et verbum fidei obmutescit, ibi mox surgunt opera in locum eius, et traditiones operum. Quibus ceu captivitate Babylonica translati sumus de terra nostra, captis omnibus desiderabilibus nostris. Ita de missa contigit, quae impiorum hominum doctrina mutata est in opus bonum, quod ipsi vocant opus operatum, quo apud Deum sese omnia praesumunt posse. Inde processum est ad extremum insaniae, ut, quia missam ex vi operis operati valere mentiti sunt, adiecerunt eam non minus utilem esse caeteris, etiamsi ipsi impio sacrifico noxia sit. Atque in hanc arenam fundaverunt suas applicationes, participationes, et fraternitates, anniversaria, et id genus infinita lucri et quaestus negotia....

Hoc autem facile admitto, orationes quas ad missam percipiendam congregati coram Deo effundimus, esse bona opera seu beneficia, quae nobis mutuo impartimus, applicamus et communicamus, et pro invicem offerimus ... Sed quis sacerdotum hoc nomine sacrificat, ut solas orationes arbitretur sese offerre? Omnes imaginantur sese offerre ipsum Christum Deo Patri tanquam hostiam sufficientissimam, et bonum opus facere omnibus, quibus proponunt prodesse, quia confidunt in opere operati quod orationi non tribuunt. Sic paulatim errore crescente, id quod orationum est, tribuerunt sacramento; et quod recipere beneficium debent, id obtulerunt Deo.

Quare acute discernendum est inter testamentum sacramentumque ipsum et inter orationes, quas simul oramus; nec id solum sed scire quoque oportet orationes prorsus nihil valere nec oranti ipsi nec iis, pro quibus orantur, nisi primum testamentum fide perceptum sit, ut fides oret quae sola exauditur...; adeo longe aliud est oratio quam missa. Orationem possum extendere in quotquot voluero, missam nemo accipit nisi qui per se ipsum credit et tantum quantum credit.... Est ergo certum missam non esse opus aliis communicabile, sed obiectum ... fidei, propriae cuiusque alendae et roborandae.

Iam et alterum scandalum amovendum est, quod multo grandius est et speciosissimum, id est, quod missa creditur passim esse sacrificium quod offertur Deo; in quam opinionem et verba canonis sonare videntur, ubi dicitur: Haec dona, haec munera, haec sancta sacrificia; et infra: Hanc oblationem. Item clarissime postulatur, ut acceptum sit sacrificium sicut sacrificium Abel, etc. Inde Christus hostia altaris dicitur. Accedunt his dicta S. Patrum, tot exempla tantusque usus per orbem constanter observatus.

His omnibus, quia pertinacissime insederunt, oportet constantissime opponere verba ... Christi. Nisi enim missam

obtinuerimus esse promissionem Christi seu testamentum, ut
verba clare sonant, totum evangelium et universum solatium
amittimus. Nihil contra haec verba permittamus praevalere,
etiamsi angelus de coelo aliud docuerit. Nihil enim de opere
vel sacrificio in illis continetur... Quare sicut repugnat testamentum distribui seu promissionem accipere et sacrificare
sacrificium, ita repugnat missam esse sacrificium; cum illam
recipiamus, hoc vero demus. Idem autem simul recipi et offerri
non potest, nec ab eodem simul dari et acceptari. Non magis
certe quam oratio et impetrata res queunt idem esse, nec idem
sit orare et orata accipere.

Quid ergo dicemus ad canonem et auctoritates Patrum?...
Respondeo: Si nihil habetur quod dicatur, tutius est omnia
negare quam missam concedere opus aut sacrificium esse, ne
verbum Christi negemus, fidem simul cum missa pessun-
dantes....

[De sacramento Baptismi] Benedictus Deus et Pater D.N.I.C.
qui... saltem hoc unicum sacramentum servavit in ecclesia sua
illibatum et incontaminatum a constitutionibus hominum....

Verum ubi virtutem baptismi in parvulis non potuit Satan
exstinguere, praevaluit tamen ut in omnibus adultis exstingueret,
ut iam fere nemo sit, qui sese baptizatum recordetur, nedum
glorietur, tot repertis aliis viis remittendorum peccatorum et in
coelum veniendi. Praebuit his opinionibus occasionem verbum illud periculosum divi Hieronymi, sive male positum sive
male intellectum, quo poenitentiam appellat secundam post
naufragium tabulam, quasi baptismus non sit poenitentia. Hinc
enim, ubi in peccatum lapsi fuerint, de prima tabula seu nave
desperantes velut amissa, secundae tantum incipiunt niti et fidere
tabulae, id est, poenitentiae. Hinc nata sunt votorum, religionum, operum, satisfactionum, peregrinationum, indulgentiarum, sectarum infinita illa onera, et de iis maria illa librorum,
quaestionum, opinionum, traditionum humanarum, quas totus
mundus iam non capit, ut incomparabiliter peius habet ecclesiam
Dei ea tyrannis, quam unquam habuit synagoga aut ullam
nationem sub coelo....

Primum itaque in baptismo observanda est divina promissio,
quae dicit: Qui crediderit et baptizatus fuerit, salvus erit.
Quae promissio praeferenda est incomparabiliter universis
pompis operum, votorum, religionum, et quicquid humanitus
est introductum....

Pro hac duntaxat clamo libertate et conscientia, clamoque
fidenter: Christianis nihil ullo iure posse imponi legum, sive

ab hominibus sive ab angelis, nisi quantum volunt, liberi enim sumus ab omnibus. Quodsi quae imponuntur, sic ferenda sunt, ut libertatis conscientia salva sit, quae sciat et certo affirmet, iniuriam sibi fieri, quam cum gloria ferat, ita cavens ne iustificet tyrannum, ut ne murmuret contra tyrannidem. . . . Attamen quia hanc baptismi gloriam et libertatis Christianae felicitatem pauci noverunt, nec prae tyrannide papae nosse possunt, ipse me hic expedio, et conscientiam meam redimo, compellans papam et omnes papistas, quod nisi sua iura et traditiones sustulerint, et ecclesiis Christi libertatem suam restituerint, eamque doceri fecerint, reos esse eos omnium animarum, quae hac misera captivitate pereunt, esseque papatum aliud revera nihil quam regnum Babylonis et veri antichristi. Quis enim est homo peccati et filius perditionis, quam is qui suis doctrinis ac statutis peccata et perditionem animarum auget in ecclesia, sedens tamen in ecclesia sicut Deus. . . .

Opponetur forsitan iis, quae dicta sunt, baptismus parvulorum, qui promissionem Dei non capiant, nec fidem baptismi habere possunt, ideoque aut non requiri fidem, aut parvulos frustra baptizari. Hic dico, quod omnes dicunt fide aliena parvulis succurri illorum qui offerunt eos. Sicut enim verbum Dei potens est, dum sonat, etiam impii cor immutare, quod non minus est surdum et incapax quam ullus parvulus, ita per orationem ecclesiae offerentis et credentis, cui omnia possibilia sunt, et parvulus fide infusa mutatur, mundatur et renovatur. Nec dubitarem etiam adultum impium, eadem ecclesia orante et offerente, posse in quovis sacramento mutari, sicut de paralytico evangelico legimus aliena fide sanato. . . .

Unum hic addo, quod utinam cunctis queam persuadere, id est, ut vota prorsus omnia tollerentur aut vitarentur, sive sint religionum, sive peregrinationum, sive quorumcunque operum, maneremusque in libertate religiosissima et operosissima baptismi. Dici non potest quantum detrahat baptismo et obscuret scientiam libertatis Christianae opinio illa votorum, plus nimio celebris, ut interim taceam infanda etiam eaque infinita pericula animarum, quae vovendi ista libido inconsultaque temeritas quotidie auget. . . .

[De sacramento Poenitentiae] Tertio hoc loco de poenitentiae sacramento dicendum. . . .

Primum huius sacramenti et capitale malum est, quod sacramentum ipsum in totum aboleverunt, ne vestigio quidem eius relicto. Nam cum et ipsum, sicut et alia duo, constet verbo promissionis divinae et fide nostra, utrumque subverterunt, nam verbum promissionis, ubi Christus dicit Matt. xvi [19]: Quodcunque ligaveris, etc.; et xviii [18]: Quodcunque ligaveritis, etc.; et Ioh. ult.: Quorum remiseritis peccata, remittuntur eis etc., quibus provocatur fides poenitentium pro remissione peccatorum impetranda, suae tyrannidi aptaverunt. Universis enim suis libris, studiis, sermonibus non hoc egerunt, ut docerent quid Christianis in his verbis promissum esset, quid credere deberent, et quantum consolationis haberent, sed quam late, longe, profunde ipsi potentia et violentia tyrannizarent, donec quidam et angelis in coelo coeperint mandare et iactent ... se coelestis et terreni imperii iura in his accepisse, atque in coelis etiam ligandi potestatem habere. Ita prorsus nihil de fide salutari populi, sed de potestate tyrannica pontificum omnia blaterant, cum Christus nihil de potestate sed de fide omnia agat ...

Non hoc contenta Babylonia nostra fidem quoque adeo exstinxit, ut impudenti fronte eam negaret necessariam esse in sacramento isto, imo antichristica impietate definiret haeresim esse, si fidem necessariam quis esse assereret ... Obliteratis itaque ac subversis promissione et fide videamus quid substituerint in locum earum. Tres partes dederunt poenitentiae, contritionem, confessionem, satisfactionem, sed sic ut in singulis si quid boni inesset tollerent, et in eisdem quoque suam libidinem et tyrannidem constituerent.

Principio, contritionem sic docuerunt ut eam fide promissionis priorem facerent, et longe viliorem, ut quae non esset fidei opus sed meritum; imo non memorantur eam. Sic enim operibus inhaeserunt et exemplis Scripturarum, in quibus leguntur multi veniam consecuti propter cordis contritionem et humilitatem, sed non advertunt fidem quae contritionem et dolorem cordis operata est, sicut de Ninivitis Ionae iii [5] scribitur: Et crediderunt viri Ninivitae in Domino, et praedicaverunt ieiunium, etc. His audaciores et peiores finxerunt quandam attritionem, quae virtute clavium (quam ignorant) fieret contritio, eam donant impiis et incredulis, ut sic universa contritio aboleretur. O iram Dei insustentabilem, haeccine in ecclesia Christi doceri? Sic securi et fide et opere eius abolito in doctrinis et opinionibus hominum incedimus, imo perimus. Magna res est cor contritum, nec nisi ardentis in promissionem et comminationem divinam fidei, quae veritatem Dei immobilem intuita tremefacit, exterret, et sic conterit conscientiam, rursus exaltat et solatur servatque contritam, ut veritas comminationis sit causa contritionis, veritas promissionis sit solatii, si credatur, et hac fide homo mereatur peccatorum remissionem. Proinde fides ante omnia docenda et provocanda est, fide autem obtenta contritio et consolatio inevitabili sequela sua sponte venient. . . .

Confessio vero et satisfactio egregiae officinae factae sunt lucri et potentiae. De confessione prius. Non est dubium confessionem peccatorum esse necessariam, et divinitus mandatam . . . Occulta autem confessio, quae modo celebratur, etsi probari ex Scriptura non possit, miro modo tamen placet, et utilis, imo necessaria est, nec vellem eam non esse, imo gaudeo eam esse in ecclesia Christi, cum sit ipsa afflictis conscientiis unicum remedium : siquidem detecta fratri nostro conscientia et malo, quod latebat, familiariter revelato, verbum solatii recipimus ex ore fratris, a Deo prolatum, quod fide suscipientes pacatos nos facimus in misericordia Dei per fratrem nobis loquentis. Hoc solum detestor, esse eam confessionem in tyrannidem et exactionem pontificum redactam. Nam et occulta sibi reservant, deinde nominatis a se confessoribus revelari mandant, ad vexandas scilicet hominum conscientias. . . . Quin ea potissimum reservant sibi impii tyranni, quae minoris sunt momenti, magna vero passim relinquunt vulgo sacerdotum, qualia sunt ridicula illa et conficta in bulla coenae Domini. Imo quo sit manifestior perversitatis impietas, ea quae contra cultum Dei, fidem et prima praecepta sunt, non modo non reservant, sed et docent et probant, qualia sunt discursus illi peregrinationum, cultus perversi sanctorum, mendaces legendae sanctorum, varia fiducia et exercitia operum et ceremoniarum, quibus omnibus fides Dei exstinguitur, et idolatria fovetur. . . .

Satisfactionem quam indigne tractarint, abunde dixi in causis indulgentiarum. . . . Quae monstra tibi debemus, Romana sedes, et tuis homicidis legibus et ritibus, quibus mundum totum eo perdidisti, ut arbitrentur sese posse Deo per opera pro peccatis satisfacere, cui sola fide cordis contriti satisfit ; quam tu his tumultibus non solum taceri facis sed opprimis etiam, tantum ut habeat sanguisuga tua insatiabilis, quibus dicat : Affer, Affer, et peccata vendat. . . .

No. 37. Letter to Leo X on the treatise 'Concerning Christian Liberty.'

. . . Quare, optime Leo, his me literis rogo expurgatum admittas, tibique persuadeas, me nihil unquam de persona tua mali cogitasse : deinde me talem esse, qui tibi optima velim contingere in aeternum. . . .

Sedem autem tuam, quae Curia Romana dicitur, quam neque

tu, neque ullus hominum potest negare, corruptiorem esse quavis Babylone et Sodoma . . . sane detestatus sum, indigneque tuli, sub tuo nomine et praetextu Romanae Ecclesiae, ludi Christi populum : atque ita restiti, resistamque, dum spiritus fidei in me vixerit. . . . Neque enim aliud e Roma iam a multis annis inundat, quod non ignoras ipse, quam vastitas rerum, corporum, animarum, et omnium pessimarum rerum pessima exempla. Luce enim haec omnia clariora sunt, et facta est e Romana Ecclesia, quondam omnium sanctissima, spelunca latronum licentiosissima, lupanar omnium impudentissimum, regnum peccati, mortis et inferni, ut ad malitiam quod accedat, iam cogitari non possit, ne Antichristus quidem, si venerit.

Interim tu, Leo, sicut agnus in medio luporum sedes, sicut Daniel in medio leonum, et cum Ezechiele inter scorpiones habitas. Quid his monstris unus opponas? Adde tibi eruditissimos et optimos Cardinales tres aut quattuor : quid hi inter tantos ? ante veneno omnibus pereundum vobis, quam de remedio statuere praesumeretis. Actum est de Romana Curia, pervenit in eam ira Dei usque in finem. Concilia odit, reformari metuit, furorem impietatis suae mitigare nequit. . . . Hac affectione tractus dolui semper, optime Leo, his saeculis te Pontificem factum, qui melioribus dignus eras. Non enim Romana Curia meretur te tuique similes, sed Satanam ipsum, qui et vere plus quam tu in Babylone ista regnat. . . .

In fine, ne vacuus advenerim B.T., mecum affero tractatulum hunc, sub tuo nomine editum, velut auspicio pacis componendae et bonae spei. . . . Parva res est, si corpus spectes ; sed summa, ni fallor, vitae Christianae compendio congesta, si sententiam captes. . . .

Wittembergae, anno MDXX, sexta Septembris.

XIX

THE EXCOMMUNICATION OF LUTHER, 1520

[No. 38] **The Bull of Excommunication** (*Magn. Bull. Rom.* i. 610 sqq.) was issued in Rome 15 June 1520 : and, by a mistake of policy which Pallavicini himself regrets (*Hist. Conc. Trid.* I. xx. 2), entrusted to Eck for promulgation. He published it in Leipzig, 29 Sept., and in Wittenberg, 3 Oct. (de Wette, i. 494). But so far from crushing Luther, it rallied Germany to his side ; for, as the Elector Frederick had written, 1 April, 'Lutheri doctrina ita iam passim in plurimorum animis in Germania et alibi infixa radices egit, ut si non veris ac firmis argumentis et perspicuis testimoniis Scripturae revincatur, sed solo ecclesiasticae potestatis terrore ad eum opprimendum pro-

38 THE EXCOMMUNICATION OF LUTHER, 1520

cedatur, non videatur res sic abitura quin in Germania acerrimas offensiones et horribiles ac exitiales tumultus excitatura sit, unde nec ad S. D. N. Pontificem nec aliis quidquam utilitatis redire poterit' (*Lutheri Op. Lat.* v. 9). Accordingly when, early in Nov., the Bull was presented to him at Köln by the papal envoys, Caracciolo and Aleander, the Elector demanded 'ut omissa qua res coepta est agi via, navetis operam ita agendi causam istam ut aequis, eruditis, piis et non suspectis iudicibus ... audiatur : nec libri Lutheri, ipso neque audito neque convicto, comburantur' (*ibid.* v. 247). But Luther's books were burnt both at Louvain and at Köln : and, after renewing his appeal to a General Council, 17 Nov. (*ibid.* 119 sqq.), he broke finally with Rome and retaliated by burning the Papal Bull and the Decretals at Wittenberg, 10 Dec. 1520.

No. 38. The Bull 'Exsurge Domine'.

Exsurge, Domine, et iudica causam tuam. ... Exsurge, Petre, et pro pastorali cura ... tibi ... divinitus demandata, intende in causam S. R. E., matris omnium ecclesiarum, ac fidei magistrae. ... Exsurge tu quoque, quaesumus, Paule, qui eam tua doctrina ... illuminasti. ... Iam enim surgit novus Porphyrius. ... Exsurgat denique omnis sanctorum ac reliqua universalis ecclesia ... Exsurgat, inquam, praefata ecclesia sancta Dei et una cum beatissimis apostolis praefatis, apud Deum omnipotentem intercedat, ut, purgatis ovium suarum erroribus eliminatisque a fidelium finibus haeresibus universis, ecclesiae suae sanctae pacem et unitatem conservare dignetur.

§ 1. Dudum siquidem, quod prae animi angustia et moerore exprimere vix possumus ... ad nostrum pervenit auditum, imo vero, proh dolor ! oculis nostris vidimus ac legimus multos et varios errores, quosdam videlicet iam per concilia ac praedecessorum nostrorum constitutiones damnatos, haeresim etiam Graecorum et Bohemicam expresse continentes, ... noviter suscitatos, et nuper ... in inclyta natione Germanica seminatos. Quod eo magis dolemus ibi evenisse, quod eandem nationem et nos et praedecessores nostri, in visceribus semper gesserimus caritatis. Nam post translatum ex Graecis a Romana Ecclesia in eosdem Germanos imperium, iidem praedecessores nostri et nos ejusdem ecclesiae advocatos defensoresque ex eis semper accepimus. ... Pro pastoralis igitur officii, divina gratia nobis iniuncti, cura quam gerimus, praedictorum errorum virus pestiferum ulterius tolerare ... nullo modo possumus. Eorum autem errorum aliquos praesentibus duximus inserendos, quorum tenor sequitur, et est talis :—

§ 2. (1) Haeretica sententia est, sed usitata, sacramenta novae legis justificantem gratiam illis dare, qui non ponunt obicem.

(2) In puero post baptismum negare remanens peccatum, est Paulum et Christum simul conculcare.

(3) Fomes peccati, etiamsi nullum adsit actuale peccatum, moratur exeuntem a corpore animam ab ingressu coeli.

(4) Imperfecta caritas morituri fert secum necessario magnum timorem, qui se solo satis est facere poenam purgatorii, et impedit introitum regni.

(5) Tres esse partes poenitentiae: contritionem, confessionem et satisfactionem, non est fundatum in sacra Scriptura nec in antiquis sanctis Christianis doctoribus.

(6) Contritio, quae paratur per discussionem, collationem et detestationem peccatorum, qua quis recogitat annos suos in amaritudine animae suae, ponderando peccatorum gravitatem, multitudinem, foeditatem, amissionem aeternae beatitudinis, ac aeternae damnationis acquisitionem, haec contritio facit hypocritam, imo magis peccatorem.

(7) Verissimum est proverbium et omnium doctrina de contritionibus hucusque data praestantius: de caetero non facere, summa poenitentia: optima poenitentia, nova vita.

(8) Nullo modo praesumas confiteri peccata venialia, sed nec omnia mortalia, quia impossibile est, ut omnia mortalia cognoscas. Unde in primitiva Ecclesia solum manifesta mortalia confitebantur.

(9) Dum volumus omnia pure confiteri, nihil aliud facimus, quam quod misericordiae Dei nihil volumus relinquere ignoscendum.

(10) Peccata non sunt ulli remissa, nisi remittente sacerdote credat sibi remitti; imo peccatum maneret, nisi remissum crederet: non enim sufficit remissio peccati et gratiae donatio, sed oportet etiam credere esse remissum.

(11) Nullo modo confidas absolvi propter tuam contritionem, sed propter verbum Christi: Quodcumque solveris, etc. (Matt. xvi. 19). Hic, inquam, confide, si sacerdotis obtinueris absolutionem, et crede fortiter te absolutum, et absolutus vere eris, quidquid sit de contritione.

(12) Si per impossibile confessus non esset contritus, aut sacerdos non serio, sed ioco absolveret; si tamen credat se absolutum, verissime est absolutus.

(13) In sacramento Poenitentiae ac remissione culpae non plus facit Papa aut episcopus quam infimus sacerdos: imo,

ubi non est sacerdos, aeque tantum quilibet Christianus, etiamsi mulier aut puer esset.

(14) Nullus debet sacerdoti respondere, se esse contritum, nec sacerdos requirere.

(15) Magnus est error eorum qui ad sacramenta Eucharistiae accedunt huic innixi, quod sint confessi, quod non sint sibi conscii alicuius peccati mortalis, quod praemiserint orationes suas et praeparatoria : omnes illi ad iudicium sibi manducant et bibunt. Sed si credant et confidant se gratiam ibi consecuturos, haec sola fides facit eos puros et dignos.

(16) Consultum videtur, quod Ecclesia in communi concilio statueret, laicos sub utraque specie communicandos : nec Bohemi communicantes sub utraque specie sunt haeretici, sed schismatici.

(17) Thesauri Ecclesiae, unde Papa dat indulgentias, non sunt merita Christi et Sanctorum.

(18) Indulgentiae sunt piae fraudes fidelium et remissiones bonorum operum ; et sunt de numero eorum quae licent, et non de numero eorum quae expediunt.

(19) Indulgentiae his, qui veraciter eas consequuntur, non valent ad remissionem poenae pro peccatis actualibus debitae apud divinam iustitiam.

(20) Seducuntur credentes indulgentias esse salutares et ad fructum spiritus utiles.

(21) Indulgentiae necessariae sunt solum publicis criminibus, et proprie conceduntur duris solummodo et impatientibus.

(22) Sex generibus hominum indulgentiae nec sunt necessariae nec utiles : videlicet mortuis seu morituris, infirmis, legitime impeditis, his qui non commiserunt crimina, his qui crimina commiserunt sed non publica, his qui meliora operantur.

(23) Excommunicationes sunt tantum externae poenae nec privant hominem communibus spiritualibus Ecclesiae orationibus.

(24) Docendi sunt Christiani plus diligere excommunicationem quam timere.

(25) Romanus Pontifex, Petri successor, non est Christi vicarius super omnes totius mundi ecclesias ab ipso Christo in beato Petro institutus.

(26) Verbum Christi ad Petrum : ' Quodcumque solveris super terram,' etc. (Matt. xvi. 19) extenditur dumtaxat ad ligata ab ipso Petro.

(27) Certum est, in manu Ecclesiae aut Papae prorsus non

esse statuere articulos fidei, imo nec leges morum seu bonorum operum.

(28) Si Papa cum magna parte ecclesiae sic vel sic sentiret, nec etiam erraret ; adhuc non est peccatum aut haeresis contrarium sentire, praesertim in re non necessaria ad salutem, donec fuerit per concilium universale alterum reprobatum, alterum approbatum.

(29) Via nobis facta est enarrandi auctoritatem conciliorum, et libere contradicendi eorum gestis, et iudicandi eorum decreta, et confidenter confitendi quidquid verum videtur, sive probatum fuerit, sive reprobatum a quocumque concilio.

(30) Aliqui articuli Ioannis Huss condemnati in concilio Constantiensi sunt Christianissimi, verissimi et evangelici, quos nec universalis Ecclesia posset damnare.

(31) In omni opere bono iustus peccat.

(32) Opus bonum optime factum est veniale peccatum.

(33) Haereticos comburi, est contra voluntatem Spiritus.

(34) Proeliari adversus Turcas, est repugnare Deo visitanti iniquitates nostras per illos.

(35) Nemo est certus, se non semper peccare mortaliter, propter occultissimum superbiae vitium.

(36) Liberum arbitrium post peccatum est res de solo titulo ; et dum facit quod in se est, peccat mortaliter.

(37) Purgatorium non potest probari ex sacra Scriptura, quae sit in canone.

(38) Animae in purgatorio non sunt securae de earum salute, saltem omnes : nec probatum est ullis aut rationibus aut Scripturis, ipsas esse extra statum merendi aut augendae charitatis.

(39) Animae in purgatorio peccant sine intermissione, quamdiu quaerunt requiem et horrent poenas.

(40) Animae ex purgatorio liberatae suffragiis viventium minus beantur quam si per se satisfecissent.

(41) Praelati ecclesiastici et principes saeculares non male facerent, si omnes saccos mendicitatis delerent.

§ 3. Qui quidem errores . . . quam sint pestiferi . . . nemo sanae mentis ignorat. Nos igitur . . . reperimus eosdem errores . . . aut articulos non esse catholicos nec tanquam tales esse dogmatizandos. . . . Nam ex eisdem . . . palam sequitur. . . . Ecclesiam, quae Spiritu Sancto regitur, errare et semper errasse. . . .

§ 4. . . . Itaque . . . auctoritate omnipotentis Dei, et beatorum apostolorum Petri et Pauli, et nostra, praefatos omnes et singulos articulos seu errores ... damnamus, reprobamus atque omnino reiicimus. ...

§ 5. Insuper, quia errores praefati et plures alii continentur in libellis seu scriptis Martini Luther, dictos libellos et omnia dicti Martini scripta ... similiter damnamus, reprobamus atque omnino reiicimus ... mandantes ... omnibus et singulis utriusque sexus Christifidelibus ... ne huiusmodi scripta ... legere, asserere, praedicare, laudare, imprimere, publicare, sive defendere ... praesumant : quinimo illa statim post harum publicationem, ubicumque fuerint, per Ordinarios ... diligenter quaesita, publice ... comburant. ...

§ 10. ... Eundem Martinum eiusque adhaerentes ... tenore praesentium requirimus et monemus ... quatenus infra sexaginta dies ... ab affixione praesentium in locis infrascriptis, immediate sequentes numerandos, ipse Martinus, complices, fautores, adhaerentes et receptatores praedicti, a praefatis erroribus, eorumque praedicatione ... omnino desistant, librosque ... comburant ... Ipse etiam Martinus errores et assertiones huiusmodi omnino revocet, ac de revocatione huiusmodi per publica documenta in forma iuris valida ... ad nos infra alios similes sexaginta dies transmittenda, vel per ipsummet (si ad nos venire voluerit, quod magis placeret) cum ... plenissimo salvo conductu quem ex nunc concedimus, deferenda, nos certiores efficiat, ut de eius vera obedientia nullus dubitationis scrupulus valeat remanere.

§ 11. Alias si (quod absit) Martinus praefatus, complices, etc., praedicti, secus egerint ... eundem Martinum, complices, etc., ... notorios et pertinaces haereticos ... fuisse et esse declarantes, eosdem ut tales harum serie condemnamus ...

XX

THE DIET OF WORMS, 27 JAN.—25 MAY 1521

Charles V, after his coronation at Aachen 23 Oct. 1520, on 1 Nov. summoned the Estates to Worms. Aleander, 1480-†1542, whose [No. 39] **instructions as Papal Legate** were simply to see that Luther was treated as a heretic already condemned (Balan, *Monumenta Reformationis Lutheranae*, i. 8 sqq.), was favourably impressed by [No. 40] **his first interview with the Emperor,** 23-29 Sept., at Antwerp (*Quellen und Forschungen aus italienischen Archiven*, I. i. 151 sq., Rome, 1897), and arrived in Worms 30 Nov. He was at once met by the objection based on Art. XIX of the capitulations which Charles had signed at his election (Goldasti *Constitutiones Imperiales*, ii. 141), that no proceedings could be taken 'sine magno scandalo contra hominem Germanum indicta causa' (Brieger, *Aleander und Luther*, 19), and rightly concluded that 'et spes et ratio vincendi in Caesare tantum est' (*ibid.* 27). On 3 Jan. 1521 the Pope issued a new and sharper Bull of Excommunication (*Magnum Bull. Rom.* i. 614 sqq.), and, 18 Jan., addressed a Brief to the Emperor requiring him to carry it into effect (Balan, i. 34 sqq.). But by taking the advice of his ambassador at Rome to the effect that 'he ought to show some favour to a certain Friar Martin' of whom 'the Pope is exceedingly afraid' (12 May 1520: *Calendar of State Papers, Spanish*, ii. 305), Charles could at once secure himself against Leo's possible defection to Francis I, 1515–†47, and also satisfy [No. 41] **the strongly anti-papal sentiment of Germany** (Brieger, 48). The matter was accordingly referred to the Diet: and after Aleander had, 13 Feb., presented the Papal case (Brieger, 61 : Balan, 59), it was resolved that Luther should be heard. He reached Worms 16 April, and 'after dinner all the world came to see him' (Brieger, 143). Next day he was brought before Emperor and Diet, and granted a day's delay to prepare [No. 42] **his final answer**, 18 April, to the question, Would he recant? ('Acta' in *Lutheri Op. Lat.* vi. 8 sqq.). On the 19th Charles announced [No. 43] **his future policy** in regard to Luther (Armstrong, *Charles V*, i. 70 sq.), in terms which, in spite of the *Gravamina* demanding a disciplinary reform which the Diet laid before him early in May (Walch, *Luther's Schriften*, xv. 2058 sqq.), naturally issued in his [No. 44] **alliance with the Pope**, 8 May (Dumont, *Corps Diplomatique*, IV. iii. 96 sqq.), on the basis of joint suppression of heresy, and in [No. 45] **the Edict of Worms**, 26 May (Goldasti *Const. Imp.* ii. 143 sqq.). Luther, who had left Worms 26 April, was spirited off out of harm's way by 'the Saxon fox' (Brieger, 245), but according to dispatches of the Venetian Ambassador (*Cal. St. Papers, Venetian*, iii. 115 sqq.) and a letter of the Archbishop of Mainz to Leo X (Balan, 268) [No. 46] **German feeling remained wholly on his side.**

No. 39. Aleander's Instructions.

... Vos igitur, Domine Hieronyme, ibitis ad Curiam Caesaris recto tramite, et ibi praesentabitis bullam plumbatam eius M^{ti}, suadebitisque ut tam perniciosae pesti obviare velit praesertim in initio suae advocationis et susceptae defensionis pro S. R. Ecclesia, quo nihil gloriosius posset facere ; ostendendo M^{ti} suae qualiter S. D. N. et Sedes Apostolica non ad fovendas contentiones et rixas sed ad sedandas et exstinguendas haereses mature processit, et, communicatis omnibus erroribus seu articulis in bulla contentis, cum S. R. E. Cardinalibus ac multis aliis doctissimis viris Ro. Curiae, illos damnavit, et propterea, cum fecerit quod sui officii est, petit brachium potentiae M^{tis} suae, cuius officium est haereticos ante omnia exstirpare atque ideo iuxta apostolicum gladium portat, ut malis hominibus purget Ecclesiam Dei; et nitamini impetrare litteras ab eius M^{te} ad omnes Germaniae Principes, tam saeculares quam ecclesiasticos, hortatorias ut velint adiuvare ad executionem bullae et omnium in ea contentorum et prout videbitur melius expedire, quarum forma prudentiae vestrae relinquitur. . . .

Quinto, si Martinus . . . vellet se iustificare et petere se audiri in Curia Caesareae M^{tis}, respondebitis iam sibi fuisse per S. D. N. oblatum salvum conductum ut veniret ad Romanam Curiam et Sedem Apostolicam ubi causae haeresum de iure tractari et definiri debent, praesertimque postquam S. D. N. apposuit manum et condemnavit huiusmodi errores; quae gesta per suam Sanctitatem si alibi examinarentur, esset contra omnem iustitiam et divinam et humanam; et, si Martinus vellet hodie ad Romanam Curiam venire et ibi audiri, paratus est S. D. N. iuxta formam bullae dare sibi plenissimum salvum conductum, et libentissime eum audire.

Sexto, scribatur S^{mo} D. N. cito et sigillatim quaecumque facietis ut pro tempore possit remedium afferre. . . .

Ultimo, hortabimini tam Caesaream Maiestatem quam omnes Principes ut, post publicationem bullae et lapsum termini in ea contenti, Martinus capiatur, et ut vinctus, ducatur ad Curiam Romanam ut condigna poena puniatur. . . .

No. 40. Aleander's first impressions of Charles V.

Hodie, tertio quam Antwerpiam pervenerim, auctore Leodiensi praesule,[1] sum ad Caesarem introductus. Aderant e nostris Rev. Protonotarius Caracciolus[2] et D. Raphael Medices[3]; e Caesarianis tum alii plerique quos non novi, tum Marchio de Chevres[4], magnus Cancellarius[5], episcopus Tudensis[6]. Visum est consultius Leodiensi praesuli et nostris oratiunculam, et brevem et sermone Gallico, haberem. Audivit

[1] Eberhard von der Mark, Bishop of Liège, 1506-†38.
[2] Marino Caracciolo, 1469-†1538, Papal Legate.
[3] A kinsman of Leo X.
[4] Marquis Guillaume de Croy, Seigneur de Chièvres, 1458-†1521.
[5] Mercurino Arborio de Gattinara, 1465-†1530.
[6] Lodovico Marliano, Bishop of Tuy in Spain, 1517-†21.

Caesar benignissime, lectisque a magno Cancellario Sanctitatis Vestrae litteris, respondit profecto, non per interpretem aut per praesentem paedagogum sed per se ipsum et sapienter et sancte, se pro tuenda re ecclesiastica et Sanctitatis Vestrae Sedisque Apostolicae dignitate etiam vitam expositurum. Neque haec solum verba sed et pleraque alia tam huic causae accommodate ut, quum ea quae audiebam cum iis conferrem quae de tanto Principe in Italia et perperam et iniquissime circumferebantur, non possem non istas falsissimas et iniustissimas linguas mecum tacite devovere. Dicant enim quicquid velint, visus est mihi hic Princeps et egregie cordatus et longe super annos prudens, plus tamen habere longe in recessu quam in fronte prae se ferat; nam, quantum ad religionem et pietatem attinet, apud omnes qui cum eo versantur in confesso est eum nemini vel privato vel Principi hac in parte cedere. . . .

No. 41. Aleander on the anti-papal sentiment of Germany, 8 Feb.

At present, all Germany is in commotion: nine out of every ten cry 'Luther', and the tenth, if he do not care for what Luther says, at least cries, 'Death to the Court of Rome!' and every one demands and shrieks 'Council! Council!' and will have it in Germany; and those who ought to do most for us, yea for themselves, some out of timidity, some for despite, others, each for his own interest.

No. 42. Luther's answer before Emperor and Diet, 18 April.

Sequenti feria quinta, post quartam pomeridianam, venit Fetialis[1] et assumptum D. Martinum in Curiam Caesaris perduxit, ubi propter Principum occupationes ad sextam usque mansit, exspectans in magna hominum frequentia, se ipsam conterente prae turba. Cumque consessus factus esset[2] et D. Martinus astaret, prorupit Officialis[3] in haec verba:—

Hesterno vesperi Caesarea Maiestas hanc horam tibi dixit, Martine Luthere, quandoquidem libros, quos heri recensuimus, tuos esse palam recepisti. Caeterum ad quaestionem, an quid-

---

[1] The herald Caspar Sturm, officially known as 'Deutschland'.
[2] In the Episcopal Palace.
[3] John von Eck, Official of the Archbishop of Trier.

quam eorum irritum haberi velles, an omnia probares quae profiteris, deliberationem petisti quae nunc finem habet, etiamsi iure impetrare non debueras longius cogitandi spatium, qui tanto tempore scivisti ad quid vocareris. Et fidei negotium tam certum omnibus esse conveniebat, ut quisque, quocunque tempore postulatus, rationem eius certam et constantem reddere possit, nedum tu tantus et tam exercitatus Theologiae Professor. Age, tandem responde Caesareae postulationi, cuius benignitatem in impetrando cogitandi spatio sensisti: Visne libros tuos agnitos omnes tueri? an vero quidquam retractare? Haec latine et germanice dixit Officialis.

Respondit D. Martinus et ipse latine et germanice, quanquam suppliciter non clamose, ac modeste, non tamen sine Christiana animositate et constantia, et ita ut cupierint adversarii orationem et animum abiectiorem. Sed multo cupidissime exspectarunt revocationem, cuius spem expetito deliberandi spatio nonnullam conceperant. Sic autem respondit:—

Serenissime Domine Imperator, Illustrissimi Principes, Clementissimi Domini, ad praefixum mihi hesterno vesperi terminum obediens compareo, per misericordiam Dei obsecrans, S. M. V. Dominationesque vestrae illustrissimae dignentur causam hanc (ut spero) iustitiae et veritatis clementer audire: atque, si per imperitiam meam vel dignos titulos cuiquam non dedero vel quocumque modo in mores gestusque aulicos peccavero, benigniter ignoscere ut homini non in aulis sed in angulis monachorum versato, qui nihil aliud de me testari possum quam ea simplicitate animi hactenus me docuisse et scripsisse, ut tantum gloriam Dei et sinceram fidelium Christi institutionem spectarem.

Serenissime Imperator, Illustrissimique Principes, ad duos illos articulos heri per S. M. V. mihi propositos, scilicet, an libellos recensitos et nomine meo evulgatos agnoscerem meos, et in his defendendis perseverare aut revocare velim? dedi paratum et planum meum responsum super articulo priore, in quo adhuc persisto persistamque in aeternum, esse videlicet eos libros meos meoque nomine a me evulgatos, nisi forte interim acciderit ut, aemulorum vel astutia vel sapientia importuna, quidquam in illis mutatum aut depravate excerptum sit. Nam aliud plane non agnosco nisi quod mei solius est et a me solo scriptum, citra omnis cuiusvis industriae interpretationem.

Ad alterum vero responsurus rogo, S. M. V. et Dom. Vestr. dignentur animum advertere libros meos non esse omnes eiusdem generis.

Sunt enim aliqui in quibus pietatem fidei et morum adeo simpliciter et evangelice tractavi ut ipsimet adversarii cogantur eos confiteri utiles, innoxios et plane dignos lectione Christiana. Sed et Bulla, quanquam saeva et crudelis, aliquot meos libros innoxios facit, licet et hos damnet, iudicio prorsus monstrifico. Si itaque hos revocare inciperem, obsecro quid facerem nisi quod unus ex omnibus mortalibus eam veritatem damnarem quam amici et inimici pariter confitentur, solus omnium confessioni concordi reluctatus?

Alterum genus est quod in Papatum et doctrinam Papistarum invehitur, tanquam in eos qui suis et doctrinis et exemplis pessimis orbem Christianum utroque malo et spiritus et corporis vastaverint. Nam neque negare id neque dissimulare quisquam potest, cum experientia omnium et universorum querimonia testes sint, per leges Papae et doctrinas hominum, conscientias fidelium miserrime esse illaqueatas, vexatas et excarnificatas, tum res et substantias, praesertim in hac inclyta Germaniae natione incredibili tyrannide devoratas, devorarique adhuc sine fine indignisque modis : cum tamen suismet legibus ipsi caveant (ut Dist. ix et xxv q. 1 et 2)[1] ut Papae leges et doctrinae Evangelio aut Patrum sententiis contrariae pro erroneis et reprobis habeantur. Si igitur et hos revocavero, nihil aliud praestitero quam ut tyrannidi robur adiecero et tantae impietati non fenestras sed valvas aperuero grassaturae latius et liberius quam hactenus unquam ausa fuerit ; et fiet huius meae revocationis testimonio licentiosissimum impunitissimumque nequitiae illorum regnum misero vulgo longe intolerabilissimum et tamen roboratum et stabilitum, praesertim si iactatum fuerit id a me factum auctoritate S. M. V. totiusque Romani Imperii. Quantum ego, Deus bone, tum fuero operculum nequitiae et tyrannidis.

Tertium genus eorum est quos in aliquos privatos et singulares (ut vocant) personas scripsi, eos scilicet qui et tyrannidem Romanam tueri et pietatem a me doctam labefactare moliti sunt. In hos confiteor me fuisse acerbiorem quam pro religione aut professione deceat. Neque enim me sanctum aliquem facio, neque de vita mea sed de doctrina Christi disputo. Neque hos revocare integrum est mihi quod ea revocatione iterum futurum sit ut tyrannis et impietas meo patrocinio regnent et saeviant in populum Dei violentius quam unquam regnaverint.

[1] *Corpus Iuris Canonici*, i. 17, 1008, 1017 (ed. Friedberg).

Tamen, quia homo sum et non Deus, alio patrocinio meis libellis adesse non possum quam ipse Dominus meus Iesus Christus affuit suae doctrinae qui, cum coram Hanna de sua doctrina fuisset interrogatus et alapam a ministro accepisset, dixit : Si male locutus sum, testimonium perhibe de malo. Si Dominus ipse, qui sciebat sese errare non posse, non tamen detrectavit testimonium adversus suam doctrinam audire, etiam a vilissimo servo, quanto magis ego faex, non nisi errare potens, debeo expetere et exspectare si quis testimonium reddere velit adversus meam doctrinam.

Itaque rogo per misericordiam Dei S. M. V. Illustrissimaeque Dom. Vestr., aut quicumque tandem, vel summus vel infimus possit, reddat testimonium, convincat errores, superet scripturis propheticis et evangelicis ; paratissimus enim ero, si edoctus fuero, quemcunque errorem revocare, eroque primus qui libellos meos in ignem proiiciam. . . .

His dictis Orator Imperii, increpabundo similis, dixit eum non ad rem respondisse nec debere in quaestionem vocari quae olim in Conciliis essent damnata et definita : ideo ab eo peti simplex et non cornutum responsum, An velit revocare vel non?

Hic Lutherus :—Quando ergo S. M. V. Dominationesque vestrae simplex responsum petunt, dabo illud neque cornutum neque dentatum in hunc modum : Nisi convictus fuero testimoniis Scripturarum aut ratione evidente (nam neque Papae neque Conciliis solis credo, cum constet eos errasse saepius et sibi ipsis contradixisse), victus sum Scripturis a me adductis captaque est conscientia in verbis Dei : revocare neque possum neque volo quidquam, cum contra conscientiam agere neque tutum sit, neque integrum. Hie stehe ich. Ich kan nicht anders. Gott helff mir. Amen. . . .

No. 43. The Emperor's declaration of policy, 19 April.

My predecessors, the most Christian Emperors of German race, the Austrian archdukes, and dukes of Burgundy, were until death the truest sons of the Catholic Church, defending and extending their belief to the glory of God, the propagation of the faith, the salvation of their souls. They have left behind them the holy Catholic rites that I should live and die therein, and so until now with God's aid I have lived, as becomes a Christian Emperor. What my forefathers established at Constance and other Councils, it is my privilege to uphold. A single monk, led astray by private judgement, has set himself against the faith held by all Christians for a thousand years and more, and impudently concludes that all Christians up till now have erred. I have therefore resolved to stake upon this cause all my dominions, my friends, my body and my blood, my life and soul. For myself and you, sprung from the holy German nation, appointed by peculiar privilege defenders of the faith, it would be a grievous disgrace, an eternal stain upon ourselves and our posterity, if, in this our day, not only heresy, but its very suspicion, were due to our neglect. After Luther's stiff-necked reply in my presence yesterday, I now repent that I have so long delayed proceedings against him and his false doctrines. I have now resolved never again, under any circumstances, to hear him. Under protection of his safe-conduct he shall be escorted home, but forbidden to preach and to seduce men with his evil doctrines and incite them to rebellion. I warn you to give witness to your opinion as good Christians and in accordance with your vows.

No. 44. The Alliance between the Pope and the Emperor, 8 May.

I. Et primo, praedicti duo Principes, Serenissimus Papa Leo X et Serenissimus Caesar Carolus Hispaniarum ac utriusque Siciliae citra et ultra Pharum Rex, faciunt ligam atque amicitiam iunguntque se foedere perpetuo et indissolubili ita ut eosdem habeant amicos, eosdem hostes sine exceptione, ut una atque eadem amborum sit fortuna, idem velle et nolle ad offensionem quorumcunque et defensionem a quibuscunque opus fuerit ... ut qui alterutrum laeserit aut laedere attentaverit, alterius continuo sit hostis. ...

XVI. Item, quoniam S. D. N. cura est aliquanto etiam maior rerum spiritualium et pastoralis officii quam temporalium, dignitatem Sanctae Apostolicae Sedis supra omnia carissimam habet, multi autem exorti sunt qui et de Fide Catholica male sentire et dictam Sedem sua malignitate et maledicentia lacerare non dubitant, promittit Serenissimus Caesar se contra eos qui Sedem Apostolicam verbo et facto laedere praesumunt aut Fidem Catholicam perturbare conantur, ut iustissimum et Christianissimum Imperatorem decet, omnem vim suae pote

statis districturum, eosque persecuturum, omnesque iniurias
eidem Sedi illatas, tanquam sibi factas, vindicaturum. . . .

No. 45. The Edict of Worms, 26 May.

Carolus V, Dei benignitate electus Romanus Imperator,
semper Augustus; Germaniae, Hispaniae, utriusque Siciliae,
Hierosolymae, Hungariae, Dalmatiae, Croatiae, &c., Rex;
Archidux Austriae; Dux Burgundiae, &c.; Comes Habsburgi,
Flandriae, Tirolis, &c.: universis et singulis Electoribus, Principibus &c. . . . salutem ac prosperitatem cum denunciatione
clementiae nostrae. . . .

4. Cum . . . sine dubio nemini vestrum sit obscurum quam
procul errores haeresesque a Christiana via . . . declinent quas
Augustinianae familiae quidam Martinus Lutherus . . . disseminare conatur . . . [here follows, §§ 5-25, a recital of the
proceedings in Luther's case.]

25. . . . inde nimirum opportunis remediis contra hanc
exulceratissimam pestem procedi debet, ut sequitur.

26. Principio, ad laudem gloriamque omnipotentis Dei et
propugnationem Christianae fidei Pontificis quoque Romani
et Sedis honorem debitum, auctoritate ac potestate nostrae
Caesareae dignitatis atque officii, praeterea unanimi consensu
et voluntate nostrorum sacrique Imperii Electorum, Principum
et Ordinum hic iam congregatorum, Nos ad perpetuam rei
memoriam praestandamque decreti, sententiae ac condemnationis Bullae, quam S. N. Pater Papa, velut ordinarius iudex
controversiarum religionis edidit, executionem, supramemoratum Martinum Lutherum tanquam membrum ab Ecclesia
Dei separatum, perniciosi schismatis auctorem, manifestum
pertinacemque haereticum a nobis vobisque universis et
singulis existimandum detestandumque renunciamus et declaramus, idque publice testatum his literis volumus, edicentes
et imperantes vobis omnibus et unicuique sub sponsione atque
iuramento quo nobis sacroque Imperio devincti estis, ad
effugiendam item criminis laesae maiestatis poenam nostramque
et Imperii proscriptionem ac excommunicationem. . . .

27. Imperantes, inquam, Romana Caesareaque potestate
severe hoc edicto volumus, ut, elapsis praefatis viginti diebus
qui 14 huius mensis Maii terminabuntur, praedictum Martinum
Lutherum nemo vestrum hospitio, tecto lectove recipiat ac
foveat, nemo cibo potuque alat et sustentet, nec quisquam
verbis ac factis, clam palamve, consilio vel auxilio iuvet aut

promoveat; sed ubicumque locorum in eum incideritis, si tantum habebitis virium, vinctum comprehendatis diligentique saeptum custodia nobis vel adducatis ipsi vel adduci curetis, aut saltem evestigio nobis ubi captus fuerit indicetis, intereaque carcere clausum providenter asservetis donec quod porro illi inferendum sit instructionem nostram acceperitis, vosque propter huiusmodi sanctum et pium opus, ad compensationem laborum quoque et sumptuum benigne remuneremini.

28. Verum contra illius necessarios, coniunctos, thiasotas, patronos, altores, fautores, consentientes, aemulos atque imitatores, horumque mobilia vel immobilia bona, debetis, in vigore sanctae constitutionis nostrae et Imperii proscriptionis et excommunicationis, hoc ordine procedere: videlicet, iter facientes prosternere, prehendere, fortunas diripere, ad vestrum dominium transferre, nemine obstante vel impediente: excepto, si verisimiliter probabiliterque confirment, se hac scopulosa via deserta Pontificiam absolutionem impetrasse.

29. Praeterea mandamus vobis omnibus et unicuique privatim ... ne quisquam ... M. Lutheri libros a S. P. N. Papa ... condemnatos eiusdemque alia multa scripta, quae seu vernacula seu Latina lingua componit hactenus, tanquam impia, foeda, suspecta, diluta et a notorio pertinacique haeretico edita, amplius, emere, venundare, servare, describere, imprimere, describi vel imprimi facere, nec ipsius opinioni suffragari, adhaerere aut praedicare, defendere, asserere ullis modis ... praesumat. ...

31. Insuper decernimus ut universi et singuli, cuiuscunque dignitatis, gradus, ordinis, conditionis fuerint, ac praesertim gerentes Magistratus et superiore vel inferiore iurisdictione armati, ... in omnibus S. R. I. subiectis ditionibus, in nostris item haereditariis Ducatibus atque territorio, de facto severe ordinent, poenas irrogent, imperent atque procurent quascunque tales antedictas Lutheri virulentas commentationes, libellos et lucubrationes, ingentium tumultuum, damnorum, dissipationum, haeresium in Ecclesia Dei administras, igni comburendas et his aliisque mediis funditus abolendas, exstirpandas ad nihilumque redigendas. Similiter Beatitudinis Pontificiae nunciis ipsorumque delectis commissariis, in his ad illorum ... requisitionem summa voluntate ... adesse ... ac ... ad haec universa et singula ... exsequenda ... operas conferre debetis. ...

37. Postremo, quo cum praesentia mala tum occasiones futurarum haeresium praecidantur. ... Nos Caesarea Regiaque

potestate, consulto unanimique consensu[1] nostrorum et Imperii Electorum atque Ordinum, sub nostra Imperiique proscriptione ... decernimus vigore huius Edicti ... ne quis in posterum typographus aut alius ... ullum opus scriptumve, in quo fidei Christianae mentio ... fiat, aut primus imprimat aut ab aliis editum recudat, nisi conscio et annuente loci illius Ordinario ... cum permissione Facultatis Theologiae in Academia aliqua finiendi. ...

No. 46. German feeling in favour of Luther.

(1) Dispatches of Gaspar Contarini, the Venetian Ambassador.

April 25.—I cannot tell you how much favour he [Luther] enjoys here [Worms], and which is of such a nature that, on the Emperor's departure and the dissolution of the Diet, I suspect it will produce some bad effect, most especially against the prelates of Germany. In truth, had this man been prudent, had he restricted himself to his first propositions, and not entangled himself in manifest errors about the faith, he would have been, I do not say favoured, but adored by the whole of Germany. I was told so at Augsburg by the Duke of Bavaria and many others, and I see the same by experience.

April 26.—Luther is a man who will not relinquish his opinion, either through argument, fear, or entreaty. ... He has many powerful partisans who encourage him, and against whom no one dares to [proceed]. ... His books are sold publicly in Worms, although the Pope and the Emperor, who is on the spot, have prohibited them.

(2) Letter of the Archbishop of Mainz to Leo X, July.

Beatissime Pater. ... In dies post omnium bonorum virorum conatum, post bullam Beatitudinis vestrae et Caesareum edictum in Martinum et complices, augentur copiae Lutheranorum, iamque rarissimi inveniuntur laici qui candide et simpliciter faveant ecclesiasticis; sed et bona pars sacerdotum facit cum Luthero et plerosque pudet stare a parte Romanae Ecclesiae, adeo invisum est nomen curtisanorum et decretorum Beatitudinis vestrae, quae magno supercilio post Wittembergenses et alii quoque reiiciunt. ...

---

[1] This is misleading. See Ranke, *History of the Reformation*, 244.

XXI

MELANCHTHON

Philip Schwarzerd, 16 Feb. 1497—†19 Ap. 1560, was born at Bretten in the Palatinate, and was educated first at Heidelberg, 1509-12, then at Tübingen, 1512-14, where, as M.A., 25 Jan. 1514, he began to teach. On the recommendation of his great-uncle, the famous John Reuchlin, 1455-†1522, he was made Professor of Hebrew and Greek at Wittenberg, 26 Aug. 1518. He came thither as a humanist and was always to some extent a theologian against his will (Beard, *Hibbert Lectures*, 90). Though never in Holy Orders, he took his B.D. 19 Sept. 1519, and began to lend support to Luther by lecturing in theology. A lifelong relation was thus set up between them:—'I am rough, boisterous, stormy, and altogether warlike' wrote Luther, in a preface to Melanchthon's Commentary on Colossians, 'I am born to fight against innumerable monsters and devils. I must remove stumps and stones, cut away thistles and thorns, and clear the wild forests: but Master Philip comes along softly and gently, sowing and watering with joy, according to the gifts which God has abundantly bestowed upon him.' In Dec. 1521 Luther's main ideas found classical expression in Melanchthon's [No. 47] **Loci Communes** (*Corpus Reformatorum*, xxi. 82 sqq.: edd. Bretschneider and Bindseil, Brunsvigae, 1834-60), which had its origin in lectures on the Epistle to the Romans. 'In its earliest form it was a collection of Heads or *Loci*—topics for ... oral amplification from the Professor at his desk' (Beard, *op. cit.* 286): but it became, as enlarged in successive editions, 1521-59, the systematic exposition of Lutheran theology' (*ibid.* 90; cf. 287). Some of its earliest positions underwent important modifications, for which see J. W. Richard, *Philip Melanchthon*, 231 sqq. (Putnam, 1898).

No. 47. The Loci Communes, Dec. 1521.

Loci Communes seu Hypotyposes Theologicae.

Requiri solent in singulis artibus loci quidam, quibus artis cuiusque summa comprehenditur, qui scopi vice, ad quem omnia studia dirigamus, habentur. Quod in theologia veteres quoque secutos videmus, parce quidem ac sobrie. Ex recentioribus vero Damascenum[1] ac Longobardum,[2] inepte utrumque. Nimium enim philosophatur Damascenus, Longobardus congerere hominum opiniones quam Scripturae sententiam referre maluit. Et quanquam nolim immorari studiosos ... hoc genus summis, tamen prope necessarium duco indicare

[1] John of Damascus, ? 700-†750 ?, Ἔκδοσις ἀκριβὴς πίστεως ὀρθοδόξου.
[2] Peter Lombard, ? -†1160, *Sententiarum Libri IV*.

saltem e quibus locis rerum summa pendeat, ut quorsum dirigenda sunt studia intelligatur.

Sunt autem rerum theologicarum haec fere capita :—Deus. Unus. Trinus. Creatio. Homo, hominis vires. Peccatum. Fructus peccati, Vitia. Poenae. Lex. Promissiones. Instauratio per Christum. Gratia. Gratiae fructus. Fides. Spes. Caritas. Praedestinatio. Signa sacramentalia. Hominum status. Magistratus. Episcopi. Condemnatio. Beatitudo.

In his ut quidam prorsus incomprehensibiles sunt, ita rursus sunt quidam, quos universo vulgo Christianorum compertissimos esse Christus voluit. Mysteria divinitatis rectius adoraverimus quam vestigaverimus. Immo sine magno periculo tentari non possunt, id quod non raro sancti viri etiam sunt experti. Et carne Filium Deus Optimus Maximus induit ut nos a contemplatione maiestatis suae ad carnis adeoque fragilitatis nostrae contemplationem invitaret. . . . Proinde non est cur multum operae ponamus in locis illis supremis de Deo, de Unitate, de Trinitate Dei, de mysterio Creationis, de modo Incarnationis. Quaeso te quid adsecuti sunt iam tot saeculis scholastici theologistae cum in his locis solis versarentur? Nonne in disceptationibus suis . . . vani facti sunt, dum tota vita nugantur de universalibus, formalitatibus, connotatis et nescio quibus aliis inanibus vocabulis, et dissimulari eorum stultitia posset, nisi Evangelium interim et beneficia Christi obscurassent nobis illae stultae disputationes. Iam si libeat ingenioso mihi esse in re non necessaria, facile queam evertere quaecunque pro fidei dogmatis argumenta produxerunt, et in his quam multa rectius pro haeresibus quibusdam facere videntur, quam pro catholicis dogmatis. Reliquos vero locos, peccati vim, legem, gratiam qui ignorarit, non video quomodo Christianum vocem ; nam ex his proprie Christus cognoscitur, siquidem hoc est Christum cognoscere, beneficia eius cognoscere, non, quod isti docent, eius Naturas, modos Incarnationis contueri. Ni scias in quem usum carnem induerit, et cruci adfixus sit Christus, quid proderit eius historiam novisse? An vero medico satis est novisse herbarum figuras, colores, liniamenta, vim scire nativam nihil refert? Ita Christum, qui nobis remedii et, ut Scripturae verbo utar, salutaris vice donatus est, oportet alio quodam modo cognoscamus quam exhibent scholastici. Haec demum Christiana cognitio est, scire quid lex poscat ; unde faciendae legis vim ; unde peccati gratiam petas ; quomodo labascentem animum adversus daemonem, carnem, et mundum erigas; quomodo adflictam conscientiam consoleris. Scilicet ista docent scholastici? Paulus in Epistola quam Romanis dicavit, cum doctrinae Christianae compendium conscriberet, num de mysteriis Trinitatis, de modo Incarnationis, de creatione activa et creatione passiva philosophabatur? At quid agit? Certe de lege, peccato, gratia e quibus locis solis Christi cognitio pendet. ... Itaque nos aliquam delineabimus eorum locorum rationem qui Christum tibi commendent, qui conscientiam confirment, qui animum adversus Satanam erigant. ...

De Gratia. Sicut lex peccati cognitio est, ita Evangelium promissio gratiae et iustitiae. ... Sit gratia, favor, misericordia, gratuita benevolentia Dei erga nos. ... In summa, non aliud est gratia nisi condonatio seu remissio peccati. ...

De Iustificatione et Fide. Iustificamur igitur cum mortificati per legem, resuscitamur verbo gratiae quae in Christo promissa est, seu Evangelio condonante peccata. Et illi fide adhaeremus, nihil dubitantes quin Christi iustitia sit nostra iustitia, quin Christi satisfactio sit expiatio nostri, quin Christi resurrectio nostra sit. Breviter nihil dubitantes quin peccata nobis condonata sint, et iam faveat ac bene velit Deus. Nihil igitur operum nostrorum, quantumvis bona aut videantur aut sint, iustitia sunt. Sed sola fides de misericordia et gratia Dei in Iesu Christo iustitia est. ... Quid igitur fides? Constanter adsentiri omni verbo Dei. ...

De signis. Evangelium promissionem esse gratiae diximus. Porro promissionibus proximus signorum locus est. Adduntur enim in Scripturis ceu sigilli vice signa promissionibus quae cum admoneant promissionum tum certa testimonia divinae voluntatis sint erga nos, testanturque certo accepturos quod pollicitus est Deus. In usu signorum foedissime erratur. Nam scholae cum disputant quid intersit inter sacramenta veteris ac novi testamenti, in sacramentis veteris testamenti negant vim fuisse iustificandi: novi sacramentis tribuunt vim iustificandi, manifesto nimirum errore. Sola enim fides iustificat. Proinde quae signorum natura sit, facillime ex Pauli Romanis potest intelligi, ubi de circumcisione in capite quarto disserit. ... Ex quibus qui sit signorum usus credo disci posse. Non iustificant signa, ut Apostolus ait, Circumcisio nihil est, ita Baptismus nihil est. Participatio mensae Domini nihil est, sed testes sunt καὶ σφραγῖδες divinae voluntatis erga te: quibus conscientia tua certa reddatur, si de gratia, de benevolentia Dei erga se dubitet. ... Fidei excitandae gratia signa sunt proposita. . . . Duo sunt autem signa a Christo in Evangelio instituta, Baptismus et participatio mensae Domini. Nos enim signa sacramentalia ea esse iudicamus, quae gratiae Dei signa divinitus tradita sunt. . . .

De privatis confessionibus. . . . Absolutio privata sic necessaria est ut Baptismus. Tametsi enim audias Evangelium communiter universae Ecclesiae praedicari, tamen tum demum certus es id ad te proprie pertinere, quum tu privatim ac proprie absolveris. Non sitit gratiam qui non efflictim cupit audire sententiam de se divinam. Est enim Dei non hominum sententia qua absolveris, modo absolutioni credas. . . . Neque vero absolvuntur nisi qui et absolvi se optant et credunt. . . .

De participatione Mensae Domini. Signum gratiae certum est participatio mensae Domini, hoc est, manducare corpus Christi et bibere sanguinem. Sic enim ait (Luc. xxii. 20), Hic est calix novi testamenti, &c. Item (1 Cor. xi. 25), Quoties feceritis, facite in memoriam mei. Id est, cum facitis, admoneamini Evangelii, seu remissionis peccatorum. Non est igitur sacrificium, si quidem in hoc est traditum, ut certo admoneat tantum promissi Evangelii. Nec delet peccatum participatio mensae, sed fides delet, ea vero hoc signo confirmatur. . . . Sunt igitur impiae missae omnes praeter eas quibus conscientiae ad confirmandam fidem eriguntur. Sacrificium est cum nos aliquid Deo offerimus; at Christum non offerimus Deo, sed ipse se semel obtulit. Quare qui missas in hoc faciunt, ut ceu bonum aliquod opus faciant, ut Deo Christum offerant pro vivis ac mortuis, ut putent quo saepius ingeminetur, eo melius fieri, impie errant. Et hos errores magna ex parte opinor Thomae imputandos esse, qui docuit missam prodesse aliis praeter eum qui manducat.

Est autem significatio huius sacramenti confirmare nos toties quoties labascunt conscientiae, quoties de Dei voluntate erga nos dubitamus. . . . Quid autem in mentem venit iis qui inter signa gratiae Ordinem numerarunt? Cum non aliud sit ordo quam deligi ex ecclesia eos qui doceant, baptizent, mensae benedicant, et eleemosynas partiantur egenis. Episcopi seu presbyteri dicebantur qui docebant, lavabant, et benedicebant mensae. Diaconi qui eleemosynas partiebantur inter inopes. Neque sic discretae horum functiones erant, ut Diacono piaculare esset docere, baptizare, aut benedicere mensae. Immo haec omnibus Christianis licent. Nam omnium sunt claves Matt. xviii. 18. Sed demandabatur eorum procuratio quibusdam, ut essent qui sibi rem ecclesiasticam necessario scirent administrandam esse, et ad quos rite referri posset, si quid incidisset.

Et, ut hoc obiter moneam, vocabulo episcopi aut presbyteri aut diaconi non convenire cum vocabulo sacerdotis. Sacerdos enim a sacrificio in Scripturis et interpellando dicitur. Sumusque sacerdotes omnes Christiani, quia sacrificium, hoc est, corpus nostrum offerimus. Nam praeterea nullum est sacrificium in Christianismo, et ius habemus interpellandi Dei immo et placandi. Huc pertinet sententia Petri, gens sancta, regnum sacerdotale.[1] Reges enim sumus Christiani quia liberi per Christum omnium creaturarum, vitae, mortis, peccati dominamur. . . . Sacerdotes quia nos ipsos Deo offerimus, et interpellamus pro peccatis nostris. Haec latius docet Epistola ad Hebr. Episcopi, presbyteri, diaconi non sunt nisi qui docent, baptizant, benedicunt mensae, eleemosynas dispensant. Missarii sacerdotes prophetae Iezabelis, hoc est, Romae sunt. . . .

XXII

RADICALISM AT WITTENBERG, 1521-2

From 4 May 1521 to 3 March 1522 Luther lay hid in the Wartburg. On 1 April 1521 (de Wette i. 582) he had replied to the last of his Dominican antagonists, Ambrosius Catharinus, 1487–†1553, asserting 'ubi baptisma et panem et evangelium esse videris ... ibi ecclesiam esse non dubites' (*Op. Lat.* v. 311). He now wrote (de Wette, ii. 13), 1 June, on Private Confession, reforming, but not abolishing, the ordinance; and, 20 June, in reply to Latomus (*Op. Lat.* v. 397 sqq.). In December he [No. 48] **finally humbled the Archbishop of Mainz** (de Wette, ii. 112). But meanwhile developments took place at Wittenberg which, but for his intervention, would have discredited his teaching. See Ranke, *Reformation*, 248 sqq. Of the secular clergy some married, and found a champion in Carlstadt, 29 June, *De coelibatu*: while, among the friars, Gabriel Zwilling, 1487–†1558, the Augustinian preacher, attacked, 6 and 13 Oct., both monastic vows and private masses (Reports of 11 Oct. and 12 Nov. ap. *Corpus Reformatorum*, i. 460, 483), not without support from Luther's treatises *De abroganda missa privata*, 1 Nov. (*Op. Lat.* vi. 113 sqq.) and *De votis monasticis*, 21 Nov. (*ibid.* 238 sqq.). Fortified by [No. 49] **opinions** from a committee of the University, 20 Oct. (*Op. Lat.* vi. 217 sqq.: *C. R.* i. 465 sqq.), and from

---

[1] 1 Pet. ii. 9.

a synod of the Augustinians of Meissen and Thuringia, Dec. (*Op. Lat.* vi. 213 sq. ; *C. R.* i. 456 sqq.), Carlstadt, in spite of the Elector's monition against hasty innovation, 19 Dec. (*C. R.* i. 508), gave notice of (*ibid.* 512) and, on Christmas Day, carried into effect [No. 50] **alterations in the Mass** (*Zeitung aus Wittenberg*, *ap.* Strobel, *Miscellaneen*, v. 121), such as he considered would reduce it to the Scriptural model. Two days later [No. 51] **the arrival of 'prophets' from Zwickau** (*C. R.* i. 513), who both claimed to be above Scripture in virtue of an immediate inspiration and rejected infant baptism (*ibid.* 536 sq.), drew down upon Melanchthon [No. 52] **a reproof from Luther**, 13 Jan. 1522 (de Wette, ii. 124 sqq.), and added to [No. 53] **the confusion** (Letter of Beyer, 25 Jan. *C. R.* i. 540 : and Fröschel's Preface to his *Tractat vom Priesterthum*, 1565, tr. Gieseler, v, 380), till, 6 March, Luther himself arrived in Wittenberg (de Wette, ii. 141), and in a series of eight [No. 54] **sermons**, 9-16 March, saved the credit of the Reformation (*ibid.* ii. 177) by evoking order out of chaos (*Luther's Schriften*, ed. Walch, xx. 1 sqq. and 62 sqq.). In the following Sept. he provided his countrymen with the touchstone of authority by the publication of his [No. 55] **translation of the New Testament** : though the real touchstone was not Scripture but *his* doctrine of justification by Faith.

No. 48. Correspondence between Luther and Albert of Mainz.

(*a*) *Luther to the Elector*, 1 Dec. 1521.—Your Electoral Grace has again set up the idol at Halle, which ruins poor simple Christians in wealth and soul. . . . Your Electoral Grace, perhaps, thinks that I am removed from your way ; that you will now be safe from me ; and that you will easily crush the monk by means of the Emperor's Majesty. . . . Your Electoral Grace will remember the beginning, how great a fire has risen from the little despised spark, when all the world was so secure and thought that one poor Mendicant was immeasurably too small for the Pope, and was undertaking impossibilities. But God has taken up the cause. He has given the Pope with all his followers enough to do. Against and above the thoughts of the world He has carried the game to a point from which the Pope will hardly bring it down again. It will grow worse with him daily, so that the work of God may be clearly recognized. The same God lives still : no man can doubt it now. He has power to withstand a Cardinal of Mainz, though four Emperors were to stand by him. He has also special pleasure in breaking the lofty cedars ; and abasing the proud hardened Pharaohs. . . .

But let not your Electoral Grace think that Luther is dead.

He will glory freely and joyously in the God who has humbled the Pope, and begin a game with the Cardinal of Mainz that he did not much expect. Act together, dear Bishops! Ye may remain lordlings! But ye shall neither silence nor deafen this spirit. Such disgrace shall befall you from it as ye now little look for! So I would have you warned. . . .

To this I request and await a straightforward, speedy answer from Your Electoral Grace, within fourteen days. For after fourteen days my book 'Against the idol in Halle' will be published, unless a plain answer be made me. . . .

(*b*) *The Elector of Mainz to Luther*, 21 Dec. 1521.—Dear Sir Doctor, I have received and read your letter . . . and taken it all favourably and in good part; but pardon me for saying that the cause which has moved you to write thus, has been long since entirely done away with. I will conduct and show myself, if God will, a pious priest and Christian prince, so far as God shall give me grace, strength, and understanding: for which I pray truly, and will have prayers offered for me. For I can do nothing of my own self, and confess that I stand in need of the grace of God. I cannot deny that I am a poor sinful man, who can sin and err, and daily do sin and err.

No. 49. Opinions on the Mass and on Monastic Vows.

(*a*) *Deliberatio habita de abrogatione Missarum inter . . . Fridericum Saxoniae Ducem, S. R. I. Electorem, et Academiam Wittenbergensem.*

Illustrissime Princeps, Domine clementissime, et voce et scripto Augustiniani mandato Celsitudinis Vestrae rationem sententiae suae nobis exposuerunt ac intelleximus his vere de causis eos Missas privatas in suo coetu abrogasse, quas C. V. ex hac illorum scheda cognoscet.

1º. Postquam ubique gentium adeo invaluit Missarum perniciosus et impius abusus, tam apud sacris initiatos quam profanos homines, ut evelli nequeat ex animis tam insita penitus opinio, videlicet, quod Missa tanquam bonum opus quo placaturi Deum λύτρον seu pretium illi offeramus pro peccatis nostris et aliorum recepta est, idque adeo ut sacrificulus, vivens in proposito mortalis peccati, salubriter et fructuose putetur eam caeteris applicare. Propterea Augustiniani intermiserunt Missae celebrationem, cum talia Missarum spectacula sint re ipsa nervus, basis et fons horum abusuum, cupiuntque per eam occasionem verum ac sincerum usum coenae Domini a Christo et apostolis traditum observatumque adiutore Deo restituere.

2⁰. Privatae Missae, quales hodie fiunt, aperte pugnant cum institutione atque observatione Christi et apostolorum. Nam Christus et minimum duodecim apostoli multis una distribuerunt, nec unquam unus privatim se ipsum communicasse legitur. Hinc etiam Paulus privatas coenas Corinthiis prohibet, cum inquit 1 Cor. xi [33], Quoties convenitis ad manducandum, &c.

3⁰. Christus utramque partem, hoc est, integrum sacramentum dari iussit et ordinavit omnibus. Cum igitur Missae, quas nostra vidit aetas, ita dispositae sint ut adstantibus una duntaxat pars sacramenti exhibeatur, non possunt Augustiniani bona conscientia hanc ceremoniam, a verbis Christi alienam, suo exemplo confirmare.

De his Augustinianorum articulis C. V. breviter cogitata nostra perscribemus. . . .

[1⁰] Nam Missa, ut nunc vocant, seu Coena Dominica iuxta Christi institutionem proprie et principaliter nihil est nisi ipsa distributio et manducatio corporis et sanguinis Domini. De caetero quae adduntur, hominum et Romani Pontificis auctoritate recepta indiesque cumulata fuerunt. Nec differt manducatio sacerdotis ab opere laici sumentis, idem est sacramentum, quo admonemur ceu rato et infallibili signo et testimonio remissionis omnium peccatorum, iuxta Christi dictum: Hoc quotiescunque facietis, facite in mei commemorationem, i. e. recordantes misericordiae et beneficii quod vobis per mortem meam donatum et exhibitum est. Hinc ergo efficitur Missam seu manducationem sacerdotis nequaquam esse tale bonum opus quo Deo reddamus aut offeramus aliquid placans Deum, et satisfaciens pro nobis aut aliis, sicut nec manducatio laici alteri potest applicari, nec cuiusquam Baptismus valet pro alio.

Porro omnium confessione liquet totum illud regnum Missarum hoc errore constitutum, ut sint bonum opus ad nostra et aliorum peccata expianda. Quod quid aliud est quam prorsus obscurare praecipuum articulum doctrinae Evangelii de iustitia fidei veroque usu sacramentorum? Hoc itaque superstitionis contagio, serpente paulatim longiusque prodeunte, factum est ut in singulis fere templis et monasteriis hebdomadatim quatuor, quinque aut etiam plures Missae a singulis personis, in singulis altaribus celebrandae ordinatae

et fundatae sint, praeter alias funebres et quas votivas voca-
runt quae in dies magno numero cumulatae sunt. Unde im-
puri sacrificuli, occasione corradendae pecuniae et faciendi
quaestus, oblata laetanter et cupide talia Missarum aucupia
amplectuntur, ac si qui forte integri bonique viri in illo ordine secundum conscientiam suam pie sacramento mallent uti,
hi tamen, ob illas constitutiones et pactiones inviti et cum
molestia nec sine animorum offensione coguntur celebrare
Missas. . . .

Quocirca pertinet ad officium C. V. tanquam Christiani
Principis, in cuius ditione, singulari Dei beneficio, lux Evangelii
rursus effulsit, pro eo . . . curare ut talis Missae profanatio in
ecclesiis C. V. prorsus aboleatur, ac contra verus piusque
sacramenti usus quem Christus instituit et apostoli observarunt,
instauretur. Sic enim Christus ipse in illa ipsa prima Coena
multis verbis et ante et post distributionem Eucharistiae
concionatur apostolis de morte, de resurrectione sua, de regno
suo in ecclesia, &c., et in institutione sacramenti clare praecipit
ut, quoties conveniant ad hanc Coenam, sui recordentur. Et
haec postea fuit ecclesiae consuetudo ut, quoties convenit
populus, primum praedicatum sit verbum Dei, nam hae
conciones semper fuerunt praecipua causa et nervus publicae
congregationis, et ministerium Evangelii debet esse publicum,
deinde benedicebantur panis et vinum et distribuebantur
petentibus. Haec forma, ut est rectissima, ita foret omnium
tutissima, nec relinqueret locum aut occasionem alicui pro-
fanationi. Quod considerantes Augustiniani restitutionem sin-
ceri ac veteris usus Coenae expetiverunt, et quia abhorrent a
Missarum nefariis abusibus maluntque sine coactione libere ac
sua sponte administrare hanc ceremoniam, approbamus eorum
sententiam.

[2°] Quod autem inter reliqua et hanc causam sui facti
exponunt, neminem privatim et solum debere communicare, ea
nobis quidem non satis firma videtur. . . .

[3°] Quae postremo loco addunt de utraque specie seu
integro sacramento, ea existimamus non posse refutari. . . .

Quapropter humiliter ac reverenter obtestamur C. V. ut, quod
Principe Christiano dignum est, serio negotium istud suscipere
ac promovere, et eiusmodi profanationem Coenae Domini in
Ducatibus ac territorio suo quam primum abolere, magnoque
et excelso animo infamiam, si fortasse propterea C. V. Bohemus
aut haereticus audiat, contemnere velit. . . .

C. V. deditissimi Justus Jonas,[1] Praepositus.
Philippus Melanchthon.
Nicolaus Amsdorffius.[2]
Johannes Döltz a Veltkirch.

(*b*) *Synodi Augustinianorum de Libertate Monachorum sententia.*

Vicarius, Priores et fratres Ordinis S. Augustini, Wittembergam convocati, de votis mendicitate et aliis legibus monasticis sic pronunciavimus, ut sequitur; in qua sententia, quia Scripturam divinam secuti sumus, nolumus nos humana auctoritate ulla aut humanis traditionibus premi : decet enim verbo Dei omnes creaturas cedere. Quanquam interim permittimus abundare suo sensu, qui aut hanc libertatem non capiunt, aut potestate sua concedere nolunt. Nos rationem iudicii nostri scimus etiam Deo reddendam esse, tantum abest ut hominibus reddere vereamur. Et quia consilium nostrum est piis conscientiis mederi, nolumus patrocinari nostrum iudicium iis qui verbum Dei ad perniciem licentiae carnis praetexunt. Et quod Galatas Paulus, idem nos monemus omnes qui nostra haec lecturi vel audituri sunt, quod liberi sint modo ne dent libertatem in occasionem carni, sed satisfaciat sua cuique conscientia. Nam quod ex fide non fit peccatum est. Proinde, Fratres, nolite errare ; Deus non irridetur.

1º. Ergo permittimus omnibus vel manere in monastica vel deserere monasticen, quando qui in Christo sunt nec Iudaei nec Graeci nec monachi nec laici sunt. Et votum contra Evangelium non votum sed impietas est.

2º. Quia Christiana libertas Spiritus libertas est, quae nec in esca nec in habitu posita est, placet ut interim veste et vulgatis ritibus monachorum utantur, qui in nostris congregationibus vivunt, ut omnibus omnia fiamus, Pauli exemplo 1 Cor. ix [22].

3º. Sed ita moderemur ceremonias tum utendo tum abrogando necubi vel fides cuiusquam laedatur vel in caritatem peccetur. Non est enim regnum Dei esca et potus, sed iustitia pax et gaudium in Spiritu sancto.

4º. Mendicitatem interdicimus, quam toties vetuit Scriptura, 2 Thess. iii [12]. . . . Interdicimus et Missis votivis, quando et ab omni specie mala abstinere nos Apostolus voluit.

[1] Justus Jonas, 1493-†1555; 1521, Provost of the Castle Church and Professor of Canon Law in Wittenberg ; 1541-6, Preacher in Halle ; 1552, Superintendent in Eisfeld.
[2] Nicolas von Amsdorf, 1483-†1565; 1508, Canon of the Castle Church ; Reformer, 1524, of Magdeburg ; 1528-31, of Goslar ; 1542-6, 'Bishop' of Naumburg ; 1550 in Eisenach.

5º. Quantum fieri potest in Congregationibus nostris deligantur qui sint apti ad docendum verbum Dei, publice aut privatim, reliqui victum parent Fratribus opera manuaria, quae forma fuit veterum monasteriorum.

6º. Quia moderari ceremonias et ritus omnes pro ratione temporum ac personarum visum est, volumus ut Superioribus suis pareant Fratres ex caritate, ut sine scandalo privatim et publice agamus et per omnia hoc praestemus ne blasphemetur bonum nostrum. Amen.

No. 50. Carlstadt's alterations in the Mass.

(a) *Letter of* 26 *or* 27 *Dec.* 1521. Last Sunday Dr. Carlstadt gave out in the parish church of Wittenberg that on the coming Feast of the Circumcision ... he would publicly communicate every one who would, *sub utraque specie panis et vini*; preach a short sermon first, and then simply pronounce the words of Consecration, omitting everything else. Further, he did not intend to wear his chasuble, alb or cope at the aforesaid Mass.

(b) On Christmas Day he preached on the Sacrament, exhorting the people to receive it under both kinds. After the sermon he went straight up to the altar, said the *Confiteor*, and read Mass as far as the Gospel. Then he left out all the bowings and gesticulatings with the crossings, the offering of chalice and host,[1] and what is called the little Canon.[2] The part from the great Canon to the Consecration[3] he performed without a cross. Omitting the Elevation, he gave communion [of the Host] round and, as soon as he had done so, passed the cup of the Blood of Christ round too, saying separately to each, 'This is the cup of my blood of the new and everlasting testament, the spirit and mystery of faith, which is shed for you and for many for the remission of sins.'[4] ... Immediately after the distribution, he went off, and almost all the people too.

No. 51. Melanchthon's account of the arrival of the Zwickau prophets, 27 Dec.

... Non ignorat Celsitudo Vestra quam multae variae et periculosae dissensiones de verbo Dei in urbe C. V. Zwiccavia

---

[1] i. e. the Offertory.　　[2] i. e. from the Offertory to the end of the Preface.

[3] From 'Te igitur' to 'In mei memoriam facietis'.

[4] 'Hic est enim ... in remissionem peccatorum,' the 'verba Consecrationis' of the rubric, which he repeated as the formula of administration.

excitatae sint. Sunt et illic in vincula coniecti qui nescio quae novarunt. Ex horum motuum auctoribus huc advolarunt tres viri, duo lanifices, literarum rudes[1]; literatus tertius est.[2] Audivi eos. Mira sunt quae de sese praedicant; missos se clara voce Dei ad docendum; esse sibi cum Deo familiaria colloquia; videre futura; breviter viros esse propheticos et apostolicos. Quibus ego quomodo commovear, non facile dixerim. Magnis rationibus adducor certe, ut contemni eos nolim. Nam esse in eis spiritus quosdam multis argumentis apparet, sed de quibus iudicare praeter Martinum nemo facile possit. Proinde cum vertatur hic Evangelii periculum, ecclesiae gloria et pax, modis omnibus efficiendum est ut his hominibus Martini copia fiat. Ad hunc enim provocant. Non scriberem haec ad C. V. nisi rei magnitudo postularet in tempore maturari consilium. Cavendum enim est simul ne Spiritus Dei exstinguantur, simul ne occupemur a Satana. . . .

No. 52. Luther's reproof of Melanchthon, 13 Jan. 1522.

. . . Venio ad prophetas, ac primum non probo tuam timiditatem, cum et maiori tam spiritu quam eruditione polleas quam ego. Ac primum, cum testimonium perhibeant de seipsis, non statim audiendi sunt; sed, iuxta consilium Ioannis, spiritus probandi. Habetis consilium Gamalielis differendi: nihil enim adhuc audio ab eis dici et fieri, quod Satanas non queat praestare vel aemulari. Tu autem ex mea parte hoc explores, an vocationem suam possint probare. Neque enim Deus unquam aliquem misit nisi vel per hominem vocatum vel per signa declaratum, ne ipsum quidem Filium. Prophetae olim ex lege et ordine prophetali ius habebant, sicut nos modo per homines. Prorsus nolo eos recipi, si nuda revelatione sese vocatos asserant, cum nec Samuelem quidem vellet loqui Deus nisi per auctoritatem consciam Heli. Hoc primum ad publicam docendi functionem pertinet.

Iam vero privatum spiritum explores etiam quaeras num experti sint spirituales illas angustias et nativitates divinas mortes infernosque. Si audieris blanda, tranquilla, devota (ut vocant) et religiosa, etiamsi in tertium coelum sese raptos dicant, non approbabis. Quia signum filii hominis deest, qui

---

[1] Nicolas Storch and Thomas Marx, of Elsterberg.
[2] Mark Stübner, a student of Wittenberg.

est βάσανος, probator unicus Christianorum et certus spirituum discretor. Vis scire locum, tempus, modum colloquiorum divinorum? Audi : 'Sicut leo contrivit omnia ossa mea.' . . . Non sic loquitur Maiestas (ut vocant) immediate, ut homo videat : imo, 'Non videbit me homo et vivet.' . . . Et quid plura? Quasi Maiestas possit cum vetere homine loqui familiariter, et non prius occidere atque exsiccare, ne foeteant odores eius pessimi, cum sit ignis consumens. Etiam somnia et visiones sanctorum sunt terribiles saltem postquam intelliguntur. Tenta ergo et ne Iesum quidem audias gloriosum, nisi videris prius crucifixum.

Ad causam, inquies, quid? Hoc enim est alios refutare, non nostra probare. At hoc quomodo possum absens, cum ignorem quid moveant, si nihil aliud excitant quam illud : 'Qui crediderit et baptizatus fuit, salvus erit,' et quod parvuli per se non credant. Prorsus me nihil movent. Quomodo enim probabunt eos non credere? At quod non loquuntur et ostendunt fidem, pulchre. Hac ratione quot horis et nos Christiani erimus, dum dormimus et alia facimus? Annon ergo eodem modo potest Deus toto infantiae tempore, ceu continuo somno, fidem in illis servare? Bene, inquies, hoc confutat adversarios de fide iam infusa. At hoc interim sufficit eos inveniri tales qui nihil probent et falso spiritu commoti sint. Quid de infundenda dicis? Nihil est reliquum prorsus nisi fides aliena quam si statuere non possumus, nihil disputandum est sed simpliciter damnandus baptismus parvulorum.

Tu dicis infirma esse exempla fidei alienae? Ego nihil firmius esse dico. . . . Stat enim fidelis promissio Christi, Matt. xviii [19] 'Si duo super terram, etc.' et 'Quaecunque petieritis, credite quia accipietis, et fient vobis'. . . . Et quid plura? Testimonia et exempla totius Scripturae stant a fide aliena, i. e., a propria fide quae impetret alteri fidem et quicquid volet. . . .

Cum igitur ad baptismum afferre non sit aliud quam ad Christum praesentem et manus gratiae aperientem in terra offerre, et ille universis exemplis ostenderit sese acceptare quod offertur : cur hic dubitamus? Saltem hoc prophetis istis abstulimus ne possint sua probare, cum desit eis exemplum et testimonium nobis autem adsint testimonia et exempla, tum eorum testimonium nobis non repugnat. Quis enim sic arguet, credendum est et baptizandum, ergo parvuli non sunt baptizandi. Non enim ex hoc loco istam consequentiam trahent, cum non probet parvulos non credere, quod ipsi praesupponunt, et aliunde probare debent atque non possunt. Quod ergo non est contra Scripturam, pro Scriptura est, et Scriptura pro eo. . . .

Sed plura coram. Semper exspectavi Satanam, ut hoc ulcus tangeret, sed noluit per Papistas. In nobis ipsis et inter nostros molitur hoc gravissimum schisma, verum Christus conteret eum velociter sub pedibus nostris. Volo etiam scire ut tractaris illud, 1 Cor. vii [14]: 'alioqui filii vestri immundi essent, nunc autem sancti sunt.' . . . Nam hinc parvulos fuisse baptizatos ritu et tempore Apostolorum, optarim ostendi. . . .

No. 53. The Confusion at Wittenberg.

(*a*) *Letter of* 25 *Jan.* 1522. I would have you know that the University and the Town Council have agreed upon the way in which Mass should be celebrated in the parish church to which we all belong. First will come the hymn with the Introit, *Gloria in excelsis*, Epistle, Gospel, and *Sanctus*. Then follows the sermon, and afterwards the Mass as our God and Lord Jesus instituted it *in coena*. The priest speaks the *verba consecrationis* aloud in German, and admonishes the people that to every one who feels the burden of sin and hungers and thirsts after God's grace, the body and blood of the Lord will be administered. When the people have communicated, *Agnus Dei, Carmen* [v. 1. *Commun.*[1]] and *Benedicamus Domino* are sung. The Canon has been upset. For the future we will tolerate no beggar, be he monk or no. The poor shall be provided for from the common purse. . . . They will not endure images in church, and in time will remove them. Strong passages of Scripture are alleged against them. . . .'

(*b*) *Fröschel's Preface.* These three men[2] give out that no one should study or keep school, for Christ has forbidden all this in Matthew xxiii [8] with these words, 'Be not ye called Rabbi' or masters. In consequence of this many men of talent about this time left this place and forsook their studies, who might have been useful to their country and countrymen. Dr. Carlstadt went round to the houses of the townsmen, and asked them how they understood this or that passage in this or that prophet. And when the simple townsmen wondered at his question and said to him, 'Sir Doctor, how comes it that you learned men and doctors in Holy Scripture thus ask us poor, illiterate, unlearned folk such questions? Ye should rather tell us the meaning,' then Carlstadt answered them that

[1] sc. *Communio*.
[2] Carlstadt, Zwilling, and George Mohr, the schoolmaster.

God had hidden it from them, as the Lord Jesus himself says in Matt. xi [25] and Luke x [21]. . . . Besides, these three persons began not only to storm against schools, but also against churches and images in churches, that they would cast these images out of the churches. And they gave out that no learned man should be allowed as preacher or priest in the churches, but laymen and handicraftsmen, who were only able to read, as I have known many such persons who wished to be called and chosen to the office.

No. 54. Luther on his eight sermons of 9-16 March.

Ut nuntius testari posset se pervenisse, ego scribo, optime Pater: alioqui nulla erat scribendi causa, praesertim mihi literis et fabulis et ὁμιλίαις hominum occupatissimo. . . . Ego Carolostadium offendi quod ordinationes suas cassavi, licet doctrinam non damnarim, nisi quod displicet in solis ceremoniis et externis faciebus laborasse eum, neglecta interim vera doctrina christiana, hoc est, fide et caritate. Nam sua inepta docendi ratione eo populum perduxerat, ut sese Christianum arbitraretur per has res nihili, si utraque specie communicaret, si tangeret, si non confiteretur, si imagines frangeret. En malitiam Satanae, ut per novam speciem molitus est erigere ad ruinam Evangelii. Nam haec ego quaesieram hactenus, ut conscientiae ab istis contrariis faciebus liberarentur, et res ipsa per sese rueret communi consensu. At ille cupiebat fieri subito novus magister, et suas ordinationes in populo pressa auctoritate mea erigere. . . .

No. 55. From the Translation of the New Testament.

(a) *Preface to the Epistles of St. James and St. Jude*, 1522.—All the genuine books of Holy Writ agree in this, that one and all they preach and treat of Christ. This too is the true touchstone for testing all books, to see whether they treat of Christ or not, since all Scripture witnesses to Christ (Rom. iii. 21) and St. Paul desires not to know anything save Christ (1 Cor. ii. 2). Whatever does not teach Christ that is not apostolic, though St. Peter or St. Paul taught it. Conversely, whatever preaches Christ, that were apostolic, though Judas,

Annas, Pilate, and Herod had the doing of it (Walch, xiv. 149).

(*b*) *Preface to the Exposition of* 1 *Peter*, 1523 :—Those apostles who treat oftenest and highest of how faith in Christ alone justifies, are the best Evangelists. Therefore are St. Paul's Epistles more a Gospel than Matthew, Mark, and Luke. For these do not set down much more than the story of the works and miracles of Christ; but the grace which we receive through Christ, no one so boldly extols as St. Paul, especially in his letter to the Romans (Walch, ix. 626).

(*c*) *Preface to the New Testament*, 1524.—John's Gospel, St. Paul's Epistles, especially that to the Romans, and St. Peter's First Epistle are the right kernel and marrow of all books . . . for in them thou findest written down not many works and miracles of Christ, but in a quite masterly way expounded how faith in Christ overcomes sin and death and hell, and gives life, righteousness, and peace. Which is, as thou hast heard, the right kind of Gospel. . . . Therefore is St. James' Epistle, in comparison with these, a mere letter of straw; for it has nothing evangelical about it (Walch, xiv. 104 sq.).

XXIII

ADRIAN VI AND THE DIET OF NÜRNBERG, 1522-3.

Shortly after the outbreak, Aug. 1521, of the first war, 1521-6, between Charles and Francis, Leo X died, 1 Dec. 1521. He was succeeded, 9 Jan. 1522, by Adrian VI, by birth, 1459, a Netherlander, once Charles' tutor, and now his Viceroy in Spain. Adrian 'had no sympathy either with the New Learning or the New Theology' (Creighton, *History of the Papacy*, vi. 223 sq., ed. 1897); but he was genuinely 'desirous of disciplinary reform'. [No. 56] **Aleander**, among others, urged it upon him (J. Friedrich, *Der Reichstag zu Worms, ap. Hist. Abhandlungen der k. Bayerischen Akademie der Wissenschaften*, XI. Bd. iii. Abth. 89): and he sent as his nuncio to the Diet of Nürnberg, 17 Nov. 1522—9 Feb. 1523, Francesco Chieregato, Bishop of Teramo, 1522-†39, 'to prove to the Germans the willingness of the Pope to remedy abuses which could no longer be defended' (Creighton, vi. 252). On 8 Dec. in [No. 57] **a conversation with Hans von der Planitz**, the Elector Frederick's Chancellor (Wülcker and Virck, *Des Kursächsischen Rathes Hans von der Planitz Berichte aus dem Reichsregiment in Nürnberg*, 1521-3, 270 sqq.), the Legate seemed to agree that force was no remedy: but on 3 Jan. 1523 he communicated to the Diet [No. 58] a **Brief** dated 25 Nov. 1522, in which Adrian insisted on taking repression first (Raynaldus, *Annales Ecclesiastici*, ad ann. 1522, lx–lxiv), in spite of his own admissions of the need for reform which, as part of [No. 59] **the Legate's Instructions** (*ibid.* lxv–lxxi), were now read to the Diet. [No. 60] **The Estates replied** 5 Feb. with a demand for a 'free Christian Council' (*ibid.* ad ann. 1523, ii–xii; Goldasti *Const. Imp.* i. 452 sqq.), and when, 7 Feb., the Legate remonstrated (Raynaldus xv–xx), they 'Pontificium oratorem priori responsione contentum esse iusserunt, donec gravamina nationis Germanicae summo Pontifici transmissa forent' (*ibid.* xx). This re-affirmation (cf. B. Gebhardt, *Die Gravamina der deutschen Nation*, Breslau, 1884) of [No. 61] **German grievances** (Goldasti *Const. Imp.* i. 456 sqq.) was the work of the lay Estates. Thus the Diet threw its shield over Lutheranism, which was within an ace of becoming a national movement. The collection of its decrees or Recess (*Deutsche Reichstagsakten*, vol. iii, No. 117, 736 sqq., ed. A. Wrede, 1901) was read 9 Feb., and confirmed by [No. 62] **the Imperial Edict** of 6 March (*ibid.* No. 84, 448 sqq., and in Latin, Goldasti *op. cit.* ii. 150 sqq.). Adrian VI died 14 Sept. 1523.

No. 56. Aleander's advice to Adrian VI.

[See Creighton, vi. 240, n. 1.]

Quod in priori feci libro, quem de remediis contra Lutheranam haeresim ab amplissimo Legato in Germania adhibendis scripsi, in hoc itidem, in quo agitur, quid hic interim hac eadem de re Pontifici faciendum restet, etiam atque etiam monere non desinam, omnem salutis spem contra hoc malum quod in dies augescit, a Deo pendere. Hinc sumendum huius consilii principium : huc universae rei exitum referendum. Igitur imploranda ad hoc praecipue divina misericordia est, quam facile nobis conciliabimus piis precibus, sed praesertim pristinae vitae in melius reformatione. Neque speremus, ita praeteriturum Deum conniventibus oculis errata nostra, ut proximis retro temporibus. Alia nunc aetas, alia nunc temporum conditio : immutatus est animus populorum, qui prius delicta nostra partim putabant falsa, partim in meliorem partem interpretabantur. Iam flagellum paratum, iam securis ad radicem arboris posita videtur, nisi velimus resipiscere. Neque admodum necesse erit novas nunc leges condere, aut Bullas undequaque fulminare : sacros habemus canones, optima instituta Patrum, ad quae si acta nostra dirigamus, omnia haec mala facile propulsabuntur. Tollat S^{mus} D. N. e Curia sua eos errores, quibus merito Deus et homines offenduntur : et quantum eius vires et auctoritas patiuntur, clerum sibi toto terrarum orbe subditum, monendo, increpando, etiam sacerdotiis privando castiget. Id si semel Germani quum in nostris tum in suis sacerdotibus factum videant, nulla posthac de Luthero fiet mentio. Itaque in Nobis ipsis omnium malorum origo pariter et medela sita est.

No. 57. Chieregato and Hans von der Planitz, 8 Dec. 1522.

[Bishop Creighton's summary, *History of the Papacy*, vi. 252 sq.]

'The Pope,' said Chieregato [cf. Wülcker and Virck, *op. cit.*, Nr. 121 § 7] 'was convinced of Frederick's good intentions: [§ 8] Luther had done good service in bringing abuses to light, for many popes had done much that was ill-advised, and Leo X was not free from his share of blame. But when Luther proceeded to attack the order of the Church, the sacraments, the authority of Fathers and Council, he became absurd and intolerable. [§ 9] Now that there was an upright and pious Pope, every one ought to help him in his good endeavours for the repose of the Church, the peace of Christendom, and the expulsion of the Turk.' He expressed 'his hope that Planitz was of the same opinion'. Planitz [§ 11] 'was no theologian, and did not profess to judge whether Luther's opinions were right or wrong. [§ 12] As for the Elector, he, as a layman, did not pretend to interfere with ecclesiastical matters: [§ 13] he did not banish Luther, because, if he were gone, less responsible men would take his place; indeed, Luther's return to Wittenberg had prevented worse mischief, and if he were driven elsewhere he would only speak more strongly and spread his influence. [§ 14] One thing was clear, that force would be no remedy. Luther relied on his learning and on the Scriptures, and could only be met on the same grounds. Learned men must confer quietly with Luther, and the results of their conference must be laid before a General Council. [§ 15] Chieregato listened sympathetically and seemed to agree.'

No. 58. Brief of Adrian VI to the Diet, 25 Nov. 1522.

[§ LX] Mox vero ab externis ad intestina animum advertentes . . . percepimus Martinum Lutherum, post sedis Apostolicae . . . sententiam, . . . post Caroli Romanorum Regis in

Imperatorem electi et vestrum imperiale edictum super eiusdem
sententiae executione in proximis comitiis Wormatiae habitis decretum non modo per quos deceret non punitum... sed, impie
contemnentem, novos quotidie libros ... divulgare ... adeo
ut ... in sacerdotum bona iri, et obedientiam tam ecclesiasticis
quam saecularibus debitam vilipendi coeptum sit: et tandem
inter nonnullos vestrum ad civilia bella deventum.

[§ LXII] ... Omittimus quod enormissimum est, tantam
tamque religiosam nationem per unum fraterculum ... seduci
ab ea via qua ... tot martyres, tot praeclari doctrina et
sanctitate viri et maiores denique vestri omnes hactenus in-
cesserunt ; quasi solus Lutherus sapiat et sciat, solus nunc
primum (ut de se haereticus Montanus gloriabatur) Spiritum
Sanctum acceperit, et Ecclesia ipsa ... in tenebris ignorantiae
... semper erraverit, donec novo Lutheri lumine illustraretur.

[§ LXIII] Quae omnia, quamquam apud eos qui sapiunt per-
ridicula iudicantur, simplicibus tamen animis plurimum sunt
perniciosa, et eis qui novarum rerum cupiditate omnem ordinem
immutatum vellent, plurimas ad ea perpetranda quae nunc
experimini, causas et fomenta subministrant. An non consideratis, Germani principes et populi, praeludium esse quoddam hoc eorum malorum quae Lutherus et eius sectatores
moliuntur? An non aperte videtis istud praetensum principio
a Lutheranis veritatis evangelicae patrocinium, detectum nunc
esse merum rerum vestrarum latrocinium? An putatis alio
tendere istos iniquitatis filios, quam ut libertatis nomine omni
obedientia sublata, quod cuique libuerit faciendi licentiam
inducant? An ullius pensi iussa et leges vestras habituros
creditis, qui sacros canones et Patrum decreta necnon sacrosancta concilia, quorum auctoritati Imperatorum leges semper
et libenter cesserunt ... non solum vilipendunt, sed etiam
diabolica rabie lacerare et comburere non verentur; denique
qui sacerdotibus, qui episcopis, qui Pontifici summo debitam
obedientiam detrectant? An speratis contenturos sacrilegas
manus a laicorum bonis et non omnia potius sibi quae
poterunt vindicaturos qui res Deo dicatas quotidie, vobis
praesentibus et videntibus, ferunt aguntque? An denique
vestris cervicibus parsuros qui non tangendos Christos Domini
contemerare, caedere, trucidare ausi sunt ? In vos, in vestras
res, domos, uxores, liberos, ditiones, dominatus, templa quae
colitis, haec miseranda calamitas tendit, nisi mature obviam
eatis.

[§ LXIV] Proinde ... requirimus ... ut ... ad hoc commune

incendium exstinguendum ... toto animo incumbatis, et Martinum Lutherum caeterosque istorum tumultuum et errorum auctores ad rectam sentiendi et vivendi viam ... reducere enitamini. Quod si ... audire recusaverint, ne quod reliquum et nunc sanum constat ... inficiatur, in eos iuxta sacras constitutiones, iuxta leges a vestratibus imperatoribus latas, atque adeo recens vestrum super hac re imperiale edictum severitatis virga animadvertatis. ...

No. 59. Chieregato's Instructions.

[§ LXV] Instructio pro te Francisco Chieregato de quibusdam quae praelatis principibus et civitatum Germanicarum oratoribus dicere poteris viva voce ubi et quando opportunum iudicaveris.

[§ LXX] Item dices nos ingenue fateri quod Deus hanc persecutionem Ecclesiae suae inferre permittit propter peccata hominum, maxime sacerdotum et Ecclesiae praelatorum. ... Scimus in hac sancta sede aliquot iam annis multa abominanda fuisse, abusus in spiritualibus, excessus in mandatis, et omnia denique in perversum mutata ... nec mirum si aegritudo a capite in membra, a summis Pontificibus in alios inferiores praelatos descenderit. Omnes nos (id est, praelati ecclesiastici) declinavimus unusquisque in vias suas, nec fuit iam diu qui faceret bonum, non fuit usque ad unum. Quamobrem necesse est ut omnes demus gloriam Deo et humiliemus animas nostras ei, videatque unusquisque nostrum unde ceciderit, et se potius quilibet iudicet quam a Deo in virga furoris sui iudicari velit. Qua in re, quod ad nos attinet, polliceberis nos omnem operam adhibituros, ut primum curia haec, unde forte omne hoc malum processit, reformetur; ut sicut inde corruptio in omnes inferiores emanavit, ita etiam ab eadem sanitas et reformatio omnium emanet. Ad quod procurandum nos tanto arctius obligatos reputamus, quanto universum mundum huiusmodi reformationem avidius desiderare videmus. ... Quanquam nemo mirari debebit, si non statim omnia errata et abusus omnes per nos emendatos viderit: inveteratus nimium morbus est nec simplex sed varius et multiplex: pedetentim in eius cura procedendum est, et prius gravioribus magisque periculosis occurrendum, ne omnia pariter reformari volentes, omnia perturbemus. ...

[§ LXXI] Quod autem ultimis litteris tuis scribis questos fuisse tecum principes istos quod concordatis eorum per hanc sedem derogatum sit; dices nos de his, quae ante nos facta fuere, culpari non posse nec debere, nobisque eiusmodi derogationes, etiam dum in minoribus essemus, semper plurimum displicuisse. Proinde nobis certissimam sententiam esse, etiam si ipsi non requirerent, illis nostri pontificatus tempore penitus abstinere, partim ut unicuique ius suum servemus, partim quia aequitas et humanitas exposcit, ut inclytam nationem nostram non solum non offendamus sed etiam peculiares ei favores impendamus.

De processibus vero, quos a Rota avocari et ad patres remitti postulant, dices nos cupere eis in hoc gratificari, quantum honeste possimus ; sed propter absentiam Auditorum ab urbe pestis gratia non posse nos de qualitate et habitudine ipsorum processuum ad praesens informari : reversis vero illis, quod peste iam decrescente brevi futurum speramus, facturos in gratiam dictorum principum quidquid rationabiliter poterimus. . . .

Item quia intelleximus in Germania esse multos bonos et doctos viros pauperes, aliqua etiam praeclara ingenia quae ex indignitate apostolicarum provisionum histrionibus et stabulariis potius quam viris doctis fieri solitarum, a sedis huius devotione (fuerint) aversa, cupimus ut inquiras quinam illi sint, eorumque nomina ad nos transmittas, ut occurrente beneficiorum Germanicorum vacatione, illis proprio motu providere possimus. Scimus enim quantum Dei honori et animarum saluti ac aedificationi obfuerit, quod iamdiu beneficia ecclesiastica, maxime curam et regimen animarum habentia, data fuerunt hominibus indignis. . . .

No. 60. The reply of the Estates, 5 Feb. 1523.

[§ V] Ad haec S. C. M[tis] locumtenens et principes aliique ordines dicunt se non minus quam Beatitudinem Pontificis ex animo dolere de . . . incommodis quae . . . ex Lutherana secta aliisve provenerint ; quidquid enim auxilii . . . pro exstirpandis erroribus . . . praestare unquam poterunt, sunt . . . paratissimi, ingenueque agnoscunt se et Beatitudini Pontificis et S. C. M[ti], ut Christianos decet Principes, ad omnem obedientiam esse obnoxios. Sed quod sedis apostolicae sententia in Lutherum lata, simulque S. C. M[tis] edictum non sit debitae executioni demandatum, non sine maximis . . . rationibus, ut puta ne peiora inde causarentur etc. hactenus praetermissum est. Maiori namque populi parti iampridem persuasum est, et modo Lutheranis libris ac dogmatibus populorum opinio sic informata ut iam pro comperto habeant nationi Germanicae a Curia Romana per certos abusus multa et magna gravamina et incommoda illata esse : ob id, si pro executione apostolicae sedis sententiae vel imperatoriae maiestatis edicti quippiam acerbius attentatum esset, mox popularis multitudo sibi hanc suspicionem animo concepisset, ac si talia fierent pro evertenda evangelica veritate et sustinendis manutenendisque malis abusibus impietatibusque. Unde indubie aliud nihil quam gravissimi tumultus populares intestinaque bella speranda essent, quemadmodum ex multis ac variis rerum argumentis principes aliique ordines iam plane didicere et cognovere. Opportunioribus itaque remediis his malis, in hac potissimum temporum difficultate, succurrendum esse existimant. . . .

[§ VII] Nam nisi istiusmodi abusus et gravamina, simulque certi articuli quos saeculares principes iuxta haec specialiter designatos scriptis exhibebunt, fideliter reformentur, vera pax et concordia inter ecclesiasticos saecularesque ordines, huiusque tumultus et errorum exstirpatio per Germaniam minime speranda est : nam ex . . . variis bellorum tumultibus, quibus Germania nostra multis annis interturbata ; item ob alia gravamina et incommoda quae huic nationi hactenus incubuerunt, haec natio pecuniis ac divitiis adeo est . . . exhausta ut etiam iam pro necessaria iustitiae ac pacis conservatione in his deficiat : multo maiori itaque incommodo et difficultate Hungarorum regno et Croatis petita auxilia contra Turcam praestare poterit.

[§ VIII] Cum autem ordines S. R. I. nihil dubitent Beat[m] Pont[s] pro comperto habere principes Germaniae in solutionem annatarum ad aliquot annos sedi apostolicae solvendarum ea lege ac conditione consensisse, ut illae in oppugnationem perfidissimi Turcae et defensionem fidei catholicae converterentur, ex quo autem numerus annorum . . . transit neque annatae illae a . . . Pontificibus Romanis in hunc usum in quem decretae sunt conversae . . . quare . . . orant ut B[o]. P[s]. velit haec et alia paterno affectu considerare et illas annatas . . . in futurum non exigere, sed . . . fisco Romani imperii applicandas relinquere ut . . . possint per Germanicam nationem aliis Christianis potentatibus contra Turcam communem hostem auxilia . . . praestari. . . .

[§ IX] Item, quum B[o]. P[s]. inter alia desiderat informari quibus mediis huic Lutherano errori commodius obviari possit, ad haec . . . nullum . . . efficacius . . . remedium illustrissimus dominus princeps locumtenens caeterique principes et ordines cogitare possunt quam quod B[o]. P[s]., accedente ad haec S. C. M. consensu, liberum Christianum concilium ad locum convenientem in natione Germanica, quanto ocius et celerius fieri possit, videlicet in Argentoratum, vel Moguntiam, Coloniam Agrippinam, vel ad civitatem Metensem . . . indiceret, nec ultra unius anni spatium, si possibile foret, haec concilii convocatio et designatio differretur ; et quod in tali concilio eis qui interesse deberent, ecclesiastici vel laicalis ordinis, . . . libere liceret loqui et consulere . . . ; quinimmo quilibet ad haec debeat esse obnoxius, ut non dulcia sed vera . . . consulat. . . .

[§ X] Verum quibus modis . . . interim . . . isti tumultus et populi errores poterunt pacari . . . maxima cura . . . principes consuluerunt, cum non minima pars istius negotii ex hac medii temporis intercapedine pendeat.   Itaque deliberaverunt . . . apud . . . principem Saxoniae . . . ne Lutherus et sui sectatores aliquid amplius scribat, edat et typis excudi faciat. . . . Curabuntque simul . . . ut per omnem Germaniam cum divini verbi concionatoribus . . . diligenter agant, ne in populum Christianum spargant . . . ea per quae possit . . . multitudo ad tumultum . . . moveri aut in aliquem errorem induci ; sed quod nihil praeter verum, purum, sincerum et sanctum evangelium et approbatam scripturam pie mansuete et Christiane iuxta doctrinam et expositionem approbatae et ab ecclesia Christiana receptae Scripturae doceant et praedicent, omniaque ab illa omittant quae . . . subtilius indagare . . . minime expedit, nihilque in populo per concionem disputationum moveant, sed quidquid controversiae fuerit usque ad determinationem futuri concilii reservent.

[§ XI] Ordinabunt praeterea . . . episcopi . . . viros doctos probos et sacris litteris peritos, qui praedicantibus . . . intendere debebunt ; et si quid ab illis . . . erratum . . . esse offenderint, . . . eos corrigent, . . . ne quispiam suspicari possit ut veritas evangelica per hoc impediri quaeratur. . . . Praeterea in omnibus bibliothecis et apud typographos . . . providebunt ne in futurum aliquid novi typis excudatur, maxime ne libelli famosi . . . vendantur : et ordinabunt apud omnes potestatis ut si quispiam aliquid novi edere, vendere, vel typis excudere voluerit, ut prius per aliquos viros probos doctos et litterarum peritos, ista . . . recognoscantur, et nisi per eosdem . . . approbatum fuerit, minime . . . publicetur : et per haec media sperant, quod hoc tempore poterit istis tumultibus . . . mederi, maxime uti B⁰. Pˢ. in istis gravaminibus congruam . . . faciet reformationem . . . atque liberum et Christianum designabit concilium. . . .

[§ XII] Postremo de presbyteris qui matrimonium contrahunt et de religiosis qui relictis monasteriis ad saeculum redeunt, de quibus R. D. Nuntius Apostolicus . . . meminit, considerant principes et Imperii ordines, ex quo in legibus civilibus nulla poena specialiter super his sit statuta, ob id congruum ... ipsis visum est, ut tales per eorum ordinarios, debita poena sacris canonum constitutionibus super hoc expressa, ... puniantur. ... Sed quod pro tuitione iurisdictionis ecclesiasticae eis auxilium ... impendant, et super his omnibus publica mandata faciant, ne quispiam ordinarios in punitione ... talium impediat, sed quando alias illi votorum transgressores in ditione ... alicuius principis vel potestatis saecularis delinquerent, quod ex tunc debitis ... poenis puniantur. ...

No. 61. The Centum Gravamina.

1. *De dispensationibus aere redemptis.* Inter reliqua onera, vel illud minime postremo loco est collocandum, quod constitutionibus humanis multa prohibentur, imperantur item multa, quae nullo divino praecepto vel interdicta sunt vel imperata. Quod genus sunt: Matrimoniorum tam innumera excogitata obstacula, ex affinitatis, publicae honestatis cognatione, spirituali legalique, et consanguinitatis tam multis gradibus originem trahentia. Ciborum item usus interdictus. ... Haec nimirum atque iis similes complures humanae constitutiones eousque ligant homines donec pecunia sibi harum legum gratiam a statuentibus impetrent; ut ita pecunia faciat divitibus licitum quod tenuibus gratis sit prohibitum. Illicitisque his ... retiaculis magna nummorum copia a Germanis est expiscata, e Germania et trans Alpes lata. ...

2. *De tempore interdicto.* Pari modo agitur cum celebrandis nuptiarum solennibus a Dominica Septuagesima ... sub Quadragesimae usque initium, quo tempore ... nuptias celebrari interdictum est: quum tamen interim et ab ecclesiasticis et a saecularibus passim sine discrimine publice genialiter vivatur. Sed ita demum interdictum illud procedit, si gratis hoc facere quis intendat. Quod si nummi spes refulserit, iam quod primum erat prohibitum, impune ac libere facere licet. ...

3. *De oneribus papalium indulgentiarum.* Illud importabile iam olim increbuit Romanarum indulgentiarum onus, quando sub persona pietatis, quum aut Basilicas Romanas construere aut profectionem in Turcas parare polliciti sunt Romani Pontifices, omnem a simplicibus nimiumque credulis Germanis exsuxerunt. Et ... per has imposturas ac earum conductitios praecones ... profligata est germana Christianorum pietas; dum, qui extrudere volebant venales suas Bullas, laudes suis mercibus occinebant, miras et inauditas condonari ... noxas ... modo

numeraretur aliquid, modo tinniat dextra. Atque his mercium nundinationibus simul et spoliata est aere Germania et Christi pietas exstincta, quando quilibet pro pretii quod in has merces expenderat modo peccandi impunitatem sibi pollicebatur. . . .

4. Et licet indulgentiae hae non semel in hoc ad Germanos missae sint quasi . . . fideles contra barbaros essent tutandi . . . eventu tamen compertum habent Germani pecuniam hanc non in rem fidei . . . sed in propinquorum luxum . . . esse versam. . . . Quo uno bina haec nata sunt . . . incommoda, quod et offendicula orta sunt simplicibus et quod nunc Germani, toties sentientes lusam fidem, nullis rationibus persuaderi se patiuntur ut credant . . . instare cervicibus nostris crudeles Turcas, suspicantes semper prioribus simile quippiam agi. . . .

5. Praeterea Papalis Sanctitas caeterique Episcopi ac Ecclesiae Romanae columnae casus aliquot suae tantum absolutioni reliquos fecerunt; quorum si unum aut alterum commiseris, iam aut numerandum aut absolutione tibi carendum est. Nempe quod in hoc reservati sint, ut vel inde nummorum aliquid eis accrescat. . . .

7. *De praedicatoribus indulgentiarum Stationariis.* Est et aliud indulgentiis vendendis addictum hominum genus, quos Stationarios vulgo vocant. Hi rusticorum . . . abutuntur simplicitate, dum omnes vicos . . . peragrant praedicantes Sancti cuiuspiam . . . sanctimoniam ac quantum ad rem familiarem addat si quotannis hunc vel illum munusculo aliquo, quod eis Stationariis scilicet in commodum cedat, demulceas : inscribentesque dehinc simplices, sub Sancti . . . numen ac tutelam, promittentesque ut hoc aut altero morborum genere vacaturus sit, qui eis annuum censum pependerit. . . . Hoc negotium, a sancto Antonio coeptum, in innumera morborum genera dehinc suevit diduci : ita ut vix supersit morbus nunc aliquis cui Stationarii non et peculiarem Sanctum, tanquam tabernae vel negotiationi, praeposuerint. . . .

8. Nec minus et in hoc a religiosis gravantur profani, maxime pauperes . . ., nempe quod mendicitas ordinum Mendicantium nihil in rure neque in urbe sinit non peragratum, dum a terminis quos pervagantur Terminarii dicuntur. . . . Itaque rogant . . . Imperii Principes . . . quatenus S. S. . . . gravamina haec indulgentiarum, dispensationum, stationariorum terminariorumque e medio tollere . . . velit, ne libertas Christiana servitute humanarum constitutionum penitus exstinguatur, illaqueenturque conscientiae Christi fidelium mandatis hominum, quibus nullum est peccatum maius quam nummis carere.

9. *Quam inique causae profanae in prima instantia ad Romanum tribunal iudiciarium trahantur.* Quum ... iuris ratio ... postulet ut distincti sint iurisdictionum limites, et ut quilibet Ordinarius suis sit finibus contentus, alterumque in exercenda iurisdictione non disturbet: minime tamen Pontifices Romani ... aequitatem hanc communem considerarunt, sed ... ad petitionem personarum ecclesiasticarum laicos non raro in causis etiam profanis ... et in prima quidem instantia coram se Romam citari ... fecerunt. Quae res nedum ... in ius vocatis sed et totius Romani Imperii Ordinibus cedit ... in ... perniciem ... ac ... iurisdictionis ... diminutionem.

10. Item cum Romae quispiam, etiam laicus, interposito iuramento asserit se non sperare iustitiam apud iudicem competentem in Germania assequi posse; protinus ad tale iuramentum admittitur ac citatio ei contra partem adversam decernitur. Sicque processus a iudice Ordinario ex Germania Romam, nec iudice interpellato nec parte adversa monita protrahitur: inde iuramenti praetextu nec fori declinatio nec ulla admittitur probatio. ... Quae res si altius radices ageret ... omnes tandem causae ad Romanae Curiae tribunal devolverentur, Ordinariique universi sua privarentur iurisdictione. ... Ea propter S. R. I. status ... rogitant ... ut dehinc nemo ... ob causam profanam, in prima instantia, Romam in ius vocetur, sed personae et causae hae ordinario iudici, cui immediate subiacent, relinquantur. ...

13. *Quo pacto Ecclesiae praelati ... ex Episcoporum ordinaria iurisdictione ... eximantur.* Insuper et hoc moliuntur summi Pontifices monasteria aliquot eximendo, ut ab Episcoporum, eorum scilicet ordinariorum ac defensorum protectorumque aliorum, iurisdictione ita exempti, reddantur immunes, immediateque subiaceant Sedi Apostolicae: quae res non tantum ... Ordinariis ... sed et toti R. I. cedit in iacturam; tum quando collatio pecuniaria, pro Imperii necessitate, viritim Imperii Statibus indicitur. Ita enim fit ut ipsi per se ab oneribus publicis exempti immunitate sua gaudeant. Dehinc ... R. I. attenuantur nervi. ... Quapropter ... Status rogant praefata onera exemptionum abroganda. ...

14. *De attenuatione iuris quod vocant patronatus.* Item, quum per mortes possessorum pro tempore beneficia vacare incipiunt, quorum ius patronatus ad laicos spectat seu ecclesiasticos, tum conantur et Papalis Sanctitas et eius ... legati iuri huic derogare hoc modo ut conferant beneficia ita vacantia curtisanis ... ita ut patronis ipsis ius suum praesentandi per

hoc adimatur . . . : ac interim hoc praetexitur a sede Apostolica
quasi praeventioni hac in re sit locus, ut qui prior beneficium
illud contulerit quod haec teneat collatio ; licet patroni tempus
quoddam habeant intra cuius metas beneficia sua libere et
a nemine praeventi conferre possint : eam ob rem patronis
. . . ex fictitia hac praeventione multa oritur iactura. Quapropter S. R. I. Status Sanctitatem Apostolicam rogitant ut
talia gravamina . . . aboleantur, et posthac beneficia vacatura
suo quaeque patrono relinquantur. . . .

15. *De ecclesiasticis qui Romae, vel inter eundum Romam,
mortem oppetunt.* Item, et tum Curtisanis . . . vacantia collata
sunt officia et beneficia, cum familiares Sanctitatis Suae aut qui
Curiae servirent, vel in anno quod vocant Iubilaeo inter eundum
Romam aut etiam Romae agentes mortem oppetiissent ; tamquam si beneficia haec Sedi Apostolicae essent commissa, recte
atque feudorum collatio committitur. Nec consideratur . . . talia
beneficia . . . de iure patronatus sint necne : per quod . . . patroni
feudatarii denuo etiam iure suo patronatus . . . privati sunt. . . .

17. *Quo pacto sub praetextu familiaritatis Papalis curiae
. . . beneficiorum per curtisanos impugnetur collatio.* . . . Nec
minus et illud suetum hucusque fuit ut . . . quorundam magni
pensi beneficiorum sub nomine . . . familiarium Papae et curiae
. . . per idiotas et alioqui inhabiles personas sit impugnata
collatio, ac per illos conatum . . . ut beneficia haec in Com-
mendas seu Provisiones (ita enim ipsi vocant) vertere, ac
censibus annuis obnoxia reddere queant : hinc praetendentes
regressus, reservationes, pensiones . . . sibi in his competere.
Quibus . . . dolis . . . beneficia illa penitus exsuguntur . . . cum
perpetuo Romanae Curiae pensionibus annuis serviunt. . . .

18. Item, obviam veniunt et tum Germanis non ferenda
a Curtisanis onera. Ita enim per Germaniam subtili ingenio
venantur ut conentur viris Presbyteris aetate et integritate
vitae spectabilibus qui beneficia sua . . . multos iam annos
quiete possederant . . . possessionem interturbare ad Romanam
Curiam personaliter ut compareant, in ius vocare ac mille aliis
artibus ita eos adigere ut transactiones quantumvis iniquas
inire necessum habeant, modo supremos hos annos quiete
agere velint. Coguntur enim hoc . . . modo a Curtisanis ad
pensiones annuas, reservata et id genus alias praestationes.
Atque hoc agunt Curtisani nebulones non propria, ut ferunt,
auctoritate, sed Romanorum suorum statutorum ac regularum
quas vocant Cancellariae.

21. *De Ecclesiasticis beneficiis, curatis et non curatis, in*

genere. Nec minus et illud in Romana Curia hucusque observatum est ut gratiae et reservationes pectorales ... regressus, accessus, incorporationes, uniones et concordata, quod suis vocant excogitatis nominibus, ob pecuniae et privati lucri amorem, super beneficiis ... praesertim per Germaniam Curtisanis a sede Romana concederentur. Neque hoc contentus fuit habendi sceleratus amor quin et ea ipsa beneficia ... societatibus mercatorum potentum aere, cum onere census mediocris sed ita ut dehinc latius venderentur, conceduntur. Qua subtili ... techna factum est quod ... pinguium beneficiorum ... magna ... portio ex Germanorum manu Romam est translata: quae beneficia hinc idiotis inidoneis ac inhonestis etiam personis non raro sunt collata ... qui Germanam linguam neque loquantur neque intelligant. ... Quapropter S. R. I. Status obnixe rogant ut ... beneficia per Germaniam nemini quam natis Germanis qui personaliter ea possideant ... posthac conferantur. ...

22. *Quibus nexibus Archiepiscopi ac Episcopi a suis Capitulis ob collationem beneficiorum sint astricti.* Nec tantum beneficia ... Romae ... indoctis ... conferuntur personis ; sed et simile quiddam ab Archiepiscopis et Episcopis committitur qui per eorum Capitulares congregationes ita obligantur ut omnia praepinguia beneficia, curata ac non curata, ... Capitularibus Canonicis, utcunque ad hoc inidoneis, conferre necessum habeant ; qui dehinc talia beneficia ... indoctis ac ludicris personis, modo ... pendeant censum annuum, elocant, aeque atque supra de mercatorum societatibus dictum est. ...

23. ... Ea propter S. R. I. Status, &c., supplicant. ...

24. *De Praelaturarum commendis, ut vocant, et incorporationibus.* Item et illud hucusque notorie observatum fuit, ut Abbatiae ... Coenobia ... seu ecclesiasticarum personarum congregationes, fundationes scilicet Imperatoriae ac Principales, Cardinalibus &c. in tutelam commendarentur incorporarenturque. Quare factum est ut per Cardinales ... illos ... ita sint attenuata ... quod cum antehac in uno illorum monasteriorum quadraginta, quinquaginta aut ultra hoc etiam personae ... potuerunt foveri, ut nunc aegre quinque, sex, aut decem necessariis provideri possint alimentis. Quae res omnis in privata ... commoda Cardinalium est excogitata. Ideoque ... supplicatur ... ne cuiquam tales Commendae ... concedantur.

25. *De collegiatis ecclesiis, quae super Nobilibus tantum fundatae sunt.* Insuper licet quaedam sint Collegiatae Ecclesiae per Germaniam quae a Nobilibus et in hoc ut Nobiles tantum ... ad eas reciperentur primum sunt fundatae, in

quibus perdiutinae . . . consuetudinis privilegium est ut tantum
. . . Nobiles acceptari . . . debeant: attamen . . . hae consuetudines . . . nequaquam curantur, sed e regione agitur per Curtisanos, ad liberae electionis episcoporum . . . praepeditionem, ut coadiutores alioqui contra Capitularium voluntatem . . . efficiantur. Nec raro Curtisanis, licet indoctis et ignobilibus, parantur ad canonicatus huiuscemodi accessus, non obstantibus . . . privilegiis praescriptis; ita quod Nobilibus Germanis beneficia subtrahantur. . . . Quae res ipsa . . . Nobilibus Germaniae . . . in magnum cedit . . . gravaminum cumulum.

26. . . . Ea propter rogant S. R. I. Status . . . unumquemque cum suis privilegiis defendendum. . . .

27. *De Annatis.* Quantum ad annatas . . . attinet, quas . . . Praelati Romano Pontifici quotannis pendunt, quasque ante aliquot annos Germani Principes Sedi Romano sub certis usque annorum metis, eo tamen modo persolverentur, consenserunt quo pecunia haec ad nihil aliud quam contra Turcas parandam defensionem, Romae tanquam deposita, fideliter adservaretur. Verum, cum anni . . . iam olim effluxerint, ac annatas depensas non contra Turcas sed alio experientia Germani Principes didicerint versas: ea propter . . . supplicatur id quod in responsione generali Oratori Pontificio data . . . liquido magis reperitur. . . .

28. *De contributione Ecclesiasticorum.* . . . Item, postquam laicorum Imperii Statuum maiores Ecclesias, Monasteria . . . per Germaniam . . . ita . . . dotarunt . . . quod iam laici ipsi vix tertiam aut quartam partes in bonis temporalibus possident, atque ob eam causam necessitati tam ecclesiasticorum quam laicorum sublevandae . . . prae rerum inopia vires minus suppetunt: ideo . . . exigit necessitas . . . quod Sanctitas Pontificia ita . . . rem temperet ut ecclesiastici etiam, tanquam qui ampliores possident divitias, nedum contra Turcas ad ferendum opem teneantur . . . sed ad tuendum ius publicum . . . quotannis pecuniae quippiam contribuendum. . . .

31. *Ut personae ecclesiasticae ob perpetrata maleficia commeritam nullam luant poenam.* Item, quicunque ecclesiasticos recipit ordines, maiores seu minores, per hoc omnium poenarum magistratuum saecularium, utcunque magna perpetret maleficia, immunis esse contendit. Neque hoc ita ordinati temere praesumunt: quod ab ecclesiasticis summae conditionis statibus in peccandi hac licentia manuteneantur. Saepenumero enim compertum est ut quum . . . sacerdotibus . . . legitimae uxores sint interdictae, quod dehinc pudicitiam matronarum, virgi-

num ... attentant. ... Efficiunt quoque ... partim ... donis ac blanditiis, ut complures honestae alioqui virgines et matronae, partim in secretis quas vocant confessionibus, ... ad peccata ... commoveantur. Nec raro etiam evenit ut ii uxores ac filias maritis patribusque detineant; ... atque tantorum malorum segetem ex libidine insana contrahunt. Mirum quid latrociniis, homicidiis ... impune quotidie committant, nempe immunitate ac peccandi sua licentia quam ex privilegiis canonum sibi usurparunt, in hoc freti. ... Et tandem, ut in maleficiis perpetrandis magis adhuc foveantur, praeter omnem aequitatis rationem, ... interdictum est ... episcopis ne malefactores hos publice criminali iudicio reos agere possint, nisi prius degradatos: id quod tantis sumptibus ... celebrari oportet ut propterea perquam rarissimum uncti illi malefactores merita plectantur poena. Ad haec adstringuntur ... episcopi per sua capitula ut personas in sacris ordinibus ... constitutas, secundum canonica etiam iura, poenis utcunque levibus, punire ... non audeant. Quae res tota eo spectat ut, ex disparitate hac, inter laicos ac ecclesiasticos ... odia plus quam Vatiniana oriantur.

33. Quapropter necessitas aequitasque ipsa sibi postulant ut ecclesiasticarum personarum praedicta ... privilegia abrogentur ... ac ... statuatur quod ordinati ... una cum ... laicis aequa habeant iura, aequos iudices, paresque poenas: ita ... ut quisque delinquentium ecclesiasticorum ... non secus atque alii malefactores poena a iure communi Imperii imposita ... puniri ... debeat.

34. *De onere Banni seu Excommunicationis.* Item, Romae caeterisque in locis per ... episcopos aut certe eorum ecclesiasticos iudices, multi Christianorum ob causas profanas, ob pecuniae ... amorem excommunicantur; multorumque ... conscientiae per hoc ... in desperationem pertrahuntur; ac denique ... ad internecionem usque animae, corporis, honoris atque rei familiaris ... perducuntur. Quando nemo nisi ob convictum haereseos crimen excommunicationis gladio feriendus ... ea propter S. R. I. Principes ... rogant ut Pontificia Sanctitas ... velit praefatum onus Banni ... penitus abolere, et denique ita sancire ... ut nemo ullam ob causam quam ... convictum haereseos crimen ... excommunicationis fulmine feriatur. ...

37. *De abrogatione feriatarum aliquot dierum.* Insuper et feriarum festorumque dierum tanta copia laicorum vulgus ... urgetur. Nimirum, cum tot religiosi facti sint dies, ut vix aegre tempus agricolis suppetat quo fructus agri ... in horrea conferant: quos tamen fructus, si non feriarum solem-

nibus praepediti forent, commode . . . legere . . . potuissent. Adde quod feriatis quoque diebus, qui dubio procul bono consilio ac in Dei Opt. Max. honorem primum bene sunt feriati, innumera perpetrantur delicta . . . potius quam his Omnipotens colatur. . . . Eamque ob causam S. R. I. Status laici consultius putant, si effrenis feriarum . . . festorumque dierum numerus paulo coerceatur. . . .

39. *De oneribus S. R. I. Statuum laicorum contra Archiepiscopos, Episcopos caeterosque Praelatos ecclesiasticos, eorum quoque Capitula ac . . . Iudices ecclesiasticos* [cf. §§ 39–85].

86. *De non ferendis ultra oneribus quibus misera plebs pro sacramentorum administratione gravatur.* Pleraeque item parochiales ecclesiae monasteriis etc. incorporationis . . . iure subditae sunt, quas . . . tam enormibus absentiarum pensionibus . . . onerant ut conductitii isti parochi eorumque vicarii . . . competentem sustentationem . . . inde habere nequeant. Quo fit . . . ut illicitis exactionibus locatas sibi oviculas misere . . . dilanient. Postquam enim altaris baptismique sacramenta administranda sunt, primus, septimus, tricesimus, anniversariusque dies peragendus, auricularis confessio audienda, mortui sepeliendi, et quicquid denique reliquum est quod ad vita functorum ceremonias observandas operae pretium arbitrantur, id gratuito faciunt nequaquam sed tantum exigunt . . . quantum misera plebecula vel cum summo suo dispendio praestare . . . potest.

87. *Ut ob Missas . . . legendas, pecuniam exigant.* Neque hoc praeteriri potest . . . quod sacerdotes unius diei missas, ad quas alias fundationis . . . iure celebrandas obligantur, non semel sed . . . quinquies pluriesve venundant: unaque missa duobus, tribus aut pluribus ecclesiasticis beneficiis satisfacere praesumunt.

90. *Ut plerique ecclesiastici vitam laicam planeque rixosam agant.* Nec minus etiam Germanis molestum est, quod potior parochorum, sacerdotum, monachorum . . . pars in diversoriis, stabulis ac choreis, populorum turbis se immiscent; in plateis item habitu minus decenti, utputa gladiis, vestibusque ludicris; praeterea rixis . . . laicos ad iram et consequenter ad arma provocant. . . . Dein excommunicationis fulmine . . . eousque divexant quousque . . . laici se cum his composuerint.

91. Item . . . episcopi . . . non solum sacerdotum tolerant concubinatum, dummodo certa persolvatur pecunia, sed et sacerdotes continentes . . . concubinatus censum persolvere cogunt; asserentes episcopum pecuniae indigum esse, qua soluta licere sacerdotibus ut vel coelibes permaneant vel concubinas alant. . . . Quam res haec sit nefanda, nemo non intelligit.

93. *Quomodo ecclesiastici moribundis, ut suos et legitimos haeredes defraudent, persuadeant*. ... Regionum pervagatores, quos vulgo Terminarios vel Stationarios vocant, ... infirmos ... ac praesertim eos quibus aes esse in cista norunt ... blandiloquentia ... eo adducunt quod sibi potiorem ... partem in testamentis legant.

100. *Peroratio*. ... Quod si enumerata ... gravamina ... abrogata non fuerint, S. R. I. Status laici Sanctitatem Pontificiam latere nolunt, praedicta ... onera ... diutius eos neque perferre velle neque tolerare posse : sed ... huc eos adigi ... de aliis ... mediis cogitandi ... quibus tandem modis qua arte, qua denique solertia onerum atque gravaminum supra memoratorum ab ecclesiasticis ... liberari ... possint.

Quemadmodum omnia haec, priusquam ... Legatus a Normberga solvisset, eidem ... ad longum sunt ... enumerata ; essentque ... ferenda secum Romam tradita, si non, praeter omnium exspectationem, abitionem suam hinc tantopere maturasset ac inopinato ita discessisset. Verum, ne ob id eo magis Germanorum ... conclusio Sanct^m. ... Pont^m. latere posset, tandem placuit ... gravamina ... per capita ac sigillatim ita scripta Sancti. Pont^{ae}. transmittere eandemque ... pro abrogandis hisce oneribus ... obsecrare ne deteriora contingant.

No. 62. The Imperial Edict, 6 March, 1523.

[§ 13] Proinde serio vobis omnibus ac singulis, et in primis auctoritate Caesareae M^{tis}. hoc publico edicto mandamus et volumus ut vos Ordines Imperii Romani omnes et quisque pro se in suo territorio curet ac prospiciat ut intra tempus futuri Concilii tantummodo sacrum Evangelium, iuxta interpretationem Scripturae ab Ecclesia Christiana iam approbatae et receptae, praedicetur ac doceatur. ...

XXIV

THE NEW ECCLESIASTICAL SYSTEM, 1523–4

By 1523 the growth of Lutheran communities had raised the question of the supply of pastors; the disuse of Private Masses, that of provision for their support; the changes in worship, proposed by Carlstadt and resisted by Luther, that of liturgical readjustment. All three questions now received attention. On 11 March 1523 [No. 63] **Luther gave notice of the substitution of weekly for daily Mass** (quoted in Rietschel, *Lehrbuch der Liturgik*, i. 398 n. 6). About the same time regulations were prepared with his advice for [No. 64] **the maintenance of the clergy at Leisnig** (E. Sehling, *Die evangelischen Kirchenordnungen*, I. i.

598 sqq.: cf. de Wette, ii. 379 sqq.), and at Easter he put out a treatise contending *That a Christian congregation or community* (Gemeinde) *has the right ... to ... appoint and remove teachers for itself apart from the bishop* (*Werke*, xxii. 140 sqq., ed. Erlangen, 1826–57). This was to anticipate counsel which in his [No. 65] **De instituendis ministris** (*Op. Lat.* vi. 494 sqq.), he had given, by Nov. (*ibid.* 492 n. 1), to the Bohemian Utraquists, to forgo their requirement of 'episcopal ordination' and 'choose their pastors themselves' (Ranke, *Reformation*, 459). At Whitsuntide appeared his essay *On the order of divine service in the congregation* (*Werke*, xxii. 151 sqq., ed. Erlangen) with its challenge to 'omit everything rather than the Word' (156): and this was followed in December by [No. 66] **the Formula Missae et Communionis** (*Op. Lat.* vii. 1 sqq.), addressed to Nicholas Hausmann, pastor of Zwickau, 1521–32. Here he touched upon the need of German hymns (*ibid.* 16), and proceeded to meet it by contributing to the earliest evangelical hymn-books of 1524. To the *Wittenberger Achtliederbuch* he contributed four hymns, to the *Erfurter Enchiridion* eighteen out of twenty-five, and to the *Chorgesangbüchlein* twenty-four out of thirty-two. Of his thirty-six hymns twenty-four are traced to 1523–4: the most famous [No. 67], **Ein' feste Burg ist unser Gott**, to 1527 (tr. Carlyle, *Essays*, iii. 82 ed. 1872). On this reconstruction see Daniel, *Codex Liturgicus*, ii. 1–112: Rietschel, *op. cit.* i. 396 sqq., and Kidd, *Cont. Ref.*, 42 sqq.

No. 63. Luther's notice of the substitution of weekly for daily Mass, 11 March, 1523.

Post hunc sermonem locutus est de missa abroganda, ne scilicet singulis diebus haberetur missa sed solum dominicis, nisi quispiam participare velit mensae Domini in septima, tunc celebrandam missam dicebat. Item addidit de ordinatione servanda ut clerus et scholastici singulis diebus convenirent duas horas mane et vesperi, ut mane liber Novi Testamenti legeretur ac interpretaretur, vesperi Veteris Testamenti; sed hoc se nolle incipere aiebat sed tantum proponere.

No. 64. Ordinance for a Common Chest at Leisnig.

A resolution how to deal with spiritual goods, 1523.

In the name of the Holy and Undivided Trinity. Amen.

We, the honourable men, council, aldermen, nobles, and commons of the town and parish of Leisnig, with its dependent villages. Whereas, through the grace of Almighty God and the revelation of the Christian evangelical Scriptures, we have received not only a firm faith but a sure knowledge that all the inward and outward resources of believers should serve to the honour of God and the love of our neighbour, we give notice that, for ourselves and our posterity, we have resolved to maintain the following brotherly compacts in our community, viz. :—

I. *Of appointments to the Pastorate.*

We will and shall always exercise our Christian freedom, so far as concerns the appointment to our common pastorate and the call, election, admission, and dismissal of our common minister, for the sole preaching of God's word and dispensing of the sacraments, never otherwise than according to the disposition and order of divine Scripture. . . .

II. *Of the means, provision, and receipts of the Common Chest.* In order that our Christian faith, in which all goods temporal and eternal are gotten and given us by the eternal God through our Lord and Saviour Jesus Christ, may bear its proper fruit in brotherly love . . . we, the above-named common assembly of the parish, . . . have resolved to set up and maintain a Common Chest forthwith . . . in intention, manner, and form, as follows :—

For the furnishing and provision of the common chest shall the following items, rents, goods, privileges, moneys, and possessions be everywhere collected together, to be and remain perpetually united.

[i] Receipts from the goods and privileges of the Benefice.

All the goods, privileges, fees-simple, quit-rents, rents, hereditaments, houses, yards, gardens, lands, meadows, stock, and chattels, without exception, belonging anywhere to the office of pastor and minister here among us . . . which we, the common assembly of the parish, in behalf of our common pastorate, have a reserved right to acquire, according to the tenor of the arrangement and decision therein between the abbey of Buch and us . . . , these as being available for our Common Chest, as also all that belongs to the school and the sacristy, we have paid into it.

[ii] Receipts from the goods and privileges of the Church.

All the goods, privileges, &c. . . . , bridge-tolls, plate, jewels, &c. . . . belonging to our church shall, in their entirety, along with the written title-deeds, inventories, and registers concerning them, be gathered into and remain in the Common Chest.

[iii] Receipts from the goods and privileges of the four Altar endowments and other foundations.

The four altar-endowments in our church shall, as soon as the present chantry-priests die or the existing endowments are vacated, be no longer bestowed ; but the four houses, together with the goods, rents, revenues, commodities, plate, &c.,

thereto belonging, shall be brought into the Common Chest; and further all celebrations, years' minds, Indulgence-weeks or octaves, and other several foundations and alms, for the hospital or elsewhere, shall all be paid into the Common Chest.

V. *Of disbursements and discharges from the Common Chest.*

Herein we, the parish assembly and our successors, will and shall provide for ourselves out of our common chest, through our ten elected managers (so far as our means with God's grace will permit), and arrange for disbursements, according to need, as follows :—

[i] Disbursements for the Pastorate.

Our common minister or pastor, together with our elected preacher appointed to assist him . . . and a chaplain besides, if need so require, shall be provided by the ten managers, according to the unanimous resolution of the whole assembly, with a specified sum of money, sundry means of support, and profits of lands and goods annually throughout the year, in quarterly instalments, payable at the quarter . . . to be handed to them, in return for the proper receipt, out of the common chest. With such salaries, supplies, profits, and maintenance they are to be content, and shall in no wise seek or receive anything further from their parishioners, unsought free-will offerings and gifts excepted. . . .

No. 65. Luther's De instituendis ministris, Nov. 1523.

[1] *Protestatio.* Inprimis libere confiteor si qui sunt qui ex me sperant ritum ac morem hactenus servatum in radendis et ungendis sacerdotibus tradendum aut emendandum esse, nihil ad eos pertinere quae hoc libello dicturus sum; sinam illos sua frui religione vel superstitione, utcunque vulgata et ex antiquis accepta et iactata. Nos puram et germanam divinis literis praescriptam rationem quaerimus, parum solliciti quid usus, quid Patres in hac re vel dederint vel fecerint, cum iam olim satis docuerimus nos debere . . . traditionibus humanis . . . non modo non servire, sed plane pro nostro arbitrio et libertate Christiana dominari. . . .

[2] *Dehortatio a suscipiendis ordinibus papisticis.* . . . Donabo interim hoc ordinibus papisticis quod solius episcopi auctoritate unguntur et instituuntur quos vocant sacerdotes, consensu aut suffragio populi, cui praeficiendi sunt, neque requisito neque obtento. . . . Denique maior pars solum ad beneficia (ut vo-

cant) ordinatur, solas missas sacrificaturi. . . . Donabo inquam hoc pessimum monstrum ordinibus papisticis usque in suum tempus.

Hoc merito exhorrere debet quisquis Christum amat et quidvis potius pati quam ordinari sese a papistis, quod omnia in istis ordinibus summa . . . perversitate geruntur. . . . Nam cum ista ordinatio auctoritate Scripturarum . . . in hoc sit instituta ut ministros verbi in populo institueret, ministerium publicum, inquam, verbi quo dispensantur mysteria Dei, per sacram ordinationem institui debet . . . cum sine verbo nihil constet in ecclesia et per solum verbum omnia constent. Papistae autem mei de hoc ministerio ne somniant quidem in suis ordinibus. . . . Loco ministrorum verbi ordinant sacrificulos, qui missas sacrificent et confessiones audiant. Hoc enim vult episcopus dum calicem dat in manum et confert potestatem consecrandi et sacrificandi pro vivis et mortuis. . . . Item cum illis . . . spiritum in aures inflat et confessores facit, dicens, ' Accipe Spiritum sanctum.' Haec est illa potestas consecrandi et absolvendi gloriosissima. . . .

At cum certissimum sit missam non esse sacrificium, deinde confessionem eam, quam praeceptam volunt, nullam esse, utrumque autem sit humanum et sacrilegum inventum et mendacium, plane sequitur per ordines illos sacros neminem fieri coram Deo aut sacerdotem aut ministrum. . . . Quare hic fidei conscientia nos urget ut sub anathemate Dei caveamus ab illis ordinari ; et plane salutis nostrae cogit ratio necessario ab illorum exsecratis et damnatis ordinibus abstinere. . . .

[3] *Sacerdotem non esse quod presbyterum vel ministrum : illum nasci, hunc fieri.* Atque hic primum constanti fide est opus . . . Stet itaque primum tibi rupes illa inconcussa, in Novo Testamento sacerdotem externe unctum nullum esse nec esse posse ; si qui autem sunt, larvae et idola sunt. . . . Sacerdos enim . . . non fit, sed nascitur ; non ordinatur, sed creatur. Nascitur vero non carnis sed Spiritus nativitate, nempe ex aqua et Spiritu in lavacro regenerationis, suntque prorsus omnes Christiani sacerdotes et omnes sacerdotes sunt Christiani.

Sed pergamus, et idem ex officiis sacerdotalibus (quae vocant) probemus, omnes Christianos ex aequo sunt sacerdotes. Nam illud 1 Pet. ii. [9] et Apoc. v. [10] satis iam aliis libris inculcavi. Sunt autem sacerdotalia officia ferme haec : docere, praedicare annunciareque verbum Dei, baptizare, consecrare seu Eucharistiam ministrare, ligare et solvere peccata, orare pro aliis, sacrificare, et iudicare de omnium doctrinis et spiritibus. . . .

Verum haec omnia de iure communi Christianorum diximus : nam cum omnium Christianorum haec sint omnia (uti probavimus[1]) communia, nulli licet in medium prodire auctoritate propria et sibi arripere soli, quod omnium est. . . . Verum haec communio iuris cogit ut unus aut quotquot placuerint communitati eligantur vel acceptentur qui vice et nomine omnium qui idem iuris habent exsequatur officia ista publice, ne turpis sit confusio in populo Dei et Babylon quaedam fiat in ecclesia. . . . Aliud enim est ius publice exsequi, aliud iure in necessitate uti : publice exsequi non licet, nisi consensu universitatis seu ecclesiae, in necessitate utatur quicunque voluerit. . . .

Ex his omnibus credo confirmatum esse eos qui sacramentis et verbo inter populos praesunt, non posse nec debere sacerdotes vocari. Quod autem sacerdotes vocantur, id vel ex gentilium ritu vel ex Iudaicae gentis reliquiis sumptum est. . . . Ceterum iuxta evangelicas literas Ministri, Diaconi, Episcopi, Dispensatores rectius nominarentur, qui et ob aetatem Presbyteri saepius vocantur. Sic enim Paulus 1 Cor. iv. [1] dicit : ' Sic nos existimet homo ut ministros Christi et dispensatores mysteriorum Dei ' ; non ait, ' ut sacerdotes Christi,' quod nomen sacerdotis et officium sciret omnibus esse commune. . . .

Quod si ministri tantum sunt, iam perit ille character indelibilis, et aeternitas illa sacerdotii nulla nisi ficta est ; sed deponi minister potest, si fidelis esse desinat, rursum ferri in ministerio, donec vel meruerit vel universitati ecclesiae placuerit, sicut quivis alius civilium rerum inter fratres aequales administrator. . . .

His . . . fidelissimis . . . Scripturae firmamentis (si verbis Dei credimus) superata est misera illa necessitas quae Boemiam hactenus coegit mendicare rasum sacerdotium ac indignissimos quosque ferre. Nam hic luce clarius . . . habemus, unde petendi sint sacerdotes seu ministri verbi, scilicet ex ipso grege Christi, ac nusquam alibi. Nam ubi id monstratum est evidenter, habere unumquemque ius ministrandi verbi, imo praeceptum, si viderit vel deesse qui doceant vel non recte docere qui adsunt, ut 1 Cor. xiv, Paulus statuit, quo virtus Dei annuncietur per nos omnes. Quomodo non multo magis ius ac praeceptum habebit tota aliqua universitas, id officii communibus suffragiis alicui uni vel pluribus vice sua committere, et illi deinceps aliis, accedentibus eisdem suffragiis ? . . .

Sed et necessitas ita cogit et communis sensus fidei suadet. Nam cum ecclesia verbo Dei . . . alatur, palam est eam sine

[1] *Op. Lat.* vi. 509-23.

verbo esse non posse, aut si sine verbo sit, ecclesiam esse desinere. Deinde cum quilibet sit ad verbi ministerium natus e baptismo et episcopi papales nolint dare verbi ministros ... reliquum est aut permittere ecclesiam Dei perire sine verbo aut oportere, conventu facto, communibus suffragiis ex suo gremio eligere unum vel quotquot opus fuerit idoneos et orationibus ac manuum impositionibus universitati commendare et confirmare, atque eos tum pro legitimis episcopis et ministris verbi agnoscere et colere, indubitata fide credendo a Deo gestum et factum esse quod hac ratione gesserit et fecerit consensus communis fidelium, Evangelium agnoscentium ac profitentium. ...

Sic ergo faciatis. ... Convocatis et convenientibus libere quorum corda Deus tetigerit, ut vobiscum idem sentiant et sapiant, procedatis in nomine Domini, et eligite quem et quos volueritis, qui digni et idonei visi fuerint: tum impositis super eos manibus illorum qui potiores inter vos fuerint, confirmetis et commendetis eos ... ecclesiae ... sintque hoc ipso vestri Episcopi, Ministri, seu Pastores. Amen. ...

No. 66. Luther's Formula Missae et Communionis, Dec. 1523.

... In primis itaque profitemur non esse nec fuisse in animo nostro omnem cultum Dei prorsus abolere, sed eum qui in usu est, pessimis additamentis vitiatum, repurgare et usum pium monstrare. Nam hoc negare non possumus Missas et Communionem panis et vini ritum esse a Christo divinitus institutum. ...

At ubi licentia fiebat addendi et mutandi, prout cuivis libebat, accedente tum et quaestus et ambitionis sacerdotalis tyrannide, tum coeperunt altaria illa et insignia Baal et omnium deorum poni in templum Domini per impios reges nostros, i. e. episcopos. Hic sustulit impius Ahas altare aereum et constituit aliud e Damasco petitum, loquor autem de Canone illo lacero et abominabili, ex multorum lacunis ceu sentina collecto. Ibi coepit Missa fieri sacrificium, ibi addita Offertoria et Collectae mercenariae, ibi Sequentiae et Prosae. ... Tum coepit Missa esse monopolium sacerdotale, totius mundi opes exhauriens, divites, otiosos, potentes et voluptuarios et immundos illos coelibes toto orbe ceu vastitatem ultimam exundans. Hinc Missae pro defunctis, pro itineribus, pro opibus, et quis illos titulos solos numeret, quorum Missa facta est sacrificium? ... Additamenta externa vestium, vasorum, cereorum, pallarum, deinde organorum et totius musicae, imaginum, quid dicam? Nihil paene fuit in toto orbe artificiorum quod non magna ex parte sua negotia ac quaestum suum haberet et e Missa aleretur.

Transierint itaque ista et adhuc transeant revelante Evangelio abominationes tantas, donec penitus aboleantur. Nos interim omnia probabimus, quod bonum est tenebimus. . . .

Primo, *Introitus* dominicales et in festis Christi, nempe Paschatis, Pentecostes, Nativitatis probamus et servamus: quanquam Psalmos mallemus, unde sumpti sunt, ut olim. . . . Nos Wittembergae solis dominicis et festis Domini sabbatizare quaeremus; omnium Sanctorum festa prorsus abroganda. . . . probamus Festum Purificationis et Annunciationis pro festis Christi, sicut Epiphania et Circumcisionem habemus. . . . Festa S. Crucis anathema sunto. Alii faciant pro sua conscientia vel aliorum infirmitate, quod Spiritus suggesserit.

Secundo, *Kyrie eleison*, ut hactenus celebratum est . . . amplectimur cum sequenti hymno angelico *Gloria in excelsis*. . . .

Tertio, sequens *Oratio* illa seu *Collecta*, modo sit pia (ut fere sunt quae dominicis diebus habentur) perseveret ritu suo, sed ea duntaxat unica. Post hanc lectio *Epistolae*. Verum nondum tempus est et hic novandi, quando nulla impia legitur. Alioqui cum raro eae partes ex epistolis Pauli legantur, in quibus fides docetur, sed potissimum morales et exhortatoriae, ut ordinator ille Epistolarum videatur fuisse insigniter indoctus et superstitiosus operum ponderator, officium requirebat eas potius . . . ordinare quibus fides in Christum docetur. . . . Interim supplebit hoc vernacula Concio. Alioqui si futurum est ut vernacula Missa habeatur (quod Christus faveat) danda est opera ut Epistolae et Evangelia suis optimis et potioribus locis legantur in Missa.

Quarto, *Graduale* duorum versuum simul cum *Alleluia* vel alterutrum . . . cantetur. . . .

Quinto, *Sequentias et Prosas* nullas admittimus, nisi . . . placuerit illa brevis in Nativitate Christi : ' Grates nunc omnes ' . . . nisi illae de Spiritu sancto : 'Sancti spiritus' et 'Veni, sancte Spiritus'. . . .

Sexto, sequitur *Evangelii* lectio, ubi nec candelas neque thurificationem prohibemus, sed nec exigimus : esto hoc liberum.

Septimo, *Symbolum Nicenum* cantari solitum non displicet. . . . Idem de vernacula *Concione* sentimus, ut nihil referat sive hic post Symbolum[1] sive ante Introitum Missae fiat. . . .

---

[1] Luther preached, in the Parish Church of Wittenberg, after the Creed.

66 THE NEW ECCLESIASTICAL SYSTEM, 1523-4

Octavo, sequitur tota illa abominatio cui servire coactum est quicquid in Missa praecessit, unde et *Offertorium* vocatur. Et hinc omnia fere sonant et olent oblationem. In quorum medio verba illa vitae et salutis[1] sic posita sunt ceu olim arca Domini in templo idolorum iuxta Dagon. . . . Proinde omnibus illis repudiatis quae oblationem sonant, cum universo *Canone*, retineamus quae pura et sancta sunt, ac sic Missam nostram ordiamur :—

(1) Sub *Symbolo* vel post *Canonem* [v. l. *Concionem*] apparetur panis et vinum ad benedictionem ritu solito, nisi quod non constitui mecum miscendane sit aqua vino, quanquam huc inclino ut merum potius vinum paretur absque aquae mixtura. . . . Merum vinum enim pulchre figurat puritatem doctrinae Evangelicae. . . . Tamen contra libertatem non introducam legem superstitiosam. . . .

(2) Apparato pane et vino mox procedatur ad hunc modum : 'Dominus vobiscum,' R. 'Et cum spiritu tuo.' 'Sursum corda,' R. 'Habeamus ad Dominum.' 'Gratias agamus Domino Deo nostro,' R. 'Dignum et iustum est.' 'Vere dignum,' &c.[2] . . . 'per Christum Dominum nostrum.' Deinde :

(3) 'Qui pridie quam pateretur, accepit panem, gratias agens, fregit deditque discipulis suis dicens : "Accipite, comedite, hoc est corpus meum, quod pro vobis datur." Similiter et calicem, postquam coenavit, dicens : "Hic calix est Novi Testamenti in meo sanguine qui pro vobis et pro multis effunditur in remissionem peccatorum. Haec quotiescunque feceritis, in mei memoriam faciatis."' Haec verba Christi velim . . . in eo tono vocis recitari quo canitur alias oratio dominica in Canone, ut a circumstantibus possit audiri, quanquam in his omnibus libertas sit piis mentibus, vel silenter vel palam ea verba recitare.

(4) Finita benedictione, chorus cantet *Sanctus*, et sub cantu *Benedictus* elevetur panis et calix. . . .

(5) Post haec legatur *Oratio Dominica* sic : 'Oremus. Praeceptis salutaribus moniti,' &c. omissa oratione sequenti 'Libera,' &c., cum omnibus signis quae fieri solent super hostiam et cum hostia super calicem, nec frangatur hostia, nec in calicem misceatur. Sed statim post Orationem Dominicam dicatur 'Pax Domini,' &c., quae est publica quaedam absolutio a peccatis communicantium, vox plane

[1] The Words of Institution.
[2] Omitting, i. e., Proper Prefaces, Sanctus, Benedictus, and, in the Canon, 'Te igitur. . . . Quam oblationem.'

evangelica, annuncians remissionem peccatorum, unica illa et dignissima ad mensam Domini praeparatio, si fide apprehendatur nons ecus atque ex ore Christi prolata. Unde vellem eam nunciari verso ad populum vultu, quemadmodum solent Episcopi, quod unicum est vestigium Episcoporum priscorum in nostris Episcopis.

(6) Deinde communicet tum sese, tum populum: interim cantetur *Agnus Dei*. . . .

(7) Si *Communionem* cantari libet, cantetur. Sed loco complendae seu ultimae collectae,[1] quia fere sacrificium sonant, legatur in eodem tono oratio illa ' Quod ore sumpsimus,' &c. . . .

(8) Benedictio solita detur, vel accipiatur illa Num. vi. . . .

Sic de Missa sentimus, in quibus omnibus cavendum ne legem ex libertate faciamus. . . . Si diversi diverso ritu utantur, nullus alterum vel iudicet vel contemnat, sed unusquisque sensu suo abundet et idem sapiamus ac sentiamus. . . . Externi enim ritus, etsi iis carere non possumus, sicut nec cibo et potu, non tamen nos Deo commendant, sicut nec esca nos Deo commendat. . . . Vestes praeterivimus. Sed de his, ut de aliis ritibus, sentimus. Permittamus illis uti libere, modo pompa et luxus absit.

Haec de Missa . . . dixerimus. Nunc de ritu communicandi populi dicemus, cuius gratia potissimum coena ista Domini instituta est et eo nomine vocatur. . . . Perversissimum est si ministri publicam coenam Domini parent et ornent, ubi nulli sint hospites qui edant et bibant, et ipsi soli qui aliis ministrare debent, in vacua mensa et aula comedant et bibant. Quare si vere Christi institutum amplecti volumus, nulla debet Missa Privata relinqui in ecclesia.

Hic autem servandus est ritus, qui in baptismo servatur, nempe ut episcopo primum significetur qui futuri sint communicantes petantque ipsi coena Domini communicari, ut eorum et nomina et vitam cognoscere queat: deinde petentes non admittat, nisi rationem fidei suae reddiderint, et interrogati responderint an intelligant quid sit coena Domini, quid praestet, quo usu illa velint potiri. . . . Arbitror autem hanc interrogationem . . . sufficere, si semel in anno fiat cum eo qui petit communicari. . . . Deinde, ubi episcopus viderit eos intelligere haec omnia, etiam hoc observabit, an vita et moribus eam fidem et intelligentiam probent. . . .

Deinde ubi Missa celebratur, convenit ut communicaturi seorsum uno loco . . . constent. Ad hoc enim repertum est

[1] ' Placeat tibi, sancta Trinitas,' &c.

altare, repertus est et chorus. Non quod apud Deum aliquid sit hic vel illic stetisse . . . sed quod oporteat eos palam videri et nosci tam ab iis qui communicant quam ab eis qui non communicant, quo deinde eorum vita quoque melius videri et probari et prodi possit. . . .

De confessione vero privata ante communionem sentio, sicut hactenus docui, esse eam scilicet nec necessariam nec exigendam, utilem tamen et non contemnendam. . . .

Sic de praeparatione ad Coenam hanc sapimus, ut liberum sit ieiunio et orationibus sese componere. Sobrios certe oportet adesse et sedulos ac diligentes, ut maxime nihil ieiunes aut parum ores. . . . Nam optima praeparatio est . . . anima peccatis, morte, tentationibus agitata, esuriens et sitiens medelam et robur. . . .

Id nunc reliquum est, an utramque speciem, ut vocant, populo ministrari oporteat? Hic sic dico, postquam evangelium nunc biennio toto apud nos inculcatum est, satis simul indultum . . . est infirmitati. . . . Quare simpliciter iuxta institutum Christi utraque species et petatur et ministretur. . . .

Cantica velim etiam nobis esse vernacula quam plurima, quae populus sub Missa cantaret, vel iuxta *Gradualia*, item iuxta *Sanctus* et *Agnus Dei*. Quis enim dubitat eas olim fuisse voces totius populi quae nunc solus chorus cantat . . . ? Sed poetae . . . nobis desunt, aut nondum cogniti sunt qui pias et spirituales cantilenas . . . nobis concinant quae dignae sint in ecclesia frequentari. . . . Haec dico ut si qui sunt poetae Germanici exstimulentur et nobis poemata pietatis componant.

Haec de Missa et Communione pro tempore dicta sint satis. Cetera usus et res ipsa docebunt, modo verbum Dei strenue et fideliter in ecclesia annuncietur. . . .

In reliquis diebus, quas ferias vocamus, nihil video quod non ferri possit, modo Missae abrogentur. Nam Matutinae trium lectionum et Horae, tum Vesperae et Completorium de tempore (exclusis Sanctorum feriis) nihil sunt nisi Scripturae divinae verba. Et pulchrum, imo necessarium, est pueros assuescere legendis et audiendis psalmis et lectionibus Scripturarum sanctarum. Verum si quidquam hic novari debet, prolixitas mutari potest arbitrio episcopi, ut tres psalmi pro Matutinis, tres pro Vesperis cum uno vel duobus Responsoriis absolvantur. . . . Per partes distributum totum Psalterium in usu maneat, et universa Scriptura in lectiones partita perseveret in auribus ecclesiae. . . . Instituendae sunt lectiones quotidianae, altera mane in novo vel veteri Testamento, altera vesperi in altero

Testamento, cum explanatione vernacula ... more quem Paulus 1 Cor. xiv describit.

Post, successu temporis peioris, cum deficerent prophetae et interpretes, relicta est ista vox sola post lectiones et capitula 'Deo gratias', tum loco interpretationis multiplicatae sunt lectiones, psalmi et hymni et alia in hanc taediosam prolixitatem, quanquam Hymni et 'Te Deum laudamus' aeque id testantur quod 'Deo gratias', scilicet quod post interpretationes et homilias Deum laudarint, et gratias egerint, pro revelata veritate sermonum Dei. Quales et ego vellem fieri nostras vernaculas cantilenas. ...

No. 67. The beginnings of German Hymnody.

Ein' feste Burg ist unser Gott.

A safe stronghold our God is still,
A trusty shield and weapon;
He'll help us clear from all the ill
That hath us now o'ertaken.
The ancient Prince of Hell
Hath risen with purpose fell;
Strong mail of Craft and Power
He weareth in this hour,
On Earth is not his fellow.

With force of arms we nothing can,
Full soon were we down-ridden;
But for us fights the proper Man,
Whom God himself hath bidden.
Ask ye, Who is this same?
Christ Jesus is His name,
The Lord Zebaoth's Son,
He and no other one
Shall conquer in the battle.

And were this world all Devils o'er,
And watching to devour us,
We lay it not to heart so sore,
Not they can overpower us.
And let the Prince of Ill
Look grim as e'er he will,
He harms us not a whit;
For why? His doom is writ,
A word shall quickly slay him.

God's Word, for all their craft and force,
One moment will not linger
But spite of Hell, shall have its course,
'Tis written by His finger.
And though they take our life,
Goods, honour, children, wife,
Yet is their profit small ;
These things shall vanish all,
The City of God remaineth.

XXV

THE MISSION OF CAMPEGGIO, 1523-4

On 18 Nov. 1523 Cardinal Giulio de' Medici, cousin of Leo X was elected as Pope Clement VII, 1523-†34. 'He knew the importance of the German revolt' (Creighton, *Hist. Papacy*, vi. 281) : and 'Cardinal Campeggio', 1474-†1539, 'was appointed legate in Germany for the Lutheran affairs' (*State Papers, Venetian*, iii, No. 795 : 9 Jan. 1524). 'A capable official but not a man of much character' (Creighton, vi. 282 : cf. *State Papers, Venetian*, iii, No. 795), he [No. 68] **entered Nürnberg**, 16 March, according to the united testimony of a friar in his train (*State Papers, Venetian*, iii, No. 813) and of Spalatin (Mencken, *Rerum Germanicarum Scriptores*, ii. 633 sq.), without the usual pomp of a Legate and only to find public feeling against him. At the Diet 'Campeggio demanded prompt execution of the Edict of Worms. The Catholics were in a majority : but even among the Estates, who were not a representative body but an assembly of sovereigns, largely ecclesiastic, national feeling ran so strong that the utmost he could secure' (Kidd, *Cont. Ref.* 35) was [No. 69] **the Recess** of 18 April proposing to enforce the Edict ' as far as possible' and to summon a National Assembly at Speier (Balan, *Mon. Ref. Luth.* 330 sqq.: cf. Pallavicini, *Hist. Conc. Trid. II.* x. 15-18). This was a compromise, which pleased nobody. [No. 70] **Campeggio remonstrated with the Diet**, but to no effect (Balan, *op. cit.* 332 sqq. ; Pallavicini, II. x. 19-23). The [No. 71] **Court of Rome had its own remedies** (Pallavicini, II. x. 23-27), which were embodied in instructions to the Nuncios for the consideration of the Emperor (Balan, *op. cit.* 339 sqq.). On 18 July [No. 72] **Charles wrote to his ambassador at Rome** bidding him tell the Pope that (cf. his Edict of 15 July, in *Luthers Schriften*, ed. Walch xv. 2705 sqq.) he had forbidden the 'conventicle' at Speier, but advising a General Council at Trent (*State Papers, Spanish*, ii, No. 662 ; 18 July 1524). But, meanwhile, Campeggio, who had been authorized, 14 April, to treat with such princes as were well disposed for a 'correctionem morum et reformationem cleri Germaniae' (Balan, *Monumenta Saec. XVI.* 17), had succeeded in applying the old policy of 'Divide et impera' to the national opposition of Germany. For on 7 July, by [No. 73] **the League of**

Ratisbon, he organized a Papal party within the nation pledged to a plan of conservative reform (Goldasti *Const. Imp.* iii. 487 sqq.), such as afterwards, though too late for the maintenance of German unity, took place at Trent.

No. 68. The entry of Campeggio into Nürnberg, 16 March, 1524.

(1) *From a letter of Friar Paolo Ziani, dated 29 March.*

We arrived at Nuremberg on the Wednesday in Passion Week. In these parts the sincere faith of Christ is utterly cancelled; no respect is paid either to the Virgin Mary or the saints. On the contrary, it is said that those who employ their aid sin mortally. They deride the Papal rites, and call the relics of the saints bones of those who have been hanged. In Lent they eat meat openly, saying they do not consider it prohibited. Confession is neglected, as they say it should be made to God, and that auricular confession is a buffoonery. They generally communicate under both forms. They make a laughing-stock of the Pope and cardinals, and other ambassadorial ecclesiastics, by means of paintings and other caricatures. In short, they consider Martin their illuminator, and that until now they have been in darkness, and the indulgences are held by them like bread sold in the market-place. In proof of all this, the Legate, to avoid scorn, did not enter Nuremberg as Legate *ut moris est*, neither did he give the blessing and absolution, but came in like a mere horseman, though he was accompanied by a most noble escort of all the Princes and part of the nobility, who (with the exception of the Duke of Saxony and Palatine) are sincere Christians. Some of the noblemen and the mass of merchants are all tainted, nay, obstinate and unconvertible, so that at present neither the Legate's authority nor the will of the Princes . . . can stem so strong a current.

Martin is not at Nuremberg, nor will he make his appearance there; but, unless the Almighty stretch forth his arm, it will doubtless come to pass that as the Princes and part of the nobility remain staunch Catholics, whilst the people persist in their errors, they will some day cut each other to pieces. The Legate will remain at Nuremberg until October, perhaps to hold another Diet in Germany, *cum dieta dietam subinvocat*; but in this matter Diets profit little, because the free towns are really not subject to any one, so that they cannot be curbed, and they are the abettors of Lutheranism, especially Nuremberg and Augsburg, the asylums of all converts. In the other towns belonging to the Princes less open confession is made, but in short all are Lutherans, publicly or secretly.

(2) *From the Annales Spalatini.*

Die xiv Martii postridie Iudica iv & v hora post meridiem Laurentius Campegius Cardin. Ro. Pont. Clementis VII Legatus Nurmbergam ingressus est non habitu Cardinalitio, sed alioqui toga rubra vulgari indutus, neque tectus galero. Sed ne benedixit quidem ut solent plerumque Legati: quod idem facienti Augustae asinum ostendisse dicebantur. Ideo dissuasum est homini, hoc ipsum facere Nurmbergam venientem. . . .

Nurmbergae mandatum omissum, palmae non consecratae, Crucifixi effigies sepulchro non est imposita, nec positum sepulchrum, neque azyma neque ignes consecrati. Sed ne asinus quidem palmarius circumvectus est Nurmbergae: quamvis episcopo Bambergensi,[1] ut loci ordinario, iubente ut nihil antiquae consuetudinis contemneretur. . . .

Osiander[2] Evangelista Laurentianus Nurmbergae die Coenae Domini illic in arce concionatus, integrum sacramentum sive, ut vulgo loquuntur, sub utraque specie D. Isabellae Reginae Daciae dedit, Regis Christierni exulis coniugi,[3] Caroli V. Ro. Imp. Aug. et Ferdinandi sorori. Ferdinandus tum abfuit. . . . Ferdinandi uxor concionatore Dominicastro et altera tum specie usa est. Augustiniani Nurmbergenses die Resurrectionis Dominicae, ut mihi Prior eorum Wolfgangus Volprechtus scripsit, ultra ter mille homines toto sacramento communicarunt. . . . Ex Ferdinandi aulicis plus minus xxx vel xl et ipsi totum sacramentum in Augustino acceperunt. Nonnulli etiam ex Regimine Imper. Nurmbergae sub utraque specie communicarunt.

No. 69. The Recess[4] of the Diet of Nürnberg, 18 April, 1524.

. . . Quam insuper praefata nostra instructio Ioanni Hannart, Oratori nostro ad hanc Imperialem Diaetam data inter alia in se complectitur: Nos, spe bona ductos qui Sacri Imperii status, tanquam sanctae fidei defensores et protectores, mandato nostro, de consensu Electorum, &c. . . . Wormatiae emanato,

[1] Weigand von Redwitz, 1522-†56.
[2] Andreas Osiander, b. 1498, in Nürnberg 1520-48, Prof. in Königsberg 1549-†52.
[3] Christian II, 1480-†1559, King of Denmark 1513-23: m. Isabella of Austria in 1515. She died 1526.
[4] 'The recess ran in the form of an enforcement of the orders brought by Hannart from the Emperor,' Creighton, *Hist. Papacy*, vi. 283.

obedienter paruissent et satisfecissent ac illud idem manutenuissent, et ex eo quod promissa adimplere neglexerunt, non modicam, ratione Reipublicae Christianae et totius Germanicae Nationis, molestiam et displicentiam concepisse; ea propter desiderium et petitionem nostram iterum eo collocavimus ut quivis Electorum, etc., per se ipsum et apud subditos suos curaret et efficeret quod huiusmodi nostro mandato Wormatiensi deinceps adhuc obedienter obtemperaretur, cuius occasionem, ad huiusmodi nostram petitionem et desiderium, Nostri et S. R. I. Electores, etc., inter se concordarunt, et concluserunt se velle dicto nostro mandato obedienter (quemadmodum et ad id se obligatos esse recognoscunt) pro virili sua et in quantum possibile sit parere et illud adimplere et observare. Ac quo quaelibet potestas apud typographos . . . provideat ut deinceps famosi libelli seu iniuriosae scripturae et picturae in futurum in totum amoveantur, et ulterius non divulgentur sive dilatentur; quodque in posterum ratione bibliothecarum, iuxta tenorem praedicti mandati nostri, observetur.

Verum si cuiquam aliqua, circa praemissa, gravamina vel impedimenta accederent vel inferrentur, is ea nostro Locumtenenti et Regimini significare poterit, qui a Nobis commissionem habent (prout et ipsis tenore praesentium seriose committimus) quatenus consilio et auxilio conquerentibus adsint, eos tueantur, et dictum nostrum mandatum omni diligentia exequantur. Et ne bonum cum malo supprimatur, et tandem resolutio fieri seu adamussim examinari possit quam viam in hac re quisque debeat amplecti, convenerunt nostri Locumtenentes, Orator, Electores, etc., cum S. D. N. Pontificis Legato hic praesente, qui generale, liberum et universale Concilium Christianitatis, tanquam summe necessarium, per Beat. Pont. de consensu nostro, quanto citius et quam primum possibile, futurum sit, ad locum convenientem in Germania, prout decet, indici et publicari.

Et nihilominus interea temporis in diem Divi Martini proximum in civitate Spirensi communis congregatio Germanicae Nationis celebrari, ac in eandem, ut praefertur, deliberari . . . debeat quo pacto usque ad indicendum generale concilium sit agendum. Ad quam congregationem quivis Electorum, etc., se personaliter conferre teneatur. . . .

Debebunt insuper nostri Locumtenentes et constitutum Regimen, Principes . . . Electores, etc., circa praescripta singulari . . . advertentia prospicere quod medio tempore sanctum Evangelium et Verbum Dei, secundum verum sincerum intellectum et interpretationem Doctorum a Communi Ecclesia receptorum, absque tumultu et scandalo praedicetur et doceatur.

Gravamina denique Nationis Germanicae per Principes et Status saeculares contra Sedem Apostolicam in conventu proximo Imperiali hic celebrato, similiter et gravamina saecularium contra ecclesiasticos designata, consiliariis et personis per Principes Electores, etc., ita, ut praefertur, deputandis ad examinandum et consultandum committi debent ut ea studeant omni sedulitate ... ponderare ... quo pacto ad tolerabiles vias deduci possint in proximo communi conventu Imperiali. ...

No. 70. The Remonstrance and the Reply of Campeggio.[1]

(1) *Responsio R. D. Card. Campegii Legati ad Recessum Conventus.*

1º. Illud dico placere quod de revocatione mandati Wormatiensis dicunt, atque in hoc eos maxime hortor ut re ipsa efficiant quod praedictum mandatum effectualiter executioni mandetur et observetur.

2º. Consideranda esse verba illa in praefatae resolutionis serie scripta, 'et ne bonum cum malo supprimatur, et tandem resolutio fieri seu adamussim examinari possit quam viam in hac re quisque debeat amplecti etc.' Ex quibus sensus videtur resultare non conveniens statibus S. R. I., quum innuant quod inter res istorum haereticorum sint aliqua bona quae, dato quod essent, cum veneno illita sint et nihil habeant nisi mortiferum, merito nullius debent esse considerationis, quum satis sit ex probatissimis auctoribus longe meliora haurire. Nec minus innuere videntur dicta verba aliquam esse apud ea proferentes dubietatem in iis quae fidei sunt, quod tamen a veritate maxime alienum est. Neque, nisi ullus potest aut debet esse dubitationi locus in iis quae ab universali ecclesia decisa sunt, per haereticos deducuntur, etiam alias per concilia universalia habita in Germania decisa sunt et determinata.

3º. Quoad universale concilium liberum a S. D. N. indicendum et congregandum, quod et alias ... respondi, nunc etiam respondeo, et dico illud non videri praesentaneum, ut res expostulat, remedium, quia nec repente nec brevi tempore cogi potest. Si tamen S. R. I. statibus, pro salute et tranquillitate omnium visum fuerit ita expedire, recipio me apud S. D. N. id curaturum existimoque S^m. suam intra legitimos terminos, quum de hac re cum Caesarea Maiestate caeterisque Regibus Principibus et Populis Christianis tractaverit, atque de loco, tempore, modo

[1] Cf. Creighton, *Hist. Papacy*, vi. 284.

et caeteris ad id necessariis aliquid constitutum habuerit, quam primum per concordiam Principum . . . licuerit, illud indicturum.

4º. Quoad communem congregationem Germanicae Nationis in die Divi Martini proxime futuri in civitate Spirensi fiendam, mihi nullo pacto videtur opportunum aut expediens quod talis congregatio fiat propter multas rationes. Non nisi sperandum est hac via quieti et tranquillitati huius Nationis recte consuli posse. Nam in tanto hominum numero et diversitate disceptare de iis quae pertinent ad fidem periculosissimum semper fuit, quia sacrarum literarum imperiti et decretorum nostrae religionis expertes, nihil possunt commodo de iis quae ad fidem sunt statuere. Et maxime, quia suspicandum est illuc plures conventuros animo in haeresim inclinato, quique tum palam venenum illud proferent quod egregie minus nunc dissimulant. Ac propterea huic periculo nos submittere non debemus. Quod si quid, ut saepe evenit, impiorum summa praevalente, in eo conventu statueretur contra veram religionem, id nunquam postea sine sudore obliterari posset, praedicti conventus auctoritate munitum. Accedit insuper quod per hanc viam in Christiana religione schisma aeternum inducere possemus, dissidentibus in iis quae pertinent ad fidem Germanis a caeteris nationibus : quum verisimile non sit alias nationes, citra Pontificis auctoritatem, a Germanis leges aut ritus suscepturas : quod quantum futurum sit opportunum et commodum rationibus pacis, quam tantopere inter Christianos Principes affectamus, nullus est qui nesciat. Infelicitas porro maxima et indignitas insignis fuerit Christianae religionis eadem vulnera continue refricare, atque in dubium ea revocare quae centies ab Ecclesia, a Conciliis, ab Imperatoribus, Regibus et universo Christiano populo damnata fuere. Praeterea, in hac congregatione si omnis ordinis homines, quod affectare videntur et petunt, admittentur et plebs una cum . . . Praelatis et Principibus sedeat et sententiam dicat, quid futurum sit quaeve decreta haberi inde possint, quisque sibi cogitet. Si non admittentur, quid sine ipsis stabilitis et sancitis attributuri sint, vos dicite qui scitis eos iam nulli sanctioni Pontificiae aut Imperatoriae vel Conciliari auctoritatem aliquam reliquisse : clamabunt statim se exclusos ne in eorum corio ludentibus assisterent et rem suam cognoscerent. Itaque neque ad pacem neque ad quietem neque ad concordiam Germaniae congregationem hanc profuturam iudico. Quod si, omissis quae ad fidem et religionem spectant, dixerint aliqui praedictam congregationem suscipiendam esse in hanc rationem ut lapsi mores et cleri licentia coerceatur et restituatur, illud respondere libere possum huiusmodi corruptelae iam satis cautum et provisum esse et leges in hac re multas latas esse; quae si observari mandentur et ad id me, sufficienti facultate munitum vocaverint, statim omnia fuerint restituta. Tota nisi huius rei ratio in hoc sita est : ut, quae commode adinventa et recte ad pacem et unionem Christianorum excogitata et edita sunt, ea, inquam, omnia custodiantur et serventur.

5°. Quoad materiam gravaminum, illud idem dico quod et alias . . . respondi, mihi magis placere ut materia haec per oratores eruditos et bene instructos apud S. D. N. et Sedem Apostolicam tractaretur : idque tam pro dignitate Sedis praefatae quam S. R. I., a quibus etiam plura impetraturi essent quam in multorum opinione cadant. Nihilominus, si maluerint hance rem mecum tractare . . . ego me offero benigne auditurum omnia, ac . . . quaecunque fuerint . . . reformanda, . . . reformaturum.

(2) *Eiusdem Replicatio.*

Viso capitulo concernente materiam novarum haeresum Nobis per S. R. I. deputatos ultimo loco exhibito ac, ut asseruerunt, per eos concluso, dicimus et respondemus nostrae intentionis esse nullo pacto, circa Concilii Generalis congregationem et communem congregationem Germanicae Nationis ad diem Divi Martini proxime futuri in civitate Spirensi fiendam, quicquam polliceri, assentire vel consentire ultra et praeter tenorem eorum quae per Nos dictis S. R. I. deputatis in scriptis data et exhibita sunt.

No. 71. The remedies desired by the Court of Rome.

. . . At Pontifex ea scita Principum Germanorum aegerrime tulit, intelligens novum de religione tribunal eo pacto excitari citra ipsius auctoritatem. Idcirco coetum Romae collegit, qui varia huiusce negotii capita rite perpenderet.

24. Primum : Quae ratio esset ineunda, ut Edicto Wormatiensi obtemperaretur. Opportunum ad id visum est, a Caesare, cuius decus et auctoritas in ea re agitatur, enixe petendum simulque a Pontifice sedulo curandum ut Reges Angliae et Lusitaniae ad id compellerent Principes ac Civitates Germaniae, adiectis etiam minis denegandi commercia suis in regnis mercatoribus contumacium regionum, tamquam haeresi contaminatis. Fuit id ipsius Pontificis consilium : nam praeter egregiorum illorum Regum studium religionis, peculiaremque in ipsum Pontificem benevolentiam ac necessitudinem, eorum officia minime suspecta Germanis futura erant. Reges id naviter

praestitere, omissis tamen amovendi commercii minis; quae sane adversus humorum malignitatem potentior amarities fuisset.

25. Secundum : Qua ratione cavendum esset ne in Spirensi conventu religionis articuli ex decreti forma discuterentur. Commodum ad id visum ut Legatus omni cura ac sollicitudine suaderet iis qui Catholicarum essent partium, praesertim ecclesiasticis, ut obfirmati resisterent, eosdemque cohortaretur ut, quominus ipsi praesentes obstare possent, per absentiam quidem impedirent, vel certe auctoritatem detraherent : praeterea sollemni clausula caverent ne quid iura Pontificis laederentur. Prae cunctis vero curaret, uti Caesar rem totam prohiberet : vel saltem, si aliter fieri non posset, Conventum retardaret, se dictitans interfuturum.

26. Tertium : Quidnam respondendum circa petitionem Concilii, et circa *Centum Gravamina*. Consensere ut, quod ad primum spectaret, suapte quasi sponte Legatus diceret multo magis exoptari Concilium a Pontifice quo iurisdictio ecclesiastica, tot in locis totque nominibus labefactata restitueretur: nihilominus oportere, uti pax Christianarum gentium, Principumque consensio in cunctis conditionibus, Concilio viam sternerent : sed ea de re cum Pontifice agendum. Ad alterum vero responderet, praecipua quibus gravabantur onera, sublata iam fuisse per leges Concilii Lateranensis, qualem observantiam Pontifex statim ac fuit creatus iam indixerat; si quaedam alia minuenda adhuc censerentur, id ipsum etiam ante Concilium curaturum Pontificem, cum ad deliberandum de hisce rebus peculiaris Congregatio fuerit statuta.

27. Quartum fuit : An amplius cum Duce Saxoniae Pontifici agendum esset. Comperio, ab Aleandro, in prolixo Commentario de huiusmodi rebus, Pontificis iussu ab eo conscripto ante Campeggii discessum, hoc datum consilium : Quando irritae cederent admonitiones omnes, mitiora praetermittenda infligendasque severiores Ecclesiae poenas, eumque Septemviratu privandum : sed haec peracta non sunt, et Saxo paucos post menses occubuit [1].

No. 72. The Emperor's instructions to his Ambassador at Rome.

... Has received the brief of the Pope, in which his Holiness speaks of Luther, and of the decision of the Diet of Nuremberg to convoke a new diet of the whole German nation in Spire, in which the affairs concerning Luther, the war with the Turks,

---

[1] 5 May 1525.

and other affairs are to be settled. Is very sorry that a diet
has been convoked at Spire, as new and greater errors and
calamities will be the only consequences of the debates which
will take place. Has therefore sent letters to the Infante
(Ferdinand), to the Regents of the Empire, to the Princes
Electors, the Estates General and Provincial, and to other
persons. Encloses copies of these letters and authorizes him
to show them to the Pope. Fears, however, that these letters
will have no greater effect than his solemn edict given at
Worms, and that the diet will assemble in spite of them. The
evil, it is to be feared, will increase so much that it will be
found impossible to eradicate it afterwards.

Two remedies only present themselves to him: either he
must go to Germany, and punish the heretics with severity, or
a general council must be convoked. As it is impossible for
him to go soon to Germany, he begs the Pope to decide what
he ought to do. Promises his Holiness, as a good son of the
Church, to stake his person and his states to suppress a sect
which is evidently dangerous to all religious authority. As the
Germans have asked the Legate, Cardinal Campeggio, to propose to the Pope a general council to be held in Germany, it
would be well if his Holiness would anticipate the conventicle
at Spire by the convocation of a general council at Trent. The
Germans consider Trent as a German city, although it is,
properly speaking, Italian. Although the council ought to be
convoked at Trent early next spring, it can afterwards be
prorogued and transferred to another city in Italy; Rome, for
example, or wherever the Pope likes. Promises to obey the
orders of the Holy Father. . . .

Burgos, the 18th of July, 1524.

No. 73. The League of Ratisbon, 7 July, 1524.

Constitutio ad removendos abusus et ordinatio ad vitam
cleri reformandam, per Reverendissimum in Christo Patrem
et Dominum, D. Laurentium, tit. sanctae Anastasiae S. R.
E. presbyterum Cardinalem et ad Germaniam, &c., de latere
legatum: ex sacrae Regiae Maiestatis procerumque Imperii
consensu Ratisbonae edita, A. D. MDXXIV.

Laurentius miseratione divina, &c. . . . ad perpetuam rei
memoriam. Ex legationis officio a Sede Apostolica nobis
commisso obligamur ut circa statum personarum ecclesiasticarum . . . in melius reducendum propensius cogitemus ut
quae in eis a sanctorum patrum decretis . . . deviare per-

pendimus, ad debitam reformationis normam dirigentes eis
opem et operam adhibeamus efficaces. Nuper siquidem, cum
S. D. N. Clemens Papa VII . . . nos ad universam Germaniam
. . . miserit, non ob aliam causam quam ut tranquillitati provinciae et saluti animarum quae periclitantur ob . . . nuper
natam impurissimam omnis haereseos sentinam consulat. Quod
onus licet humeris nostris impar, eius tamen praeceptis . . .
obedire . . . subivimus: nihil . . . cupientes quam quod ad
munus hoc feliciter implendum attineat. Cumque aliquot
mensium experientia multa collapsa et praeter omnem opinionem difficultatibus plena perpendimus, cum serenissimo
Ferdinando Hispaniarum Principe, Archiduce Austriae, Imperiali Locumtenente generali, communicatis consiliis concordi
sententia particularem conventum in civitate Ratisbonae convocare decrevimus. In quo una nobiscum interfuerunt praefatus
serenissimus Princeps et Archidux: Rev. Matthaeus S. R. E. tit.
S. Angeli presbyter Cardinalis, Archiepiscopus Salzburgensis[1]: ac
Illustrissimi Wilhelmus et Ludovicus, Palatini Rheni, Duces in
superiori et inferiori Bavaria, fratres germani[2]: Venerabiles in
Christo patres, Bernhardus, Episcopus Tridentinus[3], Iohannes
Administrator Ecclesiae Ratisbonensis, Palatinus Rheni, Dux
Bavariae[4]: ac nuncii sive oratores omnes, cum pleno mandato
Ven. in Christo patrum et illustr. Principum, Vigandi ep. Bam-
bergensis[5]; Georgii ep. Spirensis[6], Palatini Rheni, Ducis Bavariae;
Wilhelmi[7] ep. Argentinensis; Christophori ep. Augustensis[8];
Hugonis ep. Constantiensis[9]; Christophori ep. Basiliensis[10]:
Philippi ep. Frisingensis, Pal. Rheni, Ducis Bavariae[11]; Ernesti
Adm. Eccl. Pataviensis ac Pal. Rheni, Ducis sup. et inf.
Bavariae[12]; et Sebastiani ep. Brixiensis[13].

Cum quibus, pluribus hinc inde in discussionem allatis et
praecipue quibus consiliis . . . nationi Germanicae periclitanti
consuleretur, paribus sententiis receptum fuit hanc perditis-
simam haeresim, rudi populo plausibilem ob libertatem illi

[1] Matthew Lang, Abp. of Salzburg, 1514–†40.
[2] Wilhelm IV, 1508–†50, and Ludwig X, 1508–†45.
[3] Bernhard Clesius, Bp. of Trent, 1514–39.
[4] Johann III, Bp. of Regensburg, 1507–†38.
[5] Weigand von Redwitz, Bp. of Bamberg, 1522–†56.
[6] Georg, Bp. of Speier, 1513–†29.
[7] Wilhelm, Bp. of Strassburg, 1506–†41.
[8] Christopher, Bp. of Augsburg, 1517–†43
[9] Hugo, Bp. of Constance, 1496–1529.
[10] Christopher, Bp. of Basel, 1502–†27.
[11] Philip, Bp. of Freising, 1498–†1541
[12] Ernest, Bp. of Passau, 1514–†40.
[13] Sebastian, Bp. of Brixen, 1521–5.

falso persuasam praetextu evangelicae caritatis, non parvam habuisse occasionem, partim a perditis moribus et dissoluta vita clericorum, partim ob non diutius dissimulandum sacrarum sanctionum ecclesiasticarumque constitutionum abusum : et perinde non parum momenti fore exstirpandae haereticorum Lutheranorum et eorum sequacium sectae ut clerici ad honestatem vitae moresque suos illos quos D. Paulus exigit . . . debita censura reducti, abususque laicos male offendentes sublati fuerint. Itaque habitis maturis deliberationibus . . . praefatorum Ferdinandi Principis, &c. . . . salutares aliquot . . . modos praescribere . . . necessarium duximus. Quocirca, auctoritate apostolica qua fungimur in hac parte statuta . . . per nos . . . edita ab omnibus et singulis . . . religiosis et clericis in universa Germania residentibus inviolabiliter observari volumus. . . . *Tenor vero statutorum . . . est talis* :

1. Cum potissimum anima verbo, quod ex ore Dei procedit, vivat, id autem nec passim nec ab omnibus expediat praedicari, admonente Apostolo, qui inquit : *Quomodo enim praedicabunt, nisi mittantur* : ideo statuimus et ordinamus ut non liceat cuiquam, etiam religionem professo et quomodolibet exercitato, evangelium docere nisi ab Ordinario vel eius vicario tam moribus quam doctrina probatus fuerit, facta fide, per patentes literas, quae praeter Notarii mercedem gratis concedantur. Missi itaque atque probati evangelicum negotium tractabunt recte, sobrie et pure, loca quaeque recondita magis et abstrusa intellectuque difficilia non ad novum et adulterinum sensum sed iuxta sanctorum Patrum et ab ecclesia receptorum Doctorum, praecipue Cypriani, Chrysostomi, Ambrosii, Hieronymi, Augustini et Gregorii exponant et interpretentur. Omni etiam ope studeant ne pro veris somnia et aniles fabellas, pro certis dubia, pro receptis apocrypha et iamdudum explosa damnataque ab orthodoxa ecclesia tradant vel depromant. . . . Itaque Ordinarius aliquot excellenti doctrina praeditos constituat qui per diocesim inquirant qui sint ad evangelicam doctrinam idonei disseminandam quique ad Lutheranam perfidiam non deflectant, ut remedia adhibeantur quo populus recte instituatur in Christiana lege, et ab ea deficiens ne secum alios trahat, debite coerceatur, cultus divinus observetur, peragaturque his modis et ritibus qui per manus sanctorum patrum nobis traditus et per maiores nostros observatus est in sacrificio altaris, officiis defunctorum, canonicis horis, caeterisque divinis laudibus atque ceremoniis.

2. Hinc hortamur atque monemus omnes et singulos, qui sacris initiati sunt, ut vivant vitam quam professio exigit et

Christus requirit, inquiens : *Sic luceat lux vestra*, &c., cum vestitu honesto incedant, quam Paulus alibi praescripsit. Quapropter singulari cura intendat quisque Praelatus ne hi quibus praeest, in sacris ordinibus constituti, vestes varii coloris, veluti virgatas et fimbriatas deferant sed longis atque talaribus utantur, nulla arma induant, nisi itinerantes, barbamque atque comam non nutriant, coronam et tonsuram deferentes, tum summopere curantes ne quem laicorum indecentia vestitus offendant. . . .

3. Insuper tabernas publicas evitent, nisi eas peregre proficiscentes ingredi oporteat, et tam inibi quam domi et alibi a crapula, ebrietatibus, omnique ludo a iure prohibito, blasphemiis, rixis ac aliis quibuscunque excessibus et offensionibus penitus abstineant; choreas spectaculaque et convivia publica vitent, ne ob luxum petulantiamque eorum nomen ecclesiasticum male audiat.

4. Cumque secundum Apostolum *Nemo militans Deo sese negotiis secularibus implicare debeat*, nemini liceat contra provincialia statuta et synodalia domi suae tabernam compotandique locum aperire laicis, quoniam non raro sequi solent ebrietatem rixae, caedes et multa hoc genus scelera quae sacerdotalem polluunt dignitatem. Praeterea negotiationibus mercimoniisque more mercatorum abstineant.

5. Sacerdotes autem curati quique vicem eorum referunt subditos in remediis et aliis iuribus parochialibus ultra ea quae sibi de iure debentur non gravent, ultraque depositionem eos ad peractiones Septimi, Tricesimi vel Anniversarii peragi faciendas non cogant ; tum praeter oblationes festis sollemnibus fieri solitas, cum illa pro arbitrio fieri debeant, alias non exigant.

6. De sepultura quoque ac administratione sacramentorum aliisque spiritualibus pacisci aut aliquid ab invito exigere nemo possit aut debeat, et propter eiusmodi a parochianis neglecta cuiquam non liceat aliquod sacramentorum denegare, neque propter debita quempiam ab ecclesiastica sepultura prohibere. Parochialia tamen iura, quae usus recepit et debentur altari servienti, per praedicta non abrogamus.

7. Cum autem in diocesibus non sit eadem consuetudo et inter subditos et pastores multa et varia emergant dissidia, pastoribus quibusdam plura exigere propensis, subditis vero ob penuriam et egestatem reclamantibus et recusantibus, ordinamus quod quilibet Ordinarius infra sex menses post praesentium publicationem . . . super praedictis certam legem ordinationemque una cum Principum aut Dominorum saecularium consilio, quos ista negotia tangunt, constituat, ne

viduae pupilli et alii pauperes nimium ultra vires iniuste graventur. . . .

8. Convivia presbyterorum, quae in exequiis et fraternitatibus publice in tabernis hucusque exhibita sunt, prorsus abrogamus, quod plerumque laicis sint scandalo : si autem convivium vel consuetudo vel locorum distantia exiget, fiat illud in domo sacerdotis, honesteque non ad luxum sed ad necessitatem instruatur. Siquidem neque comessationi neque compotationi vacandum est sacerdotibus, cum quod non audiant *quorum Deus est venter*, tum quod officii eorum est et sobrie et caste pro peccatis Deo dona sacrificiaque offerre.

9. Porro ne et ipsi videantur pecuniae aucupium magis quam salutis animarum studium amplecti, dum laicos graviora delicta confessos hinc inde remittunt, non sine famae rerumque dispendio : constituimus et ordinamus ut deinceps quilibet confessor absolvere possit laicos contritos et confessos a quibuscunque peccatis occultis . . . quae Ordinarii suae auctoritati reservaverunt, exceptis duntaxat homicidis, haereticis et excommunicatis ad episcopum vel eius vicarium mittendis. Quo autem ad clericos, nihil quoad statutum intelligatur innovatum. Pro condonatione autem et remissione peccatorum, quam absolutionem vocant, nihil omnino ab invito exigant.

10. Sancimus quoque iuxta Apostoli sententiam, quae dicit *Nemini cito esse manum imponendam*, ne cui temere cura animarum committatur. Itaque probetur prius per Episcopum vel eius officialem etiam religionem professus, nec liceat ulli vicarium ecclesiae et plebis suae sufficere illamve locare sive emolumentum, quod absentiae nomine recipiet, constituere sine auctoritate Episcopi aut vicarii. Nam cum os bovi trituranti non sit alligandum, Episcopi vel officialis arbitrio eiusmodi emolumenta locationum et absentiarum moderanda censemus.

11. Domos quoque fundosque dotales beneficiorum collapsos instaurent possessores, quantum necessitas postulaverit, reparataque in debita structura conservent : et per archidiaconos et decanos rurales ac alios, ad quos de iure vel consuetudine spectat, ubi negligentes fuerint, per subtractionem proventuum, auctoritate nostra arctius compellantur.

12. Expresse caventes ne cura ecclesiarum beneficiorumque concedatur religionem quamcunque professis, etiam exemptis ; quod, si aliqui hactenus admissi vel recepti essent, nisi de voluntate favoreque superioris sui, legitimisque causis constiterit, extra sua monasteria degere nequaquam sibi integrum fore

putent; quando illos sic vagos per Ordinarios vel vicarios ad superiores suos per victus denegationem, aut alia iuris remedia, remittendos esse iubemus.

13. Monasteriorum praelati unicas ecclesias habentes praedictos vicarios, perpetuos vel ad nutum amovendos, in iisdem ecclesiis in posterum non constituant nisi prius per Ordinarios, aut eorum vicarios, ut idonei et apti, fuerint admissi. Ecclesiae tamen suis monasteriis unitae usque adeo propinquae quod religiosi earundem curam habituri sub religione in monasterio sub debitaque obedientia stare possint, modo sint habiles et idonei, per eiusmodi religiosos provideri possint; id quoque permittimus de monasterio, quod tam tenue est ut debitam sustentationem habere nequeat; volentes religiosos, et qualitercunque exemptos, curata beneficia habentes Ordinario loci esse subiectos.

14. Cumque in ecclesia Dei magis praestet paucos bonos et doctos quam plures indoctos et imperitos habere ministros, id quod ratio nostrorum temporum exigere videtur : idcirco deinceps non initientur sacris ordinibus nisi viri morum, vitae candore et doctrina prae caeteris spectati, probatique per testimonium examinis rite servandi.

15. Quod attinet ad ordinatos in urbe vel in alia quacunque aliena diocesi, sancimus ut et illi suarum ordinationum litteras et titulos ostendant. Et simili modo ad divina peragenda prius non admittantur quam ab Episcopo vel vicario seu officiali fuerint rite admissi.

16. Praeterea cum nihil aeque conveniat omnibus numeris ad eos esse mundos qui vasa Domini portant et in sacrario operantur, quales sacerdotes constituit ipse Dominus qui quotidie sacrosancta tractant et in illis versantur : igitur volumus atque, iuxta sanctiones canonicas feliciter a divis patribus institutas, sancimus ut caste continenterque vivant; sacerdotes concubinarii incontinenterque vitam agentes canonum poenis in ordinem redigantur, nulla consuetudine eis, nulla conniventia, imo damnosa praelatorum negligentia, patrocinante.

17. Quo vero ad Quaestores, qui vulgo Stationarii appellantur, statuimus ne quis, quavis auctoritate et litterarum occasione, vel ad praedicandum vel subsidia eleemosynasque colligendas se ingerat, utcunque se iactet indulgentiis abundare, nisi prius litterae admissionis et approbationis Ordinariorum vel vicariorum ab eo prolatae fuerint: astringentes ipsos Ordinarios ut tales admittant qui probae vitae testimonium habeant, et de praedicatione sua, dum opus erit, rationem reddere possint,

eleemosynis piorumque oblationibus non abusuri per luxum proprium, religione iurisiurandi affirmaturi se nec quotam nec totam colligendi facultatem certa summa pecuniarum pactos esse. Fratribus tamen Mendicantibus integras salvasque concessiones a Sede Apostolica factas relinquimus.

18. Et ut pastor agnoscat vocem ovis et illa vicissim vocem pastoris audiat tollaturque omnis vagandi occasio, ordinamus quod presbyteri peregrini et ignoti ad missarum sacrificium non admittantur nec ultra mensis spatium in consortio presbyterorum tolerentur, nisi exhibeant litteras admissionis alterius ex archiepiscopis vel episcopis in cuius diocesim se transtulerint, ac documenta et litteras testimoniales sui Ordinarii a cuius diocesi proxime discesserunt, quibus de eorum ordinibus et honestate constet, ne aliquis incorrigibilis post perpetratos excessus impune ad alienam diocesim transeundo evadat.

19. Ut autem Christi fidelium eleemosynae in usum pro quo erogantur vertantur, non liceat procuratoribus seu villicis fabricarum in singulis ecclesiis quicquam de pecuniis ad fabricam provenientibus distribuere aut in aedificiorum vel alterius rei usum dispensare sine rectoris scitu, sed ad armaria fabricae reponantur, ut hactenus servatum est, duobus vel tribus clavibus pro loci consuetudine tenendis, quarum una ipsi rectori servanda tradatur, observato usu in clavibus et rationibus reddendis a principibus et superioribus hactenus recepto.

20. Statuimus quoque et ordinamus ne episcoporum in pontificalibus vicarii in consecrandis ecclesiis et altaribus, quod sacri iubent canones, quicquam omnino exigant, excepta procuratione. Convenit namque ut pro qualitate status ipsorum episcopi prospiciant, praestando praecipue pensiones super fructibus mensae episcopalis a Sede Apostolica constitutas, ne aliquid attentare habeat in dedecus episcopalis dignitatis.

21. Nec ab re, immo iustis de causis adducti, festorum multitudinem constringendam esse duximus: statuentes et ordinantes ut de caetero Dominica dies, quae in gloriam Dominicae resurrectionis ad nos a primitiva ecclesia maxime celebris semper habita est: dies quoque Nativitatis Christi, S. Stephani, Iohannis et Innocentium, Circumcisionis, Epiphaniorum, Paschae cum feria secunda et tertia duntaxat, Ascensionis, Georgii, Pentecostes cum feria secunda et tertia duntaxat, Corporis Christi, quatuor B. Virginis Purificationis, Annuntiationis, Assumptionis et Nativitatis: Natalitia Apostolorum, Iohannis Baptistae, Magdalenae, Laurentii, Dedicationis,

Michaelis, Omnium Sanctorum, Martini, Nicolai et Catharinae ; et per diocesim Salzburgensem festivitates S. Ruperti, sicuti hactenus observatae fuere, celebres quoque et festi habeantur. In caeteris autem festivitatibus, quacunque ratione vel institutis vel receptis, et qui sub praecepto celebrari debeant, permittimus liberumque cuique facimus ut Missa audita ad operas suas quibus suam suorumque alimoniam quaerere cogitur redire possit : festis tamen dedicationum patronorum et principalium nihil derogantes quo ad eorum celebrationem in cathedrali sede civitateque ac loco, etiam episcopalis residentiae duntaxat.

22. Cumque inter pastores et gregem propter nuptiarum celebritatem, quam alii inthronizationem alii solemnizationem vocare solent, multa et iurgia et scandala eveniant, declaramus et statuimus quod matrimonia in conspectu ecclesiae possint solemnizari, nullo ab Ordinario ad hoc consensu petito aut quapiam re pro eo exposita : exceptis tamen tota Quadragesima, ultima hebdomada Adventus, festis Paschae, Pentecostes et Nativitatis Dominicae, cum octavis, et diebus Rogationum.

23. Ieiunia ab ecclesia instituta, sub debito obedientiae sanctae ecclesiae catholicae, in posterum indici debent omisso excommunicationis verbo ne infirmorum conscientiae offendantur ; cum his temporibus pietas paene omnis iaceat, sacerdotibusque parum deferatur.

24. Ut igitur et extinctus cultus excitetur populusque non fiat in dies negligentior, statuimus ut propter caedem clericorum persona tantum, non autem locus, interdicendus veniat, nisi coetu concursuque populari facinus patratum esset.

25. Inhibemus insuper ne in posterum episcopi clericis legitimis ab intestato decedentibus in patrimonialibus bonis aut industria propria acquisitis succedere possint aut debeant.

26. Cumque quotidie ob novas, immo iam olim damnatas, haereses, apostatarum et religiosorum sacerdotumque numerus in immensum crescat, quam plurimis eorum uxores ducentibus : ut ergo sacrilegia haec impunita non remaneant, concedimus quibuscunque principibus statibusque potestatis secularis eorumque officialibus ut eiusmodi apostatas et sacrilegos capere possint, modo reos ipsos Ordinariis infra tempus debitum tradant et assignent absque aliqua in eos tortura et animadversione debite puniendos : quibus enixe mandamus ut, omni posita mora favoreque, diligentius quam hactenus factum fuit, iuxta sacras sanctiones omnino puniant facinorosos, adeo quod criminis enormitate expostulante possit episcopus,

servata forma capituli primi *De haereticis* in *Sexto*, reum curiae saeculari relinquere vel ad perpetui carceris aerumnam damnare. Negligentia autem Ordinariorum ad Apostolicam Sedem deducta, iudices ecclesiastici ab ea deputabuntur qui constituto de Ordinariorum negligentia ad preces Principum aliorumque saecularium reos maxime haereseos meritis poenis afficient.

27. Quod iam episcoporum quidam ut accepimus de beneficiorum pensionibus atque absentiis exigant decimas, cum sit id contrarium iuri longeque praestet male inductos usus delere quam inusitatum quid admittere, idcirco decimas eiusmodi ulterius exigi solvique interdicimus, usumque talem qualitercunque receptum cassantes cassatumque esse censentes.

28. Itemque improbamus et ut absonum prorsus reiicimus ab episcopis medios exigi fructus de beneficiis quae unius sustentationi vix sufficiunt: ut sunt quae non excedunt valorem triginta duorum Rhenensium de quibus in Romana Curia medii fructus non exiguntur. . . .

29. Caeterum quo maior fiat coniunctio firmaque magis inter provinciales stabiliatur concordia totius Provinciae, antiquum morem Synodorum innovantes, statuimus ut singulo triennio post Pascha Provinciale Concilium celebretur.

30. Ad haec cum beneficia propter officia, iuxta patrum sanctiones, dari consueverint, fierique vix possit ut, in tanta praebendatorum caterva non reperiatur qui officii oblitus horas negligat canonicas: hinc statuentes volumus et ordinamus ut locorum Ordinarii, per archidiaconos et decanos, de huiusmodi sacerdotibus negligentibus sese diligenter edoceant; et secundum uniuscuiusque negligentiam atque desidiam fructus perceptos vel in utilitatem ecclesiae vel in usum pauperum vertant. Quod si, post legitimas monitiones et simul primam correctionem, in eandem negligentiam . . . quis relabatur, tum beneficio etiam ecclesiastico privetur. . . .

31. Sanctionem patrum, qua ecclesiastica sepultura privatur quisquis non confessus nec Eucharistiae paschali tempore communionem sumpserit, inviolabiliter observandam esse statuimus; ac, ubi quem contigerit inopinata morte obire inconfessum, sepultura praefata illum carere non volumus; modo ipsius curato constet, vel doceatur illi, ipsum secundum iam dictam sanctionem confessum esse et simul communicatum, aliudque non obstet canonicum impedimentum.

32. Ad tollendam execrabilem blasphemiam divini nominis atque divorum, quos temnere fas non est, statuimus et ordina-

mus ut quicumque clericus vel sacerdos Deo palam maledixerit convitiis contumeliisque atque adeo obscaenis verbis incesserit Deum et Dominum nostrum Christum, aut nunquam satis laudatam Matrem eius gloriosam Virginem pari blasphema lingua impetiverit, aliosque sanctos blasphemaverit, fructuum vel bonorum privatione seu aliis poenis pro qualitate blasphemiae et delicti plectatur.

33. Contra Simoniae labem non discedimus a patrum sanctionibus iubentes eas sub poenis in illis contentis observari.

34. In sortilegos, divinaculos incantatoresque clericos, quos tam sacrae leges quam patrum decreta execrantur, statuimus et ordinamus ut arbitrio superiorum infamia notentur; si qui moniti non destiterint, ordine amoveantur, inque monasterium ad tempus iuxta arbitrium superioris relegentur, beneficiis officiisque suis ecclesiasticis privati. Caeteri autem pseudochristiani, de fideque parum probe sentientes, citra delectum personarum, haeretici quoque vel Iudaismum referentes, a sancta Christianorum congregatione procul arceantur, contraque eos diligenti inquisitione procedatur per Ordinarios vel eorundem vicarios aut haereticae pravitatis Inquisitores, per iudices a Sede Apostolica vel per nos deputandos ut, non resipiscentes, poenis puniantur debitis.

35. Prohibemus etiam tam clericis quam laicis de sacrosancta fide temere, praecipue inter pocula atque convivia, disceptare, iniungentes sacerdotibus ut omni modestia utantur et peculiariter operam impendant Novo Veterique Testamento legendo, ut par est, ne per otia in vitia voluptatesque labantur.

35. Statuimus et ordinamus ut quilibet episcopus diligenter provideat atque inprimis id curet ut vicarii sui, perpetui sive pro nutu positi, competentem vivendi portionem assequantur, ne detur eis ansa suos subditos ob rei familiaris penuriam gravandi. Porro quod proxime accedit ad Apostolorum institutionem moremque primitivae Ecclesiae, hortamur cum praelatos tum reliquos sacerdotes, ut meminerint pauperum et eleemosynis studeant alter alterum vincere.

36. Sunt item pleraque alia summis pontificibus, sacris conciliis, provincialibusque et synodalibus constitutionibus prodita, quae mire decent et adornant candorem vitae clericalis, nec minus obviant offendiculis quae Christus passim cavenda praecepit, quae velut sancta teneri observarique mandamus. . . .

37. Inhibentesque propterea omnibus et singulis vicariis et officialibus nec non et archidiaconis et decanis ruralibus aliisque ad quos criminum denunciatio correctioque quomodolibet spectat, aut quibus id per Ordinarios committetur, ne ad excessus transgressionesque alicuius dictarum constitutionum . . . nostrarum, ob pecuniam etiam ultro oblatam aut alterius rei gratia conniveant, sed potius ad poenas . . . debitas contra delinquentes . . . procedant. Atque ut ita fiat . . . utque refloreat Catholica Fides ecclesiasticaque dignitas (haeresibus radicitus extirpatis) suum locum recuperet, id vix alio medio aptius . . . fieri possit quam synodis. Itaque, priscum synodorum morem renovare cupientes, statuimus et ordinamus ut singulo anno saltem Synodus Diocesana opportuno tempore a singulis episcopis celebretur . . . in quibus per quartas designentur iudices qui diligenter intendant si statuta praedicta aliaque per synodos de scitu episcopi statuenda observentur, invocato ad hoc, si opus fuerit, brachio saeculari. . . .

Datum Ratisponae anno a Nat. Dom. 1524 nonis Iulii, Pontificatus praefati D. N. Papae anno quarto.

XXVI

THE BEGINNINGS OF REFORM IN SWEDEN, 1523-4

On St. Margaret's Day, 20 July 1397, by the Union of Calmar, Margaret, Queen of Norway, united the three Scandinavian Kingdoms under one elective crown. Half a century later the Union was in abeyance, and Sweden obtained a King of its own in Charles Canuteson, 1448-57. When, in 1454, he attempted to restrict the liberty of bequests to the church and attacked the property and privileges of the clergy, they protested and secured his expulsion. On 19 June 1457, Christian I, first King of Denmark, 1448-†81, of the House of Oldenburg, was crowned King of Sweden. Next year, he obtained the succession in all three kingdoms for his son John : and in 1460 the duchies of Schleswig-Holstein came to his House. King John, 1497-1501, could not hold his own against the nobles : but his son Christian II, who, in 1513, succeeded his father as King in Denmark and Norway, landed in Sweden in the character of a papal champion, and was crowned at Stockholm, 4 Nov. 1520, by Gustavus Trolle, Archbishop of Upsala[1], 1514-23, a friend of the foreign and of the

[1] ¶ Upsala became an archbishopric 1163, and had five suffragan sees in Sweden, Wexiö, ¶ Skara, Linköping, ¶ Strengnäs, and ¶ Westeräs, with ¶ Åbo in Finland. ¶ Vacant in 1523.

152 THE BEGINNINGS OF REFORM 74

papal interest. By the Massacre of Stockholm, 8–11 Nov., Christian thought to suppress the patriots and secure the Union. But it roused a spirit at once anti-papal and national, which, after his dethronement, 1521, and a war of independence, 1521–3, placed Gustavus Vasa, 1523–60, on the throne. Gustavus was elected, 7 June 1523, by the Diet of Strengnäs. Since 1519, Strengnäs had been the centre from which reforming doctrines had been propagated by the brothers Olaus, 1497–†1552, and Laurentius Petri, 1499–†1573, lately returned from Wittenberg. Olaus received preferment in the cathedral from Laurentius Andreae, 1480–†1552, then administrator of the diocese. All three might now be useful to the King, who wanted the wealth of the Church with its 7 Sees and 50 Religious Houses (Weidling, *Schwedische Geschichte*, 36 sqq.) to pay his debts for the war to Lübeck, and for the maintenance of his throne. Accordingly, in spite of the opposition of the hierarchy led by [No. 74] **John Brask, Bishop of Linköping,** 1513-28 (cf. *Handlingar rörande Skandinaviens Historia*, vol. xviii. 236, and Watson, *The Swedish Revolution under Gustavus Vasa*, 161 sq.), he appointed Laurentius Andreae Chancellor, June 1523, Olaus Petri preacher at and recorder of Stockholm, and his brother Laurentius professor [1] at Upsala. Here, with a view to breaking down the attachment of the people to the old religion [No. 75], a disputation was arranged, 27 Dec. 1524, at which, against Dr. Galle, Provost of Upsala, as champion of the existing order, Olaus maintained the Lutheran opinions (Baazius, *Inventarium Ecclesiae Sveo-Gothorum*, 165 sqq., Lincopiae, 1642).

No. 74. Correspondence of Bishop Brask.

(1) *Letter of Brask, Bishop of Linköping, to Johannes Magni, Legate of Adrian VI and Archbishop-elect 23 Nov. 1523, of Upsala, written on 20 June 1524.*

... Insuper, R.P., accrescit continue turba eorum extraneorum foventium schisma Lutherianum per venditionem suorum operum, non obstante nostra prohibitione alias facta sub censuris : ita quod veremur sero medicinam parari, nisi celeriter prudenti vestro consilio ac auctoritate huic infectivo

---

[1] Rector of the University, 1527 ; Archbishop, 1531. Consecrated by the Catholic Bishop Petrus Magni of Westeräs, 1527–†34. On the question of Swedish Orders see Palmer, *Treatise on the Church*, i. 297 (ed. 3, 1842) ; *Report of the Lambeth Conference*, 1897, 119 sqq. and, 1908, 179 sqq. ; Bright, *Some Aspects of Primitive Church Life*, 50 n. and *Letters*, 277 sq. ; A. Nicholson, *Apostolic Succession in the Church of Sweden* (Rivington, 1880 and [part ii] Griffith and Farran, 1887).

morbo occurratur, iuxta commissionem Apostolicae Sedis eidem V. R. P. factam. . . .

(2) *Correspondence of Bishop Brask with the King*, 1524.

(*a*) *The Bishop*, 21 May.—' By the allegiance which I owe you, I deem it my duty to urge you not to allow the sale of Luther's books within the realm, nor give his pupils shelter or encouragement of any kind, till the coming council of the Church shall pass its judgement. . . . I know not how your Grace can better win the love of God, as well as of all Christian Kings and Princes, than by restoring the Church of Christ to the state of harmony that it has enjoyed in ages past.'

(*b*) *The King*, 8 June.—' Regarding your request that we forbid the sale of Luther's writings, we know not by what right it could be done, for we are told his teachings have not yet been found by impartial judges to be false. Moreover, since writings opposed to Luther have been circulated throughout the land, it seems but right that his too should be kept public, that you and other scholars may detect their fallacies and show them to the people. Then the books of Luther may be condemned. As to your charge that Luther's pupils are given shelter at our court, we answer that they have not sought it. If indeed they should, you are aware it is our duty to protect them as well as you. If there be any in our protection whom you wish to charge, bring your accusation and give their names.'

No. 75. The Disputation at Upsala, 27 Dec. 1524.

Prop. I. An religio, recepta usuque longo servata, sit abroganda, ut etiam tollantur ritus ab ecclesia instituti?

Resp. D. Galle. Propositio continet duas partes. 1ª est de dogmate. Christiana religio defendit S. Scripturam, quam rite exponunt antiqui patres. Nam cum S. Scriptura sit intellectu difficilis, etiam tractet obscuriora, teste Apostolo Petro, 2 Pet. iii. [15 sq.]; intelligere autem obscuriora sine interprete nemo praesumit, quod exemplo Aethiopis eunuchi, Act. viii. [31] liquet; suntque vetusti interpretes sanctissimi viri, dicente Apostolo, 2 Pet. i. [21], quibus singularia dona sunt collata, referente Paulo 1 Cor. xii : ergo qui dogma illorum a Spiritu sancto ingestum negat, is Spiritui S. resistere deprehenditur, nec veram religionem tenere potest. 2ᵃ pars propositionis est de ritibus ecclesiae. Qui ritus vel constitutiones non sunt contrariae verbo scripto, omnino serventur : siquidem sunt apostolicae. Novimus autem multa esse ab apostolis constituta quae scripta non sunt, teste Apostolo, 1 Cor. xi. [34] 'Dum venio, constituam'; et Ioannes dicit, 3 Ep. [13 sq.] 'Nolo scribere calamo, sed tradere per sermonem'. Item Act. xvi [4] et xvii Paulus et Silas iusserunt fideles servare constitutiones apostolorum. Ergo serventur traditiones et ritus ab apostolis et ecclesia primitiva constituti. Unde Augustinus dicit [*Ep.* xxxvi, § 2] ad Casul., quae sententia etiam legitur in *Decret. Dist. XI*, c. vii, 'Constitutiones ecclesiae quae in Bibliis scriptae non sunt, loco legis habentur a plebe, dantque rudioribus bonam informationem.'

Exceptio M. Olai. Concedo interpretationem S. Patrum esse recipiendam, ubi non discedit a scripto verbo. Nam ibi non valet auctoritas Patrum, sed ipsius verbi Dei veritas infallibilis. In aliis constitutionibus Patrum a S. Scriptura dissentientibus, etiam nos discedimus ab illis. Hoc si non fieret, nulla esset differentia inter verbum Dei et decreta Patrum. Constat etiam antiquos patres tanquam homines errasse.... Ideo non opus est pluribus probare veritatem religionis non pendere ab interpretatione Patrum.... Probat D. Galle inutiliter quaedam obscura contineri in S. Scriptura.... Verbum Dei ... in causa salutis ac religionis lucidum et clarum. Obscuritas dependet a contemptoribus Verbi.... Sic Verbum est obscurum ... carnalibus, praesertim non renatis, qualis fuit ratio Aethiopis.... Ad 2ᵃᵐ partem *Responsionis* Galle de ritibus ecclesiae antiquitus institutis replico, posse facile concedi quaedam fuisse instituta ab apostolis et ecclesia primitiva quae scripta non sunt. Sed quis dicat Gallo quinam sint illi ritus, dum in ipsa Scriptura non habentur ; aut quomodo probet hos ritus, de quibus controvertitur, esse eosdem apostolicos ? Nec videmus necessarium esse ut sciamus quae fuerunt illa quae coram tractarunt apostoli Paulus cum Corinthiis, Iohannes cum Gaio, dum non extant scripta. Si illa fuissent ecclesiae scitu necessaria, certe legeremus scripta. Scimus aliqua remansisse, quae ab ecclesia primitiva erant constituta, vid. celebrare Diem Dominicum loco sabbati Iudaici ... aliqua sunt mutata, ut iam videantur ex usu licita quae tunc erant prohibita, scil. esus sanguinis et suffocati.... Possunt quidem tales ritus, data occasione, recte mutari, cum ratio nostrae salutis in hisce non consistat.... Habentque singulae ecclesiae aliqua singularia quae alibi non servantur. Igitur rationes

D. Galle sunt frivolae, quibus praesumit probare ritus antiquitus observatos hodie non esse mutatos. . . .

Prop. II. An Christus dederit Papae, Episcopis ullisve Clericis ullum dominatum vel aliam quam potestatem praedicandi verbum Dei et administrandi sacramenta. Et num alii sint vocandi sacerdotes in ministerio Ecclesiae constituti quam qui hoc faciant.

Resp. D. Galle. Propositio continet duas partes. Christus dicit Matt. xviii [17], 'Si te non audierit, dic Ecclesiae praesulibus.' Hinc intelligimus datam esse potestatem Papae et Praelatis Ecclesiae iudicandi casus Ecclesiae, ordinandi necessaria et puniendi inobedientes. . . . Partem alteram Prop. explicant hi textus 1 Cor. xii [12 sqq.], Rom. xii [6 sqq.], Eph. iv [11 sqq.], ubi recensentur plura officia Ecclesiae. Unde probatur alios esse sacerdotes quam qui verbum Dei praedicant. . . . Sunt etiam in Ecclesia sancti qui continuis precibus pro Ecclesia Deum adorant. . . . Praestantissimum autem officium sacerdotis est consecrare corpus et sanguinem Christi, et offerre illud pro remissione peccatorum hominibus conferenda, quod monet Apostolus Heb. v [1]. Ergo plures sunt sacerdotes Ecclesiae utiles, quam qui praedicant verbum.

Exceptio M. Olai. Datam esse a Christo Apostolis et clericis potestatem legimus non quidem ad subigenda regna mundi sed ad convertendos peccatores et ad nuntiandam paenitentibus remissionem peccatorum. Dicit enim Christus Ioh. xviii [36] 'Regnum meum non est de hoc mundo'. . . . Vult ministros Ecclesiae se subiicere magistratui, non dominari. . . . Itaque decet eo magis servos Christi, praedicatores in Ecclesia eius, a dominio saeculari alienissimos esse, teste Apostolo 1 Pet. v [2 sq.] 'Pascite gregem non ut domini'. Ergo praedicatio verbi Dei est proprium officium ministrorum Ecclesiae. Ad partem alteram Responsionis dico, Non inveniri sacerdotes Dei qui voluntate eius sunt constituti, nisi solos praedicatores verbi Dei. . . . Dum infert D. Galle . . . esse mandatum Christi et apostolorum ut sancti orent Horas Canonicas . . . velim libenter informari qua auctoritate observentur Horae Canonicae? . . . Septem Horae Canonicae coeperunt sola humana auctoritate, meritoque referuntur ad illa de quibus Christus Matt. xv [9] 'Frustra colunt me mandatis hominum'. Tractare sacramenta praesertim conficere corpus Christi in Eucharistia, dicit D. Galle, esse praecipuum sacerdotis officium. Iam constat tractationem sacramentorum fieri cum praedicatione verbi Dei, sine qua ignorat vulgus usum sacramentorum. Ergo praedicatio verbi

Dei ... erit praecipuum sacerdotis officium. ... Nusquam legitur Christum iussisse apostolos conficere corpus suum ; sed nos Christiani iubemur uti instituta Sacra Coena in Christi commemorationem.   Vult D. Galle probare ex textu Heb. v oblationem corporis Christi futuram in S. Coena pro remissione peccatorum hominibus conferenda. Sed abutitur verbis apostoli. Is enim loquitur de summo sacerdote Veteris Testamenti, qui erat typus sacerdotii Christi, non vero typus hodiernorum ministrorum ecclesiae. Cumque instituta sit S. Coena non ad sacrificandum sed ad manducandum ac bibendum idipsum obiectum quod Christus instituit, inde patet D. Gallen abuti tum institutione Christi tum verbis apostoli : 'Sufficit enim unica oblatio Christi in ara crucis iuxta Dei ordinationem oblati, ut redimeret suo sacrificio propitiatorio totum genus humanum.' Concluditur igitur firmissime, praedicationem puri verbi esse praecipuum officium ministerii ecclesiae.

Prop. III. An decreta hominum obligent in conscientia, ut illorum praevaricator sit reus notorii peccati?

Resp. D. Galle. Decreta praelatorum ecclesiae, licet sint humana, qua ab hominibus constituta ; tamen, dum ipsi sunt sancti qui propter salutem hominum talia ordinarunt, sunt illorum praecepta Dei mandata, ut dicitur Prov. viii [15] 'Per me iudicant iudices terrae'.... Hinc concludo decreta patrum esse constituta per Spiritum Sanctum ut nullus Christianus his repugnare debeat. Dicit enim Christus, 'Ubi duo aut tres conveniunt in nomine meo, sum in medio illorum.' Adest igitur Christus praelatis ecclesiae qui, in nomine eius congregati, decernunt utilia ecclesiae quae transgredi sine laesione conscientiae Christiani non possunt.

Exceptio M. Olai. ... Distinguit D. Galle recte quidem inter decreta hominum piorum et aliorum : decreta illorum iudicat servanda quippe conformia verbo Dei, alias non essent salutaria. Per hanc distinctionem decretorum videtur D. Galle detrahere aliorum hominum decretis auctoritatem. Sed de his ipsis decretis praeter et contra Dei verbum sancitis quaestio est. His adimit Christus auctoritatem Matt. xv [6], et Apostolus dissuadet servitutem humanarum traditionum 1 Cor. vii, Col. ii [8]. ... Quodsi ecclesia alligetur ad observationem decretorum papalium, quid faciendum Christiano homini dum haec decreta invicem dissentiunt? Hoc saepe fieri testantur libri decretalium. Iam constat dissentientes non habere Spiritum Sanctum qui concordiam amat unamque viam salutis in verbo tradit. Ergo vana docet D. Galle dicens praelatos ecclesiae regi Spiritu S.

qui verbo Dei contraria decernunt. . . . Et quidem si finem decretorum papalium observamus, inveniuntur ipsa constituta ad confirmandam auctoritatem Papae Romani eiusque sociorum quos vocant praelatos ecclesiae ; non vero concernunt illa conservationem salutis credentium. Quare videmur in ea tempora incidisse quae Apostolus praedixit futura Act. xx [29] dicens : 'Post meum discessum ingrediuntur lupi rapaces.' His resistendum esse, eosque gladio Spiritus S. ceu scripto Dei verbo confodiendos S. Scriptura monet.

Prop. IV. An sit praelatis ecclesiae liberum excommunicare quemcunque volunt ?

Resp. D. Galle. Eadem auctoritas praelatorum ecclesiae valet hoc loco, quae supra est probata, praesertim ex text. Matt. xviii.

Exceptio M. Olai. . . . Iam quaeritur, Num praelati possint excommunicare seu separare ab ecclesia eius viva membra, hoc est, segregare fidelem a Christo, qui in corde eius habitat, dicente Apostolo Eph. iii [17]. Atqui fidelis est templum Spiritus S.? Hoc simpliciter nego, quia solius est Dei καρδιογνώστου conservare fidelem et damnare infidelem, ut ait textus Deut. xxxii [39] 'Castigo et salvo, nec est qui iuvat.' Sunt enim vita et mors in manu Dei. Sicut episcopi et praelati non possunt absolute dare Spiritum S., ita neque possunt illum auferre, nedum ex filiis Dei facere per sese filios Gehennae. Potestas sancto ministerio data Matt. xviii [18], concernit annunciationem evangelii. . . . Nec respicit usus excommunicationis aliquod dominium saeculare aut potestatem instituendi nova dogmata fidei ; sed intendit piam disciplinam ecclesiae et ordinariam peccatorum correctionem. . . . Talem peccatorem ligat in suis peccatis ipse Deus, non homo. Sit itaque iusta excommunicatio opus Dei, quia iuxta mandatum . . eius peragetur ; non erit actio nudi hominis, iuxta cuiusque arbitrium administranda. Sic fallit D. Galle tribuendo hominibus, praesertim praelatis ecclesiae, potestatem faciendi Christianos Satanae filios, ut ligatio seu excommunicatio Christiani hominis iuxta arbitrium praelatorum ecclesiae facta, valeat in caelo, et obliget conscientiam hominis, licet iniuste excommunicati. . . .

Propositio V. Utrum dominatus Papae eiusque sociorum placeat Deo, necne ?

Resp. D. Galle. In verbis Christi Luc. xxii [26] . . . non prohibetur principatus, sed superbia: neque denegatur apostolis gubernatio ecclesiae neque eorum successoribus principatus ecclesiae ; sed tyrannica dominatio prohibetur, quae gentium regibus frequens erat. Ex historiis et conciliis probatur Papam Romanum habuisse supremam in ecclesia potestatem, eumque esse principem ecclesiae ab omnibus fidelibus declaratum, idque voluntate Imperatorum et Regum, ante annos 1200, a tempore Papae Sylvestri fuisse approbatum. . . .

Exceptio M. Olai. . . . Verba Christi Luc. xxii explicantur ita Matt. xx [25-8] ut omnem plane dominationem apostolis adimant, perpetuumque ministerium ecclesiae illis imponant, exemplo Christi qui venit in mundum ut aliis serviret non dominaretur. . . . Dominatus Papae Romani est recentior tempore S. Gregorii; hic enim eiusmodi dominatui vehementer restitit. Falsum igitur est hunc dominatum praesulum Romanorum viguisse annos 1200. . . .

Propositio VI. An solus sit verus Dei cultus servare mandata Dei, aut simul servare mandata hominum?

Resp. D. Galle. Summa mandatorum Dei continetur decem praeceptis. . . . Primo praecepto continentur quae fidem Christianam concernunt et dilectionem Dei . . . promovent. Cultus autem Dei externus, qui fit vocali oratione, debitis horis, psalmodia iuxta ecclesiae institutionem observanda,— item iubemur celebrare sabbatum, purgari aqua lustrali, audire missam, conciones, flectere genua, percutere pectus, incendere candelas, et alia sacra peragere : totus hic cultus praecipitur tertio praecepto. . . . Ergo verus cultus Dei est servare praecepta primae tabulae.

Exceptio M. Olai. Verissimum est quidem cultum Dei consistere in observatione mandatorum Dei: sed habet ecclesia duplicia mandata, quae dicuntur coniunctim spectare cultum Dei. Unum genus mandatorum est a Deo praeceptum, idque verum cultum respicit et consistit in dilectione Dei et proximi. . . . Alterum genus praeceptorum, quod cultum Dei concernit, est ab hominibus institutum, scil. canere laudes Dei horis canonicis, ieiunare certis temporibus, peregrinari ad loca sancta. . . . Nec possunt comprehendi sub tertio praecepto Decalogi illa praecepta humana quae D. Galle in sua *Responsione* inducit, quasi Deus praecepisset audire missam, cantare horas canonicas, &c., quod nunquam probatur.

Propositio VII. Utrum homo salvetur meritis suis, an sola gratia Dei?

Resp. D. Galle. Dispositio hominis pii, ut bona opera faciat, venit a Deo qui donat homini renato gratiam bene operandi, mediante libero suo arbitrio, ut mereatur mercedem promissam. Sic verum est Apostoli dictum : 'Gratia salvamur et donum Dei est vita aeterna'. . . .

Exceptio M. Olai. ... Constat gratuitam esse nostram salutem, nequaquam autem ex operibus meritoriam. ... Videtur mecum consentire D. Galle. Quare plura non addam. Sin vero consideraret is quid sequatur ex hac concessione, non quaereret salutem in operibus humanis, scil. indulgentiis, fraternitatibus, horis canonicis, peregrinationibus, &c. Quae opera nullam habent promissionem mercedis.

Propositio VIII. An vita monastica possit e S. Scriptura probari?

Resp. D. Galle. ... Cum dixisset Christus iuveni Matt. xix. [21] 'Si vis perfectus esse, vende quae habes et da pauperibus et sequere me'; factum ergo est successu temporis ut multi Christiani eligerent voluntariam paupertatem, in perpetuo viventes coelibatu, sicut dixit Christus eodem cap. 'Sunt quidam castrati pro regno caelorum' [xix. 12]. Obedientiam praecepit etiam Christus Matt. xvi. [24] dicens, 'Si quis sequatur me, abneget seipsum ferendo crucem suam et patris voluntatem implendo.' In his tribus, scil. paupertate, coelibatu, et obedientia, consistit ipsa vita monastica. ... Vita monastica ultra mille annos fuit in usu ecclesiae. ...

Exceptio M. Olai. Vita monastica neque probatur V. T. neque N., quod constanter affirmo. Tempore Apostolorum nulli fuerunt monachi. ... Planeque nescivit ecclesia primis 200 annis vitam monasticam. ... Fuerunt monasteria piae scholae e quibus egredi liceret ... tantum aberat ut aliquis tunc includeretur claustro, iuxta morem ecclesiae papalis. In illis monasteriis vivebant tunc laici, non clerici aut sacerdotes; illique laici sustentabant se opere manuum suarum, neminem onerantes. ... Postea ... dederunt reges et divites praedia magnasque possessiones, quippe informati a monachis hoc opus esse Deo gratissimum et datoribus salutare. Ex his donis facta est vita monastica lautissima, et desiit paupertas monachorum, qui postea noluerunt quaerere victum laboribus manuum suarum. Post an. 1200 coeperunt ordines mendicantium fraudibus addictorum. ... Textus Matt. xix non potest applicari hodiernis monachis, qui omnia sua trahunt secum in monasteria: tantum abest ut omnia relinquant.[1] ... Imo monasteria non habuerunt olim eundem quem habent hodie usum: neque retinent ipsa verum finem, propter quem sunt instituta, et quem servarunt ante annos 900.

Propositio IX. Num liceat ulli homini mutare institutionem Christi in Sacra Coena?

---

[1] Olaus makes no such retort in regard to Galle's quotation of Matt. xix. 12.

Resp. D. Galle. Christus quidem instituit omnia sacramenta, datque solus virtutem et efficaciam sacramentis. . . . Ad distributionem sacramentorum necessarii sunt ministri ecclesiae, quibus multa sunt praescripta in gestibus ac verbis observanda quae ad sacramentorum administrationem sunt necessaria. Quanquam essentialia sacramenti dependeant a Christo institutore, tamen quae excitant reverentiam sacramentis debitam, tam a parte distribuentis quam a parte utentis iisdem, illa habent originem vel ab apostolis vel a primitiva ecclesia : quae nolunt abrogata Christiani qui debitam ecclesiae obedientiam deferre sciunt. Sic manet ordinatio Missae quam ecclesia instituit dignis ceremoniis, loco debito, decorisque vestibus &c. celebrandam.

Exceptio M. Olai. Verbum Dei manet in aeternum : nec decet quemquam mortalium mutare quod Christus iussit servandum. Prohibemur etenim aliquid verbo Dei addere, aut quicquam ei detrahere : inde sequitur evidenter nulli creaturae licitum esse institutionem Christi in S. Coena mutare. Quicquid pertinet ad huius sacramenti veritatem, tam in esse quam in usu servandum, illud totum est a Christo institutum. Sic enim sonant verba Evangelistarum Matt. xxvi. [26], Luc. xxii. [19, 20]. . . . Hic legimus mandatum Christi ut edamus corpus eius cum pane, et bibamus sanguinem eius cum vino idque in eius commemorationem ad confirmandam fidem nostram, quod simus redempti oblatione corporis Christi et effusione sanguinis eius. Hoc et non alio aliquo fine institutum esse hoc sacramentum scimus. D. Galle concedit essentialia S. Coenae non esse mutanda ; quis ergo dedit Papae Rom. potestatem separandi in usu S. Coenae calicem a pane? Fatebitur D. Galle hoc fecisse Papam cum suis, tanquam servos Christi infideles verosque antichristos. Si dicat in corpore esse sanguinem, respondeo, Hoc non infringit Christi institutionem, qui sapientior est cunctis papis et praelatis. Nec dicat papista panem esse hoc totum sacramentum. Nec voluit Christus S. Coenam aliter dispensandam esse clericis aliter laicis. Respondeant etiam papistae qua auctoritate fecerint ex hoc sacramento sacrificium. Non dixit Christus, 'Accipite et sacrificate,' sed 'comedite'. Unicum sacrificium Christi propitiatorium sufficit, evacuans omnia sacrificia V. T. Sacrificulus papisticus non potest offerre corpus Christi in S. Coena absque contemptu sacrificii Christi in ara crucis oblati: quin potius crucifigit Christum de novo, more impiorum Heb. vi. [6]. Hinc constat Papam Rom. mutasse essentialia S. Coenae, idque fine pessimo dum is corradit opes et oblationes plurimas ex opera sacrificuli offerentis Christum in Missa pro redemptione mortui in purgatorio existentis: vultque religio papistica hanc Missam ita iterandam esse sicut augeri poterit pecunia, iuxta facultates demortui, pro redemptione animae eius, numeranda sacrificulo. Haec pecunia et copiosae oblationes minuerentur fisco Papae Rom. si verus usus S. Coenae in ecclesia eius maneret.

Propositio X. Num expectentur novae apparitiones praeter eas quae in Bibliis habentur?

Resp. D. Galle. Revelationes quae fiunt et factae sunt, dicuntur recte patefactiones secretorum Dei. . . . Leguntur itaque multae apparitiones factae ad revelationem secretorum Dei. . . . Apparitiones paucis recensere non possum, quia indies novae visuntur. Augustinus scribit Cyrillo archiepiscopo Ierusol. animam S. Hieronymi sibi apparuisse die quo discesserat corpore. Hanc apparitionem veram et divinam fuisse nemo pius negabit; est enim auctoritas Augustini omnibus nota. Adhuc facta est apparitio discipulo Hieronymi Eusebio, anno post mortem huius tertio, dum coepit haeresis negans purgatorium . . . et articulum purgatorii hoc modo confirmatum legimus. . . . Hae apparitiones quia certissimae sunt, licet non in Bibliis scriptae, patet alias esse credendas apparitiones quam Biblicas. Tanta est auctoritas ecclesiae quae has apparitiones acceptat ut fidem Christianis conciliet, dicente Aug. contra Epist. Fund. c. 5, 'Evangelio non crederem, nisi me commoveret ecclesiae auctoritas.'[1] Concludo igitur apparitiones esse credendas quae non adversantur fidei et Scripturae. . . .

Exceptio M. Olai. . . . Ecclesia Dei, in doctrina Prophetarum et Apostolorum fundata, non indiget novis apparitionibus, cum sufficiat ad cognitionem salutis ipsum revelatum a Deo et in S. Scriptura traditum verbum. . . . Concludit igitur bene D. Galle solas eas esse accipiendas apparitiones, quae non adversantur verbo Dei ac fidei. Iam inveniuntur in exemplis allatis quae verbo Dei conformia non sunt. Prohibemur in verbo Dei Deut. xviii. [11] quaerere a mortuis veritatem. . . . Nec fuit anima S. Hieronymi quae dicitur apparuisse Augustino; non enim promittit Deus animas piorum apparere viventibus in verbi Dei contemptum; et quidem, si purgatorium dicatur articulus fidei, debet utique probari S. Scriptura seu verbo Dei, non autem miraculo S. Scripturae contrario. . . .

Propositio XI. An probetur purgatorium ex S. Scriptura?

[1] *Contra epist. Manichaei*, § 6.

Resp. D. Galle. . . . Ecclesia definivit hunc articulum ex S. Scriptura, veris apparitionibus, S. doctoribus, usuque primitivae ecclesiae. . . . Igitur ecclesia recte orat pro mortuis, recteque instituit Missas pro illorum liberatione de purgatorio. Quanquam plura sint quae iuvant mortuum, tamen praecipuum auxilium est sacrificium Missae, quod respiciens Deus mitigat poenas demortui pro cuius liberatione offertur sacrificium. Cumque nullum impurum ingrediatur coelum, purificantur salvandi in purgatorio, remissis peccatis venialibus pro quibus non satisfecerunt poenis temporalibus subiecti. Sic iustitia Dei fundavit purgatorium.

Exceptio M. Olai. In tota Scriptura non invenitur textus qui probat purgatorium esse. . . . Articulus purgatorii repugnat fiduciae salutis in Christo fundatae, qui pro omnibus peccatis omnium hominum satisfecit. . . . Videtur etiam cura ventris, non dilectio proximi, hunc constituisse articulum. Nam laborat sacrificulus, Missas pro redemptione animae de purgatorio celebrans, magis in colligenda pecunia sub Missae officio oblata, quam in studio liberandi de purgatorio animam. Sic purgatorium ex S. Scriptura non probatur.

Propositio XII. An sancti sint invocandi, et num ipsi sint nostri defensores, patroni et commediatores coram Deo?

Resp. D. Galle. Res causaque ab omnibus approbata non venit in dubitationem hominum. Sancta ecclesia pollet ea auctoritate ut eius consuetudo, fides et decreta sine disputatione vulgo approbentur. Cumque nullum fuerit in ecclesia dubium sanctos esse invocandos, mirum est inveniri homines Christianos qui hunc articulum negare ausint. Sancti sunt membra Christi, itaque honorandi: tamen minus quam illa honorentur quae ad ipsum Christum spectant, ut sunt crux, corona, clavi et plures eius reliquiae. Non honorantur sancti tanquam per se dantes gratiam Dei, sed tanquam illius participes et regni coelorum concives, ideoque sunt in conspectu Dei nostri opitulatores. Abraham adoravit[1] angelos sibi apparentes. Sic Cornelius S. Petrum.[2] Docetque S. Paulus Christianos, ut conversationem mutuo honore colant.[3] Cum iam demortui sancti sint commediatores et intercessores nostri apud Christum, digni sunt qui honorentur. Non equidem fiat, quasi Deus sit impotens aut minime benevolus ad iuvandum, nisi sanctorum intercessione commoveatur: sed quia ita ordinavit fierique hoc voluit, ut auctoritas sanctorum inde claresceret et Deus in illis adoraretur. Sic enim Apostolus Rom. xiv: 'Omnia recte

[1] Gen. xviii. 2.   [2] Acts x. 25.   [3] Rom. xii. 10.

ordinavit Deus.' Quod conspicitur in eius regimine, dum per superiores et spirituales creaturas sive angelos regit inferiores carnales, non propter impotentiam per sese regendi sed propter servandum ordinem. Sic regit inferiores homines per superiores in terra, quod probatur multis exemplis tam in V. quam in N. T. Promisit Deus se moderaturum poenam Iudaeorum per patriarcharum Abrahami, Isaaci et Iacobi, tunc in limbo existentium, deprecationem, certeque propter merita illorum. Quod factum esse non dubitatur. Cum itaque respiciat Deus orationes sanctorum pro aliis institutas, deberi ipsis invocationem sequitur.

Exceptio M. Olai. Scriptura neque affirmat neque negat sanctos demortuos esse honorandos. Cultum autem soli Deo debitum, veramque invocationem nulli creaturae posse concedi certum est. Iubet Scriptura laudandum esse Deum in omnibus creaturis et operibus suis ; sed laudatur in sanctis cum sanctitatem illorum a Deo formatam praedicamus, illamque aemulando talem nobis a Deo dari rogamus. Itaque sancti non in se sed in Deo honorantur, et dum illorum sanctitatem in exemplum trahimus, sanctos recte honorari videmus. Adversarii nostri colligunt, ex sanctitate piorum demortuorum, eosdem esse nostros patronos ac intercessores apud Deum. Sed contrarium docet Scriptura, quae solum Christum constituit nobis mediatorem 1 Tim. ii [5]. . . . Dum mediatoris officium detrahimus cum S. Scriptura ipsis sanctis, non propterea negamus sanctos in coelo triumphantes rogare pro statu ecclesiae militantis. Aliud est mediatorem agere inter Deum et homines ; aliud vero pro necessitate proximi Deo supplicare. . . , Adfert D. Galle non esse dubitandum de invocatione sanctorum, quia eam diu usurpavit ecclesia. Sed non dubium est nos diu satis deceptos esse astu praelatorum ecclesiae et monachorum, unde seducti sunt Christiani a fide in unicum mediatorem. Peperit enim monachis et sanctulis illis magnas opes haec praesumpta fides in sanctorum intercessione fundata, quam docuerunt illi Christianos simplices tenere iuxtaque illam comparare sibi magno pretio reliquias sanctorum. Quaerimus autem iure, An doctrina de intercessione sanctorum sit vera ? Sat diu credidimus praelatis ecclesiae sine Scriptura definientibus. Non negamus sanctos esse honorandos modo definito, non tamen censemus illos esse invocandos ut mediatores. . . . D. Galle dicit ad Christi mortis salutarem fructum pertinere eius crucem, coronam, clavos, forte restim qua ligabatur, flagella et pelvim aceto plenam. Sic vult maiori honore haec tractanda et sacro cultui dicanda quam honorentur ipsi sancti Dei. Etiam hodie praebent multi maiorem reverentiam imaginibus pictis et sculptis quam ipsis sanctis. Estne hoc contemnere ipsos sanctos? Quod sancti viventes rogassent Deum exaudire preces suas causa sanctorum Abrahami, Isaaci, Iacobi, non certe adorarunt illos; sed commonefecerunt Deum suae promissionis patribus factae, iuxta quam promissionem in oratione repetitam crediderunt Deum citius illorum preces exauditurum. Hinc constat invocationem sanctorum ex S. Scriptura non posse probari.

Haec est simplex mea resolutio propositarum quaestionum. ... Si praelati ecclesiae hac responsione offendantur, sciant omnes palmam esse veritati dandam.

XXVII

THE SPREAD OF REFORM WITHIN THE EMPIRE, 1523-5

The deadlock in the Diet, which Campeggio had turned to account for his own side, offered equal opportunity to the reformers. The towns, and particularly the Free Cities of the Empire (‡)—at this time 84 in number,[1] 32 being in Swabia—took shelter (cf. *Confessio Tetrapolitana, ap.* Niemeyer, *Collectio Confessionum Ecclesiarum Reformatarum*, 745) under its decree (p. 112 *supra*) of 5 Feb. 1523, that 'nihil praeter ... sincerum evangelium' should be taught, and began openly to recognize their preachers.

These had been drawn from (1) the four orders of Friars, as (*a*) Luther's own, the Augustinians (Ranke, *Ref.* 277, ed. R. A. Johnson, 1905), Lang in Erfurt, 1521; Henry of Zütphen in ‡ Bremen, 1522-4; Link, pastor in Altenburg, 1522-5; Güttel, in Eisleben, 1523; Stiefel, in ‡ Esslingen, 1525; (*b*) the Franciscans, Eberlin of Günzburg and Henry of Kettenbach in ‡ Ulm, 1521-2; Kempe in ‡ Hamburg, 1523; Briessmann—see his sermon (Seckendorf, *Comm. de Lutheranismo*, i. 272)—in [No. 76] **Cottbus** and Königsberg, 1523; F. Myconius, pastor in Gotha, 1524; (*c*) the Dominicans, Butzer, pastor in ‡ Strassburg, 1524-46; (*d*) the Carmelites, Urbanus Regius in ‡ Augsburg, 1520-1; from (2) the Monks, as the Benedictines, Blaurer in ‡ Constance 1522-32, and Oecolampadius in ‡ Augsburg, 1519-20, and ‡ Basel, 1522-†31; from (3) the Canons Regular, as the Premonstratensians, Bugenhagen, pastor in Wittenberg 1522-†58, and organizer of the Lutheran ecclesiastical system in Lower Germany; from (4) the secular clergy, Osiander in ‡ Nürnberg, 1522; Brenz, pastor in ‡ Schwäbisch Hall, 1522-46; Speratus in Wittenberg, 1523, and in Königsberg with Amandus, 1524; Amsdorf—see the circumstances of his appointment (Seckendorf, i. 246) and cf. Ranke, *ut sup.* 666 sqq.—in [No. 77] **Magdeburg**, 1524, and Sahm in Ulm, 1524.

[1] According to the matricular list of the Diet of Worms, 1521.

Thus reform prevailed by the decision of the townsmen in 1523 at ‡ Frankfurt on the Main, ‡ Schwäbisch Hall and Magdeburg; in 1524 at ‡ Ulm, ‡ Strassburg, ‡ Bremen, and ‡ Nürnberg (cf. Gieseler, V. 293). 'In most of the towns of [North] Germany' ... we see preachers arise, the Lutheran hymns become popular, and the congregations take part in religious questions; the Council at first makes a greater or less resistance, but at length gives way' (Ranke, *ut sup.* 668). So in the south, as at Nürnberg. Here the leaders of reform were George Bessler, Provost of S. Sebald, 1521–33; Hector Böhmer, Provost of S. Laurence, 1521–†41; Wolfgang Volprecht, Prior of the Augustinians, †1528; and Andrew Osiander, 1498–†1522, preacher at S. Laurence from 1522. In Holy Week, 1523, their congregations asked the Provosts for Communion in Both Kinds. The Provosts referred them to the Town Council, and the Council to the Ordinary, Weigand von Redwitz, Bishop of Bamberg, 1522-†56. Next year, 1524, the Council was strong enough to support [No. 78] **the changes introduced at Easter** by the Prior and others in spite of Legate and Diet there assembled (Spalatin's diary *ap.* Strobel, *Miscellaneen*, iii. 52). At Whitsuntide, further changes in public worship led to [No. 79] **the citation of the Provosts and the Prior** by the Bishop, 12 Sept. 1524, and finally to their excommunication (see the *Sententia Definitiva, ib.* 73).

No. 76. A sermon of Jo. Briessmann at Cottbus, 1523.

Iuxta fidem etiam caritatem proximi docui, quae ex fide oritur, ut fructus ex arbore. Impossibile enim est, ut fides absque dilectione proximi maneat. Sicut enim cordiali fiducia per fidem vivam Deus amatur, ita et in proximum amor nascitur, ut ei verbo et opere, auctoritate, opibus, immo corpore et vita serviamus. Hoc enim est praeceptum Christi, Ioh. xiii. 34, 'Mandatum novum do vobis, ut diligatis invicem, sicut dilexi vos,' &c. O quam altam nobis metam Christus praefixit! 'In hoc cognoscent omnes, quia discipuli mei estis, si dilectionem habueritis ad invicem.' Novum est mandatum quod non terret et conturbat homines sed ostendit quid novi homines, qui absque operibus per fidem iustificati sunt, facere debeant, amare nempe proximum absque coactione legis ex affectu intimo cordis. Dum itaque haec puncta docui, fidem et caritatem coniunxi; nequeunt enim separari, nec fieri potest ut fides non continuo ad honorem et gloriam Dei et proximi commoda operetur. Sicut enim per fidem in Christum intras et per Christum ad Deum, ita per amorem exire debes ex Christo ad proximum tuum, ut illi beneficias, servias, consulas, opem feras omnibus viribus, sicut tibi fecit Christus; dicit itaque Ioh. x. 9, 'Ego sum ostium,' &c.

Haec est Brismanni haeresis . . . fatetur autem in hac ipsa concione 'se per annos duodecim in Theologiae Scholasticae rixis demersum Evangelio vehementer restitisse, donec miseratori Deo placuerit, ut ex sophismatum coeno illum educeret.'

No. 77. The proceedings at Magdeburg, 1524.

Supplenda est historia de reformatione amplissimae urbis ex Archivo Vinariensi. . . . Cives d. 23 Iunii in coenobio Augustinianorum cum septem concionatoribus congregati, articulos Senatui proponunt, poscentes praedicationem verbi Dei absque traditionibus hominum et commentis rationis,[1] usum sacrae Coenae sub utraque,[1] cessationem sacrificii Missatici,[1] et ut fundationum reditus ad aerarium ecclesiasticum, ad exemplum Norimbergensium instituendum, deputarentur. Sacerdotibus alimenta ad vitae tempora offerunt, ut et monachis qui, facta abeundi potestate, manere tamen velint, sed ita ut vestes et hypocritica caetera deponerent, et in Evangelica doctrina instrui se paterentur. Matrimonia permitti postulant iis ex clero qui continentiam servare non possint, omnia officia pastoralia gratis expediri volunt, et mendicos extraneos arceri. Senatus ista omnia admisit, missoque Legato, Nicolao Sturmio consule, et quodam senatore, litteras d. 23 Iulii ad Electorem scripsit, quas ita exorditur:—'Invictum et aeternum verbum Christi, quod hucusque umbra veluti obscuratum fuit, nunc sole clarius (laus sit Deo) ad salutem et solatium peccatorum, ad animarum felicitatem et sempiternam gloriam Dei, maxime in urbe Celsitudinis Tuae Electoralis Wittenberga, ex omnipotentis Dei virtute et efficacia exortum est et pure ac liquide praedicatur,' &c. Narrant inde, ut parochiani ad D. Ulrici, immo tota civitas, magnam fiduciam de L. Nicolao Amsdorfio conceperint, et per illum magis magisque edoceri et salubriter se pasci posse sperent; petunt igitur illi permitti, ut vel uno anno verbum Dei apud se docere et caeteris concionatoribus praeesse possit, sed et ut reditus in collegiata Wittenbergensi Ecclesia retineat. Elector missos ex Senatu et a parochianis ipse tunc non audivit, excusans quod Legati Ferdinandi Regis adessent: potestatem tamen Magdeburgum sese conferendi Amsdorfio id

[1] With these compare the first three articles of the parishioners of St. John and St. Ulrich, 14 July 1524, printed (cf. Ranke, *Ref.* 666) in Hahn, *Collectio Monumentorum*, ii. 463 sq.

petenti fecit, et Canonicatus sui reditus ad annum concessit, addita adhortatione, ut contra seditiones concionaretur. . . .

No. 78. The proceedings at Nürnberg, 1524.

Augustiniani Nurmbergenses die resurrectionis dominicae, ut mihi Prior eorum Volfgangus Volprechtus scripsit, ultra 3000 homines toto sacramento communicaverunt, utcunque frementibus Ferdinando, Episcopis, Cardinale Legato, Pharisaeis. Ex Ferdinandi aulicis plus minus 30 vel 40 et ipsi totum sacramentum ab Augustinianis acceperunt. Nurmbergae Mandatum omissum. Palmae non consecratae. Crucifixi effigies sepulchro non est imposita. Nec positum sepulchrum. Neque azyma neque ignes consecrati. Sed ne asinus quidem palmarius circumvectus est Nurmbergae, quamvis episcopo Bambergensi, ut loci ordinario, iubente, ut nihil antiquae consuetudinis contemneretur. Nonnulli etiam ex Regimine Imperiali sub utraque specie communicaverunt. Evangelistae Nurmbergenses multo fortius pro concione detonant praesentibus quam absentibus Papae creaturis, Legato Card. Campeggio, Io. Fabro Constant.[1], Io. Eccio, Cochlaeo[2].

Minoritanus concionator, Nurmbergae Senatus auctoritate, iussus est tacere posthac, ut ausus in Quadragesima praedicare Christum pro originali et actualibus tantum ante se patratis passum : nam peccata post passionem Christi facta bonis operibus nostris redimenda esse : item, confessionem auricularem ab apostolis institutam esse.

Nihil promovit Legatus Senatui de evangelistis conquestus.

Reliquias suas Nurmbergenses non amplius, ut hactenus, ostentabunt.

No. 79. Articles of the Bishop of Bamberg, relative to the proceedings at Nürnberg.

Articles inquired of by the Bishop of Bamberg from the two Provosts, and the Prior of the Augustinians, at Nürnberg, when they were cited by him, together with the answer of the Provosts and the Prior, 12 Sept. 1524.

(1) *Q.* Whether they believe and confess all the articles of the holy Christian Faith?

A. Yes : we believe all the articles of the Christian Faith.

(2) *Q.* Whether they are the pastors of their several churches,

[1] Johann Faber, Vicar-General of the Bishop of Constance, 1518, Bishop of Vienna 1530–†41.
[2] Johann Cochlaeus (Dobeneck), 1479–†1552

serve them in person, and administer the sacraments themselves or through their assistants?

A. We rule our churches and administer the sacraments ourselves in company with our assistants.

(3) *Q.* Whether they administer, or suffer to be administered, to all laymen the sacrament both of the body and of the blood of Christ?

A. To all who desire it, we administer the entire sacrament as Christ ordained it and as our conscience also requires us to administer it.

(4) *Q.* Whether all who receive the sacrament are exhorted to confession and repentance of all sins?

A. We exhort no one to auricular confession: but we allow our assistants to give a Christian exhortation before the reception of the sacrament, regardless of whether a man makes his private confession or not.

(5) *Q.* Why they have changed the long-standing usage of the Mass by having Gospel and Epistle read in German?

A. We have Gospel and Epistle read in German, and (the Prior) I have the whole Mass in German, so that the bystanders may understand.

(6) *Q.* Why they baptize children in German, and omit the established custom of the Church?

A. We baptize children in our own tongue and have not hitherto omitted any ancient custom.

(7) *Q.* Whether they have themselves, or through their assistants, taught the people that the sacrament of unction ought not to be administered?

A. When the sick have asked for unction, we have had it administered to them: but we have neither enjoined nor forbidden it.

(8) *Q.* Whether they have forbidden or suffered to be forbidden Vigils, Masses and Years'-minds to be celebrated for the departed?

A. We have given up holding Vigils and Masses for the dead: and if a person desires such, we decline to permit it.

(9) *Q.* Whether they admit marriages which are lawfully forbidden; and grant divorce on their own authority?

A. What is forbidden by God in the third book of Moses, we do not admit; but as to what is forbidden of man, while we grant no divorce, we admit it always, if they require it. Further, we grant no divorce in the case of a lawful marriage; since what God hath joined together, man may not put asunder.

(10) *Q.* Whether they keep the hours of prayer, according to the ordinances of the bishopric of Bamberg?

A. We do not pray according to the Bishop's ordinances but according to the devotion of our heart.

(11) *Q.* Whether they forbid men to keep the fasts and feasts of the saints according to ancient custom?

A. On Sunday we have the days announced but not enjoined. We allow some feasts, and the eating of such things as we have, with discrimination.

(12) *Q.* Whether they believe that, where a Council has once been rightly assembled, in things pertaining to the Faith and the interpretation of Holy Scripture, men are under obligation to obey it?

A. Where an entire Council decrees anything relating to the Christian faith according to the tenor of the simple and pure word of God, we hold that we are bound to be more obedient to the word of God than to men. Where, however, they forbid anything, contrary to holy Scripture, one is under no obligation to obey.

(13) *Q.* Whether they were ordained priest according to the order of the Church?

A. We were. The Prior said, Alas! God have mercy on us!

(14) *Q.* Whether they admit themselves to be under the Bishop's jurisdiction?

A. We have no lord but God only: but for His sake we submit ourselves to all creatures, particularly in that which befalls us contrary to God's Word or against our conscience.

(15) *Q.* Why they withdraw from the ancient custom of the Church; and, in answer to his Grace's admonition at ordination, gave but a formal promise?

A. We confess that we have promised to obey your Grace at our receiving of Orders, but we call the word of God to witness that bids and commands us to do otherwise.

(16) *Q.* Why they did not, before changing and altering such customs of the Church, ask his Grace's permission?

A. We did approach your Grace before making any change, particularly in regard to Communion in Both Kinds, as also the letters sent to your Grace notify. Your Grace replied that we must make no change till the coming Council. But as the Council is still unheld, and is probably put off for a considerable time, we have changed the ancient customs of the Church and ordered them after the Word of God, since we are bound to obey God rather than man.

XXVIII

THE WEAKENING OF THE REFORMATION, 1524-5

The progress of reform, beyond the Empire or within, had scarcely begun when, by the events of 1524-5, it was seriously checked:—

I. By the secession of the Humanists a breach had for some time been imminent, as appears from [No. 80] **letters of Luther** to Oecolampadius 20 June 1523 (de Wette, ii. 352) **and of Erasmus** to Zwingli 31 Aug. (*Zuinglii Opera*, VII. i. 308, ed. Schüler and Schultess, 1830). A request from Henry VIII caused Erasmus to open it with a treatise, which he commended to the King in a [No. 81] **letter** of 6 Sept. 1524 (ep. 702, *Erasmi Opera*, Tom. III, Pars i, col. 816, ed. Lugd. Bat. 1703), entitled [No. 82] **De Libero Arbitrio** (*Op.* ix, col. 1215 sqq.). Luther's reply, delayed by the Peasants' War, appeared in the *De Servo Arbitrio* (*Op. Lat.* vii. 113 sqq.) of Dec. 1525, and he re-affirmed its unqualified determinism as late as 1537 (de Wette, v. 70).

II. By the Peasants' War (see Ranke, *Ref.* 334 sqq., ed. Johnson), social discontent of long standing, gathering fresh impetus from the religious teaching of such exiles from Saxony as Carlstadt in Franconia and T. Münzer in Swabia and Thuringia, broke out first on 24 Aug. 1524 at Waldshut in the Black Forest. By the winter of 1524-5 the peasants were masters of Upper Germany, claiming freedom for 'all whom God Almighty had made free in Christ his Son'. They put out the less radical of their demands, March 1525, in [No. 83] **the Twelve Articles** (text in Böhmer, *Urkunden zur Geschichte des Bauernkrieges*. [Lietzmann, *Kleine Texte*, Nos. 50, 51] Bonn, 1910; cf. *Translations and Reprints from the Original Sources of European History*, vol. II, No. vi. 25 sqq., Philadelphia, Pa.): and Luther, after vain attempts at mediation, 19 April, when it was already too late, in his *Ermahnung zum Frieden auf die XII Artikel der Bauernschaft in Schwaben* (Walch, xvi. 58 sqq.), threw himself, in May, on to the side of the temporal rulers with a violent pamphlet, entitled, *Wider die mörderischen und räuberischen Rotten der Bauern* (Walch, xvi. 90 sqq.) They took him at his word; and the reforming princes, John Elector of Saxony, 1525-†32, and Philip Landgrave of Hesse, 1518-†67, united with the Catholic Dukes George of Saxony, 1500-†39, and Henry of Brunswick, 1514-†68, to crush the peasants at Frankenhausen, 15 May 1525. But it was both for the temporal sovereigns and for the Pope 'a victory over the Lutherans'; resulting in 'the divorce of the Reformation from popular sympathies, and its delivery into the hands of the Princes' (Beard, *Hibbert Lectures*, 200).

III. By the death of the Elector Frederick, 5 May 1525.

IV. By Luther's marriage, 13 June 1525, to Catherine von Bora, an apostate nun. To his friends, as in [No. 84] **Melanchthon's** letter to **Camerarius** (*Sitzungsberichte der philos.-philol. und historischen Classe der k.-b. Akademie der Wissenschaften zu München*, Jahrgang 1876, 601), this was no less an occasion for dismay than for ridicule to [No. 85] **Erasmus in a letter on the marriage of Oecolampadius**, 1527 (Ep. 951, *Op.* III. i. 1071).

V. By the victory of Pavia, 24 Feb. 1525; and, 14 Jan. 1526, [No. 86] **the Treaty of Madrid**, which united Charles and Francis 'against heretics who have severed themselves from the bosom of the holy Church' (Art. 26 in Du Mont, *Corps diplomatique*, IV. i. 405).

No. 80. Letters of Luther and Erasmus, 1523.

(1) *Luther to Oecolampadius*, 20 June.—Quid Erasmus in rerum spiritualium iudicio sentiat aut simulet, testantur eius libelli abunde, tam primi quam novissimi. Ego etsi aculeos eius alicubi sentio, tamen quia simulat se non esse hostem palam, simulo et ego me non intelligere suas astutias, quanquam penitius intelligatur quam ipse credat. Ipse fecit ad quod ordinatus fuit. Linguas introduxit, et a sacrilegis studiis revocavit. Forte et ipse cum Mose in campestribus Moab morietur: nam ad meliora studia (quod ad pietatem pertinet) non provehit. Vellemque mirum in modum abstinere ipsum a tractandis Scripturis..., quod non sit par istis officiis, et lectores frustra occupat et moratur in Scripturis discendis. Satis fecit, quod malum ostendit: at bonum ostendere (ut video) et in terram promissionis ducere non potest. Sed quid ego de Erasmo tam multa? nisi ut illius nomine et auctoritate nihil movearis atque adeo gaudeas, si quid ei displicere sentias in re ista Scripturarum, ut qui vel non possit vel non velit de iis recte iudicare; sicut paene totus iam orbis incipit de eo sentire.

(2) *Erasmus to Zwingli*, 31 Aug.—Lutherus proponit quaedam aenigmata in speciem absurda: omnia opera sanctorum esse peccata, quae indigent ignoscente Dei misericordia; liberum arbitrium esse nomen inane; sola fide iustificari hominem, opera nihil ad rem facere. De his contendere, quomodo velit intelligi Lutherus, non video quem fructum afferat. Deinde video in plerisque illi addictis miram pervicaciam; et in Lutheri scriptis quantum maledicentiae, saepe praeter rem. Ista me cogunt subdubitare de spiritu illorum, quem ob causam cui faveo velim esse sincerum.... Ego florentissimam regionem [Brabant] reliqui ne miscerer negotio Pharisaico: nam alia lege non licuisset illic vivere.... Satis admonui Episcopos, satis Principes vel in libello de Principe, homo nullius auctoritatis. Quid me velles facere praeterea?

Etiamsi vitam contemnerem, non video quid esset insuper faciendum. Tu in nonnullis dissentis a Luthero. Dissentit et Oecolampadius. An ego propter illius doctrinam obiiciam me meosque libros periculis? Omnia recusavi quae mihi hoc nomine offerebantur, ut adversus illum scriberem. A Pontifice, a Caesare, a Regibus et Principibus, a doctissimis etiam et carissimis amicis huc provocor. Et tamen certum est aut non scribere aut ita scribere ut mea scriptio non sit placitura Pharisaeis. . . . Lutherus scripsit ad Oecolampadium mihi non multum esse tribuendum in his quae sunt Spiritus. Velim hoc discere, doctissime Zwingli, quis sit ille Spiritus? Nam videor mihi fere omnia docuisse quae docet Lutherus, nisi quod non tam atrociter, quodque abstinui a quibusdam aenigmatis et paradoxis. . . .

No. 81. Letter of Erasmus to Henry VIII, 6 Sept. 1524.

Invictissime Rex, non ignorabam quam essem ineptus arenae gladiatoriae, semper in amoenissimis Musarum hortis versatus. Sed quid non audeam tuae felicissimae Maiestatis fretus auspiciis? Iacta est alea. Exiit in lucem libellus *De libero arbitrio* ; audax, mihi crede, facinus, ut nunc res habent Germaniae. Exspecto lapidationem, et iam nunc aliquot rabiosi libelli provolarunt in caput meum. Sed consolabor meipsum exemplo Maiestatis tuae, cui non parcit istorum immanitas. Decretum erat et alioqui facere ad quod per literas hortaris, et religioni Christianae iuvandae immori ; sed tamen alacrior id faciam, posteaquam tua Maiestas currenti, quod aiunt, calcar addere dignata est, cui precor felicitatem perpetuam.

No. 82. Erasmus, De libero arbitrio, Sept. 1524.

Sed desinamus ratiocinari cum his quae ratione carent. De homine nobis instituta disputatio, quem Deus condidit ad imaginem et similitudinem suam, et cuius gratia condidit omnia. Cum vero videamus quosdam nasci corporibus felicissimis, ingeniis optimis ac velut ad virtutem natis, rursus alios corporibus monstrosis, alios morbis horrendis obnoxios, alios animis tam stupidis ut minimum absint a brutis animantibus, quosdam ipsis etiam brutis brutiores, alios ingeniis tam propensis ad flagitia ut ad haec videantur vi fatorum rapi, quosdam plane dementes ac daemoniacos, quibus modis hic explicabimus quaestionem de iustitia ac misericordia Dei? An dicemus cum Paulo, *O altitudo*, &c.? Sic arbitror melius quam impia temeritate iudicare de Dei consiliis, quae sunt homini impervestigabilia. Verum longe difficilius sit explicare quare Deus in aliis immortali gloria coronet sua benefacta, in aliis sua malefacta puniat aeternis suppliciis. Hoc tamen paradoxon ut tueantur, multis auxiliaribus paradoxis est opus, quo tuta sit acies adversus alteram partem. Exaggerant in immensum peccatum originale, quo sic volunt corruptas esse praestantissimas etiam humanae naturae vires, ut ex sese nihil possit nisi ignorare et odisse Deum : ac ne per fidei quidem gratiam iustificatus ullum opus possit efficere, quod non sit peccatum : atque illam ipsam proclivitatem ad peccandum, in nobis ex peccato primorum parentum relictam, volunt esse peccatum, et eandem invincibilem esse, adeo ut nullum sit Dei praeceptum, quod homo etiam per fidem iustificatus possit implere, sed tot Dei praecepta non alio spectare quam ut amplificetur Dei gratia salutem largiens absque respectu meritorum. Verum interim isti mihi videntur alibi contrahere Dei misericordiam, ut alibi dilatent, perinde ac si quis apponat convivis perparcum prandium quo splendidior videatur in coena ; et quodammodo pictores imitetur qui cum lucem mentiri volunt in pictura, obscurant umbris quae proxima sunt. Primum enim paene crudelem faciunt Deum, qui ob peccatum alienum sic saeviat in universum hominum genus, praesertim cum qui commiserant resipuerint ac tam graves dederint poenas quam diu vixerunt. Deinde cum aiunt etiam illos, qui per fidem iustificati sunt, nihil aliud quam peccare, adeo ut amando Deum et fidendo Deo reddamur digni odio Dei, nonne vehementer hic faciunt parcam Dei gratiam, quae sic iustificat hominem per fidem, ut tamen adhuc nihil aliud sit quam ipsum peccatum ? Praeterea dum Deus tot praeceptis onerat hominem, quae ad nihil aliud valent quam ut magis oderit Deum graviusque damnetur, nonne faciunt eum ipso Dionysio Siciliae tyranno inclementiorem, qui multas leges studio prodidit, quas suspicabatur plerosque, si nullus instaret, non servaturos, ac primum connivebat, mox ubi vidit omnes propemodum alicubi peccasse, coepit eos vocare ad poenam. Ita reddidit sibi omnes obnoxios. Et tamen huius leges erant huiusmodi, ut facile possent servari, si quis voluisset. Non nunc excutio causas quibus docent omnia Dei praecepta nobis esse impossibilia ; nec enim hoc instituimus. Tantum obiter ostendere volui, istos nimio studio dilatandae gratiae in ratione salutis, eandem in aliis obscurare : quaedam non video quomodo consistant. Iugulato libero arbitrio docent hominem iam agi Spiritu Christi, cuius natura non patitur consortium peccati. Et tamen iidem dicunt hominem etiam accepta gratia nihil aliud quam peccare. Id genus hyperbolis delectatus videtur Lutherus, ut aliorum hyperbolas veluti malum nodum, quod dici solet, malo cuneo propelleret. Quorundam temeritas ad hyperbolen processerat qui vendebant merita, non solum sua verum etiam omnium Sanctorum. At qualia tandem opera? Cantiones, murmura psalmorum, pisces, inedias, vestes, titulos. Hunc clavum clavo sic pepulit Lutherus ut diceret nulla esse omnino merita Sanctorum sed omnia quamlibet piorum hominum facta fuisse peccata, damnationem aeternam allatura, ni fides et Dei misericordia succurrisset. . . .

No. 83. The Twelve Articles of the Peasants, March 1525.

The fundamental and correct chief articles of all the peasants and of those subject to ecclesiastical lords, relating to those matters in which they feel themselves aggrieved.

        M, c quadratum, lx et duplicatum
        V cum transibit, Christiana secta peribit.
        Ein M, vier c, zwei l darbey,
        Und ein x das zwifach sey,
        Bald wan ein v dartzu ist schreyben,
        Werden nit souil secten der Christen bleyben.

Peace to the Christian Reader and the Grace of God through Christ.

There are many evil writings put forth of late which take occasion, on account of the assembling of the peasants, to cast scorn upon the Gospel, saying: Is this the fruit of the new teaching, that no one should obey but all should everywhere rise in revolt, and rush together to reform, or perhaps destroy entirely, the authorities, both ecclesiastical and lay? The articles below shall answer these godless and criminal faultfinders, and serve in the first place to remove the reproach from the word of God and, in the second place, to give a Christian excuse for the disobedience or even the revolt of the entire Peasantry. In the first place the Gospel is not the cause of revolt and disorder, since it is the message of Christ, the promised Messiah, the Word of Life, teaching only love, peace, patience, and concord. Thus, all who believe in Christ should learn to be loving, peaceful, long-suffering and harmonious. This is the foundation of all the articles of the peasants (as will be seen), who accept the Gospel and live according to it. How then can the evil reports declare the Gospel to be a cause of revolt and disobedience? That the authors of the evil reports and the enemies of the Gospel oppose themselves to these demands is due not to the Gospel, but to the Devil, the worst enemy of the Gospel, who causes this opposition by raising doubts in the minds of his followers; and thus the word of God, which teaches love, peace, and concord, is overcome. In the second place, it is clear that the peasants demand that this Gospel be taught them as a guide in life, and they ought not to be called disobedient or disorderly. Whether God grant the peasants (earnestly wishing to live according to his word) their requests or no, who shall find fault with the will of the Most High? Who shall meddle in his judgements or oppose his majesty? Did he not hear the children of Israel when they called upon him, and save them out of the hands of Pharaoh? Can he not save his own to-day? Yea, he will save them, and that speedily. Therefore, Christian reader, read the following articles with care, and then judge. Here follow the Articles:

The first Article.—First, it is our humble petition and desire, as also our will and resolution, that in the future we should have power and authority so that each community should choose and appoint a pastor, and that we should have the right to depose him should he conduct himself improperly. The pastor thus chosen should teach us the Gospel pure and simple, without any addition, doctrine, or ordinance of man. For to teach us continually the true faith will lead us to pray God that through his grace this faith may increase within us and become a part of us. For if his grace work not within us, we remain flesh and blood, which availeth nothing; since the Scripture clearly teaches that only through true faith can we come to God. Only through his mercy can we become holy. Hence such a guide and pastor is necessary, and in this fashion grounded upon the Scriptures.

The Second Article.—According as the just tithe is established by the Old Testament and fulfilled in the New, we are ready and willing to pay the fair tithe of grain. The word of God plainly provides that in giving according to right to God and distributing to his people the services of a pastor are required. We will that for the future our church provost, whomsoever the community may appoint, shall gather and receive this tithe. From this he shall give to the pastor, elected by the whole community, a decent and sufficient maintenance for him and his, according to the judgment of the whole community. What remains over shall be given to the poor of the place, as the circumstances and the general opinion demand. Should anything farther remain, let it be kept, lest any one should have to leave the country from poverty. Provision should also be made from this surplus to avoid laying any land tax on the poor. In[1] case one or more villages themselves have sold their tithes on account of want, and the village has taken action as a whole, the buyer should not suffer loss, but we will that some proper agreement be reached with him for the repayment of the sum by the village with due interest. But those who have tithes which they have not purchased from a village, but which were appropriated by their ancestors, should not, and ought not, to be paid anything farther by the village, which shall apply its tithes to the support of the pastors elected as above indicated, or to solace the poor, as is taught by the Scriptures. The small tithes, whether ecclesiastical or lay, we will not pay at all, for the Lord God created cattle for the free use of man. We will not, therefore, pay farther an unseemly tithe which is of man's invention.

The Third Article.—It has been the custom hitherto for men to hold us as their own property, which is pitiable enough, considering that Christ has delivered and redeemed us all, without exception, by the shedding of his precious blood, the lowly as well as the great. Accordingly, it is consistent with Scripture that we should be free and wish to be so. Not that we would wish to be absolutely free and under no authority. God does not teach us that we should lead a disorderly life in the lusts of the flesh, but that we should love the Lord our God and our neighbour. We would gladly observe all this as God has commanded us in the celebration of the Communion.[2] He has not commanded us not to obey the authorities, but rather that we should be humble, not only towards those in authority, but towards every one. We are thus ready to yield obedience according to God's law to our elected and regular authorities in all proper things becoming to a Christian. We, therefore, take it for granted that you will release us from

---

[1] The following two sentences are somewhat obscure in the original.
[2] Cf. St. John xiii.

serfdom, as true Christians, unless it should be shown us from the Gospel that we are serfs.

The Fourth Article.—In the fourth place it has been the custom heretofore that no poor man should be allowed to touch venison or wild fowl, or fish in flowing water, which seems to us quite unseemly and unbrotherly, as well as selfish and not agreeable to the word of God. In some places the authorities preserve the game to our great annoyance and loss, recklessly permitting the unreasoning animals to destroy to no purpose our crops, which God suffers to grow for the use of man, and yet we must remain quiet. This is neither godly nor neighbourly. For when God created man he gave him dominion over all the animals, over the birds of the air and over the fish in the water. Accordingly, it is our desire if a man holds possession of waters that he should prove from satisfactory documents that his right has been wittingly acquired by purchase. We do not wish to take it from him by force, but his rights should be exercised in a Christian and brotherly fashion. But whosoever cannot produce such evidence should surrender his claim with good grace.

The Fifth Article.—In the fifth place we are aggrieved in the matter of wood-cutting, for the noble folk have appropriated all the woods to themselves alone. If a poor man requires wood he must pay double for it [or, perhaps, two pieces of money]. It is our opinion in regard to a wood which has fallen into the hands of a lord, whether spiritual or temporal, that unless it was duly purchased it should revert again to the community. It should, moreover, be free to every member of the community to help himself to such firewood as he needs in his own home. Also, if a man requires wood for carpenter's purposes he should have it free, but with the knowledge of a person appointed by the community for that purpose. Should, however, no such forest be at the disposal of the community, let that which has been duly bought be administered in a brotherly and Christian manner. If the forest, although unfairly appropriated in the first instance, was later duly sold, let the matter be adjusted in a friendly spirit and according to the Scriptures.

The Sixth Article.—The sixth complaint is in regard to the excessive services demanded of us, which are increased from day to day. We ask that this matter be properly looked into, so that we shall not continue to be oppressed in this way, and that some gracious consideration be given us, since our forefathers were required only to serve according to the word of God.

The Seventh Article.—Seventh, we will not hereafter allow ourselves to be farther oppressed by our lords, but will let them demand only what is just and proper according to the word of the agreement between the lord and the peasant. The lord should no longer try to force more services or other dues from the peasant without payment, but permit the peasant to enjoy his holding in peace and quiet. The peasant should, however, help the lord when it is necessary, and at proper times, when it will not be disadvantageous to the peasant, and for a suitable payment.

The Eighth Article.—In the eighth place, we are greatly burdened by holdings which cannot support the rent exacted from them. The peasants suffer loss in this way and are ruined, and we ask that the lords may appoint persons of honour to inspect these holdings, and fix a rent in accordance with justice, so that the peasant shall not work for nothing, since the labourer is worthy of his hire.

The Ninth Article.—In the ninth place, we are burdened with a great evil in the constant making of new laws. We are not judged according to the offence, but sometimes with great ill will, and sometimes much too leniently. In our opinion we should be judged according to the old written law, so that the case shall be decided according to its merits, and not with partiality.

The Tenth Article.—In the tenth place, we are aggrieved by the appropriation by individuals of meadows and fields which at one time belonged to a community. These we will take again into our own hands. It may, however, happen that the land was rightfully purchased, but when the land has unfortunately been purchased in this way, some brotherly arrangement should be made according to circumstances.

The Eleventh Article.—In the eleventh place we will entirely abolish the due called Todfall [i.e. heriot], and will no longer endure it, nor allow widows and orphans to be thus shamefully robbed against God's will, and in violation of justice and right, as has been done in many places, and by those who should shield and protect them. These have disgraced and despoiled us, and although they had little authority, they assumed it. God will suffer this no more, but it shall be wholly done away with, and for the future no man shall be bound to give little or much.

Conclusion.—In the twelfth place it is our conclusion and final resolution, that if any one or more of the articles here set forth should not be in agreement with the word of God, as we think they are, such article we will willingly recede from, when it is proved really to be against the word of God by a clear explanation of the scripture. Or if articles should now be conceded to us that are hereafter discovered to be unjust, from that hour they shall be dead and null and without force. Likewise, if more complaints should be discovered, which are based upon truth and the scriptures, and relate to offences against God and our neighbour, we have determined to reserve the right to present these also, and to exercise ourselves in all Christian teaching. For this we shall pray God, since He can grant these, and He alone. The peace of Christ abide with us all.

No. 84. Melanchthon on Luther's Marriage.

From *Melanchthon's letter to Camerarius.*—Εὖ πράττειν. Ὅτι μὲν ἔμελλε πρὸς ὑμᾶς ἡ φήμη οὐχ ὅμοια περὶ τοῦ γάμου τοῦ Λουθέρου ἀγγεῖλαι, ἔδοξέ μοι περὶ αὐτοῦ ὡς γνώμης ἔχω σοι ἐπιστέλλειν. Μηνὸς ἰουνίου ἡμέρᾳ ιγ΄ ἀπροσδοκήτως ἔγημε τὴν Βορείαν ὁ Λούθερος, μηδενὶ τῶν φίλων τὸ πρᾶγμα προτοῦ ἀναθέμενος, ἀλλ' ἑσπέρας πρὸς δεῖπνον καλέσας τὸν Πομερανιέα καὶ Λουκᾶν τὸν γραφέα καὶ τὸν Ἀπελλον μόνους ἐποίησε τὰ εἰθισμένα προτέλεια. Θαυμάσειας δὲ ἂν τούτῳ τῷ δυστυχεῖ χρόνῳ καλῶν κἀγαθῶν ἀνδρῶν πάντοτε ταλαιπωρούντων τοῦτον οὐ συμπάσχειν, ἀλλ' ὡς δοκεῖ μᾶλλον τρυφᾶν καὶ τὸ αὐτοῦ ἀξίωμα ἐλαττοῦν, ὅτε μάλιστα χρείαν ἔχει ἡ Γερμανία φρονήματός τε καὶ ἐξουσίας αὐτοῦ. Ἐγὼ δὲ ταῦτα οὕτω πως γενέσθαι οἶμαι. Ἔστιν ὁ ἀνὴρ ὡς μάλιστα εὐχερὴς καὶ αἱ μοναχαὶ πάσῃ μηχανῇ ἐπιβουλευόμεναι προσέσπασαν αὐτόν. Ἴσως ἡ πολλὴ συνήθεια ἡ σὺν ταῖς μοναχαῖς, κἂν γενναῖον ὄντα καὶ μεγαλόψυχον, κατεμάλθαξε ἢ καὶ προσ[επ]έκαυσε· τοῦτον τρόπον εἰσπεσεῖν δοκεῖ [μοι] εἰς ταύτην τὴν ἄκαιρον βίου μεταβολήν. Θρυλλούμενον δέ, ὅτι καὶ προτοῦ ⟨ἔκυ⟩σεν αὐτήν, ἐψεῦσθαι δῆλόν ἐστι. Νυνὶ δὲ καὶ τὸ πραχθὲν μὴ βαρέως φέρειν δεῖ καὶ ὀνειδίζειν. Ἀλλὰ ἡγοῦμαι ὑπὸ φύσεως ἀναγκασθῆναι γαμεῖν. Οὗτος δὲ βίος ταπεινὸς μὲν ἀλλ' ὅσιός ἐστι καὶ Θεῷ μᾶλλον τοῦ ἀγάμου ἀρέσκει. Καὶ ὅτι αὐτὸν τὸν Λούθερον ἐπίλυπόν πως ὄντα ὁρῶ καὶ ταραχθέντα διὰ τὴν τοῦ βίου μεταβολήν, πάσῃ σπουδῇ καὶ ἐννοίᾳ ἐπιχειρῶ παραμυθεῖσθαι, ἐπειδὴ οὔπω ἔπραξέ τι, ὅπερ ἐγκαλεῖσθαι ἀξιῶ ἢ ἀναπολόγητον δοκεῖ· ἔτι δὲ τεκμήριά τινα ἔχω τῆς εὐσεβείας αὐτοῦ, ὥστε κατακρίνειν οὐκ ἐξεῖναι. Ἔπειτα ἂν μᾶλλον ηὐχόμην αὐτὸν ταπεινοῦσθαι ἢ ὑψοῦσθαι καὶ ἐπαίρεσθαι, ὅπερ ἐστιν ἐπισφαλές, οὐ μόνον τοῖς ἐν ἱερωσύνῃ ἀλλὰ καὶ πᾶσιν ἀνθρώποις. Τὸ γὰρ εὖ πράττειν ἀφορμὴ τοῦ κακῶς φρονεῖν γίγνεται οὐ μόνον, ὡς ὁ ῥήτωρ ἔφη, τοῖς ἀνοήτοις ἀλλὰ καὶ τοῖς σοφοῖς· πρὸς τούτῳ καὶ ἐλπίζω, ὅτι ὁ βίος οὑτοσὶ σεμνότερον αὐτὸν ποιήσει, ὥστε καὶ ἀποβαλεῖν τὴν βωμολοχίαν ἧς πολλάκις ἐμεμψάμεσθα. Ἄλλος γὰρ βίος ἄλλην δίαιταν κατὰ παροιμίαν καταστήσει. Ταῦτα πρός σε μακρολογῶ, ὥστε μή σε ὑπὸ παραδόξου πράγματος ἄγαν ταράττεσθαι. Οἶδα γὰρ ὅτι μέλει σοι τοῦ ἀξιώματος τοῦ Λουθέρου, ὅπερ νυνὶ ἐλαττοῦσθαι ἀχθεσθῄσῃ. . . .

No. 85. Erasmus on the same.

Letter of Erasmus, 21 March 1528.—. . . Nuper Oecolampadius duxit uxorem, puellam non inelegantem. Vult, opinor, affligere carnem. Quidam appellant Lutheranam Tragoediam. Mihi videtur esse Comoedia : semper enim in nuptias exeunt tumultus. . . .

No. 86. The Treaty of Madrid, 14 Jan. 1526.

[*Article* XXVI.] Item, pour ce que, comme dessus est dit, la principale intention desdits Seigneurs Empereur et Roy Très-Chrestien a esté et est de par cettedite Paix particulière pouvoir parvenir à l'universelle, et par consequent aux emprises contre les Turcs et autres Infidèles et autres Heretiques alienez du greme de nostre Mere Saincte Eglise, comme la necessité le requiert, et que nostre Sainct Père le Pape l'a par plusieurs fois exhorté et persuadé ; et pour ensuivre et mettre en œuvre lesdites exhortations et persuasions, a esté traitté, accordé et appointé que lesdits Seigneurs Empereur et Roy Très - Chrestien d'un commun accord et consentement, et par leurs communs Ambassadeurs, supplieront par ensemble nostredit Sainct Père le Pape, qu'il veuille sur ce choisir et indire une journée la plus brieve que faire se pourra, et escrire de sa part à tous Roys, Princes et Potentates Chrestiens, pour envoyer à ladite journée et assemblée leurs Deputez et Commis avec plein et suffisant Pouvoir, tant pour traitter de ladite Paix universelle de tous les Chrestiens, que pour dresser tous les moyens convenables pour lesdites emprises et expeditions tant contre lesdits Turcs et Infidèles que contre lesdits Heretiques alienez du greme de la Saincte Eglise. . . .

XXIX

THE DIET OF SPEIER, 1526

Alarmed by the Peasants' Revolt, George Duke of Saxony united at Dessau, 19 July 1525, with the Electoral brothers Albert of Mainz, †1545, and Joachim of Brandenburg, †1535, and the two Dukes Eric of Brunswick-Calenberg, 1495-†1540, and Henry of Brunswick-Wolfenbüttel, 1514-†1568, to 'extirpate the root of this disturbance, the damned Lutheran sect' (W. Friedensburg, *Zur Vorgeschichte des Gotha-Torgauischen Bündnisses*, Beilage I, 113). Early in 1526 Duke Henry went to secure the Emperor's support, which was promised in his admonition of 23 March 1526 (Neudecker, *Urkunden aus der Reformationszeit*, No. 5).

Thus menaced the Elector and the Landgrave drew together, 27 Feb. 1526, in Gotha (Friedensburg, 105). Their alliance was ratified 2 May, as the League of Torgau (Dumont, *Corps diplomatique*, IV. i. 449 sqq.); and was then expanded at Magdeburg by the admission, 12 June, of Philip Duke of Brunswick-Grubenhagen, 1486-†1551, Dukes Otto, †1549, Ernest, †1546, and Francis, †1549, of Brunswick-Lüneburg, Henry Duke of Mecklenburg-Schwerin, 1503-†1552, Wolfgang Prince of Anhalt-Köthen, 1508-1562, and the Counts Gebhardt, †1558, and Albert, †1560, of Mansfeld (*ibid.* 455 sq.), and, 25 June, of the city of Magdeburg (*ibid.* 457 sq.).

Sides were thus taken when it became known, 24 June (Friedensburg, *Der Reichstag zu Speier*, 268) that by the [No. 87] **League of Cognac**, 22 May (Dumont, *ib.* 451 sqq.), the Emperor was again at variance with the Pope. Next day the Diet opened, 25 June, under the presidency of Ferdinand, with [No. 88] **the Proposition** (Friedensburg, *Reichstag zu Speier*, Anhang VI. 523 sqq.). The old project of a common programme of reforms reappeared, for the last time, 14 July, in the report of a committee of the Princes (Ranke, *Ref.* 423 sq. and Friedensburg, 349, n. 1). Its adoption might have secured a Germany united by means of a national assembly, had not parties now taken too definite a shape for this. Ferdinand cut short the discussion by producing, 1 Aug., instructions dated from Seville 23 March (Friedensburg, 371, n. 2) in which the Emperor forbade innovations, promised to arrange with the Pope for a Council, and demanded the execution of the Edict of Worms. Thereupon [No. 89] **the Cities** declared, 4 Aug., that such a course was impossible (Friedensburg, Anhang XI. 552 sqq.); and as it proved equally impracticable to execute the Edict in the Evangelical States and to repeal it in the Catholic, the Diet, at the suggestion of the Princes, 7 Aug. (*ibid.*, Anhang XII. 556), fell back by its [No. 90] **Recess** of 27 Aug. (Walch, *Luthers Schriften*, xvi, col. 268, No. 809, § 4) on Territorialism as the only remaining alternative. Its decision was hastened by the advance of the Turk. On 23 April Solyman, 1520-†66, marched out of Constantinople and overthrew Louis II, King of Bohemia and Hungary, 1516-†26, at Mohacz, 29 Aug. 1526.

No. 87. The League of Cognac, 22 May 1526.

Quum multos iam annos diutinis et continuis bellis vexata Christiana Respublica ... Quod perpendens ... S. D. N. Clemens VII Pont. Max. ac Pastor vigilantissimus nihil praetermittere ... decrevit quo Reipublicae Christianae saluti ... consuleret, veramque et stabilem pacem inter Christianos Principes constitueret.... Quum autem multa tentasset, tandem certior factus Serenissimum ... Principem Franciscum, Francorum regem Christianissimum, a captivitate qua ab Imperatore detinebatur liberatum fuisse : ... eius nuncium ad eum destinavit ... ut de pace ... componenda ageretur.... Quod animadvertens Illustrissimus Venetiarum Dux, Andreas Gritti,[1] inclitumque Venetorum Dominium, necnon Illustrissimus Princeps Franciscus Sforcia,[2] Mediolani Dux, pacis istius percupidi ... nuncium ... ad eundem ... Regem destinarunt ad eos fines eademque de causa qua Summus Pontifex. Quibus tandem per Christianissimum Regem auditis ... factum est ut ... procuratores constitueret ... super iam dicta capitulatione fienda. Omnibus demum ... consideratis, praedicti nuncii et procuratores pro et nomine S. D. N. Papae, Christianissimi Francorum Regis, Illustrissimi Ducis inclitique Venetorum Dominii necnon Illustrissimi Mediolani Ducis pacis tractatum inierunt et concluserunt etiam pro Imperatore, Rege Angliae aliisque Christianis Principibus ... qui hunc tractatum ingredi voluerint. ...

I. Imprimis conveniunt ... praedicti contrahentes sese nullo modo ... laedere aut perturbare, neque ullum auxilium ... praestare aliquibusvis eorum hostibus ... imo illorum resistere conatibus ac sese invicem suaque regna et dominia defendere quae de praesenti tenent ... uti bonos ... amicos ... decet. ... Pollicenturque omnes praedicti S. D. N. Papae assistere, eiusque dignitatem ac personam defendere adversus quemcumque illam perturbare ... volentem. ...

II. Conventum est, ut relinquatur honorificus locus ingrediendi hoc sanctissimum foedus, si libuerit, imprimis Serenissimo ... Principi Carolo, Imperatori electo, et Serenissimo Angliae Regi, non modo ut contrahenti, sed etiam ut praesentis foederis Protectori, si assensum praebuerit ; atque Illustrissimo Domino Ferdinando, Austriae Archiduci, caeterisque ... Principibus ... Christianis. Non recipietur tamen ... supradictus Im-

---

[1] 1523-8. [2] 1521-†35 [Imperial occupation 1525-9].

perator nisi prius . . . Chr. Regis filios quos tenet obsides restituerit . . . et Mediolani Ducatum Duci Mediolanensi praedicto reliquerit liberum . . . neque Italiam ad se coronandum aut aliquovis modo ingrediatur nisi cum tali . . . comitatu qui videbitur aptus et conveniens tum S. D. N. Papae tum Ill. Duci inclitoque Venetorum Dominio . . . : et quod Regi Angliae . . . ea solvetur pecuniae summa quae sibi ab ipso debetur Imperatore.

XV. Promittunt et pollicentur praedicti confoederati, quod si Imperator electus denegaret aut protelaret peragere ea quae in secundo . . . articulo continentur, quod statim . . . dicti contrahentes invadent . . . Regnum Neapolitanum cum viribus tam terrestribus quam maritimis. . . . Quodsi Imperator electus ab ipso Regno Neapolitano pellatur et eius exercitus illinc eiiciatur, manebit quidem illud Regnum ad S. D. N. Papae arbitrium. . . .

Actum Cogniaci, die 22 Maii 1526.

No. 88. The Proposition, or Speech from the Throne, 25 June 1526.

(i) First, it is the gracious and express will, desire, and command of our most gracious Lord, His Imperial and Royal Spanish Majesty aforesaid, that the Electors, Princes, and Estates of the Holy Empire, together with the aforementioned commissioners and deputies of His Majesty, should at this present Diet deliberate, consider, and finally by common conference resolve upon, measures, ways, and means whereby the Christian faith and the well-established good Christian practice and order of the Church in general may be maintained until the meeting of a free Council, and here among the members of the Holy Empire unity of each with all may be secured : how, moreover, transgressors may be punished for their offences and, should one forcibly resist the punishment, how the authorities may assist each other : so that the Imperial Edict resolved upon by the above commissioners, together with the Estates of the Empire, may be observed by each and all, and obtain immediate execution.

No. 89. The declaration of the Cities, 4 Aug. 1526.

Most gracious, gracious, and worshipful Sirs,—The information which the Viceroy and Commissioners of His Imperial Majesty recently communicated, by word of mouth and then in writing, to your Electoral and Princely Graces and other the worshipful Estates of the Holy Empire, we the representatives of the Free Imperial Cities, have obediently received, together with the articles of the Imperial Instructions concerning our holy Christian faith.

We observe that the said articles aim specially at this, that nothing in this Diet shall be undertaken or concluded to the injury of our holy Christian faith or to the laws or ancient customs of the Church, its doctrine, order, ceremonies, and usages: but that these shall, in accordance with His Majesty's Edict at Worms, be, throughout the Empire, maintained, executed, and ordained to be used, with the proviso that His Imperial Majesty will shortly repair to Rome to His Holiness the Pope, and with him will, as is fitting, announce and proclaim a General Council and common assembly of Christendom.

Now we, the representatives of the Free Cities of the Empire, willingly obedient in all subjection to His Majesty, as our right, only, and natural lord, in all that may forward the peace and unity of the Holy Empire, acknowledge ourselves also bound thereto. But your Electoral and Princely Graces know to what a great and grievous extent the errors, discords, and disagreements in the matter of the aforesaid articles, especially in respect of ceremonies and abuses, have of recent years increased and multiplied: and how impossible it has hitherto proved, and, as it may be presumed, will yet prove more impossible, to execute the Imperial Edict of Worms, as lately, at the Diet of Nürnberg, was by your Graces resolved in reply to the Papal Envoy.

We, therefore, the representatives of the Free Cities, doubt not but that . . . His Imperial Majesty will himself graciously consider that it would be extremely grievous, in the matter of ceremonies and abuses, to persist in imposing the Edict of Worms until a General Council.

Further, the date of His Majesty's Instructions is the twenty-third day of March last, at which time His Majesty was at one with His Holiness the Pope. But, as we are now informed, His Holiness has at this moment an army in the field against His Majesty. For this and other reasons we cannot suppose that a General Council or other common assembly of Christendom can, as His Imperial Majesty intended, be proclaimed and brought together. . . .

No. 90. The Recess of the Diet, 27 Aug. 1526.

§ 4. Thereupon have we [the Commissioners], the Electors, Princes, Estates of the Empire, and ambassadors of the same, now here at this present Diet, unanimously agreed and resolved, while awaiting the sitting of the Council or a national Assembly [i.e. without tarrying for the return of the deputation][1] with our subjects, on the matters which the Edict published by His Imperial Majesty at the Diet holden at Worms may concern, each one so to live, govern, and carry himself as he hopes and trusts to answer it to God and His Imperial Majesty.

XXX

THE ORGANIZATION OF THE LUTHERAN COMMUNITIES, 1526-9

The years that followed the Recess of Speier were years of reconstruction. This was possible (1) because the Hapsburgs were preoccupied with politics. Thus (*a*) the Emperor was absorbed in his quarrel with the Pope, which led to the sack of Rome, 6 May 1527, and his second war with Francis, 1528-9, and (*b*) his brother Ferdinand in the effort to secure his position on the eastern frontier of the Empire. Though heir, by right of his wife, Anne of Poland, †1547, to both the thrones of her brother Louis, Ferdinand thought well to secure them by election, and so he was crowned King of Bohemia 24 Feb., and of Hungary 3 Nov. 1527. Henceforth his adversary was not Lutheranism, but the Turk. It was further possible (2) because the Lutherans thus found themselves free to put their own interpretation upon the Recess. They claimed e.g. at the Synod of Homberg, 20 Oct. 1526, that according to it they might make ecclesiastical regulations ' de quibus parati sumus Deo et Caesari ex Dei verbo reddere rationem ' (Richter, *Kirchenordnungen*, i. 56).

I. In 1525, Prussia, though outside the Empire, led the way. Margrave Albert of Brandenburg, †1568, who, as Grand Master, 1511-25, of the Teutonic Order, lived in Königsberg and ruled over Eastern Prussia, secularized its territories and received them back as an hereditary Dukedom under the suzerainty of Poland 9 April 1525 (Tschackert, *Urkundenbuch zur Reformationsgeschichte des Herzogthums Preussen*, No. 344, vol. ii. 116). The lands of the order were covered by two dioceses, and by this time had been reformed through the efforts of two bishops. George von Polentz, Bishop of Samland, 1519-†50, put out a [No. 91] **Mandate** of

[1] Of the Diet to the Emperor. It was resolved upon 7 Aug. The minutes of the Diet and its instructions for the deputation are given in Friedensburg, *op. cit.*, Anh. XII, XIII.

28 Jan. 1524 (Tschackert, No. 176, ii. 49) which Luther contrasts with a pronouncement from the other side by the neighbouring prelate in Western (or Polish) Prussia, Maurice Bishop of Ermland 1523–†37 (Lutheri *Op. Lat.* vii. 66 sqq.), and then wrote of its author 1 Feb. 'Sed et episcopus tandem unus Christo nomen dedit et evangelizat in Prussia, nempe Sambiensis, quem fovet et erudit Io. Brismannus quem illuc misimus abiecto cucullo ut et Prussia regno Satanae valedicere incipiat' (de Wette, ii. 474). A year later Erhard von Queiss, nominated (Tschackert, No. 134, ii. 35), but never confirmed, Bishop of Pomesania, 1523–†29, put out his [No. 92] **Programme of Reforms**, 1 Jan. 1525 (Tschackert, ii. 101, No. 300). The prelates were aided by the preachers, who arrived in Königsberg 1523–4 (*ibid.*, Nos. 141, 237), Jo. Briessmann 1488–†1550, and Paul Speratus, 1484–†1551. Prussia thus acquired its new religion and its new political status together, as was observed in [No. 93] **a letter of Andrew Bishop of Premysl**, 1524–7, to the Nuncio in Hungary (*Acta Tomiciana*, vii. 249). On 30 May 1525 the Bishop of Samland (Tschackert, ii. 120, No. 356), and 23 Oct. 1527 the Bishop of Pomesania (*ibid.* ii. 194, No. 565) each gave up his temporal lordship. They retained their spiritual jurisdiction—administered now, as before, by officials—till, 1550, Superintendents were substituted for Bishops because they were cheaper (*ibid.* i. 113; iii. 263, No. 2374). On 6 July 1525 the Duke issued his mandate for evangelical preaching (*ibid.* ii. 126, No. 371). This was followed up, 10 Dec., by thirteen articles of the Diet (*ibid.* ii. 142, No. 417), and by an episcopal order, based on the fourth of these, for *Ceremonies and other Church Order* (Richter, *Kirchenordnungen*, i. 28; cf. Tschackert, i. 129). It was published March 1526 (*ibid.* i. 129 and ii. 142, No. 418), being modelled, in part, on Luther's *Formula Missae*. These reforms were enforced by a Visitation (*ibid.* i. 133, ii. 157, Nos. 459, 460) 31 March; and in [No. 94] **the ducal** (*ibid.* i. 168, n. 1, ii. 235, No. 699) **and episcopal** (*ibid.*, No. 700) **prefaces** to the Synodal Constitutions of Jan. 1530, Speratus, now 'bishop' of Pomesania, set out the theory of the authority by which they had been carried through (cf. Richter, *Geschichte der ev. Kirchenverfassung*, 36). On 29 Sept. 1526, the Duke had been received into the League of Torgau (Tschackert, ii. 175, No. 515).

II. In Electoral Saxony Luther's first ideal, as we have seen (*supra*, 121 sqq.), had been to leave each community free (de Wette, ii. 563); and this freedom he used to put out his [No. 95] **German Mass and Order of Divine Service** (Sehling, *op. cit.* I. i. 10 sqq.) first sung in Wittenberg 29 Oct. 1525 (de Wette, iii. 36) and published Jan. 1526. But after the Peasants' War he began to look, for ecclesiastical discipline, to regulation by the State, 30 Nov. 1525 (*ibid.* iii. 39, 51). On 22 Nov. 1526, since 'papal and episcopal discipline was gone' (*ibid.* iii. 136), he begged the Elector to take matters in hand. Four commissioners were accordingly appointed, 13 Feb. 1527, and provided, 16 June, with Instructions (Sehling,

LUTHERAN COMMUNITIES, 1526-9   187

I. i. 35, 142 sqq.): but they presently reported their powers insufficient (*ibid.* 36). On 22 March 1528 fresh [No. 96] **Instructions to Visitors** (*ibid.* 149 sqq.) appeared. (We print below extracts from the Latin translation in Seckendorf, *Commentarius de Lutheranismo*, II. xiii, § 36.) They were the work of Melanchthon, with a preface by Luther; and were administered by six different commissions in as many districts of the Electoral territory, 1528-9 (*ibid.* 41 sqq.). The state of things which called them forth is hinted in Luther's preface to [No. 97] **The Short Catechism** (Wace and Buchheim, *Luther's Primary Works*, 1 sqq.) of July 1529, which superseded his *Greater Catechism* of the previous spring (*ibid.* 24 sqq.), and practically completed the new ecclesiastical institutions of Saxony. To them 'the whole of Lower Germany adhered' with but 'slight variations' (Ranke, *Ref.* 473).

III. Other states and cities followed in the wake of Saxony. Thus (*a*) Brandenburg-Anspach was conservative. Its rulers, since 1515, were the two elder brothers of Albert Duke of Prussia, Margraves Casimir, †1527, a Catholic, and George, †1543, a Lutheran. At the Diet of Anspach, 4 Oct. 1526, advantage was taken of the Recess of Speier so far as to lay down that preachers should confine themselves to the pure Word of God, but the Mass was to continue and there was to be nothing preached against it 'as if in the holy Sacrament of the altar the body and blood of Christ were not present' (Richter, *Kirchenordnungen*, i. 52). At a second Diet, however, 1 March 1528, George established the new order of things; and in 1533 there appeared the Church Order of Brandenburg-Nürnberg (*ibid.* i. 176) which had some influence on the English Prayer Book (Dowden, *The Workmanship of the Prayer-Book*, pp. 30, 41) and became the parent of an important family of Church Orders (Herzog, *Realencyclopädie*, x. 460, 3 ed. 1901).

(*b*) Hesse was at first revolutionary; for the Synod of Homberg, 20 Oct. 1526, proposed in the [No. 98] **Reformatio ecclesiarum Hassiae** (Richter, *Kirchenordnungen*, i. 56 sqq.) a scheme of Church government which was elaborated by Francis Lambert, 1487-†1530, a convert of Zwingli and a pupil of Luther. It was based upon the independence of each Christian community, combined with the strictest discipline. This was to apply Luther's own earlier ideals; but 'he had already renounced them' (Ranke, *Ref.* 461). He now dissuaded the Landgrave, 7 Jan. 1527, from giving effect to the proposals of the Synod as impracticable and premature (de Wette, vi. 80); and the Saxon ordinances took their place (Ranke, *Ref.* 468; Richter, *Kirchenordnungen*, i. 163) from 1528.

(*c*) Brunswick-Lüneburg, under Duke Ernest, became Lutheran in 1527 (Richter, *ibid.* i. 70).

(*d*) Of the Cities, Brunswick accepted the new order of things in 1528, and [No. 99] **The Brunswick Church Order** (*ibid.* i. 106 sqq.), for which Bugenhagen drew upon the Saxon Instructions of 16 June 1527, became the model of a second and generally conservative group of Ordinances (Herzog, x. 460; cf. Ranke, *Ref.* 668) in Hamburg 1529, Lübeck 1531, Pomerania 1535, and Schleswig-Holstein 1542. The 'Gotteskasten', as at Leisnig, were important features in these arrangements.

No. 91. Mandate of the Bishop of Samland, 28 Jan. 1524.

Georgius solius Dei gratia Episcopus Sambiensis Honorandis nobis in Christo dilectis plebanis in Fischhausen[1] ad S. Adalbertum ceterisque singulis quibus hoc mandatum est offerendum, salutem in Domino.

Haud quaquam vos ignorare arbitramur quam foede misereque a multis annis collapsa sit Christiana orthodoxaque religio, quandoquidem etiam ii qui Christiano nomine appellantur non plus nunc tenent Christianae intelligentiae quam ii qui a Christo sunt alienissimi, immo proh dolor multi reperiuntur sexagenarii atque decrepiti qui nesciunt quid in se contineat baptismi professio. Quam quidem ignorantiam magna ex parte huic consuetudini imputandam existimamus, quod ignota vulgo lingua, id est latina tantum, hactenus apud nostros baptizatum sit. Siquidem nihil prosunt circumstantibus sancti baptismi et exorcismi verba, ignoto sermone prolata, quae etiam fortassis ne ipse quidem qui baptizat satis exacte intelligit. Quid enim utilitatis aut fructus accedat auditoribus, cum non intelligant quid sit quod sermone ipsis incognito profertur? Nec solum inutile verum etiam molestum fuit circumstantibus audire presbyterum verba ipsis non intellecta sonantem. Par est non ignorare quid sit ad quod respondes. Quid igitur respondebunt circumstantes, si nesciant quid interroget aut dicat baptizans? Accedit ad hoc nec defuisse eos qui in re tam seria tam pia tam sancta divinaque ob sermonis imperitiam saepiuscule ad levitatem atque cachinnos concitati sunt.

Proinde vos omnes hortamur in Christo, rebellibus denique si qui forent, quod absit, mandamus, secundum potestatem quam Dominus dedit nobis in aedificationem et non in destructionem, ut in concionibus vestris promissiones divinas et baptismi vim populo accurate explicetis et frequenter inculcetis, et facta populi instructione lingua deinceps vernacula baptizetis, maxime apud quas Teutonica lingua[2] viget. Sic itaque bapti-

[1] The episcopal residence on the Frische Haff.
[2] The non-Teutonic, i. e. original, inhabitants at this time were Masurians, Letts, Kures; for whom 'Interpreters' were to be provided according to the Church Order of 1526.

zantis et exorcizantis vox penetrabit animos audientium. Hoc proderit nedum infantulo, sed etiam circumstantibus, ut in dies reddantur firmiores ac se ipsis meliores. Sicut enim Deus per omnes omnium gentium linguas vult Evangelium et promissiones sanctas divulgari, ita quoque variis linguis ac diversis labiis sua cupit sacramenta conferri. Quid enim prodest sacramentum sine verbo et fide? Porro, quod ad reliquas forte linguas attinet, ut sunt Lithuanica, Prutenica atque Sarmatica, dabimus operam, Christo propitio, ne ipsis quoque desit Christiana institutio.

Ut vero Christum praedicaturi manuductionem quandam in divinas litteras habeatis, consulimus vobis ut lucubrationes aliquot praeclarissimi Doctoris Martini Lutheri diligenter et pio animo legatis, nempe veteris et novi Testamenti factam ab eo translationem, item de libertate Christiana, de bonis operibus, explicationes Evangeliorum et Epistolarum quas Postillas vulgo vocant, opusculum super cantico Virginis, *Magnificat*, cum reliquis operationibus eiusdem Lutheri in Psalmos, etc. Quod si feceritis, proculdubio fructum non mediocrem sentietis. Gratia Dei sit cum omnibus vobis. Amen.

In cuius rei testimonium praesens nostrum mandatum Officiolatus nostri sigillo iussimus communiri. Datum in ecclesia nostra Sambiensi, XXVIII Ianuarii anno MDXXIIII.

No. 92. Programme of reforms of the Bishop of Pomesania, 1 Jan. 1525.

Themata Episcopi Risenburgensis.[1]

1. Hitherto ye have held seven sacraments, but not rightly. Henceforward faith must be before all things the foundation of your salvation, and ye must have no more sacraments than Christ ordained, namely, Holy Communion and Holy Baptism.

2. Henceforward no ban shall hold good which burdens the conscience without ground in God's Word, and is of force only by human institution.

3. Henceforward no confession (auricularis scilicet confessio) shall be made to the priest, whereby a man is bound to make known all his sins.

4. Henceforward there shall be no pilgrimages nor wanderings to holy places, since they aid no man's salvation.

[1] The bishop's residence was at Riesenburg in West Prussia.

5. Henceforward no processions shall be held, for they have no ground in God's Word.

6. Henceforward no ringing nor singing nor Masses nor Vigils for the dead are to be held: for they are of no use, and of no avail.

7. Henceforward no water, salt, ashes, palms, tapers, greenery, and the like are to be hallowed: for it is all nonsense and no good.

8. There are to be no obsequies and celebrations for the dead, and no prayers for them. For they are in God's hand and judgement.

9. There are to be no more Orders, neither monks nor nuns; but only such Orders as war against unbelievers and heathen, like the Teutonic Order.[1]

10. Bishops shall continue and remain; not anointing-bishops nor ordaining-bishops, but such as preach and teach and expound the pure word of God and preside over the Church.

11. Henceforward there are to be no superstitious distinctions made of days and seasons, with all sorts of Feast Days, Fridays, Saturdays, Ember Days, Fast Days, and so on; but every day alike shall be the Lord's Day, for eating flesh or fish as every man likes or finds necessary, or according as the good God may bestow it.

12. Easter, Whitsuntide, and Christmas, together with Sundays, are to be kept in Christian fashion, as is conformable to God's Word and order. Other such Holy Days as are not grounded in God's Word and keep men from their daily work and calling are sheer nonsense and fables, and conduce to bad example.

13. Hymns and prayers in church are to be in German, so that every man may understand. *Salve regina* is not to be sung, for it conduces to God's dishonour. Holy Baptism is to be administered in German, without chrism and oil.

14. Tithes are not to be given to priests who do not serve their office, but those who minister at the altar are to be paid from the altar.

15. In no church shall the Consecrated Bread be reserved nor taken for God's Body except at the Communion, according to Christ's institution, nor carried about.

16. Pictures in houses and churches are not to be prayed to, nor to have any candles lit before them.

---

[1] They were founded for this purpose, and conquered the territories afterwards ruled by them in 1230-83.

17. Allowing and forbidding of marriage on account of sponsorship is mere nonsense, and not grounded in God's Word.

18. Brotherhoods and guilds are to direct and lay out their endowments, not on the Mass, but on the maintenance of the poor and other pious uses.

19. The daily Mass is an abomination to God : so henceforward it is not to be observed in any church or anywhere.

20. When a man desires to go to Holy Communion, he must cause the priest, his confessor, to inform him out of God's Word, and must also inform himself, how he should receive and take the bread and wine according to Christ's institution in both kinds.

21. If any one thinks that he can make satisfaction for his sins himself or can save himself apart from the merits of Christ, *anathema esto*, let him be damned !

22. All priests and monks and nuns are at liberty to leave their orders and marry.

No. 93. Letter of Andrew, Bishop of Premysl.

Audio te mirari, mi Baro, Magistrum Ordinis quem vocant Sanctae Mariae Teutonicorum ducem in Prussia creatum, eamque metamorphosim non probari a te, hoc nomine, quod et a religione et a piis studiis Serenissimi Regis nostri[1] quodammodo aliena videatur. Quare ut cognoscas nihil cum ab ipso religiosissimo principe tum a senatu nostro actum esse perperam et inconsulte, explicandas tibi duxi succincte causas et rationes quae nostros ad eam pacem conficiendam adduxerunt.

Primum, mi Baro, constat ferme universo orbi hanc controversiam Pruthenicam et tot proelia, tot lites, tot turbas quae etiam universam rempublicam Christianam concutiebant, non alia de causa obortas quam quod Reges Poloniae terras Prussiae utpote suas hereditarias asserebant, Magistri vero et Ordo ille Regibus Poloniae uti hereditariis dominis parere et subesse reluctabantur, donec, Superis iustitiam nostram adiuvantibus, res eo venisset ut Ordo ipse, cuius imperium adeo excreverat ut maximis quibusque regibus par censeretur, succumberet tandem et cum tota ditione sua in subiectionem Regibus et regno Poloniae solemni concordia et pace perpetua cederet. . . . Cum vero constitutum esset in conventu generali novissimo neque pacem neque indicias cum ipso Ordine ineundas,

[1] Sigismund I, 1506-†48.

sed illum ex terris illis exturbandum : quandoquidem eo
durante nullam unquam pacem vel concordiam firmam fuisse
futuramque esse in posterum satis experimento constaret, discrimen vero commune cum regno Ungariae suaderet concordiam
qualemcunque faciendam et arma in Turcos convertenda, nihil
optabilius et magis ex usu accidere potuisse quam et Ordinem,
non minus quam olim Templarios noxium, a semetipso sine
bellico strepitu destrui, et pacem, rei Christianae pernecessariam,
confici, hoc uno turbarum fomite e medio sublato, neque Pontificem neque Caesarem aut nationem Germanicam ullam iustam
causam adversus Polonos quidquam agendi habituros, cum Ordo
is esset qui modo Pontificiam, modo Caesaream aut nationis
Germanicae auctoritatem et ius praetexendo et interim terras
Regni Poloniae hereditarias occupando, hanc omnem Camarinam movere consuevisset. Quod si maxime liberet cuiquam
Polonos eam ob rem impetere, illos, uti hactenus fecerunt, constanter ac intrepide iustitiam ac hereditatem suam defensuros
esse.

Quod autem ad religionem attinet, significatum iam pridem
fuisse Summo Pontifici Lutheranismum apud ipsum Ordinem
sacrosanctum, Romanam vero ecclesiam exsecrabilem esse, plerosque commendatores, quos vocant, et sacrificos nubere, altaria
et imagines demolitas, ceremonias et ritus ecclesiasticos sublatos,
sacra omnia profanata, haecque non modo non animadversa et
correcta esse per eius Sanctitatis aut Caesaream auctoritatem,
sed etiam ab utraque hactenus Ordinem ipsum adversum nos,
Sedi Apostolicae fidos et obsequentes continueque cum Infidelibus decertantes, fotum esse et adiutum. Neque Serenissimum
Regem neque ullum Polonum occasionem dedisse, neque
etiamnum dare Ordini religionis abiiciendae, suum dumtaxat
ius ab illo exigere, satis esse regnum et dominia regni Poloniae
ab hac peste heretica, iam ubique in vicinia grassante, tueri et
conservare. De aliis viderint illi, ad quos magis pertinet. . . .

Talibus utrinque rationibus tota ferme Quadragesima per
senatum nostrum . . . disputatis, conventum est tandem : nullam
unquam pacem aut inducias firmas cum Ordine fuisse necdum
fieri posse, proindeque cum, tempore sic ferente, a sua professione desciscderet, et bona ipsius inique alioqui occupata ad
Maiestatem regiam, uti hereditarium dominum, iure reciderent,
pro quibus in tanto reipublicae Christianae discrimine noxium
foret bellum excitare : concederetur, quod Magister et omnes
subditi ipsius postularent.

De religione vero reficienda, cum universae Germaniae consultum fuerit, quod iam pridem tantum incendium exposcit, etiam huic minori parti facile provideri et omnia ad rectum tramitem reduci posse, praesertim firmata in terris illis regia auctoritate.

No. 94. The ducal and episcopal prefaces in Prussia, 1530.

(1) Sollicitudinem rerum profanarum nos ipsi hactenus subivimus, nullum ibi laborem unquam ... declinaturi. Divinorum vero curam pertinere volumus ad ... episcopum Pomezaniensem et Sambiensem, ad eos quoque eruditos piosque viros, quos illi in sociam curam adsciverint. ... Quemadmodum quidam clarissimi imperatores atque principes, posito diademate una cum paludamento, haud erubuerunt submittere sese auctoritati episcoporum ... sic nos quoque, licet potentia inferiores, non minori tamen reverentia habere volumus auctoritatem nostrorum episcoporum atque doctrinae divinis verbis comprobatae.

(2) Cum videremus multas graves causas in ecclesiis nostri ducatus negligentius curari ab iis quorum intererat illas cognoscere diiudicare et componere, ut omnia ordine et decenter fierent, quemadmodum Paulus ad Corinthios monet, coacti sumus alienum officium, hoc est episcopale, in nos sumere ut, quantum fieri possit, corrigenda aliquo modo mutarentur adeoque in meliorem formam et statum dirigerentur.

No. 95. The German Mass and Order of Divine Service, Jan. 1526.

(i) The Preface of Martin Luther.

Above all things, I most affectionately and for God's sake beseech all, who see or desire to observe this our *Order of Divine Service*, on no account to make of it a compulsory law, or to ensnare or make captive thereby any man's conscience; but to use it agreeably to Christian liberty at their good pleasure as, where, when and so long as circumstances favour and demand it. Moreover, we would not have our meaning taken to be that we desire to rule, or by law to compel, any one. Meanwhile, there is on every side great pressure towards a *German Mass and Order of Divine Service*: and there is great complaint and offence about the different kinds of new Masses, that every one makes his own, some with a good intention and others out of conceit to introduce something new themselves and to make a good show among others and not be bad masters. As then always happens with Christian liberty, few use it for anything else than their own pleasure or profit: and not for God's honour and the good of their neighbour. While, however, every man is bound on his conscience, in like manner as he uses such liberty himself, not to hinder nor forbid it to any one else, we must also take care that liberty be servant to love and to our neighbour. Where, then, it happens that men are offended or perplexed at such diversity of use, we are truly bound to put limits to liberty; and, so far as possible, to endeavour that the people are bettered by what we do and not offended. Since, then, in these matters of outward ordinance nothing is laid upon us as matter of conscience before God, and yet such ordinance can be of use to our neighbour, we ought in love, as St. Paul teaches, to endeavour to be of one and the same mind; and, to the best of our power, of like ways and fashion; just as all Christians have one baptism and one sacrament, and no one has a special one given him of God.

Still, I do not wish hereby to demand that those who already have a good *Order* or, by God's grace, can make a better, should let it go, and yield to us. Nor is it my meaning that the whole of Germany should have to adopt forthwith our Wittenberg *Order*. It never was the case that the ministers, convents, and parishes were alike in everything. But it would be a grand thing if, in every several lordship, *Divine Service* were conducted in one fashion; and the neighbouring little townships and villages joined in the cry with one city. Whether in other lordships they should do the same or something different, should be left free and without penalty. In fine, we institute this *Order* not for the sake of those who are Christians already. For they have need of none of these things (for which things' sake man does not live: but they live for the sake of us who are not yet Christians, that they may make us Christians); they have their *Divine Service* in their spirits. But it is necessary to have such an *Order* for the sake of those who are to become Christians, or are to grow stronger; just as a Christian has need of baptism, the word and the sacrament not as a Christian (for, as such, he has them already), but as a sinner. But, above all, the *Order* is for the simple and for

the young folk who must daily be exercised in the Scripture
and God's Word, to the end that they may become conversant
with Scripture and expert in its use, ready and skilful in giving
an answer for their faith, and able in time to teach others and
aid in the advancement of the kingdom of Christ. For the
sake of such, we must read, sing, preach, write, and compose;
and if it could in any wise help or promote their interests,
I would have all the bells pealing, and all the organs playing,
and everything making a noise that could. The Popish *Divine
Services* are to be condemned for this reason that they have
made of them laws, work, and merit; and so have depressed
faith. And they do not direct them towards the young and
simple, to practise them thereby in the Scripture and Word of
God; but they are themselves stuck fast in them, and hold
them as things useful and necessary to salvation : and that is
the devil. For in this wise the ancients have neither ordered
nor imposed them.

Now there are three different kinds of Divine Service.

[1] The first, in Latin; which we published lately, called
the *Formula Missae*. This I do not want to have set aside or
changed; but, as we have hitherto kept it, so should we be
still free to use it where and when we please, or as occasion
requires. I do not want in anywise to let the Latin tongue
disappear out of Divine Service; for I am so deeply concerned
for the young. If it lay in my power, and the Greek and
Hebrew tongues were as familiar to us as the Latin, and
possessed as great a store of fine music and song as the Latin
does, Mass should be held and there should be singing and
reading, on alternate Sundays in all four languages—German,
Latin, Greek and Hebrew. I am by no means of one mind
with those who set all their store by one language, and despise
all others; for I would gladly raise up a generation able to be
of use to Christ in foreign lands and to talk with their people,
so that we might not be like the Waldenses in Bohemia whose
faith is so involved in the toils of their own language that they
can talk intelligibly and plainly with no one unless he first
learn their language. That was not the way of the Holy
Ghost in the beginning. He did not wait till all the world
should come to Jerusalem, and learn Hebrew. But He en-
dowed the office of the ministry with all manner of tongues,
so that the Apostles could speak to the people wherever they
went. I should prefer to follow this example; and it is right
also that the youth should be practised in many languages.

Who knows how God will make use of them in years to come? It is for this end also that schools are established.

[2] Next, there is the *German Mass and Divine Service*, of which we are now treating. This ought to be set up for the sake of the simple laymen. Both these kinds of Service then we must have held and publicly celebrated in church for the people in general. They are not yet believers or Christians. But the greater part stand there and gape, simply to see something new: and it is just as if we held Divine Service in an open square or field amongst Turks or heathen. So far it is no question yet of a regularly fixed assembly wherein to train Christians according to the Gospel: but rather of a public allurement to faith and Christianity.

[3] But the third sort [of Divine Service], which the true type of Evangelical Order should embrace, must not be celebrated so publicly in the square amongst all and sundry. Those, however, who are desirous of being Christians in earnest, and are ready to profess the Gospel with hand and mouth, should register their names and assemble by themselves in some house to pray, to read, to baptize and to receive the sacrament and practise other Christian works. In this Order, those whose conduct was not such as befits Christians could be recognized, reproved, reformed, rejected, or excommunicated, according to the rule of Christ in Matt. xviii. Here, too, a general giving of alms could be imposed on Christians, to be willingly given and divided among the poor, after the example of St. Paul in 2 Cor. ix. Here there would not be need of much fine singing. Here we could have baptism and the sacrament in short and simple fashion: and direct everything towards the Word and prayer and love. Here we should have a good short Catechism about the Creed, the Ten Commandments, and the Lord's Prayer. In one word, if we only had people who longed to be Christians in earnest, Form and Order would soon shape itself. But I cannot and would not order or arrange such a community or congregation at present. I have not the requisite persons for it, nor do I see many who are urgent for it. But should it come to pass that I must do it, and that such pressure is put upon me as that I find myself unable with a good conscience to leave it undone, then I will gladly do my part to secure it, and will help it on as best I can. In the meantime, I would abide by the two Orders aforesaid; and publicly among the people aid in the promotion of such Divine Service, besides preaching, as shall exercise the youth

and call and incite others to faith, until those Christians who are most thoroughly in earnest shall discover each other and cleave together ; to the end that there be no faction-forming, such as might ensue if I were to settle everything out of my own head. For we Germans are a wild, rude, tempestuous people ; with whom one must not lightly make experiment in anything new, unless there be most urgent need.

Well, then: in the name of God. The first requisite in the German system of Divine Worship is a good, plain, simple, and substantial Catechism. A Catechism is a form of instruction by which heathen, desirous of becoming Christians, are taught and shown what they are to believe, to do, to leave undone and to know in Christianity. Hence mere learners who were admitted to such instruction, and were acquiring the rudiments of the Christian faith before their baptism were called catechumens. This instruction or information I know no better way of putting than that in which it has been put from the beginning of Christianity till to-day: I mean, in those three articles of the Ten Commandments, the Creed, and the Lord's Prayer. In those three articles is contained, plainly and briefly, all that a Christian needs to know.

.   .   .   .   .   .

(ii) Of Divine Service.

Now since in all Divine Service the chief and foremost part is to preach and teach the Word of God, let us begin with the preaching and teaching.

[1] On Holy Days and Sundays we would have the usual Epistle and Gospel to continue, and have three sermons. About 5 a.m. or 6 a.m., some Psalms should be sung, as for Mattins ; then a sermon on the Epistle for the day, chiefly for the sake of servants that they also may be provided for and may hear the Word of God, if they are not able to be present at other sermons. After that, an antiphon with *Te Deum* or *Benedictus* alternately, with *Our Father*, Collect, and *Benedicamus Domino*. At Mass, about 8 a.m. or 9 a.m., there should be a sermon on the Gospel, as found according to the season. In the afternoon, at Vespers, before *Magnificat*, sermons in regular course. The reason why we have retained the division of the Epistles and Gospels into portions corresponding with the season of the [Church's] year is that we have nothing particular to find fault with in such arrangement. It has been the case at Wittenberg up till now that there are

many there who are to learn to preach in the districts where the old apportionment of Epistle and Gospel still goes on and will probably continue. As, then, we can be of use to such and help them thereby, in our judgement, we suffer the custom to continue; without, however, finding fault with those who adopt the books of the Gospels as a whole. Hereby we provide that the layman has preaching and teaching enough : but, if a man wants more, he may find it on other days.

[2] Thus on Monday and Tuesday mornings there should be a lesson in German on the Ten Commandments, the Creed and the Lord's Prayer, on Baptism and the Sacrament ; so that on these two days the Catechism may be kept up and grasped in its proper sense. On Wednesday morning a lesson in German, for which is appointed the Gospel of St. Matthew. The day is to be kept specially for this Gospel : for Matthew is a fine evangelist to teach the people by, and he relates Christ's good Sermon on the Mount, and makes much of the practice of love and good works. But the evangelist John, who teaches faith with special force, should also have his own day—Saturday afternoon at Vespers. And so we have two Evangelists in daily use. On Thursday and Friday mornings there are the daily lessons week by week of the Apostolic Epistles and the rest of the New Testament. This makes sufficient provision for lessons and preaching, to set the Word of God going, except it be for lectures in the Universities to the learned.

[3] We come now to practising boys at school in the Bible. Every week-day, before the lesson, let them sing some psalms in Latin, as has been customary hitherto at Mattins ; for, as we have said, we wish the young to be trained and practised in the Latin tongue, through the Bible. After the psalms, the boys two or three in turn, according to its length, should read a chapter in Latin out of the New Testament. Then let another boy read the same chapter in German for practice, and in case any layman were there to hear. After that, go on, with an antiphon, to the lesson in German of which we have spoken above. Then let the whole lot sing a German hymn, followed by the Lord's Prayer said silently ; and let the parson or chaplain say a Collect and conclude with the *Benedicamus Domino*, as usual. In the same way at Vespers, let them sing the Vesper Psalms as sung hitherto, in Latin, with an antiphon ; then a hymn, as there is opportunity. Then let them read, two or three, by turn, in Latin,

out of the Old Testament, a chapter or half a chapter according to its length. Then let one boy read it in German. Next, *Magnificat* in Latin, with an antiphon or chant. Then *Our Father* silently and the Collects with the *Benedicamus*. So much for *Divine Service* daily throughout the week in towns where there are schools.

(iii) On Sundays for the laity.

The Mass vestments, altars, and lights may be retained till such time as they shall all change of themselves, or it shall please us to change them: though, if any will take a different course in this matter, we shall not interfere. But in the true Mass, among sincere Christians, the altar should not be retained, and the priest should always turn himself towards the people as, without doubt, Christ did at the Last Supper. That, however, must bide its time.

[*a*] At the beginning then [1] we sing a spiritual song or a psalm in German, *in primo tono*, as follows: Ps. xxxiv.

[*b*] Then *Kyrie eleison*, to the same tone, but thrice and not nine times. . . .

[*c*] Then the priest reads a Collect in Effaut *in unisono*, as follows: 'Almighty God,' &c.

[*d*] Then the Epistle, in the eighth tone. . . . The Epistle should be sung with the face turned to the people, but the Collect with the face turned to the altar.

[*e*] After the Epistle is sung a German hymn, 'Nun bitten wir den heiligen Geist,' or some other, by the whole choir.

[*f*] Then is read the Gospel in the fifth tone, also with the face turned towards the people.

[*g*] After the Gospel the whole congregation sings the Creed in German, 'Wir glauben all' an einen Gott,' &c.

[*h*] Then follows the sermon, on the Gospel of the Sunday or Holyday: and I think that, where the German Postills are in use throughout the year, it were best to order the Postill of the day, either whole or part, to be read out of the book to the people; not merely for the preacher's sake who can do no better, but as a safeguard against fanatics and sectaries,—a custom of which one may see traces in the Homilies at Mattins. Otherwise, where there is no spiritual understanding,

---

[1] For comments see Rietschel, *Lehrbuch der Liturgik*, i. 410 sqq.; on Lutheran services see Daniel, *Codex Liturgicus*, ii. 1 sqq.; and for a convenient text, No. 37 of Lietzmann's *Kleine Texte* (Bonn, 1909).

and the Spirit himself speaks not through the preacher (though I set no limits to the preacher; for the Spirit can teach better than any Postills or Homilies) the end of it will be that every man will preach what he likes; and, instead of the Gospel and its exposition, they will be preaching once more about blue ducks! There are further reasons why we keep the Epistles and Gospels as they are arranged in the Postills, because there are but few inspired preachers who can handle a whole Gospel or other book with force and profit.

[*i*] After the sermon shall follow a public paraphrase of the Lord's Prayer, with an exhortation to those who are minded to come to the Sacrament, in this, or some other better, fashion, as follows: 'Dear friends in Christ, as we are here gathered together, in the name of the Lord, to receive His holy Testament, I exhort you, first, to lift your hearts to God and to say with me 'Our Father' according as Christ our Lord hath taught us, faithfully promising that we shall be heard: ['Our Father,' &c., in paraphrase]. Next, I exhort you in Christ that with right faith ye take heed to the Testament of Christ: and specially that ye hold fast in your hearts the Word whereby Christ gives us His body and blood for remission of sins; that ye bethink you of, and thank Him for, the infinite love which He has shown us in that through His blood He has redeemed us from God's wrath, from sin, death, and hell: and then take to yourselves outwardly the bread and wine, which is His body and blood, for an assurance and pledge thereof. In such wise will we, in His name and as He commanded in His own Word, handle and use His Testament.' Whether this paraphrase and exhortation should take place in the pulpit, immediately after the sermon, or at the altar, I leave free to every man's discretion. . . .

[*k*] Then the Office and Consecration proceeds, as follows: 'Our Lord Jesus Christ, in the same night' (1 Cor. xi. 23 ff). I think that it would be in accordance with the Last Supper if the sacrament were distributed immediately after the consecration of the bread before the blessing of the cup. So say both Luke and Paul: 'Likewise also the cup after supper.' Meanwhile, there might be sung the *Sanctus* in German or the hymn 'Gott sei gelobet', or the hymn of John Huss, 'Jesus Christus unser Heiland.' And after this should come the consecration of the chalice and its delivery, with the singing of whatever remains of the above-mentioned hymns, or of the *Agnus Dei* in German.

And for the sake of good order and discipline in going up, not men and women together but the women after the men, men and women should have separate places in different parts of the church. As to private confession, I have already written enough about that: and my opinion may be found in the little prayer-book.

[*l*] The elevation we desire not to abolish but to retain, for it fits in well with the *Sanctus* in German, and means that Christ has bidden us to think of Him. Just as the sacrament is bodily elevated and yet Christ's body and blood therein are invisible, so through the word of the preacher He is commemorated and uplifted, and in the reception of the sacrament recognized and worshipped: and yet it is all a matter of faith and not of sight, how Christ gave His body and blood for us and still daily intercedes with God to bestow His grace upon us.

[*m*] The *Sanctus* in German, 'Jesaia dem Propheten das geschach,' &c.[1]

[*n*] Then follows the Collect: 'We thank thee, Almighty Lord God,' &c.

[*o*] With the Blessing: 'The Lord bless thee and keep thee,' &c.

So much for daily Divine Service and for teaching the Word of God, specially with a view to influencing the young and alluring the simple. Those who come out of curiosity and the desire to gape at something new will soon be sick and tired of the whole thing, as they were before of Divine Service in Latin. For that was sung and read in church daily, and yet the churches are deserted and empty: and already they are prepared to do the same with the German Service. So it is best that such Divine Service should be arranged with an eye to the young and to those simple folk that may perhaps come to it. As for the rest, no law nor order, exhortation nor driving, that one can devise, is of any good to induce them to go willingly and of their own accord to Divine Service, so unwilling and reluctant are they to do so (though God takes no pleasure in forced service), so idle and good-for-nothing.

As for feast-days, such as Christmas, Easter, Whitsuntide, Michaelmas, Purification and the like, we must go on, as hitherto, with Latin till we have hymns enough in German for the purpose. The work is but beginning, and all that belongs

[1] For this and the other hymns here mentioned see Lietzmann's *Kleine Texte*, Nos. 24, 25 (Bonn, 1907).

to it is not yet ready. Only, as one knows, make a start one way and several ways and means will be discovered.

Fast-days, Palm Sunday, and Holy Week may be retained. Not that we would compel any one to fast; but that the reading of the Passion and the Gospels appointed for these times should be observed. But we would not keep the Lenten veil, strewing of palms, covering up of pictures, and all the other mummery, nor sing the four Passions, nor preach on the Passion for eight hours on Good Friday. Holy week must be like other weeks, except that there should be sermons on the Passion for an hour daily throughout the week, or on as many days as is convenient, with reception of the Sacrament by all who desire it. For with Christians everything should be kept in God's service that has to do with the Word and the Sacrament.

To sum up, this and every other order is so to be used that should any misuse arise in connexion therewith, it should be immediately done away with and another made: just as King Hezekiah broke up and did away with the brazen serpent, which God Himself had commanded to be made, because the children of Israel misused it. Forms and Orders should be for the promotion of faith and the service of love, and not to injury of faith. When they have no more to do, they are forthwith dead and of no more worth; just as, if good coin is counterfeit, for fear of misuse it is abolished and destroyed; or as, when new shoes have become old and dry, we wear them no longer but throw them away and buy new ones. Order is an outward thing. Be it as good as it may, it can fall into misuse. Then it is no longer order but disorder. So no Order has any intrinsic worth of its own, as hitherto the Popish Order has been thought to have. But all Order has its life, worth, strength, and virtue in right use; else it is worthless and fit for nothing. God's Spirit and grace be with us all. Amen.

No. 96. Melanchthon's Instructions for the Visitors,[1] 22 March 1528.

Luther's Preface.—[Allegat ante omnia visitationis exempla ex Novo Testamento, Petri nempe Act. ix. 32, Pauli et Barnabae, Act. xv. 36, Apostolorum Petrum et Iohannem mitten-

[1] Seckendorf's connecting words are in [ ]. The pages referred to are those of the corresponding paragraphs in the original German as printed in Sehling, *Die Evang. Kirchenordnungen*, i. 149 sqq.

tium Act. viii. 14, immo et ipsius Christi circumeuntis. Dein ex Veteri Testamento Samuelis, Eliae et Helisaei. Postea Episcoporum, qui ipso nomine suo visitationis officium indicant, vetus institutum et morem laudat, quod pastores et populos sibi commissos olim visitaverint; neque tamen tacet quomodo ab Episcopis fastu saeculi insolescentibus salutare et necessarium hoc visitationis officium neglectum, et vicariis, ab initio quidem Canonicis capitularibus, quos vocant; deinde, cum et hi otio torperent, officialibus demandatum fuerit. At hi [ait] citationibus vexabant homines in causis nummariis, neminem autem visitabant.

[p. 149] Tandem vero [pergit] eo delapsa est disciplina ut etiam Dominus officialis domi desideret et nebulonem quendam per oppida et pagos visitantem mitteret, qui audita in popinis aut a delatoribus suggesta officiali referebat. Is postea pro munere suo exactorio nummos corradebat ab innocentibus, quos honore et fama spoliabat, unde caedes et alia mala orta sunt. Reliquum etiam mansit nomen synodi, id est, ut, loco synodorum, visitandi causa ab Episcopis habendarum, per missionarios illos nil nisi artes plebem pecunia emungendi exercerentur, tum excommunicationibus saeviretur, aut aliquando ordo antiphonarum et versuum in templis cantandorum renovaretur. Nemo [ait] curabat quid doceretur aut crederetur, vel quomodo Christiane et secundum charitatem viveretur, aut pauperibus prospiceretur, solatia infirmis, censurae profanis adhiberentur, neque alia ad officium pertinentia. Non nisi helluones erant qui devorabant quae aderant, nec quidquam quod non damnosum esset agebant ita ut sanctissimum illud Episcopi et visitatoris munus in ludibrium versum sit. Nullus ordo sive status hominum purus et illibatus mansit, tot sectae quot collegia et monasteria ortae sunt, oppressa interim Ecclesia, extincta fide, versa in rixas et bella charitate, Evangelio occultato, et eius loco introductis humanis ordinationibus somniisque. Quid igitur mirum si Satanas larvis suis omnia repleverit, cum nemo opponeret autoritatem aut industriam? Quid enim in primitiva etiam Ecclesia diligentissima Apostolorum cura profecerit, ex Pauli querelis ad Corinthios, Galatas et Thessalonicenses constat. Quid igitur comedones, lurcones, ventres illi pigri efficerent!

[p. 150] Nunc restituta per divinam misericordiam Evangelii luce et deprehensa foeda illa Christianae Ecclesiae confusione, desideravimus quidem ut verum illud Episcoporum et visitationis munus reduceretur; sed, cum nemo nostrum vocaretur aut iuberetur tantum opus aggredi, submisse petiimus a Serenissimo Electore, Iohanne Saxoniae Duce, Principe regionis indubitate a Deo constituto, licet lege humana ad id non obligetur, ut ex charitate Christiana et propter Deum, Evangelii et salutis subditorum curam susciperet, et graves quosdam viros ad hoc negotium delegaret. Petitis annuit Princeps, et Iohannem a Planitz Equitem, Hieronymum Schurfium Iurisconsultum, Erasmum ab Haugwitz (hos nempe in Thuringia, alios in aliis districtibus) et M. Philippum Melanchthonem mandatis instruxit. . . .

[p. 151] Quia diabolus divina opera non potest inviolata relinquere, iam per inimicos nostros multa in instituto hoc nostro sugillare coepit ita ut quidam glorientur poenituisse nos doctrinae nostrae et plurima retractasse (utinam modo ipsi ita revocarent); igitur decrevi omnia quae visitatores egerunt et Serenissimo Electori in scriptis exhibuerunt, ab ipsis diligenter collecta et ad me missa, typis publicare, ut omnibus constet nos nihil clanculum agere sed in lucem laetos prodire. Non edimus haec ut praecepta rigorosa nec Pontificia decreta denuo cudimus, sed historica et acta referimus et confessionem et symbolum fidei nostrae. Speramus tamen omnes pios et modestos pacisque studiosos pastores, quibus ex admonitione Pauli (Phil. ii. 2) unanimitas doctrinae evangelicae cordi est, agnituros curam Principis nostri nostramque charitatem et bonam intentionem, neque eam superbe contempturos sed potius ex genio charitatis sponte secuturos esse, donec meliora Spiritus Sanctus per illos aut nos ostenderit.

Qui hic resistere absque fundamento et ex malitiosa obstinatione velint, eos sinemus seipsos ut paleam a tritico separare, neque tamen opem Principis implorare penitus negligemus. Quanquam enim illi regimen Ecclesiae non est mandatum, curare tamen supremi magistratus merito debent, ne contentiones et schismata inter subditos oriantur, idque Constantini exemplo, Episcopos Nicaeam convocantis. [Votum addit] pro unanimitate, eique summa diligentia studendum esse [ait] neque tamen sic diabolum cessaturum esse ab astu et malitia sua. [Haec Lutherus in praefatione.]

The Instructions [p. 152].—§1 *De doctrina.* [Admonentur pastores et concionatores ut] doctrinam de poenitentia sive de agnitione peccatorum et ex ea oriente contritione et timore iudicii divini a doctrina de fide non separent, ne plebem ad securitatem deducant ut ea remissionem peccatorum se obtinere credat absque poenitentia et contritione. Hic error [aiunt idque infra repetunt] omnibus hucusque inveteratis deterior esset.

Integre ergo doceri debet Evangelium, nihil addendum ut a Pontificibus plus satis factum esse merito querimur, sed et nihil detrahendum. Exhortati itaque sumus pastores ut plebem de peccatis manifestis arguant et a falsa sanctimonia ad veram ducant poenitentiam. Quamvis enim nihil priusquam de fide docere velint sed poenitentiam ut sequelam fidei proponere, ne adversarii nobis imputent ac si doctrinam nostram revocaverimus; considerare tamen debent poenitentiam et legem ad fidem (quatenus notitia est credendorum) pertinere (credi enim debet Deum esse qui minatur, mandat et terret), et rudi plebi proponenda est in tractatu de fide, etiam poenitentia, lex, timor etc. ut tanto distinctius intelligat quid sit fides iustificans [Rom. iii. 28] et quid sit lex et poenitentia, et a quaestionibus inutilibus abstrahatur.

§ 2. *De lege et contritione.* De lege [idem specialius tractant et] explicari [iubent] decalogum, et exaggerari peccata in eo prohibita, eorumque poenas. . . . [p. 153] Fides enim solatium et gaudium afferre debet, at hoc sentiri non potest nisi prius sentiatur contritio. Pauperibus enim praedicatur Evangelium. Duae sunt partes fidei sive religionis Christianae, poenitentia nempe sive contritio ob peccata, dein fiducia de remissione peccatorum, tertia est vitae Christianae sive bonorum operum exercitium, quorum praecipua recensentur. Bona autem sunt quae a Deo praecepta et proximo utilia sunt.

(Of the remaining sixteen articles Nos. 3–13 deal with doctrine and are entitled § 3 of Prayer, § 4 of the Cross, § 5 of Baptism, § 6 of the Body and Blood of the Lord, § 7 of Penance, § 8 of Confession, § 9 of Satisfaction, § 10 of Church Order, § 11 of Matrimony, § 12 of Free Will, § 13 of Christian Liberty; No. 14 is 'of the Turk'; No. 15 of Daily Service in Church; No. 16 of Excommunication; No 17 'of Superintendents'; No. 18, 'of Schools': and this last lays down the normal plan of education for the Latin schools of the country. See Sehling, i. 153 sqq.)

No. 97. Luther's Short Catechism, July 1529.

PREFACE

Martin Luther to all faithful, pious pastors, and preachers: Grace, mercy, and peace in Jesus Christ our Lord.

In setting forth this Catechism or Christian doctrine in such a simple, concise, and easy form, I have been compelled and driven by the wretched and lamentable state of affairs which I discovered lately when I acted as inspector. Merciful God, what misery I have seen, the common people knowing nothing at all of Christian doctrine, especially in the villages! and unfortunately many pastors are wellnigh unskilled and incapable of teaching; and though all are called Christians and partake of the Holy Sacrament, they know neither the Lord's Prayer, nor the Creed, nor the Ten Commandments, but live like the poor cattle and senseless swine, though, now that the Gospel is come, they have learnt well enough how they may abuse their liberty.

O ye bishops, how will ye ever answer for it to Christ that ye have so shamefully neglected the people, and have not attended for an instant to your office? May all evil be averted from you! Ye forbid the taking of the Sacrament in one kind, and insist on your human laws, but never inquire whether they know the Lord's Prayer, the Belief, the Ten Commandments, or any of the words of God. Oh, woe upon you for evermore!

Therefore I pray you for God's sake, my good masters and brethren who are pastors or preachers, to attend to your office with all your heart, to take pity on your people, who are commended to your charge, and to help us to introduce the Catechism among the people, especially among the young; and let those who cannot do better take these tables and forms, and instruct the people in them word for word; in this wise:—

First, the preacher must above all things beware of and avoid the use of various and different texts and forms of the Commandments, Lord's Prayer, Belief, Sacrament, &c.; he must take one form and keep to it, and constantly teach the same, year after year. For the young and simple folk must be taught one definite text and version, else they will easily become confused, if to-day we teach thus and next year thus, as though we wanted to improve it, and so all our labour and toil is lost.

This was clearly seen by the worthy fathers, who used the Lord's Prayer, the Belief, the Ten Commandments, all in one form. Therefore we must always teach the young and simple folk in such a manner that we do not alter one syllable, or preach to-morrow differently from to-day.

Therefore choose whatever form thou wilt, and ever keep to it. But if thou preachest to scholars or wise men, thou mayest show thy skill, and vary these articles, and twist them as subtly as thou canst. But with the young keep always to one form, and teach them first of all these articles, namely, the Ten Commandments, the Belief, the Lord's Prayer, &c., according to the text, word for word, so that they may repeat them and learn them by heart.

But as for those who will not learn, let them be told that they deny Christ and are no Christians, and let them not be admitted to the Sacrament, be sponsors to any child, or enjoy any of the liberty of Christians, but be handed over simply to the Pope and his officers, yea, to the devil himself. Besides this, let their parents or masters refuse them food and drink, and tell them that the prince will have such rude people driven from the land.

For though we cannot and may not force any to believe, yet we must train and urge the multitude so that they may know what is right and wrong among those with whom they have their dwelling, food, and life. For whoever would dwell in a town must know and keep the law of which he would enjoy the privileges, whether he believe it, or be a rogue and good-for-nothing in his heart.

Secondly, when they know the text well, teach them next to understand it, so that they know what it means, and take once more the method of these tables, this or some other short method, whichever thou wilt, and keep to it, and do not alter one syllable, just as we said of the text, and take time and leisure over it. For it is not necessary to expound all at once, but one thing after the other. When they understand the First Commandment well, then take the Second, and so on, else they will be overwhelmed and retain none.

Thirdly, now when thou hast taught them this short Catechism, then take the larger Catechism, and give them a deeper and fuller explanation. Explain every commandment, petition, and article, with its various works and uses, its dangers and abuses, as thou wilt find them in abundance in the many little books written about them. And especially dwell on that commandment that is most neglected among thy people. For example, the Seventh[1] Commandment, about stealing, must be vehemently urged among artisans, tradesmen, and also among peasants and servants, for among such people there is all manner of unfaithfulness and thieving. Again, the Fourth Commandment must be specially urged upon children

---

[1] *i.e.*, the Eighth, as we number them; and so the Fourth, presently mentioned, is our fifth.

and the common people, that they may be quiet, faithful, obedient, peaceful; and thou must always adduce many examples from the Bible of how God punished or blessed such people.

Especially urge authorities and parents that they govern well and send the children to school, and admonish them how it is their duty to do this, and what an accursed sin they commit if they neglect it. For thereby they overthrow and desolate both God's kingdom and the world's, as the worst enemies both of God and man. Lay also great stress on the horrible injury they do, if they do not help to train children for pastors, preachers, clerks, &c., and that God will punish them terribly. For it is very necessary to preach on this subject. Parents and magistrates now sin in this matter more than we can say. The devil has also most evil designs therein.

Finally, because the tyranny of the Pope is past, they will no longer come to the Sacrament, and despise it. Accordingly it is necessary to urge them, but with this caution: we must not force any one to belief or to the Sacrament, nor make any law prescribing time or place; but we ought to preach so that they come without our laws and, as it were, force us, their pastors, to give them the Sacrament. This we may do by saying to them, 'Whoever does not seek or desire the Sacrament, or demand it, at least once or four times a year, it is to be feared that he despises the Sacrament and is no Christian, just as he is no Christian who does not believe in or listen to the Gospel; for Christ did not say, "Omit or despise this," but "*This do as oft as ye drink it*," &c.' He will surely have it done, and on no account neglected or despised. '*This do*,' He says.

But if there be any one who does not greatly prize the Sacrament, that is a sign that he has no sin, no flesh, no devil, no world, no death, no danger, no hell; that is, he believes in none, though he is head over ears therein and is doubly the devil's. On the other hand, he needs no mercy, life, paradise, kingdom of heaven, Christ, God, or anything that is good. For if he believed that he had so much evil and needed so much good, he would not neglect the Sacrament, in which so much help is given against evil, and so much good is bestowed. We should not then need to drive him to the Sacrament by any law, but he would come running and hurrying thither of his own accord, constrain himself, and urge you, that you should give him the Sacrament.

So thou must not establish any law herein like the Pope. Only dwell on the good and harm, necessity and blessing, the danger and salvation, in the Sacrament, and then they will come of their own accord, without your constraining them. But if they do not come, let them go their ways, and tell them they are the devil's, since they neither regard nor feel their own great need and God's gracious help. But if thou do not dwell on this, or if thou make a law and poison of it, then it is thy fault that they despise the Sacrament. How can they be otherwise than indifferent if thou sleep or keep silence? Therefore see to it, pastor and preacher! Our office has now become a different thing from what it was under the Pope: it has now become a real and saving office. Therefore it is more troublesome and full of labour, and is more encompassed by danger and temptation, and, moreover, brings little reward and thanks in this world. But Christ Himself will be our reward if we work faithfully. And so may the Father of all mercy help us, to whom be praise and thanks everlasting, through Christ our Lord. Amen.

I.—THE TEN COMMANDMENTS.

How the master of the house should teach them simply to his household.

THE FIRST COMMANDMENT.

Thou shalt have none other gods but Me.
What does that mean?
Answer. We are to fear, love, and trust God above all things.

THE SECOND COMMANDMENT.

Thou shalt not take the name of the Lord thy God in vain.
What does that mean?
Answer. We are to fear and love God, so that we use not His name in cursing, swearing, witchcraft, lying, or deceiving, but in all our necessities call upon it, with prayer, praise, and thanks.

THE THIRD COMMANDMENT.

Remember that thou keep holy the Sabbath day.
What does that mean?
Answer. We are to fear and love God, that we despise not preaching nor His word, but keep that word holy, and gladly hear it and learn it.

The Fourth Commandment.

Honour thy father and thy mother.

What does that mean?

Answer. We are to fear and love God, that we do not despise nor anger our parents and masters, but reverence, serve, obey, love, and honour them.

The Fifth Commandment.

Thou shalt do no murder.

What does that mean?

Answer. We are to fear and love God, that we do our neighbour no harm nor injury in his body, but help and further him in all bodily necessities.

The Sixth Commandment.

Thou shalt not commit adultery.

What does that mean?

Answer. We are to fear and love God, that we live chaste and modest in word and deed, and that every one love and honour his spouse.

The Seventh Commandment.

Thou shalt not steal.

What does that mean?

Answer. We are to fear and love God, that we take not our neighbour's money nor goods, nor seek to obtain them by false dealing or deceit, but help him to keep and improve his goods and his sustenance.

The Eighth Commandment.

Thou shalt not bear false witness against thy neighbour.

What does that mean?

Answer. We are to fear and love God, that we do not falsely deceive, betray, calumniate, nor slander our neighbour, but excuse him, speak well of him, and turn everything to the best.

The Ninth Commandment.

Thou shalt not covet thy neighbour's house.

What does that mean?

Answer. We are to fear and love God, that we do not covet our neighbour's inheritance nor his house, nor seek to obtain them by a semblance of right, but help him and further him in retaining what is his own.

The Tenth Commandment.

Thou shalt not covet thy neighbour's wife, nor his servant, nor his maid, nor his ox, nor his ass, nor anything that is his.

What does that mean?

Answer. We are to fear and love God, that we do not seek to alienate or turn from our neighbour his wife, his servants, or his cattle, but exhort them to remain and do their duty to him.

Now what saith God of all these Commandments?

Answer. He saith thus:—

For I, the Lord thy God, am a jealous God, and visit the sins of the fathers upon the children unto the third and fourth generation of them that hate Me, and show mercy unto thousands in them that love Me and keep My commandments.

What does that mean?

Answer. God threatens to punish all who transgress these commandments. Wherefore we must fear His wrath and not break these commandments. But He promises His grace and all good things to all who keep these commandments. Wherefore we are to love and trust Him and gladly do according to His commandments.

II.—THE CREED.

How the master of the house is to explain it as simply as possible to his household.

THE FIRST ARTICLE: OF THE CREATION.

I believe in God the Father Almighty, Maker of heaven and earth.

What does that mean?

Answer. I believe that God has created me and all other creatures, and has given me, and preserves for me, body and soul, eyes, ears, and all my limbs, my reason and all my senses; and that daily He bestows on me clothes and shoes, meat and drink, house and home, wife and child, fields and cattle, and all my goods, and supplies in abundance all needs and necessities of my body and life, and protects me from all perils, and guards and defends me from all evil. And this He does out of pure fatherly and Divine goodness and mercy, without any merit or worthiness in me; for all which I am bound to thank Him and praise Him, and, moreover, to serve and obey Him. This is a faithful saying.

THE SECOND ARTICLE: OF THE REDEMPTION.

And in Jesus Christ, His only Son, our Lord, who was conceived by the Holy Ghost, born of the Virgin Mary; suffered under Pontius Pilate; was crucified, dead, and buried, He descended into hell; the third day He rose again from the dead; He ascended into heaven, and sitteth at the right hand of the Father Almighty: from thence He shall come to judge the quick and the dead.

What does that mean?

Answer. I believe that Jesus Christ, very God, born of the Father in eternity, and also very man, born of the Virgin Mary, is my Lord, who has redeemed me, a lost and damned man, and has won and delivered me from all sins, from death, and from the power of the devil, not with gold and silver, but with His holy and precious blood and with His innocent passion and death, so that I might be His own, and might live under Him in His kingdom, and serve Him in everlasting righteousness, innocence, and blessing, just as He rose from the dead, and lives and reigns in all eternity. This is a faithful saying.

THE THIRD ARTICLE: OF THE SANCTIFICATION.

I believe in the Holy Ghost, a holy Christian Church, the communion of saints, the forgiveness of sins, the resurrection of the body, and the life everlasting. Amen.

What does that mean?

Answer. I believe that I cannot of my own understanding and strength believe in or come to Jesus Christ my Lord, but that the Holy Ghost has called me by the Gospel, and illuminated me with His gifts, and sanctified and preserved me in the true faith, just as He calls, gathers together, illuminates, sanctifies, and preserves in Jesus Christ all Christendom throughout the earth in the one true faith; in which Christendom He daily bestows abundantly on me and all believers forgiveness of sins; and on the last day He will awaken me and all the dead, and will give to me and all that believe in Christ eternal life. This is a faithful saying.

III.—THE LORD'S PRAYER.

How the master of the house should explain it as simply as possible to his household.

Our Father, which art in heaven.

What does that mean?

Answer. With these words God invites us to believe that He is our true Father, and that we are His true children, so that we may pray to Him in confidence and in all trust, as little children do to their fathers.

The First Petition.
Hallowed be Thy name.

What does that mean?

Answer. God's name, indeed, is already holy in itself, but we pray in this prayer that it may also be holy among us.

How is this done?

Answer. Where the word of God is taught in all purity and sincerity, and we live a holy life in accordance with it, as the children of God. In which our dear Father in heaven help us! But he who teaches and lives otherwise than the word of God teaches, he profanes among us the name of God from which defend us, heavenly Father.

The Second Petition.
Thy kingdom come.

What does that mean?

Answer. God's kingdom comes, indeed, of itself, without our prayer, but we ask in this prayer that it may also come to us.

How is this done?

Answer. When our heavenly Father gives us His Holy Spirit, that, through His mercy, we believe His holy word, and live a godly life, here for a time and for ever in heaven.

The Third Petition.
Thy will be done on earth as it is in heaven.

What does that mean?

Answer. God's good and gracious will is done indeed without our prayer, but we ask in this prayer that it may also be done among us.

How is this done?

Answer. When God destroys and overthrows all evil counsel and ill-will, which would not let us keep holy the name of God or let His kingdom come, such as is the will of the devil, the world, and of our flesh; but strengthens and maintains us firmly in His word and faith unto our lives' end. That is His good and gracious will.

The Fourth Petition.
Give us this day our daily bread.

What does that mean?

Answer. God gives daily bread, without our intercession, to all evil men, but we ask in this prayer that He will let us acknowledge and receive with thanksgiving our daily bread.

What signifies daily bread?

Answer. All that appertains to the nourishment and wants of our bodies, such as food, drink, clothes, shoes, house and home, lands, cattle, money, goods, an honest wife, honest children, honest servants, honest, faithful magistrates, good government, good weather, peace, health, modesty, honour, good friends, faithful neighbours, and the like.

THE FIFTH PETITION.

And forgive us our trespasses, as we forgive them that trespass against us.

What does that mean?

Answer. We ask in this prayer that our Father in heaven may not regard our sin, and may not because of it reject our prayer, for we are not worthy of anything we ask, neither have we deserved it; but that He will grant all to us of His grace, for we sin greatly each day and deserve nothing but punishment. And in our turn we will heartily forgive and do good to all those who sin against us.

THE SIXTH PETITION.

And lead us not into temptation.

What does that mean?

Answer. God, it is true, tempts no man, but we ask in this prayer that He will guard and preserve us, so that the devil, the world, and our flesh may not deceive us nor lead us into unbelief, doubt, and other great sins and crimes, and that, though we be tempted therewith, we may at length overcome and be victorious.

THE SEVENTH PETITION.

But deliver us from evil.

What does that mean?

Answer. We ask in this petition, as though to sum up, that our Father in heaven may deliver us from all evil of body, soul, goods, and honour; and that, finally, when our hour has come, He will grant us a blessed end, and in His mercy take us from this vale of tears to Himself in heaven.

Amen.

What does that mean?

Answer. That I am to be assured that such prayers are acceptable to our Father in heaven and are heard by Him, for He Himself has commanded us so to pray, and has promised to hear us. Amen, Amen, that is, Yea, yea; thus shall it be.

IV.—THE SACRAMENT OF HOLY BAPTISM.

How the master of the house should explain it as simply as possible to his household.

FIRSTLY.

What is baptism?

Answer. Baptism is not only simple water, but it is the water comprehended in God's commandment and united with God's word.

What then is this word of God?

Answer. What our Lord Christ says in the last chapter of St. Matthew: *Go ye therefore and teach all nations, baptizing them in the name of the Father, and of the Son, and of the Holy Ghost.*

SECONDLY.

What does baptism give us, and of what benefit is it?

Answer. It effects the remission of sins, frees us from death and the devil, and gives blessedness everlasting to those who believe what the word and the promise of God declare.

What is this word and promise of God?

Answer. What our Lord Christ says in the last chapter of St. Mark: *He that believeth and is baptized shall be saved; but he that believeth not shall be damned.*

THIRDLY.

How can water effect such great things?

Answer. Truly water cannot do it, but the word of God, which is with and on the water, and the faith which believes such word of God in the water. For without the word of God the water is simple water, and not baptism; but with the word of God it is a baptism, that is, a gracious water of life, and a washing of regeneration in the Holy Ghost, as St. Paul says to Titus in the third chapter: *By the washing of regeneration and renewing of the Holy Ghost, which He shed on us abundantly through Jesus Christ our Saviour, that, being justified by His grace, we should be made heirs according to the hope of eternal life. This is a faithful saying.*

FOURTHLY.

What signifies this baptism in water?

Answer. It signifies that the old Adam in us is to be drowned by daily repentance and penance, and is to die, with all sins and evil desires, and that daily is to arise and emerge a new man, who is to live before God in righteousness and purity for ever.

Where is this written?

Answer. St. Paul says to the Romans (chap. vi), *Therefore we are buried with Him by baptism into death, that like as*

Christ was raised up from the dead by the glory of the Father, even so we also should walk in newness of life.

V.—HOW THE SIMPLE FOLKS SHOULD BE TAUGHT TO CONFESS.

Confession consists of two parts: first, to confess our sins, and secondly, to receive the absolution or forgiveness bestowed by the confessor, as from God Himself, and not to doubt thereof, but firmly to believe that our sins are thereby forgiven in the sight of God in heaven.

What sins should we confess?

To God we are to confess all sins, even those that we do not recognize, as we do in the Lord's Prayer; but to the confessor we are only to confess such sins as we know and feel guilty of in our hearts.

Which are they?

Examine thyself according to the Ten Commandments, whether thou art father, mother, son, daughter, master, mistress, manservant or maidservant, and see if thou hast been disobedient, unfaithful, and idle, whether thou hast done any one an injury by word or deed, whether thou hast been dishonest, negligent, slothful, or hast otherwise caused harm.

I pray thee, friend, tell me a short form of confession.

Answer. Say thus to thy confessor: Worthy reverend master, I pray you hear my confession, and declare absolution to me for God's sake.

Say thus: I, a poor sinner, confess myself guilty of all sins before God; in particular I confess to you that I am a manservant or a maidservant, &c., but, alas! I serve my master unfaithfully, for at such and such a time I have not done what they bade me, but angered them and moved them to swear; I have neglected my work and caused damage; I have been froward in word and deed; I have been angry with my fellows, sullen to my wife, and I have sworn at her. All this I repent of, and I pray for mercy, and will seek to amend.

A master or mistress must say as follows:—

Especially I acknowledge to you that I have not faithfully trained my children and servants and my wife to the glory of God; I have sworn, and given a bad example with unchaste words and deeds; I have done injury to my neighbour, spoken ill of him, sold too dear, given short measure and false weight—and whatever else he may have done contrary to the commandments of God and his state in life.

But if any shall find that he is not burdened with similar or greater sins, he shall not be anxious or seek or invent further sins, and thus turn confession into a torture, but he must recount the one or two sins that he may remember. Thus : I confess especially that once I swore, also that I used unseemly words, neglected this or that duty. Let this suffice.

But if thou know of none (though this is wellnigh impossible), then mention none in particular, but receive forgiveness upon the general confession which thou makest to the confessor before God.

Thereupon the confessor shall say,—

God be merciful to thee, and strengthen thy faith. Amen.

Further :—

Dost thou believe that my forgiveness is God's forgiveness?

Answer. Yea, reverend sir.

Then let him say,—

As thou believest, so be it unto thee. And, by command of our Lord Jesus Christ, I forgive thee thy sins, in the name of the Father, the Son, and the Holy Ghost. Amen. Go in peace.

But if any are sorely afflicted in their conscience, or sorely grieved and tempted, the confessor will know how to comfort them with various words of Scripture, and how to lead them to faith. This is merely to serve as a general mode of confession for the simple folk.

VI.—THE SACRAMENT OF THE ALTAR.

How the master of the house should explain it simply to his household.

What is the Sacrament of the Altar?

Answer. It is the very Body and Blood of our Lord Jesus Christ, under the Bread and Wine, for us Christians to eat and to drink, under the institution of Christ Himself.

Where is this written?

Answer. Thus say the holy Evangelists Matthew, Mark, Luke, and St. Paul :—

The Lord Jesus, in the same night in which He was betrayed, took bread, and when He had given thanks, He brake it, and gave it to His disciples, and said, Take ; eat. This is My body, which is given for you ; this do in remembrance of Me.

After the same manner also He took the cup when He had supped, and gave it to them, saying, Take this and drink ye all of it. This cup is the new testament in My blood, which is shed for you for the forgiveness of sins; this do ye, as oft as ye drink it, in remembrance of Me.

What avails it to eat and drink thus?

Answer. This is shown us by the words, '*Given for you and shed for you for the remission of sins.*' That is to say, that in the Sacrament forgiveness of sins, life, and salvation are bestowed on us by these words. For where forgiveness of sins is, there is also life and salvation.

How can bodily eating and drinking accomplish these great things?

Answer. Eating and drinking do not indeed accomplish this, but the words which stand there, '*Given for you and shed for you for the remission of sins.*' These words, together with the bodily eating and drinking, are the most important part of this Sacrament, and whoever believes these words, he has what they say, and as they speak, namely, remission of sins.

Who, then, are they who receive this Sacrament worthily?

Answer. Fasting and bodily preparation are in truth a good external discipline, but he is truly worthy and prepared who believes the words, '*Given for you and shed for the remission of sins.*' But he who does not believe them is unworthy and not prepared. For the words, '*for you*,' demand truly believing hearts.

APPENDIX I.

How the master of the house should teach his household to commend themselves to God both night and morning.

THE MORNING BLESSING.

In the morning, when thou risest from thy bed, sign thyself with the Holy Cross, and say,—

In the name of the Father, the Son, and the Holy Ghost. Amen.

Then, kneeling or standing, repeat the Creed and the Lord's Prayer. If thou wilt, thou mayest also say this short prayer:—

I thank Thee, my heavenly Father, through Jesus Christ, Thy dear Son, that Thou hast preserved me through this night from all harm and danger, and I beseech Thee Thou wouldest protect me this day from sin and all evil, that all my deeds and my life may be pleasing in Thy sight. For I commend myself, my body and soul, and all, into Thy hands. Let Thy holy angel be with me, that the evil one may have no power over me. Amen.

And then go joyfully to thy work, and sing, if thou wilt,

a hymn, the Ten Commandments, or whatever else thy devotion suggests.

THE EVENING BLESSING.

At night, when thou goest to bed, sign thyself with the Holy Cross, and say,—

In the name of the Father, the Son, and the Holy Ghost. Amen.

Then, kneeling or standing, repeat the Creed and the Lord's Prayer. If thou wilt, thou mayest add this short prayer :—

I thank Thee, my heavenly Father, through Jesus Christ, Thy dear Son, that Thou hast graciously protected me through this day ; and I beseech Thee Thou wouldest forgive me all my sins wherever I have done wrong, and mercifully guard me this night. For I commend myself, my body and soul, and all, into Thy hands. Let Thy holy angel be with me, that the evil one may have no power over me. Amen.

And then to sleep quickly and cheerfully.

How the master of the house should teach his household to say the Benedicite and the Gratias.

The children and servants are to fold their hands, modestly approach the table, and say,—

The eyes of all wait upon Thee, and Thou givest them their meat in due season. Thou openest Thine hand, and satisfiest the desire of every living thing.

Note.—Satisfaction signifies that all creatures get so much to eat that they are cheerful and happy over it, for care and greed prevent such satisfaction.

Then the Lord's Prayer and the following prayer :—

Lord God, our heavenly Father, bless us and these Thy gifts, which we accept from Thy merciful goodness, through Jesus Christ our Lord. Amen.

THE GRATIAS.

After the meal they shall do likewise, and speak modestly with folded hands.

Give thanks unto the Lord, for He is gracious, and His mercy endureth for ever. He giveth fodder unto the cattle, and feedeth the young ravens that call upon Him. He hath no pleasure in the strength of an horse, neither delighteth He in any man's legs. But the Lord's delight is in them that fear Him and put their trust in His mercy.

Then the Lord's Prayer and the following prayer :—

We thank Thee, Lord God our Father, through Jesus Christ

our Lord, for all Thy mercies, Thou who livest and rulest for ever and ever. Amen.

APPENDIX II.

THE HOME TABLE.

Some Texts for divers holy orders and estates, which may serve to admonish them respectively of their offices and duties.

TO BISHOPS, PASTORS, AND CLERGY.

A bishop must be blameless; the husband of one wife; vigilant; sober; of good behaviour; given to hospitality; apt to teach; not given to wine; no striker; not greedy of filthy lucre, but patient; not a brawler; not covetous; one that ruleth well his own house; having his children in subjection with all gravity; not a novice; holding fast the faithful word as he has been taught, that he may be able by sound doctrine both to exhort and to convince the gainsayers (1 Tim. iii and Titus i).

Quid debeant auditores episcopis suis.

Dominus ordinavit his, qui evangelium annuntiant, de evangelio vivere (1 Cor. ix. 14). Communicet doctori in omnibus bonis is qui docetur verbo (Gal. vi. 6). Qui bene praesunt presbyteri, duplici honore digni habeantur, maxime qui laborant in verbo et doctrina. Dicit enim scriptura; non obligabis os bovi trituranti. Et: Dignus est operarius mercede sua (1 Tim. v. 17, 18). Obedite praepositis vestris et cedite eis. Ipsi enim vigilant, quasi rationem pro animabus vestris reddituri, ut cum gaudio hoc faciant, et non gementes, hoc enim non expedit vobis (Ebr. xiii. 17).

OF MAGISTRATES.

Let every soul be subject unto the higher powers, for there is no power but of God; the powers that be are ordained of God. Whosoever therefore resisteth the power resisteth the ordinance of God; and they that resist shall receive to themselves damnation. For he beareth not the sword in vain, for he is the minister of God, a revenger to execute wrath upon him that doeth evil (Rom. xiii).

Quid subditi magistratibus debeant.

Reddite quae sunt Caesaris, Caesari (Matt. xxii. 21). Omnis anima potestatibus sublimioribus subdita sit *et cet.* Ideoque necessitate subditi estote, non solum propter iram, sed etiam propter conscientiam. Ideo enim et tributa praestatis. Ministri enim Dei sunt, in hoc ipsum servientes. Reddite ergo omnibus debita: cui tributum, tributum; cui vectigal, vectigal; cui timorem, timorem; cui honorem, honorem (Rom.

xiii. 1-5 *sqq.*). Adhortor primum omnium fieri obsecrationes, orationes, interpellationes, gratiarum actiones pro omnibus hominibus, pro regibus, et omnibus qui in sublimitate constituti sunt, ut quietam et tranquillam vitam agamus cum omni pietate et gravitate (1 Tim. ii. 1 *sqq.*). Admone illos principibus et potestatibus subditos esse *cet.* (Titus iii. 1). Subditi estote omni humanae creaturae propter Dominum, sive regi tamquam praecellenti, sive ducibus tamquam ab eo missis (1 Peter ii. 13 *sqq.*).

To Husbands.

Likewise, ye husbands, dwell with them according to knowledge, giving honour unto the wife as unto the weaker vessel and as being heirs together of the grace of life, that your prayers be not hindered (1 Peter iii). And be not bitter against them (Col. iii).

To Wives.

Wives, submit yourselves unto your own husbands as unto the Lord, even as Sarah obeyed Abraham, calling him lord, whose daughters ye are as long as ye do well, and are not afraid with any amazement (Eph. i; 1 Peter iii).

To Parents.

Ye fathers, provoke not your children to wrath; but bring them up in the nurture and admonition of the Lord (Eph. vi).

To Children.

Children, obey your parents in the Lord, for this is right. Honour thy father and thy mother, which is the first commandment with promise, namely, that it may be well with thee, and thou mayest live long on the earth (Eph. vi. 1, &c.).

To Menservants, Maidservants, Day-Labourers and Workmen.

Servants, be obedient to them that are your masters according to the flesh, with fear and trembling, in singleness of heart as unto Christ, not with eye-service as men-pleasers, but as servants of Christ, doing the will of God from the heart, with goodwill doing service, as to the Lord, and not to men, knowing that whatsoever good thing any man doeth, the same shall he receive of the Lord, whether he be bond or free (Eph. vi. 5, &c.).

To the Master and Mistress of a Household.

And, ye masters, do the same things unto them, forbearing threatening, knowing that your Master also is in heaven, neither is there respect of persons with Him (Eph. vi. 9).

To the Young in General.

Likewise, ye younger, submit yourselves unto the elder. Yea, all of you, be subject one to another, and be clothed with humility, for God resisteth the proud and giveth grace to the humble. Humble yourselves therefore under the mighty hand of God, that He may exalt you in due time (1 Peter v, &c.).

To Widows.

Now she that is a widow indeed, and desolate, trusteth in God, and continueth in supplications and prayers night and day; but she that liveth in pleasure is dead while she liveth (1 Tim. v).

To All.

Thou shalt love thy neighbour as thyself; in this saying all commandments are comprehended (Rom. xiii). I exhort therefore that first of all supplications, prayers, intercessions, and giving of thanks be made for all men (1 Tim. ii).

'Let each one learn his lesson well;
Then in the house content will dwell.'

Ein jeder lern fein Lection
So wird es wohl im Hause stohn.

Cuique sit imprimis magnae sua lectio curae
Ut domus officiis stet decorata suis.

Πᾶς ἰδίην ἀνάγνωσιν ἐῆς πραπίδεσσιν ἀθρήσας
οἶκον ἔχει πυκινῶν εὐπορέοντα καλῶν.

No. 98. Reformatio ecclesiarum Hassiae, 20 Oct. 1526.

Synodus Hessiaca in nomine Domini apud Hombergum congregata universis et singulis Christi nomen invocantibus, ad quos haec nostra pervenerint, pax et gratia a Deo Patre nostro et Domino nostro Iesu Christo.

Benedictus Deus Dominus noster qui, post tam diutinas tenebras nostri misertus, aeternae veritatis suae lucem immisit, et Christum quem spiritus impostores et doctrinae daemoniorum subobscurarunt, nobis denuo palam fecit. Hinc nobis laetitia vera, et perpetua nominis sui benedictio, cuius fiducia decernimus, abiectis impiis hominum traditionibus, vivere et regi verbo suo, quod omnium fidelium est unica et ea quidem certa ad salutem regula. ... Ea ratione pro universis Hassiae nostrae Ecclesiis, et si deinde nonnullae aliae ad idem nostro exemplo provocarentur, conscripsimus hic quae ipsis

Ecclesiis utilia fore vidimus, de quibus parati sumus Deo et Caesari ex Dei verbo reddere rationem, prout in novissimis Imperialibus Comitiis Spirae celebratis fuit definitum. ...

Cap. i. *De cultu Dei vero.*—Venit hora, qua Deus vult spiritu et veritate coli (Iohan. iv. 23) quod tum fit dum iuxta verbum aeternae veritatis suae colitur. Proinde in omnibus Ecclesiis nostris iuxta idem verbum purissime colatur, et omnis diversus cultus ab eis propellatur; tametsi etiam cultus ipse Dei in fidei puritate sit, opera tamen quaecunque externa, quae iuxta verbum fidei a nobis fiunt, et quibus nos Dei cultores esse testamur, ad cultum Dei pertinent. Sic Deus in omnibus ecclesiis colendus est.

Cap. ii. *De ecclesiarum regimine.*—Quia grex Christi solam audit vocem Pastoris sui et non audit voces aliorum (Ioh. x. 5), non admittimus verbum aliud quam ipsius pastoris nostri; quin potius in Dei virtute interdicimus ne aliud omnino verbum ab episcopis in Ecclesia doceatur et secundum illud de cetero ipsae Ecclesiae regantur. Quod si quis aliud verbum quasi ad salutem necessarium docuerit, deponatur et communione privetur. Porro quaecunque hic pro decenti agendorum in Ecclesiis ordine conscripsimus, et Dei verbo speciatim haud quaquam iubentur, nolumus alioqui quam pro sanis et a verbo Dei non dissentientibus consiliis a quoquam haberi, quae tamen possint urgente Christi gloria immutari.

Cap. iii. *De Eucharistia vel Coena Dominica.*—Quotquot Coenae Dominicae participes esse volunt, simul et pani et poculo benedictionis communicent, sicut Dominus instituit, et qui aliud docuerit, et admonitus Dei verbo non acquieverit, communione privetur, et praeterea si episcopus est deponatur. Non celebretur ipsa Coena, nisi adsint qui communicent. Admoneant autem Ecclesiam episcopi, ut ad hanc venerabilem Coenam singulis Dominicis conveniant eidem participaturi, verum se ipsos prius probent, ne in iudicium conveniant; ad idque, si desolatae sunt ipsorum conscientiae, laudamus et consulimus ut adeant episcopum vel illius adiutorem aut aliquem ex piis doctisque fratribus confitentes peccatum suum, et audituri ab iis verbum sanctum, ut infra de Confessionibus. Ceterum qui eam cupiunt, episcopo aut ministro eius se ipsos indicent, et ante Coenam ipsam segregentur in locum unum ab his qui tum participare nolunt, ut eorum numerus sciri valeat. Admonemus autem universos in Domino qui tum aderunt, etiam qui sanctae mensae non sunt externe participaturi, ut sint memores sacrificii nostri Christi semel pro nobis oblati, cuius haec Coena memoriale est, quod et paucis ab episcopo semper est declarandum.

Canon ille missarius, et universae orationes, in quibus reperitur sacrificii aut hostiae vox, a nemine ultra in hac Coena dicatur. Nemo praeterea audeat hanc Coenam sacrificare, ut loquuntur, pro vivis et mortuis, aut quacunque occasione, quod non sit nostrum sacrificium sed Dei Coena, et pro accepta per Christum beneficentia gratiarum actio, ac specialis commemoratio sacrificii, quo semel pro nobis semetipsum obtulit, omniumque memorabilium eius. Est quoque signum communionis omnium qui Christi [sumus] quod ad invicem nos membra esse sub ipso et eodem quidem uno capite Christo profitemur.... Praeterea nullae in ea dicantur orationes, quibus aut sanctorum invocatio aut meritorum eorundem memoria sit ; solus enim Christus est advocatus noster . . . et unus mediator Dei et hominum. . . . Denique ipse solus est qui pro nobis omnibus meruit gratiam, gloriam et omne bonum.... Confitemur in hac Coena Christum Deum et hominem praesentem esse, et id quidem non vocibus imprecatoriis, ut de nobis quidam obloquuntur, sed decreto Dei vivi, quod est ipsissimum verbum suum, cuius ipsae voces signa sunt. Omniaque in hac Coena agantur vulgi lingua praeter has consuetas voces, *Kyrie eleison, Halleluiah, Osiannah, Sabaoth, Amen*, quas episcopi aliquando interpretentur, ut plebs omnia capiens in Dei verbo consoletur et spiritu et mente psallat. Servetur in ea ritus quem servus Dei Martinus Lutherus ultimo Germanice conscripsit ; et ut iuxta Paulum cuncta decentius fiant, laudamus si in eius ministerio ad minus induatur superpellicium, incendantur cerei, et decens calix habeatur. Amodo nullae fiant impensae pro altarium paramentis, casulis, cappis seu chlamidibus et similibus, sed magis dispensentur egenis, quae in his frustra consumi consueverunt. Nimirum qui se putat in his colere Deum, sine causa id facit, quod sint purae et vanae hominum traditiones. Liberum autem sit habenti casulam eadem in Coenae Dominicae ministerio uti vel non, tantum de cetero haud quaquam emantur, quod non in haec sed in pauperum usus quae donare volumus sint convertenda. Praeterea infirmorum solummodo causa iam emptis uti permittimus, certi quod nihil horum a nobis [postuletur] et maxime quidem ut egenis misericordiam praestemus, et illis necessaria partiamur. Denique semper habentur pauperes, quibus benefacere opus sit. Idcirco universis Ecclesiis in verbo eruditis liberum sit omnia id genus paramenta divendere ; quod si fecerint, eorum pretium Diaconorum ministerio pauperibus dispensetur. Dalmaticas, h. e.... Papisticorum Diaconorum vestes aut Subdiaconorum nemo de cetero induat, nolumus enim favere ordinibus illis sine Dei eloquiorum testimoniis introductis. Ceterum Scriptura alios nescit ministros, praeterquam episcopos, presbyteros et pauperum diaconos. De Missariis aut Diaconis nec iota quidem unum in utroque testamento reperimus, tametsi episcoporum adiutores non incongrue diaconi, id est, ministri vocentur; diaconus enim ministrum, et diaconia ministerium significat.

Admonemus deinde in nomine Domini, ut organa nunquam aut rarissime pulsentur, ne in priscos relabamur errores. Si enim praesente ecclesia non est lingua peregrina utendum nisi interpres adsit, ne homines non intelligant quod dicitur, minus profecto organis quod solis auribus sine animi fructu inserviant; plebs enim sonum quidem audit, sed sensum rei, quae organo pulsatur, ignorat. Neque a lege sumendum est exemplum, quod tum iusserit Dominus musicalia instrumenta pulsari, in Christi et ecclesiae figuram : at figura, praesente veritate, evanuit. Praeterea eadem pulsatio ad Levitici sacerdotii ministeria pertinebat, quae adveniente Christo cum ipso sacerdotio evacuata sunt.

Campanae ad Dominicae Coenae celebrationem et ad omnium fidelium congregationes sic pulsentur, ut audire valeat populus et congregari. Hortamur autem in Domino, ut vanus ille ac pomposus pulsationum strepitus ab universis vitetur, satis enim atque abunde foret campanam unam mediocrem pro signo pulsari.

Cap. iv. *Non reservandam in armariis Eucharistiam nec per plateas etiam infirmorum occasione circumferendam.* Quia usus sanctae Eucharistiae est perceptio[1] eius et communio fidelium in Christi commemorationem, nullibi amodo in armariis sive arcellis reservetur, nullaque ratione circumferatur ; haec namque figmenta hominum sunt, ideoque vitanda. Quod si quis infirmorum ipsam Eucharistiam petit, accedat minister quacumque hora fuerit, et in domo infirmi Coenam hanc celebret, ad quam, si fieri potest, tres aliquos vocet qui cum infirmo communicent, orentque pro eo et consolentur eum cum verbo Domini, et minister ille paucis tantae Coenae mysteria declaret.

Cap. v. *De Oratione, Lectione et Canticis tam matutinis quam vespertinis.*—Quaecunque in praesentia Ecclesiae dicuntur . . . lingua cunctis notiori tradantur. . . . Admonendi

[1] Contrast 'Perfectio huius sacramenti non est in usu fidelium sed in consecratione materiae'—S. Thos. Aq. *Summa* III. lxxx. 12 ad 2.

autem sunt universi fideles ut ad publicam Orationem et
Lectionem, item ad Coenam Dominicam diligentissime conveniant. Ceterum haec amodo non fiant in choro, sed in
medio ecclesiae decenter celebrentur ut omnes utriusque sexus
discant . . . nomenque Dei simul glorificent ; omnes enim in
Christo sacerdotes facti sunt.

Ordinamus denique ut in universis ecclesiis laudes matutinae
et vespertinae hoc ritu quotidie serventur, et primum matutinae sic [1. *Venite*; 2. Psalms; 3. Hymn ; 4. Lesson from
O. T. ; with exposition, if desired ; 4. *Benedictus* ; 5. The
Lord be with you, &c., Lord's Prayer (aloud); 6. Collect ;
7. The Lord, &c. Bless we, &c. Thanks, &c.]. Quod spectat
ad vespertinas laudes, omnia fiant sicut in matutiniis, excepto
quod non dicant Psalmum *Venite* . . . ex Novo caput unum
legant . . . pro *Benedictus* canant *Magnificat* aut *Nunc Dimittis*
. . . Dominicis tamen diebus ac festis cantetur utrumque. . . .

Cap. vi. *De Confessione.*—Nemo quenquam ad confessionem
illam peccatorum sine Dei eloquiorum auctoritate introductam
compellere, ut hactenus, audeat. . . . Laudamus publicam confessionem, quae in Coenae Dominicae initio fieri consuevit,
modo lingua vulgi distincte et ab omnibus simul fiat. . . .

Cap. vii. *De ieiuniis.*—Quia necesse est ut omnia fidelium
opera sint ex fide . . . interdicimus universis episcopis in virtute
Dei ne quis eorum dies aliquot ad ieiunandum ecclesiis praescribant, sed sinant unumquemque in divini Spiritus libertate
vivere. . . . Verum si quae gravis causa seu necessitas urgeat,
liberum est Principi cum aliquo ecclesiarum consilio . . . diem
unum et alterum ad ieiunandum instituere, non tamen de hac
re legem perpetuam facere. . . .

Cap. viii. *De festis et commemorationibus.*—Praeter Dominicum diem nullum festum celebretur, nisi pro mysteriis nostrae
redemptionis. . . . Haec de festis.

Fiant deinde in universis ecclesiis nostris memoriae D. Io.
Baptistae, Sanctorum Apostolorum et Evangelistarum et B.
Stephani protomartyris, non ut his diebus non operetur arte
sua quisquam, sed ut confestim post laudes matutinas habeatur
publicus sermo : quo facto, vadant ad labores suos. . . .

Interdicimus universis Ecclesiis nostris . . . ne ultra dedi-
cationes celebrent. . . .

Interdicimus denique ne quis sanctos invocet. . . . Praeterea
nulla ecclesia nullo alio patrono glorietur quam Deo et
D. N. I. C.

Cap. ix. *Exterminandum imaginum et idolorum cultum.*—

Quia statuae et imagines in ecclesiarum domibus ac platearum angulis locisque eminentioribus positae contra Dei verbum a multis coluntur, auferantur. . . . Adversus primum Dei praeceptum ex diametro repugnant. . . . Altaria cuncta ab universis Ecclesiarum domibus auferantur, eo dempto ex quo Coena Dominica administratur, quod etiam non altare, sed mensa vocetur. . . .

Cap. x. *De superstitiosis benedictionibus.*—Nec panis nec vinum nec aqua nec sal nec fructus nec aliud quicquam ullo tempore superstitiose benedicatur, nec aliquid tale in fidelium domibus habeatur: nimirum creaturae per verbum Dei benedictio, de qua 1 Tim. iv [5] non est aliquid tale, sed ut cum gratiarum actione et Dei laude omnia percipiamus. . . .

Cap. xi. *De Baptismo.*—Baptismus vulgariter administretur, in quo posteaquam verbum aliquamdiu fuerit praedicatum, nolumus unctionem chrismatis pigmentarii, magis cupientes baptizatis Spiritus Christi unctionem. Interdicimus autem in nomine Domini ne quis prohibeat fidelium parvulos baptizari, si quis vero contra fecerit, communione privetur. Interdicimus praeterea ne quis denuo baptizetur. Quod si qui parvulorum ab obstetricibus aut aliis quibusvis secundum Christi institutionem in partus periculo fuere baptizati, nullatenus rebaptizentur. . . .

Cap. xii. *De infirmorum Visitatione.*—Si quis fidelium infirmatur, mox ut notum est episcopo aut eius adiutori, visitet infirmum cum aliquot senioribus et orent Deum pro eo, ut sanus fiat. . . . Et super ipsis infirmis pauperibus Diaconi maxime invigilent.

Cap. xiii. *De Ritu Sepeliendi.*—Nemo sepeliatur in claustris, ne praeteritae abominationes denuo statui videantur, alioquin sepeliatur unusquisque ubi voluerit exemplo Abrahami et Patrum. Verum quia multi non habent propria sepulcra, eligat ecclesia quaelibet locum unum, in quo liberum sit cuivis fideli sepeliri, modo non sit excommunicatus. In sepulturis psalmi aliqui legantur ad iudicium cuiuslibet episcopi, et orent pro vivis, ut sancte vivant et moriantur. Omnia autem vulgi lingua fiant, tamen si omnes, qui sepulturae intersunt, latini sunt, possunt et latine omnia dici.

Dimittantur pompae et impensae funerales superfluae, magis autem pauperibus dispensentur, quae in his frustra insumerentur. Laudandum autem si in funere habeatur aut sincera praedicatio verbi Dei, aut saltem iuxta ipsum brevis admonitio. Nemo de conficto illo purgatorio amodo quicquam doceat, alioqui communione privetur, et, si episcopus fuerit, deponatur ; non est enim aliud purgatorium quam Dei ecclesia in qua fide purgamur et mundamur a peccatis.

Cap. xiv. *De sacro Coniugio.*—Qui uruntur, et non se continent iuxta Paulum 1 Cor. vii [9] matrimonium contrahant, etiam episcopi, monachi, et moniales. Connubium nimirum venerabile est universis, thorusque impollutus Heb. xiii. [4]. ...

Cap. xv. *De conventibus hebdomadariis, et qui in eos admittendi.*—Quia iuxta praeceptum Domini Matt. xviii [17], Si quis e fratribus peccans in confratres suos, eos admonentes audire contempserit, ecclesiae est dicendum. Ecclesia autem Dei congregatio fidelium est, fideles sunt aliquando congregandi, ut eis dicatur fratris impii rebellio et contemptus. ... Quod et fieri debet aliis causis, nempe ut de Pastoris sui voce iudicent, eligantque sibi episcopos et diaconos, id est, adiutores et ministros eorum, ac pauperum diaconos, de quibus infra [cap. 25], utque illos deponant, si causa existit, et si quae alia a tota ecclesia sunt iuxta Dei verbum definienda. Ordinamus idcirco ut in quavis parochia, posteaquam verbum Domini fuerit in ea aliquamdiu praedicatum, singulis diebus Dominicis, aut mox a Coena Dominica, aut a prandio fiat conventus fidelium in congruo loco ad quem quotquot ex viris negotio Christi favent et in sanctorum numero habentur, conveniant ut cum episcopo de universis quae in ecclesia tractanda occurrerunt, definiant ex verbo Domini. ... Huic fideles mulieres interesse quidem possunt, verum eis loqui in ecclesiis non permittitur, 1 Cor. xiv [34] et 1 Tim. ii [12]. Soli ergo viri definient.

Quia autem ad fidelium congregationem admittendi non sunt, qui contra fidei rationem vivunt, et ne quicquam immaturo consilio agatur, volumus ut pro hoc principio fiat separatio verorum fratrum a falsis fratribus ordine hoc posito.

Primo die Dominico, quo post verbum in tempus annuntiatum conveniunt, episcopus notam faciat Dei voluntatem ex Paulo 1 Cor. v [11] et ex 2 Ioh. [10] epistola, nempe quod veris fidelibus non sit communicandum, etiam his qui in fratrum numero habentur, si sunt scortatores, ebrii, &c. ... aut qui aliam doctrinam adserunt quam purissimum Dei verbum : quam ob causam iuxta idem Dei verbum nullus sit amodo in ipsum conventum recipiendus sed ab eo excommunicandus, cuiuscunque sit conditionis aut sexus, qui praescriptis aut similibus criminibus offendiculum praebebit Evangelio. Ideo si quis nolit extra ipsam ecclesiam fieri, et videt se id genus criminibus irretitum, ad cor redeat, veteremque exuat hominem, et vitam vivat Christo et ecclesia dignam : quod si infra xv dies non mutaverint vivendi rationem ut non ultra sint scandalo ecclesiae Dei, die xv, id est, tertia dominica ab ipsa ecclesia excommunicabuntur, etiam nominatim universi quorum scelera nota sunt, donec resipiscant. Per totos autem illos xv dies episcopi haec saepius inculcent ne se non praemonitos fuisse queri possint. Quod si quis huic legi et praecepto Domini non vult subiici, nec in ipsum conventum nec ad Coenam Domini recipiatur nec pro fratre habeatur ; non potest enim nec debet doctrinae, mensae ac communionis particeps fieri, qui Deo iubente non vult pro criminibus suis extra communionem fieri. Idcirco ut praescripta sine tumultu fieri possint, verbum sanctum, sicut praediximus, aliquamdiu praedicetur, ut prius sit ecclesia Dei, quae fide in ipsum verbum constituitur, quam congregetur. Demum ut nemo dicere possit iudicio praecipiti quicquam factum, antequam fiat alicubi conventus iste, mense uno singulis Dominicis ac festis pronuntietur futurus Dominica quae hunc mensem sequetur, et praemoneantur omnes ne in ipsum conventum veniant, nisi velint et praescriptae et omnibus Dei legibus subiici, sicut opus est fidelibus cunctis. Mox autem ut praescripta Dominica congregati fuerint, qui in sanctorum numero haberi volunt, etsi pauci sunt, nihil expavescant, certi quod eorum numerus Deo propitio brevi augebitur verbi Dei efficacia, etsi a principio nonnisi viginti aut triginta essent. Deinde interrogentur sigillatim ab episcopo, si volunt praedictis legibus subditi esse, et iuxta Dei verbum excommunicari, quando causa esset ; tum, quotquot acquieverint, conscribantur. Quod si qui virorum contradicant, uxores eorum et liberi et servi conscribantur, si acquieverint pietati ; in ecclesia enim non est personarum delectus, quod in nullis externis sita sit. Qui vero acquiescere noluerint, exeant, et pro ethnicis ac his qui foris sunt habeantur. . . .

In his conventibus tractentur omnia cuiuslibet ecclesiae negotia, eligantur episcopi, diaconi, excommunicentur criminosi, et dum vere resipuerint, ad communionem denuo recipiantur. . . . In his conventibus praesint episcopi, ut Dei verbo omnia dirigant, et nihil admittant quod Dei verbo non competat. . . .

[Cap. xvi, *De Excommunicatione*. Cap. xvii, *De absolutione resipiscentium*. Cap. xviii, *De Anniversaria Synodo*. Cap. xix, *De Electionibus et Depositionibus*. Cap. xx, *Qua ratione procedendum in electionibus*. Cap. xxi, *De ordinatione ministrorum ecclesiae per orationem et manuum impositionem*. Cap. xxii, *De visitatoribus eorumque ministerio*. Cap. xxiii, *De episcoporum electione*—Eligat quaevis ecclesia aut deponat episcopum suum, quod ad eam spectet iudicare de voce pastorum. . . . Cap. xxiv, *De episcoporum diaconis.* Cap. xxv, *De diaconis ecclesiarum et pauperum provisione.* Cap. xxvi, *De non ambiendo primatu.* Cap. xxvii, *De otiosis deque vagis et falsis fratribus.* Cap. xxviii, *De peregrinis et exulibus fratribus*].

Cap. xxix. *De universali studio Marpurgensi.*—Quia placuit Deo movere cor Principis nostri, ut nunc fulgente Evangelii gloria universale studium apud Marpurgum erigere velit, idque maxime necessarium sit ut in ecclesiis nostris multiplicentur qui in verbo et doctrina eisdem praesidere, ac quae recta sunt consulere possint : interdicimus in virtute Dei ut nihil in eo legatur quod negotiis regni Dei obesse possit. In eo sint primum qui Sacras Litteras profiteantur, et id quidem purissime, alioqui deponantur. Deinde sint qui Leges civiles praelegant, sic tamen ut cautelae impiae Dei verbo circumcidantur, et quae Dei verbo non conveniunt per illud corrigantur. Idcirco vocentur Iureconsulti docti simul et pii, qui sciant Dei verbum omnium doctrinarum adhibere censorem : e quibus si quis nonnulla contra Dei verbum adseruerit, et suo ministerio et communione privetur. Tertio habeatur ad minus unus Medicinae professor, doctus simul et pius. Quarto praelegantur artes liberales et politiores litterae, adhibito in omnibus, praesertim in Mathematicis, censore tutissimo, nempe sermone Dei. Quinto sint professores Linguarum.

Porro ius illud contra fas vocatum Canonicum, omnino legi prohibemus. Qui in hoc venerabili studio aliquid contra sanctum verbum decernere ausus fuerit, anathema sit.

[Cap. xxx. *De Scholis puerorum.* Cap. xxxi. *De Scholis Puellarum.* Cap. xxxii. *De studiosis pauperibus.* Cap. xxxiii. *De Beneficiatis.* Cap. xxxiv. *De claustris et monachis.*]

No. 99. Church Order of Brunswick, 1528.

Before all things, it is necessary to provide for three things : first, to set up good schools for the children ; next, to appoint preachers who shall deliver God's word pure to the people, and to secure the teaching of Latin and the exposition of holy Scripture for the learned ; thirdly, to furnish Common Chests with the Church goods and other offerings from which the service of the church may be kept up and the needs of the poor relieved. . . . How necessary these first three things are, to set up schools, to ordain preachers, and to maintain both them and the poor out of the Common Chests is hereinafter set forth ; and how not only Christians but all reasonable and fair-minded people must acknowledge such provision to be right. . . .

First, of the Poor-Chests. In all large parishes there shall openly stand a Common Chest for the indigent, the poor, and others in need. To it shall come all free-will offerings which men shall put therein throughout the year, as each is disposed ; item, all bequests and benefactions : item, the customary offerings on St. Auctor's [1] day . . . ; item, what men have hitherto vainly offered for the dead ; item, what they have also offered when a bride comes to church . . . ; item, if any one wishes to have the bells rung at a death . . . the money for the ringing (save what is due to the sexton) shall be put into the Poor-Chest ; item, whatever pious Christian people can devise for the help of these chests shall belong thereto ; item, the Deacons of the Poor shall . . . go round on holydays before and after the sermon in church with bags whereon shall be a little bell so that they need not ask but that the people shall hear that they are there . . . and preachers shall in their sermons recommend such service of the poor as Divine Service. . . . For these chests there shall be chosen three Deacons by the Council and by the members of the Commune in the district. . . . The Deacons shall keep an account of their receipts and expenditure, and a list of the names and houses of those who from week to week are in need of assistance, so that their reckoning may be the simpler and clearer. When they have made their reckoning with the Council and the Ten Men, they shall bring the balance that remains from each parish to some particular place, and an entry shall be made of what each parish brings : and such money shall be kept in readiness for use in special emergencies, such as the plague, or to buy corn. . . . Every Sunday, or other appointed day in the week, the Deacons shall meet together in each parish to distribute to the poor according to need, and to consider what is necessary for each sick or poor man. And when there is no money there, or too little, the preacher shall warn the people to come to the assistance of the Common Chest. . . .

Of the Church-Chest [2]. In each large parish there shall also

---

[1] On 20 Aug.—St. Auctor was Bp. of Trier, before 450 ; cf. *Acta Sanctorum*, Aug. iii. 37 sqq.
[2] lit. Cash-box (*Schatskasten*).

stand a Church-Chest in the sacristy, wherein the overseers or Treasurers[1] shall place the alms of their church, as follows:—

Memorials founded at the church, kalends, and what are called *benefactorum*, and all benefices shall, as they become vacant, be placed therein. The register and all that they shall receive, in whatever wise and from what source so ever, shall by the Honourable Council be handed over to the Treasurers. They shall have power over all church goods, as hitherto churchwardens have had, and shall bring them into their Common Chests.... To these chests shall also belong the Ember-penny. Wherefore the preachers shall from the pulpit diligently require the Ember-penny of the people, on the Sunday before the offering-day.... We doubt not too that the worshipful Guilds and Brotherhoods will bring into these Chests all that hitherto they have spent upon candles, memorials, vigils, and Masses for the dead in church. Item, absentee holders of benefices shall bring into these Chests all that formerly they gave in fees to the celebrant for reading Mass: and, further, whatever they provided in the way of wine and oblations for the Sacrifice shall also be placed therein. Item, whatever in any parish the council of the district may devote thereto and whatever else may be arranged with the parish priest, shall be for the good of this Chest.... For these Church-Chests four deacons or overseers shall be appointed by the Council and the members of the Commune who shall collect and demand all that is ordered, answer for everything, and give receipts for themselves and their successors. And for this purpose they shall have a ledger wherein all necessary things shall be entered and duly kept.

These deacons or treasurers shall pay the stipends to the preachers of their churches every quarter, as also to the sacristans and the organists. They shall also provide and maintain a dwelling near the church for their preachers, and, where they are willing and able to do so, for their schoolmaster who is appointed in their church to sing with the children, in case he wishes to marry and to keep house.... They shall also keep the churches in repair and provide what is needful therein. These four persons shall have authority from the Commune in company with the Council to appoint a preacher, as is above set down, one of the four being a member of the Council.... These four treasurers shall reckon up year by year

---

[1] lit. Cash-box keepers (*Schatzkastenherren*).

with the Honourable Council and the Ten Men : and anything over from all the parishes shall be collected together in a particular place and in a special chest, as is provided in the case of the Poor-Chests. . . .

XXXI

PROGRESS OF REFORM IN SCANDINAVIA, 1527-8

I. Denmark.—Christian II, 1513-†59, was no sooner defeated in Sweden than he was driven from his own country, 13 April 1523. His throne was offered to the Duke of Schleswig-Holstein, his uncle, who was elected 14 April as Frederick I of Denmark, 1523-†33. Concession was the price of his election. The King was personally favourable to the Lutheran opinions, such as were now being preached in the Duchies by Hermann Tast, 1490-†1551, at Husum, in Schleswig, since 1522; and in Jutland by Hans Tausen, 1494-†1561, at Viborg from 1524. He was able to promote the preaching in his hereditary dominions by an edict of Aug. 1524, ensuring religious liberty (Münter, *Kirchengeschichte von Dänemark*, iii. 565 n.): but in Denmark he was obliged to defer to the Catholic magnates, who, spiritual[1] and temporal, united, 28 June 1524, in a pronouncement against it (*ibid.* iii. 153). In 1526, however, he made Tausen his chaplain, and so exempted him from episcopal control. The bishops remonstrated: but the king contrived to break up their alliance with the nobles by supporting the latter in their attacks upon ecclesiastical property: and in an [No. 100] **ordinance** (summary in Münter, iii. 207 sq.) based upon the Recess (*ibid. Reformationsgeschichte von Dänemark*, i. 556 sqq.), 20 August 1527, of the Diet of Odense, extended to reformers equality with others before the law.

II. Sweden.—Here it was not so much the nobles as the Crown that coveted the goods of the Church. Gustavus judged that the time was ripe in 1527: and summoned a Diet which met at Westeräs, 24 June. By the threat of resignation he reduced it to subservience: and by the Recess put forth in its name it was ordered by § 2 'that the surplus revenues of bishops, chapters, and monasteries should be transferred to the Crown, which was also provisionally to take over the bishops' castles'; by § 3 that 'the nobility might redeem from the religious houses all the land devoted to pious uses since 1454, to which they could make good their claims' (R. N. Bain, *Scandinavia*, 111); and by § 4 'that God's Word might everywhere in the kingdom be purely preached' (Anjou,

---

[1] The Danish hierarchy consisted, since 1425, of the Archbishopric of Lund, with seven suffragans, Wiborg, Borglum, Roskilde, Odense, Ribe, Aarhus, and Schleswig. Holstein belonged to Lübeck, in the province of Bremen. Cf. Wiltsch, *Geography and Statistics of the Church*, ii. 287.

History of the Reformation in Sweden, 213 : cf. Weidling, *Schwedische Geschichte im Zeitalter der Reformation*, 207). The Diet then proceeded to adopt the regulations known as the [No. 101] **Westeräs Ordinances** (summarized in Watson, *The Swedish Revolution*, 258 sqq.; cf. Anjou, 216; Weidling, 208), the result of which was to place the Church at the mercy of the King. At his command, 5 Jan. 1528, three bishops were consecrated for Skara, Strengnäs, and Abö, by the Catholic Bishop of Westeräs, without indeed the confirmation of the Pope, but with the ancient rites. The monasteries were robbed of their property; and, sooner or later, died out (Anjou, 226 sqq.). On 2 Feb. 1529 [No. 102] a **synod met at Örebro** and carried changes a stage further by its programme of reforms, 7 Feb. (Baazius, *Inventarium ecclesiae Sveo-Gothorum*, 239 sqq.; cf. Anjou, 257 sqq., and Weidling, 241 sqq.) In 1529 there appeared a Manual, in 1530 a Hymn-book, and in 1531 the first Mass-book—all in Swedish: and, as from the hands of Olaus Petri, all Lutheran. His brother, Laurence, became Archbishop of Upsala, 1531.

No. 100. In Denmark.—The Ordinance of the Diet of Odense, 1527.

(1) Henceforth every man shall enjoy freedom of conscience. No one shall be at liberty to ask whether a man is Lutheran or Catholic. Every man shall answer for his own soul.

(2) The King extends his protection to the Lutherans, who hitherto have not enjoyed such full security and safe-conduct as the Catholics.

(3) The marriage of ecclesiastics, canons, monks, and other spiritual persons which for several centuries has been forbidden, is now allowed; and every one is free to choose whether he will marry or remain celibate.

(4) In future, bishops shall no more fetch the pall from Rome: but after they have been duly elected by the chapters possessed of the right, they shall seek confirmation from the Crown.

No. 101. In Sweden.—The Ordinances of Westeräs, 1527.

(1) Vacancies in the parish churches are to be filled up by the bishop of the diocese. If, however, he appoints murderers, drunkards, or persons who cannot or will not preach the Word of God, the King may expel them and appoint other persons who are more fit.

(2) Where a parish is poor, two of them may be joined

together, though not if such a step would be an injury to the Word of God.

(3) All bishops shall furnish the King with a schedule of their rents and income of every kind. From these schedules he shall determine the relative proportions for them to keep and to hand over to the Crown.

(4) A similar course shall be pursued with regard to the cathedrals and chapters.

(5) Auricular confession must be given up as already commanded, and an account must be rendered to the King of all fines imposed.

(6) An account must also be rendered to the King of all fees received for remitting the ban, and bishops with their officers must not inflict the ban for petty offences, as has been often done hitherto.

(7) Bishops shall have authority to determine as to the legality of marriages, and may grant divorces; but an account shall be rendered to the King of all fees therefor.

(8) Fees for weddings, funerals, and churchings may be taken as provided in the Church Ordinances, but no more.

(9) Since it has been decreed that the King, and not the bishop, is to receive all fines imposed in cases within ecclesiastical jurisdiction, the provosts may hereafter hold court just as the bishops have done hitherto, and shall render an account of their doings to the King.

(10) For desecration of holy days, no penalty is to be imposed on those who have been tilling the ground, or fishing, or catching birds; but persons discovered hunting or quarrelling shall be fined.

(11) Priests shall be subject to temporal laws, and temporal courts, in all disputes of their own or of their churches, concerning property, torts, or contracts, and shall pay to the King the same penalties as laymen. But all complaints against the clergy for non-fulfilment of their priestly duties shall be laid before the bishop.

(12) If a priest and a layman come to blows, one shall not be placed under a ban any more than the other, for God has forbidden priests to quarrel as well as laymen. Both shall suffer for their acts according to the laws of the land.

(13) Since it has been found that mendicant friars spread lies and deceit about the country, the royal stewards are to see that they do not remain away from their monasteries more than five weeks every summer and five weeks every winter. Every

friar must get a license from the steward or burgomaster before he goes out, and return it when he comes back.

(14) Monks who receive rents shall not go out to beg at all.

(15) When a priest dies the bishop is not to defraud the priest's heirs of their inheritance. Priests shall be bound, in regard to their wills, by the same law as other people.

(16) If a man has sexual intercourse with a woman to whom he is engaged he shall not be punished, since they are already married in the eye of God.

(17) No person who is infirm shall be compelled by priests to make a will.

(18) The sacrament shall not be withheld from any one for debt or other reason. The church or priest has a remedy in court.

(19) Fines for adultery and fornication belong to the King, not to the bishop.

(20) The Gospel shall hereafter be taught in every school.

(21) Bishops shall consecrate no priest who is incompetent to preach the Word of God.

(22) No one shall be made a prelate, canon, or prebendary unless he has been recommended by the King, or his name submitted to the King.

No. 102. The reforms of the Synod of Örebro, 7 Feb. 1529.

Nos infra scripti Laurentius Andreae Archidiaconus Upsalensis, praeses sedis Archiepiscopalis et Regius nuncius; Magnus Haraldi Scarensis, Magnus Sommar Strengnensis, Petrus Magni Arosiensis, Episcopi et ex omnibus dioecesibus Sveciae clerici[1] . . . qui sumus in concilio Orebrogensi congregati.

I. Fatemur nostri esse officii praedicare purum Dei verbum, et summo studio anniti ut voluntas Dei in verbo eius revelato patefiat auditoribus nostris, per institutam diligenter in omnibus templis tam urbanis quam ruralibus praedicationem. Quare promittimus nos in posterum id serio facturos. Nos episcopi habebimus fidelem inspectionem, ut pastores ecclesiarum in singulis dioecesibus recte doceant verbum Dei, modo velint suo officio praeesse; et curabimus ut quotidie in templis cathedralibus habeatur lectio e S. Scriptura orthodoxe explicata, cui attendant non soli scholares, studiis ibidem invigilantes,

[1] i.e. besides the three bishops, nineteen canons, eleven pastors, one preacher, five friars, and three monks.

sed etiam iuniores praedicatores ruri degentes. Idem fieri in scholis cathedralibus consultum videmus, ut illuc conveniant simul clerici chorales, in verbo Dei recte instituendi. Hoc modo speramus sensum verbi Dei verum gratia Dei omnibus plane innotescere. Nos etiam episcopi procurabimus ut discentes in scholis habeant rectum textum Bibliorum, praesertim N. T. Latinum; et ut praeficiantur ecclesiis civitatum docti viri, ad quorum conciones saepe congregabuntur simplices pastores ruri degentes, ut inde proficiant in vero sensu verbi Dei. Ad hos rurales etiam pastor civitatis quandoque accedat, et in conventibus illorum verbum Dei recte proponat. In monasteriis civitatum fiat concio verbi Dei horis pomeridianis, ne impediat concionem in templo civitatis antemeridianam. Caveant pastores effutire in concionibus odia personalia, cum auditorum scandalo coniuncta. Si quid invenerint doctiores quod reprehendant in aliorum concionibus aut vita, id modeste et primo privatim agant. In omnibus concionibus recitentur hae partes Catechismi, Pater noster, Credo et Ave Maria in gratiam simpliciorum auditorum: et Decem Praecepta bis singulis mensibus absolvant praedicatores. Principium concionis erit omnibus idem, sic etiam clausula.

II. (1) Scholares non diu versentur ruri ad colligendam stipem emissi, sed mature redeant. Hi cavebunt sedulo ne mendacia spargant, aut de religione cum quodam tractent ruri, idque pastores ecclesiarum observabunt.

(2) Ius canonicum constituit aliquot gradus sanguinis et affinitatis, in quibus nolit matrimonium esse contrahendum : quos gradus verbum Dei non prohibet. Illi igitur quibus data est potestas dispensandi in his casibus ecclesiasticis, utantur hic libertate ecclesiae, et datis gravibus causis relaxent prohibitionem papalem ; cavebunt tamen ne dispensatio sit coniuncta cum scandalo infirmorum.

(3) Poenitentiarii praescribant eam publicam poenitentiam notoriis peccatoribus quae poenitentes erudiat, et alios de peccati gravitate informet. Videtur necessarium ut homicidae tractentur rigide, cum hebescat gladius, quo tollerentur ipsi de medio.

(4) Monachi subsint inspectioni episcopi loci, praesertim in causa ecclesiastica quae praedicationem evangelii spectat.

(5) Quoniam nimis multa Festa Sanctorum celebrantur, quae occasionem citius peccandi quam Deum colendi subministrant ipsaque necessarios labores impediunt, iudicamus sufficere ut Festa Conceptionis, Nativitatis, Praesentationis et Passionis

Christi; item Pentecostes et Apostolorum feriae, cum diebus Patronorum, serventur. Aliae feriae cum tempore sileant per prudentiam episcoporum abrogatae.

(6) In civitatibus quae templis uno pluribus ornantur, ut in illis plures conventus ecclesiastici simul fiant, parebunt omnes uni pastori.

(7) Item cavebunt episcopi ne levibus de causis scribant schedas mendicantibus stipem, ne populus plus iusto gravetur.

III. Abusus ceremoniarum sacrarum viguit hactenus multiplex: quare usum vulgarium ceremoniarum gratia informationis hic explicabimus. Aqua lustralis non abstergit peccata, quod solus sanguis Christi facit: sed ea revocat in memoriam usum baptismi, quo sumus lavati in peccatorum remissionem. Imagines sanctorum non retinentur propter cultum: sed propter memoriam Christi et sanctorum, ut imitemur vitam et pietatem illorum. Palmas non consecrarunt primitus religiosi propter fiduciam auxilii inde expectandi: sed ad recordationem palmarum Christo substratarum. Candelis consecratis die Purificationis Mariae non tribuitur sanctitas: sed lumini vero Christo in Templo Ierusalem oblato, quem consecrata candela designat. Unctio externa chrismatis significat internam unctionem Spiritus Sancti fidelibus necessariam. Usus campanarum tantum ad convocandam plebem adhibetur. Aedificatio templorum non est per se cultus Dei, siquidem Deus non habitat in templis manufactis: sed necessitas monet Christianos habere loca ubi conveniant ad peragenda sacra. Consecrantur templa, item sal, cibus aliaque usui piorum destinata, non ut sint in seipsis sancta, sed ut sint nobis sancta: ceu oramus ut his rebus sancte utamur, ne profanemus nomen Dei in templo aut circa usum rerum sacrarum occupati. Sic prodest haec benedictio non rebus consecratis, sed nobis qui illis uti debemus. Informentur ergo auditores simplices ut dent potius suas candelas pauperibus quam ut illas coram imaginibus accendant. Ieiunium non est ipse cultus Dei; sed subtrahitur hoc modo voluptas carni, ut praeparetur animus pii hominis ad serium Dei cultum celebrandum. Feriae peraguntur non propter specialem Dei cultum feriando peragendum: sed ut tempus detur auditui verbi Dei opportunum et recreentur operarii laboribus defatigati. Adhuc informentur simpliciores quod ritus usitati diebus Parasceves et Resurrectionis Christi nullum habeant alium usum quam ut inculcent in memoriam facta Christi, qui pro nobis passus est et resurrexit. Peregrinationes ad loca sancta quanta fieri possit moderatione removebuntur. Erant quidem primo institutae non propter singularem cultum Dei aut indulgentiam peccati in iis locis (siquidem Deus est ubique) oblatam poenitentibus : sed ut homo religiosus in iis locis meliorem acciperet notitiam Dei essentiae et voluntatis, per praedicationem verbi Dei a doctis viris ibi propositam, acueret etiam affectum pietatis visio rerum religiosarum. Hoc praedicatores fideliter inculcabunt patriotis. Cumque hic usus peregrinationum desierit, desinant et ipsi his peregrinationibus invigilare.

Datum Orebrogiae et manibus clericorum prius nominatorum subscriptum Dominica Quinquagesima, Anno Chr. 1529.

XXXII

THE DIET OF SPEIER, 1529

Scarcely had the new evangelical institutions begun to take shape when, in 1528, a Catholic reaction set in. This was due to two causes. First, to the violence with which Philip of Hesse, in reliance upon the forgeries of Otto von Pack, treated the neighbouring bishops (Ranke, *Ref.* Bk. V, c. ii). It 'stained the good cause', said Melanchthon : and it provoked the natural resentment of the German Catholic sovereigns. Secondly, to the improved relations of Pope and Emperor. Each had, at last, discovered that neither could stand without the other; and both had a common interest in putting down heresy. Hence, in response to a papal appeal of 28 Oct. 1528 (Ranke, *Ref.* 553), the Emperor, by a [No. 103] **Mandate** of 30 Nov. (Ney, *Geschichte des Reichstages zu Speier*, 291 sqq.), convoked the Diet to meet at Speier on 21 Feb. 1529. There was a strong Catholic majority (*ibid.* 51 sqq.) among the Estates present, when, on 15 March, Ferdinand communicated to them [No. 104] **the Proposition** (Walch, xvi. 318 sqq.; Ney, *op. cit.* 104 sqq.). It was debated in committee till, on 23 March (Ney, *op. cit.* 128), a [No. 105] **Resolution** (Walch, xvi. 323 sqq.; Ney, 129 sqq.) was taken, which, as being in harmony with the wishes of the majority, was adopted by the Diet on 6 and 7 April (Ney, 176). The cities, as appears from a [No. 106] **Letter of Fürstenberg**, the ambassador of Frankfurt (Ney, 358) resented the decision as tending to re-establish the spiritual authority of the bishops : while six princes and fourteen cities joined, 19 April, in the celebrated [No. 107] **Protest** (Walch, xvi. 384 § 2 ; Ney, 233) afterwards, 25 April, expanded in the *Instrumentum Appellationis* (Walch, xvi. 390 § 6 ; Ney, 243) on behalf of freedom of conscience and the rights of minorities, which won for them and their posterity 'the name of Protestants'—a name that, as the English bishops observed at the Savoy Conference, 'most properly belongs to those that profess the Augustan confession' (Cardwell, *Conferences*, 338 ; cf. 445).

No. 103. The Imperial Mandate, 30 Nov. 1528.

Charles, by the grace of God, Roman Emperor Elect, &c. Dear Uncle & Prince, &c. . . . We will that you, on the appointed day of the month of February, in your own person... appear . . . together with our . . . Commissioners and other our Electors, Princes, and Estates of the Empire . . . to advise & resolve, &c. . . . And if you do not appear within ten days after the day appointed our envoys and Commissioners will, notwithstanding, discuss and determine affairs with the Estates then & there present, in all respects as if you and others who absented yourselves on slight and frivolous grounds, had been present. All which we shall attend to and execute with firmness & vigour, in the same manner as if all the Estates, whether present or absent, had agreed to them. . . .

To My gracious Lord the Margrave George [1].

No. 104. The Proposition or Speech from the Throne, 15 March 1529.

(1) Next, your aforesaid Imperial Majesty has no small grief and trouble that in the German nation, during your reign, such evil, grave, perilous, and pernicious doctrines and errors have arisen in our holy faith, and are now daily increasing more and more. Thereby not only (though this is the most important part of the matter) are the Christian and laudable laws, customs, and usages of the Church held in contempt and disgrace, to the reproach and dishonour of God our Maker; but also to that of your Imperial Majesty and the Empire. In particular, the German nation, its estates, subjects, and allies are thereby roused and inflamed to grievous and pitiful revolts, tumults, war, misery, and bloodshed; while your Majesty's edicts and mandates, together with the recesses of the Empire, are so little regarded, or rather, in so many ways treated with such gross opposition and contempt, as that your Majesty is seriously displeased and in no mind (as indeed becomes the Head of Christendom) any further to tolerate or permit the same.

(2) Whereas then in the Recess lately made at Regensburg [28 May 1527] . . . it was held that in the matter of differences and discords . . . there was no better way open to a fruitful result than by a General Council or, at least, a National Assembly . . .

(3) And whereas now the relations between your Imperial

---

[1] of Brandenburg-Ansbach, 1515–†43.

Majesty and his Holiness the Pope are, by the grace of Almighty God, in such good Christian accord that, as your Majesty is assured, there is no refusal on the part of his Holiness to hold the General Council ... it is your Majesty's gracious offer to urge his Holiness to allow the summoning of such a Council. ...

(4) Meanwhile, it is your Majesty's will, intention, and strict command to every Estate, spiritual and temporal, of higher or lower degree, by the duty which every one owes to your Imperial Majesty and the Holy Empire, at peril of losing his sovereignties, rights, freedoms, grants, and graces, and also of incurring such strict pains and penalties as are comprised in the published edicts, that, until the assembly and holding of the aforesaid Council, no one, whether of spiritual or of temporal estate, shall, to the detriment of our true Christian faith, use violence or force against ancient usages and customs, or go over to any wrong or strange creed, or attach himself to any new sect, as may hitherto have happened in some places.

. . . .

(7) And whereas in the Recess of the Diet of Speier, made in the ... year 1526, an article was comprised saying that 'the Electors, Princes, and Estates of the Empire, and the ambassadors of the same unanimously agreed and resolved, while waiting for the Council, with our subjects, in matters which the edict published by his Imperial Majesty at the Diet holden at Worms may concern, each one so to live, govern, and carry himself as he hopes and trusts to answer it to God and his Imperial Majesty, &c.'; and whereas, from the same article, as hitherto understood, expounded, and explained at their pleasure by several of the Estates of the Holy Empire, marvellous great trouble and misunderstanding has arisen against our holy Christian faith, as also against the Magistrates through the disobedience of their subjects, and much other disadvantage, your Imperial Majesty conceives no small astonishment thereat: and to the end that, for the future, the said article may be no further taken and expounded at every man's pleasure, and that the consequences, which hitherto have proved so disastrous to our holy faith, may be averted, your Imperial Majesty hereby repeals, revokes, and annuls the above-mentioned article contained in the aforesaid Recess, now as then, and then as now, all out of your own Imperial absolute power. ...

No. 105. The Resolution of the Majority, 7 April 1529.

(5) Whereas, moreover, the said article has since been by many drawn and expounded, under an entire misapprehension, to the excusing of all sorts of new doctrines and sects; therefore, to cut off such occasion and to avert further falling away . . . the Electors, Princes, and other Estates have resolved that those who have hitherto held to the aforesaid Imperial Edict [*sc.* of Worms] should continue to abide by the same till the coming Council, and hold their subjects thereto.

(6) That by the other Estates, with whom the other doctrine originated and with whom, to some degree, it cannot be abandoned without considerable tumult, trouble, and danger, all further innovation shall nevertheless be prevented till the coming Council, so far as is humanly possible.

(7) That, in particular, such doctrines and sects as deny the most worthy sacrament of our Lord Jesus Christ's Body and Blood shall in no wise be tolerated by the holy Empire of the German Nation, nor be henceforth suffered . . . to preach in public: nor shall the celebration of the holy Mass be done away: nor shall any one, in places where the new doctrine has got the upper hand, be forbidden to celebrate or to hear Mass, nor be hindered or forced therefrom.

. . . .

(9) Further, your Imperial Majesty bids and commands every Estate, spiritual and temporal, by the duty which every one owes to your Imperial Majesty, and on pain of losing every one his sovereignties, feoffs, liberties, grants, and graces, that, until the assembly and holding of the aforesaid Council, no one, whether of spiritual or temporal Estate, shall, by act or deed, in any wise use force against another to deprive and despoil him of authority, goods, rents, dues, and customs: and whosoever, contrary to this your Imperial Majesty's commandment, shall undertake or endeavour anything by force or deed, the same shall by so doing be liable to your Imperial Majesty's displeasure, ban and re-ban, in accordance with the foregoing declaration. . . .

No. 106. The Letter of Fürstenberg, 7 April 1529.

The greater part of the cities are greatly annoyed by the article concerning faith, and on several grounds are indisposed to admit it. There were all sorts of little words slipped in which are not tolerable or endurable to the cities, against which they [sc. the majority in the Diet] are violent and dangerous : and especially that their authority and traditional jurisdiction should be forcibly set aside, in order that the clergy (in case the said article is accepted and granted) may continue to appoint and to displace the preachers, to restore all the old abuses, and to establish new ones. . . .

No. 107. The Resolution of the Minority, 19-25 April 1529.

(*a*) From the *Protest* of 19 April.

You, Well-beloved, and you, dear Lords, Cousins, Uncles, Friends, and others, know what objections we caused to be raised, both orally and in writing, on the last day of the late Diet, against certain points in the article for the preservation of peace and unity in view of the religious division imminent in the Empire, pending the Council ; and this, although (while holding that we then said nothing but what our conscience requires for God's honour and the hallowing of His Name) we were aware of the very great need in the Empire of the peace and unity aforesaid. You, Well-beloved, and you others should have sought means whereby we might have been able, with a good conscience and without objection, to come to an agreement with you for the interpretation of the late Recess of Speier, where it might by difference of opinion be perverted ; whereby, too, the late Recess (which hitherto was everywhere considered just, and that, so far, unanimously) should also remain in essence and substance as then. Further we, Duke John, Elector of Saxony, proposed a conciliatory amendment to the resolution adopted by the Grand Committee with reference to the perversion aforesaid and the maintenance of the said peace ; and afterwards we again set it before the said Committee, and subsequently had it submitted to you, Well-beloved, and you others, trusting that the same proposal would have been considered by you as a moderate and peaceful solution and would have been accepted.

But whereas we have found that you, Well-beloved, and you others persist in the maintenance of your intention ; and whereas (for stated and weighty reasons and objections which we have now and at all times wished, declared, and repeated) both for conscience' sake and because you, Beloved, and you

Excellencies, in view of the imminent religious division above-mentioned, have not reconciled yourselves to assist in the preservation of peace and unity pending the Council, we do not agree or consent herein; and whereas, from the form of procedure, and even before that, on account of the above-mentioned Recess of Speier, we are not bound herein, especially without our consent, by reason of the following written, strongly binding clauses and words from the said late Recess made and sealed here at Speier which, at the end of the same Recess, are, in due form, written as follows: 'Hereby so declare and promise We, Ferdinand, Prince and Infant of Spain, &c., and we Electors, Princes, Prelates, Counts and Lords,' &c.

Now, therefore, we hold that, as regards the oft-mentioned objections, our great and urgent needs require us openly to protest against the said resolution of you, Well-beloved, and you others as being, in view of the said late Recess, null and void, and, so far as we ourselves and our people, one and all, are concerned, not binding. This we hereby presently do. We hereby protest to you, Well-beloved, and you others, that we, for kindred reasons, know not how to, cannot, and may not, concur therein, but hold your resolution null and not binding; and we desire, in matters of religion (pending the said general and free Christian council or national assembly) by means of the godly help, power, and substance of the oft-mentioned late Recess of Speier, so to live, govern, and carry ourselves, in our governments, as also with and among our subjects and kinsfolk, as we trust to answer it before God Almighty and his Roman Imperial Majesty, our most gracious Lord.

(*b*) From the *Instrumentum Appellationis* of 25 April.

But these are matters which touch and concern God's honour, and the salvation and eternal life of the souls of each one of us, and in which, by God's command, and for the sake of our consciences, we are pledged and bound to regard before all things the same our Lord and God, in the undoubting confidence that your Royal Serenity, our beloved fellow Princes, and the others, will in a friendly spirit hold us excused that we are not one with you therein, and that we cannot in such a matter give way to the majority, as we have several times been urged to do in this Diet, especially having regard to the fact that the Recess of the previous Diet of Speier specially states, in the article in question, that it was adopted by a unanimous vote, and in all honour, equity, and right, such a unanimous decision can only be altered by a similarly unanimous vote. But besides this, in matters which concern God's honour and the salvation and eternal life of our souls, every one must stand and give account before God for himself; and no one can excuse himself by the action or decision of another, whether less or more.

XXXIII

CATHOLIC AND PROTESTANT, 1529

The action of the majority at Speier had been rendered possible through the growing reconciliation of Pope and Emperor which issued, 29 June, in [No. 108] **the Treaty of Barcelona** (Dumont, *Corps Diplomatique*, IV. ii, No. 1). Shortly afterwards, 5 August, the Peace of Cambray (*ibid.* IV. ii, No. 2) between Charles and Francis increased the advantage of the Catholic majority. It might seem finally assured when, 15 October, the Turks raised the siege of Vienna; for, failing unity among the reformers, the Turk was the best ally of the Reformation. Such unity had been attempted when, just after the Protest at Speier, a 'particular secret understanding' (Ney, *op. cit.* 270) was concluded, 22 April, between the Elector, the Landgrave, Nürnberg, Ulm, and Strassburg. It was an understanding between North and South, between Lutheran princes and towns nearer to the Swiss: and Philip saw the importance of making it permanent. Accordingly, on 22 April, the day of its inception, he wrote to Zwingli, 1484-†1531, inviting him to take part in discussion with the Saxon divines (*Zuinglii Opera*, viii. 288, edd. *Schuler and Schulthess*). They hesitated: but the Landgrave at length prevailed both with Luther (de Wette, iii. 473) and with Melanchthon (*Corpus Reformatorum*, i. 1077), and there was held a [No. 109] **Colloquy at Marburg**, Michaelmas, 1529. It turned upon the Eucharistic presence, as appears from the *Relatio Rodolphi Collini* (*Zuinglii Opera*, IV. ii. 173 sqq.), a professor at Zürich who accompanied Zwingli: and issued, 3 October, in the fifteen [No. 110] **Articles of Marburg** (*ibid.* 181 sq.), on all of which Saxon and Swiss agreed except on the fifteenth. Luther then took these articles and revised them against 'the Sacramentaries' (*ibid.* 190). So revised, they became known as the seventeen [No. 111] **Articles of Schwabach** (*Corpus Reformatorum*, xxvi. 151 sqq.), and took rank as the first of the Lutheran Symbolical Books. For political purposes they were accepted by the Elector and George Margrave of Brandenburg-Ansbach, at, 16 Oct., the Convention of Schwabach, as the condition of membership in a strictly Lutheran league of North German states. Ulm and Strassburg fell off: and thus Philip's wider combination failed.

No. 108. The Treaty of Barcelona, 29 June 1529.

Carolus quintus, divina favente clementia, electus Romanorum Imperator Augustus, ac Germaniae, Hispaniarum, utriusque Siciliae . . . Rex, Archidux Austriae, Dux Burgundiae, Brabantiae &c., Comes Habspurgi, Flandriae, Tirolis, &c. Recognoscimus . . . quod cum nuper Sanctissimus in Christo Pater . . . D. Clemens VII, S. R. ac universalis Ecclesiae Pont. Max. hinc rempublicam Christianam civilibus dissidiis totam divisam et in aperto discrimine constitutam, etiamsi nullus externus hostis urgeret, inde saevissimos Christianae Religionis [hostes] Turcas victoriis elatos, arma parantes diraque Christiano nomini minantes, videret, cuperetque . . . civilia bella dirimere Christianorumque Principum animos inter se divisos universali pace coniungere, ut qua parte facilius ad id aditus patebat viam aperiret, Reverendum in Christo Patrem Hieronymum Episcopum Vasionensem [1] Apostolicum Nuntium cum amplissimis mandatis tam ad pacem universalem quam ad particulare foedus et amicitiam inter Suam Sanctitatem et Nos tractandum et concludendum ad Nos misit. . . . Quo factum est ut . . . inter praefatum Nuntium ac Procuratores Nostros . . . ad haec pacta deventum est.

. . . .

[§ 4] Item, quum spoliatis omnia iura faveant, nec minus favorabilis censeatur spoliatorum restitutio quam possidentium manutentio . . . memor Caesarea Maiestas quod illustris suae Sanctitatis familia, haeredes scilicet quondam Magnifici Laurentii de Medicis [2] a clarissimae memoriae Maximiliano [3] Caesare ac Ferdinando [4] Rege Catholico, eius avis paterno atque materno, superioribus annis in patriam Florentinam restituti [5], multis eisdem corresponderunt officiis, in omnibusque se gratissimos exhibuerunt ; dolensque inter caeteras Sanctitatis suae calamitates hoc quoque evenisse ut quidam Sanctitatis suae hostes, qui eadem iam antea consilia agitabant, illa occasione arrepta, velut desperatis suae Sanctitatis rebus, in familiam de Medicis insurrexerint [6] atque eius civitatis statum mutaverint : cupiatque sua Caesarea Maiestas, pro filiali erga Sanctitatem suam observantia et amore, etiam contemplatione matrimonii tractati et conclusi inter Illustrem D. Alexandrum de Medicis suae Sancti-

---
[1] Hieronymus Scledus, Bishop of Vaison, 1523–†33.
[2] Lorenzo the Magnificent, 1469–†94, uncle of Clement VII, whose natural son Alessandro, †1537, married (under this treaty) the Emperor's natural daughter, Margaret of Austria, †1586.
[3] Emperor 1508–†19.   [4] King of Spain 1512–†16.
[5] In 1512.   [6] In 1527.

tatis Nepotem Ducem Pennae et Illustrem D. Margaritam de Austria ipsius Caesaris filiam naturalem, aliisque iustis mota respectibus, dictam suam familiam, annuente Altissimo, in patriam et pristinum statum restituere : ideo actum extitit et conventum quod aut ipsius Caesareae Maiestatis copiis et viribus aut eo meliori modo quo id fieri poterit cum primum id commode exequi et ad effectum deduci queat, dicti . . . Nepotes . . . reducantur in patriam ac civitatem Florentiam, integreque restituantur non solum ad bona occupata sed in eundemmet statum . . . et ad gubernium . . . eiusdem civitatis . . . in quibus erant antequam proxime eiicerentur. . . .

[§ 11] Item, quum S⁰. D⁰. N⁰. cura etiam maior rerum spiritualium et pastoralis officii quam temporalium esse debeat, dignitatemque Sedis Apostolicae, fidem et religionem Christianam super omnia tueri teneatur ; multi autem exorti sunt qui et de Fide Catholica male sentiant et a religione doctrinaque Christiana omnino deviaverint, aliosque in eundem errorem deducere conentur ; nec minus Caesareae Maiestati cordi sit ut huic pestifero morbo congruum antidotum prae parari possit. Ideo actum extitit et conventum quod Caesar ac Serenissimus Hungariae Rex, eius Frater, his melioribus ac congruentioribus modis et formis quibus fieri poterit, ac cum ea qua decet dexteritate et industria, omnem operam possibilem adhibebunt in huiusmodi erroribus, si fas sit, sedandis errantiumque animis alliciendis ut ad rectos Christianae religionis tramites redeant, ipsamque religionem et fidem Apostolicamque Sedem verbo aut facto laedere seu perturbare non praesumant. In qua re ipse etiam S. D. N. salubribus illis spiritualibus antidotis commisso gregi ovibusque errantibus, tanquam communis Pater et Pastor consulens, omnem possibilem medelam pariter adhibere conabitur. Quod si pastoris vocem non audiverint Caesarisque mandata neglexerint et in hisce erroribus obstinati et pertinaces permanserint, tam Caesar quam Serenissimus Hungariae et Boëmiae Rex contra illos eorum potestatis vim distringent, illatamque Christo iniuriam pro viribus ulciscentur : curabitque sua Sanctitas ut caeteri Christiani principes, et potissime qui id foedus ingredi volent, tam sancto operi etiam pro viribus assistant.

No. 109. Relatio Rodolphi Collini de Colloquio Marburgensi.

[Kal. Oct.] Lutherus, priusquam inchoaret colloquium, in mensa sua scripserat, disputaturus contra Zuinglium et Oecolampadium, 'Hoc est corpus meum': ut ne ab his verbis se abduci pateretur. Tum longa oratione praefatur et protestatur 'quod ab adversae partis hominibus dissentiat, idque perpetuo facturus sit, cum Christus apertissime dixerit : " Accipite, edite, hoc est corpus meum." Hic dicit ostendendum esse quod corpus non sit corpus.' Adversariorum sententiam adduxit. Quaestiones nullas in tam apertis verbis admittit. Rationem omnem et communem sensum excludit. Argumenta carnis, item argumenta mathematica reiicit : ' Deum,' inquiens, ' esse supra mathematicam, et verba Dei cum stupore esse adoranda et facienda : Deus autem praecipit, " Accipite, edite, hoc est corpus meum." '

Oecolampadius ad argumenta Lutheri respondet, et cap. vi Ioannis tractandum censet, ut inde reliqui loci explicentur. Ad hoc, 'Hoc est corpus meum,' adducit, 'Ego sum vitis vera.' Divinae possibilitati non contradicit. A carnali manducatione deducit ad spiritualem : suam sententiam dicit non vanam nec indivinam esse, constare enim ex fide et Scriptura.

Lutherus metaphoras agnoscit. ' " Hoc est corpus meum " sumitur demonstrative : nam generalis vox patitur metaphoram.' Quaerit 'quomodo spiritualis manducatio secludat corporalem.' Patres esse ab altera parte fatetur, si admittatur interpretatio.

Oecolampadius, ' " Ego sum vitis vera" etiam demonstrativum est.' Res potest esse : quo modo sit.

Lutherus non negat figuras, sed vult, ut probet, hic esse ex petitione principii, ' Cum Christus dixerit, " Hoc est, " necessitas requiritur.'

Oecolampadius legit cap. vi Ioannis, et postea probat 'Christum ibi tractare de spirituali manducatione et abducere a corporali, non igitur esse corporalem manducationem.'

Lutherus repetit recitata ex cap. vi Io. et dicit : 'Sententia tua est, per spiritualem manducationem abduci a corporali. Iudaei putarunt eum comedendum esse, sicut panis et caro editur ex patina, and like roast pork.'

Oecolampadius respondit, 'hunc intellectum esse humilem' : ubi utrinque longa concertatio et contentio fuit.

Oecolampadius, 'Christum in pane credere opinio est non fides. Periculosum est nimium elementis attribuere.'

Lutherus, 'To wear a straw ex iussu Domini, spirituale est.' Exemplum from a horse-shoe longe explicat. ' Non oportet attendere quid dicatur, sed quis. Quum Deus loquitur quid, auscultent homunciones : quum praecipit quid, pareat mundus, et omnes exosculemur verbum, nihil ultra curiosi.'

Post hanc contentionem Oecolampadius inquit, 'Cum spiritualem esum habeamus, quid ergo opus est corporali?'

Lutherus: 'Non curo quid opus est, sed cum scriptum est, "Accipe, &c." faciendum omnino est et credendum. We must do it,' saepe inculcabat. 'Si iuberet,' inquit, 'fimum comedere, facerem, satis sciens hoc esse mihi salutiferum.'

Oecolampadius locum tractat ex cap. vi Io., "Caro non prodest quicquam." Si caro comesa non prodest sed spiritus, ergo spectandum nobis quid prosit et voluntas Dei contemplanda,' &c. Uterque tandem protestatus est se in sua perseveraturum sententia, quando neuter alteri satisfecisset.

Zuinglius infit, 'et Lutherum praeiudicii accusat quod protestetur se a sua nolle decedere sententia. Ita Helvidius in dictione, "Frater," argumentari potuisset, cum clarissime scriptum sit, "Fratres eius," &c. Collatio Scripturae necessaria. Itaque etsi non habeamus, "Hoc est figura corporis," habemus tamen quod abducit a corporali manducatione: ergo in Coena corpus suum non dedit corporaliter.'

Concordes fuerunt in hoc, quod principale est, nempe in spirituali manducatione.

Inde tractat cap. vi Ioan. praesertim hoc, ' " Spiritus vivificat, caro non prodest quicquam." Humanitatem, quae passa sit, excipit: illa enim salutaris. Ex consequentia verborum validissime probat, quod caro comesa non prosit quicquam. In verbis, Discerpere, Dilaniare, calumniam Lutheri accusat, cum idem sit verbum ἐσθίειν, edere, comedere, manducare. Quum ascendero in coelum, tunc videbitis me non manducari corporaliter, really, bodily, &c. Spiritus et caro opponuntur. Contentionem de humili intellectu refricat, dicitque quaedam probe, quaedam pueriliter dicta esse,' nempe, "Si Deus iuberet fimum comedere," &c. Nam quae Deus iubet, ad bonum et salutem iubet. Deus lumen dat, et non tenebras offundit. Ergo non dicit, "Hoc est corpus meum" essentialiter, realiter, carnaliter, cum Scriptura repugnet. Oracula daemonum obscura, non Christi. Anima manducat spiritum, non carnem.'

Lutherus, contra Helvidium, ' "Frater" pro patrueli ex Scriptura probatur: Sed hic " Hoc est corpus" tropus non potest probari. Crab-apple si Deus mihi proponeret, ego spiritualiter manducarem. Nam ubicunque est verbum Dei, ibi spiritualis est manducatio: ergo cum corporalem manducationem adiecit, dicendo, "Hoc est corpus meum," credendum erit. Comedimus fide hoc corpus, quod pro nobis traditur. Os accipit corpus Christi: anima credit verbis, quia edit corpus.'

Zuinglius: 'Ex Scriptura probatur signatum pro signo; Ex Ezechiele, Phase (פסח, Exod. xii. 27); Ergo cum in dubiis Scripturae locis collatio requiratur, credendum locis similibus.'

Accusat rhetoricam et ficta argumenta, cum dicat, 'Si iuberet Deus ista vel ista: nam scimus Deum ista vel talia non iubere. Verbum' inquit, 'aequivocatur a vobis. Verba tantum significant nobis voluntatem Dei. Deus nobis non proponit incomprehensibilia. Quod Christus verus Deus et homo, non est incognitum fideli. Exemplum Mariae, quae interrogat, "Quomodo potest istud fieri?" et certior reddita, tum demum credit. Sed hic in cap. vi discipuli dubitarunt de carnali manducatione, quare ipse spiritualem docet.' Ad illa, 'Verbum Dei est manducatio, non nego, sed verbum creditum.'

Lutherus: 'Ex Ezechiele et Phase allegoriae sunt—bosh—significatio nulla est. De verbo, non dicimus nostris verbis prolatis adduci corpus, sed de institutione Christi dicimus, verba non nostra sed Domini sunt. "Facite," &c. Per hoc verbum facit ut manus sacerdotis sit manus Christi. Os non est meum, lingua non est mea, sed Christi: I may be a rogue or a knave. Ita de Baptismo;' Simile, 'Princeps fundit fugatque hostem, ibi singulae manus, Principis dicuntur manus. "Si dixeris monti, &c., fiet." Non disputo an Est sit Significat; sed contentus sum quod Christus dicit, "Hoc est corpus meum." The devil can't get out of that. Id volo, Verba non cedere in meam potestatem, sed potestatem et iussionem Domini. Anima etiam corpus manducat: corporaliter enim corpus in verbo. Si interrogo, excido a fide: I will become a fool therefor. Cur non tropum etiam facitis, "Ascendit in coelum," &c.? Quare puris verbis credite, et date gloriam Deo.'

Zuinglius: 'Nos itidem rogamus, ut detis gloriam Deo, et relinquatis petitionem principii. Ubi probatur vestrum thema. Ego hunc locum non relinquam inexcussum, et leviter ita tractatum: You'll have to sing me another tune.'

Lutherus: 'Invidiose loqueris.'

Zuinglius interrogat 'an credat quod Ioan. vi cap. Christus voluerit mederi ignorantibus?'

Lutherus: 'You're trying to bluster. "Durus est hic sermo," &c. Iudaei loquuntur de impossibili et absurdo. Sed missa haec faciamus, quae ad rem non faciunt.'

Zuinglius: 'No, No: hic locus (puta Ioan. vi cap.) breaks your neck.'

Luther: 'Don't brag so loud. You are in Hesse, not in

Switzerland. My neck's not breaking then!' et alia ob hoc dictum calumniatus est, et quiritabatur plurimum. . . .

Zuinglius excusabat, id dictum esse ex idiotismo nostro. Esse ita diversas loquendi formulas, &c. Princeps nutu et verbis excusationem accipiebat.

Zuinglius Postillas Lutheri citavit, in quibus scripserat 'quod Christus de se dixerit, "Caro non prodest quicquam."' Iam verba Melanchthonis adduxit in hunc ipsum locum. 'Quod corpus corporaliter manducatur, sermonem esse non fundatum. Quando veteres dixerunt, Corpus Christi cibat animam, hoc de resurrectione intelligo.'

Lutherus: 'Non curo quid nos scripserimus: sed probate, "Hoc est corpus," quod non sit corpus! Corpus cibat hominis corpus aeternaliter. Os cum accipit corpus, immortalitatem quandam acquirit. Nam verbum ex iussu Dei virtutem induit. Deus dicit "Accipite, facite": ibi fit: dicta et facta sunt. Differt nostrum dicere, et iussio Dei. Si S. Petrus praesto esset, nesciremus quid crederet. Deus ergo non in sanctitate nostra, sed verbo suo fundat sanctum. Pessimus sacerdos facit sanctum.'

Zuinglius: 'Absurdum, quod impii rem faciant sacram.'

Lutherus: 'Minime absurdum: nam baptizat malus. In verbo Dei ministrant impii. Nam "in cathedra Moses sedent, &c." Augustinus contra Donatistas ait, quod non tantum probis et piis committi debeat ministerium: quia factum nostrum situm est in verbo Dei.'

Zuinglius: 'Aliud est quando Pharisaei docent, et quando fit quod Christus loquitur. Ministerium praedicandi maius est ministerio baptizandi. Verum ad praedicandi ministerium pertinent ista verba, "Hoc est corpus meum."'

Oecolampadius caput vi. Ioan. resumit: adducit etiam locum de Nicodemo, et explicat.

Lutherus: 'Fides spectat hoc praesens corpus, et id quod in coelo est.'

Oecolampadius: 'Inculcat Lutherus semper idem, quasi nos panem habeamus sine verbo Dei. Ecclesia in hoc fundata est, "Tu es filius Dei": non in hoc, "Hoc est corpus meum."'

Lutherus: 'Non temere hic adhaereo, mihi satis est hoc, "Hoc est corpus meum." Ego fateor corpus esse in caelo, fateor etiam esse in Sacramento. Non curo quod sit contra naturam, modo non contra fidem.'

Oecolampadius: '"Per omnia nobis similis factus est." Ut consimilis Patri in divinitate, ita nobis in humanitate.'

Lutherus: '"Donec veniat, &c." Vos distinguitis humanitatem et divinitatem, ego non curo. "Pauperes semper habebitis, me non, &c." Optimum argumentum quod hodie adduxistis. Substantialiter ut natus est e virgine, ita est in Sacramento: Hic requiritur analogia fidei, ex definitione fidei' ad Heb. xi cap.

Oecolampadius: 'Christum non agnoscimus secundum carnem.'

Philippus: 'Id est, secundum nostram carnem.'

Oecolampadius: 'Vos tropum nobis adimitis, et tamen synecdochen facitis, contra intellectum Catholicorum.'

Lutherus: 'Hoc Deo committimus. Synecdoche est, ut gladius cum vagina, the tankard with the beer. "Hoc est corpus meum" is then an inclusive phrase: nam corpus est in pane sicut gladius in vagina. Hanc figuram textus requirit, sed metaphora rem omnino tollit, ut cum dicatur "Corpus," id est, figura corporis.' Exemplum, '"Supra quem videris columbam," in qua erat Spiritus sanctus.'

Oecolampadius hoc exemplum retractavit, et ad suam sententiam optime deduxit.

Zuinglius: 'Rom. viii, "Deus misit Filium suum conformatum carni peccato obnoxiae, &c." Ad Philipp. "Exinanivit semetipsum $\sigma\chi\acute{\eta}\mu\alpha\tau\iota$." Heb. ii "Assimilatus fratribus". Ergo finitam habet humanitatem. Si corpus sursum, ergo in uno loco.' Augustinus, Fulgentius et alii adducuntur. Conclusio: 'Corpus Christi in uno loco; ergo non potest esse in multis locis.'

Lutherus pro $\sigma\chi\acute{\eta}\mu\alpha\tau\iota$ in repetendo dixit '$\H{\epsilon}\xi\epsilon\iota\varsigma$. "Per omnia similis": ergo habuit uxorem, and black eyes. Quod sit in loco, iam antea dixi vobis atque adeo edico quod nolo mathematicam: id saepe repeto. Ut in Coena sit et ut in loco ne curemus.'

Zuinglius Paulum adducit ad Philipp. ii, $\H{O}\varsigma\ \dot{\epsilon}\nu\ \mu o\rho\phi\hat{\eta}\ \Theta\epsilon o\hat{\upsilon}$ $\dot{\upsilon}\pi\acute{\alpha}\rho\chi\omega\nu$. Item, $\mu o\rho\phi\dot{\eta}\nu\ \delta o\acute{\upsilon}\lambda o\nu\ \lambda\alpha\beta\acute{\omega}\nu$.

Lutherus: 'Latine vel Germanice legas, non Graece.'

Zuinglius Latine se excusat, nempe quod xii annis usus sit Graeco codice. Tunc pergens dixit, 'Ergo Christus est finitus, ut nos finiti sumus.'

Lutherus: 'Concedo. Simile de nuce et cortice: ita de corpore Christi, Deus potest facere, quod non sit in loco et quod in loco.' Hic multa erat controversia de loco.

Et cum Lutherus concessisset finitum esse corpus Christi et Zuinglius inferre vellet, 'Ergo locale. Si locale et in coelis, ergo non in pane' ibi Lutherus nolebat audire de loco vel localitate; dicebat 'I will not have anything to do with it: I will not!'

Zuinglius: 'Must we then have just what you will?'

Coena instabat, et diremit certamen.

Zuinglius: 'Corpus Christi finitum, ergo in loco.'

Lutherus: 'Non est in loco, quando in Sacramento: potest esse in loco et non in loco. Deus potest corpus meum ponere ut non sit in loco. Nam et Sophistae dicunt, Unum corpus posse esse in diversis locis, quod non improbo.' Exemplum 'Mundus est corpus, non tamen in loco.'

Zuinglius: 'Arguis a posse ad inesse. Proba quod corpus Christi possit esse simul in diversis locis.'

Lutherus: 'Hoc est corpus meum.'

Zuinglius ex Fulgentio legit quod Christus sit in uno loco: Luthero obiicit quod scripserit, 'There is the whole body of Christ.' Et, 'si divinitas non est passa in Christo, non meus esset Christus.'

Lutherus: 'Fulgentius non de Coena loquitur sed contra Manichaeos. Fulgentium adducit de Coena Domini, ubi Oblationis mentio fit.'

Zuinglius: 'offertur,' id est, 'memoria celebratur oblationis.'

Ibi Lutherus sacrificium vocavit in dubium, ne cederet de sententia: quod cum Zuinglius ei obiecisset, dictum revocavit.

Lutherus rursum corpus Christi in multis locis esse probat per 'Hoc est corpus meum'.

Zuinglius eum cepit.

Lutherus revocavit dictum: 'God grant he be in loco or not, Deo committam: hoc mihi satis est, "Hoc est corpus meum."'

Zuinglius: 'Subinde petitis principium: sic contentiosus posset dicere, Iohannem Mariae fuisse filium. Nam Christus dixit "Ecce filius tuus", semper inculcando "Christus dixit, Ecce filius tuus, ecce filius tuus."'

Lutherus: 'Non petimus principium: nam articulus fidei non probatur per articulum.'

Zuinglius: 'Scripturae conferendae, et per se excutiendae. Dicite an corpus sit in loco.'

Brentius: 'Est sine loco.'

Zuinglius: 'Augustinus dicit, in uno loco esse oportet.'

Lutherus: 'Augustinus non de Coena loquitur.'

Lutherus tandem concedit quod non sit in Sacramento tanquam in loco.

Oecolampadius hinc collegit 'Ergo non est hic corporaliter
—bodily, with His true body.'

Oecolampadius repetiit 'quod concessissent corpus Christi
non esse in Sacramento ut in loco' et quaerit sine contentione
'Quomodo ergo ibi sit corpus?' Augustinus et
Fulgentius legitur.

Lutherus: 'Vos Augustinum et Fulgentium habetis, sed
reliqui Patres a nobis stant.'

Oecolampadius petit ut suae partis Patres proferant: sed
recusant.

Lutherus 'admittit sacramentum sacrae rei signum esse:
concedit sancta symbola esse, et sic ut amplius aliquid significent,
et intellectui repraesentent aliud.' De signis naturalibus
et signis a Deo institutis consentiunt.

Lutherus inter alia Augustinum reiecit 'quod iuvenis scripsisset
et quod obscurus et antiquus scriptor' et concludit.

Oecolampadius dicit 'se citare Patres hanc ob causam, ne
nova et inaudita ipsorum videretur sententia.' Tandem etiam
concludit. Itidem Zuinglius fecit. . . .

Tertia die Articuli conscribuntur, in quibus ab utraque
parte consensum est et in quibus non: ut orbi Christiano
notum fieret eos in omnibus fidei capitibus consentire, unico
excepto, de modo praesentiae corporis et sanguinis Christi
in Coena. . . .

No. 110. The Articles of Marburg, No. 15, 3 Oct. 1529.

Credimus et sentimus omnes de Coena Domini nostri Iesu
Christi quod utraque specie iuxta institutionem utendum sit:
quod Missa non sit opus quo alter alteri, defuncto aut viventi,
gratiam impetret: quod Sacramentum Altaris sit Sacramentum
veri corporis et sanguinis Iesu Christi, et spiritualis istius veri
corporis et sanguinis sumptio praecipue unicuique Christiano
maxime necessaria. Similiter de usu Sacramenti consentimus
quod, sicut verbum, ita et Sacramentum a Deo traditum et
ordinatum sit, ut infirmas conscientias ad fidem et dilectionem
excitet per Spiritum sanctum. Etsi autem an verum corpus
et sanguis Christi corporaliter in pane et vino Coenae Domini
praesens sit hoc tempore non concordavimus, tamen una pars
alteri Christianam dilectionem, quantum cuiusque conscientia
feret, declarabit, et utraque pars Deum omnipotentem dili-

genter orabit ut nos Spiritu suo in vera sententia confirmet. Amen.

Subscripserunt M. Lutherus, I. Ionas, P. Melanchthon, A. Osiander, I. Brentius, I. Oecolampadius, H. Zuinglius, M. Bucerus, C. Hedio. 3 Octob. anno 1529.

No. III. The Articles of Schwabach, No. 10, 16 Oct. 1529.

The Eucharist or Sacrament of the Altar also consists of two parts, namely [1] that there is truly present in the bread and in the wine the true body and blood of Christ, according to the tenor of the Word, 'This is my body' and 'This is my blood', and not mere bread and wine, as the opposite party now asserts: [2] also [that] this Word promotes and induces faith and the practice thereof among all such as desire the Sacrament and do nothing contrary to the same, exactly as Baptism also brings and gives faith, where a man desires it.

XXXIV

THE DIET OF AUGSBURG, 1530

After nine years' absence Charles V returned to Germany to settle in person the religious question. He came at the height of his power, and as the ally of the Pope from whom he had just received the Imperial Crown at Bologna, 24 Feb. 1530. In spite of [No. 112] **Instructions**, urging repression, from the Cardinal Legate Campeggio (Ranke, *History of the Popes*, iii, No. 19), the Emperor meant to intervene as mediator, and in his [No. 113] **Summons**, 21 Jan. 1530, to the Diet (Förstemann, *Urkundenbuch zu der Geschichte des Reichstages zu Augsburg*, 1530, vol. i, No. 1), promised a fair hearing to 'every man's opinion'. The Elector received the summons, 11 March (*ibid.* No. 3); and at [No. 114] **the advice of Dr. Brück**, his Chancellor (*ibid.* No. 11), bade his theologians state the Protestant case in writing. They presented it, 21 March (*Corpus Reformatorum*, ii. 33), in the Articles of Torgau (*ibid.* xxvi. 171 sqq.), which dealt mainly with discipline. Meanwhile, 14 March, Eck had criticized the Protestant doctrines at Court: and Melanchthon, on whom the task of defence had now devolved, was fain to include in his 'Apology' a statement of doctrine which had for its basis the Articles of Schwabach. On 11 May he sent it, now a 'Confession' (*ibid.* ii. 45), to Coburg for Luther's approval. This Luther gave at once and, 15 May, wrote, characteristically, to the Elector that he had 'read Master Philip's

Apology. . . . It pleases me well, and I know not how to better it . . . for I cannot tread so softly and gently' (de Wette, iv. 17).

At length, on 15 June, the eve of Corpus Christi, the Emperor made his entry into Augsburg (Schirrmacher, *Briefe und Akten*, 54 sqq.): and no sooner was [No. 115] the **Proposition** (Coelestinus, *Historia Comitiorum Augustanorum*, 121) read at the first session of 20 June, than, 22 June, 'principes deliberatione habita iudicabant omnium primo agendum esse de religione' (Schirrmacher, *op. cit.* 81 ; cf. *Corpus Ref.* ii. 127). At the third session, 25 June, in the Bishop's palace, Melanchthon's Apology, henceforth to be known as [No. 116] **The Confession of Augsburg** (*Corpus Ref.* xxvi. 263 sqq.) was presented over the signatures of seven princes and two cities, and read to the assembled Estates. Conciliatory in tone, it made a favourable impression upon individual opponents. But the majority, as a whole, remained unconvinced : and, 26 June, supported by [No. 117] the **representations of the Legate** (Lanz, in *Bibliothek des literarischen Vereins in Stuttgart*, xi. 45 sqq.), recommended the Emperor to have it examined (Schirrmacher, *op. cit.* 98). Its author, at an interview, 28 July, with the Legate (Lämmer, *Monumenta Vaticana*, 48) showed himself ready to make further [No. 118] **Concessions** (*Corpus Ref.* ii. 171 : cf. Schirrmacher, 511 n. 2) in the interests of peace. But, 3 Aug., at [No. 119] **the fifth session** (Schirrmacher, *op. cit.* 168), after the reading of the Confutation[1] (*Corpus Ref.* xxvii, or Francke, *Libri Symbolici Ecclesiae Lutheranae*, app. No. 3), the Emperor demanded submission. A fresh series of negotiations (Schirrmacher, *op. cit.* 217 sqq.), indeed, was taken in hand, 16 Aug., by mixed committees of theologians and laymen (*ibid.* 239 sqq.), which led, on Eck's part, to some remarkable modifications in the statement of traditional doctrine, e. g. [No. 120] the **Articulus de Missa** (*ibid.* 234). But negotiation was seen to be futile when, 26 Aug., Luther repudiated it in his [No. 121] **letter from Coburg** (de Wette, iv. 146): and on 7 Sept. [No. 122] **an Imperial announcement** (Schirrmacher, *op. cit.* 257, cf. Förstemann, *Urkundenbuch*, ii, No. 179) put an end to the business by promising a Council and requiring conformity till it met. This policy was then embodied, 22 Sept., in [No. 123] **the Recess of the Diet** (Goldasti *Const. Imp.* iii. 513 ; cf. Förstemann, *op. cit.* ii, No. 206, and Schirrmacher, *op. cit.* 309). Next day the Elector left Augsburg.

No. 112. Campeggio's Instructions to the Emperor, Jan. 1530.

'The Cardinal remarks,' says Ranke, 'that in conformity with the position he holds and with the Commission of the Apostolic See, he would proceed to set forth the measures

[1] For a summary of it see Hardwick, *History of the Articles*, 26 sq. (ed. 1884).

which, according to his judgement, ought to be adopted. He describes the state of affairs in the following manner:—

"In certain parts of Germany all the Christian rites which were given to us by the ancient holy fathers have been abrogated in accordance with the suggestions of these scoundrels; the sacraments are no longer administered, vows are not observed, marriages are contracted irregularly and within the degrees prohibited by the laws. . . ."'

'He reminds the Emperor that "this sect" would not procure him any increase of power, as he had been promised, and assures him of his own spiritual aid in the event of his adopting the counsels suggested:—

"And I, if there shall be need, will pursue them with ecclesiastical censures and penalties, omitting nothing that it may be needful to do. I will deprive the beneficed heretics of their benefices, and will separate them by excommunications from the Catholic flock. Your Highness also, with your just and awful Imperial Ban, will subject them to such and so horrible an extermination that either they shall be constrained to return to the holy Catholic faith, or shall be utterly ruined and despoiled both of goods and life. And if any there be, which God forbid, who shall obstinately persevere in that diabolical course . . . Your Majesty will then take fire and sword in hand, and will radically extirpate these noxious and venomous weeds. . . .

"It will be well and to the purpose that when this magnificent and Catholic undertaking shall have been put firmly and directly on its way, there should be chosen, some few days after, efficient and holy inquisitors who, with the utmost diligence and assiduity, should go about seeking and inquiring if there be any (but far be it from them) who persist in these diabolical and heretical opinions, nor will by any means abandon them . . . in which case they shall be castigated and punished according to the rule and practice observed in Spain with regard to the Moors. . . ."'

No. 113. The Imperial Summons to the Diet, 21 Jan. 1530.

To the Most Noble John, Duke of Saxony, &c., Charles, by the Grace of God, Roman Emperor Elect &c. . . . For the good purposes aforesaid we have resolved to undertake a general Diet and assembly, and, on the 8th of April next ensuing, to hold the same in our Imperial City of Augsburg: by which time we hope that we shall have settled affairs in Italy so as to be present in person on that day, as we have finally resolved to do. This day, then, we hereby announce to you, our Well-beloved, commanding you by the authority of our Roman Empire and by the duty wherewith you are bound to us and to the Empire, straitly bidding and willing you to appear that day in person at Augsburg, and together with us and other our Electors, Princes, and Estates of the Holy Empire, whom we have summoned in like manner, to assist in undertaking, debating, resolving, and concluding how weighty provision may be made for the removal of the grievous burden and invasion into Christendom of the aforesaid Turks, with good deliverance, defence, and steady help according to need, in addition to the measures formerly taken in that behalf: and, further, how, in the matter of errors and divisions concerning the holy faith and the Christian religion we may and should deal and resolve, and so bring it about, in better and sounder fashion, that divisions may be allayed, antipathies set aside, all past errors left to the judgement of our Saviour, and every care taken to give a charitable hearing to every man's opinions, thoughts, and notions, to understand them, to weigh them, to bring and reconcile men to a unity in Christian truth, and to dispose of everything that has not been rightly explained or treated of on the one side or the other. . . .

No. 114. The advice of Dr. Brück, March 1530.

Inasmuch as His Imperial Majesty's summons desires that every man's opinion and mind should have a hearing, it appears to us a good thing that the opinion wherein our side has hitherto stood and persisted, should be duly collected together in writing with well-grounded justification of the same from Holy Scripture, so that one may have it ready in writing to start with: since it is hardly likely that, in the handling of the affair, the preachers as well as the Estates will be allowed to take part. . . .

No. 115. The Proposition or Speech from the Throne, 20 June 1530.

. . . Cum igitur magno sane cum animi dolore audierit et intellexerit, dissidium hoc indies augeri et latius propagari maioresque vires sumere, nec tam diligentibus deliberationibus, maturis consiliis et variis actionibus huc usque effectum esse quicquam, se existimasse, ad legitimam causae cognitionem, dissidium tollendum et animos reconciliandos, suam praesentiam multum habituram momenti. Igitur pro naturae suae bonitate et innata mansuetudine, hoc quicquid sit futurum oneris et molestiae suscepisse, ac tam longum et periculosum iter emensum esse, ut iuxta litteras indictionis quam primum de rei summa cognosceret, bona spe concepta, hoc suum consilium plerisque probatum iri, et ad concordiam Ecclesiae et Reipublicae salutarem ac utilem pacem omnes pelleturum et invitaturum esse, ut hoc facilius res ipsa cognosci et agenda suscipi possit, animi distracti rursus coalescant et pristina ubique locorum restituatur pax atque concordia, ac denique Caes. Maiest. iuvandae Reipublicae et propagandae gloriae Dei avidissima, in bono necessarioque proposito constanter pergere et fideliter perseverare queat, possintque de aliis etiam rebus, omnibus et singulis profuturis, utiles institui deliberationes.

His rebus omnibus consideratis, C. M. totius negotii seriam suscipere tractationem et actionem decrevisse, ut non tantum de perniciosis ac crudelibus Turcarum in Christianas regiones irruptionibus avertendis, frangendis, debilitandis et imminuendis hostis immanissimi viribus, ac impediendis versutis consiliis: verum etiam de dirimendis Ecclesiae contentionibus ac sopiendis tollendisque dissidiis ageretur. Igitur C. M. amanter, clementer et serio petere Electores Principes ac omnes Imperii Status ut quid hac de re cuiusque animi et sententiae sit, latino et germanico scripto comprehensum, in medium proponant, quo, iuxta litteras indictionis, eo commodius et celerius res ipsa intelligi definirique possit. . . .

No. 116. The Confession of Augsburg, 25 June 1530.

PRAEFATIO AD CAESAREM CAROLUM V.

Invictissime Imperator, Caesar Auguste, Domine clementissime. Quum Vestra Caesarea Maiestas indixerit conventum imperii Augustae, ut deliberetur de auxiliis contra Turcam, atrocissimum, hereditarium atque veterem Christiani nominis ac religionis hostem, quomodo illius scilicet furori et conatibus durabili et perpetuo belli apparatu resisti possit: deinde et de dissensionibus in causa nostrae sanctae religionis et Christianae fidei, et ut in hac causa religionis partium opiniones ac sententiae inter sese in caritate, lenitate et mansuetudine mutua audiantur coram, intelligantur et ponderentur, ut illis, quae utrinque in scripturis secus tractata aut intellecta sunt, sepositis et correctis, res illae ad unam simplicem veritatem et Christianam concordiam componantur et reducantur; ut de cetero a nobis una, sincera et vera religio colatur et servetur, ut, quemadmodum sub uno Christo sumus et militamus, ita in una etiam ecclesia Christiana, in unitate et concordia vivere possimus : 2. quumque nos infra scripti Elector et Principes cum aliis, qui nobis coniuncti sunt, perinde ut alii Electores et Principes et Status ad praefata comitia evocati simus, ut Caesareo mandato obedienter obsequeremur, mature venimus Augustam, et, quod citra iactantiam dictum volumus, inter primos adfuimus.

3. Quum igitur V. C. M. Electoribus, Principibus et aliis Statibus imperii etiam hic Augustae sub ipsa initia horum comitiorum inter cetera proponi fecerit, quod singuli Status Imperii vigore Caesarei edicti suam opinionem et sententiam in Germanica et Latina lingua proponere debeant atque offerre ; et habita deliberatione proxima feria quarta rursum responsum est, V. C. M. nos proxima feria sexta articulos nostrae confessionis pro nostra parte oblaturos esse : ideo ut V. M. voluntati obsequamur, offerimus in hac religionis causa nostrorum concionatorum et nostram confessionem, cuiusmodi doctrinam ex Scripturis Sanctis et puro verbo Dei hactenus illi in nostris terris, ducatibus, ditionibus et urbibus tradiderint, ac in ecclesiis tractaverint.

4. Quod si et ceteri Electores, Principes ac Status Imperii similibus scriptis, Latinis scilicet et Germanicis, iuxta praedictam Caesaream propositionem, suas opiniones in hac causa religionis produxerint : hic nos coram V. C. M. tamquam domino nostro clementissimo paratos offerimus, nos cum praefatis Principibus et amicis nostris de tolerabilibus modis ac viis amice conferre, ut, quantum honeste fieri potest, conveniamus, et re inter nos et partes citra odiosam contentionem pacifice agitata, Deo dante, dissensio dirimatur, et ad unam veram concordem religionem reducatur, sicut omnes sub uno Christo sumus et militamus et unum Christum confiteri debemus, iuxta tenorem edicti V. C. M., et omnia ad veritatem Dei perducantur, id quod ardentissimis votis a Deo petimus.

5. Si autem, quod ad ceteros Electores, Principes et Status, ut partem alteram, attinet, haec tractatio causae religionis eo modo, quo V. C. M. agendam et tractandam sapienter duxit,

scilicet cum tali mutua praesentatione scriptorum ac sedata collatione inter nos non processerit, nec aliquo fructu facta fuerit : nos quidem testatum clare relinquimus, hic nihil nos, quod ad Christianam concordiam (quae cum Deo et bona conscientia fieri possit) conciliandam conducere queat, ullo modo detrectare ; quemadmodum et V. C. M., deinde et ceteri Electores et Status Imperii et omnes, quicunque sincero religionis amore ac studio tenentur, quicunque hanc causam aequo animo audituri sunt, ex hac nostra et nostrorum confessione hoc clementer cognoscere et intelligere dignabuntur.

6. Quum etiam V. C. M. Electoribus, Principibus et reliquis Statibus Imperii non una vice sed saepe clementer significaverit, et in comitiis Spirensibus, quae anno Domini, &c. XXVI habita sunt, ex data et praescripta forma Vestrae Caesareae instructionis et commissionis recitari et publice praelegi fecerit : Vestram M. in hoc negotio religionis ex causis certis, quae V. M. nomine allegatae sunt, non velle quidquam determinare, nec concludere posse, sed apud Pontificem Romanum pro officio V. C. M. diligenter daturam operam de congregando concilio generali ; quemadmodum idem latius expositum est ante annum in publico proximo conventu, qui Spirae congregatus fuit, ubi V. C. M. per Dominum Ferdinandum, Bohemiae et Ungariae Regem, amicum et dominum clementem nostrum, deinde per Oratorem et Commissarios Caesareos, haec inter cetera proponi fecit, quod V. C. M. intellexisset et expendisset Locum tenentis V. C. M. in imperio et Praesidentis et Consiliariorum in regimine et Legatorum ab aliis Statibus, qui Ratisbonae convenerant, deliberationem de concilio congregando ; et quod iudicaret etiam V. C. M. utile esse, ut congregaretur concilium, et quia causae, quae tum tractabantur inter V. C. M. et Romanum Pontificem, vicinae essent concordiae et Christianae reconciliationi, non dubitaret V. C. M., quin Romanus Pontifex adduci posset ad habendum generale concilium : ideo significabat se V. C. M. operam daturam, ut praefatus Pontifex Maximus una cum V. C. M. tale generale concilium primo quoque tempore emissis literis publicandum congregare consentiret.

7. In eventum ergo talem, quod in causa religionis dissensiones inter nos et partes amice et in caritate non fuerint compositae, tunc coram V. C. M. hic in omni obedientia nos offerimus, ex superabundanti comparituros et causam dicturos in tali generali, libero et Christiano concilio, de quo congregando in omnibus comitiis imperialibus, quae quidem annis

imperii V. C. M. habita sunt, per Electores, Principes et reliquos Status Imperii semper concorditer actum et congruentibus suffragiis conclusum est. 8. Ad cuius etiam generalis concilii conventum, simul et ad V. C. M. in hac longe maxima et gravissima causa iam ante etiam debito modo et in forma iuris provocavimus et appellavimus. Cui appellationi ad V. C. M. simul et concilium adhuc adhaeremus, neque eam per hunc vel alium tractatum (nisi causa inter nos et partes iuxta tenorem Caesareae proximae citationis amice in caritate composita, sedata et ad Christianam concordiam reducta fuerit) deserere intendimus aut possumus; de quo hic etiam solenniter et publice protestamur.

PARS I. ARTICULI FIDEI PRAECIPUI.

I. DE DEO.

Ecclesiae magno consensu apud nos docent, decretum Nicaenae synodi de unitate essentiae divinae et de tribus personis verum et sine ulla dubitatione credendum esse: videlicet quod sit una essentia divina, quae et appellatur et est Deus, aeternus, incorporeus, impartibilis, immensa potentia, sapientia, bonitate, creator et conservator omnium rerum, visibilium et invisibilium; et tamen tres sint personae, eiusdem essentiae et potentiae, et coaeternae, Pater, Filius et Spiritus Sanctus. 2. Et nomine *personae* utuntur ea significatione, qua usi sunt in hac causa scriptores ecclesiastici, ut significet non partem aut qualitatem in alio, sed quod proprie subsistit.

3. Damnant omnes haereses contra hunc articulum exortas, ut Manichaeos, qui duo principia ponebant, bonum et malum; item Valentinianos, Arianos, Eunomianos, Mahometistas et omnes horum similes. 4. Damnant et Samosatenos, veteres et neotericos, qui quum tantum unam personam esse contendant, de Verbo et de Spiritu Sancto astute et impie rhetoricantur, quod non sint personae distinctae, sed quod Verbum significet verbum vocale, et Spiritus motum in rebus creatum.

II. DE PECCATO ORIGINIS.

Item docent, quod post lapsum Adae omnes homines, secundum naturam propagati, nascantur cum peccato, hoc est, sine metu Dei, sine fiducia erga Deum, et cum concupiscentia, quodque hic morbus seu vitium originis vere sit peccatum, damnans et afferens nunc quoque aeternam mortem his qui non renascuntur per baptismum et Spiritum Sanctum.

2. Damnant Pelagianos et alios qui vitium originis negant

esse peccatum, et ut extenuent gloriam meriti et beneficiorum Christi, disputant hominem propriis viribus rationis coram Deo iustificari posse.

III. DE FILIO DEI.

Item docent, quod Verbum, hoc est, Filius Dei, assumpserit humanam naturam in utero beatae Mariae virginis, ut sint duae naturae, divina et humana, in unitate personae inseparabiliter coniunctae; unus Christus, vere Deus et vere homo, natus ex virgine Maria, vere passus, crucifixus, mortuus et sepultus, ut reconciliaret nobis Patrem, et hostia esset non tantum pro culpa originis, sed etiam pro omnibus actualibus hominum peccatis. 2. Idem descendit ad inferos, et vere resurrexit tertia die; deinde ascendit ad coelos, ut sedeat ad dexteram Patris, et perpetuo regnet et dominetur omnibus creaturis, sanctificet credentes in ipsum, misso in corda eorum Spiritu Sancto, qui regat, consoletur ac vivificet eos, ac defendat adversus diabolum et vim peccati. 3. Idem Christus palam est rediturus, ut iudicet vivos et mortuos &c. iuxta Symbolum Apostolorum.

IV. DE IUSTIFICATIONE.

Item docent, quod homines non possint iustificari coram Deo propriis viribus, meritis aut operibus, sed gratis iustificentur propter Christum per fidem, quum credunt se in gratiam recipi, et peccata remitti propter Christum, qui sua morte pro nostris peccatis satisfecit. Hanc fidem imputat Deus pro iustitia coram ipso. Rom. iii et iv.

V. DE MINISTERIO ECCLESIASTICO.

Ut hanc fidem consequamur, institutum est *ministerium docendi evangelii et porrigendi sacramenta*. 2. Nam per verbum et sacramenta, tamquam per instrumenta, donatur Spiritus Sanctus, qui fidem efficit, ubi et quando visum est Deo, in iis qui audiunt evangelium, scilicet quod Deus non propter nostra merita, sed propter Christum iustificet hos qui credunt se propter Christum in gratiam recipi.

3. Damnant Anabaptistas et alios qui sentiunt Spiritum Sanctum contingere sine verbo externo hominibus per ipsorum praeparationes et opera.

VI. DE NOVA OBEDIENTIA.

Item docent, quod fides illa debeat bonos fructus parere, et quod oporteat bona opera mandata a Deo facere propter voluntatem Dei, non ut confidamus per ea opera iustificationem coram Deo mereri. *2.* Nam remissio peccatorum et iustificatio fide apprehenditur, sicut testatur et vox Christi : *Quum feceritis haec omnia, dicite, servi inutiles sumus.* *3.* Idem docent et veteres scriptores ecclesiastici. Ambrosius enim inquit : ' Hoc constitutum est a Deo, ut qui credit in Christum salvus sit, sine opere, sola fide, gratis accipiens remissionem peccatorum.'

VII. DE ECCLESIA.

Item docent, quod una sancta ecclesia perpetuo mansura sit. Est autem *ecclesia* congregatio sanctorum, in qua evangelium recte docetur et recte administrantur sacramenta. *2.* Et ad veram unitatem ecclesiae satis est consentire de doctrina evangelii et administratione sacramentorum, nec necesse est ubique esse similes traditiones humanas, seu ritus aut ceremonias ab hominibus institutas ; sicut inquit Paulus : *Una fides, unum baptisma, unus Deus et Pater omnium* &c.

VIII. QUID SIT ECCLESIA.

Quamquam ecclesia proprie sit congregatio sanctorum et vere credentium : tamen quum in hac vita multi hypocritae et mali admixti sint, licet uti sacramentis, quae per malos administrantur, iuxta vocem Christi : *Sedent Scribae et Pharisaei in cathedra Mosi* &c. ; et sacramenta et verbum propter ordinationem et mandatum Christi sunt efficacia, etiamsi per malos exhibeantur.

2. Damnant Donatistas et similes, qui negabant licere uti ministerio malorum in ecclesia, et sentiebant ministerium malorum inutile et inefficax esse.

IX. DE BAPTISMO.

De baptismo docent, quod sit necessarius ad salutem, quodque per baptismum offeratur gratia Dei ; et quod pueri sint baptizandi, qui per baptismum oblati Deo recipiantur in gratiam Dei.

2. Damnant Anabaptistas, qui improbant baptismum puerorum et affirmant pueros sine baptismo salvos fieri.

X. DE COENA DOMINI.

De Coena Domini docent, quod corpus et sanguis Christi *vere adsint*, et distribuantur vescentibus in Coena Domini, et improbant secus docentes.

XI. DE CONFESSIONE.

De confessione docent, quod *absolutio privata* in ecclesiis retinenda sit, quamquam in confessione non sit necessaria omnium delictorum enumeratio. Est enim impossibilis iuxta Psalmum : *Delicta quis intelligit ?*

XII. DE POENITENTIA.

De poenitentia docent, quod lapsis post baptismum contingere possit remissio peccatorum quocunque tempore, quum convertuntur; et quod ecclesia talibus redeuntibus ad poenitentiam absolutionem impartiri debeat.

2. Constat autem *poenitentia* proprie his duabus partibus: Altera est *contritio* seu terrores incussi conscientiae agnito peccato; altera est *fides*, quae concipitur ex evangelio seu absolutione, et credit propter Christum remitti peccata, et consolatur conscientiam, et ex terroribus liberat. Deinde sequi debent bona opera, quae sunt *fructus poenitentiae*.

3. Damnant Anabaptistas, qui negant semel iustificatos posse amittere Spiritum Sanctum; item, qui contendunt quibusdam tantam perfectionem in hac vita contingere, ut peccare non possint. 4. Damnantur et Novatiani, qui nolebant absolvere lapsos post baptismum redeuntes ad poenitentiam. Reiiciuntur et isti, qui non docent remissionem peccatorum per fidem contingere, sed iubent nos mereri gratiam per satisfactiones nostras.

XIII. DE USU SACRAMENTORUM.

De usu sacramentorum docent, quod sacramenta instituta sint, non modo ut sint notae professionis inter homines, sed magis ut sint *signa et testimonia voluntatis Dei erga nos*, ad excitandam et confirmandam fidem in his qui utuntur proposita. 2. Itaque *utendum est sacramentis* ita ut fides accedat, quae credat promissionibus quae per sacramenta exhibentur et ostenduntur.

3. Damnant igitur illos qui docent, quod sacramenta ex opere operato iustificent, nec docent fidem requiri in usu sacramentorum, quae credat remitti peccata.

XIV. DE ORDINE ECCLESIASTICO.

De ordine ecclesiastico docent, quod nemo debeat in ecclesia publice docere aut sacramenta administrare, nisi rite vocatus.

XV. DE RITIBUS ECCLESIASTICIS.

De ritibus ecclesiasticis docent, quod ritus illi servandi sint qui sine peccato servari possunt, et prosunt ad tranquillitatem et bonum ordinem in ecclesia, sicut certae feriae, festa et similia.

2. De talibus rebus tamen admonentur homines ne conscientiae onerentur, tamquam talis cultus ad salutem necessarius sit.

3. Admonentur etiam, quod traditiones humanae institutae ad placandum Deum, ad promerendam gratiam et satisfaciendum pro peccatis, adversentur evangelio et doctrinae fidei. Quare vota et traditiones de cibis et diebus etc. institutae ad promerendam gratiam et satisfaciendum pro peccatis inutiles sint et contra evangelium.

XVI. DE REBUS CIVILIBUS.

De rebus civilibus docent, quod legitimae ordinationes civiles sint bona opera Dei, quod Christianis liceat gerere magistratus, exercere iudicia, iudicare res ex imperatoriis et aliis praesentibus legibus, supplicia iure constituere, iure bellare, militare, lege contrahere, tenere proprium, iusiurandum postulantibus magistratibus dare, ducere uxorem, nubere.

2. Damnant Anabaptistas, qui interdicunt haec civilia officia Christianis. 3. Damnant et illos qui evangelicam perfectionem non collocant in timore Dei et fide, sed in deserendis civilibus officiis, quia evangelium tradit iustitiam aeternam cordis. Interim non dissipat politiam aut oeconomiam, sed maxime postulat conservare tamquam ordinationes Dei, et in talibus ordinationibus exercere caritatem. 4. Itaque necessario debent Christiani obedire magistratibus suis et legibus, nisi quum iubent peccare; tunc enim magis debent obedire Deo quam hominibus, Act. v.

XVII. DE CHRISTI REDITU AD IUDICIUM.

Item docent, quod Christus apparebit in consummatione mundi ad iudicandum, et mortuos omnes resuscitabit, piis et electis dabit vitam aeternam et perpetua gaudia, impios autem homines ac diabolos condemnabit, ut sine fine crucientur.

2. Damnant Anabaptistas, qui sentiunt hominibus damnatis ac diabolis finem poenarum futurum esse. 3. Damnant et alios, qui nunc spargunt Iudaicas opiniones, quod ante resurrectionem mortuorum pii regnum mundi occupaturi sint, ubique oppressis impiis.

XVIII. DE LIBERO ARBITRIO.

De libero arbitrio docent, quod humana voluntas habeat aliquam libertatem ad efficiendam civilem iustitiam et deligendas res rationi subiectas. Sed non habet vim sine Spiritu Sancto efficiendae iustitiae Dei seu iustitiae spiritualis, *quia animalis homo non percipit ea quae sunt spiritus Dei*; sed haec fit in cordibus, quum per verbum Spiritus Sanctus concipitur. 2. Haec totidem verbis dicit Augustinus lib. iii. [§ 5] Hypognosticon : ' Esse fatemur liberum arbitrium omnibus hominibus, habens quidem iudicium rationis, non per quod sit idoneum in iis quae ad Deum pertinent, sine Deo aut inchoare aut certe peragere, sed tantum in operibus vitae praesentis tam bonis quam etiam malis. *Bonis* dico, quae de bono naturae oriuntur, i. e. velle laborare in agro, velle manducare et bibere, velle habere amicum, velle habere indumenta, velle fabricare domum, uxorem velle ducere, pecora nutrire, artem discere diversarum rerum bonarum, velle quidquid bonum ad praesentem pertinet vitam: quae omnia non sine divino gubernaculo subsistunt, imo ex ipso et per ipsum sunt et esse coeperunt. *Malis* vero dico, ut est, velle idolum colere, velle homicidium ' etc.

3. Damnant Pelagianos et alios qui docent, quod sine Spiritu Sancto solis naturae viribus possimus Deum super omnia diligere; item praecepta Dei facere quoad substantiam actuum. Quamquam enim externa opera aliquo modo efficere natura possit (potest enim continere manus a furto, a caede), tamen interiores motus non potest efficere, ut timorem Dei, fiduciam erga Deum, castitatem, patientiam etc.

XIX. De causa peccati.

De causa peccati docent, quod tametsi Deus creat et conservat naturam, tamen causa peccati est voluntas malorum, videlicet diaboli et impiorum, quae, non adiuvante Deo, avertit se a Deo, sicut Christus ait Iohann. viii: *Quum loquitur mendacium, ex se ipso loquitur.*

XX. De fide et bonis operibus.

Falso accusantur nostri, quod bona opera prohibeant. Nam scripta eorum, quae exstant de decem praeceptis, et alia simili argumento testantur, quod utiliter docuerint de omnibus vitae generibus et officiis, quae genera vitae, quae opera in qualibet vocatione Deo placeant. De quibus rebus olim parum docebant concionatores; tantum puerilia et non necessaria opera urgebant, ut certas ferias, certa ieiunia, fraternitates, peregrinationes, cultus sanctorum, rosaria, monachatum et similia. 2. Haec adversarii nostri admoniti nunc dediscunt, nec perinde praedicant haec inutilia opera, ut olim. Praeterea incipiunt fidei mentionem facere, de qua olim mirum erat silentium; docent nos non tantum operibus iustificari, sed coniungunt fidem et opera, et dicunt nos fide et operibus iustificari. Quae doctrina tolerabilior est priore, et plus afferre potest consolationis quam vetus ipsorum doctrina.

A. De fide.

3. Quum igitur doctrina de fide, quam oportet in ecclesia praecipuam esse, tam diu iacuerit ignota, quemadmodum fateri omnes necesse est, de fidei iustitia altissimum silentium fuisse in concionibus, tantum doctrinam operum versatam esse in ecclesiis, nostri *de fide* sic admonuerunt ecclesias :

4. Principio, quod opera nostra non possint reconciliare Deum, aut mereri remissionem peccatorum et gratiam et iustificationem, sed hanc tantum fide consequimur, credentes, quod propter Christum recipiamur in gratiam, qui solus positus est mediator et propitiatorium, per quem reconcilietur Pater. Itaque qui confidit operibus se mereri gratiam, is aspernatur Christi meritum et gratiam, et quaerit sine Christo humanis viribus viam ad Deum, quum Christus de se dixerit : *Ego sum via, veritas et vita.*

5. Haec doctrina de fide ubique in Paulo tractatur. Ephes. ii : *Gratia salvi facti estis per fidem ; et hoc non ex vobis, Dei donum est, non ex operibus* etc. 6. Et ne quis cavilletur, a nobis novam Pauli interpretationem excogitari, tota haec causa habet testimonia Patrum. Nam Augustinus multis voluminibus defendit gratiam et iustitiam fidei contra merita operum. Et similia docet Ambrosius de vocatione gentium, et alibi. Sic enim inquit [i. § 5] de vocatione gentium : 'Vilesceret redemptio sanguinis Christi, nec misericordiae Dei humanorum operum praerogativa succumberet, si iustificatio, quae fit per gratiam, meritis praecedentibus deberetur, ut non munus largientis, sed merces esset operantis.'

7. Quamquam autem haec doctrina contemnitur ab imperitis, tamen experiuntur piae ac pavidae conscientiae, plurimum eam consolationis afferre, quia conscientiae non possunt reddi tranquillae per ulla opera, sed tantum fide, quum certo statuunt, quod propter Christum habeant placatum Deum ; quemadmodum Paulus docet Rom. v : *Iustificati per fidem pacem habemus apud Deum.* 8. Tota haec doctrina ad illud certamen perterrefactae conscientiae referenda est, nec sine illo certamine intelligi potest. Quare male iudicant de ea re homines imperiti et profani, qui Christianam iustitiam nihil esse somniant nisi civilem et philosophicam iustitiam.

9. Olim vexabantur conscientiae *doctrina operum* ; non audiebant ex evangelio consolationem. Quosdam conscientia expulit in desertum, in monasteria, sperantes ibi se gratiam merituros esse per vitam monasticam. Alii alia excogitaverunt opera ad promerendam gratiam et satisfaciendum pro peccatis.

10. Ideo magnopere fuit opus hanc doctrinam *de fide in Christum* tradere et renovare, ne deesset consolatio pavidis conscientiis, sed scirent fide in Christum apprehendi gratiam et remissionem peccatorum et iustificationem.

11. Admonentur etiam homines, quod hic nomen *fidei* non significet tantum historiae notitiam, qualis est in impiis et diabolo, sed significet fidem quae credit non tantum historiam, sed etiam effectum historiae, videlicet hunc articulum, remissionem peccatorum, quod videlicet per Christum habeamus gratiam, iustitiam et remissionem peccatorum.

12. Iam qui scit *se per Christum habere propitium Patrem*, is vere novit Deum, scit se ei curae esse, invocat eum ; denique non est sine Deo, sicut gentes. Nam diaboli et impii non possunt hunc articulum credere, remissionem peccatorum. Ideo Deum tamquam hostem oderunt, non invocant eum, nihil boni ab eo exspectant. 13. Augustinus etiam *de fidei* nomine hoc modo admonet lectorem, et docet in Scripturis nomen fidei accipi non pro notitia, qualis est in impiis, sed pro fiducia quae consolatur et erigit perterrefactas mentes.

B. De bonis operibus.

14. Praeterea docent nostri, quod necesse sit bona opera facere, non ut confidamus per ea gratiam mereri, sed propter voluntatem Dei. Tantum fide apprehenditur remissio peccatorum ac gratia. Et quia per fidem accipitur Spiritus Sanctus, iam corda renovantur et induunt novos affectus, ut parere bona opera possint. 15. Sic enim ait Ambrosius : 'Fides bonae voluntatis et iustae actionis genitrix est.' Nam humanae vires, sine Spiritu Sancto, plenae sunt impiis affectibus, et sunt imbecilliores quam ut bona opera possint efficere coram Deo. 16. Ad haec, sunt in potestate diaboli, qui impellit homines ad varia peccata, ad impias opiniones, ad manifesta scelera ; quemadmodum est videre in philosophis, qui et ipsi conati honeste vivere, tamen id non potuerunt efficere, sed contaminati sunt multis manifestis sceleribus. Talis est imbecillitas hominis, quum est sine fide et sine Spiritu Sancto, et tantum humanis viribus se gubernat.

17. Hinc facile apparet hanc doctrinam non esse accusandam, quod bona opera prohibeat, sed multo magis laudandam, quod ostendit quomodo bona opera facere possimus. Nam sine fide nullo modo potest humana natura primi aut secundi praecepti opera facere. Sine fide non invocat Deum, a Deo nihil exspectat, non tolerat crucem, sed quaerit humana praesidia,

confidit humanis praesidiis. 18. Ita regnant in corde omnes cupiditates et humana consilia, quum abest fides et fiducia erga Deum. Quare et Christus dixit : *Sine me nihil potestis facere*, Iohann. xv ; et ecclesia canit : 'Sine tuo numine nihil est in homine, nihil est innoxium.'

XXI. DE CULTU SANCTORUM.

De cultu sanctorum docent, quod memoria sanctorum proponi potest, ut imitemur fidem eorum et bona opera iuxta vocationem, ut Caesar imitari potest exemplum Davidis in bello gerendo ad depellendos Turcas a patria. Nam uterque rex est. 2. Sed Scriptura non docet invocare sanctos, seu petere auxilium a sanctis : quia unum Christum nobis proponit mediatorem, propitiatorium, pontificem et intercessorem. 3. Hic invocandus est, et promisit se exauditurum esse preces nostras ; et hunc cultum maxime probat, videlicet ut invocetur in omnibus afflictionibus. 1 Iohann. ii : *Si quis peccat, habemus advocatum apud Deum* etc.

XXII.

Haec fere summa est doctrinae apud nos, in qua cerni potest nihil inesse quod discrepet a Scripturis, vel ab ecclesia Catholica, vel ab ecclesia Romana, quatenus ex scriptoribus nota est. Quod quum ita sit, inclementer iudicant isti qui nostros pro haereticis haberi postulant. 2. Sed dissensio est *de quibusdam abusibus*, qui sine certa auctoritate in ecclesias irrepserunt, in quibus etiam si qua esset dissimilitudo, tamen decebat haec lenitas episcopos, ut propter confessionem, quam modo recensuimus, tolerarent nostros, quia ne Canones quidem tam duri sunt ut eosdem ritus ubique esse postulent, neque similes unquam omnium ecclesiarum ritus fuerunt. 3. Quamquam apud nos magna ex parte veteres ritus diligenter servantur. Falsa enim calumnia est, quod omnes ceremoniae, omnia vetera instituta in ecclesiis nostris aboleantur. Verum publica querela fuit, *abusus quosdam* in vulgaribus ritibus haerere. Hi quia non poterant bona conscientia probari, aliqua ex parte correcti sunt.

PARS II. ARTICULI IN QUIBUS RECENSENTUR ABUSUS MUTATI.

Quum ecclesiae apud nos de nullo articulo fidei dissentiant ab ecclesia Catholica, tantum paucos quosdam abusus omittant, qui novi sunt et contra voluntatem Canonum vitio temporum recepti, rogamus ut Caesarea Maiestas clementer audiat, et *quid sit mutatum*, et quae fuerint causae quo minus coactus sit populus illos abusus contra conscientiam observare. Nec habeat fidem Caesarea Maiestas istis, qui, ut inflamment odia hominum adversus nostros, miras calumnias spargunt in populum. 2. Hoc modo irritatis animis bonorum virorum initio praebuerunt occasionem huic dissidio, et eadem arte conantur nunc augere discordias. Nam Caesarea Maiestas haud dubie comperiet tolerabiliorem esse formam et doctrinae et ceremoniarum apud nos, quam qualem homines iniqui et malevoli describunt. Porro veritas ex vulgi rumoribus aut maledictis inimicorum colligi non potest. Facile autem hoc iudicari potest, nihil magis prodesse ad dignitatem ceremoniarum conservandam et alendam reverentiam ac pietatem in populo, quam si ceremoniae rite fiant in ecclesiis.

I. DE UTRAQUE SPECIE.

Laicis datur utraque species sacramenti in Coena Domini, quia hic mos habet mandatum Domini Matt. xxvi : *Bibite ex hoc omnes* ; ubi manifeste praecepit Christus de poculo ut omnes bibant. 2. Et ne quis possit cavillari, quod hoc ad sacerdotes tantum pertineat, Paulus ad Corinth. exemplum recitat, in quo apparet totam ecclesiam utraque specie usam esse. 3. Et diu mansit hic mos in ecclesia, nec constat quando aut quo auctore mutatus sit, tametsi Cardinalis Cusanus recitet quando sit approbatus. 4. Cyprianus aliquot locis testatur populo sanguinem datum esse. Idem testatur Hieronymus, qui ait : 'Sacerdotes eucharistiae ministrant et sanguinem Christi populis dividunt.' Imo Gelasius Papa mandat ne dividatur sacramentum, dist. II *de consecratione*, cap. *Comperimus*.[1] 5. Tantum consuetudo non ita vetus aliud habet. Constat autem quod consuetudo contra mandata Dei introducta non sit probanda, ut testantur Canones, dist. VIII, cap. *Veritate*,[2] cum sequentibus. 6. Haec vero consuetudo non solum contra Scripturam, sed etiam contra veteres Canones et exemplum ecclesiae recepta est. Quare si qui maluerint utraque specie sacramenti uti, non fuerunt cogendi ut aliter facerent cum offensione conscientiae.

7. Et quia divisio sacramenti non convenit cum institutione Christi, solet apud nos omitti *processio*, quae hactenus fieri solita est.

II. DE CONIUGIO SACERDOTUM.

Publica querela fuit de exemplis *sacerdotum qui non continebant*. Quam ob causam et Pius Papa dixisse fertur fuisse aliquas causas cur ademptum sit sacerdotibus coniugium,

[1] Decreti P. III. ii. 12.   [2] *ibid.* I. viii. 4-9.

sed multo maiores esse causas cur reddi debeat; sic enim scribit Platina. 2. Quum igitur sacerdotes apud nos publica illa scandala vitare vellent, duxerunt uxores, ac docuerunt quod liceat ipsis contrahere matrimonium. Primum, quia Paulus dicit: *Unusquisque habeat uxorem suam propter fornicationem*; item: *Melius est nubere quam uri.* Secundo Christus inquit: *Non omnes capiunt verbum hoc*: ubi docet non omnes homines ad caelibatum idoneos esse, quia Deus creavit hominem ad procreationem, Genes. i. 3. Nec est humanae potestatis sine singulari dono et opere Dei creationem mutare. Igitur qui non sunt idonei ad caelibatum, debent contrahere matrimonium. Nam mandatum Dei et ordinationem Dei nulla lex humana, nullum votum tollere potest. 4. Ex his causis docent sacerdotes sibi licere uxores ducere. Constat etiam in ecclesia veteri sacerdotes fuisse maritos. Nam et Paulus ait, *episcopum eligendum esse qui sit maritus.* 5. Et in Germania primum ante annos quadringentos sacerdotes vi coacti sunt ad caelibatum, qui quidem adeo adversati sunt ut archiepiscopus Moguntinus, publicaturus edictum Romani Pontificis de ea re, paene ab iratis sacerdotibus per tumultum oppressus sit. Et res gesta est tam inciviliter ut non solum in posterum coniugia prohiberentur, sed etiam praesentia, contra omnia iura divina et humana, contra ipsos etiam Canones, factos non solum a Pontificibus sed a laudatissimis synodis, distraherentur.

6. Et quum senescente mundo paulatim natura humana fiat imbecillior, convenit prospicere ne plura vitia serpant in Germaniam. Porro Deus instituit coniugium, ut esset remedium humanae infirmitatis. Ipsi Canones veterem rigorem interdum posterioribus temporibus propter imbecillitatem hominum laxandum esse dicunt; quod optandum est ut fiat et in hoc negotio. Ac videntur ecclesiis aliquando defuturi pastores, si diutius prohibeatur coniugium.

7. Quum autem exstet mandatum Dei, quum mos ecclesiae notus sit, quum impurus caelibatus plurima pariat scandala, adulteria et alia scelera, digna animadversione boni magistratus: tamen mirum est, nulla in re maiorem exerceri saevitiam quam adversus *coniugium sacerdotum.* Deus praecepit honore afficere coniugium. Leges in omnibus rebus publicis bene constitutis, etiam apud ethnicos, maximis honoribus ornaverunt. 8. At nunc capitalibus poenis excruciantur, et quidem sacerdotes, contra Canonum voluntatem, nullam aliam ob causam nisi propter coniugium. Paulus vocat doctrinam daemoniorum,

quae prohibet coniugium, 1 Timoth. iv. Id facile nunc intelligi potest, quum talibus suppliciis prohibitio coniugii defenditur.

9. Sicut autem nulla lex humana potest mandatum Dei tollere, ita nec votum potest tollere mandatum Dei. Proinde etiam Cyprianus suadet, ut mulieres nubant quae non servant promissam castitatem. Verba eius sunt haec libr. I, epistola XI: 'Si autem perseverare nolunt, aut non possunt, melius est ut nubant quam ut in ignem deliciis suis cadant; certe nullum fratribus aut sororibus scandalum faciant.'[1] Et aequitate quadam utuntur ipsi Canones erga hos qui ante iustam aetatem voverunt, quomodo fere hactenus fieri consuevit.

III. De missa.

Falso accusantur ecclesiae nostrae quod missam aboleant. Retinetur enim missa apud nos, et summa reverentia celebratur. Servantur et usitatae ceremoniae fere omnes, praeterquam quod Latinis cantionibus admiscentur alicubi Germanicae, quae additae sunt ad docendum populum. Nam ad hoc unum opus est ceremoniis, ut doceant imperitos. Et non modo Paulus praecipit uti lingua intellecta populo in ecclesia, sed etiam ita constitutum est humano iure.

2. Assuefit populus, ut una utantur sacramento, si qui sunt idonei; id quoque auget reverentiam ac religionem publicarum ceremoniarum. Nulli enim admittuntur, nisi antea explorati. Admonentur etiam homines de dignitate et usu sacramenti, quantam consolationem afferat pavidis conscientiis, ut discant Deo credere, et omnia bona a Deo exspectare et petere. 3. Hic cultus delectat Deum; talis usus sacramenti alit pietatem erga Deum. Itaque non videntur apud adversarios missae maiore religione fieri quam apud nos.

4. Constat autem hanc quoque publicam et longe maximam querelam omnium bonorum virorum diu fuisse, quod missae turpiter profanarentur, collatae ad quaestum. Neque enim obscurum est quam late pateat hic abusus in omnibus templis, a qualibus celebrentur missae tantum propter mercedem aut stipendium, quam multi contra interdictum Canonum celebrent.

5. Paulus autem graviter minatur his qui indigne tractant eucharistiam, quum ait: *Qui ederit panem hunc aut biberit calicem Domini indigne, reus erit corporis et sanguinis Domini.* Itaque quum apud nos admonerentur sacerdotes de hoc peccato, desierunt apud nos privatae missae, quum fere nullae privatae missae nisi quaestus causa fierent.

6. Neque ignoraverunt hos abusus episcopi; qui si correxis-

[1] *Ep.* iv. § 2 (*Opera* ii. 474, ed. Hartel).

sent eos in tempore, minus nunc esset dissensionum. Antea sua dissimulatione multa vitia passi sunt in ecclesiam serpere. Nunc sero incipiunt queri de calamitatibus ecclesiae, quum hic tumultus non aliunde sumpserit occasionem, quam ex illis abusibus, qui tam manifesti erant ut tolerari amplius non possent. 7. Magnae dissensiones de missa, de sacramento exstiterunt. Fortasse dat poenas orbis tam diuturnae profanationis missarum, quam in ecclesiis tot saeculis toleraverunt isti qui emendari et poterant et debebant. Nam in decalogo scriptum est: *Qui Dei nomine abutitur, non erit impunitus.* At ab initio mundi nulla res divina ita videtur unquam ad quaestum collata fuisse ut missa.

8. Accessit opinio, quae auxit privatas missas in infinitum, videlicet quod Christus sua passione satisfecerit pro peccato originis, et instituerit missam, in qua fieret oblatio pro quotidianis delictis, mortalibus et venialibus. 9. Hinc manavit publica opinio, quod missa sit opus delens peccata vivorum et mortuorum ex opere operato. Hic coeptum est disputari, utrum una missa, dicta pro pluribus, tantundem valeat, quantum singulae pro singulis. Haec disputatio peperit istam infinitam multitudinem missarum.

10. De his opinionibus nostri admonuerunt, quod dissentiant a Scripturis Sanctis, et laedant gloriam passionis Christi. Nam passio Christi fuit oblatio et satisfactio non solum pro culpa originis, sed etiam pro omnibus reliquis peccatis, ut ad Hebraeos scriptum est: *Sanctificati sumus per oblationem Iesu Christi semel*; item: *Una oblatione consummavit in perpetuum sanctificatos.*

11. Item Scriptura docet nos coram Deo iustificari per fidem in Christum, quum credimus nobis remitti peccata propter Christum. Iam si missa delet peccata vivorum et mortuorum ex opere operato, contingit iustificatio ex opere missarum, non ex fide, quod Scriptura non patitur.

12. Sed Christus iubet *facere in sui memoriam.* Quare *missa instituta est,* ut fides in iis, qui utuntur sacramento, recordetur quae beneficia accipiat per Christum, et erigat et consoletur pavidam conscientiam. Nam id est meminisse Christi, beneficia meminisse ac sentire, quod vere exhibeantur nobis. Nec satis est historiam recordari, quia hanc etiam Iudaei et impii recordari possunt. Est igitur ad hoc facienda missa, ut ibi porrigatur sacramentum his quibus opus est consolatione, sicut Ambrosius ait: 'Quia semper pecco, semper debeo accipere medicinam.'

14. Quum autem missa sit talis communicatio sacramenti,

servatur apud nos una communis missa singulis feriis atque aliis etiam diebus, si qui sacramento velint uti, ubi porrigitur sacramentum his qui petunt. Neque hic mos in ecclesia novus est. Nam veteres ante Gregorium non faciunt mentionem privatae missae: de communi missa plurimum loquuntur. 15. Chrysostomus ait: 'Sacerdotem quotidie stare ad altare, et alios ad communionem accersere, alios arcere.' Et ex Canonibus veteribus apparet unum aliquem celebrasse missam, a quo reliqui presbyteri et diaconi sumpserunt corpus Domini. Sic enim sonant verba canonis [18] Nicaeni: 'Accipiant diaconi secundum ordinem post presbyteros ab episcopo vel a presbytero sacram communionem.' Et Paulus de communione iubet ut alii alios exspectent, ut fiat communis participatio.

16. Postquam igitur missa apud nos habet exemplum ecclesiae, ex Scriptura et Patribus, confidimus improbari eam non posse, maxime quum publicae ceremoniae magna ex parte similes usitatis serventur; tantum numerus missarum est dissimilis, quem propter maximos et manifestos abusus certe moderari prodesset. 17. Nam olim etiam in ecclesiis frequentissimis non fiebat quotidie missa, ut testatur Historia Tripartita lib. IX, cap. XXXVIII: 'Rursus autem in Alexandria quarta et sexta feria Scripturae leguntur, easque doctores interpretantur, et omnia fiunt praeter solennem oblationis morem.'[1]

IV. DE CONFESSIONE.

Confessio in ecclesiis apud nos non est abolita. Non enim solet porrigi corpus Domini nisi antea exploratis et absolutis. Et docetur populus diligentissime de fide *absolutionis*, de qua ante haec tempora magnum erat silentium. Docentur homines, ut absolutionem plurimi faciant, quia sit vox Dei et mandato Dei pronuntietur. 2. Ornatur *potestas clavium*, et commemoratur, quantam consolationem afferat perterrefactis conscientiis, et quod requirat Deus fidem, ut illi absolutioni tamquam voci de coelo sonanti credamus, et quod illa fides vere consequatur et accipiat remissionem peccatorum. 3. Antea immodice extollebantur satisfactiones: fidei et meriti Christi ac iustitiae fidei nulla fiebat mentio. Quare in hac parte minime sunt culpandae ecclesiae nostrae. Nam hoc etiam adversarii tribuere nobis coguntur, quod *doctrina de poenitentia* diligentissime a nostris tractata ac patefacta sit.

4. Sed de *confessione* docent, quod enumeratio delictorum non sit necessaria, nec sint onerandae conscientiae cura

[1] M. Aurelii Cassiodori [468-†575] *Hist. Tripart.* ix. 38 (Migne, *Patrologia Latina* lxix. 1155 D)

enumerandi omnia delicta, quia impossibile est omnia delicta recitare, ut testatur Psalmus : *Delicta quis intelligit?* Item Ieremias : *Pravum est cor hominis et inscrutabile.* Quod si nulla peccata nisi recitata remitterentur, nunquam adquiescere conscientiae possent, quia plurima peccata neque vident, neque meminisse possunt. 5. Testantur et veteres scriptores enumerationem non esse necessariam. Nam in Decretis citatur Chrysostomus, qui sic ait : 'Non tibi dico, ut te prodas in publicum, neque apud alios te accuses, sed obedire te volo prophetae dicenti : *Revela ante Deum viam tuam.* Ergo tua confitere peccata apud Deum, verum iudicem, cum oratione. Delicta tua pronuntia non lingua, sed conscientiae tuae memoria' etc. Et Glossa *de poenitentia*,[1] Dist. V, Cap. *Consideret*, fatetur humani iuris esse confessionem. 6. Verum confessio, quum propter maximum absolutionis beneficium, tum propter alias conscientiarum utilitates apud nos retinetur.

V. DE DISCRIMINE CIBORUM ET TRADITIONIBUS.

Publica persuasio fuit non tantum vulgi, sed etiam docentium in ecclesiis, quod discrimina ciborum et similes traditiones humanae sint opera ad promerendam gratiam et satisfactoria pro peccatis. Et quod sic senserit mundus, apparet ex eo quia quotidie instituebantur novae ceremoniae, novi ordines, novae feriae, nova ieiunia, et doctores in templis exigebant haec opera tamquam necessarium cultum ad promerendam gratiam, et vehementer terrebant conscientias, si quid omitterent. 2. Ex hac persuasione de traditionibus multa incommoda in ecclesia secuta sunt.

Primo obscurata est doctrina de gratia et iustitia fidei, quae est praecipua pars evangelii, et quam maxime oportet exstare et eminere in ecclesia, ut meritum Christi bene cognoscatur, et fides, quae credit remitti peccata propter Christum, longe supra opera collocetur. 3. Quare et Paulus in hunc locum maxime incumbit, legem et traditiones humanas removet, ut ostendat iustitiam Christianam aliud quiddam esse quam huiusmodi opera, videlicet fidem, quae credit peccata gratis remitti propter Christum. 4. At haec doctrina Pauli paene tota oppressa est per traditiones, quae pepererunt opinionem, quod per discrimina ciborum et similes cultus oporteat mereri gratiam et iustitiam. In poenitentia nulla mentio fiebat de fide, tantum haec opera satisfactoria proponebantur; in his videbatur poenitentia tota consistere.

---

[1] Decreti P. II, Causa xxxiii, Qu. 3 [De Poenitentia] Dist. v, Cap. 1.

5. *Secundo* hae traditiones obscuraverunt praecepta Dei, quia traditiones longe praeferebantur praeceptis Dei. Christianismus totus putabatur esse observatio certarum feriarum, rituum, ieiuniorum, vestitus. Hae observationes erant in possessione honestissimi tituli, quod essent vita spiritualis et vita perfecta. 6. Interim mandata Dei iuxta vocationem nullam laudem habebant: quod paterfamilias educabat sobolem, quod mater pariebat, quod princeps regebat rempublicam. Haec putabantur esse opera mundana et imperfecta et longe deteriora illis splendidis observationibus. 7. Et hic error valde cruciavit pias conscientias, quae dolebant se teneri imperfecto vitae genere, in coniugio, in magistratibus, aut aliis functionibus civilibus, mirabantur monachos et similes, et falso putabant illorum observationes Deo gratiores esse.

8. *Tertio* traditiones attulerunt magna pericula conscientiis, quia impossibile erat omnes traditiones servare, et tamen homines arbitrabantur has observationes necessarios esse cultus. 9. Gerson scribit, multos incidisse in desperationem, quosdam etiam sibi mortem conscivisse, quia senserant se non posse satisfacere traditionibus, et interim consolationem nullam de iustitia fidei et de gratia audierant.

10. Videmus Summistas et theologos colligere traditiones, et quaerere ἐπιεικείας, ut levent conscientias; non satis tamen expediunt, sed interdum magis iniiciunt laqueos conscientiis. Et in colligendis traditionibus ita fuerunt occupatae scholae et conciones ut non vacaverit attingere Scripturam, et quaerere utiliorem doctrinam de fide, de cruce, de spe, de dignitate civilium rerum, de consolatione conscientiarum in arduis tentationibus. 11. Itaque Gerson et alii quidam theologi graviter questi sunt se his rixis traditionum impediri quo minus versari possent in meliore genere doctrinae. Et Augustinus vetat onerare conscientias huiusmodi observationibus, et prudenter admonet Ianuarium, ut sciat 'eas indifferenter observandas esse'[1]; sic enim loquitur.

12. Quare nostri non debent videri hanc causam temere attigisse aut odio episcoporum, ut quidam falso suspicantur. Magna necessitas fuit, de illis erroribus, qui nati erant ex traditionibus male intellectis, admonere ecclesias. Nam evangelium cogit urgere doctrinam in ecclesiis de gratia et iustitia fidei, quae tamen intelligi non potest, si putent homines se mereri gratiam per observationes ab ipsis electas.

13. Sic igitur docuerunt, quod per observationem traditionum humanarum non possimus gratiam mereri aut iustificari.

[1] *Ep.* liv. § 2.

Quare non est sentiendum quod huiusmodi observationes sint necessarius cultus.

14. Addunt testimonia ex Scriptura. Christus Matth. xv excusat Apostolos, qui non servaverant usitatam traditionem, quae tamen videbatur de re non illicita, sed media esse, et habere cognationem cum baptismatibus legis; et dicit : *Frustra colunt me mandatis hominum.* Igitur non exigit cultum inutilem. Et paulo post addit: *Omne quod intrat in os, non inquinat hominem.* 15. Item Paulus Roman. xiv : *Regnum Dei non est esca aut potus.* Coloss. ii : *Nemo iudicet vos in cibo, potu, sabbato aut die festo.* Item : *Si mortui estis cum Christo ab elementis mundi, quare tamquam viventes in mundo decreta facitis : ne attingas, ne gustes, ne contrectes?* 16. Actor. xv ait Petrus : *Quare tentatis Deum, imponentes iugum super cervices discipulorum, quod neque nos neque patres nostri portare potuimus? Sed per gratiam Domini nostri Iesu Christi credimus salvari, quemadmodum et illi.* Hic vetat Petrus onerare conscientias pluribus ritibus sive Mosi, sive aliis. 17. Et 1 Timoth. iv vocat prohibitionem ciborum doctrinam daemoniorum, quia pugnat cum evangelio, talia opera instituere aut facere, ut per ea mereamur gratiam, aut quod non possit exsistere Christianismus sine tali cultu.

18. Hic obiiciunt adversarii, quod nostri prohibeant disciplinam et mortificationem carnis, sicut Iovinianus. Verum aliud deprehendetur ex scriptis nostrorum. Semper enim docuerunt de cruce, quod Christianos oporteat tolerare afflictiones. Haec est vera, seria et non simulata mortificatio, variis afflictionibus exerceri et crucifigi cum Christo.

19. Insuper docent quod quilibet Christianus debeat se corporali disciplina aut corporalibus exercitiis et laboribus sic exercere et coercere, ne saturitas aut desidia exstimulet ad peccandum, non ut per illa exercitia mereamur gratiam, aut satisfaciamus pro peccatis. 20. Et hanc corporalem disciplinam oportet semper urgere, non solum paucis et constitutis diebus ; sicut Christus praecipit : *Cavete, ne corpora vestra graventur crapula* ; item *Hoc genus daemoniorum non eiicitur nisi ieiunio et oratione.* Et Paulus ait : *Castigo corpus meum, et redigo in servitutem* ; ubi clare ostendit se ideo castigare corpus, non ut per eam disciplinam mereatur remissionem peccatorum, sed ut corpus habeat obnoxium et idoneum ad res spirituales et ad faciendum officium iuxta vocationem suam. 21. Itaque non damnantur ipsa ieiunia, sed traditiones, quae certos dies, certos cibos praescribunt cum periculo conscientiae, tamquam istiusmodi opera sint necessarius cultus.

22. Servantur tamen apud nos pleraeque traditiones, quae conducunt ad hoc ut res ordine geratur in ecclesia; ut ordo lectionum in missa et praecipuae feriae. Sed interim homines admonentur quod talis cultus non iustificet coram Deo, et quod non sit ponendum peccatum in talibus rebus, si omittantur sine scandalo. 23. Haec libertas in ritibus humanis non fuit ignota Patribus. Nam in Oriente alio tempore servaverunt pascha quam Romae: et quum Romani propter hanc dissimilitudinem accusarent Orientem schismatis, admoniti sunt ab aliis, tales mores non oportere ubique similes esse. 24. Et Irenaeus inquit: 'Dissonantia ieiunii fidei consonantiam non solvit': sicut et Dist. XII. Gregorius Papa[1] significat, talem dissimilitudinem non laedere unitatem ecclesiae. Et in Historia Tripartita lib. IX multa colliguntur exempla dissimilium rituum, et recitantur haec verba: 'Mens Apostolorum fuit, non de diebus festis sancire, sed praedicare bonam conversationem et pietatem.'[2]

VI. DE VOTIS MONACHORUM.

Quid de votis monachorum apud nos doceatur, melius intelliget si quis meminerit qualis status fuerit monasteriorum, quam multa contra Canones in ipsis monasteriis quotidie fiebant. 2. Augustini tempore erant libera collegia. Postea, corrupta disciplina, ubique addita sunt vota, ut tamquam excogitato carcere disciplina restitueretur. 3. Additae sunt paulatim supra vota aliae multae observationes: et haec vincula multis ante iustam aetatem contra Canones iniecta sunt. Multi inciderunt errore in hoc vitae genus, quibus etiamsi non deessent anni, tamen iudicium de suis viribus defuit. 4. Qui sic irretiti erant, cogebantur manere, etiamsi quidam beneficio Canonum liberari possent. Et hoc accidit magis etiam in monasteriis virginum quam monachorum, quum sexui imbecilliori magis parcendum esset. 5. Hic rigor displicuit multis bonis viris ante haec tempora, qui videbant puellas et adolescentes in monasteria detrudi propter victum, videbant quam infeliciter succederet hoc consilium, quae scandala pareret, quos laqueos conscientiis iniiceret. Dolebant auctoritatem Canonum in re periculosissima omnino neglegi et contemni.

6. Ad haec mala accedebat talis persuasio de votis, quam constat etiam olim displicuisse ipsis monachis, si qui paulo cordatiores fuerunt. Docebant vota paria esse baptismo; docebant se hoc vitae genere mereri remissionem peccatorum et iustificationem coram Deo: imo addebant, vitam monasticam

---

[1] Decreti P. I, Dist. xii, Cap. 10. [2] *Hist. Tr.* ix, § 38.

non tantum iustitiam mereri coram Deo, sed amplius etiam, quia servaret non modo *praecepta*, sed etiam *consilia evangelica*.

7. Ita persuadebant monasticam professionem longe meliorem esse baptismo, vitam monasticam plus mereri quam vitam magistratuum, vitam pastorum et similium, qui in mandatis Dei sine factitiis religionibus suae vocationi serviunt. Nihil horum negari potest; exstant enim in libris eorum.

8. Quid fiebat postea in monasteriis? Olim erant scholae sacrarum literarum et aliarum disciplinarum, quae sunt utiles ecclesiae, et sumebantur inde pastores et episcopi. Nunc alia res est; nihil opus est recitare nota. 9. Olim ad discendum conveniebant: nunc fingunt institutum esse vitae genus ad promerendam gratiam et iustitiam; imo praedicant esse statum perfectionis, et longe praeferunt omnibus aliis vitae generibus a Deo ordinatis.

10. Haec ideo recitavimus nihil odiose exaggerantes, ut melius intelligi posset de hac re doctrina nostrorum. *Primum* de his qui matrimonia contrahunt, sic docent apud nos, quod liceat omnibus, qui non sunt idonei ad caelibatum, contrahere matrimonium, quia vota non possunt ordinationem ac mandatum Dei tollere. 11. Est autem hoc mandatum Dei: *Propter fornicationem habeat unusquisque uxorem suam*. Neque mandatum solum, sed etiam creatio et ordinatio Dei cogit hos ad coniugium qui sine singulari Dei opere non sunt excepti, iuxta illud: *Non est bonum homini esse solum*. 12. Igitur non peccant isti qui obtemperant huic mandato et ordinationi Dei. Quid potest contra haec opponi? Exaggeret aliquis obligationem voti quantum volet, tamen non poterit efficere ut votum tollat mandatum Dei.

13. Canones docent in omni voto ius superioris excipi. Quare multo minus haec vota contra mandata Dei valent.

14. Quodsi obligatio votorum nullas haberet causas cur mutari possit: nec Romani Pontifices dispensassent. Neque enim licet homini obligationem quae simpliciter est iuris divini rescindere. Sed prudenter iudicaverunt Romani Pontifices aequitatem in hac obligatione adhibendam esse. 15. Ideo saepe de votis dispensasse leguntur. Nota est historia de rege Arragonum, revocato ex monasterio: et exstant exempla nostri temporis.

16. *Deinde*, cur obligationem exaggerant adversarii seu effectum voti, quum interim de ipsa voti natura sileant, quod debet esse in re possibili, quod debet esse voluntarium, sponte et consulto conceptum? At quomodo sit in potestate hominis perpetua castitas non est ignotum. Et quotusquisque

sponte et consulto vovit? 17. Puellae et adolescentes, priusquam iudicare possunt, persuadentur ad vovendum, interdum etiam coguntur. Quare non est aequum tam rigide de obligatione disputare, quum omnes fateantur contra voti naturam esse, quod non sponte, quod inconsulto admittitur.

18. Plerique Canones rescindunt vota ante annum XV contracta, quia ante illam aetatem non videtur tantum esse iudicii ut de perpetua vita constitui possit. Alius Canon, plus concedens hominum imbecillitati, addit annos aliquot; vetat enim ante annum XVIII votum fieri. Sed utrum sequemur: maxima pars habet excusationem cur monasteria deserant, quia plurimi ante hanc aetatem voverunt.

19. *Postremo*, etiamsi voti violatio reprehendi posset, tamen non videtur statim sequi quod coniugia talium personarum dissolvenda sint. Nam Augustinus[1] negat debere dissolvi, XXVII quaest. I Cap. *Nuptiarum*; cuius non est levis auctoritas, etiamsi alii postea aliter senserunt.

20. Quamquam autem mandatum Dei de coniugio videatur plerosque liberare a votis, tamen afferunt nostri et aliam rationem de votis, quod sint irrita: quia omnis cultus Dei, ab hominibus sine mandato Dei institutus et electus ad promerendam iustificationem et gratiam, impius est, sicut Christus ait: *Frustra colunt me mandatis hominum.* 21. Et Paulus ubique docet, iustitiam non esse quaerendam ex nostris observationibus et cultibus, qui sint excogitati ab hominibus, sed contingere eam per fidem credentibus se recipi in gratiam a Deo propter Christum.

22. Constat autem monachos docuisse, quod facticiae religiones satisfaciant pro peccatis, mereantur gratiam et iustificationem. Quid hoc est aliud quam de gloria Christi detrahere, et obscurare ac negare iustitiam fidei? 23. Sequitur igitur ista vota usitata impios cultus fuisse; quare sunt irrita. Nam votum impium et factum contra mandata Dei non valet; *neque enim debet votum vinculum esse iniquitatis*, ut Canon dicit.

24. Paulus dicit: *Evacuati estis a Christo, qui in lege iustificamini, a gratia excidistis.* Ergo etiam, qui votis iustificari volunt, evacuantur a Christo et a gratia excidunt. Nam et hi, qui votis tribuunt iustificationem, tribuunt propriis operibus hoc quod proprie ad gloriam Christi pertinet. 25. Neque vero negari potest, quin monachi docuerint se per vota et observationes suas iustificari et mereri remissionem peccatorum; imo affinxerunt absurdiora, dixerunt se aliis mutuari sua opera.

[1] That is, Augustine as quoted in Decreti P. II, Causa xxvii, Qu. 1, Cap. 41, 'Nuptiarum.'

Haec si quis velit odiose exaggerare, quam multa possit colligere, quorum iam ipsos monachos pudet! 26. Ad haec persuaserunt hominibus, facticias religiones esse statum Christianae perfectionis. Annon est hoc iustificationem tribuere operibus? 27. Non est leve scandalum in ecclesia, populo proponere certum cultum ab hominibus excogitatum sine mandato Dei, et docere quod talis cultus iustificet homines: quia iustitia fidei, quam maxime oportet tradi in ecclesia, obscuratur, quum illae mirificae religiones Angelorum, simulatio *paupertatis et humilitatis et caelibatus* offunduntur oculis hominum.

28. Praeterea obscurantur praecepta Dei et verus cultus Dei, quum audiunt homines solos monachos esse in statu perfectionis; quia perfectio Christiana est serio timere Deum, et rursus concipere magnam fidem, et confidere propter Christum quod habeamus Deum placatum, petere a Deo, et certo exspectare auxilium in omnibus rebus gerendis, iuxta vocationem; interim foris diligenter facere bona opera, et servire vocationi. 29. In his rebus est *vera perfectio et verus cultus Dei*; non est in caelibatu, aut mendicitate, aut veste sordida. Verum populus concipit multas perniciosas opiniones ex illis falsis praeconiis vitae monasticae. 30. Audit sine modo laudari caelibatum: ideo cum offensione conscientiae versatur in coniugio. Audit solos mendicos esse perfectos: ideo cum offensione conscientiae retinet possessiones, negotiatur. Audit consilium evangelicum esse de non vindicando; ideo alii in privata vita non verentur ulcisci: audiunt enim consilium esse non praeceptum. Alii omnes magistratus et civilia officia iudicant indigna esse Christianis.

31. Leguntur exempla hominum, qui deserto coniugio, deserta reipublicae administratione, abdiderunt se in monasteria. Id vocabant fugere ex mundo, et quaerere vitae genus quod Deo magis placeret; nec videbant Deo serviendum esse in illis mandatis quae ipse tradidit, non in mandatis quae sunt excogitata ab hominibus. 32. *Bonum et perfectum vitae genus est quod habet mandatum Dei.* De his rebus necesse est admonere homines. Et ante haec tempora reprehendit Gerson errorem monachorum de perfectione, et testatur suis temporibus novam vocem fuisse quod vita monastica sit status perfectionis.

33. Tam multae impiae opiniones haerent in votis, quod iustificent, quod sint perfectio Christiana, quod servent consilia et praecepta, quod habeant opera supererogationis. Haec omnia quum sint falsa et inania, faciunt vota irrita.

VII. DE POTESTATE ECCLESIASTICA.

Magnae disputationes fuerunt de potestate episcoporum, in quibus nonnulli incommode commiscuerunt potestatem ecclesiasticam et potestatem gladii. Et ex hac confusione maxima bella, maximi motus exstiterunt, dum Pontifices, freti potestate clavium, non solum novos cultus instituerunt, reservatione casuum, violentis excommunicationibus conscientias oneraverunt, sed etiam regna mundi transferre et imperatoribus adimere imperium conati sunt. 2. Haec vitia multo ante reprehenderunt in ecclesia homines pii et eruditi. Itaque nostri ad consolandas conscientias coacti sunt ostendere *discrimen ecclesiasticae potestatis et potestatis gladii*, et docuerunt utramque propter mandatum Dei religiose venerandam et honore afficiendam esse, tamquam summa Dei beneficia in terris.

3. Sic autem sentiunt, *potestatem clavium* seu *potestatem episcoporum* iuxta evangelium potestatem esse seu mandatum Dei praedicandi evangelii, remittendi et retinendi peccata, et administrandi sacramenta. Nam cum hoc mandato Christus mittit Apostolos: *Sicut misit me Pater, ita et ego mitto vos. Accipite Spiritum Sanctum: quorum remiseritis peccata, remittuntur eis, et quorum retinueritis peccata, retenta sunt*. Marc. xvi: *Ite, praedicate evangelium omni creaturae* etc.

4. Haec potestas tantum exercetur docendo seu praedicando verbum et porrigendo sacramenta, vel multis vel singulis iuxta vocationem, quia conceduntur non res corporales, sed res aeternae: iustitia aeterna, Spiritus Sanctus, vita aeterna. 5. Haec non possunt contingere nisi per ministerium verbi et sacramentorum, sicut Paulus dicit: *Evangelium est potentia Dei ad salutem omni credenti*. Itaque quum potestas ecclesiastica concedat res aeternas, et tantum exerceatur per ministerium verbi, non impedit politicam administrationem sicut ars canendi nihil impedit politicam administrationem. 6. Nam politica administratio versatur circa alias res quam evangelium: magistratus defendit non mentes, sed corpora et res corporales adversus manifestas iniurias, et coercet homines gladio et corporalibus poenis, ut iustitiam civilem et pacem retineat.

7. *Non igitur commiscendae sunt potestates ecclesiastica et civilis*. Ecclesiastica suum mandatum habet evangelii docendi et administrandi sacramenta. Non irrumpat in alienum officium, non transferat regna mundi, non abroget leges magistratuum, non tollat legitimam obedientiam, non impediat iudicia de ullis civilibus ordinationibus aut contractibus, non praescribat leges magistratibus de forma reipublicae; sicut

dicit Christus : *Regnum meum non est de hoc mundo ;* item : *Quis constituit me iudicem aut divisorem super vos?* 8. Et Paulus ait Philipp. iii : *Nostra politia in coelis est* ; 2 Corinth. x : *Arma militiae nostrae non sunt carnalia, sed potentia Dei ad destruendas cogitationes* etc. Ad hunc modum discernunt nostri utriusque potestatis officia, et iubent utramque honore afficere et agnoscere, utramque Dei donum et beneficium esse.

9. Si quam habent episcopi potestatem gladii, hanc non habent episcopi ex mandato evangelii, sed iure humano donatam a regibus et imperatoribus, ad administrationem civilem suorum bonorum. Haec interim alia functio est quam ministerium evangelii.

10. Quum igitur de iurisdictione episcoporum quaeritur, discerni debet imperium ab ecclesiastica iurisdictione. Porro secundum evangelium, seu, ut loquuntur, de iure divino, nulla iurisdictio competit episcopis ut episcopis, hoc est, his quibus est commissum ministerium verbi et sacramentorum, remittere peccata, item cognoscere doctrinam, et doctrinam ab evangelio dissentientem reiicere, et impios, quorum nota est impietas, excludere a communione ecclesiae, sine vi humana, sed verbo. 11. Hic necessario et de iure divino debent eis ecclesiae praestare obedientiam, iuxta illud : *Qui vos audit, me audit.*

12. Verum quum aliquid contra evangelium docent aut statuunt, tunc habent ecclesiae mandatum Dei, quod obedientiam prohibet, Matth. vii : *Cavete a pseudoprophetis.* Gal. i : *Si angelus de coelo aliud evangelium evangelizaverit, anathema sit.* 2 Corinth. xiii : *Non possumus aliquid contra veritatem, sed pro veritate* ; item : *Data est nobis potestas ad aedificationem, non ad destructionem.* 13. Sic et Canones[1] praecipiunt, II. q. VII. Cap. *Sacerdotes* et Cap. *Oves.* Et Augustinus contra Petiliani epistolam inquit : 'Nec Catholicis episcopis consentiendum est, sicubi forte falluntur, aut contra canonicas Dei Scripturas aliquid sentiunt.'

14. Si quam habent aliam vel potestatem vel iurisdictionem in cognoscendis certis causis, videlicet matrimonii aut decimarum etc., hanc habent humano iure ; ubi cessantibus ordinariis coguntur principes, vel inviti, suis subditis ius dicere, ut pax retineatur.

15. Praeter haec disputatur, utrum episcopi seu pastores habeant ius instituendi ceremonias in ecclesia, et leges de cibis, feriis, gradibus ministrorum seu ordinibus etc. condendi.

---

[1] Decreti P. II, C. ii, Qu. 7, Caps. 8, 13.

16. Hoc ius qui tribuunt episcopis, allegant testimonium : *Adhuc multa habeo vobis dicere, sed non potestis portare modo. Quum autem venerit ille Spiritus veritatis, docebit vos omnem veritatem.* Allegant etiam exemplum Apostolorum, qui prohibuerunt abstinere a sanguine et suffocato. Allegant sabbatum mutatum in diem Dominicum contra decalogum, ut videtur. Nec ullum exemplum magis iactatur quam mutatio sabbati. Magnam contendunt ecclesiae potestatem esse, quod dispensaverit de praecepto decalogi.

17. Sed de hac quaestione nostri sic docent, quod episcopi non habent potestatem statuendi aliquid contra evangelium, ut supra ostensum est. Docent idem Canones IX distinct.[1] Porro contra Scripturam est traditiones condere aut exigere, ut per eam observationem satisfaciamus pro peccatis, aut mereamur gratiam et iustitiam. Laeditur enim gloria meriti Christi, quum talibus observationibus conamur mereri iustificationem. 18. Constat autem propter hanc persuasionem in ecclesia paene in infinitum crevisse traditiones, oppressa interim doctrina de fide et iustitia fidei, quia subinde plures feriae factae sunt, ieiunia indicta, ceremoniae novae, novi honores sanctorum instituti sunt, quia arbitrabantur se auctores talium rerum his operibus mereri gratiam. Sic olim creverunt canones poenitentiales, quorum adhuc in satisfactionibus vestigia quaedam videmus.

19. Item, auctores traditionum faciunt contra mandatum Dei, quum collocant peccatum in cibis, in diebus et similibus rebus, et onerant ecclesiam servitute legis, quasi oporteat apud Christianos ad promerendam iustificationem cultum esse similem Levitico, cuius ordinationem commiserit Deus Apostolis et episcopis; sic enim scribunt quidam. Et videntur Pontifices aliqua ex parte exemplo legis Mosaicae decepti esse. 20. Hinc sunt illa onera, quod peccatum mortale sit, etiam sine offensione aliorum in feriis laborare manibus, quod sit peccatum mortale omittere horas canonicas, quod certi cibi polluant conscientiam, quod ieiunia sint opera placantia Deum, quod peccatum in casu reservato non possit remitti, nisi accesserit auctoritas reservantis, quum quidem ipsi Canones non de reservatione culpae, sed de reservatione poenae ecclesiasticae loquantur.

21. Unde habent ius episcopi has traditiones imponendi ecclesiis ad illaqueandas conscientias, quum Petrus vetet *imponere iugum discipulis*, quum Paulus dicat, *potestatem ipsis*

---

[1] Decreti P. I, Dist. ix, Cap. 8.

datam esse ad aedificationem, non ad destructionem? Cur igitur augent peccata per has traditiones?

22. Verum exstant clara testimonia, quae prohibent condere tales traditiones ad promerendam gratiam aut tamquam necessarias ad salutem. Paulus Coloss. ii: *Nemo vos iudicet in cibo, potu, parte diei festi, novilunio aut sabbatis* etc. Item: *Si mortui estis cum Christo ab elementis mundi, quare tamquam viventes in mundo decreta facitis? Non attingas, non gustes, non contrectes: quae omnia pereunt usu, et sunt mandata et doctrinae hominum, quae habent speciem sapientiae.* Item ad Titum aperte prohibet traditiones: *Non attendentes Iudaicis fabulis et mandatis hominum aversantium veritatem.* 23. Et Christus Matth. xv inquit de his qui exigunt traditiones: *Sinite illos; coeci sunt et duces coecorum*; et improbat tales cultus: *Omnis plantatio, quam non plantavit Pater meus coelestis, eradicabitur.*

24. Si ius habent episcopi onerandi ecclesias infinitis traditionibus et illaqueandi conscientias, cur toties prohibet Scriptura condere et audire traditiones? Cur vocat eas *doctrinas daemoniorum*? Num frustra haec praemonuit Spiritus Sanctus? 25. Relinquitur igitur, quum ordinationes institutae tamquam necessariae, aut cum opinione promerendae gratiae, pugnent cum evangelio, quod non liceat ullis episcopis tales cultus instituere aut exigere. Necesse est enim in ecclesiis retineri doctrinam *de libertate Christiana*, quod non sit necessaria servitus legis ad iustificationem; sicut in Galatis scriptum est: *Nolite iterum iugo servitutis subiici.* Necesse est retineri *praecipuum evangelii locum*, quod gratiam per fidem in Christum gratis consequamur, non propter certas observationes aut propter cultus ab hominibus institutos.

26. Quid igitur sentiendum est de die Dominico et similibus ritibus templorum? Ad haec respondent, quod liceat episcopis seu pastoribus facere ordinationes, ut res ordine gerantur in ecclesia, non ut per illas mereamur gratiam, aut satisfaciamus pro peccatis, aut obligentur conscientiae, ut iudicent esse necessarios cultus, ac sentiant se peccare, quum sine offensione aliorum violant. Sic Paulus ordinat, *ut in congregatione mulieres velent capita, ut ordine audiantur in ecclesia interpretes* etc.

27. Tales ordinationes convenit ecclesias propter caritatem et tranquillitatem servare eatenus, ne alius alium offendat, ut ordine et sine tumultu omnia fiant in ecclesiis: verum ita, ne conscientiae onerentur, ut ducant res esse necessarias ad salutem, ac iudicent se peccare, quum violant eas sine aliorum

offensione; sicut nemo dixerit peccare mulierem, quae in publicum non velato capite procedit sine offensione hominum.

28. Talis est observatio diei Dominici, Paschatis, Pentecostes et similium feriarum et rituum. Nam qui iudicant ecclesiae auctoritate pro sabbato institutam esse diei Dominici observationem tamquam necessariam, longe errant. 29. Scriptura abrogavit sabbatum, quae docet omnes ceremonias Mosaicas post revelatum evangelium omitti posse. Et tamen quia opus erat constituere certum diem, ut sciret populus quando convenire deberet, apparet ecclesiam ei rei destinasse diem Dominicum, qui ob hanc quoque causam videtur magis placuisse, ut haberent homines exemplum Christianae libertatis, et scirent nec sabbati nec alterius diei observationem necessariam esse.

30. Exstant prodigiosae disputationes de mutatione legis, de ceremoniis novae legis, de mutatione sabbati, quae omnes ortae sunt ex falsa persuasione, quod oporteat in ecclesia cultum esse similem Levitico; et quod Christus commiserit Apostolis et episcopis excogitare novas ceremonias, quae sint ad salutem necessariae. 31. Hi errores serpserunt in ecclesiam, quum iustitia fidei non satis clare doceretur. Aliqui disputant diei Dominici observationem non quidem iuris divini esse, sed quasi iuris divini; praescribunt de feriis, quatenus liceat operari. Huiusmodi disputationes quid sunt aliud nisi laquei conscientiarum? 32. Quamquam enim conentur epiikizare traditiones, tamen nunquam potest aequitas deprehendi, donec manet opinio necessitatis, quam manere necesse est, ubi ignorantur *iustitia fidei et libertas Christiana*.

33. Apostoli iusserunt abstinere a sanguine. Quis nunc observat? Neque tamen peccant, qui non observant, quia ne ipsi quidem Apostoli voluerunt onerare conscientias tali servitute, sed ad tempus prohibuerunt propter scandalum. Est enim perpetua voluntas evangelii consideranda in decreto. 34. Vix ulli Canones servantur accurate; et multi quotidie exolescunt apud illos etiam qui diligentissime defendunt traditiones. Nec potest conscientiis consuli, nisi haec aequitas servetur, ut sciamus eos sine opinione necessitatis servari, nec laedi conscientias, etiamsi traditiones exolescant.

35. Facile autem possent episcopi legitimam obedientiam retinere, si non urgerent servare traditiones, quae bona conscientia servari non possunt. Nunc imperant caelibatum; nullos recipiunt, nisi iurent se puram evangelii doctrinam nolle docere. 36. Non petunt ecclesiae ut episcopi honoris

sui iactura sarciant concordiam, quod tamen decebat bonos pastores facere. Tantum petunt ut iniusta onera remittant, quae nova sunt et praeter consuetudinem ecclesiae Catholicae recepta. 37. Fortassis initio quaedam constitutiones habuerunt probabiles causas, quae tamen posterioribus temporibus non congruunt. 38. Apparet etiam quasdam errore receptas esse. Quare Pontificiae clementiae esset, illas nunc mitigare, quia talis mutatio non labefacit ecclesiae unitatem. Multae enim traditiones humanae tempore mutatae sunt, ut ostendunt ipsi Canones. 39. Quod si non potest impetrari ut relaxentur observationes quae sine peccato non possunt praestari, oportet nos regulam Apostolicam sequi, quae praecipit, *Deo magis obedire quam hominibus.* Petrus *vetat episcopos dominari et ecclesiis imperare.* 40. Nunc non id agitur ut dominatio eripiatur episcopis, sed hoc unum petitur, ut patiantur evangelium pure doceri, et relaxent paucas quasdam observationes, quae sine peccato servari non possunt. Quod si nihil remiserint, ipsi viderint quomodo Deo rationem reddituri sint, quod pertinacia sua causam schismati praebent.

Epilogus.

Hi sunt *praecipui articuli qui videntur habere controversiam.* Quamquam enim de pluribus abusibus dici poterat, tamen, ut fugeremus prolixitatem, praecipua complexi sumus, ex quibus cetera facile iudicari possunt. 2. Magnae querelae fuerunt de indulgentiis, de peregrinationibus, de abusu excommunicationis. Parochiae multipliciter vexabantur per stationarios. Infinitae contentiones erant pastoribus cum monachis de iure parochiali, de confessionibus, de sepulturis, de extraordinariis concionibus, et de aliis innumerabilibus rebus. 3. Huiusmodi negotia praetermisimus, ut illa, quae sunt in hac causa *praecipua*, breviter proposita facilius cognosci possent. 4. Neque hic quidquam ad ullius contumeliam dictum aut collectum est. Tantum ea recitata sunt, quae videbantur necessario dicenda esse, ut intelligi possit in doctrina ac ceremoniis apud nos nihil esse receptum contra Scripturam aut ecclesiam Catholicam, quia manifestum est nos diligentissime cavisse, ne qua nova et impia dogmata in ecclesias nostras serperent.

5. Hos articulos supra scriptos voluimus exhibere iuxta edictum C. M., in quibus confessio nostra exstaret, et eorum, qui apud nos docent, doctrinae summa cerneretur. 6. Si

quid in hac confessione desiderabitur, parati sumus latiorem informationem, Deo volente, iuxta Scripturas exhibere.

Caesareae Maiest. Vestrae
Fideles et subditi:
IOANNES DUX SAXONIAE ELECTOR.
GEORGIUS MARCHIO BRANDENBURGENSIS.
ERNESTUS DUX LUNEBURGENSIS.
PHILIPPUS LANDGRAVIUS HESSORUM.
IOANNES FRIDERICUS DUX SAXONIAE.
FRANCISCUS DUX LUNEBURGENSIS.
VOLFGANGUS PRINCEPS AB ANHALT.
SENATUS MAGISTRATUSQUE NURNBERGENSIS.
SENATUS REUTLINGENSIS.

No. 117. The representations of the Legate, July 1530.

Most Invincible, Imperial, and Catholic Majesty! Although I am sure that it is unnecessary for me to state my opinion to your Catholic Majesty in the reply to be given to the proposition made by certain illustrious princes regarding the matters of the faith and our holy religion, seeing that by your singular wisdom and by your exceptional judgement, in addition to the faithful and excellent counsels of many of the illustrious Prince-Electors and other Princes and Lords, you can without me supply what is needed; yet, at your Highness' command, at the wish also of the aforesaid illustrious Princes, and since it is, moreover, not incompatible with my duty through the office I hold, I will with all respect say what I think, subject, however, to the correction of Your Majesty and of any other who holds a better and sounder opinion.

In the first place, I say that in order to facilitate this business it will be very much to the point if your Catholic Majesty with your very great authority, and then with the help of such Catholic Princes as shall seem best to you, should with every care try and strive to bring into the right and Catholic road some of these Princes, even if you cannot bring all who have subscribed to these articles and propositions; and also some of the imperial Cities, which indeed, as your Serene Highness will see in the reply which will be given to you, being desirous of persevering in the assertion of the said articles proposed, have strayed far and entirely from the truth and the sincere faith of Christ.

In the second place, there being in this city about twenty most excellent doctors and theologians of holy, good, and exemplary life, Your Highness can have them summoned or, if it be your pleasure, I will undertake the task of calling them and giving them the articles proposed which we would have them with all care read and study; and, after they have exercised all prudence, moderation, and Christian charity, let them, as soon as they can, proceed in the manner set forth below—that is to say, let them first extract the heads and assertions contained in the said articles or propositions, and not only those which are expressed and are openly called propositions but also those which are surreptitiously comprised therein.

Then, all such as are Catholic and well founded on the Gospel, sacred Scripture, and doctrine of the holy doctors, and are approved by the holy Church, if such there be—let them be pleased to accept, praise, and approve: but such as shall be found to be heretical, false, seditious, disorderly, erroneous, scandalous, and offensive to pious Catholic ears, let them demolish, destroy, and totally annihilate, after having first shown them whence they have derived their assertions, and how in former times they were put forth by other heretics, diligently examined by the holy Councils, and finally justly condemned and burnt together with the same heretics, in order that every one should understand and know that there was to be no more disputing or gainsaying or reviving of doubt about that which so justly, with excellent reasons and true understanding of the holy Scripture, had been reprobated and condemned. Which thing can only be done with the greatest danger, as Saint Maximus, the bishop, says in one of his sermons:—'Noverimus itaque quia non sine magno discrimine de religionis veritate disputamus, quam tantorum sanguine confirmatam videmus. Magni periculi res est si post prophetarum oracula, post apostolorum testimonia, post martyrum vulnera, veterem fidem quasi novellam discutere praesumas, et post tam manifestos duces in errore permaneas, et post morientium sudores otiosa disputatione contendas.'[1] The Imperial Law also declares the same thing:—'Nemo: *c. de summa Trinitate et fide Catholica*; Nemo clericus vel militans vel alterius cuiuslibet conditionis de fide Christiana publice turbis coadunatis et audientibus tractare conetur in posterum, ex hoc tumultus et perfidiae occasionem requirens. Nam et iniuriam facit iudicio reverendissimae Synodi, si quis semel iudicata ac recte disposita ac publice disputare contendit, cum

[1] Maximus of Turin [? 415–† 466], Sermo lxxxviii (Migne, *P. L.* lvii. 707 c).

ea quae nunc de Christiana fide a sacerdotibus qui Chalcedone convenerunt per nostra praecepta statuta sunt, iuxta apostolicas expositiones et instituta sanctorum patrum trecentorum decem et octo et centum quinquaginta, in hac regia Urbe definita esse noscuntur. Nam in contemptores huius legis poena non deerit, quia non solum contra fidem vere expositam veniunt, sed etiam Iudaeis et paganis ex huiusmodi certamine profanant veneranda mysteria. Igitur si clericus erit qui publice tractare de religione ausus fuerit, a consortio clericorum removebitur; si vero militia praeditus sit, cingulo spoliabitur: ceteri etiam huiusmodi criminis rei, siquidem liberi sint, de hac sacratissima Urbe expellentur pro vigore iudiciario etiam competentibus suppliciis subiugandi; sin vero servi, severissimis animadversionibus plectentur.'[1]

And inasmuch as in the aforesaid articles and propositions it is stated that their preachers have neither preached, nor said, nor written, many things which are attributed to them—which, however, is false—it is, in my opinion, advisable that the above-mentioned doctors and theologians should note the places where they have said, taught, and preached the contrary, and the many contradictions and scandals disseminated in the Church of Christ, to the destruction of quiet, peace, and holy religion; and, for better satisfaction, let their authorities be adduced by our people, and let them show the true sense and meaning which, with their erudition, will be an easy matter. Furthermore, it would appear to me necessary for the clearer elucidation of the truth that the aforesaid doctors should propound and set forth as against their heretical, false, seditious, disorderly, erroneous, and scandalous articles, the true articles and propositions—such as may be suited and attuned to the pious ears of Catholics; and should confirm and stablish them by holy Scripture and the authority of holy doctors approved by the Church.

When the said things shall have been drawn up in due and full form, as well in German as in Latin even as was done by them, I think that the whole should be presented to your Catholic Majesty, who, if it seem good to you, will be able to summon all the Catholic Princes and, with their counsel and consent, deliberate whether to convoke the whole Diet and let these things be publicly read and understood by all.

And since, O Sacred Majesty, after the reading of the afore-

[1] Codex Iustiniani, Lib. I, Tit. i, Lex 4 (*Corp. Iur. Civ.* ii. 6, edd. Mommsen and Krüger). The Law is Marcian's Edict of 452, after the Council of Chalcedon, Mansi, vii. 475.

said Catholic and true propositions and articles, it may very easily happen that they should ask for a copy, and time in which to answer, it would be well first to consult and deliberate with the aforesaid Catholic Christian Princes as to what should be done and what course should be followed in that case. And, although I do not doubt that your Highness and the illustrious Princes would adopt the best course and measures, yet with all due reverence, and subject to your correction, I will state my opinion. Your Highness must be aware that it was, and always will be, in the nature of heretics to be obstinate and hard, never willing to give way or consent to reason, nor to any authority, however clear and approved. This I am convinced will be the same with these, from the protestation they make and propound at the beginning. For though they try to cover it up and soften it down with fine words, yet it seems to me to say nothing else in the end than that, if the matter is not settled to their liking, they mean to persist in their opinion and in their appeal to a future Council—not because they are to be determined, either as regards belief or giving way, by any Council; but that they may be able to persist in their wrong opinions and evade the coming of Your Highness for their great good, and in this way (which God avert) reduce all Germany to their perverse opinions, fill it with tumults and seditions, as they have done up to now, and so be able also to contaminate the rest of Christendom.

Wherefore I should think that your Highness and the Catholic Princes should consider together the two cases which I will now state. The first is that, if they should accept and approve the Christian assertions and such things as shall be ruled by the aforesaid doctors and theologians (which I do not believe, and would to God I might be wrong); in this case let them consult and deliberate as to the ways and means to be observed and followed, and how matters should be brought to a conclusion so that men may live in a Christian way and in the truth of the Faith—which, if God grant us this grace, it will then be easy to consult and deliberate upon.

The second is that of their not consenting to or accepting the sound counsel and doctrine which shall be shown them (which I greatly fear), but rather obstinately insisting upon wishing to reply, and in these disputations and vain controversies prolonging matters with a wish never to end them, as I am sure they intend to do. In this case let your Majesty be well advised not to consent to it, nor, on this point, to promise or concede to them anything whatever, because you would then enter into a labyrinth from which you could never emerge any more, and so they would have gained their will : which is, by such means, to spin the matter out so that the Diet which, owing to the very great expense, cannot last very long, may come to an end with the matter still not settled. But let your Catholic Majesty with your illustrious Princes and good and true Christians, after having established a complete understanding and confederation, prepare to decide thoroughly to extirpate these heresies, proceeding against them with order and system by means of reason and justice, using you your temporal arms and I the spiritual, and thus zealously punish them as is right ; which, with the help of God, will be easy for you. And in this glorious, holy, and very truly Catholic undertaking, your Serene Highness would show yourself to all the world to be as in name so in deeds, as I told you before, the true and undoubted successor of that Charles the Great amongst whose other greatest undertakings there still resounds the fame of the conquest he made of the Saxons, whereby was then established the holy and Catholic Christian Faith. And Your Serenity may be sure that, this enterprise having been dispatched, if you wish shortly to take the field—as, I think, you will wish it because you ought to wish it on account of the very high position and office you hold—an ample, quick, and broad way will be made to victories against the Turk, and against all such as may wish or presume to oppose your holy and virtuous works.

As for the abuses and disorders, once the affair of the Faith is settled as was said above, it will then be the right time for Your Majesty to try and contrive that all should return to the true path and way, and become true and Catholic Christians, in which I also, as long as my strength lasts, promise not to fail as to the duty of my office and the place I hold. Nothing else occurs to me but once more to submit all I have said to the most wise counsel and judgement of your Majesty, to whom I humbly commend myself.

Your humble servant,
CAR. CAMPEGIUS LEGATUS.

No. 118. Melanchthon's Concessions, 28 July, 1530.

[Campegio Cardinali].—S. D. Principes nostri miserunt nos ad R. D. V. cum his mandatis qui rogemus ut R. D. V. pro sua humanitate non gravetur audire. Principes nostri intellexerunt R. D. V. summa acquitate atque moderatione violenta consilia improbare et auctorem esse retinendae pacis. Quae res, ut est dignissima sapientia et dignitate R. D. V., ita nostris principibus magnopere grata est, qui non solum propter sua sed multo magis propter publica pericula pacis valde cupidi sunt. Vident enim, si quis motus exoriretur, periculum esse ne maior confusio religionum et ecclesiae accidat. Itaque petunt ut R. D. V. non patiatur se deduci ab hac moderatione summa, sed operam det ut pax retineatur quae tali tempore videtur utilis universae reipublicae, praesertim cum nullos articulos doceri [patiantur] discedentes a Scripturis et ecclesia catholica. Ipsi vicissim suum officium privatim R. D. V. deferunt, et publice pollicentur se, quantum sine offensione conscientiae fieri possit, eas conditiones accepturos esse quas ad pacem et concordiam et ad ecclesiastici ordinis auctoritatem retinendam, confirmandam et stabiliendam, iudicabitur pertinere. Et hoc confirmant se nihil minus velle quam ut ecclesiasticus ordo et legitima auctoritas episcoporum labefactetur.

No. 119. The Fifth Session, 3 August, 1530.

On the third day of August . . . in the afternoon His Imperial Majesty assembled all the Estates of the Empire, and the Confutation of the Protestant Confession was read, as follows:—

Principio autem Caesar Carolus per Fridericum Palatinum exposuit se diu multumque deliberasse de Confessionis Saxonicae doctrina, mandasse quoque viris aliquot honestis et eruditis[1] ut iudicium facerent, quid pie sit in ea, quid aliene dictum ab ecclesiae consensu ; fecisse hoc illos, et sententiam alio scripto demonstrasse, quod et ipse probet.

Deinde recitata fuit Confessionis Confutatio, a theologis adversariis conscripta, cuius hic erat ordo. Scriptum Saxonicum in duas partes diviserant. Prior habet 21 doctrinae capita. Ex iis alia receperant, alia reiecerant, quaedam partim fuerant admissa, partim repudiata, multis patrum et conciliorum adductis testimoniis. In reiectis haec erant : Opera bona nihil mereri. Iustificationem tribui soli fidei, non etiam operibus. Ecclesiam esse congregationem piorum. Non posse satisfieri pro peccatis. Divos non intercedere pro nobis. Alia receperant cum modo, de ceremoniis nimirum. Item : Verum corpus atque sanguinem Christi esse in sacramento, sic, ut sub qualibet specie sit Christus et vinum atque panis omnino mutentur. Illud de confessione sic admittebant, si populus

[1] Among them Eck 1486–†1543, Faber c. 1500–†1561, and Cochlaeus 1479–†1552.

astringeretur, ut quotannis ad pascha confiteantur, et delicta omnia diligenter enumerent, et Coenam Domini percipiant, et septem esse credant sacramenta. Cavebant etiam ne quis erudiendo populo praeficiatur, nisi de voluntate et permissu episcoporum. Ad haec, ut leges omnes et ecclesiae praecepta serventur et quibus in locis abrogatae sint restituantur.

Altera pars quinque praecipue complectitur. Communio Coenae Domini sub utraque specie, quod aiunt, reiicitur. Et petebat Caesar, ut in eo totius orbis Christiani consensum atque morem sequantur. De coniugio sacerdotum mirari se dicebat hoc ab ipsis peti, cum inde ab apostolorum aetate non fuerit in usu. Prorsus igitur concedi non posse. Missa recipitur ipsorum, modo cum ritu ecclesiae Romanae conveniat. Si vero mutata sit, reiicitur, ac simul affirmatur Missam esse sacrificium pro vivis et mortuis, neque debere Missam privatam abrogari. Danielem multo ante praenuntiasse fore, cum antichristus venerit, ut sacrificium aboleatur. Hoc quidem nondum accidisse, verum tamen iis in locis, ubi Missa iacet, altaria destruuntur, exuruntur statuae, quibus in templis nihil cantatur, nihil legitur, nulla lucent amplius luminaria, ibi nimirum illud iam repraesentari prophetae vaticinium. Itaque cavendum esse diligenter omnibus ne causam praebeant adventus antichristi. Vota monastica niti tam Novi quam Testamenti Veteris auctoritate. Plectendos igitur qui, suae confessionis obliti, deseruerunt ordinem. Episcopos habere potestatem non docendi tantum, sed et administrandi rempublicam, nec in suo iure impediendos esse, quod liberalitate maiorum sint consecuti : non abstinere a carnibus tempore prohibito, non ieiunare per quadragesimae tempus, non confiteri peccata, proterviam esse, non libertatem Christianam.

His ita recitatis fatentur non esse nulla quae requirant emendationem, ut etiam haec sanentur et ecclesiae status corrigatur, omnem suam operam Caesar pollicetur et omnino se sperare dicit, quandoquidem de multis inter ipsos conveniat, fore ut ad ecclesiae sinum redeant protestantes, eique sese permittant. Quod quidem si faciant, nihil esse quod ab ipso non debeant expectari. Sin autem, tum sibi necessario faciendum esse ut Ecclesiae tutorem ac defensorem deceat. . . .

No. 120. Eck's Articulus de Missa, 21 August, 1530.

Petierunt Catholici ut tam publicae quam privatae Missae celebrentur super altari, cum inclusione utriusque canonis, non tantum minoris sed et maioris, sicut hactenus in tota catholica observatum est ecclesia. Et ne verbalis oriretur contentio super his verbis 'oblatio', 'hostia', 'sacrificium', hanc adiunxerunt distinctionem triplicis oblationis: nempe quod Christus oblatus est in agno paschali Veteris Testamenti figuraliter seu typice; in cruce autem passibiliter, ubi se ipsum obtulit Deo Patri pro peccatis nostris; porro in Missa quotidie offertur mysterialiter et representative memoria suae passionis et oblationis in cruce semel factae. Est ergo Missa non cruenta victima sed mysterialis et representativa.

No. 121. Luther's letter from Coburg, 26 Aug. 1530.

... De obedientia Episcopis reddenda et iurisdictione ac ceremoniis communibus, ut scribis, take good care and give no more than you have, ne cogamur denuo ad difficilius et periculosius bellum pro Evangelio defendendo. Scio vos Evangelium semper excipere in istis pactis: sed metuo ne postea perfidos aut inconstantes insimulent, si non servemus quae voluerint. Ipsi enim nostras concessiones large, largius, largissime accipient, suas vero stricte, strictius, strictissime dabunt.

Summa mihi in totum displicet tractatus de doctrinae concordia, ut quae plane sit impossibilis, nisi Papa velit papatum suum aboleri. Satis erat nos reddidisse rationem fidei, et petere pacem: convertere eos ad veritatem quare speramus? Nos venimus audituri an nostra probent necne, liberum illis permittentes manere quales sunt. Et quaerimus an damnent vel iustificent? Si damnant, quid prodest cum hostibus concordiam velle tentare: si iustificant, quid opus est veteres abusus velle retinere? Cum vero certum sit damnari ab ipsis nostra, eo quod nec poeniteant et sua retinere conentur: cur non intelligimus omnia esse fucum et mendacium, quaecunque tentant? Neque enim dicere potes e Spiritu Sancto manare ista eorum studia, in quibus nihil poenitentiae, nihil fidei, nihil pietatis est. Sed Dominus, qui coepit in vobis, perficiet opus suum: cui vos commendo ex animo.

No. 122. Imperial announcement, 7 Sept. 1530.

Itidem Caesar omnes Principes et Ordines pontificios domum suam convocat circa meridiem; duabus deinde post horis Saxonem atque socios, et remotis omnibus aliis adhibitoque Ferdinando fratre, episcopo Constantiensi,[1] Hispalensi,[2] Gran-

---
[1] Hugo, Bishop of Constance, 1496-†1532.
[2] Alfonso, Archbishop of Seville, 1524-†38.

vellano,[1] Truccessio,[2] per Fredericum Palatinum[3] in hanc sententiam verba facit :—

Omnino sperasse futurum ut tam amanter atque benigne a se commonefacti post exhibitam Confessionem ad suas partes transirent, et quanquam id frustra sperarit tamen, cum intercederent principes, assensisse ut ex omni numero quidam deligerentur conciliationis causa, et rursus in novam spem venisse futurae concordiae; nunc autem non sine gravi molestia cognoscere ipsos a reliquis dissentire in praecipuis dogmatis, quod plane sibi praeter expectationem acciderit; nec enim existimasse fore ut ipsi, qui sunt numero pauci, res novas introducerent contra vetustum et sacrosanctum totius Ecclesiae morem, aut singulare aliquod doctrinae genus usurparent, a Pontificis, a suo, a Ferdinandi Regis, ab omnium Imperii Principum et Ordinum, a totius orbis regum atque maiorum instituto alienum. Iam vero quia et concilium cogi et decretum hic fieri pacificum petant, se, qui pacem imprimis optet, effecturum apud Pontificem et reliquos orbis Christiani Principes ut, ubi primum convenerit de loco, concilium denuncietur, hoc se recipere ipsis atque confirmare, verum ea lege tamen ut interim eandem, quam ipse, quam alii quoque principes, religionem sequantur. Nam ut concilium cogat, et nihilominus rem ita fluctuare sinat neque novationem istam coerceat, quis non videat quam id sibi reliquisque futurum sit grave?

Illi vero cum deliberassent, nullam se novam sectam instituisse, neque secessionem ab ecclesia Christiana fecisse dicunt. Quod concilium non recuset, agere permagnas gratias, et petere ut primo quoque tempore pium atque liberum in Germania cogatur, uti proximo et superiori conventu Spirae decretum sit. Ut autem abolitos ecclesiae Romanae ritus atque dogmata recipiant, non se posse bona cum conscientia.

Caesar a multa consultatione, per Truccessium, actionem omnem sibi lectam esse diligenter et perlustratam, et reperire ait, permultum ipsos ab ecclesia Christiana dissidere, mirari etiam delectorum lenitatem qui tam multa concesserint, ipsorum vero duritiem qui non acceperint oblata. Quod autem ex decretis Imperii concilium petant, non habere locum nec ipsis licere, qui postremum illud Spirense decretum repudiarint contraque sunt protestati et ab eo provocarint: quam tamen

---

[1] Nicolas de Granvella, 1486–†1550; Chancellor, 1530. [2] George Truchsess, 1488–†1531. [3] Frederick II, Elector Palatine, 1544–†56.

appellationem habeat pro nulla. Nam aequum esse ut minor pars accommodet sese maiori; quantula vero sint ipsi portio, si cum Pontifice Maximo, si secum, si cum aliquo Principum coetu componantur. Itaque petere ut exponant num ampliorem actionem ferre possint : nec enim ulli suo labori vel molestiae se velle parcere, quo tandem ad concordiam aditus fiat. Quod si autem recusent actionem, nec a proposito recedant, tum sibi faciendum esse, quemadmodum Ecclesiae Protectorem deceat, et quia multus iam sit vesper, cogitandi spatium se ipsis largiri in diem crastinum.

No. 123. The Recess, 22 Sept. 1530.

(1) Postquam Caesarea Maiestas communem conventum Ordinum Imperii ad diem octavum Aprilis elapsum, in hac urbe Augusta indixit, ut de totius Imperii et Orbis Christiani ac Theutonicae Nationis negotiis et imprimis de dissensionibus in sancta fide et religione Christiana pie componendis agi et decerni posset et deberet, ac ut omnia commoda via et salutari ratione administrarentur, de dissensionibus in causa sanctae religionis et Christianae fidei componendis agereretur, et in hac causa religionis erroribus praeteritis Christo condonatis partium opiniones ac sententiae inter se, in caritate, lenitate et mansuetudine mutua audirentur coram, intelligerentur et ponderarentur, ac, illis quae utrinque in scripturis secus tractata aut intellecta sunt sepositis et correctis, res illae ad unam simplicem veritatem et Christianam concordiam componerentur ac reducerentur, et de caetero a nobis una sincera et vera religio coleretur et servaretur ut, quemadmodum sub uno Christo sumus et militamus, ita in una etiam Ecclesia Christiana, in unitate et concordia vivere possemus, ac pax et tranquillitas per omnes Imperii fines in his et aliis negotiis decerneretur, constitueretur atque conservaretur, quarum rerum ut et aliarum omnium Caesareae Maiestatis litterae indictionis prolixiorem faciunt mentionem.

(2) In quibus comitiis Caes. Maiestas, Electores, Principes et alii Imperii Ordines agminatim comparuerunt: hocque facto, C. M. cum praedictis Electoribus, Principibus, Praelatis, Comitibus, Imperii Ordinibus et absentium Legatis, omnia puncta et articulos in litteris indictionis comprehensos, praecipue vero articulum de erroribus et dissensionibus, in nostra sancta fide et Christiana religione tollendis et componendis diligenter tractandum suscepit, ac iuxta easdem indictionis

litteras unicuique qui de erroribus fidei aliquid in medium adducere vellet, nominatim vero Electori Saxoniae, Georgio Marchioni Brandeburgico, Ernesto atque Francisco fratribus et Ducibus Luneburgensibus, Philippo Hassorum Landgravio, Guolphgango Ascaniae[1] Principi, et Noribergae, Rutelingiae, Campadoni, Hailbronnae, Winshemii et Weisseburgi civitatum[2] Legatis, mandavit ut opinionem et confessionem suam scripto comprehensam offerrent, eamque oblatam et praesentibus omnibus Electoribus atque Imperii Ordinibus praelectam audivit, et re diu multumque deliberata, postea firmis sacrae Scripturae testimoniis refutavit, ac multo tam suo quam reliquorum Ordinum labore rem eo deduxit ut primo quatuordecim utrinque ex Principibus et aliis, deinde vero sex personae delectae de concordia et pace constituenda agerent : quae etiam multa actione et magna diligentia effecerunt, ut in quibusdam fidei articulis cum reliquis Electoribus, Principibus et Sacri Imperii Ordinibus Protestantes convenirent, in quibusdam vero a Caes. Maiestate et communibus ordinibus diversum sentirent.

(3) Ut autem C. M. demonstret et ostendat, quam nihil impotenter cupide aut pro sua libidine gerat faciatque, et quam sit amans publicae pacis et tranquillitatis praecipue per Germaniam constituendae, singulari quadam benignitate atque clementia Electori Saxoniae, quinque Principibus et sex Civitatibus ad decimum quintum usque diem futuri mensis Aprilis deliberandi spatium largitur ut interea reputent secum atque statuant num in iis dogmatis quae reliqua sunt, idem quod Pontifex, quod ipse et alii Electores Principes et Imperii Ordines ac quod universus denique Orbis Christianus, ad usque Concilii tempus, profiteri velint necne. Interea temporis C. M. quoque deliberabit quid sibi in hac causa agendum et statuendum sit. Intra decimum vero et quintum Aprilis diem Elector Saxoniae, quinque Principes et sex Civitates, quid suae mentis et sententiae hac de re sit, C. M^{ti} litteris sigillo suo signatis significent : id quod C. M. etiam est factura.

(4) Imperatoria Maiestas etiam vult atque serio praecipit ut interea pacem per Imperium colant omnes, ne Saxo sociique novi quid de religione suis in Principatibus, Dioecesibus et ditionibus typis procudi, venale haberi aut vendi patiantur, ne vel ipsi vel eorum subditi quenquam ad suam religionem[3], ut hactenus factum est, cogant pelliciantque, ne veterem religionem

---

[1] Anhalt. [2] Nürnberg, Reutlingen, Kempten, Heilbronn, Windsheim, Weissenburg. [3] Germ., sect.

sequentes, cuiuscunque dignitatis et ordinis sint, quominus id faciant, ulla ratione prohibeant, nec denique monasticis utriusque generis personis, quominus et sacra peragant et delictorum audiant confessionem, et Coenam Domini suo more administrent, ullum facessant negotium.

(5) Ad hoc ut praedictus Saxoniae Elector, quinque Principes et sex Civitates cum C. M., Electoribus, Principibus et S. I. Ordinibus deliberent quomodo coercendi et puniendi sunt Anabaptistae et ii, qui de Coena Domini secus quam Ecclesia docent,[1] nec in hac causa se a C. M. aliisque Electoribus et Ordinibus seiungant aut segregent, aut suo quoque consilio rem iuvent atque promoveant, id quod auctoritate C. M^{tis} omnibus Electoribus, Principibus et Imperii Ordinibus permissum, ut supra dictum est, et promissum fuit in tantum quantum iuris et potestatis ea in re quilibet habet.

(6) Postremo quia multo in tempore in Ecclesia nullum generale Christianum et liberum habitum est concilium, et vero tam in hoc civili quam in ecclesiastico statu multi abusus aliaque onera irrepserunt, quae emendationem requirunt, C. M. de reformandis ecclesiis et tollendis corruptelis cum Pontifice deliberavit, ac de consilio omnium Electorum, Principum atque Ordinum in Comitiis Augustanis congregatorum decrevit, apud praedictum Pontificem, Christianos Reges et alios Dynastas operam dare ut generale et liberum Concilium intra semestre tempus post finem Comitiorum in loco ¦idoneo denuncietur, et intra annuum spatium, post datas indictionis litteras, inchoetur, indubitata spe illud unicum fore remedium per quod Christianae societati tam in ecclesiasticis et spiritualibus quam in politicis et civilibus negotiis publica pax atque tranquillitas restitui et conservari possit.

XXXV

PROTESTANTS IN ARMS

The Emperor published the Recess of Augsburg 19 Nov. 1530; and the Protestants had now to face its threats not only of coercion by force of arms after 15 April 1531, but of proceedings to be taken against them in the Imperial Chamber (Ranke, *Ref.* 631). They had also to fear the election of Ferdinand as King of the Romans. To this the Elector John and other princes assembled at Schmalkalden, Christmas 1530, objected. But Ferdinand was elected, 5 Jan. 1531. At a second meeting, 27 Feb., they formally concluded [No. 124] **the Schmalkaldic League** (Winckelmann,

---

[1] The Swiss, or 'Sacramentaries'.

Politische Correspondenz der Stadt Strassburg, ii. 17 sqq.). Its importance lay less in the number of its adherents than in their differences of rank, belief, and geographical situation. Princes combined with cities, Lutheran with Zwinglian, north with south, in defence of a common cause. The combination was aided by the death of Zwingli, 11 Oct. 1531, which set Upper Germany free for alliance with Lower. In December, at Frankfurt, the League received a constitution, with the Elector and the Landgrave as its chiefs : in April 1532, at Schweinfurt, a completed organization. Germany had now 'another centre besides the diets' (Ranke *Ref.* 675), and the League soon became an *imperium in imperio*.

No. 124. The Schmalkaldic League, 27 Feb. 1531.

We, John, by the grace of God, Archmarshal and Elector of the Holy Roman Empire and John Frederick, father and son, Dukes of Saxony &c.; Philip[1], Otto[2], and the brothers Ernest[2] and Francis[2], all Dukes of Brunswick and Lüneburg; Philip, Landgrave of Hesse, &c.; Wolfgang[3], Prince of Anhalt, &c.; the brothers[4] Gebhard and Albert, Counts of Mansfeld; and the Burgomaster and Council of the undermentioned cities of Upper Germany, Saxony, and the Sea, viz., Strassburg, Ulm, Constance, Reutlingen, Memmingen, Lindau, Biberach, Isny, Lübeck, Magdeburg and Bremen, do all men to wit:—

Whereas it is altogether likely that those who have the pure Word of God preached in their territory, and thereby have abolished many abuses, are to be prevented by force from continuing this service so pleasing to God ;

And whereas it is the duty of every Christian government not only to have the Word of God preached to its subjects but also, as far as possible, to prevent their being compelled to fall away from it ;

Now we, solely for the sake of our own defence and deliverance, which both by human and divine right is permitted to every one, have agreed that whenever any one of us is attacked on account of the Word of God and the doctrine of the Gospel, or anything connected therewith, all the others shall immediately come to his assistance, as best they can, and help to deliver him. . . .

---

[1] Philip I, Duke of Brunswick-Grubenhagen, 1486–†1551.
[2] Otto I, 1527–†49; Ernest, †1546; Francis, 1539–†49; Dukes of Brunswick-Lüneburg.
[3] Wolfgang, Prince of Anhalt-Köthen, 1508–62 (†1566).
[4] Gebhard VII, 1486–†1558; Albert VII, 1486–†1560.

XXXVI
A TRUCE

By the League of Schmalkalden the Protestants were now in a position to treat with the Emperor on equal terms. They were further strengthened by a fresh advance of the Turk: for Suleiman set out westward, 26 April 1532. He was in full retreat by September (Ranke, *Ref.* 689 sqq.). But, meanwhile, the danger was such that a truce was necessary between the Emperor and the Protestants. It was known as, 23 July 1532, [No. 125] the Peace of Nürnberg (Goldasti *Const. Imp.* ii. 172).

No. 125. The Peace of Nürnberg, 23 July, 1532.

Dei gratia nos Albertus S. R. E., tituli S. Petri ad vincula, Presbyter Cardinalis, Legatus natus, Moguntinus ac Magdeburgensis Archiepiscopus, Archicancellarius et Primas per Germaniam, Administrator Halberstadensis, Margravius Brandenburgensis, &c.; et Ludovicus[1] Palatinus Rheni, Dux Bavariae, S. R. I. Archidapifer, ambo Electores, fatemur et publice testatum facimus hisce literis.

Cum inter invictissimum Principem et Dominum, D. Carolum Romanum Imperatorem semper Augustum &c., dominum nostrum clementissimum ex una parte, et illustrissimos Principes, nostros caros agnatos et consanguineos, D. Ioannem Ducem Saxoniae Electorem &c. et Ioannem Fridericum eius filium; D. Georgium Margravium Brandenburgensem ; D. Philippum, Ernestum et Franciscum, fratres et agnatos, Duces Brunsvicenses; Principem Wolfgangum ad Anhalt ; Gebhardum et Albertum, Comites in Mansfelt; et civitates Argentinam, Norinbergam, Constantiam, Ulmam, Bibrachium, Isnam, Reutlingam, Eslingiam, Memmingam, Lindam, Hailbrun, Hallim Suevorum, Kempten, Weissenburgum, Winshemiam, Lubecam, Brunsvigiam, Magdeburgam, Bremam, Goslariam, Einbecam, Gottingiam, Northusiam et Hamburgam ex altera parte, propter causam religionis controversia extiterit : cuius rei gratia in Comitiis Imperialibus antea habitis multae et variae deliberationes susceptae et tentatae sunt, ut istiusmodi controversia et disceptatio ad aliquam aequam concordiam redigeretur, quod quidem hactenus fieri non potuit. Nosque pro conservanda pace et concordia publica in Imperio et praecipue ut communi Christiani nominis hosti, Turcae videlicet, eo melius et acrius resisti, eiusque crudelissimi conatus adversus Christianum sanguinem et imprimis Germanicae nationis sus-

---
[1] Ludwig V, Elector Palatine 1508–†44.

cepti, averti possint, fidelissimo et optimo animo ac consilio, partes nostras interponendas putavimus. Ac permissu Caesareae Maiestatis nobisque eius rei gratia concessi mandati instructionis et commissionis, et de praedictorum nostrorum consanguineorum ac agnatorum eorumque coniunctorum consensu, primum Svinfordiae, postea hic Norinbergae, varias amicabilis compositionis vias tentavimus. Et quoniam causa controversiae religionis, multis laboribus frustra susceptis, non potuit ad aliquam concordiam reduci, ad animum revocavimus, id quod res est, non posse crudelitati ac tyrannidi Turcicae validius resisti quam si in Imperio communis ac firma pax constituatur.

Pro qua re apud eius Maiestatem cum debita reverentia intercessimus et impetravimus ut ipsius Maiestas, tanquam supremum caput Imperii, ex singulari animi propensione erga pacem et tranquillitatem publicam, tandem clementer consenserit ut communis ac publica pax inter ipsius Maiestatem et omnes Status Imperii Germanicae nationis, tam ecclesiasticos quam saeculares constituatur et firmetur usque ad generale, liberum, Christianum concilium, quemadmodum de hoc in Comitiis Imperialibus Norinbergae decretum est: vel si id non procedat, ad hoc usque tempus donec communes Status Imperii ad locum commodum iterum convocentur et conscribantur, ut infra in peculiari articulo de ea re cautum est: ita videlicet ut interea temporis usque ad praedictum concilium vel quo Status Imperii iterum convenerint et aliter deliberaverint, nemo propter religionis vel ullam aliam causam alteri bellum indicat, inferat, ipsumve spoliet, capiat, invadat, obsideat, neque ad haec facienda per se vel per alium cuiquam inserviat, arces, urbes, oppida, castella, pagos, villas vel praedia insidiis occupet, aut contra voluntatem alterius violenter adimat, dolove malo, incendiis vel alia ratione alteri damnum det. Neque ullis istiusmodi machinatoribus, consilio, auxilio vel alio modo opem ferat, neque eos sciens hospitio excipiat, victum potum aut receptum praebeat aut toleret: sed unusquisque alterum vera amicitia et Christiana caritate complectatur.

Quam pacem publicam iam descriptam Caesarea Maiestas universis Imperii ordinibus publicari ac annunciari curavit, et sub expressa gravi et formidabili poena servandam mandavit, seque benigne operam daturum esse promisit ut praedictum Concilium intra dimidium annum indicatur et deinde intra unum annum inchoetur. Si vero fieri non possit, ut hoc casu communes Status Imperii iterum ad locum commodum vocentur et conscribantur, ad deliberandum quid in posterum tum de Concilio tum de aliis rebus necessariis agendum et statuendum sit.

Ad haec Caesarea Maiestas, ut talis pax publica eo certius et stabilius conservari posset, benigne consensit et promisit quod omnes processus iudiciales in causis religionis qui per ipsius Maiestatis fiscalem et alios contra Electorem Saxoniae et eius coniunctos inchoati essent aut deinceps inchoarentur, inhibere abrogare et suspendere velit, usque ad futurum Concilium, vel si hoc non procedat, usque ad ulteriorem deliberationem praedictorum Statuum Imperii: quorum quidem omnium ipsius Maiestas cautionem ad manus nostras transmittere ac tradere velit.

Vicissim vero agnati et consanguinei nostri, Saxoniae Elector, Duces Luneburgenses et alii eorum coniuncti promiserunt se quoque hanc publicam pacificationem constanter et bona fide servaturos neque in huius praeiudicium quicquam suscepturos esse; quodque Caesareae Maiestati debitam reverentiam et obedientiam praestare, et convenientem opem ac auxilium contra Turcam, sicut hoc per communes Status Imperii decretum est, non gravatim conferre velint, prorsus ad eum modum quemadmodum de his omnibus in suo quodam responso quod nobis scriptum reddi curaverunt, clare expressum est. . . .

[*Here follow the signatures of the representatives of the above-named* 9 *princes and* 24 *cities.*]

Quae datae sunt Norinbergae, feria tertia post Mariae Magdalenae festum, A.D. MDXXXII.

XXXVII

THE EXTENSION OF PROTESTANTISM, 1532–41

On the retreat of the Turk (Ranke, *Ref.* 693) the Emperor left Germany and was absent for nine years, Sept. 1532–41. He left, in part, to expedite the Council with the Pope. But the Court of Rome had its own reasons for delay; and Clement VII managed, first by procrastination, 20 Dec. 1532 (*ibid.* 697), and then through the alliance, 27 Oct. 1533, of his niece, Catherine de Medici, with Prince Henry of Orleans, son of Francis I (Dumont, *Corps Diplomatique*, IV. ii. 101 sqq.), to resist the imperial pressure till his death, 25 Sept. 1534. Paul III, 1534–†49, his successor, was better aware of the need of reform, though he was not disposed to forgo the advantage of holding the Council in an Italian city. Accordingly it was summoned by a Bull of 4 June 1536 (Raynaldus, *Annales*, xiii. 411) to Mantua; and, when that proved abortive, by a second of 8 Oct. 1537 (*ibid.* 462) to Vicenza: and a new spirit evinced itself in the Court of Rome with the publication, 1538, of a [No. 126] **Consilium delectorum Cardinalium de emendanda ecclesia** (Le Plat, *Monumenta Tridentina*, ii. 596 sqq.). At this point, however, the Emperor's preoccupations stood in the way. There were wars with the Turk in the East, 1532 and 1539; there were expeditions to Tunis, 1535, and to Algiers, 1541; there was a second war with Francis, from 1536 to 18 June 1538, the Pacification of Nice (Dumont, IV. ii. 169); there was a revolt in the Netherlands, 1539-40, before Charles was once more free to attend to the reform of the Church.

These preoccupations left the Protestants at liberty to pursue plans of their own (cf. Seckendorf, *Historia Lutheranismi*, III. viii, § 31). In 1532 the three princes of Anhalt-Dessau, John †1551, George †1553, and Joachim †1561, brought Nicholas Hausmann, †1538, as preacher to Dessau, and the country became Protestant by 1534 (Ranke, *Ref.* 720). So too in 1534 Protestantism triumphed in Nassau; and in the important cities of Hannover, Frankfurt-am-Main and, 22 July, Augsburg. The year 1534 also saw the defection of two larger territories—(*a*) Württemberg, and (*b*) Pomerania.

(*a*) By the peace of Kadan, 29 June 1534 (Dumont, IV. ii. 119), Württemberg became Protestant under the restored Duke Ulrich, 1534-†50. Its conversion was of importance, not merely because it drove a wedge of Lutheranism into Upper Germany, but also because its two reformers, Ambrose Blaurer, 1492-†1564, and Erhard Schnepf, 1495-†1558, representing respectively the Bucerian and the strictly Lutheran type of Protestantism, were united by, 2 Aug. 1534, the Concord of Württemberg upon a doctrine of the Eucharist to the effect that 'Corpus et sanguinem Christi vere, i.e. substantialiter et essentialiter, non autem quantitative aut qualitative vel localiter, praesentia esse et exhiberi in Coena' (Ranke, *Ref.* 718).

(*b*) Pomerania, upon the death of Duke George, 1523-†31, became by the agreement of Kammin, Aug. 1534, between his son Duke Philip, 1531-†60, of Pommern-Wolgast, and his brother Duke Barnim, 1532-†73, of Pommern-Stettin, a Protestant country. The reformation was established there by a Recess of the Diet at Treptow, 13 Dec.; and by a Visitation, followed by a Church Ordinance (Richter, *Kirchenordnungen*, i. 248 sqq.) from Bugenhagen, 1535 (Ranke, *Ref.* 721).

A temporary check, it is true, was put to this progress by the disrepute which the reformation incurred from its connexion with the Anabaptists of Münster (Ranke, *Ref.* 724). But when Lutheran fought side by side with Catholic to put them down, 24 June 1535, Protestantism once more purged its credit, and its progress went on as before. The theological approximation of south to north was aided by [No. 127] the **Concord of Wittenberg**, 29 May 1536 (*Corpus Reformatorum*, iii. 75 sqq.); but it was endangered again (*ibid.* iii. 371) by [No. 128] the **Schmalkaldic Articles**, 23 Feb. 1537 (Francke, *Libri Symbolici Ecclesiae Lutheranae*, ii. 1 sqq.). Still, the League, with these for its basis, found itself strong enough to repudiate, 5 March (Le Plat, *op. cit.* ii. 575 sqq.), the Council convoked to meet in Mantua 23 May 1537 : and, before the Emperor was free again, Protestantism was acknowledged, 1539, in Albertine Saxony; in Electoral Brandenburg; in Mecklenburg-Schwerin, which was reformed by Duke Magnus, Bishop of Schwerin, 1516–†50; and in Brunswick-Calenberg, 1540, through the Duchess Elizabeth of Brandenburg, regent for her son Eric II, 1540–†84.

In Albertine Saxony (cf. L. Pastor, *Die kirchlichen Reunionsbestrebungen*, 146 sqq.) Duke George's ideal of a reformation was advocated by his chancellor Carlowitz at [No. 129] **The Colloquy of Leipzig**, 2 Jan. 1539, with the Elector's adviser Brück (*ap.* Seckendorf, III. xix, § 71, 208), but it was too Erasmian for the representatives of the Elector and the Landgrave—mere 'Wiseacres' botching' (Pastor, *op. cit.* 157). The old duke died 16 April 1539; and, at Luther's advice, his brother and successor, Duke Henry, 1539–†41, instituted a visitation to introduce the Reformation (Seckendorf, 217). His bishops, Johann von Maltitz, of Meissen, 1534–†49, and Sigismund von Lindenau, 1535–†44, of Merseburg, stood aloof, the former protesting 'quod absque suo consensu visitationem Dux instituerit quae pertineat ad officium episcopi', but to no purpose. The Visitation was hurriedly carried out by agents from Wittenberg, by Instructions of 10 July 1539 (Sehling, *Die evangelischen Kirchenordnungen*, I. i. 257 sqq.) and a Church Ordinance (*ibid.* 264 sqq.). Under Henry's son and successor, Maurice, 1541–†53, consistory and superintendents took the place of bishops (*ibid.* I. i. 95).

In Electoral Brandenburg (cf. Seckendorf, III. xx, § 75, 234 sqq.; Heidemann, *Die Reformation in der Mark Brandenburg*) Joachim I, 1499–†1535, was a strenuous opponent of Luther, not least because, under Luther's influence (de Wette, iii. 296), his wife Elizabeth had at Easter, 1527, declared herself Lutheran by receiving the Sacrament in both kinds. She then (Spalatin, *ap.* Mencken, *Scriptores rerum Germanicarum*, ii. 1116) took refuge, 24 March 1528, with her uncle, John Elector of Saxony. Joachim died 11 July 1535; and was succeeded (*a*) in the Neumark by his younger son, Hans von Küstrin 1513–†71, who, with his people, went over, Easter 1538, by receiving communion in both kinds : and (*b*) in the Kurmark by Joachim II, 1535–†71. This prince, brought up by his uncle Albert, Cardinal Archbishop of Mainz, was married to Magdalen, daughter of George, Duke of Saxony. He was held back, first, by that connexion; then, after her death, by his second marriage, 1535, to Hedwig, daughter of the Catholic Sigismund,

King of Poland, 1506–†48. But his personal inclination was towards reform, though of his own type—' I am as little disposed,' said he, ' to be bound to the Church of Wittenberg as to the Church of Rome : for I do not say *Credo Sanctam Romanam* or *Wittenbergensem* but *Catholicam ecclesiam* ; and my church here in Berlin-Köln is just as true a Christian church as the church of Wittenberg ' (*ap.* Pastor, *Reunionsbestrebungen*, 163). He was seconded by nobles and towns (Heidemann, 208) as well as by one of the three bishops of the Mark, Matthias von Jagow, Bishop of Brandenburg, 1526–†44. The others resisted, Busso von Alvensleben, Bishop of Havelberg, 1522–†48, and George von Blumenthal, Bishop of Lebus, 1523–†50. Joachim summoned a commission of divines, among them Melanchthon and Duke George's counsellor, the Erasmian George Witzel, 1501–†73 (Pastor, *Reunionsbestrebungen*, 140 sqq.) to consider the situation. In October 1539 they resolved upon a [No. 130] **conservative programme of reform** (cf. Letters in *C. R.* iii. 522, 789 sq., 803). The signal for its adoption was the Elector's reception, 1 Nov. 1539, of the Sacrament in both kinds at Spandau (Heidemann, 214): followed, 2 Nov., by the same proceeding on the part of his people in Berlin (*ibid.* 215). On 1 March 1540, after consulting Luther (de Wette, v. 232), the nobles and towns in the Diet, but not the spiritualty, admitted a Church Ordinance (Sehling, iii. 28 sqq.), which professedly left the door open for the retention of episcopacy, and kept much of the old worship. It was accepted, 24 July 1541, by the Emperor (Riedel, *Codex Diplomaticus Brandenburgensis*, II. vi. 468 sqq.), and followed up by a Visitation, 1540-2. But the Bishops of Havelberg and Lebus entered a protest (Heidemann, 224), and even Matthias of Brandenburg, 10 July 1540, had to write to the Elector requesting that his ' episcopal rights and jurisdiction might not be abridged ' (Riedel, III. iii. 480). Episcopal authority soon proved incompatible with the new régime : and it was denounced as ' tyranny ' by the preachers (*ibid.* I. ix. 462). In 1543 consistories and superintendents took the place of bishops with the Elector as *summus episcopus* (Heidemann, 261). The Chapters died out. The Sees were appropriated by Hohenzollern princes (Sehling, iii. 14).

But now came a check. On 4 March 1540 there took place, in the presence of Melanchthon and Butzer, with the consent of Luther (*C. R.* iii. 862), the bigamous marriage of Philip of Hesse. ' Defectionem etiam,' writes Melanchthon (*ibid.* 1079), ' minitabatur si nos consulere ei nollemus.' It detached Philip from the League : and forced him into a secret compact, 13 June 1541, with the Emperor. The progress of Protestantism was thus suddenly stayed.

No. 126. Consilium delectorum Cardinalium . . . de emendanda ecclesia, 1538.

Beatissime pater, tantum abest ut verbis explicare possimus quam magnas gratias respublica Christiana Deo Optimo Maximo agere debeat, quod te pontificem hisce temporibus ac pastorem gregi suo praefecerit, eamque quam habes mentem dederit ; ut minime speremus cogitatione eas quas Deo gratias debet consequi posse. Nam Spiritus ille Dei quo virtus coelorum firmata est (ut ait propheta) labantem, imo fere collapsam in praeceps ecclesiam Christi per te restaurare et huic ruinae manum, ut videmus, supponere decrevit, eamque erigere ad pristinam sublimitatem decorique pristino restituere. Certissimam divinae huius sententiae coniecturam nos facere valemus, quibus sanctitas tua ad se vocatis mandavit ut, nullius aut commodi tui aut cuiuspiam alterius habita ratione, tibi significaremus abusus illos, gravissimos videlicet morbos, quibus iam pridem ecclesia Dei laborat, ac praesertim haec Romana curia : quibus effectum prope est ut paulatim ac sensim ingravescentibus pestiferis his morbis magnam hanc ruinam traxerit quam videmus. Et quoniam sanctitas tua Spiritu Dei erudita, qui (ut inquit Augustinus) loquitur in cordibus nullo verborum strepitu, probe noverat principium horum malorum inde fuisse quod nonnulli pontifices tui praedecessores prurientes auribus, ut inquit apostolus Paulus, coacervaverunt sibi magistros ad desideria sua, non ut ab eis discerent quid facere deberent, sed ut eorum studio et calliditate inveniretur ratio qua liceret id quod liberet—inde effectum est, praeterquam quod principatum omnem sequitur adulatio, ut umbra corpus, difficillimusque semper fuit aditus veritatis ad aures principum, quod confestim prodirent doctores qui docerent pontificem esse dominum beneficiorum omnium : ac ideo cum dominus iure vendat id quod suum est, necessario sequi in pontificem non posse cadere Simoniam. Ita quod voluntas pontificis, qualiscunque ea fuerit, sit regula qua eius operationes et actiones dirigantur; ex quo proculdubio effici ut quicquid libeat, id etiam liceat. Ex hoc fonte, sancte pater, tanquam ex equo Troiano, irrupere in ecclesiam Dei tot abusus et tam graves morbi, quibus nunc conspicimus eam ad desperationem fere salutis laborasse, et manasse harum rerum famam ad infideles usque (credat sanctitas vestra scientibus), qui ob hanc praecipue causam Christianam religionem derident, adeo ut per nos, per nos inquimus, nomen Christi blasphemetur inter gentes. Tu vero, sanctissime pater et vere sanctissime, edoctus a Spiritu Dei, praeter veterem illam tuam prudentiam cum totus in hanc curam incubueris, ut sanatis aegritudinibus Christi ecclesia tuae curae commissa bonam valetudinem recuperaret, vidisti ac probe vidisti, inde incipiendam medicationem unde primum ortus est morbus, secutusque doctrinam apostoli Pauli vis esse dispensator non dominus, et fidelis inveniri a Domino ; imitatus etiam servum illum, quem in evangelio Dominus praefecit familiae suae, ut det illis in tempore tritici mensuram : ac propterea decrevisti nolle quod non liceat, nec vis posse quod non debes. Ideoque nos ad te accersivisti, imperitos quidem ac tam magno negotio impares, non parum tamen affectos cum honori et gloriae sanctitatis tuae, tum praecipue instaurationi ecclesiae Christi : ac gravissimis verbis iniunxisti, ut omnes hos abusus colligeremus, tibique illos significaremus : obtestatus nos reddituros esse rationem huius negotii nobis demandati Deo optimo, si negligenter ac infideliter ageremus. Atque ut omnia liberius inter nos tractari possent, tibique a nobis explicari, iureiurando nos destrinxisti, addita etiam excommunicationis poena, ne cuipiam aliquid huius nostri muneris proderemus.

Nos igitur tuo imperio parentes, collegimus, quanto paucioribus fieri potuit, hos morbos eorumque remedia, ea, inquam, quae pro tenuitate ingenii nostri excogitare potuimus. Tu vero pro tua bonitate ac sapientia omnia resarcies ac perficies, in quibus pro tenuitate nostra offenderimus. Verum ut omnia certis quibusdam finibus complectamur : cum sanctitas tua et sit princeps provinciarum harum quae subsunt ditioni ecclesiasticae et sit pontifex universalis ecclesiae, sit etiam episcopus Romanus, nihil nobis dicendum sumpsimus de his quae pertinent ad hunc principatum ecclesiae, quem tua prudentia optime regi videmus : tangemus tantum ea quae pertinent ad officium universalis pontificis, et nonnulla quae sunt Romani episcopi. Illud vero ante omnia, beatissime pater, putamus statuendum esse, ut dicit Aristoteles in politicis : sicut in unaquaque republica, ita et in hac ecclesiastica gubernatione ecclesiae Christi, hanc prae omnibus legem habendam, ut quantum fieri potest leges serventur ; nec putemus nobis licere dispensare in legibus, nisi urgenti de causa et necessaria. Nulla namque perniciosior consuetudo in quavis republica induci potest quam haec legum inobservantia, quas sanctas maiores nostri esse voluerunt, earumque potestatem venerandam et divinam appellarunt. Scis tu haec omnia, optime pontifex, et legisti iam pridem apud philosophos et theologos : illud vero non tantum huic proximum sed longe prius et potius superiore putamus, non licere pontifici et Christi vicario in usu potestatis, clavium potestatis inquimus, a Christo ei collatae, lucrum aliquod comparare. Hoc etenim est Christi mandatum : *Gratis accepistis, gratis date.* His primum statutis, cum sanctitas vestra ita gerat curam ecclesiae Christi, ut ministros plurimos habeat per quos hanc curam exerceat; hi autem sunt clerici omnes, quibus mandatus est cultus Dei, presbyteri praesertim et maxime curati, et prae omnibus episcopi; idcirco si gubernatio haec sit recte processura, primo danda est opera ut hi ministri idonei sint muneri quo fungi debent.

(1) Primus abusus in hac parte est ordinatio clericorum et praesertim presbyterorum, in qua nulla adhibetur cura, nulla adhibetur diligentia: quod passim quicunque sint imperitissimi, sint vilissimo genere orti, sint malis moribus ornati, sint adolescentes, admittantur ad ordines sacros et maxime ad presbyteratum, ad characterem, inquam, Christum maxime exprimentem. Hinc innumera scandala, hinc contemptus ordinis ecclesiastici, hinc divini cultus veneratio non tantum diminuta, sed etiam prope iam extincta. Ideo putamus optimum fore si sanctitas tua primo in hac urbe praeficeret huic negotio duos aut tres praelatos, viros doctos et probos qui ordinationibus clericorum praeessent. Iniungeret etiam episcopis omnibus, adhibitis etiam poenis censurarum, ut id curarent in suis dioecesibus. Nec permittat sanctitas vestra ut quispiam ordinetur nisi ab episcopo suo, vel cum licentia deputatorum in urbe aut episcopi sui: insuper, ut in ecclesiis suis quisque episcopus magistrum habeat a quo clerici minores et litteris et moribus instruantur, ut iura praecipiunt.

(2) Abusus alius maximi ponderis est in collatione beneficiorum ecclesiasticorum, maxime curatorum, et prae omnibus episcopatuum, in quibus usus invaluit ut provideatur personis quibus conferuntur beneficia, non autem gregi Christi et ecclesiae. Ideo in conferendis his beneficiis, curatis, inquam, sed prae aliis episcopatibus, curandum est ut conferantur viris bonis doctisque: ideo ut per se possint fungi illis muneribus ad quae tenentur; insuper illis, quos verisimile est residentiam facturos. Non ergo Italo conferendum est beneficium in Hispania aut in Britannia, aut e contra. Hoc servandum est tam in collationibus cum vacant per decessum, quam in cessionibus in quibus nunc tantum habetur ratio voluntatis cedentis, nulla praeterea ipsius rei. In cessionibus his, si quispiam praeficeretur probus unus pluresve, bene factum iri putaremus.

(3) Alius abusus, cum beneficia conferuntur seu cum ceduntur aliis, irrepsit in constituendis super eorum fructibus pensionibus: imo quandoque cedens beneficio omnes sibi fructus

reservat. Qua in re illud est animadvertendum, nulla alia de causa nulloque alio iure pensiones constitui posse nisi ut quasdam eleemosynas, quae in pios usus et indigentibus concedi debent. Nam redditus sunt annexi beneficio, ut corpus animae; ideo sua natura pertinent ad eum qui beneficium habet, ut possit ex eis vivere honeste pro suo ordine ; simulque queat sustinere impensas pro divino cultu et templi sacrarumque aedium reparatione, et quod reliquum est, impendat in pios usus. Haec est enim natura eorum reddituum. Verum sicuti in rerum naturae administratione nonnulla fiunt a natura particulari praeter inclinationem universalis naturae : sic in pontifice, quoniam est universalis dispensator bonorum ecclesiae, si viderit eam fructuum portionem quae in pios usus expendi debet, aut eius partem in pium quempiam alium usum ut expendatur magis expedire, potest proculdubio id facere. Ideo iure merito pensionem ponere potest, ut subveniat egeno, praesertim clerico, ut honeste queat vitam ducere pro eiusdem ordine. Ideo omnes fructus reservari, adimique id omne quod divino cultui sustentationique habentis beneficium tribui debet, magnus est abusus : itemque pensiones dari clericis divitibus, qui commode et honeste vivere queunt ex redditibus quos habent, magnus certe abusus, tollendus uterque.

(4) Alius item abusus in permutationibus beneficiorum, quae fiunt cum pactionibus quae Simoniacae omnes sunt, nulloque respectu habito nisi lucri.

(5) Abusus alius omnino auferendus, qui calliditate quadam nonnullorum peritorum iam invaluit in hac curia : nam cum lege cautum sit beneficia testamento legari non posse, cum non sint testatoris sed ecclesiae, et ut res haec ecclesiastica servaretur communis bonorum omnium, non autem fieret privata cuiuspiam, invenit humana non tamen Christiana industria plurimos modos quibus huic legi illudatur. Nam fiunt renuntiationes episcopatuum aliorumque beneficiorum, primo cum regressu : addunt reservationem fructuum, addunt reservationem collationis beneficiorum. Insuper cumulant reservationem administrationis, faciuntque hoc pacto episcopum, qui nullum ius habet episcopi : alterum vero, cui iura omnia episcopi competant, non tamen episcopum. Videat sanctitas tua, quo processit assentatoria illa doctrina, qua tandem effectum est ut id liceat quod libeat. Quid quaeso est hoc nisi heredem beneficii sibi constituere ? Alius praeter hunc inventus est dolus, cum scilicet coadiutores dantur episcopis petentibus, minus idonei quam ipsi sint, ita ut nisi quispiam claudere oculos voluerit, liquido videat heredem ea ratione institui.

Item lex est antiqua instaurata a Clemente, ne filii presbyterorum habeant parentum beneficium, ne scilicet res communis hoc modo fiat privata : dispensatur tamen (ut audimus) in hac veneranda lege. Noluimus tacere, id quod verissimum esse quivis prudens per se iudicaverit, nullam rem magis conflasse invidiam clericis, unde tot seditiones sunt ortae et aliae instant, quam hanc aversionem commodorum et proventuum ecclesiasticorum a communi ad rem privatam : antehac omnes sperabant, nunc in desperationem adducti acuunt linguas contra hanc sedem.

(6) Alius abusus est in expectativis et reservationibus beneficiorum, et datur occasio ut aliena mors desideretur et libenter audiatur. Praecludunt etiam aditum supremum dignioribus cum vacant, dant litibus causam. Omnes has putamus tollendas esse.

(7) Abusus alius est eadem calliditate inventus. Nam quaedam beneficia incompatibilia iure sunt et appellantur, quae ex ipsa vi nominis maiores nostri admonere nos voluerunt non deberi uni conferri : nunc in his dispensatur, non tantum duobus sed pluribus : et, quod peius est, in episcopatibus. Hunc morem, qui ob avaritiam tantum invaluit, tollendum ducimus, praesertim in episcopatibus. Quid de unionibus beneficiorum ad vitam unius, ne scilicet obstet illa beneficiorum pluralitas ad obtinenda incompatibilia, nonne est mera fraus legis ?

(8) Alius etiam abusus invaluit, ut reverendissimis cardinalibus episcopatus conferantur seu commendentur, non unus tantum sed plures : quem, pater beatissime, putamus magni esse momenti in ecclesia Dei. Primo quidem quia officium cardinalatus et officium episcopi incompatibilia sunt. Nam cardinalis est assistere sanctitati tuae in gubernanda universali ecclesia : officium autem episcopi est pascere gregem suum : quod praestare bene et ut debet haud potest, nisi habitet cum ovibus suis, ut pastor cum grege.

Praeterea, pater sancte, hic usus maxime obest exemplo. Quomodo namque haec sancta sedes poterit dirigere et corrigere aliorum abusus, si in praecipuis suis membris abusus tolerentur ? Nec ob id quod cardinales sint, putamus eis magis licere transgredi legem, imo longe minus. Horum enim vita debet esse aliis lex ; nec imitandi sunt Pharisaei qui dicunt et non faciunt : sed Christus salvator noster incepit facere et postea docere. Amplius hic usus nocet in consultationibus ecclesiae ; nam haec licentia fomentum est avaritiae.

Ambiunt praeterea cardinales a regibus et principibus episcopatus : a quibus postea dependent ne possint libere sententiam dicere ; imo si possent et vellent, fallerentur tamen passione animi in iudicando perturbati. Ideo utinam hic mos tolleretur et providerentur cardinalibus, ut possent honeste pro dignitate vivere, omnibus aequales redditus : quod putamus facile fieri posse, si vellemus abiicere servitutem mammonae et Christo tantum servire.

His castigatis quae pertinent ad constituendos tibi ministros quibus veluti instrumentis et cultus Dei bene administrari et populus Christianus in vita Christiana bene institui et regi possit, accedendum nobis est ad illa quae spectant ad gubernationem Christiani populi. In qua re, pater beatissime, abusus ille primo et prae omnibus corrigendus est ne scilicet episcopi primum et prae omnibus aliis, deinde ne curati abessent a suis ecclesiis et parochiis nisi ob gravem aliquam causam, sed residentiam facerent ; maxime episcopi, ut diximus, quia sunt sponsi ecclesiae ipsis demandatae. Nam, per Deum immortalem, quis miserabilior viro Christiano conspectus esse potest Christianum orbem peragranti quam haec solitudo ecclesiarum ? Omnes fere pastores recesserunt a suis gregibus, commissi sunt omnes fere mercenariis. Imponenda ergo est magna poena episcopis prae aliis, deinde curatis, qui absunt a suis gregibus, non tantum censurarum sed etiam ne reciperent redditus illi qui absunt, nisi impetrata licentia a tua sanctitate episcopi, curati ab episcopis suis, per breve aliquod temporis spatium. Legantur in hoc aliqua iura, aliquorum conciliorum decreta quibus cautum erat episcopo non licere abesse a sua ecclesia nisi tribus tantum Dominicis.

(9) Abusus etiam est quod tot reverendiss. cardinales absint ab hac curia, nec aliqua in parte faciant quidpiam eius officii quod spectat ad cardinales. Ideo etsi fortasse non omnes, quia expedire existimamus nonnullos habitare in provinciis suis, nam per illos tanquam per radices quasdam in totum orbem Christianum sparsas continentur populi sub hac Romana sede, plurimos tamen esset sanctitatis tuae vocare ad curiam, ut hic resiclerent. Hac enim ratione, praeterquam quod fungerentur officio suo cardinales, provideretur etiam amplitudini curiae supplereturque si quid ei detractum fuisset per recessum multorum episcoporum qui ad suas ecclesias se contulissent.

(10) Alius abusus magnus et minime tolerandus, quo universus populus Christianus scandalizatur, est ex impedimentis quae inferuntur episcopis in gubernatione suarum ovium,

maxime in puniendis scelestis et corrigendis. Nam primo multis viis eximunt se mali homines, praesertim clerici, a iurisdictione sui ordinarii : deinde, si non sunt exempti, confugiunt statim ad poenitentiariam vel ad datariam, ubi confestim inveniunt viam impunitati et, quod peius est, ob pecuniam praestitam ; hoc scandalum, beatissime pater, tantopere conturbat Christianum populum ut non queat verbis explicari. Tollantur, obtestamur sanctitatem tuam per sanguinem Christi, quo redemit sibi ecclesiam suam eamque lavit eodem sanguine : tollantur hae maculae, quibus si daretur quispiam aditus in quacunque hominum republica aut regno, confestim, aut paulo post, in praeceps rueret nulloque pacto diutius constare posset : et tamen putamus nobis licere ut per nos in Christianam rempublicam inducantur haec monstra.

(11) Alius abusus corrigendus est in ordinibus religiosorum, quod adeo multi deformati sunt, ut magno sint scandalo secularibus exemploque plurimum noceant. Conventuales ordines abolendos esse putamus omnes, non tamen ut alicui fiat iniuria sed prohibendo ne novos possint admittere. Sic enim sine ullius iniuria cito delerentur, et boni religiosi eis substitui possent. Nunc vero putamus optimum fore si omnes pueri qui non sunt professi ab eorum monasteriis repellerentur.

(12) Hoc etiam animadvertendum et corrigendum censemus in praedicatoribus et confessoribus constituendis a fratribus, quod ab eorum praefectis primum adhiberetur magna diligentia ut idonei essent, deinde ut praesentarentur episcopis quibus prae omnibus cura ecclesiae est demandata, a quibus examinarentur per se vel per viros idoneos, nec nisi eorum consensu admitterentur ad haec peragenda.

Diximus, beatissime pater, non licere aliquo pacto in usu clavium aliquid lucri utenti comparari ; est in hac re firmum verbum Christi : *Gratis accepistis, gratis date.* Hoc non tantum ad sanctitatem tuam pertinet sed ad omnes qui sunt participes huius potestatis, ideo a legatis et nuntiis vellemus idem servari. Nam sicut usus qui nunc invaluit dedecorat hanc sedem et conturbat populum, ita si fieret e contra, maximum decus huic sedi compararetur et aedificaretur mirifice populus.

(13) Abusus alius turbat Christianum populum in monialibus, quae sunt sub cura fratrum conventualium . ubi in plerisque monasteriis fiunt publica sacrilegia cum maximo omnium scandalo. Auferat ergo sanctitas vestra omnem eam curam a

conventualibus, eamque det aut ordinariis aut aliis, prout melius videbitur.

(14) Abusus magnus et perniciosus est in gymnasticis publicis, praesertim in Italia, in quibus multi philosophiae professores impietatem docent, imo in templis fiunt disputationes impiissimae: et si quae sunt piae, tractantur in eis res divinae coram populo valde irreverenter. Ideo putaremus indicendum episcopis ubi sunt publica gymnasia ut per eos admonerentur lectores qui legunt ne docerent adolescentes impietatem, sed ostenderent infirmitatem luminis naturalis in quaestionibus pertinentibus ad Deum, ad mundi novitatem vel aeternitatem et similia, eosque ad pietatem dirigerent. Similiter ne permitterent fieri publicas disputationes de huiusmodi quaestionibus, neque etiam de rebus theologicis, quae certe multum existimationis perdunt apud vulgus, sed privatim de his rebus fiant disputationes, publice de aliis quaestionibus physicis. Idemque iniungendum esset omnibus aliis episcopis, maxime insignium civitatum, in quibus huius generis disputationes fieri solent. In impressione etiam librorum eadem adhibenda esset diligentia, scribendumque principibus omnibus ut caveant ne passim quivis libri in eorum ditione imprimantur, dandaque esset huius rei cura ordinariis. Et quoniam pueris in ludis solent nunc legi *Colloquia Erasmi*, in quibus multa sunt quae rudes animos informant ad impietatem, ideo eorum lectio in ludis litterariis prohibenda esset, et si quae alia sunt huius ordinis.

Post haec quae ad instituendos ministros tuos in hac universalis ecclesiae cura et in eius deinde administratione spectare videntur, animadvertendum est in gratiis quae fiunt a tua beatitudine, praeter priores abusus, alios quoque abusus introductos esse.

(15) Primus est in fratribus seu religiosis apostatis, qui post votum solenne a sua religione recedunt, impetrantque ne teneantur gerere habitum sui ordinis, imo nec vestigium habitus, sed tantum vestem honestam clericalem. Praetermittamus nunc de lucro. Iam enim diximus in principio non licere ex usu clavium et potestatis a Christo traditae comparare sibi lucrum, sed etiam ab hac gratia abstinendum. Nam habitus est signum professionis, unde nec ab episcopo potest dimitti, cui tenentur hi apostatae; ideo haec gratia eis concedi non deberet, neque etiam cum ipsi recesserint a voto, quo Deo se obligarant, eis permittatur ut habeant beneficia neque administrationes.

(16) Alius abusus in quaestuariis sancti Spiritus, sancti

Antonii, aliisque huius generis, qui decipiunt rusticos et simplices, eosque innumeris superstitionibus implicant. Tollendos hos quaestuarios censemus.

(17) Abusus alius in dispensatione cum constituto in sacris ordinibus ut possit uxorem ducere. Haec dispensatio non esset ulli danda nisi pro conservatione populi cuiuspiam vel gentis ubi esset publica causa gravissima, praesertim his temporibus in quibus urgent Lutherani hanc rem maxime.

(18) Abusus in dispensatione in nuptiis inter consanguineos seu affines. Certe in secundo gradu non putamus faciendam esse nisi ob publicam causam gravem. In aliis vero gradibus non nisi ob causam honestam et absque pecunia, ut diximus, nisi iam prius coniuncti essent, ubi liceret pro absolutione a peccato iam perpetrato imponi mulcta pecuniaria, post absolutionem, et deputari ad pios usus, in quibus facit sanctitas tua impensas. Nam sicut ubi non est peccatum in usu clavium, nihil exigi potest pecuniae, ita ubi absolutio petitur a peccato, imponi mulcta pecuniaria potest et deputari ad pios usus.

(19) Abusus alius in absolutione Simoniaci. Proh dolor! quantum in ecclesia Dei regnat hoc pestilens vitium, adeo ut quidam non vereantur Simoniam committere, deinde confestim petunt absolutionem a poena, imo eam emunt, sicque retinent beneficium quod emerunt. Non dicimus sanctitatem tuam non posse poenam illam quae est de iure positivo constituta eis condonare; sed quod nullo pacto debeat ut tanto sceleri resistatur, quo nullum perniciosius nec magis scandalosum.

(20) Licentia etiam testandi clericis de bonis ecclesiae non esset danda nisi pro causa urgenti, ne bona pauperum converterentur in privatas delicias et amplificationes domorum.

(21) Confessionalia autem cum usu altaris portatilis non essent facile danda, sic enim vilescunt ecclesiasticae res et sacramentum omnium praecipuum. Nec indulgentiae item dandae essent nisi semel in anno in unaquaque insignium civitatum. Commutatio etiam votorum neque ita facile facienda neque commutanda praeterquam in aequivalens bonum.

(22) Consuevere etiam mutari voluntates ultimae testatorum, qui ad pias causas legant quampiam pecuniae summam, quam auctoritate sanctitatis tuae transferunt ad heredem vel legatarium, ob praetensam paupertatem &c., idque ob lucrum. Certe, nisi facta sit magna mutatio in re familiari heredis per obitum testatoris, ita quod verisimile sit testatorem ob eam

mutationem mutaturum fuisse voluntatem, voluntates testatorum mutari impium est : de lucro iam toties diximus, quare putamus omnino abstinendum.

(23) Omnibus in summa explicatis quae pertinent ad universalis ecclesiae pontificem, quantum animo potuimus comprehendere, restat ut nonnulla dicamus quae pertinent ad Romanum episcopum. Haec Romana civitas et ecclesia mater est et magistra aliarum ecclesiarum. Ideo maxime in ea vigere debet divinus cultus et morum honestas : ideo, beatissime pater, scandalizantur omnes exteri qui ingrediuntur templum beatissimi Petri ubi sacerdotes quidam sordidi, ignari, induti paramentis et vestibus, quibus nec in sordidis aedibus honeste uti possent, missas celebrant : hoc magnum est omnibus scandalum : ideo iniungendum est reverendissimo archipresbytero, vel reverendissimo poenitentiario, ut haec curent et amoveant hoc scandalum, sicque in aliis ecclesiis.

(24) In hac etiam urbe meretrices ut matronae incedunt per urbem, seu mula vehuntur, quas assectantur de media urbe nobiles familiares cardinalium clericique. Nulla in urbe vidimus hanc corruptionem praeterquam in hac omnium exemplari ; habitant etiam insignes aedes. Corrigendus etiam hic turpis abusus.

(25) Sunt etiam in hac urbe privatorum civium odia et inimicitiae quas componere et cives conciliare praecipue interest episcopi, ideo per cardinales quosdam Romanos, praesertim qui magis essent idonei, omnes hae inimicitiae componendae essent et civium animi conciliandi.

(26) Sunt in hac urbe hospitalia, sunt populi, sunt viduae. Harum cura maxime pertinet ad episcopum et ad principem ; ideo sanctitas tua per cardinales viros probos posset etiam commode haec omnia curare.

Haec sunt, beatissime pater, quae in praesentia pro tenuitate ingenii nostri colligenda esse duximus, et quae nobis corrigenda viderentur. Tu vero pro tua bonitate et sapientia omnia moderabere : nos certe, si non rei magnitudini, quae nostras vires longe superat, conscientiae tamen nostrae satisfecimus non sine magna spe ut sub te principe videamus ecclesiam Dei purgatam, formosam ut columbam, sibi concordem in unum corpus consentientem, cum aeterna tui nominis memoria. Sumpsisti tibi nomen Pauli : imitaberis, speramus, caritatem Pauli : electus fuit ille ut vas quod deferret nomen Christi per gentes : te vero speramus electum, ut nomen iam Christi oblitum a gentibus et a nobis clericis restituas, in cordibus et in operibus nostris, aegritudines sanes, oves Christi in unum ovile reducas, amoveasque a nobis iram Dei et ultionem eam quam meremur iam paratam, iam cervicibus nostris imminentem.

> Gaspar card. Contarenus.
> Ioannes Petrus card. Theatinus.
> Iacobus card. Sadoletus.
> Reginaldus card. Anglicus.
> Fredericus arch. Salernitanus.
> Hieronymus arch. Brundusinus.
> Ioannes Matthaeus episcopus Veronensis.
> Gregorius abbas S. Georgii Venet.
> Frater Thomas magister sacri palatii.

No. 127. The Concord of Wittenberg, 29 May 1536.

Concordia inter Doctores Wittebergenses et Doctores civitatum Imperii in Germania superiori. . . .

(1) Confitemur iuxta verba Irenaei constare Eucharistiam duabus rebus, terrena et coelesti. Itaque sentiunt et docent cum pane et vino vere et substantialiter adesse, exhiberi et sumi corpus Christi et sanguinem.

(2) Et quanquam negant fieri transubstantiationem nec sentiunt fieri localem inclusionem in pane aut durabilem aliquam coniunctionem extra usum Sacramenti: tamen concedunt sacramentali unione panem esse corpus Christi, hoc est, sentiunt porrecto pane simul adesse et vere exhiberi corpus Christi. Nam extra usum, cum asservatur in pixide aut ostenditur in processionibus, ut fit a Papistis, sentiunt non adesse corpus Christi.

(3) Deinde hanc institutionem Sacramenti sentiunt valere in Ecclesia, nec pendere ex dignitate ministri aut sumentis. Quare, sicut Paulus ait, etiam indignos manducare, ita sentiunt porrigi vere corpus et sanguinem Domini etiam indignis, et indignos sumere ubi servantur verba et institutio Christi. Sed tales sumunt ad iudicium, ut Paulus ait, quia abutuntur Sacramento cum sine poenitentia et sine fide eo utuntur. Ideo enim propositum est ut testetur illis applicari beneficia Christi et fieri eos membra Christi et ablui sanguine Christi, qui agunt poenitentiam et erigunt se fide in Christum.

Cum autem pauci convenerimus et opus sit utrinque hanc rem ad alios concionatores et superiores referre, nondum licet nobis de concordia pacisci priusquam ad alios retulerimus

Cum autem omnes profiteantur se iuxta Confessionem et Apologiam Principum Evangelium profitentium in omnibus articulis sentire et docere velle, maxime cupimus sanciri et constitui concordiam. Et spes est nobis, si reliqui utrinque ita consenserint, solidam futuram esse concordiam.

Subscripserunt D. Wolffgangus Capito, M. Martinus Bucer [of Strassburg : and representatives of Ulm, Esslingen, Augsburg, Memmingen, Frankfurt, Constance, Reutlingen]: M. Lutherus; Iustus Ionas; Caspar Cruciger; I. Bugenhagius; P. Melanchthon; Iustus Menius Isenacensis; F. Myconius Gothensis; Urbanus Regius, Eccl. Ducatus Luneburg. Superint.; G. Spalatinus, Altenburg. Eccl. Pastor; et alii multi.

No. 128. The Schmalkaldic Articles, 23 Feb. 1537.

Pars III. Art. vi. De sacramento altaris sentimus panem et vinum in Coena esse verum corpus et sanguinem Christi, et non tantum dari et sumi a piis, sed etiam ab impiis Christianis.

[The Articles were not officially endorsed by the League : but it gave its sanction to Melanchthon's *Tractatus de potestate . . . Episcoporum*, 25 Feb., which contained the following :—

§ 66. Docet igitur Hieronymus[1] humana auctoritate distinctos gradus esse episcopi et presbyteri seu pastoris. Idque res ipsa loquitur quia potestas est eadem quam supra dixit. § 67. Sed una res postea fecit discrimen episcoporum et pastorum, videlicet ordinatio, quia institutum est ut unus episcopus ordinaret ministros in pluribus ecclesiis. § 68. Sed quum iure divino non sint diversi gradus episcopi et pastoris, manifestum est ordinationem a pastore in sua ecclesia factam iure divino ratam esse. § 69. Itaque quum episcopi ordinarii fiunt hostes ecclesiae aut nolunt impertire ordinationem, ecclesiae retinent ius suum. . . .]

No. 129. The Colloquy of Leipzig; Reform in Ducal Saxony, 2 Jan. 1539.

Dixit Carlevitius se experientia didicisse sperandum non esse ut cum episcopis et clero de reformatione transigi posset, sed opus esse ut illa a principibus laicis ad emendationem ecclesiae susciperetur. Hoc ita fieri posse, si ante omnia principes Germaniae coniunctim una die et hora episcopis et

---

[1] Ep. cxlvi, § 1, ad Evangelum (*Opera*, i. 1082 ; Migne, *P. L.* xxii. 1194).

praelatis proponerent : necesse esse, ut reformationem admitterent ; nam licet laici ab omni parte non carerent defectibus, plurimos tamen in clero reperiri. Ut vero statim norma adesset, secundum quam finaliter omnia dirigi possent, profitendum esse a laicis, se admissuros esse quae in Apostolica Ecclesia et tempore quatuor Oecumenicorum Conciliorum priorum, item ab octo, novem vel decem saeculis observata fuissent, abolitis quae post illa tempora introducta essent. . . . Constituta hac norma, concilium sincerum . . . urgendum esse quod in Germania habeatur, simulque deligendos pios viros . . . qui conferrent . . . quae sententia de omnibus articulis controversis illo tempore in Ecclesia viguisset. Hos deprehensuros esse quid statuendum sit de communione sub utraque, de coniugio sacerdotum, et de abusibus missae : neque enim dubitari posse quin tempore quatuor Conciliorum errores et abusus indagati et abrogati fuerint. . . .

No. 130. Reform in Electoral Brandenburg, 26 Oct. 1539.

(*a*) *Melanchthon to Justus Jonas.* 14 May 1538.—In Marchia piam doctrinam et populus mirifice sitit et expetit bona pars nobilitatis et probat Princeps, qui quidem non inerudite iudicat. Ac spem fecit populo se emendaturum esse ecclesias. Repugnant autem sacrificuli, quorum habet magnam multitudinem. Nec usquam vidi stolidiores aut peiores. . . .

(*b*) *The Elector to Sigismund, King of Poland.* Oct. 1539.— Serenissime atque inclyte Rex, et carissime pater. Cum scirem Regiam dignitatem vestram ut caeteris heroicis virtutibus omnibus ita et amore Christianae pietatis ac veritatis excellere : non dubitavi ad eam de mea voluntate scribere me pio consilio et ea moderatione quae Christianum Principem decet, in ecclesiis meae ditionis quaedam manifesta vitia correcturum esse. Qua in re non populi affectibus aut alienis exemplis moveor ; sed existimo ad eorum officium pertinere, qui praesunt, inspicere ecclesiam, praesertim tali tempore cum dissensionibus motis praefici idoneos doctores necesse est : et ratio ineunda est ut veris modis autoritas religionis et disciplinae retineatur. Eaque moderatione uti decrevi ut non solum nihil contra Catholicam Ecclesiae Christi sententiam recipiam, a qua nulla unquam vis me avellet, sed etiam ne quid autoritati Episcoporum detraham.

.   .   .   .

Semper ita sensi nullum esse maius decus quam in vera religione veroque cultu Dei constantiam. Quae sententia sic est infixa in animo meo ut non simulatis aut fucosis officiis sed vere colendam esse Christianam pietatem semper statuerim. Quare non raro deploro Ecclesiae morbos cum veteres tum novos et ardentissimis votis emendationem optavi.

Neque enim negari potest quosdam etiam veteres morbos in Ecclesia haerere. Disciplina vetus laxata est, multae superstitiones in tanta Pontificum negligentia et Pastorum inscitia receptae sunt. Nonnihil etiam praesentes discordiae concusserunt Ecclesiam. Ego igitur hactenus eam gravitatem praestiti ut nec abusus probarem aut crudeliter defenderem, ut faciunt alii, nec fanaticis opinionibus in mea ditione locum praeberem. Habeo utriusque rei honestam gravem et piam causam, nec muto hoc iudicium. Cumque videam opus esse ut sanciatur disciplina et praeficiantur Ecclesiis boni doctores, suscepi eam curam ut sciat populus in tantis discordiis, quid amplecti, quid fugere debeat. Qua in re quaedam in utraque parte ita moderor ut a Catholica Ecclesia Christi non discedam, nec de auctoritate Episcoporum quidquam detraham. Nam nisi aliquid moderari velim, manifesta flagitia probanda essent, et iniusta saevitia exercenda : quorum utrumque ab iis alienissimum esse debet qui vere, non simulatis aut fucosis officiis, religionem colunt. Haec cum ita sint, spero me constantiam praestare dignam bonis viris, et vere amantibus religionem. Nusquam enim discedam a scopo, videlicet a sententia Catholicae Ecclesiae Christi.

Quod vero mihi exempla quorundam vicinorum Principum proponit R. V. D. qui nullam mutationem admiserunt : saepe cum illis ipsis de tota religione collocutus sum. Idemque uterque optabat ut aequitate pontificia restitueretur ecclesiarum concordia, emendatis quibusdam abusibus. Socer meus etiam paulo ante mortem gravissimas de ea re deliberationes habuit. Videbat enim solitudinem fieri in ecclesiis suis, nisi vellet iniustam saevitiam exercere : a qua abhorrere eum, ut erat iustitiae amans, animadverti. Nec moderationem illam iudicabat esse aut secessionem ab ecclesia aut seiunctionem ab iis qui praesunt aut a reliquo nomine Christiano. Quare existimet R. V. D. me non ita in hanc causam ingressum esse ut aliorum bonorum Principum iudicia aut exempla non attenderim. Si qui autem fortasse asperiores sunt, ut esse non multos videmus qui sine discrimine omnes abusus, omnia errata immanitate suppliciorum stabiliunt : horum exempla nec ante secutus sum, nec unquam imitanda esse duxi. Nec profecto consensum ecclesiae conspirationem esse ad iniustam saevitiam exercendam unquam existimavi. Quare etiamsi levior alicubi videor, non propterea vel ab ecclesia vel a reliquo nomine Christiano disiunctus sum. Nam et verum consensum Catholicae Ecclesiae Christi amplector qui extat in scripturis Apostolicis, in veteribus canonibus et probatae fidei scriptoribus ; et pollicitus sum me Synodo, si quando rite conveniret, non defuturum esse.

. . . .

Quod vero hortatur R. V. D. ut expectem Synodum, fateor me haec consilia aliquamdiu Synodi expectatione distulisse. Quid enim communi concordia optatius esset? Sed hanc moram Ecclesiae expectare non possunt, quae interea dissiparentur et in solitudinem ac vastitatem redigerentur si eas non constitueremus. Explorata mihi est voluntas Caroli Imperatoris, D. N. clementissimi, quem scio magna contentione a Clemente et Paulo III petiisse ut quamprimum Synodus haberetur et rite cognitis rebus concordia constitueretur. Sed Pontifices non valde appetunt Synodos, et fortasse regum iudicia non sine causa metuunt ; sed tamen si qua erit alicubi Synodus, non deerit ei meum officium. Habet R. V. D. meam purgationem et perpetuae voluntatis testimonium. . . .

(c) *To a friend in Nürnberg*, 26 Oct., 1539. Fui his diebus[1] in Marchia accersitus a Ioachimo Electore. . . . Deliberatur de tollendis abusibus ecclesiarum, sed nollem adhiberi in consilium Mustelam. Ego quaedam ipsius deliberata reprehendi, sed quid futurum sit, exitus ostendet. Kal. Nov. inchoabitur res. Abolentur privatae liturgiae, conceditur sacerdotibus coniugium, tollitur invocatio sanctorum, iubetur pura doctrina tradi, et proponitur vestra κατήχησις. Conceditur integri sacramenti usus. Tantum una in re haerebat ὁ ἄρχων, cupiebat adhuc retinere quotidianarum liturgiarum usum, a qua sententia deduci posset, si abesset Mustela.[2] . . .

XXXVIII

THE LUTHERANIZING OF DENMARK, NORWAY, AND ICELAND, 1537-40

In **Denmark** (cf. Münter, *Kirchengeschichte von Dänemark*, iii. 448 sqq.) the Lutheran King Christian III, 1533-†59, planned, 11 Aug. 1536 [No. 131], **the seizure of the bishops** (Letter of

[1] Since Oct. 12.   [2] George Witzel.

THE LUTHERANIZING OF DENMARK 323

Johann Pein, a Prussian admiral in Christian's service, to Albert Duke of Prussia, *ap.* C. Paludan-Müller, *De første Konger af den Oldenborgske Slægt*, p. 620), and abolished episcopacy next day by vote of the Rigsraad. Its abolition was confirmed at the Rigsdag of Copenhagen, 15-30 Oct., whose decisions were embodied in a Royal Manifesto, and in a [No. 132] **General Recess** (N. Cragii *Annales Daniae*, Addit. I, 3 sqq., Hafniae, 1737), setting up 'other Christianlike bishops or superintendents that can teach and preach the Holy Gospel'. The King then sent for Bugenhagen to re-arrange ecclesiastical affairs. He arrived July 1537, and, writes Luther (de Wette, v. 88), 'quasi verus episcopus,' crowned the King and Queen, 12 Aug. On 2 Sept., though a mere presbyter, he 'consecrated' seven men, most of them already presbyters like himself, to be superintendents or 'bishops' (cf. Dr. A. J. Mason, 'The loss of the succession in Denmark' in *The Church Quarterly Review*, April, 1891); and published a new, but characteristically conservative [No. 132 a], **Church Ordinance** (Cragii *Annales*, Addit. II, 29 sqq.: Münter, iii. 484 sqq.), afterwards legalized by the Diet of Odense, 1539 (*ibid.* iii. 508). On 9 Sept. he reconstituted the University of Copenhagen, appointing three professors to lecture on the Old Testament, the New Testament, St. Augustine *De Spiritu et littera*, Luther's Commentary on Galatians and Melanchthon's *Loci* (Cragii *Annales*, Addit. iii. 101 sq.; Münter, iii. 476 sq.). Meanwhile, the King was received into the Schmalkaldic League, 1538 (*ibid.* iii. 512) as Duke of Holstein: and in 1542 the Danish order of things was adopted in Schleswig-Holstein, save that consistories took the place of 'bishops' (Richter, *Kirchenordnungen*, i. 353 sqq.: Münter, iii. 599 sqq.).

In **Norway**, whose independence was now to disappear by the [No. 133] **Manifesto** of 30 Oct. 1536 (*ap.* Willson, *Church and State in Norway*, 343), Christian III was at first recognized only in the south: the north held out for the imprisoned Christian II and the old faith under Olaf, Archbishop of Trondhjem 1523-37, who had, at this time, four suffragans in Norway, the Bishops of Bergen, Hamar, Opslo (Christiania), and Stavanger, and two in Iceland, Holum, and Skalholt. But on 1 April, 1537, Archbishop Olaf fled to Lierre (where he died 7 March 1538); and, 1 May, the King's forces landed at Bergen. Their leader, Truid Ulfstand, following up the Recess of 30 Oct. 1536, effected, 23 June [No. 134], **the arrest of the Bishop of Hamar** (from a contemporary source *ap.* Willson, *op. cit.* 347), and of the other prelates. Then followed confiscation and the substitution of 'superintendents' as in Denmark.

In **Iceland** (Münter, iii. 530) Gisser Einarssen became 'bishop' of Skalholt, 1540, and laboured to reform the Church, after the Danish model, till his death in 1548. There was a reaction, headed by John Aresen, Bishop of Holum, 1520-†50. But he was executed as a traitor at Skalholt, 7 Nov. 1550: and 'the last representatives of Catholicism disappeared from Iceland in 1552' (Ranke, *Popes*, i. 396).

No. 131. The Seizure of the Bishops of Denmark, 12 Aug. 1536.

After I had written yesterday the enclosed letter to Your Grace and had sent Your Grace's four ships home, I was not able to come to an agreement with my sailors as to their pay, as they did not wish to accept Danish coin on leaving. And whilst I was in treaty with them about it, His Royal Majesty sent a summons for me to appear at his Council, where Colonels of the Landsknechts, Generals, and Cavalry Officers, with Herr Johann Rantzau and Melchior Rantzau, were present, and had consulted how His Royal Majesty should proceed with his cause, because the bishops would do nothing at all as to the payment of the cavalry and infantry. It was therefore, in God's name, determined immediately to take the bishops by the head, which was to be done, in all secrecy, at night, so that to-day quite early at 4 a.m. the three Bishops of Själland [1], Skaane [2], and Ribe [3] were arrested by the Provost and the Landsknechts, and forthwith lodged in the castle at Copenhagen, each under a guard of Archers and Yeomen of the Guard, in separate rooms. At the same moment that they were taken, Copenhagen was put under guard by land and sea, so that no one could go out or come in without special permission.

This went on until the third day at 8 a.m. when His Royal Majesty summoned to himself at the Castle the other members of the Council, Herr Magnus Goye, Herr Ove Lunge, Herr Magnus Gyldenstjerne, Erik Krummedige, Mester Johann Friis, &c., and also the Bishop of Aarhus [4], for the consideration of this affair. Those who now agreed with the King and the aforenamed Councillors were in no danger, and those who did not were to be at once arrested; but I think they will all give in.

In the meantime, the King will not decide finally on the alterations in the government before the appointed Rigsdag, of which I have spoken in my first letter. Meanwhile, His Majesty will summon his nobles and friends, including Your Grace, to the Council about this matter. The other old Councillors, like Herr Anders Bilde, Herr Johann Urne, &c., who have been imprisoned at Mecklenburg, will, according to the

---

[1] Joakim Rönnov, Bishop of Roskilde, 1512-36. He appears not to have been seized till next day. [See below.]
[2] Torbern Bilde, Archbishop of Lund, 1532-6.
[3] Olaf Munk, Coadjutor of Iwar Munk, Bishop of Ribe, 1513-†39.
[4] Ove Bilde, Bishop of Aarhus, 1520-36.

treaty of peace, be given into the King's hands and keeping at Holstein, so that they will not be able to give any trouble.

Most of the young nobility, the citizens of Copenhagen and other places and the Bønder are well satisfied, and greatly rejoice at these doings; and the military also are very well pleased. May God grant to His Royal Highness success in this as in all his undertakings!

The imprisoned bishops here are to be sent to Holstein under strict guard; and also to-day the ships and soldiers are gone to Fyen[1] and Jylland[2] to seize the other bishops. The King has also sent some cavalry to-day to seize the bishop[3] at Dragsholm Castle, and to Skaane to take the bishop's[4] palaces. Herr Johann Rantzau will do the same at Jylland. If Dragsholm will not submit to the King, artillery and Landsknechts will be sent to take it by force.

No. 132. The Recess of the Diet of Copenhagen, 30 Oct. 1536.

Nos Christianus Dei gratia electus Rex Daniae et Norvegiae, Dux Slesvici, Holsatiae, Stormariae et Ditmarsiae, Comes in Oldenburg et Delmenhorst: et nos ... Daniae Regni Consiliarii: et nos infra scripti ... universa Nobilitas et Equestris Ordo ... per totum Daniae regnum: atque itidem nos infra memorati cives urbani omnium Civitatum per totum Daniae regnum ... cum delegatis, plena auctoritate instructis ex omnibus civitatibus et pagis (vulgo Herredis) per totum Daniae regnum, ad haec praesentia comitia Hafniae congregatis....

Primo, volumus Nos Christianus &c., nosque Danici regni Consiliarii et Nobiles, omne illud odii ... quod ... erga civitates, cives urbanos, rusticos et plebem habuerimus; et nos pariter Civitates, cives urbani, rustici et universa plebs, omne illud quod ... in Regiam Maiestatem ... vel in regni Danici Senatores et Nobilitatem gesserimus sopitum ... fore: et nos posthac utpote quibus regnum hoc ... conservare summum studium erit ... amice ... invicem acturos, alteramque partem alterius ... saluti consultaros esse: atque, si forte periculum ingruat ... singulos et unumquemque nostrum

[1] Fünen, where was the bishop of Odense (Knud Gyldenstjerne, Bishop 1530-†68).
[2] Jutland, where were the bishoprics of Aarhus, Viborg (Georg Fries, Bp. 1524-36); Borglum (Krumpen Stygge, Bp. 1519-36), and Ribe.
[3] sc. of Roskilde. [4] sc. the Archbishop of Lund.

vitam suam et facultates omnes in id impensuros ut hanc nostram patriam regnumque ab omnis generis aggressione . . . imprimis contra Inperatorem Romanum, contra Christiernum Regem eiusque partium studiosos . . . summa opera defensuros esse. . . .

Et quoniam nobis omnibus et singulis per hoc regnum certum et exploratum est, omne illud incommodum, damnum et excidium, cum sanguinis effusione, caedibus, incendiis &c. ceteraque regno exitiosa mala, quibus in tertium usque annum conflictatum, praesertim inde fuisse derivata quod inter Episcopos eorumque partibus addictos et Nobilitatem discordiae et dissensiones exstiterint, quodque Episcopi huius regni iusto tempore, prout par erat, ac prout ipsos facere merito oportebat, Regem non designaverint, verum potius hoc ipsum ne ab excessu Regis Frederici fieret, summa opera impediverint; neque per eos licuerit isto tempore propter immanem eorum potestatem, vim, auctoritatem, clientum numerum, insolentiam denique et libidinem, ad ordinandum reipublicae statum Regiumque constituendum imperium, quo ius et aequum omnibus praestaretur, pervenire. . . .

Itaque Nos universi et singuli, post tempestivam deliberationem . . . constituimus . . . ut ab hoc usque tempore n perpetuum iidem illi Episcopi, ob eiusmodi iam memorata crimina et facinora depositi, nunquam ad Episcopalem suum dominatum, aut ad dioeceses et dioecesium bona sint redituri; neque illi ipsorum similes, aut alii pro Episcopis se gerentes ad imperium ecclesiasticum in regno exercendum accipiendi, proponendi, eligendi aut admittendi sint; sed omnino ac prorsus existant et maneant abrogati.

Attamen alii pii et Christianorum morum Episcopi seu Superintendentes (quorum officium esto multitudinem instituere, coetusque sibi commissos sacrosancti Evangelii et verbi Divini expositione ad rectam Christianae fidei cognitionem perducere) ordinantor.

Et quoniam Episcopi in hoc regno existentes in hunc usque diem Divino verbo et Evangelio restiterunt, atque ne idem coetibus et multitudini pure et incorrupte annunciaretur, impediverunt; insuper vitam munere Episcopali dignam . . . neutiquam egerunt; potius autem secularem fastum et pompam sunt consectati, usque adeo ut in toto regno aegre duo fuerint inventi, qui appellationem ab officio suo saltem admittere aut Episcopale nomen gerere voluerint; neque minus quod, ut dictum, causa nuperae seditionis exstiterint unde ... abrogati sunt, nec vel ii vel alii eorum similes Episcopi cum eiusmodi potestate et dominatu posthac admittendi erunt: igitur, quo Corona regni et Rex Daniae virium accessione augeatur ... neque adeo necessum sit amplius, ... casu quodam imminente, universos regni incolas tributis, sicut iam factum, onerare; unanimes et communi consensu decrevimus et sancivimus ut omnia dioecesium Episcopalium bona, arces, villae, castra, praedia fundique rustici, quorum possessione, usu et fructibus Episcopi sunt gavisi, posthac cum omnibus reditibus, proventibus et ceteris quae ad ea pertinent, in Regis sustentationem publicumque regni commodum et emolumentum cedant, et in perpetuum Coronae Danicae subiiciantur. ...

Itidem in omnes Praesulatus, beneficia, dignitates Ecclesiasticas aliaque id genus feuda, quorum concedendorum potestas antehac penes Coronam regni, Regem et Episcopos fuit, ius patronatus posthac Rex habeto, possideto et retineto. Pariter Nobilitas et equestris ordo ad templa et feuda ecclesiastica iure illo patronatus, quod sibi legitime competere et hucusque ad se pertinuisse litterarum et sigillorum fide possint commonstrare, utuntor fruuntorque.

Hoc tamen ita amplius intelligendum ut homines feuda eiusmodi clientelari iure tenentes, eisdem, quoad vixerint, fruantur; post excessum vero hominum beneficia ecclesiastica dicto iure possidentium, cuicunque equestris ordinis viro aut nobili in hoc regno liberum sit praedia illa et fundos recuperare, quorum legitimos se heredes esse sufficientibus litterarum et sigillorum testimoniis confirmare possint. Omnia autem coenobia, omnesque praesulatus, dignitates et beneficia, canonicatus, ceteraque Ecclesiarum feuda, hisce non expressa, in statu suo conservantor, donec Rex et Senatores regni Daniae cum aliis sapientibus doctisque viris, in consilium istud advocandis, aliter de iisdem constituerint: cuicunque tamen iure suo salvo et integro prorsus manente. Monachis liberum concessumque esto ex Monasteriis exire, quotquot in iis nolunt ulterius aetatem degere: qui vero porro cupiunt ibidem commorari, superioribus suis, Abbatibus, Prioribus aut Praepositis monasteriorum obedientes ... sunto, vitamque monasticam agunto, castitate et integritate, Christianis hominibus digna, coniunctam; aut monasteriis exeunto: ii etiam qui intra claustra coenobiorum aetatem sunt traducturi, divinum Verbum, publicis ibi concionibus exponendum, audiunto. Neque utique illis licentia aut facultas posthac esto, sine Regis et Senatus regni . . . consensu aliquid praediorum, fundorum et possessionum ad monasteria pertinentium, abalienandi, vendendi vel oppignerandi.

Et quoniam plebs et commune rusticorum se gravatum supra modum sentit variarum rerum exactionibus ac tributis quae sub diversis nominibus, muneris Episcopalis, avenae, oblationis butyri aliorumque esculentorum, frumenti pro aratione et similium, ab ecclesiasticis imposita, eisdem consueverunt pendi : de eo inter nos convenit ut rustici et universa plebs per totum regnum posthac decimam quamque mergitem tritici, siliginis, hordei, avenae omnisque generis frumenti quod divino beneficio ex agris provenit, recte et absque dolo pendant ac repraesentent, decimam etiam ex pecoribus, veteri ex consuetudine : in Hallandia vero, Blekingia atque Listria, ubicunque frumenti decimae non praestantur, butyrum aut aliud, quod antiquitus apud eos obtinuit, decimarum loco adferant : neque alio quocunque onere, sive oblationes esculentorum et butyri, sive cetera id genus supra recitata fuerint, a pastoribus ecclesiarum graventur.

At vero, Episcopis nunc depositis atque abrogatis, quoniam omnino opus futurum, cum viros quosdam constitui, singulari doctrina praeditos, quorum officium erit animadvertere ac attendere ut omnes paroeciarum sacerdotes per totum regnum conciones habeant, iisque verbum Dei et Evangelium coetus suos doceant ; tum ut ludi aperiantur conserventurque, ubi adolescentes in Latina aliisque linguis instituantur ne desideretur in regno virorum eruditorum copia : talibus autem viris doctis alendis et sustentandis volumus praedictam decimam per totum regnum attribui, in tres utique partes dividendam. Primam eius partem sacerdos paroeciae obtineto : secunda aedi sacrae dator : tertia Regi ceditor, quippe cuius erit memoratis viris doctis de alimentis vitaeque necessariis prospicere. . . .

No. 132 a. Ordinatio Ecclesiastica, 2 Sept. 1537.

(1) *From the King's Preface.*—Christianus Dei gratia &c. Postquam Dominus Deus nobis avitum paternumque regnum tradidit, sopitis bellorum tumultibus, nihil prius in votis erat quam collapsam Christi doctrinam et religionem instaurare, quemadmodum et iamdudum pro nostris terris cupieramus. Donec voti compotes facti sumus ; sit Christo gratia ! Convocatis igitur Doctoribus et praedicatoribus ecclesiarum, ex Daniae regno et Ducatibus nostris, mandavimus ut ordina-

tionem aliquam sacram nobis conscriberent, de qua consultaremus.

Hanc acceptam misimus ad R. P. D. Martinum Lutherum: per quem Dei clementia hisce novissimis temporibus nobis restituit sacri Evangelii Christi sinceritatem. Is cum aliis qui Vittembergae sunt Theologis eam approbavit. Ut vero hoc divinum negotium recte gereretur, rogavimus Illustrissimum Principem Ioannem Fridericum Ducem Saxoniae, Electorem &c., amicum nostrum summum, ut mitteret ad nos dilectum nobis Ioannem Bugenhagium Pomeranum, S. T. D. Huius viri consilio et opera cum nostris consiliariis usi sumus, in Ordinatione hac sacra conficienda, ut sciatis non temere sed tot et tantis arbitris hic nos egisse. Porro perfectam Ordinationem obtulimus, per Cancellarium nostrum, Regni consiliariis: hi probarunt susceperuntque omnia quae ordinatio habet: tantum rogaverunt ut admonerentur praedicatores, quo in principio modestius coram Ecclesia agerent cum illis peccatoribus qui pro tempore prohibendi sunt a sacramento Coenae Dominicae. Et cui haec non placerent, modo sit Christianus?... Contra Evangelium et institutionem Christi nullus est audiendus, *ne angelus quidem e caelo*, ut Paulus dicere audet: et Christus ait, *oves meae non norunt vocem alienorum, sed fugiunt ab eis.*

Quid hic stulti expectamus Concilia, ut moriamur interim in infidelitate et impietate nostra? Concilia aut humanae ordinationes hic nihil possunt contra ordinationem divinam. Si Concilia damnarent doctrinas Daemoniorum et traditiones Antichristianas, quibus hactenus seducti sumus, et iuberent Evangelium sincere doceri et sacramenta tradi, secundum Christi institutionem et Apostolicam doctrinam, ut nunc nos facimus hoc Concilio nostro et ordinatione: impii essent et non Christiani qui non amplecterentur. Sed talia iamdudum frustra expectavimus. At aiunt: Evangelium non prohibemus, sed deberetis expectare nostram sententiam de vestra doctrina, num sit verum Evangelium. Respondemus: Nihil moramur, quod sic ludunt verbis et calumniantur. Apud nos verum Evangelium est, quod praedicat afflictis conscientiis gratuitam remissionem peccatorum, propter solum Christum filium Dei pro nobis traditum. Ablato peccato reputamur iusti a Deo, sumus filii Dei et heredes vitae aeternae et omnium Dei bonorum, dilecti a Patre in aeternum, in Dilecto Filio Dei quem per fidem suscepimus. Hunc Pater nobis dedit, quomodo non in illo donaret nobis omnia? Non est aliud Evangelium. Pro hoc Evangelio gloriae Dei Antichristiana factio reddidit nobis doctrinas daemoniorum, in hypocrisi, id est, maxima religionis specie docentium vel praedicantium mendacium, satisfactiones, statuta, regulas, observantias, indulgentias, peregrinationes, fraternitates, sacrificia excogitata, missales abominationes, purgatorium, aquam benedictam, leges ieiuniorum, murmura horarum canonicarum, vigilias mortuorum, loca sancta, baptismum campanarum, unctiones, rasuras, vestes sacras, impurissimum coelibatum, abiurationem a Deo creati et instituti coniugii, prohibitiones ciborum, prohibitionem calicis Christi, invocationem sanctorum, abusum omnium operum et ceremoniarum, quibus nos docebant placare Deum et satisfacere pro peccatis et mereri remissionem peccatorum. Confitebantur, ut Paulus ait, se nosse Deum, sed his doctrinis et factis negabant verum Evangelium, sanguinem Iesu Christi et misericordiam Dei Patris, hoc est, gratuitam remissionem peccatorum propter solum Christum. Haec mendacia Antichristi nunc remittimus Satanae, unde venerunt : et damus gloriam Deo, recepto vero Christi Evangelio. Sacramenta vero et damus et accipimus, secundum Christi institutionem ; accipimus autem ab ipso D. N. I. C., licet per manum ministri ; sicut et Evangelium ab ipso, licet per os ministri sive praedicatoris. Quid hic deest nobis quominus habeamus Evangelium verum ? . . .

Mandamus igitur omnibus subditis nostris . . . ut hasce Dei et nostras ordinationes, quas iussimus per Typographum invulgari, suscipiant, servent, tueantur, quisque pro modo suo : et Praefectis nostris, cum Superintendentibus, ut quam primum licet, in Civitatibus et Pagis quae ordinata sunt, exsequantur et servari curent. Reputate vero cum animis vestris, si Dei ordinationi, quae est potestas gladii, resistentes, sibi ipsis iudicium et damnationem accipiunt, ut ait Paulus, maiore damnatione iudicandos, qui Dei ordinationem, Evangelium D. N. I. C. contempserint aut illi restiterint ; id quod Moses praedixit : qui *Prophetam illum*, id est, Christum *non audierit, ego ultor existam, dicit Dominus.*

Neque etiam per nos impune fecerit, quisquis his ordinationibus temere restiterit, id quod faciemus secundum potestatem nobis a Deo datam. D. N. I. C. conservet vos in aeternum.

Datum Haffniae, in Castro nostro, A.D. MDXXXVII, secunda Septembris : qua die publice ordinati sunt dioecesium Superintendentes.

(2) From the *Ritus instituendi ministros.—Est autem Ordinatio nihil aliud quam ritus ecclesiasticus, vocandi aliquem in*

ministerium Verbi et Sacramentorum. Nemo enim per se, non vocatus rite, subire ministerium in Ecclesia debet, aut parochiam invadere . . .

. . . Suscipiat eum [sc. electum presbyterum] Superattendens in templum civitatis, ubi habitat, et coram altari publice sic eum ordinet, hac ceremonia :

Primum, post lectam Epistolam in Missa, unus ex presbyteris ascendat suggestum, et dicat, *illum virum, N. vocatum ab ecclesia N. ad publicum sacri Evangelii ministerium, habere bonum testimonium vitae, apud illam ecclesiam, probatum ab Episcopo in doctrina sincera ; Nunc ordinandum ad hoc illius ecclesiae officium coram altari, sacra lectione, exhortatione, manuum impositione, et oratione. Idcirco exhortari se ut populus interim oret et commendet ministrum cum ministerio Deo ut hoc cedat in gloriam Dei et salutem multorum ; nec minus gratias agat Deo per Christum, quod praedicatores suae Ecclesiae mittit ; siquidem haec sunt dona quae Christus ascendens suae donavit ecclesiae, ut est* Eph. iv. [8] *Ascendens in altum,* &c.

Deinde cantante schola, *Veni, Sancte Spiritus,* Latine, coram altari geniculatur ordinandus, cum aliquot presbyteris qui adesse possunt ; et Superattendens stans ad altare, dicat Collectam, *Deus qui corda fidelium Sancti Spiritus,* &c. Deinde, versus ad populum, legat sacram lectionem de episcopis, ex Epistola ad Titum, vulgari sermone. Post lectionem, proponat ordinando mandata de Evangelio sincere praedicando et de Sacramentis recte administrandis ; deinde ut recte doceat de poenitentia, de cruce, de magistratu et obedientia, de bonis operibus, et resistat per sanam doctrinam erroribus, et ut diligenter studeat sacris litteris, sit quoque assiduus in oratione. Ad quae omnia, aperta voce, coram omnibus respondeat, sese haec diligenter curaturum secundum gratiam Dei.

Deinde Episcopus sive Superattendens cum presbyteris imponat ordinando manus, et oret aperta voce vulgariter, *Pater noster* ; et addat Collectam, ad hoc factam, sine tono : et in fine iubeat totam ecclesiam respondere *Amen.* Mox canitur vulgariter *Nunc precamur Sanctum Spiritum,* integre cum omnibus versibus. Interim Superattendens geniculatur coram altari, et orat secreto. Finito vero primo versu cantici, surgit et stat altare versus et simul surgunt alii presbyteri cum ordinato : et ordinatus accipit sibi locum non procul ab altari, ut accipiat communionem sacram ; ad quam prae ceteris tunc primus debet accedere.

Ita hoc totum negotium Ordinationis perficietur, secundum dictum Pauli ; *Creatura sanctificatur per Verbum et Orationem.*

(3) From the *Ritus Ordinationis Superintendentis.*—Hisce ceremoniis ordinabitur publice Superintendens, dominica die aut festo.

Lecta Epistola in Missa aliquis Praedicator vel Praepositus, conscenso suggestu, dicit populo, *N. esse electum in Superattendentem, pium virum, industrium, modestum, doctum, &c. Ideo se admonere ut orent pro eo et verbi ministerio, Pater noster, &c.*

Mox canitur *Veni, Sancte,* &c. Interim ingreditur populus ad chorum, vel prope, ut licet. Ordinator autem, propius accedens ad populum ut possit exaudiri, indutus superpelliceo et cappa chorali, ut vocant, cum ordinando, induto superpelliceo, et aliis presbyteris, superpelliceo indutis, qui adesse possunt, iubet primum orari, *Pater noster* ; ut adsit Deus huic negotio. Mox surgens et stans commendat brevibus : *Ministerium verbi sanctissimum, utilissimum, necessarium, &c. Magno praeconio Spiritus Sanctus in Paulo laudat hoc ministerium, Ecclesiae a Christo glorificato datum, dicens : Ascendens Christus in altum, dedit hominibus dona, quosdam Apostolos, alios Evangelistas, &c. ita ut, si huc respicias, merito inter festa Christi nobis festum Pentecostes debeat esse maximum. Nascitur quidem Christus, patitur et resurgit ; sed quid mundo prodesset iste thesaurus nisi in festo Pentecostes et postea usque ad finem mundi, praedicatores et doctores verbi faceret, qui thesaurum mundo per verbum distribuerent, de quibus ait, Qui vos audit ? &c. Igitur pro hac dioecesi electus est hic N. vir bonus, pius, &c.*

Inde canitur Psalmus, *Domine, Dominus noster,* &c. Ex quo mox unum et alterum versum Ordinator interpretatur, de Christi praedicatoribus et regno Christi, brevissime. Debet enim Ordinator cavere, ne prolixitate taedio afficiatur populus, et contemnat hoc negotium.

Mox legit Superintendenti officia ipsius, ex Ordinatione ; maxime ex capite de victu et salario Superintendentum . . . et postea mandat ei *ut sincere doceat Evangelium, id est, remissionem peccatorum et vitam aeternam in Christo Iesu filio Dei solum ; item, de caritate, cruce, poenitentia, magistratu, obedientia ex verbo Dei ; item, de sacramentis ex Christi institutione, non aliud aut aliter. Promittis ?* Respondet, *Promitto.* Ordinator addit : *Da dexteram* ; et ille dat.

Sequitur statim Psalmus qui canitur, *Ecce nunc benedicite Domino, &c.* Post Psalmum dicit Ordinator : *Vobis pastoribus canitur hic Psalmus, ut levetis manus, id est, oretis et benedicatis Domino, id est, praedicetis benedictionem in semine Abrahae*

Christo, &c. etiam noctu, non solum in die, id est, assidue et cum summa diligentia, ita contra regnum Satanae agentes.

Et pergat sic dicens : *Hactenus cecinimus sacra cantica et Psalmos, commendantes officium verbi ; nunc de eodem audiamus, et sacras lectiones.*

Hic aliquis ex presbyteris recitet lectionem : *Sic dicit Paulus Episcopo,* Tit. i. [5–16].

Secundus presbyter statim recitet lectionem alteram : *Actorum* xx. *Paulus valedicens presbyteris Ephesiorum dicit* [25–37].

Tertius presbyter mox subiungat tertiam lectionem : 2 *Tim.* iv. *dicit Paulus ad praedicatorem* [1–5].

Post has lectiones Ordinator dicit : *Haec omnia admonent officii sui praedicatores et simul declarant quam placeat Deo hoc officium, et necessarium sit Ecclesiae. Nam per praedicatorem suum Christus ipse praedicat, baptizat, dat Sacramentum, arguit, exhortatur, consolatur, quae maxima est nostri consolatio in isto ingrato et contemptore mundo,* &c. Pergit vero sic dicens : *Post haec omnia scire debetis omnes quod haec ordinatio sanctificatur per haec duo, nempe per verbum et orationem ; ut et quaelibet creatura ad usum et ministerium nostrum ; id quod Paulus sic dicit : Omnis creatura Dei bona est ad utendum cum gratiarum actione fidelibus, et qui noverunt veritatem. Sanctificatur enim per verbum et orationem. Haec Paulus.*

Verbum, quo nobis commendatur et sanctificatur hoc ministerium, apostolicum audistis, tametsi praeterea multa alia scripta sunt. Nunc ergo, ut perficiatur haec sanctificatio, addamus et alterum, nempe orationem.

Cum de omnibus orare debemus, maxime opus est ut oremus pro praedicatoribus et ministerio verbi. Nam, ut dicitur Lucae vi. [12], *Christus tota nocte oravit, quando mane ordinaturus erat XII Apostolos. Item alibi dicit : Rogate dominum messis,* &c.

Orationi etiam addebant Apostoli et Seniores Ecclesiae manuum impositionem, cum ordinarent vel mitterent praedicatores, ut vides in Actis. Quem morem susceperunt postea Ecclesiae Christi ab Apostolis, quemadmodum Paulus hortatur Episcopum, dicens : 1 *Tim.* v. [22] *Manus ne cito alicui imponas. De praedicatoribus et doctoribus ecclesiarum haec dicuntur, non de Missariis. Olim hostiis manus imponebantur, ut vides in Lege Mosis. Scitote et hic nos Deo offerre ad sacrum ministerium eos quibus manus imponimus.*

Hoc ergo et nos, ab Apostolis docti, hic faciemus, in nomine D. N. I. C.

Hic Ordinator, cum presbyteris et senioribus, imponit capiti eius manus, et dicit aperte: *Oremus. Pater noster,* &c. Et addit: *Omnipotens aeterne Pater, qui ita nos docuisti per unigenitum Filium tuum, unicum Magistrum nostrum, Messis est multa, operarii vero pauci, rogate ergo dominum messis, ut mittat operarios in messem suam: quae verba nos admonent bonos operarios, id est, praedicatores et ecclesiarum doctores a tua gratia seria et fideli prece petendos: nos tuam immensam bonitatem precamur ut clementer respicias hunc famulum tuum quem ad episcopale ecclesiae officium eligimus, ut sit diligens in verbo tuo, ad praedicandum unicam nostram salutem Iesum Christum, ad docendas conscientias, ad consolandum, ad monendum, et arguendum cum omni patientia et doctrina, ita ut sacrosanctum Evangelium perpetuo apud nos duret, sincerum et sine fermento humanae doctrinae et fructum ferat nobis omnibus aeternae salutis; per eundem I. C., Filium tuum, D. N.* Respondetur ab omnibus: *Amen.*

Et statim canitur Danice: *Nunc rogamus Spiritum Sanctum, propter fidem rectam maxime,* &c.

Interim procumbit Ordinator coram altari, cum ordinato et aliis presbyteris; et orant, dum cantatur primus cantici versus. Deinde surgunt, et vadit quisque in locum suum, ut postea, cum aliis fidelibus, accipiant sacram Christi communionem in hac Domini Coena.

Omnia praedicta dicantur et legantur Danice, ut Ecclesia intelligat. Psalmi cantentur Latine. Sequitur enim brevis expositio ex Psalmis, vulgari sermone, eorum quae huc pertinent.

Cum legitur ultima Collecta in hac Coena Dominica, accedentes procumbant rursum ad altare, et suscipiant ultimam illam et consuetam benedictionem; utcumque non ipsis tantum, sed toti ecclesiae annuncietur et detur.

Finis Ordinationis Superintendentis.

No. 133. The Manifesto of Christian III, 30 Oct. 1536.

§ 3. Because the kingdom of Norway is now so bereft of power and wealth, and the people of the kingdom of Norway are not able alone to support a lord and king for themselves, and this same kingdom is yet bound to remain for ever with the crown of Denmark, and most of the council of the kingdom of Norway, especially Archbishop Olaf, who is now the greatest man in the kingdom, within a short time has twice, with the most part of the council of Norway, fallen from the kingdom of Denmark, contrary to their plighted faith: We have therefore promised and vowed to the council and nobles of the kingdom of Denmark that if God Almighty so ordain it, that this same kingdom of Norway or any of its dependencies, castles, or districts, should fall under our authority, or be conquer~d by us, so shall they hereafter be and remain under the crown of Denmark, as are one of these other countries, Jylland, Fyen, Sjaelland or Skaane, and not hereafter be or be called a separate kingdom, but a dependency of the kingdom of Denmark, and under its crown always. But if any strife should arise from this, the council and people of the kingdom of Denmark shall be bound faithfully to help to support us in it.

No. 134. The arrest of Magnus Lauritssen, 1520-†43, last Bishop of Hamar, 23 June 1537.

As Herr Truid and the bishop went together to Strandbakken, he fell on his knees and thanked God in heaven for every day he had lived. Then he bade good night to the canons and the priests, then to his cathedral and cloister, then to his chief men, to the common people, both townsmen and bønder, entreating them all to pray heartily for him, and said he hoped he would soon come to them again. But added, 'O God our heavenly Father, if not before, grant that we may meet one another in heaven.' This prayer he uttered with many tears and added, 'Vale! Vale! Vale!'

XXXIX

THE FOUNDING OF THE JESUITS BY PAUL III

While the Emperor was contemplating concession the Pope was induced, by the conciliatory Contarini (Letter to Loyola 3 Sept. 1539, *ap.* Genelli, *Life of St. Ignatius of Loyola,* 164, tr. Meyrick), to give his sanction to the militant 'Company of Jesus' founded by Ignatius Loyola, 1491-†1556. The Society was thus in time the first, as in operation the most effective, instrument of the Counter-Reformation. For the events which led to the [No. 135] **Bull Regimini militantis ecclesiae** (*Magnum Bullarium Romanum,* i. 743 sqq.), and for the early history of the Society, see Ranke, *Popes,* Bk. I, §§ 4, 7 : and Philippson, *La Contre-révolution religieuse,* Livre I. The limit of § 16 was removed by *Iniunctum nobis,* of 14 March 1543.

No. 135. The Bull Regimini Militantis Ecclesiae.

Regimini Militantis Ecclesiae, meritis licet imparibus, disponente Domino, praesidentes et animarum salutem, prout ex debito pastoralis officii tenemur, sollicitis studiis exquirentes, fideles quoslibet qui vota sua in id exponunt Apostolici favoris gratia confovemus, aliasque desuper disponimus, prout temporum et locorum qualitate pensata, id Domino conspicimus salubriter expedire.

§ 1. Nuper siquidem accepimus quod dilecti filii Ignatius de Loyola[1] et Petrus Faber[2] ac Iacobus Laynez[3] necnon Claudius Iayus[4] et Paschasius Broet[5] ac Franciscus Xaviere[6] necnon Alphonsus Salmeron[7] et Simon Rodericus[8] ac Ioannes Coduri[9] et Nicolaus de Bobadilla,[10] presbyteri Pampilonen. Gebennen. Seguntin. Toletanen. Visen. Ebredunen. et Palentin.[11] civitatum et dioecesium respective, in artibus Magistri in Universitate Parisiensi graduati et in theologicis studiis per plures annos exercitati, Spiritu sancto (ut pie creditur) afflati, iam dudum e diversis mundi regionibus descendentes in unum convenerunt et socii effecti, abdicatis huius saeculi illecebris, eorum vitam perpetuo D. N. I. C. atque nostro et aliorum successorum nostrorum Romanorum Pontificum servitio dedicarunt, et iam quamplurimis annis laudabiliter in vinea Domini se exercuerunt, Verbum Dei praevia sufficienti licentia publice praedicando, fideles privatim ad bene beateque vivendum exhortando, et ad pias meditationes excitando, hospitalibus inserviendo, pueros et personas rudes ea quae ad Christianam hominis institutionem sunt necessaria docendo, et demum omnia charitatis officia et quae ad animarum consolationem faciunt, ubique terrarum ubi peregrinati sunt, multa cum laude obeundo.

§ 2. Cumque ad hanc almam Urbem se contulerint, et in charitatis vinculo persistentes ad perficiendam et conservandam eorum Societatis in Christo unionem, quandam vivendi formulam iuxta ea quae ad propositum sibi finem conducere usu didicerunt, evangelicis consiliis et canonicis patrum sanctionibus conformem ediderint, factum est ut ipsorum sociorum vitae institutum, sub dicta formula comprehensum, non solum a

---

[1] Ignatius Loyola, of Pamplona.
[2] Pierre Lefèvre, † 1546, a Savoyard, dio. Geneva.
[3] J. Laynez, †1565, a Spaniard, of Almazan, in Castille.
[4] Claude Le Jay, †1552, a Savoyard, of Aise, dio. Geneva.
[5] P. Brouet, † 1562, a Frenchman, of Brétancourt, near Amiens.
[6] F. Xaviere, †1552, a Spaniard, of Pamplona.
[7] A. Salmeron, †1585, a Spaniard, of Toledo.
[8] S. Rodriguez, a Portuguese, of Buzella, near Viseu.
[9] J. Codure, † 1541, a Frenchman, of Embrun, in the Dauphiné.
[10] Nicholas Alphonso, †1590, a Spaniard, of Bobadilla.
[11] Pamplona, Geneva, Segovia, Toledo, Viseu, Embrun, and Palencia.

multis probis viris et Deum zelantibus laudetur, verum etiam a quibusdam ita approbetur ut illud etiam sequi velint.

§ 3. Formulae autem praedictae tenor sequitur, et est talis.

§ 4. Quicumque in *Societate* nostra quam *Iesu* nomine insigniri cupimus vult sub crucis vexillo Deo militare et soli Domino, atque Romano Pontifici, eius in terris Vicario, servire, post solemne perpetuae castitatis votum, proponat sibi in animo se partem esse Societatis ad hoc potissimum institutae ut ad profectum animarum in vita et doctrina Christiana et ad fidei propagationem per publicas praedicationes et verbi Dei ministerium, spiritualia exercitia et charitatis opera et nominatim per puerorum ac rudium in Christianismi institutionem ac Christifidelium in confessionibus audiendis spiritualem consolationem praecipue intendat, curetque primo Deum, deinde huius instituti rationem, quae via quaedam est ad illum, semper ante oculos habere et finem hunc sibi a Deo propositum totis viribus assequi. Unusquisque tamen secundum gratiam sibi a Spiritu sancto subministratam, et vocationis suae proprium gradum, ne quis forte zelo utatur sed non secundum scientiam : cuius proprii cuiusque gradus iudicium et officiorum discretio ac distributio tota sit in manu Praepositi seu Praelati per nos eligendi, ut congruus ordo servetur in omni bene instituta communitate necessarius.

§ 5. Qui quidem Praepositus de consilio consociorum constitutiones ad constructionem huius propositi nobis finis conducentes in consilio condendi auctoritatem habeat, maiori suffragiorum parte semper statuendi ius habente. Consilium vero intelligatur esse in rebus quidem gravioribus ac perpetuis maior pars totius Societatis quae a Praeposito commode convocari poterit, in levioribus autem et temporaneis omnes illi quos in loco ubi Praepositus noster residebit praesentes esse contigerit ; iubendi autem ius totum penes Praepositum erit.

§ 6. Sciant omnes socii et non solum in primis professionis suae foribus sed quoad vixerint quotidie animo volvant Societatem hanc universam et singulos sub S. D. N. Papae et aliorum Romanorum Pontificum successorum eius fideli obedientia Deo militare, et quamvis evangelio doceatur et fide orthodoxa cognoscamus ac firmiter profiteamur omnes Christifideles Romano Pontifici tanquam capiti ac I. C. Vicario subesse, ad maiorem tamen nostrae Societatis humilitatem ac perfectam uniuscuiusque mortificationem, et voluntatum nostrarum abnegationem summopere conducere iudicavimus singulos nos, ultra illud commune vinculum, speciali voto adstringi. Ita ut quicquid modernus et alii Romani Pontifices pro tempore existentes iusserint, ad profectum animarum et fidei propagationem pertinens, et ad quascumque provincias nos mittere voluerit sine ulla tergiversatione aut excusatione illico quantum in nobis fuerit exequi teneamur, sive miserit nos ad Turcas sive ad quoscumque alios infideles etiam in partibus quas Indias vocant existentes, sive ad quoscumque haereticos seu schismaticos seu etiam ad quosvis fideles. Quamobrem qui ad nos accessuri sunt, et antequam huic oneri humeros supponant, diu multumque meditentur an tantum pecuniae spiritualis in bonis habeant ut turrim hanc iuxta consilium Dominicum possint consummare; hoc est, an Spiritus sanctus qui illos impellit tantum illis gratiae polliceatur ut huius vocationis pondus, illo adiuvante, se laturos sperent, et postquam Domino inspirante huic Iesu Christi militiae nomen dederint, die noctuque succincti lumbos et ad tam grandis debiti solutionem prompti esse debebunt.

§ 7. Ne qua autem possit esse inter nos missionum ac provinciarum huiusmodi aut ambitio vel detractio, profiteantur singuli se numquam directe aut indirecte de huiusmodi missionibus quicquam cum Romano Pontifice curaturos, sed omnem hanc curam Deo et ipsi Pontifici, tanquam eius Vicario, et Societatis Praeposito dimissuros. Qui Praepositus sicut caeteri etiam profiteatur se nihil de suimet ipsius missione in alterutram partem, nisi de Societatis consilio, cum dicto Pontifice esse curaturum.

§ 8. Voveant singuli se in omnibus quae ad Regulae huius nostrae observationem faciunt, obedientes fore Societatis Praeposito.

§ 9. Ille autem iubeat ea quae ad constructionem propositi sibi a Deo et a Societate finis cognoverit esse opportuna; in praelatione autem sua benignitatis ac mansuetudinis charitatisque Christi Petri Paulique formulae semper sit memor et tam ipse quam consilium ad normam hanc assidue spectent. Et nominatim commendatam habeant institutionem puerorum ac rudium in Christiana doctrina decem praeceptorum, atque aliorum similium rudimentorum quaecumque secundum circumstantias personarum, locorum ac temporum illis congrua videbuntur. Etenim maxime necessarium circa providentiam huius rei diligenter Praepositum et Consilium vigilare, cum et in proximis aedificium fidei sine fundamento non possit consurgere, et in nostris periculum sit ne ut quisque erit doctior, ita provinciam hanc tanquam primo aspectu minus speciosam forsitan detrectare conetur, cum tamen re vera nulla sit fructuosior vel proximis ad aedificationem vel nostris ad caritatis et humilitatis simul officia exercenda. Subditi vero tum propter ingentes ordinis utilitates, tum propter nunquam satis laudatum humilitatis assiduum exercitium, Praeposito in omnibus ad institutum Societatis pertinentibus parere semper teneantur, et in illo Christum veluti praesentem agnoscant et quantum decet venerentur.

§ 10. Cum autem experti fuerimus iucundiorem, puriorem et ad proximi aedificationem aptiorem esse vitam ab omni avaritiae contagione quam remotissimam, et evangelicae paupertati quam simillimam; cumque sciamus D. N. I. C. servis suis regnum Dei solum inquirentibus necessaria ad victum et vestitum esse subministraturum; voveant singuli et universi perpetuam paupertatem, declarantes quod non solum privatim sed neque etiam communiter possint pro Societatis sustentatione aut usu ad bona aliqua stabilia aut ad proventus seu introitus aliquos ius aliquod civile acquirere, sed sint contenti usu tantum rerum sibi donatarum, ad necessaria sibi comparanda recipere.

§ 11. Possint tamen habere in universitatibus collegium seu collegia habentia redditus, census seu possessiones, usibus et necessariis studentium applicandas, retenta penes Praepositum et Societatem omnimoda gubernatione seu superintendentia super dicta collegia et praedictos studentes, quoad gubernatoris seu gubernatorum, ac studentium electionem ac eorundem admissionem, emissionem, receptionem, exclusionem, statutorum ordinationem, circa studentium instructionem, aedificationem ac correctionem, victus vestitusque eis ministrandi modum, atque aliam omnimodam gubernationem, regimen ac curam. Sic tamen ut neque studentes dictis bonis abuti, neque Societas in proprios usus convertere possit, sed studentium necessitati subvenire. Qui quidem post cognitum in spiritu et literis eorum profectum, et post sufficientem probationem in Societatem nostram admitti possint.

§ 12. Socii omnes quicunque in sacris fuerint, quamvis beneficia ecclesiastica aut eorum redditus non habeant, teneantur tamen singuli, privatim ac particulariter et non communiter ad dicendum officium secundum ecclesiae ritum.

§ 13. Haec sunt quae sub praefati D. N. Pauli et Sedis Apostolicae beneplacito de nostra professione typo quodam explicare potuimus; quod nunc fecimus ut summatim scriptione hac informaremus, tum illos qui nos de nostro vitae instituto

interrogant, tum etiam posteros nostros, si quos, Deo volente,
imitatores unquam habebimus huius vitae : quam cum multas
magnasque habere annexas difficultates fuerimus experti, opportunum iudicavimus etiam statuere ne quis in hac Societate
recipiatur nisi diu ac diligentissime fuerit probatus. Cumque
prudens in Christo, et vel doctrina seu vitae Christianae
puritate apparuerit conspicuus, tunc demum admittatur ad Iesu
Christi militiam : qui tenuibus coeptis nostris favere dignetur
ad gloriam Dei Patris, cui soli sit semper decus et honor in
saecula, Amen.

§ 14. Cum autem nil in praemissis reperiatur quod pium non
sit aut sanctum, Nos (ut iidem socii qui Nobis super hoc humil-
lime supplicari fecerunt, in eorum pio vivendi proposito eo promp-
tiores existant quo se maiori Sedis Apostolicae gratia complecti
cognoverint et praemissa per Nos approbari viderint) praemissa
omnia singula tanquam ad spiritualem profectum eorundem
sociorum et reliqui Christiani gregis opportuna, Apostolica
auctoritate, tenore praesentium ex certa scientia approbamus,
confirmamus et benedicimus ac perpetuae firmitatis munimine
roboramus, ipsosque socios sub nostra et huius sanctae Sedis
Apostolicae protectione suscepimus, eis nihilominus con-
cedentes quod particulares inter eos constitutiones quas ad
Societatis huiusmodi finem et I. C. D. N. gloriam ac proximi
utilitatem conformes esse iudicaverint, condere libere ac licite
valeant.

§ 15. Non obstantibus generalis Concilii et felicis recordationis Gregorii Papae X praedecessoris nostri ac quibusvis
aliis constitutionibus et ordinationibus Apostolicis caeterisque
contrariis quibuscumque.

§ 16. Volumus autem quod in Societate huiusmodi usque
ad numerum sexaginta personarum normulam vivendi huiusmodi profiteri cupientium, et non ultra, admitti et Societati
praefatae aggregari dumtaxat valeant.

XL

THE COLLOQUY OF RATISBON, 1541

On his return to Germany, Jan. 1541, the Emperor, as he
thought, saw a way to peace in reliance upon (*a*) the middle-party
of reform just victorious in Brandenburg, and (*b*) Philip of Hesse,
who, with his son-in-law, Maurice, now Duke of Saxony, 1541–†53,
had come over from the League. Paul III also still looked for
advice to the group of reforming Cardinals, the most distinguished

of whom was the conciliatory Gaspar Contarini, 1483–†1542. It was thought that something might be gained by discussion. After abortive conferences at Hagenau, 12 June—16 July 1540, and at Worms, 14–18 Jan. 1541, where the basis of discussion was the Confession of Augsburg, the Pope sent Contarini as Legate with, 28 Jan. 1541, instructions (Quirini *Epistolae Poli*, III. cclxxxvi. sqq.) which gave him 'a certain latitude' (Ranke, *Popes*, i. 121): and the Emperor presided in person when the Proposition (*Corp. Ref.* iv. 151) was read at, 5 April, the opening of the Diet of Regensburg (cf. Pastor, *Reunionsbestrebungen*, 218 sqq.; Vetter, *Die Religionsverhandlungen auf dem Reichstage zu Regensburg*, 1541). On 22 April Charles admonished (*C. R.* iv. 186) the six theologians whom he had nominated to take part in [No. 136] **The Colloquy of Ratisbon,** 27 April—22 May (*ibid.* iv. 330 sqq.). They were for the Catholics, Eck, Julius Pflug, 1499–†1564, and John Gropper, 1503–†59; and for the Protestants, Melanchthon, Butzer, and Pistorius, 1503–†83—all, save the first, who took but little part through illness, men of conciliatory disposition: and the basis of discussion was not the Confession of Augsburg but the *Liber Ratisponensis* (*ibid.* iv. 190 sqq.), a temperate statement of the points at issue, drawn up for the occasion (*ibid.* iv. 578) under the eye of the Emperor's minister, 1530–†50, Granvella the elder. Frederick, Count Palatine of the Rhine, 1544–†56, presided, and at times Granvella himself: Contarini guided his own side in the discussion. By 10 May [No. 137] **an agreement** (*ibid.* iv. 199; 281) was reached on the crucial point of Justification. Never before had [No. 138] **the prospects of re-union** (*Epp. Poli*, iii. 25) been so bright. But they came to nothing. The agreement was rejected, on theological grounds, (*a*) at a distance both by Luther, who, 10 May, denounced it as 'a patched-up thing' (de Wette, v. 353), and, 27 May, in Consistory at Rome by Cervino and Caraffa for its omission of merit (*Epp. Poli*, III. xlviii : cf. Ranke, *Popes*, i. 124); and (*b*) on the spot where, 22 May, [No. 139] **differences** (*C. R.* iv. 329) declared themselves on the authority and constitution of the Church. [No. 140] **Political rivalries,** as revealed in a letter of Contarini, 28 Apr., to Cardinal Farnese (*Epp. Poli*, III. ccliv), and by his secretary Beccatelli, *Vita Contarini*, § 18 (*ibid.* III. cxix), completed the breach : for Francis I feared an united Germany, which would have left the Emperor supreme in the Council and in Europe (Ranke, *Popes*, i. 125 sq.). Moreover, the Turk was advancing, once more, in Hungary. The Recess of the Diet therefore, 29 July (*C. R.* iv. 626 sqq.), could only defer matters till the Council : and this, in turn, was delayed by a fourth war between Charles and Francis, 1542-4.

No. 136. Historia Conventus Ratisponensis.

Tandem igitur eo decurritur, adsentimur Imperatori ut hoc angustius colloquium instituatur sed ita ne condantur flexiloqui articuli, sed ut simplex veritas patefiat. Et testatus est Imperator velle se inquiri veritatem.

Et in delectu hac usus est aequitate. Ex pontificiis tres legit Iulium, Eccium, Gropperum. His addit ex altera parte tres Philippum, Bucerum et Nidanum[1] pastorem. Petitum est ut addantur principes ceu gubernatores colloquii, et aliqui auditores seu testes, ut acta recitari tum Imperatori tum aliis principibus fidelius possint. Delecti sunt gubernatores Dux Fridericus Palatinus[2] et Granvellus. Adiuncti auditores . . .

Initio congressus Dux Fridericus rursus adhortatus delectos ut sedatos et pios animos ad tantam deliberationem adferant, et dirimere controversias studeant.

Narrat ipsi Imperatori tot iam annos eam rem maximae curae fuisse, eoque multorum doctorum et bonorum explorasse sententias. Cum igitur quidam exhibuerint ipsi scriptum quod propter moderationem aliorum consiliis durioribus antetulerit, velle Imperatorem ut delectis liber ille proponatur, qui quasi viam monstret ad dirimendas controversias.

Liber est exhibitus aequissima conditione ut quae non probarentur nobis, dicere liceret et censuram adderemus. Etsi autem tutius videbatur nonnullis ex delectis percurrere Augustanam confessionem, tamen cum alii librum anteferrent, et incivile videretur nolle inspicere scriptum propositum ab Imperatore, sine iniquis conditionibus, convenit ut liber legeretur et ordine dicerentur sententiae.

Initia non habebant controversias de conditione hominis, de lapsu, de libero arbitrio, de causa peccati, de vitio originis. De his locis nunc quidem rixae nullae fuerunt.

Secutus est locus de reconciliatione hominis seu iustificatione, de quo farrago illa neutri parti satisfaciebat, et quia novas quasdam sententias continebat, et quod pleraque erant obscura, impropria et flexiloqua: ut alias videretur recte dicere, fide propter Christum iusti sumus, alias contra, propter donatas virtutes iusti sumus, ut Thomas seu ut Plato loquitur.

Seposito igitur libro de summa rei libere disputatum est, et tandem ad formulam decursum, in qua recepta et explicata est sententia, Fide propter Christum gratis iustificamur, non propter virtutes nostras.

Cum de hoc loco convenisset, redire ad librum iussi sumus. Lectus est locus sequens de Ecclesia. Hic ut facilius obtineri sequentia possent, insidiose addita est hypothesis, communem

---

[1] Pistorius was pastor of Nidda, in Hesse.
[2] Count Palatine of the Rhine 1544–†56.

consensum Ecclesiae et Synodos legitimas non errare. Hic magnum certamen ortum est, cumque per aliquot dies de hoc loco diligenter disputassemus, et pars delectorum scripsisset contrariam sententiam, iussi sumus reiicere hanc partem in aliud tempus.

Lectus est locus de Sacramentis, in quo cum ventum esset ad Coenam Domini, rixae ortae sunt de conversione substantiae panis. Reiecta est et haec disputatio in aliud tempus. Postea acerrima contentio de re non magna secuta est; an in confessione, ut vocant, necessaria sit delictorum enumeratio. Defendebatur regnum confessionum a nonnullis, vel propter auctoritatem ordinis sacerdotum, vel propter culinas monachorum. Sed ab aliis exhibita est contraria sententia copiose explicata.

Ventum est ad locos de potestate Episcoporum,[1] de invocatione sanctorum, et de oblatione in Coena Domini, seu de adplicatione Missae, ut vocant.[2] De quibus materiis cum non potuerit convenire, rursus erunt contrariae sententiae exhibendae. Tandem igitur abiecta spe conciliationis reliquum libri percurrimus, et scriptum adornatur in quo Imperatori acta nostra referantur.

No. 137. The agreement on Justification; letter of Melanchthon, 10 May 1541.

(*a*) From the *Liber Ratisponensis*, § v.—Firma itaque est et sana doctrina per fidem vivam et efficacem iustificari peccatorem. Nam per illam Deo grati et accepti sumus, propter Christum. Vocamus autem fidem vivam motum Spiritus Sancti quo vere poenitentes veteris vitae eriguntur ad Deum et vere apprehendunt misericordiam in Christo promissam, ut iam vere sentiant quod remissionem peccatorum et reconciliationem propter meritum Christi gratuita Dei bonitate acceperunt, et clamant ad Deum, Abba, Pater, id quod tamen nulli obtingit nisi etiam simul infundatur caritas sanans voluntatem, ut voluntas sanata, quemadmodum D. Augustinus ait, incipiat implere Legem. Fides ergo viva ea est quae apprehendit misericordiam in Christo, ac credit iustitiam quae est in Christo sibi gratis imputari et quae simul pollicitationem Spiritus sancti et caritatem accipit. Ita quod fides quidem iustificans est illa fides quae est efficax per caritatem. Sed interim hoc verum

---

[1] Liber Ratisponensis, § xix, *ap. Corp. Ref.* iv. 221 sqq.
[2] *ibid.* § xx, *ap. Corp. Ref.* iv. 224 sqq.

est, quod hac fide eatenus iustificamur, id est, acceptamur et
reconciliamur Deo, quatenus apprehendit misericordiam et
iustitiam quae nobis imputatur propter Christum et eius meritum, non propter dignitatem seu perfectionem iustitiae nobis in
Christo communicatae.

Etsi autem is qui iustificatur iustitiam accipit et habet per
Christum etiam inhaerentem, sicut dicit Apostolus, Abluti estis,
sanctificati estis, iustificati estis etc., quare sancti patres iustificari etiam pro eo quod est inhaerentem iustitiam accipere
usurparunt : tamen anima fidelis huic non innititur, sed soli
iustitiae Christi nobis donatae, sine qua omnino nulla est nec
esse potest iustitia. Et sic fide in Christum iustificamur seu
reputamur iusti, id est, accepti per ipsius merita, non propter
nostram dignitatem aut opera . . .

(*b*) From *a letter of Melanchthon's*, 10 May.—Hic postquam
conciliationes institutae sunt, principia mediocria fuerunt. Περὶ
τῆς δικαιοσύνης τῆς ἐκ πίστεως convenit. Adsentiuntur delecti
iustificari homines fide, et quidem in eam sententiam ut nos
docemus. Formula composita est quae, etsi brevior est quam
causae magnitudo postulat, tamen mediocris est. Postea fuerunt altercationes de auctoritate Synodorum. Contendebant non
posse errare legitime convocatam Synodum. Cumque non as-
sentiremur, reiecta est disputatio in aliud tempus, secutum maius
certamen περὶ δείπνου κυριακοῦ. Volunt mutari panem et repositum adorari. Nolui assentiri, fuique durior quam meus
παραστάτης [Butzer], qui olim maxime oppugnavit illam
adorationem.

No. 138. The prospects of re-union; letter of Cardinal Pole, 17 May 1541.

. . . Sensi vero tali me perfundi gaudio cum hanc consonantiam opinionum viderem, quanto nulla quamvis suavis
armonia animum et aures unquam permulcere posset ; nec
vero tantum ob eam causam quod magnum fundamentum
pacis et concordiae iactum esse videbam quam quod hoc
fundamentum illud agnoscerem quod super omnia, ut mihi
quidem videtur, gloriam Christi illustrat ; est vero fundamentum totius doctrinae Christianae. Etsi enim diversa
tractari videntur ut de Fide et Operibus ac Iustificatione,
tamen omnia ad unum Iustificationis caput referri et de eo
convenisse utriusque partis theologos maxime gratulor, et Deo
per Christum gratias ago qui tales vos ministros elegit et

idoneos fecit tam praeclarae concordiae in tam solido fundamento resarciendae: ex quo in magnam spem venimus qui tam misericorditer coepit in consolidando hoc fundamento, reliqua quae ad opus beneficii pertinent eadem bonitate perfecturum.

No. 139. Differences; letter of Melanchthon, 23 May 1541.

. . . Postea redeundum fuit ad librum [sc. Ratisponensem]. Lectus est articulus de Ecclesia. Ibi ingens certamen ortum est: contendebant adversarii synodos generales non posse errare. Tandem, cum non cederemus adversariis, seposita est haec quaestio. Secutae rixae de conversione panis in Coena Domini: sed multo acrius certamen fuit de enumeratione in confessione. Hanc volebant esse necessariam. Nec mutant sententiam. Postea disputatum est de potestate episcoporum, de invocatione sanctorum, de Missa. Cumque in his articulis dissideamus, breviter percurrimus reliquum libri, et nunc nostra acta Imperatori exponemus.

Habetis historiam usque ad diem Maii 23, quam aliquando coram narrabo copiosius . . .

No. 140. Political rivalries.

(*a*) From *a letter of Contarini to Card. Farnese*, 28 April.

Eck was first invited by the Landgrave to talk with him; and he has told me that he finds him difficult on three points: *de connubio sacerdotum, de primatu Pontificis et de communione sub utraque specie.* He has also been with the Elector of Brandenburg; and he has told me that he finds him stiff on three points: *de Missa quod sit sacrificium, de connubio sacerdotum et de communione sub utraque specie.* As for the primacy of the Pope, he tells me that the Margrave does not see the least difficulty in the world: nay, he says it appears to him most necessary, there being among Christians one faith and one church.

Monsignor Granvella talking with the Nuncio and me in my room spoke of the infinite danger there is lest, if some beginning be not made at once, this sect should be disseminated and spread broadcast in Flanders and other countries. He asserted to me with an oath that he had in his hands letters of the most Christian King to the Protestant Princes exhorting them by no means to make agreement with the Catholics, and avowing himself desirous to learn their opinions which were not displeasing to him.

(*b*) From Beccatelli's *Life of Contarini*, § 18.

Now the devil, who always sets himself in opposition to good works, so wrought that when this report of the peace that was being prepared between Catholics and Protestants got about, the enemies of the Emperor, whether in or out of Germany, dreading the power he would obtain in the union of all Germany, began to sow the tares of discord among the divines of the Conference: and, on the other hand, in Rome, which was always a land of liberty, some who saw with ill will the greatness of the Cardinal said that he had been accepted in Germany, because of the advances and concessions he had made to the Lutherans, which he ought not to have made. This was mere calumny. But with the malicious lies have always more force than the truth: and so not only in Rome but throughout Italy they disseminated this report. The Cardinal, however, took as little notice of it as of a pasquinade, when it came to his ears as far off as Germany. But he was truly sorry that carnal envy should have interrupted the happy progress made by the divines of the Conference.

XLI

THE FOUNDING OF THE ROMAN INQUISITION BY PAUL III, 1542

Concession now gave way to repression, the policy of Contarini to that of his colleague, Giovanni Pietro Caraffa, 1476–†1559. It was Caraffa who had intervened to checkmate the convention so nearly arranged at Ratisbon. He was for reform, specially of the spiritual life and the morals of the clergy, to which he contributed by his share in the founding of the Theatines (Ranke, *Popes*, Bk. II, c. i): but he stood also for the maintenance of an undeviating orthodoxy. What, however, the Jesuits aimed at recovering by missions, Caraffa proposed to effect by repression: and to this end he procured from Paul III, 21 July 1542, [No. 141] **the Bull Licet ab initio** (*Magnum Bullarium Romanum*, i. 762 sqq.), establishing the Roman Inquisition. By this weapon, the second in the armoury of the Counter-Reformation (cf. Ranke, *Popes*, Bk. II, c. vi; and Philippson, *La Contre-révolution religieuse*, Livre II), Caraffa drove 'Lutheranism' out of Italy; and, as Paul IV, 1555–9, incarnated in Rome the severe and unbending spirit of the later papacy (cf. Ranke, *Popes*, Bk. III, c. iv; and Dixon, *History of the Church of England*, iv. 379 sqq.).

No. 141. The Bull Licet ab initio, 21 July 1542.

Licet ab initio nostrae ad summi Apostolatus apicem assumptionis id semper nobis cordi fixum institerit ut fides Catholica ubique floreret et augeretur, ac omnis haeretica pravitas a Christifidelibus nostra diligentia procul pelleretur; necnon diabolica fraude seducti viam veritatis cognoscerent et ad gremium et unitatem Ecclesiae reducerentur, et si qui animi perversitate ducti in eorum damnato proposito persisterent, ita plecterentur ut eorum poena aliis transiret in exemplum : nihilominus sperantes quandoque eosdem sic seductos, tum Dei Omnipotentis misericordia, tum fidelium orationibus ac doctorum virorum praedicationibus errores suos recognituros, et illis abiuratis ad sanctam Ecclesiam Catholicam redituros, et, si id aliquantum differrent, auctoritate sacri oecumenici et generalis Concilii, quod ad id inprimis propediem celebrare sperabamus, deterritos, veram et Catholicam fidem amplexuros, et ea mediante in semitis iustitiae ambulaturos fore, negocium inquisitionis haereticae pravitatis huiusmodi in hanc usque diem distulimus.

§ 1. Verum cum Concilium huiusmodi ex diversis rationabilibus causis, et praesertim bellorum turbinibus, quas hactenus inter Principes Christianos viguerunt, nondum inchoari potuerit, et, humani generis hoste procurante, fidelium animi novis haeresibus in dies magis polluantur omniaque schismatis dissidiis repleantur, lacereturque fere Christiani nominis unitas, inconsutilisque Christi tunica scindatur,

§ 2. Nos ne, dum dies Concilii per nos novissime indicti expectatur, omnia in deterius labantur, providere volentes ac nequeuntes per nos solos, aliis etiam arduis occupatos curis, omnia exsequi, dilectorumque filiorum nostrorum Ioannis Petri S. Clementis,[1] Ioannis S. Sixti,[2] Petripauli S. Balbinae,[3] Bartholomaei S. Caesarei,[4] Dionysii S. Marcelli,[5] et Thomae S. Silvestri,[6] titt. Presbyterorum Cardinalium fidem doctrinam et virtutem perspectas habentes, ac de eis plurimum in Domino confidentes, eosdem Io. Petrum et Ioannem ac Petrumpaulum et Bartholomaeum necnon Dionysium et Thomam Cardinales, nostros et

---

[1] Giovanni Pietro Caraffa, Bishop of Chieti 1537-49.
[2] Juan Alvares de Toledo, Bishop of Burgos 1539-50.
[3] Piero Paolo Parisi, Bishop of Nusco 1538-†45.
[4] Bartolomeo Guidiccioni, Bishop of Teramo 1539-46.
[5] Dionysio Laurerio, General of the Servites, †1542.
[6] Tommaso Badia, a Dominican, †1547.

Apostolicae sedis in omnibus et singulis Reipublicae Christianae civitatibus, oppidis, terris et locis tam citra quam ultra montes ubilibet etiam in Italia consistentibus ac in Romana Curia super negotio fidei Commissarios et Inquisitores Generales et generalissimos auctoritate Apostolica tenore praesentium constituimus et deputamus.

§ 3. Ac eis contra omnes et singulos a via Domini et fide Catholica aberrantes, seu de eadem fide male sentientes, aut alias quomodolibet de haeresi suspectos illorumque sequaces fautores et defensores, ac eis auxilium consilium vel favorem publice vel occulte, directe vel indirecte, praestantes, cuiuscumque status gradus ordinis conditionis praeeminentiae fuerint, etiam absque ordinariis locorum, etiam in causis in quibus ipsi de iure intervenire habent, inquirendi et per viam inquisitionis vel investigationis seu alias ex officio procedendi ac culpabiles quoscumque seu suspectos praecedentibus inditiis, carceribus mancipandi ac contra eos usque ad finalem sententiam inclusive procedendi, et culpabiles repertos poenis iuxta canonicas sanctiones debitis puniendi, ac ultimo supplicio damnatorum bona, prout iuris fuerit, publicandi.

§ 4. Necnon ad effectum praemissorum, procuratorem fiscalem et notarios publicos et alios officiales ad praemissa necessarios et opportunos etiam clericos sive religiosos, cuiuscumque Ordinis fuerint, deputandi et constituendi.

§ 5. Et si necesse fuerit aliquos clericos saeculares, aut cuiuscumque Ordinis regulares, etiam in sacris et presbyteratus ordinibus constitutos propter praemissa degradari, per quemcumque Catholicum Antistitem quem praedicti Cardinales duxerint deputandum, convocatis et sibi ad hoc assistentibus duobus abbatibus aut aliis personis in dignitate ecclesiastica constitutis, ad actualem degradationem eorundem clericorum, eorumque curiae saeculari traditionem seu dimissionem, alias, prout etiam iuris fuerit, procedi faciendi.

§ 6. Ac contradictores quoslibet et rebelles sententiis, censuris et poenis ecclesiasticis, ac privationis omnium et singulorum beneficiorum et officiorum ecclesiasticorum per eos quomodolibet obtentorum, nec non inhabilitationis ad illa et alia in posterum obtinenda, aliisque opportunis iuris remediis, appellationis diffugio semoto, compescendi.

§ 7. Et auxilium brachii saecularis invocandi, omniaque et singula alia quae praedicti Cardinales ad haereses et in fide huiusmodi errores ad praesens in Republica Christiana ubilibet vigentes reprimendos et radicitus extirpandos necessaria fore cognoverint, et ad officium inquisitionis haereticae pravitatis de iure pertinent faciendi, gerendi, ordinandi, exercendi et exsequendi.

§ 8. Necnon ad praemissa omnia et singula in quibusvis civitatibus, terris et locis de quibus eisdem Cardinalibus videbitur, et quotiens ipsi Cardinales opus esse cognoverint, alias personas ecclesiasticas idoneas, litteratas et Deum timentes in Theologia Magistros, seu in altero iurium Doctores, licentiatos, Baccalaureos in aliqua Universitate studii generalis graduatos, in trigesimo eorum aetatis anno ad minus constitutos, seu ecclesiarum cathedralium canonicos, vel alias dignitate ecclesiastica praeditos, cum simili aut limitata facultate substituendi, et subdelegandi ac eos, in toto vel in parte, simul vel successive, ad eorundem Cardinalium libitum, etiam in negotiis et causis per eos tunc inceptis, revocandi et loco ipsorum alios similiter qualificatos deputandi, ita tamen quod praedicti Cardinales, et alii ab eis pro tempore deputati, de absolutionibus et reconciliationibus reorum qui ad veritatis lumen redire voluerint, quas nobis expresse reservamus, ac aliis quam haeresis crimen sapientibus delictis et excessibus se intromittere nequeant, plenam et omnimodam facultatem eisdem auctoritate et tenore concedimus.

§ 9. Et nihilominus auctoritate et tenore praemissis statuimus et ordinamus quod omnes et singulae appellationes per eos contra quos vigore praesentium procedi contigerit, a quibuscumque per ipsos Cardinales deputatis pro tempore interponendae, ad eosdem Cardinales devolvi debeant, ipsique Cardinales causas appellationum huiusmodi, cum omnibus et singulis earum incidentibus, dependentibus, emergentibus, annexis et connexis, audire cognoscere et decidere. Ac in quacumque instantia fuerint, fine debito terminare ac exsecutioni debitae demandare.

§ 10. Et tam in causis appellationum huiusmodi quam alias ad effectum praemissorum omnium quos opus fuerit, tam in dicta Curia quam extra eam, et in partibus etiam, per edictum publicum constito, summarie et extraiudicialiter, de non tuto ad eos accessu, citare, ac quibus inhibendum fuerit inhibere et appellantes simpliciter vel ad cautelam, a quibuscumque excommunicationibus et aliis sententiis censuris et poenis ecclesiasticis in eos latis, absolvere possint, prout de iure fuerit faciendum. Decernentes quaecumque per ipsos Cardinales, seu ab eis deputatos in praemissis, quomodolibet pro tempore gesta plenam roboris firmitatem obtinere, et perpetuo inviolabiliter observari debere.

§ 11. Et sic per quoscumque iudices et commissarios, quavis auctoritate fungentes, sublata eis et eorum cuilibet quavis aliter iudicandi et interpretandi facultate et auctoritate, iudicari et definiri debere, necnon irritum et inane quicquid secus super his a quocumque quavis auctoritate scienter vel ignoranter contigerit attentari.

§ 12. Non obstantibus felicis recordationis Bonifacii Papae Octavi praedecessoris nostri qua cavetur ne quis extra civitatem suam vel dioecesim nisi in certis casibus, et in illis ultra unam dietam a fine suae dioecesis, ad iudicium evocetur, seu ne iudices qui a Sede praedicta deputati fuerint contra quoscumque procedere aut aliis vices suas committere praesumant, et de duabus dietis in concilio generali edita, ac aliis constitutionibus et ordinationibus Apostolicis contrariis quibuscumque, aut si personis praedictis vel quibusvis aliis communiter vel divisim ab eadem sit Sede indultum quod interdici, suspendi vel excommunicari aut extra vel ultra certa loca ad iudicium evocari non possint, per litteras Apostolicas non facientes plenam et expressam ac de verbo ad verbum de indulto huiusmodi mentionem, et quibusvis aliis privilegiis, indulgentiis et litteris Apostolicis, sub quibuscumque tenoribus et formis quomodolibet concessis confirmatis et innovatis, per quae praesentium litterarum et iurisdictionis ipsorum Cardinalium in praemissis exsecutio impediri quomodolibet vel differri possit, quae quoad hoc ipsis aut alicui eorum minime suffragari posse, vel debere decernimus.

§ 13. Nulli ergo omnino hominum liceat hanc paginam nostrae constitutionis, deputationis, reservationis, concessionis, statuti, ordinationis et decreti infringere, vel ei ausu temerario contraire. Si quis autem hoc attentare praesumpserit, indignationem Omnipotentis Dei ac Beatorum Petri et Pauli Apostolorum eius se noverit incursurum.

XLII

THE LAST WAR BETWEEN CHARLES AND FRANCIS, 1542-4

The Recess of Ratisbon, 29 July 1541, bade prelates take in hand ' a Christian order and reformation ' (*C. R.* iv. 628). Relying upon this, Hermann von Wied, 1477-†1552, Elector-Archbishop of Köln, 1515-47 (cf. Varrentrapp, *Hermann von Wied*), took further action. With the aid of Gropper and another Erasmian, Konrad von Heresbach (*ibid.* 72), the adviser of John III, Duke of Jülich-Cleve, 1521–†39, the Archbishop had already taken steps at the Provincial Council of Köln, March 1536, to effect a reform of abuses, specially of 'fastus, luxus et avaritia, a quibus clerici potissimum male audiunt' (*Canones Concilii Provincialis Coloniensis MDXXXVI*, § II, cap. xxii [Parisiis, 1550]). But in the winter of 1542–3 he began to show an inclination to Lutheranism, and called to his aid at Bonn first Butzer (Varrentrapp, *op. cit.* ii. 54), and then Melanchthon (*C. R.* v. 19). Here Butzer drew up the liturgical, and Melanchthon contributed the doctrinal, part of a scheme of reform based on Andreas Osiander's, 1498–†1552, Church Order for Brandenburg-Nürnberg (Richter, *Kirchenordnungen*, i. 176 sqq.). It was published 1544 as Hermann's *Bedenken* (*ibid.* ii. 30 sqq.) and 1545 in Latin as his *Deliberatio*: but is best known to Englishmen as Hermann's *Consultation*, 1547–8, for its influence on the *Book of Common Prayer* (cf. Dowden, *The Workmanship of the Prayer Book*, c. ii). Melanchthon's account of [No. 142] **Hermann's attempted reformation** is preserved in his letters (*C. R.* v. 112 sq., 148 sq.) from Bonn. When submitted to the Diet there, July 1543, the proposals were welcomed by the lay estates (Varrentrapp, 207): and the Archbishop had previously received promise of support (*ibid.* ii. 83) from William V, Duke of Cleve, 1539–†92, who at Easter 1543 declared himself Lutheran by receiving the Sacrament in both kinds. But he was stoutly resisted by his Chapter, who, 1 Oct. 1543, presented their criticisms in Gropper's *Antididagma*, published 1544. This again is of interest to Englishmen, for 'there can be little doubt that both the phraseology and the sequence of ideas in the canon of the Mass of 1549 were markedly influenced by the chapters on the Mass (ed. 1544, foll. xlii sqq.) in that book' (Rev. F. E. Brightman, in *The Guardian* of 22 May 1901).

Gropper's criticisms put an end to the Archbishop's Lutheranizing programme; for they synchronized with the Emperor's victory over the Duke of Cleve, and the terms which he imposed on him, 7 Sept. 1543, by the [No. 143] **Treaty of Venlo** (Dumont, *Corps diplomatique*, IV. ii. 265). Charles thus put down what, for him, were specially dangerous movements on the borders of his hereditary dominions in the Low Countries. But the threatened defection of one of the three spiritual Electors, coupled with the fact that the Elector Palatine, Frederick II, 1544–†56, was already wavering, while his nephew and heir, Otto Heinrich, Elector 1556–†9, had already gone, alarmed the Emperor. Defection such as this would have meant that the Protestants were about to gain a majority in the Electoral College, and that the Empire would be lost to the House of Hapsburg. Charles hastily concluded with Francis, 18 Sept. 1544, the [No. 144] **Peace of Crespy** (Dumont, IV. ii. 279 sqq.): and, abandoning Conferences for a Council, began to think, at the same time, of an appeal to the sword.

No. 142. The attempted reforms of Hermann, Archbishop of Köln, 1543.

(*a*) *Melanchthon to Luther*, 19 May.—Postquam veni Bonnam intellexi Episcopum dedisse mandatum ut forma doctrinae et rituum proponenda ecclesiis conscribatur, et quidem ad exemplum Norimbergensis formae. Ac iussus sum inchoatum opus inspicere. Id hoc triduo feci, Episcopus vult pure tradi doctrinam et tolli ritus publicos pugnantes cum doctrina, sed adversari non desinunt Canonici, etsi in his quoque sunt qui aliorum violentiam impediunt. Fuerunt minitati quidam ferociores se excussuros esse Episcopum. Quare Landgravius ad Collegium scripsit, ac palam affirmavit se et caeteros foederatos suscepturos esse defensionem Episcopi, si opus sit. Sed reliquae civitates praeter Coloniam et praecipua pars nobilitatis expetit piam ecclesiarum constitutionem, quam vident profecto necessariam esse. Vix enim alibi in Germania tantum arbitror fuisse aut esse superstitionis barbaricae et plane ethnicae quantum fuit in his regionibus, ut adhuc exempla currentium ad statuas ostendunt. Sed video nunc conciones magna frequentia audiri Buceri et Pistorii, et animadverto utrumque pure et recte docere. Sunt et alii in vicinis aliquot oppidis et pagis qui recte docent et sacramenta pie administrant. His initiis ut Deus faveat oremus, eaque provehat. In ditione Iuliacensi prorsus negliguntur ecclesiae, quod belli tempore solet accidere. Interim vero et illi qui in illa regione oderunt puram doctrinam hac occasione saevitiam exercent ut ex litteris quas adieci videbitur, quas quidam ex Iuliacensi ditione scripsit. . . . Iam hac hora audimus Weseliae abolitas esse privatas missas et institutam administrationem Coenae Domini iuxta Evangelium, et aulicos ob hanc causam Senatui minitari, . . .

(*b*) *Melanchthon to Cruciger*, 23 May.—Scripsi vobis antea, Episcopum secuturum esse formam Norimbergensem, eratque ante meum adventum institutus liber ad exemplum Norimbergense scribendus. Retinuit pleraque Osiandri Bucerus, quosdam articulos auxit, ut est copiosus. Mihi cum omnia relegissem attribuit articulos περὶ τριῶν ὑποστάσεων, de creatione, de peccato originis, de iustitia fidei et operum, de Ecclesia, de penitentia. In his consumpsi tempus hactenus, et legi de ceremoniis baptismi et Coenae Domini quae ipse composuit. Arbitror pene finitum esse opus. Avellam igitur me quam primum. Nam secuturas esse longas deliberationes et tardas ratiocinor. Sunt et in aula et in tota regione docti quidam et nobiles, qui expetunt veram emendationem ecclesiarum ; sed reliqua turba, ut alibi, aut non curat aut repugnat bonis consiliis . . .

(c) *Melanchthon to Caesareus*, 24 July.—. . . Nunc de conventu pauca adiiciam. Brevissimae deliberationes fuissent, nisi rem extrahere Gropperus studeret. Comites, Ordo Equestris, Legati Civitatum, censuerunt recipiendam esse formam ecclesiarum restaurandarum. Sed Legati Collegii Coloniensis refragantur. Etsi enim doctrinae genus non improbant, tamen expectari Collegii consensum volunt. Nectunt moras, negant rem tantam subito constituendam esse. Adsunt viri optimi, senex frater Principis, Stolbergius, Glichensis, sed habent, ut solet fieri, mandata certa. Suntque adiuncti duo Gropperus et Hieronymus. Sed πρωταγωνιστὴς est Gropperus. Is hactenus variis artificiis pugnavit ut impediatur ecclesiarum emendatio. Liber profecto tantum necessariam omnibus pueris κατήχησιν continet et summam Christianae doctrinae.

De Collegiis et ἱεραρχίᾳ Ecclesiastica, ut vocant, moderatissimae sunt sententiae, ut maneat forma politiae ecclesiasticae, maneant Collegia et ἀξιώματα ἱερατικά, opes, gradus, ornamenta ; sed superstitiones graves tollantur. Saepe in conventibus Germanicae Nationis hanc pacis viam proposui. Nec aliam video nisi hanc unam ut retineant Episcopi et Collegia sua ἀξιώματα et suas opes, et recipiant doctrinam piam. Quid cogitari aequius potest ? Si hanc moderationem Gropperus non probat, sed prius nos interfici cupit, nec ecclesiae nec patriae bene consulit . . .

No. 143. The Treaty of Venlo, 7 Sept. 1543.

Ut suis in districtibus ac provinciis, quascumque haberet vel Caesaris benignitate esset recepturus, religionem ac ritus Ecclesiae Romanae retineret; si quid esset immutatum, restitueret ; fidem et obsequium Caesari, Ferdinando Regi ac toti Imperio promitteret ; a foedere quod cum Gallo Danoque percussisset, decederet ; contra C. M. aut eius haeredes ac successores pactiones in posterum nullas faceret ; quascumque erat facturus, iis perpetuo Caesarem, Romanorum Regem eorumque haeredes includeret ; a Gelriae Ducatus ac Comitatus Zutphaniae possessione decederet ac eos Caesari eiusque haeredbus in perpetuum cederet ; Gelris iusiurandum quod fecissent, remitteret ; si quae forte eius Ducatus ac Comitatus Zutphaniae loca deditionem facere recusarent, ad ea recuperanda auxilium etiam suum commodaret. Caesar vicissim Ducatum ei Iuliacum redderet, exceptis Hensberga et Zittardo ; quae eousque reservaret, donec ipsi de fide atque obsequio eius abunde constaret. Castellum ac oppidum Ravensteinam cum iurisdictione universa C. Mti, ut feudum Brabantiae, traderet, donec eius a Caesare clientelam reciperet. Subditi omnes C. Mtis suas quisque fortunas ac bona quae essent intra ditiones Ducis sita, libere ac tuto tenerent ac fruerentur. Omniaque haec fideliter exsequeretur Dux Gulielmus : et eum vicissim Caesar ut Ducem ac Principem Imperii agnosceret, ipsumque sua atque Imperii protectione debitaque semper benevolentia prosequeretur ; tum et sumptus quoscumque belli tempore Caesar fecisset ingentem pecuniarum summam excedentes ; tum et damna quae incurrissent subditi eius, una cum reditibus ac proventu, quem ex Gelriae Ducatu ac Comitatu Zutphaniae Dux ipse percepisset, ab ipso aut eius haeredibus haud unquam repeteret.

No. 144. The Peace of Crespy, 18 Sept. 1544.

... Et pour ce que cettedite Paix se fait, et fonde pour le service de Dieu nôtre souverain Createur, reduction de nôtre sainte Foi et Religion en union chretienne, et obvier à l'extreme danger et hazard où elle se trouve, et afin de parvenir à la generale pacification d'icelle, pour aussi pouvoir mieux entendre et s'emploier unanimement à la repulsion des Turcs et autres infidèles ses ennemis ; a été traité et accordé que leursdites deux Majestez, Imperiale et Royale, s'emploieront sincerement et de tout leur pouvoir, et par bonne et mutuelle intelligence et correspondance, et feront tout ce qui en eux sera jusques au bout, pour procurer d'acheminer et conduire ladite réünion, selon et par tous les meilleurs moiens et expeditions qu'ils aviseront par ensemble convenir a si bonne et tres sainte œuvre : confiant que le benoît Jésus Christ sera aidant a sa sainte cause et si sainte œuvre, et y inspirera et illuminera le S. Esprit leursdites deux Majestez ; et y conviendront et correspondront tous les autres Potentats, tant spirituels que temporels.

XLIII

THE COUNCIL OF TRENT, 1545-63

In 1545 the Emperor informed the Pope that the recent Diets and Colloquies were but a blind to keep the Protestants quiet till his preparations for war were complete ; and begged him to open the Council as soon as possible. It met, at first, in a like spirit.

THE COUNCIL OF TRENT, 1545-63   355

What the Emperor was to do in the field for the suppression of heresy, that Paul III instructed the Legates to accomplish in the Council, 'damnantes non personas sed doctrinam, et non solum generales propositiones sed et particulares, quae nunc vigent et haeresium sunt fundamenta. De reformatione, nec ante dogmata nec simul cum illis omnino agetur, cum haec secundaria et minor causa congregandi concilii fuerit ; sed tali circumspectione in hac re utantur ut occasio aliis non sit credendi eam nos vel evitare vel ad finem concilii differre velle' (Le Plat, *Monumenta*, iii. 295). In its fourth session, therefore, the Council proceeded to rule out Protestantism by setting up as the standard of doctrine not Scripture only, but Scripture and Tradition as of equal authority. The importance of taking this step was first pointed out in a [No. 145] **Speech of Cardinal Pole** at a debate of 26 Feb. 1546 (Theiner, *Acta genuina Concilii Tridentini*, i. 60). It was taken by the [No. 146] **Decretum de canonicis Scripturis** of 8 April 1546 (*Canones et Decreta Conc. Trid.* 15). It controlled the rest of the Council's dogmatic decisions; and its results were ultimately seen, 18 Nov. 1564, in the [No. 147] **Professio fidei Tridentinae** (*ibid.* 226) or **Creed of Pope Pius IV**, which requires, in addition to the Nicene Creed, a profession of the tenets of later and, in the main, Latin theology. For the history of the Council see Ranke, *Popes*, II, c. 5 ; III, c. 7 ; and Philippson, *La Contre-révolution religieuse*, Livre III.

No. 145. A speech of Cardinal Pole, 26 Feb. 1546.

Tunc card. Polus, oculos adversus Fesulanum[1] et Asturicensem[2] coniiciens, inquit: Sunt aliqui qui nos ut leves et inconstantes,[1] alii vero ut tardos et in minimis diutius quam oporteret immorantes ac laborantes[2] accusent. Quod profecto non alia ratione illis evenire puto, nisi quod ipsi ea quae tractantur non satis quidem intelligunt. Nam si ii considerarent quomodo Satanas hoc tempore nos cribrare coeperit, quomodo, inquam, omnis nostra religio ab adversariis nostris in dubium revocetur, profecto non parum aut nihil nos fecisse putarent in receptione sacrorum librorum et traditionum. Quae quidem res tanti sunt momenti tantique ponderis ut nihil gravius aut maius a nobis fieri potuisset. Est enim ecclesia ipsa tanquam castrorum acies ordinata, quae non ante ad bellum aut ad certamen progredi aut descendere potest nisi prius ordinetur: hic nempe ordo est, ut prius nos ipsi muniamur armis, deinceps ut decertemus ac pugnemus cum adversariis ; qui quidem ordo mox omnibus aperte patebit,

[1] Braccio Martelli, Bishop of Fiesole, 1530-51.
[2] Didaeus de Alaba y Esquivil, Bishop of Astorga, 1543-8.

cum erit decertandum. Et quoniam quidam ad hominum abusus descendendum censuit,[1] sciat is, quod expeditis abusibus scripturarum et traditionum, erit expedita maxima pars negotii nostri. Nam abusus scripturarum sub se continent ordinem et modum praedicandi verbum Dei et interpretandi libros ipsos : traditionum vero abusus totam pene disciplinam ecclesiasticam respicere mihi videntur; confessiones enim et nostrae quidem caeremoniae omnes ad ipsas traditiones respiciunt.

Quae cum ipse cardinalis maxima pietate, zelo ac gravitate dixisset, omnes patres eadem approbare visi sunt : conclusumque fuit ut in eodem decreto libri et traditiones recipiantur ...

No. 146. Decretum de canonicis Scripturis, Sessio iv, 8 April 1546.

Sacrosancta oecumenica et generalis Tridentina synodus, in Spiritu sancto legitime congregata, praesidentibus in ea eisdem tribus Apostolicae Sedis legatis, hoc sibi perpetuo ante oculos proponens ut sublatis erroribus puritas ipsa evangelii in ecclesia conservetur, quod promissum ante per prophetas in scripturis sanctis D. N. I. C. Dei Filius proprio ore primum promulgavit, deinde per suos Apostolos tanquam fontem omnis et salutaris veritatis et morum disciplinae omni creaturae praedicari iussit ; perspiciensque hanc veritatem et disciplinam contineri in libris scriptis et sine scripto traditionibus quae ab ipsius Christi ore ab Apostolis acceptae aut ab ipsis Apostolis, Spiritu sancto dictante, quasi per manus traditae ad nos usque pervenerunt; orthodoxorum Patrum exempla secuta, omnes libros tam Veteris quam Novi Testamenti, quum utriusque unus Deus sit auctor, necnon traditiones ipsas tum ad fidem tum ad mores pertinentes, tanquam vel oretenus a Christo vel a Spiritu sancto dictatas, et continua successione in ecclesia catholica conservatas, pari pietatis affectu ac reverentia suscipit et veneratur [*Sequuntur nomina canonicarum Scripturarum*]. Si quis autem libros ipsos integros cum omnibus suis partibus, prout in Ecclesia Catholica legi consueverunt, et in veteri vulgata latina editione habentur, pro sacris et canonicis non susceperit, et traditiones praedictas sciens et prudens contempserit, anathema sit. Omnes itaque intelligant quo ordine et via ipsa synodus post iactum fidei confessionis fundamentum sit progressura, et quibus potissimum

[1] *viz.* the Bishop of Astorga.

testimoniis ac praesidiis in confirmandis dogmatibus et instaurandis in ecclesia moribus sit usura.

No. 147. Professio fidei Tridentinae a Pio IV praescripta, 18 Nov. 1564.

Ego N. firma fide credo et profiteor omnia et singula quae continentur in symbolo fidei, quo S. Romana Ecclesia utitur, videlicet: Credo in unum Deum, &c. [*Sequitur symbolum Nicaenum*].

Apostolicas et ecclesiasticas traditiones, reliquasque eiusdem Ecclesiae observationes et constitutiones firmissime admitto et amplector.

Item sacram Scripturam iuxta eum sensum quem tenuit et tenet sancta mater Ecclesia, cuius est iudicare de vero sensu et interpretatione sacrarum Scripturarum, admitto, nec eam unquam nisi iuxta unanimem consensum Patrum accipiam et interpretabor.

Profiteor quoque septem esse vere et proprie Sacramenta novae legis, a Iesu Christo Domino Nostro instituta, atque ad salutem humani generis, licet non omnia singulis necessaria, scilicet, Baptismum, Confirmationem, Eucharistiam, Poenitentiam, Extremam Unctionem, Ordinem, et Matrimonium, illaque gratiam conferre, et ex his Baptismum, Confirmationem et Ordinem sine sacrilegio reiterari non posse.

Receptos quoque et approbatos Ecclesiae Catholicae ritus, in supradictorum omnium Sacramentorum solemni administratione, recipio et admitto.

Omnia et singula quae de peccato originali et de iustificatione in Sacrosancta Tridentina Synodo definita et declarata fuerunt, amplector et recipio.

Profiteor pariter in Missa offerri Deo verum, proprium et propitiatorium sacrificium pro vivis et defunctis, atque in sanctissimo Eucharistiae Sacramento esse vere, realiter et substantialiter corpus et sanguinem, una cum anima et Divinitate D. N. I. C., fierique conversionem totius substantiae panis in corpus et totius substantiae vini in sanguinem, quam conversionem Catholica Ecclesia Transubstantiationem appellat.

Fateor etiam sub altera tantum specie totum atque integrum Christum verumque Sacramentum sumi.

Constanter teneo Purgatorium esse, animasque ibi detentas fidelium suffragiis iuvari.

Similiter et sanctos una cum Christo regnantes venerandos

atque invocandos esse, eosque orationes Deo pro nobis offerre, atque eorum reliquias esse venerandas.

Firmissime assero imagines Christi ac Deiparae semper Virginis, necnon aliorum sanctorum, habendas et retinendas esse, atque eis debitum honorem ac venerationem impertiendam.

Indulgentiarum etiam potestatem a Christo in Ecclesia relictam fuisse, illarumque usum Christiano populo maxime salutarem esse affirmo.

Sanctam Catholicam et Apostolicam Romanam Ecclesiam omnium Ecclesiarum matrem et magistram agnosco, Romanoque Pontifici, B. Petri Apostolorum principi successori ac Iesu Christi vicario, veram obedientiam spondeo ac iuro.

Caetera item omnia a sacris Canonibus et oecumenicis Conciliis ac praecipue a sacrosancta Tridentina Synodo tradita, definita et declarata, indubitanter recipio atque profiteor, simulque contraria omnia atque haereses quascumque ab Ecclesia damnatas reiectas et anathematizatas, ego pariter damno, reiicio et anathematizo.

Hanc veram Catholicam fidem, extra quam nemo salvus esse potest, quam in praesenti sponte profiteor et veraciter teneo, eandem integram et immaculatam, usque ad extremum vitae spiritum, constantissime, Deo adiuvante, retinere et confiteri, atque a meis subditis vel illis quorum cura ad me in munere meo spectabit, teneri, doceri et praedicari, quantum in me erit, curaturum, ego idem N. spondeo, voveo, ac iuro.

Sic me Deus adiuvet, et haec sancta Dei Evangelia.

XLIV

THE INTERIM OF AUGSBURG

When Luther died, 18 Feb. 1546, the last obstacle to war was removed. The Emperor, allying himself, 19 June, with Maurice, Duke of Saxony, and, 26 June, with the Pope, outlawed, 20 July, the Elector and the Landgrave; and Maurice, cousin of the one and son-in-law of the other, seized his opportunity to rise, by the imperial favour, on the ruin of both. On 27 Oct. the Emperor transferred to him the Saxon Electorate; and a few days later he entered with Ferdinand upon the conquest of his new domain. In 1547 the successive deaths of Henry VIII, 28 Jan., and of Francis I, 31 March, left the Emperor without a rival in Europe; and his victory at Mühlberg, 24 April, laid Germany at his feet. Once more he set himself to compose the religious divisions of Germany. Calling to his aid three divines—an Erasmian, a mediaevalist, and a Protestant—Julius von Pflug, Bishop of Naumburg 1542-7, Michael Helding, titular Bishop of Sidon, 1538-†61, and suffragan of Mainz, and Johann Agricola, 1494-†66, Court preacher of Brandenburg, he obtained the sanction of the Diet for what he hoped might prove a working compromise in, 15 May 1548, [No. 148] **the Interim of Augsburg** (*Interim, hoc est, constitutio praescribens qua ratione S. I. R. status in negocio Religionis usque ad decisionem Concilii Tridentini sese mutuo gerere ac excipere debeant in nunc habito Augustae conventu XV Maii a C. M. publicata.* Coloniae, Ioannes Quentel excudebat, anno MDXLVIII, mense Iunio, cf. Le Plat, *Mon. Trid.* iv. 32 sqq.). This he endeavoured to enforce. But compromise in religion rarely works; least of all, compromise at the point of the sword. For the further history of the Interim see G. L. Schmidt in *Zeitschrift für hist. Theologie*, xxxviii. (1868) 431 sqq., 461 sqq.; Beutel, *Über den Ursprung des Augsburger Interims*; Pastor, *Reunionsbestrebungen*, c. ix.

No. 148. The Interim Augustanum, 15 May 1548.

Cap. xxvi. *De caeremoniis et usu Sacramentorum.*

1. Caeremoniae veteres quae sacramento Baptismatis adhibentur, retineantur omnes : exorcismus videlicet, abrenunciatio, professio fidei, chrisma et alia. Pertinent enim ad efficaciam huius sacramenti adumbrandam et significandam.

2. Item in caeremoniis veteribus quae ab Ecclesia Catholica adhibentur Missae, nihil mutandum videtur: sunt enim omnes ad id quod in Missa agitur cum primis aptae.

3. Et quod ad usum huius sacri attinet, debent in singulis civitatibus et in singulis ecclesiis (etiamsi in una civitate aut loco plures sint) quae proprios sacerdotes et populi illuc convenientis frequentiam habent, singulis diebus duae ad minimum Missae celebrari : altera matutina, cui interesse possint homines qui labore manuum rem quaerunt ut convenientes vel communicent de Eucharistia vel se Deo pie commendent: altera vero celebrior quae canetur circa horam octavam diei antemeridianam, cui eodem modo adsint qui vel communicare de Eucharistia vel se Deo commendare velint. In pagis autem singulis quibusque dominicis et festis diebus singulae Missae ad minimum celebrentur.

4. Atque ut populus ad usum Missarum revocetur commode, concionatores iuxta sententiam de hoc sacro superius explicatam populum hortari debent, ut eidem libenter intersit, cui etiam praescribendae sunt certae meditationes eaeque ad singulas Missae partes aptae : et ante praefationem presbyter aut diaconus, si huius copia sit, ostendat verum Missae usum.

eumque populo ex praescripto de quo etiam conveniat, commendet pro ratione de sacro hoc superius explicata.

5. Canon item, in quo nihil mutetur, habeat etiam suam succinctam et dilucidam interpretationem, ut inde presbyteri et functionem officii sui eo melius intelligere et quod intelligunt populo explicare possint.

6. Caeremoniae reliquae sacramentorum, iuxta praescriptum Agendarum veterum, adhibeantur: in quas tamen si quid irrepsit, quod causam dare possit superstitioni, tollatur.

7. Altaria, vestes sacerdotum, vasa ecclesiae, vexilla, item cruces, candelae, imagines, retineantur in ecclesia. Sed ita tamen ut sint monumenta: nec cultus latriae in hoc genus transferatur: nec ad imagines et statuas superstitiose concursus fiat.

8. Horae autem Canonicae, et illa pia psalmodia quam nobis Apostolus ipse commendavit, ex ecclesiis minime tollantur: et ubi sublatae sunt restituantur, maxime vero de tempore et Dominica et aliis vetustis et solemnioribus festis.

9. Quae autem de Sanctis adiecta sunt, ad ea quae in veteri de Sanctis communi posita sunt revocanda: et sicubi modum excedunt, corrigenda videntur.

10. Vigiliae item et exsequiae mortuorum de more veteris Ecclesiae celebrentur: esset enim immane in ecclesia nullam memoriam illorum retinere, quasi animae ipsorum una cum corporibus interierint.

11. Festi item dies ab Ecclesia recepti retineantur, si non omnes tamen praecipui: Dominicae dies, Natalis Domini, Circumcisio Domini, Epiphania, Palmarum, Pascha cum duobus diebus sequentibus, Ascensio Domini, Pentecoste cum duobus diebus sequentibus, Corporis Christi, Festi item dies beatae Mariae virginis et sanctorum Apostolorum, Sancti Ioannis Baptistae, Mariae Magdalenae, Stephani, Laurentii, Martini, Michaelis, Omnium Sanctorum, et apud singulas ecclesias eorum Sanctorum qui ibidem singulares patroni habentur, ut in eisdem Sanctorum festis Deum in Sanctis honoremus, nosque ad imitationem ipsorum excitemur et consideremus orationibus ipsorum adiuvari et meritis associari.

12. Dies item Rogationum ante Ascensionem Domini et Litania in die sancti Marci, et per annum aliae consuetae processiones pro veteri more observentur.

13. Similiter in hebdomada sancta et circa reliqua Ecclesiae festa debitae solemnitates adhibeantur, et in vigilia Paschae et Pentecostes aqua baptismalis per omnes ecclesias parochiales solemni benedictione praeparetur.

14. Ac cum abstinentia carnium, quae non abominationis sed temperantiae causa suscipitur, per se bona et ad carnem castigandam apta sit, ac etiam publica utilitas postulet ut certis temporibus a carnibus abstineamus cum alias pecora ad assiduum carnium esum sufficere vix possint, mos et institutum veteris Ecclesiae diebus ieiuniorum, feria sexta et sabbato a carnibus abstinendo, retineatur.

15. Hanc enim abstinentiam Ecclesia ex nulla superstitione suscepit, quae a cibis quibusdam certis temporibus abstinet, non ob ullam ciborum immunditiam, sciens omnia munda esse mundis et nihil inquinare hominem quod per os ingreditur, sed ad edomandam carnem ut anima a pravis cupiditatibus et a malis motibus melius humilietur : eamque abstinentiam praecipue diebus feriae sextae et sabbati indixit, ut homines ad cultum Deo debitum persolvendum, ad auditionem verbi Dei et ad sacrosanctae Eucharistiae perceptionem, quae olim frequentior diebus dominicis servabatur, biduana abstinentia praeparati magis idonei et digniores accederent : et ut hac voluntaria castigatione quasi cum Christo (cuius passionis memoria his diebus potissimum a fidelibus recolitur) carnem suam crucifigerent.

16. Consueta etiam Ecclesiae ieiunia observentur, sed ita tamen ut non astringantur quos necessitas excusat : quales sunt qui gravioribus laboribus exhauriuntur, et peregrinantes, item gravidae mulieres, lactantes, pueri, senes, aegroti.

17. Nec improbetur benedictio earum rerum quae exorcismis et orationibus ad usum hominum praeparantur, dummodo operationes quae inde nascuntur non rebus ipsis sed divinae virtuti tribuantur : et caveatur ne eaedem ad ullum incantationis aut superstitionis genus transferantur.

18. Et quamquam cum Apostolo sentiendum, eum qui coelebs est curare quae sunt Domini, &c., eoque magis optandum multos inveniri clericos qui cum coelibes sint, vere etiam contineant : tamen quum multi qui ministerii ecclesiastici functiones tenent iam multis in locis duxerint uxores, quas a se dimittere nolint : super ea re generalis Concilii sententia exspectetur, cum alioqui mutatio in ea re, ut nunc sunt tempora, sine gravi rerum perturbatione nunc fieri non possit.

19. Illud tamen negandum non est, etsi coniugium per se honorabile est, iuxta Scripturam : eum tamen, qui non ducit uxorem et vere continet, melius facere secundum Scripturam.

20. Eadem est ratio usus Eucharistiae sub utraque specie

cui multi etiam assueverunt et ab eo avelli sine gravi rerum motu hoc tempore non possunt : et quia Concilium Oecumenicum, cui omnes Imperii Status se submiserunt, proculdubio piam et sollicitam curam adhibebit, ut in hoc casu conscientiis multorum et publicae tranquillitati optime consulatur, qui usum utriusque speciei antehac receperunt eumque relinquere nolunt, super ea quoque re deliberationem et sententiam Oecumenici Consilii exspectent.

21. Hi tamen qui utriusque speciei usum amplectuntur, illam inveteratam sub una speciei communicandi consuetudinem reprehendere non debent : nec alteri alteros perturbent, donec super ea re Concilium Oecumenicum decreverit.

22. Et quanquam Sacramentum Eucharistiae sub utraque specie institutum est, non tamen sentiendum est Christum in carne dividi, contra quam Scriptura divinitus inspirata tradit, sed sub singulis speciebus integrum contineri.

23. Ac quoniam in Sacramento Eucharistiae est verum Christi corpus et verus Christi sanguis, in hoc Sacramento Christum merito adorari debere.

24. Item Sacramentum Eucharistiae semel verbo Christi consecratum, etiam si asservetur diutius, tamen Sacramentum et corpus et sanguinem Christi remanere donec sumatur.

25. Quae vero ad disciplinam cleri et populi pertinent, videntur cum primis necessaria esse ad tollenda ex ecclesiis scandala quae dant magnam causam horum temporum perturbationi, id quod res ipsa loquitur. Itaque si quam ecclesiis utilem reformationem C. M. procuraverit, tantum abest ut quisquam sanctae religionis nostrae et publicae tranquillitatis studiosus repudiare eam velit, ut omnes etiam pro ea citius promovenda et procuranda C. M. obnixe et summa ope laborare debeant.

XLV

THE PEACE OF AUGSBURG

While the Emperor was enforcing the Interim, Germany became doubly aggrieved, (1) at his policy of religious oppression ; (2) at his endeavour to exchange constitutional rule for a Spanish absolutism. Paul III, †10 Nov. 1549, resented his intrusion into things spiritual ; ' Imperatorem,' said the Curia, ' hunc Carolum usurpasse sibi omnem iurisdictionem ecclesiasticam ' (Massarelli, *Diarium*, iv [25 June 1548], *ap. Conc. Trid. Diariorum Nova Collectio*, i. 775, ed. Societas Goerresiana). The new Pope, Julius III, 7 Feb. 1550—†23 March 1555, though an imperialist, was alienated by the pressure which the Emperor put on the

Council, now resumed at Trent, 1 May 1551—28 April 1552; Ferdinand by his scheme for diverting the succession to the Empire from the Austrian to the Spanish Hapsburgs; and Maurice by the consciousness that, as he was held responsible for the imprisonment of his relatives, the Elector and the Landgrave, he had his character to redeem in the eyes of Germany. Maurice changed sides again. By the treaty of Chambord, 15 Jan. 1552 (Dumont, *Corps diplomatique*, IV. i. 31 sqq.), which made over to France the three frontier bishoprics of Metz, Toul, and Verdun, he induced Henry II, 1547-†59, to take the field in Lorraine, March 1552, as 'Protector of the liberties of Germany and its captive Princes'. Then, 4 April, he seized Augsburg, and compelled the Emperor to take refuge beyond the Alps at Villach in Carinthia. Charles left it to his brother Ferdinand to arrange terms by, 2 Aug. 1552, the Convention of Passau (Dumont, IV. i. 42): and, after three more years of strife, this became the basis of an ambiguous but lasting settlement in, 25 Sept. 1555, **the Peace of Augsburg** (Brandi, *Briefe und Akten zur Geschichte des xvi^{ten} Jahrhunderts*, iv. No. 671; translated in Emil Reich, *Select Documents illustrating Mediaeval and Modern History*, 230 sqq.). By it Lutheranism obtained legal recognition. True, it was a maimed victory, for territorialism not for toleration. No subject secured religious freedom; no Calvinist recognition. Only a lay Prince of the Empire acquired the right to worship, and make his subjects worship, according to the Confession of Augsburg. By the Ecclesiastical Reservation [§ 18 *infra*], if a Spiritual Prince deserted 'the old religion', he forfeited his lands and status. Yet even this limited victory for *Cuius regio, eius religio* was a step gained: the first step on the road to religious liberty.

No. 149. The Peace of Augsburg, 25 Sept. 1555.

§ 15. In order to bring peace into the holy Empire of the Germanic Nation between the Roman Imperial Majesty and the Electors, Princes, and Estates: let neither his Imperial Majesty nor the Electors, Princes, &c., do any violence or harm to any estate of the Empire on account of the Augsburg Confession, but let them enjoy their religious belief, liturgy and ceremonies as well as their estates and other rights and privileges in peace; and complete religious peace shall be obtained only by Christian means of amity, or under threat of the punishment of the imperial ban.

§ 16. Likewise the Estates espousing the Augsburg Confession shall let all the Estates and Princes who cling to the old religion live in absolute peace and in the enjoyment of all their estates, rights and privileges.

§ 17. However, all such as do not belong to the two above-named religions shall not be included in the present peace but be totally excluded from it.

§ 18. And since it has proved to be matter of great dispute what was to happen with the bishoprics, priories, and other ecclesiastical benefices of such Catholic priests as would in course of time abandon the old religion, we have in virtue of the powers of Roman Emperors ordained as follows: Where an archbishop, bishop or prelate or any other priest of our old religion shall abandon the same, his archbishopric, bishopric, prelacy, and other benefices, together with all their income and revenues which he has so far possessed, shall be abandoned by him without any further objection or delay. The chapters and such as are entitled to it by common law or the custom of the place shall elect a person espousing the old religion, who may enter on the possession and enjoyment of all the rights and incomes of the place without any further hindrance and without prejudging any ultimate amicable settlement of religion.

§ 19. Some of the abbeys, monasteries, and other ecclesiastical estates having been confiscated and turned into churches, schools, and charitable institutions, it is herewith ordained that such estates as their original owners had not possessed at the time of the treaty of Passau shall be comprised in the present treaty of peace.

§ 20. The ecclesiastical jurisdiction over the Augsburg Confession, doctrine, appointment of ministers, church usages, orders, and ceremonies hitherto practised (but apart from all the rights of the Electors, Princes and Estates, Colleges and Monasteries, to taxes in money or tithes) shall from now cease, and the Augsburg Confession shall be left to the free and untrammelled enjoyment of their religion, ceremonies, appointment of ministers, as is stated in a subsequent separate article, until the final settlement of religion shall take place.

§ 23. No Estate shall try to persuade the subjects of other Estates to abandon their religion nor protect them against their own magistrates. Such as had from olden times the rights of patronage are not included in the present article.

§ 24. In case our subjects, whether belonging to the old religion or to the Augsburg Confession, should intend leaving their homes, with their wives and children, in order to settle in another place, they shall neither be hindered in the sale of their estates after due payment of the local taxes nor injured in their honour. . . .

PART II. REFORMED
A. ZWINGLI AND CALVIN

I

SWITZERLAND IN 1513

Switzerland in 1513 was the seat of a Confederation of thirteen cantons.

(i) Geographically, all lay north and west of the line which runs from NE. to SW. and is formed in the one direction by the upper valley of the Rhine, and, in the other, of the Rhone. All too, save Freiburg, were contained in the district bounded by the head-waters of the Rhine and by its tributary the Aar. Thus, twelve belonged to Rhineland and were German-speaking. To the south-west, between the lakes of Neuchâtel and Geneva, lay the thirteenth, Freiburg; and, beyond it, districts opening out towards France and Savoy. They were French-speaking.

(ii) Politically, the Confederation arose out of conflict with the House of Hapsburg; and began, 1 Aug. 1291, with a league of three cantons, Uri, Schwyz, and Unterwalden (Oechsli, *Quellenbuch zur Schweizergeschichte*[2], i. No. 21). These were permanently united, 9 Dec. 1315, in the league of the Three Forest Cantons (*ibid.*, No. 30). By the admission, 7 Nov. 1332, of Luzern (*ibid.*, No. 34), they became four, round the Vierwaldstättersee; and by the addition, 27 June 1352, of Zug (*ibid.*, No. 43), the Five Forest Cantons. The five were presently increased to eight, when they extended their alliance, 4 June 1352, to Glarus (*ibid.*, No. 41), and the two Imperial Cities of, 1 May 1351, Zürich (*ibid.*, No. 39), and, 6 March 1353, Bern (*ibid.*, No. 44). The Confederation, famous already for the victories by which it had vindicated its independence, increased its membership by, 22 Dec. 1481, treaty with Freiburg and Solothurn (*ibid.*, No. 82), and its military reputation by conquests: till, after the inclusion, 9 June 1501, of a third Imperial City, Basel (*ibid.*, No. 99), and, 10 Aug. 1501, of Schaffhausen (*ibid.*, No. 102), the Confederates were honoured, 5 July 1512, by a bull of Julius II (*ibid.*, No. 106) with the title *Defensores ecclesiasticae libertatis*, and courted by the great powers of Europe as, 11 Aug. 1512, at [No. 150] **the Diet of Baden** (*ibid.*[1], No. 106). Next year, 17 Dec. 1513, by [No. 151] **the League with Appenzell** (*ibid.*[2], No. 109), the Confederation reached the limit at which it remained for three hundred years, of thirteen cantons—practically, though not technically, free of the Empire. This freedom had much to do with the rapid growth of movements for reform in Switzerland by contrast with their slower progress in Germany.

No. 150. The Diet of Baden, 11 Aug. 1512.

(*a*) At this Diet appeared the Bailiff of Lorraine, and in the name of the Duke informed them as follows :—It was rumoured that certain of the Confederates were marching through his territory upon the King of France, and that the Duke had given them his permission to pass through. The latter statement was incorrect; the passage had taken place without his knowledge and consent; and no sooner had he received information of it than he had issued strict orders forbidding such passage; and in the case of some of his own subjects, who notwithstanding were bent upon marching towards France, had had them arrested and was about to punish them. He entreated the Confederation to have him excused, and to believe that he was in no way desirous of setting himself against them. Further, it was rumoured that his brother was with the King of France. That was true. At the apportionment of the Duchy, that portion had fallen to his brother which was under vassalage to the King of France. He could not therefore avoid his obligations of fealty; and this the Duke begged the Confederation to bear in mind.

(*b*) The Pope bestowed upon the Honourable Confederation, in consideration of their good and true services, complimentary gifts of sword, hat, and two banners. Next day, it was to be decided where these presents were to be kept for the benefit of the Confederation as a whole.

(*c*) To-day appeared an embassy from the King of Spain with a request that the Confederation would make alliance with the Pope, the King of Spain, and the Doge of Venice,[1] and conclude the same either in perpetuity or, failing this, for three years, or for so long as the alliance between the three should continue. Would the Confederation also use its influence to make up the quarrel between the Emperor and Venice, so that then all five states might enter into a common unity and alliance? It would be well to take this matter in hand at once; for the King of Spain was keeping his troops in the field at such heavy outlay as would soon become intolerable.

(*d*) Then there appeared, as ambassador from the Duke of Savoy, the Dean of Colmar, who requested that the setting up of a league between the Confederation and the Duke might be hastened. He defended the Duke against the charge, that he was against us as a dependant of the King of France and

[1] The Holy League of 5 Oct. 1511.

was rendering him assistance, by a further request that if we would only allow him to negotiate a peace between the King and us, it could be done with goodwill and good faith. An answer is to be given to-morrow.

(*e*) The ambassador of Savoy also drew attention amongst other things to the fact that the Cardinal of Sitten lay with the Papal troops in Savoy, a thing which could not happen without damage to the poor people. At his request, letters were sent to the Cardinal requiring that he should withdraw and provision his troops elsewhere, and that those passing through Savoy should make due payment and the people receive no damage; for the Duke had already paid us a considerable sum of money and had still to pay more. If then any damage came to his subjects, it would be impossible for him to fulfil his obligations. The envoys, who were on their way to the Cardinal about ordnance, were also to make these representations by word of mouth.

(*f*) A proposal was also introduced about the Fair of Lyons, how to transfer it thence to Geneva. As great profits were expected therefrom, advice was taken about it with the Emperor's ambassadors. They undertook to bring the matter before His Imperial Majesty, in the hope of a gracious answer on his part. The Spanish and Milanese ambassadors, who were also consulted in this case, were favourable to the scheme.

(*g*) The Imperial ambassadors requested that we would 'sit down with them and make plans for a campaign against Burgundy', and would also maintain a loyal regard for his Imperial Majesty. Answer was made to them that for the present we were too busy with other concerns and had no authority for this; but that we would take their request home and make answer at the next Diet.

(*h*) 'Whereas upon the conquest of the Duchy of Milan, this Diet was appointed here in the town of Baden to advise and resolve in what manner the young Duke of Milan should be installed in the Dukedom in accordance with certain proposals and conferences which took place at a former Diet in that behalf; and whereas at this Diet here in Baden there have appeared their Excellencies the Imperial Ambassadors and their Worships the Envoys of the Duchy of Milan, and much advice has been taken in regard to the installation of Duke Maximilian[1]; certain articles have at last been drawn up, notice of the same has been given on either side, and

[1] Maximilian Sforza, installed by the Swiss, 29 Dec. 1512.

each envoy has received a copy of the articles aforesaid to bring the same before his Sovereign and Lord, to advise thereon, and at the Diet appointed to be held again here in Baden at the inn on the Sunday after St. Verena's day next [5 Sept.] in the evening, finally to answer and conclude the matter, seeing that as the ambassadors are of opinion the business may brook no further delay.—Resolved, to bring up, at the Diet appointed, all instruments, new and old, hitherto occurring between the Dukes of Milan and our Confederation, so that they may be looked into and a conclusion come to as to what seems most suitable for present relations.'

(*j*) An embassy from the Signory of Venice applied for a league with us. We answered that we were in alliance with his Imperial Majesty; and that since he and Venice had some differences with each other, we could not, till these were settled, enter into an alliance with Venice. But we offered our mediation, and the Imperial Ambassadors undertook to bring this offer to the notice of their Master, and to give us a reply at the next Diet. The Venetian envoys might therefore report our intention to their Signory; and, as soon as we had the consent of both parties, we would with all speed get to work. Should the attempt succeed, Venice might obtain a reply in terms favourable to the alliance.

No. 151. The League with Appenzell, 17 Dec. 1513.

With unimportant differences follows, almost word for word, the League with Schaffhausen. It opens with the mention, as contracting parties, of :—

'We, the Burgomasters, Bailiffs, Magistrates, Councillors, Burgesses, People and whole Communes [Gemeinden] of Zürich, Bern, Luzern, Uri, Schwyz, Unterwalden above and below the Forest, Zug with the outer district thereto belonging, Glarus, Basel, Freiburg, Solothurn, and Schaffhausen on the one part: and we, the High Bailiff, Council, People and whole Commune of Appenzell on the other . . . '

In the article defining the assistance to be rendered, the liabilities of the Confederation are limited, in the case of the Appenzellers, by the following supplement :—

'And though [the Confederation] shall be under no obligation to render us [Appenzellers] any assistance but within the borders of our own territory, they shall do that gladly.'

II

THE SWISS AT HOME, c. 1513

The Swiss, according to Machiavelli, 1469–†1527, were in his day 'the most thoroughly armed and the freest of nations' (*Il Principe*, c. xii), and 'the teachers of the modern art of war' (*Discorsi*, II, c. xvi). But [No. 152] **their military reputation** abroad, to which the German Humanist Pirckheimer, 1470–†1530, bears witness (*Historia Belli Suitensis*, Lib. i; *Opera*, 73, Francoforti, 1610), was paid dearly for at home. First, by demoralization, consequent upon mercenary service. This the Diet of 21 July 1503 tried to check by [No. 153] **a prohibition of pensions** (Oechsli, *op. cit.*, No. 103, 1st ed. 1886), but without success: for after the Swiss defeat, 13-14 Sept. 1515, at Marignano, and, 29 Nov. 1516, their [No. 154] **Perpetual Treaty with France** (Dumont, *Corps diplomatique*, IV. i. 249: Oechsli, i. No. 112, 2nd ed. 1901), French gold began to flood the country. Secondly, by faction. This was invited, rather than remedied, according to Guicciardini, 1482–†1540, by the looseness of [No. 155] **the Federal Constitution**, *anno* 1511 (*The Historie of Guicciardin reduced into English* by Geffray Fenton [London, 1618], lib. x. 398 sq.), and increased by the equally disjointed ecclesiastical arrangements. The territories connected with the Confederation, including its 'allied' and 'subject' districts (cf. R. Lane-Poole, *Historical Atlas of Modern Europe*, Map xliv), lay in eight dioceses, distributed among five provinces and one patriarchate:—the Vallais belonging to Sitten [Sion] (Prov. Tarantaise, but, after 1513, immediately dependent on the Pope); the Grisons to Chur [Coire] (Prov. Mainz); the Italian districts to Como [Patr. Aquileia] and the archiepiscopal see of Milan; Basel [Prov. Besançon], and Geneva [Prov. Vienne] each to its own bishop; and the rest falling, on the left bank of the Aar, to Lausanne [Prov. Besançon], and on its right bank to Constance [Prov. Mainz] whose bishop, Hugo von Hohenlandenberg, 1496-1529 and 1531–†2, thus ruled over the larger part of the Confederation and had both Zürich and Bern within his jurisdiction. As to morals, the level of lay opinion may be fairly gauged from the attitude, 13 March 1520, of [No. 156] **the Diet in the case of Heinrich Göldli** (Oechsli, *op. cit.*[2] ii, No. 159, tr. S. M. Jackson, *Zwingli*, 29), a Zürich citizen, member of the papal guard and dealer in preferments whose claims on Glarus Zwingli had to buy off before he could enter on the living (Ep. xlvii, *Opera*, vii. 237, edd. Schuler and Schultess); while the admissions of [No. 157] **Conrad Hofmann**, Canon of Zürich, in his 'Complaint against Zwingli' prepared for the Provost and Chapter of the Great Minster, Dec. 1521 (Egli, *Aktensammlung zur Geschichte der Zürcher Reformation*, 1519-33, No. 213, p. 62), are as serious a reflection on the lives of the clergy as was Zwingli's own record (see below, No. 178).

No. 152. The military reputation of the Swiss.

Hinc[1] discordiarum, motuum, ac bellorum initia emersere, quae in praesentem usque diem tam Burgundi quam Galli successores,[2] quasi haereditario iure, diversimode exagitarunt. Helvetii interim a bellico quievere tumultu. Nulla enim potentia tanta erat quae illos post oppressum Burgundum lacessere auderet. Submittebant tamen identidem, nunc Maximiliano, nunc Gallo petenti auxilia; non ideo tantum quod iuventutem in militari disciplina exercere cuperent, sed quia utrumque timerent seu potius odio haberent, ac utriusque partis successus illis foret suspectus. Et profecto omnes Germani arma et eam militandi disciplinam qua nunc utuntur ab Helvetiis accepere, abiectis scutis quibus antea omnium nationum more utebantur. Experientia enim discebant illa haudquaquam phalangi et hastarum violentiae resistere posse. Ac ideo ad meam usque aetatem sarissas, bipennes et gladios ferentes Helvetii dicti sunt, etiamsi in media Germania essent nati; quoad tandem ob Helvetiorum odium et perfidiam provincialium militum nomen, hoc est, Landesknecht, emergere et celebre esse coepit.

No. 153. Prohibition of Pensions, 21 July 1503.

That no one in the Confederation, be he burgher countryman or subject, spiritual person or layman, of the nobles or the commons, rich or poor, of what rank or condition soever, shall from this day forward have or receive from emperors, kings, princes, lords or cities, from powers spiritual or temporal, or from any one whomsoever, any pension, service-money, provision, allowance, salary, gift or present, whether directly or through his wife, children, friends, servants or others, so that it should in any way come to his own use, whether secretly or openly. . . .

No. 154. The Perpetual Treaty with France,[3] 29 Nov. 1516.

Dixiémement, pour singuliere et parfaite amitié que nous le dit Seigneur Roi [François I] portons ausdits Sieurs des

[1] In consequence of the Burgundian Wars, which came to an end in favour of Louis XI, by the victory of the Swiss at Nancy, 5 Jan. 1477, over Charles the Bold.
[2] Charles V and Francis I.
[3] The treaty was renewed, but with the omission of Zürich, 5 May 1521. Cf. Oechsli,[2] i. No. 112.

Ligues, voulons et devons leur donner liberallement ; à sçavoir aux treize Cantons, à un chacun, particulièrement aussi au Païs de Walais deux mil francs, et les leur faire délivrer annuellement en la Ville de Lion au jour de Nôtre-Dame de Chandeleur, commençant à la prochaine venant et toujours ensuivant au même jour. Et quant aux Grisons[1] nous voulons qu'ils soient entretenus en la maniere qu'ils estoient par feu de noble recordation le Roi Louïs XII. Item, promettons ausdits treize Cantons outre la somme susdite leur paier et délivrer annuellement encore deux mil francs, comme iceux les ont départis à leurs Coalliez, ainsi que s'ensuit ; à sçavoir l'Abbé de Saint Gal et son Abbaie, et à la Comté de Togemburg six cens francs qui est à chacune partie trois cens livres, à la Ville de Milhuzen quatre cens, et aux sujets de la Comté de Gruieres six cens francs, à sçavoir à ceux de Gissenai, et à ceux de dessus de Volten quatre cens francs, et à ceux de la Ville de Gruieres, compris ceux qui sont dessous le Volten, ensemble ceux qui sont de la Seigneurie de Corbieres et leurs adherans, les autres deux cens francs.

No. 155. The Federal Constitution.

The *Swissers*, which are those people whom the ancients called *Helvetians*, have their habitations in the highest mountaines of *Jura*, of *Valesia*, and S. Godar: and are naturally valiant, warlike, and rude, and for the sterilitie of the country, rather shepheards than tillers of the ground. They have bene in times past under the subjection of the Dukes of *Austria*, whose jurisdiction they have shaken off many yeares since. They govern themselves, without any dependencie of either Emperours, Kings or other Princes. They are devided into thirteene communalties, which they call Cantons, each of them being severally governed by their particular Magistrates, lawes and ordinances. They hold their Councell every yeare, or more often if occasion require, wherein they dispute of universall affaires, their assemblies and meetings being not subject to certaintie of places, but referred as best pleaseth the Deputies of every Canton. They call those assemblies dyots or journeys, according to the custom of the *Germains*: wherein they deliberate of peace, of warre, of confederations, of the demands of such as make instance to levie souldiers by publike decree, or that such as are willing may be per-

[1] By the treaty of 1509 they received 6000 francs per annum.

mitted: and of such things as appertaine to their publike good. When they agree by publike decree to deliver souldiers, the Cantons chuse among themselves a Captaine generall, to whom they give the banner with the Ensign and name publike. Their unitie and the glory of their armes hath made famous the name of this so savage and barbarous a nation: insomuch as by their naturall valour, joyned to due discipline and order, they have not only at all times valiantly defended their own country, but have also employed themselves in forreine wars, and performed singular feates of armes to their perpetuall praise; which had been without all comparison far greater, if they had employed their forces for their owne jurisdiction, and not bene mercenary for the increasing of the dominion of strangers, or if they had set before their eyes an end more noble than the desire of money, by the love whereof suffering themselves to be corrupted, they have lost the occasion to be feared and redoubted in *Italy*. For, coming out of their countrey no otherwise but as mercenary souldiers, they have carried backe no publicke fruite of their victories: the desire of gaine making them to follow armies with huge pensions, and new demands of payes almost intollerable: and besides, to such as wage them, they carry themselves very frowardly and obstinately. At home, the chief of them forbeare not to receive gifts and pensions of Princes, to follow and favour their faction in their dyots. By reason whereof, publike things being referred to private profite, and favours and voices being made vendible and corrupted, discords by litle and litle have crept in among themselves, whereby it came to passe, that matters which had bin approved in their dyots by the most part of the Cantons, being not embraced and followed of the residue, they fell at last and that not long since, to manifest warres among themselves, much to the diminution of the authoritie which they bare in the world. Somewhat below these be certaine townes and villages inhabited by a people called *Valesians*,[1] as having their dwellings in valleys; they are inferior to the *Swissers* in number, in publike authoritie, and in valour, for that in the judgement of all men they are not so hardy as the *Swissers*. There is also, yet more lower than these, another sort of people called *Grisons*,[2] which are

---

[1] The 'allied' (1416) Confederation of the Vallais (cf. Oechsli,[2] *op. cit.* i. No. 53).

[2] The 'allied' (1497, 8) Confederation of the Graubünden or Grisons (*ibid.* Nos. 86, 87).

governed by three Cantons, and thereupon are called Lords of the three Leagues. The capital town of their country is called *Coire*: they have societie and confederation with the *Swissers*, and with them they go to the warre: they have almost the same policie, the same lawes, the same manners, and for warlike matters are preferred afore the *Valesians*, but they hold no comparison with the *Swissers*, either in numbers or in valour. . . .

No. 156. Heinrich Göldli's defence before the Diet, 13 March 1520.

In regard to the second article, it is true, I have in time past taken up livings and have requested them of the Pope. I serve the Pope for no other cause, nor have I any other reward or wage from the Pope, neither I nor others of His Holiness' servants, except such livings as happen to fall vacant in the Pope's month, which His Holiness presents to us, every one in his own country. . . . I hope that although I have made contracts or agreements regarding livings which I have lawfully received from his Holiness the Pope for my services over against an evil day, I have had the power and right to do so, so that I may act as I please with mine own and may gain mine own benefit and advantage. . . .

I have never in my life surrendered anything from which I have had profit without having given written evidence and laid myself under written obligation, so that, in case it should be disputed by anybody and I failed to protect him with my title and at my own expense in the holding of the living, I should be in duty bound to pay back all costs and damages, as well as all that I have received from him. . . .

. . . In regard to the third article, that I have sold livings in the same way as horses are sold at Zurzach, I have never in all my life sold a living or bought it in this way, for that is simony, and whoever buys and sells livings ought to be deprived of them. But I have, when I have delivered over a living, by permission of his Holiness, demanded and taken the costs to which I have been put, and also have caused a yearly pension to be allowed me out of the living, a thing which is permitted me by the Pope, and concerning which I have my bulls, letters and seals; for this is a common custom among the clergy. . . .

. . . Furthermore, the Pope has given me the reservation of the provostship of Zurzach, so that when the present provost,

Peter Attenhofer, shall die, his provostship shall fall to me.
I have also for this the letter and seal, and have paid the
annates, as the firstfruits are called, to the *camera apostolica*.

No. 157. The admissions of Canon Hofmann, Dec. 1521.

Zwingli ought to be more careful about the wanton charges
and sharp sallies . . . with which he assails the several estates,
offices, orders, and communities, spiritual and lay. He is
alleged to have said 'that among a hundred or a thousand
spiritual persons, priests, monks, nuns, brethren, sisters and
the like, scarcely a single one can be found that does not do
and practise unchastity; that those who do not openly practise
the same do worse, as he had come to know through the con-
fessional at Einsiedeln; and that Beguines or sisters carry
love-letters about with them and are procuresses.' It would
be worth a good deal if such things did not happen.

§ 1. GERMAN SWITZERLAND

III

ZWINGLI THE HUMANIST, TO 1519

Huldreich Zwingli was born, 1 Jan. 1484, at Wildhaus, in the
Toggenburg, of peasant but well-to-do parents. His father was
mayor and his uncle the parish priest. The latter became dean
of Wesen, 1487–†1513, on the Walensee, and took his nephew with
him to begin his education. Then he sent him to school, first to
Basel, 1494-8; and next, to Bern, 1498-1500, with Heinrich
Wölflin (Lupulus, †1534), a humanist, and, later, a reformer of
that city. Thence Zwingli was removed to the University of
Vienna, 1500-2, where he afterwards maintained his younger
brother James, 1512–†17, a letter from whom gives a picture of
[No. 158] **student-life in Vienna** (*Zuinglii Opera*, vii. 7, edd.
Schuler and Schulthess) at that time. In 1502 Zwingli matriculated
at Basel: and there supported himself by teaching (*ibid*. vii. 85)
in the school of St. Martin's church till he proceeded B.A. 1504 and
M.A. 1506. In his last year he attended the lectures of the
humanist, Thomas Wyttenbach, 1472–†1526, of Biel (Bienne),
himself to become a reformer there and now, in Basel, the teacher
of other reformers and humanists besides Zwingli, viz., Wolfgang
Köpfli (Capito), 1487–†1541, reformer of Strassburg, Conrad
Kürschner (Pellicanus), 1478–†1556, professor of Hebrew at Zürich,

and Leo Jud, 1482–†1542, pastor of St. Peter's, Zürich, and translator of the Scriptures. Twice in later years, 1519 and 1527, Zwingli recalls [No. 159] his debt to **Wyttenbach** (*ibid.* i. 273; iii. 543).

From 1506–16 Zwingli was parish priest of Glarus, in his uncle's deanery. Here his first literary efforts (*ibid.* II. ii. 243 sqq.) were those of a humanist and patriot against mercenary service other than the Pope's. But to serve the Pope contingents went from Glarus into Italy, 1512, 1513, and 1515. Zwingli thrice accompanied them as chaplain, and has left an account (*ibid.* iv. 167) of the first of these campaigns. In 1513 he became pensionary for Glarus, and himself accepted a papal pension (*ibid.* i. 365). At home, these were years of the study of Greek 'non gloriae sed sacratissimarum literarum ergo' (*ibid.* vii. 9), of [No. 160] **enthusiasm for Erasmus** (*ibid.* i. 314: and a letter of 29 April 1516: *ibid.* vii. 12), and of [No. 161] **liturgical discoveries** (*ibid.* i. 265; iii. 87 sq., 92), which set him thinking on the claims of Rome. But his criticism of the pensionaries roused the French interest at Glarus against him (*ibid.* vii. 165) and he moved away.

From 1516–18 he was people's priest (14 Apr. 1516: cf. Egli, *Analecta Reformatoria*, i. 16) at [No. 162] **Einsiedeln** (Letter of 13 June 1517: *Opera*, vii. 24). Einsiedeln was then, as now, a famous place of pilgrimage: and it was directed by humanists (*ibid.* vii. 59). Zwingli preached from the Gospel at Mass, 'relying much upon the Fathers as expositors' (*ibid.* i. 253); 'told the Cardinal of Sitten ... at Einsiedeln ... that the papacy had a false foundation, and supported the same from Scripture' (*ibid.* II. i. 7); and wrote freely to fellow-humanists about the pardoner, Bernhardin Samson, who, much to the disgust of Faber, 1478–†1541, the Vicar-General of Constance (*ibid.* vii. 69), appeared in Schwyz, August 1518. The letter, 6 Dec. 1518 (*ibid.* vii. 57) of [No. 163] **Beatus Rhenanus** (Bild, of Schlettstadt, 1485–†1547), in reply, illustrates the temper of amusement rather than of indignation with which Zwingli and his circle as yet viewed the business. It was therefore quite possible for him to accept the appointment, 1 Sept. 1518, of Acolyte Chaplain to the Pope (Egli, *op. cit.* i. 19), bestowed as on a person worth retaining.

As such, too, his humanist friend and biographer, Oswald Geisshäussler (Myconius, 1488–†1552), schoolmaster of the Great Minster at Zürich, pressed him on the chapter for the office of people's priest (*Opera*, vii. 52). Zwingli was elected 11 Dec. 1518 (*ibid.* 59), and admitted 1 Jan. 1519. He began to preach not, as at Einsiedeln, on the liturgical Gospels, but in continuous exposition of 'the Gospel of Matthew, the Acts of the Apostles, the Epistles to Timothy, to the Galatians and both the Epistles of Peter' (Sermon of 30 March 1522, 'Concerning choice and liberty respecting food,' *ibid.* i. 36: tr. Jackson, *Zwingli*, 448), and without reference to the Fathers. Scarcely had he thus settled in Zürich as preacher of the New Learning when its patron [No. 164]

Leo X admonished **Samson**, 1 May 1519 (*Opera*, vii. 79, n. 2), and with the usual complaisance of Popes to the Swiss, left it to the **Diet to send him off,** if they wished (J. H. Hottinger, *Hist. Eccl. Novi Test.* vii. 178 sqq.), 1 May 1519.

No. 158. Student-life in Vienna, c. 1513; James Zwingli to his brother.

Utinam Deus omnitenens, superbonusque ita ferret, ut quanti ego tuam facio liberalitatem fraternitatemque, tanti in meum studium facere possis! Quod quidem non despero : abs te enim quum exemplis adhortationibusque (quibus locum non relinquere degenerantis esset) augeri possum, tum a M. Ioachimo Vadiano,[1] cuius nunc alumnum ago, omnium scientiarum flosculis rivulisque enutrior, a quibus philosophiae inscientes discedere nephas esset. Iccirco vitio neque hoc neque illo polluar; quin non iugi labore contendam, non dubita! Unica tamen cura mihi relicta. Iis aureis 50 mihi destinatis biennio vitam traducere non possem. Haec non meopte Marte non quod gulae adeo deditus sim, queror. Vivo hercle minus delicate. Eduliis ex Bursa allatis vescor, aquam, quae nulla benedictione pristinum saporem amittere dignatur, potare cogor. Verum a Ioachimo monitus praeter hos xv aureos quos accepi, 50 mihi suppeditent, cui et tu assentire potes, si rem meam noveris. Nam quum Vienna me excepit, ob viaticum tantum xi aurei mihi restabant, quibus tum codices vii aureis tum cubile mihi comparavi. Profecto pecuniae tam praecoces nostris evolarunt manibus, ut vix nummus relictus sit; denique esculentorum procuratori x florenos, M. Ioachimo v singulis annis persolvam, quod ni xxx aureos quolibet anno sperare possem, fieri nequit. Iccirco, Germane mi, tuatim semper optumi consule, meisque adhortationibus aures redde placatas; ego meatim nutui tuo semper subiacebo. De meo studio, qui vix labra admovi, plura scribere nequeo. Pliniana lectione, deficiente exemplari, parum proficio. Lactantium *de Opificio* ac ceteris a Camerte,[2] ista tempestate Viennensium doctissimo, cum summa diligentia audio. Ciceronis epistolas ex nostro Ioachimo, textum *Sententiarum* a quodam P. literarum Baccalaureo audio. Studeo

[1] Joachim von Watt, 1484-†1551 : born at St. Gall ; professor of Latin at Vienna, 1510–18 ; physician to the city of St. Gall, 1518 ; reformer there, 1524-†51.

[2] Johannes Camertes, professor of Divinity at Vienna and a friend of Watt.

tandem, licet invitus, Dialectica; audio praeterea tum haec tum illa, quae omnia enarrare non necesse est. Quantum quolibet proficiam, cum extremam manum cuilibet imposuero, perspicietur. Haec hactenus.

Caeterum pecuniae ad me spectantes circa x Kal. Apr. ad Franciscum Zili, Valentin Tschudii[1] avum, civem Gallensem, ut ferantur rogo peragas. Haec eadem ad Abbatem[2] scripsi, patremque rogavi iussu Praeceptoris mei me honesta tunica vestiat. Iccirco quam primum literas ad eos scriptas invisent, perfice ut omnia tempore maturo agantur. Alterius ad Decanum[3] datas maturrime pellegant. Ego enim et illarum scriptor in una navi laboramus. Valentini necessarios ad liberalitatem hortator! Parci enim sunt quanquam dites.

Si quae nova apud te sunt, ad nos transmitte. Non procul a nobis inter Hungaros et Turcas diu ancipite Marte pugnatum est, quod magnum terrorem Austriacis infert. Literas has impolitas non corrugata fronte pellege! Vale cum Metelli felicitate annos Nestoreos. Salveto nostros dominos Iohannem, D. Gregorium Suandensem,[4] combibonem Fridolinum, Germanam. Datae Viennae Pannoniae ex aedibus D. Hieronymi. Ao. 13mo supra sesquimilesimum, x Kal. Febr. (20 Febr. 1513).

No. 159. Zwingli's debt to Wyttenbach, c. 1506.

(a) From his *Expositio ... Articulorum*, 1523, Art. xviii
(*Op.* i. 273).

Anno [MD]xix quum Tigurum concessissem et ibidem praedicare coepissem, indicabam venerabilibus domino Praeposito ceterisque collegii illius capitularibus me posthac praedicaturum esse Evangelium Matthaei, idque absque humanis commentationibus ex solis fontibus Scripturae sacrae. Initio eius anni nemo apud nos de Luthero quidquam audierat, praeterquam quod de indulgentiis quiddam prodierat, quod me parum erudire poterat, quum iam antea satis scirem indulgentiarum negotium nihil esse quam fucum et dolum. Didiceram hoc ex disputatione quadam quam doctissimus vir Doctor Thomas Wittenbach Bielensis, patronus et carissimus praeceptor meus, ante annos aliquot Basileae in consessu publico in schola ac palaestra theologica licet me absente habuerat. Me tunc in

---

[1] Valentine Tschudi, Zwingli's successor at Glarus, 1522-†55.
[2] A relative of Zwingli's, and abbot of Old St. John's, two miles west of Wildhaus.
[3] His uncle Bartholomew Zwingli, dean of Wesen.
[4] Dr. John Gregory, a priest of Schwanden.

Matthaei praedicatione Lutheri scriptis parum esse adiutum, quis non videt? Ad cuius tamen praedicationem turmatim adcurrebant quotquot veritatis erant cupidi, adeo ut ipse mirarer. Adpello iam vos, O hostes doctrinae Christi! quis me tum Lutheranum convitiabatur? Quum iam prodiret libellus Lutheri in Dominicam orationem et ego non ita pridem hanc precem in Matthaeo explicassem, memini adhuc fuisse quosdam ex piis, qui me huius libelli auctorem insimularent, contenderentque me Lutheri nomen praefixisse ut auctoris nomen dissimularem. Quis me tum Lutheranum esse accusare potuit? ...

(*b*) From his *Amica exegesis* ... *ad M. Lutherum*, 1527
(*Op.* iii. 543).

Fide in Christum Iesum rectissime docuisti salutem obtineri; sed cur secundum hanc doctrinam tribuis quid nescio quibus clavibus? Cur purgatorium non evertis? Cur non agnoscis unum ac solum mediatorem Dei atque hominum Christum Iesum? Excidis tibi nonnunquam. Fidem ergo cum explicares ac in pugna indulgentiarum semper aliquid clavibus incircumspectius donares, plurimum torquebas nos, ante annos aliquot a Thoma Vitembachio, viro et doctissimo et piissimo, iam superis quoque grato, praeceptore nostro, doctos solam Christi mortem pretium esse remissionis peccatorum. Fides ergo clavis est quae menti scrinium remissionis peccatorum reserat. Ea quum adest, nihil aliud sitit aut esurit. Nos inquam torquebas quod non plane videres claves nihil aliud esse quam evangelii fidem.

No. 160. Zwingli's enthusiasm for Erasmus, c. 1514-6.

(*a*) From his *Expositio* ... *Articulorum*, 1523, Art. xx
(*Op.* i. 314).

Non celabo vos, carissimi fratres, quo pacto in hanc sententiam venerim, persuasumque habeam certissime, praeter Christum nullo nobis mediatore opus esse. Ante annos novem aut octo plus minus carmen[1] quoddam legi Erasmi Roterodami viri doctissimi, in quo Christus cum hominibus expostulat quae tandem causa sit quod stulti homines non omnia apud eum quaerant, quum tamen solus ipse fons sit omnis boni, servator et benefactor, consolatio denique et thesaurus animi. Carmen est eruditum et elegantissimum.

[1] 'Expostulatio Iesu cum homine suapte culpa pereunte,' *Erasmi Opera*, V, coll. 1319 sq. (Lugd. Bat. 1704).

Quod quum legerem mox cogitavi: Omnino sic est ut hic legis. Cur ergo pro auxilio ad creaturam adcurrimus? Tametsi vero et alia quaedam Erasmi carmina quae ad Mariam, Annam et Michaelem ut patronos scripserat legerem: non potuerunt tamen me a praecepta sententia de Christo avellere. Hunc enim vidi unicum esse thesaurum pii pectoris; quin coepi scriptis bibliorum sacrorum veterumque patrum diligentius intendere, certius quiddam ex his de divorum intercessione venaturus. In bibliis sacris plane nihil reperi; apud quosdam veterum de ea re inveni, apud alios nihil. Qui de divorum intercessione affirmabant, parum me moverunt: inermes enim erant et scripturarum testimoniis omnino destituti. Quod si aliquando ex armamentariis scripturarum tela proferebant, videbam ea misere et temere detorta. Factum ergo est ut quo magis de dogmate illo scrutarer, hoc minus occurreret quod scripturis esset consentaneum: quin contra plura quae pugnarent. . . .

(*b*) From his *Letter of* 29 *April* 1516.

Scripturum ad te, D. Erasme, virorum optime, terret hinc eruditionis tuae splendor ille, capacior sane quam sit quem cernimus orbem, postulans invitat illinc suavissima humanitas tua quam te videndi causa, vere mox ante ingruescente, Basileam venienti exhibuisti, non mediocri benignitatis argumento quod infantem hominem, ignotum literatorem, haud es dedignatus. Sed plane hoc Helvetico sanguini (cuius ingenia subolfeci non adeo maxime tibi displicere) dedisti Henrico Glareano,[1] quem familiarissime tibi coniunctum vidimus.

Mirari autem vehementer potuisti, ecquid non domi manserim, quando nullam interim quaestionis quantumlibet arduae (quod tui solent mataeologi) dissolutionem nedum petiverim. Verum ubi nos energiam illam in te quaesisse ratiocinando deprehenderis, mirari desines: hanc enim, me Hercules, cum morum comitate vitaeque commoditate inconniventer, minus etiam verecunde tantam suspeximus ut te, ubi tua legimus, loquentem audire et corpusculo hoc tuo minuto, verum minime inconcinno, urbanissime gestientem videre videar. Nam (et verbo absit invidia!) tu nobis amasius ille es, cui ni confabulati simus, somnum non capimus.

Sed quorsum tandem stridulis hisce aures eruditissimas fatigo? cum graculos humi vesci debere non nesciam. Istorsum

[1] Heinrich Loriti, of Mollis, near Glarus 1488-†1563.

certe, ut nos peracti ad te itineris (quod Hispani Gallique olim
Romam euntes videndi Livii causa, referente divo Hieronymo,
fecerunt) scias tantum abesse ut poeniteat ut magnum etiam
fecisse nomen nos existimemus non alia re magis gloriantes
quam Erasmum vidisse, virum de literis Scripturaeque sacrae
arcanis meritissimum. . . .

No. 161. Zwingli's liturgical discoveries.

(*a*) From his *Expositio* . . . *Articulorum*, 1523, Art. xviii
(*Op.* i. 265).

. . . Disertis ergo et expressis verbis cavet, dicens : 'Bibite
ex eo *omnes*!' nullum omnino excipiens, qui *omnes* dicit. Iam
quomodo ausi sunt stultissimi homines institutionem Christi
in hac sacratissima coena invertere aut concidere, quum
verba Christi tam clara sint ? praesertim quum ambae species
tam panis quam vini in Germania apud Helvetios in usu
fuerint, non solum viris et mulieribus, sed etiam pueris et
adultis ? Testimonia huius rei certa adferam. Nam quum
minister essem apud Glaronam Helvetiorum, librum ibidem
reperi (obsequiale vocant pontificii) in Mollis vetustissimum,
sed integrum adhuc et nulla parte quod ad literas adtinet
vitiatum. Titulus erat (rubricam vocant) in eo loco quo de
ritu baptizandi praescribitur huius argumenti : Baptizato puero
mox detur Eucharistiae sacramentum ! Similiter poculum sanguinis ! Non hic probo hunc usum quo sacramentum Christi
pueris datum est, sed hoc tantum ostendo coelestem hanc alimoniam aliquando sub utraque specie in nostris terris datam
esse. . . . Quamdiu mos iste apud Glaronenses duraverit certum
non est, sed hoc certum est non esse ducentos abhinc annos
quod hic mos in usu fuerit in Mollis. . . .

(*b*) From his *De canone Missae*, 1523 (*Op.* iii. 88).

Alterum argumentum assumptionis huius est, quod hunc
Canonem necesse foret media inter Ambrosium Gregoriumque
tempestate conflatum esse : nam si ante Ambrosii tempora
fuisset, nefas erat eum, isto posthabito, novum condere : aut
si id licuit, verget hoc ad ingens praeiudicium Romanae sedis :
permittet enim aliis Episcopis licere quod Ambrosio, nempe ut
Romano pontifici suum sibi Canonem relinquant et quisque
apud se proprium condant. Unde verisimilius est hunc quem
in manibus habemus Canonem, recentius natum quam ut
superiorum quisquam quicquam ad eum adiecerit. Adparetque
nihil aliud quam precularum quarundam, tametsi aliquantisper

piorum, sed non usque adeo doctorum hominum, quas illi vel publice vel privatim effuderunt, esse congestionem. Quid igitur attinet ei tam superstitiose haerere, cum etiamnum liceat Insubribus Ambrosii sui praescripto uti, qui nunquid Christiani non sunt? Christiano igitur et mihi licebit Christiano Canone uti citra omnem vel fidei vel nominis iacturam. . . .

No. 162. Zwingli at Einsiedeln, 1516-18.

From a *Letter to Joachim Watt*, 13 June 1517.

. . . Locum mutavimus non cupidinis aut cupiditatis moti stimulis, verum Gallorum technis; et nunc Eremi[1] sumus. . . . Quid cladis nobis attulerit tandem factio illa Gallica, dudum famae ventus ad vos perflavit; omnia tamen, nisi dudum scisse te non dubitarem, percenserem. Fuimus enim pars quoque rerum gestarum: calamitates enim multas vel tulimus vel ferre didicimus. . . .

No. 163. Beatus Rhenanus on Indulgences, 6 Dec. 1518.

Recte fecisti, vir optime, qui statim nos literis tuis certiores reddideris quidnam in re illa quam te diligentissime curaturum receperas, egisses. Nam scis quam nobis curae sit ea res, et ut fit, cum animi pendetur, negotium infelicius successisse putassemus, nisi nobis eum scrupulum ademisses. Ὁ μὲν καρδινάλιος[2] οὔ μοι πάνυ πιστὸς εἶναι δοκεῖ· καὐτὸς γὰρ ἐκείνης τῆς κωμῳδίας εἷς ἐστι, ἂν μὴ ἡ ἀτυχία αὐτοῦ τὸν νοῦν μετέβαλεν. De Lutherio nihil dum comperti habemus. Risimus abunde veniarum institorem,[3] quem in literis tuis graphice depinxisti. Dant belli ducibus literas pro perituris in bello. Quam sunt haec frivola et Pontificiis Legatis indigna. Quid non tandem excogitabitur, ut nummis nostris potiatur Italia? Nec vero risu haec digna puto, sed lacrimis potius. Nam nihil est quod magis mihi doleat quam quod video Christianum populum passim caeremoniis nihil ad rem pertinentibus onerari, imo meris naeniis. Et causam non aliam reperio quam quod sacerdotes per summularios istos et sophisticos theologos decepti ethnicam aut Iudaicam doctrinam docent. De vulgo sacerdotum loquor. Neque enim me latet te tuique similes purissimam Christi philosophiam ex ipsis fontibus populo proponere,

---
[1] At Einsiedeln. Einsiedler = a hermit.
[2] Matthew Schinner, Bishop of Sitten 1499-†1522.
[3] Bernhardin Samson.

non Scoticis[1] aut Gabrielicis[2] interpretationibus depravatam ; sed ab Augustino, Ambrosio, Cypriano, Hieronymo, germane et sincere expositam. Deblaterant illi nugas in eo loco stantes, ubi quicquid dicitur populus verissimum esse putat, de Pontificia potestate, de condonationibus, de purgatorio, de fictis divorum miraculis, de restitutione, de contractibus, de votis, de poenis inferorum, de Antichristo. At vos pro concione dicentes universam Christi doctrinam breviter velut in tabella quadam depictam ostenditis ; propterea missum in terras a Deo Christum, ut doceret nos voluntatem Patris sui, ut ostenderet mundum hunc, hoc est, divitias, honores, imperium, voluptates et hoc genus alia plane contemni debere, caelestem vero patriam toto pectore quaerendam ; ut doceret nos pacem et concordiam ac pulchram rerum omnium communionem (nam nihil aliud est Christianismus) qualem olim Plato, magnis annumerandus prophetis, utcunque in sua Republica somniasse visus est ; ut adimeret nobis stultos terrenarum rerum affectus in patriam, in parentes, in cognatos, in sanitatem et in cetera bona, ut paupertatem et rerum huius vitae incommoda non esse mala declararet. Nam eius vita doctrina est, omnem humanam excellens.—Sed quo me scribendi rapit ardor, ut familiarem exorsus epistolam declamare velut mei oblitus occoeperim? Utinam tui similes multos haberet Helvetia ! Sic tandem facile fieri posset ut meliores mores nostrates induerent. Est certe populus utcunque corrigibilis, si modo talibus non destituatur qui Christum docere et possint et velint. Bene vale. Basileae, die D. Nicolai, 1518.

No. 164. Letters of Leo X to Samson and to the Diet, 1 May 1519.

(*a*) From the Pope's *Letter to Samson*, per Fr. Ioh. Bapt. de Puppio.

Conquesti sunt Magnifici Domini XIII Cantonum Helvetiorum apud Summum Pontificem de tua paternitate te in promulgatione Indulgentiarum in quosdam errores, quos longum esset istis inserere, incidisse. Ob quam causam sua Sanctitas quam plurimum admirata mihi vivae vocis oraculo iniunxit, ut tibi suo nomine praeciperem, ut voluntati praefatorum Dominorum Helvetiorum per omnia te coaptes, atque si te cum eis usque ad consummationem tuae commissionis manere decreverint, moram trahas : si autem in Italiam reverti,

[1] Duns Scotus, †1308. [2] Gabriel Biel, †1495.

nullo pacto eisdem obsistas. Quin voluntas S. D. N. haec est ut illis Dominis, suae Sanctitatis dilectissimis filiis in his quae ad spiritualem consolationem conducunt, penitus morem geras. Praesentes literas ostendet vestra paternitas Magnificis Dominis Helvetiorum. Ex conventu Ara Coeli 1 May 1519.

(*b*) The Pope's *Letter to the Diet*, by the same.

Magnifici et honorabiles Domini, post debitam commendationem et salutem. Quum S. D. N. tum pro divini nominis propagatione, tum pro animarum salute, tum etiam pro basilicae Principis Apostolorum de urbe restauratione, per divisas provincias indulgentias plenarias aliasque gratias in literis apostolicis desuper confectis contentas destinavit, noluit tamen sua Sanctitas tresdecim Helvetiorum Cantones ab illarum participatione esse desertos : quos quidem, ut experientia comprobat, vere catholicos sanctaeque R. E. fidelissimos filios ac ad illius defensionem promptissimos novit : sed ad illos suum commissarium, Patrem et F. Bernhardinum Sansonium, Ord. Frat. Minor. Regular. Observant., cum plena praedicatione Indulgentiarum Commissioni destinavit. Nec illum, Magnifici Domini, pro negotio tam arduo tamque salubri ad vos misisset, nisi hunc scientia moribusque refertum sua Sanctitas comprobasset. Verum his diebus idem S. D. N. per literas vestras certior factus est eundem F. Bernhardinum, in praefatione praefatarum indulgentiarum, in quosdam errores (ut fertur) incidisse : pro quibus sua Sanctitas, quam plurimum admirata, mihi vivae vocis oraculo commisit ut vobis suo nomine denuntiarem ut si isdem F. Bernhardinus in sua praedicatione sit vobis molestus, cum bona pace tranquilloque animo a vobis in Italiam transmittatur. Si autem illum adhuc sustinere ac audire vultis, placet eidem suae Sanctitati ut vobiscum tam diu moram trahat quam diu suae commissionis tempus extendetur. Vult enim sua S. in omnibus quae vobis ad animarum salutem conducunt morem gerere. Quapropter, Magnifici Domini, vos omnes rogatos esse velim ut eundem F. Bernhardinum, si in Italiam transmeare mavultis quam vobiscum degere, sine aliqua molestia discedere permittatis. Qui quidem si in dicendo erravit, paratus erit etiam coram S. D. N. de se rationem reddere, poenamque pro erratis sustinere. . . . Io. Bapt. de Puppio, Ord. Min. Reg. Obs., S. D. N. in facultatibus sac. Iubilaei pro fabrica Princ. Apost. de urbe Commissarius.

IV

THE ISOLATION OF ZÜRICH, 1520-1

On 10 August 1519 the plague broke out in Zürich ; Zwingli fell a victim about the end of September (*Opera*, vii. 87, n. 1) and was ill till the following March (*ibid.* 124). But he preached at intervals; and by 31 Dec. 1519 (*ibid.* 104) had won adherents, 'plus duobus millibus,' in spite of [No. 165] **opposition** both from the three houses of Friars in the city and from the Chapter, 16 Feb. 1520 (*ibid.* 116). In 1520 he renounced his papal pension, 'litteris propria manu consignatis' (*ibid.* i. 365), and began to influence the public action of the city : for [No. 166] **the Town Council** took action in favour of purely Biblical preaching (*ap.* Ranke, *Ref.* 515, n. 2). Next year, when Zwingli became, 29 April 1521, Canon (Egli, *Analecta Reformatoria*, i. 22 sqq.), and thus citizen, of Zürich, so effective was his [No. 167] **preaching** in opposition to pensions and pensionaries (Bullinger, *ap. Zuinglii Opera*, II. ii. 350) that Francis I was forced to make alliance, 5 May 1521, with the twelve Cantons only (Oechsli,[2] i, No. 116), while [No. 168] **Zürich and its Communes** [Gemeinden], 16-23 May 1521, **repudiated the mercenary system** (*ibid.* ii, No. 160). Thus [No. 169] **Zürich was being isolated** both in religion and politics, as Zwingli wrote to his friend, Berchtold Haller, 1492-†1536, reformer in Bern, 29 Dec. 1521 (*Opera*, vii. 187), before the crisis of reform began.

No. 165. The opposition to Zwingli in Zürich, 16 Feb. 1520.

. . . Praepositus item noster virus quoddam effudit, atque ut memorabile esset, literis mandavit. Literae ad me sunt scriptae, quibus ille decimas iure divino constare dixit : contra quam [*sic*] ego publice, Latine tamen, non Germanice, dixeram. Item docet me quomodo veritas non sit semper dicenda, nimirum contra sacerdotes nihil male dicendum putans. Agit inde de foro ac ne laicis arma adversus clerum ministrem. Et bellus homuncio omnia ista per modum, ut inquit, ammonitionis scribit. Ego vero hominem ipse conveni, postquam non potuit, per Utingerum [1] etiam commonitus, quiescere, rem atque stomachum omnem explicui, precatus ne eiusmodi posthac committat, ut ea literis mandet, quae possit ore ad os loqui, quaeque adeo sint frigida (per canones enim pleraque egerat et sacras literas ita tortas, ut auctores eas non agnovissent) ut ad partem suam me trahere nequeant. . . .

[1] A canon of Zürich, humanist and friend to Zwingli.

No. 166. Mandate of the Burgomaster and Council[1] for Scriptural preaching, Dec. 1520.

That they all and generally preach in freedom (as is also granted by the papal laws) the holy Gospels and Epistles of the Apostles conformably with the word of God, and the true divine Scriptures of the Old and New Testament, and that they teach that which they receive and hold from the said Scriptures, and say nothing of other accidental innovations and rules.

No. 167. Bullinger's[2] account of Zwingli's preaching in 1521.

Zwingli preached at this time very earnestly against taking money, saying that it would break up and disturb the pious Confederation. He spoke also against unions with princes and lords. If they were made, each honest man should regard them. What had been promised should also be kept. Therefore, no one should enter into any unions; and if God helps a people out of unions, they should avoid entering into them again; for they cost much blood. 'And I wish,' said he, Zwingli, 'that they had made a hole in the union with the Pope, and had given his messenger something to carry home on his back.' He said also that one would be aroused about a voracious wolf, but they do not offer protection from the wolves which destroy men. They may well wear red hats and mantles; for if one should shake them, ducats and crowns would fall out; if one should wring them, there would run from them his son's, brother's, father's, and good friends' blood.

No. 168. Zürich repudiates pensions, 16-23 May 1521.

... The entire Commune of Horgen has, in respect of the French alliance, resolved to reply [sc. to the Council of Zürich] as follows:—Whereas you, my Lords, some years ago

---

[1] The government of the city was vested in two burgomasters and two councils. The Small Council consisted of 50 or, at any one time, of 25 members; the Great Council, or Council of Two Hundred (actually 212), was the real legislature of the city. Cf. S. M. Jackson, *Huldreich Zwingli*, p. 42.

[2] Heinrich Bullinger, 1504-†75, was Zwingli's successor as *antistes* at Zürich, 1531.

made a law and ordinance respecting foreign princes and lords and consented and swore thereto and bound yourselves by oath at Horgen to live by and observe the same, be it therefore the friendly petition and request of our whole Commune that you, my Lords, would still continue therein, so that we may be quit of the French alliance and of all princes and lords besides; and that, so far as is consistent with your clemency and indulgence, you would put the French party, foreign and German, out of your city and country, so that not a single honest man's son should be inveigled by them, but stay at home and in his own country. Then they would be neither French nor Imperial, but good Zürichers and Confederates. . . .

No. 169. Zwingli on the Isolation of Zürich, 29 Dec. 1521.

. . . Petivisti iam aliquoties de fide et de cultu sanctorum sermones ad te transmitti; quod ideo non praestamus, quia calamo nunquam excepimus, quod fortasse negotiorum nostrorum rudis aliquis detestetur. Tu vero qui ea et vidisti et audisti, boni consulturus es; quamprimum igitur tantum otii nactus ero, votis tuis et si non satis, aliquid tamen facere studebo. Tu interea quod a me requiris, ipse strenue exsequere, ut ursi tui ferociusculi, audita Christi doctrina, mansuescere incipiant; quod negotium summa lenitate adgrediendum puto. Nec enim apud tuos sic agere convenit, ut apud nostros: tuorum enim aures etiamnunc teneriores cum sint, non sunt protinus tam mordaci vero radendae: quod et Christum sensisse puto, quum vetuit margaritas ante porcos dissipari, qui fortasse in te conversi magna te saevitia discerperent, ac in perpetuum evangelium Christi horrerent. Palpandae igitur sunt hae ferae lenius, et ad earum insultum paulisper cedendum, donec patientia nostra intrepidaque pectoris constantia superatae, cicures reddantur. Dedit et Petrus aliquid, cum dixit: Sed nunc scio, fratres, vos ignorantes isthoc fecisse; dedit Paulus, dum Galatas lacte non solido cibo aluit. Cesserunt omnes apostoli saevitiae, dum non pervicaciter Senatui obstrepuerunt, vibicibus etiam lividi, sed a praedicatione non cessarunt. Sic rogo fias omnia omnibus, ne tecum Christus explodatur. Serva nobis Christum apud tuos; patienter audi, ne mecum male audias. Quanquam quod illi impudentius in me iactant, impudentissime confictum est:

neque enim cum Franco, neque cum Caesare quicquam commune habemus praeter ceteros mortales, nisi unicum Christum, qui nescio quam sit illis cordi, dum coelum terrae miscent, et omnia tumultibus et caedibus implent. Salvere iube nostro nomine amicum nostrum Trempum, Sebastianum,[1] Valerium,[2] medicos hunc corporum illum animorum, Thomam Vittembachium, carissimum praeceptorem nostrum, si quando ad vos concesserit, et omnia boni consule. Opto te, frater in Christo, valere.

V

THE BEGINNINGS OF THE REFORMATION IN ZÜRICH, 1522

Luther and Zwingli have much in common: but, 'while, in the one case, we see the highest and most august powers of the world in agitation, in the other it is a question of the emancipation of a city from an episcopal power' (Ranke, *Ref.* 514). This 'emancipation' was effected by a preacher, backed by a Town Council, in reliance upon a twofold principle (*a*) that they, not the Ordinary, had authority in things spiritual, and (*b*) that the Bible and the Bible only was the standard both of doctrine and of practice. A typical statement of this [No. 170] **principle of the Reformation** in Zürich occurs in Zwingli's *Subsidium de Eucharistia* of 1525 (*Opera*, iii. 339). In 1522 it served to settle three questions, fasting, the celibacy of the clergy, and the intercession of the saints. It thus acquired public recognition. The Pope made no sign but in Zwingli's favour (see No. 187 *infra*): for even with Adrian VI, 9 Jan. 1522–†14 Sept. 1523, Zwingli's heresy was of less importance than his possible influence in procuring recruits. 'We are not reproached as heretics and apostates,' wrote Zwingli, 'but lauded with high titles' (*Opera*, II. ii. 393). The breach in Zürich was with the Bishop.

I. *Fasting.* On Ash Wednesday, 5 March 1522, emboldened by Zwingli's preaching (cf. Egli, *Aktensammlung*, No. 213) of the previous year [No. 171] **certain citizens broke the fast** (*ibid.*, No. 233). They defended themselves, some by [No. 172] **street-fighting** (*ibid.*, No. 232), others, including [No. 173] **the publisher Christopher Froschauer**, 1519–†64, by pleading press of work and the authority of Zwingli (*ibid.*, No. 234). On 23 March Zwingli came to their aid with [No. 174] **a sermon**, published 16 April,

[1] Sebastian Meyer, a Franciscan, and reformer of Bern.
[2] Valerius Anshelm, came to Bern, 1505, was appointed City Physician, 1509, and entrusted, 1529, with the editing of the city archives. Whence his Bernese Chronicle, of special value for 1477–1536. He died c. 1540. Cf. Oechsli, i. 291.

De delectu et libero ciborum esu (*Opera*, i. 35 sq.). Thereupon the Bishop sent a Commission, consisting of his Suffragan and two others. They reached Zürich, 7 April. Next day, they first assembled the clergy; and then interviewed the Little Council. By them they were referred to the Great Council: and after [No. 175] **proceedings, 9 April**, of which Zwingli has left an account in his *De actis legationis ad Tigurinos missae* (*C. R.* lxxxviii. 137 sqq.), the [No. 176] **Great Council gave its decision** (Egli, *op. cit.*, No. 236). The Bishop replied, 2 May, by a Pastoral (*Opera*, vii. 243) against innovations; 22 May, by an admonition (see No. 181 *infra*) to the Chapter; and, 24 May, by a [No. 177] **letter to the Great Council** (Egli, *op. cit.*, No. 251) to put them down. Meanwhile, in consequence of the Swiss defeat at La Bicocca, 27 April, Zwingli had developed, 16 May, his attack on the pensionaries (*C. R.* lxxxviii. 155 sqq.) This earned for Zürich the hostility of Schwyz (*Opera*, II. ii. 286), and, 20 May, the Diet at Luzern required the local authorities to prohibit their clergy from preaching such doctrines as would unsettle 'the common man' (Stierlin and Wyss, *Die Berner-Chronik des Val. Anshelms*, iv. 468).

II. *Celibacy of clergy.* Early in July, two [No. 178] **petitions**, both drafted by Zwingli, were forwarded, 2 July, **to the Bishop** (*C. R.* lxxxviii. 189 sqq.), and, 13 July, to the Diet (*ibid.* 210 sqq.), asking permission for the clergy to marry. Some of the signatories, Zwingli (cf. *Opera*, vii. 210) included, had already married. They frankly own their past to be part of their plea for liberty to marry. But no answer was given; nor, perhaps, expected. [No. 179] **Erasmus** in a **letter** of 21 April **to Christopher von Uttenheim, Bishop of Basel,** 1502-†27 (*Opera*, ix, col. 1201, C-F), indicated some difficulties in the way.

III. *The intercession of the Saints* was the subject, 16 July, of a [No. 180] **debate between Zwingli and Francis Lambert,** 1486-†1530, a Franciscan of Avignon who came to Zürich with a letter of recommendation from Haller at Bern (*Opera*, vii. 206). Zwingli, in a letter of 30 July to Beatus Rhenanus (Horawitz und Hartfelder, *Briefwechsel des Beatus Rhenanus*, No. 224), claims that he reduced the Friar to silence: and after a second disputation, 21 July, with the Friars[1] of Zürich, he won a further victory over their opposition by obtaining from the Burgomaster a pronouncement in favour of preaching 'from Holy Scripture, to the exclusion of Scotus and Thomas and suchlike' (*C. R.* lxxxviii. 258; Bullinger, *Reformationsgeschichte*, § 45, edd. Höttinger and Vögeli, i. 78).

Next month the Chapter set its seal to the principle which thus lay behind the innovations by resolving, 19 August (Egli, *op. cit.*, No. 490), to ground its teaching on Scripture only: while Zwingli, 22 August, in reply to the admonition which the Bishop had addressed to the Chapter, took it up point by point in his [No.

---

[1] There were three orders of Friars in Zürich—Dominicans, Franciscans, and Augustinians.

181] rather truculent **Archeteles** (*C. R.* lxxxviii. 249. sqq.) as if to make ' principium et finis universae simultatis ' (*ibid.* 257).

It only remained to carry the war into the Friars' reserves. Obtaining authority from the Council for secular clergy to preach in the Convents, Zwingli delivered to the Dominican nuns at Oetenbach, 6 Sept., a [No. 182] **sermon De claritate et certitudine verbi Dei** (*Opera*, i. 92). On 12 Nov. he resigned his office as people's priest, and [No. 183] **the Council appointed him to preach** as before (Egli, *op. cit.*, No. 290), neither party consulting the Bishop. On 15 Nov. the Council forbade pensions and pensionaries (*ibid.*, No. 293); and concluded its labours for the year by, 1 Dec., [No. 184] **an order to the nuns** (*ibid.*, No. 301) to await the further development of reform.

No. 170. The principles of the Reformation in Zürich.

. . . Dicam hic obiter de usu Senatus Diacosiorum, propter quem quidam nos calumniantur, quod ea quae totius Ecclesiae esse debeant, nos per ducentos agi patiamur, quum totius urbis et vicinorum ecclesia sit plus minus septem millium. Sic ergo habeant isti : Qui verbo praesumus Tiguri, iam olim libere monuimus Diacosios, quod ea quae iudicio Ecclesiae totius fieri debeant, ad ipsos non alia lege reiici patiamur quam si verbo duce consulant et decernant; deinde quod ipsi non sint aliter Ecclesiae vice, quam quod ipsa Ecclesia tacito consensu hactenus benigne receperit eorum Senatus vel consulta vel decreta. Vulgavimus eandem sententiam apud universam Ecclesiam ; admonuimus etiam hac tempestate, qua nonnulli feruntur stupidissimis adfectibus, quos tamen spiritum interim, si Diis placet, videri volunt, haud tuto multitudini committi posse quaedam. Non quod vereamur Deum Opt. Max. defuturum, quominus dirigat ecclesiam suam ; sed rebus adhuc teneris non miscendam esse contentionis occasionem. Suasimus ergo, ut plebs iudicium *externarum* rerum hac lege Diacosiis permittat, ut ad verbi regulam omnia comparentur, simul pollicentes, quod sicubi coeperint verbi auctoritatem contemnere, confestim prodituros esse ac vociferaturos. Consentit ad hunc usque diem ecclesia, tametsi decretum super ea re nullum promulgaverit, sed gratitudine ac tranquillitate, quibus hactenus utitur, consensum suum sic probat, ut aegre laturam adpareat, si quis Evangelii successum arguta curiositate impedire conetur ; simul non ignorans, ut rebus istis debeamus ad Christi nostrumque decorum sic uti, ut pax Christiana servetur. Quicquid ergo de immutandis ritibus occurrit, ad senatum Diacosiorum refertur, non absque exemplo : nam et Antiochia duos modo, Paulum et Barnabam, Hierosolymam mittit ; nec ipsa decernit, quod tamen iure potuisset. Causa fuit quod immoderatam contentionem vereretur, quae quanto maior est concio, tanto magis crudescit. Quod autem Diacosii in his rebus Ecclesiae non suo nomine agant, hinc adparet quod quicquid apud nos statuitur, puta de imaginibus, de celebranda Eucharistia et similibus, id eis Ecclesiis quae in oppidis et agro sunt liberum relinquit : ubi nimirum, quod ecclesiae non sunt tantae, contentionis incendium non magnopere metuendum esse vident. Cessit consilium sic, ut ex Deo esse facile cognoscas. Sic igitur soliti sumus hactenus, ante omnia multitudinem de quaestione, quae senatus iudicio cognoscenda erat, probe docere. Sic enim factum est, ut quicquid Diacosii cum verbi ministris ordinarent, iamdudum in animis fidelium ordinatum esset. Denique senatum Diacosiorum adivimus ut ecclesiae totius nomine, quod usus postularet, fieri iuberent, quo tempestive omnia et cum decoro agerentur. Factum est itaque, ut contentionis malum ab ecclesia prohiberetur, non aliam ob causam quam nimiam multitudinem adfectuumque audaciam ; et in eum locum retruderetur ubi innoxie audiri ac vinci posset : occalluerunt enim tribunalium et praetoriorum aures ad litigia et rixas. Sic utimur Tiguri Diacosiorum senatu, quae summa est potestas, ecclesiae vice.

No. 171. Some citizens break the fast on Ash Wednesday, 5 March 1522.

Inquiry as to who had been eating flesh and eggs in Lent.

1 (*a*). Elsi Flammer, maidservant of the printer in the Niederdorf, said she had by her master's orders cooked some sausages on Ash Wednesday, and that the people's priest [Leo Judä] of Einsiedeln, Bartholomew Pur, and Michael Hirt, had eaten of them. Afterwards several vinedressers of her master's had eaten of this flesh. . . .

. . . (*c*). Bartholomew Pur, the baker, said : On Ash Wednesday he and Master Uolrich [Zwingli], people's priest at the Great Minster, Master Leo Jud, people's priest at Einsiedeln, Master Laurence [Keller], parson of Egg, Henry Aberli, Michael Hirt the baker, Conrad Luchsinger, and Conrad Escher, were in the kitchen of the printer's [Froschauer's] house : and the printer produced two dried sausages. They cut them up and each had a little bit. All ate of them, except Master Uolrich Zwingli, people's priest at the Great Minster. . . .

No. 172. Street-fighting.

Michael Ferrich, a journeyman shoemaker from Würzburg, came to blows with James Schmidt of Meilen about the month and eating flesh. The one said, 'People eat flesh in March.' 'No, that they don't,' replied the other. 'Well,' continued the stranger, 'it seems to me there are folks in this country who can get on better with whey and cheese than with Scripture.' And when he went on to chaff his fellow about his 'old cow-country' and so forth, they fell to settle it with their fists, till the neighbours made peace.

No. 173. Christopher Froschauer's defence, April 1522.

Christopher Froschauer, printer to the Council.—(1) In the first place, prudent, gracious, pious and dear Lords, as it has come to your knowledge that I have eaten flesh in my house, I plead guilty, and in the following wise: I have so much work on hand, and it is costing me so much in body, goods, and work, that I have to get on and work at it day and night, holy day and work-a-day, so that I may get it ready by Frankfurt Fair. The work is the epistles of St. Paul. . . . (2) Next, on further reflection, I find that the Almighty and gracious God has visited us and illuminated us with the light of the truth, i.e. with God's Word, which we must truly believe if we are to become really blessed; that God has left us nothing on earth wherein to trust save the holy Gospel, which is His godly Word; that this we must believe and hold by and keep to; and further, we must direct our lives and actions by the rule of the Gospel, else we are not Christians. (3) And I find also, on reflection, that God has, in particular, so faithfully provided the town of Zürich with such a preacher[1] that no better can be found in all Germany, and he is the praise and glory of Zürich. . . . (5) I have therefore such confidence in you, my Lords, as to say that, if the Spiritualty put us under penalties, and it is neither against God nor holy Scripture, you will protect and defend us in our godly rights. But if you, my Lords, charge yourselves with the affair and put me

[1] Zwingli.

under penalties, then I have nothing against it, though I have
not offended either against you or against God with my eating
of flesh. . . .

No. 174. From Zwingli's sermon, De delectu et libero ciborum esu, 23 March 1522.

Haec sunt, fratres in Christo quae nuper, plena Scripturarum
auctoritate munitus, pro publica concione docui, nunc vero
repetita scriptis mandare visum est, non alia de causa quam ut
hi qui scripturarum rudes et imperiti sunt, vel inviti eas scrutari
iuxta Christi sententiam compellantur; et ut vobis vestrisque
omnibus arma suppeditarem, quibus libertatem fidei vestrae
contra illorum calumnias et convitia tueri possitis. Quantum
enim de me dicere possum, invitus certe hisce de rebus scripsi,
quod videam me, etsi sententiam meam veram ratamque esse
multis argumentis evicero (ut me iam evicisse dubitare non
possum); non tamen quicquam aliud profecisse quam quod
Christiano homini quibuslibet cibis quovis die impune iuxta
leges divinas vesci liceat. Interim tamen non ignoro hanc
meam operam iis qui vera gratitudine praediti infirmitatem suam
humiliter agnoscunt, non parvam laetitiam esse parituram. Licet
enim ab omni carnium esu quovis tempore abstineant, gaudebunt
tamen quoties hac libertate a Christo se donatos esse vident.
Caeterum maiores nunc mihi labores exantlandi sunt ad offendiculum omne prohibendum, quam si errori suo permisissem
infaustos homines immori, qui huiusmodi praecepta pro divinis
amplexati sunt, quod tamen vocationem meam diligentius
consideranti nullo modo facere licuit. Neque vos ignorare
arbitror sacrosanctum Iesu Christi Evangelium a Matthaeo
conscriptum, Apostolorum Acta, Pauli ad Timotheum et
Galatas, item utrasque Petri epistolas, huiusmodi testimoniis
abundare, quum hos Novi Testamenti libros omnes publice
docens vobis interpretatus sim. Porro decet omnino et summopere necessarium est, ut iucunda et placida Christi facies
ab huiusmodi naevis et humanarum traditionum maculis ac
sordibus abstersa liberetur, quo suave illud iugum salvatoris
nostri et onus leve agnoscentes vero et germano amore illud
amplecti denuo possimus. Deus sua virtute et Spiritu doctrinam
suam in dies tueatur et provehat. Amen.

Caeterum de his, quae hactenus a nobis demonstrata sunt, me
rationem cuivis redditurum esse publice coram Deo polliceor
testorque; simulque vos omnes appello, quotquot Scripturarum

aliqua scientia praediti estis, ut sicubi me illam violentius torsisse et a vero genuinoque illius sensu recessisse videritis, me erroris mei coram vel scriptis arguere non dedignemini, et a calumniosis illis conviciis quibus ignorantem multi proscindere solent, prorsus abstineatis; quum haec viro bono, nedum vere Christiano et fideli, indigna sint. Quaecunque enim veteris novique Testamenti auctoritate comprobari possunt, lubens volensque recipiam. Sequentes vero conclusiones non pro receptis affirmare sed aliquot Scripturarum testimoniis probatas sic proponere libuit, ut quivis fidelium libere de istis iudicare et pronuntiare possit.

[*Sequuntur propositiones xvi, quibus disputatur an quisquam hominum ciborum quorundam esum interdicere possit.*]

Diligens ergo omnium horum consideratio in eam me sententiam abduxit, ut certo crederem spirituales illos, ut vocant, ecclesiae proceres non modo omni potestate et iure, quo haec vel alia huius generis praecipiant, destitui; verum etiam gravissime peccare si quando talia praecipere in animum inducant. . . . Christus vero dominus disertis verbis ne episcopi conservos suos percutiant, prohibuit. Qua ratione autem se a crimine illo exsolvent, qui commissum sibi populum novis traditionibus, in quas catholica fidelium ecclesia nunquam consensit, deprimunt? Quapropter liberum de his quae modo proposuimus, unicuique esto iudicium. . . .

No. 175. The Commission of Hugo, Bishop of Constance.

From the *Letter of Zwingli to Erasmus Fabricius*, de actis legationis ad Tigurinos missae diebus 7, 8, 9 Aprilis 1522.

Acta Tiguri 7, 8, 9 diebus aprilis per R. D. Constantiensem, legatis Melchiore[1] suffraganeo, Ioanne Vannio[2] (quem tamen invitum scimus negotio interfuisse) et N. Brendlin[3] cum Huldericho Zuinglio Tigurinorum evangelista coram sacerdotum senatorumque ordine.

Cum septima die aprilis ad urbem nostram praedicti patres maturius venissent, nec ego ignorarem venturos, captabam quid illi consilii caperent rescire tamen nequivi usque ad intempestam fere noctem, qua Henricus Luty[4], diaconus noster carissimus, veniens admoneret notarium (quem vocant) in

[1] Melchior Fattlin, c. 1490-†1548, Bp. Suffragan of Constance, 1518.
[2] John Wanner, Preacher in the Cathedral of Constance, 1521.
[3] The Chancellor of the Bishop of Constance.
[4] Zwingli's assistant priest at the Great Minster, since 1520.

crastinum diluculum cogere universum sacerdotum ordinem
ad canonicorum locum consuetum [1]. Ego hoc felix auspicium
opinatus, quod res per cursorem egregie tum claudum, tum
illepidum, coepta esset, cogitabam intra me quonam pacto
essent orsuri telam. Sensi tandem, ut mihi videbar. Et cum
iam illuxisset atque in conspectum ventum esset, orsus est
suffraganeus in eum modum qui post sequitur, cum narrare
coeperimus quomodo res sit apud senatum acta. Erat tota
oratio vehemens et stomachi superciliique plena, tametsi strenue
dissimularet omnem simultatem erga nos; nomen etenim nostrum ita nusquam attigit, ac si sacrosanctum esset, cum tamen
interim nihil non in nos diceretur.

Tragoediam cum iam exeiulasset, prodii, indecorum ac
foedum ratus, orationem, quae tantum damni dare posset,
inconcussam permittere, praesertim quod infirmos quosdam
nuper Christo lucrifactos sacerdotes offensos ea sentirem, ex
tacitis palloribus ac suspiriis.

Tumultuarie itaque ad suffraganei dicta respondi, quo
spiritu aut animo iudicent boni qui audierunt. Summam
tamen etiam tum audies, cum ad acta apud senatum de-
venerimus.

Deseruerunt hoc cornu veluti victum ac in fugam con-
versum oratores ad aliud propere festinantes ad senatum
scilicet, ubi eadem, ut ex senatoribus ipse rescivi, habita oratio
eodemque modo nomini nostro parcitum, persuasum quoque
senatui ne ego vocarer: nihil enim se mecum habere negotii.
Variantibus posthaec aliquamdiu sententiis huc tamen deventum est ut et plebs (ea est ducenti viri, Senatus Maior
adpellati) [2] sequenti die frequens adesset, cautumque, ne episcopi [3] urbis, qui tres sumus, adessent: nihil enim adversus
istos dictum iri, orationi tam integrae neminem posse contradicere et cetera. Quod ubi rescivi, omnem operam impendi,
ut nos quoque in senatum admitteremur sequenti die futurum.
Frustra diu movi omnem lapidem; nam senatus principes
negabant fieri posse, cum senatus diversum decrevisset. Ibi
ego quiescere ac suspiriis rem agere coepi apud eum qui
audit gemitum compeditorum, ne veritatem desereret ac
evangelium suum, quod per nos praedicari voluisset, defen-
deret.

---

[1] The 'Chorherrenstube' or Common Room of the Canons' Residence.
[2] Cf. J. C. Bluntschli, *Staats- und Rechtsgeschichte der Stadt und Landschaft Zürich*, i. 357 sqq.
[3] So Zwingli calls the three people's priests of Zürich: see below.

Nona tandem die, coactis civibus ac indignam rem tumultuantibus quod episcopi sui non admitterentur, restiterunt, qui erant e Senatu, quem vocant a numero Minorem, quod diversum ante decrevissent. Invitis tamen illis coëgit plebs rogationem super ea re haberi, qua sic sensum est, ut episcopi sui praesentes sint, atque omnia audiant, ac si opus habeant, respondeant. . . .

Deo gratia. Cum enim in senatum inducerentur oratores, admissi sumus et nos Tigurinorum episcopi, Henricus Engelhardus,[1] dominus ad Monasterium Monialium, Rodolphus Roscellus[2] apud Sanctum Petrum episcopus, et ego Huldericus Zuinglius. Ibi cum dicendi esset illis copia facta et suffraganeus salutem eis ac benedictionem a suo illustrissimo duce ac episcopo (nam id oportet ultimo tandem loco vix admitti) nuntiasset, voce deinde suavissima illa sua, qua vix dulciorem in dicendo unquam audivi: quod si pectus et cerebrum tantum quantum illa possent, Ὀρφέα diceres superaturum et Apollinem dulcedine, persuadendi autem vi Demosthenem cum Gracchis. Iam cum orationem eius cupiam ex integro ponere, nequeo tum quod confuse, perplexe et sine ordine diceret, tum quod tam longam haud putem ab ullo Portio Latrone memoria teneri. Pugillares autem cum ipse habuerim ac summa capita adnotarim, ut commodius possem illius dictis obsistere ac respondere, volo ista ponere primum, deinde quid ad quaevis responderimus subiicere.

Τραγικωτάτως dixit (1) quosdam doctrinas novas irritabiles ac seditiosas docere, Germanice widerwärtig und aufrührig lehren. Nempe nihil praeceptionum humanarum servari oportere, nihil ceremoniarum. (2) Quae doctrina si vicerit, futurum ut non modo civiles leges sed et Christiana fides aboleatur. (3) Cum tamen ceremoniae sint veluti manuductio (hoc enim verbo uti illi placuit etiam apud eos qui ignorarent Latine, quod nimirum Germanica vox, eine einleitung, ei vel parum firma videretur, vel minus elegans) ad virtutes. (4) Immo virtutum fontem esse, ein ursprung (quod verbum tamen postea fuit coram tot arbitris ausus negare) ceremonias. (5) Quadragesimam item doceri non servari oportere; in hac enim urbe ausos esse quosdam sese a reliquis Christianis separare et a Christiana ecclesia (quod etiam verbum postea

---

[1] H. Engelhard, 1482-†1551, became People's Priest at the Fraumünster, 1496.
[2] Rudolph Röschli, People's Priest at St. Peter's, 1503-22. He was succeeded by Leo Judä.

tam impudenter quam pervicaciter negavit . . .). (6) Carnes
enim eos in quadragesima edisse non sine totius reipublicae Christianae scandalo. (7) Quod tametsi litterae evangelicae aperte
non permittant, audere tamen eosdem asserere ex evangelicis
ac apostolicis scriptis, sibi licere. (8) Contra sanctorum
patrum decreta et concilia, (9) contra denique vetustissimum
morem eos fecisse quem nisi ex Spiritu Sancto fluxisset, tanto
tempore servare nunquam potuissemus. . . . Post vero dictorum
omnium pulcherrimum epilogum surrexit cum suis abiturus.
. . . Coepit murmur audiri civium indignantium, ut tandem et
hortatu consulis[1] et rei indignitate compulsi in pristinum
locum resederint. Quod ubi factum est, coepi pro virili doctrinam Christi defendere ac ad summa capita respondere in
hunc fere modum:—

(1) Proposuisse quidem D. Suffraganeum quosdam seditiosas docere doctrinas et irritabiles; at nos induci non posse,
ut id velit de nobis accipi, qui tanto sudore iam annis ferme
quattuor evangelium Christi et doctrinam apostolicam praedicaverimus. Tametsi nonnihil oboleat, quod apud senatum
id proposuisset; quid enim nostra referret, si alibi tales doctrinae praedicarentur, modo ne Tiguri? Unde cum non sit
verisimile suffraganeum de alienis locutum esse, pateat mihi
fabulam narrari. . . . Quod autem ad rem evangelicam pertineat, non mirum esse, si alicubi inter eos qui ἐντάλματα
i. e. praeceptiones humanas mordicus tenent et eos qui illas
aversantur, dissentiatur. Christum enim apertissime id futurum praedixisse (Mt. x. 34–6). Quanquam ne illa quidem
responsione opus esse. Tigurum enim magis quam ullum
Helvetiorum pagum pacatum et quietum esse, id quod omnes
boni cives acceptum ferrent evangelio.

(2) Quod deinde obiectum sit nullas humanas nec praeceptiones nec caeremonias servari oportere doceri, ingenue
agnoscam, caeremoniarum iustam partem ac praeceptionum
cupere abolitam esse, quod praecepta sint magna parte talia,
quae etiam Petrus in Actis neget ferri posse (Act. xv. 7–11).
. . . Immo caeremonias haud quicquam aliud agere quam et
Christo et eius fidelibus os oblinere, Spiritus doctrinam abolere,
ab invisibilibus ad elementa mundi avocare, quod tamen
brevibus dici nequeat et explicari.

(3) Alia deinde ratione docui simplicem plebeculam quam
per cacremonias ad agnitionem veritatis manuduci posse;
nempe ea qua Christus et apostoli induxissent, sine omnibus

---

[1] Mark Roüst, 1454–†1524, Burgomaster from 1505.

quatenus mihi per sacras literas perspectum est caeremoniis; neque periculum esse minus illam capacem esse evangelii, quod quicunque credit intelligit. . . .

(4) Quadragesimam nusquam nunquam docuisse non observari oportere, quanquam cupiam non tam imperiose praecipi et integrum cuivis relinqui. . . .

(5) Carnes sint quidam edere ausi minime mali, qui nec inficientur: sed quandoquidem divina lege a carnibus non sit eis interdictum, in testimonium fidei potius edisse quam in ullius contumeliam. Quod hinc pateat: nam mox, ut docti sint a nobis rationem scandali habere debuisse, destiterint, unde nec ista legatione opus fuisse, remittente sua sponte malo; si modo malum est. Hoc tamen vehementer nos admirari, quod, dum annum iam xvi in dioecesi Constantiensi evangelizem, hactenus tamen non resciverim, aliquo misisse Constantienses tam splendidam legationem quae scrutaretur quonam pacto evangelicum negotium incederet. Nunc cum minimam observatiunculam senserint non tam laesam quam viderentur velle etiam, querimoniis impleri omnia, quiritari unos esse Tigurinos qui secessionem a Christianorum communione meditari audeant. . . .

(6) Litteras autem evangelicas nusquam aperte permittere carnium esum, falso oppositum ostendimus, nam Marcus, c. vii. [15] dicat in hunc modum: Nihil est extra hominem, &c. . . .

(7) Addebatur contra sanctorum patrum decreta et concilia. Respondimus dominum D. Engelhardum, nostrae decus urbis, nobiscum ea in quibus ipsi maxime fiderent, diligenter librasse; nihil autem tale asseverare posse ex his, quibus loco sacrae ancorae uterentur: non enim hoc in quaestionem venire, an quadragesimam abolitam oporteat, sed an ea tempestate per legem Christi liceat carnibus vesci. Ieiunium ut nulli interdicimus, sic integrum relinquimus.

(8) Adiunctum est: et contra vetustissimum morem. Hic ingenue cessimus, consuetudinem esse atque eam minime malam. At si consuetudo esset, cur edictum adderetur? Daturos haud dubie operam promisimus, ut ea consuetudo temere ne intercidat.

(9) Et si consuetudo (prosequebatur) non a Spiritu divino esset inspirata, tanto tempore non duravisset, iuxta Gamalielis verbum (Act. v. 37–39). Respondi, haec et alia quae non ex mente Dei essent, solutum iri suo tempore . . . (Mt. xv. 13). Delectum autem ciborum nec Christum nec apostolos praecepisse: unde nulli mirum videri debere, quandoquidem

Christus benignitate sua velut postliminio mundum nunc per evangelium clarius illustrarit, si miseri mortales ad libertatem respiciant. . . .

Haec sunt Erasme, frater carissime, quae hisce diebus accepimus vel dedimus vulnera coram sacerdotum senatorumque ordine; hac rursum medelae, quibus infirmis succurrimus. Tumultuarie omnia, ut a nobis acta, ita scripta sunt. . . . Summam tamen actionis omnino attigi, sive apud senatum sive sacerdotum ordinem, sive privatim habitam. Vespera enim illa qua mane cum sacerdotum ordine egerant, casu in eos incidi et multa cum illis contuli. Ex quibus omnibus didici, ubi loci ulcus eos urat.

No. 176. The decision of the Great Council, 9 April 1522.

Burgomaster Schmid and the Council.

(1) Whereas at the beginning of this Lent sundry persons ate flesh . . . and perhaps assumed that they were not thereby sinning against God's commandments, though much and divers debate and dissension arose thereon, in such sort that our gracious Lord of Constance, as our Ordinary and Bishop, sent to Zürich his worshipful Commission, to wit, the Bishop Suffragan, the preacher of the Cathedral at Constance and his Chancellor, who came first to the Provost and Chapter of SS. Felix and Regula and afterwards to the Little and to the Great Council, and with fatherly fidelity and charity admonished us. . . . And whereas such admonition, with much more fine speaking on the part of the Commission of our gracious Lord of Constance took place before the Little and the Great Councils in the presence of the three people's priests of the Great Minster, of our Lady's Minster, and of St. Peter's, and the three people's priests were heard thereon through Master Uolrich Zwingli.—Now therefore it is resolved, and requested of the Commission of our gracious Lord of Constance to express our high and diligent thanks to him for his fatherly notice and faithful admonition, and with special earnestness to desire his Grace that without delay he would do his utmost to get the matter brought before his Holiness the Pope, by the cardinals, bishops, councils, or by true Christian men of learning, so that at length an elucidation and answer might be given how and in what way men should order themselves in such case, so that nothing be done against the laws of Christ.

(2) Further, it is decreed that on Sunday next [Apr. 13] in the three parishes the people be warned and admonished that henceforward during the fast no one eat flesh without special cause, but await the elucidation according to the tenor of an agreement made with the Commission of our gracious Lord.

(3) It is also hereby required that those who have eaten flesh to the distress of their consciences shall make their confession, and that their confessors, as in a spiritual matter, shall punish them with penance imposed.

(4) No one shall charge his neighbour with worthlessness or contentiousness, or with putting away the eating of flesh, but every one shall keep the peace; and should any man behave so unruly, he will be liable to punishment therefor.

No. 177. The Bishop's Letter to the Council, 24 May 1522.

Our friendly greetings, &c. Whereas we lately sent you our Commission with instructions to advise you, concerning the innovations and abuses on the part of some who ate flesh last Lent contrary to the accepted ordinances, customs, and usage of the Christian Church, for the reasons given to put them down, and further to refrain from disparaging or abandoning other accepted ordinances, laws, and good customs of the Christian Church, as ye have understood them this long time past, and have been informed of the answer and the resolution you gave to our Commission : and whereas the aforesaid laws, ordinances, usages, traditions, and good customs of Holy Church are acknowledged to have so good a Christian intent that they have been accepted of all Christian men and for many years past have been laudably observed and unanimously holden of all Christendom, and, moreover, cannot be omitted by any one for his own purposes without scandal and offence ; Now, therefore, as against all this, we, on our part, do you no otherwise to wit than that it is our fatherly faithful advice and our friendly earnest request that ye will compose the scandal and offence among you by Christian and due obedience to the ordinances and good customs of Holy Church, and, so far as in you lies, cause them to be observed and done amongst you. This we believe to be in accordance with the Gospel, with the teaching of Paul, and with the holy Christian faith. . . .

No. 178. Petition to the Bishop of Constance for marriage of clergy, 2 July 1522.

... His adeo locis[1] moti, persuasi tandem sumus longe conducibilius esse, si uxores ducamus, quominus offendantur pusilli Christi, quam perfricta fronte scortando grassemur.... Sed huc spectavimus omnes, cum plerique fungamur episcoporum officio, ubi ante omnia temperandum est a scandalo (inculpatum enim, ut supra patuit, oportet episcopum esse) ut etiam ab offendendo desistamus, dum alias (ut citra iactantiam libere loquamur) non usque adeo incivilibus moribus simus, ut ullum ob flagitium male audiamus apud gregem nobis creditum, hoc uno accepto. Per igitur communem Christum, per libertatem eius sanguine partam, per paternum affectum quem nobis debes, per miseriam animularum nostrarum, per vulnera conscientiarum, per quicquid est divinum, quicquid est humanum, te oramus ut supplices clementer respicias, ac quod temere aedificatum est cum consilio demoliri sinas, ne quando moles ista non ex patris caelestis sententia constructa cum fragore longe perniciosiore corruat. Vides quid mundus minetur; quamobrem Paternitati tuae prospectum oportet, nec importunum videri, quod eam oratum adivimus: nisi enim consilio rebus multis subveniatur, actum erit aliquando de universo sacerdotum ordine. Nec amabo ad maiorum Paternitatis tuae senatusconsulta releges; vides enim quantum in hac re oscitent, aut ad hoc cunctentur, ut sperent futurum, ut etsi prius virgis caesi, simus tamen paulo post scorpiones laturi; indulgendum est imbecillitati, imo hac in re audendum est nonnihil. Nam, O beatam Landenbergiorum invictam gentem, si tu primus episcoporum omnium in Germania salubriter mederi vulneratis aggressus fueris.... Hoc unum caveris, ne oblatam occasionem e manibus male consertis elabi sinas; auguramur enim res novam faciem induituras nobis etiam ingratis; quod ubi factum erit, nequicquam indipiscendae gloriae occasionem neglexisse queremur....

Reverendissimae Paternitatis tuae deditissimi. Balthasar Trachselus [Trachsel, of Arth], Georgius Calybeus [Stähelin, of Freienbach], Vernherus Steiner [of Zug], Leo Iud [Pastor of St. Peter's, Zürich], Erasmus Fabricius [Schmidt, of Stein am Rhein], Simon Stumpfus [Stumpf, of Höngg], Iodocus

---

[1] e.g. Matt. xix. 10–12; 1 Cor. vii. 1 sqq.; 1 Cor. vii. 9; 1 Cor. vii. 25; 1 Tim. iii. 1 sqq.; Tit. i. 5 sqq.; 1 Tim. iv. 1–3; Heb. xiii. 4.

Kilchmeyer [Canon of Luzern], Huldrychus Pistoris [Pfister, of Uster], Caspar Megander [Grossmann, Chaplain of the Great Minster, at Zürich], Iohannes Faber [Schmidt, Canon of the Great Minster, at Zürich], Huldrychus Zuinglius.

No. 179. Erasmus to Christopher, Bishop of Basel, 21 April 1522.

Cur hîc humanam constitutionem urgemus tam obstinate, praesertim cum tot causae suadeant mutationem? Primum enim magna sacerdotum pars vivit cum mala fama, parumque requieta conscientia tractat illa sacrosancta mysteria. Deinde perit magna ex parte fructus illorum, propterea quod ob vitam dedecorosam a populo contemnitur illorum doctrina. Quod si his, qui se non continent, concederetur matrimonium, et ipsi viverent quietius, et populo cum auctoritate praedicarent verbum Dei, et liberos suos liberaliter educandos curarent, nec alteri alteris vicissim essent probro. Haec non eo spectant, ut sacerdotibus auctor aut patronus esse studeam, qui nuper citra pontificum auctoritatem coeperunt esse mariti : sed ut ecclesiae proceres admoneam, dispiciant an expediat veterem constitutionem ad praesentem utilitatem accommodari. Interim et episcopos admonitos velim ne tam temere quoslibet et inexploratos recipiant in sacerdotalem ordinem. Caeteros item admonendos censeo, etiam atque etiam excutiant seipsos, num idonei sint muneri gerendo quod suscipiunt, ne lucri causa, ne otii gratia tantae professionis onus suscipiant, et sibi damnationem et ecclesiae probrum accersentes. Porro, qui iam initiati sunt, etiamsi pontifices aperiant fenestram ad coniugium, tamen illud consuluerim ut ne leviter aut temere semet involvant matrimonio, fiatque ut iam duplici paenitentia discrucientur et sacerdotii et coniugii. Bona pars continentiae est ex animo velle continere. Nihil magis optandum quam ut sacerdos immunis a coniugio liber ac totus serviat Domino suo. Sed si frustra tentatis remediis omnibus vinci non potest carnis rebellio, superest ut cum una caste vivat, ad remedium habens uxorem, non ad voluptatem : illud interim conans pro viribus ut imbecillitatem carnis, cui concessa est uxor, reliqua vitae integritate piisque studiis compenset. Sic enim omnes intelligent uxorem necessitati quaesitam, non voluptati. Neque dubito quin plerique sint episcopi qui perspiciant haec ita habere quemadmodum dicimus : sed vereor ne hîc quoque quaestus obstet, quominus id sequamur quod videmus optimum esse. Si episcopi tentent mutare, fortasse reclament officiales, qui plus sentiunt redituum ex concubinis sacerdotum quam sensuri sint ex uxoribus. At non aequum est ut quaestus apud nos tantum valeat, ut ob eum in re tanti momenti minus sincere consulatur. . . .

No. 180. Zwingli's debate with Francis Lambert, 16 July 1522.

Primum itaque omnium scias Franciscanum quendam e Gallia, Franciscum nomine, retroactis non adeo multis diebus, apud nos Tiguri fuisse ac de adoratione divorum eorundemque pro nobis intercessione in Scripturis mecum multa contulisse, nusquam tamen opitulante Scriptura evincere potuisse, ut divi pro nobis orent, id quod multo fastu facturum iactaverat. Tandem Basileam concessit, ubi longe aliter totam rem narrat, immo mentitur, atque acta est. Quam ob rem tibi ista placuit significare, ne Cumanum leonem [1] ignorares, si forte fortuna aliquando ad te diverterit. Subsecutum est intra sex dies aliud cum nostris fratribus certamen, hi sunt praedicatores Augustini minores ; postremo indixit illis consul et senatores tres, quibus id muneris mandatum erat, ut relictis Thomasibus, Scotis reliquisque id farinae doctoribus, unis sacris litteris nitantur, quae scilicet intra biblia contineantur. Hoc beluas istas tam male habet ut unus frater, pater lector Ordinis Praedicatorum a nobis solverit, nobis non secus flentibus ac si morosa et dives noverca excesserit. Non desunt interea tamen, qui nihil non minentur, sed advertet Dominus mala inimicis suis. Putamus te supplicationem vidisse, quam aliquot nostrum ad episcopum Constantiensem dedimus.

No. 181. Zwingli's Archeteles, 22 August 1522.

A. *Paraenesis a R. D. Constantiensi episcopo ad senatum praepositurae missa.*

Hugo, Dei et Apostolicae Sedis gratia, episcopus Constantiensis . . . Praeposito et Capitulo ecclesiae . . . SS. Felicis et Regulae Turicenensis. . . .

1. Accepimus iamdudum, carissimi, per universam fere Germaniam quosdam esse qui die noctuque clamant populum Christianum plus aequo hactenus gravibus et onerosis constitutionibus, observantiis et caeremoniis ab ecclesiae praesidibus

[1] Lambert.—Clearly Zwingli had not won him over: though he may have silenced him in the debate.

oppressum, unde tales totis viribus conantur reiectis et abolitis caeremoniis

2. hoc aureo saeculo (ita enim aiunt), quo evangelium demum illucescere mortalibus incipiat, communem populum ad

3. evangelicam libertatem reducere.

. . . .

57. Esto etiam, quod erraverit universitas aut instituendo aut acceptando ritum hucusque servatum, et, ut est humana ignorantia et infirmitas, aliqua se religioni Christianae immiscuerint evangelio et sacrae Scripturae non admodum conformia:

59. Communis error facit ius. Quemadmodum ergo beatissimus Papa[1] noster felicis memoriae Leo X et serenissimus Romanorum Imperator[2] Carolus V nuper

60. huiusmodi nova dogmata damnaverunt, et damnata publicis mandatis declaraverunt, tanquam illa quae sint contra ecclesiasticam dispositionem, contra evangelicam legem, institutionis evangelicae unitatem : ita vos, quos nobiscum Spiritus sanctus posuit

61. regere ecclesiam Christi, quam acquisivit

62. sanguine suo, cohortamur per eam quam quilibet Christianus de immaculatae sponsae suae ecclesiae foeda scissione compassionem gerit, ut haec dogmata postponantur, abiiciantur interim, non praedicentur, disputentur aut doceantur vel publice vel occulte, nihil etiam

63. alteretur, immutetur aut innovetur circa ecclesiae ritum ;

64. donec illi, quorum interest, de ecclesiae negotio conveniant et collatis consiliis cum disciplina pariter et misericordia temperatam figant sententiam. . . .

67. Haec . . . ad vos paterno affectu moti perscribere decrevimus, vos per viscera misericordiae D. N. I. C. rogantes ut in unitate sanctae

68. matris ecclesiae et superiorum obedientia maneatis, neque ritus ecclesiasticos a maioribus nostris introductos tam cito abiiciatis. . . .

Datum Constantiae xxiv Mensis Maii MDXXII.

B. *Huldrychi Zuinglii responsio.*

1. Principio igitur, quid opus erat me Helvetium et apud Helvetios Christum profitentem huius tumultus insimulare? Cum id solum in Germania fieri dicatis, et Helvetii inter Germanos non censeantur : nec tamen interea totum fere mensem captans rescire potui, quod similem paraenesim ad ullos uspiam in Germania miseritis. . . .

[1] By the Bull *Exsurge Domine* (*supra*, No. 38).
[2] By the Edict of Worms (*supra*, No. 45).

2. Quid iam mali nobis eveniet, si caeremoniarum scobs in universum etiam abiiciatur, cum frustra se Deus hisce coli adserat? . . . His itaque aureum . . . non est saeculum . . . sed his quorum conscientiae, ab animarum parricidis hactenus misere laniatae, in tranquillum verae pietatis portum inductae sunt. . . .

3. Ad evangelicam libertatem recte faciunt qui vocant: nam hoc uno salvi reddimur. Audite Christum [Mk. xvi. 15 sqq.; Io. viii. 32]. . . .

. . . . . .

58. Pie errantibus donandum nonnihil putatis, id quod ipse sentio, modo error sit pius. Piissimus error est putare non licere carnes diebus quadragesimalibus edere; impiissimus error est populo Christiano non indicare quae a Deo sibi donata sint. . . . Nunc cum ita mordicus caeremonias tenetis ac defenditis, quid aliud quam veritatem moramini? Verbo absit invidia. Ipsi enim caeremoniarum vim vestris verbis extenuatis et tamen defenditis usque ad nescio quod tempus, quae sine omni discrimine possent sana solum doctrina antiquari: id quod nihilo secius fiet vobis etiam contranitentibus. Quamobrem suadeo, ut quemadmodum aiunt Iulium Caesarem, cum se iam videret mortem effugere non posse, dedisse operam, ut collectis vestium laciniis honeste caderet: ita cum videtis caeremonias labi, propediemque totas esse casuras, laboretis ut quam commodissime cadant. . . .

59. 'Communem errorem ius facere,' nescio an ullis permittam incredulis, nedum Christianis. Christus enim errantes homines ferre non potuit [Matt. ix. 36]. . . . Et vos audetis errori iterum patrocinari? . . . Videte quo vos caeca ducat malignitas, huc nempe ut . . . amplectamini frivola quaedam nulli cordato ferenda. . . .

60. Quae vero sunt ista 'nova dogmata'? Num evangelium? At hoc natum est annos iam 1522. Num doctrina apostolica? At illa paulo minor natu est evangelio. Num patriarcharum et prophetarum? At illa Sibillis etiam maior est. Quapropter obsecro ut suo quaeque nomine adpelletis, quo ea cavere possimus quae tam sunt perniciosa; id autem hoc pacto facturi sumus: Explorabimus omnia ad lapidem evangelicum et ad ignem Pauli. . . .

61. Ut placet id verbi: 'Regere ecclesiam Dei,' quod Actorum xx, unde huc translatum est, pro 'pascere' interpres posuit non sine sententiae iniuria. Sic enim loquitur Ephesiorum episcopis Paulus [Acts xx. 28]. . . . Quid tam arrogans verbum usurpastis? Pastores pascunt, non regunt.

62. Quandoquidem autem 'sanguine Christi' parta est ecclesia Deo ... quid est quod quidam nos contemnunt qui de grege Christi sumus? ac non modo non Christianorum sed ne hominum quidem loco habent, non contenti si benignitate nostra liceat sibi otiosis curare cuticulam, ni prorsus ad servitutem adigant. ... Quid inquam in causa est, ut hae indulgentiae nunquam promulgentur, nempe quod pretioso Christi sanguine simus empti, sed fictis pollicitationibus omnia impleantur ad emungendam pecuniam? ... Iactamus quidem Christi sanguinem ... sed si quis eo fretus firmiter crediderit sibi perpetuo eius gratia Deum ignoturum, hunc mox haereticum pronunciamus. Constanter, O viri, perseverate in isto verbo, quod vobis sive de industria sive casu excidit: est enim salutis verbum, Christum scilicet ecclesiam sanguine suo parasse. Quicunque igitur id firmiter crediderit, ex ecclesia Christi est ea quam suo sanguine paravit; nam fides sola salutis causa est. ... Studete intra eam ecclesiam numerari quae Christi sanguine respersa est, ut odio habeatis ecclesiam malignantium. Quid vobis cum ea ecclesia quae carni innititur et sanguini?

63. Si nihil immutandum, 'nihil novandum,' cur synaxis, olim sub utraque specie fieri consueta secundum Christi institutionem ac usum apostolorum, mutata est? vel potius mutilata? Cur episcopi munus in principis commutatum est? Cur matrimonium vetitum? Aliaque sexcenta novata sunt? reclamantibus Christo, apostolis communique iudicio? An potentiores estis Deo ut id vetare ausi sitis, quod integrum Christus reliquit. ... aut tam stupidi ut persuasuros vos autumetis liberis in Christo conscientiis, ut quod per legem divinam licere sciunt, licere non putent? etiamsi ad ravim usque clametis.

64. Quamvis verba vestra paulo post temperetis in hunc modum: 'Donec illi quorum interest de ecclesiae negotio conveniant,' &c. Quod tum eventurum puto, cum 'aut Ararim Parthus bibet aut Germania Tigrim.'[1] Persuasum enim vobis esse cupio, quod hac nostra tempestate nihil minus saevituri sint contra mundioris Christianismi adsertores, quam olim Iudaei in Christum ipsum saevierint. Qui enim fieri posse putatis, ut hi quorum laquearia nitent auro, mulae gemmis, satellites serico, ipsi his omnibus modum ullum aut correctionem recipiant? Convenirent quidem illi facile, si liceret eis omnia ex sententia statuere sua, non Scripturae: id quod mundus

[1] Virgil, *Eclogae* i. 62.

minime recepturus esset, qui iam ubique evangelium adprobe doctus est (dicerem ferme magis doctum esse quam summos istos sacerdotes) neque ulla ratione ab ipso avelli potest. . . . Haec, inquam, causa est, cur non sperem unquam futurum ut concilia cogantur Scripturae paritura, ni principum unanimis consensus id efficiat; quem tamen impedire quidam catuli ex nostris mirum quam belle norunt, dum praestigiis munerum, honorum, sacerdotiorum oculos eorum fascinant et spebus ludunt inanibus. Frustra igitur ab illis temperatam sperabimus sententiam.

68. 'Ut in unitate sanctae matris ecclesiae maneamus,' Te rogamus: audi nos. Ut in superiorum, hoc est, magistratuum piorum obedientia maneamus, Te rogamus: audi nos. Ut pseudepiscopos tantam humilitatem doceas, qua se nec praesides nec superiores sed iuxta Petri verbum 1 Pet. v [1] συμπρεσβυτέρους reputent, Te rogamus. . . .

No. 182. Zwingli's sermon De claritate verbi Dei, 6 Sept. 1522.

Qui enim humanae doctrinae assertores sunt et vindices, ad hunc modum loqui consueverunt: Damus et nos idem hoc ut Evangelica doctrina, quae divinitus inspirata est, omnibus aliorum doctrinis praeferatur (hucusque enim nunc divina gratia vel virtute impulsi profecerunt) sed variae multumque sibi pugnantes Evangelii expositiones a nobis proferri solent. In tanta ergo sententiarum diversitate iudex aliquis sit oportet, qui utra verior sit pronuntiet et adversae errantique parti silentium imponat. Sic illi. Ceterum omnes horum sermones in hoc unum intenti sunt, ut verbi Dei sententiam et interpretationem hominum iudiciis subiiciant, ut eo facilius a Caiaphis et Annis verbi ministros affligere et ad variorum iudicum tribunalia hinc inde circumducendo sistere liceat. Et quum Paulus diserte omnem intellectum vindicare iubeat voluntati Dei in obsequium fidei, non verentur tamen huc incumbere ut verbum Dei hominum iudicio subiectum capiatur. Sed audi, quaeso, quid nos hoc loco responsuri simus. Evangelium scriptores sacri vocant non id solum quod a Matthaeo, Marco, Luca et Ioanne conscriptum est, sed quicquid usquam in V. et N. T. hominibus a Deo proditum est, quo de gratia et voluntate Dei certiores fieri potuerunt. Quum vero una Dei voluntas sit, et unus eiusdem Spiritus, qui concordiae non dissensionis Spiritus est: necessarium quoque fuerit unum tantummodo verum et simplicissimum verbi divini sensum esse, utcunque a nobis variis sententiis et expositionibus discerpatur. . . . Sic si Dei verbum in sua natura permanere sinas . . . unum eundemque sensum in me et te proferet. . . .

No. 183. Zwingli's resignation and re-appointment, 12 Nov. 1522.

Burgomaster Röist and Councillors.—Whereas the Provost and Chapter of the Great Minster on Wednesday after St. Martin's Day appeared before the Council to say that Huldreich Zwingli had resigned his office of people's priest, for which it lay with them again to provide; and that, with a view to the office being honestly filled by a learned man, they were desirous of taking counsel with my Lords: and whereas my Lords have understood from Master Huldreich, both on St. Martin's Day in the church and otherwise, the reasons for which he proffered such resignation; it is left to the ordering of the Provost and Chapter, for the sake of peace and quiet, to fill the office of people's priest with another honest man. Nevertheless, Master Huldreich Zwingli shall furnish the pulpit with sermons after his offer of resignation as before.

No. 184. The Council's order to the nuns at Oetenbach, 1 Dec. 1522.

Burgomaster Röist and the Council.—1. With regard to the dispute between certain ladies at Oetenbach, as about other matters so, in particular, concerning their soul's health, whether to pursue the same better outside the nunnery than within; since the more part are minded to remain in the nunnery as heretofore, and desire not to suffer the others to leave but all to abide together as hitherto.—It is, in this behalf, decreed and resolved that until next Whitsuntide the said ladies of either part shall in God's name friendly and lovingly live and remain together in Christian charity, pending some steps to be taken in the meanwhile, whether by spiritual or by temporal authority, whereby it may be arranged how and what to do or not to do.

2. It is further decreed that each lady may at her pleasure choose and have a confessor, of the secular or of the regular clergy, to hear her confession at the grill as the custom is. Moreover both secular and regular clergy shall and may say Mass and preach in the church; and it is expressly required that neither secular priest nor friar shall preach anything but what

they may support from the holy lips of God and the Gospel, and so an end be put to all other nonsense, as agreed: all, however, on condition that so soon as Confessions, Masses, and Sermons are over, then no priest, regular or secular, shall after that go to the nunnery, unless it be to provide any sick ladies therein with Confession or the Sacraments. . . .

VI

THE DISPUTATIONS AT ZÜRICH, 1523

In 1523 two Disputations carried reform further under the authority of the Town Council.

The first (Bullinger, *Reformationsgeschichte*, §§ 54-9: and for the *Acta*, in German, *C. R.* lxxxviii. 442 sqq., or in Gualther's [1519-†86] Latin translation, *Zuinglii Opera*, i. 137 sqq.) was fixed for 29 January in a [No. 185] **Proclamation** (*ibid.* i. 140), of 3 January, giving the terms of reference, to Scripture only; and Zwingli prepared for it by the publication, 19 Jan., of [No. 186] **Sixty-seven Articles** (*ibid.* i. 176; Niemeyer, *Collectio confessionum Ref. eccl.*, 3 sqq.: and, in the original German, *C. R.* lxxxviii. 458 sqq.) in which he deduced from this standard (*Arts.* 1-16), a criticism of existing doctrine and practice (*Arts.* 17-33), at a moment when there was on its way to him, 23 Jan., a flattering [No. 187] **Letter from Adrian VI** (*Opera*, vii. 266). On the 29th the discussion was opened by an [No. 188] **Address from the Burgomaster** (*Opera*, i. 141; *C. R.* lxxxviii. 483): and the [No. 189] **First Disputation** (*Opera*, i. 141-8; *C. R.* lxxxviii. 485 sqq.) mainly between Zwingli and Dr. Johannes Faber [Heigerlin, *alias* Schmid, 1478-†1541], since 1518 the Vicar of the Bishop of Constance, then proceeded till, after dinner, the Council covered its preacher and his Articles by a [No. 190] **Decree** (Bullinger, *op. cit.* i, § 60; *Zuinglii Opera*, i. 167; *C. R.* lxxxviii. 469), requiring all preachers in its territories to conform to the above standard.

Changes thereupon set in apace. Clergy married, 28 April (Bullinger, *op. cit.* i, § 63). Nuns were allowed to leave the cloister, 17 June (Egli, *Aktensammlung*, No. 366), and were married, one to a chaplain of the Minster, 24 June (Bullinger, *op. cit.* i, § 63). The Bishop was powerless: he could only make his protest in a [No. 191] **Pastoral** (Strickler, *Aktensammlung*, i. No. 628) of 10 July. Zwingli, on the contrary, now had a position publicly authorized. He re-inforced his Articles, 14 July, by an *Explanation* (*Opera*, i. 190 sqq.; *C. R.* lxxxviii. 1 sqq.), but it had to be accompanied, 30 July, by a tractate (*Opera*, i. 437 sqq.; *C. R.* lxxxix. 459 sqq.), intended to head off a revolutionary party. On

10 August baptism was administered in the vernacular, according to a conservative form (*Opera*, II. ii. 224; cf. Bullinger, *op. cit.* i, § 67) by Leo Jud, afterwards dropped in favour of Zwingli's own [No. 192] **Form of Baptism ... with the omission of all additions which have no ground in the Word of God,** 1525 (*Opera*, II. ii. 230). On the 29th Zwingli put out a criticism of the Mass in his [No. 193] **De canone Missae Epichiresis** (*Opera*, iii. 83 sqq.; *C. R.* lxxxix. 552 sqq.). At Michaelmas the Council issued regulations for the [No. 194] **Reform of the Great Minster** (Bullinger, *op. cit.* i, § 71; and Egli, *Aktensammlung*, No. 426).

Zwingli had taught that images were but idols: and imagebreakers (*ibid.* No. 421: cf. Bullinger, *op. cit.* i, § 76) in September began to translate his teaching into practice. The Council imprisoned the offenders (*Opera*, vii. 311 sq.) but arranged a second Disputation. On 12 Oct. they issued their [No. 195] **Summons** (Bullinger, *op. cit.* i, § 77; *Zuinglii Opera*, i. 487 sq.). In reply, the Bishop bade them, 21 Oct., defer to the coming Diet (Strickler, *Aktensammlung*, i, No. 689): Schaffhausen and St. Gall alone of the Cantons sent representatives: other districts, as [No. 196] **Obwalden** (Oechsli, *op. cit.* i, No. 123) were scarcely polite, 25 Oct. But the [No. 197] **Second Disputation**, 26-8 Oct., was held (*Opera*, i. 481 sqq.; *C. R.* lxxxix. 664 sqq.; Bullinger, i, § 78), Leo Jud leading the attack on Images (Bullinger, i, § 79) and Zwingli challenging the Mass (*ibid.* § 80). On the 28th Zwingli preached, and foreshadowed the breach with the Bishop by contrasting true pastors with the false (*Opera*, i. 656 sqq.). The Council then placed Zürich beyond his jurisdiction: for, ignoring their bishop, they issued 27 Oct. their [No. 198] **Mandate for the abolition of Images and of the Mass** (Egli, *Aktensammlung*, No. 436; Bullinger, *op. cit.* i, § 82); and in it announced their intention of sending [No. 199] **Preachers** of their own appointment to convert the country districts (*Opera*, vii. 313 sq., and, with them, 9 Nov., Zwingli's [No. 200] **Short Christian Introduction** (*Opera*, i. 549 sqq., and *C. R.* lxxxix. 626 sqq.), to be circulated in justification of their proceedings. Some of the Chapter demurred. They were referred by the Council to an opinion of the three people's-priests (Egli, *Aktensammlung*, No. 460, p. 183), in which it was announced that on Christmas Day Communion would be given in both kinds and that thenceforward expositions of Scripture would take the place of the daily Mass. But by a decree of 19 Dec. (*ibid.* No. 460, p. 187), the Council conceded further discussion. This took place (cf. Bullinger, *op. cit.* i, § 84) in disputations of 28 Dec. 1523 (Egli, *op. cit.*, No. 460, p. 188, and No. 465), and 19-20 Jan. 1524 (*ibid.* Nos. 483-6, 489, and *Opera*, i. 584 sqq.). The Council then deferred the matter till after Whitsuntide, by which date they hoped to have consulted the Bishops of Constance, Chur, and Basel, the University of Basel, and the Confederates, upon Zwingli's *Introduction*.

No. 185. The proclamation of the First Disputation, 3 Jan. 1523.

Tigurinae reipublicae Consul totusque Diacosiorum senatus omnibus et singulis ecclesiarum praesidibus, plebanis, parochis et verbi ministris in urbibus comitatibus dominiis et aliis ditioni nostrae subiectis locis agentibus, salutem cum debita benevolentia optamus.

Nemini quidem ignotum esse putamus quae et quanta inter publicos ecclesiarum ministros et verbi praecones dissidia nuper exorta sint. Quidam enim se Evangelii doctrinam antehac quoque bona fide praedicavisse arbitrantur. Alii vero illos reprehendentes, eos nec commode nec digne vocationi suae satisfecisse dicunt. Unde et priores illi hos suae doctrinae reprehensores, errorum auctores, seductores et haereticos nonnunquam nominant, eos nimirum qui fidei et doctrinae suae rationem unicuique petenti se reddituros esse nunquam non prompto animo pollicentur. Quapropter ut Dei honor asseri, publica pax conservari et Christiana concordia retineri possit, volumus, praecipimus et mandamus ut omnes vos, qui ecclesiarum ministerio et in urbe nostra et in agro praefecti estis (vel si qui alii quoque concertationi isti sese adiungere velint) et alterutros errare meliusque institui posse arbitramini, ad xxix Ianuarii diem matutina hora in urbis nostrae curia citra omnem tergiversationem congregati, divinae Scripturae testimoniis et rationibus ea impugnetis, quae vobis falso doceri aut errores esse videntur. Curabimus enim ut et nos diligenti studio una cum doctis quibusdam et eruditis viris (siquidem ita nobis commodum esse visum fuit) singula audiamus, et quid porro unicuique faciendum sit finito colloquio decernamus, prout causam hanc ex Scripturarum et divini verbi auctoritate tractatam viderimus. Nolumus enim ut unicuivis citra divinae Scripturae testimonia quidvis pro publica concione asserere aut docere posthac permissum sit. Praeterea R. D. Constantiensem Episcopum huius instituti nostri certiorem faciemus, ut et ipse, si volet, vel legati ipsius disputationi huic interesse possint. Quod si vero quis post haec quoque contumacius sese sanae doctrinae opponere coeperit, nec dignis sacrae Scripturae argumentis sua probarit, in eum pro rei indignitate graviori iudicio animadvertemus; quamvis ea molestia tam nos ipsos quam vos liberatos malimus. Speramus autem Dominum Deum eos, qui veritatis lucem tanto studio inquirunt, sic illustraturum esse ut ceu filii lucis in luce posthac ambulare possimus.

Actum et urbis nostrae sigillo obsignatum Sabbato post Circumcisionem D. Salvatoris N. I. C., anno MDXXIII.

No. 186. Zwingli's sixty-seven Articles,
19 Jan. 1523.

1. Quicunque Evangelion nihil esse dicunt, nisi ecclesiae calculus et adprobatio accedat[1], errant et Deum blasphemant.

2. Summa Evangelii est quod Christus Filius Dei vivi innotuerit nobis voluntatem Patris caelestis et quod innocentia sua nos de morte aeterna redemerit, et Deo reconciliaverit.

3. Hinc sequitur Christum esse unicam viam ad salutem omnium qui fuerunt, sunt et erunt.

4. Quicunque aliud ostium vel quaerit vel ostendit, errat; quin animarum latro est et fur.

5. Quicunque ergo alias doctrinas Evangelio vel aequant vel praeferunt, errant, nec intelligunt quid sit Evangelium.

6. Nam Christus Iesus dux est et imperator, a Deo toti generi humano et promissus et praestitus.

7. Ut sit ipse salus et caput omnium credentium qui corpus eius sunt, quod quidem absque ipso mortuum est, et nihil potest.

8. Ex his sequitur quod omnes qui in isto capite vivunt, sunt membra et filii Dei. Et haec est ecclesia seu communio sanctorum, sponsa Christi, ecclesia catholica.

9. Quemadmodum membra corporis sine administratione capitis nihil possunt, sic in corpore Christi nemo quidquam potest sine capite eius, Christo.

10. Quum membra absque capite aliquid operantur, ut, dum sese lacerant aut perdunt, demens est homo: sic, dum membra Christi sine capite Christo aliquid tentant, insana sunt, sese gravant et perdunt imprudentibus legibus.

11. Colligimus hinc ecclesiasticorum (quos vocant) traditiones et leges, quibus fastum, divitias, honores, titulos, legesque suas fulciunt et defendunt, causam esse omnis insaniae; nam capiti Christo non consonant.

12. Adhuc ergo insaniunt non pro capite, quod per gratiam Dei pii omnes summo studio conantur erigere, sed quod non permittuntur insanire et furere. Volunt enim pii soli capiti Christo auscultare.

---

[1] Contrast 'Ego evangelio non crederem, nisi me catholicae ecclesiae commoveret auctoritas', S. Aug. *Contra Epist. Manichaei*, § 6: and Hooker, *E. P.* III. viii. 14.

13. Verbo Dei quum auscultant homines, pure et sinceriter voluntatem Dei discunt. Deinde per Spiritum Dei in Deum trahuntur et veluti transformantur.

14. Summo igitur studio hoc unum in primis curent omnes Christiani, ut evangelium Christi unice et sinceriter ubique praedicetur.

15. Qui credit evangelio, salvus erit ; qui non credit, condemnabitur. Nam in evangelio omnis veritas clarescit.

16. In evangelio discimus hominum doctrinas et traditiones ad salutem nihil esse utiles.

17.[1] Christus unicus aeternus et summus est sacerdos. Qui ergo se pro summis sacerdotibus venditant, gloriae et potentiae Christi adversantur, et Christum reiiciunt.

18.[2] Christus qui sese semel in cruce obtulit hostia est et victima satisfaciens in aeternum pro peccatis omnium fidelium. Ex quo colligitur missam non esse sacrificium, sed sacrificii in cruce semel oblati commemorationem et quasi sigillum redemptionis per Christum exhibitae.

19.[3] Christus unicus est mediator inter Deum et nos.

20. Omnia nobis per Christum et in nomine Christi praestat Deus : hinc sequitur, nobis extra hanc vitam intercessore praeter Christum nullo opus esse.

21. Quum mutuo pro nobis hic in terris oramus, in hoc facere debemus, quod per solum Christum omnia nobis dari confidamus.

22.[4] Christus est nostra iustitia. Hinc consequitur opera nostra eatenus esse bona, quatenus sunt Christi : quatenus vero nostra, non esse vere bona.

23.[5] Quod Christus substantiam huius mundi et fastum contemnit, docet quod hi qui sub Christi titulo divitias ad se rapiunt, ipsum magna infamia afficere, quum cupiditatis suae et luxus eum patronum faciunt.

24.[6] Christianorum nullus ad ea opera quae Christus non praecepit, adstringitur ; quolibet tempore, quolibet cibo vesci potest. Consequitur ergo literas quas pro caseo et butyro dant pontificii, Romanas esse imposturas.

25.[7] Tempus et locus in potestate sunt hominis, non homo in illorum potestate. Qui ergo tempus et locum alligant, Christiana libertate pios fraudant et spoliant.

---

[1] Of the Pope. [2] Of the Mass. [3] Intercession of Saints.
[4] Good Works. [5] The goods of the Spiritualty.
[6] Forbidden food. [7] Holy days and pilgrimages.

26.[1] Nihil magis displicet Deo quam hypocrisis: hinc discimus hypocrisim esse gravem et impudentem audaciam quicquid sanctum se simulat coram hominibus. Hinc cadunt cuculli, signa, rasus, vertex, &c.

27.[2] Omnes Christiani fratres sunt Christi, et fratres inter sese, patrem ergo super terram vocare non debent. Hinc cadunt factiones et sectae.

28.[3] Quicquid Deus non vetat et permittit, iuste fit. Ex quo discimus matrimonium omnibus ex aequo convenire.

29. Qui ecclesiastici vulgo seu spirituales vocantur, peccant, dum, posteaquam senserint castitatem sibi a Deo negatam, non uxores ducunt aut nubunt.

30.[4] Qui vovent castitatem, stulta praesumptione et puerili arrogantia tenentur. Qui ergo ab eis vota huiusmodi vel exquirunt vel oblata recipiunt, iniuriam eis faciunt et tyrannidem in simplices exercent.

31.[5] Excommunicationem nemo privatus ferre potest, sed ecclesia in qua excommunicandus habitat una cum episcopo.

32. Nemo potest nec debet excommunicari, quam is qui sceleribus suis publice offendit.

33. Ablata[6] iniuste non templis, monasteriis, non monachis aut sacerdotibus, sed pauperibus danda sunt, si iis quibus ablata sunt restitui commode non possunt.

34.[7] Potestas quam sibi Papa et Episcopi caeterique quos spirituales vocant, arrogant, et fastus quo turgent, ex sacris litteris et doctrina Christi firmamentum non habet.

35. Magistratus publicus firmatur verbo et facto Christi.

36. Iurisdictio aut iuris administratio, quam sibi dicti spirituales arrogant, tota magistratus saecularis est, si modo velit esse Christianus.

37. Magistratibus publicis omnes Christiani obedire debent, nemine excepto.

38. Modo contra Deum nil praecipiant.

39. Leges magistratuum ad regulam divinae voluntatis sunt conformandae, ut oppressos et vim passos defendant et ab iniuria asserant, etiam si nemo queratur.

40. Magistratus iure duntaxat occidere possunt, atque eos tantum qui publice offendunt, idque inoffenso Deo, nisi Deus aliud praecipiat.

---

[1] Cowls, habits, &c.   [2] Orders and Sects.   [3] Clerical Marriage.
[4] Vows.   [5] Excommunication.   [6] Ill-gotten gain.
[7] The Magistrate.

41. Quum illis pro quibus rationem reddere coguntur, consilia et auxilia legitime administrant, debent et illi ipsi magistratibus subsidia corporalia.

42. Quando vero perfide et extra regulam Christi egerint, possunt cum Deo deponi.

43. Huius regnum optimum est et firmissimum qui ex Deo et cum Deo regnat; huius vero pessimum et infirmissimum qui sua libidine.

44.[1] Veri adoratores invocant Deum in spiritu et veritate, corde orantes, non clamore coram hominibus.

45. Hypocritae omnia opera sua faciunt ut videantur ab hominibus; propterea mercedem suam hic recipiunt.

46. Cantiones ergo, seu verius boatus, qui in templis sine devotione pro mercede fiunt, aut laudem aut quaestum ab hominibus quaerunt.

47.[2] Potius mortem eligere debet homo quam Christianum offendere aut pudefacere.

48. Qui ex infirmitate aut ignorantia absque causa vult offendi, non patiamur ut is infirmus et ignorans maneat; sed demus operam ut rite edoctus firmus tandem evadat, nec peccatum ducat quod peccatum non est.

49. Maius et gravius scandalum non puto, quam quod sacerdotibus matrimonio legitimo interdicitur; concubinas et scorta habere accepta ab eis pecunia permittitur.

50.[3] Solus Deus peccata remittit, idque per solum Christum Iesum Dominum nostrum.

51. Qui remissionem peccatorum creaturae tribuit, Deum gloria sua spoliat et idololatra est.

52. Confessio ergo, quae sacerdoti aut proximo fit, non pro remissione peccatorum, sed pro consultatione haberi debet.

53. Opera satisfactionis a sacerdote imposita humanae sunt traditionis (excepta excommunicatione); peccatum non tollunt, sed aliis in terrorem imponuntur.

54.[4] Christus dolores nostros et omnes labores nostros tulit; qui vero operibus poenitentialibus tribuit quod Christi solius est, errat et Deum blasphemat.

55. Qui vel unicum peccatum poenitenti remittere negat is non Dei nec Petri sed diaboli vicem tenet.

56. Qui quaedam tantum peccata idque pro mercede aut pecunia remittunt, Simonis et Balaami socii sunt, et veri satanae legati.

---

[1] Prayer.   [2] Offence.   [3] Forgiveness of sins.
[4] The passion of Christ is penance for sin.

57.[1] Scriptura sacra purgatorium post hanc vitam nullum novit.

58. Defunctorum iudicium soli Deo cognitum est.

59. Quominus de hisce rebus nobis revelat Deus, hoc minus nobis pervestigandae sunt.

60. Si quis pro mortuis sollicitus, apud Deum gratiam eis implorat aut precatur, non damno ; sed tempus de hoc definire et propter quaestum mentiri non humanum est sed diabolicum.

61.[2] De charactere, quem postremis hisce temporibus excogitarunt sacrifici, nihil novit divina Scriptura.

62. Scriptura alios presbyteros aut sacerdotes non novit quam eos qui verbum Dei annunciant.

63. Illis vero presbyteris, de quibus diximus, qui verbum Dei praedicant, Scriptura divina iubet ut necessaria ministrentur.

64.[3] Qui errorem agnoscunt, illis nihil damni inferendum, ferantur autem donec in pace decedant, deinde sacerdotiorum bona iuxta Christianam charitatem ordinentur.

65. Qui errorem non agnoscunt nec ponunt, Deo sunt relinquendi, nec vis corporibus illorum inferenda nisi tam enormiter ac tumultuose se gerant, ut parcere illis magistratui salva publica tranquillitate non liceat.

66. Humilient se illico quicunque in ecclesia sunt praefecti, crucemque Christi (non cistam) erigant ! aut perditio eorum adest, nam securis radici arboris est admota.

67. Si cui libet disserere mecum de decimis, reditibus, de infantibus non baptizatis, de confirmatione, non detrectabo colloquium.

No. 187. Letter of Adrian VI to Zwingli, 23 Jan. 1523.

Dilecte fili, salutem et apostolicam benedictionem ! Remittimus venerabilem fratrem Ennium[4] episcopum Verulanum, praelatum domesticum nostrum et apostolicae sedis nuncium, hominem prudentia et fide praestantem, ad istam invictam nobisque et huic sanctae sedi coniunctissimam nationem, ut de maximis rebus nos eandem sedem totamque Christianam rempublicam concernentibus cum illo agat. Licet autem ei dederimus in mandatis ut ea communiter cum omnibus et publice tractet : tamen cum de tua egregia virtute specialiter nobis sit

---

[1] Purgatory. [2] Priesthood and ordination.
[3] Putting away of abuses.
[4] Ennius Filonardi, Bishop of Veroli, 1503-46.

cognitum, nosque devotionem tuam arctius amemus ac diligamus ac peculiarem quandam in te fidem habeamus, mandavimus eidem episcopo, nuncio nostro, ut tibi separatim nostras litteras redderet, nostramque erga te optimam voluntatem declararet. Hortamur itaque devotionem tuam in Domino ut et illi omnem fidem habeat, et quo nos animo ad honores tuos et commoda tendimus, eodem tu in nostris et dictae sedis apostolicae rebus procedas : de quo gratiam apud nos invenies non mediocrem. Datam Romae apud S. Petrum sub annulo piscatoris. Die 23 Ianuarii anno 1523. Pontificatus nostri anno primo.

No. 188. The address of the Burgomaster, 29 Jan. 1523.

Quandoquidem non paucae concertationes et dissidia plura in urbe nostra propter Huldrici Zuinglii conciones publicas exorta sunt, viri omni virtutum genere et eruditione praestantissimi ; quae eo tandem devenisse constat ut propter dogmata publice tradita ab aliis quidem seductor, ab aliis vero haereticus quoque saepenumero dictus sit : non in urbe modo sed in agrum quoque concertationes istae diffusae et ecclesiarum ministros et rudem rerum populum exagitant, et amplissimi magistratus nostri aures continuis et assiduis querelis fatigant. Ceterum quum obtrectationum et conviciorum ciusmodi finis nullus appareret : Zuinglius pro publica concione se omnis fidei et doctrinae suae rationem publice quoque redditurum esse pollicitus est, si publica aliqua instituatur disputatio. Quapropter tam iusta petenti sanctus urbis nostrae senatus nequaquam deesse volens, et concertationum huiusmodi dissidia tollere cupiens, liberam et publicam coram Diacosiorum consessu disputationem instituit, ad quam omnes tam in urbe quam agro ecclesiarum ministros convocandos esse duxit. Sed et R. D. Constantiensis episcopus vocatus legatos suos honorificentissimos huc transmittere dignatus est, pro quo in nos officio magnas nos illi gratias debere fatemur. Si quis ergo ex vobis Huldrici Zuinglii doctrinam in huius urbis nostrae ecclesia publice traditam reprehensione dignam putaverit, si quis certis rationibus demonstrare potuerit, eam vel falsam vel haereticam esse : huic liberum esto ipsum publice coram hoc consessu vestro erroris arguere et divinae Scripturae oraculis meliora edocere ; nec est ut ullius periculi metu territus, quae dicenda esse novit, reticeat. Liberum enim cuivis esse vult amplissimus urbis nostrae senatus fidem suam fateri et asserere, ut tandem a crebris variisque istis querelis, quae ex concertationibus huiusmodi inter clericos simul et laicos exoriri solent quibusque iam abunde satis defatigati sunt, liberentur.

No. 189. From the First Disputation at Zürich, 29 Jan. 1523.

Io. Faber Vicarius Const.—Multis quidem de sua calamitate conquestus confrater meus Huldricus Zuinglius se sanctum Evangelium in Tigurina ecclesia publice annuntiavisse testatur; nec dubito quin hoc ab ipso praestitum sit. Quis enim ad verbi ministerium a Deo ordinatus Evangelii doctrinam et divinum Paulum non bona fide praedicet? Nam et ego animarum pastor, indignus forsitan, constitutus sum, et meae institutioni et curae commissas non aliud nisi Evangelii veritatem adhuc docui (cuius rei testes complures producere possem); nec in posterum huius praedicationi defuturus sum, nisi Dominus Deus aliis episcopi mei negotiis me involverit. Evangelium enim, ut Paulus Rom. i. 16 inquit, potentia Dei est ad salutem omni credenti. Porro quum Zuinglius se a multis eo nomine traduci et reprehendi quiritetur, quod veritatem minus fideliter tradiderit, et se fidei et doctrinae suae rationem publice Constantiae quoque redditurum esse promittat: non aliud ego quidem respondere possum quam me, si quando Constantiam veniret, omne amici officium in illum ceu amicum et dominum meum collaturum esse; imo non ut amicum sed ut fratrem tractaturum; quod ipsum nobis re vera credi volumus. Praeterea, me nequaquam in hoc venisse testor, ut Evangelicam et apostolicam doctrinam aliqua ex parte oppugnem, sed ut eos qui contra eam aliquid vel dixerunt vel dixisse feruntur, audiam: et ut dissidia si quae inter illos exorta sunt amice componantur, adsum quo omnia haec non ad seditionem et discordiam sed ad publicam pacem referantur. Evangelium enim et divinus Paulus ea solum docent quae gratiam et pacem, non seditiones et turbas pariunt.

Quod si vero contra veteres ritus et longa multorum temporum serie ad nos usque perductas ceremonias et consuetudines pugnare quis voluerit, palam et ingenue, ceu R. D. Constant. episcopi legatus, fateor me de his talibus in hac urbe vestra nullam prorsus disputationem inchoaturum esse. Quantum enim ipse videre possum, istiusmodi res coram generali omnium nationum coetu aut universali omnium episcoporum et doctorum, quorum

in scholis copia est, consilio transigi debebant, quemadmodum
apostolorum tempore Hierosolymae factitatum esse legimus
Act. xv. Si enim de hac re, vetustissimam et non sine laude
ad nos perductam sacrorum rituum consuetudinem tentante,
nunc disputare et aliquid adversum concludere vel decernere
voluerimus : fortassis nostra haec sententia reliquis Christi
fidelibus, qui alibi locorum versantur, minus arridere poterit,
qui proculdubio illud quoque praetexent, quod in nostram
opinionem non consenserint. Quid enim hic de nobis Hispania decem potentissimis regnis clara dicet ? quid Italia ?
quid Franciae regnum ? quid tota Septentrioni subiecta regio ?
Huiusmodi ergo res, ut modo diximus, coram generali concilio
transigendae (si quidem auctoritatem illis inesse velimus) et
confirmandae erunt. Quapropter (ut ex me quoque ceu Christi
membro et confratre nunc loquar) vos oro et adhortor ut maturo
consilio considerare instituatis, ne quid forte infelicius et turbu-
lentius hinc exoriri queat. Bona igitur fide sic vobis optime
consultum fore credo, si omnes contentiones et dissidia (quae
vel de pontificiis vel aliis humanis constitutionibus inveteratis
exorta sunt) deponentes rem hanc omnem citra disputationis
litem sedari vel saltem differri patiamini, si qua forte commodior
in posterum de his agendi occasio sese offerat. Iam ante enim
cognovit R. D. Constant. episcopus, in Norimbergensibus
comitiis per Imperii status Concilium generale institutum esse,
quod in Germania intra anni spatium celebrandum sit ; in quo,
ut fertur, dimidia iudicum pars ex saecularibus, altera ex ecclesiasticis constituetur, quorum erit de iis quibus nunc totus fere
orbis turbatus est, pronuntiare. Hoc ergo si fiat, coram illis,
utpote auctoritate et potestate praeditis, haec quoque commode
proponi et tractari possent. Deinde hoc unum R. D. meus
summis quibus potest precibus petit et obsecrat ut huiusmodi
concertationes de rebus ecclesiasticis, si ullo modo fieri possit,
citra omnem disputationem amice et placide componere tentetis.
Licet enim de huiusmodi constitutionibus, decretis et consue-
tudinibus longo usu confirmatis per Scripturas disputare insti-
tuerimus : quis tamen nobis iudex erit, qui de istis pronuntiet ?
Mea certe sententia, coram Universitatibus, utpote Lutetia,
Colonia, aut [1] Lovanio haec proponenda erant. Illic enim plures
Scripturarum peritissimos invenire liceret : penes quos ista cum

[1] Quum haec dicerentur, Zuinglius sermonem interrumpens ait : Quid
vero si Erfordia aut Viteberga huic negotio destinaretur ? Respondit
Vicarius : Minime, quia Lutherus nimis vicinus est. Ab aquilone panditur
omne malum.

auctoritate aliqua possent transigi. Nolim autem haec ita accipiantur, quasi cuiusquam honori aut eruditioni detractum velim. Sed ut Christi membrum fideli quoque et Christiano animo ista moneo. Interim vero, quod commissum mihi munus attinet, iam ante dictum est, me non nisi auscultandi gratia huc ablegatum esse.

H. Zuinglius.—In hoc unum certe D. Vicarium incumbere videmus, fratres in Christo carissimi, ut multis iisque variis labyrinthis per operosam et lubricam sermonis structuram animos vestros simplices involvat et ab instituto retrahat.

Primo enim se contra vetustissimos ritus et longa consuetudine solemniter confirmatas ecclesiasticorum constitutiones nequaquam disputaturum esse testatur. Atqui nulla hic quaestio est, quanto temporis spatio vel hoc vel illud in usu fuerit : sed de ipsa rei veritate hic agitur, an videlicet homo ad eorum obedientiam divina lege astringatur, quae humanis constitutionibus sunt tradita. Nos enim consuetudinem, quemadmodum et pontificii iuris canones [1] docent, veritati omnino cedere debere arbitramur.

Deinde istiusmodi res in nationali aliqua synodo vel in generali episcoporum concilio transigendas esse tradit. Ego vero in hac aula Christianum coetum convenisse credo. Maximam enim e nobis partem eorum esse spero, qui divinae voluntatis amore et veritatis studio commoti huc venerint : cuius cognitionem Dominus Deus nunquam nobis negaturus est, si quidem hanc in ipsius honorem ex animo petierimus. Ubicunque enim, inquit Dominus, duo vel tres congregati fuerint in nomine meo, ego ero in medio ipsorum. Praeterea non tales episcopi in vetustissimis illis conciliis consederunt, quales hodie cum principum fastu et potentia certare videmus ; quemadmodum multi sibi falso imaginantur. Sanctissimi enim patres, in Christianae fidei causis congregati, nequaquam tanta saeculi huius gloria et potentia instructi principes fuere, quales nos hodie necessario requiri existimamus. Testantur hoc plures e scriptorum numero fide dignissimi. Testatur idem vetustissimum episcopi vocabulum, quod proprie nihil nisi speculatorem aut excubitorem, qui pro populo sibi ad fidei et religionis institutionem commisso vigilare debet, significat [2]. Quum itaque in hoc coetu nostro permulti sint vere fideles tam nostrates quam exteri, tot denique pii et docti episcopi praesentes adsint,

[1] *Corpus iuris canonici, Dist.* viii, c. 4 'Veritati et rationi consuetudo est postponenda' (i. 14, ed. Friedberg).
[2] 'Das ist uff gůt dütsch: ein pfarrer,' *C. R.* lxxxviii. 495.

qui profecto divinam veritatem audire et novisse, sed et provehere cupiunt : nihil equidem etiam hoc loco obesse video, quominus ad Vicarii sententiam de istis rebus disputare, et quae veritas docet decernere nobis liceat.

At reliquae nationes, inquit, in nostra illa decreta nunquam consentient. Atqui haec una hodie omnium fidelium querela est quod mitrati illi et saeculari potentia armati episcopi[1] et ecclesiarum proceres puram Evangelii doctrinam et sacras Scripturas e populi manibus extorquere conantur. Scripturarum enim expositionem penes nullum alium quam se ipsos esse debere clamitant ; quasi vero non reliqui de Christiana plebe sancti homines Christiani sint, et aliqua Spiritus sancti virtute illuminari possint, quasi denique illis divino verbo necessario carendum sit. Nec desunt ex illorum numero qui divinae Scripturae mysteria revelare nefas esse dicere non verentur. Haud enim dubito si apud alias quoque nationes pura Christi veritas citra omnem humanarum traditionum admixtionem praedicaretur, nec pontificiis, imperatoriis aut episcopalibus decretis impediretur ; etiam illi, utpote Christianis animis praediti, veritatem recepturi et humana placita relicturi, in eorumque sententiam, qui divini verbi radiis illustrati sunt, consensuri essent.

Porro quae de Concilio intra anni spatium celebrando Norimbergae consultata esse dicuntur, non in alium finem mihi videntur confingi quam ut simplici vulgo tantisper divini verbi veritas intercipiatur. Nam et ego nudius tertius Norimberga litteras accepi, in quibus aliqua quidem Concilii mentio fit, sed numquid plene de hoc statutum aut decretum sit, nondum constat. Pontifices enim, episcopi et reliqui ecclesiasticorum magnates nullum Concilium (in quo pura divini verbi auctoritas sola valeat) ferre aut admittere possunt. Ad haec, licet in hoc omnes Christiani populi operae intenderentur, non tamen effici posset, ut intra anni spatium illud celebraretur. Impossibile enim esset, ut intra tam angustum tempus commeatus victusque tantae multitudini sufficiens conveheretur. Sed ut demus hoc, Concilium aliquando futurum : quid interea cum illis agetur, quorum conscientiae iam nunc mire turbatae sunt et veritatem cognoscere studiosissime cupiunt ? An vero sitibundae istorum mentes divino verbo spoliandae et in dubitatione tanta deserendae sunt ? Num humanis traditionibus illas terreri et omni notitia veri destitutas vel vivere vel mori permittemus ? Magna profecto, mihi credite fratres, haec res est. Deus iudex noster nunquam quid per pontifices, episcopos et concilia statutum

[1] 'Die grossen hansen, bischoff und prelaten.'—*Ibid.* 496.

sit, nec quanta longi temporis consuetudine hoc illudve confirmatum sit, a nobis requiret, sed num ipsius voluntas, ipsius verbum et praecepta custodita sint, interrogabit.

Porro, quid de iudicibus (quos extra Universitates Vicarius nusquam reperire potest) dicere attinet? Habemus hic iudices, qui nec personarum respectu errare, neque ullo alio affectu excaecati falli possunt, Dei nimirum Scripturas quae nec fallere nec mentiri norunt. Hae nobis in Hebraea simul Graeca et Latina lingua praesentes sunt. Has utrinque aequi et iusti iudicis loco recipiemus. Habemus praeterea in hac urbe nostra, divinae liberalitatis beneficio, plures in linguis hisce tribus tam feliciter exercitatos viros quam in ulla scholarum, quas ante Vicarius recensuit, invenire liceat. De iis loquor qui Universitatum rectores et proceres sunt : non enim Erasmum Roterodamum aut alios ipsi similes, qui nonnunquam ceu hospites in scholis istis versantur, hic intelligo. Assident hic etiam plures sacrae Scripturae doctores, non desunt iuris Canonici doctores, adsunt etiam e variis Universitatibus plures doctissimi viri. Horum erit citatas a nobis Scripturas audire et legere, ut videant num vera sint quae istarum auctoritate probantur. Licet vero hisce omnibus prorsus destituti essemus, non dubito tamen in hoc coetu nostro quam plurimas esse vere fidelium mentes, Sancti Spiritus luce edoctas et vero intellectu praeditas, ut vel hi soli per Dei Spiritum facillime discernere possent, utrinam e nobis Scripturis legitime utantur, vel illas violenter in sensum perversum detorqueant. Quapropter etiam hoc loco nulla excusationis causa relinquitur.

Non terreant ergo vos sermones istiusmodi, o fratres. Vos autem in primis appello, Tigurinae urbis concives, qui hoc ceu singulare divinae gratiae et vocationis indicium agnoscere debetis, quod haec in urbe vestra in Dei et veritatis honorem ac gloriam instituta sunt: ne posthac, qui vestrae ditioni et imperio parent, de salute animarum dubii variis quoque concertationibus, ut antehac factum est, exerceantur. Dominum Deum totis animis invocate ! Is, si vera fide id fiat quemadmodum Iacobus promittit, sui cognitionem vobis nunquam denegaturus est. Interim nullis verbis utcunque blandis et splendidis vos moveri patiamini !

Haec ubi Zuinglius magna cum gravitate perorasset, magnum silentium inter omnes fuit, adeo ut Tigurinae civitatis Consul ad dicendum aut respondendum hortaretur si qui essent qui, quod opponere possent, haberent. . . .

[*Then followed discussions on the Intercession of Saints* (*Op.*

i. 150), *Celibacy of Clergy* (*ib.* 156), *and the authority of the Church* (*ib.* 162).] Tum vero Consul omnes qui non Senatorii ordinis essent, domum abire iussit, et Senatusconsultum exspectare. Iam enim meridies appropinquabat. Senatum vero totum manere voluit, plura cum his consulturus. Ubi vero pransum esset, in Curiam denuo convocati sunt omnes, ut Senatusconsultum, quod interea latum erat, audirent.

No. 190. The Decree of the Council, 29 Jan. 1523.

Convenistis huc Tigurini Senatus auctoritate et mandatis evocati. Quoniam vero anno abhinc ferme elapso R. D. Constantiensis episcopi Legati coram Tigurinae civitatis Senatu comparuerunt, cum quibus ita res instituta tum erat ut R. D. Constantiensis huc incumberet, ut omnes dioecesis suae pastores et ecclesiastae in unum collecti mutuis consiliis et operis in hoc laborarent, ut unanimi consensu certi aliquid de his fidei controversiis statueretur, quod omnes tuto sequi possent : quum autem interea per Constantiensem episcopum, magnis fortasse de causis et arduis, nihil omnino transactum sit : interim tamen controversiae huius lis et contentio magis magisque gliscere et augeri incipiat : Tigurinae civitatis Cos. Senatus totusque Populus non sine divini nominis auspicio, publicae pacis et Christianae concordiae gratia, hunc conventum vestrum instituerunt, et a R. D. Constantiensi, ut hic Legatos suos ad nos mittere dignaretur, impetrarunt ; pro quo officio nobis praestito magnas nos illi gratias debere fatemur. Simul vero omnes ex agro suo verbi ministros et ecclesiarum antistites convocandos esse duxerunt, ut qui haereseos crimina sibi mutuo intentarunt, commodius dirimi possent.

Quoniam vero contra Huldricum Zuinglium, maioris nostrae ecclesiae antistitem et ecclesiasten (quem multi clam haereticum esse conviciati sunt) post articulorum aut propositionum ipsius promulgationem nemo prodire visus est, qui illum sacrae Scripturae oraculis convincere conaretur, licet non semel eos provocarit, qui illum ante haereticum dixerant : prudentissimi viri Cos. S. P. Q. Tigurinus decreverunt et omnino ratum volunt ut Huldricus Zuinglius sacrosanctam Evangelii doctrinam et divini verbi oracula (ut huc usque ab illo factitatum est) annuntiare et praedicare pergat. Praeterea aliorum quoque, quotquot vel in urbe vel agro verbi ministerio praesunt, est nihil aliud instituere aut docere nisi quod Evangelicae doctrinae testimonio et Sacrae Scripturae auctoritate per ipsos probari possit. Ab omnibus vero vel haeresium vel aliorum scelerum criminationibus ut abstineatur atque in totum temperetur, iidem cavent. Si qui enim in his sese immorigeros et rebelles praebuerint, eas de se poenas sumi sentient, ut se inique et iniuste fecisse omnibus testari queant. Actum Tiguri Ianuarii xxix. Anno MDXXIII.

No. 191. The Bishop's Pastoral, 10 July 1523.

. . . Et quia quotidie audimus nonnullos esse qui de fidei articulis, de diva virgine, de sacramentis et etiam damnatis haeresibus ac erroribus impie et contra communem consensum Christi fidelium sentiant, haeresesque ante multa saecula damnatas quasi ab inferis revocare non vereantur, unde huic tam indignae rei occurrere volentes ecclesiaeque consuetudini atque etiam Caesareis mandatis innixi, inhibemus omnibus et singulis nobis subiectis, ut ab illis sibi caveant et damnatas haereses non praedicent aut alias pertinaciter defendant ; alioquin contra illos iustitia mediante strictissime procedemus. Nam quantum ex alto dabitur, hanc in fide ac religione Christi iniuriam omnino diutius nolle pati proposuimus ; quare unusquisque ab illis in posterum sibi cavere studeat. Vos itaque omnes et singuli in Christo dilecti haec omnia et singula diligenter exsequi curetis, prout Imperialis Maiestatis et nostram gravem evitare volueritis indignationem. . . .

No. 192. The Form of Baptism at Zürich, May 1525.

The minister of the church first says :

In the name of God. Amen. Our help standeth in the name of the Lord, who hath made heaven and earth.

Then he asks the godfathers and godmothers :

Will ye that this child be baptized with the baptism of our Lord Jesus Christ?

Answer : Yea.

Then the priest says : Name this child.

The godmothers say : N.

Then the priest says : Let us then all pray God together : O, almighty and eternal God, who through the flood didst by thy mighty judgement condemn the unbelieving world and thyself deliver of thy great mercy faithful Noah : who didst drown obdurate Pharaoh with all his host in the Red Sea, and didst bring thy people Israel through the same dry-shod, figuring thereby this bath of baptism: We pray thee, of thine unmerited mercy, that thou wouldest graciously look upon this thy servant N., and kindle the light of faith in his heart whereby he may be incorporate into thy Son, and with Him be buried in death and raised again to newness of life; that so, following Him daily, he may joyfully bear his cross, and hold fast to Him with true faith, firm hope, and fervent charity: and that, for thy sake, he may so manfully quit this life, which is naught else but death, that, at the last day, he may appear with boldness at the general judgement of thy Son. Grant this through the same thy Son our Lord Jesus Christ, who liveth and reigneth with Thee in the unity of the Holy Ghost, one God. Amen.

The minister says: The Lord be with you.

Answer: And with thy spirit.

The minister says: That which now followeth standeth in the gospel of Mark in the tenth chapter at the thirteenth verse.

Answer: Glory be to thee, O Lord.

The minister: It came to pass upon a time that 'they brought, &c. ... blessed them'. Thanks be to God! He willeth to forgive us all our sins through His Son!

Then the minister takes the child and says: Will ye that this child be baptized? *Answer:* Yea.

The minister says: Name this child. *Answer:* N.

The minister says: N., I baptize thee in the name of the Father and of the Son and of the Holy Ghost.

At the bestowal of the Chrisom: God grant thee that as thou art now clothed bodily with a white robe, so, at the last day, thou mayest appear before Him with a clean and open conscience. Amen.

The Lord be with you! Go in peace!

No. 193. From Zwingli's De Canone Missae Epicheiresis, 29 Aug. 1523.

... *Haec quotiescunque feceritis, in mei memoriam facietis.* Lucas habet post panis porrectionem: 'Hoc facite in meam commemorationem.' Tametsi non sum nescius, cum hoc verbum, tum alia, ad utramque speciem referre debere. Pauli 1 Cor. xi. 24 verbis haec nostra sunt similiora, ubi post panis porrectionem sic infit: 'Hoc facite in meam commemorationem.' Post vini sic: 'Hoc facite, quotiescunque bibetis, in meam commemorationem.' Atque ne ignoremus quidnam

Christus voluerit hoc verbo significare, addit: 'Quotiescunque manducaveritis panem hunc et poculum biberitis, annunciate mortem Domini donec veniat.' His apertissimis verbis ostenditur ipsam synaxim aliud non esse quam commemorationem passionis dominicae. Qua fronte igitur quaeso ex commemoratione oblationem fecerunt isti? Unde qui fideles sumus, dum Christi corpus et sanguinem edimus ac bibimus, mortem Domini ebuccinemus, idque quamdiu mundus constiterit. Causa praeconii satis ampla est, quod Christus nos liberavit sua morte et sanguinis effusione, atque eadem in cibum tradidit quae fide comedimus non dentibus, propter quam Deus nobis invisibiliter illabitur ac animum pascit.

Unde et memores, Domine, nos servi tui, sed et plebs tua sancta. Hic 'servos' pro ministrantibus sacerdotibus positos esse autumo, ne unquam sibi primas non tribuerent. *Christi Filii tui Domini Dei nostri tam beatae passionis, necnon et ab inferis resurrectionis sed et in coelos gloriosae ascensionis.* Ut ne barbariem hic caviller tantisper tolerandam, est haec precationis pars non inconsulte superioribus coniuncta. Cum enim dixisset Christus: 'Hoc facite in meam commemorationem,' recte dicimus: 'Unde sumus, O Domine, memores Filii tui passionis, descensionis ad inferos,' &c. Verum quod mox sequitur, non video quomodo non sit per summam oscitantiam iunctum. *Offerimus praeclarae maiestati tuae de tuis donis et datis, hostiam puram, hostiam sanctam, hostiam immaculatam.* Blasphemia haec est: solus enim Christus talem hostiam offerre potuit, et creatura praeterea nulla. Deinde obsecro quantum cerebri habuisse putes eum qui iam iam dixerat: O Domine, quod haec in commemorationem facere iussisti, en facimus; et priusquam huius sententiae deverbia abierint, sic infit: 'Offerimus'? Sed ogganniunt quidam scioli: Haec commemoratio est oblatio, quamvis nihil adferant quo id probent. Unde eos admoneo ut orationem suam vertant, et dicant: Haec oblatio est commemoratio: nihil enim aliud est, ut satis iam visum est. . . .

No. 194. Ordinance for the reform of the Great Minster, 29 Sept. 1523.

Whereas yesterday the Provost and Chapter of SS. Felix and Regula appeared, at the Provostry, before our Lords the Burgomaster and Council, . . . and asked them to appoint certain persons to advise, along with delegates of the Chapter, upon certain articles, &c.: and whereas the Burgomaster and Council appointed three of their number to act with the commissaries of the Provost and Chapter aforesaid: Now therefore, by the common consent of both sides, Articles are resolved as follows:—

1. First, inasmuch as divers troubles have arisen by reason of the clergy making overcharge, in the matter of tithes, fees, and burdens, whereof the ordinary man complains, the Provost and Chapter hereby agree to surrender all their church-dues at the Great Minster, viz. the burdens which the ordinary man has hitherto had to pay. Further, they agree that, at the Great Minster, no one shall be required to pay for baptism, for the administration of the sacraments, for spiritual advice, or for a grave-space, without a gravestone: though, if any one wishes to have a gravestone, he must pay for it. No one is to be required to set up candles at a funeral; though if any one wishes to stick them up, he must be at charges for them. And if any one wishes to have the bells tolled for the departed in the Minster only, then he need not pay: but, if in the Minster and in other churches as well, then he must pay the fee as hitherto.

4. Further, it is thought good that the number of priests and clergy be reduced, so far as can be done with a good conscience, until no more persons remain than suffice for the preaching of God's Word and other Christian purposes. Those who are now occupied as Canons[1] and Prebendaries[1] may remain, and die in peace. But no one is to be appointed in their place, till a number is reached to be determined by both sides: and their prebends are to be devoted to Christian and useful purposes hereafter to be determined.

5. Further ... it is resolved that well-learned, able, and honest men be appointed to give public lectures day by day in Holy Scripture, for an hour in the Hebrew, an hour in the Greek, and an hour in the Latin tongue, as is necessary for the right understanding of divine Scripture. ...

6. Further, provision should be made for an honourable, learned, and discreet priesthood, to the honour of God and of our City and Country, and for the salvation of souls, at the House of God known as SS. Felix and Regula: and likewise steps should be taken, according to need, to find right, true, and capable men in God's Word and the Christian life, to set over our pious subjects as pastors, parish-, and people's-priests.

[1] The Minster had 24 Canons and over 30 Prebendaries or Chaplains.— *C. R.* lxxxix. 609.

7. Further, a schoolmaster shall be more liberally paid than hitherto, to diligently teach young boys . . . so that they shall not go to foreign places for school and learning . . . and a suitable dwelling-house shall be built for him.

11. Further, whosoever shall be appointed to any such prebends, lectureships, or offices shall not be confirmed nor continued therein save in so far as he shall exercise himself therein as the office requires : but he may be thrust out therefrom ; no harm, however, to be done to such as are disabled through sickness or any other misfortune.

12. And so soon as the prebends, offices, and arrangements aforementioned shall be honestly provided, any surplus of tithes, rents, and revenues shall be devoted to the relief of the needy in the hospital and of poor people at home. . . .

No. 195. The summons to the Second Disputation, 12 Oct. 1523.

Tigurinae Reip. Cos. totusque Diacosiorum Senatus omnibus et singulis ecclesiarum praesidibus, plebanis, parochis et Verbi ministris in comitatibus, urbibus, dominiis et aliis ditioni suae subiectis locis agentibus salutem cum debita benevolentia precatur.

Non ignoratis quidem ut Evangelica doctrina et sacrae Scripturae veritas hoc saeculo nostro clarius sese proferat, et purius quam antehac factum sit praedicetur. Quae res apud imperitos et rerum rudes homines multum contentionis et dissidii parere consuevit ; dum videlicet alius quidem pristinam doctrinam retinere conatur, alius vero Christi populum antehac nimis maligne et fraudulenter institutum esse existimat. Quum vero intra anni spatium omnibus, qui in ditione nostra agunt, ecclesiarum ministris in publicam synodum convocatis per nos iniunctum simul et praeceptum sit, ne quid vel in urbe vel in agro nostro praedicent, quam quod S. S. testimoniis approbari et defendi queat : huius institutione et imagines non ferendas et Missam a pristina forma, per Christum salvatorem nostrum instituta, quam plurimum degeneravisse didicimus. Quae res novas lites et contentiones apud nostros simul et alios plures excitavit. Quapropter publicam pacem tueri et discordias apud nostrates e medio tollere nostri officii esse putavimus. Unde quo dissidiorum turbae sedari et multorum vanissimi de nobis sermones compesci possent, alteram (quod faustum felixque sit) synodum convocavimus.

Vobis vero omnibus et singulis ecclesiarum ministris praecipimus et mandamus ut feria secunda ante Simonis et Iudae festum in Tigurina curia congregati ea in medium proferatis quaecunque in S. S. exstare novistis quibus usus istiusmodi defendi posse putatis. Quodsi vero quis exterorum quoque huic negotio se adiungere volet, illud unicuique liberum esto! Hic enim una cum doctis et eruditis aliquot non sine singulari studio disputantes audiemus, et negotio omni secundum V. et N. T. Scripturas transacto pleniore consultatione, quid agendum sit, deliberabitur, ut hoc modo turbis istis sublatis in divina caritate ut fratres in Christo Iesu salvatore decet, vitam pacificam et quietam transigere possimus.

Praeterea, quo commodius res ista transigi queat, Episcopos quoque Constantiensem, Curiensem et Basiliensem, una cum schola quae illic est, et duodecim Helvetiae nostrae pagos, socios et amicos nostros coniunctissimos, invitare nobis libuit, ut nimirum et hi et alii plures nobis consociati legatos suos una cum eruditis suis ad nos mittere dignentur qui quoque huic instituto nostro sua opera et prudentia adsint; nec dubitamus quin Deus Opt. Max. per Spiritum suum sanctum ita secundaturus sit ut vera doctrina instituti aeternum cum illo vivere possimus.

Actum et Urbis Nostrae Sigillo confirmatum, feria secunda ante Gallum. Anno MDXXIII.

No. 196. The reply of Obwalden, 25 Oct. 1523.

We are always glad to be at your service, but we have no specially well-learned people, only pious and reverend priests who expound to us the holy Gospels and other holy Scriptures, such as were expounded to our forefathers and as the holy Popes and the Council have commanded us. This will we follow and believe to our lives' end, and sooner suffer death therefor, until Pope and Council command us the contrary. Further, we have no intention, so far as it rests with us, of changing what of old time has been so regularly resolved, in common with the whole of Christendom, by consent of Spiritualty and Temporalty. Moreover, we are not disposed to believe that our Lord God has bestowed so much grace on Zwingli, more than on the dear Saints and Doctors, all of whom suffered death and martyrdom for the Faith's sake: and we have not been specially informed that he leads a spiritual life above all others, but rather that he is more given to disturbance

than to peace and quiet. Wherefore we will not send any one
to him, nor to the likes of him. For we do not believe in him :
and, [in proof] that this is so, our mind is that if we had hold
of him and could contrive to make our own reckoning with
him, we should so reward him that he would never do any
more. No more, save to commend you to God.

No. 197. From the Second Disputation, 26-8 Oct. 1523.

(i) *On Images*, 26 Oct.

Sebastianus Hoffmannus [Praeses]. Quoniam Leo confrater
meus dilectus planissimum Scripturae locum[1] produxit, quo
luce clarius docetur, etiamsi nullos alios praeter hunc unicum
haberemus, imagines in Christiano populo, in templis maxime,
nequaquam ferendas (domi, si quis volet, vel plaustra simulacris
onusta habeat !) nec modo non adorandas esse sed nec haberi
nec pingi aut fingi debere : necesse erit, ut qui simulacra tueri
conetur, divinae Scripturae testimoniis illa servari aut retineri
posse probet, non sui ingenii rationibus nitatur. Quod si quis
ergo his contradicendum esse putarit, Scripturas proferat et sui
ingenii commenta sibi reservet !

Porro, ne quis simulacra clam servare licitum esse putaret,
quidam respondit : Non ea modo quae in templis prostant,
sed et ea quae clam asservantur, simulacra prohibita sunt.
Testatur hoc disertis verbis Moses, Deut. xxvii. 15.... Addebat
his Conradus Grebelius[2]: Siquidem inter Christianos simulacra
esse non debent, utique nec in abscondito servari debent.
Haec enim divini verbi esset dispensatio. His dictis altum
silentium diu omnes tenuit, ita ut ad dicendum provocandi
essent. Tandem Henricus Lutius, Vitoduranus ecclesiastes,
huiusmodi sermonem habuit.

H. Lutius. Plures equidem esse credidissem, P. C. et fratres
in Christo colendi, qui sua sponte duas illas Christianas de
idolis et Missa propositiones subvertere conarentur ; quum
alibi quidem in publicis concionibus omnes eos proscindant et
indignis calumniis persequantur, qui sacrosanctam evangelii
veritatem ex Christi sententia quam simplicissime in lucem producere student. Quoniam vero saepius iam provocati tacent,

[1] He adduced 1 Cor. v. 11 ; x. 7, 8 ; Gal. v. 20 ; Acts xv. 20 ; 1 Pet. iv.
3 and 1 John v. 21.
[2] Son of a senator at Zürich ; and, with Felix Manz, a leader of the
Anabaptists there : †1526.

ego certe, ne nihil hic agatur, et ut aliis quoque disputandi praebeatur occasio et divina veritas clarius innotescat, ipsas S. S. testimoniis, quatenus hoc fieri posset, subvertere conabor. Praeceptor et confrater meus in Christo dilectus, H. Zuinglius, et Leo frater, duas istas propositiones de simulacris et Missa se S. S. testimoniis asserturos esse polliciti sunt: nimirum nec simulacra ferri debere, nec Missam esse sacrificium. Ceterum omnes S. S. loci abs te producti, Leo! quantum mihi videtur, ad gentium idola falsis et alienis diis posita referuntur, non ad Christi et sanctorum eius imagines.

Leo Iudae. Multa quidem dicis, Henrice! sed pauca probas. Nec enim de tua opinione agitur. Scripturis hanc tuam sententiam probes, necesse est. In hoc enim cardo rei versatur.

H. Lutius. Quum omnipotens ille Deus per gratiam suam Israelem ex Aegypto eductum . . . liberavisset, populus . . . Aaroni dicebant: Surge, fac nobis deos, qui praecedant nos! Vitulum ergo aureum conflantes dicebant: Ecce hi sunt dii nostri, qui nos eduxerunt ex Aegypto! propter quod illorum facinus aliquot millia perierunt. Unde non obscurum est colligere, Deum per prophetas suos huiusmodi imagines duntaxat prohibuisse, non autem eas quibus vel Christus vel sancti eius repraesentantur.

Leo. Audio quidem, Henrice. Illud vero non comprobatum est, simulacra huiusmodi haberi aut retineri debere. Scripturis proba, Deum simulacra vel non prohibuisse, vel habere permisisse.

. . . . .

Seb. Hoffmannus. Benedictus Deus in saecula, qui nunquam non vincit in nobis, i. e. in Verbo suo sacrosancto, cuius et Paulus et apostoli et nos quoque organa et instrumenta sumus, per quae Dei verbum tractari consuevit. Quapropter hodie quoque nos victores constituens Verbi sui lumine evidenter simul et subtiliter demonstravit, simulacra inter Christi populum nequaquam haberi nec ferri debere. Non dubitabitis ergo, P. C., simulacra illa omnia (si quidem citra tumultum et proximi offendiculum id fieri potest) demoliri et e medio tollere. Quoniam vero in vinculis iam quidam sunt, qui simulacra ex proprio mentis suae dictamine, non sine offendiculo tollere conati sunt, nunc autem divini Verbi oraculis demonstratum est, ipsum facinus nec impium nec Dei verbo contrarium esse, et illorum conscientiam, qua ad illud compulsi sunt, nemo iudicare potest;

[1] Heinrich Lüti had been Zwingli's assistant, 1520, and was now pastor at Winterthur.

quin potius credendum est, ipsos Evangelii doctrina quae iam annis aliquot apud vos praedicata est, institutos et motos tale quiddam citra omnem animi malitiam ausos fuisse : et meo et omnium praesidum, collegarum meorum, sed et ministrorum ecclesiae nomine vos oro et obtestor P. C. ut et vos de ipsis aequius iudicare et e vinculis liberatos dimittere dignemini. Consul vero amice respondens rem hanc facile transigi posse dixit, si disputatione finita rei veritatem Senatus et populus plenius cognovisset. His dictis assurgens coetum dimisit, et sub crastinam auroram omnes redire iussit.

(ii) *On the Mass*, 27 Oct.

H. Zuinglius. In nomine Dei Patris. Amen. . . . Primo illud omnibus persuasum esse volumus tam meam quam Leonis et confratris nostri D. Henrici Engelhardi de Missa doctrinam et sententiam nequaquam huc tendere ut aliquem dolum et fraudem in sacrosancto Christi sanguine aut carne subesse suspicemur ; sed huc spectant nostra omnia, ut nullum hic sit sacrificium, quod pro alio quispiam offerre possit. Ut enim pro alio quopiam nemo vel edere vel bibere potest, ita nemo etiam pro alio sacrificare potest. . . . Abusum ergo hic magnum esse videtis, fratres, sed cuius quaestus fuerit uberrimus. Res enim magna hic agitur, cuius respectu, quod heri de simulacris agitatum est, lusus quidam fuisse videri possit. Blasphemum vero, imo antichristianum hoc opus est quo ex Christi corpore et sanguine sacrificium nummis venale confingimus : quum haec Christus salvator noster animorum cibum dumtaxat et passionis ac testamenti sui recordationem esse voluerit. . . . Scripturae autem rationes, quibus hanc sententiam nostram tueri volumus, hae sunt : Christus, Hoc facite, inquit, in mei commemorationem ! Hoc autem Paulus clarius exponens : Quotiescunque, inquit, panem hunc comederitis et poculum hoc biberitis, praedicate mortem Domini donec veniat ! Quo unico fundamento innixi hic non sacrificium sed recordationem solummodo esse docebimus. Si quis ergo haec oppugnare volet, iis armis nos invadat, quibus hic pugnare decet, S. S. nimirum testimoniis.

D. Ioach. Vadianus [Praeses]. Quoniam ea de re disputandum est, P. C., Missane sacrificium sit an secus : commodissimum nobis videtur, quos huius disputationis praesides esse voluistis, ut certus in quaerendo ordo observetur, sic ut primo quidem summi illi ecclesiasticorum procerum, Abbates, deinde reliqui quoque ecclesiarum ministri interrogentur, num quis ex illorum sit numero qui propositionem hanc impugnare velit. . . . Porro ubi Schafhusianorum ecclesiastes Martinus Steinly interrogatus est, in haec verba orationem habuit.

Mart. Steinly. Semper omnino ea mihi sententia fuit P. C. ut Missam sacrificium esse crederem. . . .

Porro ut ad argumenta quibus Missam sacrificium esse probare institui tandem perveniam, Deus qui mentiri nequit, apud Malachiam prophetam, veteris legis sacerdotes et horum munera, id est, sacrificia reiiciens et gentes sibi peculiariter eligens, sic fatur: Non est mihi voluntas in vobis, et munus non suscipiam de manu vestra. Ab ortu enim solis usque ad occasum magnum est nomen meum in gentibus, et in omni loco sacrificatur et offertur nomini meo oblatio munda, quia magnum est nomen meum in gentibus: dicit Dominus exercituum: Mal. i. 10, 11. Ceterum nemo hominum munda illa est oblatio. . . . De Christo ergo illa omnino intelligenda erunt, qui vere tam sancta et munda oblatio est. Praeterea nec de visibili illa oblatione verba haec intelligi poterunt, qua Christus se ipsum Deo Patri semel in ara crucis pro peccatis nostris obtulit. Quoniam oblatio ea certo in loco, Hierosolymis nimirum, facta est, et proinde nec ubique nec in gentibus, sed in Iudaea est oblata. Relinquitur ergo ut munda illa, quae inter gentes offertur, oblatio non aliud nisi altaris sacrificium sit, quod Christianorum ecclesia inter gentes instituta et ubique locorum dispersa per ministros suos divino nomini offerre consuevit. . . .

Secunda, quae Missam sacrificium esse docet, ratio haec est: Missa eo modo administrari debet quo Christus illam primitus instituit, ut nimirum in ecclesia celebretur. Christus Missam ceu sacrificium instituit. Ergo Missa est sacrificium. Testatur hoc Psal. cx. 4 his verbis: Iuravit Dominus, et non poenitebit: Tu es sacerdos in aeternum ex ordine Melchizedek. Et Gen. xiv. 18 scribitur: Melchizedek rex Salem offerens panem et vinum (erat enim sacerdos Dei altissimi) benedixit ei &c. Et peculiare sacerdotis munus est Deo offerre. Melchizedek ergo Deo panem et vinum obtulit. . . . Quum autem Christus non ad solvendam legem sed ut illam impleret, venerit . . . etiam hoc loco carnem et sanguinem suum sub specie panis et vini tanquam sacrificium instituit, ut nimirum ipsa rei veritas figurae responderet. . . . Haec omnia in Christi passione impleta sunt. . . . At sacerdos ⟨ex⟩ ordine Melchizedek manet in aeternum, sic nimirum ut ad huius exemplum sacrificet; idque quotidie in Missa fit invisibiliter, quum ecclesia carnem et sanguinem eius sub specie panis et vini immolat.

Tertia, qua Missam sacrificium dicere compellor, causa haec

est. . . . Ex omnibus his[1] Scripturis sequitur: primo, in Christiana ecclesia Spiritum sanctum esse qui veritatem doceat, non mendacium; secundo, omnes pastores, qui per verum ostium ingressi sunt, veritatem docuisse et oves eorundem vocem audivisse; tertio, si mendacia docuissent pastores, oves vocem illorum non audituras fuisse. Fieri enim non potest ut electae Dei oves per falsam doctrinam seducantur. Quum ergo annis abhinc retro noningentis pastores ecclesiae Missam sacrificium esse et doctrina et scriptis testati sint, qui tamen non omnes mali pastores fuerunt sed boni quam plurimi . . . et oves eandem illam doctrinam approbarint et receperint: constat utique Missam sacrificium esse. . . .

Quarta causa, quae ut Missam pro sacrificio habeam cogit, haec est: Missa recordatio et significatio est passionis Christi, quae semel in redemptionem nostri palam contigit, Luc. xxii. 19, Hoc facite in mei commemorationem. Quoniam vero omne significans significati nomen accipit (sic enim coloribus depictum praetorem ipsum praetorem esse dicimus): eadem ratione Missa quoque pro sacrificio usurpatur, eo quod Christi sacrificium in cruce peractum significet. Et quum Missa dicatur, sacrificium quoque dici potest. Porro, si rem ipsam consideremus, non nomine modo sed et realiter sacrificium est. Si enim aliqua res aliam significat, et significata in eadem illa significatione realiter continetur: eadem illa res nominatim et realiter praesens est. Quum ergo idem ille Christi sanguis et idem corpus quod in cruce pependit, idemque ille Christus qui in cruce passus est, in ipsa Missa sacrificium sit realiter: Missa certe et nomine et realiter sacrificium est, atque idem illud sacrificium simul et sacrificii est commemoratio. Atqui idem hic Chrysostomi sensus est. Idem omnes Christiani doctores, omnes Scholastici, omnes denique Christianorum Universitates, duabus saltem exceptis, sentiunt, quae omnes Missam sacrificium esse agnoscunt. . . .

Zuinglius. Merito equidem Deus et grandine et fulmine in nos animadverteret, si S.S. oracula ad hunc modum torquere permitteremus, quemadmodum abs te modo factum est, Martine!

Duos enim locos produxisti in quibus mundam oblationem requirat Dominus, nempe Mal. i. 10, 11 et Deut. xvi. 11. Atqui hi loci nos nequaquam attingunt, sed ad solos Iudaeos referuntur. . . .

Leo.—Paucis nunc ad alteras quoque causas et rationes tuas respondebo, Martine! Secunda in hoc consistit: Christus

[1] John xiv. 16, 17; x. 1 sqq.; Matt. xxiv. 24.

Missam, tanquam sacrificium, instituit. Nos ergo ea ceu sacrificio uti debemus. Antecedens ex Psalmo cx. 4 probas ... Tu es sacerdos in aeternum ⟨ex⟩ ordine Melchizedek. Coniungitur, quod Gen. xiv. 18 exstare dicis: Melchizedek rex Salem offerens panem et vinum: erat enim sacerdos altissimi. Haec nos ad hunc modum disputamus: Christum in aeternum sacerdotem esse, sicuti Melchizedek vere cum Davide dicitur. Melchizedekum vero panem et vinum obtulisse nego. In Genesi enim non *offerens*, ut tu citas, sed *proferens* legitur. ... Historia ergo haec ad Missae sacrificium nullo modo referri potest.... Deinde illud quoque addis: Christus carnem et sanguinem suum sub specie panis et vini instituit, ut veritas rei cum figura conveniret. Ad haec ego sic respondeo: Christus non in Coena, sed crastino demum die in ara crucis semetipsum obtulit. Testamentum condere, cibum potumque offerre longe aliud quam sacrificare est. .... Panis ergo et vinum ... sacrificium dici non possunt....

Tertia causa est, qua Christum et discipulis et universae ecclesiae Spiritum sanctum promisisse dicis, qui illos docturus sit veritatem omnem.... Fatemur hoc, Martine! Verum enim hoc est, at tuae sententiae prorsus contrarium. Ut enim Spiritum sanctum apostolis promisit Dominus, ita eundem die Pentecostes illis misit. Spiritus ergo hic apostolos omnem veritatem edocuit. Atqui Missam sacrificium esse apostoli nusquam docuerunt. ... Sed et Christiana ecclesia Spiritum veritatis habet. ... Atqui eadem illa ecclesia, quae Dei Spiritum habet, Missam sacrificium esse nequaquam statuit. Quae vero Missam sacrificium esse docet, nec Christiana ecclesia est nec Dei Spiritu regitur. ... Nec ideo vera est haec sententia, quod annis iam nongentis Missam sacrificium esse docuerint pastores, et oves eandem illam doctrinam receperint. Temporis enim diuturnitas quod per se malum est bonum reddere non potest....

Zuinglius. ... Quarta, quam profers, causa de praetore coloribus depicto nequaquam huc facit. Nam Christus ... non in Coena sed crastina demum die in ara crucis carnem et sanguinem suum obtulit. Panis ergo hic et vinum non sacrificium illud, sed Coenam significant. Praeterea non omne illud unum idemque dicitur, cuius formam et imaginem praefert: alioqui pictus homo verus homo nobis erit. ... Veteres qui Coenam hanc sacrificium vocaverunt, hoc sentiunt: sacrificii semel per Christum oblati fit recordatio ... non quod vel nos vel sacerdos Christum offerat: semel enim oblatio illa facta est....

(iii) *On the abuses of the Mass*, 28 Oct.

D. Ioach. Vadianus [Praeses]. Singulis vestrum vel nunc quoque liberum esto, fratres, contra propositiones hasce suam proferre sententiam; modo non ex humani ingenii scrinio, sed e libris sacris illa depromatur. Quapropter, si qui ex vobis sunt qui plures adhuc in Missa abusus reliquos esse putant (quorum heri aliqua mentio per nonnullos facta est): suam quoque de iis sententiam proponere poterunt.

D. Baltazar Pacimontanus[1]. Quandoquidem in Missa, quam ego testamentum Christi potius aut mortis sui commemorationem dicere malim, abusus aliquot reliqui sunt: ea certe principalis omnium horum causa esse videtur, quod nos Missam pro sacrificio celebramus. Ceterum, ut etiam illud quod mihi in animo versatur proferam ... non aliud equidem modo pronuntiare possum quam ut cum Zuinglio et Leone Missam sacrificium nullum esse dicam, sed praedicationem potius Testamenti Christi, qua mortis ipsius memoria celebratur, per quam nimirum se ipsum semel in ara crucis obtulit, nec amplius offerri potest. Huius, inquam, externa tessera et sigillum hoc est quo de remissione peccatorum certiores plenissime reddimur. . . . Christus Hoc facite, inquit, non autem Hoc offerte.

Unde illud primo sequitur Missam, si pro sacrificio habeatur, nec viventibus nec mortuis prodesse. Ut enim pro alio credere non possum, ita nec Missam pro altero celebrare mihi licebit; quum videlicet haec a Christo instituta sit in signum, quo fidelium fides confirmetur.

Secundo, quum corpus et sanguis Christi sigilla et tesserae sint verborum Christi quae in Missa recitari consueverunt: sacerdos utique nihil praeter purum clarumque Dei verbum cuius haec signa sunt pronuntiare debet. Quicumque Missam aliter celebrat a veritate aberrat.

Tertio, qui Dei verbum non pronuntiat, Missam quoque non celebrat. Fatetur idem Christus et Paulus eius discipulus: Hoc facite in mei commemorationem! Quotiescunque hoc feceritis, praedicate mortem Domini! Aut ergo Christus sua sententia cedat oportet, aut consequentia nostra vera est.

Quarto, ut Latinis Missa Latine, ita Gallis Gallice, et Germanis Germanice legi debet. Haud enim dubium est quin Christus ea lingua in Coena cum discipulis usus sit quae ab omnibus illis poterat intelligi. Et quum Missae celebratio perinde sit ac si litteras Testamenti recitemus, ridiculum utique est Germano, Latinae linguae imperito, Latinas litteras recitare. Hoc quid aliud est nisi Dominum quem praedicare debebamus, abscondere? Paulus ita nos in ecclesia loqui vult ut intelligamur ab omnibus . . . 1 Cor. xiv. 19.

[1] Balthasar Hübmaier, born c. 1480 at Friedberg, near Augsburg; pastor of Waldshut, 1521–5; burnt as an Anabaptist at Vienna, 10 March, 1528.

Quinto, qui Missam vere celebrare instituit, non se ipsum modo sed et alios esurientes et sitientes Spiritu pascere debet, idque sub utraque specie. Idem Christus et verbis et factis docuit, Matt. xxvi. 27. . . .

Haec mea est, fratres, de simulacris et Missa sententia, quam ex S. S. didici. . . .

Zuinglius. Quicquid citra Christi institutionem hic subintroductum est abusus nomen meretur. Quum vero hi omnes simul tolli et abrogari non possint, divini verbi praedicatione fortiter et assidue impugnandi erunt.

Et primo quidem ecclesiasticum illum cantum et templorum boatus ab ipsis quoque sacerdotibus non intellectos, abusum stultum et inanem, imo pietatis verae impedimentum perniciosissimum esse constat. Paulus enim mavult in ecclesia quinque verba mente loqui ut et alios instituat quam decem millia verborum lingua. Atqui nihil in ecclesia agendum erat quam quod ab ecclesia posset intelligi. Abusus ergo hic corrigi debebat.

Deinde quod tempus attinet, testamentum hoc tempori alligatum esse non debet, sed quocunque tempore quis illud postularit accipere licet.

Idem de vestibus quibus in Missa utuntur sacrifici dicimus. Quamvis in libello de Canone scripto amictum huiusmodi propter infirmiores admiserim, quum nimirum etiam hunc mortis Christi typum esse putarem; quum vero ab aliis edoctus sim vestitum hunc e veteri lege desumptum esse eamque non minimam fuisse occasionem qua nonnulli moti Missam sacrificium esse putaverunt: priorem hanc meam sententiam revocandam esse existimabam. Quapropter quum et cantus et vestitus huc tantummodo serviat ut a vera oratione, id est, mentis ad Deum elevatione nos abstrahat: utrumque e medio tollendum est, suo tamen modo et tempore, ne quid dissidii in Christiano populo oboriri possit. . . . Populus ergo prius edocendus est ut nec vestitum nec cantum istum Missae servire intelligat. Si quis enim nunc vulgari veste amictus Missam celebraret, quis non tumultum oboriturum esse existimet? Per Deum ergo vos oro et obtestor, fratres . . . , ut Dei verbum summo studio quam clarissime commissae vobis plebi annuntiare et exponere instituatis, ut quid Missa et qui eius abusus sint probe intelligant. Populo enim rite instituto omnia ea citra tumultum aliquem tolli poterunt.

Conradus Grebelius. Sunt praeter hos alii quoque abusus, de quibus hic disputandum esse mihi videtur. Scire enim velim num pane fermentato aut infermentato hic utendum sit.

Quantum enim ego coniicere possum, et Christus et apostoli fermentato pane usi videntur.

Zuinglius. Quo panis genere usi sint demonstrari nequit. Sed non multum refert qualisnam ille sit. Penes ecclesias singulas erit de hoc statuere, fermentato aut infermentato pane uti velint. Formam vero rotundam, cui multi nimis superstitiose addicti sunt, non probo; et si quis communi pane hic uti vellet, non multum contradicerem. Nec enim in hoc peccatur, modo alia omnia decenter et religiose fiant. Et ecclesia de illis decernere potest quae Dei verbum non evidenter exprimit; modo in ipsa rei substantia nihil immutetur.

C. Grebelius. Abusus mihi illud quoque esse videtur, quod Christi sanguis citra S. S. testimonium aqua misceri consuevit. Deus enim ne quid verbo ipsius vel addamus vel adimamus expressis verbis prohibuit.

Zuinglius. Bene quidem hoc dicis, Conrade! Aquam enim huic infundere non licet.

Grebelius. Sed et hoc inter abusus mihi commemorandum esse videtur, quod sacerdotes laicis sacramentum ori inserunt, quasi nos manuum auxilio destituti simus.

Zuinglius. Scripturae testimonium certum et expressum hic nullum produci potest. Haud enim certo constat num manibus aut ore excipiendum corpus suum Christus discipulis porrexerit. Licet enim *accipiendi* verbum Evangelistae usurpent, nihil tamen hinc probari potest, quum et Christus in cruce acetum accepisse legatur, quod tamen manuum cruci affixarum opera facere non potuit. Quapropter de hoc quoque decernere iudicium ecclesiae esto!

Grebelius. Spiritum Dei tempori mihi alligare videntur qui non nisi matutino tempore et a ieiunis adhuc sacramentum hoc sumi debere docent. Atqui Christus illud in coena instituit, atque in coena dispensavit. Sed et illud deploratione dignum videtur, quod sacrifici iis modo diebus maxima Spiritus gratia illuminati et donati sunt, quibus aliquae sacerdotii et praebendae, ut vocant, litterae dotales consignatae sunt. Hinc enim ipsos quaestus duntaxat gratia Missam celebrare coniicitur.

Zuinglius. Sacramentum tempori alligatum non est, quod vel hinc constat, quod hodie quidem octava, cras decima hora Missa celebrari consuevit. Quod si vero hoc urgere velis, ut eodem illo tempore celebranda sit, quo Christus illam instituit, quis non videat nos tunc et tempore et vestitu et aliis quae per Christum tunc facta sunt, adstringi, adeo ut et iam pedes nobis mutuo lavandi sunt antea? Quapropter etiam hoc ecclesiis singulis liberum relinqui debet. Sacramentum vero sub utraque

specie omnibus porrigi debebat, sicut a Christo factum est.
Porro quod quidam e sacerdotum numero nonnisi quaestus
gratia Missam celebrant, mihi vehementer dolet, quum nimirum
opum tam cupidi sunt ut propter eas Christum vendere non
erubescant. Spero autem P. C. vos prudenti et maturo consilio
curaturos esse ut sacrifici istiusmodi missare desinant et in
pace moriantur. Satius enim erit vel duas praebendas alicui
gratis largiri, quam ut tanta abominatione Deum offendat.

Grebelius. Porro illud mihi cum primis indignum videtur,
quod sacerdotes ipsi sibi sacramentum hoc sumunt.

Zuinglius. Unusquisque omnino Spiritu sancto dictante
illud ipse accipiat licet. Christus enim a quo illud nobis
porrigitur idem nos accipere iubet, &c. . . .

No. 198. The Council's Mandate for the abolition of Images and of the Mass, 27 Oct. 1523.

Whereas our Gracious Lords the Burgomaster, Council, and
Great Council, last year, solely for the honour and praise of God
and the salvation of Christian souls, summoned all their parish
priests, curates, people's priests, and preachers, because of
certain misunderstandings of the Word of God ; and whereas
of late . . . the aforesaid parish priests have been called together
from town and country, and in the matter of two articles,
Images and the Mass, have sought and found divine truth out
of the clear Word of God :

Now therefore, in the matter of Images, it is, by our Lords
aforesaid, forbidden to any one, spiritual or temporal, until
further orders (which will shortly be given, if God will, out of
the Word of God), to carry about or shift any Image in the
church should he have set up some particular Image of his own
therein. He may, however, take it into his own hands, if it
should appear that nothing unadvisable should arise from his
so doing. But, in the case of Images made by the parishioners
or out of the church funds, no change shall, for the present,
be made in respect of them, without the knowledge and consent
of the parishioners.

As concerns the Mass, things shall, till further order and
pending an explanation soon to come, remain as they are :
and no one shall utter or allege anything thereon to his
neighbour in any irritating or provocative words. And whosoever, in word or deed, shall behave himself unmannerly
or disobediently, our Lords will punish him severely and
according to the circumstances of the case. . . .

No. 199. The Council sends preachers into the country districts.

From a Letter of Zwingli to Joachim von Watt, 11 Nov. 1523. Gratia et pax a Deo et D. N. I. C. Non est, doctissime Vadiane, quod tibi nunc gratias indefessi laboris nuper apud nos habiti [1] agam : ipse enim scis, unde merces tibi petenda sit, ab eo nimirum cuius negotium fideliter agebas. Quae post secuta sunt, accipe. Selegit Senatus de suo ordine IV, de Civium, ut vocant, ordine IV, ut cum Abbate de Capella,[2] Praeposito Imbriacensi,[3] Commendatario ex Kusnaco,[4] D. Engelhart,[5] Leone,[5] Zuinglio,[5] consultent quonam pacto commode possit iniri ratio, ut Christi negotium feliciter promoveat. Visum est omnibus unanimi sententia brevem Isagogen per nos scribi qua ii, qui hactenus Christum vel ignorarunt vel aversati sunt episcopi, huc induci possint ut Christum praedicare ordiantur. Eaque IX die Nov. coram Senatu lecta placuit; nunc cudi incipit. Additum est ut Abbas Capellae trans Alpes per ditionem urbis Christum praedicet, ubicumque visum erit; Commendatarius Kusnaci, circum lacum et provinciam Grueningensem [6]; nos in eis provinciis quae ad Scaphusanos [7] Durgoiosque spectant,[8] ne scilicet cuiusquam negligentia oves Christi verbo salutis fraudentur. Brevi post, quid de imaginibus statuendum sit, definient, ubi scilicet vulgus doctum erit : aeque de Missa. Interea imperatum consueta via incedere, nisi quod cuique privatas imagines auferre, citra tamen importunitatem, permissum est. Cum captivis ·summo iure actum est, quod quid sit ipse nosti. Attamen praeter rationem sic actum non est : non enim te fugit quosnam hominum vereri hac tempestate usus sit, non tam ob rem, quam ob Christi gloriam. Sunt enim qui evangelium Christi aversantur, ni paulisper ad infirmitatem eorum descendas. Horum causa existimo paulo constantius, ne dicam durius cum Laurentio Hochrütiner [9] actum esse, viro hercle bono, sed quia ore hactenus liberiore fuit, ardue nimis punito. . . .

[1] As one of the presidents in the Second Disputation.
[2] Wolfgang Joner, Abbot of Cappel, 1519–†31.
[3] Heinrich Brennwald, Provost of Embrach.
[4] Conrad Schmid, Commander of the Teutonic Knights and Pastor at Küssnacht, †1531.
[5] The three city pastors at Zürich.
[6] Grueningen.   [7] Schaffhausen.   [8] Thurgau.
[9] One of the iconoclasts who smashed the great crucifix at Stadelhofen, a suburb of Zürich. He was banished 4 Nov. 1523 (cf. Egli, *Aktensammlung*, No. 442), and afterwards joined the Anabaptists.

No. 200. From Zwingli's 'Pastorum in evangelicam doctrinam Isagoge', 9 Nov. 1523.

De idolis vel imaginibus. .... Ceterum luce clarius cernitur omnes eas, quas nos templis nostris intulimus, imagines idololatriae et falsae religionis occasionem praebuisse. Tollendae ergo sunt in universum ubicunque locorum fuerint, vel in templis vel in foris, vel in viis publicis, vel etiam domi tuae, si quem cultum illis tribui videamus. In primis vero e templis eiici et tolli debent, quum omnia ea quae in his habentur nobis sanctiora esse soleant. Interim vero nemini vetamus quo minus historiarum gesta domi suae exornationis vel delectationis, non autem cultus gratia depingi curet. Ut primum vero aliquis honor etiam illis tribui coeperit, iam et illa tolli convenit. Nam profecto negari nequit idolorum usum primam esse ad falsam religionem et peregrini Dei cultum occasionem; imo ipsa sunt a Deo summo coelesti Patre apostasia.

De Missa. .... Iustus ergo et legitimus Coenae administrandae ritus hic est: Primum passionem et mortem Domini quotiescunque ecclesiae visum fuerit praedicari convenit, ubi docendus est populus quantum boni et quanta salutis fiducia per eam nobis parta sit. Deinde quo firmior sit hominum in morte Domini fiducia, singulis qui modo expetunt, celeberrimum hoc corporis et sanguinis Iesu Christi sacramentum ministrandum erit. Atqui haec quoque est ipsius Christi sententia quam simplicissime exposita. Quapropter quum videamus Missam nusquam a Christo peculiari quadam solemnitate institutam esse, sed ex hominum commentis sacrificii titulo fucatam prodiisse (sacramentum enim hoc nihil aliud est nisi corporis et sanguinis Christi perceptio), omnes huc incumbere debent ut impius ille et profanus rei tam sacrae abusus e medio tollatur, ne scilicet pro aliis immolare dicantur sacrifici. Ea autem modestia et prudentia hoc fieri volumus, ne qua tumultuandi et seditionum occasio detur. Non desunt enim commodae ad eam rem rationes quibus omne hoc quicquid est facile transigi poterit. Concionatorum itaque erit publicam hanc et communem sacrificulorum turbam suis concionibus coram populo excusare. Nec enim par est, ut de illis poena sumatur qui non primi erroris huius auctores sunt. Deinde singulos moneant et hortentur ut eos in pace defungi et decedere patiantur. Maximus enim illorum numerus eo aetatis pervenit, ut nullis laboribus posthac exerceri possint. Nec enim Christiani hominis est propter escam opus Dei destruere, Rom. xiv. 20. Quod si vero quosdam ex illorum numero invenire liceat, qui protervius sese renascenti fidei et religioni opposuerint, idque nullis omnino S. S. testimoniis instructi, iam et illos nullae privatorum hominum iniuriae nullaque vis exagitare debet; sed potius magistratus imperio permittendi sunt, qui de illis pro rei et personae ratione statuet. . . .

VII

THE REFORMATION COMPLETED IN ZÜRICH, 1524-5

At the third and last Disputation, 19 Jan. 1524, the Council was advised that Canon Hoffmann and his friends had not made out their case from Holy Scripture (Egli, *Aktensammlung*, No. 483, § 6; Bullinger, *Reformationsgeschichte*, i, § 84). They therefore gave, 19 Jan., these [No. 201] **men of the Old Learning their choice between submission and banishment** (Egli, No. 489): but they waited till Whitsuntide to carry reform further. Zürich, as yet, stood alone in the Confederation; and had to meet a remonstrance, 24 Jan., of the Diet of Luzern (Bullinger, i, § 85) by, 21 March, a [No. 202] **defence of its policy** (*ibid.* § 93). Finding it safe, at length, to go on, the Council, on Whitsun Eve, 14 May, abolished (Egli, No. 527; Bullinger, i, § 97) the Whit-Monday procession to Einsiedeln. Next, in view of the Bishop's vindication, 25 May, of Images and the Mass (*ibid.* i, § 94), they provided, 15 June (Egli, No. 545), that it should be dealt with by *A Christian answer of the Burgomaster and Council of Zürich* (*Zuinglii Opera*, i. 604 sqq.), mainly from Zwingli's pen. They then spent June in [No. 203] **casting out organs and relics** (Egli, No. 547; Bullinger, i, § 98), and 2-17 July (Egli, No. 552) in putting away images (Bullinger, i, § 103). On 5 Dec. (Egli, No. 598) they (No. 204) **dissolved the Religious Houses** (Bullinger, i, §§ 129, 130); and, at Zwingli's suggestion (*Opera*, II. ii. 327) devoted their revenues to education and to relief of the poor. By Christmas 1524 only the Mass remained. But in the *De vera et falsa religione Commentarius*, which he addressed to Francis I in March 1525, Zwingli delivered a final attack upon it (*Opera*, iii. 239): and, after representations, 11 April, from the three city pastors and others, the Council, by a small majority, decreed, 12 April, its abolition (Egli, No. 684). That day, Wednesday in Holy Week [No. 205] **Mass was said for the last time in Zürich** (*ibid.*). On Maundy Thursday, Good Friday, and Easter Day (Bullinger, i, § 147) its place was taken by the [No. 206] **Action oder Bruch des Nachtmals** (Daniel, *Codex Liturgicus*, iii. 145 sqq.; *Zuinglii*

Opera, II. ii. 233 sqq.) which Zwingli had already published, 6 April, and afterwards, July 1531, described to the Most Christian King in the appendix to his *Fidei Christianae Expositio* (*Opera*, iv. 74; Niemeyer, *Collectio Confessionum*, 72 sqq.). On 19 June the Choir Office gave way to Bible Readings (Bullinger, i, § 160) or [No. 207] **Prophesyings** (*ibid. ap. Zuinglii Opera*, iv. 205). But the new order of things was ill received; and 26 March 1530 and 10 Aug. 1531 [No. 208] **the Council had to enforce church-going by edict** (*ibid.* Nos. 1656, 1780).

No. 201. The Council's treatment of the Old Learning, 19 Jan. 1524.

Whereas in the Disputation with the Canons H. Anshelm Graf, Konrad Hofmann, Rudolf Hofmann, M. Erhart Battmann, and H. Heinrich Nüscheler it turned out that 'they had done nothing', all five had to be brought up before the Burgomaster and Council for the execution of the mandates, sentences, and decisions issued. 'Otherwise let men believe as they will. If they do [as ordered], my Lords will be the more gracious to them. But if they do it not, and afterwards are found in the city and on their benefices, then they will be put out of their benefices and shown the way out of the city.'

No. 202. The Council's defence of its proceedings, 21 March 1524.

At the end of their answer they say, 'In all that is possible for us and to which we are bound, as becomes pious members of the Confederation, we shall be glad to comply with your requests, and to wait upon you according to our bounden duty. But in what concerns the Word of God, our souls' salvation and our consciences, we cannot give way. . . .'

No. 203. The putting down of relics and organs, June 1524.

At the Great Minster in Zürich were shrines called the shrines of the blessed martyrs Felix and Regula. And as the common people were for it, the bodies of the blessed martyrs were kept and buried therein. But the honourable Council and the Citizens also ordered at this time, in June, that they should be put thence and out of the church: and, should there be any corpses therein, they should be honourably and quietly interred, or secretly dispersed in the bone house. . . .

At this time also the magistrates at Zürich ordered that there should be no more playing of organs[1] in the city and in the churches; no ringing for the dead, and for and against the weather; no more blessing of palms, salt, water, and candles; and no more bringing to any one of the last baptism or extreme unction; but that all such superstitions should cease and be clean put away, inasmuch as they are all at variance with the clear word of God.

No. 204. The Dissolution of Religious Houses, 5 Dec. 1524.

The offer of the Abbess of our Lady's Minster, in respect of her surrender[2] of her convent, to set her hand and seal thereto, was accepted with thanks, and put into immediate execution. The Abbess was to remain in the Convent and 'to be sufficiently provided, all her life long, as her needs and her station should require. . . .'

As regards the Convents of men, a document was drawn up and read generally before the Friars. The Friars of the Augustinian and of the Dominican House, if they would leave their Order[3] and learn a trade, might have any possessions, which they brought in, given back to them: those who had no means were to be assisted out of the property of the Convent.

No. 205. The last Mass in Zürich, 12 April 1525.

On Wednesday in Holy Week the last Mass was celebrated in Zürich; and God's table was set up, and the Sacrament and the holy oil with other ornaments were taken out of the sacristies. All altars which were still in the churches were stripped bare; and all the week was no more singing nor reading, but all the books were taken out of the choir and destroyed. Yet what pleased one man well did not please his neighbour.

No. 206. Action oder Bruch des Nachtmals, 13 April 1525.

(i) *Zwingli's Preface.*—Whereas for a long time past it has been made sure and clear enough from the Word of God that

---

[1] The organ in the Great Minster was broken to pieces, 9 Dec. 1527, Bullinger, i, § 222.

[2] On 30 Nov. 1524 [cf. Egli, No. 595].

[3] The rest were gathered and provided for in the Carmelite Convent, 3 Dec. 1524 (Bullinger, i, § 129).

Christ's Supper has been seriously misused, it is therefore necessary that everything that is not in accordance with the Word of God should be put away from it. And whereas this memorial is a thanksgiving and a rejoicing before Almighty God for the goodness which He has shown us through His Son, and whosoever appears at this feast, meal, or thanksgiving witnesses thereby that he is of those who believe that they are redeemed by the death and blood of our Lord Jesus Christ; therefore on Maundy Thursday the young people who now believe and have come to the knowledge of God and of His Word, and desire to begin this thanksgiving and supper, must betake themselves to the floor of the nave between the choir and the entrance, males to the right and females to the left, and the rest must remain in the aisles, the porch, and other places. As soon as the sermon is over, unleavened bread and wine shall first be placed upon a table on the floor of the nave, and then the ordinance and action of Christ, in accordance with His institution of this memorial, shall be recited openly and intelligibly, in German, as hereafter follows. Then the bread shall be carried round by the appointed ministers on large wooden trenchers from one seat to the next, and each shall break off a bit or a mouthful with his hand and eat it. Then they shall go round with the wine likewise; and no one shall move from his place. When that is done, in open and clear words praise and thanksgiving shall be offered to God in an audible and distinct voice: and then the whole multitude of the congregation shall say 'Amen' at the end. On Good Friday, people of middle life shall assemble in the place aforesaid on the floor of the nave, and the thanksgiving shall take place in like manner, men and women apart, as above. On Easter Day, the old folk likewise. The trenchers and beakers shall be of wood, that no pomp come back again. And this order, so long as it please our churches, we shall observe four times in the year, at Easter, Whitsuntide, autumn, and Christmas.

(ii) From the appendix to the *Fidei Christianae Expositio*, 1531.

Volo autem hic adiungere actionis formulam qua nos in celebranda Coena utimur, quo tua Maiestas videat, Christi nos verba non immutare, non vitiare, non perversa sententia depravare; sed ea prorsus servare in Coena quae et in Missa servari debuerant, haec sunt preces, laudes, confessio fidei, communicatio ecclesiae sive fidelium, et spiritualis sacramentalisque manducatio corporis Christi; contra vero universa omittere quae ex Christi instituto non sunt: puta, Offerimus efficaciter pro vivis et mortuis: Offerimus pro peccatorum remissione, et cetera quae Papistae non minus impie quam indocte adseverant.

Sequitur actio qua Tiguri et Bernae Basileae reliquisque Christianae civitatis urbibus, quantum ad substantiam pertinet, utimur.

Primo praedicatur satis longo sermone beneficium Dei quod nobis per Filium suum impendit, et trahitur populus ad eius rei cognitionem et gratiarum actionem. Eo finito, ponitur mensa ante chorum, ut vocant, pro gradibus, ea sternitur mantili, imponitur panis azymus et vinum in crateras funditur. Deinde prodit Pastor cum duobus ministris, qui omnes convertuntur ad populum, ita ut Pastor sive episcopus in medio illorum stet non alia veste quam quae vulgo usitata est honestis viris et ministris ecclesiae. Tunc sic orditur Pastor alta voce, lingua vero non Latina sed vulgari, quo omnes intelligant quod agitur

In nomine Patris et Filii et Spiritus sancti.

Respondent ministri nomine et loco totius ecclesiae, *Amen.*

Pastor: *Oremus.* Nunc genua flectit ecclesia.

Omnipotens aeterne Deus, quem iure universae creaturae colunt adorant et collaudant, suum videlicet artificem, creatorem ac patrem, da nobis miseris peccatoribus, ut eam laudem et gratiarum actionem quam unigenitus Filius tuus D. N. I. C. nobis ad faciendum instituit sincera fide peragamus. Per eundem D. N. I. C. &c. Amen.

Hic legit minister qui ad sinistram stat. *Quod iam legitur scriptum est in priore epistola Pauli ad Cor. xi.* [20–29.]

Tunc respondent ministri cum ecclesia: *Laus Deo.*

Pastor: *Gloria in excelsis Deo.* Diaconus[1]: *Et in terra pax.* Hypodiaconus[1]: *Hominibus sana et tranquilla mens.* Diaconus: *Laudamus Te, Benedicimus Te.* Et caetera usque ad finem huius hymni complentur alternis agentibus ministris, versum pro versu, ecclesia omnia intelligente, et prius admonita ut quisque secum quae dicuntur in pectore loquatur ac reputet, in conspectu Dei et ecclesiae.

Diaconus dicit: *Dominus vobiscum.* Respondent ministri: *Et cum spiritu tuo.*

[1] Men and women alternately: in the German *Action*, &c. [Daniel iii. 150] at Zürich.

Diaconus: *Quae iam leguntur in Ioannis Evangelio scripta sunt capite sexto.* Respondetur: *Gloria tibi, Domine.*

Diaconus: *Sic locutus est Iesus: Amen, amen dico vobis, qui credit in me habet vitam aeternam. Ego sum panis vitae. Patres vestri comederunt manna,* et cetera usque ad hunc finem, *verba quae vobis loquor spiritus et vita sunt* [Io. vi. 47-63].

Post quae verba minister librum osculatur et dicit Pastor: *Deo gloria, qui iuxta verbum suum dignetur nobis remittere universa peccata nostra.* Respondent ministri: *Amen.*

Pastor: *Credo in unum Deum.* Diaconus: *Patrem omnipotentem creatorem coeli et terrae.* Hypodiaconus: *Et in Iesum Christum,* etc., usque ad finem symboli quod apostolicum vocant, quod perinde alternis vicibus recensent ministri alta voce atque prius hymnum *Gloria in excelsis.*

Pastoris invitatio ad Coenam digne celebrandam: *Iam volumus, carissimi fratres, iuxta ritum et institutionem D.N.I.C. hunc panem edere et hunc potum bibere, quae sic praecepit fieri in commemorationem, in laudem et gratiarum actionem huius quod mortem pro nobis passus est, quodque sanguinem suum ad abluendum peccata nostra effudit. Quocirca probet et interroget quisque seipsum iuxta verbum Pauli qualem fiduciam ac certitudinem in D.N.I.C. habeat, ne se quisquam pro fideli gerat qui tamen fidem non habeat, et sic reus fiat mortis Domini. Neque totam ecclesiam Christi (quae illius corpus est) contemnat et subinde in eam peccet. Proinde in genua vos dimittite et orate, Pater noster qui es in coelis etc.* et caetera usque ad finem. Et cum ministri responderint: *Amen,* iterum oret Pastor.

Oratio: *Domine Deus omnipotens, qui nos per Spiritum tuum in unitate fidei in unum corpus tuum coagmentavisti, cui corpori tuo praecepisti ut laudes et gratias tibi agant pro ea liberalitate ac beneficio quod unigenitum Filium tuum D.N.I.C. pro peccatis nostris in mortem tradidisti, da ut hoc tuum praeceptum ea fide impleamus ne te infallibilem veritatem ulla mendaci simulatione offendamus aut irritemus. Da quoque ut tam sancte vivamus atque tuum corpus, tuos filios familiamque tuam decet. Quo increduli quoque nomen et gloriam tuam agnoscere discant. Custodi nos, Domine, ne nomen et gloria tua propter vitae nostrae pravitatem in contumeliam rapiatur. Semper oramus, Domine auge nobis fidem, hoc est indubitatam fiduciam in Te. Tu qui vivis ac regnas, Deus in saecula.* Respondent: *Amen.*

Deinde sic agit et verba sacra simul effatur Pastor:

Dominus Iesus, ea nocte qua tradebatur ad mortem, accepit

panem, hic accipit Pastor panem azymum in manus, *cumque gratias egit, fregit ac dixit, Accipite, comedite: Hoc est corpus meum quod pro vobis traditur. Hoc facite ad commemorationem meam.* Hic simul praebet Pastor panem ministris qui circum mensam stant, qui protinus cum reverentia illum accipiunt et inter se dividunt ac comedunt. Dum interim Pastor pergit: *Similiter, postquam facta fuit coena, accepit et poculum.* Hic simul accipit Pastor poculum in manus, *gratias egit ac dixit, Bibite ex isto omnes, hic calix novum Testamentum in meo sanguine est. Quotiescunque istud facturi estis, facite ad meam commemorationem. Quotiescunque enim panem hunc comedetis, et de poculo isto bibetis, mortem Domini praedicabitis, laudabitis, et gratias agetis, usquedum veniat.*

Post haec circumferunt ministri azymum panem et accipit quisque sua manu particulam de exhibito pane et postea reliquam partem praebet proximo suo. Et si quis non vult panem sua manu contrectare, iam circumferens minister porrigit ei. Deinde sequuntur ministri cum crateribus et praebet alius alii poculum Dominicum. Ne abhorreat tua Maiestas ab isto accipiendi praebendique more, nam deprehensum est saepenumero quod quidam qui temere consederant, qui tamen simultates ac odia prius inter se exercuissent, ex hac participatione sive panis sive potus animi impotentiam deposuerunt.

Iterum legit de suggesto alius minister ex Evangelio Ioannis aliquousque, dum editur ac bibitur sacramentum corporis et sanguinis Domini, incipit autem a tredecimo capite. Cumque crateres omnes sunt reportati, tunc sic infit Pastor: *Procumbite in genua.* Nam sedentes et tacite auscultantes verbo Domini edimus et bibimus Coenae sacramentum. Cumque omnes procumbunt infit, inquam, Pastor:

Laudate pueri Dominum, Laudate nomen Domini. Diaconus: *Sit nomen Domini benedictum ex hoc nunc et usque in saeculum.* Hypodiaconus: *A solis ortu usque ad occasum,* etc. Et sic iterum alternis vicibus finiunt ministri hunc psalmum [cxiii], quem Hebraei perhibent a maioribus suis dici solitum a mensa.

Post ista adhortatur Pastor ecclesiam his verbis:

Memores sitis, fratres carissimi, quidnam iuxta Christi iussum iam simul gesserimus. Testati sumus enim ista gratiarum actione quam ex fide peregimus, nos miseros quidem esse peccatores sed mundatos corpore et sanguine Christi quae pro nobis tradidit et effudit, sed et redemptos a morte sempiterna. Testati sumus nos fratres esse: id ergo praestemus caritate, fide et officio mutuo. Oremus ergo Dominum ut amaram eius mortem sic alto pectore teneamus ut quotidie peccatis quidem moriamur, omnibus autem virtutibus sic fulciamur ac crescamus, gratia et munere Spiritus eius, ut nomen Domini in nobis sanctificetur, proximus autem ametur et iuvetur. Dominus misereatur nostri et benedicat nobis, illuminet vultum suum super nos et misereatur nostri, Amen. Oratio. Pastor iterum orat: *Gratias agimus tibi, Domine, pro universis donis ac beneficiis tuis, qui vivis ac regnas Deus per omnia saecula saeculorum, Amen.*

Pastor: *Ite in pace, Amen.*

Deinde digreditur ecclesia.

No. 207. The Prophesyings.

Brevibus enarrabimus quem ordinem in linguis et prophetia observet, restauratore felicis memoriae H. Zuinglio, ecclesia Tigurina. In primis exturbavit illa Horas, quas vocant Canonicas, cantum quoque linguae peregrinae et theatricam obstreperamque musicam: non quod sacra displiceat lectio aut oratio, illas enim unice restitutas cupit: sed quod plurima in publico coetu cantata ac recitata sunt, quae dogmatis fidei Christianae erant adversa, item quae erant superstitiosa et ad quaestum tantum instituta: denique quod illa quoque, quae ex sacris lecta sunt Bibliis, isto prorsus modo abusuque lecta sunt, quo sciolos Corinthiorum sacra in coetu sancto legisse constat. Omnia itaque semel exturbata sunt, sed in eorum locum utiliora haec reposita.

Principio, quotidie convenitur exoriente sole ad preces et conciones publicas, in quibus et Deus oratur pro his quae temporis ratio ecclesiam orare iubet, et traditur pietas proposito aliquo ex Scripturis loco, qui et vulgari lingua absque omni linguarum involucro explicatur.

Deinde vero, quod linguas ac prophetiam attinet abstrusiorem, ea hora qua prius canebantur Horae Canonicae, nunc quotidie coit coetus doctorum maxime. In eo autem tractantur summa cum diligentia ac reverentia libri Veteris Testamenti. Novi enim Testamenti opuscula indies pro publicis exponuntur concionibus.[1] Ceterum nihil hic temere aut confuse peragitur. Series cum librorum tum capitum observatur, neque aliud incipitur nisi praecedens absolutum sit: immo ne plura quidem

---

[1] By Oswald Myconius, at 3 p.m., in Our Lady's Minster.

praeleguntur quam quae summo cum otio et accurata diligentia proque dignitate rerum et auditorum utilitate explanari queant.

Porro a sacris precibus hic coetus sumit initium. Precantur enim omnes communibus votis omnipotentem et misericordem Deum, cuius verbum lucerna est pedibus nostris et lumen semitarum nostrarum, aperiat et illuminet mentem nostram, ut oracula sua pure et sancte intelligamus, et in illud quod recte intellexerimus transformemur, quo maiestati eius nulla ex parte displiceamus, per C. D. N.

Peractis precibus, praelegit adolescens stipendiarius ecclesiae iuxta Vulgatam quam Hieronymi vocant editionem eum locum, ad quem prophetae cursu et ordine devenere interpretandum. Stipendio enim ex aerario ecclesiastico aluntur egregia et bonae spei ingenia, atque in artibus, linguis, et litteris sanctis instituuntur, ut aliquando ecclesiae sanctae aluntur rependant ac plurimum sanctis ministeriis prosint.... Ubi vero adolescens eum qui tractandus venit locum Latina lingua recitavit, assurgit lector Hebraeus ac Hebraea lingua eundem locum recenset, sparsim eius linguae idiotismos proprietatesque indicans, iam sensum etiam reddens, aliquoties verbum verbo interpretans sed et Grammaticorum et Rabbinorum recitans sententias. Hoc muneris pridem Ceporinus,[1] nunc summa cum diligentia, eruditione et pietate obit D. Conradus Pellicanus Rubeaquensis,[2] vir de linguis, pietate ac litteris optime meritus. Hebraeo succedit lector Graecus, hic Septuaginta interpretum aut quorumcunque tandem sit, versionem Graecam percurrit, cum Hebraeo confert, et quatenus ab illo discrepet ostendit, aliquoties et restituit, ubique advigilat accurate. Hanc provinciam obiit, quoad vixit, ipse Zuinglius. Hac collatione facta versioneque Graecorum interpretata, demum prophetae officio fungitur, qui hactenus praestitit interpretem. Ea enim quae iam Latine, Graece et Hebraice lecta sunt, omni diligentia et summa fide enarrat, indicans quomodo praesens ille locus a priscis sit tractatus scriptoribus, quid de eo senserint Iudaeorum interpretes, quid Catholici, quid verbis sacris consentaneum, quae verborum cohaesio, structura et vis, quae sententiarum maiestas et proprietas, vis et elegantia, quo omnia referenda : breviter quis genuinus sensus, item quis usus et fructus huius loci, quomodo ex eo fides, pietas, sanctimonia, iustitia et constantia discenda sit. ...

Hactenus vero aedificantur linguis et prophetia docti, et qui

[1] Jakob von Wisendangen, Prof. of Hebrew at Zürich, 1525-†6.
[2] Konrad Kirschner, of Ruffach in Elsass, 1478-†1556, his successor.

Latinae linguae periti sunt. Omnia enim ista Latina peraguntur lingua. Proinde ut ad totam quoque ecclesiam, ad ipsum, inquam, populum promiscuum aliqua redeat utilitas eundem illum locum, quem hactenus tractarunt sacri interpretes et prophetae, pro publica concione plebi exponunt episcopi, proponentes plebi ea quae aedificationis sunt, consolationis et exhortationis. Interim autem, dum sacra ad hunc modum a prophetis interpretibus et episcopis tractantur, tota ecclesia sedet, omnia quae dicuntur diiudicans, id est, tacite apud se expendens, quo pertineant omnia, quis eorum usus ac fructus.[1]

No. 208. The Council's mandate for Church-going, 10 Aug. 1531.

Whereas the mandate for Church-going put out last year [26 March], 1530, has been badly observed; and people, young and old, men and women, idly wander about hither and thither during sermon-time, on the bridges, down the alleys, by the gates and alongside the moats; therefore our Lords order all persons who have concern and oversight in this matter of church-going and particularly, since need requires it, such as ought always to go from time to time, and hereby earnestly command that every man shall strictly observe the mandate to go to Church on Sundays and Holy-days. And that no man may be able to fraudulently say that he went to another church, it is provided that henceforth the preachers in all the three churches shall begin to preach at one and the same time, convenient to all.

Our Lords further give notice hereby to the numbers of those who are free and well-off that on work-days they frequent the prayers and preaching more diligently and better. They have ordered, and it will henceforth be the rule, that the morning sermon shall take place every day, as hitherto, and that at 8 a.m. for half-an-hour there shall be a discourse and prayer.

* * * * * * *

VIII

THE ANABAPTISTS IN ZÜRICH, 1525-32

The new order had not yet been set up when, 28 Oct. 1523, at the Second Disputation, a radical party made its appearance

[1] Similar 'Prophesyings' were held at Bern and at Basel. They were the sources of the Reformers' commentaries, and of the Puritan 'prophesyings' in England: for which see G. W. Prothero, *Statutes and Documents*, 1559-1625, 202 sqq.

THE ANABAPTISTS IN ZÜRICH, 1525-32 451

(*Zuinglii Opera*, i. 539: *supra*, No. 197). They were led by Conrad Grebel, †1526, and Felix Manz, †1527, both Zürichers, and by Balthasar Hübmaier, 1480–†1528, pastor of Waldshut. Their aim was to apply consistently the principle which governed the official reforms, and admit nothing without explicit warrant of Scripture. The baptism of infants has no such warrant; as, on 1 May 1523 [No. 209] **Zwingli admitted to Hübmaier** (Füsslin, *Beyträge*, i. 252 sq.; cf. *Zuinglii Opera*, i. 260). By 5 Sept. 1524, when Grebel and his friends were in correspondence with the revolutionary but never Anabaptist Thomas Münzer, 1490–†1525, now near Waldshut, they were 'not twenty' in number (Cornelius, *Geschichte des Münsterischen Aufruhrs*, ii. 248). But they stood to [No. 210] **their opinions** (*ibid.* 245; and *Zuinglii Opera*, II. i. 338 sq.) so boldly that, after, 17 Jan. 1525, an abortive disputation (Bullinger, i, § 135), on 18 Jan. [No. 211] **the Council ordered infant baptism and silenced their leaders** (Egli, Nos. 622, 624). Then began [No. 212] **Anabaptism** by sprinkling or by pouring before 7 Feb., at Zollikon [1] (*ibid.* No. 636, §§ 1, 2): afterwards, by immersion (Kessler, *Sabbata*, i. 262) near Schaffhausen: then, Easter 1525, at Waldshut (Egli, No. 911, § 4). On 20 March there was a second disputation (*ibid.* No. 668); and 'fourteen men and seven women' were thrown into the Witches' Tower ... to see if it were possible to turn them from their error' (Bullinger, i, § 145). But, 5 April, they escaped (Egli, No. 691). At last, after, 6 Nov., a third disputation (*ibid.* No. 853; Bullinger, i, § 163) had proved ineffectual, on 7 March 1526 [No. 213] **the Council decreed,** as if to suit the penalty to the crime, **that Anabaptists should be drowned** (Egli, No. 936; *Zuinglii Opera*, vii. 477). Manz was the first so to suffer, 5 Jan. 1527 (Egli, No. 1109); two countrymen, 23 March 1532, the last (*ibid.* No. 1829). Meanwhile, a literary warfare broke out. In the treatise of 27 May 1525 *On baptism, anabaptism, and infant baptism* (*Opera*, II. i. 230 sqq.), there occurs [No. 214] **Zwingli's statement of his position** (*Opera*, tr. R. Gualther, ii. 97 b). Hübmaier replied, 11 July, with *The Christian baptism of Believers* (see a summary of its argument in Vedder, *Balt. Hübmaier*, 114 sq.). And the controversy closed with, 31 July 1531, the *Refutation of the tricks of the Catabaptists* (*Opera*, iii. 357 sqq., tr. Jackson, *Selections from Zwingli*, 123 sqq.), where [No. 215] **Zwingli gives his account of the movement** (*Opera*, iii. 363 sq.).

No. 209. Hübmaier's evidence, 1525, upon Zwingli's admissions, 1 May 1523.

In 1523, on Philip and James' day, I conferred with you [Zwingli] in Graben street upon the Scriptures relating to Baptism. Then and there you said I was right in saying that children should not be baptized before they were instructed in

[1] 'Ad quintam ab urbe [Zürich] lapidem,' *Zuinglii Opera*, iii. 365.

the faith; this had been the custom previously, therefore such [persons under instruction] were called catechumens. You promised to bring this out in your Exposition of the Articles, as you did in the XVIIIth Article, on Confirmation. Any one who reads it will find therein your opinion clearly expressed. Sebastian Ruckensperger of St. Gall, then prior of Sion at Klingnau, was present. So you have also confessed in your book upon the unruly spirits, that those who baptized infants could quote no clear word in Scripture ordering them to baptize them. From this learn, friend Zwingli, how your conversation, writing, and preaching agree.

No. 210. The opinions of Grebel and Hübmaier.

(i) From a *letter of Grebel to Münzer*, 5 Sept. 1524. We believe ... that all children who have not yet come to know the difference between good and evil ... are saved by the sufferings of Christ, the new Adam. ... Also that infant baptism is a silly blasphemous outrage, contrary to all Scripture. ... Since ... you have published your protestations against infant baptism, we hope you do not act against the eternal Word, wisdom, and command of God, according to which only believers should be baptized, and that you baptize no children.[1]

(ii) From a *letter of Hübmaier to Oecolampadius*, 16 Jan. 1525.

We have publicly taught that children should not be baptized. Why do we baptize children? Baptism, say they [Zwingli and Leo] is a mere sign. Why do we strive so much over a sign? The meaning of this sign and symbol, the pledge of faith until death in hope of the resurrection to the life to come, is more to be considered than the sign. This meaning has nothing to do with babes; therefore infant baptism is without reality. In Baptism a man pledges himself to God; in the Supper to his neighbour, to offer body and blood in his stead, as Christ for us. I believe, yea, I know, that it will not go well with Christendom until Baptism and the Supper are brought back to their own original purity. Here, brother, you have my opinion; if I err, call me back. For I wish nothing so much that I will not revoke it, yea, cut it off, when I am

---

[1] According to his statement to Oecolampadius, Münzer did baptize infants; he does not appear to have ever reached the point of becoming an Anabaptist. Cf. Herzog, *Das Leben Jo. Oekolampads*, i. 302.

taught better from the Word of God by you and yours. Otherwise, I abide by my opinion; for to that I am constrained by the command of Christ, the Word, faith, truth, judgement, conscience. Testify to the truth; you can in no way offend me. I am a man, and can fall, since that is human, but from my heart I desire to rise again. Write me whether the promise in Matt. xix. 14, 'Suffer little children to come unto me,' &c., specially belongs to infants. What prompts me to that is the word of Christ, 'for of such is the kingdom of heaven,' not 'of them'. I have sent letters to Zwingli by the captain of our volunteers. Instead of baptism, I cause the church to come together, bring the infant in, explain in German the Gospel, 'They brought little children, &c.,' then a name is given him, the whole church prays for the child on bended knees and commends him to Christ that He will be gracious and intercede for him. But if the parents are still weak, and positively wish that the child be baptized, then I baptize it; and I am weak with the weak, for the time being, until they are better instructed. As to the Word, however, I do not yield to them in the least point. . . .'

No. 211. The Council orders infant baptism, and silence, Jan. 1525.

Jan. 18.—Whereas an error has arisen respecting baptism, as if young children should not be baptized until they come to years of discretion and know what the faith is: and whereas some have accordingly neglected to have their children baptized, our Lords the Burgomaster, Council, and Great Council, have had a disputation held about this matter to learn what Holy Scripture has to say about it. As they have learned from it that, notwithstanding this error, children should be baptized as soon as they are born, all those therefore who have hitherto allowed their children to remain unbaptized, must have them baptized within the next week: and whosoever will not do this, must with wife and child, goods and chattels, leave our city, jurisdiction, and dominions, or await what will be done with him. Every one will accordingly know how to conduct himself. . . .

Jan. 21.—(1) To the preceding resolution (Egli, No. 621) about Baptism, it is now added that 'the special disputations arranged to deal with such matters' are to be put away: in particular, Conrad Grebel and Felix Manz are to abstain from 'disputings and propositions' and 'to fall in with my Lords' opinions', because hereafter no further disputation is to take place. If, however, they wish for any exception in the matter of belief, they may apply to the Burgomaster or to the three Overseers.

(2) Moreover, in order that there may be the more peace from such folk, it is further resolved that the following shall abjure my Lords' dominions, viz. the priest (William Röubli) of Wytikon, the assistant-curate (Brötli) of Zollikon, Ludwig Hetzer, and Andrew [Castelberger] uf der Stülzen; and leave the country within a week.

No. 212. Anabaptism begins, 7 Feb. 1525.

(i) *From* [I] *the Confession of fourteen imprisoned anabaptists of Zollikon.*— ... They admitted that they had been baptized, and had become 'servants, bondmen, and subjects of God'; they would do whatever the Spirit of God prompted them, and not suffer themselves to be forced therefrom by any temporal magistrate. So far as they were not hindered by the Word of God, they would be my Lords' subjects. [II] ... § 2. Rudolph Thomunn, of Zollikon, deposed that he had eaten the Last Supper with the old assistant-curate [Brötli?] and the [parson] of Wytikon [William Röubli], and had invited them to his house.... There many had assembled, so that the room was full; there was much speaking and long readings. Then stood up Hans Bruggbach of Zumikon, weeping and crying out that he was a great sinner, and asking them to pray God for him. Whereupon Blaurock[1] asked him if he desired the grace of God. 'Yes,' said he. Manz then stood up and said, 'Who will hinder me from baptizing him?' Blaurock answered, 'Nobody.' So [Manz] took a bowl[2] of water and baptized him in the name of God the Father, God the Son, and God the Holy Ghost. Whereupon James Hottinger stood up and desired baptism; and Felix Manz baptized him also.... Seeing the loaf on the table, Blaurock said, 'Whosoever believes that God has redeemed him by His death and rosy-coloured blood ... comes and eats with me from this loaf and drinks with me of this wine.' Then several ate and drank thereof.

[1] George Blaurock, formerly a Religious at Chur, scourged and expelled from Zürich, 5 Jan. 1527 (cf. Egli, § 1110), and burnt at Clausen in the Tyrol, 1529.
[2] A previous witness had said that Blaurock had 'sprinkled' [*bespritzt*] Bruggbach.—Egli, No. 636, II, § 2.

(ii) *From Kessler, Sabbata.*—Wolfgang Uolimann met Conrad Grebel on the way to Schaffhausen, and by him was so highly instructed in anabaptism that he would not simply have water poured upon him from a dish but, entirely naked, was thrust down and covered over in the Rhine.

(iii) *Fragment of the trial of Dr. Hübmaier of Waldshut.*— He [Hübmaier] said, moreover, that William Röubli of Wytikon it was who introduced baptism; then how, when he was at Waldshut, he came to him, and informed him for what God was preparing him. William had brought several citizens with him: and went with them to a hamlet over yonder, and baptized them. Afterwards they came to him and said, Why did not he also take the thing in hand? But he declined and put the matter off till Easter; and, as the custom was then to hallow the font, he omitted it. Then came William and baptized him; and sixty persons were baptized at the same time with him. Afterwards, during Easter, he himself baptized some three hundred people. . . .

No. 213. The Council orders Anabaptists to be drowned, 7 March 1526.

(i) *From their mandate 'to be published on Sunday in the three parishes'* [Egli, p. 445].—Whereas our Lords the Burgomaster, Council, and Great Council, have for some time past earnestly endeavoured to turn the misguided and erring Anabaptists from their errors; and yet several . . . to the injury of the public authority and the magistrates as well as to the ruin of the common welfare and of right Christian living, have proved disobedient; and several of them, men, women, and girls, have been by our Lords sharply punished and put into prison: Now therefore, by the earnest commandment, edict, and warning of our Lords aforesaid, it is ordered that no one in our town, country, or domains, whether man, woman, or girl, shall baptize another: and if any one hereafter shall baptize another, he will be seized by our Lords and, according to the decree now set forth, will be drowned without mercy. Wherefore every one knows how to order himself, and to take care that he bring not his own death upon himself.

(ii) *From a letter of Zwingli to Joachim Watt,* 7 March, 1526.

Est, honoratissime Consul, hoc ipso die per Senatum Διακοσίων decretum ut Catabaptistarum[1] coryphaei in eam

[1] A term of contempt = drowners.

turrim, in qua prius delituerunt, coniiciantur, pane et aqua
delicientur, donec aut spiritum reddant aut manus. Additum
quoque, ut qui posthac tingatur, prorsus mergatur, lata iam
sententia. Sic tandem tentata satis patientia erumpit. Socer[1]
Senatus misericordiam nequicquam imploravit. Mihi vehementer incorrigibilis hominum audacia tum dolet, tum displicet.
Nollem crepundia renascentis Christianismi huiusmodi exemplis
inaugurari ; sed Deus non sumus cui sic placet futuris malis
prospicere, ut olim quum Petro mentientem Ananiam subita
atrocique morte trucidavit, quo nobis fallendi audaciam omnem
qui tamen nullius rei aeque gnari sumus, amputaret. . . .

No. 214. From Zwingli's De Baptismo, 27 May 1525.

. . . Caeterum ne quis operis nostri prolixam et molestam
tractationem merito reprehendere possit . . . universam omnium
eorum quae hactenus dicta sunt summam in breves hasce
propositiones redigere libuit.

De Baptismo.

Animam hominis nullum huius mundi elementum, nulla
denique res externa mundare potest. Huius enim purificatio
solius gratiae divinae opus est. Baptismus ergo peccatorum
sordes abluere nequit.

Quoniam vero hic a Deo quidem institutus est, peccata
tamen non abluit, constat omnino hunc non aliud quam
signum esse sacramentale, quo Dei populus in unam fidem et
religionem obstringitur simul et colligatur.

De Baptismo Parvulorum.

Quemadmodum in V. T. fidelium liberi inter Dei populum
censebantur ; ita nunc quoque Christianorum liberi, non minus
quam ipsi parentes, Dei sunt. Quis ergo prohibebit quo
minus aqua baptizentur quos iam ante Dei esse constat ?

Circumcisio, si externi signi rationem et usum considerses,
idem omnino veteribus fuit olim quod nobis Baptismus est.
Ut ergo infantes olim iussu divino circumcisi sunt, ita Baptismus
hodie quoque parvulis et infantibus conferri debet.

De Anabaptismo.

Anabaptismus nusquam in Scripturis praecepto et iussu
divino traditur, exemplum quo niti possit nullum extat, nec
ullis divini Verbi testimoniis probari potest. Quotquot ergo

[1] James Grebel, father of Conrad Grebel and father-in-law of Joachim
Watt.

rebaptizantur, Christum denuo crucifigunt, vel contumaci et perversa animorum pertinacia vel rerum novandarum studio commoti.

Propositiones has, firmis et indubitatis rationibus e sacrae Scripturae scrinio depromptis, sic demonstrabo firmaboque ut nemo mortalium se illis opponere possit. Hoc itaque adversariis nostris de nobis certum et indubitatum sit, quod nec illorum protervitati cessurus, nec ut errores hi in ecclesia sparsi excrescant, quoad vixero unquam permissurus sum. Certo enim novi infinita esse commoda et fructus innumeros qui ex parvulorum baptismo ad Christianum populum redire solent. Praeterea firmiter credo Deum omnipotentem nunquam admissurum, ut hoc sublato anabaptismus introducatur. ...

No. 215. From Zwingli's 'In Catabaptistarum strophas Elenchus', 31 July 1531.

... Baptismum infantium miris proscindunt modis, summam abominationem, ex cacodaemone Pontificeque Romano esse. Occurrimus propere et huic incursioni amicam pollicemur collationem. Condicitur ad quemque diem Martis per singulas hebdomades conveniendum esse. Prima congressione pugna fuit acris ... Secunda acrior: quidam enim ex eis quum Scripturis nihil possent, apertis contumeliis rem tentant. Post multam conflictationem quum se inferiores viderent, et nos eos amice dehortaremur, sic discessum est ut plerique ex iis promitterent se nihil moturos; etiam si non pollicerentur se cessuros esse sententia. Intra triduum aut ad summum quatriduum nunciatur eos qui huius sectae coryphaei fuerunt quindecim fratres tinxisse. Ibi primum sentiscere coepimus cuius causa et novam ecclesiam colligere instituerint et infantium baptismum tantopere oppugnaverint. Monemus ergo ecclesiam, factum istud defendi non posse, ut bono consilio, nedum bono spiritu coeptum sit. His potissimum causis: tentavisse ipsos ecclesiae divisionem ac partitionem, quod perinde ad hypocrisin pertineat atque monachorum superstitio. Secundo: quum ecclesiis suum arbitrium de doctrina iudicanda illibatum sit servandum, orsos esse catabaptismum citra omnem collationem; nihil enim per omnem de infantium baptismo pugnam de catabaptismo proposuisse. Tertio: videri hunc catabaptismum seditiosorum hominum esse veluti tesseram. Protinus, ut haec resciscunt, magnis examinibus in urbem advolant, posita zona, salice aut reste cincti, in foro atque triviis, ut ipsi iactabant, prophetantes. De antiquo dracone, quem me volebant, deque eius capitibus, quibus reliquos verbi symmystas, omnia implebant. Iustitiam atque innocentiam omnibus commendabant, ab eis peregre nimirum profecturi: communia se habere iam omnia et gloriabantur et aliis, ni idem fecerint, ultima comminabantur. Per plateas Vae, Vae portentose, Vae Tiguro clamabant. Quidam Ionam imitati adhuc quadraginta dierum inducias urbi dabant. Quid multa? ... Prosequuntur catabaptismum suum invito Senatu populoque. ... Indicitur tandem congressio[1], qua quisque ad satietatem seorsim audiretur. ... Datur denuo pugnandi copia.[2] ... Decrevit autem clarissimus Senatus post eam collationem, quae nimirum decima fuit post alias sive publicas sive privatas, aquis mergere qui merserit baptismo eum qui prius emerserat.[3] ...

IX

REFORM IN THE REST OF GERMAN SWITZERLAND TO 1529

Alarmed at the progress alike of democracy (cf. *Zuinglii Opera*, vii. 485) and of religious innovation at Zürich, the Catholic Cantons accepted, 3 Oct. 1524, an offer, 13 August, from Eck to 'maintain with ease against Zwingli that the old true Christian beliefs and practices were according, and not contrary, to Holy Scripture' (*ibid.* II. ii. 399 sqq.). Zwingli declined the challenge, 21 April 1526 (*ibid.* II. ii. 424). But at the Disputation of Baden, 21 May to 8 June, 1526 (Bullinger, I, §§ 185 sqq.), it was taken up by the reformers of Basel and Bern; by Jo. Oecolampadius, 1482–†1531, since 24 Feb. 1525 parish priest of St. Martin's, Basel (Herzog, *Das Leben Jo. Oekolampads*, i. 284) and by Berchthold Haller, 1492–†1536, who since 1520 had been Canon of Bern. [No. 216] **Eck's Theses** (Bullinger, i, § 189) give the points under discussion: and victory for the moment declared for his side by 82 votes to 10. But in 1527 the democratic and reforming party got the upper hand in Bern (Ranke, *Ref.* 530); and at the Disputation of Bern, 7–26 Jan. 1528 (*Zuinglii Opera*, II. i. 63 sqq.: Bullinger, i, § 226) the situation was reversed. [No. 217] The **Theses Bernenses** (Niemeyer, *Collectio Confessionum*, 15) contain the reformed theology; and were presently embodied in the edict, 7 Feb. 1528, which repudiated the episcopal jurisdiction and enforced the Reformation in Bern (Richter, *Kirchenordnungen*, i. 104 sqq.; Bullinger, i, § 230). In [No. 218] **the letter of an eyewitness,** 29 Jan. 1528, Jacobus Monasteriensis (Moutier-Grandval), from

---

[1] 17 Jan. 1525. [2] 20 March 1525. [3] 7 March 1526.

GERMAN SWITZERLAND TO 1529

Solothurn, the old religion confesses its defeat (Sculteti *Annales Evangelii*, 124, *ap.* Von der Hardt, *Historia Literaria Reformationis*, Francofurti et Lipsiae, 1717). Next year Basel followed suit; for democracy was also gaining ground there (Ranke, *Ref.* 531). On Shrove Tuesday, 9 Feb. 1529, a revolution took place, followed, on Ash Wednesday, by [No. 219] **Image-breaking**, and on 12 Feb. by the abolition of the Mass. Accounts remain in letters of Oecolampadius, 13 Feb. (Sculteti *Annales Evangelii*, 136 sq.) and of Erasmus, 9 May (Ep. MXLVIII: *Opera*, III. ii. 1188, Lugd. Bat. 1703). On 1 April reconstruction began with a mandate from the Council (Richter, *Kirchenordnungen*, i. 120 sqq.; Bullinger, ii, § 275). It set up a new order, conservative in such points as daily service and weekly Communion; articles of faith, embodied later, 1534, in the *Confessio Basiliensis* I (Niemeyer, 87); and a code of discipline afterwards enforced by the Ban, 1530.

Thus, by 1529, reform had taken root in six out of the thirteen Cantons, in Appenzell 1523, Glarus 1528, and Schaffhausen 1529, as well as in the cities of Zürich, Bern, and Basel. But it had also gained a footing in the sister Confederation of the Graubünden, 1526; in the districts, 'allied,' e. g. Toggenburg, 1524, and St. Gall, 1527, and 'subject', e. g. Thurgau 1529; as well as in Mühlhausen 1524, Biel 1525, and Constance 1527. As in Germany after the Diet of Nürnberg 1520, the unity of the nation was destroyed.

No. 216. Eck's Theses at the Disputation of Baden, 21 May to 8 June 1526.

1. The true Body of Christ and his Blood are present in the Sacrament of the Altar.

2. They are also truly offered in the Mass for the quick and the dead.

3. Mary and the Saints are to be invoked as Intercessors.

4. Images of the Lord Jesus and of the Saints are not to be done away.

5. After this life there is a Purgatory.

6. The children of Christians are born in Original Sin.

7. The baptism of Christ, but not of John, removes Original Sin.

No. 217. The Theses Bernenses, 6 Jan. 1528.

De sequentibus conclusionibus nos Franciscus Kolb et Berchtoldus Haller, ambo pastores Ecclesiae Bernensis, simul cum aliis orthodoxiae professoribus unicuique rationem reddemus, ex scriptis Biblicis, V. nimirum et N. Testamenti libris, die designato, nimirum primo post Dominicam primam Circumcisionis, anno MDXXVIII.

1. Sancta Christiana Ecclesia, cuius unicum caput est Christus, nata est ex Dei verbo, in eoque permanet, nec vocem audit alieni.

2. Ecclesia Christi non condit leges et mandata extra Dei verbum, ea propter omnes traditiones humanae, quas Ecclesiasticas vocant, non ulterius nos obligant quam quatenus in Dei verbo sunt fundatae et praeceptae.

3. Christus est unica sapientia, iustitia, redemptio et satisfactio pro peccatis totius mundi; idcirco aliud salutis et satisfactionis meritum pro peccato confiteri est Christum abnegare.

4. Quod corpus et sanguis Christi essentialiter et corporaliter in pane Eucharistiae percipiatur, ex Scriptura Sacra non potest demonstrari.

5. Missa, ut hodie in usu est, in qua Christus Deo Patri offertur pro peccatis vivorum et mortuorum, Scripturae est contraria, in sanctissimum sacrificium, passionem et mortem Christi blasphema et propter abusus coram Deo abominabilis.

6. Quemadmodum Christus solus pro nobis mortuus est, ita etiam solus ut mediator et advocatus inter Deum Patrem et nos fideles adorandus est; idcirco alios mediatores extra hanc vitam existentes ad adorandum proponere cum fundamento verbi Dei pugnat.

7. Esse locum post hanc vitam, in quo purgentur animae, in Scriptura non reperitur; proin omnia officia pro mortuis instituta, ut vigiliae, missae pro defunctis, exsequiae, septimae, trigesimae, anniversariae, lampades, cerei et id genus alia frustanea sunt.

8. Imagines fabricare cultus gratia, Dei verbo V. et N. Testamenti libris comprehenso repugnat; idcirco si sub periculo adorationis proponantur, abolendae.

9. Matrimonium nulli ordini hominum in Scriptura interdictum est, sed scortationis et impuritatis vitandae causa omnium ordinum hominibus praeceptum et permissum.

10. Quia manifestus scortator iuxta Scripturam excommunicandus; sequitur scortationem aut impurum coelibatum propter scandalum nulli ordini magis quam sacerdotali damnosum esse.

No. 218. Jacobus Monasteriensis on the Disputation of Bern, 29 Jan. 1528.

Clarissimo viro Iureconsulto, D. Sigismundo de S. Trudone, Canonico et Custodi insignis Collegii apud S. Victorem Moguntiae, Domino et fratri suo observando.

S.P.D. Mirari te existimo quidnam acciderit quod sero adeo ad vos scribam. Causam fuisse scito conciliabulum vel dispuitionem (disputationem dicere volebam) Lutheranorum vel potius Zuinglianorum haereticorum Bernae habitam. Utcunque enim negotia urgerent, praesertim canonicatus apud D. Mauritium,[1] quem ante bimestre tempus germanus meus militans inter latrones Romae mihi impetravit (militum enim quam Cardinalium modo opera mihi utilior Romae fuerat)—utcunque, inquam, haec et alia negotia me urgerent, subsistere tamen libuit videreque quo evasura esset rabies et quam curae esset episcopis nostris ecclesia. Sed quid dicam? Querimur partim de dexteritate haereticorum, partim de conniventia principum, permulti etiam fata incusamus. Sed quod equidem dicere soleo, verissime in his haereticorum comitiis comperi. Ruunt res nostrae sola nostra inertia, et quia litteratos nullos nostri coryphaei alunt.

Effecerant quidam fidi nobis servatores Bernae, et ii certe apud quos hactenus summa rerum fuit, ut et episcopi,[2] quibus est ecclesiae in illorum ditione iurisdictio, additis etiam minis, ad suam disputationem vocarentur, sed nulla alia spe quam ut eruditos illi adducerent, qui haereticos confutarent. Sed quid? Nemo illorum vel ipse venit vel eruditos misit. Gallos quosdam misit Lausaniensis; sed antequam congrederentur revocavit eos. Venit post aliquot dies Augustinianus quidam frater; Provincialem salutabant, ac Traegerinum[3] dicebant: sed loquentiae aliquid, eruditionis ac eloquentiae nihil in eo deprehensum est. Ubi enim Scripturae exigebantur, maluit abire quam disputare. Equidem in eo nihil vidi quam monachum eumque frontosum, licet alii nescio quid de eo praedicent. Clamosior alius, sed nequaquam doctior Dominicaster[4] per dies aliquot strepuit ex Scripturis, sed quam feliciter, hinc coniice. Probaturus Pontificem quoque esse caput Ecclesiae, adduxit id a Petro eum accepisse, qui ideo fuisset a Domino vocatus Cephas, caput: sic enim se legisse aiebat in Vocabulariis. Vides quales habeamus propugnatores: et adhuc miramur vulgo nos contemni et passim multos a nobis deficere?

---

[1] St. Maurice, in the Vallais, founded 515, and held since 1128 by Austin Canons.

[2] The Bishops of Constance, Basel, Lausanne, and Sitten (*Zuinglii Opera*, II. i. 71).

[3] Conrad Träger, Provincial of the Augustinians, at Freiburg.

[4] Alexius Grat, of Bern. He seems to have confused Kephas with κεφαλή and Kopf.

Disputarunt praeterea tres aut quatuor sacrifici cum quodam
ludimagistro quem Litteram[1] vocant. Non malus homo, ut
videbatur, quique unus plus studii prae se ferebat defendendi
ecclesiam et scripta Patrum quam quotquot fuerunt in illis
comitiis. Sed deerant vires. A Fabro nostro, Eccio, Roffensi,[2]
quae tu scis, omnia, nequaquam tam firma aut arguta, ut
oportebat, in haereticos congesta, diligenter proponebat. Sed
praelatorum et capituli Bernensium audi constantiam. Cum
uno aut altero excepto, nemo eorum non agnosceret blasphemos
illos haereticorum articulos, omnibus tamen subscripserunt
singuli, idque in capitulo congregati, tantum quod indoctae
bestiae nihil possent haereticis obiicere. Si cordati fuissent
vel mediocri dexteritate praediti, ita valebat adhuc factio nostra
Bernae, si nihil aliud, ut in annum usque potuissent disputationem extrahere. Sed sic decet nos poenas dare contem-
ptarum litterarum et neglectus studiorum. Horum vero
insanum consilium secuti sunt in ditione Bernatium monachi
et sacrifici. Habent autem parochias 304, praeter ditissima
quaedam coenobia et collegia, forte plus minus triginta, in fide
Ecclesiae perseverantia.

De haereticis forte cupis ut scribam : sed quid mihi et tibi
causam ingeram doloris? Scribam de paucis. Facilis illis
pugna fuit, cum nulli instructi coram starent antagonistae.
Ita paratos non vidi, quin si dextri homines adfuissent et in
Scripturis versati : si non in omnibus illos vicissent (quis enim
vinceret quovis Corinthio aere loquaciores? praesertim cum
nostra omnia non aperte ex Scripturis probari possint) remorati
tamen fuissent in dubio illorum conatus. O si vel unus
Erasmus commissus illis fuisset ! Vidi enim saepe de respon-
sionibus inter eos non convenire. Vidi anxie alii alium quid
diceret suggerere. Vidi de germano quorundam locorum
sensu haerere. Ita instructo et dextro disputatori aptissimae
ansae fuissent confundendi illos, auctoritatisque adimendae illis
atque ita vastationem quam invexerunt revocandi. Quanquam
autem, si viros haeretici contra se habuissent, cautius et consultius sua egissent. Suntque admodum quidam eorum qui
ut solum Zuinglii vehementia, tantum ira excitari potuerunt.
Admodum enim ille continuo fervebat. Et usui nobis fuisset
et decorum, atque auctoritatem illius imminuissemus : doctior
tamen haec bellua est quam putabam. Nasutus Oecolampadius
in prophetis ille et Hebraea lingua praestare videtur : sed nihil

[1] Jo. Buchstab, schoolmaster at Zofingen, in Aargau.
[2] John Fisher, Bishop of Rochester, 1504-†35.

illi ubertate ingenii et exponendi perspicuitate : tamen in Graecis, si non maior, par illi. Quid nunc impostor Capito[1] valeat, non potui diiudicare. Pauca enim locutus est. Plura Snaphanicus[2] Bucerus[3], qui si eruditione et linguarum scientia par esset Zuinglio et Oecolampadio, nobis magis metuendus esset. Ita difficile commovetur bestiola, et satis luculenter sua proponit. Sed quid? Iniquissime vides rem nostram comparatam coram exercitatissimis haereticis. Unus et alter latravit sacrificulus, qui vigiliis canendis, non disputando, erant exercitati et bonus ille ludimagister Littera sane parum litterata.

Quem autem eventum habuit disputatio? Indignum nostra diligentia. Cum disputatio finita esset 25 Ianuarii, utriusque Senatus decreto consultum est ut omnes arae, statuae, missae et quicquid cultus divini et caerimoniarum est ecclesiae in oppido Bernae et omnibus vicis et pagis ipsorum imperio subiectis, ubi non maior populi pars id ferat, eliminentur nec unquam recipiantur. O tempora, O mores, O nostram socordiam! Quam facile potuisset hoc malum caveri, si studiosorum quam scortorum nostri episcopi amantiores essent! Sed dices: Nullane spes hos nefariorum haereticorum conatus refringendos? Certe perpauca. Nosti ferocitatem huius gentis, quam nihil aliud subvertit quam quod nemo adeo idoneus contra haereticos prodire fuit ausus. Lucernani cum primoribus pagorum aliquot sedulo sane navarunt operam : seduliorem certe quam omnes episcopi ut ista impedirentur. Sed dum malis adeo defensoribus nostrae partes apparuerunt, rudis plebs nudos quoque veritate arbitrata est, vicitque pars maior meliorem. Nam Tigurini omnia possunt apud illos quos scis et exercitatissimos esse dolis et incomparabili pertinacia. Quid nunc faciant alii? Senatum quoque Basiliensem scis metu plebis suae, quem incantat Oecolampadius non tam eruditione quam hypocrisi sua, nihil posse. Idem paullo post usu veniet et aliis. Unum equidem timeo, paullo post Helvetios aeque Pontificis excussuros iugum, atque excusserunt iam pridem Caesaris. Et utinam Constantia et aliquot urbes Imperii non sequantur exemplum. Res Caesaris fere sic habent in Italia, et regis Hungarorum in Hungaria, sicut Saxonia, ut frustra in praesenti ab ipsis speremus haereticos opprimendos. Nisi nos exscindi volumus, ad eas artes nobis confugiendum est,

---

[1] Wolfgang Capito, 1478-†1541, parish priest of Jung St. Peter's, Strassburg.

[2] *Schnapphahn*—footpad.

[3] Martin Butzer, 1491-†1551, people's priest at St. Aurelian, Strassburg.

quibus primum crevit ecclesia, eruditionem et mores aliqua
saltem specie laudabiles. Sed de his satis. . . .

No. 219. Image-breaking at Basel, 10 Feb. 1529.

(1) *A letter of Oecolampadius to Capito*, 13 Feb. 1529.

Gratia et pax a Christo, mi frater. Iterum agendae nobis
sunt Deo gratiae, qui novos et graviores, incruentos tamen,
ecclesiae nostrae motus pacavit, in magnam Antichristi con-
fusionem. Malo nodo suus cuneus obvenit. Ubi enim ecclesia
nostra intellexit proceres suos a Senatu auditos quidem sed
non exauditos, imo repulsam passos quum petiissent auctores
ipsos non servatarum promissionum e Senatu penitus amoveri:
collecta in aede Franciscanorum et expendens quid posthac
periculi si aristocratia in paucorum tyrannidem degeneraret,
memorque secum suae libertatis et cogitans quid gloriae Christi,
quid iustitiae publicae, quidque posteritati suae deberet, iam
non, ut morem habuit, obsecrare et precari sed postulare et
Senatum sui officii admonere; missis ad illum delectis suis
in curiam. Et principio sine armis occuparunt curias quasdam
Zunfftarum,[1] bona hominum parte pervagante in foro et plateis,
ne quid forte ab adversariis insidiarum strueretur. Postquam
autem dies inclinavit et responsum datum est nominatos
quosdam in re quidem Evangelica egredi debere e Senatu,
in caeteris autem causis posse assidere, plebs magis exasperata
est, contemptam nimirum se videns, contestataque est se iam
non Evangelii sed publicae iustitiae tuendae causa adesse:
intolerabilem sibi posthac tyrannidem: non detrectare tamen
in aliis Senatus auctoritatem. Et propterea mox totum armata
forum occupavit, non quod opprimere dominos vellet, sed ut
tuto et sine periculo negotium transigeret.

Hoc sciens Senatus non multo mitior factus est. Ita etiam
sequens dies, alioquin Gentilium more insaniae sacer—*Ascher-
Mittwoche*, carnisprivia vocant,—vidit plebem ferventem et
in armis curias et forum occupantem, adversariorum autem
nullus se opponere ausus fuit. Consul Meltingerus, cum
Oeglino Offenburger senatore,[2] clam conscensa navicula, nescio
Senatu, elapsus est: quod illum sibi parum bene conscium
indicavit. Adhuc tamen Senatus ad postulationem plebis
obsurdescebat, et ad arbitros quosdam qui in hac causa pro-
nuntiarent, provocabat; quod tamen plebs non detrectabat,

[1] The halls of the guilds.
[2] The Burgomaster and his son-in-law.

hac scilicet conditione, ut plebs ex publico aerario litiget et accuset, illi vero suo sumptu rei sint. Interim habita est magna portarum turriumque vigilia: nec minor erat civium circumspectio quam in medio hostium. Ioannes Irmus plebis nomine apud Senatum oravit mira constantia et fide et non minus plausibiliter apud plebem. Senatus itaque cunctando patientiam plebis frangere studebat, et in minoribus petitionibus occupabatur: nam qua ratione et modo Thilamonius noster (G. Tyllmannii) summo templo restitueretur concionator, et similia cogitabant.

Accidit autem ut quidam armati, perlustrantes civitatem, ingrederentur templum summum et cum hellepardis quasi per lusum aperirent armarium idolorum unumque idolum educerent: quod in multas partes statim collapsum est et occasionem illis dedit et alia idola comminuendi, licet nihil se tale facturos cogitarent. Prohibere autem hoc coeperunt quidam pontificii: unde nostri contendere nedum pugnare volentes egrediuntur. Sed nescio quis rumor aliis interim factum insinuavit. Statim enim ex nostris armati trecenti ex foro affuerunt, fortasse anxii de his qui rem tantam affectarint. Hi vi irruperunt in templum summum et omnia idola deturbarunt: et deinde perrexerunt in templum S. Petri, Praedicatorum et Albani nec non Huldrici similiterque in omnibus templis egerunt. Superveniebant senatores qui prohibebant; sed non curabantur. Imo audiebant graviter: ' De quo vos per triennium deliberastis nihil efficientes nos intra horam omne absolvemus.' Quae vox cum similibus ita eos terruit caeterosque senatores ut iam prorsus nihil dubitarent cedendum in hac parte plebi: unde mox omnia ut postulata erant obtinuit. Eiecti enim e Senatu duodecim . . . omnes insignes adversarii. Decretum ut posthac communibus suffragiis creent Scabinos (quos vocant *Sechser*) singuli in suis curiis, et posthac Dioecesium [1] suffragio eligatur magistratus summus et Senatores eius anni confirmentur. Decretum ut eo ipso die in civitate et agro Basiliensi tollantur idola, abrogataque sit prorsus Missa in omnibus templis ac domibus. Denique quae vel ad gloriam Dei vel ad pacem reipublicae pertinent cum Dioecesiis [2] et ex plebe assumptis circiter sexaginta optimatibus disponenda sunt absque ulteriori cunctatione. Atque sic his conditionibus plebs laeta domum redit, sub ipsum noctis crepusculum.

Hic multi fortassis, mi frater, nostris varia crimina imponunt haud dubie sed falso. Nulli nec obolum abstulerunt: tantum

---

[1] *v. l.* Diacosiorum.   [2] *v. l.* Diacosiis.

in templis ulti sunt iniurias quasdam, ita nimirum volente
Domino. In die Cinerum, cum idola secta distribui inciperent
pauperibus, quidam importunius illa petebant, ita ut vulnera-
rint se mutuo. Ea propter visum est nostris ut idola omnia in
cineres redigantur eo ipso die Cinerum. Accensae sunt igitur
pyrae novem in campo Monasterii. Tristissimum, mehercle,
superstitiosis spectaculum. *Sie hätten blut weinen mögen.*
Et ita saevitum est in idola. Ac Missa exspiravit prae
dolore. Duodecima Februarii autem Dioecesii[1] cum optimatibus Senatusconsulta approbarunt, et conciliati sunt.
Hodie in singulis curiis plebei denuo obedientiam exhibebunt.
Mox assunt Tigurinorum, Bernatium, Soloturensiumque legati.
Sed in tempore venerunt, confecto scilicet divina ope tempestive
negotio.

Vides, mi frater, ut res nostrae habeant. Ipse tamen nescio
an magis quieti simus futuri. Ni fallor, plus laboris plusque
curarum nobis incumbet quam unquam. Adversarii me fontem
omnis huius rei vocant. Sunt aliqui, abitionem parantes : ex
quibus est Glareanus,[2] homo ad maledicentiam et inepta scom-
mata natus. Proficiscitur cum suis discipulis Friburgum.
Ludovicus Berus ante mensem hinc abiit. Saluta fratres omnes,
praesertim Bucerum ac Hedionem.[3] Eusebius meus non tam
valentulus est quam procerulus, catharro pene enecatur ac
tussi. Forsitan Dominus illum puerum adhuc ad se vocabit.
Saluta et uxorem.

Basileae raptim 13 Februarii, anno Reformationis 1529.

(2) From *a letter of Erasmus to Pirckheimer*, 9 May 1529.—
Tandem vertimus solum, ex Rauracis[4] facti Brisgoi. Dum
promiscua fex plebis armata ac dispositis machinis versaretur
in foro, nemo non timebat sibi, cui domi esset quod nolit
perire. Aliquamdiu res videbatur spectare ad arma. Melior
pars favebat ecclesiastico negotio, sed numero minor : nam
altera multos habebat admixtos exteros, multos decoctores,
multos palam infames. Hanc tragoediam orsi sunt sub ipsam
brumam, ne cui promptum esset vel fugere vel accersere

---

[1] *v. l.* Diacosii.

[2] Heinrich Loriti, born at Mollis in Glarus, June, 1488: died at
Freiburg im Breisgau, as professor of poetry, 28 March 1563. Others who
left at this crisis were Erasmus, on 13 April. He was at Freiburg till
June, 1535, and then returned to Basel, where he died 12 July, 1536.
The Bishop, Philip von Gundelsheim, 1527-†53, retired to Pruntrut, and
the Chapter to Freiburg. The University also took flight.

[3] Caspar Hedio, 1493-†1552, Preacher in the Cathedral at Strassburg
from 1523. [4] A portion of the Sundgau and of the Canton of Basel.

suppetias. Ecclesiastica pars, ubi videret contra Senatus edictum contraque iusiurandum fieri conventicula, induit arma: mox idem fecit altera, operas etiam educens in forum ac bombardas. Auctoritate Senatus factum est ut pars ecclesiastica deponeret arma; quod aegre fecit et altera, sed ad tempus: nam quum decretum esset saevire in divos ac divas, condensant sese in foro, dispositis tormentis aeneis et aliquot noctibus illic sub dio agebant exstructa pyra ingenti, magno omnium metu: in nullius tamen aedes irruperunt neque cuiusquam corpus attigerunt nisi quod Consul, mihi proximus vicinus, vir facundus et de republica crebro bene meritus, noctu scapha subduxit sese, periturus ni id fecisset. Profugerunt et alii complures metu, qui tamen ex auctoritate Senatus revocati sunt, si vellent iure civium vivere: e Senatu vero submoti sunt, quotquot faverent pristinae religioni, ne qua esset illic suffragiorum dissensio. Hactenus tamen Senatus moderatus est tumultum, ut per fabros et artifices tollerentur e templis, quae tolli placuisset. Tantis autem ludibriis usi sunt in simulacra divorum atque etiam Crucifixi, ut mirum sit nullum illic editum miraculum quum olim tam multa soleant edere vel leviter offensi divi. Statuarum nihil relictum est nec in templis nec in vestibulis nec in porticibus nec in monasteriis. Quicquid erat pictarum imaginum calcea incrustura oblitum est; quod erat capax ignis, in rogum coniectum est; quod secus, frustulatim comminutum. Nec pretium nec ars impetravit ut cuiquam omnino parceretur. Mox in totum abrogata Missa, ut nec privatim domi fas esset sacrificare, nec in finitimis pagis audire sacrum. Ubi summus ille metus ademptus est ac propemodum spes esset fore ut in nullius facultates aut caput saeviretur, ad hanc clementiam adhortante Oecolampadio, quotidie tamen ex synodis illorum prodibant nova plebiscita, coepi de migrando cogitare. . . .

Friburgi, 9 Maii, Anno 1529.

X

CAPPEL, 1529-31

Bern and Basel had not yet gone over to reform, when Zürich inaugurated a policy of leagues for self-defence among the reforming cities by entering into, 25 Dec. 1527, [No. 220] **A Christian Civic Alliance** with Constance (Bullinger, i, § 223). The treaty was modelled on that by which Basel had been admitted to the Confederation (*supra*, p. 365); but with one significant change.

Theological agreement was now to be the basis of political co-operation. Other cities joined: in 1528, Bern 25 June (Bullinger, ii, § 240) and St. Gall 26 Nov. (*ibid.* § 249), and in 1529 Biel, 28 Jan. and Mühlhausen 17 Feb. (*ibid.* § 261), Basel 3 March (*ibid.* § 268), Schaffhausen, 15 Oct. (*ibid.* § 325). The Five Forest Cantons replied, 22 April, by the Christian Union with Ferdinand of Austria (*ibid.* § 264, and cf. Ranke, *Ref.* 642). A collision was inevitable. It ensued upon a vacancy in the Abbey of St. Gall. For in view of, 26 March, the Abbot's death (*ibid.* § 276), the Council of Zürich, 28 Jan., took advantage of its turn as protector of the Abbey, to seize its property, secularize it, and introduce 'the Gospel' (Strickler, *Aktensammlung*, ii, No. 46). Not content with this act of aggression which he had supported (*ibid.* No. 48), on 30 May [No. 221] **Zwingli wrote to Bern** (*Opera*, viii. 294) to stiffen its resolution for war; and, when there broke out the First War of Cappel (Bullinger, ii, § 298), it was he who drafted both, 8 June, the reasons for the declaration of war (*ibid.* § 297) and, 11 June, the proposals (*Opera*, viii. 296) which ended, 25 June, in [No. 222] **the First Peace of Cappel** (Bullinger, ii, § 314). On 30 June in [No. 223] **a letter to Conrad Sam** at Ulm (*Opera*, viii. 310), he rightly claims the Peace as a victory for his side.

But events in Germany were threatening. On 7 April 1529 the Diet of Speier resolved (*supra*, No. 105) to extend no toleration to Sacramentaries: and the dominance of the Emperor, following upon his reconciliation with the Pope by, 29 June, the Peace of Barcelona (*supra*, No. 108) and with Francis I by, 5 August, the Peace of Cambray, gave reason for alarm. Scarcely had the Protest, 19 April, appeared (*supra*, No. 107), when, 22 April [No. 224], **Philip of Hesse wrote to Zwingli** (*Opera*, viii. 287) proposing a conference with a view to united action. Zwingli accepted the invitation, 7 May (*ibid.* viii. 662); but only to find that theological agreement, again to be the basis of political union, was unattainable when, at length, the Conference met at Marburg, 1–4 Oct. (*supra*, No. 109). He hoped, however, 20 Oct., that enough had been done to curb the 'monarchiam Caesaris' (*Opera*, viii. 370); and began, 2 Nov., to concert with Philip and Venice (*ibid.* 665), and even, 18 Jan. 1530, with France (*ibid.* 397), a wider league. The accession of Strassburg, 5 Jan. 1530, to the Civic Alliance (*ibid.* 393) was the only result. But, as Butzer wrote, 23 June, from Augsburg (*ibid.* 473), such was the animosity of Lutherans to Oberlanders at the Diet of Augsburg, 20 June–22 Sept. 1530 (*supra*, Nos. 115–23), and such the antipathy of Zwingli (*Opera*, viii. 549) to Butzer's Eucharistic doctrine that two Confessions, besides that of Augsburg (*supra*, No. 116), had to be offered separately to the Emperor: on 8 July [No. 225] **Zwingli's Fidei Ratio** (*Opera*, iv. 1 sqq. and Niemeyer, *Collectio Confessionum*, 16 sqq.) and on 11 July [No. 226] **the Confessio Tetrapolitana** (Niemeyer, 740 sqq.) in which Butzer set forth the position, intermediate theologically as geographically between Saxon and Swiss, of Strassburg, Constance, Memmingen, and Lindau.

Again, the dominance of the Emperor seemed overwhelming. In face of it, the Elector accepted the Eucharistic tenets of the *Tetrapolitana*, and the four cities found refuge, 27 Feb. 1531, with the Schmalkaldic League (*supra*, No. 124) : but Zwingli, 12 Feb., repudiated their doctrine (*Opera*, viii. 579 : cf. Ranke, *Ref.* 652 sq.). Then, aided by fears of Imperial invasion (*ibid.* 593), he was all for renewal of the war with the Five Forest Cantons (*ibid.* 586). Bern thought it sufficient, 15 May, to stop their supplies (Bullinger, ii, § 377). But even this meant war. In straits for food the Foresters crossed the border: defeated Zürich 11 Oct. (*ibid.* iii, §§ 436-7) and left Zwingli dead, on the field of Cappel (*ibid.* § 445). On 20 Nov. [No. 227] **the second Peace of Cappel** (*ibid.* § 485) transferred the advantage to the Catholic side: Zwingli was succeeded by Bullinger, 1504–†75, as *antistes* at Zürich and Oecolampadius, † 24 Nov. 1531, by Oswald Myconius 1488–†1552 at Basel. The spread of reform in German Switzerland came suddenly to an end (*ibid.* iii, pp. 352 sq.).

No. 220. The Christian Civic Alliance, 25 Dec. 1527.

We the Burgomasters, Little and Great Councils, Citizens and whole Communes of the cities of Zürich and Constance, do all and singular to wit by these presents. . . .

In order that this Civic Alliance may be in every way for the best and, so far as it extends, be understood, we have thought it well to explain the same by the articles hereinafter written :

And first, whereas faith and the salvation of souls rests in no man's might or power but is a free and unmerited grace and gift of God, therefore we of either part, viz. each in his own dominions, are so to bear and behave ourselves in matter of faith and the salvation of souls as to keep true to God and in accord with Holy Scripture ; contrary to which neither party is to be allowed to afflict or attack the other or to help any one else, whoever he be, that presumes to act contrary thereto, whether by advice or in any way. But should it befall either party to be subdued, in matter of faith or evangelical doctrine, by any one, be he who he may ; or should any one presume to do us, our goods and chattels, any hindrance, damage, or hurt, or to overrun or invade us, or to treat us unjustly in any way, let it be from what cause soever, then we are, either party and, moreover, each at his own cost, with our bodies and goods to help, protect and, with all our resources, to assist the other. . .

No. 221. Zwingli's letter to Bern, 30 May 1529.

Quod hactenus ad vos scripsi, iterum atque iterum facio ut constantes sitis neque bellum metuatis. Nam ista pax quam quidam tantopere urgent, bellum est non pax. Et bellum cui nos instamus pax est, non bellum; non enim sitimus cuiusquam sanguinem, neque etiam per tumultum hauriemus; sed in hoc sumus, ut oligarchiae nervi succidantur. Id nisi fiat, neque Evangelii veritas, neque illius ministri apud nos in tuto erunt. Nihil crudele cogitamus, sed quicquid agimus amicum et paternum est. Salvare cupimus quosdam, qui per ignorantiam pereunt. Servare libertatem satagimus. Vos igitur nolite abhorrere tantopere a consiliis nostris. Mitiora sunt et aequiora quam quidam apud vos dictitant. . . .

No. 222. The First Peace of Cappel, 25 June 1529.

First, as concerns the Word of God. Inasmuch as no man ought to be forced in matter of faith, the Cantons and their domains shall not be put under compulsion therein: but as touching the subject districts and bailiwicks, which are under the lordship of either side—where they have abolished the Mass and burnt or done away with Images, they shall not be punished in person, honour, or goods: and where the Mass and other ceremonies are still retained, they shall not be subjected to force, nor shall any preachers be sent, appointed, or assigned to them, so long as the majority objects; but whatsoever the majority of their parishioners shall resolve to admit or to abolish, such as meats which God has not forbidden to eat, so shall it remain during the pleasure of the parishioners, and neither side shall make war upon nor chastise the other for its faith.

Secondly, as concerning the alliance and Union with Ferdinand. Inasmuch as this was concluded solely for faith's sake, and it is now determined by the arbitrators that neither side shall for faith's sake force, fight, or hate the other, therefore, before any one moves from the field, the said Union shall be forthwith given up and surrendered into the hands of the arbitrators, its seals broken, its parchment pierced and slit, so that every one may see the pieces; and the same shall be dead and gone and done with, and neither side shall hereafter make use of it or its like. As concerning the other Civic Alliances and leagues lately concluded, a conference shall be held as to how they shall be carried on. But the Christian Civic Alliance between the six cities of Zürich, Bern, Basel, St. Gall, Mühlhausen, Biel, and others, shall remain unbroken and inviolate.

Thirdly, as concerns pensions, subsidies, gifts, and presents from Kings, Princes, and Lords, it is resolved never more to take the same: and the six cities with their subjects earnestly pray the Five Cantons and their communes to withdraw themselves from, and have nothing to do with, all Princes and Lords, as also from campaigns, pensions, subsidies, and gifts, and to have regard to our Fatherland. . . .

No. 223. Zwingli to Conrad Sam at Ulm, 30 June 1529.

. . . Pacem nobis honestissimam nos domum retulisse spero, cum non caedem factum profecti simus, quamquam adversarii nostri non parum detrimenti tulerunt. Praesertim cum tabellae foederis cum Ferdinando facti ante oculos nostros a praetore pagi Glaronensis 26 Iunii sub xi horam antemeridianam in castris nostris gladio concisae et deletae sint, id quod ipse quoque vidi. . . . Has res igitur vere Dominis tuis et cui tibi libet indicare potes. Denique Deo commendatus sis. Saluta meo nomine omnes fideles, Deus enim iterum proceribus ostendit, eos contra se nihil valere, nosque docuit nos vincere posse vel nulla caede facta, si in se nitamur. In tota enim nostra expeditione omnino nulla discordia fuit neque altera pars alteri ullum hominem vulneravit. Apud adversarios quidem metus et discordia fuit, id quod Deus providit, nec minus fames. . . .

No. 224. Philip of Hesse to Zwingli, 22 April 1529.

. . . Philippus, Dei gratia Landgravius Hassiae, Comes Catzenelnbogensis etc., Clementem voluntatem nostram tibi ante omnia pollicemur, vir doctissime. . . .

Nos id agitamus ut Lutherum, Melanchthonem et alios quoque qui de Sacramento in sententia tua sunt loco opportuno cogamus, ut si Deus misericors et omnipotens propitius adesse voluerit, de eo loco pactionem in sacra Scriptura positam faciant et in consensu Christianis digno vivant. Nam in hoc conventu Principum Papistae ad conservandam perversam suam vitam et mores sibi aliter consulere nequeunt nisi ut dicant nos qui integro et lucido Dei verbo addicti simus inter nos ipsos de religionis doctrina non consentire: quae nisi ita essent, facile esset rebus mederi ut tandem puerilia illa mutarentur. Quare clementissime a te petimus ut auctor sis et quam maxime nobiscum annitaris ut vestratum nec minus Lutheranorum aliqui tempore et loco dicto cogantur, quo magis, ut supra dixi, de iis rebus ad consensum in iusto fundamento positum et Christianis dignum perducamur. Cuius officii tibi clementer memores futuri sumus. . . .

No. 225. From Zwingli's 'Fidei Ratio', 8 July 1530.

Primo igitur, et credo et scio unum ac solum esse Deum eumque esse natura bonum, verum, potentem, iustum, sapientem, creatorem et curatorem rerum omnium visibilium atque invisibilium. Esse Patrem, Filium et Spiritum sanctum Personas quidem tres, sed essentiam horum unam ac simplicem. Et omnino iuxta expositionem Symboli tam Niceni quam Athanasiani per singula de Numine ipso deque nominibus sive Personis tribus sentio. Filium carnem adsumpsisse credo et intelligo quod humanam naturam, imo totum hominem, qui ex corpore et animo constat, vere ex immaculata perpetuaque virgine Maria adsumpserit. . . . Ad hunc ergo modum non solus sentio sed sic senserunt tam de ipso Numine quam de Personis deque adsumpta natura orthodoxi omnes sive prisci sive neoterici: sic sentiunt qui veritatem etiamnunc agnoscunt.

Secundo. Scio Numen istud summum, quod Deus meus est, libere constituere de rebus universis, ita ut non pendeat consilium eius ab ullius creaturae occasione; hoc enim est mutilae illius humanae sapientiae proprium, praecedente discursu aut exemplo statuere. . . . Hinc est ut quamvis sciens ac prudens hominem principio formaret qui lapsurus erat, simul tamen constitueret Filium suum humana natura amicire qui lapsum repararet. . . .

Tertio. Scio nullam aliam esse expiandorum scelerum hostiam quam Christum. . . . Relinquuntur ergo hic cum operum nostrorum iustificatio et satisfactio, tum sanctorum omnium, sive in terra sive in coelis degentium, de bonitate et misericordia Dei expiatio aut intercessio. Hic enim unus ac solus mediator Dei et hominum est, Deus et homo Christus Iesus.

Quarto. . . . Peccatum originale, ut est in filiis Adae, non proprie peccatum esse . . . non enim est facinus contra legem. Morbus igitur est proprie et conditio. Morbus, quia sicut ille ex amore sui lapsus est, ita et nos labimur : conditio, quia sicut ille servus est factus et morti obnoxius, sic et nos servi et filii irae nascimur et morti obnoxii. . . . Istud originale peccatum, per conditionem et contagionem agnasci omnibus qui ex adfectu maris et feminae gignuntur, agnosco : et nos esse natura filios irae scio, sed gratia quae per secundum Adam, Christum, casum restituit, inter filios Dei recipi non dubito. . . .

Quinto. Hinc constat, si in Christo secundo Adam vitae restituimur, quemadmodum in primo Adam sumus morti traditi, quod temere damnamus Christianis parentibus natos pueros, imo gentium quoque pueros. . . .

Sexto. Igitur de ecclesia sic sentimus. Ecclesiam in Scripturis varie accipi, pro electis istis qui Dei voluntate destinati sunt ad vitam aeternam. . . . Haec soli Deo est nota. . . . Sed nihilominus qui huius ecclesiae membra sunt, seipsos quidem, cum fidem habent, electos et primae huius ecclesiae membra esse norunt, verum alia a se membra ignorant. . . . Sumitur iterum ecclesia universaliter pro omnibus scilicet qui Christi nomine censentur. . . . De hac igitur ecclesia esse credimus quotquot fatentur Christi nomen. . . . Capitur postremo ecclesia pro quovis particulari coetu huius universalis ac sensibilis ecclesiae, ut ecclesia Romana, Augustana, Lugdunensis. . . . Hic igitur credo unam esse ecclesiam eorum, qui eundem habent Spiritum, qui eos certos reddit quod veri filii familiae Dei sint, et haec est ecclesiarum primitiae. Hanc credo in veritate non errare, puta in primis istis fidei fundamentis, in quibus cardo versatur. Credo et universalem sensibilem unam esse dum veram confessionem istam, de qua iam dictum est, tenet. Credo etiam de hac ecclesia esse quicunque nomen illi dant iuxta verbi Dei praescriptum et promissionem. Credo infantem Isaac, Iacob, Iudam, et omnes qui de semine Abrahae erant, eos quoque infantes quorum parentes inter ecclesiae primordia praedicantibus Apostolis ad Christi partes concedebant, de hac esse ecclesia. Nam Isaac et reliqui veterum nisi fuissent, non recepissent ecclesiae tesseram. Cum ergo isti de ecclesia fuerint, fuerunt et primitivae ecclesiae infantes ac parvuli. Quocirca credo et scio baptismi sacramento signatos. . . . Vere igitur baptismus perinde ac circumcisio . . . nihil quam alterum istorum aut confessionem sive nominis dationem aut foedus sive promissionem requirit. . . .

Septimo. Credo imo scio omnia sacramenta tam abesse ut gratiam conferant ut ne adferant quidem aut dispensent. . . .

Vehiculum Spiritui non est necessarium : ipse enim est virtus et latio qua cuncta feruntur, non qui ferri opus habeat : neque id unquam legimus in Scripturis sacris quod sensibilia, qualia sacramenta sunt, certo secum ferrent Spiritum. . . . Ex quibus hoc colligitur . . . sacramenta dari in testimonium publicum eius gratiae, quae cuique privato prius adest. . . . Credo igitur, O Caesar, sacramentum esse sacrae rei, hoc est factae gratiae, signum. . . . Et ob hanc causam sacramenta, quae sacrae sunt ceremoniae (accedit enim verbum ad elementum et fit sacramentum), religiose colenda, . . . ut enim gratiam facere non possunt, ecclesiae tamen nos visibiliter sociant, qui prius invisibiliter in illam recepti. . . . Nam si aliter de sacramentis sentiamus, puta quod exterius adhibita intus purgent, iam redit Iudaismus. . . .

Octavo. Credo quod in Sacra Eucharistia, hoc est gratiarum actionis coena, verum Christi corpus adsit, fidei contemplatione : hoc est, quod ii qui gratias agunt Domino pro beneficio nobis in Filio suo collato, agnoscunt illum veram carnem adsumpsisse, vere in illa passum esse, vere nostra peccata sanguine suo abluisse, et sic omnem rem per Christum gestam illis fidei contemplatione velut praesentem fieri. Sed quod Christi corpus per essentiam et realiter, hoc est corpus ipsum naturale, in coena aut adsit aut ore dentibusque nostris mandatur, quemadmodum Papistae et quidam qui ad ollas Aegyptiacas[1] respectant, perhibent, id vero non tantum negamus sed errorem esse qui verbo Dei adversatur constanter adseveramus. . . .

Nono. Credo ceremonias, quae neque per superstitionem fidei neque verbo Dei contrariae sunt (quanquam huiusmodi nesciam an quae inveniantur) per caritatem tolerari, donec lucifer magis ac magis allucescat, posse. . . . Imagines autem quae ad cultum prostitutae sunt, non censeo inter ceremonias, sed ex eorum esse numero quae verbo Dei ex diametro repugnant. Quae autem non prostant ad cultum, aut ubi cultus futuri nullum est periculum, tam abest ut damnem ut et pictoriam et statuariam Dei dona esse agnoscam.

Decimo. Credo prophetiae sive predicationis munus sacrosanctum esse, ut quod ante omne officium sit summe

---

[1] The Lutherans.—The argument goes on to deny the presence of Christ's 'corpus naturale' alleging his 'humanitatem esse in uno loco, divinitatem vero ubique'. It is more briefly put in one sentence of the *Expositio Christianae Fidei* (addressed in 1530 to Francis I) : 'Abiit ergo, et non est hic' (Niemeyer, 47).

necessarium. Canonice enim sive regulariter loquendo videmus apud omnes populos externam praedicationem Apostolorum et Evangelistarum sive Episcoporum praecessisse fidem, quam tamen soli Spiritui ferimus acceptam. . . . Hoc genus ministrorum qui scilicet docent . . . in populo Christi agnoscimus. Illud quoque quod baptizat, in coena Domini corpus et sanguinem . . . circumfert, quod aegrotos visitat, quod mendicos cibat ecclesiae opibus ac nomine . . . At mitratum hoc genus atque pedatum, quod numerus est et fruges consumere natum, ἐτώσιον ἄχθος ἀρούρης, credimus νόθον, et id omnino esse in ecclesiae corpore quod strumae et gibbi sunt in humano.

Undecimo. Scio magistratum rite inauguratum locum Dei tenere, non minus quam prophetiam. . . .

Duodecimo. Credo purgatorii ignis figmentum tam contumeliosam rem esse in gratuitam redemptionem per Christum donatam quam lucrosa fuit auctoribus suis. . . .

No. 226. From the Confessio Tetrapolitana, 11 July 1530.

De Eucharistia, c. xviii. De hoc venerando corporis et sanguinis Christi sacramento omnia quae de illo Evangelistae, Paulus et sancti Patres scripta reliquerunt, nostri fide optima docent, commendant, inculcant. Indeque singulari studio hanc Christi in suos bonitatem semper depraedicant, qua is non minus hodie quam in novissima illa coena omnibus qui inter illius discipulos ex animo nomen dederunt, cum hanc coenam, ut ipse instituit, repetunt, verum suum corpus verumque suum sanguinem vere edendum et bibendum in cibum potumque animarum, quo illae in aeternam vitam alantur, dare per sacramenta dignatur, ut iam ipse in illis et illi in ipso vivant et permaneant, in die novissimo in novam et immortalem vitam per ipsum resuscitandi, iuxta sua illa aeternae veritatis verba: Accipite et manducate, hoc est corpus meum, etc. Bibite ex eo omnes, hic calix est sanguis meus, etc. . . .

No. 227. The Second Peace of Cappel, 20 Nov. 1531.

First, we of Zürich shall and will let our trusty and well-beloved Confederates of the Five Cantons, as also their well-beloved fellow citizens and countrymen of Wallis with all their allies, spiritual and temporal, abide without any contradiction or dispute, in their true undoubted Christian faith, now and hereafter, throughout their cities, lands, territories, and lordships, all evil devices, evasions, deceit, and fraud being dismissed and put away. And we, in our turn, of the Five Cantons will also let our Confederates of Zürich and their allies abide by their faith. . . .

Secondly, we of both sides shall allow each party to stand fully possessed of all liberties, lordships, and jurisdictions which we have in the common lordships and bailiwicks, severally without let or hindrance. It is also further resolved and concluded between both parties, that if, in these common lordships, any parish, commune, or lordship desire to receive the new faith and to abide thereby, it may be suffered to do so : but if any of those, who have received the new faith, desire once more to turn therefrom and receive again the old true Christian faith, then they shall, severally without let or hindrance, have free permission, full right, power, and authority so to do. Similarly, if any one in the aforesaid lordships shall not yet have renounced the old faith, whether secretly or openly, he shall be allowed to abide by his old faith without opposition or hatred. If, moreover, in one or more places it should be desired to set up again and maintain the seven sacraments, the celebration of the Holy Mass and other ordinances and ceremonies of the Christian Church, then they shall and may do so and maintain them, no less than the other side its preachers. The church goods also and the property of the benefice shall be assigned at a fixed rate to the priest, and the balance handed over to the preachers. Neither party shall revile or abuse the other because of its faith : and whosoever shall do otherwise shall be punished by the magistrate, according to the nature of the offence.

. . . . . .

Fourthly, we of Zürich shall and will withdraw ourselves from the newly established Civic Alliances which we have made with any one whether of our Confederation or among foreign lords and cities, and will regard them on our part as dead, gone, and done with, in accordance with our sworn league, inasmuch as the said sworn league is incompatible with such Civic Alliances, provided we desire to be Confederates. Therefore we shall and will from this moment and forthwith surrender into the hands of the Five Cantons the documents of the said Civic Alliance, together with the afore-established Peace and the papers thereof, as dead, abolished, and no more worth.

. . . . . .

§ 2. FRENCH SWITZERLAND.

XI

FAREL, 1526–32

French Switzerland (cf. Ruchat, *Histoire de la Réformation de la Suisse*, ii. 173 sq., ed. Vulliemin, 1835) centred in Bern, a rival on equal terms with Savoy for dominion in the Pays de Vaud. The Bernese, having adopted the Reformation 7 Feb. 1528 (*ibid*. i. 479 sqq.), were anxious to extend their influence by promoting it not only in their own four commanderies of *Aigle, Ormonts, Ollon, and Bex (*ibid*. i. 486 sqq.), but in *Orbe, *Grandson, and *Morat, where they exercised a joint authority with Catholic Freiburg, and in the Counties of Valangin and Neuchâtel. They found an agent in the roving preacher Guillaume Farel, 1489–†1565. Born at Gap in Dauphiné, he was, like most reformers of Western Switzerland, a French refugee : like them, too, a humanist, as the pupil and friend of Jacques Lefèvre d'Etaples (Faber Stapulensis), 1455–†1536.

On 30 Nov. 1526 [No. 228] **Farel began to preach at Aigle** (Herminjard, *Correspondance des Réformateurs dans les pays de langue française*, i, No. 184, n. 15) in the diocese of Sion, and sought the protection of the Bernese government(*ibid*. ii, No. 198). On 22 Feb. 1527 [No. 229] **Bern upheld him** against an episcopal inhibition (*ibid*. ii, No. 195) and afterwards sent, 1 Feb. 1528, a herald and, 14 Feb., letters (*ibid*. ii, No. 220 and n. 5) in his support. By 5 March a majority in [No. 230] **Aigle, Ollon, and Bex were ready to vote for the Reformation** (*ibid*. ii, No. 222). On the 12th [No. 231] **Images and the Mass were to be put down** (*ibid*. n. 4), and 25 April [No. 232] **the Bernese rites were ordered to be set up in their place** (*ibid*. ii, No. 231). In July [No. 233] **Farel** (*ibid*. ii, No. 235) **and Simon Robert** (*ibid*. ii, No. 238), as **pastors of Aigle and of Bex** respectively, were put into possession of the benefices (*ibid*. ii, No. 231, n. 6).

But Farel was too useful a man to be allowed to settle at Aigle. In 1529, after three attempts, Oct.–Nov. (*ibid*. ii, Nos. 262, 264 n. 6, 266 n. 4), on Lausanne, where, though supported by Bern, he was kept at arm's length by Sébastien de Montfaucon, the Prince-Bishop, 1517–†60, he gathered about him a band of preachers (*ibid*. ii, No. 324, n. 2) and in November appeared at [No. 234] **Neuchâtel**. His reception there (*ibid*. ii, No. 274) compared favourably with, 15 Aug. 1530, his [No. 235] **treatment at Valangin** (*ibid*. ii, No. 304, n. 1), and led, 23 Oct. to 4 Nov. 1530, to the [No. 236] **abolition of Catholic Worship** (*ibid*. ii, No. 317) and to the, 4 Nov., [No. 237] **Recess in favour of the Reformation** (Ruchat, ii. 516 sqq.) procured at the instance of Bern.

* Taken from Savoy, 1475–6.

Of the joint bailiwicks [No. 238] **Morat** voted 7 Jan. 1530 for the Reformation and, 22 Jan., received Farel as pastor (Herminjard, ii, No. 281 and n. 1). But, 23-4 Sept. 1531 [No. 239] **tumults at Grandson** (*ibid.* ii, No. 355, n. 1) led to a, 30 Jan. 1532, compact between Bern and Freiburg for the [No. 240] **toleration of both religions at Grandson and Orbe** (*ibid.* ii, No. 371). A Synod of Bern, 9-14 Jan. 1532, consolidated the Reformation in its territories (Ruchat, iii. 438 sqq.).

Farel was thus set free to accept an invitation to, 12 Sept. 1532, the synod of Chanforans (*ibid.* iii. 556 sqq.) in the valley of Angrogna and visit [No. 241] **the Waldenses** (Herminjard, ii, No. 393), now drawn into alliance with the Reformed. On his return, he made his first, 4 Oct. 1532, [No. 242] **attempt on Geneva** (*Le Levain du Calvinisme, faict par Reverende Sœur Jeanne de Jussie, lors Religieuse à Saincte Claire de Genève*, 48; ed. Grivel, 1865). It was unsuccessful: but his colleague and fellow-countryman Antoine Fromment, 1510-†1584, effected, 3 Nov., an entrance there. He opened a school where he taught reading and writing, and 'every day made one or two sermons out of Holy Scripture' (Herminjard, ii. No. 395, n. 14).

No. 228. Farel begins to preach at Aigle, 30 Nov. 1526.

(*a*) *From a MS. note by Farel to a letter of* 7 Dec. 1526.—Agebam Aquileiae ac illic incipiebam concionari dum hae [litterae] scriberentur, siquidem die divi Andreae, ut dicunt, primam habui concionem, et sub initium anni 1528 abrogata fuere omnia pontificia, post disputationem Bernensem.

(*b*) *From a letter of Farel to the Council of Bern*, June, 1527.—Magnifiques, nobles et gracieux Seigneurs, Guillaume Farellus, votre très-humble et obéissant serviteur, est venu s'établir à Aigle avec l'intention d'y ouvrir une école, pour instruire la jeunesse dans la vi[e]rtue et la doctrine, et pour se procurer à lui-même les ressources nécessaires à sa subsistance. Immédiatement accueilli avec une fraternelle bienveillance par quelques bourgeois de l'endroit, je reçus d'eux la demande de leur annoncer la Parole de Dieu, avant que le seigneur Gouverneur, qui se trouvait pour lors à Berne, fût de retour à Aigle[1]. J'obtempérai à leur requête[2]. Mais dès que le dit Sr Gouverneur fut revenu, je sollicitai de lui la permission de tenir école, comme ses subordonnés l'espéraient de lui et l'avaient réclamé de moi, en m'autorisant aussi, pour ce qui les concernait, à prêcher la Parole de Dieu. Là-dessus le Sr Gouverneur se montra prêt à octroyer aux bourgeois

[1] He returned 10 Dec. 1526. [2] sc. on St. Andrew's Day.

l'objet de leur demande, toutefois sous la réserve que je ne prêcherais que la pure, claire et nette parole et doctrine de Dieu, d'après le N. et l'A. Testament, sans y rien ajouter qui fût contraire à la dite Parole, et sans rien dire contre les saints sacrements[1]. Si je contrevenais à cet ordre, je devais m'attendre à un châtiment sévère. Je m'engageai, moi Farellus, à me conformer à la volonté du Sr Gouverneur, et, dans le cas où je désobéirais à ses ordres et où j'agirais d'une manière reconnue contraire à la Parole de Dieu, je me déclarais prêt à subir le châtiment qu'il lui plairait m'infliger. . . .

No. 229. Bern upholds him, 1527-8.

(a) *From the Council of Bern to the Lieutenant of Aigle*, 22 Feb. 1527.—Noble cher et féaulx, nous avons veuz le mandement lequel l'Evesque de Sion[2] a mandé de publie[r] en tout son Diocèse contre aulcuns prégeurs [prêcheurs] vagans, qui prégent sans commission de luy et licence des curés et vicaires parochials. Lequel mandement les vicaires[3] d'Olon et de Bex ont receuz, de quoy summes très déplaisans que cella ont faict et exéquuté sans nostre sceu et consentement, que [ce qui] est chose contre nostre auctorité et mandement esmané, contenant que nulli de nous [nos] soubgectz ne doit recepvoir mandement de prince ne seigneur aultres que de nous, mesmement citations, excommunications, interdict, ne aultres fanfares.

A ceste cause toy mandons . . . de . . . prochassoir [pourchasser] . . . les . . . deux vicaires, pour faire révocquer le dict mandement. . . .

Au surplus, touchant le prégeur françoys qui prége en Alioz, puis bien qu'entendons qu'ilz est très doct et que prége la vérité de l'Évangile, ce non obstant, pource que n'est pas prestre[4], voulons que [tu] le fasse à cesser et désister de son prégement[5]. Et ce [si] le curé au [ou] vicaire du dict lieu ne sçavent prége[r] l'Évangile ainsy qu'ilz apartient, voulons que

---

[1] This would appear to be in accordance with the Bernese Ordinance of 15 June, 1523 (Herminjard, ii, No. 198, n. 6).

[2] Philip von Platea, 1522-9.

[3] The Vicar of Aigle had probably not ventured to publish the Bishop's inhibition.

[4] Farel was a 'clerk' in the sense of a student in the Faculty of Theology at Paris (Herminjard, i, No. 83, n. 2): but was never ordained.

[5] The Council gave him permission, 8 March 1527 (*ibid*. ii, No. 195, n. 7).

ung aultre prestre soit ordonné, et à icelluy donné charge et
commission de publie[r] les saincts Évangiles au peuple, laquelle
chose estimons autant estre nécessaire, comme les aultres
offices d'esglise [1]. . . .

(*b*) *From a letter of the Council of Bern to the Lieutenant of
Aigle*, 14 Feb. 1528.—Puis bien que nous nous avons tenuz
pour asseuré que tu, ensemble nostre conseilleur Nicolas de
Grafenried, eussiez acompli, donné lieuz et mis en exéquution
nostre exprès mandement lequell avuns donné à maistre
Guilliaume Fraell [Farel] prêcheur en Alie, — ce non obstant,
avons par rumeur entenduz, à celluy nostre mandement [2] non
estre satisfaict, de quoy avons très hault regrect, principalement
que summes adverty[s] que le dict prêcheur par aulcuns des
nostres en Alie est esté receuz en dérision,[3] et, que plus est,
nostre mandement mesprisé et déshonoré, et daventaige, que
aulcuns de noz subjectz d'Alie ... soy monstre[nt] désobéissant
à nous, en détourbant le simple peuple par dolz et menasses.
Par quoy [ils] les ont dévié de soy faire obéissans et semblables
à nous en ouyant la Parolle de Dieu, en desposant la messe et
les idoles. . . .

Touttesfoys espoirons que tu n'en saiches rien, et en says
[sois] innocent.[4] A ceste cause à toy très à certes comandons
le dit prêcheur tenir en seurté et bonne guarde, que ne luy
soyt faict oultraige quelconque de faict ne de parolles. Car
voullons que [il] prêche la Parrolle de Dieu en nous quatre
mandements d'Alie libéralement ... sans empaiche de nully.
Aussy voulons que tu luy fasse provissions de biens de l'esglise,
qu'il ait sa chevance en boire et mange[r], acoutrement de son
corps et aultres choses nécessaires. Car cy-après n'est mestier
[besoin] d'avoir autant de prebstres. . . . Sur ce est nostre
vouloir, que au [le] mandement que à luy puis naguère avons
donné soyt valide et celluy exéquuté [5]. . . .

[1] The Council, by decrees 15 June 1523 and 27 May 1527, insisted on
Scriptural preaching; but forbade Lutheran (*ibid*. ii, No. 198, n. 6) teach-
ing, or anything contrary to the Seven Sacraments, the ornaments of the
Church, Images, Feasts and Fasts, Celibacy, &c. (*ibid*. ii, No. 198, n. 11).

[2] The mandate of 27 Jan. 1528, abolishing the Mass, &c. (Ruchat, i.
477).

[3] On 16 Feb. 1528, when Farel, returning from the Disputation at Bern,
resumed his preaching at Aigle, the Catholics drowned his voice by beating
drums at the church door (Ruchat, i. 487).

[4] The lieutenant probably was not. He was Felix de Diesbach, brother
of Nicolas de Diesbach, titular Curé of Aigle and of Bex—both of the old
religion (Herminjard, ii, Nos. 216, n. 4; 220, n. 1).

[5] The mandate of 27 Jan. 1528.

Et pour ce que cestuy nostre vouloir soyt affectuessement mis en exéquuction, voulons que nostre conseillieur Nicolas de Grafenried[1] ayt notice de cestes, pour faire acomplir et observer nostre vouloir et à toy baillier conseil et assistance, pour mettre en effect ceste nostre ordonance, et tous ceulx que prétendrons[t] de faire à l'encontre châtoier selon le démériste, ou les nous envoyer, pour les traictés[r] selon que nécessité et le cas requira. Car certes [il] nous semble déraisonable (comme ilz est) que nous soubjectz des quattre mandamants, prestres et laycs, homes et femes, petis et grand[s], soy doyent oposer à nous et nous ordonances et estre sy présumptueulx de nous governer[2], ce que nullement souffrirons. . . .

No. 230. Aigle, Ollon, and Bex vote for the Reformation, March 1528.

From the Council of Bern to the Lieutenant of Aigle, 5 March 1528.—Non obstant que ces jours passés aviens faict ordonnances, touchant l'abolition des idoles et messes ès nostres quatre mandamants d'Allie, de remettre celluy affaire sur nos ambassadeurs[3] que en brieff envoyerons par delà, ce nésanmoings, depuis qu'entendons que la plus part de nous chers et féalx soubgectz de nostre dicte Seigneurie sont de bon vouloir de se conformer à nous, expressément les paroichiens de Bex, ainsi que leur supplication à nous proposée devise—voulons et commandons expressément que les idoles, messes et aulters [autels] en icelle église et paroiche de Bex soient incontinant oustées, et aussy ès aultres églises d'Alie[4], Olon, Ormont et Noville, se [si] la plus part des parroichens des dicts lieux sont en vouloir de nous obéyr et nous ensuivre en cestuy endroit : ce que une chescune des dicts parroiches peult faire de se-mesme [soi-même], sans contrediction ne inhibition des aultres, ne de nulli.

Mais les parrochiens que ne pourroint fère ne trouver le plus[5] en leur parroiche d'ousté [pour ôter] les images, messes et aul-

---

[1] A local magnate of great age (1446-†1557) and influence. He had been thrice governor of Aigle, and, 2 March 1528, was appointed to carry through the mandate setting up the Reformation (Herminjard, ii, No. 220, n. 12).
[2] They wanted to keep holiday on the Holy-days suppressed by Bern and to have Masses for the Dead, as hitherto (Herminjard, ii, No. 220, n. 14).
[3] Two were appointed, and joined Nicolas de Grafenried at Aigle, 14 March (*ibid.* ii, No. 222, n. 1).
[4] Aigle already had a majority for the Reformation (*ibid.* n. 3).
[5] These were Les Ormonts, and Noville (*ibid.* n. 4).

ters, icculx peulvent attendre la venue de nous dicts ambassadeurs—tousjours réservans que maistre Guillaume Farel puisse et doije prêché[r] la Parolle et les saincts Évangiles de Dieuz en nous dicts quatre mandamants d'Alie, sans contrediction de nulli. . . .

No. 231. Images and the Mass put down, 12 March 1528.

Mes seigneurs[1] ayant appris que ceux d'Aigle, d'Ollon et de Bex ont rejeté la messe . . . vous[2] devez leur exprimer le contentement que mes seigneurs en ont ressenti, les exhorter à persévérer dans leur entreprise, à supprimer les autels et à brûler les images, sans les vendre ni les laisser emporter du pays.

No. 232. The Bernese rites set up, 25 April 1528.

From a letter of the Council to the lieutenant of Aigle, 25 April.—. . . Voulons aussy que en tout et partout soy faissent conformes à nous mandements, sous poine de nostre male grâce, et toutellement vivent comme nous, touchant la foy evangelique, et obéissant aux prescheurs que leur monstrent les vrays chemins de la vie éternelle. Touchant les baptesmes, sacrament de la table de nostre Seigneur et confirmation des mariages, voulons qu'ilz l'observent comme nous.[3] . . .

No. 233. Farel and Robert pastors at Aigle and Bex, July 1528.

From Instructions of the Council of Bern to the governor of Aigle.—Il faut savoir que mes seigneurs ont fixé aux prédicateurs Farel et Simon, pour leur prébende, une maison avec cour et jardin potager, plus un traitement annuel de 200 florins de Savoie. Mais s'ils préfèrent conserver les revenus des cures, tels que cens et dîmes, champs, vignes et prairies, mes seigneurs y consentent. Si, au contraire, ils prennent les 200 florins, vous mettrez en vente les biens des cures, vous ferez percevoir les cens et les dîmes, et du produit d'icelles vous leur paierez les 200 florins annuels.[4]

---

[1] The Council of Bern.
[2] Nicolas de Grafenried and his colleagues.
[3] The liturgy of Bern was published 8 March 1529, and sent to all the pastors in the German-speaking territories of Bern. The French-speaking territories were left free till a Bernese book of prayers and a catechism was imposed upon them, 1552 (Herminjard, ii, No. 231, n. 4 : Ruchat, iv. 490).
[4] They preferred the benefice to the allowance.

No. 234. Farel's account of his reception at Neuchâtel, Nov. 1529.

From a letter to Guillaume du Moulin, at Noville, 15 Dec. 1529.—Salutem, gratiam et pacem! Fratres carissimi, vos nolim latere quid Christus in suis egerit; nam praeter omnem spem multorum hic movit corda ut, contra tyrannica praecepta et rasorum[1] remoramenta, ad Verbum festinarint, quod in portis oppidorum, in vicis, areis et domibus[2] adnunciavimus, avide audientes et (dictu mirum) pene omnes audita credentes, etiam pugnantissima altum impressis erroribus! Gratias ergo, fratres, mecum agite Patri misericordiarum, quod sic propitius gravi pressis tyrannide adfulsit, et nostram interea absentiam boni consulite. . . .

No. 235. Farel's treatment at Valangin,[3] 15 Aug. 1530.

From Bibl. Publ. de Genève, MS. No. 147.—Un jour qu'on appelle Nostre Dame d'Aoust, luy [Farel] estant accompagné d'un jeune homme natif du Dauphiné, il prescha en une bourgade [Boudevilliers] . . . en la vau de Vallangin. . . . Ainsi comme il preschoit, le prestre chantoit aussi sa messe, et le jeune homme, voyant que le prestre levoit son Dieu, esmu de zèle, ne se peut contenir qu'il ne l'arrachâ[t] d'entre les mains d'iceluy, et, se tournant vers le peuple, dit : 'Ce n'est pas cy le Dieu qu'il vous faut adorer : il est là-sus au ciel en la majesté du Père, et non entre les mains des prestres, comme vous cuydés, et comme ils vous donnent d'entendre.'[4] . . . De ce faict les prestres et plusieurs autres furent grandement irrités, et

[1] The Chapter of Neuchâtel.
[2] Cf. the letter of his host, 3 Dec. (Herminjard, ii, No. 269).
[3] The Signory of Valangin was a fief of the County of Neuchâtel (cf. *ibid.* ii, No. 299, nn. 1, 8).
[4] By their rejection of the Real Presence and of the Adoration and the Reservation consequent upon it, the Swiss felt themselves divided no less from Luther than from the Pope. Cf. Farel to Bugenhagen, Oct. 1525.— 'Nec nunc [Evangelium] peribit, si impanatus auferatur Deus. . . . Si memoria sit panis Christi pro nobis passi, et non Christus ipse, si edatur panis, non adoretur, aut adservetur repagulis clausus, ut Germanis, aut pendulis, ut Gallis. Non peribit Antichristus, quandiu perdurarit caput suum, quod impanatum esse Deum nobis non obscure indicat totius corporis cura in eo servando' (Herminjard, i, No. 163). So Oecolampadius to Zwingli, 16 Sept. 1525 : 'Sacrifici et consortes illorum facile condonarent quicqnid hactenus a nobis doctum; unum hoc dogma de Eucharistia, quod vel Papa vel Lutherus tradidit, convelli nolunt' (*Zuinglii Opera*, vii. 409).

toutesfois Dieu délivra pour ce coup Farel et son compagnon. Mais ce jour mesmes comme ils s'en retournoyent à Neufchastel, passans au village de Vallangin, par un lieu estroict, où est le chasteau, ils furent assaillis d'environ une vingtaine de personnes, tant hommes que femmes, desquels ils furent rudement battus et blessés par coups de pierres et bastons, tellement que peu s'en falut qu'ils non perdissent la vie, et les menarent comme prisonniers au chasteau de la Dame[1] de lieu, laquelle estoit consentante au faict. Or en les menant, ils firent entrer Farel dans une petite chapelle, et là le vouloyent contraindre de se prosterner devant une image de la Vierge Marie, à quoy il résista constamment, les admonestant d'adorer un seul Dieu en esprit et vérité, non les images muettes, sans sens et sans pouvoir : mais eux le frappoyent d'autant plus rudement . . . tellement qu'il y eut grande effusion de son sang. . . . Ils les conduyrent, frappans sur eux jusques à ce qu'ils furent mis dedans les prisons du chasteau. . . . Et ja soit que [bien que] ceux qui les avoyent assaillis fussent depuis jugés et reputés par justice comme brigands, toutesfois aucune punition n'en fut faicte . . . d'autant que la Dame estoit papiste et leur pourtoit faveur.

No. 236. The abolition of the Catholic Worship at Neuchâtel, 23 Oct.–4 Nov. 1530.

From a letter of Georges de Rive, the Governor, to Jeanne Countess of Neuchâtel[2], 20 Nov. 1530.—Madame, J'ai bien receu les lettres qu'il vous a pleu de m'escrire par les ambassadeurs qui ont esté par devers Vostre Grâce, et entendu ce qu'ils m'ont dit de vostre part. Et j'eusse bien souhaitté que fussiés venue par deça pour appaiser vostre peuple, qui est dans un terrible trouble à cause de ceste Lutheraine Religion, espérant que vostre présence eût obvié à plusieurs grands inconvéniens avenus et [qui] aviennent tous les jours.

Et, pour vous avertir par le menu, devés sçavoir qu'incontinent que les ambassadeurs qui sont allés par delà furent partis, aucuns bourgeois de la ville de Neufchastel renversèrent certaines images dans vostre église[3] et les rompirent par pièces, et d'autres qu'ils ruèrent et jettèrent en bas le cloître ; et aus

---
[1] Guillemette de Vergy, widow of Claude d'Arberg, lord of Valangin, 1497–1512.
[2] The County of Neuchâtel was restored to her, Aug. 1529, by the Confederation. She was the widow of Louis d'Orléans, Duc de Longueville, †1516.
[3] The Collegiate Church of Neuchâtel, near the Castle.

tableaus avec instrumens ont coupé les nés aus images et percé les yeux, mesmement à Nostre Dame de pitié que feu Madame vostre Mère avoit fait faire.[1] Et encor que leur fisse remonstrance et commandement de vostre part de non procéder plus avant, n'ont voulu cesser, tellement que sommes estés obligés de cacher les images et tableaus restans en vostre maison.[2] Et pource que par Messieurs de Berne a esté fait la guerre à Mr de Savoye, à cause de la ville de Génève,[3] et qu'il a esté convenu, à cause de la Bourgeoisie qu'avés avec eux, leur donner 50 hommes, et la ville 100—dès que ceux de la ville ont esté de retour [4], aucuns ont induit les circonvoisins gens de guerre à rompre les portes d'aucuns Chanoines ; et de fait [ils] auroient commencé par Messire Jaques de Pontareuse, n'estoit que j'y courus et les empeschai par menaces de passer outre. Néanmoins, le lendemain [5], aucuns armés de pioches, de haches et de marteaus vinrent en vostre dite église furieusement et abbattirent le crucifix de Nostre Seigneur, l'image de Nostre Dame et de Saint Jehan et prirent les patènes où estoit *Corpus Domini* et les jettèrent en bas le cimitière et donnèrent à manger les hosties comme simple pain les uns aus autres. [Ils] ont rompu les autels, sans en laisser un, et la dite église polluée et violée, et voire battus et opprimés aucuns chanoines et chapelains dans la dite église, et illec commis plusieurs autres maux que trop prolixe seroient à escrire.

Quoy voyant, ensemble les gens de nostre Conseil, pour y remédier, nous avisasmes leur faire remonstrance en général, et de bailler sûreté et aide aus gens d'église et à tous autres, afin que la plus grande effusion de sang ne survînt. Ce que les tenans le parti évangelique refusèrent totalement, en me disant, que pour le fait de Dieu, concernans leurs âmes, je n'avois rien à leur commander ni faire destourbier [empêchement], mesme ne voulurent jamais parler à moi, et fus contraint d'aller et envoyer par devers eux.

Après fut avisé qu'il estoit plus que nécessaire d'envoyer à Messieurs de Berne, pour aviser à ceste affaire, veu qu'il ne me sembloit licite d'appeller Messieurs de Fribourg, Soleurre et

---

[1] This outbreak followed upon Farel's sermon on Sunday, 23 Oct., in the Collegiate Church.
[2] sc. the Castle.
[3] Bern and Freiburg had sent, 3 Oct., to assist Geneva against the Duke of Savoy a detachment composed of men of Neuchâtel, &c. ; cf. Ruchat, ii. 305.
[4] They returned to Neuchâtel by 23 Oct. [5] sc. 24 Oct.

Lucerne, pour aucuns grands différends qu'ils ont ensemble, craignant qu'il ne vous vînt à dommage et inconvénient. Ne fut appellé que le dit Canton de Berne, pour avoir quelque sûreté tant en vostre souveraineté, que les autres chacun en leur estat. Lesquels Seigneurs de Berne envoyèrent trois ambassadeurs, qui me tinrent assés gros et rudes propos, disans qu'ils s'émerveilloient de ce que j'empeschois la pure et vraye Parole de Dieu, et que j'eusse à m'en désister, car autrement vostre Estat et Seigneurie en pourroit pis valoir et estre intéressée. Et, pour ce que leur fis remonstrance qu'il seroit licite d'appeller les trois autres Cantons, esquels estes bourgeoise, ils se dressèrent contre moi, en me disant, que si je le faisois, mal vous en aviendroit, car ils avoient assés de grabuges par ensemble. A la fin ils prirent la matière en leurs mains, et, après plusieurs peines et labeurs, conclurent ce que vous verrés par le depart[1] cy-après, lequel je vous envoye.

Or, Madame, devés entendre que la pluspart de ceste ville, hommes, femmes, tiennent fermement à l'ancienne foy, et n'ont jamais voulu consentir aus outrages qui ont esté faits, et, comme bons sujets, ont obéi à mes commandemens. Les autres sont jeunes gens de guerre, forts de leur personne, ayans le feu à la teste, remplis de la nouvelle doctrine, ayans part et faveur, en général et en particulier, des dits Seigneurs de Berne, n'ont jamais voulu attendre que le peuple fût bien ensemblé [assemblé], pour voir de quel costé y auroit plus de voix. Mais, sur le jour que les ambassadeurs de Berne vinrent,[2] fusmes contraints de laisser faire le plus; autrement il fust demeuré des gens morts, car ils estoient délibérés les contraindre l'espée à la main, et ne pusmes seulement avoir jour ni heure de relasche, joint qu'il fut dit par un des dits ambassadeurs de Berne: 'Tournés-vous de quel costé vous voudrés, si passerés-vous par là; car nos Seigneurs supérieurs jamais ne les veulent abandonner.'

Lors fut fait requeste par ceux qui tenoient le parti du Saint Sacrement, qu'ils vouloient mourir martyrs pour la saincte foy: ce que je ne voulus souffrir, car ils estoient délibérés à combattre, ce que je ne voulus souffrir, craignant que ce ne fust entreprise pour vous faire perdre vostre Estat et Seigneurie, et consentis à faire le plus, en réservant néanmoins vos droitures et seigneuries. Alors iceux dirent en pleurant, que les noms et surnoms des bons et des pervers fussent escrits en perpétuelle mémoire, et qu'ils protestoient de vous estre bons et fidèles

---

[1] The Recess (*Abschied*) quoted below.   [2] 4 Nov.

bourgeois, à vous faire service jusques à la mort. Les autres dirent le semblable, en toute autre chose où il vous plaira les commander, sauf et réservé icelle foy évangélique, dans laquelle ils veulent vivre et mourir.

Après quoy, le plus estant passé le 4ᵉ de ce mois de Novembre, furent trouvés dix-huit hommes surpassans le nombre de ceux qui tenoient la foy catholique. Et quand le plus fut trouvé du costé de la foy évangélique, les dits ambassadeurs de Berne voulurent que chacun dût vivre selon le contenu de leur Réformation, et qu'on ne dût point dire de messe dans vostre maison, mais [que] ceux qui voudront ouïr messe fussent chastiés pour dix livres d'amende, parce qu'ils sçavoient que je ne les punirois pas pour cela. Ce que jamais je ne voulus consentir, mais fis les réserves contenues au dit Départ, et depuis j'ai toujours fait chanter messe dedans vostre chasteau, afin qu'ils n'y contrevinssent. Or je suis averti qu'ils sont nuit et jour pour faire une Réformation.[1]

Afin de garder les autres à la messe, aus villages circonvoisins qui sont encore en leur estat, et pour y obvier, j'ay appellé par devant moi les gouverneurs de toutes les justices et paroisses de vostre Comté, lesquels, en présence l'un de l'autre, se sont déclarés de vouloir vivre et mourir sous vostre protection, et vous obéir comme bons sujets doivent faire, sans changer l'ancienne foy jusques à ce que par vous en soit ordonné. Et, pource que par les ambassadeurs leur a esté dit que n'estoit nullement possible que vinssiés par deça, en sont demeurés fort dolents, et néanmoins qu'ils verront volontiers Mʳ le Marquis[2], et, puis qu'autrement ne peut estre, ils feront ce qu'il vous plaira de leur commander par le dit Seigneur, espérans que quand serés de loisir, viendrés pour réhabiliter toutes choses.

Néantmoins, comme il sera nécessaire de faire plusieurs constitutions nouvelles, il sera nécessaire que Monseigneur vienne pourveu de bons conseils et totale puissance de vous, Madame, parce que Messieurs de vostre Chapitre sont ruinés en ceste ville. Ils m'ont prié de leur donner place pour faire le service divin et office, et pour ce ai-je avisé qu'ils se pourront retirer au Prieuré de Vaulx-Travers[3], qui leur compète et appartient,

[1] sc. in the rest of the County.
[2] Francis of Orleans, Marquis of Rothelin, †1548, son of the Countess. He came to Neuchâtel, and took the oath to the burghers, 6 Apr. 1531, in his own name and in the names of his mother, †1543, and his elder brother Louis, †1537. He left in May; and his mother never came again to Neuchâtel.
[3] A Benedictine priory at Motiers, in the Val-de-Travers.

jusques à la venue de Monseigneur : pendant lequel temps je les ai souffert jouir de leurs prébendes comme du passé, ou qu'ils puissent se retirer chacun en leurs maisons paternelles ou bénéfices, jusques alors. J'ai aussi envoyé illec [là-bas] les enfans de chœur, pour vaquer au divin office, et ai serré et retiré les reliques, ornements et tiltres de vostre église dans vostre maison, et ceux de l'Abbaye de Fontaine-André[1] aussi, et fait recouvrer les censes et revenus dessous vostre main, afin qu'opprobre et inconvénient n'en arrive, jusques à ce que par vous, Madame, et Messieurs nos Princes plus amplement en soit ordonné.

No. 237. The Recess of Neuchâtel, 4 Nov. 1530.

Pour pacifier plusieurs noises et débats mus et suscités entre . . . seigneur Georges de Rive . . . de la part d'illustre et puissante dame, Madame la duchesse de Longueville, comtesse de Neuchâtel, gouverneur et lieutenant de la dite comté Neuchâtel d'une part, et les Quatre-Ministraux et Conseil et toute la communité de la dite ville de Neuchâtel d'autre part, à cause de ce qu'aucuns d'iceux dits bourgeois, soutenant la sainte loi évangélique et pure et vraie Parole de Dieu, ont ruiné . . . tous les autels et anciennes imageset décoremens de l'église collégiale de la dite ville. . . . Attendu aussi que les prédécesseurs de la dite illustre Dame et Comtesse avaient fait et fondé la dite église, de leurs biens et non par des biens des dits bourgeois . . . ; à quoi une partie des dits bourgeois dirait et répondrait que par la voix du Saint-Esprit et la sainte doctrine évangélique, pure et vraie Parole de Dieu, ils voulaient faire apparaître que la dite messe était abusive et de nulle valeur, servant plutôt à damnation des humains que à salvation des âmes, dont plusieurs et diverses fois remontrances en avaient été faites publiquement aux prêtres et chanoines du dit collége tant par prédications que écritures,[2] dont jamais n'ont voulu faire déclaration, ains toujours persévèrent en leurs iniquités et papales ordonnances, séduisant le peuple . . . et que . . . par bon respect [ils] avaient les dits autels ruinés. . . . Or est que, entre les dits bourgeois soutenant la messe être bonne et les dits tenant la foi évangélique, plusieurs noises s'émouvaient journellement . . . pour iceux obvier sont comparus de la part de mes dits seigneurs de Berne . . . seigneurs Antoine Noll et Sulpicius Archer . . . et Jacques Trybollet . . . ambes parties se sont

[1] A Premonstratensian abbey, about three miles NE. of Neuchâtel.
[2] sc. by Farel; cf. Herminjard, ii, p. 295 n*.

condescendues à faire un plus.—Et pour ce que ce dit jour a été fait un plus, par lequel du côté des bourgeois tenant la foi évangélique se sont trouvés dix-huit hommes plus que de l'autre côté tenant la messe, a été dit et accordé ... que dorénavant en la dite ville de Neuchâtel la messe ne soit célébrée ni dite. ...

No. 238. Morat reformed with Farel as Pastor, Jan. 1530.

Bern to Farel, 22 Jan. 1530.—Quum nuper subditi nostri Moretenses Parochiani, abdicato papistico iugo, libertatem Christianam amplexati sint, ab hostibus Verbi multos variosque insultus patiuntur [1], eo pacto ut ruina eorum timenda [sit], nisi pastor vigilantissimus illis praeficiatur. Tu igitur qui illic fundamenta Verbi fecisti fenestramque aperuisti, totis affectibus ab illis desideraris.[2] Ob id a nobis precario obtinuerunt ut te tantopere desideratum illis denegare nequiverimus. Quocirca, compositis rebus Aquileiensibus, te illico itineri accingas, Moretenses petas, copiosam illam messem messurus. Hic nuntius comes tibi erit duxque itineris.

No. 239. Tumults at Grandson, 23-4 Sept. 1531.

(*a*) *From Memoires de Pierrefleur.*—Les Catholiques, privés depuis huit jours de tout service religieux, 'finalement prinrent cœur et firent sonner la messe, laquelle fust chantée avec armes et bastons ... le samedy avant la St. Michel [23 Sept.]. Dimanche suyvant [24 Sept.], les prédicans ... preschèrent trois sermons, l'un après l'autre ; quand l'un avoit accheuvé de prescher, l'autre recommençoit. ... Les chrestiens, desirans que l'on chantasse la messe et voyans les empeschemens que les dits prédicants leur faisoyent, vont enhardir les femmes à devoir entrer dedans, ce qu'elles firent, et entrèrent avec grand bruit. ... Qui eust du pire ce fust les trois prédicans, qui se nommoyent Guillaume Pharel, Marc le Rongneux et George Grivat, lesquels furent merveilleusement mal accoustrez. ...'

(*b*) *From a letter of M. de Watteville to the Council of Bern*, 28 Sept.—Les prédicants ont le visage aussi déchiré que s'ils s'étaient battus avec des chats, et l'on a sonné contre cux le tocsin comme pour une chasse aux loups.

[1] sc. from the Catholics of Morat and from Freiburg.
[2] By letter to Bern from the Council of Morat, 22 Dec. 1529.

No. 240. Toleration of both religions at Grandson and Orbe, 30 Jan. 1532.

Nous les Advoyers et Conseilz des deux villes Berne et Frybourg notiffions par ces présentes, comme soyent esmeuz et estés beaucoup de différen[d]s ... entre noz chiers et féaulx soubjects de la ville et terre de Granson[1] ...; et c'est à cause que aulcungs maintiènent et veullent ensuyvre l'Évangille et ouyr la prédication de la Parolle de Dieu, et les aultres la messe et les cérimonies de l'Église. Sur quoy avons advysé d'y mettre ordre, remède et mode de vivre, affin que cy-apprès tous différens soyent évités, et les dicts nos soubjectz vivent par ensemble en paix et repos. Sur ce ordonnons et est entièrement nostre volloir exprès comandement :—

Premièrement, que bonne paix ... soit ... entre les dicts nos soubjects de Granson. ...

En apprès, puis[que], comme dict est, tout le différent est survenuz à cause de l'Évangille et de la messe ... ordonnons que en la ville de Granson, en l'esglise de moynes,[2] tous les jours soit annuncée la Parolle de Dieu, sans contrediction, obstacle et ennuys quelconques, à l'heure establie, asscavoyr : en temps d'hyver depuys la St Michel jusques à Pasques, au mattin de sept jusques à huyt, en esté, de six heures jusques à sept heures. Parreillement, en la dicte esglise seront tenues et dictes, avant le sermon, les mattines et laudes, [et] après, les aultres heures canonicques, la messe, cérimonies et offices de l'Église, comme par avant, par condition que icelles n'empêchent la prédication, ne aussy la prédication les susdictes cérimonies. Les Dimenches et festes, l'on pourra prêcher au cloystre des Cordelliers, aussy une heure apprès disner, avant les vespres.

Nous voullons aussy que ung chescung ayt son libère arbitre d'aller au sermon ou à la messe et aultres offices d'Église, et, pour vuidance des différens qui sont sur la terre de Granson, avons ordonné que ès parroiches esquelles la messe et les cérimonies sont amandées [l. abolies] par la pluspart des parroichiens, que icelles ne doibvent estre remyses ne relevées ; et eis parroiches ont le plus n'a osté la messe, et toutesfois jusques icy la messe et les aultres offices ne sont dits ne observés, que en icelles, sy la pluspart ne veult la messe et les offices de l'Église, que l'on cesse d'icelles, et la Parolle de Dieu y soit annuncée ; et ès parroiches ont la pluspart veult

[1] A similar document was addressed to Orbe, Herminjard, ii, No. 371, n. 6.
[2] The priory church of St. John Baptist.

desmeurer à la messe et ès aultres cérimonies et offices de l'Église, que cella aussi ayt lieu, et si la moindre part veult avoyr l'Évangille, que cella ne doibt estre dénégué. . . .

Et à cause [afin] que l'une parthie ne . . . moleste . . . l'aultre, avons ordonné que celluy ou icelle . . . qui se mocquera de l'aultre . . . doige estre myse en prison et détenuz ung jour et une nuict à pain et eau, et avecque cela donner ung escus d'or devant que estre lâché de prison. . . .

Nous avons aussy ordonné, soub la poine susdite, que les prédicants soy dépourtent d'appeller les prestres et leurs adhérans 'meschants, héreticques, meurtriers, larrons', ne par aultres noms infâmes qui destruisent plus que édiffient. . . . Pareillement, les prestres ne doibvent blasmer les prédicants ne leurs adhérans, ains une chescune parthie laysser l'aultre en paix et tranquillité. . . .

Aussy deffendons expressément que nulli de sa propre auctorité soyt si hardi de rompre, abbattre, gastéz et destruire les aultelz images et réparations des églises out le plus ne sera faict de prendre la Parrolle de Dieu. . . .

No. 241. The Waldenses, Autumn 1532.

From a letter of Antoine Saunier, pastor of Payerne, to Farel at Morat, 5 Nov. 1532.—Quid in via[1] nobis acciderit accipe. . . . Fratres nos optatos receperunt et populus[2], cuius primores, a pseudofratribus circumventi, nobis sunt infensi et reluctantur in aliquibus[3]. Sed Deus suos in viam, cum illi visum fuerit, deducet. Nos docemus ministros et plebem non palam, quae nos libenter audit, et sunt nonnulli qui, solius Verbi veritatis gratia audiendi, veniunt a locis distantibus nempe a nobis itinere duorum dierum. Nondum scholas publicas habemus, sed habituri brevi. Ob id fecimus convenire concilium et communitatem, sed nondum conclusum est.

Fratres tibi omnia felicia precantur, habentes gratiam vel maximam quod ad se nos remiseris. Ad typographum[4] dati sunt quingenti aurei nummi Martino[5], ut quam poterit brevis-

[1] Two deputies of the Waldenses visited Farel at Grandson, Aug. 1532, to invite the Swiss ministers to the Synod of Chanforans. Farel and Saunier were deputed to go, and with them went Peter Robert Olivétan, a native of Noyon, and uncle to Calvin.

[2] The ministers and people of the Waldenses.

[3] A section which disliked the decisions of Chanforans in favour of alliance with the Reformed, Ruchat, iii. 559.

[4] Peter de Wingle, a printer in Geneva (Herminjard, ii, No. 391).

[5] A Waldensian pastor.

sime imprimatur[1]. Cura *Unionem*[2] bene correctam gallice impressam, nam mire nobis erit utilis. Ego oblitus sum apud te aut Frumentum[3] vel Simonem Aquiliensem[4] aliquot libros ; si id tuo sedeat animo, ad me perferendos curabis (nam librorum penuria hic maxime laboratur) cum sarcinulis Olivetani. Da operam ut Biblia corrigantur et ita imprimantur ut tibi a me dictum fuerat, hoc est, gallice caracteribus maiusculis, sit altera columna maior ; latine vero minutioribus, sit altera minor, ambae in eadem pagella, et litterae indices scribantur in margine, et annotationes, Bibliorum Colinei[5], nimirum ; videntur utiles. . . . Fratribus Paterniacensibus mea vice salutem annunciabis, praecipue Vireto[6]. . .

No. 242. Farel's attempt on Geneva, 4 Oct. 1532.

Au mois d'Octobre après vint à Genève un chétif malheureux Prédicant, nommé Maistre Guillaume Farel, natif de Gap en Dauphiné. Le lendemain de sa venue commença à prescher en son logis en une chambre secrettement, et y assistoit un grand nombre de gens qui estoient advertis de sa venue, et desia infects en son hérésie.

Monsieur le Vicaire-general, nommé Amedé de Gingin, Abbé de Bonmont, adverty de ceçy, mande à luy tous Messieurs les Chanoines, pour conferer contre les Hérétiques : lesquels advisèrent de mander quérir le dit Prédicant. Il fut mandé de par monsieur le Secretaire du dit Seigneur, et l'amena à celle heure avec deux de ses compagnons. Et estant devant le dict Sieur Official, qui estoit homme fort sçavant et eloquent, nommé Maistre Guillaume de Vegio, le va interroger qui l'avoit envoyé, et pour quelle cause, et de quelle auctorité. Le pauvre chétif respondit qu'il estoit envoyé de Dieu, et qu'il venoit annoncer la parole. Monsieur l'Official luy dit : Et comment ? tu ne monstres aucun signe evident que tu sois envoyé de Dieu, comme fit Moyse au Roy Pharaon, qui monstroit par signe evident qu'il estoit envoyé de Dieu, et quand à nous prescher, tu n'apporte aucune licence de nostre Révérendissime

---

[1] sc. the Bible in French.
[2] Saunier's translation of *Unio dissidentium in sacris litteris locorum, per H. Bodium, divini verbi concionatorem,* 1532.
[3] At Yvonand, where Froment was pastor.
[4] Simon Robert, pastor of Bex, then of Aigle.
[5] A Latin Bible of 1527-9, published at Paris by Simon de Colines.
[6] Peter Viret, 1511-†71, born at Orbe, where he was converted, April 1531, and made to preach, 6 May 1531, by Farel. He was one of the few native reformers of French Switzerland (cf. Herminjard, ii, No. 358, n. 9).

Prélat l'Evesque de Genève[1]. Jamais Prescheur ne prescha en son Diœcèse sans son authorité et bon plaisir : et aussi tu ne porte point habit tel que font ceux, qui ont accoustumé de nous annoncer la parole de Dieu, et le sainct Évangile, et toy tu portes l'habillement de gend'arme et brigant. Et comment es-tu si hardy de prescher? car il est defendu par la détermination de la saincte Église que gens laicz ne puissent prescher publiquement, sur peine d'excommunication, comme il est contenu és Decretales de nostre mère saincte Église, parquoy tu es un deceveur et meschant homme.

Pendant ce procès tous les prestres de l'Église Cathédrale s'assemblèrent devant la maison de M. le Vicaire, qui estoient en nombre environ quatre-vingts, tous bien armez et embastonnez, pour defendre la saincte foy Catholique, et prests de mourir pour icelle, et vouloient de male mort faire mourir ce meschant ; et ses complices, s'ils s'approchoient. Après qu'il fut bien examiné, M. le Vicaire luy dit qu'il sortist de sa maison, et tout en sa presence, et que dedans six heures il vuidast hors de la ville avec ses deux compagnons[2], sur peine du feu. Adonc il demanda lettre testimoniale pour porter à Berne, comme il avoit faict son devoir de venir prescher en la ville. Il luy respondit qu'il n'en auroit point, et que sans repliquer il eust à sortir tout maintenant, mais il n'osoit pas : car il avoit bien ouy le bruit que faisoient les gens d'Église devant la porte, craignant qu'ils ne le missent à mort. Quand on vit qu'il ne vouloit sortir, deux des seigneurs Chanoines le vont menacer par grosses paroles, disant puisqu'il ne vouloit sortir de bon gré, et de par Dieu, qu'il sortist de par tous les grands Diables, dont il estoient ministre et serviteur. Et l'un d'eux luy donna un grand coup de pied, et l'autre de grands coups de poing sur la teste, et au visage, et en grande confusion le mirent dehors avec ses deux compagnons.

A celle heure survindrent Messieurs les Syndics, et tout le Guet de la ville avec leurs hallebardes, disant à Messieurs d'Église qu'ils ne fissent aucun mauvais coup, et qu'ils venoient pour faire bonne justice, et sur ce prindrent ce chétif, et le conduisirent : mais ces bons prestres ne s'en pouvoient contenter, et quand ils passoient devant eux, un d'iceux le cuida transpercer au travers du corps, mais un des Syndics le retira par le bras, dequoy plusieurs furent marris que le coup ne

[1] Pierre de la Baume, Prince-Bishop of Geneva, 1522–†44. He was absent from Geneva at this time, from 1 Aug. 1527—1 July 1533.
[2] Saunier and Olivétan.

print bien. Et quand il passoit par les rues, hommes et
femmes crioient qu'on le devoit jetter dedans le Rosne. Le
lendemain jour de Sainct François il fut mis en un petit bateau,
et ses compagnons bien matin, de peur qu'ils ne fussent
apperceus, et se retira à Montat[1], ville des alliez et desia per-
vertie de ses prescheurs malheureux de l'Antichrist.

XII

POLITICS IN GENEVA, TO THE ARRIVAL OF FAREL, 4 OCT. 1532

Geneva[2], at the end of the thirteenth century, was under the three-
fold government of the Prince-Bishop, its lord (Dominus), a vassal
of the Empire; his Vidomne (Vice-dominus) or deputy in things
temporal; and its burghers (cf. H. D. Foster, 'Geneva before
Calvin' in *The American Historical Review* for Jan. 1903: vol.
viii. 217 sqq.). But it was surrounded by the territories of Savoy.
Count Amadeus V, 1285–†1323, uniting, 1 Oct. 1285, with the
burghers to maintain 'villam vestram necnon bona et iura vestra
et franchesias vestras, cum rebus omnibus vestris' (Spon, *Histoire
de Genève*, iii, No. xxiii. 109, ed. 1730), forced the Bishop, 19 Sept.
1290, to bestow the office of Vidomne upon his house (*ibid.* No.
xxiv); and Savoy controlled it till 1525.

At the end of the fourteenth century it was the turn of the
burghers to win from the Bishop: and the Charter of 23 May 1387
(Oechsli, *Quellenbuch*, ii, No. 109), in confirmation of their ancient
franchises, gave them four Syndics of their own election, § 23, and
placed the criminal processes of laymen in their hands, § 8.

In the first half of the fifteenth century Savoy resumed its career
of encroachment. For in 1401 Amadeus VIII bought up the
rights of the last Count of Geneva (Spon, i. 163); and after
becoming, by grant of the Emperor Sigismund 1410–†37, Duke of
Savoy 1416–34, he figured for a time, 1439–49, as Pope Felix V and
secured the bishopric of Geneva, 1444–†51, before his death. In the
second half, the Burghers consolidated their power. Possessed
already in 1409 of a Great Council for elective, and of a Little
Council, later of 25 members, for administrative purposes, they
acquired, in 1457, a third Council (later) of Sixty for diplomatic
affairs. From 1459 this was appointed by the Little Council. An
oligarchy was thus gaining strength at the seat of the Bishopric

---

[1] On the Lake of Geneva, between Morges and Lausanne.
[2] For its earlier history see Ruchat, i. 313 sqq., ii. 26 sqq., 283 sqq.

when the authority of the See was weakened rather than advanced by dependence upon Savoy. Three of the grandsons of Amadeus VIII became bishops in succession; Peter, as a child of ten, from 1451–†8, John Louis of twelve, from 1460–†82 and Francis, 1484–†90. Then two great-grandsons, Philip (afterwards Duc de Nemours †1533) at the age of seven, 1495–†1510 and Francis' son John, 1513–†22, 'the Bastard of Savoy.' Meanwhile, 1504, Duke Charles III, 1504–†53, had seized the temporal rights of the see.

Thus, at the opening of the sixteenth century, Duke and Bishop were related technically as minister to ecclesiastical superior, but actually as master to dependant (cf. MS. of F. Bonivard [1493–†1570; from 1514, Prior of St. Victor; 1530–6, 'the prisoner of Chillon'] quoted in Ruchat, i. 317–23). The Reformation had scarce a friend in Geneva when a revolution swept Duke and Bishop away. In 1519 the patriots, led by Philip Berthelier, called, 6 Feb., Freiburg into alliance; whence their name of Eidgenossen[1] (Bonivard, *Chroniques de Genève*, III, c. xxi: vol. ii, 331 sq. ed. 1831). The Duke broke it up, relying upon the Mamelukes, as his party was called (*ibid.*); and, 23 Aug., had [No. 243] **Berthelier beheaded** (*ibid*, III, c. xxviii: ii. 360 sq.). But this was to give the burghers a martyr for Genevan liberty; and a patriotic reaction set in. Alarmed for the safety of Piedmont after the Emperor's victory at Pavia, 24 Feb. 1525, the Duke left Geneva (*ibid.* IV, c. iii: ii. 411) on 12 Dec.; and the citizens supported, 8 Feb. 1526, by [No. 244] **an alliance with Bern as well as Freiburg**[2] (Oechsli, *Quellenbuch*, i, No. 129: and Spon, iii, No. lx) secured, like Bern, a Council of Two Hundred (Bonivard, III, c. ix: ii. 449) and the civil jurisdiction of the now vacant Vidomnate besides. This last they obtained 15 July 1527 as a concession from [No. 245] **Pierre de la Baume** (*ibid.* IV, c. xv: ii. 468) their new bishop, 1522–†44, 'Idem episcopus dat potestatem syndicis et consiliariis cognoscendi in quibuscunque causis et quaestionibus motis et movendis inter cives et burgenses' (Gaberel, *L'Église de Genève*, i, app., 20 n. 3). The Bishop, repenting, left the city (Bonivard, III, c. xv: ii. 474); and, 1528, went over to the Duke (*ibid.* IV, c. xxi: ii. 500), who had seized some of his benefices. On 28 Nov. 1529 the Council of Two Hundred ratified the transference to officers of its own of the powers of the Vidomne (Gaberel, i, app. 22, n. 2); and when, in 1530, the Duke attempted to win back his authority by an attack on the city (cf. Ruchat, ii. 304 sq.), Bern and Freiburg, 10–20 Oct. (Herminjard, ii, No. 317, n. 5) forced him not only to raise the siege but, 19 Oct. 1530, by [No. 246] **the Peace of St. Julien** (Oechsli, i, No. 138) to pledge them the Pays de Vaud as security that he would respect the liberty of the city.

Geneva was thus well on the way to independence, by the help

---

[1] i.e. Confederates. Bonivard has 'Eiguenots'; whence, it is thought, Huguenots.

[2] Bern was aristocratic and protestant: Freiburg was Catholic and democratic.

No. 243. The beheading of Philip Berthelier, 23 Aug. 1519.

... Et lors, le Duc voyant que ce nestoit encore faict,[1] à cause que la bande des Eidgnoss lui troubloit toute sa pesche, il s'advisa de dissiper leur compaignie : Et pource qu'il avoit esté arresté, par l'appoinctement,[2] que le Duc n'eust rien à innover en l'auctorité et Jurisdiction episcopales, il n'ousa rien faire à son nom, mais en cestuy endroict se servoit de l'instrument de l'Evesque, si depescha le dict Evesque à Genève avec cinq ou six cents compaignons de guerre, pour faire les beaux exploicts que s'en suivent.

Premierement, estant arrivé à Genève, le vingt d'Aoust, ung Samedy, à quatre heures après midy, avec sa bande, à cause que pource qu'ils le tenoient pour leur Prince, on ne luy ousoit fermer les portes, il se tint coy ce jour là et le Dimanche en suivant, veillant sus Berthelier, qu'il tenoit pour le belier du troupeau. Lequel, jaçoit qu'il fut de ce par plusieurs adverty, n'en tenoit compte, ains ne laissoit d'aller et venir partout comme devant, si que l'on eut dict qu'il ne fuyoit pas la mort, mais luy couroit après.

Si fut rencontré, le Lundy en suivant, par le Vidomne, accompagné de certain nombre de souldars de L'Evesque, à l'environ de six heures, lequel Vidomne le fit prisonnier, de la part de Monsieur de Genève, et luy oustant son espée Berthelier luy dict fièrement : Advisez que vous ferez de ceste espée, car il vous en fauldra rendre compte. Si fut il toutes fois conduict en l'Isle, où il fut enserré et gardé, par ung bon nombre de compaignons de guerre de l'Evesque, tout ce jour : Et ne luy forma l'Evesque son procès selon les libertés et franchises de Genève qui portent que tout laïc, ré de crime, devoit estre remis aux Sindiques, pour luy faire son procès, comme droicturiers Juges de cestuy affaire. Ains constitua ung Prevost pour exercer cestuy office, qu'estoit ung vieillard de Chambéry, demeurant toutes fois pour lors à Genève, qui avoit toute sa vie esté arracheur de dents, et se nommoit Jehan Desbois. Lequel, du commandement de l'Evesque, vint en

---

[1] viz., that the burghers of Geneva had not given up their alliance with Freiburg.
[2] sc. with Freiburg.

l'Isle pour examiner Berthelier, mais il ne voulut respondre entre ses mains, disant qu'il n'estoit pas son Juge competant. Et pour se montrer delivré de toute crainte, alla escripre en la paroy de la chambre où il estoit : *Non moriar sed vivam, et narrabo opera Domini.*

L'on luy dict aussy que s'il vouloit demander pardon à Monsieur de Savoye, il le luy donneroit, mais il ne voulut oncques et aima plus cher mourir. Mais le lendemain retourna le Prevost, et avec luy mena toute la bande des conpaignons de guerre avec leurs Capitaines, que l'Evesque avoit amenés, qui se parquerent en bonne ordonnance pour garder l'Isle et le pont, occupant icelluy pont, une partie depuis l'Isle gardant Sainct Gervais, l'aultre depuis le dict lieu jusques à la porte de la Tartasse, et estoient les Capitaines placés en la place devant Nostre Dame du Pont.

Si commença le dict Prevost à sommer de rechief Berthelier de respondre entre ses mains, ce qu'il luy refusa comme devant, et lors le dict Prevost jetta sa sentence, aultant folle que meschante, disant : Que tant pour ses mesfaicts passés, comme pour la desobeissance qu'il faisoit alors à son Prince, il le condemnoit à avoir la teste coupée, son corps estre mis au gibet de Champel, et sa teste en Plainpalais, ses biens confisqués au Prince.

Desquels deux premiers je me deporte de declairer s'il le faisoit avec raison, car cela eut pu tomber en doute, mais du dernier, de la confiscation, c'estoit directement faict contre la franchise, qu'estoit que pour nul crime les biens de personne souffrante ne devoient estre confisqués. Ce non obstant Berthelier eut cela, et, qu'est le pis, luy fut faict present d'ung confesseur et du bourreau. Si ne tint pas grand propos au confesseur. Pour quoy le bourreau le vint saisir, le mena devant la place de l'Isle, où il ne tint aultre propos, fors qu'il s'escria : Ha ! Messieurs de Genève... puis se mit à genoux et fut decollé, son corps mis sus une charrette, où estoit aussy le bourreau, tenant sa teste, et fut trainée la dicte charrette parmi la ville, l'accompaignant plusieurs souldars, et alloit criant le bourreau : Veez cy la teste du traistre Berthelier. Puis on porta la teste et le corps aux lieux designés par le Juge. Ses biens (jaçoit qu'ils fussent confisqués) l'Evesque, à la requeste de plusieurs gens, relascha aux enfans, qui estoient encore petits, sous condition toutes fois qu'ils deussent absenter la ville, et n'y demeurer jamais, par crainte qu'ils n'y missent la zizanie, telle que avoit faicte leur père.

No. 244. From the alliance of Bern and Freiburg with Geneva, 8 Feb. 1526.

In the name, &c. Amen.—We the Magistrates, Councillors, and Burghers of the two towns Bern and Freiburg, of the one part; and we the Syndics, Councillors, and Burghers of the town and Commune of Geneva, of the other part, do all to wit, &c. . . .

(1) That we, each town with the others . . . for us and our successors . . . have undertaken and accepted . . . an upright and honest Civic Alliance[1] . . . and have also knowingly received and adopted each other as right and resident Burghers; and further that we have sworn to God and the Saints, with hand uplifted and oath on our lips, each town to deal truly and loyally with the others, to promote their usages, honours, and privileges, to prevent their injury, and to do all that befits true Burghers.

(2) But in order that it may be strictly determined how to show and render help and assistance each to the other, it is hereby agreed and resolved as follows: Whosoever in future, so long as this Civic Alliance lasts, be they one or more, whoever they be or may be, shall, against right and equity, injure or damage . . . the aforesaid Syndics, Councillors, and Burghers, of the town and Commune of Geneva, in body, honour, or goods, its land or people, its lordships, liberties, good customs, and ancient usages, or shall, in any way whatever, attempt or take in hand to attack the same, then we the aforesaid Magistrates, Councillors, and Burghers, in accordance with the oaths we have sworn, shall consider, weigh, and decide whether such aggression, outrage, attack, and other violence, were done against right and equity: and should it then be found, on examination . . . had, that such things were done, against right and equity, with force and against the men of Geneva aforesaid, then we of Bern and Freiburg aforesaid shall be bound to render according to our power to the men of Geneva aforesaid, when so attacked, injured, &c. . . . all needful help . . . and protection; but at the cost and charges of them of Geneva.

(3) In return, we the aforesaid Syndics, Councillors, and Burghers of the town and Commune of Geneva hereby engage and agree with the Magistrates, Councillors, Burghers, and Communes of the towns of Bern and Freiburg, that, should they suffer similar aggression, attack, constraint, and affliction,

---

[1] Burgrecht.

we will, according to our power, with life and goods afford them help and assistance, at our own cost and charges. . . .

No. 245. Pierre de la Baume, Bishop of Geneva, 1522–†44.

Comme avez peu veoir par cy devant, l'Evesque sus toutes choses desiroit estre compris en la Bourgeoisie des deux villes [1], avec ses subjects. Ce qu'il faisoit par deux raisons : La premiere pour faire craindre M. de Savoye, en sorte qu'il ne luy usurpast rien de son bien, tant à Genève comme ailleurs. La seconde, pour garder aussy en crainte ses dicts subjects, pensant bien ce que luy advint, que elle n'estoit faicte sinon pour s'oster aussi bien de dessous son joug que de celuy du Duc, car quelque reserve que eussent faict ceulx de Genève, de l'auctorité de leur Prince, en contractant la Bourgeoisie, ils ne demandoient fors que d'en estre delivrés entièrement, et à bon droict, car ils estoient aultant ou plus foulés par tyrannie ecclesiastique, comme seculière.

Mais cela faisoit bouillir le pot de l'Evesque. . . .

Si manda premierement Robert Vandelli en Ambassade aux deux villes, pour faire de cela requeste ; mais l'on s'excusa sans du tout luy faire refus, ains delaioit on tant seulement, car il y avoit quatre raisons pour lesquelles il n'estoit pas fort agreable aux dictes deux villes : La premiere, pour ce qu'il estoit prebstre ; la seconde, qu'il estoit Bourguignon et Imperialiste ; la troisieme, pour la legereté qu'ils avoient congneue en luy : la quatrieme, pour ce qu'ils scavoient bien, quelque bonne mine que ceux de Genève tinssent, feignant vouloir qu'il fut compris en la Bourgeoisie, qu'ils ne le desiroient pas.

De quoy l'Evesque fut fort marry, mais l'on luy mit en teste de recommander la dicte affaire à Besançon, qui pour quelque aultre alloit par delà. Lequel accepta, mais il en encourut presque l'indignation des deux Seigneuries, auxquelles le nom de l'Evesque estoit aussy execrable que celuy du Diable.

L'on estoit en grosse difference alors pour la religion à Fribourg et à Berne, non seulement l'une ville contre l'aultre, mais les citoiens d'une chascune ville respectivement, car la Messe n'estoit encore abattue à Berne, jaçoit qu'elle fut jà bien esbranlée, et l'on ne haissoit pas moins les prebstres de l'ancienne religion que ceux de la nouvelle, à cause qu'ils disoient eux estre cause de toute la division.

[1] Bern and Freiburg.

Depuis ne pouvant venir par ce moien à la Bourgeoisie, tascha à ung aultre, qu'estoit de se faire Bourgeois de Genève, pensant que ainsi il le seroit de deux villes, bon gré maulgré elles. Il fit assembler ung Conseil General, auquel il fit de belles remonstrances, disant qu'il vouloit vivre et mourir avec la ville : et pour mieux ce donner à congnoistre demanda la Bourgeoisie, laquelle luy fut octroyée.

Après cela, l'ung des Sindiques se leva, au nom du Commung, et demanda à l'Evesque qu'il luy pleust donner puissance et auctorité au Conseil de la ville, de faire venir devant luy les parties qui seroient en procès au civil et de les appoincter sommairement.

A cecy tout incontinent l'Evesque s'accorda et le leur octroya, que fut une chose à luy dommageable, mais au Commung de tant plus prouffitable. Ce fut une entrée pour le priver totalement de son auctorité, comme il est encore maintenant. Et quant bien il n'eust donné telle auctorité à la ville elle avoit bon droict de la prendre, car luy, ny les aultres Evesques, qui n'avoient esté esleus par le Clergé, à la postulation du peuple, ains seulement fourrés au siege par le Pape, n'estoient legitimes Pasteurs, ny Princes, ains tyrans, creés par aultres tyrans. Pour quoy sans danger de l'ame l'on les pouvoit refuser, ou s'ils estoient entrés par volonté, dechasser, et la ville prendre à soi son auctorité, et non pas ung Prince estranger, veu qu'elle estoit franche et libre ; et n'avoit jamais recongneu pour Princes que ceux qu'elle avoit esleus. . . .

No. 246. The peace of St. Julien, 19 Oct. 1530.

. . . And in order to keep this [purpose[1]] fixed firm and unalterable, our said gracious Lord of Savoy, on behalf of himself and his successors, pledges and pawns the district known as the Pays de Vaud to the two towns of Bern and Freiburg by way of bond and security, together with all the rights therein which he now has or which he and his may hereafter acquire and possess, without exception or reserve.

XIII

FAREL IN GENEVA, 1532-6

In June **1532** an indulgence of Clement VII was published in Geneva, and turned into ridicule by [No. 247] the **Placards** (Her-

[1] sc. of not disturbing Geneva.

minjard, ii, No. 382, n. 2; and Jeanne de Jussie, 46 sq.) of 9 June. They were the work of a minority. By decrees of 29-30 June (Herminjard, ii, No. 383, n. 2), by a deputation on 4 July (*ibid.* No. 382) to Freiburg, and by letter, 12 July (*ibid.* 383, n. 3) to the Papal Nuncio [No. 248] **the Council disclaimed all sympathy with 'Lutheranism'**: and Farel had to depart the day he arrived, 4 Oct. But, 3 Nov., [No. 249] **Antony Fromment** appeared in his stead. He opened a school (A. Fromment, *Les Actes et Gestes merveilleux de la cité de Genève*, 13, ed. G. Revilliod,[1] 1854), and, 1 Jan. 1533, began to preach in the streets (Herminjard, iii, No. 406, n. 1 ; Jeanne de Jussie, 52).

Next day, 2 Jan. 1533, to satisfy one ally, Freiburg, the Two Hundred resolved 'quod nemo ab inde audeat in domibus et locis privatis neque publicis, nisi licentia Dominorum Sindicorum et Vicarii habita, praedicare' (Herminjard, iii, No. 406, n. 1). But, 20 March, the other, Bern, complained of the treatment of its preachers (*ibid.* No. 411 and n. 4). Geneva thus found itself between the hammer and the anvil abroad ; and, 28 March, face to face with riots at home (Jeanne de Jussie, 53 : and 241, n.). So, by decree (cf. *Actes et Gestes*, App., p. xxi) of Passion Sunday, 30 March, [No. 250] **the Council sought to temporize** (Herminjard, iii, No. 414, n. 9). But party strife continued. On Maundy Thursday, 10 April, 'the Lutherans met in a garden to celebrate their Supper' (Jeanne de Jussie, 54 ; Herminjard, iii, No. 416, n. 26) : and, in a riot of 4 May, Peter Werly, Canon of St. Peter's and a native of Freiburg, was slain (Herminjard, iii, No. 416). Taking up his cause, Freiburg, by letter of 29 May (*ibid.* No. 421, n. 1), induced the Bishop to return, 1 July (*ibid.*) : but he left the city for good, 14 July (*ibid.* No. 428, n. 2) ; and contented himself with writing, 25 Sept., to recover his lost jurisdiction (*ibid.* No. 428) and with prohibiting, 20 Nov., false doctrine (*ibid.* No. 439). It was soon the turn of the Bernese to take offence at insults which they alleged to have been directed against them by the Dominican Guy Furbiti, who had arrived, 30 Nov., as Advent preacher (Jeanne de Jussie, 74). They demanded, 17 Dec., [No. 251] **the arrest of Furbiti** (Herminjard, iii, No. 441, and n. 13) which took place on 24 Dec.; and they let Farel return, 20 Dec. (*ibid.* No. 442, n. 1); but, 24 Dec., [No. 252] **Freiburg required that Farel, in his turn, should be silenced** (*ibid.* No. 442).

On 1 Jan. 1534 the Vicar intervened with an order 'de non legendis Litteris Sacris nec Sacro Dei Evangelio' (*ibid.* No. 446, n. 6) ; Bern thereupon sent, 21 Jan., [No. 253] **an ultimatum** (*ibid.* No. 446), the result of which was, 27 Jan.—3 Feb., [No. 254] **the First Disputation of Geneva** (*ibid.* No. 453) and, after further rioting, [No. 255] **the grant of a church to the Reformed** (*ibid.* n. 1, and p. 420 ; and Jeanne de Jussie, 86), 1 March. A rupture

---

[1] This edition contains an appendix (pp. i-cc) of extracts from the Registers of Geneva, 1532-6.

ensued with Freiburg, which withdrew from its alliance with Geneva, 14 May (Herminjard, iii, No. 449, n. 3), and turned to the Bishop. Allying himself, 23 June (*ibid.* No. 473, n. 8), with the Duke of Savoy, on 30 July [No. 256] **the Bishop attacked the city** (*ibid.* No. 474); and thus, though [No. 257] **the Reformed were still in a minority** (*ibid.* No. 479) and the Bishop was not yet repudiated, on 1 Oct. it was declared that, 'le Siège de la Justice épiscopale de ceste cité, et en ycelle, a vacqué et vacque à present' (*ibid.* No. 481, n. 5); for he had removed it to Gex, and all was in train for the breach next year.

By the opening of 1535 the parishes of the city, through the demolition, 23 Aug. 1534, of two suburbs with their churches of St. Victor and St. Leger in defence against Duke and Bishop, had been reduced to five—St. Pierre (the Cathedral), Notre-Dame la Neuve (l'Auditoire), la Madeleine, St. Germain, and St. Gervais : though the five convents remained as yet—the Franciscans, the Nuns of St. Clare, the Benedictines, the Dominicans, and the Augustinians (*ibid.* No. 522, nn. 6, 7). A frontal attack soon followed on the Romanist majority; for at, 23 April, [No. 258] **the request of the Warden of the Franciscan convent** (*Mémoires et Documents de la Société d'Histoire et d'Archéologie de Genève*, xxii. 209; Jeanne de Jussie, 118) where, since 2 April, Farel and Viret had been lodged, and by, 26 May, [No. 259] **decree of the Two Hundred** (Herminjard, iii, No. 509, n. 9: *Mémoires*, &c., 210) there took place, 30 May—24 June, [No. 260] **the Second Disputation of Geneva** (*Chronique de Roset*, iii. 35, ap. *Mémoires*, &c., 208 sq.). By default of the party in office, Farel and Viret, for the minority, carried the day and [No. 261] **Farel proceeded to complete his victory.** On 23 July he seized the church of St. Mary Magdalen (*Mémoires*, &c., 213); on 8 Aug. he preached at the Cathedral, and image-breaking became general (Jeanne de Jussie, 150, 263 sq.); on 10 Aug. he went to the Council and in a 'great speech' (*Mémoires*, &c., 213), the drift of which appears to be preserved in his account of the Disputation (*ibid.* 239), demanded and obtained, 10 and 13 Aug., [No. 262] **the provisional abolition of the Mass** (*ibid.* 213 sqq.). On the 10th inventories of Convent goods were ordered (*ibid.* 215), preparatory to the dispersal of the Religious; and, 12 Aug., [No. 263] **Religious and Seculars were summoned to accept the situation** (*ibid.* 215). But they preferred to leave the city (cf. Fromment, *Actes et Gestes*, c. xxxvii) most of them before, 29 Aug., [No. 264] **the departure of the Nuns of St. Clare** (Jeanne de Jussie, 207).

Events would have moved quicker but for the danger from Bishop and Duke. At last, 10 Aug., [No. 265] **Geneva reported its desolate condition to Bern** (Herminjard, iii, No. 522). For a time Bern could do little. But she was suddenly set free to act by, 1 Nov., the death of Francesco Sforza, Duke of Milan, and the consequent revival by Francis I of his somewhat fanciful claims on the Duchy. These brought Francis into collision (winter of 1535-6) with the now Imperialist[1] Duke of Savoy, and led, 24 March 1536, to the French occupation of Turin: and when, to defend his capital, the Duke drew off from Geneva, Jan. 1536, the way was open for Bern, in pursuance of its manifesto of 29 Dec. 1535 (*ibid.* No. 535, n. 4) to occupy Geneva, 2 Feb.; to overrun the Pays de Vaud, Feb.; to release the prisoner of Chillon, 29 March; and to set up the Reformation in the Vaud, 19 Oct., and at Lausanne, 24 Dec. (Ruchat, iv. 389). Of course, Bern asked its price, 5 Feb., the reversion of the Savoyard suzerainty: but it was refused. 'We have endured war against both the Duke of Savoy and the Bishops for seventeen to twenty years . . . not because we had the intention of making the city subject to any power, but because we wished the poor city which had warred and suffered so much to have its liberty' (*Registres du Conseil*, xxix, fol. 12: quoted in *Am. Hist. Review*, viii. 228 sq.). Liberty secured, on 21 May [No. 266] **the citizens swore to the Reformation** (*Calvini Opera*, xxi [= *C. R.* xlix] 201), and by treaty of 7 Aug. [No. 267] **Bern acknowledged the independence of Geneva** (Spon, *Histoire de Genève* [Preuves, lxi] iii. 359: and for comments, *Am. Hist. Rev.* viii. 229, n. 2).

No. 247. The Placards, 9 June 1532.

(*a*) *From* the *Chronique de Roset*, ii, c. 67.—Des placards imprimez du grand pardon général de Jésus-Christ, sur l'arrachement desquels y eut dispute entre les prestres et les Luthériens. Un des chanoines [Pierre Werly de Fribourg] y fut blessé au bras.

(*b*) *From Le Levain du Calvinisme*, 46 sq.—Au mois de Juin un Dimanche [le 9] matin certain nombre de mauvais garçons planterent grands placards en impression par toutes les portes des Eglises de Geneve, esquels estoient contenus tous les principaux poincts de la Secte perverse Lutherienne, mais des bons Chrestiens furent tantost arrachez. Apres matines des Chanoines, un d'iceux Messieurs Chanoines, comme hardy et bon Catholique, devant ces Heretiques vint arracher le placard qu'ils avoient planté à l'Eglise de sainct Pierre, dont ces meschans furent indignés, et un d'eux tira son espee et le frappa au bras, tellement que peu se faillit qu'il ne perdit tout son sang, et en tint longuement la couche et n'y esperoit on point de vie, dont toutes gens de bien le plaignoient: neantmoins par l'aide de Dieu pour l'honneur duquel il avoit exposé sa vie, il en guerit par le bon gouvernement

---

[1] He had married, 1531, Beatrice of Portugal, sister to Isabella, the wife of the Emperor Charles V.

des Chirurgiens. Le Mardy apres qui estoit Feste sainct Bernabé fut faict une voix de trompette que plus nul ne mist tels placards, sur peine de trois tours de corde, et d'estre banny de la ville pour un an.

No. 248. The Council disclaims sympathy with 'Lutheranism', June and July 1532.

(a) *From its decrees*: (α) 29 June: Defendatur magistro scolarum[1] quod non praedicet ulterius... nisi habita licentia a Rev. D. Vicario aut Dominis. (β) 30 June: De praedicatione Evangelii. Resolutum quod pro praesenti differat magister scolarum legere Evangelium. Et requiratur Dominus Vicarius quod iubeat per singulas parochiales [ecclesias] et singulos conventus evangelium et epistolam diei ad veritatem nullis mixtis fabellis nec aliis inventionibus humanis, praedicari. Et vivamus ut fratres unanimes, nullis inventionibus adiunctis.

(b) *From the report* [6 July] *of its deputation to Freiburg.*—Le Jeudi [4 July], fûmes apelés au Consel[2], là oùd nous esposâmes nostre charge, en leur remontrant les peines, travaulx que une povre ville de Genève avoit anduré dempuis xii ans an sà et plus, et de la détencion des vyvres dernièremant,[3] et comant ung povre peuple de Genève estoit fo[u]lé ; et que Leurs Excélances usient [eussent] pitié de nous : et que ilz estoit nous pères, nous protecteurs, que nous avoënt protégés, défandus et gardé jusques au présant ... et ... que, to[u]chant la lutérerie, voliés vivre et morir comant nous prédécéseurs....

(c) *From a minute of their reply to the Papal Nuncio*, 12 July.—Litterae Legati ad Sabaudos[4] fuerunt lectae, et respondetur nuncio verbo tenus, nos velle Christiane et secundum Deum et legem Christi vivere.

No. 249. Antony Fromment arrives and preaches in Geneva, 1532-3.

(a) *From his Actes et gestes*, 3 Nov.—Il est venu ung homme en ceste ville qui vuelt enseigner à lire et à escripre en Françoys dans ung mois à tous ceulx et celles qui vouldront venir,

---

[1] Claude Bigotier, who had embraced the Reformation. He retired, and was with Farel at Morat, 13 Dec. 1532 (Herminjard, ii, No. 399).
[2] sc. of Freiburg.
[3] In Jan. 1532 the Duke of Savoy had forbidden his subjects to bring their goods to market in Geneva.
[4] Cf. Herminjard, ii, No. 383, from Chambéry.

petits et grands hommes et femmes, mêsme à ceulx qui jamais ne furent en escolle. Et si, dans le dit mois, ne scavent pas lire et escripre, [il] ne demande rien de sa peine. Lequel trouveront en la grande salle de Boytet près du Mollard à l'enseigne de la Croix-d'Or. Et s'y guérit beaucoup de malladies pour neant.

(*b*) *From Le Levain du Calvinisme*, 52 sq.—Le lendemain premier jour de l'an mil cinq cens trente deux, apres les sermons ordinaires de Sainct Pierre, les Lutheriens menerent leur Idole pour le faire prescher à la grande place du Molard. M. le Vicaire fut adverty, et incontinent manda MM. les Syndics pour les empescher: et envoyerent M. le Lieutenant leur commander sur grosse peine, de se retirer, et leur idole : à quoy n'ozerent contredire, car ils ne se sentoient encore assez forts. A celle heure MM. les Gouverneurs tindrent conseil pour y remedier, et arresterent que le lendemain ils tiendroient conseil general.

Le lendemain apres avoir proposé devant les Conseillers la pertinacité de ces Heretiques, fut determiné que nullement ne vouloient ceste Secte regner en leur Cité, et qu'absolument vouloient qu'elle fust abolie, et extirpee, et qu'il n'en fust plus prins de question entre le peuple. Et sur ce fut faict un Edict de par MM. les Gouverneurs et Conseillers, que plus prescheur quelconque n'eust à prescher en la cité publiquement ny secretement, sans la licence de Monseigneur de Geneve, ou de son Vicaire, excepté l'ordinaire des Jacobins [1], et Cordeliers [2], et quiconque celeroit en sa maison et voudroit favoriser, à ceste Heresie, seroit mis à grosse amande: et fut ordonné grosse punition à toutes personnes qui mangeroient chair le Vendredy, et autre temps deffendu de l'Eglise: et par ce moyen fut un peu appaisée la commotion du peuple.

No. 250. The Council seeks to temporize, 30 March 1533.

From Reg. du Conseil du 30 *Mars* 1533.—Que [nos] citoyens, bourgeois et habitans . . . doibvent dès ici vivre . . . ainsin que avons vescu par le passé, sans faire novellité quelconque, ny de parolle, ny de faict, jusques à ce que généralement soit ordonné de vivre autrement.—Item, que nul ne soyt ousé, ni

[1] i.e. Dominicans. Cf. Ducange, s. v. 'Iacobini'.
[2] i.e. Franciscans. Cf. *ibid.* s. v. 'Cordelita'. Jeanne de Jussie and her sisters were Cordelières.

si hardy, parler contre les saincts Sacrements de l'Esglise ; mais en ceste chose soyt chascung laissé en sa liberté, selon sa conscience, sans soy reproucher l'ung à l'aultre, soit ecclésiastique ou laïc, chose que soyt.—Item, que nul ne soyt . . . si hardy de prescher sans licence du supérieur et de MM. les Sindicques et Conseil, et que le Prescheur ne doibge dire chose que ne soit prouvée par la Ste. Escripture. . . .

No. 251. Bern demands the arrest of Furbiti, 17-24 Dec. 1533.

(a) *From the letter of Bern to Geneva,* 17 Dec. 1533.—De quoy ne vous estes contentés, ains, comme maistre Alexandre [1] et Froment, nous serviteurs, nous ont donné entendre et faict le plaintiff ces jours passés, avés donné lieuz à ung Jacobin [2] de prescher en vostre ville, lequelz ne prêche que menteries, erreurs, blasphèmes contre Dieuz, la foy et nous, blessant nostre honneur, nous apellant Juiffs, Turcs et chiens.[3] Ce non obstant, avés les dicts Alexandre et Froment, pource que l'ont reprins publicquement, l'ung mis en prison, et puis après banny, soub peine de mort, de jamaix soy trouver en vostre ville, et l'aultre, cherché de mayson en mayson : laquelle chouse nous touche cy près, que ne le pouvons ne voulons souffrir.

Et à ceste cause, en vigeur de la bourgeoysie qu'avés avecq nous, vous instantement admonestons, que le dict caffard [4], lequelz présentement est en vostre cité, vuilliés sans nulle faulte arrester, détenir et maintenir, et nous establir journée juridicque, sur laquelle envoyerons nous ambassadeurs, pour secourir premièrement l'honneur de Dieuz, et après le nostre, puis que [il] s'est vanté et ouffert publicquement de maintenir cella qu'ilz az presché. . . . Aultrement, sy laissés aller le dict Jacobin, nous nous en recourrons sur vous, et vous prendront en cause, et aurons action contre vous, au lieuz du dict caffard. Pour autant advisé à vostre affayre. Et sur cestuy article desmandons aussy vostre responce par présent pourteur, [pour] icelle avoir receue, nous sçavoir puis après conduisre et entretenir.

[1] Alexander du Moulin, an ex-Dominican, of Rouen, and now Reformed.
[2] Furbiti.
[3] sc. on 2 December, Tuesday after Advent Sunday.
[4] See Murray, *New English Dictionary*, s. v. ' Cafard', a word of doubtful origin, meaning a hypocrite. Commonly used to mean a friar ; but not necessarily with the further implication.

(*b*) *From a minute of the Council*, 24 Dec.—Resolutum quod praedicator . . . curiose detineatur in domo episcopali, et quod hac nocte sibi dentur tres custodes ultra eos tres quos iam habet ; et, ea occasione, conveniant Domini ordinarii Consilii, simul vadamus cras ad D. Vicarium,[1] requiramus adhuc eum ut praedicatorem praedictum sub sua custodia . . . custodiat nobis . . . et, ut cognoscat hoc ipsum non nostro motu actum, ostendatur ei missiva . . . Dominorum Bernensium. Quod si dictum praedicatorem detinere neglexerit, accipiantur testimoniales, manente nihilominus custodia praescripta, et tandem Dominis Bernensibus quam gratiosius poterit scribatur.

No. 252. Freiburg requires the silencing of Farel, 24 Dec. 1533.

Nous avons entenduz comment Farel avecque aultres prédicantz sont en vostre cyté, à la postulation des certains vous cytoyens particuliers.[2] Messieurs, vous sçavés comment par cy-devant par plusieurs fois vous avons adverti, par nous ambassadeurs et par nous lettres, que la Bourgoisie d'entre vous et nous ne peult souffrir tieulx prédicantz. Et encore de rechieff vous pryons yl donner ordre que ne laissés le dit prédicant en vostre cyté prêcher, ny en publicque, ny en particullier. Car sy vous voulés estre de ceste novelle loy et annichiller [annihiler] nostre vray ancienne foy, vous advertissons, une foy[s] pour touttes, que [nous] vous quitterons la Bourgoisie ; de ce soyés certain ; dont, sy vous voulés, yl en pourrés pourvoir. Sur ce vous pryant vostre bonne responce par ce présent porteur, en pryant le Créateur, très-chiers combourgois, vous donner bonne et longue vie . . .

No. 253. Bern sends an ultimatum, 21 Jan. 1534.

Premièrement, touchant le caffard, lequel a presché contre l'honneur de Dieu, en après blessé mes dits Seigneurs en leur honneur, à cause de quoy ilz sont estés occasionés d'envoyer leur ambassade, pour seccourir par droict leur honneur et renommée, [et] pareilliement député maistre Guillaume Farel et Viret d'aller conférir avec le dit caffard publicquement, touchant les articles qu'ilz a presché contre évangélicque vérité,

---

[1] The Vicar did nothing, and, 8 Jan. 1534, Furbiti was transferred from the bishop's to the town prison (Herminjard, iii, No. 446, n. 6). They let him out to dispute 3 Feb., and to preach 15 Feb.; but kept him there till 5 April, 1536 (Fromment, *Actes et Gestes*, App. p. cciii).

[2] Jean Baudichon, de la Maison neuve.

soy ouffrant de les maintenir, ainsin comme plus amplement
l'instruction des dits Ambassadeurs de mes Seigneurs de Berne
sur les dits et aultres articles contient[1]; à laquelle honneste et
raysonnable pétition les dits de Genesve n'ont voulusz satisfaire[2] . . . pour autant mes dits Seigneurs de Berne de rechieff
desmandent que justice soyt faicte du dit caffard, et que [il]
responde devant les Sindicques et Conseilz de Genesve, et que
iceulx en ayent la congnoissance.

Admonestant les dits Seigneurs de Genesve vouloyr considérer que mes dits Seigneurs de Berne n'ont point faict difficulté de les secourir en leur nécessité, et pour les maintenir de
fayre contre le Duc de Savoye; dont ilz ne doybvent fayre
refus d'administrer justice contre une singulière personne, comme
est le dit caffard. Aultrement pourroint bien suspicionner
que n'ont pas affection de soy monstrer comme bons et féaulx
bourgeoys et vrays amys, et par ainsi donneront occasion de
penser que sont bourgeoys qui ne peulvent gayre prouffiter.

Le sourplus entendrés de nous Ambassadeurs, ausquels
avons escript nostre vouloir et résolution touchant la Bourgeoysie, payement[3] et l'affayre de l'Évangile.[4] . . .

No. 254. The first disputation of Geneva, 27 Jan.—3 Feb. 1534.

From a letter of Haller to Bullinger, 14 March 1534.—

[1] The instructions given 31 Dec. 1533 were much on the lines of the letter of 17 Dec.

[2] The Bernese ambassadors were received by the Council of Geneva 5 and 7 Jan. 1534, and told 'Ce n'est pas à nous de juger le procès des prêtres. Nous avons un prince qui a établi un official, un Vicaire, un juge des excès et autres officiers. Demandez-leur justice': and Furbiti also refused to answer save before a spiritual court (Herminjard, iii, No. 446, nn. 5, 6).

[3] The 'surplus' was communicated to the Two Hundred by the Bernese ambassadors 25 Jan.: 'MM. de Berne exigeaient sur tous les points satis-
faction complète, sinon la Bourgeoisie allait être rompue, et leurs députés persisteraient également à réclamer le paiement de la dette [9000 crowns which Geneva owed Bern] et la punition du moine.' The Council decided to ignore the ecclesiastical authority, and the Assembly 'una voce conclusit taliter esse providendum quod Borgesia ipsa maneat'. Thereupon the Syndics communicated the decision to the Vicar 'protestantes quod non intendimus id per nos actum animo Principem, Clerum, franchesias nec privilegia quaevis offendendi, infringendi, vel alias quomodocunque eis praeiudicandi; quodque non intendimus id in consequentiam trahi posse nec debere, imo pro hac vice sola, pro Reipublicae utilitate [nos] egisse potuisse'
—Herminjard, iii, No. 446, n. 9.

[4] On 10 Jan. Bern had asked for a church for 'evangelical' worship in Geneva, *ibid.* n. 11.

... Fuit interea monachus quidam Parisinus, insignis Thraso, Doctor totus theologaster. Is religionem nostram et quotquot eam docerent et servarent mire pro concionibus suis proscindens,[1] ab urbis nostrae legatis in ius vocatus : quod cum multis detrectaret (quia iudice ordinario, Episcopo scilicet, careret), tandem Farelli et collegae sui Petri Vireti, doctissimi iuvenis, Neocomensis [2] ecclesiastae, industria eo adactus, ut rationem cogeretur suae doctrinae et fidei reddere, si non coram tota Gebennensium ecclesia, tamen coram Senatu et Diacosiis. Egerunt primo de auctoritate Pontificis, num liceat illi extra, citra et sine Scriptura, quippiam statuere et Ecclesiae Dei observandum intrudere, necne. Monachus omnino asserere et multis probare cum attentasset, maxime vero Eccianis argumentis, tandem ab his duobus tertia die convictus est, ut iam suo fateretur ore, coram Senatu et Diacosiis, se Scripturis probare non posse ciborum, dierum, vestium, temporum et personarum delectum, et alia quaecunque Pontificum et Conciliorum decretis in Ecclesiam invecta essent.

Hinc, legatis iustitiam dici petentibus, a Senatu et Diacosiis decretum est cum suo ore palam errorem fateatur quatenus ad pulsum campanae in summo templo pro suggestu palinodiam cantet. Monachus cum aegre assentiret, et iam in templo recantandum esset, scheda sibi praescripta, coepit multis conqueri de iniuria sibi illata. Quo indignati legati Bernenses, palam coram plebe, iuxta sententiam Senatus palinodiam exegerunt. Quod cum plebs intellexisset, ruit in monachum magno impetu et clamore, ita quod nisi legati Bernenses miserum hominem defendissent, ab illis in frusta caesus fuisset. Coniectus itaque est in carcerem teterrimum, donec id libens faciat quod Senatus decrevit. . . .

No. 255. The grant of a church to the Reformed, 1 March 1534.

(*a*) *From the answer of the Council to Bern*, 22 Feb.—Dare locum et cathedram Predicanti suo non est nostrum, sed D. Principis et eius Vicarii qui rem spiritualem regunt. Verum si ipsi locum unum acceperint, profecto sunt potentes, quibus

---

[1] 'Le dit père,' says Jeanne de Jussie, 79, 'prescha fort constamment, touchant bien au vif ces chiens, disant que tous ceux qui suivent ceste maudite secte, ne sont que gens lubriques, gourmands, paillards, ambitieux, homicides et larrons, qui n'aiment sinon leurs sensualitez, et vivent bestialement sans recognoistre Dieu ni leurs Supérieurs.'

[2] Neuchâtel.

resistere non possumus, nec audemus; propterea boni consulant, et ut sibi melius videbitur faciant. . . .

(*b*) *From their answer*, 1 March.—Faciant ut sibi placebit.

(*c*) *From the evidence*, 17 *July*, *of the Lenten preacher of* 1534, *in the case of Baudichon*.[1] Ung jour, que fut (comme luy semble) le second dymenche de caresme, après ce que le dict déposant eust faict la prédicacion au dict convent des Frères Mineurs [à Genève], en présence et audience de très-grand' multitude de peuple, — incontinant, à l'yssue d'icelle prédicacion [commencée à 7 heures du matin] survint le dict Baudichon avec certains ses complices. Lesquelz, de leur auctorité privée, commençarent à déclérer aux gens qu'ilz feroient prescher publiquement le dict Farellus le jour mesmes, et pour ce feroient sonner et convoquer le peuple à la cloche, comme il est de co[u]stume. Et de faict, à l'heure mesmes, allarent sonner la dicte cloche, laquelle ilz sonnarent par troys coups.

Et tantoust après, le dict jour, en la mesme église et chaire en laquelle avoit presché le dict déposant, le dict Farellus fit son sermon publiquement, semant sa mauldicte doctrine. Et despuis, tous les jours du dict caresme le dict Farellus fit ses sermons en la dicte église et chaire les après-disnées publiquement et au son de la cloche, estant le dict Farellus vestu en homme séculier, avec une cappe à l'espaignolle et ung bonnet à rebras. Ès quelz sermons assistoit tousjours entre aultres le dict Baudichon, comme capitaine et directeur, faisant faire silence et donnant ordre à faire renger les gens. . . .

No. 256. The Bishop attacks Geneva, 30 July 1534.

From a letter of Haller, 9 Aug. 1534.—Episcopus Gebennensis, cum suis (ut fertur) cognatis, aut potius stipendiariis, urbem Gebennensem, per contionem Evangelii, cum occupare et in templo forte (?) trucidare pios tentasset,[2] prodidit Deus hanc suam proditionem, ut uno concursu omnes in urbe cuiuscunque religionis portas occluderent, et quod Episcopus coeperat anteverterent. Ferunt hunc multis copiis integroque exercitu parato hoc attentasse; sed Dominus custodiendo custodivit civitatem. Hic nobis bellum parari augurantur

---

[1] The preacher was F. Coutelier, Warden of the Franciscans at Chambéry. For Baudichon's case cf. Herminjard, iii, No. 473.

[2] The bishop, according to Haller, intended to surprise the city during one of Farel's sermons.

omnes. Cupit Dux, iuxta sententiam Paterniaci latam, widunatum suum possidere,[1] sic et Episcopus suo iure nititur gaudere, cui, ut audio, cum nonnihil negatum sit quod et antea prodere et trucidare conatus sit pios, vi invadere conatur quod iure praetenso non potest. Sic sumus undique tentationibus circumdati. . . .

No. 257. The Reformed still in a minority at Geneva, 1534.

From a letter of Haller to Bucer, 22 Sept. 1534.—S. Nuntium adeptus, qui et a te referret, si quas scriberes litteras, nolui te latere rerum nostrarum periculosissimum statum.

Gebennensium exsules[2] sic turbarunt urbem Genevam ut ex toto orbe, pro sua pusillanimitate, hostes catervatim confluxisse sibi viderentur. Conqueruntur quotidie Episcopum, opera Ducis Allobrogum, sic invasurum et oppugnaturum urbem, ut si Bernates non succurrerint, actum sit de illis. Urgent Civilitatem nostram, cui Friburgenses cesserunt. Interim tamen sic divisi inter se, tum ob religionem, tum ob Ducem, ut partes duae Pontifici ac Duci, vix tertia pars nostrae civitati et Verbo faveat.

Si derelinquimus eos, ab omnibus proditores et mendaces accusabimur. Ubi exercitum miserimus, timendum ne Valesiani cum Friburgensibus hunc insequantur, et si aliud non possint, vias tamen sic occupent, ne nostris reditus aut commeatus pateat. Sic inter sacrum et saxum haerentes, tantum eo devenimus ut, missa legatione ad Sabaudum pacem Gebennensium petamus, et si quid ab utraque parte peccatum fuerit, vel amicabiliter vel iuridice per Helvetios, qui priorem belli calamitatem composuerunt,[3] transigi permittat. Responsum exspectamus. Deinde delecti sunt 4000 pedites, *mit einem Fenlin*.[4] Hi exspectant, iam parati, ut Gebennensibus succurrant. Optima pars domi domesticum et Antronium hostem[5] exspectat.

[1] It had been decided, at Payerne, Dec. 1530, that the Duke might reassume the Vidomnate at Geneva, if he would swear to respect the liberties of the city. This he declined.

[2] Forty-four Mamelukes; and the traitors who had tried to open the gates on the night of the Bishop's attack, 30-31 July.

[3] sc. by the treaty of St. Julien, 19 Oct. 1530.

[4] Fähnlein, a banner.

[5] sc. the Catholic Cantons: cf. Erasmi *Adagia*, II. v. 68 'Antronius asinus' (*Opera*, ii. 571, Lugd. Bat. 1703).

No. 258. The request of the Warden of the Franciscans, 23 April 1535.

From the Registers of the Councils.—Frater Iacobus Bernard, Ordinis Minoritani, praesentavit quasdam Christianas positiones, de quibus non pauci aberrant, et quas, ut errantes veritatem sanius percipiant, se per publicam disputationem sustenturum, habita a nobis facultate peritos ad hoc ad hanc civitatem invocandi, dixit; et propterea petiit ipsas coram nobis legi et eis lectis facultatem eandem sibi impertiri. Quas per nostrum secretarium legi fecimus, et, eis lectis, nobis matura deliberatione visum fuit eundem fratrem Iacobum quin dictas disputationes habeat impedire non debere, immo disputationem ipsam permittere, et quam permisimus, et, quia virorum ecclesiasticorum fuit maiorem circa ea in studendo adhibere diligentiam, fuit nobis visum et eidem fratri Iacobo dictum quod ipse Dominis de Capitulo S. Petri huius civitatis ea significare debeat.

No. 259. The decree of the Two Hundred, 26 May 1535.

From the Registers of the Councils.—Ibidem fuit loquutum de disputationibus super conclusionibus per fratrem Iacobum Bernardi publicatis, et super eis per maiores voces et resolutionem consilii conclusum et arrestatum quod sive veniant forenses disputaturi sive non, tamen disputatio ipsa per eos qui adfuerint fiat, et non impediatur, cum finis ad quem tendit sit ut corda audientium ab eadem magis de propositis clarificata redeant, et inde reipublicae tranquillitas oriri valeat. Et ut huiusmodi disputatio commodius et quietius fieri valeat, fuit resolutum quod debeant fieri cridae, voce praeconia, de non fiendo tumultu quaestione nec iniuria, quodque omnes, sive forenses sive domestici, libere disputare valeant, addita solita poena. Quae praemissa D. Sindici Presbyteris et Religiosis nuncient et notificent.

No. 260. The second disputation of Geneva, 30 May—24 June 1535.

... Lesdites disputes furent commencées ledit dymenche [30 Mai] au grand auditoyre du convent de Rive publiquement, présens les députez du Conseil pour garder l'ordre, avec quatre secrétaires.

Les positions maintiennent, en somme, la justification des

hommes par Jésus-Christ seul, — le régime de l'Église dépendre de la seulle parole de Dieu, — l'adoration d'un seul Dieu, — qu'il est suffisamment satisfaict pour noz péchez par la seulle oblation faicte une fois par Jésus-Christ, — qu'il est seul moyenneur entre Dieu et les hommes ; — desquelles résultoit que ceux erroient qui s'attribuoient aucune puissance, pensans estre justifiez par leurs œuvres, — que les traditions humaines et papales qu'on appelloit de l'Église estoient pernitieuses, — que c'est idolâtrie et contre Dieu adorer de quelque honneur les sainctz ny les images, — que la messe ne sert à nostre salut, ny les prières pour les mortz, — que les sainctz ne sont noz advocatz.

Là dessus furent continuées les disputes plusieurs jours avec grande audience. Il y en avoit deux, qui soustenoient le party des prebstres : l'un nommé Caroli[1], docteur de la Sorbonne, l'autre Chappuisi[2], citoyen de la ville, Religieux du convent de Palais. Tous deux furent vaincuz et en feirent confession, suyvant laquelle ont despuis annoncé l'Évangile eux-mesmes.

No. 261. Farel completes his victory, July–Aug. 1535.

(*a*) *From the Registers of the Councils*, 23 juillet. *Farel.*— Ibidem etiam fuit loquutum de magistro Guillelmo Farello, qui initiavit praedicare in parochia Magdalenes, de quo multi scandalisantur. Super quo fuit advisum quod dicatur eidem Farel quod desistat praedicare in dicta ecclesia Magdalenes, donec aliter fuerit cognitum.

(*b*) *From Le levain du Calvinisme* [8 Aug.].—Le jour de l'Octave de Petri ad vincula, par un Dimanche ces Heretiques firent de grandes insolences à l'Eglise de sainct Pierre, et interrompirent le divin service que Messieurs du College faisoient, ils les battoient, et deschiroient leurs surplis, et firent de grandes injures et villennies, et y prindrent leur possessoire damnable pour prescher, et le lendemain prindrent tous les meubles et thresors, qui estoient estimez plus de dix mille escus, rompirent les Images, et belles portraitures ouvrees de beaux et excellens ouvrages, n'y laissant aucune entreseigne de devotion : et depuis ce jour nul service se faisoit en aucune Église de la cité, fors au Convent de saincte Claire, où les

---

[1] Peter Caroli, a French refugee, expelled from the Sorbonne 1525, from France 1534. He fell foul of Calvin, and returned to the Roman Church, June 1537 (Herminjard, iv, No. 638).
[2] A Dominican, of the Convent of Plain-palais.

pauvres Sœurs maintenoient tousjours les heures canoniales,
mais à portes closes. Les beaux Peres disoient tous les jours
la Messe, et beaucoup de gens y venoient secrettement, qui
estoit bien dangereux pour les Sœurs. . . .

(*c*) *From the Registers of the Councils*, 8 Aug.—Ibidem fuit
petitus magister Guillelmus Farellus, et interrogatus quare ipse
hodie praedicaverit in cathedrali S. Petri cum iam fuerit sibi
vetitum ne praedicaret alibi quam in locis sibi solitis. Qui
respondit quod miratur quare inquiratur de tali re cum sit
sancta secundum Deum et sanctum evangelium. . . . Super
quo fuit illi dictum quod non praedicet ulterius in S. Petro,
donec aliter resolutum fuerit. . . .

Consilium fuit petitum propter hoc quod nonnulli ex civibus
ymagines de S. Petro fregerunt. Super quo fuit advisum quod
cras mane debeat congregare consilium.

(*d*) *From the same*, 9 Aug.—Ibidem fuit advisum de ymagi-
nibus et aliis bonis dirruptis in S. Petro. . . . Fuit ibidem advisum quod debeant poni duo probi homines cum duobus
viggillibus qui custodiant templum S. Petri, ne aliquis in eo
aliquid furetur, et donec aliter fuit advisum, propter fractionem
ymaginum per illos discurrentes heri et hodie factam. Fuerunt
petiti Amedeus Perrini[1], Petrus Vandelli[1] et Baudichonus de
Domo-Nova[1], qui visi sunt eos qui ymagines dirruperunt conducere, et interrogati nomine ipsi vellent obedire iustitiae. Qui
responderunt quod sic, tandem sicuti eisdem dictum fuit de
dirruptione per ipsos facta, responderunt quod verum est quod
destruxerunt ymagines, tamen in hoc non credunt errasse, cum
talia sint contra verbum Dei erecta.

No. 262. The abolition of the Mass, 10 Aug. 1535.

From the Registers of the Councils, 10 Aug.—Consilium Ducentenarium. *Farel. Ymagines. Inventaria.* Iuxta herinum
arrestum et etiam ad requisitionem Guillelmi Farelli fuit congregatum Consilium Ducentenarium.

In quo primo intravit dictus Farellus, cum Petro Vireto,
Iacobo Bernard et fratre Iacobo [ ][2] Cordigero. Magna oratione facta, proposuit sicut fuit facta publica disputa, ad quam
fuerunt vocati sacerdotes, ut audirent et sua facta sustinerent,
ipseque et eius socii cum eo se paratos obtulerunt sustinere

---

[1] Patriots who appear as supporters of Farel in 1532 (Herminjard, ii,
No. 395). When reform no longer meant liberty but a new discipline,
they fell foul of Calvin; and Perrin, 3 June, and Vandel, 6 Aug., were condemned to death, 1555 (*C. R.* xlix. 608, 611 sq.).   [2] left blank.

omnia quae praedicarunt, etiam usque ad mortem, prout et de praesenti se offerunt se paratos subire mortem, quatenus contra sacras Scripturas aliquid dixerint, et per presbyteros convicti fuerint, nihil de presbyteris requirentes, nisi quod ad Deum convertantur; supplicantes insuper iudicari super disputa prius facta.

Super his omnibus diu disceptato, fuit advisum et maiori voce resolutum quod teneantur consilia diebus extraordinariis, ad quae vocentur sacerdotes, et coram eis proponatur si velint sustinere Missas et imagines, et res bene videatur. Et si compertum fuerit fuisse male actum dirumpisse imagines, tunc advideatur et refferatur. Interim vero ulterius non dirruatur, nec celebretur Missa, donec cognito. Et quod scribantur Dominis Bernatibus praemissa, ut super eorum responsione nos tutius conducere valeamus.

Quia illa herina imaginum dirruptio causat sacerdotibus tales dolores quod verisimile sit ipsos discedere velle et suspicatur ne asportent iura et iocalia ecclesiarum ab hac civitate, fuit advisum quod omnia bona ecclesiarum inventarisentur [1]. . . .

Sicuti decessisset Consilium Ducentenarium, fuit loquutum quod, si cessetur dicere Missas, populus poterit mutinari; propterea fuit advisum quod post prandium congregetur consilium ordinarium et advideatur quomodo erit agendum.

Eodem die post prandium . . . fuit advisum, pro utilitate reipublicae et ne bona conventuum devastentur et deperdantur, quod provideatur de aliquibus probis viris, qui intendant ad inventarizandum et ponendum in tuto bona et iura quae reperientur [2]. . . .

No. 263. Religious and Seculars put down, 12 Aug. 1535.

Religiosi.—Fuerunt etiam ibidem petiti Religiosi Conventuum Palatii, Rippae, S. Clarae et D. N. de Gratiis, ut audirent summarium [3] disputae in hac civitate factae [4]; de quibus venerunt [*twelve names follow here*]. Quibus fuerunt factae multae remonstrationes de occurrenciis et lectum summarium disputa-

---

[1] Commissioners are here appointed for the Cathedral. The goods were afterwards used for endowing a hospital, so as to put down begging, by decrees of 29 Sept., 5 Oct., and 14 Nov. 1535 (*Am. Hist. Rev.* viii. 227, n. 2).

[2] Commissioners are here appointed for the three Convents of Friars—Franciscans (de Rive), Dominicans (de Palais), and Augustinians (de N.-D. de Grâce): and for the parishes of la Madeleine, St. Germain, St. Gervais, St. Croix (the cathedral), and N.-D. la Neuve (l'Auditoire).

[3] i. e. Farel's *Recueil et Conclusion*, &c., as printed in *Mémoires*, &c., 217.

[4] Of 30 May to 24 June 1535.

tionum factarum, et tandem interrogati si ipsi habeant aliquid super eodem dicere, sique velint aliqua exhibere quare imagines tolli non debuerint quareque venerari debeant, et memoria sanctorum haberi, Missae decantari, et aliae cerimoniae observari. Qui quidem Religiosi, unus post alium, responderunt se nihil scire respondere dicto summario disputationis nec contentis in eodem, sed sunt simplices qui solebant vivere ut docti erant a patribus, non inquirentes similia : propterea supplicant et supplicarunt advideri de dimittendo eos in servitio quo fuerunt prius, se paratos inservire ut prius serviverunt, et nostram relationem sibi de eisdem fieri.

Post prandium.—*De disputa.* *Presbyteri.* Nobiles Amedeus Bandire, Hudriodus du Mollard et Iohannes Phillippin, Sindici, secum nobilibus Claudio Savoye et Iohanne Amedeo Curtet, suis consiliariis, fuerunt ad domum D. Aymonis de Gingino[1] abbatis Bonimontis, decani canonicorum ecclesiae S. Petri, et repertis ibidem reverendis Dominis Michaele Navis et Conrado Hugonis, canonicis dictae ecclesiae, Dominis Petro Choudeti, vicario ecclesiae B. Mariae Novae, Karolo de Nanto, vicario S. Germani, D. Blasio de Crosa, Guillielmo Canalis, Io. Ludovico Ramelli et aliis presbyteris in magno numero, exposuerunt eis, organo nobilis Claudii Savoye, sicuti Consilium et Sindici civitatis dolent quod res non processerint alio ordine quam fecerint, neominus, cum sint in melius disponendae, fuit advisum quod postquam fuit facta disputa ad quam omnes sacerdotes et alii fuerunt vocati pluries, et etiam voce praeconia, et licet non venerint fuit facta tamen ipsa disputa, in qua multa disputata, de quibus factum fuit unum summarium ; et propterea et ut res in melius disponantur fuit advisum quod summarium debeat eis legi, ipsumque eis legere praesentarunt, ut, eo audito, melius advideri possit. Super quibus dicti presbyteri, organo dicti D. Bonimontis et D. Michaelis Navis, se nihil velle audire de dicto summario neque de dictis et praedictis per Farellum, immo velle vivere prout soliti sunt, et propterea supplicarunt se in sua factione dimitti, &c. Et sic res in eodem statu manet.

No. 264. The departure of the Sisters of St. Clare, 29 Aug. 1535.

... A ceste parole[2] s'arresta ferme [la mère Vicaire], et le Sindique[3], voyant ceste bande de mauvaise marmaille, par le

[1] The Bishop's Vicar-General.
[2] An insult flung by the crowd at the departing Sisters.
[3] In charge of the escort, conducting them out of the city.

divin vouloir fut iré grandement, et d'une voix furieuse et horrible jura le sang de Dieu disant, s'il y a homme qui bouge, il aura tout à l'heure la teste trenchee sans mercy en la mesme place, disant aux archiers 'Gentils compagnons, soyez hardis de bien faire vostre office, s'il est de besoing'. Dont, par le divin vouloir, furent espouventez et rechignant les dents reculerent, et regardoient les Sœurs de loing qui cheminoient, tout tremblant de peur (et n'en faut pas douter) et quand elles furent au pont d'Arve, qui finoit les franchises de la ville, se vont tous arrester ; et les uns par mocqueries crioient comme apres nostre Seigneur ' Où est ceste grande noblesse, pour les recevoir, et les tentes et les pavillons pour les garder de la pluye ? ', et les autres par derision faignant de pleurer disoient ' Helas, Geneve, qui te gardera ? tu pers ta lumiere ' ; les autres crioient à Dieu 'Les souris, elles sont sorties du nid et vont par les champs, comme pauvres esgarees'. Mais les bons pleuroient amerement à grands sanglots, et mesme le Sindique quand vint à la departie fut meu de telle pitié, qu'il sanglottoit tout haut et larmoyoit amerement, et toute sa compagnie prenant les Sœurs par ordre, les mettant sur le pont, prenant congé et disant, 'Or à Dieu, belles dames, certes vostre despartie me desplait,' et disant entre luy (comme un autre Caiphas) 'Hà! Geneve, à ceste heure tu perds tout bien et lumiere !' Et quand toutes furent sur le pont il frappa ses mains disant ' Il est tout conclu ! Or il n'y a plus de remede, et plus n'en faut parler'. . . .

Et ceste est la maniere au vray de la pitoyable sortie des pauvres Sœurs Religieuses de leur Convent, et de la cité de Geneve, qui fut ce mesme Lundy, jour de Sainct Felix, le 29 d'Aoust 1535 à cinq heures du matin.

No. 265. Geneva reports its condition to Bern, 10 Aug. 1535.

From the letter of the Councils of Geneva to their envoy at Bern.—Très chier frère ! Nous receumes le dix de ce moy[s] vouz lettres par le présent porteur, et pour vérité sumes en grand travail et fâcheries et ne sçavons plus comment faire, veu que havons si longtemps entretenu nostre peuple à paroles, sus l'espérance que havions de havoir ayde[1] ; et maintenant, [il] est plus esbays que jamais, voyant nostre prise[2] estre séquestré

---

[1] sc. in arms, from Bern (cf. Herminjard, iii, No. 517).
[2] i. e. crops.

et mise entièrement à la main de Monsieur de Savoye par ses chastellains[1], et les vivres ainsin estroictement deffendus, comment escripvons à l'excellence de Messeigneurs (comment verrés par le double), voyans aussi les vendenges qui sont si prest.

Don[t] pouvés panser le damnaige et la désolation. Nonobstant laquelle, ceulx quil [qui] sont de loisir se sont allé[s] battre aux ymaiges, et n'hont rien laissé à Sainct-Pierre, ny aux parroches et convent[s] à mettre bas, excepté la chappelle de Rive[2] et de N. D. de Grâce; et est partout serré [fermé], tant que ne soy dict point de messe.[3] Toutesfois (loër [loué] soit Dieu!) c'est esté sans débaté ny émotion. Ce naulmoings ne reste que nouz ennemys ne soyent tousjours plus affectionés [irrités].[4]

Pourtant, vous irés devant l'excellence de Messeigneurs, et leurs présenterés la lettre[5]; en après, selon ce que mieulx sçaurés faire, leur exposerés nostre[s] griefz et leur requerré[s] ayde et secour[s], pour l'honneur de Dieu, en bonne charité.

[PS.] Vous adviserés s'il sera expédient de compter l'affaire de ces ymaiges devant Messeigneurs, et de la messe,[6] à cause (comment scavés) que beaucoupt de gens la veulent, et ferés comment ha[u]rés meilleur advys.

No. 266. The citizens swear to the Reformation, 21 May 1536.

From the Registers of the Councils.—Le conseil general en cloistre: jouxte la resolution du conseil ordinaire est este assemble le general au son de la cloche et a la trompete ainsi que est de coustume, et par la voye de M. Claude Savoye premier sindicque est propose l'arrest du conseil ordinaire et

---

[1] sc. of Gex, Peney, Gaillard, and Ternier.
[2] The chapel, probably, of the Sisters of St. Clare. It escaped till 24 Aug.
[3] The last Mass in the Cathedral was said on 8 Aug., the day when Farel preached his first sermon there.
[4] Politics rather than religious conviction had kept them from sacrificing the existing faith and order sooner. 'Le Conseil ... avoynt une grande prudence humayne ... et disoynt: "Si vous mettés bas les images, les messes et toute la Papaulté, comme ces Prescheurs et ceulx qui leur favorisent veullent, certes, pour ung ennemy que vous avés, vous en aurés cent"', Fromment, *Actes et gestes* (ed. Revilliod), 143.
[5] sc. of the Councils to Bern, and of the same date as this to the Genevese envoy.
[6] He said nothing: the Genevese had put down the mass without consulting Bern.

deux centz touchant le mode de vivre et apres ce aulte voix est
este demande sil y avoit aucungs que sceusse et volusse dire
quelque chose contre la parole et la doctrine qui nous est en
ceste cite preschee quil le dyent et a scavoir si trestous veulent
pas vivre selon levangille et la parole de Dieu ainsy que dempuis labolition des messes nous est este preschee et se presche
tous les jours, sans plus aspirer ny vouloir messes ymaiges
ydoles ny aultres abusions papalles quelles qu'elles soyent. Surquoy sans point daultre voix que une mesme est esté generale-
ment arreste et par elevation des mains en lair conclud et a
Dieu promys et jure que trestous unanimement a layde de Dieu
volons vivre en ceste saincte loye evangellicque et parolle de
Dieu ainsyn qu'elle nous est annoncee veuillans delaisser toutes
messes et aultres ceremonies et abusions papales ymaiges et
ydoles et tout ce que cela porroit toucher, vivre en union et
obeissance de justice. Icy est aussy esté propose larticle des
escolles et sur i-celluy par une mesme voix est resolu que lon
taische a avoir homme a cela faire scavant et que lon le sallarie
tellement quil puysse nurrir et enseigner les paovres sans leur
rien demander de sallaire et aussy que chescung soit tenu
envoyer ses enfans a lescholle et les faire apprendre et tous
escolliers et aussi pedagoges soyent tenus aller faire la residence
a la grande escolle ou sera le Recteur et ses bachelliers.

No. 267. Bern acknowledges the independence of Geneva, 7 Aug. 1536.

From the treaty between Bern and Geneva, 7 Aug. 1536.—
Nous l'Avoyer, Conseil et Bourgeois de la Ville de Berne, d'un
côté ; et Nous Sindics, Conseil, Bourgeois et toute la Communauté de la Ville de Geneve, de l'autre . . .

I. Premierement. Nous susdits Sindics, Conseil, Bourgeois
et toute la Communauté de la Ville de Geneve, voulons remettre et payer sans manquer aux dits Avoyer, Conseil et
Bourgeois de la ditte Ville de Berne, entre-ci et Noël prochain,
les sommes dont nous leurs restons débiteurs, à cause de la
premiere guerre, comme on le verra dans le compte et dans
nôtre obligation qu'ils ont entre leurs mains, et de la [les]
livrer sûrement dans la Ville de Berne.

Secondement. Nous susdits Sindics &c.... de Geneve promettons par nôtre honneur, serment et de bonne foi, pour nous
et nos successeurs à perpetuité, que nôtre Ville de Geneve sera
ouverte sans difficulté, à ceux de Berne et à leurs successeurs,

en tout tems, soit de paix soit de guerre, toutes les fois qu'il sera nécessaire. De plus, Nous susdits de Geneve et nos successeurs ne devons, ni ne voulons faire des alliances, traitez, bourgeoisies, ni prendre des engagemens avec aucuns Princes, Seigneurs, Villes, Païs ou Communautez, ni chercher aucune protection ni secours auprès d'eux, sans l'avis, volonté et consentement des susdits de Berne et leurs successeurs.

En troisieme lieu : Comme Nous de Geneve nous sommes saisis de la Seigneurie de Gaillard &c. ... nous avons cedé et remis volontairement ... tout ce qui appartenoit ci-devant au Duc de Savoye, hors de nôtre Ville, et tous les biens de nos bannis, situez dans les païs conquis par lesdits de Berne, desquels nous nous déportons entierement.

En quatrieme lieu : Nous susdits de Geneve consentons de laisser en toute propriété aux susdits de Berne toutes les fondations et legs pies faits par la Maison de Savoye, qui sont dans les païs conquis par lesdits de Berne et dont nôtre Ville de Geneve tiroit les Revenus, en sorte qu'ils en seront entierement quittes envers nous.

II. D'un autre côté : Nous l'Avoyer, Conseil et Bourgeois de la Ville de Berne, nous sommes dépouillez pour nous et nos successeurs à perpétuité de la prétention que nous avions contre ceux de Geneve, à cause du Prieuré de St. Victor et de ses droits seigneuriaux, des censes, rentes, revenus, et tout ce qui en dépendoit, parce qu'ils ont incorporé cela à leur Hôpital, pour l'entretien des pauvres et des ministres, nous reservant pourtant les appellations, devoirs d'hommes, et malefices, ainsi que cela a été anciennement pratiqué.

En second lieu : Comme nos deux seigneuries de Gex et de Gaillard, s'étendent jusqu'à la Ville de Geneve, nous consentons de nous retirer, pour étendre la banlieüe de cette Ville du côté de Gaillard et de Gex ; et des députez de nôtre Conseil en marqueront les bornes par de grosses pierres.[1] ...

En quatrieme lieu : Sur ce que ceux qui commandoient nos troupes ont demandé dans la derniere guerre, et nous après eux, que ceux de Genève nous missent en possession de la Superiorité, Seigneurie, Droits et Revenus de l'Evêché et de ses dépendances, comme aussi du Vidomnat et des Biens du Chapitre, des Eglises et des Monasteres, estimans les avoir gagnez par droit de guerre ; Nous avons cependant par bonne

---

[1] Geneva, by this treaty, was left in possession of twenty-eight villages; and was thus not only an independent city, but had territories and subjects of its own.

amitié abandonné tout cela, et nous [nous] sommes déportez de bon gré, pour Nous et pour nos successeurs, de cette demande, sans nous y rien reserver en aucune maniere, si ce n'est les appellations, si tant est que ci-devant on en ait interjetté devant le Duc, son Conseil ou ses Officiers de Justice.

Lesquels articles ci-dessus écrits, Nous susnommées les deux Villes Berne et Geneve avons reglez et reçus entre nous, promettant pour nous et pour nos successeurs de les garder à perpétuite et inviolablement. En foi de quoi &c. . . . .

XIV

CALVIN, TO HIS ARRIVAL IN GENEVA, 1509-36

John Calvin (cf. *Calvini Opera*, xxi [= *Corpus Reformatorum* xlix] containing 'Lives' by Beza and Colladon, both 1564, and the *Annales Calviniani* by the editors: and Williston Walker, *John Calvin*) was born at Noyon, in Picardy, 10 July 1509. His father was a notary in the ecclesiastical court, an official of bishop and of chapter; able, therefore, to give his son a superior education and alive to the advantage of it. Calvin, though by birth 'unus de plebe homuncio' (*Op.* v. [= *C. R.* xxxiii.] 5), was, as he afterwards wrote to a friend of the noble house of Montmor, 'domi vestrae puer educatus, iisdem tecum studiis initiatus' (*ibid.* 8). When barely twelve, he received, after the manner of the day, a benefice, 19 May 1521, in the Cathedral by way of endowment for study: and, Aug. 1523, he went 'gustatis duntaxat latinae linguae rudimentis' (*Ep.* 1345 ; *Op.* xiii. [= *C. R.* xli.] 525) to the University of Paris. Here he began grammar and rhetoric at the Collège de la Marche under the humanist Mathurin Cordier, 1479-†1564, 'cuius ductu in litterarum stadium ingressus huc saltem usque progressus sum ut ecclesiae Dei aliquid prodessem' (*ibid.*). But he was with Cordier 'ad exiguum tempus' (*ibid.*) only ; for next year he went on, for philosophy and dialectic, to the Collège de Montaigu, where (Herminjard, ii, No. 310, n. 7) by the end of 1527 he would have graduated in Arts. Early in 1528, 'pour obéir à mon père' (*Op.* xxxi. [= *C. R.* lix.] 22) he turned to Law; and, in pursuit of it, went first to Orléans to attend the lectures of the conservative Pierre de l'Estoile, 1480-†1537, and thence, 1529, to Bourges. Hither he was attracted by the fame of Andrea Alciati, 1493-†1550, more of an innovator ; and Calvin's first appearance in print was the preface to a friend's defence of l'Estoile (Herminjard, ii, No. 328 : *Op.* ix. [= *C. R.* xxxvii.] 785). Here too, he began Greek with (*Ep.* 814 ; *Op.* xii. [= *C. R.* xl.] 364) the German humanist Melchior Wolmar, 1496-†1561. The death of his father, 26 May 1531 (Herminjard, ii, No. 366, n. 4), released him from the Law; and, 19 June, he was back in Paris, free for other studies there since, by 14 Feb. 1532.

he was a graduate in Law. They were the studies of a humanist: pursued at the recently, March 1530, founded Collège de France, under the Regius Professors Pierre Danès, 1497–†1577, in Greek (*ibid.* ii, No. 346, n. 10) and François Vatable, ?–†1547, in Hebrew: and as a humanist he put out his first work, 4 April 1532, on Seneca's *De Clementia* (*Op.* v. [= *C. R.* xxxiii.] 1 sqq.). But 'late in 1532 or early in 1533' (Walker, 96) he experienced [No. 268] a '**sudden conversion**' (*Op.* xxxi. [= *C. R.* lix.] 21) as he describes it. How far this took him towards his later doctrinal position was, perhaps, as doubtful to himself as to us. On 27 Oct. 1533 he still writes (Herminjard, iii, No. 437) as member of a humanist circle which included Gérard Roussel, 1480–†1550, almoner of Francis I and of ' sa mignonne ' his sister Margaret (b. 1492) Queen of Navarre, 1527–†49, and the new, 10 Oct. 1533, Rector of the University [No. 269] **Nicholas Cop** (*ibid.* iii, No. 438). In October the Rector had incurred the anger of the Theologians by disavowing, on behalf of the University, their censure of the Queen's *Miroir de l'âme pécheresse*: and, 1 Nov., in his inaugural address (*Op.* x b. [= *C. R.* xxxviii.] 30 sqq.) he borrowed not only from Erasmus but also from Luther. Calvin was, at least, party to the address (cf. Walker, 100 sq.); and, in fear of, 10 Dec. [No. 270] **the King's letter to the Parlement of Paris** (Herminjard, iii, No. 440) for the suppression of Lutheranism the two friends had to flee. Calvin found refuge, in the dominions of Margaret, with Louis du Tillet, parish priest of Claix and Canon of Angoulême (*ibid.* iii, No. 457). On, 4 May 1534 he was at Noyon, to resign his benefices in the Cathedral and at Pont-l'Évêque (*ibid.* iii, No. 477, n. 1); later in the year at Orléans, whence is dated [No. 271] **the preface to the 'Psychopannychia'** (*Op.* v. [= *C. R.* xxxiii.] 170 sq.) his anti-Anabaptist and first theological treatise.[1] Then he went to Paris, to keep an appointment with Michael Servetus, 1509–†53, ' mais le dit Servet ne comparut quoy qu'on l'attendist longtemps ' (Colladon, *ap. Op.* xxi. [= *C. R.* xlix.] 57). It was a 'dangerous journey ' (*ibid.*), for it fell about the time of, 17–18 Oct., [No. 272] **the Placards** (Herminjard, iii, Nos. 485, 488 ; Gerdesius, *Hist. Ref.* iv, App. 59 sqq.) of Antony Marcourt against the Mass. Thence to Strassburg ; and so, early in **1535**, to Basel (*Ann. Calv., Op.* xxi. [=*C. R.* xlix.] 194). Here he finished the first edition of the [No. 273] **Christianae Religionis Institutio**[2] with a prefatory letter of 23 Aug. (*Op.* i. [= *C. R.* xxix.] 9 sqq.) to Francis I. Immediately after the publication of the Institutes in March 1536, he paid a brief visit (*Ann. Calv., Op.* xxi. [= *C. R.* xlix.] 199) to Renée, Duchess of Ferrara, 1510–†76 ; and on his return he was, in August, [No. 274] **detained by Farel at Geneva** (*Op.* xxxi. [= *C. R.* lix.] 23) and, 5 Sept., [No. 275]

[1] Cf. Art. XL of the Forty-two Articles of 1553 : ' Defunctorum animae neque cum corporibus intereunt, neque otiose dormiunt.'—Kidd, *Articles*, ii. 291.

[2] The quotations below, save of the Prefatory Letter, are from his final edition of 1559 (*Op.* ii. [= *C. R.* xxx.] 31 sqq.).

appointed by the Council to be lecturer at the Cathedral (*Ann. Calv. Op.* xxi. [= *C. R.* xlix.] 204).

No. 268. Calvin's conversion, 1532-3.

From the preface to his Commentary on the Psalms, 23 July 1557.—Conditio quidem mea quanto sit inferior [1], dicere nihil attinet. Verum, sicuti ille a caulis ovium ad summam imperii dignitatem evectus est, ita me Deus ab obscuris tenuibusque principiis extractum, hoc tamen honorifico munere dignatus est ut evangelii praeco essem ac minister. Theologiae me pater tenellum adhuc puerum destinaverat. Sed quum videret legum scientiam passim augere suos cultores opibus, spes illa repente eum impulit ad mutandum consilium. Ita factum est, ut revocatus a philosophiae studio, ad leges discendas traherer, quibus tametsi ut patris voluntati obsequerer fidelem operam impendere conatus sum, Deus tamen arcano providentiae suae fraeno cursum meum alio tandem reflexit.

Ac primo quidem, quum superstitionibus papatus magis pertinaciter addictus essem, quam ut facile esset e tam profundo luto me extrahi, animum meum, qui pro aetate nimis obduruerat, subita conversione ad docilitatem subegit. Itaque aliquo verae pietatis gustu imbutus tanto proficiendi studio exarsi, ut reliqua studia, quamvis non abiicerem, frigidius tamen sectarer. Necdum elapsus erat annus quum omnes purioris doctrinae cupidi ad me novitium adhuc et tironem discendi causa ventitabant. Ego qui natura subrusticus umbram et otium semper amavi, tunc latebras captare : quae adeo concessae non sunt, ut mihi secessus omnes instar publicae scholae essent. Denique dum hoc mihi unum in animo est, ignobile otium colere, Deus ita per varios flexus me circumegit, ut nusquam tamen quiescere permitteret, donec repugnante ingenio in lucem pertractus sum. Eoque consilio relicta patria in Germaniam concessi, ut in obscuro aliquo angulo abditus quiete diu negata fruerer.

Ecce autem quum incognitus Basileae laterem, quia multis piis hominibus in Gallia exustis grave passim apud Germanos odium ignes illi excitaverant, sparsi sunt eius restinguendi causa improbi et mendaces libelli, non alios tam crudeliter tractari quam Anabaptistas ac turbulentos homines, qui perversis deliriis non religionem modo sed totum ordinem politicum convellerent. Ego hoc ab aulicis artificibus agi videns . . . silentium meum non posse a perfidia excusari censui, nisi me

[1] sc. to that of David.

pro virili opponerem. Haec mihi edendae Institutionis causa
fuit : primum ut ab iniusta contumelia vindicarem fratres meos,
quorum mors pretiosa erat in conspectu Domini : deinde, quum
multis miseris eadem instarent supplicia, pro illis dolor saltem
aliquis et sollicitudo exteras gentes tangeret. Neque enim
densum hoc et laboriosum opus quale nunc exstat, sed breve
duntaxat enchiridion tunc in lucem prodiit, neque in alium
finem nisi ut testata esset eorum fides, quos videbam ab impiis
et perfidis adulatoribus scelerate proscindi.

No. 269. Nicholas Cop, Oct.–Nov. 1533.

(a) *From a letter of Calvin*, end of Oct. 1533.—. . . Ad
Calendas Octobres, quo anni tempore pueri qui a grammaticis
ad Dialectica demigrant exercere se agendis fabulis solent, acta
est in gymnasio Navarrae [1] fabula felle et aceto, ut ait ille [2],
plusquam mordaci conspersa. Inductae sunt personae : Regina [3]
muliebriter nendo intenta, et nihil aliud quam colum et acus
tractans—tum Megaera, quo nomine ad M.[agistrum] G.[erar-
dum [4]] alludebatur, illi faces admovens, ut acus et colum
abiiceret. Illa aliquantum reniti et obluctari ; ubi vero Furiae
cessisset, Evangelia in manus accepit, ex quibus omnia quibus
ante assuevisset et paene se ipsam dedisceret. Demum extulit
se in tyrannidem, et omni genere saevitiae miseros et innoxios
vexavit.[5] Multa eiusmodi figmenta addiderunt, indigna prorsus
ea muliere quam non figurate nec obscure convitiis suis pro-
scindebant.

Res in aliquot dies suppressa est, postea vero . . . ad Reginam
delata. Visum est statui pessimum exemplum eorum libidini
qui rebus novis inhiant, si impunitas daretur huic improbitati.
. . . Quando auctor sceleris deprehendi non potuerat, proximum erat de iis inquirere qui, cum prohibere possent, per-
misissent [6]. . . . Hactenus de comoediis.

Alterum facinus ediderunt factiosi quidam theologi aeque
malignum, etsi non usque adeo audax. Cum excuterent
officinas bibliopolarum, libellum vernaculum, cuius inscriptio
Speculum animae peccatricis, retulerunt in numerum librorum

---

[1] The College of Navarre, at Paris.   [2] Persius, v. 86.
[3] Margaret, Queen of Navarre.
[4] Gérard Roussel.
[5] Insinuating that the Queen had been responsible for the banishment of four doctors of the Sorbonne (Herminjard, iii, Nos. 417, 418, 422).
[6] The grand-master and the principal of the College of Navarre. They were both put under restraint.

a quorum lectione interdictum vellent. Regina, ubi rescivit, questa est apud fratrem Regem, professa se auctorem. Ille per litteras magistris Academiae Parisiensis imperavit ut sibi significarent an librum recensuissent in numero eorum quos iudicassent improbatae religionis; quod si ita haberet, sibi rationem sui iudicii redderent.

De ea re Nicolaus Copus medicus nunc Rector, retulit ad quattuor Artium Collegia, Medicinae, Philosophiae, Theologiae, Iuris Canonici. Apud magistros Artium, inter quos locum dicendi primum habuit, longa et acerba oratione invectus est in eorum temeritatem qui sibi id iuris in maiestatem Reginae usurpassent. Dissuasit ne se immiscerent tanto discrimini; ne Regis iram experiri vellent; ne in Reginam, virtutum omnium et bonarum litterarum matrem, arma sumerent; postremo ne, hanc culpam in se recipientes, improbitatem eorum alerent qui parati sunt quidvis semper aggredi sub praetextu huius nominis, ut dicant Academiam fecisse quod ipsi, iniussu Academiae, perpetrant. Omnium sententia fuit, factum abiurandum. Idem censuerunt Theologi, Canonici, Medici. . . .

Copus Rector pronunciavit Academiam non agnoscere censuram illam, qualis qualis fuisset; quod libellus censitus esset in libris aut damnatis aut suspectis, non probare neque in se recipere. Viderent qui id fecissent qua ratione se defensuri essent; paratas fore tempore litteras quibus se Academia Regi excusaret, ageret etiam gratias, quod se tam benigne paterno more compellasset. . . .

(*b*) *From his inaugural address*[1], 1 Nov.—Beati pauperes spiritu, Matth. 5. Principio quis sit huius evangelii scopus, ac quo omnia referri debeant, diligenter est investigandum: quod ex evangelii et legis descriptione, deinde utriusque inter se collatione facile intelligetur. Ergo *evangelium bonum est nuncium et salutifera de Christo praedicatio, quod a Deo patre missus sit, ut omnibus opem ferat, et vitam aeternam conciliet. Lex praeceptis continetur, minatur, urget, nullam pollicetur benevolentiam. Evangelium nullis minis agit, non impellit praeceptis, summam Dei erga nos benevolentiam docet.* Qui igitur pure et sincere evangelium interpretari volet, omnia ad praedictas exigat descriptiones. Quam tractandi rationem qui non sequuntur, nunquam satis feliciter in Christi philosophia versabuntur. . . .

---

[1] The sentences in italics are almost *verbatim* from one of Luther's sermons of 1522. Cf. August Lang, *Die Bekehrung Calvins*, 49 n. 1, where Luther and Cop are placed side by side.

Videndum nobis est ne Christum hoc loco ab evangelii ratione aberrasse existimemus. Nam praeceptis agere videtur, atque ut pauperes simus, mites, mundo corde, pacifici, praecipere. Quin etiam mercedem nobis proponit, quum praemiis nemo duci debeat, sed gratis operam dare Christo, solam Dei gloriam quaerere, nihil formidine poenae aut gehennae agere. Sed ... quae praecepta non satis explicate Mosi scripta erant, explicatius docet. Itaque hoc evangelium nihil praecipit, sed Dei bonitatem, misericordiam et beneficia exponit. Ac ne quis miretur quod [1] praemia mercedis nomine comprehendat : Gaudete, inquit, quia merces vestra copiosa est in coelis, aurium operam paulisper nobis accommodate.... Quod si simili uti licet.... Filius familias totis viribus patri placere nititur, omnia sua officia in illum refert, sed non quae tanta sint ut haereditatem mereantur, quam nihilominus accipit, mercedemque adpellare possis, non quod debita sit sed quod filii erga patrem officia plus satis compenset. Ita merces in sacris plerumque usurpari solet. ...

No. 270. Letter of Francis I to the Parlement of Paris, 10 Dec. 1533.

De par le Roy. Nos améz et féaulx! Nous avons entendu le contenu aux lettres que par ce porteur avons acceptéez.[2] Nous sommes très-marris et desplaisans de ce que en nostre bonne Ville de Paris, chef et capitalle de nostre Royaume, et où y a Université principale de la Chrestienté, cette maudicte secte hérétique Luthérienne pullulle, où plusieurs pourront prendre exemple ; à quoy de tout nostre pouvoir et puissance voulons y obvier, sans y espargner personne qui soit. Et pour ce voulons et entendons que telle et si griefve punition en soit faicte, que ce soit correction aux maudits Hérétiques, et exemple à tous autres.

A cette cause Nous vous mandons et très-expressément enjoignons, que vous commétez aulcuns d'entre vous, pour, toutes choses laissées, curieusement et diligemment eulx enquérir de tous ceulx qui tiennent icelle secte Luthérienne, et qui en sont suspects et véhémentement suspectionnéz, et qui y adhèrent et les suivent, afin que vous procédez contre eulx, sans nul excepter, par prise de corps, en quelque lieu qu'ils soyent trouvéz, et contre les fugitifs [par] adjournement à trois

---

[1] Here ends the fragment of the address in Calvin's handwriting, as given in Herminjard, iii, pp. 418-20 : Calv. *Opera*, ix. [= *C. R.* xxxvii.] 872 sqq.
[2] sc. of 26 Nov., from the *Parlement* of Paris.

briefs jours, prinse de biens et établissement de Commissaires. Et quand à ceulx que avait fait constituer prisonniers, qui sont chargéz de blasphèmes, procédez à leur punition selon l'exigence des cas.

Et, au regard des Hérétiques, Nous escripvons à l'Évesque de Paris ou à ses Vicaires, qu'ils commettent deux de nos Conseillers, tels que adviserez, pour faire et parfaire le procèz d'iceulx hérétiques, sans préjudice de sa jurisdiction en aultres choses, ny quelque chose que nous avons par cy-devant escrit[1], —d'autant que, attendu que iceluy délict pullule, à faute d'avoir eu le soin et cure de l'extirper dez le commencement, [il] est besoing que tout promptement par gens d'autorité et nos Officiers cela soit exécuté, qui vous pourront de jour à autre rapporter en quel estat seront les matières, pour en avoir vostre advis et conseil. Si voulons que à ce que dessus soit par vous procédé réellement et de fait par main forte et armée, si mestier est, et [que] Nous envoyez en diligence mémoires nécessaires pour avoir de Nous toutes provisions requises, tant par lettres missives que patentes, pour faire accomplir et exécuter ce que dessus. D'autre part vous envoyons, et aussi au dit Évesque de Paris ou à ses Vicaires, le *vidimus*[2] des Bulles[3] qu'il a pleu a N. S. P. le Pape Nous octroyer, pour extirper icelle secte Luthérienne de nostre Royaulme.

Nous avons faict par ci-devant expédier lettres patentes sur le faict des Prescheurs, qui ont bien aydé à augmenter la dicte secte[4] : on Nous a dict qu'elles vous avoient esté présentées, toutesfois que n'y avez donné aucun ordre. Pareillement avons entendu que le Docteur qui a presché certaines propositions[5], dont avez faict informations de vostre part, et le Recteur de la sienne[5], et que vous aviez envoyé quérir pour parler à vous,— quand fut à la salle du Palais, quelqu'un de nostre dite Court vint parler à luy, qui fut cause qu'il s'enfuyt.

Nous, à cette cause, vous mandons et enjoignons vous informer de celluy qui est cause d'icelle fuitte et qui parla au dit Recteur, et le saisissez et constituez prisonnier, et Nous mandez qui il est, afin que Nous vous mandons ce que en voullons estre faict. Il a assez monstré, en ce faisant, qu'il est fort suspect

---

[1] The letter is dated 10 Dec. 1533, to Jean du Bellay, Bishop of Paris, 1532-51.
[2] Dated 3 Dec. 1533.   [3] Dated 1 Sept. and 17 Nov. 1533.
[4] Cf. Herminjard, iii, Nos. 418, 422.
[5] Doctor and Rector were the same, viz. Cop; but the King did not know it.

d'estre du nombre des Hérétiques. Si vous prions que à tout ce que dessus vous marquez et entendez diligemment, et vous Nous ferez service, en ce faisant, très-agréable.

No. 271. Calvin's preface to his 'Psychopannychia', Autumn 1534.

... Siquidem legimus Arabicos[1] fuisse quosdam huius dogmatis autores: qui iactarent animam cum corpore una emori, in die iudicii utrumque resurgere: et aliquanto post tempore, Ioannem[2] episcopum Romanum, quem Schola Parisiensis ad palinodiam adegerit. Verum saeculis aliquot sopitum, nuper per aliquot ex Anabaptistarum faece excitatum, scintillas emisit. Hae vero longe lateque pervagatae, iustas faces accenderunt: quae utinam pluvia illa voluntaria, quam Dominus haereditati suae segregavit, primo quoque die exstinguantur. Agam autem citra ullius odium, citra privatam cuiusquam contumeliam, denique citra conviciandi procacitatem, ut iure nullus queri debeat se laesum aut leviter etiam offensum esse. Quanquam spectare hodie aliquos licet, insana carpendi, mordendi, sugillandi libidine aestuantes, quos si summo digito attingas, flebiliter deplorant scindi unitatem ecclesiae, violari caritatem. His responsum sit, primum, nullam nos agnoscere unitatem nisi in Christo: nullam caritatem, nisi cuius ipse sit vinculum. Esse ergo hoc caput conservandae caritatis, ut fides nobis sancta atque integra maneat.[3] Deinde nulla caritatis offensione hanc disputationem transigi posse: modo tales aures afferant, qualem ego linguam afferre statui. ...

No. 272. The Placards against the Mass, 17–18 Oct. 1534.

J'invoque le ciel et la terre en tesmoignage de verité, contre ceste pompeuse et orgueilleuse Messe Papale, par laquelle le monde (si Dieu bien tost n'y remedie) est et sera totalement desolé, ruiné, perdu et abysmé: quand en icelle nostre Seigneur est si outrageusement blasphemé, et le peuple seduit et aveuglé, ce que plus on ne doit souffrir ni endurer. Mais afin que plus aisement le cas soit d'un chacun entendu, il convient proceder par articles.

---

[1] Eus. *H. E.* vi. 37.
[2] Pope John XXII, 1316–†34. Cf. Jo. Gerson, *Sermo* i *in festo Paschae* (*Opera*, iv. 491 D, ed. Parisiis, 1606).
[3] The dread of Anabaptism, and the difficulty of securing purity of doctrine without schism, are characteristic.

1°, à tout fidele Chrestien est et doit estre tres certain, que nostre Seigneur et seul Sauveur Jesus Christ, comme grand Evesque et Pasteur eternellement ordonné de Dieu, a baillé son corps, son ame, sa vie et son sang pour nostre sanctification, en sacrifice tres parfait : lequel sacrifice ne peut et ne doit jamais estre reiteré par aucun sacrifice visible, qui ne veut entierement renoncer à icelui, comme s'il estoit sans efficace, insuffisant et imparfait, et que Jesus Christ n'eust point satisfait à la justice de Dieu son Pere pour nous, et qu'il ne fust le vrai Christ, Sauveur, Prestre, Evesque et Mediateur, laquelle chose non seulement dire, mais aussi penser, est un horrible et execrable blaspheme. Et toutes fois la terre a esté et est encore de present en plusieurs lieux chargee et remplie de miserables sacrificateurs : lesquels, comme s'ils estoyent nos redemteurs, se mettent au lieu de Jesus Christ, ou se font compagnons d'icelui, disans qu'ils offrent à Dieu sacrifice plaisant et agreable comme celui d'Abraham, d'Isaac et de Jacob, pour le salut tant des vivans que des trespassez : ce qu'ils font apertement contre toute la verité de la S. Escriture, faisans menteurs touts les Apostres et Evangelistes : et se desmentent eux-mesmes, veu qu'avec David ils chantent et confessent tous les Dimanches en leurs Vespres que Jesus Christ est eternel Sacrificateur selon l'ordre de Melchisedec.

Or ne peuvent-ils faire entendre à nul de sain entendement, que Jesus Christ et ses Prophetes et Apostres (qui rendent tesmoignage de lui) soyent menteurs : mais faut maugre leurs dents que le Pape et toute sa vermine de Cardinaux, d'Evesques et de prestres, de Moines et autres caphards diseurs de messes, et tous ceux qui y consentent, soyent tels : assavoir, faux-prophetes, damnables trompeurs, apostats, loups, faux-pasteurs, idolatres, seducteurs, menteurs et blasphemateurs execrables, meurtriers des ames, renonceurs de Jesus Christ, de sa mort et passion, faux-tesmoins, traistres, larrons et ravisseurs de l'honneur de Dieu, et plus detestables que les diables. Car par le grand et admirable sacrifice de Jesus Christ, tout sacrifice exterieur et visible est aboli et evacué : et jamais autre n'est demeuré. Ce que je di est tres amplement monstré en l'Epistre aux Hebrieux, es chap. vii [26, 27], ix [12], x [10, 18]. . . .

2°, en ceste malheureuse Messe, on a non seulement provoqué, mais aussi plongé et du tout abysmé quasi l'universel monde en idolatrie publique, quand faussement on a donné à entendre que sous les especes de pain et de vin Jesus Christ est contenu et caché corporellement, reellement et personellement, en chair et en os, aussi gros, grand et parfait, comme de present il est vivant. Ce que la saincte Escriture et nostre foy ne nous enseigne pas : mais est du tout contraire, car Jesus Christ apres sa resurrection est monté au ciel, et est assis à la dextre de Dieu le pere tout-puissant, et de là viendra juger les vifs et les morts. Aussi S. Paul aux Coloss. iii [1] escrit ainsi : 'Si vous estes resuscitez avec Christ, cherchez les choses qui sont en haut, où Christ est seant à la dextre de Dieu.' Il ne dit point Cherchez Christ qui est en la Messe, ou au sacraire, ou en la boite, ou en l'armoire : mais au ciel. Parquoi il s'ensuit bien, que si le corps est au ciel, pour ce mesme temps il n'est point en la terre : et s'il est en la terre, il n'est point au ciel. Car pour certain jamais un veritable corps n'est qu'en un seul lieu pour une fois, occupant certain lieu et place en qualité et grandeur certaine. Parquoi il ne se peut faire qu'un homme de 20 ou 30 ans soit caché en un morceau de paste, tel que leur oublie.

Outre, nous avons infallible certification par la saincte Escriture, que l'advenement du Fils de l'homme, quand il lui plaira partir du ciel, sera visible et manifeste. 'Et si aucun vous dit, Ici est Christ, ou là, ne le croyez point.' Jesus Christ dit, Ne le croyez point : et les sacrificateurs disent, Il le faut croire. Ils chantent bien *Sursum corda*, exhortans le peuple à chercher Jesus Christ au ciel : mais ils font le contraire, en ce qu'ils l'arrestent pour le faire chercher en leurs mains, et en leurs boites et armoires.

3°, ces sacrificateurs aveugles, pour adjouster erreur sur erreur, ont en leur frenesie encore dit et enseigné qu'apres avoir soufflé ou parlé sur ce pain, lequel ils prenent entre leurs doigts, et sur le vin, lequel ils mettent au calice, il n'y demeure ne pain ne vin : mais (comme ils parlent de grands et prodigieux mots) par transsubstantiation, Jesus Christ est sous les accidens du pain et du vin caché et envelopé : qui est doctrine des diables, contre toute verité et apertement contre toute l'Escriture. ... Ausquels tant evidens passages[1], la saincte Escriture dit et prononce expressement estre pain, non point espece, apparence ou semblance du pain. Qui pourra donc plus soustenir, porter et endurer tels moqueurs, telles pestes, et pervers Antichrists ? lesquels comme presumptueux et arrogans, selon leur ordinaire coustume, ont esté si temeraires et hardis de conclure et determiner au contraire. Parquoy comme ennemis de

---

[1] sc. Mt. xxvi. 26, Mk. xiv. 22, Lk. xxii. 19, Jn. vi. 51, 1 Cor. xi. 28.

Dieu et de sa saincte parole, à bon droict on les doit rejetter et merveilleusement detester. Car n'ayans eu nulle honte de vouloir enclorre le corps de Jesus en leur oublie : aussi (comme effrontez heretiques qu'ils sont) ils n'ont eu aucune honte et vergongne de dire qu'il se laisse manger aux rats, araignes, et vermine, comme il est escrit de lettre rouge en leurs Messels en la xxii cautelle. . . . O miserables, quand il n'y auroit autre mal en toute vostre theologie infernale, si non en ce que vous parlez tant irreveremment du precieux corps de Jesus, combien meritez vous de fagots et de feu, blasphemateurs et heretiques, voire les plus grands et enormes qui jamais ayent este au monde ? Allumez donc vos fagots pour vous brusler et rostir vous mesmes, non pas nous, pour ce que nous ne voulons croire à vos idoles, à vos Dieux nouveaux et nouveaux Christs, qui se laissent manger aux bestes et à vous pareillement qui estes pire que bestes, en vos badinages lesquels vous faites à l'entour de vostre dieu de paste, duquel vous vous jouez comme un chat d'une souris. . . .

4°, le fruict et l'usage de la Messe est bien contraire au fruict et à l'usage de la saincte Cene de Jesus Christ, et n'est pas de merveilles : car entre Christ et Belial il n'y a rien commun. Le fruict et le vray usage de la saincte Cene de Jesus Christ est, pour le premier, de considerer comment le Seigneur nous presente de sa part le corps et le sang de son Fils Jesus Christ, à ce que nous communiquions vrayement au sacrifice de la mort et passion d'icelui, et que Jesus nous soit pour nourriture spirituelle et eternelle, et que nous nous en tenions pour asseurez comme il le nous declare et nous en asseure par ce sainct Sacrament. L'autre poinct est, de publiquement faire protestation de sa foy : et en confiance certaine de salut, avoir actuellement memoire de la mort et passion de Jesus Christ, par laquelle nous sommes rachetez de damnation et perdition, avoir aussi souvenance de la grande charité et dilection de quoi il nous a tant aimez, qu'il a baillé sa vie pour nous, et nous a purgez par son sang. Aussi en prenant tous d'un pain et d'un breuvage, nous sommes admonnestez de la charité et grande union en laquelle tous d'un mesme esprit nous devons vivre et mourir en Jesus Christ. Et ceci, bien entendu, resjouit l'ame fidele, la remplissant de divine consolation en toute humilité, croissant en foy de jour, s'exerçant en toute bonté tres douce et amiable charité. Mais le fruict de la Messe est bien autre, comme l'experience le nous demonstre. Car par icelle toute conoissance de Jesus Christ est effacee, la predication de l'Evangile est rejettee et empeschee, le temps est occupé en sonneries, hurlemens, chanteries, vaines ceremonies, luminaires, encensemens, desguisemens, et telles manieres de sorceleries, par lesquelles le poure monde est (comme brebis ou moutons) miserablement trompé, entretenu et pourmené, et par ces loups ravissans mangé, rongé et devoré. Et qui pourroit dire ne penser les larrecins de ces paillards? Par ceste Messe ils ont tout empoigné, tout destruit, tout englouti. Ils ont desherité Princes et Rois, seigneurs, marchans et tout ce qu'on peut dire, soit mort ou vif. En somme, verité leur defaut, verité les menace, verité les pourchasse, verité les espouvante : par laquelle en bref leur regne sera destruit à jamais.

No. 273. Christianae Religionis Institutio, 1536.

(1) *From the prefatory letter to Francis I, dated* 23 Aug. 1535.—Cum huic operi manum primum admoverem, nihil minus cogitabam, Rex clarissime, quam scribere quae Maiestati tuae offerrentur. . . . Verum cum perspicerem usque eo quorundam improborum furorem invaluisse in regno tuo, ut nullus sanae doctrinae sit istic locus, facturus mihi operae pretium visus sum, si eadem opera et institutionem iis darem quos erudiendos susceperam, et confessionem apud te ederem unde discas qualis sit doctrina in quam tanta rabie exardescunt furiosi illi, qui ferro et ignibus regnum tuum hodie turbant.

. . . .

. . . Percurre, Fortissime Rex, omnes causae nostrae partes, et quovis sceleratorum hominum genere nequiores nos existima, nisi plane comperias in hoc nos laborare et probris affici, quia spem reponimus in Deo vivo, quia hanc credimus esse vitam aeternam : nosse unum verum Deum, et quem ille misit Jesum Christum. Propter hanc spem (1 Tim. iv) alii nostrum vinculis constringuntur, alii virgis caeduntur, alii in ludibrium circumducuntur, alii proscribuntur, alii saevissime torquentur, alii fuga elabuntur, omnes rerum angustia premimur, diris exsecrationibus devovemur, maledictis laceramur, indignissimis modis tractamur. Intuere iam in adversarios nostros (de ordine sacrificorum loquor, quorum nutu et arbitrio alii nobiscum inimicitias exercent) et mecum paulisper reputa quo studio ferantur. Veram religionem, quae Scripturis tradita est, quaeque inter omnes constare debuerat, facile et sibi et aliis ignorare, negligere, despicere permittunt, parumque referre putant quid quisque de Deo et Christo teneat vel non teneat, modo implicita fide suam mentem ecclesiae iudicio submittat. Nec valde afficiuntur, si Dei gloriam manifestis blasphemiis pollui contingat. Cur tanta saevitia et acerbitate pro missa, purgatorio, peregrinationibus, et id genus nugis belligerantur, ut sine eorum explicitissima, ut ita dicam, fide salvam fore pietatem negent, cum tamen nihil eorum a verbo Dei esse probent? Cur nisi quia illis Deus venter est, culina religio, quibus sublatis, non modo non Christianos, sed ne homines quidem futuros se credunt. . . . Ideo, ut quisque eorum pro ventre est maxime sollicitus, ita pro sua fide bellator acerrimus. . . .

Nec sic tamen desinunt doctrinam nostram incessere, et quibus possunt nominibus criminari et infamare, quo vel invisam vel suspectam reddant. [1] Novam appellant et nuper natam: [2] dubiam esse et incertam cavillantur: rogant, [3] quibus confirmata sit miraculis: quaerunt, an sit aequum ut contra [4] tot sanctorum patrum consensum et [5] vetustissimam consuetudinem obtineat: urgent, [6] ut schismaticam esse fateamur quae contra Ecclesiam praelium moveat, vel Ecclesiam multis saeculis intermortuam fuisse, quibus nihil tale auditum fuit: postremo, [7] nihil opus esse, aiunt, multis argumentis, qualis enim sit iudicari a fructibus posse, utpote, quae tantum sectarum acervum, tot seditionum turbas, tantam vitiorum licentiam peperit. . . .

(*in answer to* [6]) Dilemmate suo non adeo vehementer nos premunt, ut fateri adigant: vel ecclesiam fuisse aliquamdiu intermortuam, vel nunc cum ecclesia nobis litem esse. Vixit sane Christi ecclesia et vivet quamdiu Christus regnabit ad dexteram Patris. . . . Adversus eam nulla nunc nobis pugna est. . . . Sed non parum a vero ipsi aberrant, dum ecclesiam non agnoscunt nisi quam praesenti oculo cernant, et eam iis finibus circumscribere conantur, quibus minime inclusa est. In his cardinibus controversia nostra vertitur: primum quod ecclesiae formam semper apparere et spectabilem esse contendunt, deinde quod formam ipsam in sede Romanae ecclesiae et praesulum suorum ordine constituunt. Nos contra asserimus: et ecclesiam nulla apparente forma constare posse, nec formam externo illo splendore, quem stulte admirantur, sed longe alia nota contineri, nempe: pura verbi Dei praedicatione et legitima sacramentorum administratione. . . .

Lib. I. *De Cognitione Dei Creatoris.*

(2) *From the Institutio of* 1559:—c. vi. *Ut ad Deum Creatorem quis perveniat opus esse Scriptura duce et magistra.*—

§ 2 ... Sic autem habendum est, ut nobis affulgeat vera religio, exordium a coelesti doctrina fieri debere, nec quenquam posse vel minimum gustum rectae sanaeque doctrinae percipere, nisi qui Scripturae fuerit discipulus ... § 3 ... Ad Verbum, inquam, est veniendum, ubi probe et ad vivum nobis a suis operibus describitur Deus, dum opera ipsa non ex iudicii nostri pravitate, sed aeternae veritatis regula aestimantur....

c. vii. *Quo testimonio Scripturam oporteat sanciri, nempe Spiritus, ut certa constet eius auctoritas: atque impium esse commentum, fidem eius pendere ab ecclesiae iudicio.*—§ 1 ... Invaluit autem apud plerosque perniciosissimus error, Scripturae tantum inesse momenti quantum illi ecclesiae suffragiis concedatur, ac si vero aeterna inviolabilisque Dei veritas hominum arbitrio niteretur ... § 5. Maneat ergo hoc fixum quos Spiritus sanctus intus docuit, solide acquiescere in Scriptura, et hanc quidem esse αὐτόπιστον, neque demonstrationi et rationibus subiici eam fas esse: quam tamen meretur apud nos certitudinem, Spiritus testimonio consequi. Etsi enim reverentiam sua sibi ultro maiestate conciliat, tunc tamen demum serio nos afficit, quum per Spiritum obsignata est cordibus nostris. Illius ergo virtute illuminati, iam non aut nostro aut aliorum iudicio credimus a Deo esse Scripturam: sed supra humanum iudicium, certo certius constituimus (non secus ac si ipsius Dei numen illic intueremur) hominum ministerio, ab ipsissimo Dei ore ad nos fluxisse....

Lib. II. *De Cognitione Dei Redemptoris.*

c. i. *Adae lapsu ... totum humanum genus maledictioni fuisse addictum et a prima origine degenerasse: ubi de peccato originali.*—§ 8 ... Videtur ergo peccatum originale haereditaria naturae nostrae pravitas et corruptio, in omnes animae partes diffusa: ... quare qui peccatum originale definierunt carentiam iustitiae originalis, quam inesse nobis oportebat, quamquam id totum complectuntur quod in re est, non tamen satis significanter vim atque energiam ipsius expresserunt. Non enim natura nostra boni tantum inops et vacua est: sed malorum omnium adeo fertilis et ferax, ut otiosa esse non possit. Qui dixerunt esse concupiscentiam, non nimis alieno verbo usi sunt, si modo adderetur (quod minime conceditur a plerisque) quicquid in homine est, ab intellectu ad voluntatem, ab anima ad carnem usque, hac concupiscentia inquinatum refertumque esse: aut, ut brevius absolvatur, totum hominem non aliud ex se ipso esse quam concupiscentiam....

c. iv. *Quomodo operetur Deus in cordibus hominum.* § 3. Veteres religiosius interdum simplicem quoque veritatis confessionem in hac parte reformidant, quod verentur ne impietati fenestram de operibus Dei irreverenter obloquendi aperiant. Quam sobrietatem ut exosculor, ita minime periculosum iudico, si simpliciter teneamus quod Scriptura tradit. Ne Augustinus quidem illa superstitione interdum solutus est : quemadmodum ubi dicit [De Praed. et Gratia, §§ 4, 5] indurationem et excaecationem non ad operationem Dei sed ad praescientiam spectare. At istas argutias non recipiunt tot Scripturae locutiones, quae plus aliquid Dei quam praescientiam intervenire clare ostendunt. . . . Similiter quod de permissione afferunt, dilutius est quam ut subsistat. Saepissime excaecare dicitur Deus et indurare reprobos, eorum corda vertere, inclinare, impellere, ut alibi fusius docui [Lib. I, c. xviii]. Id quale sit nequaquam explicatur, si confugitur ad praescientiam aut permissionem. Nos ergo duplici ratione respondemus id fieri. Siquidem quum sublato eius lumine, nihil quam caligo et caecitas supersit : quum ablato eius Spiritu, corda nostra in lapides obdurescant ; quum cessante eius directione, in obliquitatem contorqueantur : rite excaecare, indurare, inclinare dicitur, quibus facultatem videndi, parendi, recte exsequendi adimit. Secunda ratio, quae multo propius accedit ad verborum proprietatem, quod ad exsequenda sua iudicia per ministrum irae suae Satanam et consilia eorum destinat quo visum est, et voluntates excitat, et conatus firmat. . . .

c. viii. *Legis moralis explicatio.* . . . §§ 28 sqq. *Recordare diem Sabbati.* § 33. Paulo hic cogor esse longior, quod hodie ob diem Dominicum tumultuantur nonnulli inquieti spiritus. Plebem Christianum quiritantur in Iudaismo foveri, quia retinet aliquam dierum observationem. Ego autem respondeo, citra Iudaismum dies istos a nobis observari : quia longo intervallo differimus in hac parte a Iudaeis. Non enim ut ceremoniam arctissima religione celebramus, qua putemus mysterium spirituale figurari : sed suscipimus ut remedium retinendo in ecclesia ordini necessarium. . . .

§ 34. Quanquam non sine delectu Dominicum quem vocamus diem veteres in locum sabbati subrogarunt. Nam quum verae illius quietis quam vetus sabbatum adumbrabat in resurrectione Domini finis sit ac complementum, ipso die qui umbris finem attulit admonentur Christiani ne umbratili ceremoniae inhaereant. Neque sic tamen septenarium nu-

merum moror, ut eius servituti ecclesiam astringam : neque
enim ecclesias damnavero, quae alios conventibus suis so-
lemnes dies habeant, modo a superstitione absint. Quod erit
si ad solam observationem disciplinae et ordinis bene com-
positi referantur. Summa sit : ut sub figura Iudaeis tradebatur
veritas, ita nobis sine umbris commendatur ;. primum, ut
perpetuum tota vita sabbatismum meditemur a nostris operibus,
quo Dominus in nobis per suum Spiritum operetur ; deinde
ut pia operum Dei recognitione privatim se quisque, quoties
vacat, diligenter exerceat ; tum etiam, ut omnes simul legitimum ecclesiae ordinem, ad verbum audiendum, ad sacramentorum administrationem, ad publicas orationes constitutum,
observemus ; tertio, ne nobis subditos inhumaniter premamus.
Ita evanescunt nugae pseudoprophetarum qui Iudaica opinione
populum superioribus saeculis imbuerunt nihil aliud afferentes
nisi abrogatum esse quod ceremoniale erat in hoc mandato
(id vocant sua lingua diei septimae taxationem) : remanere
autem quod morale est, nempe unius diei observationem in
hebdomade.[1]   Atqui id nihil aliud est quam in Iudaeorum
contumeliam diem mutare, diei sanctitatem animo eandem
retinere.... Caeterum generalis doctrina praecipue tenenda
est : ne religio inter nos vel concidat vel languescat, diligenter
colendos esse sacros coetus, et externis subsidiis, quae ad
fovendum Dei cultum valeant, operam dandam esse.

c. xvi. *Quomodo Redemptoris partes impleverit Christus*,
&c., § 6. Iam et ipsa mortis species insigni mysterio non caret.
Maledicta crux erat, non humana tantum opinione, sed divinae
Legis decreto. In eam ergo dum tollitur Christus, maledictioni se obnoxium facit. Atque ita factum oportuit, ut
omni exsecratione, quae propter iniquitates nostras nos mane-
bat, vel potius nobis incumbebat, eximeremur, dum in eum
traducitur.... Quare, ut iusta expiatione defungeretur, animam
suam *Ascham* impendit, hoc est satisfactoriam peccati hostiam
(ut inquit Propheta, Ies. liii. 5, 11) in quam reiecta quodammodo macula et poena nobis desinat imputari. Apertius id
ipsum testatur Apostolus, quum docet eum qui peccatum non
noverat, peccatum pro nobis a Patre factum, quo iustitia Dei
efficeremur in illo (2 Cor. v. 21). Nam Filius Dei, omni vitio
purissimus, iniquitatum tamen nostrarum probrum ac igno-
miniam induit, ac sua vicissim puritate nos operuit. Eodem
videtur respexisse, quum tradit de peccato, damnatum fuisse

[1] A view revived in the Westminster Confession, xxi, § 7, which has
not followed Calvin on this point.

peccatum in eius carne (Rom. viii. 3). Siquidem peccati vim abolevit Pater, quum in Christi carnem translata fuit eius maledictio. Indicatur itaque hac voce Christum Patri fuisse in morte pro victima satisfactoria inmolatum, ut peracta per eius sacrificium litatione, iram Dei iam horrere desinamus. Nunc liquidum est, quid sibi velit illud Prophetae, positas fuisse in eo nostras omnium iniquitates (Ies. liii. 7): nempe quod sordes earum abstersurus, iisdem per translatitiam imputationem obtectus fuit. . . .

LIB. III. *De modo percipiendae Christi gratiae.*

c. xxi. *De electione aeterna*, &c., § 5. Praedestinationem, qua Deus alios in spem vitae adoptat, alios adiudicat aeternae morti, nemo qui velit pius censeri simpliciter negare audet: sed eam multis cavillis involvunt, praesertim vero qui praescientiam faciunt eius causam. Ac nos quidem utramque in Deo statuimus: sed praepostere dicimus alteram alteri subiici [*vid.* c. xxii, § 1]. Praescientiam quum tribuimus Deo, significamus omnia semper fuisse ac perpetuo manere sub eius oculis: ut eius notitiae nihil futurum aut praeteritum, sed omnia sint praesentia: et sic quidem praesentia, ut non ex ideis tantum imaginetur (qualiter nobis obversantur ea quorum memoriam mens nostra retinet) sed tanquam ante se posita vere intueatur ac cernat. Atque haec praescientia ad universum mundi ambitum et ad omnes creaturas extenditur. Praedestinationem vocamus aeternum Dei decretum, quo apud se constitutum habuit, quid de unoquoque homine fieri vellet. Non enim pari conditione creantur omnes: sed aliis vita aeterna, aliis damnatio aeterna praeordinatur. Itaque prout in alterutrum finem quisque conditus est, ita vel ad vitam vel ad mortem praedestinatum dicimus. . . .

c. xxiii. *Refutatio calumniarum*, &c., § 1. Haec vero dum audit humanum ingenium, contineri nequit eius protervia quin velut ad canticum classici varie et supra modum tumultuetur. Ac multi quidem, ac si invidiam a Deo repellere vellent, electionem ita fatentur ut negent quemquam reprobari [*vid.* Bernard. in die Ascensionis serm. ii]: sed inscite nimis et pueriliter, quando ipsa electio nisi reprobationi opposita non staret. Dicitur segregare Deus quos adoptat in salutem: fortuito alios adipisci, vel sua industria acquirere, quod sola electio paucis confert, plus quam insulse dicetur. Quos ergo Deus praeterit, reprobat: neque alia de causa nisi quod ab haereditate, quam filiis suis praedestinat, illos vult excludere. . . .

§ 4. Rursum excipiunt, Nonne ad eam, quae nunc pro damnationis causa obtenditur, corruptionem Dei ordinatione praedestinati ante fuerant? Quum ergo in sua corruptione pereunt, nihil aliud quam poenas luunt eius calamitatis, in quam ipsius praedestinatione lapsus est Adam, ac posteros suos praecipites secum traxit. Annon itaque iniustus, qui creaturis suis tam crudeliter illudit? Fateor sane in hanc, qua nunc illigati sunt, conditionis miseriam, Dei voluntate decidisse universos filios Adam : atque id est quod principio dicebam, redeundum tandem semper esse ad solum divinae voluntatis arbitrium, cuius causa sit in ipso abscondita. Sed non protinus sequitur, huic obtrectationi Deum subiacere. Occurremus enim cum Paulo (Rom. ix. 20) in hunc modum : 'O homo, tu quis es qui disceptes cum Deo?' . . .

§ 6. Alterum quoque obiectum ab impietate emergit. . . . Non ergo iure ob ea puniuntur, quorum praecipua in Dei praedestinatione causa est. Hic abstinebo a defensione ad quam fere scriptores ecclesiastici recurrunt, non impedire Dei praescientiam quominus homo peccator reputetur : quandoquidem illius mala, non sua Deus praevideat. . . . Si hominum eventa praevideret Deus duntaxat, non etiam suo arbitrio disponeret ac ordinaret, tum non abs re agitaretur quaestio, ecquid ad eorum necessitatem valeat ipsius providentia : sed quum non alia ratione quae futura sunt praevideat, nisi quia ita ut fierent decrevit, frustra de praescientia lis movetur, ubi constat ordinatione potius et nutu omnia evenire.

§ 7. Disertis verbis hoc exstare negant, decretum fuisse a Deo, ut sua defectione periret Adam. Quasi vero idem ille Deus, quem Scriptura praedicat facere quaecunque vult, ambiguo fine condiderit nobilissimam ex suis creaturis. Liberi arbitrii fuisse dicunt ut fortunam ipse sibi fingeret : Deum vero nihil destinasse, nisi ut pro merito eum tractaret. Tam frigidum commentum si recipiatur, ubi erit illa Dei omnipotentia, qua secundum arcanum consilium, quod aliunde non pendet, omnia moderatur ? Atqui praedestinatio velint nolint in posteris se profert. Neque enim factum est naturaliter, ut a salute exciderent omnes, unius parentis culpa. Quid eos prohibet fateri de uno homine, quod inviti de toto humano genere concedunt ? Quid enim tergiversando luderent operam ? Cunctos mortales in unius hominis persona morti aeternae mancipatos fuisse Scriptura clamat. Hoc quum naturae adscribi nequeat, ab admirabili Dei consilio profectum esse minime obscurum est. Bonos istos iustitiae Dei patronos perplexos haerere in festuca, altas vero trabes superare nimis absurdum est. Iterum quaero, unde factum est ut tot gentes una cum liberis eorum infantibus aeternae morti involveret lapsus Adae absque remedio, nisi quia Deo ita visum est? Hic obmutescere oportet tam dicaces alioqui linguas. Decretum quidem horribile, fateor: inficiari tamen nemo poterit quin praesciverit Deus, quem exitum esset habiturus homo, antequam ipsum conderet, et ideo praesciverit, quia decreto suo sic ordinarat. . . .

c. xxiv. *Electionem*, &c. . . . § 6. Accedit ad stabiliendam fiduciam alia, quam cum vocatione nostra coniungi diximus, electionis firmitudo. . . . At subit futuri status anxietas. . . . Sed enim ista sollicitudine liberavit nos Christus: nam in posterum certe respiciunt istae promissiones (Io. vi. 37 et 40), 'Omne quod dat mihi Pater,' &c. . . . Hinc etiam magnifica Pauli gloriatio . . . (Rom. viii. 38) quam in dono perseverantiae fundatam esse oportet. Nec dubium est quin ad electos omnes sententiam hanc dirigat. Alibi idem Paulus (Phil. i. 6), 'Qui coepit in vobis opus bonum,' &c. . . . Iam vero neque hoc dubium est, quum orat Christus pro omnibus electis, quin idem illis precetur quod Petro, ut nunquam deficiat fides eorum (Luc. xxii. 32). Ex quo elicimus extra periculum defectionis esse, quia eorum pietati constantiam postulans Filius Dei repulsam passus non est. Quid hinc nos discere voluit Christus, nisi ut confidamus perpetuo nos fore salvos, quia illius semel facti sumus . . .

§ 14. Restat nunc ut videamus cur id Dominus faciat quod eum facere palam est. Si respondeatur, sic fieri quia id impietate, nequitia, ingratitudine sua meriti sunt homines: bene id quidem et vere dicetur; sed quia nondum patet istius varietatis ratio, cur aliis in obedientiam flexis, isti obdurati persistant: in ea excutienda, necessario ad illud quod ex Mose annotavit Paulus transeundum erit: nempe 'quod ab initio eos excitarit Dominus ut ostenderet nomen suum in universa terra' (Rom. ix. 17). Quod igitur sibi patefacto Dei verbo non obtemperant reprobi, probe id in malitiam pravitatemque cordis eorum reiicietur, modo simul adiiciatur, ideo in hanc pravitatem addictos quia iusto sed inscrutabili Dei iudicio suscitati sunt ad gloriam eius sua damnatione illustrandam. . . .

LIB. IV. *De externis Mediis*.

c. i. *De vera Ecclesia*, § 1. Fide Evangelii Christum fieri nostrum, et allatae ab eo salutis aeternaeque beatitudinis nos fieri participes, proximo libro expositum fuit. Quia autem ruditas nostra et segnities (addo etiam ingenii vanitatem) externis subsidiis indigent, quibus fides in nobis et gignatur et augescat, et suos faciat progressus usque ad metam : ea quoque Deus addidit, quo infirmitati nostrae consuleret : atque ut vigeret Evangelii praedicatio, thesaurum hunc apud ecclesiam deposuit. Pastores instituit ac doctores, quorum ore suos doceret (Eph. iv. 11) : eos auctoritate instruxit : nihil denique omisit quod ad sanctum fidei consensum et rectum ordinem faceret. Imprimis sacramenta instituit, quae nos experimento sentimus plus quam utilia esse adiumenta ad fovendam et confirmandam fidem. . . . Incipiam autem ab ecclesia, in cuius sinum aggregari vult Deus filios suos, non modo ut eius opera et ministerio alantur, quamdiu infantes sunt ac pueri, sed cura etiam materna regantur donec adolescant, ac tandem perveniant ad fidei metam. Haec enim quae Deus coniunxit separari fas non est (Marc. x. 9), ut quibus ipse est Pater, ecclesia etiam mater sit : neque id sub Lege modo, sed etiam post Christi adventum, teste Paulo (Gal. iv. 26), qui novae et coelestis Hierosolymae nos esse filios docet.

§ 4. Verum quia nunc de visibili ecclesia disserere propositum est, discamus vel uno Matris elogio quam utilis sit nobis eius cognitio, imo necessaria : quando non alius est in vitam ingressus, nisi nos ipsa concipiat in utero, nisi pariat, nisi nos alat suis uberibus, denique sub custodia et gubernatione sua nos tueatur, donec exuti carne mortali similes erimus angelis (Matt. xxii. 30). Neque enim patitur nostra infirmitas a schola nos dimitti donec toto vitae cursu discipuli fuerimus. Adde quod extra eius gremium nulla est speranda peccatorum remissio, nec ulla salus . . . ut semper exitialis sit ab ecclesia discessio.

§ 9. Hinc nascitur nobis et emergit conspicua oculis nostris ecclesiae facies. Ubicunque enim Dei verbum sincere praedicari atque audiri, ubi sacramenta ex Christi instituto administrari videmus, illic aliquam esse Dei ecclesiam nullo modo ambigendum est : quando eius promissio fallere non potest (Matt. xviii. 20) ' Ubicunque duo aut tres ', &c.

§ 10. . . . cuius [ecclesiae] vel auctoritatem spernere, vel monita respuere, vel consiliis refragari, vel castigationes ludere, nemini impune licet : multo minus ab ea deficere, ac eius abrumpere unitatem. . . . Unde sequitur discessionem ab ecclesia Dei et Christi abnegationem esse. . . .

c. iii. *De ecclesiae Doctoribus et Ministris*, &c. § 4. Qui ecclesiae regimini secundum Christi institutionem praesunt, nominantur a Paulo (Eph. iv. 11), primum *Apostoli*, deinde *Pro-*

phetae, tertio *Evangelistae*, quarto *Pastores*, postremo *Doctores*. Ex quibus duo tantum ultimi ordinarium in ecclesia munus habent: alios tres initio regni sui Dominus excitavit: et suscitat etiam interdum, prout temporum necessitas postulat. . . . Tres illae functiones non ideo institutae in ecclesia fuerunt ut perpetuae forent, sed ad id modo tempus quo erigendae erant ecclesiae, ubi nullae ante fuerant, vel certe a Mose ad Christum traducendae. Quanquam non nego quin Apostolos postea quoque, vel saltem eorum loco Evangelistas interdum excitarit Deus, ut nostro tempore factum est. Talibus enim qui ecclesiam ab Antichristi defectione reducerent, opus fuit. Munus tamen ipsum nihilominus extraordinarium appello, quia in ecclesiis rite constitutis locum non habet. Sequuntur *Pastores* ac *Doctores*, quibus carere nunquam potest ecclesia: inter quos hoc discriminis esse puto quod Doctores nec disciplinae nec sacramentorum administrationi nec monitionibus aut exhortationibus praesunt, sed Scripturae tantum interpretationi: ut sincera sanaque doctrina inter fideles retineatur. Pastorale autem munus haec omnia in se continet.

§ 8. Caeterum quod episcopos et presbyteros et pastores et ministros promiscue vocavi qui ecclesias regunt, id feci ex Scripturae usu, quae vocabula ista confundit: quicunque enim Verbi ministerio funguntur, iis titulum episcoporum tribuit. . . . Hic iam observandum est nos hactenus nonnisi ea officia recensuisse, quae in Verbi ministerio consistunt: nec de aliis Paulus meminit illo quarto ad Ephesios capite quod citavimus. Verum in Rom. xii. 7 et 1 Cor. xii. 28 alia enumerat ut potestates, donum sanationum, interpretationem, gubernationem, pauperum curationem. Ex quibus quae temporaria fuerunt omitto: quia nullum operae pretium est in eis immorari. Duo autem sunt quae perpetuo manent: gubernatio et cura pauperum. Gubernatores fuisse existimo seniores e plebe delectos, qui censurae morum et exercendae disciplinae una cum episcopis praeessent. Neque enim secus interpretari queas quod dicit Rom. xii. 8, 'Qui praeest, id faciat in sollicitudine.' Habuit igitur ab initio unaquaeque ecclesia suum Senatum, conscriptum ex viris piis, gravibus et sanctis: penes quem erat illa, de qua postea loquemur, iurisdictio in corrigendis vitiis. Porro eiusmodi ordinem non unius saeculi fuisse, experientia ipsa declarat. Est igitur et hoc gubernationis munus saeculis omnibus necessarium. . . .

§ 9. Cura pauperum diaconis mandata fuit. . . .

§ 15. Quaeritur nunc a totane ecclesia eligi debeat minister, an a collegis tantum et senioribus, qui censurae praesunt, an vero unius auctoritate constitui possit. . . . Habemus ergo esse hanc ex Verbo Dei (Act. vi. 2) legitimam ministri vocationem, ubi ex populi consensu et approbatione creantur [1] qui visi fuerint idonei. Praeesse autem electioni debere alios pastores, ne quid vel per levitatem, vel per mala studia, vel per tumultum a multitudine peccetur.

§ 16. Superest ritus ordinandi. . . . Constat autem Apostolos non alia ceremonia usos esse, quum aliquem ministerio admovebant, quam manuum impositione.[2] . . . Licet autem nullum exstet certum praeceptum de manuum impositione, quia tamen fuisse in perpetuo usu Apostolis videmus, illa tam accurata eorum observatio praecepti vice nobis esse debet. . . . Hoc postremo habendum est, non universam multitudinem manus imposuisse suis ministris, sed solos pastores. Quanquam incertum est an plures semper manus imposuerint necne (Act. vi. 6, xiii. 3; 2 Tim. i. 6).

c. xiv. *De Sacramentis*, § 1. Praedicationi Evangelii aliud affine est fidei nostrae adiumentum in Sacramentis: de quibus certam aliquam doctrinam tradi, magnopere nostra refert, unde nos et quem in finem instituta fuerint, et quis eorum nunc usus sit, discamus. Principio animadvertere convenit quid sit Sacramentum. Videtur autem mihi haec simplex et propria fore definitio, si dixerimus externum esse symbolum, quo benevolentiae erga nos suae promissiones conscientiis nostris Dominus obsignat, ad sustinendam fidei nostrae imbecillitatem : et nos vicissim pietatem erga eum nostram tam coram eo et angelis quam apud homines testamur. Licet etiam maiore compendio aliter definire : ut vocetur divinae in nos gratiae testimonium externo signo confirmatum, cum mutua nostra erga ipsum pietatis testificatione.[3] Utramlibet ex his definitionibus eligas, ab illa Augustini, quae sacramentum esse tradit rei sacrae visibile signum, aut invisibilis

---

[1] This was Calvin's theory. In practice, election gave way to appointment. Cf. *Les Ordonnances ecclésiastiques* (*Opera* X a [= *C. R.* xxxviii.] 17, and *infra*, No. 302).

[2] This was abandoned in Geneva as superstitious by *Les Ordonnances* (*ibid.* 18, and *infra*, No. 302), and in Scotland rejected with contempt by the *First Book of Discipline*, 1560 (*infra*, No. 350), but reintroduced by the *Second*, 1578.

[3] Zwingli's sacramental teaching was thus abhorrent to Calvin. Cf. *Inst.* IV. xiv. 13, and, 11 Sept 1542, his letter to Viret, 'In scriptis prioribus [Zuinglii] memini quam profana sit de sacramentis doctrina' (Herminjard, viii, No. 1156).

gratiae visibilem formam, sensu nihil differt; rem vero ipsam melius ac certius explicat.

c. xvii. *De Sacra Christi Coena*, § 10. . . . Iam sacram illam carnis et sanguinis sui communicationem, qua vitam suam in nos transfundit Christus, non secus ac si in ossa et medullas penetraret, in Coena etiam testatur et obsignat: et quidem non obiecto inani aut vacuo signo sed efficaciam Spiritus sui illic proferens, qua impleat quod promittit. Et sane rem illic signatam offert et exhibet omnibus qui ad spirituale illud epulum accumbunt: quanquam a fidelibus solis cum fructu percipitur. . . . Quodsi verum est praeberi nobis signum visibile ad obsignandam invisibilis rei donationem, accepto corporis symbolo, non minus corpus etiam ipsum nobis dari certo confidamus.

§ 11. Dico igitur (quod et semper in ecclesia receptum fuit et hodie docent quicunque recte sentiunt) duabus rebus constare sacrum Coenae mysterium: corporeis signis, quae ob oculos proposita, res invisibiles secundum imbecillitatis nostrae captum nobis repraesentant, et spirituali veritate, quae per symbola ipsa figuratur simul et exhibetur. Ea qualis sit, dum familiariter demonstrare volo, tria soleo ponere: significationem, materiam quae ex ea dependet, virtutem seu effectum quae ex utraque consequitur. Significatio in promissionibus est sita, quae quodammodo sunt signo implicitae. Materiam aut substantiam voco Christum cum sua morte et resurrectione. Per effectum autem redemptionem, iustitiam, sanctificationem vitamque aeternam et quaecunque alia nobis beneficia affert Christus, intelligo. Porro tametsi fidem haec omnia respiciunt, nullum tamen locum relinquo huic cavillo quasi, dum fide percipi Christum dico, intelligentia duntaxat ac imaginatione velim concipi. Offerunt enim illum promissiones, non ut in aspectu modo nudaque notitia haereamus, sed ut vera eius communicatione fruamur. . . . Dico igitur in Coenae mysterio per symbola panis et vini Christum vere nobis exhiberi[1] adeoque corpus et sanguinem eius, in quibus omnem obedientiam pro comparanda nobis iustitia adimplevit, quo scilicet primum in unum corpus cum ipso coalescamus, deinde participes substantiae eius facti in bonorum omnium communicatione virtutem quoque sentiamus.

---

[1] Note the influence of Butzer here; and cf. the *Confessio Tetrapolitana*, *supra*, No. 226.

No. 274. Calvin detained by Farel in Geneva, Aug. 1536.

Porro an propositum esset mihi famam aucupari, patuit ex brevi discessu, praesertim quum nemo illic[1] sciverit me autorem[2] esse. Quod etiam alibi semper dissimulavi, et in animo erat idem institutum prosequi, donec Genevae non tam consilio vel hortatu quam formidabili Gulielmi Farelli obtestatione retentus sum, ac si Deus violentam mihi e caelo manum iniiceret. Quum rectum iter Argentoratum tendenti bella[3] clausissent, hac celeriter transire statueram, ut non longior quam unius noctis mora in urbe mihi foret. Paulo ante huius optimi viri et Petri Vireti opera profligatus erat papatus: sed res adhuc incompositae et urbs in pravas et noxias factiones divisa. Unus homo, qui nunc turpi defectione iterum ad papistas rediit[4], statim fecit ut innotescerem. Hic Farellus (ut incredibili zelo promovendi evangelii flagrabat) statim ad me retinendum obnixe nervos omnes intendit. Et quum privatis et occultis studiis me intelligeret esse deditum, ubi se vidit rogando nihil proficere, usque ad exsecrationem descendit, ut Deus otio meo malediceret, si me a ferendis subsidiis in tanta necessitate subducerem. Quo terrore perculsus, susceptum iter ita omisi ut mihi et verecundiae et timiditatis meae conscius obeundo certo muneri fidem meam non obstringerem.

No. 275. Calvin lecturer at the Cathedral in Geneva, 5 Sept. 1536.

From the Registers of the Council.—Mag. Guil. Farellus exponit sicuti sit necessaria illa lectura qualem initiavit ille Gallus in S. Petro: propterea supplicat videri de ipso retinendo et sibi alimentando. Super quo fuit advisum quod advideatur de ipsum sustinendo.

XV

FAREL AND CALVIN IN GENEVA, 1536-8

Farel was now 'preacher of the Gospel' and Calvin 'reader in Holy Scripture at Geneva' (Herminjard, iv, No. 650).

(i) Their first enterprise as colleagues took them beyond Geneva, to promote reform in the Pays de Vaud. With reform of its newly

---

[1] At Basel. The passage is a continuation of No. 268, *supra*.
[2] sc. of the Institutes.
[3] The second war between Charles and Francis, 1536-8.
[4] Louis du Tillet.

FAREL AND CALVIN IN GENEVA, 1536-8

conquered, Jan.-Feb. 1536, territories in view, Bern, ignoring [No. 276] **the Emperor's prohibition** (Ruchat, iv, 504; Herminjard, iv, No. 565) of 5 July, by [No. 277] **summons** (Ruchat, iv. 500) of 16 July, arranged for, 1-8 October [No. 278] **the Disputation of Lausanne** (*ibid.* 171 sqq.). Farel prepared the Theses (*ibid.* 505: in French, *Calv. Op.* ix. [= *C. R.* xxxvii.] 701): and Calvin who, as a humanist, had learned to value the appeal to antiquity, perhaps from the school of Faber Stapulensis[1], intervened, 5 Oct., in the discussion of Thesis III to claim the Fathers as witnesses against a corporal presence in the Eucharist (*Op.* ix. [= *C. R.* xxxvii.] 877 sqq.). In a letter of 13 Oct. (Herminjard, iv, No. 573) he describes the debate. It went by default; and Bern followed it up by, 19 Oct., [No. 279] **an order to put down 'popery'** (Ruchat, iv. 519); by the appointment first of Caroli, 1 Nov. (Herminjard, iv, No. 576), and then, 7 June 1537 (*ibid.* No. 633), of Viret (till 1559; †71) to be pastor at Lausanne; by, 24 Dec. 1536, [No. 280] **an edict of Reformation** (Ruchat, iv. 522 sqq.); and by a commission of five, 5 Jan. 1537, to enforce the Bernese ceremonies (Herminjard, iv, No. 600). Some pressure was needed to reduce the clergy at

---

[1] 'Et quidni saecula nostra ad primigeniae illius Ecclesiae effigiem redigi optaremus, cum tunc et purius Christus coleretur et nomen eius latius effulgeret? Quandoquidem tunc (attestantibus non paucis ac etiam in libello *Adversus Iudaeos* [cap. vii] Tertulliano, qui illius tempestatis erat) Persae ... Britanni ... Germani ... ignotarum gentium insulae ... Christum adorabant.... Haec ille, de illius tempestatis fide in Christum longe lateque diffusa. Quam fidei amplitudinem, quem puritatis cultum redeunte Evangelii luce, nobis quoque annuat ille qui est super omnia Benedictus. Redeunte, inquam, Evangelii luce, quae sese tandem mundo rursum hac tempestate insinuat, qua plerique divina luce illustrati sunt: adeo ut praeter alia multa, a tempore Constantini, quo primitiva illa quae paulatim declinabat, desiit Ecclesia, non fuerit maior linguarum cognitio, non maior orbis detectio, non ad longinquiora terrarum spatia quam temporibus istis nominis Christi propagatio. Linguarum enim cognitio et maxime Latinae et Graecae (nam postea Hebraicarum litterarum studium a Iohanne Capnione[a] excitatum est) circa tempora Constantinopoleos ab hostibus Christi expugnatae[b] redire coepit: paucis Graecis, nimirum Bessarione[c], Theodoro Gaza[d], Georgio Trapezuntio[e], Emmanuele Chrysolora[f], illinc in Italiam receptis. Terrarum autem detectionem, et subinde nominis Christi propagationem haud ita multo post, ad exortum quidem solis fecere Lusitani[g]; ad occasum vero vergendo ad meridiem, primum (duce Ligure[h]) Hispani, deinde vergendo ad septentrionem etiam Galli[j]. In quibus omnibus locis, utinam nomen Christi pure ac sincere annunciatum sit, et posthac annuncietur.... (Faber Stapulensis, *Commentarii Initiatorii in iv Evang. Praefatio.*—Meldis MDXXII.)

[a] Johann Reuchlin, 1455-†1522. [b] 1453. [c] 1395-†1472.
[d] 1400-†78. [e] 1395-†1481. [f] 1355-†1415.
[g] Prince Henry the Navigator, 1395-†1460: Vasco da Gama, 1450-†1524.
[h] Christopher Columbus, 1446-†1506.
[j] Bretons and Normans (from 1504: see Harrisse, *Jean et Sébastien Cabot*, 271) to the Banks of Newfoundland, &c.

Lausanne (*ibid.* No. 662): but, out of 40 Religious Houses and 337 Secular Clergy invited (*ibid.* No. 573, n. 16) to the Disputation, some 80 Religious and above 120 Seculars (*ibid.* No. 662, n. 3) conformed. The new system began with the founding of the University of Lausanne, Jan. 1537 (*ibid.* No. 603), and was afterwards organized by [No. 281] **Synods at Lausanne**. The first, 14 May 1537, set up seven ecclesiastical districts or 'Classes' and ordered periodical 'Colloquies' (Ruchat, iv. 413 sqq.). The second, March 1538 (*ibid.* 451 sqq.) adopted, 4 April, the ceremonies and 'the four feasts', other than Sunday, in use at Bern (Herminjard, iv, No. 698). In Sept. 1539 all priests who still declined to conform were deprived and banished (Ruchat, iv. 477).

(ii) Returning to Geneva, Farel resumed the project which, in, 24 July 1536, [No. 282] **the case of Jean Balard** (*Calv. Op.* xxi. [= *C. R.* xlix] 203: *Journal du Syndic Jean Balard ap. Mémoires et Documents publiés par la Société d'Histoire de Genève*, X. lxvii, n. 1); cf. H. D. Foster, *Am. Hist. Rev.* viii. 231 sqq.), had already met with some success, of restraining the citizens in the use of their new-found liberties. Restraint from Magistrates was one thing; a mediaeval city was well accustomed to it (cf. J. M. Vincent, *European Blue Laws* in *Report of the American Historical Association*, 1897, pp. 357 sqq.), and 'in Geneva such legislation antedated not only Calvin but the Reformation' (Foster, *ut sup.* 231, n. 4). But restraint from Ministers was another—a new ecclesiastical tyranny, whereas the old had but just been shaken off. Following up the vote of 21 May to 'live according to the Gospel', it was ordered, says the Register of the Councils, 'pour l'unité de la ville, et afin d'unir les citoyens dans la foi en Christ' (*ap.* Rilliet et Dufour, *Le Premier Catéchisme Français de Calvin*, xiii), that articles be drafted. On 10 Nov [No. 283] **Farel's Articuli de regimine ecclesiae** (*Calv. Op.* xxi. [= *C. R.* xlix.] 206) were adopted: but they appear to have been too merely destructive to be related to the constructive scheme of reform outlined by Calvin from *the Institutes* in, 13 Jan. 1537, [No. 284] **a memorandum of the Ministers of Geneva to the Council** (*Opera*, x a [= *C. R.* xxxviii.] 5 sqq.; Herminjard, iv, No. 602). In this memorandum the ministers, taking as their standard the weekly Eucharist, the discipline and the catechetical instruction of the primitive Church, proposed to make every citizen of Geneva a monthly communicant, and, to that end, a Christian under fear of excommunication. On 16 Jan. [No. 285] **the Two Hundred accepted the memorandum with modifications** (*Opera*, xxi. [= *C. R.* xlix.] 206), and at the elections of 4 Feb. their action was endorsed by the appointment of four Syndics favourable to the preachers (*ibid.* 207). There then appeared, by 17 Feb. (Herminjard, iv, No. 634, nn. 3, 4) from (*Opera*, xxii. [= *C. R.* l.] 11) the pen of Calvin a Catechism[1],

[1] The *Catechismus Genevensis Prior* superseded by *Le Catéchisme de Genève* of 1542 (*Opera* vi. [= *C. R.* xxxiv.] 1 sqq.) or *Cat. Gen. Posterior*; see below, No. 304.

based on the *Institutes* and entitled *Instruction et Confession de Foi dont on use en l'Eglise de Genève* (in French, Rilliet et Dufour, *op. cit.* I sqq. and *Opera*, xxii. [= *C. R.* l.] 33 sqq.; in Latin, 1538, *ibid.* v. [= *C. R.* xxxiii.] 317 sqq); and, 27 April (*ibid.* xxi. [= *C. R.* xlix.] 210),' *extraicte de l'Instruction*,' whether by Farel (*ibid.* xxii. [= *C. R.* l.] 18) or by Calvin (Rilliet et Dufour, *op. cit.* lii sqq.), a [No. 286] **Confession** entitled *Confession de la Foi, laquelle tous bourgeois et habitans de Genève et subjects du pays doibvent jurer de garder et tenir* (*Opera*, xxii. [= *C. R.* l.] 85 sqq.; in Latin, v. [= *C. R.* xxxiii.] 355 sqq.). But at this point, with the attempt to base Church-membership on individual profession and civic unity on unity of belief, opposition began to appear: first (1) religious, and then (2) political (cf. Ruchat, v. 52 sqq.).

(1) The religious supremacy of the preachers was threatened (*a*) by, 9 March 1537, [No. 287] **the arrival of Anabaptists** from the Low Countries (*Opera*, xxi. [= *C. R.* xlix.] 207 sqq.), who challenged Farel to a disputation, 16–17 March. But the Two Hundred cut it short and banished them 19 March. The Council could not afford to have the authority of its preachers shaken. But (*b*) neither must their orthodoxy be impugned, as it had been, 17 Feb., before the Bernese commissioners at Lausanne when [No. 288] **Caroli accused Farel and Calvin of Arianism** (Herminjard, iv, No. 610). The charge was untrue. But they had given just enough opening for it; Farel by having had for a colleague at Neuchâtel the Arian Claude d'Aliod (*ibid.* iii, No. 464), and both by omitting 'Trinity' and 'Person' from the formularies they were now seeking to impose on Geneva. Caroli was deposed, 7 June (*ibid.* iv, No. 633), and the preachers were **acquitted** (*ibid.* No. 634), but not without, 13 Aug., a **reprimand** (*ibid.* No. 650; and Ruchat, v. 499). With their credit thus re-established, they were strong enough to obtain from the Councils [No. 289] **decrees enforcing the Confession**, 28–9 July, by oath (*Opera*, xxi. [= *C. R.* xlix.] 213) and, 19 Sept. and 12–15 Nov., on pain of banishment: but these proposals were defeated, 25 Nov., in the General Assembly (*ibid.* 216 sq.). Baulked of civil penalties, the preachers fell back on ecclesiastical; but these, 3–4 Jan. 1538, in the shape of [No. 290] **excommunication** (*ibid.* 219 sq.), even the Two Hundred rejected.

(2) Political events completed their overthrow. On 3 Feb. 1538 (*ibid.* 221) the four Syndics were elected from the popular party. This party now looked to Bern where reforms had been less radical and theology was more liberal than in Geneva; while the Bernese were ready to support any movement in Geneva by means of which they could make good their claims over the too independent city which they had rescued along with the Pays de Vaud. There, as in the other Prince-Bishopric of Lausanne and in the Vaud, ecclesiastical uniformity might pave the way for political unity. Accordingly, on 11–12 March, without consulting the ministers [No. 291] **the Genevan government voted the Bernese ceremonies** (*ibid.*

222 ; and Herminjard, iv, No. 694, n. 2): and Bern responded, 15 April, by notifying both to preachers (*ibid.* No. 699) and to Council (*ibid.* No. 700) at Geneva a [No. 292] **request for their adoption, as at its Synod of Lausanne,** 4 April. On the 19th [No. 293] **the Council demanded of the preachers whether they would conform or not** (*Opera*, xxi. [= *C. R.* xlix.] 223 sq.); and if not 'they would find others' (*ibid.* 225), 20 April. Next day was Easter Sunday. Farel and Calvin refused to give Communion; and 21-3 April [No. 294] **they were banished from Geneva** (*ibid.* 225 sqq.). For the time, the struggle against the discipline ended in its defeat.

No. 276. The Emperor's prohibition of the Disputation, 5 July 1536.

Carolus, Divina favente clementia, Romanorum Imperator, semper Augustus, &c. Honorabiles, &c. Intelleximus in ista civitate nostra Imperiali, ubi inter caetera ecclesiastica aedificia cathedralis ecclesia a nostris praedecessoribus dotata, et sub nostra protectione existit, fieri innovationes in religionis et fidei nostrae causa, et inter caetera institutam esse certam disputationem brevi istic fiendam super eodem negotio. Quae omnia nobis eo magis sunt adversa, quia ea in praeiudicium Edictorum nostrorum Imperialium (quibus omnes innovationes usque ad futurum Concilium, iam nostro studio et apud Beatitudinem summi Pontificis intercessione indictum, et ad futurum mensem Maii inchoandum [1], cessare et suspensas esse voluimus) attentari videamus. Et proinde vos requirimus, serio mandantes, ut dictam disputationem, ut praefertur, institutam necnon omnes alias innovationes in negotio fidei et religionis nostrae attentatas illico annulletis, aboleatis, et omnia innovata in pristinum restituatis : causam ad futurum Concilium, uti praefertur, celebrandum remittatis,[2] contrarium nullo pacto facere praesumentes, seu fieri permittentes, vosque ita obedientes geratis ut nobis de vestra erga Nos et Sacrum Imperium observantia et officio plane persuademus.—*Datum Saviliani*[3] *die v Iulii* A.D. 1536, *Imperii Nostri xvi.*

[1] Paul III published 2 June 1536 a Bull convoking the Council to Mantua for 7 May 1537.
[2] On July 23 the Council resolved 'per maiorem partem assistentium debere . . . bene vivere in pace et bono amore et quod nullae insolentiae neque innovationes fiant, sed debere exspectare concilium tenendum '.
[3] Savigliano, in Piedmont.

No. 277. Bern's summons for the Disputation at Lausanne, 16 July 1536.

Nous l'Advoyer, Petit et Grand Conseil, nommé[s] les Deux-Cents des Bourgeoys de Berne, faisons savoir et notifions à tous qu'il appartiendra, et cestes par nostre Commandement seront communiquées et publiées. Comme ainsi soit que en nos terres, que justement par la grâce de Dieu avons conquestées, grands differents et questions se soient levées entre nos subjects à cause de la foi, pource que les uns veulent vivre selon le St. Evangile de Jésus et les autres à la manière accoustumée . . . avons ordonné que tous les Prestres, Moynes et gens que l'on appelle d'Eglise, quelsconques qu'ils soyent, estans en nos dites Terres, et les Prescheurs aussi, ayent à comparoir et se trouver à Lausanne le premier jour du mois d'Octobre prochainement venant pour rendre raison de leur foi, pour maintenir et soustenir par la Sainte Escripture, tant du Vieulx que du Nouveau Testament, ce qu'ils enseignent, font et tiennent en l'assemblée du peuple. . . . Et non seulement à ceux de nos terres, mais à tous allans et venans de quelque pays qu'ils soient ; auxquels et à tous, donnons assurance, saufconduit, et sauvegarde, pour aller, venir, opposer ou respondre en la ditte disputation, et ce par la S. Escripture . . . par laquelle voulons toute la disputation estre faicte et concluë . . .

No. 278. The Disputation of Lausanne, 1-8 October 1536.

(*a*) *The Theses :—*

(1) Scriptura sacra aliam iustificandi viam nescit ullam, praeter eam quae est per fidem in Christum Iesum semel oblatum, amplius nunquam offerendum : ut Christi vim prorsus enervet, qui aliam pro peccatorum remissione vel satisfactionem vel oblationem vel purgationem inducit.

(2) Eundem Christum a morte suscitatum, in coelum assumptum, et ad dexteram Patris sedentem, solum caput, pontificem vere summum, mediatorem et intercessorem ecclesiae suae agnoscit.

(3) Hanc vero ecclesiam Dei esse Scriptura sacra praedicat, quotquot se solo Christi sanguine redemptos credunt eiusque solius verbo inconcusse credunt et nituntur qui, nobis corporali praesentia subductus, Spiritus sui virtute omnia impleat, sustineat, regat ac vivificet.

(4) Quae quidem ecclesia, etsi oculis Dei solius nota sit, suas tamen habet ceremonias a Christo institutas, quibus et cernitur

et agnoscitur: videlicet, Baptismum et Coenam Domini, quae sacramenta vocantur quia rerum arcanarum, id est, divinae gratiae symbola sunt ac signa.

(5) Praedicta quoque ecclesia ministrum non agnoscit ullum, nisi verbi et sacramentorum administratorem.

(6) Praeterea nec ad obtinendam peccatorum remissionem aliam eorum confessionem eadem ecclesia asserit, quam eam quae fit apud Deum, nec aliam absolutionem quam eam quae fit a Deo; cui soli in eum finem confitendum, et a quo solo peccata condonantur.

(7) Ad haec saepius iam dicta ecclesia ritum colendi Deum plane alium ignorat quam spiritualem et ex verbo Dei praescripto, qui in Dei proximique dilectione situs est; atque adeo omnium ceremoniarum nugas infinitas quatenus pervertendae religioni serviunt, ut sunt imagines, et id genus alia, prorsus non admittit.

(8) Eadem quoque agnoscit unum solum magistratum, huncque laicum, a Deo institutum, ad reipublicae tranquillitatem conservandam necessarium. Cui omnibus etiam parendum censet, quatenus contra Deum nihil praecipit.

(9) Insuper coniugium omnibus hominibus, modo ad hoc idoneis, a Deo institutum, nullius ordinis sanctimoniae repugnare affirmat.

(10) Postremo, quae media vocantur, ut sunt cibi, potus, dierumque observatio: iis uti vir pius quamquam libere ubique potest, scienter tamen et ex caritate uti debet.

(*b*) *Calvin, on Thesis III.* 5 Oct. 1536.—Je m'estoie abstenu de parler jusques à ceste heure et avoye deliberé de me abstenir jusques a la fin, voyant que ma parolle n'estoit pas fort requise en si suffisantes responses que donnent mes freres Farel et Viret. Mais la reproche que vous nous avez faicte touchant les sainctz docteurs anciens me contrainct de dire ung mot pour remonstrer briefvement combien à tort et sans cause vous nous accusez en cest endroict.

Vous nous imposez que nous les contemnons et du tout rejectons, adjouxtant la raison que c'est pourtant que nous les sentons contraires et adverses à nostre cause.

Quant au contemnement nous ne refusons point que ne soyons estimez de tout le monde non seulement temeraires mais arrogans outre mesure, si nous avions telz serviteurs de Dieu en mocquerye telle que vous dictes, jusques à les reputer asnes. S'il estoit ainsi, nous ne prendrions point la peine de les lire et nous servir de leur doctrine quand mestier est et que l'occasion s'y addonne. Tellement que ceux qui font semblant de leur porter grande reverence souvent ne les ont pas en si grand honneur que nous, et ne daigneroient employer le temps à lire leurs escriptz que nous y employons voluntiers. Comme se pourroit prouver, non pas à vous mais à ung qui y seroit un peu plus excrcité.

Mais ce que nous les avons tousjours cependant au nombre de ceux aux quelz n'est pas deue obeissance et ne exaltons pas tellement leur autorité que elle puisse amoindrir ou aucunement abaisser la dignité de la parolle du Seigneur, laquelle seule avec entiere obeissance doibt estre estimee en l'église de Jesu-Christ, ce n'est pas sans raison plus que suffisante.

. . . . . .

En somme, nous leur faisons tel honneur qui leur peult appartenir selon Dieu, nous servans d'eux et de leur ministère pour chercher la verité de Dieu, affins que l'ayans trouvee nous l'escoutions avec eux et observions en toute humilité et reverence, reservans cest honneur au seul Seigneur qu'il n'y ait que sa bouche ouverte en l'église pour parler en autorité et que toute aureille soit preste à l'escouter et toute âme à luy obéir. Mesme S. Cyprien parlant du present propos lequel nous traictons maintenant, au 2 livre des epistres en l'epistre 3, ne veult pas que nous ayons aucun esgard à ce que auront dict ou faict ceux qui auront esté auparavant nous, mais que seulement nous considerions ce que a dict Christ nostre maistre lequel est devant tous.

Quand à la raison que vous avez amenee que nous craignons d'estre convaincuz par leur autorité veu que en tout ilz nous sont contraires . . . je me contenteray de vous avoir monstre comment, en ce point auquel vous nous les faictes tant adverses, nous les pouvons justement prendre pour deffenseurs de nostre opinion. . . .

Premièrement, Tertullien assez prochain du temps des Apostres, refutant l'erreur de Marcion qui disoit le corps de Jesu-Christ n'avoyr esté que ung phantasme et vaine apparence tout tel que vous le nous forgez, privé et spolié de toute verité et propriété d'un corps humain, prouve par cest argument que Christ a eu ung vray corps veu qu'il en a laissé la figure par representation en sa Cène. S'il est ainsi, dict il, qu'il n'y puisse avoir imaige ne representation sinon des choses veritables, il s'ensuit que Christ a prins ung vray corps quand il est descendu a nous, veu que en la Cène il nous a laissé de la figure de icelluy corps. Notez outre la deduction de l'argument que, encores en nommant ce sacrement que vous maintenez estre le corps matériel de Christ, il l'appelle la figure du corps.

Quicunque soit l'auteur des commentaires imparfaictz sur S. Matthieu que l'on attribue a S. Jehan Chrisostome et lesquelz on mect avec ses œuvres en la xi[e] homelie environ le millieu, voulant remonstrer que c'est beaucoup plus grande offense de nous contaminer et polluer nous mesmes que de prophaner les vaisse[a]ux ou l'on administre les sacremens de la Cène, adjouxte la raison : pourtant que nous sommes les vrays vaisseaux ou Dieu habite ; en ceux-là, n'est pas contenu le vray corps de Jesu Christ, mais seulement le mystère de son corps. Il parle ainsy de mot à mot. Regardez comment, renversant toute vostre doctrine, il establist simplement la nostre, disant apertement qu'il ne nous fault là chercher le corps naturel de Jesu-Christ, mais ung mistère de la communication que nous avons en son corps.

S. Augustin, lequel vous faictes tant vostre, en l'epistre xxiiie, bien près de la fin, apres avoyr parlé de la foy que apportent les petiz enfans au baptesme et avoyr dict que la locution est impropre de dire que les petiz enfans croient, conclud son intention par ces similitudes. Nous usons, dict il, de ces formes de parler que nous disons le Seigneur estre resuscité le jour que nous celebrons la pasque et aussy estre crucifie le jour que nous celebrons sa passion, et celuy qui aura parlé en ceste forme nullement ne sera reprins. Pareillement aussy le pain et le vin qui sont sacrement du corps et du sang de Christ, nous les appellons aucunement le corps et le sang : *quodammodo vocamus sacramenta*. Voyez premièrement pour quelle raison il estime que ces figures de pain et de vin puissent estre nommez le corps et le sang du Seigneur, c'est asscavoir pource qu'ilz en sont representation. D'avantaige, il mect signamment ceste particule *quodammodo* aucunement pour demonstrer plus clairement et expressement l'improprieté qui en est en ceste facon de parler.

. . .

Au commencement de quelque homelie sur l'evangile S. Jehan, environ le 8e ou 9e, je n'en ay pas la memoire certaine, commenceant à exhorter le peuple d'escouter la voix de Jesus, par maniere d'objection, demande comment ilz peuvent ouyr celuy qui ne parle pas personnellement à eux : puis il respond, tant que le siecle durera il fault que le Seigneur soit en hault, mais il nous a laissé sa parole en terre par laquelle il parle a nous. Car il fault que le corps qui est monté au ciel soit en ung lieu, mais sa verité est espandue par tout. Comment accorderez vous que le corps volle par toutz les autelz, est enfermé en toutes les boetes, est tous les jours en une mesme heure en cent mille places, avec ce que vous asseure ce saint personnaige ?

Oultre au livre *De fide ad Petrum Diaconum* (combien qu'on doubte si c'est de luy ou de quelque autre ancien) au chap. 19 il dict que les patriarches et prophètes ont soubz le viel testament offert à nostre Seigneur Jesu-Christ des bestes brutes et que mainctenant l'église universelle assiduellement luy offre le sacrifice de pain et vin en charite de foy. Et pourtant comme en iceux sacrifices charnelz estoit la figuration du corps de Christ lequel il debvoit offrir, aussy que en ce sacrifice du nouveau testament est faicte action de graces et commemoration de la chair de Christ laquelle il a offert et du sang lequel il a espandu pour la remission de nos pechez. Poisez tous les motz et syllabes (si bon vous semble) pour veoyr s'il favorise aucunement e [à] vostre erreur.

Finablement, en l'epistre *ad Dardanum*, laquelle est assez ample et longue, il a rendu assez bon tesmoignage de ce qu'il en sentoit. Car en la première partie il traicte comment Jesu-Christ selon sa divinite remplit tout, habite partout, est espandu par le ciel et la terre. En la seconde, il monstre comment selon son humanité il est au ciel, non pas en terre. Car en transferant (dict il) et exaltant son corps en hault, il luy a donné gloire et immortalité, mais il ne luy a pas osté sa verité et sa nature.

. . . . . .

Tout le monde peult facilement appercepvoir de quelle temerité vous nous reprochez que les docteurs anciens nous sont contraires. Certes si vous en eussiez veu quelques feuilletz, vous ne eussiez esté si hardy a faire ung tel jugement que vous avez faict n'en ayant veu mesmes les couvertures, comme assez le monstrent les tesmoignages precedens. . . .

(c) *From Calvin's letter of* 13 *Oct.* 1536.—Disputationum istarum, quarum mentionem nuper inieci, rumorem sic longe lateque pervagatum esse intelligo ut aliqua eius aura urbem vestram[1] afflatam esse nihil dubitem. Institutae fuerunt Senatus Bernensis decreto, cum solemni Edicto, quo impune liberumque unicuique esse iussit Senatus, proponere quod ad religionis suae defensionem pertinere videretur. Hanc optimam esse rationem putarunt, qua eorum inscitiam[2] publice traducerent qui verae religioni adversari conarentur, atque ita

[1] Orléans.
[2] Out of 337 seculars invited, only 174 came, and only 4 took part in the discussion; and out of 40 Religious Houses only one friar spoke.

triumphatam ex hac nova ditione, quam e manibus Ducis
Sabaudiae receperunt, ablegarent. Iam ex multis locis idola
et altaria labefactari coeperunt, ac brevi futurum spero ut
quod adhuc superest repurgetur.[1] Faxit Dominus ut ex omnium cordibus idololatria corruat.

No. 279. Bern's order to put down 'popery' in the Pays de Vaud, 19 Oct. 1536.

Nous l'Avoyer, Petit et Grand conseil nommés les Deux
Cents des Bourgeois de Berne, faisons savoir et notifions
à tous nobles, pourvéables, discrets nos chiers et féaulx soubjects, habitans ès villes, bourgs, chasteaulx, villages et autres
places, par la grace de Dieu en ces dernières guerres conquestées, comme ainsi soit que par notre publique édict et
mandement par cy devant esmanés à cause de la Disputation
tenue à Lausanne, asses et au long soyez advertis et informés
des raisons et occasions nous mouvantes à cela ; en après vous
avoir entendus l'ordre et cours d'ycelle, et la ditte Disputation
estre dymanche huitième jour du moys d'Octobre achevée,
Nous comme ceulx qui sont en tenus non seulement de
gouverner nous soubjects par équité, justice, loys, estatuts et
ordonnances corporelles et extérieures, ains aussy de donner
toutes adresses, faveur, ayde, assistance, promotion, employer
toutes diligences et forces à ce qu'ils vivent selon Dieu en vraye
et vive foy, laquelle produit les bonnes œuvres, en tant que
désirons rendre bon compte à Dieu de notre administration
et régiment au jour du dernier jugement ; estre aussy assuré
déjà une bonne partye de vous suffisamment estre instruits en
la Parole de Dieu ; pareillement tout le monde acertioré[2] des
grands abbomynables et exécrables abus, erreurs et séductions
que [qui] sont en l'Eglise papale, comme communément l'on dit
et confesse ; considérant les dix conclusions disputées au dit
Lausanne, ensemble leurs probations et déclarations, estre
fondées en la Saincte Escripture, tieulement[3] que de tous
ceulx qui sont [ont] été évoqués, la plupart n'ont voulu disputer
ny arguer contre icelles, et que ceux qui se sont mis en avant
pour les impugner n'ont allégué raisons, argumens ne probations
prises de la Saincte Escripture que [qui] puissent ruiner icelles
conclusions, comme tous bons chrétiens cella facilement pourroyent indiquer et cognoistre èsquels remettons le jugement ;
pour autant, nonobstant les vaines protestations et appellations faictes, avons advisé (de ce ayant non seulement l'exemple

[1] For a description of the process cf. Ruchat, iv. 368-71.
[2] rendu certain.   [3] tellement.

des bons fidèles roys du vieulx testament, comme du roy
Esechie, aussy de tous bons roys, princes et potentats, après
qu'ont cheu la regnaissance [qui ont reçu la connaissance]
de la vraye foy de Jésus-Christ) d'abattre toutes idolâtries,
cérémonies papales, traditions et ordonnances des hommes
non conformés à la Parole de Dieu.

A ceste cause et effect mandons et commandons à tous et
un chacun nous [nos] baillifs, advoyers, chastelains, lieutenans et
aultres officiers que, incontinent avoir vues icestes, vous trans-
pourtiez d'une église en l'autre, et aussy ès cloistres et monastères que [qui] sont soubs votre charge et office, et à tous prestres,
prevosts, doyens, chanoines, curés, vicaires, chappelains, abbés,
prieurs, mœnnes, nunins, et toutes autres personnes appelées
gens d'Eglise, de notre part fassiez exprès commandement de
soy incontinent dépourter de toutes cérémonies, sacrifices,
offices, institutions et traditions papistiques, et de toutellement
cesser d'ycelles, entant qu'ils désireront d'éviter notre male
grace et griefve punition; aussy vous expressement recom-
mandant sans dilation abatre toutes images et idoles, aussy
les autels estans dans lesdites églises et monastères; touteffois
cella par bon ordre et sans tumulte, auxdits personnages et tous
aultres nous [nos] soubjects faisant commandement d'ouyr la Parolle de Dieu ès lieux plus prochains où les prédicans sont déjà
constitués et cy après avec le temps seront par nous ordonnés
et députés; lesquels prédicans ils doivent bénignement ouyr, recepvoir et traicter, sans les molester ny ennuye (donner ennui),
en sourte que ne soit; et que très tous vivent ensemble en
bonne paix, tranquillité fraternelle et chrestienne dilection,
amour et union; les advertissans qu'avons délibéré, sitost que
nous sera possible, de mettre ordre à toute la reste des affaires,
touchant les gens que l'on a appelés d'Eglise, et les biens
d'icelle, et de faire à l'aide de Dieu sur le toutaige (tout) si raisonnable et chrestienne réformation, qu'espérons Dieu et le monde
s'en contenteront. A ceste cause à vous, nous [nos] susdits
officiers, desrechief commandons de en toute diligence exécuter cestuy nostre mandement; et à vous nous [nos] soubjects
d'obeyr à ycelluy sans exceptions, contradictions, oppositions
ne allégations quelconques, soub peine de notre indignation,
car ainsy le voulons.

No. 280. Bern's Edict of Reformation for the Pays de Vaud, 24 Dec. 1536.

L'Avoyer et Conseil, petit et grand, nommés les Deux Cents
de Berne, faisons savoir à tous et un chacun nos chèrs et

féals sujets, médiats et immédiats, comme ainsi soit que par
notre mandement, lequel nos baillis vous ont publié, êtes assez
informés des raisons qui nous ont mûs d'abolir toutes cérémonies papales et traditions des hommes ; promettans par
icelui mandement de faire, sous le demeurant, raisonnable et
chrétienne réformation.   A cette cause et effet avons ordonné
et par ces présentes ordonnons :—

(1) *Prédicans*.—Premièrement, que nul soi mêle d'annoncer
la Parole de Dieu en nos dits pays que [qui] ne soit par nous à
ce député. Toutefois l'élection des dits ministres se pourra faire
par les prédicans et iceux à nous présentés pour les confirmer.

2°. Que iceux ministres purement annoncent la Parole de
Dieu [1] en tant que désirent éviter notre male grâce.

(2) *Sacremens*.—Puisque, en la Sainte Ecriture, ne se trouvent fondés ni institués sinon deux sacremens, à savoir la
Sainte Cène de notre Seigneur et le Baptême, ordonnons que
les autres cinq que l'on appelle sacremens soient émendés.

Toutefois l'état de mariage doit être observé comme Dieu
l'a ordonné, et à la forme que tenons contray et confirmé.

Et sur ce avons établi jour de Sainte Cène de Notre Seigneur
pour icelle tenir et observer, à savoir à Pâques, Pentecôte et
Noël. [2]

Touchant le Baptême, ordonnons que tous les jours on
puisse baptiser les enfans ; toutefois nous semblerait convenable que en une chacune paroisse les enfans fussent baptisés
le dimanche après le sermon.

Nous voulons aussi que en ces trois points soit observé une
même forme : laquelle ci-après nous envoierons par écrit.

(3) *Gens d'Église*.—Concernant les gens qu'on appelle
gens d'Église avons ordonné que tous ceux d'icelle qui voudront vivre selon Dieu et à la forme de notre réformation leur
vie durant puissent et doivent gaudir de leurs bénéfices et
prébendes, toutefois les pensions et absences deneguetés. Et
à cause qu'il est grand nombre des dits gens d'Église, et aussi
pour entretenir les prédicans il faut beaucoup de biens, pareillement est de nécessité d'avoir considérations sur les pauvres
du dit pays, avons ordonné que tous les biens d'Église
demeurent en leur être, et chacun les payer ci-après comme

---

[1] Their Excellencies afterwards ordered the laity who absented themselves
from sermons to be imprisoned ; and those who refused to attend to be
banished (Ruchat, iv. 523).

[2] By an edict of 19 July 1595 a fourth Communion day was added, viz.
the first Sunday in September (*ibid.* iv. 524).

du passé, jusques à tant qu'après les décès des dits gens d'Église nous y ordonnions autrement. Toutefois les biens meubles des dites églises comme vêtemens, ornemens, calices et autres choses lesquels sont encore présens, les octroyons à ceux qui les ont donnés jusques à la tierce lignée, à savoir grandpère et grandmère, par condition que un chacun par bons signes et témoins approuve par devant nos commis ou autres à ce députés qu'il ainsi soit.

(4) *Messes, Vigiles, Anniversaires.*—Les fondations des messes, vigiles, et anniversaires et autres abusions que ceux qui sont encore en vie ont fondé et ordonné, permettons que iceux vivans les puissent retirer après le décès des gens d'Église qui pour le présent les possèdent et qui se sont faits conformés à notre réformation ; adjoint que si les dits vivans après la publication allaient de vie à trépas devant les dits possesseurs, que cela nonobstant leurs légitimes héritiers puissent retirer icelles fondations après le trépas desdits possesseurs, toujours réservant les donations qui sont converties aux bâtimens des églises, lesquelles voulons demeurer.

(5) *Mariage des Ecclésiastiques.*—Pourtant que le mariage des gens d'Église est par tradition papale défendu, est raisonnable que celui soit à toutes personnes aptes et idoines à celui octroyé et permis pour éviter paillardise.

(6) *Libération des viandes.*—Quant aux viandes, puisque icelles sont octroyées de manger en tout temps par action de grâce et sans scandale, ordonnons que cela soit, comme dit est, à un chacun et en tout temps délibéré.

(7) *Gloutonneries.*—Et à cause que gourmandise est un trés-grand vice, avons ordonné que ceux qui mangeront et boiront plus qu'ils ne pourront porter doivent bailler dix florins ; pareillement ceux qui inviteront les autres à boire d'autant hors de mesure, qu'un chacun donne trente sols ; les prédicans et officiers privés de leur ministère et office.

(8) *Fêtes.*—Touchant les fêtes ordonnons et commandons que toutes les dimanches doivent être observées, adjoint le jour de la Nativité de notre Seigneur ; sur lesquels jours on doit reposer et maximément ouïr la Parole de Dieu.

(9) *Serment.*—Nous établissons que quand vous ferez serment, que le faisiez par le nom de Dieu sans nommer les saints.

(10) *Cérémonies papales.*—Nous avons aussi ordonné que vous vous déportiez d'aller à la messe et autres cérémonies

papales sous le bamp [ban], l'homme de dix florins, et la femme de cinq.

(11) *Adultère.* ....   (12) *Paillardise.* ....
(13) *Maquerellage.* ....   (14) *Blasphèmes.* ....
(15) *Jeux.* ....   (16) *Vêtemens.* ....

(17) *Bénitions.*—Nous avons aussi ordonné que toutes bénitions de voyage et pélerinages soient ôtées, et que nul soit si hardi d'aller en iceux sous peine, l'homme de dix florins, la femme de cinq florins.

(18) *Paternoster.*—Pour éviter scandale et noise, avons ordonné que nul doive porter paternostre sous peine, l'homme de trente sols et la femme de quinze sols.

(19) *Ave Maria.*—Nous sommes tous certains que tous sont d'opinion que nul doive adorer autre sinon un Seigneur Dieu, comme N. S. Jésus-Christ nous a appris. À cette cause voulons que l'on ne dise l'Ave Maria en lieu de prière et que l'on ne les sonne plus comme du temps passé.

(20) *Sonner*, &c.—Sonnement des cloches contre le temps et pour les tréspassés est chose vaine : partant nous l'abolissons et défendons.

(21) *Instruction des enfans.*—Et afin que les enfans soient instruits en la loi de Dieu, et appris à prier, avons avisé de vous envoyer la forme[1] comme nous la tenons pour icelle ensuivre.

(22) *Danses.*—Danses sont scandaleuses : à cette cause les défendons sous le bamp [ban] de trois florins. Toutefois trois honnêtes danses sur les jours de noces octroyons.

(23) *Pensions.*—Nous avons aussi, pour l'honneur et le profit de tous vous, établi que nul entre vous ci-après soit si hardi de prendre pension ni don des princes, seigneurs, villes, communautés, potentats étrangers, en tant que désirez garder votre honneur et éviter le nom d'infamité.

(24) *Guerre.*—Pareillement que nul de vous ci-après aille en guerre étrange, sous peins [peine], les capitaines, lieutenans, porteurs de bannières et autres officiers, de perdition de leur vie, et les simples compagnons être mis en prison et aussi donner dix florins, et avec cela être mis au collier. ...

Mandons et commandons sur ce à vous nos officiers de tenir main sur icelles nos ordonnances, et les transgresseurs d'icelles punir, et à tous nos dits sujets de révéler et incuser les uns les autres.

[1] It was the Catechism of the Zwinglian Gaspard Megander (Grossmann), composed about 1533 (cf. Gesneri *Bibliotheca Universalis*, 1545, f. 266 a) ; but as improved by Bucer, and published by the Bernese Government, Jan. 1538 (Herminjard, iv, No. 677, n. 16).

No. 281. The Synod of Lausanne, 4 April 1538.

Fratres omnes qui ad Lausannensem Synodum convenerunt, communibus suffragiis ac unanimi consensu admiserunt probaruntque ceremonias et ritus Bernensis ecclesiae, quae nobis in Synodo sunt proposita : nempe, baptisare ad lapidem [1], sive baptisterium, uti panibus azymis [2] in Coena Domini, hac tamen lege ut ad nullam certam panum formam adigantur sed qui frangi possint, et constituantur qui tales panes suppeditent et curent conficiendos. Neque magis abhorrent a diebus festis [3]; hoc solum obnixe rogant, ut Magnificis Dominis placeat remittere nimis exactam istam quorundam praefectorum severitatem, si qui alioqui viri boni et de causa pietatis optime meriti, minime malo animo aut studio contradicendi et perturbandae tranquillitatis Ecclesiae, aliquid operis egerint ; sed istam potius severitatem exerceant in scortatores, aleatores et ebriosos, quibus sunt longe clementiores.

No. 282. The case of Jean Balard at Geneva, July 1536.

(*a*) 21 July. *Consilium Ordinarium.*—Super exhortatione Farelli fuit resolutum quod petantur Ioh. Balard, I. L. Ramel et similes qui recusant venire auditum verbum Domini : adviserunt postea vocentur et fiat eis mandatum vadant auditum verbum Domini aut dicant causam quare non, et si secus fecerint, cogantur et relinquatur onus Cl. Savoye [4].

(*b*) 24 July. *Consilium Ordinarium.*—Ibidem fuit petitus Io. Balard, quare recusat audire verbum Dei ? Qui respondit quod ipse credit in Deum qui per suum Spiritum ipsum docet, nec potest credere praedicantibus nostris. Atque pluries dixit nos non posse cogere cives ad eundem ad sermonem contra suam conscientiam, cum in principio talium rerum nos particulariter respondemus neminem posse dominari conscientiis nostris. Tandem monuimus eum quod infra triduum ipse debeat paruisse cridis, aut causam iustam quare non declarasse.

---

[1] Stone fonts still continue in the German-speaking territories of Bern, but not in the Pays du Vaud (Ruchat, iv. 460).

[2] Unleavened bread continued in Bern till 1605, and in the Vaud till 1606, when ordinary bread was ordered (*ibid.* 461).

[3] The 'four feasts', other than Sundays, are Christmas, New Year, Annunciation, and Ascension (Herminjard, iv, No. 698, n. 17; Ruchat, iv. 451). They continue to be observed still (Ruchat, iv. 460).

[4] One of the syndics.

Qui respondit[1] *Je veulx vivre selon l'evangille de Dieu, mais je ne veulx point user selon l'interpretation d'aulcungs particuliers mais selon l'interpretation du Saint Esprit par la saincte mère église universelle en laquelle je croys. J. Balard.*—Interrogué qu'il responde s'il veult pas aller au sermon, respond que sa conscience ne luy porte pas qu'il alle et pourtant ne veult il pas faire contre icelle : car il est enseigné par plus haut que tels prescheurs.—Omnibus auditis fuit sibi factum mandatum quod si non paruerit cridis et iverit ad sermonem sicuti statutum est, ipse eiusque familia debeant exire civitatem infra decem dies proximas ab hac.

No. 283. Farel's articles, 10 Nov. 1536.

From the Register of the Councils.—M. Guil. Farellus proposuit articulos de regimine ecclesiae qui fuerunt lecti et super quibus fuit arrestatum quod articuli ipsi observentur integre, et ruantur imagines in quibuscunque locis fuerint repertae, et provideatur de praedicatis sicuti latius dicetur in Ordinario Concilio.

No. 284. From the memorandum of the Ministers of Geneva to the Council, 13 Jan. 1537.

Nous très-honnorés Seigneurs !—Il est certain que une esglise ne peut estre dicte bien ordonnée et reiglée (1) synon en laquelle [*a*] la Saincte Cène de Nostre Seigneur est souventefoys célébrée et frequentée, et ce avecq si bonne police, que nul ne ose présumer de sy y présenter synon sainctement et en singulière révérence. Et pour ceste cause est nécessayre, pour bien maintenir l'esglise en son intégrité, [*b*] la discipline de l'excommunication, par laquelle soyent corrigéz ceux qui ne se veulent renger amyablement et en toute obéyssance à la saincte Parolle de Dieu. Davantage c'est une chose bien expédiente à l'édification de l'esglise, (2) de chanter aulcungs pseaumes en forme d'oraysons publicqs par lesqueulx on face prières à Dieu, ou que on chante ses louanges, affin que les cueurs de tous soyent esmeuz et incités a formé [former] pareilles orayons et rendre pareilles louanges et grâces à Dieu d'une mesme affection. Tiercement, il est fort requis et quasi nécessayre pour conserver le peuple en poureté de doctrine (3) que les enffans dès leur jeune eage

---

[1] 'Sur un petit morceau de papier cousu de sa main, au registre.'—*Mem. et doc.* X. lxviii.

soyent tellement instruicts qu'ils puyssent rendre rayson de la foy, affin que on ne laisse deschoyr la doctrine évangélique, ains que la sentence en soyt diligemment retenue et baillée de main en main et de père en filz. Finablement, la tirannie que az exercé le [pape] en matière de (4) mariages, et les loyx iniques qu'il y a imposé, font qu'il survient beaucop de controversies, pour lesquelles vuyder il seroyt bon adviser de fère certaynes ordonnances par lesquelles on eust à se y governer, et quant il y adviendroyt quelque différent, mettre bon ordre à les appayser.

Or, pour le trouble et confusion qui estoyt au commencement en ceste ville, devant que l'Evangille y fûtz d'ung accord receu et recogneu[1], il n'a esté possible de réduyre tout du premier coup à bon ordre, veu que mesme l'ignorance du peuple ne le povoyt porter.[2] Mays maintenant qu'il az pleuz au Seigneur de ung peu mieux establir icy son règne, il nous az semblé advis estre bon et salutayre de conférer ensemble touchant ces choses, et, après avoyr advisé entre nous par la Parolle du Seigneur, ayant invocqué son nom et imploré l'assistence de son esprit, quelle polisse il seroyt bon dey tenir cy après, nous avons conclud de vous présenter par articles ce que en avons délibéré, selon la cognoyssance que le Seigneur nous en az donné, vous priant au nom de Dieu que vostre playsir soyt ne vous espargner, de vostre part, à faire icy ce qui est de vostre office : C'est que si vous voyés nostre advertissement estre de la saincte parolle de l'Évangille, mettez bonne diligence que ces observations soyent receues et maintenues en vostre ville, puisque le Seigneur, par sa bonté, vous az donné ceste cognoyssance[3] que les ordonnances par lesqueulles son Esglise est entretenue sont : que elle soyt vrayement et le plus prest que fère se peult conformée à sa Parolle, qui est la certayne reigle de tout gouvernement et administration, mays principalement du gouvernement ecclésiastique.

(1) [a] Il seroyt bien à désirer que la communication de la saincte Cène de Jésu-Crist fust tous les dimenches pour le

---

[1] sc. 21 May 1536, *supra*, No. 266.

[2] For the state of Geneva on Calvin's arrival cf. 'Les adieux de Calvin', 28 April 1564, *ap.* Bonnet, *Lettres de Calvin*, ii. 574, and *infra*, No. 318.

[3] For the view that it is the duty of the State to maintain 'true religion' as well as 'virtue' cf. 'Non ... huc spectat duntaxat [politia], ut spirent homines, edant, bibant, foveantur ... sed ne idololatria, ne in Dei nomen sacrilegia, ne adversus eius veritatem blasphemiae aliaeque religionis offensiones publicae emergant, ac in populum spargantur ... denique ut inter Christianos publica religionis facies existat, inter homines constet humanitas' (*Institutio*, Cap. vi, ed. 1536; *Opera*, i. [= *C. R.* xxix.] 230).

moins en usage,[1] quant l'esglise est assemblée en multitude, veu la grande consolation que les fidèles en reçoipvent et le fruict qui en procède en toute manière, tant pour les promesses qui sont là présentées en nostre foy—c'est que vrayment nous sommes faicts participans du corps et du sang de Jésus, de sa mort, de sa vie, de son esprit et de tous ses biens—que pour les exortations qui nous y sont faictes à recognoëstre et magniffier par confession de louanges les merveilleuses choses, grâces de Dieu sur nous, finablement à vivre crestiennement estans conjoincts ensemble en bonne payx et unité fraternelle, comme membre d'ung mesme corps.[2] Et, de faict, elle n'az pas esté instituée de Jhésus pour en fère commémoration deux ou troys foys l'an, mais pour ung fréquent exercice de nostre foy et charité, duquel la congrégation des crestiens heutz à user quant elle seroyt adsemblée, comme nous voyons qu'il est escript aux Actes, 2e chap., que les disciples de N. S. persévéroyent en la fraction du pain, qui est l'ordonnance de la Cène. Et telle az esté tousjours la practique de l'Esglise ancienne jusques à ce que l'abomination des messes a esté introduicte, en laquelle au lieu de ceste communication de tous les fidèles, a esté dressé cest horrible sacrilége que ung sacrifieroyt pour tous; en quoi la Cène a esté du tout destruicte et abolie. Mays, pource que l'infirmité du peuple est encore telle qu'il y auroyt dangier que ce sacré et tant excellent mistère ne vint en mespris, s'il estoyt si souvent célébré, ayant esgard à cela, il nous a semblé bon que, en attendant que le peuple, qui est encores aucunement débile, sera plus conferrné, ceste saincte Cène soyt usitée une foys chascun moys en l'ung des troys lieux où se font maintenant les prédications, c'est à sçavoyr, S. Pierre, Rive ou S. Gervays; tellement que l'ung des moys elle se face à S. Pierre, l'aultre à Rive,[3] et l'aultre à S. Gervays, et ainsin revienne par ordre, après avoyr achevé le tour. Toutefoys ce ne sera pas pour ung quartier de la ville, mays pour toute l'esglise.[4] Et pour ce fayre on eslira heure commode et le dénuncera-on partout, le dimenche devant. Affin qu'il n'y ayt rien de contemptible, mays que ce hault mistère soyt traicté en la plus grande dignité que possible sera, il nous a semblé advis le

---

[1] Cf. 'Haec consuetudo, quae semel quotannis communicare iubet, certissimum est Diaboli inventum. . . . Longe aliter factum oportuit; singulis ad minimum hebdomadibus proponenda erat Christianorum coetui mensa Domini' (*Institutio*, Cap. iv, ed. 1536; *Opera*, i. [= *C. R.* xxix.] 130).

[2] From the *Institutio*; Cap. iv. *ibid.* 126, 129.

[3] i. e. the former church of the Franciscans.

[4] Geneva was not re-divided into parishes till later.

meilleur que les ministres de la Parolle, desquelz proprement l'office est d'administrer tout ce que apertient aux mistères de Dieu, distribuent le pain et le vin, figures et sacremens du corps et du sang de N. S. ; et, affin que tout ce face en honesteté et sans tumulte ne insolence, nous avons proposé de fayre nostre debvoyr à remontrer et advertir quel ordre le peuple y debvra tenir, et admonester ung chascun de éviter confusion, et vous supplier de provoyr par le moyen que verrez expédiant, qu'il y aye bonne conduicte, veuz que S. Paul nous commande tant de y venir en singulière révérence.

[*b*] Mays le principal ordre qui est requis et duquel il convient avoyr la plus grande sollicitude, c'est que ceste Saincte Cène, ordonnée et instituée pour conjoindre les membres de N. S. Jésu-Crist avecq leur chefz, et entre eux mesmes en ung corps et ung esprit, ne soyt souillée et contaminée, si ceux qui se déclairent et manifestent par leur meschante et inique vie n'appertenir nullement à Jésus viennent à y communiquer ; car en ceste profanation de son sacrement N. S. est grandement déshonoré. . . . Il fault doncq que ceux qui ont la puissance de fayre ceste police mettent ordre que ceux qui viennent à ceste communication soyent comme approuvéz membres de Jésu-Crist. Pour ceste cause N. S. a mise en son Esglise la correction et discipline d'excommunication. . . .

Ceste manière de correction a esté commandée du Seigneur à son Esglise, au 18e de S. Mathieu. . . . Nous en avons l'exemple en S. Paul (1 Tim. i et 1 Cor. v). . . . Pourtant, s'il y a quelque craincte en nous de Dieu, il fault que ceste ordonnance aye lieu en nostre esglise. Encores les raysons mesmes sur quoy elle est fondée, et les fruicts qui en proviennent, nous debvroyent esmouvoyr à en user, quant il n'y auroyt pas si exprès commandement : C'est premièrement, que Jhésu-Crist n'est pas blasphème et déshonneur, comment si son Esglise estoyt une conjuration de gens pervers et dissoluz en tous vices. Secundement, que ceulx qui reçoipvent telle correction, ayans honte et confusion de leur péché, viennent à se recognoëstre et se amender. Tiercement, que les autres ne sont pas corrompuz et pervertis de leur conversation, mays plustost par leur exemple sont advertiz de ne cheoyr en pareilles faultes.[1]

Ceste usance et praticque a duré anciennement quelque temps en l'Esglise avecq singulière utilité et advancement de la Crestienté, jusques à ce que aulcungs meschans évesques, ou plustost

---

[1] The three reasons are taken from the *Institutio*, ed. 1536 (*Opera*, i. [= *C. R.* xxix.] 76).

brigans tenans places d'évesques, l'ont tournée en tirannye et en
ont abusé à leurs mauvayses cupidités, tellement que c'est au-
jourduy l'une des choses plus pernicieuses et mauldictes qu'on
voye au royaulme du pape que l'excommunication, combien que
ce soyt une des choses des plus prouffitables et salutayres que
ayt donné N. S. à son Esglise. Or ceste faulte est advenue par
ce que les pseudes évesques ont ravy à l'assemblée des fidèles
et tiré à eux la cognoissance et puissance d'excommunier, laquelle véritablement ne leur apertenoyt pas par la Parolle ; et
après avoyr usurpé ceste domination, il l'hont convertie en
toute perversité. Après doncques avoyr considéré que une
esglise ne peult consister en son vray estat sans garder ceste
ordonnance du [Seigneur], et qu'il seroyt fort à craindre que le
contempnement ne fûtz pugny par une grande vengance de
Dieu, il nous az semblé advis estre expédient qu'elle fûtz remise
sus en l'esglise et exercée selon la reigle que nous en avons en
l'Escripture, et néantmoins qu'on mist, d'aultre part, bon ordre
de ne tomber en inconvénient de la dépraver et corrumpre par
mauvays usaige.

Et, pour ce faire, nous avons deslibéré requérir de vous que
vostre playsir soit ordonner et eslire certaynes personnes de
bonne vie et de bon tesmoignage entre tous les fidèles, pareillement de bonne constance, et que ne soyent poënt aysés de
corrumpre, lesquelz estans départis et distribués en tous les
quartiers de la ville, ayant l'oil sus la vie et gouvernement d'ung
chascun ; et s'il voyent quelque notable vice à reprendre en
quelque personne, qu'il en communiquent avecq quelcung des
ministres, pour admonester quicunque sera celluy lequel sera
en faulte et l'exorter fraternellement de se corriger. Et si on
veoyt que telles remonstrances ne profitent rien, le advertir que
on signiffiera à l'esglise son obstination ; et lors s'il se recognoyt,
voylà desjà un grand prouffit de ceste discipline. S'il n'y veult
entendre, il sera temps que le ministre, estant advoué de ceux
qui auront ceste charge, dénunce publicquement en l'assemblée
le debvoyr qu'on aura faict de le retirer à amendement, et comment tout cela n'a rien proffité. Adoncques on cognoëstra s'il
veult persévérer en la dureté de son cueur, et lors sera temps
de l'excommunier, c'est à sçavoyr qu'il soyt tenu comme rejecté
de la compagnie des crestiens et laissé en la puissance du
diable, pour une confusion temporelle, jusque à ce qu'il donne
bonne apparence de sa pénitence et amendement ; et, en signe
de ce, qu'il soyt rejecté de la communion de la Cène, et qu'il
soyt dénoncé aux aultres fidèles de ne converser poënt familière-

ment avecq luy ; toutefoys, qu'il ne laisse poënt de venir aux prédications pour recepvoyr tousjours doctrine, affin d'esprover toujour s'il playra au Seigneur luy toucher le cueur pour retorner en bonne voye. . . .

Velà comment il nous semble ung bon moyen de réduyre l'excommunication en nostre esglise et l'entretenir en son entier. Et oultre ceste correction, l'esglise n'a poënt à procéder. Mais, s'il y en avoyt de si insolens et habandonnéz à toute perversité, qu'il ne se fissent que rire d'estre excommuniéz et ne se souciassent de vivre et morir en telle réjection, ce sera à vous à regarder si vous aurès à souffrir à la longue et laissé impugny ung tel contempnement et une telle mocquerie de Dieu et de son évangille.

Davantage, pour ce qu'il y a grandes suspicions et quasi apparances évidentes, qu'il y a encore plusieurs habitans en ceste ville qui ne se sont aulcunement rengé à l'Évangille, mays il contredisent tant qu'il peuvent, nourissant en leur cueur toutes les superstitions compétantes contre la Parolle de Dieu, ce seroyt une chose bien expédiente de commencer premièrement à cognoëstre ceux qui se veulent advouer de l'esglise de Jhésu-Crist ou non. Car s'il est besoing de mesmes rejecter par excommunication de nostre assemblée ceux qui vraymcnt et à juste cause auroyent par avant esté tenus comme membres d'icelle, combien plus est-il nécessayre de discerner lesquelz on doyt recepvoir pour membres, ou lesquelz on ne doyt accepter. Secundemant, il est certain qu'il n'y a nulle plus grande division que de la foy, et pourtant, si ceux qui conviennent en foy avecq nous seullement pour leurs vices doibvent estre excommuniéz, par plus forte rayson ceux ne doibvent estre tolléréz en l'esglise qui sont du tout contrayres à nouz en religion. Le remesde doncq que avons pensé à cecy est de vous supplier que tous les habitans de vostre ville ayent à fère confession et rendre rayson de leur foy, pour cognoëstre lesquelz accordent à l'Évangille, et lesquelz ayment mieux estre du royaulme du Pape que du royaulme de Jésu-Crist. Ce seroyt doncq un acte de magistratz crestiens, si vous, Messieurs du Conseil, chascun pour soy, faysiez en vostre Conseil confession, par laquelle on entendist que la doctrine de vostre foy est vrayement celle par laquelle tous les fidelles sont unis en une esglise ; car par vostre exemple vous monstreriez ce que ung chascun auroyt à fayre en vous ensuyvant ; et après, ordonniez aulcuns de vostre compagnie, qui, estans adjoinct avecq quelque ministre, requissent ung chascun de fayre de mesmes, et cela seroyt seulement pour ceste foys, pourtant que on n'a poënt encores discerné quelle doctrine ung chascun tient, qui est le droict commencement d'une esglise.

(2) L'aultre part est des Pseaulmes, que nous desirons estre chantés en l'esglise,[1] comme nous en avons l'exemple en l'esglise ancienne et mesme le tesmoignage de S. Paul, qui dict estre bon de chanter en la congrégation de bouche et de cueur. Nous ne povons concepvoyr l'advancement et édification qui en procédera, si non après l'avoyr expérimenté. Certes comme nous faysons, les oraysons des fidelles sont si froides, que cela nous doyt tourner à grand honte et confusion. . . .

(3) Le troisième article est de l'instruction des enfans, lesqueulx sans doubte doibvent à l'Esglise une confession de leur foy. Pour ceste cause, anciennement on avoyt certayn cathécisme pour instituer ung chascun aux fondemens de la religion crestienne, et qui estoyt comme ung formulayre de tesmoignage dont ung chacun usoyt pour déclairer sa crestienté, et nomméement les enfans estoyent enseignéz de ce cathécisme pour venir testiffier à l'Esglise leur foy, dont il n'avoyent peu rendre tesmoignage à leur batesme. Car nous voyons que l'Escripture nous a conjoinct tousjours la confession avecq la foy, et nous dict que si nous croyons véritablement de cueur à justice, qu'il nous fault confesser de bouche à salut ce que nous avons creu. Or si ceste ordonnance a jamays esté propre et convenable, elle est maintenant plus que nécessayre, veu le mespris de la Parolle de Dieu que nous voyons en la plus part et la négligence des parens à instruire leurs enfans en la voye de Dieu, dont on voyt une merveillieuse rudesse et ignorance en beaucop, laquelle n'est aulcunement tollérable en l'esglise de Dieu.

[1] Provision for metrical psalmody was first made in France by the humanist Clément Marot, 1495-†1544. He published *Trente Pseaumes de David, mis en françoys.* Imprimé à Paris, 1541 (cf. Bovet, *Histoire du Psautier*, 7 and App. I, No. 1). A second edition appeared at Geneva, 1542, as *La forme des prières et chantz ecclesiastiques*, &c. (*ibid.* 17 and App. I, No. 3). It contained Marot's thirty psalms, with five others by Calvin (*ibid.* 211 sqq.). Marot published twenty more, fifty in all, by 1543 (*ibid.* 9 and App. I, No. 6). Beza, 1519-†1605, added the remainder; and from 1562 (*ibid.* 27 and App. I, No. 45) the 150 were contained in *Les Pseaumes mis en rime françois par Clément Marot et Théodore Bèze*. Thenceforward there was bound up with *Les Pseaumes* 'la Forme des prières, le Catéchisme, and le Confession du Foy' (*ibid.* Nos. 57, 94). For the influence of Genevan psalmody in France cf. *Calendar of State Papers, Foreign*, 1559-60, No. 930, § 4; and in England, where it was introduced by John Véron, †1563, Rector of St. Martin's, Ludgate :—' The xvij day of Marche [1560] dyd pryche at Powlles cross Veron, parsun of St. Marttens att Ludgatt . . . and after the sermon done they songe all, old and yong, a salme in myter [metre], the tune of Genevay ways' (Machyn's *Diary*, 228).

L'ordre que nous avons advisé de y mettre, c'est qu'il y aye une briesve somme et facile de la foy crestienne, laquelle soyt aprinse à tous les enfans, et que, certaynes saisons de l'année, il viennent par devant les ministres pour estre interroguéz et examinéz et recepvoyr plus ample déclaration, selon qu'il sera besoing à la capacité d'ung chascun d'eux, jusques à ce qu'on les aye approvéz estre suffisamment instruicts. Mays que vostre playsir soyt fère commandement aux parens de mettre payne et diligence que leurs enfans apprennent icelle somme et qu'il se présentent aux ministres aux temps qu'il sera dict.

(4) Finablement, pour ce que le Pape a tant brouillé les causes de mariage en faysant degréz à son playsir, déterminant des divorses iniquemant et contre toute rayson, que il est requis et nécessayre de vuyder les controversies qui en sont ensuyvies bien souvant par la Parolle de Dieu, nous avons délibéré vous supplier, pour avoyr la chose plus certayne, que vous donniez la charge et commission à certaynes personnes de vostre compagnie de juger et decider toutes causes qui en viendront en avant, adjoingnant avecq eux quelques ministres pour les mieux informer de ce qui sera de fère selon la Parolle de Dieu : lesquelz commissayres, avecq le conseil des dicts ministres, feront premièrement ordonnances de cas survenans communément, selon lesquelles il auront à juger, ce néantmoins après vous les avoyr présentées pour estre approuvées de par vous, devant que de procéder en avant. . . .

No. 285. The Councils accept the memorandum, with modifications, 16 Jan. 1537.

(a) *Conseil Ordinaire.*—Icy est esté parlé et sont estés leuz les articles donnés par Mᵉ G. Farel et les aultres prédicans. Est arresté mettre en Conseil de 200 nostre advys qu'est que de la Cène elle se face quattres foys l'an, que le batesme se doege faire tous les jours en la congrégation, que les mariages se doegent annoncer trois dimenches et esposer tous les jours en la congrégation et qu'il y aye ung homme de bien auquel l'on se addressera pour cognoistre les mariés pour leur signer leurs anunces, tellement que personne ne soit anuncé ny exposé (*épousé*) qu'il ne soit cogneu : aussi pour eviter le broillement que l'on se présente aujourduys a ung, demain a ung aultre, pour anuncer. Des causes matrimoniales nous en demorons qu'elles soyent cogneues en Conseil Ordinaire sans appellation ; mais premièrement l'on en aura conferance avecque les prescheurs et ministres pour se guyder jouxte la Parolle de Dieu. La reste des articles est passée ainsin qu'il sont escriptz, adjoinct que l'on deffende aux femmes obstétrices de ne baptiser[1] point.

(b) *Même jour. Conseil des Deux-Cents.* Icy sont estés leus les articles et la résolution sus faicte en Conseil Ordinaire, et est arresté que l'arrest du Conseil Ordinaire est bien. . . .

No. 286. Confession de la Foi . . . de Genève, 27 April 1537.

(1) *De verbo Domini.*—Principio, pro fidei et religionis nostrae regula, nos unam Scripturam sequi velle profitemur, neque illi admisceri quidquam patimur hominum sensu, citra verbum Dei, excogitatum : neque aliam in spirituale regimen doctrinam amplectimur quam quae ab eo verbo sumpta fuerit ; ita ut nihil addatur nec detrahatur, quemadmodum docemur Dei interdicto.

(2) *De uno Deo.*—Itaque, ut Scripturae doctrina sumus instituti, Deum unum agnoscimus, quem omnes nos adorare, cui servire, in quo totam spem et fiduciam nostram reponere conveniat . . . atque ut spiritus est, ita in veritate et spiritu colendum credimus. Proinde abominationem esse ducimus, si quis fiduciam spemque suam in creatura reponat, si quem alium adoret, vel angelum, vel hominem ; si quem alium pro animae suae domino recipiat, sive ex sanctis mortuis, sive ex vivis hominibus. Praeterea si cultum illi debitum in caeremoniis externis et carnalibus observationibus quis constituat, ac si talibus nugis Deus oblectaretur ; si statuam aut imaginem repraesentandae eius divinitati erigat, aut ulla ratione adorandam proponat

(3) *Lex Dei Unica.*—Quandoquidem solus ille est Dominus, penes quem potestas et imperium in conscientias nostras esse debet : quando eius voluntas unica est universalis iustitiae regula, vitam nostram ad canonem sanctae legis ipsius exigendam esse confitemur : in qua omnis iustitiae perfectio comprehensa est. Nec aliam bene recteque vivendi regulam quaerimus : nec admittimus quaerenda esse alia bona opera, quibus

---

[1] Baptism by women was rejected by Calvin, *Institutio*, IV. xv, § 20, and by the Puritans in England, as in the *Admonition to Parliament* of 1572. Cf. Frere and Douglas, *Puritan Manifestoes*, 11, and Hooker, *Eccl. Pol.* V. lxii. The real objection was to 'dogma illud male expositum, Baptisma esse de necessitate salutis' (*Inst., loc. cit.*); whence, as S. Thomas Aquinas taught, 'Ad misericordiam eius qui vult omnes homines salvos fieri pertinet ut in his quae sunt de necessitate salutis, homo de facili remedium inveniat' (*Summa*, III. lxvii. 3).

illi gratificemur, quam quae illic nobis commendavit, ut habetur Exod. xx. 2 sqq. ...

(5) *Homo in se damnatus.*—Quum homo ita, ut dictum est, lumine ac iustitia Dei penitus sit natura vacuus, nihil in se ipso nisi certam iram ac maledictionem Dei exspectare potest, ideoque salutis suae rationem extra se ipsum quaerere debet.

(6) *Salus in Christo.*—Iesum ergo Christum a Patre datum nobis fatemur, in quo recipiamus quidquid habemus apud nos deest. Quidquid autem fecit et passus est in redemptionem nostram Christus, extra controversiam verum esse ducimus : quemadmodum in Symbolo perscriptum habemus : *Credo* &c.

(12) *Invocatio Dei solius per Christi intercessionem.*—Quemadmodum supra testati sumus non alibi quam in Deo patre per Christum recidere salutis ... fiduciam oportere, ita unum ipsum in omni necessitate invocandum dicimus : idque per Christi nomen, unici mediatoris et advocati, per quem accessus ad thronum coelestem nobis patet. Simul in omni prosperitate referendam illi gratiarum actionem. Contra vero, fictitiam illam Sanctorum qui ex vita hac demigrarunt intercessionem pro superstitione praeter Scripturam inventa explodimus : praesertim quum non aliunde nata fuerit quam ex diffidentia intercessionis Christi.

(14) *De Sacramentis.*—Sacramenta, quae Dominus ecclesiae suae commendavit, esse fidei exercitamenta confitemur : quae tum ad ipsam in Dei promissionibus confirmandam ... tum apud homines testificandam valere debeant. Duo autem duntaxat Christianae ecclesiae, Dei auctoritate, instituta esse admittimus, Baptismum et Coenam Domini. Quam ob rem quod de sacramentis septem in regno Papae receptum est pro fabula ac mendacio habemus.

(15) *De Baptismo.*—Baptismus externum est signum, quo Dominus testatur se velle nos in filiorum locum cooptare, ceu Christi filii sui membra. Itaque nobis in eo repraesentatur peccatorum nostrorum purgatio, quam in Christi sanguine obtinemus : mortificatio carnis nostrae, quam consequimur ex eius morte, ut ipsi in posterum per Spiritum quem dedit nobis vivamus. Quando vero in eiusmodi foedere quod nobiscum percussit Dominus, liberos quoque nostros adhuc infantes, complexus est, signum externum iure illis communicari non dubitamus.

(16) *De Sancta Coena.*—Coena Domini signum est, quo sub pane et vino veram sed spiritualem communicationem quam in eius corpore et sanguine habemus, nobis repraesentat. Porro secundum eius institutum, inter fideles distribuendam

putamus, ut quicunque Christo in vitam suam frui volunt, eam simul participent. Iam vero quum Missa Papalis maledictum et diabolicum inventum fuerit, in eversionem mysterii sanctae Coenae confictum, nobis exsecrabilem esse pronunciamus, non secus ac idololatriam a Deo damnatam. Idque multis rationibus : nempe, quatenus pro sacrificio in redemptionem animarum aestimatur, quatenus etiam panis illic Dei loco adoratur. Etiam ut praetereamus horrendas alias blasphemias et superstitiones, ac pravum divini verbi abusum, quod illic frustra, nullo cum fructu, nullaque aedificatione usurpatur.

(17) *De humanis traditionibus.*—Quae retinendae externae ecclesiarum politiae necessariae sunt leges . . . pro humanis traditionibus non ducimus : quum sub generali apostoli praecepto comprehendantur, quo decenter et ordine geri omnia inter nos iubet. Verum quae in hoc . . . statuuntur ut conscientias illaqueent, ut necessitatem earum rerum iniiciant quae non sunt a Deo praeceptae, ut cultum Dei erigant alium quam quem ipse postulat, quia Christianam libertatem . . . violant, ceu Satanae perversa dogmata, damnamus. . . . Quo numero reponimus votivas peregrinationes, monachatus, ciborum discrimina, matrimonii prohibitionem, auricularem confessionem, et id genus reliqua.

(18) *De ecclesia.*—Tametsi unica est Christi ecclesia, fieri tamen non aliter posse agnoscimus quin fidelium conventus in varia loca distribuantur, quorum singuli vocantur ecclesiae. Et vero quum non omnes pariter coetus in nomine Domini conveniant, quin potius plerique ad ipsum suis sacrilegiis polluendum coguntur, certissimam discernendae Christi ecclesiae notam et tesseram esse hanc reputamus : ut illic iudicemus esse ecclesiam ubi pure ac fideliter verbum Domini adnunciatur, auditur et servatur : ubi sacramenta legitime administrantur, utcunque multum adhuc imperfectionum et lapsuum supersit, ut vitia nunquam in hac vita inter homines abstergentur. Contra, ubi evangelium nec adnunciari nec audiri nec recipi videmus, illic nullam agnoscimus ecclesiae faciem.

(19) *De excommunicatione.*—Quoniam vero nunquam desunt Dei ac sacri eius verbi contemptores, apud quos nihil monendo, exhortando, reprehendendo proficitur : asperiori cum illis castigatione agendum ducimus. In hunc usum excommunicationis disciplinam rem sanctam ac fidelibus salubrem testamur : ut revera non sine ratione a Domino instituta fuit. Hic autem finis est, ne impura sua consuetudine flagitiosi bonos inquinent : ne dedecori sint Deo et ecclesiae : ut pudore suffusi

aliquando resipiscant. Quapropter expedire arbitramur, ut secundum Dei institutum, omnes manifestarii idololatrae, sacrilegi, homicidae, fures, scortatores, falsi testes, seditiosi, rixatores, obtrectatores, percussores, ebriosi, decoctores, et eius formae caeteri, nisi in viam se receperint, ubi legitime fuerint admoniti, e fidelium consortio exterminentur, donec resipiscentiae signa dederint.

(20) *De ministris verbi.*—Non alios reputamus ecclesiae pastores quam fidos verbi Dei ministros, et qui Christi gregem eo pascant, docendo, admonendo, consolando, exhortando, reprehendendo prout necessitas postularit : rursum, eodem verbo, falsis doctrinis omnibus ac Satanae imposturis strenue resistant, nihil Scripturae puritati de sua admiscentes, nec sua somnia aut mendacia ingerentes. Nec aliud quidpiam imperii vel auctoritatis illis deferimus, quam ut Dei populum sibi creditum eodem verbo deducant regant et moderentur. Cuius ministerium dum exercent, ius habent ac potestatem iubendi, prohibendi, promittendi et minandi : ut sine ipso nihil tentare neque aggredi possunt aut debent. Porro ut fideles verbi ministros non secus atque ipsius Dei nuncios ac legatos suscipimus quos perinde ac Deum ipsum auscultare oporteat : horumque ministerium et Dei mandato adprobatum, et ecclesiae necessarium esse credimus : ita e converso pronunciamus impostores, omnesque pseudoprophetas qui, relicta evangelii puritate, ad sua commenta declinant, nequaquam esse ferendos, qualescunque pastorum titulos praeferant : quin potius, ceu lupos rapaces e medio ecclesiae eliminandos et abigendos.

(21) *De magistratu.*—Dominationem ac potestatem tam regum ac principum quam reliquorum magistratuum inter res sanctas ac legitimas Dei ordinationes numeramus. Atque ut illi, dum munere suo perfunguntur, Deo serviunt et Christianam sequuntur vocationem, sive innocentibus opitulentur quos inique opprimi videant, sive improborum audaciam, severe in eos vindicando, coerceant : sic nos vicissim eos revereri debemus ac suscipere, subiectionem ac obedientiam illis exhibere, eorum iussa exsequi, onera et munia ab illis imposita proferre, quatenus citra Dei offensionem licet. Denique non secus atque Dei vicarii aestimandi sunt, quibus repugnare nemo possit, quin cum ipso Deo bellum gerat. Illorum etiam munus pro sancta administratione a Deo demandata est habendum, ad quod sunt assumpti, ut nobis praesint ac dominentur. Quamobrem Christiani hominis partes esse iudicamus magistratuum, sub quibus agit, prosperitatem precibus Deo commen-

dare: legibus atque edictis, quae cum Dei praeceptis non pugnant, obedienter parere: publicam tum utilitatem tum tranquillitatem promovere: principum honori ac communi totius populi bono ex animo studere, ab omnibus factionibus religiose abstinere, unde turbae ac tumultus nasci queant. Contra vero eos omnes qui infideles se gerunt erga magistratum, nec ad publicam regionis in qua versantur utilitatem curandam animum applicant, pronunciamus ea perversitate prodere suam in Deum perfidiam.

No. 287. Anabaptists in Geneva, 9 March 1537.

Reg. Cons.—March 9.—Icy sont esté oys Herman de Gerbihan et Audry Benoit de Anglen en Brabant disans voloir disputer aux prédicans. Est arresté avecque eulx ilz doegent mettre leurs articles par escript.

March 13.—Icy est parlus des Catabaptistes et lisu leurs articles et pource qu'il seroit dangereulx en disputer publiquement pour la tendreté des esprys, est resolu les oyr demain en Conseil des Deux Centz. . . .

March 14.—Sont leu les articles de Herman de Lyege Kathabaptiste et proposé l'arrest faictz sus ce que le dit Herbrand a proposé les dicts articles et comment le Pety Conseil est d'advys les oyr en Conseil de Deux Centz, non pas disputer en publicque; attendu ce que la chose est dangereuse. Surquoy est esté arresté qu'on les oye en Conseil des ii c., mais que les dits Catabaptistes se sobmettent à poenne et à tenir ordre de dispute comment font. Surquoy sont entrés en propos comment est escript en ung feuillet; et après ce Me Farel a requys, que la chose soit disputée publiquement. Surquoy est esté résolu que ces gens suyent aoys publiquement: ce que leur est refferu. Ils le acceptent et tous sont prest soubstenir au condescendre pour la vye se soubmettent à la vye.

March 16.—Icy l'on avecque deux Katabaptiste dispute tout le long du jour a Riva.

March 17.—Est esté disputé tout le jour.

March 18.—*Cons. des Deux-Cents.*—Icy est esté mys en avant le propos de la dispute et . . . est arresté que des icy en avant icelle dispute cesse. . . . Fuerunt etiam petiti Farellus et socii et leur sont faictes les remonstrances de ceste dispute et dict qu'il ne doegent plus oir telles gens sus tel propos. Puys sont demandés, les dits Herman et Audry Benoit, et leur est esté remonstré comment l'on les a bien volsu oyr, car nous oyons chescung, et que estant estés entendues leur propositions amenées lesquelles il ne peuvent maintenir véritables par les Escriptures, avons pronuncé icelles estre errantes de vérité : puys leur demandé si se veulent desdire et retourner a Dieu luy demandant pardon : hont respondu que il soy soumettent à la volonté de Dieu et que il ne se desdiront point. Hont demandé que l'on leur monstre l'injonction de baptiser. Nota que premièrement l'on les appelloit frères ; mais, puis que ils sont dissonans à nostre esglise, que l'on ne les y appelle plus : car il ne veulent prier avecque nous.

March 19.—*Cons. des Deux-Cents.*—Fuit propositum negotium illorum Katabaptistarum : sur lesquelz a esté advisé que iceulx et tous aultres de leur secte soyent perpetuellement bannys de ceste cité et terres d'icelle, sus poenne de la vye. Cecy est arresté de pronuncer ceans portes ouvertes. Iceulx sont demandés s'il veulent revocquer leur opinion. Hont respondu que leur conscience ne leur porte de tenir aultrement que il tiennent. Pourquoy est pronuncé ilz soyent perpetuellement bannys.

No. 288. Caroli accuses Farel and Calvin of Arianism, 17 Feb. 1537.

(1) *From a letter of the pastors of Geneva to the pastors of Bern*, c. 20 Feb. . . . Illi,[1] exposita legatis vestris[2] causa, qui tum ad res provinciae constituendas illic forum agebant, effecerunt ut accerseretur [scil. Carolus]. Rogatus est ab illustri viro Gyrono[3], vestrae civitatis secretario, ut a fratribus placide se admoneri pateretur. Sed omissa causae praesentis mentione, quin palam testatus rationem se eius rei, nisi coram Senatu collegioque vestro, non redditurum, furiose in nos debacchari coepit extra causam. Multae fuerunt maledictorum formae, sed omnium haec atrocissima est, quod totam nostram cohortem Arriano errore inquinatam pronunciavit.

Ad refutandam indignissimam criminationem, caput nostrae Confessionis[4] recitavit Calvinus quo ita scriptum erat : 'Dum Patrem, Filium ac Spiritum nominamus, non tres deos nobis

[1] Viret and Calvin.
[2] The five Bernese commissioners of 5 Jan. 1537 charged with the execution of the edict of 24 Dec. 1536 in the Pays de Vaud.
[3] Pierre Giron, one of the five commissioners.
[4] The Catechism, apparently already in MS. in Latin, but not published in Latin till 1538. For these extracts cf. *Opera*, v. [= *C. R.* xxxiii.] 337 sq.

fingimus ; sed, in simplicissima Dei unitate, et Scriptura et ipsa pietatis experientia Deum Patrem, eius Filium ac Spiritum nobis ostendunt : ut concipere intelligentia nostra Patrem nequeat quin et Filium simul complectatur, in quo viva eius imago relucet, et Spiritum, in quo potentia virtusque eius conspicua est. In uno igitur Deo tota mentis cogitatione defixi haereamus, interim tamen Patrem cum Filio et Spiritu suo contemplemur.' Rursum de Christo : 'Filius Dei praedicatur, non, ut fideles, adoptione duntaxat et gratia, sed naturalis et verus, ideoque unicus, ut a caeteris discernatur. Dominus autem noster est, non tantum secundum divinitatem quam cum Patre unam ab aeterno habuit, sed in ea carne in qua exhibitus nobis fuit.'

Quis eius confessionis vel auctores vel subscriptores Arrianos iudicet? Perstitit tamen qua coeperat rabie strenuus sycophanta, ac eiusmodi confessione sibi nequaquam satisfieri asseveravit. Cum exciperet Calvinus ea lege nos edere in praesens eiusmodi confessionem, ut fidem nostram bonis omnibus, dum opus foret, luculentius approbare parati essemus,—'Facessant,' inquit, 'novae confessiones, ac tribus symbolis potius subscribamus.' Ad haec Calvinus nos in Dei unius fidem iurasse respondit, non Athanasii,[1] cuius symbolum nulla unquam legitima ecclesia approbasset. Legati quia nullum altercationibus finem futurum videbant, totam istam cognitionem in fratrum conventum reiecerunt, quem polliciti sunt propediem se curaturos.[2]

(2) *From a letter of Calvin to Simon Grynaeus*, at Basel, 7 or 8 June, 1537. . . . Siquidem non levis momenti rem esse ducebamus, si caput religionis nostrae praecipuum inter nos controverti adversarii nostri audirent, vel ecclesiae quidquam de nobis tale suspicarentur. . . . Sycophanta ille[3] Senatusconsulto in exilium actus est, nos plane absoluti, non a crimine modo, sed ab omni quoque suspicione.[4] Quanquam vero se Athanasii titulo nunc venditet, qui poenas luat defensae fidei,

---

[1] He also spoke of the Nicene Creed thus:—'Vides autem in his verbis esse battologiam, "Deum de Deo, lumen de lumine, Deum verum de Deo vero". Quorsum ista repetitio? . . . Vides ergo carmen esse, magis cantillando aptum quam formulam confessionis' (*Opera* vii. [= *C. R.* xxxv.] 315 sq.).

[2] The commissioners reported in favour of a synod (Herminjard, iv, No. 610, n. 12), and Farel, Calvin, and Viret were acquitted at the synods of 14 May 1537, Lausanne (*ibid.* No. 631, and *Calvini Opera*, vii. [= *C. R.* xxxv.] 310 sqq.; cf. Ruchat, v. 24–30), and of, 31 May–2 June, Bern (*Opera*, vii. [= *C. R.* xxxv.] 325 sqq. and x b [= *C. R.* xxxviii.], 105 sq., cf. Ruchat, v. 30–8).

[3] Caroli; for the immoralities proved against him cf. Ruchat, v. 31 sq.

[4] But see the next extract, of 13 Aug.

nullum tamen fore periculum videtur ut orbis pro Athanasio sacrilegum, scortatorem, homicidam sanctorum multorum sanguine madentem, agnoscat. . . .

(3) *The Council of Bern to Farel and Calvin*, 13 Aug. 1537.—
Sçavants, discrects, chiers et bons amys! Nous somes esté advertis par aulcungs de nous prédicants, tant de la terre de Gex[1] que aultres, que cherchés tousjours de leurs inculquer vostre intention et opinion de la nullité des moetz Trinité et Personne pour yceulx jà dicts prédicants dévier de la costume et manière de parle[r] de la Trinité recephue de l'Esglise catholique. Et mesmement est venuz à nostre notice que vous, Caulvin, ayés escript une lettre à certain Françoys estant à Basle, disante que vostre Confession[2] soit esté adprouvée en nostre congrégation, et nous prédicants avoir ycelle ratiffiée; ce que ne ce [se] constera pas, ains le contraire, [savoir] que vous et Pharel avés adoncque esté consantant et accordant de subsigner la nostre faicte au dit Basle,[3] et vous tenir d'ycelle. Dont nous esbaïssons que tâchés [tâchiez] d'y contrevenir par tels propos, vous prians vous en voulloir déporter. Aultrement, scerons contrainct d'y pourveoir d'aultre remède.

No. 289. The Councils enforce the Confession of Faith, May–Nov. 1537.

May 1.—Icy est esté aoys M⁰ G. Farel et Cauvin . . . de suyvre les articles de la foy . . . des articles l'on advise de suyvre le mieulx que se porra.

July 29.—*Cons. de Deux-Cents.*—Iuxta hesternum arrestum petuntur predicantes Farellus et Calvinus cum caeco Corello. Admonent, instant fiant excommunicatio et confessio ut alias fuit passatum; et que l'on doege deputer des gens de seans pour enquerir et admonester ceulx qu'il se trouvent offenser Dieu et que soit faicte confession par tous ceulx de la ville comment il veulent vivre, disans les articles aultresffois estre passés. Est arresté que l'on doege appelle tous les dizennier et première-

---

[1] Gex was a bailiwick adjoining Geneva, but belonging to Bern by treaty of 7 Aug. 1536.

[2] The *Confessio ecclesiae Genevensis* presented by Calvin and his colleagues to the Synods of Lausanne, 14 May, and Bern, June 1537; and printed, 1545, in his anonymous *Defensio Nicolai Gallasii*, 39–45 (*Opera*, vii. [= *C. R.* xxxv.] 311 sqq.), and as *Confessio de Trinitate propter calumnias P. Caroli* (*Opera*, ix. [= *C. R.* xxxvii.] 703 sqq.).

[3] i.e. the *Confessio Helvetica Prior* (= *Confessio Basiliensis Posterior*) of 1536; see it in Niemeyer, *Collectio Confessionum Ecclesiarum Reformatarum*, 105 sqq.

ment scavoir de eulx leur confession et s'il veulent vivre comme desia est la confession publiée, et ceulx qu'il ne seront cogneust suffisants soyent ostés et mys d'aultres suffisans. Dès la leur sera donnée charge de tenir main sur ceulx de leur dizenne et ceulx qu'il verront ne suyvre les commandementz de Dieu il les exortent, et si ne se amendent que le dizennier en prenne deux ou trois avecque soy et les exortent avecque commination que aultrement il le revelleront à la justice, et puys le reveller s'il ne se chastient, et la justice doege procéder selon le mérite du cas à bannissement. De la Confession : que l'on donne ordre faire que tous les dizenniers amerront leurs gens dizenne par dizenne en l'esglise S. Pierre, et la leur seront leuz les articles touchant la Confession en Dieu et seront interrogués s'il veulent cela tenir : aussi sera faict le serment de fidélité à la ville.

Nov. 12.—Icy est proposé comment hier furent demandés les gens dizenne par dizenne qu'il n'avoyent encore faict le serment de la Refformation, et plusieurs veinrent et des aultres non : et mesmement ceulx de la Rue des Allamans desquelz n'est veny pas ung. Arresté que leur soit faict commandement que s'il ne veulent tielle Refformation jurer qu'il vuydent la ville et allent aultrepart demorer ou il vivront à leur plaisir.

Nov. 15. *Cons. de Deux-Cents.*—Icy est aussy proposé comment il y en a plusieurs qu'il sont estez demandez à venir à la congrégation à S. Pierre qu'il ne sont point voulus venir. Surquoy le Conseil Ordinaire a arresté de leur faire commandement de vuyder la ville, puys qu'il ne veulent obéir. Surquoy icy est resolu celluy arrest estre bon.

No. 290. The Council of Two Hundred repudiates excommunication, 3-4 Jan. 1538.

Jan. 3.—Les prédicants Farel, Calvinus et Corauld sont venus expose[r] que en la Cène ordonnée de Dieu ne doibvent entrer gens dissonens à l'union des fidelles ny semans division : pourquoy, puys que dimenche prochain [1] est arresté celebre[r] la senne, il ne sont de advys il recepvoir ceulx qu'ils scaivent estre desunys, et pourtant demandent l'advis de Messieurs.

—Icy l'on a veu une missive de Berne à cause de nostre générale et publique confession qu'il entendent avoir causé certains rebelles, et nous prient nous voloir ensemble appoincter.

—... Quant à la sene, l'on tiendra demain le Conseil de 200, et seront demandés George des Clefz et Mat. Malich qu'il n'ont

[1] Jan. 6, the first Sunday in the quarter; which, as such, would be one of the four times a year for Communion (cf. Herminjard, iv, No. 602, n. 17).

juré la confession : il aoyront lire la lettre de Berne, puys les induyra l'on à jurer la confession comment les aultres.

Jan. 4. *Cons. de Deux-Cents.*—Icy est proposée la lettre de Berne à cause de la paciffication des questions pour la confession premièrement faicte overtes. Et est sus icelle parlé d'envoyer querre aulcungs non accordans de la dite confession, nommement G. des Clez, Matieu Malich, Pierre Ameaulx, pour les exorter à faire selon le cours commung. Item est parlé que les prédicans disent que bonnement il ne porroient donner la Sene aux contrarians à l'union. Est arresté que l'on ne reffuse la Sene à personne.

No. 291. The Two Hundred vote the Bernese Ceremonies, 11-12 March 1538.

March 11. *Cons. de Deux-Cents.*—Monathon et autres, au nom de la généralité, ont proposé, suyvan le Conseil général tenu ces deux dimenche passé . . . que l'on doyge advertir les prédican qu'i[ls] ne ce mesle poën de la politique, més qu'i[ls] preschent l'évangile de Dieu. . . . Plus, de vivre en la Parolle de Dieu, joste [selon] les ordonance de Messieurs de Berne.[1] [Il] attesté resolu comme desus est proposé.

March 12. . . . L'on az deffenduz az Me. G. Farel et Me. Calvinus de poïen se mesler du magistrat.

No. 292. Bern insists on their adoption, 15 April 1538.

(1) *Bern to Calvin and Farel.*—Très-docts, &c. Après qu'avons entendus la conclusion du Seine de Lausanne, aussy les proposts qu'avés tenus au dit lieu[2] et en parthye la consultation qu'avés cherchée à Strassburg et Basle, summes occasionés de vous prier et admonester en fraternelle amitié, pour bien de

---

[1] For the Bernese ceremonies cf. *supra* No. 281 ; and add that Geneva besides abandoning fonts, all feasts other than Sundays and unleavened bread, had also forbidden bridal ornaments, in accordance with 1 Pet. iii. 3 (cf. *Calvini Opera*, x b [= *C. R.* xxxviii.], 132 n. 2 ; Ruchat, iv. 451, v. 62). On 30 March 1537, at the Council, 'est parlé que dimenche passé fust sortye une épouse de cheu [chez] la magistria qui porta les cheveulx plus abbatu que ne se debvoit faire, qu'est maulvais exemple et contre ce que leur evangelizé. Est arresté que les deux qui menarent l'épouse, celle que la lya et la magistria sa maistresse, soyent mis 3 jours en prison pour chastigation' (*ibid.* xxi. [= *C. R.* xlix.] 216).

[2] sc. with the ministers of Bern. They agreed, save as to feasts other than Sundays ; and Farel and Calvin insisted on the literal obligation of 'Sex diebus operaberis' (*Opera*, x b [= *C. R.* xxxviii.] 182).

paix et avancement d'union, que [il] soit de vostre plaisir de accorder à la dite conclusion et ycelle accepter, affin que l'esglise de Genèsve et la nostre, que sont quant au fondement de la foy unies, quant aux cérimonies aussy soyent conformes. Cela faisant, ousterés l'occasion à nous ennemys de calumnier.

A ceste cause, vous fraternellement et très-acertes prions et admonestons d'adviser avec vostre magistrat, auquel nous pour cestuy affayre escripvons[1], et faire sur le tout sy bonne résolution, que l'on ne puisse disre aulcune différence estre entre nous, considérant que la dissension n'est de sy grosse importance qu'elle puisse nuyre à la verité, quant vous accepterés les trois articles au dit Seine par tous les ministres conclus, assavoir de baptiser sur le baptistère, usant en la Cène de N. S. du pain azime, et observant les quatres festes. En ce vous plaise, pour l'amour de nous, et pour le bien d'union entre nous, condescendre, non suspendant l'affaire, jusque à la journée qui soy tiendra à Zurich[2]. En tant priant Dieu que nous doint sa grâce de vivre sainctement !

(2) *Bern to the Council of Geneva.*—Nobles, magnifficques Seigneurs, singuliers amys, très-chiers et féaulx combourgeoys ! Puis qu'avés desiréz de vous faire conformes quant aux cérimonies avec nous, vous voulons bien nottifier la conclusion du Seine dernièrement tenu à Lausanne, qu'est tieulle : que tous les ministres de nous pays conquestés ont accordé de baptiser les enfans sus le baptistoire ; secondement, de user, en la Cène de N. S., du pain non fermenté, toutesfoys la forme d'ycelluy libère petite ou grande ; tiercement, d'observer les quatres festes que nous avons instituées.

A ceste cause, pour entretènement de union entre vostres et nostres esglises, vous prions et admonestons fraternellement d'accepter mesme forme, et, avec vous ministres Maistre Calvin et Farell, amyablement sur ce convenir, auxquels nous avons aussy escript pour ce mesme affaire. Espérant que, puis bien qu'il ayent faict quelque difficulté, il adviseront du mieulx pour conformité des dictes esglises. Ce que Dieu par sa grâce permecte !

No. 293. The Council demands their adoption by the preachers, 19 April 1538.

Reg. Cons.—Recyve une missive de Berne touchant du seyne tenus az Lausanne, pour adviser si voullons observer les cérémonies comprises en ycelle, lesquelles az esté resoluz d'observer selon le grand Conseil général. Non obstant, az esté advisé de

---

[1] Cf. next letter.   [2] Herminjard, v, No. 708, *infra*, No. 295.

monstrer la dite missive az Farel et Calvinus prédicans, abquieulx leur az esté lyseuz et leur az esté fayct les remonstrances voyr si veullent observer les dites cérémonies ab [ou] non, et leur az esté donné terme pour respondre. Resoluz que l'on doyge suyvre az laz forme de la dite missive speciallement touchant laz Cenne. Lesdits prédicans ont prié de non point volloyr fère chose de noveau jusques az laz Penthecoste, et que entre cy et la se tiendraz un seyne az Zhuryt et Estrabour.

... Az esté resoluz que laz Cennaz [du 21 avril, jour de Pâques] se fasse s'il est possible fère az laz forme de la dite missive [de Berne ... et] d'aller trover Calvinus et Farel prédicans, voyr si veullent presche[r] az laz forme az eux proposée abjourduy selon laz missive de Berne ; synon, d'aller envoyer querre les deux prédicans que M. le baillifz de Ternier nous az présenté.

... M. le Soultier estant revenus devers Farel et Calvin, az refferuz que totallement ne veullent précher ny donner laz Cenne az laz forme de la dite missive.

No. 294. Farel and Calvin banished from Geneva, 21-3 April 1538.

April 21.—Az esté proposé comment Farel et Calvin, oultre les deffenses az leur faycte de non point prêcher az cause de ce qu'il ne veulle pas optemperer az laz missive de Berne ... sont aller prêcher, Calvin az S. Pierre et Farel az S. Gervays. Az esté resoluz que touchant laz Cennaz qu'elle se fasse tant seullement dymenche qu'il vien : et cependant regarder de mectre bon ordre abdit affère. Resoluz ausy de tenyr demaien le Conseyl des 200, et mardy prochaien le Conseyl Général pour proposer les affères. ...

April 22. *Cons. des Deux-Cents.*—Az esté lyseuz les troys letres de Berne touchant du syenne de Lausanne, et touchant les cérémonies. ... Az esté resoluz de vivre selon lesdites cérémonies. Az esté proposé comment les prédicans ne veullent pas obeyr ab magistral. ... Az esté resoluz ... que l'on leur donne congie. ...

April 23. *Cons. Gén.*— ... Az esté totallement resoluz par plus grand voys qu'il volloyent vivre selon les cérémonies accordés az Lausanne. ... Touchant de Farel et Calvinus ... laz plus grand voys az arresté qu'il doyjent vuyder laz ville dans troys jours prochaien.

Petit Conseil.—M. le Soultier est aller fère commandement az Mᵉ G. Farel et az Calvinus de non plus prescher dans laz ville et laz absente dans troys jours prochaien comment az esté resoluz en Général. Surquoy on respondus les dits prédicans : Est bien ! az laz bonne heure ! Si nous heussions servy les hommes, nous fussions mal recompenser : més nous servons ung grand maystre que nous recompenseraz. Calvinus az respondus cecy dessus. Mᵉ Farel ausy az responduz : az laz bonne heure ! et bien de par Dieu !

XVI

CALVIN IN EXILE, 1538-41

The exiles laid their complaints, 27 April 1538, before Bern (Herminjard, iv, No. 705) and before, 29 April-4 May, [No. 295] **a Synod of Zürich** (*ibid.* v, No. 708). The Synod advised them 'to moderate their misplaced rigour and to show some Christian tender-heartedness towards a people so undisciplined' (*Opera*, x b [= *C. R.* xxxviii.] 193) as the Genevese ; but it urged Bern to press for their restoration (Herminjard, v, No. 713, n. 2). Bern did so, 23 May (*ibid.* No. 717, n. 22), and escorted them to Geneva. But to no effect. They were forbidden, 26 May, to enter the city (*Opera*, xxi. [= *C. R.* xlix.] 230). On 23 July (Herminjard, v, No. 731, n. 1) Farel withdrew to Neuchâtel, where, save for an adventurous visit to Metz, 1542-3, he remained till his death, 13 Sept. 1565. Calvin, on the invitation, 1 Aug. (*ibid.* No. 729), of Bucer settled at Strassburg, where he became, 8 Sept. (*ibid.* No. 743, n. 10; *Opera*, xxi. [= *C. R.* xlix.] 235) pastor of French refugees at S. Nicholas, and, Jan. 1539, lecturer in theology (Herminjard, v, No. 767) with, from 1 May, a salary from the town (*ibid.* n. 19). Here he brought out, 1 Aug., the second edition of the *Institutio* (*Opera*, i. [= *C. R.* xxix.] 253 ; xxi. [= *C. R.* xlix.] 250), which had already placed him in the first rank among theologians ; and, 18 Oct., the preface (Herminjard, vi, No. 828) to his exposition of *Romans* (*Opera*, xlix. [= *C. R.* lxxvii.] 1 sqq.), published March 1540, whence his equal distinction among exegetes. When, therefore, 18 March 1539, [No. 296] **Jacopo Sadoleto**, 1477-†1547, Cardinal Bishop of Carpentras, 1517-40, took advantage of their recent dissensions to invite the Genevese to return to the Church (*ibid.* v. [= *C. R.* xxxiii.] 369 sqq.), it fell almost naturally, though at the suggestion of Bern (Herminjard, v, No. 811, n. 11), to, 1 Sept., [No. 297] **Calvin to reply** (*Opera*, v. [= *C. R.* xxxiii.] 385 sqq.). His answer, which, as Luther wrote to Butzer, he had read 'cum singulari voluptate' (de Wette, v. 211) contained an able defence of the Reformation, prophetic of the standing which Calvin was afterwards to attain as the only international Reformer. On 30 Jan. 1540 the Council in Geneva ordered it to be printed (*Opera*, xxi. [= *C. R.* xlix.] 255) ; and this step marks the decline of the party which had expelled him. On 8 Feb. new Syndics were

CALVIN IN EXILE, 1538-41 581

elected (*Opera*, xxi. [= *C. R.* xlix.] 256), two[1] of the exiled preachers' faction, now called *Guillermins* after Guillaume Farel, and two[2] of the once 'patriot' but now rather Bernese faction or *Articulants* [*Artichauds*], so called from the articles of a treaty, 30 March 1539, by which their three[3] leaders, or *Articulants* proper, surrendered to Bern the rights secured to Geneva under the treaty (cf. No. 267 *supra*, ii, § 4) of 7 Aug. 1536 (cf. Dunant, *Les Relations politiques de Genève*, c. ii). On 5 June 1540 the three who, with two[4] others, had procured the banishment of Farel and Calvin, were condemned to death (*Opera*, xxi. [= *C. R.* xlix.] 258), and, 10 June, the remaining leader of the party, Jean Philippe, the Captain-General, was executed (*ibid.*). The Guillermins thereupon, 1 July, returned to power (*ibid.* 262), under the leadership of Ami Perrin : and, 21 Sept., he was charged 'de trouver moyeant si pourroy fere venyr Mᵉ Caulvin' (*ibid.* 265). In a letter of 22 Oct. [No. 298] **the three Councils begged Calvin to return** (Herminjard, vi, No. 900). He was then on his way (*ibid.* No. 901) to the Colloquy of Worms, 28 Oct. 1540—18 Jan. 1541, and again, 19 Feb. (*ibid.* vii, No. 944) to the Colloquy of Regensburg, 27 April—25 May 1541 (cf. his report in *Opera*, v. [= *C. R.* xxxiii.] 509 sqq.) : and most reluctant to face Geneva again (Herm. vi, No. 951). But, at length, constrained once more by Farel's 'thunders' (*ibid.* Nos. 950, 953), threatened by Bucer with the fate of Jonah (*Opera*, xxxi. [= *C. R.* lix.] 25), and urged by, 4 April, [No. 299] **the pastors of Zürich** (Herminjard, vii, No. 961), he gave in. On 13 Sept. [No. 300] **Calvin re-entered Geneva, and the discipline with him** (*Opera*, xxi. [= *C. R.* xlix.] 282), 'for that he saw how needful these bridles were, to be put in the jaws of that city' (Hooker, *Eccl. Pol.*, Preface, ii, § 7).

No. 295. The Synod of Zürich, 29 April—4 May 1538.

Farel and Calvin to the Synod.

(1) Ex tribus conformitatis capitibus quae nobis sunt proposita[5] primum, de baptisteriis erigendis, nos facile admissuros iam antehac testati sumus, modo in caeteris nihil ex ritu hactenus observato immutetur : nempe ut baptismus ipse, quibus horis ecclesia convenire solet, administretur, et eius doctrina, quo melius exaudiri queat, e suggestu recitetur.

(2) In mutando pane paulo maiori difficultate constringimur. Nuper enim perspeximus quantum offensionis exoriturum erat si qua tunc facta fuisset mutatio. Nos tamen daturos fidelis-

[1] Estienne de Chapeaurouge and Jean Philippin.
[2] Estienne Dada and Antoine Gerbel.
[3] Ami de Chapeaurouge, Jean Lullin, and Jean Monathon.
[4] Claude Richardet and Jean Philippe.
[5] Sc. by the Council, *supra*, No. 293.

simam operam recipimus, ut panis azymi usus in ecclesiam nostram inducatur. Sed hoc vicissim cupimus a Bernatibus impetratum, ut fractionem panis nobiscum recipiant, ne posthac de hac quoque differentia nova quaestio nascatur.

(3) In feriis plurima laboramus perplexitate, quemadmodum semper sumus professi, neque alia conditione concedere possumus istas quatuor institui, nisi ut tollatur nimium imperiosa earum indictio, ac liberum sit iis qui volent post concionem ad opus se conferre.[1] Non tamen fenestram audemus aperire tot turbis, quas emersuras iam prospicimus, si aliter fiat.

(4) Haec autem nobis optima et convenientissima censetur ratio recipiendae conformitatis, si legati Bernatium palam testentur, caeremonias hactenus apud nos observatas sibi minime improbari, neque se quidpiam in illis novatum ideo cupere quod Scripturae puritate alienum iudicent; sed unam se concordiam et unitatem spectare, quae rituum similitudine melius coalescere solet.[2] Concio etiam a nobis habeatur de caeremoniarum libertate, deinde ad conformitatem populum adhortemur, propositis eius rationibus. Demum liberum ecclesiae iudicium permittatur. Sic enim occurretur offendiculis, bonorum animi praeparabuntur, qui nunc aliquantum sunt aversi, et res quo decet ordine geretur.

(5) Si de nobis restituendis agitur, istud imprimis cupimus curatum, ut ad diluendas calumnias quibus oppressi sumus, admittamur. Barbaries enim et inhumanitas fuit non ferenda, quod indefensos damnarunt, cum nos ad causam dicendam pro curiae foribus praesto essemus. Obnoxium siquidem futurum est nostrum ministerium impiorum maledicentiae, quamdiu iactare poterunt per culpae deprecationem fuisse restitutos. Iactabunt autem haud dubie, nisi datus fuerit purgationi locus.

(6) Erit deinde studium adhibendum disciplinae stabiliendae. Alioqui mox collabetur quidquid in praesens instauratum fuerit. Etsi autem plura optemus, quia tamen hoc tempore obtineri posse nulla spes est, quae imprimis necessaria sunt constitui cupimus.

(7) Primum est ut urbs in certas parochias distribuatur. Quoniam enim, praeterquam quod populosa[3] est, collecta est ex varia diversarum gentium[4] multitudine, valde confusa semper

---

[1] What shut out holy-days other than Sunday, with the Genevan Reformers, was their rigid Scripturalism—'Six days shalt thou labour.'

[2] This was quite the view of Bern; cf. its edict in Herminjard, iv, No. 698, n. 18, or Ruchat, iv. 459.

[3] About 13,000.

[4] Cf. Am. Hist. Rev. viii. 239, n. 2.

erit eius administratio, nisi propius pastorem suum plebs respiciat, et pastor vicissim plebem. Quod fiet instituta ista distinctione.

(8) Deinde ut eo numero ministri assumantur qui tantae provinciae sufficere queant.[1]

(9) Ut germanus excommunicationis usus restituatur eo quem praescripsimus modo,[2] nempe ut a Senatu eligantur ex singulis urbis regionibus probi et cordati viri, quibus in commune nobiscum ea cura incumbat.

(10) Ut in ministrorum vocatione legitimus ordo servetur ne manuum impositio,[3] quae penes ministros esse debet, magistratus potentia tollatur e medio. Quod non semel nostri conati sunt.

(11) Quoniam autem duo restant caeremoniarum capita, in quorum altero iam discrimen est, in altero futurum exspectamus, rogandi sunt nobis et obtestandi Bernates ut in iis sese nobis accommodent.

(12) Prius est, ut frequentior Coenae usus[4] instituatur, si non secundum veteris ecclesiae consuetudinem, at saltem singulis quibusque mensibus semel.

(13) Alterum, ut ad publicas orationes Psalmorum cantio[5] adhibeatur.

(14) Postremo, quum in lascivis et obscoenis cantilenis ac choraeis quae ad illarum numeros semper sunt compositae, nostri Bernatium exemplum praetexant, oratos volumus ut e sua quoque ditione tales spurcitias[6] eliminent, ne suo exemplo dent nostris occasionem rursus eas expetendi.

No. 296. The letter of Cardinal Sadoleto to Geneva, 18 March 1539.

... Disceptatio est utrum vestrae saluti magis expediat, gratiusque Deo vos facturos existimetis, si ea credideritis eritis-

---

[1] Since 1536 but three or four.

[2] Sc. in the memorandum of 13 Jan. 1537, *supra*, No. 284.

[3] It was required in *Inst.* IV. iii. 16, but ignored in the *Ordonnances* (*infra*, No. 302) and in the *Confessio Scoticana*, § 18 (Niemeyer, 350; and *infra*, No. 349).

[4] It was administered four times a year at Geneva, by decree of 16 Jan. 1537 (cf. *supra*, No. 285), and three times a year at Bern (Ruchat, iv. 524); but in the canton of Basel, weekly in Basel, monthly in the villages (Herminjard, iv, No. 708, n. 15).

[5] Cf. the memorandum of 13 Jan. 1537, *supra*, No. 284; an order for psalmody was given in Bern, 21 June 1538.

[6] Forbidden, 24 Dec. 1536 (*supra*, No. 280), and again 16 June and 5 July 1538 (Herminjard, iv, No. 708, n. 17).

que secuti quae Ecclesia Catholica cunctum per orbem terrarum annos iam mille et quingentos amplius, aut (si claram certamque rerum gestarum memoriam et notitiam quaerimus) annos iam amplius mille et trecentos, magno consensu comprobat : an haec quae vafri homines atque, ut sibi ipsi videntur, acuti, adversus tot saeculorum usum et contra perpetuam Ecclesiae auctoritatem, his annis quinque et viginti innovaverunt : qui certe ipsi Catholica non sunt Ecclesia. Est enim Catholica Ecclesia, ut breviter definiamus, quae in omni anteacto et hodierno tempore, omni in regione terrarum, in Christo una et consentiens, uno Christi Spiritu ubique et semper directa est, in qua nullum potest dissidium exsistere : omnis enim ea inter se connexa et conspirans est. Quod si quid accidat dissensionis et dissidii, magnum quidem corpus Ecclesiae permanet, fit autem aposthema quo corrupta aliqua caro, ab animante corpus cunctum Spiritu divulsa secernitur, nec de substantia ulterius corporis ecclesiastici est. Non ego hic deveniam ad singulas rerum disputationes ... de eucharistia ... de confessione ad sacerdotem peccatorum ... de precibus, aut sanctorum pro nobis apud Deum, aut nostris pro mortuis ... Sed ut relinquam controversias ... excutiamus id quod prius est propositum, ut videatur et quaeratur quid nobis magis conducat ... sentirene cum universa Ecclesia eiusque decretis et legibus et sacramentis cum fide obtemperare, an assentiri hominibus dissidia et res novas quaerentibus ?[1] ...

No. 297. Calvin's reply to Sadoleto, 1 Sept. 1539.

... Ego autem, Sadolete, ex his quos tam hostiliter incessis ac laceras, unum me esse profiteor. Tametsi enim constituta iam religione ac correcta ecclesiae forma illuc vocatus fui : quia tamen quae a Farello ac Vireto gesta erant, non modo suffragio meo comprobavi sed etiam, quantum in me fuit, conservare studui ac confirmare, separatam ab illis causam habere nequeo. Quodsi tamen privatim abs te laesus essem, facile profecto id condonarem tuae doctrinae ac litterarum honori. Sed quum ministerium meum, quod Dei vocatione fundatum ac sancitum fuisse non dubito, per latus meum sauciari videam, perfidia erit, non patientia, si taceam hic atque dissimulem. Doctoris primum, deinde pastoris munere in ecclesia illa functus sum.

---

[1] He then proceeds to depict a Catholic and a Heretic giving an account of his faith at the Last Day. Calvin takes up the picture in the next extract, giving the defence first of a minister then of a layman.

Quod eam provinciam suscepi, legitime fuisse vocationis iure meo contendo. . . .

[*The minister's defence.*] Duobus maximis criminibus reum me fecerunt, haereseos et schismatis.

Atqui haeresis illis fuit quod receptis inter eos dogmatibus ausus sum reclamare. Quid vero fecissem? Audiebam ex ore tuo non aliam esse veritatis lucem ad animas nostras in viam vitae dirigendas quam quae a Verbo tuo accenderetur. Audiebam esse vanitatem, quicquid de tua maiestate, de cultu numinis tui, de religionis tuae mysteriis concipiunt a se ipsis humanae mentes. Audiebam sacrilegam esse temeritatem, si natae in hominum cerebris doctrinae pro Verbo tuo ecclesiae ingerantur. Quum autem oculos ad homines converterem, illic omnia longe diversa apparebant. Qui fidei antistites habebantur, Verbum tuum neque intelligebant neque magnopere curabant. Peregrinis tantum dogmatibus circumagebant miseram plebem, ac nescio quibus ineptiis deludebant. In plebe ipsa summa Verbi tui veneratio erat veluti rem inaccessam procul revereri, interim ab omni eius inquisitione abstinere. Haec tum supina pastorum socordia, tum populi stupiditas fecerat, ut omnia perniciosis erroribus, mendaciis, superstitionibus referta essent. . . . Perinde enim ac si minime ad iustitiam Lege tua instituti forent, multas sibi fabricati erant inutiles nugas, quibus favorem sibi tuum conciliarent: in quibus ita sibi blandiebantur, ut prae illis paene contemnerent quam in Lege tua commendasti verae iustitiae regulam: adeo humana decreta, occupato semel regno, tuis ipsius praeceptis, si non fidem, at certe auctoritatem derogaverant. Haec, Domine, . . . ut deprehenderem quam impia noxiaque essent, tu mihi facem Verbo tuo praetulisti. . . . In ratione vero doctrinae reddenda, vides quid conscientia mea ferat: non fuisse scilicet mihi propositum, extra eos evagari fines quos videbam servis tuis omnibus esse constitutos. . . .

Quod autem mihi de discessione ab Ecclesia obiicere soliti sunt, neque in eo male mihi conscius sum: nisi forte pro desertore habendus est qui ubi milites fusos ac palatos videt procul ordines reliquisse, signo ducis sublato, eos in stationes suas revocat. . . . Ego semper et verbis et factis testatus sum, quanto unitatis studio tenerer. Verum illa mihi erat ecclesiae unitas, quae abs te inciperet ac in te desineret. . . . Me, si pacem habere vellem cum iis qui se iactabant Ecclesiae praesules et fidei columnas, eam redimere oportebat Veritatis tuae abnegatione. . . . Neque vero dissidere me ab Ecclesia tua putabam, quia mihi cum primoribus illis bellum erat. . . . Non ideo habentur pro schismaticis prophetae tui quod dum collapsam religionem instaurare volunt, illis summa vi repugnantibus non cesserint. Manebant ergo in vera ecclesiae unitate quum a sceleratis sacerdotibus diris omnibus devoverentur. . . . Eorum ergo exemplis confirmatus sic constiti ut nihil me illae de ecclesia desertione obnunciationes minaeve territarent. . . . Scis, Domine, . . . ut nihil quaesierim quam Verbo tuo controversias omnes dirimi, quo coniunctis animis utraque pars ad stabiliendum regnum tuum conspiraret.

[*The layman's defence.*] Ego, Domine, ut a puero fueram educatus, Christianam semper fidem professus sum. . . . Rudimenta autem quibus fueram initiatus, eiusmodi erant ut nec me ad legitimum Numinis tui cultum satis instituerent : neque mihi ad certam spem salutis viam expedirent : nec me bene ad officia formarent Christianae vitae. . . . Credebam ut fueram edoctus, Filii tui morte me redemptum esse ab obligatione aeternae mortis. . . . Nec dissimulabant . . . communem oportere omnibus esse salutis portum tuam misericordiam : sed enim eius obtinendae hanc demonstrabant rationem, si pro offensis tibi satisfieret. Tum satisfactio nobis iniungebatur. . . . His omnibus quum utcunque perfunctus essem, tametsi nonnihil interquiescebam, procul tamen adhuc aberam a certa conscientiae tranquillitate. . . . Quia tamen nihil melius offerebatur, iter quod exorsus sum prosequebar : quum interim excitata est longe diversa doctrinae forma, non quae a Christiana professione nos abduceret, sed quae illam ad suum fontem reduceret, et velut a faecibus repurgatam suae puritati restitueret. . . . Una praesertim res animum ab illis meum avertebat, Ecclesiae reverentia. Verum ubi aliquando aures aperui, meque doceri passus sum, supervacuum fuisse timorem illum intellexi ne quid Ecclesiae maiestati decederet. Multum enim interesse admonebant, secessionem quis ab Ecclesia faciat, an vitia corrigere studeat quibus Ecclesia ipsa contaminata est. . . . Et nunc, Domine, quid aliud misero mihi superest quam ut deprecationem tibi pro defensione offeram, ne horrendam illam a Verbo tuo defectionem ad calculum revoces, a qua me semel mirifica tua benignitate vindicasti? . . .

No. 298. The Councils beg Calvin to return to Geneva, 22 Oct. 1540.

Monsieur nostre bon frère et singulier amy, très affectuosement à vous nous recommandons !—Pource que [nous] sumes entièrement informés que vostre desyr n'est aultre synon à l'acroyssement et avancement de la gloyre et honneur de Dieu et de sa saincte Parolle,—de la part de nostre Petit, Grand et Général Conseyl, lesqueulx de cecy fère nous hont grandement admonestés[1], vous pryons très assertes vous volloyër transporter par devers nous et en vostre prestine plache [place] et ministère retourner. Et espérons en l'ayde de Dieu que ce seraz un grand bien et fruyct à l'augmentation de la saincte Évangile. Voyeant que nostre peuple grandement vous desire. Et ferons avecque vous de sorte que aurés occasion vous contenter.

No. 299. The pastors of Zürich urge him to return, 4 April 1541.

Quam vero inhonestum sit Domino reluctari, quantoque cum periculo coniunctum, historia et exemplum Ionae satis indicat. Iam ut Argentorati haereas, non sunt tam graves causae, quum te abeunte ecclesia Argentinensis nihil iacturae faciat, quae tot tantosque viros doctos et praestantes habeat ut vix alia : ecclesia vero Gebennensis praeter unum Viretum[2] habeat neminem : cuius humeris totum onus idque gravissimum incumbit, quod tantisper sustinet donec ad oves suas revocetur, ut interim taceam quanto cum periculo ecclesiae Lausanensi desit suus pastor. ...

... Porro de utilitate non est quod multa dicamus. Eruis oves plurimas e luporum faucibus, coronam immarcessibilem tibi apud Deum contexis. Nosti Gebennam in confiniis esse Galliae, Italiae, Germaniae, ut magna spes sit isthinc Evangelium latius in conterminas urbes disseminandi, et pomeria regni Christi ampliandi. Nosti Apostolum sibi delegisse metropoles in quibus praedicarit verbum Evangelii, ex quibus facile in alias urbes finitimas dimanaret. Quantum vero regno Christi ex hac urbe adiicere queas ipse melius nosti, non praedicando solum, sed et scribendo. Haec sunt, mi Calvine, quae nos movent ut te rogemus, obsecremus, obtestemur ne vocationem hanc, quam a Domino esse non dubitamus, reiicias, sed incunctanter et absque mora sequaris. ...

---

[1] By resolutions of 19-21 Oct., *q. v.* in Herminjard, iv, No. 900, n. 1.
[2] Viret, at the request of the Genevese (*ibid.* vi, No. 931), was sent by Bern to Geneva in January 1541 (*ibid.* vii, No. 937). and returned to Lausanne, 10 July 1542 (*ibid.* viii, No. 1136).

No. 300. Calvin returns to Geneva, 13 Sept. 1541.

Reg. du Conseil.—Mᵉ Jehan Calvin, ministre évangelique. Lequelt est arryvé d'Estrabourg et az delivrez des lectres du dit Estrabourg et de leurs prédicans, aussy de Basle, lesquelles hont esté lisues. Enapres az tout aut long fayct ses excuses de la longue demorance qu'il az faycte. Et estre fayct cela az pryer mectre ordre sus l'église et que icelluy fusse par escript redigye. Et que l'on élize gens du conseyl pour havoyer conférance avecque eulx lesqueulx feront laz relation en conseyl. Et quant az luy il sed offert d'estre tousjour serviteur de Genève.

Et pour aultant que les Sgrs d'Estrabourg entende que le dit Calvin retourne vers eulx : Resoluz de le prier que entièrement il doybje demore icy, et de cella leur fère responce. Aussy resoluz que l'on envoye querre sa femme et son menage.

Quant aux ordonnances sus l'église et consistoyre az esté resoluz que l'on doybje suyvre après icelles fère. Et hont estés eslieuz pour havoyer conférence avecque les dits prédicans assavoyer les Srs. Claude Pertemps, Amyez Perrin, Claude Roset, Johan Lambert,[1] et du Grand Conseyl M. le lieutenant Goulaz et Porralis. Et d'empuys az esté advisé que aut lieu de M. le lieutenant soyt mys le Sʳ Johan Balard.

XVII

THE ECCLESIASTICAL STATE IN GENEVA, 1541–2

Master of the situation for the moment, on 16 Sept. 1541 [No. 301] **Calvin wrote that he had made his own terms** (Herminjard, vii, No. 1039). They issued in [No. 302] **a new ecclesiastical constitution for Geneva.** But the committee accorded him, 13 Sept. [*supra*, No. 300], was ordered, 16 Sept., to report to the three Councils; and, though 'within twenty days we had prepared a formula' (Herm. vii, No. 1090), it was modified first, 29 Sept., by the Little Council and again, 9 Nov., by the Two Hundred, and that with a refusal to let the ministers see the modifications, before it was approved, 20 Nov., by the Assembly (*ibid.* No. 1069, n. 9: *Opera*, xxi. [= *C. R.* xlix.] 283–7) and published ultimately with the title *Les Ordonnances ecclésiastiques de l'Église de Genève.*[2]

---

[1] These four from the Little Council ; Ami Porral and Jean Balard from the Two Hundred. All save Balard were ' Guillermins'; for Balard see *supra*, No. 282.

[2] Distinguish (*a*) *Projet d'Ordonnances Ecclésiastiques* of Sept–Oct. 1541 (*Opera*, x a [= *C. R.* xxxviii.] 15 sqq.), printed below in the text; (*b*) the *Ordonnances* as officially accepted, 20 Nov. 1541, indicated in the notes ; and (*c*) *Les Ordonnances ecclésiastiques de l'Église de Genève*, 1561 (*ibid.* 91 sqq.).

Received with acclamations, 24 Nov., elsewhere (Herminjard, vii, No. 1069), the new order was further advanced, 1542, by [No. 303] **a popular tract on the Eucharist**, entitled *Petit traicté de la S. Cène (Opera,* v. [= *C. R.* xxxiii.] 458 sq.); by [No. 304] **a second Catechism**, known as *Le Catéchisme de l'Église de Genève (Opera,* vi. [= *C. R.* xxxiv.] 1 sqq.), and, in the Latin of 1545, as the *Catechismus Genevensis (ibid.,* and Niemeyer, *Coll. Conf. Eccl. Ref.* 123 sqq.); and by [No. 305] a **Liturgy** based (cf. *Opera,* x a [= *C. R.* xxxviii.] 213) on one of Calvin's own (*Opera,* vi. [= *C. R.* xxxiv.] 174 sq. nn.) adapted from the form in use, 1537-9, at Strassburg, as that again from a revised translation by Diebold Schwarz, 1524, of the Roman Mass (cf. W. Walker, *Calvin,* 222), and entitled *La forme des prières ecclésiastiques (Opera,* vi. [= *C. R.* xxxiv.] 161 sqq.: cf. Niemeyer, *op. cit.* 170 sqq., and Daniel, *Codex Liturgicus,* iii. 51 sqq.). Ordinances, Catechism, and Liturgy powerfully influenced all, save Lutheran, protestantism everywhere. In Jan. 1542 [No. 306] **Calvin reviewed his labours** (Herminjard, vii, No. 1090) in a letter to a friend. He had laid down the lines of a Puritan State in Geneva (cf. H. D. Foster, 'Calvin's programme for a Puritan State in Geneva,' in *The Harvard Theological Review,* vol. i, No. 4. Oct. 1908).

No. 301. Calvin's terms, 13 Sept. 1541.

From a letter to Farel of 16 *Sept.*—Quod bene vertat Deus, hic retentus sum, ut volebas. Superest ut Viretum quoque mecum retineam, quem a me avelli nullo modo patiar. Tuae quoque omniumque fratrum partes me hic adiuvare, nisi vultis me frustra excruciari, ac sine commodo esse miserrimum. Ubi operam meam Senatui detuli, exposui non posse consistere ecclesiam, nisi certum regimen constitueretur, quale ex Verbo Dei nobis praescriptum est, et in veteri Ecclesia fuit observatum. Capita deinde quaedam attigi, unde intelligerent quid vellem. Sed quia tota res explicari non poterat, petii ut nobis darentur qui nobiscum conferrent: sex nobis dati sunt. Conscribentur de tota ecclesiae politia articuli, quos deinde Senatui exhibebimus. Collegae tres[1] se nobis duobus consentire prae se ferunt: aliquid saltem obtinebitur. . . .

No. 302. The new ecclesiastical constitution in Geneva, 1541-2.

(*a*) 16 *Sept.* 1541.—Suivant la résolution du Grand et du Petit Conseil, ordonné que les sieurs prédicans avec les six

[1] Jacques Bernard, Henri de la Mare, and Aymé Champereau. Calvin afterwards found them 'minime nobis commodos' (Herminjard, vii, No. 1090 (Jan. 1542).

députés doivent suivre aux ordonnances sur l'ordre de l'église avec son mode de vivre, lequel, avant toutes choses, sera visité par le Petit Conseil, les Deux-Cents et le Conseil Général, afin de savoir comment chacun se devra conduire selon Dieu et la justice.

(*b*) 29 *Sept.* 1541.—On a suivi à lire quelques articles des ordonnances sur le régime de l'église, dont quelques-uns ont été acceptés, les autres regettés. Toutefois a été ajouté qu'il seroit bien convenable d'ordonner en faire un mode de vivre sur un chacun.

(*c*) 9 *Nov.* 1541.—Sur ce que les prédicans désirent voir les réparations [corrections] sur les ordonnances de l'église, ordonné que à eux n'appartient de les revoir, et que l'affaire soit mise en Deux-Cents aujourd'hui.

En Deux-Cents, lu les ordonnances de l'église. Un Syndic doive assister au Consistoire. Des pierres des baptistaires, qu'il n'en soit point parlé. Le reste bien et soit mis l'intitulation : Par nous, Petit et Grand Conseil.

(*d*) *Dimanche*, 20 *Nov.* 1541—Les Ordonnances de l'Église ont été passées en Conseil Général sans contradiction.

Projet d'Ordonnances Ecclésiastiques[1], Sept.-Oct. 1541. Il y a quatre ordres d'offices, que Nostre Seigneur a institué pour le gouvernement de son Église.

Premièrement les pasteurs, puis les docteurs, après les anciens, quartement les diacres.

Pourtant si nous voulons avoir esglise bien ordonnée et l'entretenir en son entier, il nous fault observer ceste forme de régime.

---

[1] In the *Registers of the Venerable Company*, the official text of the *Ordonnances* has no title, but this preface :—Au nom de Dieu tout puissant, Nous Sindicques, Petit et Grand Conseil, avec nostre peuple, assemblé au son de trompette et grosse cloche suyvant nos anciennes coustumes, ayant considéré que c'est chose digne de recommendation sur toutes les aultres, que la doctrine du Sainct Evangile de N. S. soit bien conservée en sa pureté et l'Esglise chrestienne denement entretenue, que la jeunesse pour l'advenir soit fidellement instruicte, l'hospital ordonné en bon estat pour la sustentation des pauvres, ce qui ne ce [se] peut faire synon qu'il y ait certaine règle et manière de vivre par laquelle chascun estat entende le debvoir de son office : A ceste cause il nous a semblé advis bon que le gouvernement spirituel, tel que N. S. l'a demonstré et institué par sa Parole, fust reduict en bonne forme pour avoir lieu et estre observé entre nous. Et ainsi avons ordonné et estably de suyvre et garder en nostre ville et territoire la Police Ecclésiastique qui s'ensuit, comme voyons qu'elle est prise de l'Evangile de Jesu Christ.

[i. Les pasteurs.]

Quant est des pasteurs que l'Escripture nomme aussi aulcunesfois[1] anciens et ministres, leur office est d'annoncer la Parole de Dieu pour endoctriner, admonester, exhorter et reprendre tant en publiq comme en particulier, administrer les sacramens et faire les corrections fraternelles avec les anciens et comys.

Or affin que rien ne se face confusément en l'Église, nul ne se doibt ingérer en cest office sans vocation; en laquelle il fault considérer trois choses assavoir [1] l'examen, qui est le principal. Après [2] aussi[2] il appartient de instituer les ministres. Tiercement [3] quelle cérémonie ou façon de faire il est bon de garder à les introduire en l'office.

[1] L'examen contient deux parties, dont la première [a] est touchant la doctrine, assavoir si celluy qu'on doibt ordonner a bonne et saincte[3] cognoyssance de l'Escripture. Et puys s'il est ydoine et propre pour la communiquer au peuple en édification.[4]

Aussi pour éviter tout danger que celluy qu'on veult retenir[5] n'ait quelque opinion maulvaise, il sera bon qu'il proteste de recevoir et tenir la doctrine approuée en l'esglise.

Pour cognoystre s'il est propre à enseigner, il fauldra procéder par interogations et par l'ouyr traicter en privé la doctrine du Seigneur.

[b] La seconde partie est de la vie, assavoir s'il est de bonnes meurs et s'est tousjours gouverné sans reproche. La reigle d'y procéder est très bien demonstrée par S. Paul; laquelle il fauldra tenir.

[2] S'ensuit a qui il appartient d'instituer les pasteurs. Il sera bon en cest endroict de suyvre l'ordre de l'Esglise ancienne, veu que ce n'est que practique de ce qui nous est monstré par l'Escripture. C'est que les ministres eslisent premièrement celluy qu'on doibvra mettre en l'office.[6] Après qu'on le présente au Conseil. Et s'il est trouvé digne, que le Conseil le recoive et accepte,[7] luy donnant tesmonage pour le produyre finablement au peuple en la prédication, affin qu'il soit receu par consentement commun[8] de la compagnye des fidelles.

---

[1] surveillans, anciens, etc.   [2] après a qui il appartient.   [3] saine.
[4] + estant premièrement, après l'examen fayct, présenté a la Seigneurie.
[5] recepvoir.
[6] + l'ayant fayct à scavoir à la Seigneurie.
[7] + ainsy que l'on verraz estre expedient.
[8] In 1561 this was defined as a right to enter protest between election and admission to office (*Opera*, x a, 94).

S'il estoit trouvé indigne et demonstré tel par probations légitimes, il fauldroit lors procéder a nouvelle élection pour en prendre un aultre.

[3] Quant à la manière de l'introduyre, il seroit bon de user de l'imposition des mains, laquelle cérémonye a esté gardée des apostres et puys en l'Esglise ancienne, moyennant que cela se face sans superstition et sans offence. Mais pource qu'il y a eu beaucoup de superstition au temps passé, et qu'il s'en pourroit en suivre du scandalle, on s'en abstient pour l'infirmité du temps[1].

Quant il sera esleu qu'il ait à jurer entre les mains de la Seigneurie, duquel serment il y aura forme escripte, convenable a ce qui est requis en ung ministre.[2]

Or comme il fault bien examiner les ministres quant on les veult eslire aussi fault il avoir bonne police à les entretenir en leur debvoir.

Premièrement sera expédient que touz les ministres pour conserver pureté et concorde de doctrine entre eulx, conviennent ensemble un jour certain la sepmaine pour avoir conférence des Escriptures et que nul ne s'en exempte s'il n'a excuse légitime.[3] Si quelq'un y estoit négligent qu'il en soit admonnesté.

Quant a ceulx qui preschent par les villages dépendans de la Seigneurie, qu'on les exhorte[4] d'y venir touttes les fois qu'ilz pourront. Au reste s'ilz défaillent ung moys entier qu'on tienne cella pour négligence trop grande, si non qu'il y eust maladie ou aultre empeschement légitime.

S'il y sortoit quelque différent de la doctrine, que les ministres en traictent ensemble pour discuter la matière. Après si mestier estoit qu'ilz appellent les anciens[5] pour ayder à appaiser

---

[1] The official text substitutes : 'Quant à la manière de l'introduire, pource que les cérémonies du temps passé ont esté tournées en beaulcoup de superstitions, à cause de l'infirmité du temps il suffira qu'il se fasse par un des ministres une déclaration en remonstrance de l'office auquel on l'ordonne, puis qu'on fasse prières et oraisons affin que le Seigneur luy fasse la grace de s'en acquiter.'

[2] + selon que s'ensuit [the form of oath is given in *Opera*, x a, 31].

[3] These weekly exercises came to be known as the *Congrégation* in Geneva. They were held on Fridays in *L'Auditoire* (formerly N. D. la Neuve), which was lent, 14 and 25 Nov. 1555, to the section of English refugees from Frankfurt who followed John Knox, for worship on Mondays, Tuesdays, and Wednesdays. at 9 a.m. (*Opera*, xxi. [= *C. R.* xlix.] 619 sq.). Cf. the *Colloquia* (*supra*, No. 207; and p. 547), and the Puritan Prophesyings in England; for which see Prothero, *Statutes and Documents 1559-1625*, 202-8, 218, 248, and Paget, *Introduction to Hooker, Book V*, 64 sqq., and the *Disciplina Ecclesiae Sacra* of 1588 in App. iii. 247 sq.

[4] nous ministres de la ville les ayent à exorter.

[5] + et comys par la Seigneurie.

la contention. Finablement, s'ilz ne pouvoient venir a concorde amiable pour l'obstination de l'une des parties que la cause soit déférée au magistrat pour y mettre ordre.

Pour obvier a tous scandales de vie il sera mestier qu'il y ait forme de correction[1] a laquelle tous se soubmettent, qui sera aussi le moien que le ministère soit conservé en révérence et que la Parolle de Dieu ne soit par le maulvais bruit des ministres en deshoneur ou mespris. Car comme on corrigera celluy qui l'aura mérité, aussi sera mestier de reprouver les calumnies et faulx rapportz qu'on pourroit faire injustement contre innocens.

Mais premièrement fault noter qu'il y a des crimes qui sont du tout intollérables en un ministre, et y a des vices qu'on peult aultrement supporter moyennant qu'on en face admonitions fraternelles. . . .

Quant est des crimes qu'on ne doibt nullement porter, s'il[2] s'en dresse quelque accusation en murmure que l'assemblée des ministres et anciens en enquerrent, affin de y procéder par raison et selon qu'on en trouvera qu'ilz en jugent, et puys rapportent le jugement au magistrat affin que, si mestier est, le délinquent soit deposé.[3]

Quant est des vices moindres qu'on doibt corriger par admonition simple, qu'on y procède selon l'ordre de N. S., tellement que le dernier soit venir au jugement ecclésiastique.[4]

Pour maintenir ceste discipline en estat, que de trois mois en trois mois les ministres aient specialement regard s'il y a rien à redire entre eulx, pour y remédier comme de raison.

Du nombre, lieu et temps des Prédications.

Le dymanche qu'il y ait sermon au poinct du jour à S. Pierre et S. Gervais et à l'heure accoustumée au ditz S. Pierre[5] et S. Gervais.

[1] + laquelle appartiendra à la Seigneurie.
[2] *The official text, for the rest of this paragraph, substitutes*:—'Si ce sont crimes civilz, c'est à dire qu'on doibve punir par les loix, si quelqu'un des ministres y tombe, que la Seigneurie y mette la main et que oultre la peine ordinaire dont elle a coustume de chastier les aultres, elle le punisse en le déposant de son office.'
[3] *The text of the Register of the Venerable Company adds here*:—'Quant des aultres crimes dont la première inquisition appartient au Consistoire Ecclésiastique, que les commis ou Anciens avec les Ministres veillent dessus : et si quelqu'un en est convaincu, qu'ils en facent le raport au conseil avec leur advis et jugement, ainsi que le dernier jugement de la correction soit tousjours réservé à la Seigneurie.' *It appears in* 1561 (*Opera*, xb [= C. R. xxxviii.] 97).
[4] This article is deleted. It re-appears in 1561 (*ibid.*).
[5] + a la Magdeleine.

A mydy qu'il y ait cathéchisme, c'est à dire instruction de petiz enfans en touttes les troys esglises, assavoir la Magdelène, S. Pierre et S. Gervais.

A troys heures en S. Pierre et S. Gervais le second sermon.

Pour envoier les enfans au cathéchisme et pour recevoir les sacremens, que en tant qu'il se pourra faire on observe les limites des paroysses. C'est que S. Gervais contienne ce qu'il avoit du temps passé, la Magdelène pareilement, S. Pierre ce qui appartient anciennement à S. Germain, S^e. Croix, N.-D. la Neufve, S. Legier.

Es jours ouvriers oultre les deux prédications qui se font, que troys fois la sepmaine on presche à S. Pierre, assavoir le Lundy, Mardy[1] et Vendredy une[2] heure devant qu'on commence aux aultres lieux.

Pour soubstenir ces charges et aultres qui sont du ministère il sera besoin d'avoir cinq ministres et troys co-adjuteurs qui seront aussi ministres pour ayder et soubvenir selon que la nécessité le requerra.

[ii] S'ensuyt du second ordre, que nous avons nommé de docteurs.

L'office propre de docteurs est d'enseigner les fidelles en saine doctrine, affin que la pureté de l'Évangile ne soit corrumpue ou par ignorance ou par maulvaises opinions. Toutesfois selon que les choses sont aujourdhuy disposées nous compregnons en ce tiltre les aydes et instructions pour conserver la doctrine de Dieu et faire que l'Esglise ne soit desolée par faulte de pasteurs et ministres, ainsi pour user d'un mot plus intelligible nous appellerons[3] l'ordre des escolles.

Le degré plus prochain au ministère et plus conjoinct au gouvernement de l'Esglise est la lecture de théologie, dont il sera bon qu'il y en ait au Vieil et Nouveau Testament.

Mais pour ce qu'on ne peult proufiter en telles leçons que premièrement on ne soit instruict aux langues et sciences humaines, et aussi est besoing de susciter de la sémence pour le temps advenir, affin de ne laisser l'Esglise déserte a nous enfans, il fauldra dresser collège pour instruyre les enfans, affin de les préparer tant au ministère que gouvernement civil.

[1] Mercredi.

[2] *From this point the article, as finally adopted, runs* :—' Et que ces sermons soyent sonnez l'un après l'autre à telle heure qu'ilz puissent estre finitz devant qu'on commence allieurs. Si ce faict quelque prière extraordinaire pour la nécessité du temps, on gardera l'ordre de dymenche.'

[3] l'appellerons.

Pour le premier, fauldra assigner lieu propre tant pour faire leçons que pour tenir enfans et aultres qui vouldroient proufyter, avoir homme docte et expert pour disposer tant de la maison comme des lectures, et qui puysse aussi lire, le prendre et soldoyer a ycelle condition qu'il aye soubz sa charge lecteurs tant aux langues comme en dialectique, s'il se peult faire. Item, des bacheliers pour apprendre les petiz enfans et [1] de ce esperons pourvoybre en briefz a l'ayde du Seygneur.

Que touz ceulx qui seront là soient subjectz à la discipline ecclésiastique comme les ministres.

Qu'il n'y ait aultre escolle par la ville pour les petiz enfans, mais que les filles ayent leur escolle à part, comme il a esté faict par cydevant.

Que nul ne soit receu s'il n'est apprové par les ministres [2] avec leur tesmonage de peur des inconvéniens.

[iii] S'ensuyt le troisiesme ordre, qui est des Anciens.[3]

Leur office est de prendre garde sur la vie d'un chascun, d'admonester amyablement ceulx quilz verront faillir ou [4] mener vie désordonnée, et là ou il en seroit mestier faire rapport à la Compaignye qui sera deputée pour faire les corrections fraternelles [5] et les faire avec les aultres.

Comme ceste esglise est disposée, il seroit bon d'en eslire deux du Conseil Estroict, quatre du Conseil des Soixante, et six du Conseil des Deux-cens, gens de bonne vie et honeste, sans reproche et hors de toutte suspection, sur tout craignans Dieu et ayans bonne prudence spirituelle. Et les fauldra tellement eslire qu'il y en ait en chascun quartier de la ville, affin d'avoir l'œil partout.[6]

La manière [7] de les eslire semble estre bonne tellement que le Conseil Estroict advise de nommer les plus propre qu'on pourra trouver et les plus suffisans, et pour ce faire appeller les

[1] *For* ' de ce ', etc., *was substituted* ' ce que nous voulons et ordonnons estre faict '.

[2] +l'ayant premièrement faict scavoir à la Seigneurie et alors derechef qu'il soit présenté au Conseil avec leur tesmoignage, de peur des inconvéniens. Toutesfois l'examen debvra estre faict présent deux des seigneurs du Petit Conseil.

[3] +que ce dyront estre comys ou deputés par la Seygneurie au Consistoyre.

[4] et. [5] et lors les faire communément avec, etc.

[6] +ce que voulons estre faict. [N.B.—This disciplinary office was lay, not ministerial; and the process of appointment to it governmental. The populace was not consulted; the ministers consulted only.]

[7] Pareillement nous avons déterminé que la manière de les eslire soit telle, c'est que, etc.

ministres pour en communiquer avec eulx, puys qu'ilz présentent ceulx qu'ilz auront advisé au Conseil des Deux-cens, lequel les approuvera. S'il les trouve dignes,[1] qu'ilz facent serment particulier dont la forme se pourra[2] facillement dresser. Et au bout de l'an, après avoir esleu le Conseil, qu'ilz se présentent à la Seygneurie, affin qu'ilz[3] regardent s'ilz les debveront continuer ou changer. Combien qu'il ne seroit expédient de les changer souvent sans cause, quant ilz se acquiteront de leur debvoir fidellement.

[iv] Le quatriesme ordre du gouvernement ecclésiastique, assavoir les Diacres.

Il y en a eu tousjours deux espèces en l'Esglise ancienne, les ungs ont esté deputez a recevoir dispenser et conserver les biens des pouvres, tant aulmosnes quotidiannes que possessions, rentes et pensions. Les aultres pour soigner et penser les malades et administrer la pitance des pouvres, laquelle coustume nous tenons encorres de présent. Car nous avons procureurs et hospitalliers.[4]

. . . .

Que l'élection tant des procureurs que des hospitalliers se face comme des Anciens,[5] et en les eslisant qu'on suyve la reigle que baille S. Paul des Dyacres [1 Tim. iii, Tit. i].

. . . .

Il sera mestier de veiller diligemment que l'hospital commun soit bien entretenu, et que ce soit tant pour les malades que vieilles gens qui ne peuvent travailler, femmes veufves, enfans orphelins et aultres pouvres. . . .

Item que la sollicitude des pouvres qui sont dispersez par la ville revienne là, selon que les procureurs en ordonneront.

Item que oultre l'hospital des passans lequel il est besoing de conserver, qu'il y ait quelque hospitalité à part pour ceulx qu'on verra estre dignes de charité specialle. Et pour ce faire, qu'il y ait une chambre speciale députée pour recevoir ceulx qui seront adressez des procureurs, et qu'elle soit reservée en cest usage.

. . . .

Il seroit bon aussi que tant pour les pouvres de l'hospital que pour ceulx de la ville qui n'ont pas de quoy s'ayder qu[il y ait] ung médecin et ung chirurgien propre,[6] qui néantmoins

---

[1] + après estre approuvez.   [2] sera dressée comme pour les ministres.
[3] qu'on regarde s'ilz debvront estre continuez ou changez.
[4] Et affin d'éviter confusion, car nous avons procureurs et hospitalliers, que l'un des quatre procureurs du dict hospital soit recepveur de tout le bien d'icelluy et qu'il ait gaiges competans affin de exercer mieulx son office.
[5] + et comys au Consistoyre.   [6] + aux gages de la ville.

practiquassent en la ville, mais cependent feussent tenuz d'avoir soing de l'hospital et visiter les aultres pouvres.

Quant est de l'hospital pour la peste, qu'il ait tout son cas séparé à part, et principalement s'il advenoit[1] que la ville fust visitée de ceste verge de Dieu.

Au surplus pour empescher la mendicité, laquelle est contraire à bonne police, il seroit bon[2] et ainsy havons ordonné que il ay l'un de nous officiers à l'issue des Esglises pour oster ceulx de la place qui vouldroient belistrer,[3] et si c'estoient affronteurs, ou qu'ilz se rebecquassent, les mener à l'ung de Messieurs les Syndicques. Pareillement que au reste du temps les dizeniers y prinsent garde que la deffence de ne point mendier feust bien observée.

[v] Des Sacremens. Du Baptesme.

Que le Baptesme ne se face que à l'heure de la prédication, et qu'il soit administré seulement par les ministres ou coadjuteurs, et qu'on enregistre les noms des enfans avec les noms de leurs parens, que s'il se trouvoit quelque bastard, la justice en soit advertie.

Que les pierres ou baptistaire soit auprès de la chaire, affin qu'il y ait meilleure audience à réciter le mystère et l'usaige du baptesme.[4]

Qu'on ne reçoive estrangers pours compères que gens fidelles et de nostre communion, veu que les aultres ne sont capables de faire promesse à l'Esglise d'instruyre les enfans comme il appartient.

[vi] De la Cène.

Puys que la Cène a esté instituée de N. S. pour nous estre en usage plus fréquent, et aussi qu'il a ainsi esté observé en l'Esglise ancienne jucques à ce que le dyable a tout renversé, erigeant la Messe au lieu d'icelle, c'est ung deffault qu'on doibt corriger, que de la célébrer tant peu souvent.[5]

[1] s'il advient.
[2] il fauldra que la Seigneurie commette quelcungs de ses officiers, et ainsi avons ordonné.
[3] qui vouldront résister.
[4] omitted. 'Calvin would have admitted the Bernese custom of the font —a fresh evidence that his opposition in 1538 was not so much to the Bernese ceremonies, as to their imposition by governmental authority—but here "Guillermin" prejudice would have none of it' (W. Walker, *Calvin*, 268).
[5] + Toutesfoys pour au présentey avons advisé et ordonné que elle soyt administrée quatre foys l'année, assavoyre à Noel, Pasques, Penthecoste et le premier dymenche de Septembre en aulthone—to take the place of the following paragraph. Cf. the Revision of 1561 (*Opera*, xb [= *C. R.* xxxviii.], 104).

Parquoy sera bon que tousjours unesfois le moys elle soit administrée en la ville, tellement que tous les troys moys elle revienne en chascune paroysse; oultre que trois foys l'an on la face partout, assavoir à Pasques, Penthecoste et Noel en telle sort néantmoins que ce moys là elle ne soit repetée en la paroysse laquelle lors seroit en son jour.

Que les ministres distribuent le pain en bon ordre et avec révérence, et que nul aultre ne donne le calyce sinon les comys ou diacres avec les ministres, et pour ceste cause qu'il n'y ait point multitude de vaisseaulx.

Que les tables soient près de la chaire, affin que le mystère[1] se puysse mieulx commodement exposer près des tables.

Qu'elle ne soit célébrée qu'en l'esglise jucques à meilleure opportunité.

Que le dymanche devant qu'on la célébre, qu'on en face la dénonciation, affin que nul enfant n'y vienne devant que avoir fait profession de sa foy selon qu'il sera exposé au Cathéchisme, et aussi qu'on exhorte tous estrangers et nouveaulx venuz de se venir premier représenter à l'Esglise, affin d'estre instruitz s'ilz en avoient mestier, et ainsi que nul n'en approche à sa condemnation.

[vii] Du Mariage.

Que, après la dénonce des bans acoustumée, on face les espousailles quant les parties le requerront, tant le dymanche que les jours ouvriers, moyennant que se soit au commencement du presche; seulement il sera bon que le jour qu'on aura célébré la Cène, on s'en abstienne pour l'honneur du Sacrement.

Il sera bon d'introduyre les chantz ecclésiastiques pour mieulx inciter le peuple à pryer et louer Dieu.

Pour le commencement on apprendra les petiz enfans, puys avec le temps toutte l'Esglise pourra suyvre.

Touchant les différences en causes matrimoniales, pour ce que ce n'est pas matière spirituelle mais meslée avec la politique, nous[2] remettons cela à Messieurs, les pryans néantmoins de vouloir, sans plus delayer, dresser ung Consistoire pour en juger, auquel, si bon leur semble, ilz pourront conjoindre quelques ungs des ministres comme conseilliers: surtout qu'il

---

[1] *Sic.* Probably Ministre.
[2] cela demeurera à la Seigneurie. Ce néantmoings avons advisé de laisser au Consistoire la charge d'ouyr les parties, affin d'en rapporter leur advis au Conseil, pour assoir jugement bonnes ordonnances soient dressées, lesquelles on suyve doresnavant.

leur plaise deputer gens pour faire ordonnances lesquelles on suyve doresnavant.

[viii] De la Sepulture.

Qu'on ensepvelisse honestement les mortz au lieu ordonné. De la suyte et compaignye, nous la laissons à la discrétion d'un chascun.

Il sera bon[1] que les porteurs ayent serment à nous[2] d'empescher touttes superstitions contraires à la parole de Dieu, de n'en point porter à heure indeue, et faire rapport si quelqu'un estoit mort subitement, affin d'obvier à touz inconvéniens qui en pourroient advenir.

Item après leur mort de ne les porter plustost de douze heures et non plus tard que vingt et quatre.

[ix] De la visitation des malades.

Pour ce que plusieurs sont négligens de se consoler en Dieu par sa parole quant ilz se trouvent en nécessité de maladie, et ainsi plusieurs meurent sans quelque admonition ou doctrine, laquelle est à l'homme plus salutaire lors que jamais : il sera bon[3] que Messeigneurs ordonnent et facent publier que nul ne demoure troys jours entiers gisant au lict, qu'il ne le face savoir au ministre, et que chascun advise d'appeller les ministres quant il les vouldront avoir à heure opportune : affin de ne les distraire de leur office auquel ilz servent en commun à l'Esglise,[4] et surtout qu'il soit fait commandement que les parens, amys et gardes n'attendent pas que l'homme doibve rendre l'esperit, en laquelle extrémité les consolations ne servent de guères à la plus part.

[x] De la visitation des prisonniers.

Il sera bon que Messeigneurs ordonnent[5] certain jour la sepmaine auquel soit faitte quelque collation aux prysonnyers, pour les admonester et exhorter : si bon leur semble,[6] deputer quelqu'un de leur compagnie,[7] affin qu'il ne si commette nulle fraude : et s'ilz en ont[8] quelqu'un en seps, lequel l'on ne vueille pas tirer hors, quant bon leur[9] semblera, pourront donner entrée à quelque ministre pour le consoler en présence comment

---

[1] Nous avons oultre plus advisé et ordonné. [2] à la Seigneurie.
[3] Pour ceste cause avons advisé et ordonné que nul, etc.
[4] + et pour oster toutes excuses avons resolu que cela soit.
[5] En oultre avons ordonné.
[6] Et qu'il y ait deux des Seigneurs du Conseil deputez pour y assister affin qu'il ne se commette, etc.
[7] Nous semble, nostre Conseyl.
[8] Et s'il y en avoit quelqu'un aux seps.
[9] Quand bon semblera au Conseil il pourroit.

dessus. Car quant on attend qu'on les doibve mener à la mort, ils sont souvent préoccupez si fort d'horreur, qu'ilz ne peuvent rien recevoir ne entendre. Et le jour de ce fère az esté deputé le samvedy apprès disné.

[xi] L'ordre qu'on debvera tenir envers les petis enfans.

Que touz citoyens et habitans ayent à mener ou envoyer leurs enfans le dymanche à mydy au cathéchisme dont il a esté parlé.

Qu'il y ait ung certain formulaire composé sur lequel on les instruyse, et que avec la doctrine qu'on leur donnera qu'on les intéroge de ce qui aura esté dict, pour veoir s'ilz l'auront bien entendu et retenu.

Quant ung enfant sera suffisamment instruict pour se passer du cathéchisme, qu'il récite solennellement la somme de ce qui y sera contenu : et ainsi qu'il face comme une profession de sa chrestienté en présence de l'Esglise.

Devant que avoir faict cela, que nul enfant ne soit admis à recevoir la Cène, et qu'on advertisse les parens de ne les amener devant le temps. Car c'est chose fort périlleuse tant pour les enfans que pour les pères, de les ingerer sans bonne et suffisante instruction, pour laquelle cognoystre il est besoing de user de cest ordre.

Affin qu'il n'y ayt faulte, qu'il soit ordonné que les enfans qui vont à l'escole s'assemblent là devant les douze heures et que les maistres les ménent par bon ordre en chascune paroysse.

Les aultres, que leurs pères les envoyent on facent conduyre. Et affin qu'il y ait moins de confusion, qu'on observe autant que faire se pourra la distinction des paroysses en cest endroict, comme il a esté dict cy dessus des sacremens.

Que ceulx qui contreviendront soient appellez devant la Compaignye des Anciens,[1] et s'ilz ne veullent obtempérer à bon conseil qu'on en face le rapport à Messieurs.[2]

Pour adviser lesquelz feront leur debvoir ou non, que les Anciens[3] ayant l'œil dessus pour s'en donner garde.

[xii] De l'ordre qu'on doibt tenir envers les grans, pour observer bonne police en l'Esglise.

Que les Anciens[4] dont il a esté parlé s'assemblent une fois la sepmaine avec les Ministres, assavoir le Jeudy matin pour veoir s'il n'y a nul désordre en l'Esglise et traicter ensemble des remédes quant il en sera besoing.

---

[1] ou commis et s'ilz ne vouloient.
[2] qu'il en soit fait le rapport à la Seigneurie.
[3] que les commis susdictz.   [4] que les commis susdictz.

Pour ce qu'ilz n'auront nulle auctorité ne jurisdiction pour contraindre, qu'il plaise à Messieurs[1] leur donner ung de leurs officiers,[2] pour appeller ceulx ausquelz ilz vouldront faire quelque admonition.

Si quelq'un par mespris refuse de comparoistre, leur office sera en advertir Messieurs,[3] affin de y donner remède.

[xiii] S'ensuivent les personnes que les Anciens[4] doibvent admonester et comme on doibvera procéder.

S'il y a quelq'un qui dogmatise contre la doctrine receue, qu'il soit appellé pour conférer avec luy. S'il se renge, qu'on le renvoy sans scandale ne diffame. S'il est opiniastré, qu'on l'admoneste par quelquesfois, jusques à ce qu'on verra qu'il sera mestier de plus grande sévérité : et lors, qu'on luy interdise la communion de la Cène et qu'on le dénonce au Magistrat.

Si quelq'un est negligent de convenir à l'esglise, tellement qu'on apperçoive ung mespris notable de la communion des fidelles, ou si quelq'un se monstre estre contempteur de l'ordre ecclésiastique, qu'on l'admoneste, et s'il se rend obéissant, qu'on le renvoye amyablement. S'il persevère de mal en pis, après l'avoir troys fois admonesté, qu'on le sépare de l'Esglise et qu'on le dénonce.[5]

Quant est de la vie d'un chascun, pour corriger les faultes qui y seront, il fauldra procéder selon l'ordre que N. S. commande.

C'est que des vices secretz, qu'on les repregne secrètement, et que nul n'ameine son prochain devant l'Esglise pour l'accuser de quelque faulte laquelle ne sera point notoire ne scandaleuse, sinon après l'avoir trouvé rebelle.

Au reste, que ceulx qui se seront mocquez des admonitions particulières de leur prochain soient admonestez derechef par l'Esglise, et s'ilz ne vouloient nullement venir à raison, ne recognoistre leur faulte quant ilz en seront convaincus qu'on leur dénonce qu'ilz ayent[6] a s'abstenir de la Cène jusques à ce qu'ilz reviennent en[7] meilleure disposition.

Quant est des vices notoires et publiques que l'Esglise ne peult pas dissimuler, si ce sont faultes qui méritent seulement l'admonition, l'office des Anciens[8] sera appeller ceulx qui en seront entachez, leur faire remonstrances amyables affin qu'ilz

---

[1] nous avons advisé de.
[2] noz officiers.—One of the Syndics presided over the Consistory. In 1547 Calvin presided thrice. He may have been tacitly regarded as vice-president. But ordinarily the president was a Syndic (cf. *Opera*, xxi. [= *C. R.* xlix.] 396).
[3] le Conseil. [4] ou comys. [5] +à la Seigneurie.
[6] qu'ilz en nient. [7] à meilleure. [8] des Anciens commis.

ayent à s'en corriger, si on y voit amendement ne les plus
molester. S'ilz persevérent à mal faire, qu'on les admoneste
derechef. Et si à la longue on ne proufytoit rien, leur dénoncer
comme à contempteurs de Dieu, qu'ilz ayent à s'abstenir de la
Cène, jusques à ce qu'on voye en eulx changement de vie.

Quant est des crimes qui ne méritent pas seulement remonstrance de paroles mais correction avec chastiement, si quelq'un y est tombé, selon l'exigence du cas il luy fauldra dénoncer
qu'il s'abstienne quelque temps de la Cène pour se humilier
devant Dieu et mieulx recognoistre sa faulte.

Si quelq'un par contumace ou rebellion se volloit ingerer
contre la deffence, l'office du Ministre sera de le renvoyer, veu
qu'il ne luy est licité de le recevoir à la Communion.

Et néantmoins que tout cela soit tellement modéré, qu'il
n'y ait nulle rigueur dont personne soit grève, et mesmes que
les corrections ne soient sinon médicines, pour reduyre les
pécheurs à N. S.[1]

Que ceste police soit non seulement pour la ville, mais aussi
pour les villages dépendens de la Seigneurie.

(*e*) *From a letter of Chr. Fabri to Farel*, 24 Nov. 1541.—Genevae feliciter succedunt omnia, et iam publico edicto,[2] singulis
diebus Iovis, omnes concioni interesse iubentur, etiam famuli et
famulae, qui eo die ab opere quotidiano cessare iubentur, donec
solutus sit coetus et sacris interfuerint. Disciplinae aliquam
esse praxim[3] audio, et formulae[4] partem obtinuisse fratres.
Praelectionum[5] ac colloquiorum[6] fructum vel in circumvicinos

---

[1] † Item nous avons ordonné que lesdictz ministres n'ayent à ce atribuy
nulle juridiction, mes seullement doybjent aoyr les parties et fère les remonstrances susdictes. Et sus leur relation pourrons adviser et fère le jugement selon l'exigence du cas.

This addition of the committee became in the official text, as finally
adopted:—Et que tout cela se face en telle sorte que les Ministres n'aient
nulle jurisdiction civile et ne usent sinon du glaive spirituel de la parolle de
Dieu comme S. Paul leur ordonne, et que par ce Consistoire ne soit en rien
dérogué à l'auctorité de la Seigneurie ne à la justice ordinaire. Mais que la
puissance civile demeure en son entier. Et mesmes ou il sera besoing de
faire quelque punition ou contraindre les parties, que les Ministres avec le
Consistoire aiant ouy les parties et faict les remonstrances et admonitions
telles que bon sera, ayent à raporter au Conseil le tout, lequel sur leur relation advisera d'en ordonner et faire jugement selon l'exigence du cas.

[2] Cf. *Reg. du Conseil*, 7 Nov.—Ordonné que tous dizeniers doibjent advertir cieulx de leur dizenne de venir tous les Jeudis, dès icy en là, à la predication publique, et, estant paracheve icelle, ung chascun doibje aller travailler.

[3] The Consistory.   [4] The *Ordonnances*.

[5] The expositions of Scripture provided for in 1538.

[6] The 'Congregation', on Friday, for 'prophesyings'.

uberrimum derivare videmus ac sentimus. Dominus opus suum
ubique perficiat regnumque suum in dies augustiorem (*sic*)
reddat ! . . .

No. 303. La petite traicté de la Cène, 1542.

. . . Quand Luther commença à enseigner, il traictoit en telle
sorte la matière de la Cène, que touchant la présence corporelle
de Christ, il sembloit advis qu'il la laissast telle que le monde
la concevoit pour lors. Car en condamnant la transsubstantiation, il disoit le pain estre le corps de Christ, d'autant qu'il
estoit uny avec. Oultre plus, il adjoustoit des similitudes, lesquelles estoient un peu dures et rudes. Mais il le faisoit comme
par contrainte, pour ce qu'il ne povoit autrement explicquer son
intention. Car il est difficile de donner à entendre une chose
si haulte, sinon en usant de quelque impropriété.

D'autrepart, se levèrent Zuingle et Oecolampade, lesquelz,
considerans l'abuz et tromperie que le Diable avoit mis sus, en
establissant une telle présence charnelle de Christ, qu'on avoit
enseignée et tenue plus de six centz ans, penserent qu'il n'estoit
pas licite de dissimuler. Mesmes puis que cela emportoit une
ydolatrie exécrable, en ce que Jésus Christ y estoit adoré comme
enclos soubz le pain. Or pour ce qu'il estoit fort difficile d'oster
ceste opinion enracinée si longtemps aux cueurs des hommes,
ilz appliquèrent tout leur entendement à crier à l'encontre,
remonstrans combien c'estoit une lourde faulte de ne recon-
gnoistre point ce qui est tant testifié en l'Escriture, touchant l'Ascension de Jésus Christ, et qu'il a esté receu en son humanité au
ciel, là où il demourera jusques à ce qu'il descende pour juger le
monde. Cependant qu'ilz s'amusoient à ce poinct, ilz oublioi-
ent de monstrer quelle présence de Jésus Christ on doibt
croire en la Cène, et quelle communication de son corps et de
son sang on y reçoit. Tellement que Luther pensoit qu'ilz ne
voulussent laisser autre chose que les signes nudz, sans leur
substance spirituelle. Ainsi il commença à leur resister en
barbe, jusque à les dénoncer pour hérétiques. Depuis que
la contention feust une fois commencée, elle s'enflamba tousjours avec le temps, et ainsi a esté demenée trop amèrement
par l'espace de quinze ans ou environ, sans que jamais les uns
ayent voulu escouter les autres d'un cueur paisible. Car combien qu'ilz ayent une fois conféré ensemblé, néantmoins, il
y avoit telle aliénation, qu'ilz s'en retournèrent sans aucun
accord. . . .

Nous confessons doncq tous d'une bouche, que en recevant en
foy le Sacrement selon l'ordonnance du Seigneur, nous sommes

vrayment faictz participans de la propre substance du corps et du sang de Jésus Christ. Comment cela se faict, les uns le peuvent mieux desduire et plus clairement exposer que les autres. Tant y a que d'une part il nous fault, pour exclurre toutes phantasies charnelles, eslever les cueurs en hault au ciel, ne pensant pas que le Seigneur Jésus soit abaissé jusque là, de estre enclos soubz quelques élémens corruptibles. D'aultre part pour ne point amoindrir l'efficace de ce sainct mystère, il nous fault penser que cela se faict par la vertu secrète et miraculeuse de Dieu, et que l'Esprit de Dieu est le lien de ceste participation, pour laquelle cause elle est appellée Spirituelle.

No. 304. From the Catechismus Genevensis, 1545.

Lectori S.

Observatum semper fuit in Ecclesia et diligenter etiam procuratum ut pueri in doctrina Christiana rite instituerentur. Quod ut fieret commodius, non modo apertae fuerunt olim Scholae, ac singulis praecipiebatur ut familiam suam probe docerent, sed etiam publico more et instituto receptum erat ut in templis rogarentur pueri de singulis capitibus, quae communia Christianis omnibus et nota esse debent. Ut autem id ordine fieret, describebatur formula quae vocabatur Catechismus sive Institutio. Ab eo tempore diabolus Ecclesiam Dei misere lacerans et horrendum eius exitium invehens (cuius notae in maiori parte mundi nimium adhuc exstant) sanctam hanc politiam evertit: neque aliud quicquam reliquum fecit praeter quasdam nugas, quae superstitiones tantum pariant absque ullo aedificationis fructu: cuiusmodi est Confirmatio illa, quam vocant, referta quidem gesticulationibus plusquam ridiculis, et quae prorsus simiis conveniant, nec ullo fundamento nitantur. Quod ergo nunc in medium proferimus, nihil aliud est quam usus eorum quae iam olim a Christianis et veris Dei cultoribus observata sunt, neque unquam omissa, nisi dum Ecclesia omnino corrupta fuit.

§ 1. De Fide.   § 2. De Lege.   § 3. De Oratione.[1]

§ 4. De Verbo Dei.

Magister. Iam instituta a nobis ordinis ratio postulat ut de quarta cultus Dei parte agamus.

Puer. Hanc in eo sitam esse diximus, ut Deum agnoscamus bonorum omnium auctorem, eiusque bonitatem, iustitiam, sa-

---

[1] For these three sections see Niemeyer, *Collectio Confessionum*, 126-58.

pientiam, potentiam, laude et gratiarum actione prosequamur : quo in solidum bonorum omnium gloria penes ipsum resideat.

M. Nullamne huius partis regulam praescripsit ?

P. Quicquid laudum eius exstat in Scripturis pro regula nobis esse debet.

M. Nihilne habet Oratio Dominica quod huc pertineat ?

P. Nempe, quum optamus sanctificari eius nomen, hoc optamus ut omnibus eius operibus sua constet gloria. Ut sive peccatoribus ignoscat, misericors; sive vindictam exerceat, iustus; sive praestet suis quod promisit, verax censeatur. Denique ut, quicquid operum eius cernimus, ad eum glorificandum nos excitet. Hoc vero est, bonorum illi omnium laudem tribuere.

M. Quid tandem ex iis quae hactenus tractata sunt a nobis colligemus ?

P. Quod scilicet veritas ipsa docet et ego initio proposui : hanc esse vitam aeternam, unum verum Deum nosse patrem, et quem misit Iesum Christum. (Ioan. xvii. 3.) Illum, inquam, nosse, ut debitum ei honorem cultumque exhibeamus, utque nobis non Dominus tantum sit sed etiam Pater ac Servator, nosque illi vicissim filii simus et servi, et proinde vitam nostram illustrandae eius gloriae dedicemus.

M. Qua via ad tantum bonum pervenitur ?

P. In hunc finem sacrum suum Verbum nobis reliquit. Est enim spiritualis doctrina, quaedam veluti ianua, qua ingredimur in caeleste eius regnum.

M. Ubinam quaerendum nobis est hoc Verbum ?

P. In Scripturis sanctis, quibus continetur.

M. Ut fructum inde percipias qualiter eo utendum est ?

P. Si ipsum solida cordis persuasione amplectimur, non secus ac certam veritatem e caelo profectam : si nos illi dociles praebemus : si voluntates mentesque nostras in eius obsequium subiicimus : si amamus ipsum ex animo : si cordibus nostris semel insculptum fixas illic radices habet, ut fructum proferat in vita : si denique formamur ad eius regulam : tum nobis in salutem, sicuti destinatum est, cedet.

M. Suntne omnia haec in facultate nostra posita ?

P. Nihil ipsorum prorsus, sed unius Dei est hoc totum, quod retuli, in nobis efficere Spiritus sui gratia.

M. Verum annon adhibenda est a nobis diligentia, et omni studio enitendum, legendo, audiendo, meditando, ut eo proficiamus ?

P. Imo vero : quum se quisque privatim quotidiana lectione exerceat: tum vero simul omnes praecipue sedulo conciones frequentent, ubi salutis doctrina in coetu fidelium explicatur.

M. Negas ergo esse satis, si domi seorsum singuli legant, nisi omnes simul in commune ad eandem doctrinam audiendam conveniant?

P. Convenire necesse est ubi licet, hoc est, quum facultas datur.

M. Poterisne mihi hoc probare?

P. Sufficere ad probationem abunde nobis debet una Domini voluntas. Hunc autem ordinem Ecclesiae suae commendavit, non quem duo aut tres duntaxat servarent, sed cui subessent communiter omnes. Ad hoc, illius tum aedificandae tum conservandae hanc esse unicam rationem pronunciat. Sit ergo haec nobis sancta et inviolabilis regula : nec sibi fas quisquam esse ducat supra magistrum sapere.

M. Estne igitur necesse praeesse Ecclesiis pastores?

P. Quin etiam necesse est audire ipsos, et quam proponunt Christi doctrinam ex eorum ore cum timore et reverentia excipere. Itaque qui ipsos contemnit audireve detrectat Christum contemnit ac discessionem facit a societate fidelium. (Matt. x. 40.)

M. Verum, semelne a pastore suo fuisse institutum satis est homini Christiano, an cursum hunc tota vita tenere debet?

P. Coepisse parum est nisi perseveres. Christi enim discipulos usque in finem vel potius sine fine esse nos oportet. Hanc vero functionem mandavit Ecclesiae ministris, ut suo nos loco et nomine doceant.

§ 5. De Sacramentis.

M. Non est aliud a Verbo medium, ut loquuntur, quo se nobiscum Deus communicet?

P. Verbi praedicationi adiunxit Sacramenta.

M. Quid est Sacramentum?

P. Externa divinae erga nos benevolentiae testificatio, quae visibili signo spirituales gratias figurat, ad obsignandas cordibus nostris Dei promissiones, quo earum veritas melius confirmetur.

M. Tantane vis subest visibili signo ut conscientias in salutis fiducia stabiliat?

P. Id quidem a seipso non habet, sed ex Dei voluntate, propterea quod sit in hunc finem institutum.

M. Quum propriae sint Spiritus sancti partes Dei promissiones in animis nostris obsignare, hoc tu Sacramentis quomodo tribuis?

P. Longum est inter illum et haec discrimen. Movere enim et afficere corda, illuminare mentes, conscientias reddere certas ac tranquillas, solius re vera Spiritus est, ut id totum censeri proprium ipsius opus debeat, illique acceptum referri, ne laus alio transferatur : minime tamen hoc obstat quominus Sacramentis Deus utatur, tanquam secundis organis, eaque in usum adhibeat, prout visum fuerit : idque sic faciat ne quid Spiritus virtuti derogetur.

M. Vim ergo efficaciamque Sacramenti non in externo elemento inclusam esse existimas, sed totam a Spiritu Dei manare?

P. Sic sentio: nempe, ut virtutem suam exserere Domino placuerit per sua organa, quem in finem ea destinavit. Quod quidem ita facit ut Spiritus sui virtuti nihil detrahat.

M. Potesne mihi, cur ita agat, rationem reddere?

P. Hoc scilicet modo infirmitati nostrae consulit. Nam si spirituales essemus toti, Angelorum instar spiritualiter tum eum tum ipsius gratias possemus intueri. Verum, ut hac terreni corporis mole circumdati sumus, figuris indigemus vel speculis quae nobis spiritualium caelestiumque rerum aspectum terreno quodam modo exhibeant. Neque enim aliter eo perveniremus. Simul etiam nostra interest in Dei promissionibus exerceri sensus omnes nostros quo melius nobis confirmentur.

M. Si verum est ideo instituta esse a Deo Sacramenta, ut subsidia necessitatis nostrae forent, annon arrogantiae damnari merito deberet, si quis iudicaret illis se tanquam non necessariis posse carere?

P. Omnino. Atque adeo si quis illorum usu sponte abstineat, ac si opus non haberet, Christum contemnit, ipsius respuit gratiam, et Spiritum exstinguit.

M. Verum, qualis ex Sacramentis fiducia ad stabiliendas conscientias, et quam certa securitas concipi potest, quibus utuntur promiscue boni et mali?

P. Quanquam oblata sibi in Sacramentis Dei dona, in nihilum, ut ita dicam, redigunt impii, quantum ad ipsos spectat, non tamen propterea efficiunt quin sua vis et natura Sacramentis maneat.

M. Quo igitur modo et quando usum Sacramentorum sequitur effectus?

P. Quum ea fide recipimus, Christum in illis solum eiusque gratiam quaerentes.

M. Cur illic quaerendum esse Christum dicis?

P. Intelligo non esse visibilibus signis inhaerendum, ut

salutem inde petamus, vel affixam illic conferendae gratiae virtutem imaginemur ac inclusam : quin potius adminiculi loco habendum esse signum, quo recta ad Christum dirigamur, salutem ab ipso et solidam felicitatem petituri.

M. Quum ad eorum usum requiratur fides: qui nobis in fidei confirmationem data esse dicis, ut nos de promissionibus Dei reddant certiores?

P. Fidem in nobis semel inchoatam esse nequaquam sufficit, nisi continenter alatur, et magis in dies magisque augescat. Ad eam ergo tum alendam tum roborandam tum provehendam Sacramenta instituit Dominus. Quod quidem significat Paulus, (Rom. iv. 11) quum ad obsignandas Dei promissiones valere tradit.

M. Verum nonne hoc infidelitatis indicium est, non habere Dei promissionibus solidam fidem, nisi aliunde nobis confirmentur?

P. Fidei certe imbecillitatem hoc arguit, qua filii etiam Dei laborant, qui tamen fideles propterea esse non desinunt ; licet fide praediti sint exigua adhuc et imperfecta. Quamdiu enim versamur in hoc mundo, haerent semper in carne nostra diffidentiae reliquiae, quas aliter excutere non possumus quam continuo usque ad vitae finem profectu. Ulterius ergo semper progredi necesse est.

M. Quot sunt Christianae Ecclesiae Sacramenta?

P. Duo sunt omnino, quorum communis sit inter omnes fideles usus.

M. Quae sunt illa?

P. Baptismus et sacra Coena.

M. Quid vero simile inter se habent vel diversum?

P. Baptismus veluti quidam in Ecclesiam aditus nobis est. Illic enim testimonium habemus nos, quum alioqui extranei alienique simus, in Dei familiam recipi, ut inter eius domesticos censeamur. Coena vero testatur Deum se nobis, animas nostras alendo, Patrem exhibere.

M. Quo clarius nobis innotescat utriusque veritas de utroque seorsum tractemus. Primum : Quae est Baptismi significatio?

P. Ea duas partes habet. Nam ibi remissio peccatorum, deinde spiritualis regeneratio figuratur. (Eph. v. 26; Rom. vi. 4.)

M. Quid similitudinis inest aquae cum his rebus ut eas repraesentet?

P. Peccatorum quidem remissio species est lavacri, quo

animae suis maculis absterguntur : non secus atque aqua abluuntur corporis sordes.

M. Quid de regeneratione ?

P. Quoniam eius initium est naturae nostrae mortificatio, finis vero ut novae creaturae simus, in eo nobis proponitur mortis figura, quod capiti aqua iniicitur : novae autem vitae, in eo quod non manemus sub aqua demersi, sed ad momentum duntaxat subimus tanquam in sepulchrum, ut statim emergamus.

M. Num aquam esse animae lavacrum censes ?

P. Nequaquam. Hunc enim honorem eripere Christi sanguini nefas est, qui ideo effusus fuit, ut, abstersis omnibus nostris maculis, puros coram Deo et impollutos nos redderet. (1 Petr. i. 19; 1 Ioan. i. 7.) Atque huius quidem purgationis fructum percipimus, quum sacro illo sanguine conscientias nostras Spiritus sanctus aspergit. Obsignationem vero in Sacramento habemus.

M. Verum, annon aliud aquae tribuis, nisi ut ablutionis tantum sit figura ?

P. Sic figuram esse sentio, ut simul annexa sit veritas. Neque enim sua nobis dona pollicendo nos Deus frustratur. Proinde et peccatorum veniam et vitae novitatem offerri nobis in Baptismo et recipi a nobis certum est.

M. An promiscue in omnibus impletur haec gratia ?

P. Multi dum illi sua pravitate viam praecludunt, efficiunt ut sibi sit inanis. Ita non nisi ad fideles solos pervenit fructus. Verum inde nihil Sacramenti naturae decedit.

M. Regeneratio autem unde ?

P. A morte Christi et resurrectione simul. Haec enim vis subest eius morti ut per eam crucifigatur vetus homo noster et naturae nostrae vitiositas quodammodo sepeliatur, ne amplius vigeat in nobis. Quod autem reformamur in novam vitam ad obediendum Dei iustitiae, id est resurrectionis beneficium.

M. Quomodo per Baptismum nobis haec bona conferuntur ?

P. Quia nisi promissiones illic nobis oblatas respuendo infructuosas reddimus, vestimur Christo eiusque Spiritu donamur.

M. Nobis vero quid agendum est ut rite Baptismo utamur ?

P. Rectus Baptismi usus in fide et poenitentia situs est : hoc est ut statuamus primum certa animi fiducia nos ab omnibus maculis Christi sanguine purgatos Deo placere ; deinde ut Spiritum eius sentiamus ipsi in nobis habitare atque id operibus apud alios declaremus ; utque assidue nos in meditanda tum carnis mortificatione tum iustitiae Dei obedientia exerceamus.

M. Si haec requiruntur ad legitimum Baptismi usum, qui fit ut *infantes* baptizemus?

P. Non est necesse ut Baptismum semper fides et poenitentia praecedant; sed ab iis tantum exiguntur qui per aetatem iam sunt utriusque capaces. Satis ergo fuerit si infantes, postquam adoleverint, Baptismi sui vim exserant.

M. Poterisne ratione demonstrare nihil esse in ea re absurdi?

P. Sane. Si mihi concessum fuerit, nihil Dominum instituisse quod sit a ratione dissentaneum. Nam quum *Circumcisionem* poenitentiae signum fuisse Moses (Deut. xxx. 6) et omnes Prophetae (Ierem. iv. 4) doceant, fidei etiam sacramentum, teste Paulo (Rom. iv. 11), fuerit: videmus tamen ut infantes ab ea non excluserit.

M. Sed eademne causa, quae in Circumcisione valuit, nunc ad Baptismum admittendi sunt?

P. Prorsus eadem: quum promissiones quas olim Deus populo Israelitico dederat nunc sint per totum orbem publicatae.

M. Atqui num inde colligis signum quoque usurpandum esse?

P. Qui bene utrimque expendet omnia, hoc consequi animadvertet. Neque enim eius gratiae, quae Israeli ante collata fuerat, hac lege nos participes fecit Christus, ut vel obscurior erga nos esset, vel aliqua ex parte imminuta. Quin potius, et luculentius eam in nos et abundantius effudit.

M. Putasne, si a Baptismo arceantur infantes, quicquam propterea Dei gratiae decedere, ut dici possit Christi adventu fuisse imminuta?

P. Id quidem evidenter patet. Signo enim sublato, quod ad testandam Dei misericordiam et confirmandas promissiones plurimum valet, deesset nobis eximia consolatio, qua fruebantur veteres.

M. Sic ergo sentis: quum Deus sub veteri Testamento, ut se Patrem parvulorum ostenderet, salutis promissionem in eorum corporibus insculptam esse voluerit signo visibili, indignum fore, si minus confirmationis a Christi adventu habeant fideles: quando et eadem hodie nobis promissio destinatur, quae olim Patribus, et clarius bonitatis suae specimen nobis in Christo exhibuit Deus.

P. Sic sentio. Praeterea quum satis constet, vim substantiamque, ut ita loquar, Baptismi infantibus esse communem: si illis negaretur signum, quod veritate est inferius, aperta illis iniuria fieret.

M. Qua ergo conditione baptizandi sunt infantes?

P. Ut testatum fiat, benedictionis fidelium semini promissae ipsos esse haeredes; ut agnita, postquam adoleverint, Baptismi sui veritate, fructum ex eo percipiant ac proferant.

M. Transeamus ad Coenam. Ac primo quidem ex te scire velim, quae sit eius significatio?

P. Ideo a Christo instituta est, ut corporis et sanguinis sui communicatione educari in spem vitae aeternae animas nostras nos doceret, idque nobis certum redderet.

M. Cur autem *pane* corpus, *vino* sanguis Domini figuratur?

P. Nempe hinc docemur, quam vim habet panis in nutriendis corporibus, ad sustinendam praesentem vitam, eandem corpori Domini inesse, ad alendas spiritualiter animas. Sicuti vino exhilarantur hominum corda, reficiuntur vires, totus homo roboratur: ita ex Domini sanguine eosdem ab animis nostris usus percipi.

M. Ergone corpore Domini et sanguine vescimur?

P. Ita sentio. Nam quum in eo sita sit tota salutis nostrae fiducia, ut accepta nobis feratur obedientia ipsius, quam Patri praestitit, perinde ac si nostra foret: ipsum a nobis possideri necesse est. Neque enim bona nobis sua aliter communicat, nisi dum se nostrum facit.

M. Atqui, nonne tunc se dedit, quum se exposuit in mortem, ut nos a mortis iudicio redemptos Patri reconciliaret?

P. Id quidem verum est: sed non satis est nobis, nisi eum nunc recipiamus: quo mortis eius efficacia fructusque ad nos perveniat.

M. Recipiendi porro modus an non fide constat?

P. Fateor. Sed hoc simul addo, fieri id, dum non solum mortuum credimus, quo nos a morte liberaret: et suscitatum, quo nobis vitam acquireret: sed in nobis habitare agnoscimus, nosque illi coniunctos esse eo unitatis genere quo membra cum capite suo cohaerent: ut huius unitatis beneficio omnium eius bonorum participes fiamus.

M. Numquid hanc communionem per solam Coenam obtinemus?

P. Imo vero. Nam et per Evangelium, teste Paulo (1 Cor. i. 6), nobis communicatur Christus; et merito hoc Paulus docet: quum illic audiamus, nos carnem esse de carne eius et ossa ex ossibus (Eph. v. 30); ipsum esse panem vivum, qui e

coelo ad nutriendas animas nostras descendit (Ioan. vi. 51);
nos unum esse cum ipso, sicuti cum Patre unum est (Ioan.
xvii. 21); et similia.

M. Quid amplius ex Sacramento consequimur, aut quid
praeterea utilitatis nobis confert?

P. Hoc scilicet: quod illa, de qua dixi, communicatio nobis
confirmatur et augetur. Tametsi enim tum in Baptismo tum
in Evangelio nobis exhibetur Christus: eum tamen non
recipimus totum, sed ex parte tantum.

M. Quid ergo in symbolo panis habemus?

P. Corpus Christi, ut semel pro nobis ad nos Deo reconciliandos immolatum fuit, ita nunc quoque nobis dari: ut
certo sciamus, reconciliationem ad nos pertinere.

M. Quid in vini symbolo?

P. Christum, ut suum sanguinem semel in peccatorum satisfactionem pretiumque redemptionis nostrae effudit, ita nunc
eum nobis bibendum porrigere, ut fructum qui inde pervenire
ad nos debet sentiamus.

M. Secundum has duas responsiones sacra Domini Coena
ad eius mortem nos amandat, ut eius virtuti communicemus?

P. Omnino; tunc enim unicum perpetuumque sacrificium,
quod in salutem nostram sufficeret, peractum est. Proinde
nihil restat amplius, nisi ut ipso fruamur.

M. Ergo non in hunc finem instituta est Coena ut Deo
Filii sui corpus offeratur?

P. Minime. Solus enim ipse, quum aeternus sit Sacerdos
(Hebr. v. 5, 10), hanc praerogativam habet. Atque hoc sonant eius verba, quum ait: *Accipite et manducate* (Matt. xxvi.
29). Neque enim ut offeramus corpus suum, sed tantum ut
eo vescamur, illic praecipit.

M. Cur duobus utimur signis?

P. In eo Dominus infirmitati nostrae consuluit, quo nos
familiarius doceret, se non cibum modo animis nostris, sed
potum quoque esse, ne alibi quam in eo solo ullam spiritualis
vitae partem quaeramus.

M. An utroque uti peraeque omnes absque exceptione
debent?

P. Ita fert Christi mandatum: cui ullo modo derogare,
aliquid contra tentando, summum est nefas.

M. Solamne eorum, quae dixisti, beneficiorum significationem habemus in Coena, an illic re ipsa nobis exhibentur?

P. Quum Dominus noster Christus ipsa sit veritas, minime
dubium est, quin promissiones, quas dat illic nobis, simul etiam

impleat: et figuris suam addat veritatem. Quamobrem non dubito quin sicuti verbis ac signis testatur, ita etiam suae nos substantiae participes faciat, quo in unam cum eo vitam coalescamus.

M. Verum qui hoc fieri potest, quum in coelo sit Christi corpus, nos autem in terra adhuc peregrinemur?

P. Hoc mirifica arcanaque Spiritus sui virtute efficit: cui difficile non est sociare, quae locorum intervallo alioqui sunt disiuncta.

M. Ergo nec corpus in pane inclusum esse, nec sanguinem in calice imaginaris?

P. Nequaquam. Quin potius ita sentio, ut veritate potiamur signorum, erigendas esse in coelum mentes, ubi Christus est, et unde eum exspectamus iudicem et redemptorem: in his vero terrenis elementis perperam et frustra quaeri.

M. Ut in summam colligamus quae dixisti: duas in Coena res esse asseris: nempe, panem et vinum, quae oculis cernuntur, attrectantur manibus, percipiuntur gustu: deinde Christum, quo interius animae nostrae, tanquam proprio suo alimento, pascuntur.

P. Verum, et eo quidem usque, ut corporum etiam resurrectio illic nobis, quasi dato pignore, confirmetur: quum et ipsa vitae symbolo communicent.

M. Quis autem rectus erit huius Sacramenti ac legitimus usus?

P. Qualem Paulus (1 Cor. xi. 28) definit: Ut probet seipsum homo, priusquam eo accedat.

M. Quidnam in hac probatione inquiret?

P. Num verum sit Christi membrum.

M. Quibus ad eius rei notitiam argumentis perveniet?

P. Si vera sit poenitentia fideque praeditus: si proximos sincero amore prosequatur: si animum ab omni odio malevolentiaque purum habeat.

M. Num perfectam in homine tum fidem tum charitatem exigis?

P. Utramque sane integram et ab omni fuco vacuam esse convenit. Verum frustra exigatur tam absoluta numeris omnibus perfectio, in qua nihil desideretur, quando tanta nunquam in homine inveniri poterit.

M. Non ergo ab accessu nos arcet imperfectio, qua adhuc laboramus.

P. Quin potius, si perfecti essemus, nullum amplius usum inter nos haberet Coena: quae sublevandae nostrae imbecillitati adminiculum esse debet ac imperfectionis subsidium.

M. Nullumne praeterea alium finem propositum habent haec duo Sacramenta?

P. Sunt etiam professionis nostrae notae, et quasi tesserae quaedam. Illorum enim usu fidem apud homines nostram profitemur, et testamur nos unum habere in Christo religionis consensum.

M. Si quempiam contingeret eorum usum aspernari, quo loco habendus esset?

P. Haec vero obliqua esset Christi abnegatio. Certe qui talis est, quum se Christianum confiteri non dignetur, indignus est, qui inter Christianos censeatur.

M. Satisne est, in totam vitam utrumque semel recepisse?

P. Usque adeo sufficit unus Baptismus, ut repetere fas non sit. Coenae autem diversa est ratio.

M. Quod est discrimen illud?

P. Per Baptismum nos adoptat, et in Ecclesiam suam allegit Dominus, ut pro domesticis nos exinde habeat. Postquam nos adscripsit in numerum suorum, per Coenam testatur de nobis continenter alendis curam se habere.

M. Promiscuene ad omnes pertinet tam Baptismi quam Coenae administratio?

P. Nequaquam: sed eorum, quibus mandatum est publicum docendi munus, propriae sunt istae partes. Sunt enim res inter se perpetuo nexu coniunctae, pascere Ecclesiam salutis doctrina, et Sacramenta administrare.

M. Possisne mihi Scripturae testimonio id comprobare?

P. Baptizandi quidem mandatum Christus peculiariter Apostolis dedit (Matt. xxviii. 19). In Coenae celebratione exemplum suum iussit nos sequi (Luc. xxii. 19). Referunt autem Evangelistae, ipsum in ea distribuenda publici ministri fecisse officium.

M. Verum, debentne pastores, quibus commissa est dispensatio, passim omnes et absque delectu admittere?

P. Quod ad Baptismum pertinet, quia non nisi infantibus hodie confertur, discretio locum non habet. In Coena vero cavere debet minister ne cui ipsam porrigat quem indignum esse palam constet.

M. Cur id?

P. Quia non sine contumelia et profanatione Sacramenti fieret.

M. Atqui, nonne Iudam, quamlibet impius esset, eius communione dignatus est Christus?

P. Fateor: quum adhuc occulta foret eius impietas. Tametsi enim Christum non latebat (Matt. xxvi. 25), nondum tamen prodierat in lucem notitiamque hominum.

M. Quid ergo hypocritis fiet?

P. Eos, tanquam indignos, arcere pastor non potest; sed supersedere debet, quousque eorum nequitiam, ut hominibus innotescat, Deus revelaverit.

M. Quid si quempiam ipse indignum noverit, aut fuerit admonitus?

P. Ne id quidem ad eos communione abdicandos foret satis, nisi legitima cognitio Ecclesiaeque iudicium accedat.

M. Certum ergo gubernationis ordinem constitutum in Ecclesiis habere operae pretium est.

P. Verum est: nec enim aliter bene moratae sunt, nec rite compositae. Haec autem ratio est, ut deligantur Seniores, qui morum censurae praesint cavendisque offendiculis invigilent; et quos agnoverint recipiendae Coenae nequaquam esse capaces, nec admitti quidem posse quin Sacramentum polluatur, eos a communicatione reiiciant.

No. 305. The Genevan Liturgy, 1542.

(1) Precum Ecclesiasticarum Formula.[1]

Diebus quidem profestis Minister populum ad precandum, quibus ei visum fuerit verbis, adhortatur, suam nimirum exhortationem ad tempus et ad argumentum concionis, quam habiturus est, accommodans; at Dominico die mane haec ut plurimum adhibetur formula:

Adiutorium nostrum sit in nomine Domini qui fecit caelum et terram, Amen.

Fratres, unusquisque nostrum se Domino sistat suaque peccata confiteatur, ac me his verbis praeeuntem mente subsequatur.

Domine Deus Pater aeterne et omnipotens, agnoscimus et ingenue profitemur apud sanctam maiestatem tuam, nos miseros peccatores esse, conceptos, et natos in iniquitate et pravitate, ad nequitiam proclives, ad omne autem bonum opus inutiles, nosque, ut vitiosi sumus, nullum transgrediendi sancta tua mandata finem facere. Quo fit ut exitium a iusto iudicio tuo nobis accersamus. Attamen, Domine, anxie gemimus, quod te offenderimus, ac nos vitiaque nostra damnamus, cum vera poenitentia, optantes, ut gratia tua nostrae succurrat miseriae.

Tua igitur nos misericordia dignare, Deus et Pater clemen-

---

[1] For comments see Daniel, *Codex Liturgicus*, iii. 51 sqq., 157 sqq.; Rietschel, *Lehrbuch der Liturgik*, i. 414 sqq.; and Procter and Frere, *A New History of the Book of Common Prayer*, 131 sq.

tissime ac summe misericors, in nomine Filii tui Iesu Christi Domini nostri. Et vitia nostra delens omnesque sordes nostras abluens in dies dona sancti tui Spiritus nobis adauge, ut corde intimo iniquitatem nostram agnoscentes magis ac magis nobis displiceamus atque ita ad veram poenitentiam stimulemur, haec autem nos cum omnibus peccatis mortificans fructus iustitiae et innocentiae tibi gratos producat, per illum ipsum Iesum Christum Dominum nostrum.

Hic finitis, canitur a toto coetu Psalmus aliquis; deinde Minister ad preces revertitur, quibus a Domino gratiam sancti sui Spiritus petit ut verbum eius fideliter ad nominis ipsius gloriam et ad Ecclesiae aedificationem exponatur, et quali decet submissione animi obedientiaque excipiatur. Precationis autem formulam ad id aptam Minister sibi pro arbitrio deligit. Absoluta concione is populum ad orandum hortatus ita incipit:

Deus omnipotens, Pater coelestis, te exauditurum preces quas tibi in nomine dilecti Filii tui Iesu Christi Domini nostri funderemus, nobis pollicitus es; et cum ab illo tum ab eius Apostolis unum in locum nobis in eius nomine conveniendum esse edocti sumus, addita etiam promissione fore eum nobis praesentem, ut apud te pro nobis intercedat impetretque omnia quae unanimi consensu a te petierimus super terram.

Primo pro iis quos nobis dominatores et gubernatores praefecisti precari nos iubes: deinde vero pro omnibus quae populo tuo atque adeo cunctis mortalibus necessaria sunt supplices ad te accedere. Tuis igitur sacrosanctis praeceptis promissionibusque freti, quandoquidem in conspectum tuum prodimus, in nomine Filii tui Domini nostri Iesu congregati, supplices et ex animo rogamus, Deus et Pater optime, in nomine eiusdem qui Servator noster et Mediator unicus est, ut (quae tua est immensa clementia) nobis peccata nostra condonare atque ita cogitationes nostras ad te attrahere digneris, ut ex intimis cordis penetralibus invocare te possimus, ea in re vota nostra ad obsequium tuae voluntatis formantes, quae sola rationi consentanea est.

Tibi igitur preces fundimus, Pater coelestis, pro omnibus principibus et magistratibus quorum ministerio ad nos gubernandos uteris. Potissimum vero pro huius urbis Praefectis, ut Spiritum tuum, qui solus bonus est et vere principalis, impertiri illis atque in dies augere digneris, adeo ut Iesum Christum Filium tuum, Dominum nostrum, Dominatorem dominatorum Regemque regum esse certo persuasum habentes, quemadmodum tu illum omni potestate in coelo et in terra donavisti, ita et ipsi in suo principatu cultum illius et regni eius amplificationem sibi ante omnia proponant, suos subditos (qui sunt manuum tuarum opificia et pascuorum tuorum oves) pro tuo arbitrio gubernantes, ut et hic et in alia qualibet orbis terrarum parte pace stabili fruentes te cum omni sanctimonia et puritate colamus, metuque hostium nostrorum liberati materiam celebrandae tuae laudis toto vitae nostrae tempore habeamus.

Deinde precibus nostris tibi commendamus, Pater verax et Servator, omnes quotquot fidelibus tuis pastores constituisti, quorum etiam tutelae animas commisisti, quos denique sacrosancti tui Evangelii dispensatores esse voluisti : ut eos sancto tuo Spiritu regas, quo probi fidelesque gloriae tuae ministri comperiantur, huc studium omne conferentes conatusque suos dirigentes, ut omnes miserae oves quae adhuc sunt errabundae recolligantur et ad Iesum Christum Dominum nostrum, praecipuum Pastorem et episcoporum Principem, reducantur, ut in dies maius iustitiae et sanctimoniae incrementum in eo accipiant. Interea autem omnes tuas Ecclesias e faucibus rapacium luporum eripere et ab omnibus mercenariis liberare digneris, qui gloriae tantum aut lucri cupiditate ducuntur, de tui nominis illustratione tuique gregis salute nihil plane solliciti.

Insuper tibi preces nostras offerimus, Deus clementissime et Pater summe misericors, pro omnibus in universum hominibus, ut, quemadmodum totius humani generis agnosci vis Servator per redemptionem a Iesu Christo Filio tuo praestitam, ita ii qui adhuc ab illius notitia sunt alieni tenebrisque immersi et ab erroribus ac ignorantia tenentur captivi, affulgente illis sancto tuo Spiritu tuoque Evangelio auribus illorum insonante, ad rectam salutis reducantur viam quae in eo sita est, ut agnoscamus te solum verum Deum et quem misisti Iesum Christum. Rogamus et ut ii quos iam gratiae tuae favore dignatus es quorumque mentibus per cognitionem verbi tui illuxisti quotidie in melius proficiant spiritualibus tuis benedictionibus ditati, ut simul omnes uno et corde et ore te adoremus, Christumque tuum, Dominum nostrum, Regem et Legislatorem, honore debito prosequamur ac iusto obsequio colamus.

Praeterea etiam, o Deus omnis consolationis auctor, commendamus tibi quoscunque variis modis castigas populos, qui peste vel fame vel bello afflicti laborant, singulos etiam homines qui vel paupertate vel carcere vel morbo exilove aut alia ulla corporis sive animi aerumna premuntur, ut prudenter reputantes finem tibi esse propositum eos tuis ferulis in viam revocandi, imbuti hoc paterni tui amoris sensu, sincero cordis affectu

resipiscant, ut toto animo ad te convertantur et conversi plenam
consolationem reportent omnibusque malis liberentur.

Maiorem autem in modum tibi commendamus miseros fratres
nostros, quotquot sub Antichristi tyrannide dispersi vivunt, cibo
vitae spiritualis destituti et libertate palam invocandi nominis
tui privati, atque adeo qui aut in carcerem coniecti sunt aut
alio quopiam modo ab hostibus Evangelii tui oppressi: ut eos,
o indulgentissime Pater, Spiritus tui robore fulcire digneris,
ita ut nunquam animum despondeant, sed constanter in sancta
tua vocatione permaneant; ut manum illis porrigere, prout id
illis conducere nosti, consolari etiam adversis in rebus et in
tuam tutelam receptos a luporum rabie defendere, omnibus
denique Spiritus tui donis cumulare velis, quo eorum vita
pariter et mors ad gloriam tuam spectent.

Postremo, o Deus et Pater, a nobis, qui hic in nomine Filii
tui Iesu verbique eius [et sanctae eius Coenae] gratia congregati sumus, sine te hoc exorari: ut, vere nobis conscii per-
ditae nostrae originis, simul etiam reputemus quantam damnationem mereamur et quanto cumulo in dies nobis impura et
scelesta vita eam augeamus; ut, quum nos boni omnis vacuos
esse carnemque nostram et sanguinem plane a cernenda regni
tui haereditate abhorrere cognoverimus, ex intimo cordis sensu
firmaque fiducia dilecto Filio tuo Iesu Christo, Domino nostro
et Servatori ac Redemptori unico, nos dedamus; ut in nobis
ipse habitans veterem illum nostrum Adamum exstinguat ac in
meliorem vitam renovet et instauret, per quam nomen tuum,
prout sanctitate et dignitate pollet, omni in regione omnique
in loco laudibus extollatur et gloriam sibi debitam consequatur.
Simul etiam ut ius imperiumque in nos obtineas, utque in dies
magis ac magis tuae maiestati nos submittere discamus, ita ut
ubique locorum regnans domineris, populum tuum sceptro
verbi tui Spiritusque tui potentia gubernans, tuorum autem
hostium conatus veritatis et iustitiae tuae robore pessundans.
Atque ita fiat ut omnis potentia et celsitudo se gloriae tuae
opponens in dies destruatur atque aboleatur, donec regnum
tuum suis omnibus numeris compleatur eiusque perfectio
penitus stabiliatur: quum videlicet iudex in persona Filii tui
comparebis. Ut nos una cum omnibus creaturis veram ple-
namque obedientiam tibi praestemus, sicut caelestes Angeli tui
exsequendis mandatis tuis toti sunt addicti. Atque ita voluntas
tua nemine repugnante obtineat omnesque tibi obsequi teque
colere studeant, propriae voluntati omnibusque carnis suae
cupiditatibus renunciantes. Ut nos amorem timoremque tui

in omnibus vitae nostrae actionibus retinentes pro benignitate tua alas, ac nobis quaecunque ad vescendum quiete et tranquille pane nostro necessaria sunt sufficias : quo te nostri curam gerere videntes melius Patrem nostrum agnoscamus omniaque bona e manu tua exspectemus, nihil amplius spei et fiduciae in ulla creatura, sed totam in tua bonitate collocantes. Iam vero quoniam in hac mortali vita miseri peccatores sumus, tanta imbecillitate laborantes ut assidue diffluamus et a recta via declinemus, peccata nostra nobis condonare digneris, quorum rei apud tuum iudicium sumus ; et per hanc condonationem nexu mortis aeternae, quoque obstricti sumus, liberemur. Ne igitur eam qua praediti sumus nequitiam nobis imputes ; quemadmodum ipsi, mandato tuo parentes, iniuriarum quae nobis inferuntur obliviscimur, ac tantum abest ut de ulciscendis hostibus cogitemus, ut etiam commoda eorum procuremus. In posterum denique nos tua potentia fulcire digneris, ne (quae est carnis nostrae infirmitas) excidamus. Ac, quum tam sint imbecillae vires nostrae ut ne ad momentum quidem temporis consistere possimus, praeterea etiam quum assidue tot hostes nos circumdent et adoriantur, quum diabolus, mundus, peccatum, caro nostra, nullum faciant nos oppugnandi finem, sancto tuo Spiritu nos corrobora tuaeque gratiae donis arma, ut constanter omnibus tentationibus resistere et hoc spirituale praelium sustinere possimus, donec plena victoria potiti tandem aliquando in tuo regno cum Imperatore et Protectore nostro Iesu Christo, Domino nostro, triumphemus. Amen.

Post haec recitatur Apostolorum Symbolum.
Quo autem die celebratur Coena, haec praecedentibus adduntur.

Ac quemadmodum Dominus noster Iesus, non contentus tibi semel corpus suum et sanguinem in cruce obtulisse pro remissione peccatorum nostrorum, nobis quoque in alimentum vitae aeternae destinavit : ita hoc nobis pro tua beneficentia largire, ut vera cordis sinceritate et ardenti desiderio tantum beneficium ab eo accipiamus ; nimirum ut certa fide praediti corpore pariter et sanguine eius vel potius eo toto fruamur, sicut ipse, quum verus sit homo et Deus, vere est sanctus panis caelestis ad nos vivificandos ; ut non amplius in nobis ipsis et ad nostrum ingenium, quod omnino depravatum est, vivamus, sed ipse in nobis vivat, ut ad sanctam vitam, beatam et in aeternum permanentem, nos deducat, atque ita novi et aeterni Testamenti vere participes fiamus, nimirum foederis gratiae,

hoc persuasissimum habentes, te velle nobis in perpetuum
Patrem propitium esse, delicta nostra nobis non imputando, ac
tanquam caris filiis et haeredibus omnia tam animae quam
corpori necessaria suppeditare; ut te sine fine laudibus et
gratiarum actione prosequamur, tuumque nomen tum dictis
tum factis illustre reddamus. Effice igitur hodie nos hoc
modo, Pater coelestis, celebrandae faustae Filii tui memoriae
compotes; da etiam ut nos in ea exerceamus ac mortis eius
beneficium praedicemus, quo novum incrementum ac robur
tam ad fidem quam ad aliud quodlibet bonum accipientes, eo
maiore fiducia nos tuos esse filios profiteamur et in te Patre
gloriemur.

*Peracta autem Coena haec gratiarum actio vel aliqua ei similis
adhibetur.*

Laudum et gratiarum actione immortali te prosequimur,
Pater coelestis, pro tanto quod in nos miseros peccatores
contulisti beneficio, dum ad participationem Filii tui Iesu
Christi nos adduxisti, quem pro nobis morti passus es tradi, et
nunc in vitae aeternae alimentum impertiris. Iam vero tuam
in nos prosequens beneficentiam, ne unquam haec a nobis
oblivioni dari permittas, sed fac potius ut ea cordibus insculpta
gerentes proficiamus et crescamus in fide, quae ad omne opus
bonum sit efficax. Unde etiam fiat ut reliquum vitae nostrae
cursum propagationi gloriae tuae et aedificationi proximorum
dedicemus: per illum ipsum Iesum Christum Filium tuum,
qui in unitate sancti Spiritus vivit tecum et regnat in aeternum.
Amen.

*Benedictio quam Minister populo discessuro precatur, secundum
divinae Legis praeceptum.*

Benedicat vobis Dominus vosque servet incolumes. Dominus vos splendore vultus sui illustret vobisque sit propitius.
Convertat Dominus faciem suam ad vos et omnia prospera
vobis largiatur.

(2) Formula Sacramentorum Administrandorum.

(a) *Formula Baptismi administrandi.*

*In primis illud scire oportet, apportandos esse infantes ad
Baptismum aut Dominicis diebus Catechismi tempore aut aliis
diebus ad concionem, ut, quemadmodum Baptismus solennis
quaedam est cooptatio in Ecclesiam, ita in conspectu et oculis
totius concionis celebretur.*

Absoluta concione offertur infans. Tum Minister publicus ita exorditur:

Auxilium nostrum in nomine Domini qui fecit caelum et terram, Amen.

Hunccine infantem offertis ut baptizetur?

Resp. Maxime.

Minister.

Dominus nobis dilucide commonstrat quanta in foeditate et miseria vitiositateque nascimur, quum ait nobis renascendum esse. Etenim si naturam nostram renovari oportet, ut in Dei regnum intromittamur: satis magnum argumentum est eam penitus corruptam Deoque detestabilem esse. Itaque hac de causa monet nos ut summisso et humili animo simus nostraque nobis turpitudo acerbitati et odio sit. Eaque ratione nos ad gratiam ipsius expetendam praeparat, qua prioris naturae nostrae perversitas et indignitas exstinguatur et funditus deleatur. Neque enim prius ei locus est in nobis, nisi quum totius nostrae virtutis, iustitiae, sapientiae fiduciam usque eo abiicimus, ut quaecunque in nobis sunt damnemus ac repudiemus.

Porro autem ubi nostram nobis turpitudinem foeditatemque aperuit ac commonstravit, tum consolationem nobis pro sua misericordia impertit, pollicens fore ut Spiritu suo sancto nos in vitam alteram exsuscitet, quae nobis quasi ingressus quidam sit in ipsius Regnum. Haec regeneratio bipartita est: nam et nobis prorsus renunciandum est, ac neque rationi neque voluntati neque voluptati libidinique nostrae obtemperandum; quin potius mentem animumque nostrum sapientiae iustitiaeque Dei subiici oportet, et quicquid ex nostro est et nostra carne extingui: tum praeterea lucem Domini sequi convenit eiusque sanctissimae voluntati morem gerere, quemadmodum ipse verbo suo nos docet Spirituque suo sancto nobis praelucet viamque commonstrat. Utrumque autem hoc in Domino nostro Iesu Christo impletum ac perfectum est, cuius mors et passio tantam vim habet, ut eam participantes quasi sepulti peccato simus, ut carnis nostrae concupiscentiae mortificentur atque exstinguantur. Huc accedit, quod vi resurrectionis ipsius in vitam novam excitamur, quae a Deo est, quatenus Spiritus eius nos regit ac moderatur, ut in nobis ea opera perficiat quae illi grata et accepta sint. Hoc tamen caput est salutis nostrae, ut nobis delicta omnia nostra pro sua misericordia condonet, ea nobis non imputans, sed eorum memoriam delens atque obliterans, ne quando nobis ea in iudicio illius obiiciantur.

His omnibus beneficiis afficimur quum per Baptismum in Corpus Ecclesiae nos inscrit. In hoc enim Sacramento nobis peccatorum remissionem testificatur. Ob eamque causam aquae signum notamque instituit, significans atque adeo aperte ostendens, quemadmodum eo elemento maculae corporis eluuntur, eodem modo velle se animos nostros purgare atque expiare, ne ulla amplius labes aut macula appareat. Hoc amplius renovationem nobis nostram in eo offert, quae, quemadmodum iam diximus, versatur in carnis nostrae mortificatione vitaque spirituali, quam in nobis effert ac procreat. Itaque duplici beneficio afficimur a Deo in Baptismo, modo ne vim huiusce Sacramenti ingrato et immemori animo exstinguamus. Nam et testimonium in eo certissimum habemus Deum velle nobis parentis esse propitii loco, neque eum delicta nostra nobis imputaturum, tum autem Spiritu suo sancto nobis praesto futurum, ut diabolo, peccato, et carnis nostrae concupiscentiis resistere tamdiu et repugnare possimus, dum victoriam consequamur, ut in Regni sui libertate vivamus, quod iustitiae Regnum est.

Quum igitur haec duo in nobis per Iesu Christi gratiam impleantur, satis constat Baptismi veritatem et substantiam in eo comprehendi et concludi. Non enim aliud lavacrum habemus, nisi eius sanguinem; neque aliam renovationem, nisi in eius morte et resurrectione. Sed quemadmodum nobiscum bona divitiasque suas per verbum communicat, eodem modo per Sacramenta nobis ea impertit et largitur.

Iam vero optimus et benignissimus Deus noster, non contentus nos in filios suos adoptasse atque in Ecclesiae suae communionem admisisse, largius adhuc atque prolixius suam in nos benignitatem conferre voluit: nobis videlicet pollicens fore ut Deus sit et noster, et vere etiam generis posteritatisque nostrae, adusque millesimam generationem. Quamobrem etsi fidelium liberi sint ex Adami corrupta stirpe ac genere, eos ad se nihilominus admittit, propter foedus videlicet cum eorum parentibus initum, eosque pro liberis suis habet ac numerat: ob eamque causam iam inde ab initio nascentis Ecclesiae voluit infantibus Circumcisionis notam imprimi, qua quidem nota iam tum eadem omnia significabat ac demonstrabat quae hodie in Baptismo designantur. Et quemadmodum eos circumcidi iubebat, sic in suorum liberorum loco ac numero eos habebat seque parentem ipsorum non minus quam eorum, a quibus geniti erant, profitebatur.

Nunc vero, quum Dominus Iesus in terras descenderit, non

ut Dei Patris gratiam et beneficium imminueret, sed quo salutis
foedus per omnes terrarum fines propagaret, quae tum temporis
in populo Iudaico inclusa fuerat: minime dubium est quin
liberi nostri haeredes sint eius vitae ac salutis quam nobis est
pollicitus: qua de causa sanctificari eos Paulus affirmat, iam
inde ab utero matris, quo ab Ethnicorum et a vera religione
abhorrentium hominum liberis discernantur. Eoque Dominus
noster Iesus Christus pueros, qui ei offerebantur, admisit;
sicuti scriptum est Matthaei decimo nono capite : Tum oblati
sunt ei parvuli, ut manus eis imponeret et oraret; discipuli
autem eos increpabant. Iesus vero ait eis : Sinite parvulos, et
ne prohibeatis eos ad me venire. Talium est enim regnum
coelorum. Quum affirmat regnum coelorum eorum esse iisque
manus imponit et Deo Patri suo eos commendat, satis nos
docet minime excludendos esse illos ab ipsius Ecclesia. Hanc
igitur ipsius regulam et praescriptionem sequentes, infantem
hunc in eius Ecclesiam admittemus, ut bonorum omnium quae
suis fidelibus promisit, particeps fiat. Ac primum eum nos
adhibita precatione illi offeremus, humili ac summisso animo
suppliciter dicentes :

Domine Deus, Pater aeterne et omnipotens, quando pro
tua infinita clementia nobis pollicitus es fore te Deum et
nostrum et liberorum nostrorum : oramus te ut beneficium
illud tuum in hoc infante confirmare digneris, parentibus iis
genito, quos in Ecclesiam tuam cooptasti. Et quemadmodum tibi a nobis offertur ac consecratur, ita in tutelam
tuam eum recipias, Deum te et Servatorem eius esse demon-
strans, peccatum ei originis condonans ac remittens, cuius
genus omne Adami culpam sustinet, eumque praeterea Spiritu
tuo sanctificans, ut, quum ad aetatem iudicii atque intelligentiae capacem progressus erit, te solum Deum et Servatorem agnoscat et veneretur, per omnem vitae cursum tibi
laudem et gloriam tribuens, ut perpetuo suorum peccatorum
condonationem abs te consequatur. Ut vero beneficia haec
accipere possit, eum tu in communionem Domini nostri
Iesu cooptare digneris, ut omnibus eius bonis tanquam unum
ex eius corporis membris participet. Exaudi nos, Parens
misericordiae, ut Baptismus, quem ei ex instituto tuo imper-
timus, fructum vimque suam exserat qualem nobis Evangelii
tui doctrina commonstrat.

Pater noster, &c.

Quoniam admittendus est hic infans in Christianam Ecclesiam, spondetis, quum ad aetatem iudicii prudentiaeque com-

potem pervenerit, eum vos doctrina, quae a populo Dei recepta
et probata est, instructuros ; sicuti breviter et summatim comprehensa est in ea confessione fidei, quam omnes tenemus.

Credo, &c.

Spondetis igitur vos daturos operam, ut omni hac disciplina
instruatur, ac generatim omnibus his, quae scriptis divinis
continentur, id est, tum veteri tum novo Testamento : ut ea
amplectatur et audiat tanquam verbum sermonemque Dei
certissimum, coelitus demissum. Eum praeterea hortabimini,
ut ad eam normam et regulam vitam suam instituat quam
nobis Deus in Lege sua praescripsit, cuius haec summa sunt
capita : primum, ut Deum toto pectore, animo et viribus, tum
praeterea proximum nostrum non secus quam nosmetipsos
diligamus. Item ut sermoni et admonitionibus, quas nobis per
Prophetas et Apostolos suos Deus tradidit, fidem habens, ac
sibi ipsi suisque concupiscentiis renuncians, omne suum
studium in praedicando nomine Iesu Christi et proximis
aedificandis collocet.

*Promissione facta nomen infanti imponitur; tum in eum
aquam Baptismi Minister effundit, inquiens :*

N. Baptizo te in nomine Patris et Filii et Spiritus sancti.

*Horum nihil nisi clara voce pronunciatur linguaque patria
omnia nuncupantur : quippe quum multitudo, quae ad hoc
mysterium assistit, testis esse debeat eorum, quae in eo fiunt :
quam ad rem intelligentia necessaria est : quin etiam ut omnes
magis magisque confirmentur, revocantes animum ad memoriam
fructus et utilitatis sui Baptismi.*

*Neque vero ignoramus aliis in locis adhiberi alias ceremonias
quamplurimas, quas vetustissimas esse minime diffitemur. Sed
quoniam aut hominum arbitrio atque libidine aut certe levi aliqua
de causa excogitatae sunt, denique quoniam sine verbo Dei fictae et
inductae sunt, ac tam multae praeterea superstitiones inde mana-
runt, nobis sane sine ulla religione visum est eas tolli atque aboleri
oportere, ut ne posthac cuiquam praecluderetur aditus ad Iesum
Christum. Primum enim satis constat, quaecunque a Deo praescripta atque instituta non sunt, ea omnia libertati arbitrioque
nostro relinqui; deinde, quicquid ad aedificationem confirmatio-
nemque pietatis non pertinet, id minime recipiendum esse in Ecclesiam ; quod si in eam inductum esset, tollendum ac removendum
esse. Quo magis id, quod nihil nisi scandalum et offensionem
parit quasique idololatriae instrumentum quoddam est et com-
mentitiarum opinionum, nullo modo tolerandum est.*

Atqui non dubium est quin luminaria, unguenta (quae Chri-

smata nominantur) *aliaeque pompae generis eiusdem a Deo nunquam institutae sint, sed ab hominibus introductae, sensimque eo progressa superstitio sit, ut maiore in pretio atque honore haberentur quam ipsum Christi institutum. Illud profecto negari nullo modo potest, quin eam ipsam Baptismi formam ac rationem teneamus, quam et Christus praescripsit et Apostoli sequuti sunt, et vero etiam primaria et antiqua Ecclesia in more atque instituto habuerit; neque alio nomine culpari possumus, nisi quod Deum ipsum sapientia superare atque antecellere nolumus.*

(*b*) *Ratio celebrandae Coenae Dominicae.*

Principio illud scire oportet, die Dominico qui proxime ei diei antecedit quo Coena celebranda est, prius hoc denunciari populo: primum ut se quisque ad eam digne recipiendam comparet, eaque reverentia, qua ratio postulat; tum ne pueri eo adducantur, nisi qui commode instituti fidemque suam in Ecclesia professi sint; tertio, ut, si forte advenae quidam et peregrini in urbe sint, nondum religionis disciplinaeque nostrae institutis imbuti, ii, si communicare S. Coenae velint, Ministros adeant, a quibus in privatis aedibus erudiantur. Quo die celebranda est, Minister ad finem concionis de ea commemorat, aut, si res postulare videatur, sermonem omnem in ea tractanda explicandaque consumit, ut populum doceat quid hoc mysterio Dominus designet ac significet, et qua ratione illud sit recipiendum. Absoluta precatione confessioneque fidei, ut multitudinis totius nomine Concionator testetur, velle omnes in doctrina religioneque Christiana vivere ac mori, clara et magna voce haec pronunciat:

Audite, qua ratione Iesus Christus sacrosanctam suam Coenam instituerit, sicuti Paulus memoriae tradidit capite undecimo prioris ad Corinthios Epistolae: Accepi, inquit, a Domino, quod et tradidi vobis, quod Dominus Iesus in ea nocte, qua traditus est, accepit panem, et postquam gratias egisset, fregit, ac dixit: Accipite, edite, hoc meum est corpus, quod pro vobis frangitur; hoc facite in mei commemorationem. Ad eundem modum et poculum peracta Coena, dicens: Hoc poculum novum Testamentum est in meo sanguine; hoc facite, quotiescunque biberitis, in mei commemorationem. Quotiescunque enim comederitis panem hunc, et poculum hoc biberitis, mortem Domini annunciabitis, donec venerit. Itaque quisquis ederit panem hunc aut biberit poculum Domini indigne, reus erit corporis et sanguinis Domini. Probet autem quisque seipsum, et sic de pane illo edat et de poculo bibat:

nam qui edit aut qui bibit indigne, iudicium sibi ipsi edit et bibit, non diiudicans corpus Domini.

Audivimus, fratres, quemadmodum Dominus Coenam suam una cum discipulis suis fecerit; ex quo quidem illud intelligi voluit, extraneos eosque, qui in suorum numerum recepti non sunt, minime esse admittendos. Quamobrem hanc ego regulam et praescriptionem sequutus, in nomine atque auctoritate Domini nostri Iesu Christi, hinc ego arceo ac repello, atque hoc sacrosancto mysterio interdico omnibus idolorum cultoribus, impie et contumeliose de Deo loquentibus, impiis et sceleratis hominibus, numenque contemnentibus, haereticis, iisque omnibus qui sectas haeresesque amplectuntur, quo vinculum et communionem Ecclesiae perfringant, periuros, contumaces in utrumque parentem, ac superiores, seditiosos, factiosos, sicarios, concitos ad rixam, adulteros, stupris, furtis, rapinae, avaritiae, vino, gulae ventrique deditos, quicunque vitae rationem sequuntur flagitiosam et offensiones ac scandala parientem, iisque palam denuncio, ut ab hoc sacrosancto convivio abstineant, ne sanctissimas epulas, quas Dominus solis suis domesticis et fidelibus paravit, foede polluant atque contaminent.

Itaque Pauli consilio atque cohortationi parens se quisque suamque conscientiam probet atque examinet, ac videat num vere se suorum scelerum poeniteat, atque ex iis dolorem animo maximum capiat, cupiens posthac vitam honeste ac sancte instituere, sed multo maxime, an fiduciam habeat in Dei misericordia fixam et positam, et in Christo Iesu suam salutem omni ex parte quaerat, omnibus inimicitiis ac simultatibus nuncium remittens, nihilque aliud studens nisi ut posthac fraterna benevolentia et charitate proximos suos complectatur.

Quod si hoc studium in nobis esse nostra conscientia coram Deo testatur, ne dubitemus quin habeat nos in filiorum loco et numero, Dominusque noster Iesus Christus nos compellet atque ad convivium suum invitet sanctissimumque nos Sacramentum nobis offerat, quod cum discipulis suis communicavit.

Et quanquam plurimum in nobis fragilitatis et miseriae sentimus, neque fide perfecta praediti sumus, sed in diffidentiam et incredulitatem propendemus, multumque abest ut tanto studio atque ardore animi Deo serviamus, quam ratio exigit, quin potius bellum nobis assidue adversus carnis nostrae concupiscentias gerendum est: quoniam tamen Dominus nobis benignitate sua concessit ut eius Evangelium in animis nostris impressum atque insculptum sit, quo incredulitati diffidentiae-que resistamus, nobisque desiderium largitus est, cupiditatibus nostris renunciandi, quo iustitiam illius sanctissimasque leges et praeceptiones observemus : certum atque exploratum habeamus vitia omnia quae in nobis sunt minime obfutura quominus nos admittat dignosque reddat, qui spirituali hoc convivio participemus. Neque enim ob eam causam huc venimus, ut profiteamur nos integros et iustos esse in nobismetipsis, sed potius vitam nostram magno studio in Christo Iesu quaerentes fatemur nos in morte atque exitio versari. Teneamus igitur atque intelligamus, Sacramentum hoc morbo ac dolore affectis medicinam esse, dignitatemque omnem, quam a nobis Deus requirit, in eo versari, ut nosmetipsos quemadmodum recta ratio praescribit agnoscamus, doloremque maximum ac moerorem ex vitiis nostris capiamus, voluptatemque et laetitiam omnem in eo collocemus.

Primum igitur fidem habeamus promissis, quae Christus Iesus, veritas ipsa constans et firma, nobis ostendit : velle se videlicet vere nobiscum carnem et sanguinem suum communicare, ut eum totum atque integrum possideamus, ipseque in nobis vivat, et nos in illo. Et quamvis nihil nisi panem ac vinum videamus : minime tamen dubitemus quin spiritualiter in animis nostris id omne impleat ac perficiat, quod extrinsecus in his aspectabilibus signis commonstrat : ipsum videlicet panem esse coelestem, qui nos alat ac nutriat ad vitam aeternam. Itaque ne in bonitatem infinitam Domini ingrati simus, qui in hac mensa divitias opesque suas omnes exponit, ut eas nobiscum communicet. Nobis enim sese largiens testificatur se quicquid habet in nos profundere. Quamobrem Sacramentum hoc tanquam pignus iustitiae ipsius recipiamus, quae nobis vi mortis ac supplicii illius imputabitur, nihilo secius quam si eo supplicio nosmetipsi affecti essemus. Ne igitur tam pervicaci ac perdita natura simus, ut tum fugiamus, quum Christus nos tam humaniter ac liberaliter suo verbo invitat. Sed muneris huius, quod nobis impertit, pretium ac dignitatem spectantes, ardenti studio ei nos offeramus, ut tam pretioso munere nos dignos reddat. Ob eamque causam animos ac mentes nostras sursum erigamus, ubi Christus est in gloria Patris, et unde eum nos ad redemptionem nostram exspectamus. Neque vero animos in his terrenis et caducis elementis occupemus, quae et oculis cernimus et manibus tractamus, quasi eum ibi quaeramus, ut in pane vinoque inclusum. Tum enim animi nostri substantia eius ali ac nutriri poterunt, quum supra terrena omnia erecti ad coelos usque pertingent, ut in Regnum Dei, ubi ipse habitat, ingrediantur. Satis ergo habeamus, si panis ac vinum nobis pro nota et signo dentur, veritatem in Spiritu investigantes, ubi Verbum divinum eam nos reperturos confirmat.

Ubi finem dicendi Concionator fecit, tum panem verbi Ministri, calicem vero Seniores Ecclesiae, qui morum censurae praesunt, populo distribuunt, prius commonitione facta ut honeste et decenter eo quisque adeat. Interea canitur Psalmus aliquis, aut locus Scripturae rei, quae Sacramento designatur, congruens atque conveniens clara et magna voce recitatur.

Ad extremum habentur gratiarum actiones, quas supra descripsimus.

Non ignoramus plerosque maiorem in modum offensos fuisse quod tam multa in hoc genere ab usu multis iam saeculis recepto aliena a nobis inducta sint. Quod enim Missa multos annos tanto in pretio habita est, ut omnes eam existimarint disciplinae religionisque Christianae caput esse, non dubitamus quamplurimos mirari quod eam plane ac funditus tollendam curavimus. Eamque ob rem quibus consilii nostri ratio minus perspecta est, ii sublata a nobis fuisse Sacramenta existimant. Verum si quis instituti nostri rationem diligentius perpendat, is sine dubio intelliget restituta potius atque in usum relata a nobis fuisse. Quod ut perspici a quovis possit, consideretur quanta inter Missam et Christi institutionem similitudo sit. Quis non videt non minus inter utramque quam inter lucem et tenebras interesse? Tametsi non est hoc quidem loco propositi institutique nostri copiosius hanc disputationem persequi. Verum ut iis satisfaceremus qui per ignorantiam eo nomine offendi possent, operae pretium nobis visum est nonnihil obiter de ea re commemorare. Quum enim Sacramentum Domini tam multis corruptelis ac vitiis inquinatum ac foedatum esse videremus: ut hisce malis remedium adhiberemus, necesse habuimus multa immutare quae perperam ac vitiose introducta fuerant, certe in perversum ac praeposterum usum detorta. Quod quo rectius faceremus, quae tandem potius sequenda esse ratio videbatur quam si ad purum et incorruptum Christi institutum rem omnem revocaremus? quod sane religiose ac bona fide (quemadmodum satis intelligi licet) sequuti sumus. Haec enim ipsa emendatio est quam nobis Paulus praescripsit.

No. 306. Calvin reviews his labours, 1542.

From a letter to (?) *Sebastian Munster at Basel, Jan. 1542.*—
Ut de rebus meis aliquid tibi referam, ne tantum ex auditu scias,

hic partim in restituendis rebus collapsis, partim in conservando qualicunque statu non leviter exerceor. Dum me Comitia morantur, Bernates Viretum nostris velut precario dederant usque ad meum adventum. Is mihi non parum quidem levationis attulerat : efficere tamen non potuerat quin omnia adhuc essent difficillima. Cum reposceretur,[1] obtinui[2] ut mihi prorogaretur tempus ad sex menses. Eius opera, consilio, fide, studio adiutus utcunque in meliorem formam restitui quae vel prorsus eversa vel fracta, lacera ac dissipata erant.

Principio hinc fuit inchoandum, ut leges ecclesiasticae scriberentur. Nobis adiuncti sunt sex e Senatu qui eas conciperent. Intra viginti dies formulam composuimus, non illam quidem satis absolutam, sed pro temporis infirmitate tolerabilem. Ea suffragiis populi recepta fuit. Constitutum deinde Iudicium quod morum censuram exerceat ac ecclesiae ordini servando invigilet. Volui enim, sicut aequum est, spiritualem potestatem a civili iudicio distingui. Ita in usum rediit excommunicatio.[3] Quoniam pestis in Germania saeviebat et altera ex parte bellum, feci ut supplicationes extraordinariae decernerentur. Precationes quibus in iis uteremur conscripsi.[4] Ad haec ut in Sacramentorum administratione amplior ac luculentior haberetur explicatio, novas formulas[5] addidi. Tandem veni ad Catechismum,[6] in quo scribendo Dominum mihi adfuisse confido. Paucorum dierum sunt istae lucubrationes, fateor : sed inter tot avocamenta, quibus subinde huc illuc abripior, nullus labor non difficilis. Non enim memini ex quo hic sum, duas horas sine interpellatione mihi datas esse. Adde quod *Institutionem* latinam absolvere oportuit, in qua, postquam exierit, videbis me non leviter sudasse. . . .

XVIII

THE DISCIPLINE IN GENEVA, 1542-64

The task of Calvin henceforward was to maintain the Discipline which he had set up. Six years of (i) consolidation, six of (ii) conflict, and ten of (iii) dominance, established it before his death.

(i) From 1542-8 the Discipline was consolidated. On 16 Feb. 1542 [No. 307] **the Consistory** held its tenth meeting,—the first of which minutes exist (*Opera*, xxi. [= *C. R.* xlix.] 291),—and, 1542-3,

---

[1] sc. by Lausanne, Dec. 1541, of Bern; cf. Herminjard, vii, No. 1076, n. 22.
[2] sc. from Bern, on 7 Jan. 1542. *Ibid.* vii, No. 1090, n. 3.
[3] In July 1537 the magistrates of Geneva had abolished excommunication in favour of banishment (Herminjard, vii, No. 1090, n. 7).
[4] In *La Forme des prières*, &c., *Opera*, vi. [= *C. R.* xxxiv.] 180 sqq.
[5] Cf. *Opera*, vi. [= *C. R.* xxxiv.] 185 sqq.   [6] *Ibid.* vi. 1 sqq.

Calvin was absent only five times (*ibid.*). Taking cognisance of things small (*ibid.* 296: 25 May 1542) and great (*ibid.* 301, 307: 17 Aug. 1542, 25 Jan. 1543), it confined itself to admonition (*ibid.* 292: 16 March 1542), remonstrance (*ibid.* 309: 22 March 1543), spiritual discipline (*ibid.* 306: 21 Dec. 1542), and excommunication (*ibid.* 292, sq.: 30 March, 4 April 1542). But it reported at discretion to the Magistrates (*ibid.* 306: 11 Jan. 1543), and they enforced its decision by the secular arm (*ibid.* 382 sq.: 17 and 18 June 1546). At Easter, 25 March 1543, the contest began between Council (*ibid.* 309) and Consistory, for [No. 308] **the right of excommunication**, but Calvin parried the attack for the time (Herminjard, viii, No. 1213); and, in spite of the return of the Artichauds consequent upon the peace with Bern which was ratified 19 Feb. 1544 (*Opera*, xi. [= *C. R.* xxxix.] 677, n. 3; cf. Ruchat, v. 240, and Dunant, *Relations*, &c., 86) by Geneva, he was strong enough to reduce opponents one after another. Thus on 12 June 1544 [No. 309] **Sebastian Castellio**, 1515–†63, Rector since 5 April 1542 (*Opera*, xxi. [= *C. R.* xlix.] 294) of the School was 'dismissed from the ministry' (*ibid.* 338) for questioning the integrity of the Old Testament and the Genevan interpretation of the Apostles' Creed (Herminjard, ix, No. 1328). On 8 April 1546 [No. 310] **Pierre Ameaux**, a member of the Little Council, was ordered to do penance (*Opera*, xxi. [= *C. R.* xlix.] 367) for insulting Calvin and impugning his authority as interpreter of the Word of God (*Opera*, xii. [= *C. R.* xl.] 284). On 24 June 1547 [No. 311] **Franchequine Perrin**, wife of the Captain-General, was condemned to imprisonment for dancing and for her scolding tongue (*ibid.* xii. [= *C. R.* xl.] 334, 545: xxi. [= *C. R.* xlix.] 407, 413). On 26 July 1547 [No. 312] **Jacques Gruet**, a free-thinker (*Opera*, xiii. [= *C. R.* xli.] 566–72) who, 27 June, had affixed to the pulpit a placard threatening Calvin (*ibid.* xxi. [= *C. R.* xlix.] 407), was beheaded (*ibid.* xii. [= *C. R.* xl.] 546, 563–8).

(ii) But now came six years of conflict, 1548–54. The elections of 5 Feb. 1548 (*ibid.* xxi. [= *C. R.* xlix.] 421) issued, as Calvin had expected (*Ep.* 989; *Opera*, xii. [= *C. R.* xl.] 653), in a balance of parties among the Syndics: and by next year when, 10 Feb. 1549, the Captain-General, Ami Perrin, became Syndic (*ibid.* xxi. [= *C. R.* xlix.] 445), a reaction set in. The persecutions which followed upon the accession of Henry II. of France, 1547–†59, sent refugees to Geneva—as many as '1376 between' 1549–54. In 'a little republic of not over 13,000 inhabitants of whom [not more than] 1000 to 1500 were citizens capable of voting in the primary assembly' (H. D. Foster, *Harvard Theological Review*, I. iv. 401: Oct. 1908) such an influx was disturbing. The Perrinists, 19 Jan. 1551, proposed a residence of twenty-five years before the admission of aliens to citizenship (*Opera*, xxi. [= *C. R.* xlix.] 472): for their presence was a support to Calvin. But, 15 May and 16 Oct. 1551, one of them [No. 313], **Jérôme Hermès Bolsec**, ?–†1584, impugned his credit for orthodoxy both at home (*ibid.* xxi. [= *C. R.* x'ix.] 481, 9; *Ep.* 1540, *ibid.* xiv. [= *C. R.* xlii.] 191, and 'Actes du

THE DISCIPLINE IN GENEVA, 1542-64

Procès' in *ibid.* viii. [= *C. R.* xxxvi.] 141 sqq.): and with the Reformed of German Switzerland, Zürich (*Opera*, viii. [= *C. R.* xxxvi.] 229), Basel (*ibid.* 234 sq.) and Bern (*ibid.* 238 sqq.), cf. *Epp.* 1564, 1571: *ibid.* xiv. [= *C. R.* xlii.] 213, 218; *Ep.* 2176: *ibid.* xv. [= *C. R.* xliii.] 549). It was barely recovered by, 23 Dec., the banishment of Bolsec (*ibid.* viii. [= *C. R.* xxxvi.] 247: xxi. [= *C. R.* xlix.] 498); by, 1 Jan. 1552, the [No. 314] **De aeterna Dei praedestinatione** (*ibid.* viii. [= *C. R.* xxxvi.] 249 sqq.) or **Consensus Genevensis** (Niemeyer, *Coll. Conf.* 218 sqq.); and by a vote of the Little Council, 9 Nov. 1552, that his doctrine was 'holy' (*Opera*, xxi. [= *C. R.* xlix.] 524 sq.). Next year came, 5 Feb. 1553 (*ibid.* 535), a sweeping Perrinist victory at the polls: but also, 27 Oct. [No. 315], **the burning of Michael Servetus**, 1511-†53 (*ibid.* xxi. [= *C. R.* xlix.] 557). Since the appearance, 1531, of Servetus' *De Trinitatis Erroribus*, Servetus and Calvin (cf. N. Weiss, in *Bulletin de la Société de l'histoire du Protestantisme Français*, Sept.-Oct. 1908, 387 sqq.) had marked each other down (cf. p. 522, *supra*) for extinction. They had corresponded in 1539-41 (*Opera*, viii. [= *C. R.* xxxvi.] 482), and again in 1546-7 (*ibid.* 833; xii. [= *C. R.* xl.] 283): and, at length, Servetus not only sent Calvin his *Christianismi Restitutio* to oust the *Christianae Religionis Institutio*, but, knowing what awaited him (*ibid.* viii. [= *C. R.* xxxvi.] 751), came to Geneva. He was arrested 13 Aug. 1553 (*ibid.* 725); and his execution restored Calvin's hold there. For Calvin and his age were at one in the way they would deal with such opinions; and even Melanchthon wrote that it was 'justly done' (*ibid.* xv. [= *C. R.* xliii.] 268).

(iii) For the last ten years, 1554-64, Calvin was dominant. His dominance was aided by the victory of St. Quentin, 10 Aug. 1557, which had the effect of uniting Bern and Geneva through fear of Savoy, and so of depriving the Perrinists of Bernese support. (Dunant, 206 sqq.). The elections of 4 Feb. 1554 (*ibid.* xxi. [= *C. R.* xlix.] 568) gave him three out of the four Syndics: and, 24 Jan. 1555 (*ibid.* 593 sq.), the long-disputed [No. 316] **right of the Consistory to excommunicate** (*Ep.* 2120: *ibid.* xv. [= *C. R.* xliii.] 449) was conceded. Next month, 10 Feb. (*ibid.* xxi. [= *C. R.* xlix.] 594) all four Syndics were of his party. They proceeded at once by banishment and executions (*ibid.* 608 sq., 611 sq., 613 sq.) to wipe out their opponents; and, at the same time, to strengthen themselves by the enfranchisement of refugees (*ibid.* xv. [= *C.R.* xliii. 678 sq.). Between 1549-59, 5017 new citizens were thus admitted (Doumergue, *Calvin*, iii. 74): and from them, 22 May 1559 (*Op.* xxi. [= *C. R.* xlix.] 716), professors were furnished for [No. 317] **the University of Geneva**. Inaugurated 5 June 1559 (*ibid.* xa [= *C. R.* xxxviii.] 65 sqq.) with Calvin's successor, Theodore Beza, 1519-†1605, as Rector, it made Geneva the intellectual and the missionary centre of the Reformed. By 4 May 1564 there were 1200 junior and 300 senior students on its books (Borgeaud, *Histoire de l'Université de Genève*, i. 63). On 27 May 1564, after a [No. 318] **farewell to the ministers of Geneva** (Bonnet, *Lettres de Calvin*, ii. 573 sqq.) Calvin died.

No. 307. The Consistory.

16 March 1542.—Antoine Simon de Vienne excoffier, demourant sur le Pont du Rosne. S'il est marié et si az des enfans? Respond qu'il est marié et qu'il a ung enfant. S'il vatz au sermon? Respond que ouy quelque foys quand il peult, que son filz n'a que troys ans, et ne le scauroyt encore entendre. Interrogué de sa foy et créance, respond qu'il ne l'entend pas bien. A ditz l'orayson Dominicale : ne scayt dire la Confession. . . . On lui fait les ammonitions honnestes de hanter les sermons plus souvent, qu'il face qu'il soyt instruict à dire sa Confession &c.

30 March 1542.—La dona Jane Petreman a esté interrogué de sa foy et qu'elle n'a receupt la saincte Cène et vat aux Messes. A ditz sa foy et croy en ung Dieu et veult venir en Dieu et saincte Église et n'a aultre foy. A ditz son Pater en langue romayne et qu'elle croyt ainsi que l'Église croyt. . . . Interrogué pourquoy elle ne se contente point de la Cène en ceste ville célébrée mais vaz aultre part? Respond qu'elle vaz ou il luy semble bon. . . . Az esté remise comme hors la foy et a soy comparoistre de jour en jour et n'a pas voulu renonser à la Messe.

25 May 1542.—Aymon Peronet, le gagne-denier, a esté demandé à cause de certains medicamens et guérir beaucoup de malades et certaines parolles charmeleuses qui sont deffendues de Dieu et quelles parolles il use en ses affères et s'il veult vivre selon la Réformation? Respond de rompures de loyers ainsi que son père faisoyt qu'il ne se ayde point de brevets ni parolles charmées, et qu'il faict d'emplastres de poys, cire, beurre cuyte et fond tout ensemble et fait ses emplastres : aulcunes foys demouré à Lyon . . . et hante aulcunes foys en ceste ville, et n'use d'aulcunes parolles sinon qu'il dit tousjours ' Au nom du Père et du Filz' et dit qu'il veult vivre selon le Seigneur et les Seigneurs de son pays et qu'il vit selon le lieu ou il se trouve. Interrogué s'il vaz aux sermons, ditz que ouy et n'a pas pris la Cène, car il n'a pas esté ici, *etc.*

25 Jan. 1543.—Fauldra mettre ordre aux estuves de la séparation des hommes et des femmes, aussi des serviteurs et chambrières.

17 June 1546.—*Consistoire.* Gaspard Favre auquel furent faictes remonstrances pourquoy y a longtemps que Messieurs l'avoyent renvoyé ici sans qu'il ne az comparutz à cause qu'il futz trové joyant près S. Gervays en ung jardin, et interrogué si l'assemblée des crestiens estoit là, ditz que ouy. Luy ont esté faictes remonstrances qu'il ne fault pas laisser la congrégation des fidelles. Pour ce que il luy futz deffendu la Cène. Ditz qu'il ne pense point avoir offendu Dieu pour cela. Interrogué s'il ne scait pas de la rébellion qu'il fitz ici disant qu'il ne respondroit point à M. Calvin? que se conste : a respondu que ce qu'il dit, il le fetz mettre en escript. Alors que luy ont esté faites remonstrances a ditz parolles fort rébellieuses, et M. Calvin luy a dit : Nous sommes ici par dessus vous. A respondu il sé très bien ouy par sus tous. Alors M. Calvin, suyvant ses rébellions, est sorti, disant : Comme ce passoit, il quittoyt le Consistoyre. Advis qu'il soit remis devant Messieurs, et le Consistoyre se présente tous se démettant du Consistoyre jusques à ce qu'il soyt faicte telle punition qu'il appartient.

18 June 1546.—[Reg. du Conseil.] M. Calvin et les Seigneurs du Consistoyre contre Gaspard Favre. Lesqueulx hont rapporté comme ilz feust appellé G. Favre pour luy fère les remonstrances de ses faultes, et ainsi qui feust appeller sans pourter honneur ny révérence au dit Consistoyre, ains avoit son manteault en excherpe dessoubt son bras et en grande arrogance profferait plusieurs parolles à savoir que ne respondroyt point à M. Calvin et qui ne le cognoist point mes qui responderoyt seullement à M. le Scindicque et aussi a Messieurs les citoyens.... Ordonné que il soyt mener en prison, en une chambre appart à l'ordinaire du carcerier sans que personne parle à luy et soyt ballier les indices au S^r lieutenant pour le faire respondre comme appartient.

No. 308. The right of excommunication contested, Easter 1543.

19 March 1543.—*Conseil des Soixante.* Icy ha esté exposé voyer si le Consistoire aura puyssance de deffendre aut non colpables de non recepvoyer la saincte Cène de N. S. ou non. Surquoy résoluz que le Consistoire ne aye nulle juridiction ny puyssance de deffendre, synon seulement admonester, et puys fère relation en Conseil affin que la Seigneurie advise de juger sus les delinquans selon leur démérite.

24 March 1543.—*Calvin to Viret.* Nuper disceptationem habuimus cum Senatu : sed quae statim fuit composita. Renuntiaverat nobis Syndicus in Consistorio, Senatum ius excommunicandi sibi retinuisse. Continuo excepi decretum hoc aut morte mea aut exilio sanciri oportere. Postridie vocavi fratres : ex eorum consilio postulavi a Syndicis, ut Senatum nobis extra ordinem darent: annuerunt, etsi non libenter. Illic longa et gravi oratione de tota re disserui: obtinui nullo negotio quod petebam. . . .

No. 309. Castellio, 12 June 1544.

(*a*) *From a letter of Calvin to Viret, 11 Feb. 1544.*—Sebastianus ad vos[1] cum literis nostris[2] proficiscitur. Utinam aut ipse sibi melius consuleret, aut nobis aliqua esset ratio, qua possemus illi sine Ecclesiae incommodo consulere. Cum illi pristina conditio integra per nos maneret, manere in ea recusavit, nisi aliquid ad stipendium adderetur.[3] Hoc a Senatu non potuit impetrari. Mihi satius videbatur causam cur ad ministerium non admitteretur[4] subticere aut subindicare esse aliquid impedimenti, et tamen simul obviam ire pravis suspicionibus : ut illi sua existimatio salva constaret. Eo spectabant mea consilia ut illi parcerem. Quod libenter facturus eram (quanquam non absque invidia) si ipse passus fuisset. Causa igitur, eo postulante, agitata est in Senatu, sed citra contentionem. Me vehementer eius miseret, eoque magis quod vereor ne illic[5] non reperiat quod cupit. Vos, quoad poteritis, illi prospicite. Quale de me iudicium habeat, nihil moror. . . .

(*b*) *From the letters testimonial of the ministers of Geneva to Seb. Castellio.*—Cum Sebastianus Castalio scholae nostrae hactenus praefuisset, missionem petiit a Senatu ac impetravit. Ista enim lege susceperat hanc provinciam, ut sibi integrum foret eam relinquere, si post aliquod temporis spatium nimis sibi

[1] sc. the ministers of Lausanne.
[2] sc. the certificate, given below.
[3] Cf. *Reg. du Conseil, 14 Jan. 1544.*—' Sur ce que M. Calvin a rappourter que M⁶ Bastian est bien scavant home, mès qu'il ast quelque opignion dont n'est capable pour le ministère et en oultre ce lamente de son gage de l'escole ; et sur ce ordonné de luy dire qu'il ce [se] aye à contenter . . . de son gage . . . ' (*Opera*, xxi. [*C. R.* xlix.] 328).
[4] Cf. *Reg. du Conseil, 28 Jan. 1544.*—' M. Calvin et M⁶ Bastian Chastillion. Sur ce que entre eulx sont en dubie sus l'approbation du livre de Salomon lequel M. Calvin approve sainct et ledit Bastian le répudie, disant que quant il fist le capistre septième [du Cantique] il estoyt en folie et conduyct par mondaienetés et non pas du Sainct Esperit. Et sur ce hont demandé ledit Sʳ Calvin estre aoys en dispute, et daventage ledit Sʳ Bastian a diest qu'il laysse tel livre pour tel qu'il est. Et quant au passage du Symbole là où diest que Jhésus descendit aux enfers, il n'est pas encore fort résoluz, approvant toutteffois la Doctrine estre de Dieu et saincte. Et sur ce ordonné que entre eulx sécrètement ayent à fère dispute, sans publier telles choses ' (*Opera*, xxi. [= *C. R.* xlix.] 329).
[5] sc. at Basel. He hoped to find employment there as teacher or proofreader.

incommodam esse ac gravem expertus foret. Nunc quoniam alio migrare habebat in animo, testimonium a nobis petiit anteactae vitae, quod illi non esse denegandum censuimus. Hoc ergo breviter testamur, talem fuisse a nobis habitum, ut nostro omnium consensu iam ad munus pastorale destinatus esset, nisi obstitisset una causa. Nam cum ex more inquireremus, num in tota doctrinae summa inter nos et illum conveniret, duo esse respondit in quibus non posset nobiscum sentire: quod Salomonis Canticum sacris libris adscriberemus, et quod descensum Christi ad inferos acciperemus in Catechismo[1] pro eo quem sustinuit conscientiae horrore, cum pro nobis sisteret se ad Dei tribunal, ut peccata nostra, poenam ac maledictionem in se transferendo, sua morte expiaret. . . .

. . . Verum praecipuum nobis certamen de Cantico fuit. Existimat enim lascivum et obscoenum esse carmen, quo Salomo impudicos suos amores descripserit. Principio obtestati eum sumus, ut ne perpetuum universae Ecclesiae consensum temere pro nihilo duceret. Nullum dubiae fidei librum esse, de quo non fuerit mota olim et agitata aliqua disceptatio. Quin etiam ex iis quibus certam auctoritatem nunc deferimus, quosdam non fuisse initio absque controversia receptos : hunc a nemine palam fuisse unquam repudiatum. Obtestati quoque sumus ne suo iudicio plus aequo arrogaret: praesertim cum nihil proponeret quod non omnes ante eum natum vidissent. Quod argumentum attinet, admonuimus formam esse epithalamii, alteri non absimilem quae Ps. xlv habetur. Nec omnino quicquam interesse, nisi quod quae hic in genere breviter dicuntur, fusius et quasi minutatim explicantur in Cantico. Decantari enim in Psalmo Salomonis pulchritudinem et sponsae ornatum, ita ut res respondeat, discrimen in sola dictionis figura esse.

Cum haec nullius apud eum momenti essent, consultavimus inter nos quidnam opus esset facto. Una omnium sententia fuit periculosum et mali exempli fore, si ad ministerium cum hac conditione admitteretur. Bonos enim primum non leviter offensum iri, si audiant ministrum esse a nobis creatum, qui librum quem in sacrorum librorum catalogo habeant omnes ecclesiae, respuere se ac damnare palam profiteatur. Malis et improbis qui et infamandi Evangelii et huius Ecclesiae lacerandae occasionem captant, ita fenestram per nos apertum iri. Postremo, hac lege nos obstrictum iri in posterum ne cui alteri

---

[1] Cf. Rilliet et Dufour, *Catéchisme de Calvin*, 53 ; and *Opera*, vi. [= *C. R*. xxxiv.] 30.

vitio vertamus, si aut Ecclesiasten, aut Proverbia, aut unumquemque librum ex reliquis repudiet : nisi forte in hoc certamen descendere libeat, quis Spiritu Sancto dignus sit aut indignus. Ne quis ergo aliud quidpiam causae esse suspicetur, cur a nobis discedat Sebastianus, hoc quocunque venerit testatum esse volumus : Scholae magisterio sponte se abdicavit. In eo ita se gesserat ut sacro hoc ministerio dignum iudicaremus. Quominus autem receptus fuerit, non aliqua vitae macula, non impium aliquod in fidei nostrae capitibus dogma, sed haec una quam exposuimus causa obstitit.

Ministri Ecclesiae Genevensis. Io. Calvinus omnium nomine ac mandato subscripsi.

(*c*) *From Reg. du Conseil, 12 June 1544.*—. . . Et dempuys a esté advisé et ordonné que d'aultant M*c* Bastian n'ha procéder ainsyn qu'il debvoyt, et que quant remonstrances et correction ce font les ungs envers les aultres l'on doybd procéder aultrement qu'il n'ha fayct et qu'il n'ha suffizamment justiffié ses proposites : trouvons havoyer mal procéder et mal parler et soit demys du ministère jusques à la bone volonté de la Seigneurie. Laquelle ordonnance, présent les six ministres [1] et le dit M*e* Bastian, a esté pronuncé. . . .

No. 310. Pierre Ameaux, 8 April 1546.

(*a*) *From Reg. du Conseil, 27 Jan. 1546.*—L'on a revellé que Ameaulx a diest [2] que M. Calvin estoyt meschant homme et n'estoyt que un picard et preschoyt faulce doctrine et que ainsin le volloyt mentenyr comment plus amplement est contenuz en les informacions sur ce prinses. Ordonné qu'il soyt constitué prisonnier et que en après l'on le forme son prossès.

(*b*) *From a letter of Calvin to Farel, 13 Feb. 1546.*—Iam elapsi sunt ultra quindecim dies ex quo cartularius [3] in carcere tenetur, propterea quod tanta protervia domi suae inter coenandum adversum me debacchatus est, ut constet non fuisse tunc mentis compotem. Ego dissimulanter tuli, nisi quod testatus sum iudicibus mihi nequaquam gratum fore, si cum eo summo iure agerent. Volui eum invisere. Senatus decreto prohibitus fuit aditus. Et tamen boni quidam viri scilicet me crudelitatis insimulant, quod tam pertinaciter meas iniurias

---

[1] Sc. of Geneva : Calvin, Aimé Champereaux, in office at Calvin's return, and four Frenchmen, Matthieu de Geneston, Philippe de l'Eglise, Abel Poupin, and Jean Ferron, who arrived 1542-3.
[2] The night before, at supper.
[3] Ameaux was a manufacturer of playing cards.

ulciscar. Rogatus sum ab eius amicis ut deprecatoris partes susciperem. Facturum me negavi, nisi his duabus exceptionibus, ne qua suspicio in me resideret atque ut Christi honor maneret salvus. Iam defunctus sum. Exspecto quid Senatus pronunciet. ...

(c) *From Reg. du Conseil, 8 April 1546.*—Ayans vheu le contenuz de ces responces, par lesquelle nous appert que il [Ameaux] a meschamment parlé contre Dieu, le Magestral et M. Calvin ministre &c., comment amplement est contenus en ces responces : Ordonné qu'i[l] soyt condampné à debvoyer fère le tour à la ville en chemise, teste nue, une torche allumée en sa maien et dempuys devant le tribunal venyr crie mercy à Dieu et à la justice, les genoulx à terre, confessant avoyer mal parlé, le condampnant aussy à tous despens et que la sentence soyt proféré publiquement.

No. 311. Madame Perrin, 24 June 1547.

(a) *From a letter of Calvin to Viret & Farel, 15-20 April 1546.*—A discessu vestro[1] choreae nobis plus exhibuerunt negotii quam putaveram. Omnes ii qui interfuerant vocati ad Consistorium, duobus exceptis Corneo et Perrino, impudenter Deo et nobis mentiti sunt.[2] Excandui, ut rei indignitas postulabat, et graviter in illum Dei contemptum invectus sum, quod pro nihilo ducerent sanctas obtestationes, quibus usi fueramus, ludibrio habere. Perstiterunt in sua contumacia. Ego quum res mihi comperta esset, nihil aliud poteram quam Deum testari poenas tantae perfidiae daturos : simul tamen denunciavi me vel propriae vitae dispendio facturum, ut veritas patefieret, ne quid se lucrifecisse mentiendo putarent. Francisca[3] etiam Perrini graviter conviciata est nobis, quod adeo infesti essemus Fabris. Respondi ut visum fuit atque ut merebatur. Rogavi numquid sacrosancta esset domus, numquid legibus soluta ? Patrem enim iam unius adulterii convictum tenebamus : alterius probatio prope ad manum erat : de tertio magnus erat rumor : frater Senatum et nos palam contempserat ac deriserat : tandem adieci fabricandam illis

[1] They had both been at Geneva, April 1547.
[2] Amblard Corne, the Syndic and president of the Consistory, and Ami Perrin the Captain-General, were among the guests who danced at a wedding on 21 March 1546. So too was Jacques Gruet, but he tried to get off by lying.
[3] Madame Perrin was daughter of François and sister of Gaspard Favre. She broke out at Calvin : 'Méchant homme, vous voulez boire le sang de notre famille, mais vous sortirez de Genève avant nous !'

esse novam urbem, in qua seorsum viverent, nisi vellent nobiscum hic sub Christi iugo contineri: quamdiu Genevae essent, eos frustra niti ne legibus parerent. Nam si tot essent diademata in domo Fabrorum, quot sunt rabiosa capita, id non fore impedimento quin Dominus foret superior. Maritus Lugdunum interea concesserat, sperans rem tacite sepultum iri. Censui, ut iureiurando ad veri confessionem adigerentur. Corneus illos monuit, se nequaquam passurum ut peierarent. Non modo confessi sunt quod volebamus, sed se eo die saltasse apud Balthasaris [Sept] viduam. Omnes in carcerem coniecti: Syndicus insigne moderationis exemplum fuit.[1] Nam in se et totum gregem severius est concionatus, quam ut oportuerit cum eo multa verba facere. Admonitus tamen graviter fuit in Consistorio, loco suo deiectus donec poenitentiae testimonium edidisset. Perrinum Lugduno reversum aiunt: quidquid agat, poenam non effugiet.[2] . . .

(*b*) *From a letter of Calvin to Viret, 2 July 1547.*—Nunc serio nobis certandum est. Vocata rursus ad Consistorium fuerat uxor comici Caesaris ob suam petulantiam.[3] Illic ne asperiore quidem verbo lacessita plus veneni evomuit quam unquam antea. Primum negavit, si quid deliquisset, nostri fori esse cognitionem. Deinde conquesta est sibi gravem ignominiae notam inuri, quod in eum locum venire cogeretur, quo nonnisi sceleratos et maleficos accersi fas esset. Quum ex assessoribus unus cohibere intemperiem vellet, in eum furorem convertit. Hic quum se Abel [Poupin] interponeret, ac diceret mirari se quod initio professa esset adeo se verecundam aut elinguem quae respondere pluribus non posset, quum par futura esset quam plurimis maledicendo, tota vero rabies efferbuit. Imo vero, inquit, tu conviciator, qui patri meo nequiter conviciatus es. *Va, gros pouacre*[4], *tu as menty meschamment*. Nisi vi extrusa esset, fere nos obruisset suis fulminibus. Senatus decrevit ut in carcerem arctiorem includeretur. Elapsa est opera matronae illius quae malas omnes causas suscipere in suum patrocinium solet. Alter ex filiis se comitem fugitivae adiungit.[5] Quum non procul a porta urbis forte in Abelem incidisset, novi insultus, et quidem proterviores.

---

[1] Cf. 'Ledit Sr Sindicque a respondu en remerciant les bonnes ammonicions tant selon Dieu que selon les editz des Seigneurs'.—*Reg. du Consistoire*, 15 April 1546 (*Opera*, xxi. [= *C. R.* xlix.] 378).
[2] Perrin apologized also, 13 May 1546 (*ibid.* 381).
[3] 23 June 1547 (cf. *Opera*, xxi. [= *C. R.* xlix.] 407, and Ruchat, v. 317).
[4] Pouacre = sale, vilain (Littré); groin de porc (Roget).
[5] To her father, François Favre, at Beguy, belonging to Bern.

Abel nihil: quemadmodum et in Consistorio moderatissime se gesserat. Postridie[1] reperitur charta in suggestu qua mortem nobis minantur, nisi sileamus. Exemplar ad te mitto.[2] Senatus tanta audacia perculsus iubet severe de conspiratione inquiri. Negotium paucis mandat. Quia multorum suspicio in Gruetum cadebat, statim arripitur. Alia tamen erat manus. . . .

(c) *From Reg. du Conseil, 24 June 1547.*—Les ministres et le Consistoire ce sont grandement lamentés de la femme du Sr Amyed Perrin; et, en luy faissant aulcunes bonnes remonstrances à cause de ce qu'elle a dancée, icelle a oltragé Me Abel, ministre, l'appellant 'puacre' et aultres plusieurs parolles sinistres: requerant il mectre ordre. Ordonné qu'elle soyt constitué prisonnyère, et que Jehan Blanguet aye la commission des prisons pendant qu'elle sera tenue prisonnyère à cause que le souldan est domestique de la mayson dudit Perrin. . . .

No. 312. Jacques Gruet, 26 July 1547.

(a) *From Calvin's letter to Viret, 2 July 1547.*—Alia tamen erat manus. Sed dum eius chartas revolvunt, multa reperiunt non minus capitalia: libellus supplex quem offerre populo statuerat in comitiis, ubi disputabat nihil esse legibus vindicandum nisi quod rempublicam laederet. Ita enim Venetos facere, gubernandi peritissimos. Periculum vero esse ne, dum haec urbs unius hominis melancholici cerebro obtemperat, excitata seditione perdat mille cives. Repertae sunt etiam litterae, partim ad Andream Philippum, partim ad alios scriptae. Quibusdam me nominabat. Alias involverat figuris, quae tamen crassum artificium adeo sapiunt ut digitis attingere liceat quicquid tegere voluit. Paginae etiam duae compositae latina lingua, ubi ridetur tota Scriptura, laceratur Christus, immortalitas animae vocatur somnium et fabula, denique tota religio convellitur.

(b) *Procès de Jacques Gruet.*

(α) *From a letter of his to the Council of Geneva, July 1547.*—. . . Ne vous reiglés par le dire ny par la voulunté

---

[1] 27 June (cf. *Opera*, xxi. [= *C. R.* xlix.] 407).

[2] Given in the dialect of Geneva in *Opera*, xii. [= *C. R.* xl.] 546, n. 8, and translated in Ruchat, v. 318. — ' Qu'on ne veut pas avoir tant de maîtres : qu'ils avaient jusques alors assez censuré : que des prêtres reniés, comme eux n'avaient que faire de désoler ainsi le monde : que s'ils continuent, on les mettra en tel lieu qu'ils maudiront l'heure qu'ils sont sortis de leur moinerie, et qu'ils prennent garde qu'on ne leur en fasse autant qu'à M. Vernly de Fribourg.'

d'ung home. Cart vous voyés que les hommes ont plusieurs et diverses oppinion en eulx! chascun à part soit vouldroit estre gouverné à sa guise ... Sayges vouldroient que chascun fut tel que eux: mais il n'est possible, et souventesfoys l'oppynion d'ung homme seul causa beaucoups de maulx ... S'il y a ung personnaige qui soit saturnin de soyt mesme, il désire, s'il az la puissance, qu'un chascun soit saturnin comme luy. . . . Et s'il az ceste preheminence et auctorité, il vouldra que son naturel soit mys en exequution. Au contraire, ung qui sera joyeux, demandera plaisir et esbazt. Lequel des deux a meilleure nature en luy? Chascun veult mentenir la syenne estre mellieure a l'aultre indifférente.

Pourquoy me semble, pour appaiser toutes ses contrariétés, que une seigneurie doit faire ung estat tel qu'il n'y aye nul discort d'approver la subjection d'ung peuple pour une chose contre nature. Il n'y a nulle roy ou régyme d'une Respublique, se est que il ne soit permis à homme faire ce qu'il ne vouldroit luy fut faict. Exemple d'ung que murtre ung aultre. . . . Brief, toute personne qui contrarie à l'aultre par meschant vouloir mérite punicion.

Mais se je suis ung homme veulant menger mon bien à quelle guise qu'il me plaira, que doibt avoir affaire l'aultre que ce az ny voyre ny cognoistre? ou si je veulx dancer, saulter, mener joyeuse vie, que az affaire la justice? Rien. Cart alcune foys la tropt rude justice engendre plusieurs machinations, que cause que ung homme soit peut estre cause de plusieurs maux et perdicion de mille hommes, comme nous voyons par expérience et bourbe de nostre temps que une vindication causa tant de maux en France. . . .

(β) *Sentence.* Nous Sindicques et juges des causes criminelles de ceste cité de Genève ayans vheuz le prossès[1] ... contre toy Jaque Gruet ... et tes responces[1] ... par lesquelles nous conste et appert avoyer grandement offencé et blasphèmé Dieu, contrevenant à sa saincte Parolle et aussy avoyer perpetré chose contre le Majestrat, oultragé, menassé et mesdict des serviteurs de Dieu et comys crime de lèze majesté, méritant pugnition corporelle ... toy Jaque Gruet condampnons à debvoyr estre mené au lieu de Champel et illect debvoyer avoyer tranché la teste de dessus les espaules, et ton corps attaché aut gibet et ta teste cloyé en icelluy et ainsi finiras tes jours pour donner exemple aux aultres qui tel cas vouldroyent commestre. . . .

[1] Cf. *Sommaire du Procès ap. Opera*, xii. [= *C. R.* xl.] 565 sqq.

No. 313. Jerome Hermès Bolsec, 1551.

(*a*) *From Reg. de la Vén. Comp.*, *15 May 1551*.—Ledit jour fut appellé en la Congrégation des frères Me Hierosme Bolsec, médecin ; lequel tenoit quelques propoz esgarez touchant le libéral arbitre et la prédestination, et luy fut remonstré vivement par les passages de l'escriture. Ledit Hierosme se monstra fort obstiné jusques à ce qu'on luy [lût] le passage d'Ezechiel [xviii. 23 ; xxxiii. 11].

(*b*) *From Reg. de la Vén. Comp.*, *16 Oct. 1551*.—Sur la proposition qui se faisoit ledit jour suyvant la coustume, après que M. Sainct André eut exposé le passage de S. Jehan viii Chap. : *Qui est de Dieu, il oyt les paroles de Dieu*, et que après luy aussi Me Guillaume Farel eut adjousté ce que N. S. luy donna, Me Hierosme Bolsec, duquel il a esté parlé cy-dessus, recommença à mettre en avant ses faulses propositions de l'élection et réprobation, nyant qu'elles fussent *ab aeterno* et disant avec grandes protestations et exhortations qu'on ne devoit recognoistre autre élection ou réprobation que celle qui se voit en croyant ou ne croyant point : et que ceux qui mettent une volonté éternelle en Dieu par laquelle il ait ordonné les uns à vie, les autres à mort, en font un tyran voire une idole comme les payens ont faict de Jupiter : *sic volo, sic iubeo, sit pro ratione voluntas* : disant que c'estoit hérésie et que telle doctrine emportoit grand scandale, puis qu'on faisoit à croire à S. Augustin qu'il estoit de ceste opinion,[1] ce qui estoit faulx comme il monstreroit. Davantage qu'on avoit depravé plusieurs passages de l'Escriture pour soustenir ceste faulse et perverse doctrine ... adjoustant plusieurs autres calomnies et blasphèmes pas lesquelz il monstroit bien le venin qu'il avoit caché en son cueur, espiant l'heure de opportunité de le vomir en public....

Sur le champ luy fut respondu par M. Calvin, lequel feit remonstrance de ceste doctrine qui avoit esté ja si longtemps enseignée fidellement en l'Église avec commun consentement de tous ceux qui l'ont édifiée depuis le commencement de l'Évangile, et de point en point luy fut respondu à toutes ses calomnies tellement que l'assemblée fut satisfaicte et grande-

---

[1] The Ministers of Geneva relied 'sur tout aux deux livres qu'il [S. Augustin] a intitulez *De praedestinatione sanctorum*. Item au livre *De dono perseverantiae*' &c. (*Calv. Op.* viii. [= *C. R.* xxxvi.] 166). The difference between Calvin and St. Augustine is well stated in Hardwick, *History of the Articles*, 161 ; Bright, *Lessons from the lives of Three Great Fathers*, 178 sqq.; and Fairbairn, in *Cambridge Modern History*, ii. 365.

ment édifiée par la doctrine laquelle il desduict sur les passages qui appartiennent à l'élection et réprobation.

Aprez la Congrégation finie, un des assistantz du Lieutenant qui estoit là présent, à scavoir le S Jehan de la Maison Neufve, voyant le scandale que ledit Hierosme avoit faict en l'Église et les blasphèmes qu'il avoit prononcés contre Dieu et sa doctrine disant que nous en faisions une idole, le feit mener prisonnier en l'évesché. Et luy fut commencé son procès, comme à telles gens on a accoustumé.

. . . Ce qui fut faict incontinent, et lors les . . . articles furent signez par tous ceux qui estoient présentz, et portez par devant Messieurs.

(c) *From a letter from Beza at Lausanne to Bullinger, 29 Oct. 1551.* . . . Caeterum ne quid intentatum Satan relinqueret, nuper admodum . . . conatus est in ecclesia Genevensi intestinum etiam dissidium excitare. Is enim, cuius de providentia, praedestinatione et libero arbitrio axiomata apud te nuper reliqui, quum adhuc apertum bellum ecclesiis non indixisset, tandem prodiit e suis latebris et in medio Genevensis ecclesiae coetu seditiosissime et impudentissime doctrinam suam coepit proponere, nominatim etiam, ut audio, D. Zwinglium et praesentem Calvinum arguens, quos solos ex antiquis et recentioribus vociferabatur doctrinam de praedestinatione et libero arbitrio corrupisse. Respondit Calvinus tanto spiritu ut ad summam pietatem et dicendi vehementiam nihil defuisse videretur, et bonorum iudicio eo die se ipsum plane superaret. Mansit tamen ille in sententia. Itaque paullo post a magistratu tanquam seditiosus et manifestus sycophanta in carcerem est coniectus, ubi nunc etiam insanire pergit. . . .

. . . Causae autem capita haec sunt praecipua : sitne quisquam ab aeterno reprobatus et ideo conditus a Deo ut esset vas irae ? sintne reprobi ideo reprobi quia increduli, an contra ideo increduli quia reprobi, ideo autem damnati quia increduli ? Inde nasci vides quaestionem de arbitrii humani viribus. Nam idem de electis quod de reprobis constituendum erit. Damnari fatemur incredulos propter incredulitatem, et culpam omnem condemnationis in hominem reiicimus. In reprobatione autem solam spectamus Dei voluntatem, quae sola est iustitiae regula, et cum Paulo exclamamus : O altitudo ! Ille vero clamat : Deum hoc pacto a nobis constitui auctorem peccati et veluti tyrannum, cui sufficiat pro ratione voluntas. . . .

(d) *From the reply of the ministers of Bern to the Council and the ministers of Geneva, 7 Dec. 1551.*—. . . Est nobis ille [sc.

Bolsec] prorsus ignotus ; sunt tamen qui praedicant eum non esse virum adeo malum. Optaremus et vobis et illi ut per spiritum Christi vera et sententiarum et affectuum consensione coniungeremini. Videtur in illius responsis, quae misistis, haud adeo exigui esse momenti quod primum tribuit Deo electionem ex hominibus, deinde eorum quos voluit, tertio in Christo, quarto nullius nostri boni sed merae gratiae suae respectu. Praeterea opus esse speciali gratia et attractione ad credendum. Et Deum per Christum reformare mentes hominum, et dare corda carnea, amareque nos ac fidem dare, priusquam a nobis ametur, idque ex paterna misericordia. Per haec veluti principia, si abesset studium contendendi, facilis esset ad ulteriora transitus. . . .

(*e*) *From a letter of Calvin to Farel, 8 Dec. 1551.*—Nuper de Basiliensibus questus sum [1] qui prae Tigurinis maxima laude digni sunt. Mi Farelle, dici vix potest quantopere me ista barbaries excruciet. Minusne esse inter nos humanitatis quam inter sylvestres feras? Quid fieret si nullis hostibus cingeremur? Nunc quod tres aut quatuor ecclesiae in arctum coactae se non agnoscunt, prodigiosus est stupor. . . .

(*f*) *The sentence on Bolsec, 23 Dec. 1551.*—Ayantz veu le procès faict et formé par devant nous à l'instance . . . de notre lieutenant . . . contre toy Hieronyme Bolsec, natifz de Parys par lequel et tes voluntaires responce . . . nous appert toy Hieronyme Bolsec t'estre trop audacieusement levé en la saincte Congrégation de noz Ministres et y avoir proposé opinion faulse et contre les sainctes escriptures et la pure religion Évangelicque . . . par ceste nostre diffinitive sentence . . . toy Hieronyme Bolsec condampnons à debvoir estre perpetuellement banny et te bannyssons de ceste nostre cité et terres d'ycelle . . .

(*g*) *From the Reg. de la Vén. Comp.*—Le 23ᵉ jour dudict mois [Dec. 1551] ledict Mᵉ Jerosme fut banni à son de trompe des terres de Genève.

No. 314. Predestination, 1552.

(*a*) *From the Consensus Genevensis, 1 Jan. 1552.*

(*a*) *From the preface.*—Quae nos ad libellum hunc scribendum impulit ratio, eadem ad ipsum vobis nuncupandum hortatur, praestantissimi domini,[2] ut sub nomine vestro auspiciisque

---

[1] *Ep.* 1564 (*Op.* xiv. [= *C. R.* xlii.] 213).
[2] Syndics and Council of Geneva.

exeat. Electio Dei gratuita, qua sibi ex perdito damnatoque
hominum genere quos visum est adoptat, hactenus non minus
reverenter et sobrie, quam sincere et absque fuco hic tradita
a nobis et placide a populo recepta fuerat : donec circumfora-
neum erronem[1] nuper supposuit turbarum omnium pater Satan,
qui et doctrinam nostram, quae ex puro Dei verbo sumpta est,
convellere et fidem totius populi labefactare tentaret. . . . Ista
autem, quam sub vestro nomine piis omnibus offerimus, defensio, tam erit ad curandos sanabiles, ut quidem speramus,
validum efficaxque remedium, quam salubre antidotum sanis
et integris. Ac digna est materia, ad quam studia sua intendant filii Dei, ne coelestis suae geniturae originem ignorent.
Stulte enim quidam, quia Evangelium potentia Dei vocatur in
salutem omni credenti, hoc praetextu Dei electionem obliterant.
Atqui venire illis in mentem debuerat, unde oriatur fides.
Passim autem scriptura clamat Deum Filio suo dare qui
sui erant, vocare quos elegit, et quos sibi adoptavit in filios,
Spiritu suo regignere : credere denique homines quos ipse
intus docuit et quibus patefactum est eius brachium. Porro
quisquis fidem arram esse et pignus tenebit adoptionis gratuitae,
ex aeterno divinae electionis fonte manare fatebitur. . . . Nondum in utero conceptos elegit ut fideles essemus. Fuisse
autem hoc impuro nebuloni propositum, ut non modo notitiam
electionis deleret ex hominum animis, sed eius quoque virtutem
prorsus everteret, ex eius deliriis quae in actis publicis habetis
eius manu scripta diserte liquet : ubi asserit fidem ab electione
non pendere, quin potius electionem esse in fide sitam : nullos
in caecitate manere ob ingenitam naturae corruptionem, quia
rite omnes illuminentur a Deo : nos Deo facere iniuriam, quia
deseri tradimus, quos Spiritus sui illuminatione non dignatur :
trahi generaliter et ex aequo omnes homines, nec discrimen
nisi a contumacia incipere : quum Deus se ex lapideis cordibus
carnea facturum promittit, nihil aliud intelligi quam ut gratiae
Dei simus capaces, idque promiscue ad totum genus humanum
extendi, quum singulare ecclesiae privilegium esse Scriptura
dilucide affirmet. Quantum ad Dei providentiam, qua mundus
regitur : inter pios omnes fixum hoc et confessum esse debet,
non esse cur suis peccatis socium homines Deum ascribant, vel
ullo modo secum involvant ad partem culpae sustinendam : sed
quum Scriptura doceat reprobos quoque irae Dei esse organa,
quibus partim fideles suos erudiat ad patientiam, partim hostibus poenas infligat, quales merentur, profanus nugator nihil

[1] Bolsec.

a Deo iuste fieri contendit, nisi cuius ratio sub oculis posita iaceat. Omne enim discrimen inter causas remotas et propinquas tollens, aerumnas sancto Iob impositas Dei opus censeri non patitur, quin pariter cum diabolo, Chaldaeis et Sabaeis latronibus reus fiat. . . .

Faxit Dominus Deus, Magnifici et praestantes viri, ut, quod hactenus magna cum laude fecistis, indefessi ad extremum usque puram Evangelii doctrinam, quae tam infesta mundi violentia undique pulsatur, fide praesidioque vestro tueri pergatis : et pios omnes, qui se in patrocinium vestrum conferunt, hospitio excipere non desinatis : quo sit urbs vestra inter horribiles istos motus fixum Deo sanctuarium, et fidele Christi membris asylum.

(β) *From the text.*—Quid nos sentiamus satis locuples, ut nihil praeterea addam, testis est *Institutio.* In primis rogatos velim lectores, ut quod illic admoneo memoria repetant : Non esse, ut quibusdam falso videtur, argutam hanc vel spinosam speculationem, quae absque fructu ingenia fatiget: sed disputationem solidam, et ad pietatis usum maxime accommodam. . . . In Christo fundata est salutis fiducia, et in Evangelii promissiones recumbit. Sed haec non parum valida fultura est, quum nunc, ut in Christum credamus, audimus nobis divinitus esse datum : quia ante mundi originem tam ad fidem ordinati quam ad vitae caelestis haereditatem electi eramus. Hinc illa inexpugnabilis securitas quod Pater, qui Filio suo nos in peculium dedit, omnibus potentior, nos e manu eius rapi non patietur. . . . Quodsi nos Evangelii non pudet, quod illic aperte traditur, fateri necesse est, Deum aeterno suo beneplacito, cuius aliunde causa non pendet, quos illi visum est, destinasse ad salutem, aliis reiectis: et quos gratuita adoptione dignatus est, Spiritu suo illuminare ut vitam in Christo oblatam recipiant: alios ita sponte esse incredulos ut fidei luce destituti in tenebris maneant. . . .

(*b*) *From Reg. du Conseil, 9 Nov. 1552.*—Conseil extraordinaire . . . de l'*Institution Crestienne* du . . . M. Calvin. Et le tout considéré, le Conseil a arresté et conclu que, toutes choses bien aoyés et entendues, l'on pronunce et declayre ledit livre d'*Institution* estre bien et sainctement faict, et sa doctrine estre saincte doctrine de Dieu, et que l'on le tient pour bon et vray ministre de ceste Cité, et que dès icy à l'advenir personne ne soit ausé parler contre ledit livre n'y contre ladite doctrine : commandans aux aultres parties et à tous qu'ilz se doibgent à cela tenir.

No. 315. Servetus, 27 Oct. 1553.

(*a*) *Tres quaestiones Io. Calvino propositae a M. Servelo, 1539-41.*

1º. An homo Iesus crucifixus sit Filius Dei: et quae sit huius filiationis ratio?

2º. An regnum Christi sit in hominibus: quando quis ingrediatur, et quando regeneretur?

3º. An Baptismus Christi debeat in fide fieri sicut Coena: et quorsum haec instituta sint Foedere Novo?

(*b*) *From a letter of Calvin to Jean Frellon, a publisher at Lyons, 13 Feb. 1547.*—Seigneur Jehan, pour ce que vos lettres dernières me furent apportées sur mon partement,[1] je n'eus pas loisir de faire response à ce qui estoit enclos dedans.[2] Depuis mon retour,[3] au premier loisir que j'ay eu, j'ay bien voulu satisfaire à vostre désir : non point que j'aye grand espoir de profiter guères envers tel homme, selon que je le voy disposé : mais à fin d'essayer encor s'il y aura quelque moyen de le reduire, qui sera quand Dieu aura si bien besogné en luy, qu'il devienne tout aultre. Pour ce qu'il m'avoit escrit d'un esperit tant superbe, je luy ay bien voulu rabbatre un petit de son orgueil, parlant à luy plus durement que ma coustume ne porte. Mais je ne l'ay peu faire aultrement. . . . S'il poursuit d'un tel style comme il a faict maintenant, vous perdrès temps à me plus solliciter à travailler envers luy, car j'ay d'aultres affaires qui me pressent de plus près. Et ferois conscience de m'y plus occuper, ne doubtant pas que ce ne fust un Sathan pour me distraires des aultres lectures plus utiles. . . .

(*c*) *From a letter of Calvin to Farel, 13 Feb. 1547.*—Servetus nuper ad me scripsit, ac litteris adiunxit longum volumen suorum deliriorum [2] cum thrasonica iactantia, me stupenda et hactenus inaudita visurum. Si mihi placeat, huc se venturum recipit. Sed nolo fidem meam interponere. Nam si venerit, modo valeat mea auctoritas, vivum exire nunquam patiar.[4] . . .

(*d*) *From a letter of Servetus, 1548, to Abel Poupin, a minister at Geneva, 1543-†56.*—Hac tertia epistola te ita monitum volo, ut melius cogites, non amplius ita moniturus. Offendit vos

---

[1] To Basel, 24 Jan. 1547 (*Op.* xxi. [= *C. R.* xlix.] 395).

[2] Servetus' *Christianismi Restitutio*, with thirty letters, refuting point by point the teaching of Calvin (*Op.* viii. [= *C. R.* xxxvi.] 645 sqq.).

[3] To Geneva, 10 Feb. 1547 (*Op.* xxi. [= *C. R.* xlix.] 397).

[4] He must have written in the same sense to Servetus; see the next extract.

forsan quod pugnae illi Michaelis me immisceam et vos immisceri desiderem. . . . Mihi ob eam rem moriendum esse certo scio, sed non propterea animo deficior, ut fiam discipulus similis praeceptori. . . . Vale, et a me non amplius litteras exspecta.

(e) *From Reg. de la Comp. des Pasteurs, 13 Aug. 1553.*—Michel Servetus aiant esté recogneu par quelsques frères, il fut trouvé bon de le faire emprisonner affin qu'il n'infecta plus le monde de ses blasphesmes et heresies, actendu qu'il estoit cogneu du tout incorrigible et désesperé. Sur cela il y eut quelcung qui se feit partie criminelle contre luy. Lequel proposa certains articles contenant ung recueil des erreurs les plus notables dudit Servet. . . . Enfin, Messeigneurs . . . ordonnèrent qu'il se feit ung extraict des propositions erronées et hérétiques contenues en ses livres, et que, luy aiant respondu par escript, nous montrerions en bref la faulceté de ses opinions, affin d'envoier le tout aux églises voisines pour en avoir conseil.

(f) *From ibid., 27 Oct. 1553.*—Messeigneurs aians receu l'advis des Églises de Berne,[1] Basle, Zürich et Chafouz,[2] touchant le faict de Servet, condamnèrent ledict Servet a estre mené en Champey et la estre bruslé tout vif. Ce que fut faict, sans que ledict Servet à sa mort ait donné aucung indice de repentance de ses erreurs.

(g) *From a letter of Melanchthon to Calvin, 14 Oct. 1554.*—Legi scriptum tuum in quo refutasti luculenter horrendas Serveti blasphemias: ac Filio Dei gratias ago, qui fuit $\beta\rho\alpha\beta\epsilon\upsilon\tau\eta s$ huius tui agonis. Tibi quoque ecclesia et nunc et ad posteros gratitudinem debet et debebit. Tuo iudicio prorsus assentior. Affirmo etiam vestros magistratus iuste fecisse, quod hominem blasphemum re ordine iudicata interfecerunt. . . .

No. 316. The right of the Consistory to excommunicate conceded, 24 Jan. 1555.

(a) *From Reg. du Cons., 22 Jan. 1555.*—Le Conseil assemble sous serment à 7 heures du matin. Lues les . . . éditz touchant l'excommunication. Arresté: On se tient aux éditz: pourtant qu'on tienne Conseil des Soixante et Deux Cens le tout y soit mis et rapporté comment on se tient aux éditz.

(b) *From Reg. du Cons., 24 Jan. 1555.*—Conseil des Soixante. Les ministres proposent par l'organe de M. Calvin comment ont

[1] Thus the ministers of Bern wrote: 'Oramus . . . ut et pestem hanc ab ecclesiis . . . avertatis et simul nihil admittatis quod Magistratui Christiano inconveniens censeri possit' (*Opera*, viii. [= *C. R.* xxxvi.] 819).
[2] Schaffhausen.

ja esté aoys en Conseil Estroit, et hont en icelluy comment icy proposé plusieurs exemples et propos tant de l'excommunication que des imperfections que orès sont ès peuple et de l'ordre du Consistoire establi anciennement pour telles imperfections reprimer, et hont faict des remonstrances bien longues et amples tant par l'escriptures anciennes que par l'usage des appostres, et hont dict que si l'on veult dire que le Consistoire ayt failly qu'il soyent demandés il en respondront et se y offrent. Iceux ministres estans retirés . . . les éditz sus l'excommunication en Conseil Général passés sont esté leus : puys est esté mis en oppinion et recité l'opinion du Pety Conseil. Et le tout opinione est arresté qu'on se tient aux éditz.

Après est entré le Conseil des Deux Cens. Et icy mesmes le Sr premier Sindicque a mis en avant les propos qui ont ja esté mis en Soixante et semblablement y sont esté aoys les ministres qui hont proposé comment auxdits Soixante. Sur quoy est esté advisé et par a plus grand voix arresté que l'on se tient aux éditz ja passés par Conseil Général.

No. 317. The University of Geneva, 5 June 1559.

From Promulgatio Legum Academiae Genevensis.—A.D. 1559 Nonis Iunii. . . . Neque enim quisquam ignorare potest quantis tempestatibus abhinc annos aliquot iactata fuerit haec civitas, quorundam nefariorum civium coniuratione, quo primum tempore de his rebus constituendis coepit cogitare. Iam vero quum communi omnium rumore feratur, quod maxime quoque probabile est, pace[1] inter potentissimos Europae monarchas facta, Satanam vix quieturum donec omnibus viribus eam urbem adoriatur, a qua una praecipue se suosque peti magna cum regni sui labefactatione quotidie sentiat : admirabilis certe constantiae ac fortitudinis fuit, haec consilia non modo non abiicere sed etiam persequi, quo tempore civitati per se non ita magnae et omni paene mortalium praesidio destitutae, de quibusvis rebus potius quam de iis studiis cogitandum videbatur, quae nihil aeque ac pacem et quietudinem requirunt. . . . Itaque . . . quum ea quam dixi multitudo convenisset D. Iohannes Calvinus . . . gallica oratione . . . praefatus, indictum fuisse hunc diem ex amplissimi Senatus mandato solenni scholasticarum legum promulgationi, omnes ad preces fundendas est cohortatus. Deinde Michael Rosetus, archigrammateus, Syndicorum iussu, Academiae Leges . . recitavit. Postea confessionis formulam, in

[1] Cateau-Cambrésis, 3 Apr. 1559.

quam publici omnes auditores iurarent, et iusiurandum solenne quod concipere Rectorem et omnes utriusque scholae, privatae videlicet ac publicae, doctores oporteret, recensuit. Denique a ministrorum collegio electum, ab amplissimo vero Senatu designatum pronunciavit Theodorum Bezam, unum ex Verbi ministris, Scholae Rectorem. Antea vero designarant etiam iidem ... Hebraeae, ... Graecae, ... Philosophiae professores. ... Theologiam enim D. Iohannes Calvinus multis iam ante annis profitebatur, cui nunc D. Theodorus Beza, qui alternis hebdomadibus idem munus obeat, collega adiunctus est. ...

Habentur autem omnino, si quis Academiae Leges recte expendat, singulis hebdomadibus in publica quidem schola lectiones xxvii, tres nimirum theologicae, octo Hebraeae, Graecae tres in ethicis, quinque in Graecis oratoribus vel poetis, tres in physicis vel mathematicis, quinque in dialecticis vel rhetoricis. In privata vero schola, quae in septem classes est distributa, lectiones, absque repetitionibus, lxx singulis hebdomadibus habentur. Quod si, ut speramus Dei bonitate freti, idem Deus istorum consiliorum auctor ea promoverit, tum de istis perficiendis quae sunt inchoata, tum etiam de reliquis adiiciendis, puta iurisprudentiae ac medicinae professione, cogitatio suscipietur.

No. 318. Calvin's farewell, and death 27 May 1564.

From Les adieux de Calvin aux ministres de Genève, du vendredy 28 Avril 1564.—... Quand je vins premièrement en ceste Eglise, il n'y avoit quasi comme rien. On preschoit et puis c'est tout. On cherchoit bien les idoles et les brusloit-on ; mais il n'y avoit aucune réformation. Toute estoit en tumulte. Il y avoit bien le bonhomme Me Guillaume, et puis l'aveugle Couraut. ... D'advantage il y avoit Me Anthoine Saulnier, et ce beau prescheur Froment qui ayant laissé son devantier s'en montoit en chaire, puis s'en retournoit à sa boutique où il jasoit, et ainsi il faisoit double sermon.

J'ay vescu icy en combats merveilleux : j'ay esté salué par mocquerie le soir devant ma porte de 50 ou 60 coups d'arquebute. Que pensez-vous que cela pouvoit estonner un pauvre escholier timide comme je suis, et comme je l'ay tousjours esté, je le confesse ?

Puis après je fus chassé de ceste ville, et m'en allay à Strasbourg, où ayant demeuré quelque temps je fus rappelé, mais je n'eus pas moins de peine qu'auparavant en voulant

faire ma charge.—On m'a mis les chiens à ma queue, criant
hère, hère, et m'ont prins par la robbe et par les jambes. Je
m'en allay au Conseil des Deux Cents, quand on se combatoit,
et retins les aultres qui y vouloyent aller, et qui n'estoyent pour
faire cela ; et quoyqu'on se vante d'avoir tout fait, comme M. de
Saulx, je me trouvay là, et en entrant on me disoit : 'Monsieur,
retirez-vous ; ce n'est pas à vous qu'on en veult' je leur dis :
'Non feray ; allez, meschans ; tuez-moy, et mon sang sera contre
vous, et ces bancqs mesmes le requerront.'—Ainsy j'ay esté
parmy les combats, et vous en expérimenterez qu'ils ne seront
pas moindres, mais plus grands. . . . Quant à ma doctrine,
j'ay enseigné fidellement, et Dieu m'a faict la grâce d'escripre
ce que j'ay faict le plus fidellement qu'il m'a esté possible, et
n'ay pas corrompu un seul passage de l'Escriture, ne destourné
à mon escient ; et quand j'eusse bien peu amener des sens
subtils, si je me fusse estudié à subtilité, j'ay mis tout cela
soubs le pied et me suis toujours estudié à simplicité.

Je n'ay escrit aucune chose par haine à l'encontre d'aucun,
mais tousjours ay proposé fidellement ce que j'ay estimé estre
pour la gloire de Dieu.

Quant à notre estat intérieur, vous avez esleu M. de Bèze
pour tenir ma place. Regardez de le soulager, car la charge
est grande, et a de la peine, en telle sorte qu'il faudroit qu'il fust
accablé soubs le fardeau. Maiz regardez à le supporter. . . .

J'avois oublié ce point : Je vous prie aussi ne changer rien,
ne innover.—On demande souvent nouveauté :—non pas que
je désire pour moy par ambition que le mien demeure, et qu'on
le retienne sans vouloir mieux, mais parce que tous changemens
sont dangereux, et quelque fois nuisent.

A mon retour de Strasbourg, je fis le Catéchisme à la haste,
car je ne voulus jamais accepter le ministère qu'ils ne m'eussent
juré ces deux points, assavoir de tenir le Catéchisme et la
Discipline. . . .

Quant aux prières des Dimanches, je prins la forme de
Strasbourg, et en empruntay la plus grande partie. Des autres,
je ne les pouvois prendre d'eux, car il n'y en avoit pas un mot :
mais je prins le tout de l'Escriture.

Je fus contrainct aussi de faire le formulaire du Baptesme,
estant à Strasbourg, et qu'on m'apportoit les enfans des anabaptistes de cinq et de dix lieues à la ronde pour les baptiser.
Je fis alors ce formulaire rude, mais tant y a que je ne vous
conseille de ne changer.

L'Église de [Berne] a trahi ceste-ci, et ils m'ont tousjours plus craint qu'aimé, et je veux bien qu'ils sçachent que je suis mort en ceste opinion d'eux qu'ils m'ont plus craint qu'aimé, et encores me craignent plus qu'ils ne m'aiment, et ont tousjours eu peur que je ne les troublasse en leur eucharistie. . . .

B.

CALVINISM IN EUROPE (EXCLUDING ENGLAND) BEYOND GENEVA

§ 1. CENTRAL AND EASTERN EUROPE

XIX

SWITZERLAND, HUNGARY, THE PALATINATE, AND POLAND

Calvin was to prove the only international reformer; and, first, by uniting German with French Switzerland upon the doctrine of the Sacraments. Zwingli's sacramental doctrine had been mainly destructive. Of sacraments in general, he taught 'sacramentum esse sacrae rei, hoc est factae gratiae signum' (Niemeyer, *Coll. Conf.* 26) : and, as to the Eucharist, he held that, as at His ascension, our Lord was 'adsumptus in coelum, abiit ergo et non est hic' (*ibid.* 47). The most he would admit was that 'verum Christi corpus adsit fidei contemplatione' (*ibid.* 26). Zwingli thus left behind him a doctrine which Luther dubbed Sacramentarian and Calvin called 'profane'. But Bullinger, his son-in-law and successor, 1531–†75, at Zürich was more constructive. In his *Uff Johannsen* [Faber] *Wyenischen Bischoffs Trostbüchlein tröstliche Verantwortung* [Zürich, 1532] he abandoned Sacramentarianism for Sacramentalism and wrote: 'We acknowledge in the Supper a mystery ; the bread is not mere baker's bread but honourable, holy, and sacramental bread, wherein Christ is present, to wit, sacramentally, spiritually to the eye of faith, since else bodily He sitteth at the right hand of God. But as the sun standeth in the heavens and yet reacheth hither to us with its rays, so Christ sitteth at the right hand of God, and yet worketh in all faithful hearts' (cf. Hauck-Herzog, *Realencyclopädie*[3], iii. 543). Bullinger thus opened the way for the reception of the Genevan doctrine of the sacraments in German Switzerland. Calvin, after correspondence 1548–9, with him (*Opera*, vii. [= *C. R.* xxxv.] 693 sqq.: xii. [= *C. R.* xl.] 480, 590, 705, 727 : xiii. [= *C. R.* xli.] 110, 164, 221, 223, 259, 278), visited Zürich, accompanied by Farel ; and, May 1549, they united with Bullinger in [No. 319] **the Consensus Tigurinus** (*ibid.* vii.

[= *C. R.* xxxv.] 733 sqq.; Niemeyer, 191 sqq.). Other formularies attest the progress of the Reformed theology, specially of the Eucharist, in Central and Eastern Europe; viz. 1557 [No. 320] **the Confessio Czengerina** (*ibid.* 545 sq.) of the Magyar majority among the followers of the Reformation in Hungary; 1563 [No. 321] **the Heidelberg Catechism** (*ibid.* 447) of the Palatinate; and 14 April 1570 [No. 322] **the Consensus Sendomiriensis** (*ibid.* 553) which effected a union between Lutherans, Calvinists, and Bohemian Brethren against the anti-Trinitarians in Poland and so marked out the traditional limits of the later evangelical or protestant orthodoxy.

No. 319. The Consensus Tigurinus, May 1549.

I. Quum Christus sit finis Legis, et eius agnitio totam in se Evangelii summam comprehendat, non dubium est quin huc spectet totum spirituale Ecclesiae regimen, ut ad Christum nos ducat. Sicuti per eum solum ad Deum pervenitur, qui ultimus est beatae vitae finis: itaque quisquis hinc vel minimum deflectet, nunquam de ullis Dei institutis rite vel apposite loquetur.

II. Quum autem Sacramenta sint Evangelii appendices, is demum et apte et utiliter de eorum natura, vi, officio et fructu disseret, qui a Christo exordietur. Neque id modo, ut obiter Christi nomen attingat, sed ut vere teneat quorsum nobis datus sit a Patre, et quid nobis bonorum attulerit.

III. Sic ergo habendum est, Christum, quum aeternus esset Dei Filius, eiusdem cum Patre essentiae et gloriae, induisse carnem nostram, ut iure adoptionis id quod natura proprium habebat, nobis communicaret, nempe ut simus filii Dei: quod fit, dum fide inserti in corpore Christi, idque Spiritus sancti virtute, primum iusti censemur gratuita iustitiae imputatione; deinde regeneramur in novam vitam: quo reformati in imaginem Patris caelestis veteri homini renuntiemus.

IV. Ita Christus in carne sua considerandus est nobis Sacerdos, qui peccata nostra unico mortis suae sacrificio expiavit, qui omnes nostras iniquitates delevit sua obedientia, qui nobis perfectam iustitiam comparavit, qui nunc intercedit pro nobis, ut accessus nobis ad Deum pateat. Considerandus est tanquam victima expiatrix, qua placatus est Deus mundo. Considerandus est frater, qui nos ex miseris Adae filiis effecit beatos Dei filios. Considerandus est reparator, qui Spiritus sui virtute reformat quicquid in nobis est vitiosum, ut mundo vivere desinamus et carni, ac Deus ipse in nobis vivat. Considerandus est rex qui omni bonorum genere nos ditat, qui nos gubernat sua virtute ac tuetur, qui nos spiritualibus armis instituit, qui nos ab omni noxa liberat, qui oris sui sceptro nos moderatur ac regit. Atque ita considerandus, ut ad se Deum verum et ad Patrem nos evehat, donec impleatur illud quod tandem futurum est, nempe ut sit Deus omnia in omnibus.

V. Porro, ut se nobis talem exhibeat Christus, ac eiusmodi effectus in nobis proferat, unum cum ipso nos effici et in eius corpus coalescere nos oportet. Qui non aliter vitam in nos suam diffundit, nisi dum caput nostrum est ; ex quo totum corpus compactum et connexum, per omnem iuncturam subministrationis, secundum operationem, in mensura cuiusque membri augmentum corporis faciat.

VI. Haec spiritualis est communicatio, quam habemus cum Filio Dei, dum Spiritu suo in nobis habitans facit credentes omnes, omnium quae in se resident bonorum compotes. Cuius testificandae causa tam Evangelii praedicatio instituta quam Sacramentorum usus nobis commendatus, nempe sacri Baptismi et sacrae Coenae.

VII. Sunt quidem et hi Sacramentorum fines, ut notae sint ac tesserae Christianae professionis et societatis sive fraternitatis, ut sint ad gratiarum actionem incitamenta et exercitia fidei ac piae vitae, denique syngraphae ad id obligantes. Sed hic unus inter alios praecipuus, ut per ea nobis gratiam suam testetur Deus, repraesentet atque obsignet. Nam etsi nihil aliud significant quam quod Verbo ipso annunciatur, hoc tamen magnum est, subiici oculis nostris quasi vivas imagines, quae sensus nostros melius afficiant, quasi in rem ducendo ; dum nobis Christi mortem omniaque eius beneficia in memoriam revocant, ut fides magis exerceatur : deinde quod ore Dei pronunciatum erat, quasi sigillis confirmari et sanciri.

VIII. Quum autem vera sint, quae nobis Dominus dedit gratiae suae testimonia et sigilla, vere proculdubio praestat ipse intus suo Spiritu, quod oculis et aliis sensibus figurant Sacramenta : hoc est, ut potiamur Christo, tanquam bonorum omnium fonte : tum ut beneficio mortis eius reconciliemur Deo, Spiritu renovemur in vitae sanctitatem, iustitiam denique ac salutem consequamur, simulque pro his beneficiis olim in cruce exhibitis, fide vero perceptis a nobis et quae quotidie fide percipimus iam agamus gratias.

IX. Quare, etsi distinguimus, ut par est, inter signa et res signatas : tamen non disiungimus a signis veritatem : quin omnes qui fide amplectuntur illic oblatas promissiones, Christum spiritualiter cum spiritualibus eius donis recipere, adeoque et qui dudum participes facti erant Christi, communionem illam continuare ac reparare fateamur.

X. Neque enim ad signa nuda, sed potius ad promissionem, quae illic annexa est, respicere convenit. Quatenus ergo in promissione illic oblata proficiat nostra fides, eatenus ista vis et efficacia, quam dicimus, se exserit. Ita materia aquae, panis aut vini, Christum nequaquam nobis offert, nec spiritualium eius donorum compotes nos facit: sed promissio magis spectanda est, cuius partes sunt nos recta fidei via ad Christum ducere, quae fides nos Christi participes facit.

XI. Hinc concidit eorum error, qui in elementis obstupescunt, et illic affigunt salutis suae fiduciam. Quum sacramenta a Christo separata nihil sint quam inanes larvae: et in ipsis omnibus haec vox clare personet, non alibi quam in solo Christo haerendum, nec aliunde petendam esse salutis gratiam.

XII. Praeterea, si quid boni nobis per sacramenta confertur, id non fit propria eorum virtute, etiam si promissionem, qua insigniuntur, comprehendas. Deus enim solus est, qui Spiritu suo agit. Et quod sacramentorum ministerio utitur, in eo neque vim illis suam infundit, nec Spiritus sui efficaciae quicquam derogat: sed pro ruditatis nostrae captu ea tanquam adminicula sic adhibet, ut tota agendi facultas maneat apud ipsum solum.

XIII. Itaque, quemadmodum Paulus admonet, eum qui plantat aut rigat nihil esse, sed unum Deum qui dat incrementum: ita et de Sacramentis dicendum est, ea nihil esse, quia nihil profutura sint, nisi Deus in solidum omnia efficiat. Organa quidem sunt, quibus efficaciter, ubi visum est, agit Deus: sed ita ut totum salutis nostrae opus ipsi uni acceptum ferri debeat.

XIV. Constituimus ergo unum esse Christum, qui vere intus baptizat, qui nos in Coena facit sui participes, qui denique implet quod figurant Sacramenta: et sic quidem uti his adminiculis, ut totus effectus penes eius Spiritum resideat.

XV. Sic interdum sacramenta vocantur sigilla, dicuntur fidem alere, confirmare, promovere: et tamen solus Spiritus proprie est sigillum, et idem fidei inchoator est et perfector. Nam haec omnia sacramentorum attributa inferiore loco subsidunt, ut ne minima quidem salutis nostrae portio, ab unico auctore, ad creaturas vel elementa transferatur.

XVI. Praeterea sedulo docemus, Deum non promiscue vim suam exserere in omnibus qui sacramenta recipiunt, sed tantum in electis. Nam quemadmodum non alios in fidem illuminat, quam quos praeordinavit ad vitam: ita arcana Spiritus sui virtute efficit ut percipiant electi quae offerunt sacramenta.

XVII. Hac doctrina evertitur illud sophistarum commentum, quod docet sacramenta novae legis conferre gratiam omnibus non ponentibus obicem peccati mortalis. Praeterquam enim quod in sacramentis nihil nisi fide percipitur, tenendum quoque est minime alligatam ipsis esse Dei gratiam ut, quisquis signum habeat, re etiam potiatur. Nam reprobis peraeque ut electis signa administrantur; veritas autem signorum ad hos solos pervenit.

XVIII. Certum quidem est offerri communiter omnibus Christum cum suis donis, nec hominum incredulitate labefactari Dei veritatem, quin semper vim suam retineant sacramenta: sed non omnes Christi et donorum eius sunt capaces. Itaque ex Dei parte nihil mutatur; quantum vero ad homines spectat, quisque pro fidei suae mensura accipit.

XIX. Quemadmodum autem nihilo plus sacramentorum usus infidelibus confert, quam si abstinerent, imo tantum illis exitialis est: ita extra eorum usum fidelibus constat, quae illic figuratur veritas. Sic Baptismo abluta sunt Pauli peccata, quae iam prius abluta erant. Sic idem Baptismus Cornelio fuit lavacrum regenerationis, qui tamen iam Spiritu sancto donatus erat. Sic in Coena se nobis communicat Christus, qui tamen et prius se nobis impertierat et perpetuo manet in nobis. Nam quum iubeantur singuli seipsos probare, inde consequitur, fidem ab ipsis requiri, antequam ad sacramentum accedant. Atqui fides non est sine Christo, sed quatenus sacramentis confirmatur et augescit fides, confirmantur in nobis Dei dona, adeoque quodammodo augescit Christus in nobis, et nos in ipso.

XX. Utilitas porro quam ex sacramentis percipimus, ad tempus quo ea nobis administrantur, minime restringi debet: perinde ac si visibile signum, dum in medium profertur, eodem secum momento Dei gratiam adveheret. Nam qui in prima infantia baptizati sunt, eos in pueritia vel ineunte adolescentia, interdum etiam in senectute regenerat Deus. Ita Baptismi utilitas ad totum vitae decursum patet, quia perpetuo viget quae illic continetur promissio. Et fieri interdum potest, ut sacrae Coenae usus, qui in actu ipso propter incogitantiam vel tarditatem nostram parum prodest, fructum deinde suum proferat.

XXI. Praesertim vero tollenda est quaelibet localis praesentiae imaginatio. Nam quum signa hic in mundo sint, oculis cernantur, palpentur manibus: Christus quatenus homo est, non alibi quam in caelo, nec aliter quam mente et fidei intelligentia quaerendus est. Quare perversa et impia superstitio est, ipsum sub elementis huius mundi includere.

XXII. Proinde, qui in solemnibus Coenae verbis, Hoc est corpus meum, Hic est sanguis meus: praecise literalem, ut loquuntur, sensum urgent, eos tanquam praeposteros interpretes repudiamus. Nam extra controversiam ponimus, figurate accipienda esse, ut esse panis et vinum dicantur id quod significant. Neque vero novum hoc aut insolens videri debet, ut per metonymiam ad signum transferatur rei figuratae nomen, quum passim in Scripturis eiusmodi locutiones occurrant: et nos sic loquendo nihil afferimus quod non apud vetustissimos quosque et probatissimos Ecclesiae scriptores exstet.

XXIII. Quod autem carnis suae esu et sanguinis potione, quae hic figurantur, Christus animas nostras per fidem Spiritus sancti virtute pascit, id non perinde accipiendum quasi fiat aliqua substantiae vel commixtio vel transfusio; sed quoniam ex carne semel in sacrificium oblata et sanguine in expiationem effuso vitam hauriamus.

XXIV. Hoc modo non tantum refutatur Papistarum commentum de Transsubstantiatione sed crassa omnia figmenta atque futiles argutiae, quae vel caelesti eius gloriae detrahunt vel veritati humanae naturae minus sunt consentaneae. Neque enim minus absurdum iudicamus, Christum sub pane locare vel cum pane copulare quam panem transsubstantiare in corpus eius.

XXV. Ac ne qua ambiguitas restet, quum in coelo quaerendum Christum dicimus, haec locutio locorum distantiam nobis sonat et exprimit. Tametsi enim philosophice loquendo supra coelos locus non est; quia tamen corpus Christi, ut fert humani corporis natura et modus, finitum est et coelo, ut loco, continetur, necesse est a nobis tanto locorum intervallo distare, quanto coelum abest a terra.

XXVI. Quod si imaginatione nostra Christum pani et vino affigere fas non est, multo minus licet eum in pane adorare. Quanquam enim panis in symbolum et pignus eius, quam habemus cum Christo, communionis nobis porrigitur; quia tamen signum est, non res ipsa, neque rem in se inclusam habet aut affixam, idolum ex eo faciunt, qui mentem suam in eum convertunt, Christum adoraturi.

No. 320. The Confessio Czengerina, 1557.

§ 7. *De Sacramentariis.*—Reiicimus et eorum delirium, qui Coenam Domini vacuum signum, vel Christi absentis tantum memoriam his signis recoli docent. Nam sicut Christus est *Amen, testis fidelis, verax, veritas et vita*, ita Coena Domini est praesentis et infiniti, aeternique filii Dei unigeniti a Patre memoria: qui se et sua bona, carnem suam et sanguinem suum, id est, panem vivum et potum coelestem, Spiritus sancti ope per verbum promissionis gratiae, offert et exhibet electis fide vera evangelium Christi apprehendentibus: ut Ioann. vi.

§ 8. *De praesentia in Coena.*—Christum credimus ubique electis suis praesentem, ut Filium Dei Iehovam unigenitum a Patre, quatenus hi tres sunt unum, id est unus Deus. Sed hic Filius Dei, ut Deus, Sermo est mystice et spiritualiter quoque, dum enter praesenter Iehovali sua deitate, et cum donis in unigenito et primogenito somatice et vere habitantis adest: perinde ut Pater, sicut vitis in palmitibus, caput in membris adest. Ut autem est homo, fratribus per omnia similis, id est [? adest] in Ecclesia sua mystice et spiritualiter. Primo, adest per unionem cum Logo, quatenus unitus est Logo ubique praesenti. Secundo, adest in sua promissione per verbum et fidem, communicando se electis, ut vitis in palmitibus distantibus et dissitis a vite, caput in membris dissitis a capite adest per venas. Ita vitis et caput homo Christus [in] quoque nostrum adest per promissiones gratiae dum panem vivum et potum coelestem nobis communicat. Tertio, adest institutione sua sacramentali aut Spiritus sancti effusione in electos. Quarto, officio dispensatorio, aut intercessione pro electis. Non est autem praesens carnaliter sicut in utero matris, in Iudaea, in sepulchro fuit praesens localiter: quia ascendit in coelum corporaliter, surrexit, non est hic, et oportet in coelo esse usque ad diem iudicii. Act. iii. 11.

No. 321. The Heidelberg Catechism, 1563.

LXXVII. *Quo loco promisit Christus se credentibus tam certo corpus et sanguinem suum sic edendum et bibendum daturum, quam fractum hunc panem edunt et poculum hoc bibunt?*

In institutione Coenae, cuius haec sunt verba: *D.N.I.C.*, *ea nocte qua proditus est*, &c. [1 Cor. xi. 23–5: Matth. xxvi. 26-8: Marc. xiv. 22–4: Luc. xxii. 19, 20]. Haec promissio a Paulo repetitur, cum inquit: *Poculum gratiarum actionis* &c. [1 Cor. x. 16, 17].

LXXVIII. *Num ergo panis et vinum fiunt ipsum corpus et sanguis Christi?*

Nequaquam : verum ut aqua Baptismi in sanguinem Christi
non convertitur nec est ipsa peccatorum ablutio sed symbolum
tantum et pignus earum rerum quae nobis in Baptismo obsi-
gnantur : ita nec panis Coenae Dominicae est ipsum corpus
Christi : quanquam, pro ratione sacramentorum et usitata
Spiritui sancto de his loquendi forma, panis Christi corpus
appellatur.

LXXX. *Quid interest inter Coenam Domini et Missam
Papisticam ?*

Coena Domini nobis testatur nos perfectam remissionem
omnium nostrorum peccatorum habere propter unicum illud
Christi sacrificium quod ipsemet semel in cruce peregit : tum
etiam nos per Spiritum sanctum inseri Christo, qui iam secundum naturam suam humanam tantum in coelis est ad dexteram
Patris ibique vult a nobis adorari.

In Missa autem negatur vivos et mortuos habere remissionem peccatorum propter unicam Christi passionem, nisi etiamnum quotidie Christus pro ipsis a sacrificulis offeratur ; tum
etiam docetur Christum corporaliter sub speciebus panis et
vini esse ideoque in illis adorandum esse. Atque ita ipsum
Missae fundamentum nihil aliud est quam abnegatio unici
illius sacrificii et passionis Iesu Christi, et exsecranda idololatria.

No. 322. The Consensus Sendomiriensis, 14 April 1570.

Posteaquam diu multumque cum sectariis, Tritheitis,
Ebionitis, Anabaptistis conflictatum esset, ac tandem divino
favore ex tot tantisque certaminibus et deplorandis contentionibus emersimus : visum est iisdem ecclesiis Polonicis refor-
matis et orthodoxis quae in quibusdam capitibus et formulis
doctrinae (hostibus veritatis et Evangelii) minime consentire
videbantur, pacis et concordiae studio, synodum convocare
atque consensionem mutuam testari. Quare habita collatione
amica et Christiana, sic iunctis compositisque animis consensi-
mus in haec capita.

Primum quemadmodum et nos qui in praesenti synodo
nostram confessionem edidimus et Fratres nunquam credidimus eos qui Augustanam Confessionem amplectuntur aliter
quam pie et orthodoxe sentire de Deo et sacra Trinitate atque
Incarnatione Filii Dei et iustificatione nostra aliisque praecipuis
capitibus Fidei nostrae : ita etiam ii qui Augustanam Confessionem sequuntur professi sunt candide et sincere se vicissim

tam de nostrarum ecclesiarum quam de Fratrum Bohemicorum (quos quidam rerum ignari Waldenses vocant) confessione de Deo et sacra Triade, Incarnatione Filii Dei, iustificatione et aliis primariis capitibus Fidei Christianae, nihil agnoscere quod sit absonum ab orthodoxa veritate et puro verbo Dei. Ibique sancte invicem polliciti sumus, unanimiter secundum regulam verbi Dei, nos defensuros Consensum hunc mutuum in vera et pura Christi religione contra Pontificios, contra sectarios, contra denique omnes hostes Evangelii et veritatis.

Deinde vero quantum ad infelix illud dissidium de Coena Domini attinet, convenimus in sententia verborum D. N. I. C., ut illa orthodoxe intellecta sunt a Patribus ac imprimis Irenaeo qui duabus rebus, scilicet terrena et coelesti, hoc mysterium constare dixit: neque elementa signave nuda et vacua illa esse asserimus, sed simul re ipsa credentibus exhibere et praestare fide quod significant: denique, ut expressius clariusque loquamur, convenimus ut credamus et confiteamur substantialem praesentiam Christi non significari duntaxat sed vere in Coena eo vescentibus repraesentari, distribui et exhiberi corpus et sanguinem Domini symbolis adiectis ipsi rei, minime nudis, secundum sacramentorum naturam. . . .

§ 2. FRANCE

XX

THE HUGUENOTS,[1] 1560

In France, the Netherlands, and Scotland, Calvinism made rapid progress. In each of these countries it had established itself before the death of Calvin. In all, it won its way not, as did Lutheranism elsewhere, under the protection of princes but in conflict with monarchy, coming as a last reinforcement to the aid of the nobles in the struggle of decaying feudalism against centralization. Where the struggle ended in favour of absolutism, Calvinism either divided the realm, as in the Netherlands, or became a sectional creed, as in France. But whereas, in these countries, 'the attempts of the nobles and the protestant tendencies had been alike defeated, they had, on the other hand, by a similar union, achieved a decisive victory in Scotland' (Ranke, *History of England*, i. 280). There Calvinism became the creed of the nation as a whole.

[1] The name first appeared about March 1560; but its origin is unknown. Cf. Baird, *The Rise of the Huguenots*, i. 397. 'Puritain' appears 1564, in P. de Ronsard (*Œuvres*, vii. 26, ed. P. Blancheman).

In France the first signs of reform appeared in quarters influenced by Humanism, with Jacques Lefèvre d'Étaples, 1455–†1536 (*supra*, pp. 477, 545 : cf. Lavisse, *Histoire de France*, V. i. 342 sqq.). He and his friends enjoyed the favour of Francis I and his sister Margaret. But they had powerful enemies ; both at Court, and in the Sorbonne and the Parliament of Paris (*ibid.* 353 sqq.), the two institutions by which, under the Crown, the unity of France was sustained. With Francis, this unity (expressed not indeed by the maxim *Cuius regio eius religio*, but by its equivalent, *Une foi, une loi, un Roi*) was the first consideration. Repression, therefore, was inevitable. But it took place at intervals — 1523 (*ibid.* 356 sqq.), 1534 (*ibid.* 374 sqq.; and *supra*, No. 270) and 1544-7 (*ibid.* 386 sq.; and ii. 121 sqq.)—and did not prevent negotiation with the Lutherans abroad. Indeed, the aims of Francis were at best political, to cement an alliance against the Emperor. But on his death, 31 March 1547, the prospect of reform in France taking shape under Lutheran influences disappeared.

He was succeeded by his son, the dissolute yet orthodox (*ibid.* ii. 201) Henry II, 1547–†59; and 'Lutheranism' by a Calvinistic propaganda (*ibid.* ii. 187 sqq.). Henry met this more militant religion by a series of measures for its extinction (*ibid.* 202 sqq.): by, 8 Oct. 1547, the 'Chambre Ardente' (Weiss, *La Chambre Ardente*, Paris 1889), which pronounced 500 sentences between Dec. 1547 and Jan. 1550; by the edict of 19 Nov. 1549 (*Recueil général des anciennes lois françaises*, xiii. 134 sqq., edd. Jourdan, Decrusy and Isambert), which submitted cases of heresy, accompanied by public scandal, to the civil courts; by 27 June 1551 [No. 323] **the Edict of Châteaubriand** (*ibid.* 189 sqq.; Calv. *Ep.* 1535, *Opera*, xiv. [= *C. R.* xlii.] 186) which made their sentence final; and, after the failure of attempts, 1555-7, to introduce the Inquisition, by 24 July 1557 [No. 324] **the Edict of Compiègne** (*Recueil*, xiii. 494 sqq.) which left the judges no option of inflicting any penalty save that of death.

The cruelties that followed only served, under the inspiration of Calvin, to stiffen the resistance, swell the numbers, and perfect the organization of the Reformed. Thus Dec. 1552 [No. 325] **Calvin wrote to encourage the 'Five Scholars'** (*Ep.* 1679 ; *Opera*, xiv. [= *C. R.* xlii.] 423) who perished at Lyons, 16 May 1553. In Sept. 1555 [No. 326] **the first minister was chosen and the first congregation organized at Paris** (de Bèze, *Hist. eccl. des Églises réformées de France*, i. 98, Anvers, 1580). Other places followed suit, till there were seventy-two congregations by 1559 (cf. K. Müller, *Calvin und die Anfänge der französischen Hugenottenkirche*, in *Preussische Jahrbücher*, cxiv : Dec. 1903) ; and ministers were either asked or sent from Geneva, to the number of 19 in 1559, 12 in 1560, and 90 in 1561 (*Opera*, xxi. [= *C. R.* xlix.] 71–710). On 26 May 1559 there met in Paris [No. 327] **the first National Synod** (de Bèze, i. 172). It adopted (*a*) for its formulary of faith [No. 328] **the Confession de Foi** (*ibid.* 173 sqq.; *Opera*, ix.

[= *C. R.* xxxvii.] 731 sqq. ; Niemeyer, 311 sqq.; Schaff, *Creeds of the Evangelical Protestant Churches*, 356 sqq.) or **Confessio Gallicana** (Niemeyer, 327 sqq.), not Calvin's but the work of his pupil Antoine de la Roche Chandieu, and (*b*) for its constitution [No. 329] the **Discipline Ecclésiastique** (Aymon, *Synodes nationaux des Églises réformées de France*, l. ii, 1 sqq. La Haye, 1710). In 1561, according to [No. 330] **a Report of the Venetian Ambassador** (*Calendar of State Papers*, Venetian, 1558–80, No. 272) the influence of Calvin was alarming : and his followers by, 17 Jan. 1562, the Edict of St. Germain (*Recueil*, xiv. 124 sqq.) were accorded a toleration, which, after the long and bitter experiences of the Wars of Religion, 1562–98, survived in 13 April 1598 the Edict of Nantes. The Catholic Church retained its supremacy as the religion of the vast majority ; but, whereas in the rest of Europe the principle obtained that every sovereign should be free to maintain one religion and one only for his subjects (cf. *supra*, No. 149), the Huguenots, though according to a Venetian writer of 1582 (Ranke, *History of the Popes*, i. 503, ed. Bohn) their numbers had diminished by seventy per cent, vindicated the principle of toleration for minorities which allows different religions to co-exist side by side.

No. 323. The Edict of Châteaubriand, 27 June 1551.

(*a*) *From the Edict*, § *5*.—Et d'autant que nous voulons de tout nostre pouvoir . . . desraciner et extirper telles malheureuses, damnées et réprouvées sectes, nous avons ordonné et ordonnons que les juges présidiaux en leurs siéges présidiaux seulement procédans aux jugemens définitifs des accusez et chargez des crimes, dont par le présent édict leur est baillée la cognoissance, appelleront aux jugemens desdits procez, jusqu'au nombre de dix, c'est à savoir aux lieux et siéges esquels y a conseillers par nous ordonnez jusqu'au dit nombre de dix, si tant y a. Et où il n'y auroit ledit nombre, ou bien qu'il n'y eust nul conseiller au dit siége, suppleeront et prendront des advocats, jusqu'au nombre de dix pour le moins, des plus notables et fameux, comprins les lieutenans particuliers, les prévosts ordinaires, leurs lieutenans et officiers royaux, qui sont de l'estat de judicature, par lesquels ils feront signer le bref ou dicton de leur jugement et sentence, dont les condamnez ne seront receus à appeler, mais sera ladite sentence et jugement exécutée nonobstant leur appel, comme si c'estoit arrest de nos cours souveraines : nonobstant l'érection et establissement d'icelles. . . .

(*b*) *From a letter of Calvin to Bullinger, 15 Oct. 1551*.—Atrocia enim edicta publicata sunt quibus convellitur per-

petuus regni status ut novae contra pios saeviendi viae pateant.
Quid hactenus veneficis, falsariis, latronibus concessum fuit,
et adhuc conceditur, ut ius provocandi habeant ad supremas
curias, hoc Christianis ademptum est, quos sine provocatione
iubentur ordinarii iudices ad ignem mox rapere. Cognatis
eorum qui de vita periclitantur, interdictum est ne deprecari
audeant nisi haereticorum fautores haberi velint. Ne desint
incendiis flabella, tertia pars bonorum accusatoribus addicitur.
Si qui iudices videantur nimium remissi, ab illis poena exigitur.
Cavetur ne quos regni cancellarius ad publica officia admittat
qui vel levi suspicione unquam aspersi fuerint, ac ne quis
posthac nisi Christo infestus locum in iudiciis occupet. Quicunque ad munus publicum adspirant, iubentur offerre multorum testimonia quibus se obsequentes Romanae Ecclesiae filios
probent. Si quis fefellerit, poena commendatoribus iniungitur.
Poena etiam civitatibus edicitur quae magistros suffragiis crea-
verint Lutheranae doctrinae vel minimum suspectos. Supremis
curiis lex imponitur, si qui consiliarii doctrinae nostrae favere
visi fuerint, ut se iureiurando purgent. Iubentur omnes deum
panaceum solito intentius flexis genibus adorare. Mandatur
parochis ut singulis diebus dominicis articulos Sorbonicos pro
suggestu ad populum legant, ut ita solennis Christi abnegatio
ubique personet. Bona omnium qui ad nos migrarunt fisco
adiudicantur, etiamsi vendita ante discessum aut quovis modo
alienata fuerint, nisi iudices cognoscant rite ante facinus animo
conceptum vendita esse. Geneva illic plus decies, semper ad-
dito insigni probro, nominatur. Verum simul adduntur loca
omnia in quibus a sede Romana facta est discessio. . . .

No. 324. The Edict of Compiègne, 24 July 1557.

§ 4. Et pour ce que bien souvent advient que nosdits juges
sont meuz de pitié par les saintes et malicieuses paroles des
prevenus desdits crimes tendans à repentance : nous pour
éviter que par leur calliditez et malices ils n'eschappent la punition qu'ils ont bien mérité, avons ordonné et ordonnons que
ceux qui seront trouvez sacramentaires, obstinez et pertinax ou
relaps, qui auront dogmatizé tant publiquement qu'en con-
venticules privez et secrets, qui auront faict injure au sainct
sacrement, aux images de Dieu, de sa benoiste Mère, et des
Saincts, qui pour les effets que dessus, soustenans lesdits
erreurs, auront faict séditions et assemblées populaires, tant
pour faire prescher lesdits erreurs et opinions qu'autrement
pour soustenir lesdites sectes, pareillement ceux qui auront

contrevenu aux défenses par nous faites de n'aller à Genève, de ne porter livres reprouvez pour iceux vendre, semer et distribuer parmy le peuple, et seront atteints et convaincus des cas dessusdits, seront punis de peine de mort sans que nos juges puissent remettre et modérer les peines, en façon que ce soit. . . .

No. 325. Calvin to the 'Five Scholars' of Lausanne, Dec. 1552.

. . . Vous savez, mes frères, qu'il nous faut estre ainsi mortifiez pour lui estre offerts en sacrifices. Il ne se peut faire que vous ne sousteniez de durs combats, afin que ce qui a esté dit à Pierre s'accomplisse en vous : qu'on vous tirera où vous ne voudrez point (Jean xxi. 18). Mais vous savez en quelle vertu vous avez à batailler : sur laquelle tous ceux qui seront apuyez ne se trouveront jamais estonnez et encore tant moins confus. Ainsi, mes frères, confiez-vous que vous serez fortifiez au besoin de l'Esprit de N. S. Jésus pour ne defaillir sous le faix des tentations, quelque pesant qu'il soit, non plus que lui qui en a eu la victoire si glorieuse, qu'elle nous est un gage infaillible de nostre triomphe au milieu de nos misères. Puis qu'il lui plait vous employer jusqu'à la mort à maintenir sa querelle, il vous tiendra la main forte pour batailler constamment, et ne souffrira pas qu'une seule goutte de vostre sang demeure inutile. . . .

No. 326. First minister and congregation in Paris, Sept. 1555.

L'occasion du commencement de ceste Église fut par le moien d'un gentilhomme du Maine nommé le Sieur de la Ferrière, qui s'estoit retiré à Paris avec sa famille, afin d'estre moins recherché à cause de la Religion : et surtout pour ce que sa femme estant enceinte, il ne vouloit que l'enfant que Dieu luy donneroit fust baptisé avec les superstitions et ceremonies acoustumées en l'Église Romaine. Après donc que la Rivière[1] et quelques autres se furent assemblés quelque temps au logis de ce bon gentilhomme, au lieu appellé au Pré aux Clers, pour y faire les prières et quelques lectures de l'Escriture saincte . . . il avint que la damoiselle estant acouchée, la Ferrière requist l'assemblée de ne permettre que l'enfant que Dieu luy avoit donné fust privé du Baptesme par

[1] Jean le Maçon, a native of Angers, called la Rivière : de Bèze, i. 97.

lequel les enfans de Chrestiens doivent estre consacrés à Dieu, les priant d'eslire entre eux un Ministre, qui peust conférer le Baptesme. Et pour ce que l'assemblée n'y vouloit entendre, il leur remonstra qu'il ne pouvoit en bonne conscience consentir aux meslinges et corruptions du Baptesme de l'Église Romaine, qu'il luy estoit impossible d'aller à Genève pour cest effect, et que si l'enfant mouroit sans ceste marque, il auroit extrême regret, et les appelleroit tous devant Dieu, si tant estoit qu'ils ne luy accordassent ce qu'il leur demandoit si justement au nom de Dieu. Ceste tant instante pour suite fut occasion des premiers commencemens de l'Église de Paris : ayant esté la Rivière esleu par l'assemblée, après le jeusne et prières en tel cas requises, et lors d'autant plus diligemment et sérieusement pratiquées, que la chose estoit nouvelle en ce lieu là : et fut aussi dressé quelque petit ordre selon que les petis commencemens le pouvoient porter, par l'establissement d'un Consistoire composé de quelques Anciens et Diacres, qui veilloient sur l'Église,[1] le tout au plus près de l'exemple de l'Église primitive du temps des Apostres. . . .

No. 327. First National Synod at Paris, 26 May 1559.

Or quelques difficultés qui se présentassent de toutes parts contre les paures fidèles, tant s'en falut pour tout cela, qu'ils perdissent courage, qu'au contraire ce fut en ce temps que Dieu par sa singulière grâce inspira toutes les Églises Chrestiennes dressées en France, de s'assembler pour s'accorder en unité de doctrine et discipline conformément à la Parole de Dieu. Lors donques, à savoir le 26 de May audict an MDLIX, s'assemblèrent à Paris les deputés de toutes les Églises establies jusques alors en France : et là d'un commun accord fut escrite la Confession de Foy, ensemble fut dressée la Discipline Ecclésiastique au plus près de l'institution des Apostres, et selon que la circonstance des temps portoit alors : chose vraiement conduite par l'Esprit de Dieu pour maintenir l'union, qui a tousjours persevéré depuis. L'occasion de ceste assemblée fut que sur la fin de l'année précédente MDLVIII estant Antoine de Chandieu envoyé par l'Église de Paris à l'Église de Poitiers pour quelque affaire, et mesme pour rendre tesmoignage de certain personnage dont ceux de Poitiers estoient en peine, le temps portoit lors que la saincte Cène fust célébrée en ceste Église là : ce qui se

---

[1] Congregations so organized were called *Églises dressées* by contrast with mere missions, *Églises plantées*.

fit en très grande assemblée, non seulement de peuple mais aussi de ministres circonvoisins qui s'y trouvèrent : et après la célébration de la Cène, les ministres estans assemblés communiquèrent par ensemble tant de la doctrine, que de l'ordre et discipline entre eux observée, et par les choses qu'ils traittoient commencèrent à appréhender quel bien ce seroit s'il plaisoit à Dieu que toutes les Églises de France dressassent d'un commun accord une Confession de Foy et une Discipline Ecclésiastique. Comme au contraire, cela ne se faisant, les grands maux qui pourroyent survenir, et divisions tant en la doctrine qu'en la discipline, les Églises n'estans liées ensemble, et rengées sous un mesme joug d'ordre et de police ecclésiastique. Partant ceste petite assemblée qui estoit là donna lors charge audict de Chandieu d'en communiquer à l'Église de Paris, pour voir s'il y auroit moien de pouvoir procurer aux Églises un tel bien pour l'advenir, sans lequel elles sembloient estre menacées de beaucoup de confusions. Ce rapport estant fait à l'Église de Paris, après infinies incommodités surmontées, estans les Églises advertiées par lettres de ce qui estoit mis en avant touchant le Synode national, pour avoir leur advis, fut conclud que le dit Synode seroit tenu à Paris pour ce commencement, non pour attribuer quelque prééminence ou dignité à ceste Église là, mais pour estre lors la ville plus commode pour recevoir secrettement beaucoup de Ministres et Anciens. Ainsi le Synode se tint à Paris et y furent dressées tant la Confession de Foy que la Discipline Ecclésiastique.

No. 328. Confession de Foi [Confessio Gallicana], 26 May 1559.

(a) *The prefatory address to the King.*—Sire, nous rendons grâces à Dieu, de ce que n'ayans eu iusques icy aucun accés à vostre Maiesté, pour luy faire entendre la rigueur des persecutions que nous avons endurées, et endurons iournellement pour vouloir suyvre la pureté de l'Évangile, et le repos de nostre conscience : maintenant il nous fait cet heur de veoir qu'avez la volonté de connoitre le merite de nostre cause, suyvant l'Édit dernier donné à Amboise au moys de Mars, l'an présent 1559, qu'il a pleu à vostre Maiesté faire publier. Qui est la cause qu'à présent nous osons ouvrir la bouche : laquelle nous a esté parcidevant fermée par l'iniustice et violence de plusieurs voz officiers, estans plustost incitez de haine contre nous, que de bonne affection à vostre service. Et à fin, Sire, que nous puissions pleinement informer vostre Maiesté de ce qui con-

cerne cette cause, nous vous supplions très-humblement de voir
et entendre nostre Confession de Foy, laquelle nous vous pré-
sentons : espérans qu'elle nous sera défence suffisante contre
tous les blasmes et opprobres, dont iusques icy avons esté
chargez à grand tort par ceux qui ont tousiours fait mestier de
nous condamner, premier que nostre cause leur fust conneue.
En laquelle, Sire, nous pouvons protester qu'il n'y a aucune
chose qui repugne à la parole de Dieu, ne qui contrevienne à
l'hommage que nous vous devons. Car les articles de nostre
Foy qui sont descrits assez au long en nostre Confession, reviennent tous à ce poinct, que puisque Dieu nous a suffisamment déclaré sa volonté par ses Prophètes et Apostres, et
mesmes par la bouche de son fils nostre Seigneur Iésus Christ,
nous devons cet honneur et révérence à la parole de Dieu de
n'y rien aioutter du nostre : mais de nous conformer entièrement à la reigle qui nous y est préscritte. Et pour ce que
l'Église Romaine, laissant l'usage et coustume de la primitive
Église, a introduit nouveaux commandemens et nouvelle forme
du service de Dieu : nous estimons estre très-raisonnable de
préférer les commandemens de Dieu, qui est la vérité mesme,
aux commandemens des hommes : qui de leur nature sont
enclins à mensonge et vanité. Et quoy que noz adversaires
prétendent à l'encontre de nous, si pouvons nous dire devant
Dieu et les hommes, que nous ne souffrons pour autre raison
que pour maintenir nostre Seigneur Iésus Christ estre nostre
seul Sauveur et Redempteur, et sa doctrine seule doctrine de
vie et de salut. Et cette est la seule cause, Sire, pour laquelle
les bourreaux ont eu tant de fois les mains souillées du sang
de voz poures suiets, lesquels n'espargnent point leurs vies
pour maintenir cette mesme Confession de Foy, ont bien peu
faire entendre à tous qu'ils estoyent poussez d'autre esprit que
de celuy des hommes, qui naturellement ont plus de soucy de
leurs repos et commoditez, que de l'honneur et gloire de Dieu.
Et partant, Sire, suyvant la bonté et douceur de laquelle pro-
mettez user envers voz poures suiets, nous supplions très-
humblement vostre Maiesté nous faire cette miséricorde, que
de prendre en main la connoissance de la cause, pour laquelle
estans poursuyvis à toute heure ou de mort, ou de bannissement, nous perdons par ce moyen la puissance de vous faire le
très-humble service que nous vous devons. Qu'il plaise donq
à vostre Maiesté, Sire, à lieu des feus et glaives dont on a usé
parcidevant, faire décider nostre Confession de Foy par la
parole de Dieu : donnant permission et seureté pour ce faire.

Et nous espérons que vous-mesmes serez iuge de nostre innocence, connoissant qu'il n'y a en nous ny hérésie, ny rébellion aucune : mais que nous tendons seulement à ce but, de pouvoir vivre en saine conscience, servans à Dieu selon ses commandemens, et honorans vostre Maiesté en toute obéissance et servitude. Et par ce que nous avons nécessairement besoin d'estre, par la prédication de la parole de Dieu, retenus en nostre devoir et office tant envers luy qu'envers vous : nous vous supplions très-humblement, Sire, qu'il nous soit permis d'estre quelquefois assemblez tant pour estre exhortez par la parole de Dieu à sa crainte, que pour estre conformez par l'administration des Sacremens que nostre Seigneur Iésus Christ a instituez en son Église. Et s'il plaist à vostre Maiesté nous donner lieu, auquel un chacun puisse voir ce qui se fait en noz assemblées, la seule veue nous absoudra de l'accusation de tant de crimes énormes, dont nos dittes assemblees ont esté diffamées parcidevant. Car on n'y pourra veoir que toute modestie et chasteté, et on n'y pourra ouyr que louange de Dieu, exhortations à son service, et prières pour la conservation de vostre Maiesté et de vostre Royaume. Que s'il ne vous plaist nous faire tant de grâce, au moins qu'il nous soit permis de poursuyvre particulièrement entre nous avec repos l'ordre qui y est estably. Vous supplions très-humblement, Sire, de croyre, que oyant lire cette supplication qui vous est maintenant présentée, vous oyez les cris et gémissemens d'une infinité de voz poures suiets qui implorent vostre miséricorde : à ce qu'elle esteigne les feus que la cruauté de voz iuges a allumez en vostre Royaume. Et ainsi qu'il nous soit loisible, servans à vostre Maiesté de servir à celuy qui vous a élevé en vostre dignité et grandeur. Et s'il ne vous plaist, Sire, d'ouyr nostre voix, qu'il vous plaise d'ouyr celle du Fils de Dieu, lequel vous ayant donné puissance sur noz biens, sur noz corps et sur nostre propre vie : vous demande que la puissance et la domination sur noz ames et consciences (lesquelles il s'est acquises au pris de son sang) luy soyent réservées. Nous le supplions, Sire, qu'il vous conduise tousiours par son Esprit, accroissant avec vostre âge vostre grandeur et puissance, vous donnant victoire contre tous voz ennemis, establissant pour iamais en toute équité et iustice le throsne de vostre Maiesté : devant laquelle aussi il luy plaise nous faire trouver grâce, pour resentir quelque fruit de nostre présente supplication, à fin qu'ayans changé noz peines et afflictions à quelque repos et liberté, nous changeons aussi noz pleurs et larmes à une perpetuelle action de grâces à Dieu, et à vostre Maiesté, pour avoir fait chose à luy très-agréable, très-digne de vostre bonté et iustice, et très-nécessaire pour la conservation de voz plus humbles et plus obéissans suiets et serviteurs.

(*b*) *From the Confession.*

Art. 4.—Nous cognoissons ces livres estre canoniques, et la reigle très-certaine de nostre Foy non tant par le commun accord et consentement de l'Église, que par le tesmoignage et persuasion intérieure du S. Esprit, qui les nous fait discerner d'avec les autres livres Ecclésiastiques. Sur lesquels (encores qu'ils soyent utiles) on ne peut fonder aucun article de Foy.

Art. 5.—Nous croyons que la parole qui est contenue en ces livres est procédée de Dieu, duquel seul elle prend son authorité, et non des hommes. Et d'autant qu'elle est reigle de toute vérité, contenant tout ce qui est nécessaire pour le service de Dieu et nostre salut, il n'est loisible aux hommes, ne mesmes aux Anges d'y adiouster, diminuer ou changer. Dont il s'ensuit que ne l'antiquité, ni les coustumes, ni la multitude, ni la sagesse humaine, ni les iugemens, ni les arrests, ni les édicts, ni les décrets, ni les conciles, ni les visions, ni les miracles, ne doivent estre opposés à icelle Escriture saincte ; ains au contraire, toutes choses doivent estre examinées, reiglées et réformées selon icelle. Et suyvant cela, nous advouons les trois Symboles, à savoir des Apostres, de Nice et d'Athanase, pource qu'ils sont conformes à la parole de Dieu.

Art. 6.—Ceste Escriture sainte nous enseigne qu'en ceste seule et simple essence divine, que nous avons confessée, il y a trois personnes, le Père, le Fils, et le S. Esprit : le Père, première cause, principe et origine de toutes choses. Le Fils, sa parole et sapience éternelle. Le sainct Esprit, sa vertu, puissance et efficace : le Fils éternellement engendré du Père : le sainct Esprit procédant éternellement de tous deux : les trois personnes non confuses, mais distinctes, et toutesfois non divisées, mais d'une mesme essence, éternité, puissance et équalité. Et en cela advouons ce qui a esté déterminé par les Conciles anciens, et détestons toutes sectes et hérésies, qui ont esté reiettées par les saincts Docteurs, comme sainct Hilaire, sainct Athanase, sainct Ambroise, sainct Cyrille.

Art. 14.—Nous croyons que Iésus Christ, estant la sagesse de Dieu et son Fils éternel, a vestu nostre chair afin d'estre Dieu et homme en une personne, voire homme semblable à nous, passible en corps et en âme, sinon en tant qu'il a esté pur de toute macule. Et quant à son humanité, qu'il a esté vraye semence d'Abraham et de David, combien qu'il ait esté conceu par la vertu secrète du Sainct Esprit. En quoy nous détestons toutes les hérésies qui ont anciennement troublé les Églises : et notamment aussi les imaginations diaboliques de Servet, lequel attribue au Seigneur Iésus une divinité fantastique, d'autant qu'il le dit estre idée et patron de toutes choses, et le nomme Fils personel ou figuratif de Dieu : et finalement luy forge un corps de trois élémens incréés, et par ainsi mesle et destruit toutes les deux natures.

Art. 25.—Or pource que nous ne iouissons de Iésus Christ que par l'Évangile, nous croyons que l'ordre de l'Église, qui a esté establi en son autorité, doit estre sacré et inviolable. Et pourtant que l'Église ne peut consister sinon qu'il y ait des pasteurs qui ayent la charge d'enseigner, lesquels on doit honorer et escouter en révérence quand ils sont deuement appelés, et exercent fidèlement leur office. Non pas que Dieu soit attaché à telles aides ou moyens inférieurs, mais pource qu'il luy plaist nous entretenir sous telle charge et bride. En quoy nous détestons tous fantastiques qui voudroyent bien, entant qu'en eux est, anéantir le ministère et prédication de la parole de Dieu et ses sacremens.

Art. 26.—Nous croyons doncques que nul ne se doit retirer à part, et se contenter de sa personne : mais tous ensemble doivent garder et entretenir l'unité de l'Église, se soumettans à l'instruction commune et au ioug de Iésus Christ : et ce en quelque lieu que ce soit où Dieu aura establi un vray ordre d'Église, encores que les Magistrats et leurs édicts, y soyent contraires, et que tous ceux qui ne s'y rengent ou s'en séparent, contrarient à l'ordonnance de Dieu.

Art. 27.—Toutesfois, nous croyons qu'il convient discerner songneusement et avec prudence quelle est la vraye Église, pource que par trop on abuse de ce titre. Nous disons doncques, suyvant la parole de Dieu, que c'est la compagnie des Fidèles, qui s'accordent à suyvre icelle parole, et la pure religion qui en dépend, et qui profitent en icelle tout le temps de leur vie, croissans et se confermans en la crainte de Dieu, selon qu'ils ont besoin de s'avancer et marcher tousiours plus outre. Mesme quoy qu'ils s'efforcent, qu'il leur convient avoir incessamment recours à la rémission de leurs péchez. Néantmoins nous ne nions point que parmi les fidèles il n'y ait des hypocrites et réprouves, desquels la malice ne peut effacer le titre de l'Église.

Art. 28.—Sous ceste créance nous protestons que là où la parole de Dieu n'est receüe, et on ne fait nulle profession de s'assuiettir à icelle, et où il n'y a nul usage des Sacremens, à parler proprement, on ne peut iuger qu'il y ait aucune Église. Pourtant nous condamnons les assemblées de la Papauté, veu que la pure vérité de Dieu en est bannie : esquelles les Sacremens sont corrompus, abastardis, falsifiés, ou anéantis du tout : et esquelles toutes superstitions et idolâtries ont la vogue. Nous tenons doncque tous ceux qui se messent en tels actes, et y communiquent, se séparent et retranchent du corps de Iésus Christ. Toutesfois pource qu'il reste encore quelque petite trace d'Église en la Papauté, et mesme que la substance du Baptesme y est demeurée, ioint que l'efficace et vertu du Baptesme ne dépend de celuy qui l'administre, nous confessons ceux qui y sont baptizez n'avoir besoin d'un second Baptesme. Cependant à cause des corruptions qui y sont, on n'y peut présenter les enfans sans se polluer.

Art. 29.—Quant est de la vraye Église, nous croyons qu'elle doit estre gouvernée selon la police que nostre Seigneur Iésus Christ a establie, c'est qu'il y ait des pasteurs, des surveillans et diacres, à fin que la pureté de doctrine ait son cours : que les vices soyent corrigés et réprimés, et que les pauvres et tous autres affligés soyent secourus en leurs nécessités, et que les assemblées se facent au nom de Dieu, esquelles grans et petits soyent édifiés.

Art. 30.—Nous croyons tous vrais pasteurs, en quelque lieu qu'ils soyent, avoir mesme authorité et égale puissance sous un seul chef, seul souverain, et seul universel Evesque Iésus Christ. Et pour ceste cause que nulle Église ne doit prétendre aucune domination ou seigneurie sur l'autre.

Art. 31.—Nous croyons que nul ne se doit ingérer de son authorité propre pour gouverner l'Église : mais que cela se doit faire par élection, en tant qu'il est possible, et que Dieu le permet. Laquelle exception nous y adioustons notamment, pource qu'il a fallu quelques fois, et mesmes de nostre temps (auquel l'estat de l'Église estoit interrompu), que Dieu ait suscité gens d'une façon extraordinaire, pour dresser l'Église de nouveau, qui estoit en ruine et désolation. Mais quoy qu'il en soit, nous croyons qu'il se faut tousiours conformer à ceste reigle, que tous pasteurs, surveillans et diacres ayent tesmoignage d'estre appelés à leur office.

Art. 32.—Nous croyons aussi qu'il est bon et utile que ceux qui sont esleus pour estre superintendans, advisent entr'eux quel moyen ils devront tenir pour le régime de tout le corps, et toutesfois qu'ils ne déclinent nullement de ce qui nous en a esté ordonné par nostre Seigneur Iésus Christ. Ce qui n'empesche point qu'il n'y ait quelques ordonnances particulières en chacun lieu, selon que la commodité le requerra.

Art. 33.—Cependant nous excluons toutes inventions humaines et toutes loix qu'on voudroit introduire sous ombre du service de Dieu, par lesquelles on voudroit lier les consciences : mais seulement recevons ce qui se fait et est propre pour nourrir concorde, et tenir chacun depuis le premier iusques au dernier en obéissance. En quoy nous avons à suyvre ce que nostre Seigneur Iésus a déclaré quant à l'excommunication : laquelle nous approuvons et confessons estre nécessaire avec toutes ses appartenances.

Art. 34.—Nous croyons que les Sacremens sont adioustés à la parole pour plus ample confirmation, à fin de nous estre gages et marreaux de la grâce de Dieu, et par ce moyen aider et soulager nostre foy, à cause de l'infirmité et rudesse qui est en nous : et qu'ils sont tellement signes extérieurs que Dieu besongne par iceux en la vertu de son Esprit, à fin de ne nous y rien signifier en vain. Toutesfois nous tenons que toute leur substance et vérité est en Iésus Christ : et si on les en sépare, ce n'est plus rien qu'ombrage et fumée.

Art. 35.—Nous en confessons seulement deux communs à toute l'Église : desquels le premier (qui est le Baptesme) nous est donné pour tesmoignage de nostre adoption ; pource que là nous sommes entés au corps de Christ, à fin d'estre lavés et nettoyés par son sang, et puis renouvellés en sainte vie par son Esprit. Nous tenons aussi combien que nous ne soyons baptisés qu'une fois, que le profit qui nous est là signifié s'estend à la vie et à la mort, à fin que nous ayons une signature permanente, que Iésus Christ nous sera tousiours iustice et sanctification. Or, combien que ce soit un Sacrement de foy et de pénitence, néantmoins pource que Dieu reçoit en son Église les petis enfans avec leurs pères, nous disons que par l'authorité de Iésus Christ les petis enfans engendrés des fidèles doivent estre baptisés.

Art. 36.—Nous confessons que la saincte Cène (qui est le second Sacrement) nous est tesmoignage de l'unité que nous avons avec Iésus Christ, d'autant qu'il n'est pas seulement une fois mort et ressuscité pour nous, mais aussi nous repaist et nourrit vrayement de sa chair et de son sang, à ce que nous soyons un avec luy, et que sa vie nous soit commune. Or combien qu'il soit au ciel iusques à ce qu'il vienne pour iuger tout le monde, toutesfois nous croyons que par la vertu secrète et incompréhensible de son Esprit il nous nourrit et vivifie de la substance de son corps et de son sang. Nous tenons bien que cela se fait spirituellement : non pas pour mettre au lieu de l'effect et de la vérité imagination ne pensée, mais d'autant que ce mystère surmonte en sa hautesse la mesure de nostre sens et tout ordre de nature. Bref, pource qu'il est céleste, il ne peut estre appréhendé que par foy.

Art. 37.—Nous croyons, ainsi qu'il a esté dit, que tant en la Cène qu'au Baptesme Dieu nous donne réalement et par effect ce qu'il y figure. Et pourtant nous conioingnons avec les signes la vraye possession et iouissance de ce qui nous est là présenté. Et par ainsi tous ceux qui apportent à la table sacrée de Christ une pure Foy comme un vaisseau, reçoivent vrayement ce que les signes y testifient : c'est que le corps et le sang de Iésus Christ ne servent pas moins de manger et boire à l'âme, que le pain et le vin font au corps.

Art. 38.—Ainsi nous tenons que l'eau estant un élément caduque ne laisse pas de nous testifier en vérité le lavement intérieur de nostre âme au sang de Iésus Christ, par l'efficace de son Esprit : et que le pain et le vin nous estans donnés en la Cène nous servent vrayement de nourriture spirituelle, d'autant qu'ils nous monstrent comme à l'oeil la chair de Iésus Christ nous estre nostre viande, et son sang nostre breuvage. Et reiettons les fantastiques et sacramentaires, qui ne veulent recevoir tels signes et marques, veu que nostre Seigneur Iésus Christ prononce, Ceci est mon corps, et ce calice est mon sang.

Art. 39.—Nous croyons que Dieu veut que le monde soit gouverné par loix et polices, afin qu'il y ait quelques brides pour reprimer les appétis désordonnés du monde. Et ainsi qu'il a establiy les royaumes, republiques et toutes autres sortes de principautez, soyent héréditaires ou autrement, et tout ce qui appartient à l'estat de iustice, et en veut estre reconu autheur : à ceste cause a mis le glaive en la main des Magistrats pour reprimer les péchés commis, non seulement contre la seconde table des Commandemens de Dieu, mais aussi contre la première. Il faut doncques à cause de luy, que non seulement on endure que les Supérieurs dominent, mais aussi qu'on les honore et prise en toute révérence, les tenant pour ses lieutenans et officiers, lesquels il a commis pour exercer une charge legitime et saincte.

Art. 40.—Nous tenons doncques qu'il faut obéïr à leurs loix et statuts, payer tributs, imposts et autres devoirs, et porter le ioug de subiection d'une bonne et franche volonté, encores qu'ils fussent infidèles, moyennant que l'Empire souverain de Dieu demeure en son entier. Par ainsi nous détestons ceux qui voudroyent reietter les supériorités, mettre communauté et confusion de biens, et renverser l'ordre de iustice.

No. 329. La Discipline Ecclésiastique, 25 May 1559.

Art. 1.—Aucune Église ne pourra prétendre primauté ni domination sur l'autre : ni pareillement les Ministres d'une Église les uns sur les autres, ni les Anciens, ou Diacres, les uns sur les autres.

Art. 2.—En chaque Synode il sera élû, d'un commun accord, un Président pour faire avertir des jours et lieux auxquels on s'assemblera, et des sessions du Colloque. Item pour recueillir les voix, et déclarer le plus grand nombre, sur lequel il prononcera toutes les conclusions. Item pour faire qu'un chacun parle en son rang et sans confusion, et pour imposer silence à ceux qui seront trop âpres et contentieux, et pour les faire sortir s'ils ne veulent acquiescer, afin de délibérer sur les censures qu'on trouvera bon de leur faire. Il présidera à toutes les délibérations et fera les remontrances, et les réponses à tous ceux qui demanderont conseil, ou qui envoyeront des lettres aux Députez du Synode, suivant en tout l'avis d'icelui ; et il sera lui-même sujet aux censures.

Art. 3.—La charge du Président expirera à la fin du Colloque : et il sera en la liberté du Concile suivant d'élire celui-là même ou un autre.

Art. 4.—Les Ministres qui viendront au Concile général, pourront amener un ou deux Anciens ou Diacres, pour le plus, élûs par ceux de leur Consistoire, qui auront voix audit Synode. Quant aux Diacres, ou Anciens, du lieu où ledit Synode sera assemblé, ils pourront assister et proposer en leur ordre : toutefois, pour éviter la confusion, il n'y en aura que deux qui auront voix, et nul ne se départira de l'assemblée sans congé.

Art. 5.—Les Conciles généraux s'assembleront selon la nécessité des Églises, et on y fera une censure amiable et fraternelle à tous ceux qui y assisteront ; après laquelle on célébrera la Cène, pour témoigner l'union, non pas seulement entre les seuls Ministres et Anciens desdits Synodes, mais en général avec toute l'Église.

Art. 6.—Les Ministres et un Ancien ou Diacre, pour le moins,

de chaque Église, s'assembleront en chaque Province une fois
l'an, pour le moins, et choisiront le tems et le lieu qui leur seront
commodes pour le faire.

Art. 7.—Un Ministre ne doit pas être maintenant élû par un
seul Ministre avec son Consistoire, mais par deux ou trois
Ministres et leurs Consistoires, ou par le Synode Provincial, ou
par un Colloque qui s'assemblera, autant qu'il sera possible,
dans les lieux où il y a des Églises dressées, et les deputés qui
y viendront seront présentés au peuple pour y être reçûs ; et
s'il y a des oppositions, ce sera au Consistoire d'en juger ; mais
si le consentement de part et d'autre est refusé, le tout sera
rapporté au Synode Provincial, qui connoîtra tant de la justification du Ministre que de sa reception, si le Consistoire ou la
plûpart du peuple y consent.

Art. 8.—Les Ministres ne seront envoyez des autres Églises
sans lettres authentiques, ou sans avoir des témoignages suffisans
des lieux d' où ils seront envoyez : et si n'étant point envoyez, ils
se présentent pour être reçus, ils ne le pourront être, sans qu'il
apparoisse dûëment comment ils se seront gouvernez, et pour
quelles causes ils auront laissé leur Église, et s'il y a opposition,
on fera comme il a été dit ci-dessus.

Art. 9.—Ceux qui seront élûs signeront la Confession de
Foi entre nous, tant dans les Églises, où ils seront élûs que dans
les autres où ils seront envoiez : et leur élection sera confirmée
par les prières et l'imposition des mains des Ministres ; toutefois sans aucune superstition.

Art. 10.—Ceux qui s'ingéréront au Ministère dans les lieux
où quelque Ministre de la Parole de Dieu seroit déjà établi
seront suffisamment avertis de s'en desister, et au cas qu'ils
n'en veuillent rien faire ils seront déclarés schismatiques : et
quant à ceux qui les suivront, on leur fera le même avertisse-
ment, et s'ils sont contumaces et obstinés, ils seront aussi
déclarés schismatiques.

Art. 11.—S'il arrive que des peuples entre lesquels le Ministère de la Parole ne seroit point établi, aient élû quelque
Pasteur, les Églises voisines les solliciteront amiablement et
instamment de conférer avec elles, et les exhorteront à signer
la Confession de Foi et l'Ordre de la Discipline arrêtée parmi
nous. Et au cas qu'ils ne voulussent ratifier ladite Confession,
trois ou quatre Ministres des Églises voisines s'assembleront
avec leurs Anciens, pour les déclarer schismatiques, et les fidèles
seront avertis de se garder de tels personnages. Mais s'ils
refusoient seulement de se soumettre à la Discipline arrêtée

entre nous, ils ne pourront, en ce cas, être reputés schismatiques, jusqu'à ce qu'il en soit ordonné par le Concile Provincial.

Art. 12.—Le Ministre d'une Église ne pourra prêcher dans une autre, sans le consentement du Ministre qui en est en possession : toutefois, en son absence, le Consistoire lui en pourra donner l'autorité. Et si le troupeau étoit dissipé par persécution ou autre trouble ; il tâchera d'assembler les Diacres et Anciens ; ce que ne pouvant faire, il pourra néanmoins prêcher pour réunir le troupeau.

Art. 13.—Celui qui aura consenti d'être élû au Ministère, recevra la charge qui lui sera dénoncée : et à son refus il sera sollicité par des exhortations convenables : toutefois on ne le pourra contraindre en aucune autre manière.

Art. 14.—Les Ministres qui ne pourront exercer leur charge dans les lieux où ils auront été ordonnez, s'ils sont envoiés ailleurs, par l'avis de l'Église, et n'y veulent pas aller, ils diront leurs causes de refus au Consistoire, et là il sera jugé si elles sont raisonnables ou recevables : que si elles ne le sont pas, et s'ils persistent à ne vouloir accepter ladite charge ; en ce cas le Synode Provincial en ordonnera.

Art. 15.—Celui qui se seroit ingéré au Ministère de la Parole, quoiqu'il fut approuvé de son peuple, ne pourra être approuvé des Ministres voisins ou autres, s'il y a quelque différent sur son approbation dans quelque autre Église : mais avant que de passer outre, le Synode Provincial s'assemblera le plutôt qu'il sera possible pour en décider, à defaut de quoi un Colloque composé de six Ministres pour le moins, pourra décider de ce différent.

Art. 16.—Ceux qui sont une fois élûs au Ministère, doivent sçavoir qu'ils sont élûs pour être Ministres toute leur vie. Quant à ceux qui sont envoiés pour quelque tems, et auxquels on auroit fait promesse de démission pour certaines causes, il sera avisé de pourvoir l'Église où ils sont, afin qu'ils fassent leurs affaires ; mais si les Églises ne pouvoient pourvoir au troupeau si ce n'est pas eux, il ne leur sera point permis d'abandonner l'Église, pour laquelle Jésus Christ est mort.

Art. 17.—Quand un Ministre sera tellement persécuté qu'il ne pourra sans grand danger exercer sa charge dans l'Église où il auroit été ordonné, il se pourra faire donner quelque autre Église pour un tems ; de l'avis et du consentement des deux Églises : et si les Ministres ne veulent pas obéïr aux jugemens des Églises, leur cause sera rapportée au prochain Synode Provincial, où il se pourra aussi faire changer pour d'autres causes qui y seront proposées et jugées.

Art. 18.—Nul Pasteur ne pourra laisser son troupeau sans le congé de son Consistoire, ou sans l'approbation des Églises voisines de son département. Toutefois il sera bon en ce cas d'avertir les Églises de secourir leurs Pasteurs et de subvenir à leurs necessitez et si le sécours nécessaire leur étoit refusé après qu'ils en auront fait la demande, il leur sera permis en ce cas de s'unir à une autre Eglise.

Art. 19.—Les nouveaux introduits en l'Église, et specialement les moines et les prêtres, ne pourront être élûs au Ministère sans une longue et diligente inquisition et approbation faite de leur vie et de leur demeure.

Art. 20.—D'autant qu'il n'est licite ni expédient d'aller entendre les sermons des prédicateurs Papistes ou autres, qui seroient introduits sans une légitime vocation, dans les lieux où il n'y a point de Ministère de la Parole dressé, les vrais pasteurs doivent empêcher, autant qu'il leur sera possible, ceux de leur troupeau d'y aller.

Art. 21.—Les Ministres qui enseigneront une mauvaise Doctrine, et qui après avoir été suffisamment avertis, ne s'en désisteront pas, et ceux qui n'obéïront pas aux saintes ordonnances et admonitions prises de la Parole de Dieu, qui leur seront faites par le Consistoire, et ceux qui seront de vie scandaleuse, à sçavoir ceux qui méritent d'être punis par le Magistrat, ou excommuniés par l'Église : ceux aussi, qui seront entièrement incapables de faire leur charge, doivent être déposés, excepté ceux qui par vieillesse, maladie ou quelqu' autre inconvénient, seront rendus incapables d'exercer leur charge, sans avoir perdu leur honneur, et ils seront recommandés à leurs Églises pour les faire entretenir, et il sera pourvû de quelques autres qui occuperont leur charge.

Art. 22.—Les vices scandaleux et punissables par le Magistrat, comme meurtre et sodomie, crime de lèze Majesté et autres qui rejailliront au grande déshonneur et scandale de l'Église, encore qu'ils eussent été commis par quelqu'un, non seulement avant son élection, mais du tems même de son ignorance, méritent que le Ministre qui en est coupable soit déposé : les autres vices non scandaleux seront remis à la prudence et au jugement du Synode Provincial.

Art. 23.—Si un Ministre est convaincu de crimes énormes et notoires, il sera promptement déposé par le Consistoire, aiant appellé deux ou trois Pasteurs non suspects. Et au cas que le Ministre délinquant se plaignit du témoignage rendu contre lui comme d'une calomnie, ses griefs seront rapportés au Synode Provincial. S'il a prêché ou expliqué quelque doctrine hérétique, il sera promptement suspendu par le Consistoire de deux ou trois Ministres capables d'en juger, en attendant que le Synode Provincial en ait jugé définitivement. Quant aux causes de la déposition, elles ne seront point déclarées au peuple, si la nécessité ne le requiert, de laquelle le Consistoire jugera.

Art. 24.—Les Anciens et Diacres sont le Senat de l'Église, auquel doivent présider les Ministres de la Parole. L'office des Anciens sera de faire assembler le peuple, de rapporter les scandales au Consistoire, et autres choses semblables, selon qu'il y aura dans chaque Église des formulaires couchez par écrit, selon la coûtume des lieux et des tems.

Art 25.—L'office des Anciens, comme nous en usons à présent, n'est pas perpetuel. Quant aux Diacres, leur charge sera de recueillir et distribuer, par l'avis du Consistoire, les deniers des pauvres, des prisonniers et malades : de les visiter et d'aller par les maisons catéchiser; et au cas qu'il s'en trouve quelqu'un propre, et qui promette de se dédier et consacrer perpetuellement au service de Dieu et au Ministère, alors il pourra être élû par le Consistoire pour catéchiser en public, selon le formulaire reçû en l'Église, et cela pour les éprouver, sans qu'ils puissent administrer les Sacremens.

Art. 26.—L'office des autres Diacres n'est pas de catéchiser en public ; et leur charge n'est point perpetuelle : de laquelle toutefois ni eux ni leurs Anciens ne se pourront départir sans le congé de l'Église.

Art. 27.—Dans les lieux où l'ordre de l'Église n'est point encore dressé, tant les Diacres que les Anciens seront élûs par la voix commune du peuple avec leur Pasteur : mais dans ceux où la Discipline seroit déja dressée, ce sera au Senat de l'Église avec leur Ministre de les élire ; après quoi on leur lira les obligations de leur charge, et ils signeront la Confession de Foi arrêtée entre nous ; puis ils seront présentés au peuple, et s'il y a opposition, la cause sera debatuë et vuidée au Consistoire, et s'ils ne se pouvoient accorder, elle sera renvoiée au Synode Provincial.

Art. 28.—Les Diacres et les Anciens seront déposés pour les mêmes causes que les Ministres de la Parole, en leur qualité, et aiant été condamnés par le Consistoire, s'ils en appellent, ils seront suspendus jusqu'à ce qu'il en soit ordonné par le Synode Provincial.

Art. 29.—Les Ministres ni autres personnes de l'Église ne pourront faire imprimer aucun livre composé par eux, ou par autrui touchant la Religion, ni en publier sur d'autres matières, sans les communiquer à deux ou trois Ministres de la Parole, non suspects.

Art. 30.—Les hérétiques, les contentieux, les contempteurs de Dieu, les rebelles contre le Consistoire, les traitres contre l'Église : item ceux qui sont atteints et convaincus de crime digne de punition corporelle, ceux qui apportent un grand scandale à toute l'Église, seront du tout excommuniés et retranchés non seulement des Sacremens, mais aussi de toute l'assemblée. Quant aux autres délinquans, ce sera à la prudence de l'Église de connoitre ceux qui doivent être admis à la Parole, après avoir été privés des Sacremens.

Art. 31.—Ceux qui auront été excommuniés pour hérésie, ou mépris de Dieu, pour schisme, trahison contre l'Église, rebellion à icelle, et pour d'autres vices grandement scandaleux à toute l'Église ; seront declarés au peuple pour excommuniés, avec les causes de leur excommunication. Quant à ceux qui auroient été excommuniés pour de plus legères causes, ce sera à la prudence de l'Église d'aviser si elle les devra manifester au peuple, ou non, jusqu'à ce qu'autrement en soit défini par le Concile général.

Art. 32.—Ceux qui auront été excommuniés viendront au Consistoire demander d'être réconciliés à l'Église, laquelle jugera alors de leur pénitence ; et s'ils ont été publiquement declarés excommuniés, ils feront aussi pénitence publique : s'ils n'ont été publiquement excommuniés, ils la feront seulement devant le Consistoire.

Art. 33.—En tems de grande persécution, de guerre, peste, famine et autre générale affliction, quand on voudra élire des Ministres de la Parole, et quand il sera question d'entrer au Synode, on pourra dénoncer des prières publiques et extraordinaires, avec jeunes, toutefois sans scrupule, ou superstition.

Arts. 34-38.—Les mariages. . . .

Art. 39.—Aucune Église ne pourra faire des choses de grande consequence où l'interêt et le dommage des autres Églises pourront se rencontrer, sans l'avis du Synode Provincial, s'il est possible de l'assembler : et si l'affaire pressoit, elle convoquera et aura l'avis et le consentement des autres Églises de la Province, du moins par des lettres.

Art. 40.—Ces articles qui sont contenus ici touchant la Discipline ne sont tellement arrêtez entre nous que si l'utilité de l'Église le requiert, ils ne puissent être changés. Mais il ne sera pas au pouvoir d'un particulier de le faire, sans l'avis et le consentement du Concile général.

No. 330. The Report of the Venetian Ambassador in France, 1561.

Unless it otherwise pleases the Almighty, religious affairs will soon be in an evil case in France, because there is not one single province uncontaminated. Indeed in some provinces, such as Normandy, almost the whole of Brittany, Touraine, Poitou, Gascony, and a great part of Languedoc, of Dauphiny, and of Provence, comprising three-fourths of the kingdom, congregations and meetings, which they call assemblies, are held; and in these assemblies they read and preach, according to the rites and usages of Geneva, without any respect either for the ministers of the king or the commandments of the king himself. This contagion has penetrated so deeply that it affects every class of persons, and, what appears more strange, even the ecclesiastical body itself. I do not mean only priests, friars, and nuns, for there are but few monasteries that are not corrupted, but even bishops and many of the principal prelates, who hitherto had not shown any such disposition; and it is only on account of the rigorous execution of the law that other persons besides the populace have not disclosed themselves, because they have restrained themselves for the time being, from fear of the loss of their property and lives. But your Serenity[1] must learn that while the people and the populace show fervent devotion by frequenting the churches and observing the Catholic rites, all other classes are supposed to be disaffected, and the nobility perhaps more than any other class, and, particularly, persons of forty years of age and under.[2] If these disaffected individuals continue to attend Mass and the Divine Offices, and externally to practise Catholic rites, they do so for show and from fear; because when they either are, or believe themselves to be, unobserved, they avoid and even fly from the Mass above all things, and also from the churches as far as they are able, and more so since it became known that by imprisonment, chastisement, and burnings, no remedy was found. It has now been determined not to proceed against any disaffected

[1] The Doge of Venice.
[2] The wars with the Empire were over by, 3 April 1559, the Treaty of Cateau-Cambrésis. They had nothing to do, and were often in debt.

persons, unless they venture to preach, persuade, and to take part publicly in congregations and assemblies. All other such persons are allowed to live, and some have been set at liberty, and released from the prisons of Paris and of other parts of the kingdom. A great number of these last have still remained in the kingdom, preaching and speaking publicly, and boasting that they have gained their cause against the Papists, as they delight to style their adversaries; so that, now, every one of them is assured against the fear of being questioned; and there exists thus a silent truce, because whilst formerly all suspected persons had to quit the kingdom, and to retire some to Geneva, some to Germany, and some to England, now they not only do not leave the country, but a large number of those who had already emigrated have returned. It was told me, whilst passing through Geneva on my way to Italy, that, after the death of the king, a great number of gentlemen who had fled thither after the conspiracy of Amboise,[1] had come back to France, and, in particular, M. de Mombrun, who was the author of the late disturbances in Provence and in Dauphiny, and who had been burnt in effigy; besides these, more than fifty others, who are called ministers, were summoned from various parts of France to travel, and teach and preach the 'Word', for thus they term the Gospels, and their own doctrine. Your Serenity will hardly believe the influence and the great power which the principal minister of Geneva, by name Calvin, a Frenchman, and a native of Picardy, possesses in this kingdom; he is a man of extraordinary authority, who by his mode of life, his doctrines, and his writings, rises superior to all the rest; and it is almost impossible to believe the enormous sums of money which are secretly sent to him from France to maintain his power. It is sufficient to add that if God does not interfere, there is great and imminent danger that one of two things will happen in this kingdom: either that the truce, which is desired and sought publicly, will end by the heretics having churches wherein they can preach, read, and perform their rites, according to their doctrine, without hindrance, and in like manner as they obtained churches by command of the late king,[2] given at Fontainebleau, at the end of August,[3] in compliance with a petition presented to him by the Admiral;[4] or, else, that we shall see an obedience to the

---

[1] To remove the Guises, 15 March 1560.
[2] Francis II, †5 Dec. 1560.
[3] Edict of Fontainebleau, 26 Aug. 1560.
[4] Gaspard Coligny, 1516–†72.

Pope and to the Catholic rites enforced, and shall have resort to violence and imbrue our hands in noble blood. For these reasons I foresee a manifest and certain division in the kingdom, and civil war as a consequence; and this will be the cause of the ruin both of the kingdom and of religion, because upon a change in religion a change in the State necessarily follows.

§ 3. THE NETHERLANDS

XXI

THE DUTCH REFORMED, 1559-62

On 26 October 1555 Charles V resigned the crown of the Netherlands to his son Philip II of Spain, 1556-†98. The Emperor left him his debts, his policy of putting down heresy by Edicts and Inquisition, and his scheme for cementing the ecclesiastical unity of the Seventeen Provinces[1] by an enlarged and reconstituted hierarchy—everything, in fact, but his personal popularity. In 1559 [No. 331] **the Venetian Ambassador wrote that Philip was a foreigner to the Netherlands** (*Calendar of State Papers, Venetian*, 1558-80, No. 274). He felt himself so: and at last the Peace of Cateau-Cambrésis, 3 April, set him free to sail, 26 Aug., for Spain. He left the government of the Netherlands in the hands of a Regent and a Minister—his half-sister Margaret Duchess of Parma, a native-born princess, 1521-†86, and the Burgundian Antoine Perrenot de Granvelle, 1517-†86, Bishop of Arras 1538-61. Both were regarded as the representatives of a foreign Sovereign, and both were dependent wholly on his favour. Before his departure, Philip, 24 May, had secured the consent of Paul IV to [No. 332] **the increase of Bishoprics** (*ibid.* No. 75): and by a Bull of 18 Aug. (Raynaldus, *Ann. Eccl.* xv. 40 sqq.) the hierarchy was raised from four to seventeen[2] sees, with Granvelle at its head (*Calendar*, No. 244) as Cardinal-Archbishop of Mechlin, 1561. There was much to be said for this project as designed to replace a chaos of four dioceses—Utrecht, Arras, Tournai, and Cambrai—which were subject to the foreign metropolitans of Köln and Rheims, by a national hierarchy. But it was resented, and so was the repression. Discontent was of slow growth: but the

[1] These were, in 1543, (*a*) four duchies: Brabant, Limburg, Luxemburg, Gelderland; (*b*) seven counties: Flanders, Artois, Hainault, Namur, Zeeland, Holland, Ziitphen; (*c*) five lordships: Friesland, Groningen, Overyssel, Utrecht, Mechlin; and (*d*) one marquisate: Antwerp.

[2] These were (*a*) under Cambrai (Abp.), Arras, Tournai, St. Omer, Namur; (*b*) under Mechlin (Abp.), Antwerp, Ghent, Bruges, Ypres, Hertogenbosch, Roermond; under (*c*) Utrecht (Abp.), Haarlem, Deventer, Leeuwarden, and Middelburg.

Calvinists, who now felt the pressure of the Edicts in common with Lutherans, Sacramentaries, and Anabaptists against whom they were originally directed, sought to disarm the hostility of the government by presenting their [No. 333] **Confession de Foi des Églises Réformées Wallonnes et Flamandes**, 1561 (Schaff, *Creeds of Evang. Prot. Churches*, 383 sqq.) or **Confessio Belgica** (Niemeyer, 360 sqq.) in which the Anabaptists were specially repudiated. Originally drawn up in French by Guido de Brès, 1522–†67, a Walloon minister, on the basis of the *Confessio Gallicana*, it was sent, in 1562, to Philip for authorization, as the belief of a hundred thousand of his subjects who 'were never found in arms or plotting against their sovereign'. It made no impression on Philip, but it was at once taken into use by the Netherlanders in place of the formularies which they had borrowed from the Walloon congregation in London, 1550, and their Superintendent John Laski, 1499–†1560 (*Forma ac Ratio tota ecclesiastici Ministerii in peregrinorum Ecclesia instituta Londini anno 1550*, auctore Io. à Lasco [1555]: cf. Richter, *Kirchenordnungen*, ii. 99 sqq. and Dixon, *History of the Church of England*, iii. 234 sqq., 424 sq.). When, at last, the Confession was adopted, May 1566, in synod at Antwerp (Brandt, *History of the Reformation in the Low Countries*, i. 142) Calvinistic principles won the day. It was supplemented by the adoption at the Synod of Emden, 4–14 Oct. 1571 (Richter, *Kirchenordnungen*, ii. 339 sqq.) of a polity on the Genevan model as best suited for 'churches under the cross' and of the Heidelberg Catechism, 1574 (Brandt, i. 311). In 1577, by 'certain Canons drawn up and published in the name of the Prince of Orange as Stadtholder and of the States of Holland and Zeeland and their Confederates' (*q. v.* in *ibid.* 318 sqq.), Calvinism made terms with the State.

By this time the whole people had been roused against the tyranny of Spain. The seven northern provinces—Holland, Zeeland, Utrecht, Gelderland, Overyssel, Friesland, and Groningen—withdrew in 1579, and eventually won their independence, 1609, as the United Netherlands. They were Calvinist to a man. The remaining ten were reduced to obedience by Alexander Farnese, 1546–†92, Duke of Parma, in a war, 1578–92, which was conducted 'with full consciousness and fixed design as a war of religion'. In every town as it was conquered the Jesuits were settled: and they 'transformed Belgium, which had previously been half-protestant, into one of the most decidedly [Roman] Catholic countries in the world' (Ranke, *Popes*, i. 475).

No. 331. The Venetian Ambassador on Philip II, 1559.

The Catholic king was born in Spain in the month of May 1527. He passed his early days and the greater part of his youth in that kingdom, where either from the custom of the country or by the will of his mother, who was a Portuguese, he was educated with all the care and respect which could become the son of the greatest Emperor who ever reigned in Christendom and the heir of possessions of such vast magnitude.

Having been brought up after this manner, his Majesty, when he first quitted Spain, passed through Italy and Germany to Flanders, and conveyed a universal impression that he was of a severe and intractable disposition, and therefore he was not much liked by the Italians, thoroughly disliked by the Flemings, and hated by the Germans. Consequently he was first warned by the Cardinal of Trent, then by Queen Mary, and even more effectually by his father, that a character for severity did not become the ruler of various nations and people of various habits and customs. . . .

His efforts are directed not to increase his possessions by war, but to preserve them by peace; for at the commencement of his reign he made a truce with the king of France, notwithstanding that the Emperor refused his consent, and that the Bishop of Arras publicly condemned it. He regulated the disorders of the ministers of his realms; he restored the courts of law; he expedited the grants of favours and the decrees of justice, which the Emperor was accustomed to delay; he showed liberality towards all persons, and never permitted any one to leave his presence dissatisfied. But when the Emperor, who had by his great reputation for prudence and experience maintained the authority of his son, departed for Spain, his Majesty was too weak to support so great a burden, and soon found himself involved in serious difficulties, which might have overthrown him had he not been aided by fortune, and the imprudence of his enemies. Then, if he had desired to imitate the Emperor, he might have done so by the strength of his power and the prosperity of his fortune, which are most formidable to the world: but although he resembles his father in his features, in his mode of speech, in his observance of religion, and in his kindness and good faith, he is dissimilar in many other respects which constitute the crowning-point of the greatness of Princes. The Emperor delighted in all that pertained to war, but his Majesty has neither knowledge of warlike matters, nor delight in them. The Emperor undertook great expeditions, but these the king avoids. The Emperor planned great designs, and conducted them with dexterity, and to his great benefit; but the king thinks less of increasing his own power, than of obstructing the power of others. The

Emperor never yielded to threats or to fear, but the king under very small apprehensions has given away states.

The Emperor governed entirely according to his own views, but the king governs according to the views of others, and he has no esteem for any nation except the Spanish; he consorts only with Spaniards, and with these only he takes counsel and governs. Moreover, contrary to the custom of the Emperor, he takes no notice of Italians and Flemings, and least of all Germans, and although he retains the chief men of each nation in his kingdom, still it is observed that he declines to admit any one of them to his secret councils, but keeps them only for affairs of war; and he probably acts thus, not so much because he has a good opinion of them, as to prevent their services being employed by his enemies. For this reason he has never summoned either the Duke of Savoy or the Duke Ottavio to the Council of State, but only to the Council of War, into which all the chief officers, and even the colonels, are admitted. The Duke Ottavio has nicknamed this Council the 'Council of the Populace'.

. . . .

According to my opinion the kingdom of England will always be in alliance with his Majesty, from fear of being harassed by France, which already possesses Calais and Boulogne this side of England, and the kingdom of Scotland on the other.[1]

No. 332. The increase of Bishoprics, 18 Aug. 1559.

(*a*) *From a note of the Venetian Ambassador, 28 May.*—I hear from the retinue of the Duke of Savoy, and also from the nephew of the French Ambassador, that an attack may be made on Geneva the moment the Duke[2] is reinstated, both to recover that city, which he alleges belongs to him, as also to deprive the heretics of Italy and France of that convenient seat of refuge. . . .

Four days ago news arrived from Rome that the Pope, at King Philip's request, had consented to free these Provinces

---

[1] So it seemed in 1559; but, in 1560, Mary, 1542-†87, Queen of France, 1559-60, became by the death of her husband Francis II, 5 Dec., Queen of Scots only; and Elizabeth, by aiding the reforming party to its triumph in Scotland, rid herself from fear of the Scots (*infra*, pp. 686 sqq.).

[2] Emmanuel Philibert, b. 1528, victor of St. Quentin, 10 Aug. 1557, and reinstated as Duke of Savoy, 1559-†80, by the Peace of Cateau-Cambrésis. The attack on Geneva was staved off, 1564, by treaty between Savoy and Bern. Cf. *Cambr. Mod. Hist.* iii. 405.

from the spiritual jurisdiction of Cologne and Rheims, and to erect in them three archbishoprics and some bishoprics, which gives very great satisfaction here, it being hoped by means of these bishoprics to suppress heresy, which is but too rife. His Majesty will have the nomination of these archbishoprics and bishoprics, with the exception of Cambrai, Mechlin, and Antwerp.

(*b*) *From a note of the Venetian Ambassador, 6 March 1561.*— In the Provinces of Flanders the archbishoprics and bishoprics are about to be erected, and King Philip has already nominated certain persons to many of these, and by this time, at Rome, the confirmation will have been made, which it was endeavoured to pass as secretly as possible, lest it be thwarted by the Archbishops of Cologne, Trèves, and Rheims, and by the Bishop of Liège and others who are thus deprived of their respective jurisdictions.

It was intended to attach to each bishop three Doctors of Divinity, by whose counsel the bishops were to provide for all matters concerning religion; to which the Flemings object, lest each bishop should become a tribunal of the Inquisition: and I am assured that in the Council of the Governess one of its chief members said boldly that they had never in the time of the Emperor tolerated the Inquisition in those Provinces, and that they would now still less endure its introduction in this way.

No. 333. The Confessio Belgica, 1561.

Art. 36. De Magistratu.—Nous croyons que notre bon Dieu, à cause de la dépravation du genre humain, a ordonné des Rois, Princes, et Magistrats; voulant que le monde soit gouverné par lois et polices, afin que le débordement des hommes soit réprimé, et que tout se fasse avec bon ordre entre les hommes. Pour cette fin il a mis le glaive dans les mains du Magistrat pour punir les méchants, et maintenir les gens de bien: et non seulement leur office est de prendre garde et veiller sur la police, mais aussi de maintenir le sacré ministère, pour ôter et ruiner toute idolâtrie et faux service de Dieu; pour détruire le royaume de l'antechrist et avancer le royaume de Jésus Christ, faire prêcher la Parole de l'Évangile partout, afin que Dieu soit honoré et servi de chacun, comme il le requiert par sa Parole.

De plus, chacun de quelque qualité, condition, ou état qu'il soit, doit être soumis aux Magistrats, et payer les tributs; les avoir en honneur et révérence, et leur obéir en toutes choses qui ne sont point contraires à la Parole de Dieu ; priant pour eux en leur oraisons, afin que le Seigneur les veuille diriger en toutes leurs voies, et que nous menions une vie paisible et tranquille en toute piété et honnêteté.

Et sur ceci nous détestons l'erreur des Anabaptistes et autres mutins, et en général de tous ceux qui veulent rejeter les autorités et Magistrats, et renverser la justice, établissant communautés de biens, et confondant l'honnêteté que Dieu a mise entre les hommes.

§ 4. SCOTLAND

XXII

THE OVERTHROW OF THE ANCIENT CHURCH.
1560

Scotland, politically connected with the Continent by a traditional alliance with France, was the one part of the British Isles where Calvinism, imported from the Continent, won a complete triumph. Nowhere else were [No. 334] **the corruptions of the Church** so deep-seated, and so freely admitted by her best friends, e.g. by Ninian Winzet 1518–†92 (*Certain Tractatis*, i. 4 sqq., published by the Scottish Text Society, 1887–8 : and, for similar evidence, Joseph Robertson, *Statuta Eccl. Scot.* ii. 290, n. 206) : and while this explains her hopeless overthrow and the hatred with which the Calvinists eliminated every vestige of the ancient order, it goes some way towards justifying the new discipline which they set up.

The beginnings of reform, however, are to be connected with the propagation of Lutheran opinions by Patrick Hamilton,[1] 1504–†28, a young layman with noble and even royal blood in his veins, who, after studying at Marburg, 1527, began to preach near Linlithgow till, though 'a heretic with the power of the Hamiltons at his back', he was seized by James Beaton, Archbishop of St. Andrews 1522–†39, and burnt there 27 Feb. 1528. Meanwhile, it had been necessary, 17 July 1525, to [No 335] **prohibit Lutheran books** by act of Parliament (*Acts of the Parliament of Scotland*, ii. 295) ; and in 1526 Tyndale's New Testament began to find its way to Scottish seaports. The archbishop continued his policy of repression; but 'the reek of Patrick Hamilton infected all on whom it did blow'; and when he was succeeded by his able but dissolute[2] nephew, David Beaton, 1494–†1546, who became Cardinal 1538, Primate 1539, and Legate 1543, an extreme type of reforming opinion came to the fore in George Wishart[6] 1513–†46. Wishart sought safety

---
[1] Cf. A. F. Mitchell, *The Scottish Reformation*, c. ii.
[2] *ibid.* 292, App. C.   [3] *ibid.* c. iv.

first in England, 1538, and then, 1539-40, among the Reformed of Zürich, Basel, and Strassburg. Returning to Scotland, 1543, he brought with him the First Helvetic Confession (Niemeyer, 105 sqq.) a semi-Zwinglian formulary which he afterwards translated (*Wodrow Miscellany*, i. 11 sqq.) to serve as a confession of faith for congregations in Montrose, 1544, and Dundee, 1545. A Communion office, used later on by Knox at Berwick, 1550 (Lorimer, *John Knox and the Church of England*, 290 sqq.) was almost certainly from his hand, being based on that of Zürich, with which he had become acquainted in exile; and Wishart may thus be considered the first to have planted on Scottish soil the Continental Reformation in its Zwinglian form. He was seized at length by Cardinal Beaton, and burnt at St. Andrews, 1 March 1546. But, within three months, the Cardinal himself was murdered, 29 May; and John Knox, 1515-†72, who had been with Wishart and was to carry on his work, took refuge, with the assassins, in the Castle of St. Andrews 10 April 1547, where he remained till, on its capitulation to the French, 31 July, he was sent to the galleys in France.

The events that led to his return were the issue of that long rivalry between the English and the French court for ascendancy in Scotland which from, 8 Dec. 1542, [No. 336] **the death of James V**, 1513-†42 (Lindsay of Pittscottie, *History of Scotland*, bk. xxi, ch. xxxix, ed. S. T. S. i. 407), centred round his daughter Mary. Queen of Scots, 1543-†87. On 1 July 1543 the Earl of Arran, as Regent, concluded the treaty of Greenwich with Henry VIII for her marriage with prince Edward. But relations between the two countries became strained, and, when war ensued, 1544-6, a rival alliance was entered into with France, 1547, by which the Scots were to receive help against the English troops and their Queen to marry the Dauphin. In Aug. 1548 [No. 337] **Mary left home, to be educated in France** (*Register of the Privy Council of Scotland*, April 1550, i. 88); and, April 1554, the Queen-mother Mary of Guise, 1516-†60 became Regent. On 24 April 1558 [No. 338] **the Queen of Scots was married to the Dauphin** (Lesley, *History of Scotland* [Bannatyne Club] 264 sq.), and so, as wife of Francis II, 1559-†60, became Queen of France as well. It seemed as if her uncles the Guises might use her high position to force upon the country of her birth a régime at once foreign and papal.

But the reforming party had made head in the interval. The Council of Edward VI, anxious for allies in Scotland, procured the release of Knox, Feb. 1549; and, 28 Oct. 1552, offered him the bishopric of Rochester (Dixon, iii. 486 n.). But he refused it. [No. 339] **The Second Prayer Book of Edward VI was abhorrent to him** (*Works*, vi. 11 sq.). On the accession of Mary, he found an asylum, for the most part, at Geneva, 1554-8, and, save for a brief visit to Scotland, Sept. 1555-July 1556, was there when Calvin's influence stood at its height. The soil, meanwhile, was being made ready for its reception into Scotland. On 6 Jan. 1540 [No. 340] **James V warned the clergy** to put their house in order

(*Letters and Papers of Henry VIII*, 1540, No. 114): and the bishops,[1] under John Hamilton, Archbishop of St. Andrews 1547-†71, endeavoured a Catholic reform in their [No. 341] **Synods of Edinburgh**, 1549, 1552, 1559 (Robertson, *Stat. Eccl. Scot.* ii. 81 sqq., 128 sqq., 146 sqq.), and put out, 1552, [No. 342] **Hamilton's Catechism** (T. G. Law, *The Catechism of John Hamilton*) to further it. But it was too late as [No. 343] **popular Ballads** (*Gude and Godlie Ballatis*, 204 sqq., ed. Mitchell, for S. T. S. 1897) of the time shew. 'The Lords of the Congregation' entered, 3 Dec. 1557, into a [No. 344] **Band** (Knox, *Works*, i. 273 sqq.) to 'renounce the congregation of Satan', set up a provisional reform of their own, and sent for Knox. Arriving at Edinburgh, 2 May 1559, he preached with such effect that, 11 May, [No. 345] **in Perth a frenzy of destruction** (*ibid.* vi. 21 sqq.) seized the 'raschall multitude' (*ibid.* i. 322) and civil war followed. With, July–Nov. 1559, [No. 346] **the assistance of England**, arranged between Cecil as paymaster and Knox as middleman (*State Papers of Elizabeth*; *Foreign*, 1558-9, No. 953, and 1559-60, No. 180), the insurgents forced the Regent with her French troops to take refuge in the Castle of Edinburgh, where her death, 11 June 1560, led to, 6 July, [No. 347] **the Treaty of Edinburgh** (Rymer, *Foedera*, xv. 593 sq.), by which French and English troops were both to withdraw, so that the reforming and, as it now appeared, national party was left supreme. Next month [No. 348] **Parliament**, 17 Aug., adopted the Confession of Faith and, 24 Aug., abolished the Papal jurisdiction and the Mass (*Act. Parl. Scot.* ii. 526 sqq.; Knox, *Works*, ii. 121). The ancient faith and worship was thus destroyed; though as yet the hierarchy, apart from the Pope, remained.

No. 334. Ninian Winzet on the corruptions of the Church, 15 Feb. 1562.

... And albeit the time be schort, sumthing of ȝour prais man we speik. Bot quhidder sal we begin ȝour commendation and louing at ȝour haly lyfes, or at ȝoure helthful doctrine, we ar doutsum. Sen ȝour godly leving garnisit with chastitie, fasting, prayer, and sobritie, be the worthi frutis tharof (quhat nedis mair), is patent to al man! Ȝour merchandrice, ȝour symonie, ȝour glorious estait, ȝour solicitude be mariage, efter to haif brocht the baronis to be impis of ȝour posteritie, and witnessing in all aiges to cum of ȝour godlines, quhay speikis not of it? Ȝour liberalitie to the pure, ȝour magnific collegeis of godly learnit in ȝour cumpanie, ȝour nurissing of pure studentis of ryche ingynis able efter to reull the Kirk of God

[1] Scotland at this time had thirteen dioceses: St. Andrews (Abpric.), with eight suffragans, Dunkeld, Aberdeen, Moray, Brechin, Dunblane, Ross, Caithness, Orkney; and Glasgow (Abpric.), with three suffragans, Galloway, Argyll, The Isles.

in helthfull teachement, all cuntreis and collegis dois deplore! 3our godly and circumspect distribution of benefices to your babeis, ignorantis and filthy anis, al Ethnik, Turk, and Iow may lauch at it, that being the special ground of al impietie and division this day within ye, O Scotland! 3our wyse, saige, and grave familiar servands, void of al vanitie, bodely lustis, and heresie, ar spokin of to 3our prayse, God wate! 3our dum doctrine in exalting ceremoneis only, without ony declaration of the samin, and, fer mair, keiping in silence the trew Word of God necessar to al manis saluation, and not resisting manifest errours, to the warld is knawin! . . . The speciall rutis of all mischeif we suspect nocht 3our prudent nobilitie to mysknaw, to be the twa infernal monstris, pryde and auarice, of the quhilkis unhappelie hes upsprung the electioun of unqualifeit bischopis and utheris pastores in Scotland. And that laitlie, as we can collect within thir hundreth 3eris, in the gret destructioun of the trew religioun off Christianis, and in prouocatioun of Godis wraith contrare us. . . .

No. 335. The prohibition of Lutheran Books, 17 July 1525.

Item, it is statute and ordanit that for samekle as the dampnable opun3eounes of heresy are spred in divers cuntreis be the heretik Luthere and his discipillis, and this realm and liegis has fermelie persistit in the halifaith sene the samin was first ressauit be thaim and neuer as 3it admittit ony opun3eounes contrare the Christin faith bot euer has bene clene of all sic filth and vice, therefore that na maner of persoune strangeare that hapnis to arrife with their schippis within ony part of this realm bring with thaim ony bukis or werkis of the said Lutheris his discipillis . . . under the pane of escheting of their schippis and gudis and putting of their persounes in presoune. . . .

No. 336. The birth of Mary, 2 Dec., Queen of Scots, and the death of James V, 8 Dec. 1542.

Be this the post came out of Lythtgow schawing to the king goode tydingis that the quene was deliuerit. The king inquyrit 'wither it was man or woman'. The messenger said 'it was ane fair douchter'. The king ansuerit and said: 'Adew, fair weill, it come witht ane lase, it will pase witht ane lase'; and so he recommendit himself to the marcie of Almightie God and spak ane lyttill then frome that tyme fourtht, bot

turnit his bak into his lordis and his face into the wall. . . . In
this maner he depairtit. . . . He turnit him bak and luikit and
beheld all his lordis about him and gaif ane lyttill smyle and
lauchter, syne kissit his hand and offerit the samyn to all his
lordis round about him, and thairefter held wpe his handis to
God and ȝeildit the spreit . . . at Falkland in his awin palice . . .

No. 337. The education of Mary, Queen of Scots, in France, April 1550.

Item—Thereafter the said Master of Erskine shall report to
the King [Henry II, of France] how rejoiced the Queen's
grace and my Lord Governor were of the news of our Sovereign Lady's welfare, and to hear that the King's Highness
was so well contented with her Grace, and that she was so
able to increase in virtue, and that the King's Majesty takes
such consolation, seeing the beginning of her upbringing to
have been so good that he hopes someday to see his son the
husband of one of the most virtuous princes that man can
desire; beseeching God of his infinite goodness that his Highness may see not only the thing that his noble heart desires,
but also that our Sovereign Lady be after this so endued with
the graces of God that she may by her birth [offspring] make
his Highness to be called the grandfather of one of the most
victorious princes in the world, and the King long to reign
prosperously over both realms.

No. 338. The marriage of Mary to the Dauphin, 24 April 1558.

All things necessary for the marriage of the Queen of Scots
with the Dauphin being prepared, and the whole nobility and
estates of the realm of France being convened at Paris, upon the
20th day of April 1558, in the great hall of the palace of the
Louvre, in presence of King Henry of France, of the Queen his
wife, and a great number of cardinals, dukes, earls, bishops, and
noblemen, the 'fianzeillis', otherwise called the handfasting
[betrothal], was made with great triumph by the Cardinal of
Lorraine, betwixt the excellent young Prince Francis, eldest
son to the most valiant, courageous, and victorious prince,
Henry, King of France, and Mary, Queen, inheritor of the
realm of Scotland, one of the fairest, most civil, and virtuous
princes of the whole world, with great solemnity, triumph,
and banquetting; and upon the next Sunday, being the 24th of
April, the marriage was solemnized and completed betwixt

them by the Cardinal of Bourbon, Archbishop of Rouen, in Notre Dame Kirk of Paris; where the Bishop of Paris made a very learned and eloquent sermon, in presence and assistance of the King, Queen, and many prelates, noblemen, ladies, and gentlemen, of all estates and calling, with most excellent triumph, and the heralds crying with loud voices three sundry times, 'Largess'; casting to the people great quantity of gold and silver of all kind of sorts of coin, where there was great tumult of people, every one troubling and pressing others for greediness to get some part of the money. After which there were as great magnifique solemnities used in the Kirk, with as great dignity and reverence as was possible, which being done, they entered into the bishop's palace, where there was a sumptuous and princely dinner prepared for the whole company; and after they had dined, there was used a princely dancing, called the ball royal, to the great comfort and pleasure of all being there present; and how soon the ball was ended, they passed to the great hall of the palace royal, where they supped with so great magnificence, pomp, and triumph, that none of the assistance there had ever seen the like; and there presently was given to the Dauphin the title of King Dauphin, so that he and the Queen were called thereafter King and Queen Dauphin.

No. 339. Knox on the Second Prayer-Book of Edward VI.

From his letter to Mrs. Anna Lock, 6 April 1559.—Our Maister calleth upon his owne, and that with vehemencie, that they depart from Babylon; yea, severelie he threateneth death and damnation to such as, either in forehead or in hand, beare the mark of the Beast. And a portion of his marke are all these dregges of Papistrie which were left in your great Booke of England, any jote whereof will I never counsell any man to use. One jote, I say, of these Diabolicall inventiouns, viz. Crossing in Baptisme; Kneeling at the Lord's table; mummelling, or singing of the Letanie, *a fulgure et tempestate: a subitanea et improvisa morte*, &c. The whole Order of your Booke appeareth rather to be devised for upholding of massing priests, then for any good instruction which the simple people can thereof receive. Your Sacraments wer ministred, be the most part, without the soule, and be those who to Christ Jesus wer no true ministers; and God grant that so yet they be not. Without the soule I say, they wer ministred, becaus they wer ministred without the Word trulie and openlie preached; and your Ministers before, for the most part, were none of Christ's Ministers, but Masse-mumming priests. They wer newlie created singers or sayers of Matins, Evensong, and of Communion; to church, or to purifie women, and to burie the dead with *Commendo cinerem cineri*, &c., whereof no point I find enjoyned to Christ's ministers, but onlie to preach Christ Jesus crucified, and to minister the Sacraments in such simplicitie, as from him they had recaved them. ... With Mr. Parson's pattering of his constrained prayers, and with the massemunging of Mr. Vicar, and of his wicked companions [I will not meddle]. But consider, Sister, what I have affirmed, to wit, that wher Christ Jesus is not preached (marke well that I say, preached), that there hath the Sacrament neither life nor soule; and farther, that I say, none can be a lawful minister of Christ's Sacrament, who first is not a minister of his blessed Word. ...

... England hath refused me; but because, before, it did refuse Christ Jesus, the lesse doe I regard the losse of that familiaritie. And yet have I beene a secret and assured friend to thee, O England, in cases which thyself could not have remedied. ...

No. 340. King James V's warning to the clergy, 6 Jan. 1540.

From a letter of Sir William Eure to Cromwell, 26 Jan. 1540.—At his meeting with two gentlemen of the King of Scots' Council at Coldstream ... had divers communings with one of them, Mr Thomas Bellenden ... touching the stay of the Spiritualty in Scotland. ... On being asked how the King and Council of Scotland were inclined towards the Bishop of Rome or a reformation of the Spiritualty, he said James himself and all his temporal Council were much given to the reformation of the clergy—so much so that they had an interlude[1] played last Epiphany before the King and Queen at Linlithgow, all turning upon the naughtiness in religion, the presumption of bishops, the collusion of Spiritual courts called in Scotland the Consistory courts, and misusing of priests. ... When it was over the king called upon the bishop of Glasgow, being

---

[1] Sir David Lindsay, 1490–†1555, 'Ane Satyre of the Thrie Estaits,' publ. for E. E. T. Society, No. 37, in 1869. See too his 'Kitteis Confessioun', written 1537-41, in *ibid*. No. 47, 1871. Knox only reaped where Lindsay had sown. Cf. T. G. Law, *Hamilton's Catechism*, p. xii.

Chancellor, and other bishops, exhorting them to reform their manner of living, and saying unless they did so he would send six of the proudest of them to his uncle of England, and as those were ordered so would he order all the rest.'[1] The Chancellor replied 'that one word of his Grace's mouth should suffice them to be at commandment', and the king answered angrily 'that he would gladly bestow any words of his mouth that could amend them'. . . .

No. 341. The Synods of Edinburgh, 1 Mar.–10 April 1559.

From Articles proponit to the Quene Regent of Scotland be sum temporall Lordis and Barronis, and sent be hir Grace to the haill Prelatis and principallis of the clargie convenit in thair Provincial Counsall in Edinburgh.

In the first, rememberand that our Sovirane Lord of gud memorie that last decest, in his lait Actis of Parliament[2] for the common wele of this realme, thocht necessair to mak ane publict exhortatioun unto my Lordis the Prelatis and rest of the Spirituale Estate for reforming of ther lyvis and for avoyding of the opin sclander that is gevin to the haill Estates throucht the said Spirituale mens ungodly and dissolut lyves : And siclyk remembring in diverss of the lait Provinciale Counsales haldin within this realm, that poynt has bene treittet of, and sindric statutis Synodale maid therupon, of the quhilkis nevertheless thar hes folowit nan or litill fruict as yitt, bot rathare the said Estate is deteriorate, nor emends be ony sic persuasion as hes bene hidertills usit : And sin the said Estate is mirror and lantern to the rest, it is maist expedient therefore that thai presentlie condescend to seik reformation of thir lyvis, and for execuiting deuly of thair offices, evry ane of them effeiring to thir awin vocation and cure committit unto thaim to do, and naymlie that oppin and manifest sins and notour offencis be forborn and abstenit fra in tyme to cum, *etc.*

Item, that thai provid for prechings and declarings of Goddis Word sinceirly and treuly to be made in every paroch kirk of this realm upon all Sondays and utheris Holie Dayis. . . .

---

[1] Sir James Melville's report runs :—' Wherfore gaif my predecessoris sa many landis and rentes to the Kirk ? Was it to mentean halkis, doggis, and hures, to a nomber of ydle prestis ? The King of England burnis, the King of Denmark beheadis you. Bot I sall stik you with this same quhinger ' (Robertson, *Stat. Eccl. Scot.* I. cxl, n. 1).

[2] Of 14 March 1541. Cf. *Act. Parl. Scot.* ii. 370, ' For reforming of Kirkis and Kirkmen.'

Item, that all prechers of the Word of God, or thai be admittit to prech . . . be first examinit deuly . . . if thai be of gud manners and of fitt knawlege. . . .

Item, that thar be na curatis nor vicares . . . maid . . . bot sic as are sufficiantly qualifeit to ministar the sacramentis . . . and that thai can distinctly and plainly reid the Catechisme. . . .

Item, that the Common Prayers with Litanies in our vulgar toung be said in evry peroch kirk upon Sondays and uther Haly Dayis efter the Devin service of the Mess, and that the Evening Prayers be said efternein in likwyse.

No. 342. Archbishop Hamilton's Catechism, 1552.

From the Preface.—Efter that the divine providence of God had promovit us to the office of ane Archbischop and general primacie of this kirk of Scotland, we thocht oft tymes, that na thing culd be to God mair plesand, to the christin pepil mair expedient, and to our office mair convenient and consonant, than with all diligence to provide, that the christin pepil (of quhome we have spiritual cure under God) mycht be instruckit in the faith and law of God, with ane uniforme and concordant doctrine of Christis religioun, aggreabil in all pointis to the catholyk veritie of halie kirk. . . .

To that effect we have exhibet to yow this present Catechisme : quhairin is contenit brevely and trewly, the sowmme of our christian doctrin, agreand in all pointis to the wordis of halye scripture, trew expositioun of the auld and catholyk doctouris, and in materis of contraversie, agreand to the decisiouns and determinatiouns of general counsallis, lauchfully gaderit in the halye spreit for the corroboratioun of our faith. . . .

Heirfor it is to yow expedient to use this present Catechisme, first to your awin instruction, remembring quhat is writtin : *Ignorantia mater cunctorum errorum maxime in sacerdotibus vitanda est, qui officium docendi in populo susceperunt.* . . . Secundly, according to the decreit maid in our provincial counsale, our will is that ye reid the samyn Catechisme diligently, distinctly and plainly, ilk ane of yow to your awin parochianaris, for thair common instructioun and spiritual edificatioun in the word of God, necessarie of thame to be knawin. . . .

And thairfor everilk sonday and principal halydaie, quhen thair cummis na precheour to tham to schaw thame the word of God, to have this Catechisme usit and reid to thame in steid of preching, quhil God of his gudnes provide ane sufficient nowmer of catholyk and abil precheouris, quhilk sal be within few yeiris as we traist in God, to quhom be honour and glore for evir. Amen.

No. 343. A ballad of c. 1560.

The Paip, that Pagane full of pryde
He hes us blindit lang,
For quhair the blind the blind dois gyde,
Na wounder baith ga wrang;
Lyke Prince and King, he led the Ring
Of all Iniquitie:
    Hay trix, tryme go trix, under the grenewod tree.

Bot his abominatioun
The Lord hes brocht to lycht;
His Popische pryde and thrinfald Crowne,
Almaist hes loste thair mycht.
His plak Pardonis ar bot lardonis [deceits]
Of new fund vanitie. Hay trix, &c.

His Cardinallis hes cause to murne,
His Bischoppis borne aback,
His Abbotis gat ane uncouth turne,
Quhen schauelingis went to sack,
With Burges wyffis thay led thair lyues,
And fure [fared] better nor we. Hay trix, &c.

His Carmelitis, and Jacobinis,
His Dominikis had greit do,
His Cordeleris and Augustinis
Sanct Frances [of] ordour to;
Thay sillie Freiris, mony ȝeiris
With babling blerit our E [eye]. Hay trix, &c.

. . . . . .

The blind Bischop, he culd nocht preiche,
For playing with the lassis,
The sillie Freir behulffit to fleiche [flatter]
For almous that he assis [asks]
The Curat his Creid he culd nocht reid,
Schame fall the cumpanie. Hay trix, &c.

The Bischop wald nocht wed ane wyfe,
The Abbot not persew ane,
Thinkand it was ane lustie lyfe,
Ilk day to haif ane new ane,
In euerie place, ane uncouth face,
His lust to satisfie. Hay trix, &c.

The Persoun wald nocht haif ane hure [whore]
Bot twa, and thay war bony [bonnie],
The Vicar thocht [though] he was pure [poor]
Behuifit to haif as mony,
The pareis Preist, that brutall beist,
. . . . Hay trix, &c.

Of lait I saw thir lymmaris [villains] stand,
Lyke mad men at mischeif,
Thinking to get the upper hand,
Thay luke efter releif,
Bot all in vaine, go tell thame plaine,
That day will neuer be. Hay trix, &c.

O Jesu! gif thay thocht greit glie
To se Goddis word downe smorit [smothered],
The Congregatioun maid to flie,
Hypocrisie restorit,
With Messis sung and bellis rung
To thair Idolatrie;
Marie, God thank ȝow, we sall gar brank [curb] yow,
Befoir that tyme trewlie.

No. 344. The Band of 3 Dec. 1557, and the Resolutions.

(*a*) *The Band.*—We, perceaving how Sathan in his memberis, the Antichristis of our tyme, cruelly doeth rage, seaking to dounethring and to destroy the Evangell of Christ, and his Congregatioun, aught, according to our bonden deuitie, to stryve in our Maisteris caus, evin unto the death, being certane of the victorie in him. The quhilk our dewitie being weall considdered, We do promesse befoir the Majestie of God, and his congregatioun, that we (be his grace) shall with all diligence continually apply our hole power, substance, and our verray lyves, to manteane, sett fordward, and establish the most blessed word of God and his Congregatioun; and shall laubour at our possibilitie to have faythfull Ministeris purely and trewlie to minister Christis Evangell and Sacramentes to his people. We shall manteane thame, nuriss thame, and defend thame, the haill congregatioun of Christ, and everie membour thairof, at our haill poweris and waring of our lyves, against Sathan, and all wicked power that does intend tyranny or truble against the foirsaid congregatioun. Onto the quhilk holy woord and congregatioun we do joyne us, and also dois forsaike and renunce the congregatioun of Sathan, with all the superstitious abominatioun and idolatrie thereof : And moreover, shall declare our selfis manifestlie ennemies thairto, be this oure faithfull promesse befoir God, testifeid to his Congregatioun, be our subscriptionis at thir presentis. . . .

(*b*) *The Resolutions:*—

First, It is thought expedient, devised, and ordeaned, that in all parochines of this Realme the Commoun Prayeris be redd owklie on Sounday, and other festuall dayis, publictlie in the Paroche Kirkis, with the Lessonis of the New and Old Testament, conforme to the ordour of the Book of Common Prayeris ; And yf the curattis of the parochynes be qualified, to cause thame to reid the samyn ; and yf thei be nott, or yf thei refuise, that the maist qualifeid in the parish use and read the same.[1]

Secoundly, It is thought necessare, that doctrin, preacheing, and interpretatioun of Scriptures be had and used privatlie in qwyet houssis, without great conventionis of the people tharto, whill afterward that God move the Prince to grant publict preacheing be faithfull and trew ministeris.

No. 345. The destruction at Perth, 11 May 1559.

From a letter of Knox to Mrs. Anna Lock, 23 June 1559.—Yee hunger, I doubt not, deir Sister, to know the successe of Christ's Evangell, the things that have come to passe since my arrivall, and my expectatioun in this interprise, dangerous indeed and verie strange to worldlie men, if ye sall understand the proceidings of our Brether, the true professors of Jesus Christ, since the time that they declared themselves enemies to Antichrist. After diverse requeists made to the Queene Regent by some of the nobilitie, some barouns, and some communaltie ; and after manie faire promises of her part, and yit nothing meaned by her (as the end did declare) but craft and deceate ; the whole Brethrein together did consent, that the ministrie of the Word of God, and administratioun of the Sacraments, sould be erected ; and that idolatrie sould be repressed, where the most part of the people sould admitt reformatioun. And so

[1] Cecil writing to Throckmorton, 9 July 1559, says :—'The Protestants are at Edinburgh, where Lord Arskyn, one of them, has the charge of the castle. They, without violence, dissolve religious houses, directing their lands to the Crown and to ministry in the Church. The parish churches they deliver of altars and images, and receive the service of the Church of England according to King Edward's book' (*Cal. State Papers, Elizabeth, Foreign*, 1558-9, No. 962).

was the kirk of Dundie reformed before my arrivall; publict
prayers were in other places, which thing did so stirre the adversaries, that the preachers were summouned by the authoritie to
answere, as criminall, before a civill judge. The day of their
appearance was the 10th of May 1559, which was the 8th day
after my arrivall. Being moved in conscience to give confes-
sioune with my brethrein, after the rest of one day in Edinburgh,
I prepared my self to repaire toward them; and so, upoun the
third day after, I came to Dundie, where a great assemblie of
brethrein was, for consultatioun what was most expedient in
that doubtfull case. The conclusioun was, that the whole multitude and number of brethrein sould accompanie their preachers,
and give confessioun of their faith with them; and so from
Dundie, they departed to Sanct Johnstoun [Perth], whilk late before had receaved the Order of Common Prayers. But least that
such a multitude might have engendered some suspicioun of resistance and rebellioun against the authoritie, one of the most
grave and most wise barouns was directed to the Queene Regent
with declaration of our mindes; which being understand by
the Queene and her Counsell, it was required of us that the
multitude sould stay, and not come to Stirline, which place
was appointed to the preachers to compeir: and so sould no
extremitie be used, but the summounds sould be continued
till farther advisement; which being glaidlie granted of us,
some of the brethrein returned to their dwelling-places. But
the Queene and her Counsell, nothing mindefull of her and
their promise, incontinent did call the preachers, and for laike
of comperance, did exile and putt them and their assistants to
the horne; which deceate being spied, the brethrein soght the
nixt remedie.[1] And first, after complaint and appellatioun
frome such a deceitfull sentence, they putt to their hands to
reformatioun in Sanct Johnstoun, where the places of idolatrie
of Gray and Blacke Friers, and of Charter-house monkes, were
made equall with the ground; all monuments of idolatrie, that
could be apprehended, consumed with fire; and preests commanded, under paine of death, to desist frome their blasphemous
masse. . . .

No. 346. The assistance of England, July to Nov. 1559.

(*a*) *From Sir William Cecil to Sir James Croft, Governor of Berwick, 8 July 1559.*—Has received, this 6th of July, his letter

[1] In his *History of the Reformation*, Knox puts the responsibility on to 'the raschall multitude', who 'began to seak some spoile' (*Works*, i. 322).

of the 1st inst., with a schedule therein contained of intelligence of the Scottish Queen's coming to Dunbar. . . . Wishes his neighbours were advertised that the Earl of Arran is departed out of France, and that the French king means to send an army thither, viz. 200 men at arms and 30 ensigns of footmen. The Protestants there shall be essayed with all fair promises first, next with money, and last with arms. Wisdom is to provide for the worst. He may keep them in comfort that this realm neither may nor will see them ruined. Desires him to endeavour to kindle the fire, for if it should be quenched the opportunity thereof would not arrive in their lives. What the Protestants mean to do should be done with all speed, for it will be too late when the French power comes. . . .

(*b*) *Minute as to the Garrisons of Scotland, 4 Nov. 1559.*

1. A general contribution and benevolence of all noblemen, gentlemen, burghs, and towns; and a taxation upon the kirk lands, and also the whole profits of such kirk lands as be against the Congregation, to be levied.

2. Of this a perfect book to be made, and men appointed in every county for the collection of the same, out of which certain money to be allotted for their charges.

3. Some to be appointed to have receipt of the treasure and make payments to the garrisons, or for munitions or necessaries, by warrant signed by the Lords, or three of them, whereof the Duke, the Earl of Arran, or the Prior of St. Andrews to be one.

4. Knox to be a counsel with the payments to see that they be employed to the common action.

5. The treasure to be kept secret, and that all such money as they shall spend in this common action may seem to grow and be levied only by the means above said.

(*c*) *Parker, Archbishop Elect of Canterbury, to Cecil, 6 Nov. 1559.*—God keep us from such visitation as Knockes have attempted in Scotland ; the people to be orderers of things !

No. 347. The Treaty of Edinburgh, 6 July 1560.

Item, conventum concordatum et conclusum est quod omnes copiae militares, tam maritimae quam terrestres, utriusque partis ex regno Scotiae discedent. . . .

. . . Statutum pactum et conventum est quod dictus Rex Christianissimus et Regina Maria et uterque eorum abstinebunt deinceps a dicto titulo atque insignibus regni Angliae vel Hiberniae utendis vel gerendis, prohibebunt etiam ac interdicent suis subditis ne quis in regno Franciae et Scotiae atque eorum provinciis sive in aliqua parte eorum, quovis modo utatur dictis titulo aut insignibus, interdicent etiam ac praestabunt quantum in ipsis erit, ne quis aliquo modo dicta insignia cum insignibus dictorum regnorum Franciae aut Scotiae commisceat.

No. 348. Parliament alters faith and worship, 17-24 August 1560.

(a) *xvii Die Augusti.*—The Confessioun of fayth professed & beleved be the protestantis within the realme of Scotland, publischeit be thame in parliament and be the estaitis thairof ratifeit and apprevit as hailsome and sound doctrine groundit upoune the infallibill trewth of God'is word.

[*Here follows the Confession of Faith.*]

Thir actis and articklis ar red in the face of Parliament and ratifyit be the thre estatis of this realme at Edinburgh the sevintene day of August, the ʒeir of God MDLX.

(b) *From Knox's History of the Reformation, Book III.*— This oure Confessioun was publictlie red, first in audience of the Lordis of Articles, and after in audience of the haill Parliament; whair war present, not onlie suche as professed Christ Jesus, but also a great number of the adversaries of our religioun, suche as the foirnamed Bishoppis, and some others of the Temporall Estate, who war commanded in Goddis name to object, yf thei could, any thing against that doctrine . . . and the vottis of everie man war requyred accordinglie. Of the Temporall Estate onlie voted in the contrair, the Erle of Atholl, the Lordis Somervaill and Borthwik; and yit for thair disassenting thei produced no bettir reassone, but, 'We will beleve as oure fatheris beleved'. The Bischoppis (Papisticall, we meane) spack nothing. The rest of the haill thre Estaittis, by thair publict votes, affirmed the doctrine; and many, the rather, becaus that the Bischoppis wold nor durst say nothing in the contrair; for this was the vote of the Erle Merschell[1]—'It is long since I have had some favour unto the trewth, and since that I have had a suspitioun of the Papisticall religioun; but, I praise my God, this day hes fully resolved me in the one and the other. For seing that my Lordis Bischoppis, who for thair lear[n]ing can, and for the zeall that thei should bear to the veritie, wold, as I suppose, ganesay any thing that directlie repugnes to the veritie of God; seing, I say, my Lordis

[1] William Keith, fourth Earl Marischall, †1581.

Bischoppis heir present speakis nothing in the contrair of
the doctrine proponed, I can nott but hold it to be the veric
trewth of God, and the contrarie to be deceavable doctrine.
And thairfoir, so far as in me lyeth, I approve the one and
dampne the other : And do farther ask of God, that not onlie
I, but also all my posteritie, may enjoy the comforte of the
doctrin that this day our earis have hearde. And yitt more,
I man vote, as it war by way of protestatioun, that yf any
persones ecclesiasticall shall after this oppone thame selfis to
this our Confessioun, that thei have no place nor credite,
considdering that thei having long advisement, and full knaw-
ledge of this oure Confessioun, none is now found in lauchfull,
free, and quyete Parliament to oppone thame selfis to that
whiche we professe : And thairfoir, yf any of this generatioun
pretend to do it after this, I protest he be repute rather one
that loveth his awin commoditie and the glorie of the world,
than the trewth of God, and the salvatioun of menis saullis.'

(*c*) *xxiv Die Augusti.*

(α) In the Parliament haldin at Edinburgh . . . upoun the
twenty-four day of the . . . monethe of August, the thre Estaitis
then being present, understanding that the jurisdictioune and
autoritie of the bischope of Rome callit the paip usit within this
realme in tymes bipast hes been verray hurtful and prejudiciall
to our Soveranis autoritie and commone weill of this realme,
thairfoir hes statute & ordanit that the bischope of Rome
haif na Jurisdictioun nor autoritie within this realme in tymes
cuming, and that nane of our saidis Soveranis subjectis of this
realme sute or desire in ony tyme heireftir title or rycht be
the said bischope of Rome or his sait [sect] to ony thing
within this realme under the panis of barratrye, that is to say
proscriptioune banischement and nevir to bruke honour office
nor dignitie within this realme : And the controvenaris heirof
to be callit befoir the Justice or his deputis or befoir the Lordis
of Sessioun and punist thairfoir conforme to the Lawis of this
realme : And the furnissaris of thame with fynance of money
and purchessaris of thair title of rycht or manteanaris or
defendaris of thame sall incur the same panis : And that na
bischop nor uther prelat of this realme use ony Jurisdictioun
in tymes to cum be the said bischop of Romeis autoritie under
the pane foirsaid.

(β) The quhilk day forsameklc as Almichtie God be his
maist trew and blissit word hes declarit the reverence and
honour quhilk suld be gevin to him and be his sone Jesus

Christ hes declarit the trew use of the Sacramentis, willing the
same to be usit according to his will and word; be the qubilk
it is notoure and perfitlie knawin that the sacramentis of
baptisme and of the body and blude of Jesus Chryst hes bene
in all tymes bipast corruptit be the papistical kirk and be
thair usurpit ministeris: And presentlie notwithstanding the
reformatioune already maid according to Goddis worde, ʒit
nottheless thair is sum of the same papis kirk that stubburnlie
perseveris in thair wickit Idolatrie, sayand Messe, and bap-
tizand conforme to the papis kirk, prophanand thairthrow the
sacramentis foirsaidis in quiet and secreit places, regardand
thairthrow nather God nor his holie Word: Thairfoir it is
statute and ordanit in this present Parliament that na maner
of persone or personis in ony tymes cuming administrat ony
of the sacramentis foirsaidis secreitlie or in ony uther maner of
way bot thai that ar admittit and havand power to that effecte
and that na maner of person nor personis say Messe, nor ʒit
heir Messe, nor be present thairat under the pane of confisca-
tioune of all thair gudis movable and unmovable and puneissing
of thair bodeis at the discretioun of the magistrat, within
quhais Jurisdictioune sik personis happynnis to be apprehendit,
for the first falt; banissing of the Realme for the secund falt,
and justifying to the deid, for the thrid falt. And ordanis all
Schireffis, stewartis, baillies, and thair deputis, provestis and
baillies of burrowis and utheris jugeis quhatsumever within
this realme to tak diligent sute and Inquisitioun within thair
boundis quhair ony sik usurpit ministerie is usit Messe saying
or thai that beis present at the doing thairof, ratifyand and
apprevand the samyn, and tak and apprehend thame to the
effect that the panis abovewrittin may be execute upoun
thame.

XXIII

THE NEW FAITH, DISCIPLINE, AND WORSHIP,

1560–4

These are contained in three documents, the first of which was,
1560 [No. 349] the **Confession of Faith** (W. Dunlop, *Collection
of Confessions of Faith*, ii. 13 sqq.; Knox, *Works*, ii. 93 sqq.; Schaff,
Creeds of Evang. Prot. Churches, 437 sqq. Cf. Mitchell, *The
Scottish Reformation*, c. vi). It was presented to Parliament, and
sanctioned 17 Aug.; and Knox had the chief hand in its composition,
as may be gathered both from its vigour and from 'the unmeasured
language of vituperation '(Mitchell, 120) with which it assails that

'filthie synagogue' and 'horrible harlot, the Kirk malignant[1]' [*Art.* 18]. But much of its language can be traced to Calvin's Institutes, the Genevan Confessions, and the *Summa Doctrinae* of John Laski (*Opera*, ii. 294 sqq. ed. Kuyper). Orthodox enough on the Trinity and the Incarnation, the Old Scots Confession betrays its origin in asserting that 'the image of God wes utterlie defaced in man' [*Art.* 3]; that the true Kirk is invisible, consisting only of the elect [*Art.* 16], and has for its notes not 'antiquitie, title usurpit, lineal descence', but 'the trew preaching of the Worde of God ... the right administration of the Sacraments' and 'ecclesiastical discipline uprightlie ministred' [*Art.* 18]. The Confession remained the standard of doctrine in the Kirk under both the Presbyterian and the Episcopal régime to 1647, when it was superseded by the *Westminster Confession* (Dunlop, i. 1 sqq.; Schaff, *Creeds, &c.* 600 sqq.).

Next followed, from the same hands, 1560 [No. 350] **the First Book of Discipline** (Dunlop, ii. 515 sqq.; Knox, *Works*, ii. 183 sqq.; cf. Mitchell, c. viii) under nine heads. In sketching the only Scriptural polity, it starts from the position, already adopted by the *Book of Common Order*, 1556, from Calvin's *Ordonnances ecclésiastiques* (*supra*, No. 302) of 1541, to the effect that the permanent office-bearers are four—Pastors, Doctors, Elders, and Deacons (*B. C. O.* 13 sqq., ed. G. W. Sprott, 1901). It is necessary, however, 'to make difference betwixt preachers at this time' (Fifth Head; Dunlop, ii. 539): and provision is accordingly made for Superintendents; the shadows, but only the shadows, of the Catholic episcopate. As to the 'admission of ministers', it is laid down that 'it is neither the clipping of their crownes, the greasing of their fingers, nor the blowing of the dumb dogges called the Bishops, neither the laying on of their hands, that maketh true ministers of Christ Jesus. But ... the nomination of the people, the examination of the learned, and publick admission ... make men lawfull ministers' (Ninth Head, ii. 603); nor is any a lawful minister but a preacher, for the Sacraments cannot be 'rightlie ministred by him, in whose mouth God hath put no sermon of exhortation' (Fourth Head, ii. 530). The book, in short, rejects the traditional, revives the Ephesian[2], and leaves a loophole for the charismatic ministry. It displays as great a zeal for education (Fifth Head, ii. 547 sqq.) as for Discipline (Seventh Head, ii. 568 sqq.): and the latter was regulated by an *Order of Excommunication and of Public Repentance* (Knox, *Works*, vi. 447 sqq.; Sprott, *B. C. O.* 35 sqq.), sanctioned in 1569 and abridged by Knox from similar formularies of John Laski (*Forma ac Ratio tota Ecclesiastici Ministerii* in *Opera*, ii. 184 sqq., 194 sqq.). [No. 351] **The Book of Common**

[1] = *ecclesia malignantium*, Ps. xxv. [xxvi,] 5—a designation which Knox had adopted in his dispute with Friar Arbuckill, 1547 (*Works*, i. 200).

[2] 'In some editions of the Genevan Version the word "eldership" is thus explained in the margin: "Under this name he containeth the whole ministerie of the Church which was at Ephesus"' (Mitchell, 232, n. 1).

Order (G. W. Sprott, *Book of Common Order*; Dunlop, ii. 383 sqq.; Knox, *Works*, vi. 275 sqq.; cf. Mitchell, c. vii) was authorized by the General Assembly, 1564, and completed the ecclesiastical reconstruction. In the First Book of Discipline, it is cited as 'the Order of Geneva' (Dunlop, ii. 520), and was used, 1556, by Knox's congregation there (Knox, *Works*, iv. 141 sqq.), though the first draft of it was made for the English congregation at Frankfort, on the basis of Farel's and Calvin's services as modified by the *Liturgia Sacra* [23 Feb. 1551] of Pollanus, the successor of Calvin at Strassburg. Commonly known as *Knox's Liturgy*, it is in part a guide or model like its originals, and the minister was free at points to substitute for its *ipsissima verba* others 'like in effect' (Dunlop, ii. 417). It embodied the rule of the Kirk as to worship from 1564 to 1645, when it was superseded by *The Westminster Directory* (ed. Leishman: cf. Sprott, *B. C. O.*, p. xx), as Calvin's Catechism (Dunlop, ii. 139 sqq.) and the Heidelberg Catechism hitherto in use in Scotland (*ibid.* 273) by the *Westminster Catechisms, Larger* (*ibid.* i. 161 sqq.) and *Shorter* (*ibid.* 395 sqq.).

Thus the new system was alike continental in origin and revolutionary in design. Its authors were men who regarded themselves as committed 'to that same warre' against the ancient church 'which God commanded Israel to execute against the Cananites'. After the death of Knox, 24 Nov. 1572 (Mitchell, c. ix), *a Second Book of Discipline* (Dunlop, ii. 757 sqq.), 1578, and a *Second Confession of Faith* (*ibid.* ii. 103 sqq., and, in Latin, 811 sqq.; Schaff, *Creeds, &c.* 480 sqq.), 1581, were put forth (cf. Mitchell, c. x). The one, drawn up by Andrew Melville, 1545–†1622, riveted a stricter Presbyterianism on the Scottish people; the other was a fresh declaration against 'that Romane Antichrist ... his divilish Messe, his blasphemous Priesthead ... his erroneous and bloodie Decreets made at Trente ...' Excepting for the readmission of 'imposition of hands of the Elderschip' (Dunlop, ii. 769) at Ordination, the *First Book of Discipline*, so far from being improved by the *Second*, was 'narrowed, and the whole system stiffened' (Mitchell, 216). In 1592 Parliament gave its sanction to the Calvinistic Presbyterianism thus finally set up (*Act. Parl. Scot.* iii. 541 sq.).

No. 349. The First Confession of Faith, 1560.

Art. 3: Of original sinne.—Be quhilk transgressioun, commonlie called Original sinne, wes the Image of God utterlie defaced in man, and he and his posteritie of nature become enimies to God, slaves to Sathan, and servandis unto sin. In samekle that deith everlasting hes had, and sall have power and dominioun over all that have not been, ar not, or sal not be regenerate from above: quhilk regeneratioun is wrocht be the power of the holie Gost, working in the hartes of the elect of God, ane assured faith in the promise of God, reveiled to us in his Word, be quhilk faith we apprehend Christ Jesus, with the graces and benefites promised in him.

Art. 16: Of the Kirk.—As we beleve in ane God, Father, Sonne, and halie Ghaist; sa do we maist constantly beleeve, that from the beginning there hes bene and now is, and to the end of the warld sall be, ane kirk, that is to say, ane company and multitude of men chosen of God, who richtly worship and imbrace him be trew faith in Christ Jesus, quha is the only head of the same kirk, quhilk alswa is the bodie and spouse of Christ Jesus, quhilk kirk is catholike, that is, universal, because it conteinis the elect of all ages, of all realmes, nations, and tongues, be they of the Jewes, or be they of the Gentiles, quha have communion and societie with God the Father, and with his Son Christ Jesus, throw the sanctificatioun of his haly Spirit: and therefore it is called the communioun, not of prophane persounes, bot of saincts, quha as citizenis of the heavenly Jerusalem, have the fruitioun of the maist inestimable benefites, to wit, of ane God, ane Lord Jesus, ane faith, and ane baptisme: out of the quhilk kirk, there is nouther lyfe, nor eternall felicitie. And therefore we utterly abhorre the blasphemie of them that affirme, that men quhilk live according to equitie and justice, sal be saved, quhat Religioun that ever they have professed. For as without Christ Jesus there is nouther life nor salvation; so sal there nane be participant therof, bot sik as the Father hes given unto his Sonne Christ Jesus, and they that in time cum unto him, avowe his doctrine, and beleeve into him; we comprehend the children with the faithfull parentes. This Kirk is invisible, knawen onelie to God, quha alane knawis whome he hes chosen, and comprehends as weill (as said is) the elect that be departed, commonlie called the Kirk Triumphant, and they that ʒit live and fecht against sinne and Sathan, as sall live hereafter.

Art. 18: Of the notis, be the quhilk the trewe Kirk is decernit fra the false, and quha sall be judge of the doctrine.—Because that Sathan from the beginning, hes laboured to deck his pestilent Synagoge with the title of the Kirk of God, and hes inflamed the hertes of cruell murtherers, to persecute, trouble and molest the trewe Kirk and members thereof, as Cain did Abell, Ismael Isaac, Esau Jacob, and the haill Priesthead of the Jewes Christ Jesus himselfe, and his Apostles after him. It is ane thing maist requisite, that the true Kirk be decerned fra the filthie Synagogues, be cleare and perfite notes, least we, being deceived, receive and imbrace, to our awin condemnatioun, the ane for the uther. The notes, signes, and assured takens whereby the immaculate Spouse of Christ Jesus is knawen fra the horrible harlot, the Kirk malignant, we affirme, are nouther antiquitie, title usurpit, lineal descence, place appointed, nor multitude of men approving ane error; for Cain, in age and title, was preferred to Abel and Seth: Jerusalem had prerogative above all places of the eird, where alswa were the Priests lineally descended fra Aaron; and greater number followed the Scribes, Pharisies, and Priestes, then unfainedly beleeved and approved Christ Jesus and his doctrine: and ʒit, as we suppose, no man of sound judgment will grant, that ony of the forenamed were the Kirk of God. The notes therefore of the trew Kirk of God we beleeve, confesse, and avow to be, first, the trew preaching of the worde of God, into the quhilk God hes revealed himselfe unto us, as the writings of the Prophets and Apostles dois declair. Secundly, the right administration of the Sacraments of Christ Jesus, quhilk man be annexed unto the word and promise of God, to seale and confirme the same in our hearts. Last, ecclesiastical discipline uprightlie ministred, as Goddis worde prescribes, whereby vice is repressed, and vertew nurished. Wheresoever then thir former notes are seene, and of ony time continue (be the number never so fewe, about two or three) there, without all doubt, is the trew Kirk of Christ, who, according unto his promise, is in the middis of them. Not that universall, of quhilk we have before spoken, bot particular, sik as wes in Corinthus, Galatia, Ephesus, and uther places, in quhilk the ministrie wes planted be Paull, and were of himself named the kirks of God: and sik kirks, we the inhabitantis of the Realme of Scotland, professoris of Christ Jesus, professis ourselfis to have in our cities, townes, and places, reformed, for the doctrine taucht in our Kirkis, conteined in the writen worde of God, to wit in the buiks of the auld and new Testamentis, in those buikis we meane, quhilk of the ancient have been reputed canonicall. In the quhilk we affirme, that all thingis necessary to be beleeved for the salvation of mankinde, is sufficiently expressed. The interpretation quhairof, we confesse, neither appertaines to private nor publick persone, nether ʒit to ony Kirk, for ony preheminence or prerogative, personallie or locallie, quhilk ane hes above ane uther, bot apperteines to the Spirite of God, be he quhilk also the Scripture was written. When controversie then happines, for the right understanding of ony place or sentence of Scripture, or for the reformation of ony abuse within the Kirk of God, we ought not sa meikle to luke what men before us have said or done, as unto that quhilk the halie Ghaist uniformelie speakes within the body of the Scriptures, and unto that quhilk Christ Jesus himselfe did, and commanded to be done. For this is ane thing universallie granted, that the Spirite of God, quhilk is the Spirite of unitie, is in nathing contrarious unto himselfe. Gif then the interpretation, determination, or sentence of ony Doctor, Kirk, or Councell, repugne to the plaine worde of God, written in ony uther place of the Scripture, it is a thing maist certaine, that there is not the true understanding and meaning of the haly Ghaist, although that Councels, Realmes, and Nations have approved and received the same. For we dare non receive or admit ony interpretation quhilk repugnes to ony principall point of our faith, or to ony uther plaine text of Scripture, or ʒit unto the rule of charitie.

No. 350. The First Book of Discipline, 20 May 1560.

The Fourth Head, concerning Ministers and their lawfull Election.

Cap. iv, § 1. In a Church reformed, or tending to Reformation, none ought to presume either to preach, or yet to minister the Sacraments, till that orderly they be called to the same. Ordinarie vocation consisteth in election, examination, and admission. . . .

The Ninth Head, concerning the Policie of the Kirk.

Cap. xvi, § 3. The papisticall Priests have neither power nor authoritie to minister the Sacraments of Christ Jesus, because that in their mouth is not the sermon of exhortation; and therefore to them must strait inhibition be made, notwithstanding any usurpation they have made in the time of blindnesse, not to presume upon the like hereafter, as likewise to all others who are not lawfully called to the holy Ministry, it is neither the clipping of their crownes, the greasing of their fingers, nor the blowing of the dumb dogges called the Bishops, neither the laying on of their hands that maketh true Ministers of Christ Jesus: but the Spirit of God inwardly first moving the heart to seeke to enter in the holy calling for Christ's glory and the profite of his Kirk, and thereafter the nomination of the people, the examination of the learned, and publick admission as before is said, make men lawfull Ministers of the Word and Sacraments. We speak of the ordinarie vocation in Kirks reformed; and not of that which is extraordinary, when God by himselfe and by his onely power, raiseth up to the Ministerie such as best pleaseth his Wisedome.

No. 351. The Book of Common Order, 1564.

THE ORDER OF PUBLIC WORSHIP.

CHAP. VIII. PRAYERS BEFORE AND AFTER SERMON.

When the Congregation is assembled at the hour appointed, the Minister useth this confession, or like in effect, exhorting the people diligently to examine themselves, following in their hearts the tenor of his words.

THE CONFESSION OF OUR SINS.

O ETERNAL GOD and most merciful Father, we confess and acknowledge here before Thy Divine Majesty, that we are miserable sinners, conceived and born in sin and iniquity, so that in us there is no goodness; for the flesh evermore rebelleth against the Spirit, whereby we continually transgress Thy holy precepts and commandments, and so do purchase to ourselves, through Thy just judgement, death and damnation. Notwithstanding, O heavenly Father, forasmuch as we are displeased with ourselves for the sins that we have committed against Thee, and do unfeignedly repent us of the same, we most humbly beseech Thee, for Jesus Christ's sake, to show Thy mercy upon us, to forgive us all our sins, and to increase Thy Holy Spirit in us, that we, acknowledging from the bottom of our hearts our own unrighteousness, may from henceforth not only mortify our sinful lusts and affections, but also bring forth such fruits as may be agreeable to Thy most blessed will, not for the worthiness thereof, but for the merits of Thy dearly beloved Son Jesus Christ our only Saviour, whom Thou hast already given, an oblation and offering for our sins, and for whose sake we are certainly persuaded that Thou wilt deny us nothing that we shall ask in His name according to Thy will. For Thy Spirit doth assure our consciences that Thou art our merciful Father, and so lovest us Thy children through Him, that nothing is able to remove Thy heavenly grace and favour from us. To Thee, therefore, O Father, with the Son and the Holy Ghost, be all honour and glory, world without end. So be it.

This done, the people sing a Psalm all together, in a plain tune: which ended, the Minister prayeth for the assistance of God's Holy Spirit, as the same shall move his heart, and so proceedeth to the Sermon; using after the Sermon this Prayer following, or suchlike.

A Prayer for the Whole Estate of Christ's Church.

Almighty God, and most merciful Father, we humbly submit ourselves, and fall down before thy Majesty, beseeching Thee, from the bottom of our hearts, that this seed of Thy Word now sown among us may take such deep root, that neither the burning heat of persecution cause it to wither, neither the thorny cares of this life do choke it, but that, as seed sown in good ground, it may bring forth thirty, sixty, and an hundred fold, as Thy heavenly wisdom hath appointed. And because we have need continually to crave many things at Thy hands, we humbly beseech Thee, O heavenly Father, to grant us Thine Holy Spirit to direct our petitions, that they may proceed from such a fervent mind as may be agreeable to Thy most blessed will.

And seeing that our infirmity is able to do nothing without Thy help, and that Thou art not ignorant with how many and great temptations we poor wretches are on every side enclosed and compassed, let Thy strength, O Lord, sustain our weakness, that we, being defended with the force of Thy grace, may be safely preserved against all assaults of Satan, who goeth about continually like a roaring lion, seeking to devour us. Increase our faith, O merciful Father, that we do not swerve at any time from Thy heavenly Word, but augment in us hope and love with a careful keeping of all Thy commandments, that no hardness of heart, no hypocrisy, no concupiscence of the eyes, nor enticements of the world, do draw us away from Thy obedience. And seeing we live now in these most perilous times, let Thy fatherly providence defend us against the violence of all our enemies, which do everywhere pursue us; but chiefly against the wicked rage and furious uproars of that Romish idol, enemy to Thy Christ.

Furthermore, forasmuch as by Thy holy Apostle we are taught to make our prayers and supplications for all men, we pray not only for ourselves here present, but beseech Thee also to reduce all such as be yet ignorant from the miserable captivity of blindness and error to the pure understanding of Thy heavenly truth, that we all with one consent and unity of minds may worship Thee our only God and Saviour: and that all Pastors, Shepherds, and Ministers to whom Thou hast committed the dispensation of Thy holy Word, and charge of

Thy chosen people, may both in their life and doctrine be found faithful, setting only before their eyes Thy glory, and that by them all poor sheep, which wander and go astray, may be gathered and brought home to Thy fold.

Moreover, because the hearts of rulers are in Thy hands, we beseech thee to direct and govern the hearts of all Kings, Princes, and Magistrates, to whom Thou hast committed the sword; especially, O Lord, according to our bounden duty, we beseech Thee to maintain and increase the noble estate of the King's Majesty, and his honourable Council, with all the estate and whole body of the Commonwealth. Let thy fatherly favour so preserve him, and Thy Holy Spirit so govern his heart, that he may in such sort execute his office, that Thy religion may be purely maintained, manners reformed, and sin punished, according to the precise rule of Thy holy Word.

And for that we be all members of the mystical body of Christ Jesus, we make our requests unto Thee, O heavenly Father, for all such as are afflicted with any kind of cross or tribulation, as war, plague, famine, sickness, poverty, imprisonment, persecution, banishment, or any other kind of Thy rods, whether it be grief of body or unquietness of mind; that it would please Thee to give them patience and constancy till Thou send them full deliverance [out] of all their troubles.

And finally, O Lord God, most merciful Father, we most humbly beseech Thee to show Thy great mercy upon our brethren who are persecuted, cast in prison, and daily condemned to death for the testimony of Thy truth: And though they be utterly destitute of all man's aid, yet let Thy sweet comfort never depart from them, but so inflame their hearts with Thy Holy Spirit, that they may boldly and cheerfully abide such trial as Thy godly wisdom shall appoint; so that at length, as well by their death as by their life, the kingdom of Thy Son Jesus Christ may increase and shine through all the world: In whose name we make our humble petitions unto Thee, as He hath taught us, saying, *Our Father, &c.*

ALMIGHTY and everliving God, vouchsafe, we beseech Thee, to grant us perfect continuance in Thy lively faith, augmenting the same in us daily, till we grow to the full measure of our perfection in Christ, wherof we make our Confession, saying, *I believe in God the Father Almighty, &c.*

Then the people sing a Psalm, which ended, the Minister pronounceth one of these blessings, and so the Congregation departeth.

THE Lord bless us and save us, the Lord make His face to shine upon us, and be merciful unto us; the Lord turn His countenance towards us, and grant us His peace.

THE grace of our Lord Jesus Christ, the love of God, and the communion of the Holy Ghost, be with us all. So be it.

It shall not be necessary for the Minister daily to repeat all these things before mentioned, but, beginning with some manner of confession, to proceed to the Sermon, which ended, he either useth the Prayer for all Estates before mentioned, or else prayeth, as the Spirit of God shall move his heart, framing the same according to the time and matter which he hath entreated of.

CHAP. X. THE MANNER OF THE ADMINISTRATION OF THE LORD'S SUPPER.

The day when the Lord's Supper is ministered, which is commonly used once a month, or so oft as the Congregation shall think expedient, the Minister useth to say as follows:—

LET us mark, dear brethren, and consider how Jesus Christ did ordain unto us His holy Supper, according as St. Paul maketh rehearsal in the eleventh chapter of the First Epistle to the Corinthians, saying, "I have received of the Lord that which I have delivered unto you, to wit, That the Lord Jesus, the same night that He was betrayed, took bread; and when He had given thanks, He brake it, saying, Take ye, eat ye; this is my body, which is broken for you: do ye this in remembrance of Me. Likewise after Supper, He took the cup, saying, This cup is the New Testament, or Covenant, in my blood; do ye this, so oft as ye shall drink thereof, in remembrance of Me: For as oft as ye shall eat this bread, and drink of this cup, ye shall declare the Lord's death until His coming. Therefore, whosoever shall eat this bread, and drink of the cup of the Lord, unworthily, he shall be guilty of the body and blood of the Lord. Then see that every man prove and try himself, and so let him eat of this bread, and drink of this cup; for whosoever eateth or drinketh unworthily, he eateth and drinketh his own damnation, for not having due regard and consideration of the Lord's body."

This done, the Minister proceedeth to the Exhortation.

DEARLY beloved in the Lord, forasmuch as we be now assembled to celebrate the Holy Communion of the body and blood of our Saviour Christ, let us consider these words of St. Paul, how he exhorteth all persons diligently to try and examine themselves before they presume to eat of that bread, and to drink of that cup; for as the benefit is great, if, with a true penitent heart and lively faith, we receive that holy Sacrament (for then we spiritually eat the flesh of Christ and drink His blood, then we dwell in Christ, and Christ in us, we be one with Christ, and Christ with us), so is the danger great if we receive the same unworthily, for then we be guilty of the body and blood of Christ our Saviour, we eat and drink our own damnation, not considering the Lord's body, we kindle God's wrath against us, and provoke Him to plague us with divers diseases and sundry kinds of death.

And therefore, in the name and authority of the eternal God, and of His Son Jesus Christ, I excommunicate from this Table all blasphemers of God, all idolaters, all murderers, all adulterers, all that be in malice or envy; all disobedient persons to father or mother, Princes or Magistrates, Pastors or Preachers; all thieves and deceivers of their neighbours; and, finally, all such as live a life directly fighting against the will of God: charging them, as they will answer in the presence of Him who is the righteous Judge, that they presume not to profane this most holy Table. And yet this I pronounce not, to seclude any penitent person, how grievous soever his sins before have been, so that he feel in his heart unfeigned repentance for the same; but only such as continue in sin without repentance. Neither yet is this pronounced against such as aspire to a greater perfection than they can in this present life attain unto; for, albeit we feel in ourselves much frailty and wretchedness, as that we have not our faith so perfect and constant as we ought, being many times ready to distrust God's goodness through our corrupt nature; and also that we are not so thoroughly given to serve God, neither have so fervent a zeal to set forth His glory, as our duty requireth, feeling still such rebellion in ourselves, that we have need daily to fight against the lusts of our flesh; yet nevertheless, seeing that our Lord hath dealt thus mercifully with us, that He hath printed His Gospel in our hearts, so that we are preserved from falling into desperation and misbelief; and seeing also that He hath endued us with a will and desire to renounce and withstand our own affections, with a longing for His righteousness and the keeping of His commandments, we may be now right well assured, that those defaults and manifold imperfections in us shall be no hindrance at all against us, to cause Him not to accept and impute us as worthy to come to His spiritual Table: For the

end of our coming thither is not to make protestation that we
are upright or just in our lives; but contrariwise, we come to
seek our life and perfection in Jesus Christ, acknowledging in
the mean time that we of ourselves be the children of wrath
and damnation

Let us consider, then, that this Sacrament is a singular
medicine for all poor sick creatures, a comfortable help to weak
souls, and that our Lord requireth no other worthiness on our
part, but that we unfeignedly acknowledge our naughtiness and
imperfection. Then, to the end that we may be worthy partakers of His merits, and most comfortable benefits, which is
the true eating of His flesh and drinking of His blood, let us
not suffer our minds to wander about the consideration of these
earthly and corruptible things (which we see present to our
eyes, and feel with our hands), to seek Christ bodily present
in them, as if He were enclosed in the bread and wine, or as if
these elements were turned and changed into the substance of
His flesh and blood; for the only way to dispose our souls to
receive nourishment, relief, and quickening of His substance,
is to lift up our minds by faith above all things worldly and
sensible, and thereby to enter into heaven, that we may find
and receive Christ, where He dwelleth undoubtedly very God
and very Man, in the incomprehensible glory of His Father, to
Whom be all praise, honour, and glory, now and ever. Amen.

*The exhortation ended, the Minister cometh down from the
Pulpit, and sitteth at the Table, every man and woman in like
wise taking their place as occasion best serveth: Then he taketh
bread, and giveth thanks, either in these words following, or like
in effect:—*

O FATHER of mercy, and God of all consolation, seeing all
creatures do acknowledge and confess Thee as Governor and
Lord, it becometh us, the workmanship of Thine own hands,
at all times to reverence and magnify Thy godly Majesty, first,
for that Thou hast created us to Thine own image and simili-
tude, but chiefly because Thou hast delivered us from that
everlasting death and damnation into the which Satan drew
mankind, by the mean of sin, from the bondage whereof
neither man nor angel was able to make us free, but Thou, O
Lord, rich in mercy, and infinite in goodness, hast provided
our redemption to stand in Thine only and well-beloved Son,
whom of very love Thou didst give to be made Man like unto
us, in all things, sin except, that in His body He might receive
the punishment of our transgression, by His death to make

satisfaction to Thy justice, and by His resurrection to destroy him that was author of death, and so to bring again life to the world, from which all the whole offspring of Adam most justly was exiled.

O Lord, we acknowledge that no creature is able to comprehend the length and breadth, the deepness and height of that Thy most excellent love, which moved Thee to show mercy where none was deserved, to promise and give life where death had gotten the victory, to receive us into Thy grace when we could do nothing but rebel against Thy justice. O Lord, the blind dullness of our corrupt nature will not suffer us sufficiently to weigh those Thy most ample benefits; yet, nevertheless, at the commandment of Jesus Christ our Lord, we present ourselves to this His Table, which He hath left to be used in remembrance of His death, until His coming again, to declare and witness before the world, that by Him alone we have received liberty and life, that by Him alone Thou dost acknowledge us Thy children and heirs, that by Him alone we have entrance to the throne of Thy grace, that by Him alone we are possessed in our spiritual Kingdom, to eat and drink at His Table, with whom we have our conversation presently in heaven, and by whom our bodies shall be raised up again from the dust, and shall be placed with Him in that endless joy, which Thou, O Father of mercy, hast prepared for Thine Elect before the foundation of the world was laid. And these most inestimable benefits we acknowledge and confess to have received of Thy free mercy and grace, by Thine only beloved Son Jesus Christ, for the which therefore, we Thy congregation, moved by Thy Holy Spirit, render Thee all thanks, praise, and glory, for ever and ever. Amen.

This done, the Minister breaketh the bread, and delivereth it to the people, who distribute and divide the same amongst themselves, according to our Saviour Christ's commandment, and likewise giveth the cup: During the which time some place of the Scriptures is read, which doth lively set forth the death of Christ, to the intent that our eyes and senses may not only be occupied in these outward signs of bread and wine, which are called the visible word, but that our hearts and minds also may be fully fixed in the contemplation of the Lord's death, which is by this holy Sacrament represented. And after this action is done, he giveth thanks, saying,

Most merciful Father, we render to Thee all praise, thanks, and glory for that it hath pleased Thee of Thy great mercies to grant unto us, miserable sinners, so excellent a gift and treasure, as to receive us into the fellowship and company of Thy dear Son Jesus Christ our Lord, whom Thou deliveredst to death for us, and hast given Him unto us as a necessary food and nourishment unto everlasting life. And now we beseech [Thee] also, O heavenly Father, to grant us this request, that Thou never suffer us to become so unkind as to forget so worthy benefits, but rather imprint and fasten them sure in our hearts, that we may grow and increase daily more and more in true faith, which continually is exercised in all manner of good works, and so much the rather, O Lord, confirm us in these perilous days and rages of Satan, that we may constantly stand and continue in the confession of the same, to the advancement of Thy glory, who art God over all things, blessed for ever. So be it.

The action thus ended, the people sing the 103rd Psalm, My soul give laud, *&c., or some other of thanksgiving, which ended, one of the blessings before mentioned is recited, and so they rise from the Table and depart.*

WHY THIS ORDER IS OBSERVED RATHER THAN ANY OTHER.

IF so be that any would marvel why we follow rather this Order than any other, in the administration of this Sacrament, let him diligently consider that first of all we utterly renounce the error of the Papists; secondly, we restore unto the Sacrament his [its] own substance, and to Christ His proper place. And as for the words of the Lord's Supper, we rehearse them, not because they should change the substance of the bread or wine, or that the repetition thereof, with the intent of the sacrificer, should make the Sacrament, as the Papists falsely believe, but they are read and pronounced to teach us how to behave ourselves in that action, and that Christ might witness unto our faith, as it were with His own mouth, that He hath ordained these signs to our spiritual use and comfort; we do, first, therefore, examine ourselves, according to St. Paul's rule, and prepare our minds, that we may be worthy partakers of so high mysteries; then, taking bread, we give thanks, break and distribute it as Christ our Saviour hath taught us; finally, the administration ended, we give thanks again according to His example, so that without His word and warrant there is nothing in this holy action attempted.

INDEX

Aachen (Aix-la-Chapelle), 79.
Aar, The river, 365, 369.
Aargau, 462.
Aarhus, Ove bp. of, 324 sq.
Aberdeen, See of, 688.
Åbo, See of, 151.
Absenteeism, 313.
Absolution: denied by Farel and Calvin, 550; formulae of, 7 sqq., 20.
Abuses, 110 sqq., 113 sqq., 270 sqq., 310 sqq., 362, 415, 434 sqq., 554, 564, 686.
Accidents, 67.
Acta Augustana, 33 sqq.
Adrian VI, Pope, 106 sqq., 387, 408, 415 sq.
Affusion, 451, 454.
Agricola, Johann, 359.
Aigle, 477, 479 sqq.
Alb, 100.
Albert of Brandenburg, Margrave, 185, 323.
Albert of Mansfeld, Count, 181, 301 sq.
Albertine Saxony. *See* Ducal Saxony.
Alciati, Andrea, 521.
Aleander, 75, 79 sqq., 105.
Algiers, 305.
d'Aliod, Claude, 546.
Allegorism, 67.
'Allied' districts of Switzerland, 369, 371.
Almsgiving, 150.
Altar and Table, 227.
Altars, breaking down of, 554 sq., 697.
Alvarus Pelagius, 55.
Amadeus V, Count of Savoy, 494.
Amadeus VIII, Duke of Savoy, 494. *See* Felix V, Pope.
Amandus, 164.
Amboise, Conspiracy of, 680.
Ambrose, St., 380, 382, 668.
Ameaux, Pierre, 577, 630, 636 sq.

Amsdorf, Nicholas, 99.
Anabaptists, 263, 265 sqq., 300, 305, 429, 435, 439, 450 sqq., 522 sq., 528, 547, 572, 682, 686; burnt, 454; drowned, 455, 458.
Anglican clergy not ministers of Christ, 691 sq.
Angrogna, 478.
Anhalt-Dessau, The Reformation in, 305.
Annates, 57, 111, 374.
Anne of Poland, 185.
Anniversaries. *See* Dead.
Ansbach, Diets of, 187.
Anshelm, Valerius, 387.
Anti-Christ, The 'old religion' is, 330, 530, 541, 565, 618, 696 sq., 704, 706.
Anti-didagma of Köln, The, 351.
Antiquity, The appeal to, 46 sqq., 49 sq., 76, 137, 143, 545 sq., 550 sqq., 584, 625, 628, 659, 664, 668, 694.
Anti-Trinitarianism, 646 sq.
Antwerp, 79, 81; Marquisate of, 681; See of, 681; Synod of, 682.
Apostate priests and Religious, 148, 315, 677.
Apostles' Creed: acknowledged by Huguenots, 668; how interpreted at Geneva, 630; used in Calvinistic worship, 619, 624.
Apostolic Succession: Maintained in Sweden, 152; Scouted by Scots, 703, 706.
Appenzell, Canton of, 365, 368; the Reformation in, 459.
Application, 69, 97, 343.
Aquileia, Patriarchate of, 369.
Arcemboldi, Giovanni Angelo de', 13.
Argyll, See of, 688.
Arianism charged against Farel and Calvin, 547, 573 sqq.
Aristotle, 67.
Arran, Earl of, 687, 699.

INDEX

Arras, See of, 681: Antony bp. of. *See* Granvelle, Cardinal.
Art, Relation of Reformers to, 474.
Artichauds (Articulants), 581, 630.
Artois, County of, 681.
Ascension and the Eucharist, The, 483, 530, 549, 552, 603, 627, 651, 655 sqq., 658, 672.
Ascoli, Hieronymus bp. of, 38.
Ash Wednesday, 464, 466.
Assurance, 645, 704.
Astorga, Didaeus bp. of, 355 sq.
Athanasian Creed, 472, 668; Calvin on, 574.
Athanasius, St., 668.
Atonement, Reformed doctrine of the, 652.
Attrition, 72.
Augenspiegel, 11.
Augsburg, 13, 33 sqq., 45, 89, 164, 258, 305, 319, 363, 468; Confession of, 256 sqq., 341 sq., 363, 468, 658; Diet of [1518] 32, [1530] 256 sqq., 468; *Interim* of, 359; Peace of, 363 sq.
Augustine, St., 36, 54, 382, 411, 535, 542, 552 sq.; and Calvin, 641.
Augustinian Friars, 37, 87, 94 sq., 96 sqq., 135, 164 sqq., 167 sq., 388, 402, 443, 461, 502, 515, 695.
Auricular Confession: 73, 93, 104, 120, 130, 168, 189, 226, 235, 264, 314, 343, 345, 414, 692; repudiated by Farel and Calvin, 550, 584.
Austria, 6, 8, 13, 363, 371, 377, 468.
Avarice, clerical, 23 sq., 43, 53, 55 sq., 57 sq., 60 sqq., 68 sq., 73, 98, 113, 120, 144 sq., 150, 161, 203, 235, 275, 311 sq., 314, 351, 402, 412, 415, 426, 431, 437, 448, 475, 533, 564, 617, 688.
Ave Maria put down, 558.
Avignon, 388.

Babylonish Captivity of the Church, The, 62, 66 sqq.
Balard, Jean, 546, 559, 588.
Ballads, 688, 695 sq.
Bamberg, Weigand bp. of, 135, 142, 165.
Band. *See* Covenant.
Banns of marriage, 567, 598.
Baptism: Dignity of, 64; Doctrine of—Lutheran, 70 sqq., 76, 92, 264—Zwinglian, 451, 456—Catholic, 456—Calvinistic, 569, 608 sq., 621 sq., 652; Ceremonies of, 359; To be administered in the vulgar tongue 409—after sermon, 557, 581, 597—by a Minister only, 597, 614, 664—not by women, 227, 568; Form of, at Zürich, 423; of infants, 71, 95, 102, 227, 380, 415, 451 sqq., 456, 569, 610, 671.
Baptismal registers to be kept, 597.
Barcelona, Treaty of, 245 sqq., 468.
Barnim, Duke of Pommern-Stettin, 305.
Basel, 164, 365, 368, 458, 463, 468, 470, 544, 577, 588, 643, 647; Bps. of—Christopher, 52, 142, 388, 401 sq., 409, 428—Philip, 461, 466; Diocese of, 369; University of, 374, 377, 409, 466; Reformation in, 459, 465; First Confession [1534] of, 459.
Bastardy, to be reported, 597.
Baudichon, J., 507, 510, 514.
Beaton, David. *See* St. Andrews.
Beaton, James. *See* St. Andrews.
Beatrice of Portugal, Duchess of Savoy, 503.
Beatus Rhenanus, 51, 375, 381, 388.
Belgium, Counter-Reformation in, 682.
Bells, 225, 228, 426, 443, 558.
Benedictines, 164, 467, 502.
Benedictions forbidden, 558.
Benefices: Traffic in, 117, 373; Conferred on unfit persons, 117, 234, 310, on students, 521; Monastic, to be subject to the Ordinary, 146; Union of, 234 sq., 312.
Benefit of clergy, 119, 235.
Bergen, See of, 323.
Bern, 365, 368, 374, 384, 388, 467 sq.; Disputation [1528] of, 458 sqq., 478; Theses of, 459 sq.; Reformation in, 458, 463, 477; Disposal of Church property at, 462, 468, 470; Rival to Savoy, 477; Four Commanderies of, 477 sq., 481 sq.; Synod [1532] of, 478; Forbids 'Lutheranism' and attacks on Seven Sacraments, 480; No toleration for its subjects, 481;

Liturgy of, 482; At war [1530] with Savoy, 485; Enforces its own Reformation in Neuchâtel, 487 sq.; sends Farel to Morat, 489; Alliance with Geneva and Freiburg, 495, 498; Secures Pays de Vaud in pledge, 500; Complains of the treatment of its preachers at Geneva, 501; Ultimatum to Geneva; 501, 507; Invoked by Geneva, 502, 517; Occupies Geneva, 503; Reforms Pays de Vaud, 503, 545 sq., 554 sqq.; Acknowledges the independence of Geneva, 503, 519 sq.; Ceremonies of, 545 sqq., 559, 577 sq.; Arranges for a Disputation [1536] at Lausanne, 549; Feasts observed by, 537, 578; Puts out a *Catechism*, 558; Commissioners of, 573; Synod [1537] of, 574; Reprimands Farel and Calvin, 575; Peace [1544] with Geneva, 630; Unites [1557] with Geneva, 631; Repudiates Genevan doctrines, 643; Advises death of Servetus, 647; Fears Calvin, 651; Treaty with Savoy, 684.
Berthelier, Philippe, 495 sq.
Berwick, 687, 698.
Besançon, Province of, 13, 369.
Bessarion, 545.
Bex, 477, 479, 481.
Beza, Theodore, 521, 566, 631, 642, 649 sq.
Biberach, 301 sq.
Bigamy, 307.
Bishops: Wealth and dignity of, 96, 353, 413, 419 sq., 475, 689; Negligence of, 206, 401, 585, 693; Election of, 234; Authority of, 283 sqq., 294, 343, 345, 387, 405, 499, 508; Give way to Superintendents, 306, 703; Sovereign Princes among, 387, 405 sq., 495, 499, 502; Tyranny of, 499, 564; Ignorance and incompetence of, 700.
Black Forest, The, 170.
Black Friars. *See* Dominicans.
Blasphemy, 150.
Blaurer, Ambrose, 164, 305.
'Blue Laws,' 546.
Bobadilla, Nicholas de, 336.
Bodenstein, Andrew. *See* Carlstadt.
Bohemia, 6.
Bohemian Brethren, The, 47 sqq., 50, 61, 75, 77, 98, 652, 659.
Bologna, 255.
Bolsec, Jerome, 630, 641 sqq.
Boniface VIII, Pope, 2, 5, 350.
Bonivard, F., 495.
Bonn, 351.
Book of Common Order, The, 703 sq., 708 sqq.
Book of Common Prayer, The, 351, 687, 694, 697.
Booksellers at Oxford, 51; Leipzig, 51; Frankfurt fair, 51; Pavia, 52.
Bora, Catherine von, 170.
Borglum, Krumpen bp. of, 325.
Both kinds, Communion in, 66, 77, 97 sqq., 100, 104, 131, 135, 160, 165, 168, 191, 271, 306 sq., 320, 322, 330, 345, 362, 380, 405, 409, 437.
Boulogne, 684.
Bourges, University of, 521.
Brabant, Duchy of, 354, 572, 681.
Brandenburg: Diocese of, 20, 37; Hieronymus, bp. of, 32; Matthias, bp. of, 307; Electors of. *See* Joachim I, II; Reformation in, 306 sq., 320 sq.
Brandenburg-Ansbach, The Reformation in, 187.
Brandenburg - Nürnberg, *Church Order* of, 187, 351.
Brechin, See of, 688.
Bremen, Province of, 13; City of, 165, 301 sq.
Brenz, Johann, 164, 255.
Brès, Guido de, 682.
Bretten, 90.
Bridal ornaments forbidden, 577.
Briessmann, Johann, 165, 186.
Brindisi, Hieronymus abp. of, 318.
Brouet, P., 336.
Brück, Dr., 255, 258, 306.
Bruges, See of, 681.
Brunswick, City of, 187; *Church Order* of, 230 sqq.
Brunswick-Calenberg, Reformation in, 306.
Brunswick-Lüneburg, The Reformation in, 187, 302.
Bucer (Butzer), Martin, 164, 255, 307, 319, 341 sq., 351 sq., 463, 468, 511, 543, 558, 580 sq.

INDEX

Bugenhagen, Johann, 164, 187, 305, 319, 323 sqq., 329.
Burgos, Juan, Card. bp. of, 347.
Burgundy, 85, 87, 367, 370, 681.
Burial Service, 227.
Burning for heresy, 78, 523.

Cabot, John and Sebastian, 545.
Caithness, See of, 688.
Cajetan, Cardinal, 1, 32 sqq., 38, 41, 55, 58 sqq.
Calais, 684.
Calendar, Reform of the, 119 sq., 147 sq., 169, 190, 201 sq., 226, 235, 237, 360, 480, 559, 582.
Calmar, Union of, 151.
Calvin, John: Early life of, 521 sq.; Conversion [1533], 522 sqq.; Party to Cop's address, 522, 524 sqq.; flight to Claix [1533], 522; *Psychopannychia*, 522, 528; Appointment with Servetus, 522; in Paris [1534], 522; to Strassburg, 522; to Basel [1535], 522 sq.; His *Christianae Religionis Institutio* [1536], 522, 524, 532 sqq.; Detained by Farel at Geneva [1536], 522, 524; Lecturer at the Cathedral, 523, 544; Doctrine of the authority of Scripture, 534; of Sin, 534; of Reprobation, 535, 537, 645; of the Sabbath, 535; of the Atonement, 536, 569; of Imputation, 537; of Election, 537 sqq., 644 sq.; of the Church, 539 sq., 570; of the Ministry, 540 sq., 571; of the Sacraments, 542, 569, 606 sqq.; of Baptism, 569, 608 sqq.; of the Lord's Supper, 543, 569, 611 sqq., 627; At the Disputation of Lausanne [1536], 545, 550 sqq.; a Humanist, 545; Appeals to antiquity, 545, 550 sqq.; memorializes the Council at Geneva, 546; Demands weekly Eucharist, 546, 561; discipline, 546, 560 sq., 570 sq., 575; catechetical instruction, 546, 561, 575; all to communicate once a month, 546, 572; Writes *Catechismus Genevensis Prior* [1537], 546 sq., and *Confession de la Foi de Genève* [1537], 547, 568 sqq.; Charged with Arianism, 547, 573 sqq.; Attempts to obtain enforcement of the *Confession*, 547; on Creeds, 574; His *Confessio de Trinitate*, 575; Refuses Communion to Genevese, 579; Is banished, 579 sq.; Lays complaints before Synod of Zürich, 580 sqq.; at Strassburg, 580, 649; Second edition of *Institutes*, 580; Commentary on *Romans*, 580; Replies to Card. Sadoleti, 580, 584 sqq.; At Colloquies of Worms and Ratisbon [1541], 581; urged to return, 586 sq.; Re-enters Geneva 581, 588; Never in Holy Orders but claims the commission of a Prophet, 541, 584, 586; Makes his own terms, 588 sqq.; his *Ordonnances ecclésiastiques de Genève* [1541], 589 sqq.; his *Traicté de la S. Cène*, 589, 603 sq.; his *Catechismus Genevensis*, 589, 604 sqq., 629; his *Formes des prières ecclésiastiques* [1542], 589, 615 sqq.; his views on the Mass, 628; his *Institutes* in Latin, 629; and Castellio, 630, 634 sqq.; and Madame Perrin, 630, 637 sq.; and Gruet, 630, 639 sq.; and Bolsec, 630, 641 sqq.; his *De aeterna Dei praedestinatione*, 631, 643 sqq.; his farewell and death, 631, 649 sq.; saturnine, 640; his relation to St. Augustine, 641; the only international reformer, 651; visits Zürich, 651; influence in France, 661, 679 sqq., in Scotland, 687 sqq.
Calvinism: Not tolerated in the Empire, 363; Extension of, 651 sqq.; in France, 661, 679 sqq.
Cambray: Peace of, 245, 468; Abpric. of, 681.
Campeggio, Card., 133, 137, 141 sqq., 164, 167, 255 sqq., 289 sqq.
Candlemas, 238.
Candles, 426, 443, 624.
Canon: The little, 100, 296; The, 69, 100, 103, 127, 224, 296, 360, 380.
Canonical Scriptures, 355 sqq.
Canonicity, The test of, 104 sq., 634, 668.
Canticles, The book of, 634 sq.
Capito. *See* Köpfli.

INDEX

Cappel: Abbot of, 439; Wars of, 468; First Peace of, 468, 470 sq.; Second, 469, 475 sq.
Caracciolo, 75, 81.
Cardinals, Greed of, 312 sq.
Carlowitz, 306, 319.
Carlstadt, 44, 47 sq., 94 sq., 100, 103 sq., 170.
Carmelites, 164, 443, 695.
Caroli, P., 513, 545, 547, 573 sq.
Carpentras, James bp. of. *See* Sadoleti, Card.
Carthusians, 698.
Casimir of Brandenburg-Ansbach, Margrave, 187.
Castellio, Sebastian, 630, 634 sqq.
Catabaptists. *See* Anabaptists.
Cateau-Cambrésis, Peace of, 648, 679, 681, 684.
Catechisms: Value of, 196 sq., 558, 600, 694 sq.; Luther's *Short*, 187, 205 sqq.; *Greater*, 187; *Genevensis I*, 546 sq.; of Bern, 558; in Geneva, 566; *Genevensis II*, 546, 589, 604 sqq., 629, 635; Heidelberg, 652; Hamilton's, 688, 694; *Westminster Larger* and *Shorter*, 704.
Catharinus, 94.
Catholicism? What is, 290 sq., 584.
Cecil, Sir William, 688, 698 sq.
'Censura morum' the duty of Elders, 615, 628 sq.
Centum gravamina, The, 113 sqq., 139 sq.
Ceremonial: A hindrance to prayer, 436; And Moral, 536.
Ceremonies: A rationale of, 238; The *Interim* on, 359; In Zürich, defence of, 395, 417, attack on, 404; At Geneva, abolition of, 624.
Cervino, Card. Marcello [Marcellus II], 341.
Chalcedon, Council of, 50.
Chalice, Denial of the, 66.
Chambord, Treaty of, 363.
Chambre ardente, 660.
Chandlieu, Antoine, 661, 664.
Chanforans, Synod of, 478, 491.
Chantries, 123, 191, 557.
'Character indelibilis,' 64, 126, 415.

Charismatic ministry, 541, 584, 586, 703.
Charms and spells, 632.
Charles III, Duke of Savoy, 495, 503.
Charles V: Election of, 62, 80; Dominions of, 62; Coronation at Aachen, 79; at Diet of Worms, 79 sqq.; Aleander's impressions of, 79, 81 sq.; Declares his policy, 85; Alliance with Leo X, 80, 86 sq.; Edict of Worms, 87 sqq., 403; Wars with Francis I, 105, 185, 305, 341, 495, 544; Dealings with Clement VII, 141, 322; with Diet [1526] of Speier, 181; Affairs in Italy, 463; with Diet [1529] of Speier, 239 sqq.; Peace with Pope and Francis I, 245; Coronation [1530] at Bologna, 255; with Diet [1530] of Augsburg, 255 sqq.; Dominance of, 468 sq.; Accepts Reformation in Brandenburg, 307; Tries Conferences, 340 sqq.; Victory over Cleves, 351; Peace of Crespy, 351; Abandons Conferences, 352; Without a rival [1547], 358; Victory at Mühlberg, 358; Policy resented in Germany, 362; and by Paul III, 362; by Julius III, 363; by Ferdinand, 363; by Maurice, 363; Flight of, 363; Heir of Burgundy, 370, 403; Absolutism of, 468; Forbids innovations, 548, and Disputation [1536] at Lausanne, 545, 548; Resigns his crowns, 681; Popularity of, 681.
Chasuble, 100, 224, 436.
Châteaubriand, Edict of, 660 sqq.
Chieregato, Francesco, 105 sqq.
Chièvres, Marquis de, 81.
Children admitted to Communion at Geneva, 598, 600, 625.
Chillon, The prisoner of, 495, 503.
Choir Office, 131, 155, 330, 414, 436, 514; Neglect of, 149; Reform of, 197, 226; Retention of, 360; Abolition of, 169, 442, 448.
Chrism, 624 sq.
Chrisom, 424.
'Christian Civic Alliance, The,' 467 sqq., 471, 476.
Christian Prince, Theory of the, 193, 226, 301, 554 sq.
'Christian Union, The,' 468, 470.

Christian II, King of Denmark, 135, 235, 323.
Christian III, King of Denmark, 322.
Christiania. *See* Opslo.
Chrysoloras, Emmanuel, 545.
Chrysostom, St. John, 532.
Chur (Coire): Diocese of, 369; City of, 373, 454; Bishop of, 409, 428.
Church: Doctrine of the—Papal, 31 —Lutheran, 264—Zwinglian, 422, 473—Calvinistic, 533, 539 sqq., 541 sq., 549, 585, 669 sq., 705 sq.; Notes of the, 94, 533, 540, 703, 705; Authority of the, 156 sq., 169; Invisible, 533, 703, 705.
Church and State, Relations of: at Zürich, 455; at Basel, 459; in Bern, 479, 545 sq.; at Neuchâtel, 485; at Grandson and Orbe, 490 sq.; at Geneva, 504 sqq., 547, 577, 588 sqq., 601, 630.
Church-going enforced by law, 442, 450, 556, 559, 602, 633.
Church Orders: Prussia, 186; Brandenburg-Nürnberg, 187; Hesse, 187, 222 sqq.; Brunswick-Lüneburg, 187; City of Brunswick, 187, 230 sqq.; Hamburg, 188; Lübeck, 188; Pomerania, 188, 305; Schleswig-Holstein, 188; Ducal Saxony, 306; Brandenburg, 307; Denmark, 323, 328 sqq.
Church property, Disposal of, 235, 557, 697.
'Churches under the Cross,' 682.
Circumcision, 456, 610 sq.
Citations, 115, 203.
Cities on the side of reform, 352.
Civil Law: its standard of orthodoxy, 291, 694.
Civil life, 266.
Civil power, Rights of the. *See* Magistrate.
Clarorum Virorum Epistolae, 11.
'Classes' or ecclesiastical districts, 546.
Clausen, 454.
Clement VI, Pope, 1, 33 sq.
Clement VII, Pope, 182, 246, 300, 304, 322, 468, 500.
Clergy: Morals of the, 46, 57, 60, 119 sq., 127, 143 sq., 146, 150, 310 sqq., 317, 330, 346, 351, 369, 401, 414, 461, 557, 686, 688, 692 sq.; Maintenance of the—Lutheran, 121, 232—Reformed, 556; Unpopularity of the, 312, 401, 499; Celibacy of the, 330, 361, 422, 460, 550, 557, 693 sqq.; Ignorance of the, 426, 461, 516, 553, 688; Numbers of the, 426, 493, 546, 556.
Coburg, 255.
Cochlaeus, Johann, 167.
Codure, J., 336.
'Coena Domini,' 66 sq., 97, 531, 542 sq., 559, 569, 597.
Coena Domini, The Bull, 73.
Cognac, League of, 181 sq.
Coligny, Admiral, 680.
Colladon, 521 sq.
Collegiate churches, 117.
'Colloque,' 673 sqq.
Colloquia Erasmi, 315.
Colloquies, 546, 592, 602. *See* Prophesyings.
Colloquy: of Hagenau, 341; of Worms, 341, 581; of Ratisbon, 341 sq., 581.
Columbus, Christopher, 545.
Commanderies, The four, 477, 480 sqq.
Commendams, 116 sq., 312.
Communicants necessary for a celebration of the Eucharist, 223.
Communion: Licence to receive, 8 sq.; Neglect of, 208; Once a year, 562; Thrice a year, 562; Quarterly, 444, 556, 576, 597; Monthly, 583, 711; Weekly, 459, 546, 562, 583; Should be frequent, 597; Destroyed by the Mass, 562, 597.
Communism, 458.
Commutation of Vows, 316.
Como, Diocese of, 369.
Company of Jesus, The. *See* Jesuits.
Compiègne, Edict of, 660, 662 sq.
'Concile générale,' 673 sqq.
Concomitance, 357, 362.
Concord: of Württemberg, 305; of Wittenberg, 306, 318 sq.
Confession, 29 sq., 72 sq., 76, 265, 275; as taught by Luther, 216 sq. *See* Auricular Confession.
'Confessionalia,' 4, 23, 30.
Confessions: Augsburg [1530], 259 sqq., 618; *Basiliensis I* [1534],

459; *Tetrapolitana*, 468, 475; *De la Foi de Genève* [1537], 547; *Helvetica I* [1536], 575, 687; *Basiliensis II* [1536], 575; *Scoticana* [1560], 583, 588, 700, 702, 704 sqq.; *Czengerina* [1557], 652, 656 sq.; *Gallicana* [1559], 661, 665 sq., 674, 682; *Belgica* [1561], 682, 685 sq.; *Second Scots* [1578], 704; *Westminster* [1647], 703.
Confessors, to be under bp.'s control, 314.
Confirmation, 415, 452; superstitious, 604.
Confutatio Confessionis Augustanae, 294 sq.
Congregationalism, Polity of, 228 sq., 419.
Conscience: Rights of, 243 sqq., 442, 485, 546, 559, 573, 667; Authority of, 453; Peace of, 586.
Consensus: *Genevensis* [1552], 631, 643 sqq.; *Tigurinus* [1549], 652 sqq.; *Sendomiriensis* [1570], 652, 658 sq.
Consilium de emendanda ecclesia, 305, 307 sqq.
Consistories, 306, 323.
Consistory, The: at Geneva, 601 sq., 629 sqq., 647; in Paris, 664, and France, 673 sqq.
Constance: Council of, 51, 78, 86; Hugo, bp. of, 142, 167, 296, 369, 388, 393 sq., 402, 408 sqq., 416, 428, 441, 461; City of, 164, 301 sq., 319, 463, 467 sq.; Diocese of, 369 sq.; Melchior, Suffragan bp. of, 393.
Constantine, Decadence of the Church since, 545.
Constantinople, Taking of, 545.
Consubstantiation, 67, 656.
Contarini, Cardinal, 318, 335, 341, 345.
Contarini, Gaspar, Venetian ambassador, 89.
Contrition, 23, 28 sq., 30, 72, 76, 205, 265.
Convents of women not to be under men, 314 sq.
Cop, Nicholas, 522, 525, 527.
Cope, 100, 224.
Copenhagen: Recess of, 323, 325 sq.; University of, 323; Castle of, 324.
Cordeliers. *See* Franciscans.

Cordier, M., 521.
Corporal presence, 545, 551 sq., 603, 658.
Cottbus, 165.
Council, A free, 65, 106, 111, 169, 300, 329, 403, 405 sq., 420, 548.
Counter-Reformation, The, 335 sqq., 346 sqq.
Courault, 575 sq., 649.
Covenant or Band, The, 688, 696 sq.
Creed of Pope Pius IV, The. See Professio Fidei Tridentinae.
Crespy, Peace of, 351, 354.
Cromwell, Thomas, 692.
Crotus Rubianus, 11.
Cruciger, Caspar, 319, 352.
Crusades, 9; sham, 58.
Cuius regio eius religio, 363, 481, 546 sq., 576, 660 sq.
'Culpa,' 9, 25, 76.
'Culpa et poena,' 5, 21 sqq., 27, 39, 77.
Cum postquam, The Bull, 39 sq.
Curia, The, 5, 11, 53, 60, 66, 73, 81 sq., 89, 106, 109, 115, 133, 305, 311, 313, 362.
Cyprian, St., 382, 551.
Cyril, St., 668.

D'Ailly, Pierre, Card. of Cambray, 67.
Daily services, 459.
Dalmatic, 225.
Dancing forbidden in Geneva, 558, 583, 637, 640.
Dauphiné, 477, 483, 492.
Dead: Indulgences for the, 3, 8; Prayers for the, 227, 415, 443, 513; State of the, 522, 528; Vigils and Masses for the, 168, 190, 330, 360, 460, 481, 587.
Death of Christ for Original Sin only, 167, 274.
De Captivitate Babylonica Ecclesiae, 66 sqq.
Decretals, 35, 46 sq., 50 sq., 75, 84, 89, 156.
Dedication, Feast of, forbidden, 226.
Depravity of human nature a foundation for political theory, 685.
'Descended into Hell,' 634.
Dessau, 181; Reformation in, 305.
Deventer, 681.
Devil the author of the Mass, the, 597.
Dialogus de potestate Papae, 31.

INDEX

Diets: Worms [1521], 79 sqq.; Nürnberg [1522-3], 105, 418; [1523-4], 133 sqq., 409; Strengnäs [1523], 152; Speier [1526], 181 sqq.; Ansbach [1526-8], 187; Odense [1527], 233 sq.; [1539], 323; Westeräs [1527], 233; Speier [1529], 239 sqq., 468; Treptow [1534], 305; Copenhagen [1536], 323, 325 sqq.; Ratisbon [1541], 341; Bonn [1543], 351; Baden [1513], 365 sqq.; Swiss Federal, 376, 383.
Diocesan Synods, 151.
Disciplinary reform, attempts at, 80, 111.
Discipline, 228 sq., 459, 514, 546, 560 sqq., 582; resented at Geneva, 546 sqq., 559, 563 sqq., 615, 633 sqq.; 673 sqq.; 686.
Discipline ecclésiastique, La, 661, 664 sq., 673 sq.
Discovery in xv-xvi cents., 545.
Dispensations, 113 sq.
Disputations: Leipzig [1519], 45 sqq.; Upsala [1524], 153 sqq.; Zürich [First, 1523], 408, 410 sqq., [Second, 1523], 427 sqq., [Third, 1524], 441; with Anabaptists at Zürich [1525-6], 451, 453; Baden [1526], 458; Bern [1528], 458 sqq.; Geneva [First, 1534], 501, 508 sq., [Second, 1535], 502, 512 sq.; Lausanne [1536], 545, 549 sqq.
Divine Decrees, the, 538 sq.
Divine Service, 487 sq., 513, 694.
Divorce, 168, 235.
Dizenniers, 575 sq., 597.
Doctors, 541, 590, 594 sq.
Dominicans, 13, 31, 38, 55, 94, 164, 388, 443, 465, 501 sq., 505 sq., 513, 515, 695, 698.
Dorne, John, 51.
Dress of ministers, 510.
Ducal Saxony, Reformation in, 306, 319 sq.
Dunblane, See of, 688.
Dundee, 687, 698.
Dunkeld, See of, 688.
Dutch Reformed, The, 681 sqq.

Early and fasting Communion, 228; not necessary, 436 sq.

Eastern Church, the, 49 sqq., 61, 75.
Eastern Europe, Calvinism in, 651, 656 sqq.
'Ecclesia Romana,' 31 sq., 39, 43 sq., 46 sq., 51, 53.
Ecclesiastical polity of Geneva, The, 590 sqq.
'Ecclesiastical Reservation,' The, 363.
Eck, Johann, 44 sqq., 46 sqq., 52, 74, 167, 255 sq., 296, 341 sq., 345, 458 sq., 509.
Edinburgh, 697 sq.; Synods of, 688, 693 sq.; Treaty of, 688, 699 sq., Parliament of, 700.
Education, Zeal of the Reformers for, 205, 230, 237, 315, 328, 426 sq., 441, 449, 478, 501, 519, 546, 558, 561, 566, 590, 594, 600, 649 sq., 676 sq.
Edward VI, 687; *Second Prayer-Book* of, 687, 691 sq.
Églises: dressées, 664, 674 sqq., plantées, 664.
Églises Réformées de France, Organization of, 673 sq.
Églises Réformées Wallonnes et Flamandes, 681.
Eichstädt, Gabriel bp. of, 44.
Eidgenossen, 495 sq. *See* Huguenots.
Eimbeck, 302.
Einsiedeln, 374 sq., 381, 441.
Elders, 541, 590, 595, 600 sq., 615, 628, 664, 670, 676, 703.
Election, Doctrine of, 537 sqq., 641, 644; fatal to Sacraments, 654.
Election of clergy, 121, 175, 228 sq.
Electoral Brandenburg, Reformation in, 306, 320 sqq., 340.
Electoral College, The, 351.
Electoral (Ernestine) Saxony, 20, 186.
Elevation of the Host, 100, 201, 483.
Elizabeth, Duchess of Brunswick-Calenberg, 306.
Ember-penny, 232.
Emden, Synod of, 682.
Emmanuel Philibert, Duke of Savoy, 684.
Emotions not to be ignored in worship, 560, 566, 583, 598.
Enclosures, 178.
Engelhard, II., 395, 431, 439.

INDEX

England, 12, 680, 684, 687, 698 sq.
Episcopacy in Denmark, Abolition of, 323 sqq.
Episcopal authority: ignored by the Reformers, 306 sq.; impeded by the Papacy, 313 sq.
Episcopal ordination held to be not necessary, 127, 319, 541.
Epistolae Obscurorum Virorum, 11 sqq.
Erasmians, The, 306 sq., 351, 359.
Erasmus: New Testament of, 52 sq.; Relations with Luther, 53 sqq.; Edition of St. Jerome, 53; *Encomium Moriae*, 53; *Enchiridion*, 54; Letter to Leo X, 54 sq.; Letter to Albert of Mainz, 54 sq.; On marriage, 171; Letter to Henry VIII, 172; *De libero arbitrio*, 172 sq.; *Colloquia*, 315; Relations with Zwingli, 375; Letter to Bp. of Basel, 388, 401, 421; On the Reformation in Basel, 459, 466 sq.; Flight of, 466; Influence of, 522.
Eric I, Duke of Brunswick-Calenberg, 181; Eric II, Duke of Brunswick-Calenberg, 306.
Ermeland, Maurice bp. of, 186.
Ernest of Brunswick-Lüneburg, Duke, 181, 187, 289, 299, 301 sq.
Esslingen, 302, 319.
l'Estoile, Pierre de, 521.
Eucharist, Doctrine of the, 92, 97, 247 sqq., 343, 345, 357, 362, 444, 459, 469, 474, 483, 543, 545, 551 sq., 562 sq., 569, 584, 589, 603 sqq., 611 sqq., 655 sq., 672.
Eucharistic Adoration, 344, 362, 483, 570, 656, 658, 662.
Eucharistic Presence, 67, 217, 247 sqq., 264, 305, 318, 357, 459 sq., 474 sq., 483, 529, 545, 551 sq., 563, 655 sqq.
Eucharistic Sacrifice, 68, 93, 97, 256, 296, 343, 357, 459, 553, 562, 655 sq. *See* Mass.
'Evangelical,' 403, 427, 482, 485, 488, 519.
Exactions, 120.
Excommunication, 77, 119, 157, 235, 413, 563 sq., 615, 671, 678.
Exorcisms, 359, 361.
Expectatives, 312.

Exsurge, Domine, the Bull, 62, 74 sqq., 80, 110, 403.
Extempore prayer, 616, 704, 708.
Externals unspiritual, 456, 474, 568.
'Extra ecclesiam nulla salus,' 358, 540.
'Extra usum,' No presence, 190, 318, 344.
Extreme Unction, 357, 443.

Faber, Johann, 167, 375, 408, 417 sqq., 651. *See* Vienna, Johann bp. of.
Faith: Necessary to reception of Sacraments, 33, 36, 69, 71 sq., 204, 543, 607 sqq., 653, 672; And works, 267 sqq.
Fall, The, 342, 534, 538, 703.
Farel, Guillaume: Birth, 477: at Aigle, 477; attempts on Neuchâtel, 477, 483 sqq., 488; on Valangin, 477, 483; Pastor of Morat, 478, 489, 504; Visits Waldenses, 478; first attempt on Geneva, 478, 492 sqq.; Never ordained, 479; Street preaching by, 483; Eucharistic doctrine of, 483; At Grandson, 489; Secures Viret, 492; Claims the commission of a prophet, 492; Has to leave Geneva, 501; Returns, 501; To be silenced, 501, 507; At First Disputation, 509; Procures Second, 502; Carries Reformation in Geneva, 502, 513; His Lenten sermons, 510; Not to preach, 513 sq.; Procures abolition of the Mass, 514; Detains Calvin at Geneva, 522, 544; Prepares Theses of Lausanne, 545; Articles of, 546, 560; With Calvin memorializes Council, 546, 560 sqq.; Challenged by Anabaptists, 547, 572; Charged with Arianism, 547, 573; Banished, 548, 579 sq.; Demands discipline, 574; Refuses to give Communion, 579; At Neuchâtel, 580; At Metz, 580; Death, 580; His party, 581; Threatens Calvin, 581; Calvin's letter to, 589; Work mainly destructive, 649; With Calvin to Zürich, 651.
Farnese, Alexander. *See* Parma, Duke of.

726 INDEX

Farnese, Card., 341, 345.
Fast-days, 148, 169, 190, 202, 226, 330, 361, 387, 412, 480, 505, 550, 557.
Fathers, The, 29, 49 sq., 70, 84, 108, 137, 143, 153, 323, 375, 379, 382, 545, 550 sq., 659, 668, 694.
Feast-days, 190, 201 sq., 237 sq., 412, 480, 550.
Fees, 120, 426.
Felix V, Pope, 494.
Fencing the Tables, 598, 625 sq.
Ferdinand, Archduke of Austria, 135, 181 sq., 244, 353, 358, 363, 468, 470; King of Bohemia and Hungary, 185; King of the Romans, 300.
Ferdinand the Catholic, 246.
Flanders: Heresy in, 345; County of, 681.
Florence, 246.
'Fides aliena,' 71.
Fiesole, Braccio bp. of, 355.
Final perseverance, 539, 645.
Finance, Papal, 5.
First Book of Discipline, The, 542, 703, 707 sq.
First four Councils the standard of orthodoxy, 291, 320, 694.
Fisher, John, bp. of Rochester, 462.
Fontainebleau, Edict of, 680.
Fonts: of stone, 559, 578, 581 sq.; abolished, 577; to be set near pulpit, 597.
Forbidden Degrees, 17, 567.
Force, Use of, 207, 247, 293, 415, 441, 451, 454 sq., 532, 546, 555, 573, 576, 630 sq., 660, 666.
Forest Cantons, 365, 458, 468 sq., 475 sq.
Forest rights, 177.
Forli, Cristofero de, 13.
Forme des prières ecclésiastiques, La, 589, 615 sq., 629.
Formula Missae et Communionis, 127 sqq., 186, 195.
Four Feasts, The, 546, 559, 577 sq.
Fourth Commandment fatal to observance of Holy-Days, 577, 582.
Four times a year, Communion to be given, 444, 556, 567, 576, 583, 597.
France: 12, 363; Ally of protestants, 468; Persecutions in, 630; Reformation in, 659 sqq., 679 sqq.
Francis I, 54, 80, 105, 182, 185, 304 sq., 341, 345, 358, 366, 370, 384, 441 sq., 468, 471, 502, 522, 532, 660.
Francis II, King of France, 680, 687, 699.
Francis of Brunswick-Lüneburg, Duke, 181, 289, 299, 301 sq.
Franciscans, 6, 164, 167, 382 sqq., 388, 402, 502, 505, 510, 512, 562, 695, 698.
Frankenhausen, Battle of, 170.
Frankfurt-am-Main, 165, 239, 301, 305, 319, 391; English congregation at, 704.
Frankfurt-am-Oder, 29.
Frederick, Count (and afterwards Elector) Palatine, 294, 297, 341, 351.
Frederick, Elector of Saxony, 32, 38, 41, 43, 60 sq., 74 sq., 95 sq., 107, 112, 170.
Frederick I, King of Denmark, 233.
Free Cities of the Empire, The, 164, 181, 184, 239, 242 sq., 289, 301 sq., 352, 463.
Freedom of conscience, 234, 573.
Freethinking, 630, 639.
Freewill, 78, 266, 342, 538, 641 sq.
Freiburg-im-Breisgau, 466.
Freiburg (Fribourg), Canton of, 365, 368, 477, 485, 489, 495, 498, 500 sqq., 503, 511.
Freisingen, Philip bp. of, 42.
French party in Zürich, 385 sq.
Friars, 61, 135, 164, 167, 235, 388, 505 sq., 515, 695, 698.
Friesland, Lordship of, 681 sq.
Froben, 51.
Fromment, Antony, 478, 492, 501, 504 sqq., 649.
Froschauer, Christopher, 387, 390 sq.
Fürstenberg, 239, 242.
Fugger, House of, 13.
Funerals, No superstitions at, 599.
Furbiti, Guy, 501, 506 sqq.

Gaillard, 518.
Galatians, Luther's Commentary on, 52 sq.
Galle, Dr., 153 sqq.

INDEX

Galloway, See of, 688.
Game laws, 177.
Gap, 477, 492.
Gattinara, Chancellor of the Empire, 81.
Gebhardt of Mansfeld, Count, 181, 301 sq.
Geisshüsler. *See* Myconius.
Gelderland, Duchy of, 353, 681 sq.
'Gemeinde' or 'Commune', Rights and duties of, 121, 175, 232, 368.
General Assembly, The, 704.
General Council: Authority of a, 34 sq., 40, 45, 50 sq., 78, 108, 169, 343 sqq., 362, 694; Demand for a, 136, 181, 183, 240 sq., 300, 303, 322, 329, 417 sq., 548.
Genesis, Early narratives of, 67.
Geneva: Lake of, 365; Diocese of, 369; City of, 367; Farel's first attempt on, 478; Government of, 494, 595; Factions in, 495, 501; Alliance with Bern and Freiburg, 495 sq., 498; Secures the Vidomnate, 495; At war with Savoy [Oct. 1530], 485, 495; Growing independence of, 495 sq.; Complains of its bishop's tyranny, 499; Indulgences in, 500; Placards against them, 501, 503; Disclaims 'Lutheranism', 501, 504; Falls foul of Bern, 501; Temporises, 501, 505 sq.; Bishop leaves, 501; First disputation [1534] of, 501, 508; Grants church to Reformed, 501, 509; Loses alliance of Freiburg, 502; Attacked by its bishop, 502, 510; Parishes of, 502, 515, 562, 582, 594; Religious Houses of, 502, 515; Second Disputation [1535] of, 502, 512 sqq.; Iconoclasm at, 502; Mass abolished at, 502, 514 sq.; Religious Houses put down at, 502, 516 sq.; Refers itself to Bern, 502, 517 sq.; Occupied by Bern, 503; Citizens swear to the Reformation, 503, 518 sq.; Bern acknowledges independence of, 503, 519, 581; Iconoclasm at, 513 sq.; 'Patriots' at, 514, 581; Farel and Calvin in, 544 sqq.; Restraint of liberty in, 546; Memorandum of ministers of, 546; 560 sqq.; ditto, accepted, 567; *Catechismus Genevensis Prior*, 546; *Confession de Foi de Genève*, 547, 568 sqq.; Anabaptists in, 547, 572 sq.; Refuses to enforce *Confession* by civil penalties, 547, or by excommunication, 547, 576 sq., 583; Popular party in, 547; Votes the Bernese ceremonies, 547, 577 sqq.; Banishes Farel and Calvin, 548, 579 sq.; Defeat of the discipline in, 548; State of, on Calvin's arrival, 561; Reformed a minority in, 565; Ministers of, 575 sq., 583, 589, 636; Swears to the Reformation, 576; Guillermins and Articulants at, 581; Recalls Calvin, 581, 586; Discipline necessary in, 582; Population of, 582, 630; International position of, 587; The Ecclesiastical State in, 588 sqq.; *Les Ordonnances ecclésiastiques*, 588 sqq.; *Le Catéchism de Genève*, 589, 604 sqq., 629; *La Forme des prières*, 589, 615 sqq.; The Puritan State in, 589; Hours of preaching at, 593 sq.; Catechizing at, 594, 600; Excommunication at, 629 sqq., 633, 647 sqq.; The Discipline in, 629 sqq.; The Consistory in, 629 sqq.; Peace [1544] with Bern, 630; Refugees in, 630 sq.; Unites [1557] with Bern, 631; University of, 631, 648; Fear of attack from Savoy, 684.
Geneva, Counts of, 494.
Geneva, Prince-Bishops of: Peter, 495; John Louis, 495; Francis, 495; Philip, 495; John, 495; Pierre de la Baume, 493, 495, 499 sq., 502, 505, 510.
Genevese: Undisciplined, 580 sq., 583, 632; Invited to return to the Church, 580.
George, Duke of Pomerania, 305.
George, Duke of Saxony, 45 sq., 170, 181, 306.
George of Anhalt-Dessau, Prince, 305.
George of Brandenburg-Ansbach, Margrave, 187, 240, 245, 289, 299, 302.

George of Trebizond, 545.
German Mass and Order of Divine Service, The, 186, 193 sqq., 224.
Germany: Indulgences in, 13 sqq.; Intellectual and moral condition of, 58; Anti-papal feeling of, 80, 82, 89 sq., 106 sq.
Gerson, 34, 50.
Ghent, See of, 681.
Gingin, Amedé de, 492, 516.
Glareanus. *See* Loriti.
Glarus: Canton of, 365, 368, 379; Reformed, 459; City of, 369, 375, 377, 380.
Glasgow, Archbishopric of, 688.
Gloria in excelsis, 445.
Glorified body of our Lord, 67.
Gluttony, Penalties for, 557.
Göldli, Heinrich, 369, 373 sq.
Göttingen, 302.
Golden Rose, The, 41.
Good Friday, 444.
Good works, 68, 205, 412, 568 sq.
Goslar, 302.
'Gospel': Lutheran view of the, 321; technical, of the New Learning, 525; of the Reformed Theology, 468, 483, 545, 561, 565.
Gotha, 164, 181.
'Gotteskasten,' 188, 230 sqq.
Grace, Doctrine of, 34, 54, 91 sq., 158 sq.
Grafenried, Nicholas de, 481 sq.
Grandson, 477: Tumults at, 478, 489; Toleration at, 490 sq.
Granvelle, Cardinal, 681, 683.
Granvelle, Nicholas de, Chancellor of the Empire, 297, 341 sq., 345.
Graubünden (Grisons), Confederation of the: 369, 371 sq.; Reformation in the, 459.
Grebel, Conrad, 429, 436 sq., 451 sqq.
Greek, Study of, 375, 426, 449, 462 sq., 521, 545, 649.
Greek Church. *See* Eastern Church.
Greenwich, Treaty of, 687.
Gregory the Great, St., 50, 380.
Grey Friars. *See* Franciscans.
Gröningen, Lordship of, 681 sq.
Gropper, Johann, 341 sq., 351, 353.
Grossmann (Megander), Caspar, 401, 558.

Grueningen, 439.
Gruet, Jacques, 630, 637, 639 sq.
Gruyères, County of, 371.
Grynaeus, Simon, 574.
Guicciardini, 369.
Guillermins, 581, 588, 597.
Guise, House of, 680, 687.
Gustavus Vasa, King of Sweden, 152, 233.

Haarlem, See of, 681.
Hagenau, Conference of, 341.
Hainault, County of, 681.
Halberstadt, 13.
Halle, 95.
Haller, Berchthold, 384, 388, 458 sq., 508, 510 sq.
Hamar, Magnus bp. of, 323, 335.
Hamburg, 188, 302.
Hamilton, Patrick, 686; John. *See* St. Andrews.
Hamilton's Catechism, 688, 694.
Hand or mouth, Communion to be given into, 437.
Hannover, Reformation in, 305.
Hans von Küstrin, Margrave, 306.
Hapsburg, House of, 185, 351, 363, 365.
Hausmann, Nicholas, 305.
Havelberg, Busso bp. of, 307.
Hebrew, Study of, 426, 449, 462 sq., 522, 545, 649.
Hedio, Caspar, 466.
Hedwig, Electress of Brandenburg, 306.
Heidelberg, 90.
Heidelberg Catechism, The, 652, 657 sq., 682.
Heilbronn, 299, 302.
Helding, Michael, 359. *See* Sidon.
Henry, Duke of Mecklenburg-Schwerin, 181.
Henry, Duke of Saxony, 306.
Henry of Brunswick-Wolfenbüttel, Duke, 170, 181.
Henry VIII, 54, 170, 182, 358, 687.
Henry II, King of France, 304, 363, 630, 660, 665, 690.
Henry the Navigator, Prince, 545.
Heresbach, Konrad von, 351.
Heresy: Change in the meaning of, 56; Punishable in France by State Courts, 660 sq.; Death for, 662; To

INDEX

be put down by force, 247, 255 sqq., 646 sq.; Reformation defended against the charge of, 585.
Heriots, 178.
Hermann von Wied, The *Consultation* of, 351. *See* Köln.
Hertogenbosch, See of, 681.
Hesse, Reformation in, 222 sqq.
Hilary, St., 668.
Hoc est corpus meum not to be taken literally, 656.
Hochstraten, Iacobus de, 11 sq.
Hoffmann, Konrad, 369, 441 sq.
Hoffmann, Sebastian, 429.
Hohenzollern, House of, 307.
Holland, County of, 681 sq.
Holum, John bp. of, 323.
Holy days, Reduction of, 235, 237 sq., 481; Inconsistent with Fourth Commandment, 577.
Holy Land, 16.
Holy League, 366.
Holy Oil, 443.
Holy Orders, 225.
Holy Water, 238, 330, 443.
Holy Week, Observance of, 202.
Homberg, Synod of, 185, 222 sqq.
Horgen, 385 sq.
Hospitals for the poor, 427.
Host thrown to the dogs, 485.
Hours of Service, 197, 228, 359, 436, 450, 490, 592 sqq., 694.
Hours, The Canonical. *See* Choir Office.
Hübmaier, Balthasar, 435, 451 sq.
Huguenots, 495, 659 sqq.
Humanism, 51, 54 sq., 90, 462 sq., 477, 660.
Humanists, 170, 374, 381, 477, 522, 545, 660.
Human nature, Doctrine of, 534.
Hungary: 6, 9, 111, 192, 341, 377, 463; Calvinism in, 651 sq., 656 sq.
Hus, Johann, 45, 49 sq., 78, 200.
Hutten, Ulrich von: 11, 56 sqq.; *Vadiscus* or *Trias Romana*, 57; *Inspicientes*, 58 sqq.; Letter to the Elector, 60 sqq.
Hymnody, German, 122, 190, 200.

Iceland: Hierarchy of, 323; Reformation in, 323.
Iconoclasm: In Zürich, 409, 438 sq.; In Basel, 459, 464; At Neuchâtel, 484 sq.; At Grandson, 491; At Geneva, 502, 513 sq.; At Lausanne, 554; In Scotland, 697.
Idolatry, 561, 603, 624, 656, 685, 697 sq., 702.
Ignatius Loyola, St., 335.
Ignorance of clergy and laity, 206, 561, 566, 585, 694.
Images, 104, 227, 238, 358, 360, 409, 427, 429 sqq., 459 sq., 465, 470, 474, 513; Abolition of, in Zürich, 438 sqq.; in the Four Commanderies, 477, 481 sq.; in Valangin, 484; in Geneva, 515, 518, 560; at Lausanne, 550, 554; in Pays de Vaud, 555; in Scotland, 697.
Immersion, 451.
Impanation, 67, 318, 483, 604, 607, 627, 655 sq.
Imperial Chamber, The, 300.
Imperialism, German, 61.
Imposition of hands, 542, 583; Rejected, in Geneva, 592; in Scotland, 703; re-admitted in Scotland, 704.
Imputation, 537, 652.
Individual, according to Reformers, prior to the Church, The, 547.
Indulgences, 113, 330, 358, 375, 378, 381, 414, 500, 503; Source of, 1 sqq., 77; For the dead, 3, 8, 18, 77; 'Per modum suffragii,' 3, 22, 40; 'Summarium' of, 3; Plenary, 3 sq., 9 sq., 19; 'Totiens quotiens,' 4; And papal finance, 5; Specimens of, 7 sqq., 20; Proceedings connected with, 13, 19 sqq.; Doctrine of, 21 sqq., 39 sq., 77; Sale of, 58; To be limited, 316.
Ingoldstadt, University of, 44.
Iniunctum nobis, The Bull, 335.
Innovations forbidden, 548.
Inquisition: The Roman, 346 sq.; Of the Netherlands, 681, 685.
Interim of Augsburg, The, 359 sqq.
Inquisitors, 11, 49 sq.
Inspiration, Doctrine of continuous, 95, 104.
Instructio pro sacerdotibus of Tetzel, 13, 17 sq.

INDEX

Instructio Summaria of Albert of Mainz, 13 sqq.
Instructions to Visitors, Melanchthon's, 187, 202 sqq.
Intention, Doctrine of, 76.
Inventories before pillage, 515.
Invisible church, Reformers' doctrine of the, 533, 549.
Invocation and Intercession of Saints, 162 sq., 224, 270, 322, 330, 343, 345, 358, 379, 387 sq., 402, 412, 459 sq., 472, 513, 568 sq., 584.
Inward and outward, Relation of, 456.
Irenaeus, St., 659.
Irregularity, 17.
Isabella of Portugal, wife of Charles V, 503.
Isabella, Queen of Denmark, 135.
Isagoge, Zwingli's, 440.
Isles, See of the, 688.
Isny, 301 sq.
Italy, 6, 346; Irreligion in, 315.
'Ius divinum,' 50 sq.; Episcopacy has no, 319.

Jacobins. *See* Dominicans.
Jacobus Monasteriensis, 458, 460.
Jäger, Johann, 11.
James of Compostella, St., 15.
James V, King of Scotland, 687, 689 sq., 692 sq.
Jeanne de Jussie, La Sœur, 478.
Jerome, St., 50, 53 sq., 70, 382, 448; on bishop and presbyter, 319.
Jesuits: Founding of, 335 sqq.; Policy of, 346; In Belgium, 682.
Joachim I, Elector of Brandenburg, 181, 306.
Joachim II, Elector of Brandenburg, 306, 320 sqq., 345.
Joachim of Anhalt-Dessau, Prince, 305.
John, Elector of Saxony, 170, 181, 204, 243, 245, 255, 257, 289, 299 sq., 301 sq., 306.
John Frederick, Elector of Saxony, 289, 301 sq., 306, 329, 358, 363.
John of Anhalt-Dessau, Prince, 305.
John of Damascus, 90.
John III, Duke of Jülich-Cleve, 351.
John XXII, Pope, 528.
Jonas, Justus, 99, 255, 319 sq.

Jubilee, 2, 4, 10, 30, 116.
Jud, Leo, 375, 390, 395, 400, 409, 429 sqq., 434 sq., 439, 452.
Jülich-Cleve: Duchy of, 351, 353; Reformation in, 351.
Jüterbog, 20.
Julius II, Pope, 5, 8, 365 sq.
Julius III, Pope, 362.
Jura, The, 371.
Jurisdiction: of Ordinaries, 115, 508; of Pope, 701.
Justice, The divine, 29 sq., 39, 77.
Justification by Faith: 36, 76 sq., 92, 97, 204, 263, 352, 378, 472, 513, 549, 659; Agreement on, 341 sqq.
Justifying grace, 32, 35.

Kadan, Peace of, 305.
Kammin, Agreement of, 305.
Kastenordnung at Leisnig, 121 sqq.
Kempten, 299, 302.
King of the Romans, The, 300.
Kitty's Confession, 692.
Kneeling at Communion, 691.
Knox, John, 592, 687 sqq.
Knox's Liturgy. *See Book of Common Order.*
Köln: 11, 13, 75, 112, 352, 685; Hermann, Abp. of, 350; Council of [1536], 351; University of, 418.
Königsberg, 164, 185.
Köpfli (Capito), Wolfgang, 319, 374, 463 sq.
Kolb, Francis, 459.
Kürschner (Pellicanus), Conrad, 374, 449.
Küssnacht, 439.
Kurmark, Reformation in the, 306 sqq.

Ladislas VI, King of Hungary, 9.
Laity, Priesthood of the, 63, 65, 94, 125.
Lambert, Francis, 187, 388, 402.
Landsknechts, 324 sq., 370.
Laski, John, 682, 703.
Latin, 195, 224, 426, 545.
'Latria', 360.
Laurence, St., 24.
Laurentius Andreae, 152.
Laurentius Petri, 152, 234, 236.
Lausanne: Diocese of, 369, 477;

INDEX

Sebastian Prince-Bishop of, 461, 477; City of, 477, 503, 587, 629, 634; Disputation of, 545, 549 sqq.; Theses of, 545, 549, 554; University of, 546; Synods at, 546, 559, 574 sq., 577 sq., 579; 'Five Scholars' of, 660, 663.
Lay baptism, 227, 568.
Laynez, J., 336.
Learning, The Reformation and, 550 sq.
Leavened bread in use at the Lord's Supper, 559, 577, 581.
Leavened or unleavened bread at the Eucharist, 436 sq.
Lebus, George bp. of, 307.
Leeuwaarden, See of, 681.
Lefèvre d'Étaples (Faber Stapulensis), Jacques, 477, 545, 660.
Lefèvre, P., 336.
Legate, Pomp of a papal, 134.
Leipzig: University of, 45 sqq.; Disputation of, 45 sqq.; Colloquy of, 306, 319.
Leisnig, Ordinance of, 121 sqq., 188.
Le Jay, C., 336.
Lent: Breaking the fast of, 387, 390; Observance of, 395 sq.; Obligation of, 412.
Leo X, Pope, 9 sq., 11 sq., 31 sq., 37 sq., 42 sq., 54, 59, 62, 74, 80, 105, 107, 376, 382, 403.
Liberties of Germany, 80, 363.
Liberty, Christian, 71, 99, 193 sq., 392, 412, 489, 550, 557, 570.
Liberty, The Reformation and, 546, 640, 678.
Licet ab initio, The Bull, 346 sqq.
Liège, Eberhardt bp. of, 81.
Lierre, 323.
Lights, 224, 624.
Limburg, Duchy of, 681.
'Limina Apostolorum,' 15.
Lindau, 301 sq.
Lindsay, Sir David, 692.
Linköping, John Brask bp. of, 152 sq.
Linlithgow, 686, 689.
Liquet omnibus, The Bull, 5 sqq.
Liturgia Sacra of V. Pollanus, 704.
Liturgical changes, The right to make, 153, 169.
Liturgies, Evidence of, 380.

Locality attributed to Christ's glorified Body, 530, 552 sq., 656.
Local presence in the Eucharist, 655, 657.
Loci Communes, Melanchthon's, 90 sqq.
Lock, Mrs. Anna, 691.
Lombard, Peter, 29, 90.
Lord's Supper: as set up in Zürich, 441; contrasted with the Mass, 531, 658, 715.
Lords of the Congregation, The, 688.
Loriti, Heinrich, 379.
Lorraine, Antony Duke of, 366.
Louis II, King of Bohemia, 181, 185.
Louvain, 54, 75; University of, 418.
Lower Germany, Theology of, 468.
Loyola, St. Ignatius, 336.
Ludwig V, Elector Palatine, 302.
Lübeck, 188, 301 sq.
Lüti, Heinrich, 393, 429 sq., 467.
Lund, Torbern Abp. of, 324.
Lupulus. *See* Wölflin.
Luther: Theses of, 20 sqq.; Letter to Albert of Mainz, 21, 27 sq.; Sermon on Indulgence and Grace, 21, 29; *Responsio ad Prieratis Dialogum*, 32; Cited to Rome, 32, 38; Letters [1518], 32; *Resolutiones*, 32, 36; Interview with Cajetan, 33 sqq., 38; Appeal to Leo X, 37; to a General Council, 40, 75; Interview with Miltitz, 41 sq.; Submission to Leo X, 42; *Asterisci*, 44; and Eck, 45; at Disputation of Leipzig, 45 sqq.; Personal appearance [1519] of, 48; Circulation of his works, 51 sq., 89; Commentary on *Galatians*, 52 sq.; Relations with Erasmus, 53 sq.; with Hutten, 56 sq.; *To the Christian Nobility*, 62 sqq.; *De Captivitate Babylonica*, 62, 66 sqq.; *Concerning Christian Liberty*, 32, 74; Letter [6 Sep., 1520] to Leo X, 73 sq.; Theory of Orders, 64; Eucharistic doctrine of, 66 sq.; His doctrine of Baptism, 70 sq.; On Christian liberty, 71; Excommunication of, 74 sq.; Burns Bull, 75; Political importance of, 80;

At Worms, 80, 82 sqq.; To be seized and taken to Rome, 81; Under ban of Empire, 87 sq.; Germany favours, 89; And Melanchthon, 90, 101; In the Wartburg, 94; Reply to Catharinus, 94; to Latomus, 94; On Confession, 94; to the Abp. of Mainz, 94; *De abroganda Missa privata*, 94; *De votis monasticis*, 94; Restores order at Wittenberg, 95, 101 sqq.; Translation of N. T., 95, 104, 189; His test of canonicity, 105; A new Montanus, 108; substitutes weekly for daily Mass, 121; His *De instituendis Ministris*, 124 sqq.; His *Formula Missae et Communionis*, 127 sqq.; And Erasmus, 170 sqq.; And Peasants' War, 170; Marriage of, 170; His *German Mass*, 186, 193 sqq.; His preface to *the Instructions to the Visitors*, 252 sqq.; His *Short Catechism*, 187, 205 sqq.; His *Greater Catechism*, 187; Against the use of force, 207; At Marburg, 245 sqq., 471; At Coburg, 255; Against Concessions, 296; Advice to Henry, Duke of Saxony, 306; Assists Reformation in Denmark, 329; An obstacle to re-union, 341; Death of, 358; Influence of, 522; His opinion of Calvin, 580; Calvin's opinion of, 603.

Lutheranism: legalized in Germany, 363 sq.; in North Germany, 468; odious to Farel, 483.

'Lutheranism,' 346, 480, 484, 501, 504, 522, 526 sq., 660, 662, 686 sq., 689.

Luthériens, 503.

Luxemburg, Duchy of, 681.

Luzern: Canton of, 365, 368, 463, 486; Diet of, 388.

Lyons: Fair of, 367; City of, 371, 660.

Machiavelli, 369.
Madrid, Treaty of, 171, 180.
Magdalen, Electress of Brandenburg, 306.
Magdeburg, 13, 164, 166, 181, 301 sq.

Magister Sacri Palatii, 31, 318.
Magistrate: Authority of the, 266; Rights of the, 413, 475, 550, 571, 577, 602, 672, 685 sq.; Duties of the, 554 sq., 617, 645, 647.
Magyars, 652.
Mainz: Albert Abp. of, 12, 21, 27 sq., 54 sqq., 80, 89, 94 sq., 181, 302, 306; City of, 13, 111, 359, 460; Province of, 369.
Majority of votes decides for or against Reformation, 481, 487, 489 sq.
Mamelukes, The, 495, 511.
Mantua, 305.
Manz, Felix, 451, 453 sq.
Marburg: University of, 230, 686; Colloquy of, 245 sqq., 468; Articles of, 245, 254.
Marcion, 551.
Marcourt, Antony, 522.
Margaret of Austria, 246.
Margaret, Queen of Navarre, 522, 524, 660.
Marignano (Melegnano), Battle of, 369.
Marot, Clement, 566.
Marriage: of Clergy, 234, 271, 316, 320, 322, 345, 361, 387, 400, 408, 413, 460, 557; and Divorce, 235; Laws, 561, 567, 598; Preaching at, 598.
Marx, Thomas, 101.
Mary of Guise, 687 sq., 693.
Mary, Queen of Scots, 684, 687, 689 sqq.
Mass, The: No sacrifice, 68 sqq., 93, 96 sq., 125, 129, 160, 224, 343, 412, 425, 430 sqq., 444, 460, 512 sq., 570: Alterations in, at Wittenberg, 94, 100, 103, 121, 128 sq.; in Hesse, 224; Abuses of, 273, 320, 330, 431, 434, 557; Ceremonies of, 360, 476, 532; Venality of, 431, 437; Abolition of, at Wesel, 352; at Zürich, 409, 427, 431, 438 sq., 440 sq., 470; at Basel, 459, 465, 467; in Bern, 480, 482; at Neuchâtel, 488; in Geneva, 502, 514, 518, 628; in Scotland, 688, 702; Placards against, 522; Idolatrous, 529, 570, 603, 656, 658, 695, 697, 702; Destructive of Communion, 562,

INDEX

570, 658; Penalty for going to, 632; Death the penalty for hearing or saying, 698, 702; Blasphemous, 698; Devilish, 704.
Masses: Private, 94, 97; Satisfactory, 96, 161, 191; Disuse of, 121, 191, 273, 322, 352; Sale of, 431.
Master of the Sentences, The, 29.
Material and the spiritual, Relation of the, 456, 475.
Matrimonial causes taken over by State, 568.
Matrimony, 113, 148, 191, 228, 237, 316, 330, 556 sq.; a sacrament, 357.
Maundy Thursday, 135, 444, 501.
Maurice, Duke of Saxony, 306, 358, 363.
Maximilian I, The Emperor, 32, 62, 246, 367, 370.
Mechlin (Malines): Lordship of, 681; Antony Abp. of. *See* Granvelle, Card.
Mecklenburg-Schwerin: Magnus, Duke of, 306; Reformation in, 306.
Mediating Theology, 468.
Mediator, The One, 460, 472, 513, 549, 569.
Medici: The, 246; Catherine de, 304.
Meilen, 391.
Meissen, Johann bp. of, 306.
Melanchthon, Philip, 56, 90 sqq., 97, 100 sqq., 171, 187, 204, 245, 255, 294, 307, 319 sq., 341 sqq., 351, 471, 631.
Melville, Andrew, 704.
Memmingen, 301 sq., 468.
Mendicant Friars, 55 sq., 78, 99, 114, 235.
Menius, Justus, 319.
'Menses papales,' 57, 373.
Mercenary service, 369, 375, 471. *See* Pensions.
Merit, 22, 24, 39, 68, 158 sq., 191, 195, 224, 330, 460.
Merseburg: Adolphus bp. of, 45; Sigismund bp. of, 306.
Metz, 112, 580; Bpric. of, 363.
Middelburg, See of, 681.
Midwives not to baptize, 568.

Milan: Duchy of, 367 sq., 502; See of, 369.
Miltitz, Karl von, 41 sqq., 62.
Ministry: No priesthood, 94, 125 sq., 155, 415; From below, 126; How constituted, 542, 556, 583, 591, 664, 670, 674, 691; Doctrine of the, 540 sq., 550, 571, 590 sq., 703; Training of the, 449.
Minorities: Rights of, 244 sq., 488 sq., 491; Toleration for, 661.
Minor Orders, 225.
Missionary zeal of sixteenth century, 545.
Mixed Chalice wrong, 437.
Mohacz, Battle of, 181.
Mollis, 379 sq., 466.
Monarchy, Calvinism incompatible with, 699.
Monasteries, Dissolution of, 233, 314, 327, 441, 443, 468, 502, 515 sq., 554, 697.
Monastic life, 159, 279, 314.
Montanus, 108.
Montrose, 687.
Morat: 477, 489; Votes for Reformation, 478.
Mortal sin, 76.
Moray, See of, 688.
Mosellanus, Peter, 45.
Mühlberg, Battle of, 358.
Mühlhausen, 371, 468; Reformation in, 459.
Münster, Anabaptists of, 305.
Münzer, Thomas, 170, 451 sq.
Myconius, F., 19, 164, 319.
Myconius, Oswald, 375, 448, 469.

Namur: County of, 681; See of, 681.
Naples, Kingdom of, 183.
Nantes, Edict of, 661.
Nassau, Reformation in, 305.
Natural body of Christ in heaven, 656.
Naumburg, Julius bp. of, 359.
Necessity of the Sacraments denied, 568.
Netherlands: Reformation in, 659, 681 sqq.; Provinces of, 681; Bishoprics of, 681, 684 sq.
Neuchâtel: Lake of, 365; County of, 477, 483; Jeanne, Countess of,

484, 487 sq.; Recess of, 488 sq.; Farel at, 547, 580.
Neumark, Reformation in the, 306.
Newfoundland, Discovery of, 545.
New Learning, The, 11, 105, 375, 545.
New Testament, Translation of the, 113, 686.
Nicaea: Council of, 46 sq.; Calvin on the Creed of, 574.
Nice, Pacification of, 305.
Ninety-five Theses, Luther's, 20 sqq.
Nobility, Covetousness of the, 233.
Nobles on the side of Reformation, 352.
Non-Communicating attendance, 223 sq.
Nordhausen, 302.
Norway: Hierarchy of, 323; Reformation in, 323, 334.
Novatians, 265.
Noville, 481, 483.
Noyon, 491, 521 sq.
Nuns marry, 408.
Nürnberg, 164 sq., 167 sq., 245, 289, 299, 302, 418; Burggrave of, 13; Diets of, 105 sqq., 133 sqq.; Peace of, 302.
Nusco, Piero Card. Bp. of, 347.

Oaths, No mention of Saints to be made in, 557.
Oberland. *See* Upper Germany.
Obscurantism, 11.
Obsignatory theory of the Sacraments, 92, 542 sq., 606 sqq., 609, 653.
Obwalden, 409, 428 sq.
Odense: Diet and Ordinance [1527] of, 233 sq.; Diet [1539] of, 323; Knud bp. of, 325.
Oecolampadius, 164, 171, 247 sqq., 452, 458 sq., 462 sq., 464 sqq., 469, 483, 603.
Oetenbach, Nuns of, 389, 407.
Officials, Avarice of Bishops', 203, 402.
Olaus Petri, 152, 234.
Oldenburg, House of, 151, 325.
'Old Religion', The, 364, 442; Illiteracy of, 461 sq., 513, 516; Immorality of, 463.
Old Testament, Criticism of the, 630.

Olivétan, Pierre, 491 sqq.
Ollon, 477, 481.
One Kind, Communion in, 66, 160, 330, 362.
'One oblation, once offered,' 434 sqq., 460, 483, 513, 529, 549, 652, 656, 658.
Opslo, See of, 323.
'Opus operatum,' 69, 265, 274.
Orange, Prince of, 682.
Orbe, 477; Toleration at, 490.
Order of Excommunication, The, 703.
Order of Geneva, The. See Book of Common Order.
Orders: Doctrine of, 64, 93, 263, 265; Letters of, 146.
Ordinary, 115, 146, 387.
Ordination: Lutheran view of, 121 sq., 330; Candidates for, 146; Without title, 310; Rites of, in Denmark, 330 sqq.; Indiscriminate, 401; Calvin's view of, 542; Knox's view of, 703, 707.
Ordonnances ecclésiastiques de Genève, 542, 583, 588 sqq., 629, 703.
Örebro, Synod of, 234, 236 sq.
Organs, 225; Abolition of, at Zürich, 441 sq.
Origen, 67.
Original righteousness, 532.
Original Sin, 262 sq., 342, 352, 459, 472, 534, 609, 621, 623, 704 sq.
Orkney, See of, 688.
Orleans, University of, 521 sq., 553.
Ormonts, Les, 477, 481.
Ornaments of the Church, 480, 488.
Orthodoxy, Protestant, 459, 472, 547, 574, 652, 658, 703.
Ortwin Gratius, 11.
Osiander, Andrew, 135, 164, 255, 351.
Otto Heinrich, Elector Palatine, 351.
Otto of Brunswick-Lüneburg, Duke, 181, 301.
Otto, The Emperor, 61.
Outward and inward, Relation of, 456, 474.
Overseers, 232.
Overyssel, Lordship of, 681 sq.
Oxford, Booksellers at, 51.

INDEX

Pack, Otto von, 239.
Paip, that pagan, full of pride, The, 695.
Palatinate, Calvinism in the, 651 sq., 657 sq.
Pall, The, 13, 57, 234.
Pallavicini, 74.
Palm Sunday, Ceremonies of, 135, 190, 202, 238, 443.
Papacy, The: Change in the spirit of, 346; Claims of, 375.
Papal jurisdiction in Scotland abolished, 688, 701.
Papistical religion, 700.
Papists, 659, 680, 715; not Christians, 565, 570.
Paris: University of, 34, 40, 336, 418, 521, 524, 526, 528; Jean bp. of, 527; First Reformed Congregation in, 660, 663 sq.; National Synod in, 660, 664.
Pardons, Papal, 25, 54, 375, 503, 695.
Parents, Ignorance and negligence of, 567.
Parity of ministers, 670, 673.
Parker, Abp., 699.
Parlement of Paris, 522, 526 sqq., 660.
Parma: Margaret, Duchess of, 681; Alexander, Duke of, 682; Ottavio, Duke of, 684.
Parson, 696.
Passau, Convention of, 363.
Passing bell put down, 558.
Pastors, 541, 590 sqq., 670, 703.
'Patriots' in Geneva, 514.
Patronage, Rights of, 115, 236.
Patronal feast forbidden, 226.
Paul III, Pope, 304, 317, 322, 335 sqq., 340, 346 sqq., 355, 362.
Paul IV, Pope, 341, 346.
Paul, St.: Theology of, 53, 92, 99; Missionary policy of, 587; on the Ministry, 591.
Paul's Cross, St., 566.
Pavia, Battle of, 171, 495.
Payerne, 491, 511.
Pein, Johann, 323.
Pelagians, 267.
Pelagius, Pope, 51.
Pellicanus. *See* Kürschner.
Penance, Doctrine of, 21 sqq., 28 sq., 30, 34, 59, 70 sqq., 76, 275 sq.

Penance, in Geneva, 630, 637.
Pensions: On benefices, 116, 120, 310; For mercenary service, 369 sq., 372, 375, 385 sq., 388, 471.
Perpetual Treaty, The, 369 sqq.
Perrin, Ami, 514, 581, 588, 630, 637.
Perrin, Madame, 630, 637 sq.
Persecution, 675, 678 sq., 682, 686 sq., 710. *See* Force.
Perth, 688, 697 sq.
Pfefferkorn, Johann, 11.
Pflug, Julius von, 341, 359. *See* Naumburg, bp. of.
Philip II, King of Spain, 681; character of, 682 sqq.
Philip, Duke of Pommern-Wolgast, 305.
Philip, Landgrave of Hesse, 170, 181, 245, 289, 299, 301, 306 sq., 340, 352, 358, 363, 468, 471.
Philip of Brunswick-Grubenhagen, Duke, 181, 301 sq.
Philippe, J., 581.
Piedmont, 495.
Pilgrimages, 16, 59, 70, 158, 189, 238, 330, 441, 533, 558.
Pirckheimer, Billibald, 369, 466.
Pistorius, 341 sq., 352.
Pius IV, Creed of Pope, 355.
Placards: in Geneva, 501, 503; in Paris, 522.
Plague, 110, 597, 629, 678, 710.
Planitz, Hans von der, 105, 107.
Plato, 342, 382.
Playing-cards, 636.
'Plenitudo potestatis,' 2, 4, 10.
Pluralities, 120, 312.
'Poena,' 2, 5, 8.
'Poena et culpa,' 5, 21 sqq., 27, 77.
Poland, 6, 185; Calvinism in, 651 sq., 658 sq.
Pole, Cardinal, 318, 344 sq., 355.
Polity, Calvin's insistence on Church, 561, 570, 589, 604, 665, 670, 682, 703.
Politics, Preachers not to meddle in, 577, 602.
Pollanus, Valerandus, 704.
Pomerania, 13; Reformation in, 305.
Pomesania, Erhardt bp. of, 186, 193.
Pontanus. *See* Brück.

INDEX

Pontificians, 465, 659.
Poor, Relief of the, 231, 427, 441, 515, 519, 556, 590, 596, 676.
Pope, The: Authority of, 33 sq., 45, 55, 77, 155, 157 sq., 345, 358. 412, 509; Is the Man of Sin, 71; Is Anti-Christ, 565.
'Popery,' 518 sq., 545, 555, 670, 691, 695, 700.
Populace carry Reformation, 465, 467, 487.
Porphyry, 75.
Portuguese navigators, 545.
Postills, 199 sq.
'Potestas gladii,' 330.
Praemonstratensians, 164, 488.
Preachers to be under bp.'s control, 314.
Preaching, 197, 236 sq., 352, 370, 475, 653, 693; The principal part of worship, 98, 155 sq., 412, 426, 557; To be Scriptural, 385, 388, 402, 407 sq., 480, 504, 616; Necessary to the administration of valid Sacraments, 614, 620 sq., 625, 628, 691 sq., 713; to valid Ministry, 691 sq., 703, 707.
Predestination, 535, 537 sqq., 631, 641 sqq.
Preferments, Dealing in, 369.
Premysl, Andrew bp. of, 186, 191 sqq.
Presbyterian polity, 541, 670 sq., 673, 676, 703 sq.
Press, Influence of the, 51 sq, 112, 136, 299, 315, 663, 678, 686.
Prierias, 31 sq., 38, 52, 55.
Priesthood blasphemous, 704.
Priesthood of the laity, The, 125.
Primitive, i.e. Apostolic, Church the standard of Calvin, 546, 625, 628, 664.
Principles of the Reformation, 387, 474.
Prisoners, Visitation of, 599, 676.
Processions, 190.
Professio Fidei Tridentinae, 355.
Prophesyings, 132, 442, 448 sq., 546, 592, 602.
Prophets of Zwickau, The, 100 sqq.
Protest of the minority at Speier, The, 239, 243, 468.
'Protestant,' The term: Origin and meaning of, 239; applied to Calvinists of Scotland, 699 sq.
Protestants, The, 294 sq., 299, 345 sq.
Provincial Synods to be revived, 149.
Provisions, 116.
Pruntrut (Porrentruy), 466.
Prussia, Reformation in Eastern, 185, 192.
Prussia, Western or Polish, 186.
Psalmody, History of metrical, 566.
Psalm-singing to be part of worship, 560, 566, 583, 598, 616, 628, 708, 715.
Pulpit, 447.
Purgatory, 3 sq., 8, 16, 18 sq., 22 sqq., 39, 76, 78, 161 sq., 227 sq., 330, 357, 378, 415, 459 sq., 475, 533.
Puritans, The English, 568.

Quaestors, 38, 41, 43, 146, 316. *See* Stationarii.
Quodcunque ligaveris, &c. (Mt. xvi. 19), 10, 37, 72, 76 sq.

Radicalism at Wittenberg, 94 sqq.
Ratisbon: League of, 134, 141; Colloquy of, 340 sqq., 346, 581.
Real absence, 474, 483.
Real presence. *See* Eucharistic presence.
Receptionism, 318, 543, 561.
Recess of Speier [1526], 185.
Reform admitted to be necessary, 109, 111, 307 sqq.
Reformatio Ecclesiarum Hassiae, 222 sqq.
Reformation: Origin of the, 55; Spread of the, 164 sqq., 184, 242, 257, 304 sqq., 651 sqq.; and morals, 559; Contrast of Lutheran and Zwinglian, 387, 603 sq.
Reformed, 478, 491; Points in dispute between Lutherans and, 483; between Catholic and, 584; Their worship too intellectual, 560, 566, 583, 598.
Reformers: Defence of their proceedings, 270, 533, 580, 584 sq.; Learning of the Swiss, 462 sq., 580, 584 sqq. ; Sensitive about their orthodoxy, 523, 528, 547, 574; Un-

churched their fellow-Christians, 540 sq., 565, 570; Divisions among, 603 sq., 643.
Regeneration, 609, 621, 646, 652, 655, 704.
Regensburg. *See* Ratisbon.
Regimini militantis ecclesiae, The Bull, 335 sq.
Regius Professors at Paris, 522.
Relics, 163, 167, 441, 488.
Religion: Decay of, 206; To be maintained by the State, 554 sq., 645, 685, 710.
'Religious': To be put down, 190, 314, 413, 441, 515 sq.; To be pensioned off, 557.
Renaissance in Italy, The, 315, 545.
Renée, Duchess of Ferrara, 522.
Reprobation, 535, 537 sqq., 641 sqq.
Reservation of the Eucharist, 483.
Reservations, 117, 190, 225, 311, 373 sq.
Reuchlin, Johann, 11 sq., 90, 545.
Re-union, Prospects of, in 1541; 341.
Reutlingen, 289, 299, 301 sq.
Rheims, Abpric. of, 685.
Rhine, The, 365, 459.
Ribe, Iwar bp. of, 324; Olaf, Coadjutor of, 324.
Righteousness, Imputed, 652.
Rigsdag, The, 323.
Rigsrad, The, 323.
Ringing for the dead, 443.
Rites and ceremonies, 265, 277 sqq.
Ritus instituendi ministros (in Denmark), 330 sqq.
Ritus ordinationis Superintendentis (in Denmark), 332 sqq.
Rochester, John Fisher bp. of, 462.
Rodriguez, S., 336.
Roermond, See of, 681.
Roman Church, 662 sq.; Pre-eminence of, 358.
Romanists, 60 sq., 63 sq.
Rome, German ill-feeling towards, 41, 43, 53, 57 sqq., 75.
Rome: Sack of, 185; Neglect and corruption of the Church in, 317.
Roskilde, Joakim bp. of, 324.
Ross, See of, 688.
Roussel, G., 522, 524.
Rural Deans, 145, 149, 151.

Sabbath, 535 sq.
Sacerdotalism, 125, 155.
Sacramentarianism not sacramentalism, 456, 474, 651.
Sacramentaries, 245, 452, 456, 468, 603, 651, 656 sq., 662, 672, 682.
Sacraments: doctrine of, 32, 71, 76, 92, 189, 265, 330, 651, 653, 659, 671 sq.; seven, 62, 66, 189, 357, 476, 556; mere signs, 435, 452, 456, 473 sq., 542 sq., 550, 569, 603, 606 sq.; two only, 93, 189, 556, 569, 608; not necessary, 568; regulations for, at Geneva, 597; profit only the elect, 654; do not confer grace, 655; invalid apart from preaching, 671. *See* Preaching.
Sacrifice said to be abolished, 529.
Sadoleto, Cardinal, 318, 580, 583 sqq.
St. Andrews: James, Abp. of, 686; David, Card. Abp. of, 686 sq.; John, Abp. of, 688, 694.
St. Annaberg, 19.
St. Clare, Nuns of, 502, 516 sq.
Saintes, Church of, 3.
St. Gall: Abbot of, 371, 468; Canton of, 409, 468; Reformation in, 459.
St. Germain, Edict of, 661.
St. Gotthard, The, 371.
St. Julien, Peace of, 495, 500, 511.
St. Maurice, 461.
St. Omer, See of, 681.
St. Peter's, Building of, 5 sq., 12 sq., 20, 24, 26 sq., 58, 113.
St. Quentin, Battle of, 631, 684.
Salerno, Frederick Abp. of, 318.
Salmeron, A., 336.
Salvator noster, The Bull, 3, 33.
Salzburg: Province of, 13; Matthew, Abp. of, 21.
Sam (Salm), Conrad, 164, 468.
Samland, George bp. of, 185, 188 sq., 193.
Samson, Bernhardin, 375, 381 sqq.
Satisfaction, 29 sq., 70, 72, 76, 191, 330, 414, 460, 472, 513, 549, 586.
Saunier, Antoine, 491, 493.
Savoy, 365 sq., 494, 500, 503, 554, 684; Counts of, 494; Dukes of, 477, 485, 494, 503, 511, 554, 684 sq.

Scandinavia, Reformation in, 151 sqq., 233 sqq., 322 sqq.
Schaffhausen: 365, 368, 409, 432, 439, 451, 455, 468, 647; Reformation in, 459.
Schauenberg, Sylvester von, 56.
Schism, Reformers' views on, 528, 533, 540, 585 sq., 669, 674.
Schleswig-Holstein, Duchies of, 151, 233, 323.
Schlettstadt, 375.
Schmalkaldic League, 300 sqq., 306 sqq., 323, 469; Articles, 306.
Schmidt (Fabricius), Erasmus, 393, 400.
Schnepf, Erhard, 305.
Schoolmen, 1, 11, 44, 55 sq., 90 sq., 381.
Schools, 315, 328.
Schwabach: Articles of, 245, 255; Convention of, 245.
Schwäbisch-Hall, 162, 302.
Schwarzerd. *See* Melanchthon.
Schweinfurt, 301.
Schwerin, Magnus bp. of, 306.
Schwyz, Canton of, 365, 368, 375, 388.
Scotists, 382.
Scotland: Reformation in, 542, 659, 686 sqq.; Corruptions of the Church in, 686, 688 sq.
Scripture: Authority of, 32 sq., 668; Infallibility of, 32, 624; Right to interpret, 65, 137; Its own interpreter, 406 sq., 706 sq.; The sole rule of faith, 50, 67, 85, 105, 107, 223, 385, 402, 410, 420, 422, 427 sq., 430, 443 sq., 451, 460, 479 sq., 509, 534, 549, 551, 554; The rule of faith and practice, 103, 159, 223, 387, 391, 408, 410, 513 sq., 549, 561, 566, 568, 577, 582, 589, 604 sq., 624, 664 sq., 714; and Tradition, the Rule of Faith, 355, 418, 462.
Scriptures, Translation of the, 95, 104 sq., 375, 491 sq.
Second Book of Discipline, The, 542, 704.
Second Commandment, 474.
Second Confession of Faith, The, 704.
Serfdom, 176 sq.

Sermon in the services of the Church, Place of the, 490, 709.
Sermons for parish priests, 13, 18.
Sermons, Penalties for non-attendance at, 556, 559, 602, 632 sq.
Servetus, Michael, 522, 631, 646 sq., 669.
Seventeen Provinces, 681. *See* Netherlands.
Seville, Alfonso abp. of, 296.
Sexes separated in Church, 201, 444.
Sforza: Francesco, Duke of Milan, 182, 502; Maximilian, Duke of Milan, 367.
Short Catechism, Luther's, 205.
Sick: Communion of the, 225; Visitation of the, 227, 559, 676.
Sickingen, Franz von, 56.
Sidon, Michael bp. of, 359.
Sigismund, The Emperor, 494.
Sigismund I, King of Poland, 191, 306 sqq., 320.
'Signum' and 'Res', Connexion between, 653, 659.
Simony, 17, 150, 311, 316.
Sion (Sitten): Diocese of, 369, 477; Matthew, bp. of, 52, 367, 375, 381; Philip bp. of, 471, 479.
Sitting at Communion, 444, 713.
Sixtus IV, Pope, 3, 33.
Skalholt, Gisser bp. of, 323.
Skara, Magnus bp. of, 236.
Sleep of the soul, The, 522, 528.
'Sola fides,' 37, 68, 77, 92.
Soleure (Solothurn), 365, 368, 485.
Solyman (Suleiman) the Magnificent, 181, 302.
Sorbonne, The, 52, 513, 524, 660.
Sorcerers, 150.
Spain, 681 sq.
Spalatin, 41, 57, 319.
Spandau, 307.
Spanish discoveries in the New World, 545.
Speier: Bp. of, 11; Diet [1526] of, 181 sqq., 241, 261; ditto [1529], 239 sqq., 468.
Speratus, Paul, 164, 186.
Spiritual and material, Relation of, 456, 474.
Spiritual and temporal, Confusion of, 387, 389, 455, 459, 554 sq., 577.

INDEX

Spiritual presence, 604, 672.
Spiritualty and Temporalty, 63, 293, 413, 428.
Sponsors, 423 sq., 623 sq.
Sprinkling, 454.
State in relation to religion, 301, 554, 577, 645.
State to maintain true Religion, 554 sq., 561.
'Stationarii,' 114, 116. *See* Quaestors.
Staupitz, 32.
Stavanger, See of, 323.
Steinly, Martin, 432.
Stirling, 698.
Stockholm, Massacre of, 152.
Storch, Nicholas, 101.
Strassburg, 112, 164, 245, 301 sq., 319, 374, 463, 466, 468, 522, 544, 577, 579 sq., 587 sq.
Street-preaching, 483, 501.
Strengnäs: Bpric. of, 151; Diet of, 152; Magnus, bp. of, 236.
Study enjoined on clergy, 150.
Stübner, Mark, 101.
'Subject districts' of Switzerland: 369, 470, 477; Reformation in the, 459.
Subjects, No toleration for, 481.
'Summarium' or prospectus of Indulgences, 3.
Superintendents, 186, 306 sq., 323 sqq., 682, 703.
Superstition, 316, 352, 360, 443, 448, 585, 599, 604, 624, 663, 697.
Supralapsarianism, 538 sq.
Surplice, 224, 513.
Swabia, 164, 170.
Sweden: Hierarchy of, 151; Reformation in, 151 sqq., 233 sqq.
Swedish Orders, Question of, 152, 234.
Swiss: Confederation, 365 sqq., 475 sq.; Constitution, 369, 371 sqq.; Defeated at Bicocca, 388; Military reputation of the, 369 sq.
Switzerland: Indulgences in, 13; Geography of, 365 sqq.; German, 374 sqq., 651 sqq.; French, 477 sqq., 651 sqq.; Hierarchy of, 369.
'Synode Provinciale,' 674 sqq.

Table: Contrasted with Altar, 227; To be placed near pulpit, 598.

Tarantaise, Province of, 369.
Tast, Hermann, 233.
Tausen, Hans, 233.
Teramo, Bishops of: Francesco Chieregato, 105; Bartolommeo, 347.
Terminarii, 114.
Territorialism, 181, 363.
Tertullian, 545, 551.
'Testament' a non-sacrificial term, 68, 434 sq.
Testators' wishes to be respected, 316 sq.
Tetzel, Johann, 13 sqq.; Disputations of, 29 sqq.; Disavowed, 41 sq.
Teutonic Order, 185, 190 sqq., 439.
Theatines, The, 346.
Theodore of Gaza, 545.
Theological agreement the basis of political co-operation, 468.
'Thesaurus ecclesiae,' 1 sq., 4, 8, 24, 34, 36, 40, 77.
Theses Bernenses, 459 sq.
Thomas Aquinas, St., 1, 29, 32, 55, 67, 93, 342, 388, 402.
Thurgau, 439; Reformation in, 459.
Thuringia, 170, 204.
Timothy of Lucca, 7 sq.
Tithe, 175, 190, 328, 415, 426.
Toggenburg, County of the, 371, 374; Reformed, 459.
Toleration, 363, 470 sq., 476, 478, 481, 490 sq., 661.
Tonsure, 330.
Torgau: League of, 181, 186; Articles of, 255.
Total depravity, 534, 619, 703.
Toul, Bpric. of, 363.
Tournai, See of, 681.
Tradition of equal authority with Scripture, 355.
Traditions, Human, repudiated, 460, 570, 585.
'Translatio Imperii,' 75.
Transubstantiation, 67, 343 sqq., 357, 530, 603, 656.
Trent: Council of, 141, 354 sqq., 363, 704; Christopher Madruzzi, Card. bp. of, 683.
Trier, 13; Richard, Abp. of, 42; Abpric. of, 685.

INDEX

Trondhjem, Olaf, abp. of, 323, 334.
Truchsess, Georg, 297.
Tübingen, 90.
Tu es Petrus, &c., 5, 12.
Tunis, 305.
Turin, 503.
Turks, The, 9 sq., 53, 58, 60 sq., 78, 107, 111, 113, 181, 185, 205, 245, 258, 302, 341, 354, 377, 506, 689.
Tuy, Ludovico bp. of, 81.
Twelve Articles of the Peasants, The, 170, 174 sqq.
Tyndale, William, 686.
Tyranny of existing régime, 500.

Ulm, 164, 245, 301 sq., 319, 468, 471.
Ulrich, Duke of Württemberg, 305.
Unchurching: Of fellow-Christians by Reformers, 540 sq., 565, 570, 618, 691, 703; Of Reformers by Anabaptists, 457, 573.
Unction: at Baptism, 227; at Confirmation, 238.
Uniformity wanted for unity, 547, 582.
Unigenitus Dei Filius, The Bull, 1 sqq., 33.
Union of Calmar, 151.
United Netherlands, The, 682.
Unity: Reformation fatal to, of Germany, 105, 363 sq., 459, of Switzerland, 459; Reformers' doctrine of, 528, 586; of belief, made the basis of civil unity, 547, 576.
Universities to be judges in controversies of faith, 418.
Unleavened bread, 444, 559, 577 sq., 581.
Unterwalden, Canton of, 365, 368.
Upper Germany, Theology of, 468.
Upsala: Province of, 13, 151; Disputation of, 152 sqq.; Gustavus, Abp. of, 151; John, Abp. of, 152; Laurentius, Abp. of, 152, 234.
Urbanus Regius, 164, 319.
Uri, Canton of, 365, 368.
Usury, 17.
Utraquists, 122.
Utrecht: Abpric. of, 681; Lordship of, 681 sq.

Vadianus (Watt), Joachim, 376, 381, 431, 434, 439, 455 sq.
Vaison, Hieronymus, bp. of, 246.
Valangin: Signory of, 477, 484; Countess of, 484.
Vallais (Wallis), The, 369, 371, 475.
Vasco da Gama, 545.
Vaud, Pays de, 477, 495, 500, 544, 547, 554.
Vehicle of the Spirit not required, 474.
Venerable Company, The, 590.
Venetian ambassadors, Reports of, 661, 679 sq.
Venial sin, 76, 78.
Venice, 182, 366, 368, 468.
Venlo, Treaty of, 351.
Verdun, Bpric. of, 363.
Veroli, Ennius bishop of, 415.
Vernacular, Services in the, 168, 188, 190, 198, 224, 409, 435, 624, 694.
Verona, John bishop of, 318.
Vestments, The Eucharistic, 100, 131, 199, 224, 330, 360, 436, 448, 557.
Viborg, George bp. of, 325.
Vicenza, 305.
Vidomne, 494 sqq., 511, 521.
Vienna: John Faber, bp. of, 167, 651; Siege of, 245; University of, 374; Anabaptists at, 435.
Vienne, Province, 369.
Vierwaldstättersee, The, 363.
Vicar, 696.
Viret, Pierre, 492, 502, 514, 542, 544 sq., 550, 572, 584, 587, 589, 629, 633 sq., 637.
Virtualism, 603, 672.
Visitation of: Electoral Saxony, 203; Ducal, 306; Brandenburg, 307.
Votive masses, 98 sq.
Vows, 16, 70 sq., 94, 99, 279 sq., 413.
Vulgate, The, 448.

Wafers superstitious, 437.
Waldenses, 195, 478, 491 sq.
Walensee, The, 374.
Waldshut, 170, 435, 451, 455.
Walloons, 682.

INDEX

Wars of Religion in France, The, 661.
Wartburg, 94.
Weekly Communion, 459, 561.
Weissenburg, 299, 302.
Werly, Peter, 501, 503, 639.
Wesen (Weesen), 374.
Westeräs: See of, 151; Peter bp. of, 152, 236; Diet and ordinance of, 233 sq.
Westminster: Confession, 703; *Directory*, 704; *Catechisms*, 704.
Whitewash, 467.
Wicked, Participation by the, 318 sq.
Wildhaus, 374.
William V, Duke of Jülich-Cleve. 351.
Wimpina, Conrad, 29.
Windsheim, 299, 302.
Winterthur, 429.
Winzet, Ninian, 686, 688 sq.
Wishart, George, 686 sq.
Wittenberg, 20, 37, 56, 74 sq., 89 sq., 94 sqq., 99, 103, 307; Concord of, 318.
Witzel, George, 307, 322.
Wölflin (Lupulus), Heinrich, 374.
Wolfgang, Prince of Anhalt-Köthen, 181, 289, 299, 301 sq.
Wolmar, Melchior, 521.
Women not to baptize, 568.
Works, 29, 68 sqq., 73, 77, 92, 97, 191, 195, 267 sqq., 352, 414, 513, 568.
Worms: Diet of, 79 sqq.; Edict of, 80, 87 sqq., 108, 110, 139, 181, 184, 241 sq.; Colloquy of, 341, 581.
Worship: Formularies of Lutheran, 127 sqq., 193 sqq.; Zwinglian, 423 sq., 443 sqq.; Calvinistic, 615 sqq.; Scots, 711 sqq.; Neglect of, 148, 450.
Württemberg, Reformation in, 305.
Wycliffe, 49, 66.
Wyttenbach, Thomas, 374.
Wyttikon, 454.

Xavier, St. Francis, 336.

Ypres, See of, 681.

Zeeland, County of, 681.
Zeno, Francesco, 5 sqq.

Zerbst, 20.
Zollikon, 451, 454.
Zürich, 365, 368 sq., 375; Plague at, 384; Biblical preaching at, 384; Gives up French alliance, 384, 386; Gives up mercenary system, 384; Isolation of, 384, 386; Government of, 385; Beginning of Reformation in, 387 sqq.; Principle of Reformation in, 387, 389 sqq.; Powers of the Two Hundred at, 389 sq., 394; Street fighting at, 391; Burgomaster and Council on keeping Lent [1522], 398; Bishop forbids innovations at [1522], 402; First Disputation [1523] of, 408, 410 sqq.; Council requires Scriptural preaching, 408, 422 sq.; Clergy and nuns marry, 408; Revolutionary party in, 408; Baptism in the vernacular at, 409; Reform of the Great Minster at, 409, 425 sq.; Second Disputation [1523] of, 409, 427 sqq., 450; Breach with the Bishop, 409; Abolition of Images and the Mass at, 409, 438; Council sends its preachers into the territories of, 439; Anabaptists at, 429, 439, 450 sqq.; Iconoclasts at, 430 sq.; Third Disputation [1524] of, 441; Reformation completed [1523-4] at, 441 sqq.; Abolition of organs and relics at, 441; Lord's Supper as set up at, 441, 443 sq.; Divine Service put down at, 442; Prophesyings at, 442; Council enforces church-going at, 450; Energy of, 463; Inaugurates the Christian Civic Alliance, 467; As 'Protector' of St. Gall, 468; Defeated at Cappel, 469; Bullinger 'antistes' at, 469; Repudiates Genevan doctrine of Reprobation, 643; Advises death of Servetus, 647; Calvin at, 651; *Consensus Tigurinus*, 652; Influence of, in Scotland, 687.
Zütphen, County of, 353, 681.
Zug, Canton of, 365, 368.
Zurzach, Horsefair at, 375.
Zwickau, Prophets of, 95, 100 sqq., 105.

742 INDEX

Zwilling, Gabriel, 94.
Zwingli, Bartholomew, 374, 377.
Zwingli, Huldreich, 171, 187, 245, 301, 369; Birth of, 374; At school, 374; At the University, 374; Debt to Wyttenbach, 375; Parish priest of Glarus, 375; In Italian wars, 375; Enthusiasm for Erasmus, 375, 378 sqq.; Makes liturgical discoveries, 375, 380; Leut-priest at Einsiedeln, 375; Papal chaplain, 375; Leut-priest at Zürich, 375; No Lutheran, 375; Ill of the plague, 384; Opposition to, 384; Renounces his papal pension, 384; Canon of Zürich, 384; Preaching of, 384, 391; *Subsidium de Eucharistia* [1525], 387; On fasting, 387; On celibacy of clergy, 387; On Intercession of Saints, 387 sq.; Debate with Lambert, 388, 402; *De delectu et libero ciborum esu*, 388, 392 sq.; *Archeteles*, 389, 403 sqq.; *De claritate Verbi Dei*, 389; Resigns and is reappointed, 389 sq., 407; Replies to his Bishop [1522], 396 sqq.; Petitions for marriage of clergy [1522], 400; Despairs of reform by bps. and Councils, 405 sq.; His *Sixty-seven Articles* [1523], 408, 411 sqq.; His *Explanation*, 408, 452; His *De canone Missae Epicheiresis*, 409, 424; Attacks the Mass, 409, 431 sqq.; His *Short Christian Introduction*, 409, 440; Desires the gradual reformation of abuses, 415; Letter from Adrian VI to, 416; On episcopacy, 420; His *Christian Answer*, 441; His *De vera et falsa Religione*, 443; His *Fidei Christianae Expositio*, 442, 444 sqq., 474; *On Baptism*, 451, 456 sq.; His *Refutation of the tricks of the Catabaptists*, 451, 457; Denies the principle of Sacraments, 456, 542, 603, 651; Urges Bern to war, 468, 470; At Conference of Marburg, 245 sqq., 468; Treats with Philip of Hesse, 468, 471 sq.; On First Peace of Cappel, 468, 471; His *Fidei Ratio*, 468; Repudiates the mediating theology of Butzer, 469; Anxious for war, 469; His doctrine of the Church, 473; of the Sacraments, 473, 542, 651; of the Eucharist, 474, 603, 651; of the Ministry, 475; Calvin's opinion of, 542, 603, 651; Luther's opinion of, 603; on Predestination, 642.
Zwingli, James, 374.

POSTSCRIPT.

Since these pages were in type, the history of the Church in Sweden (Nos. XXVI and XXXI) and of the maintenance of the episcopal succession there (p. 152, *n.* 1) has received fresh treatment in J. Wordsworth, *The National Church of Sweden*, cap. v (Mowbray, 1911), G. M. Williams, *The Church of Sweden and the Anglican Communion* (Mowbray, 1911) and *The Church of England and the Church of Sweden: Report of the Commission appointed by the Archbishop of Canterbury in pursuance of Resolution 74 of the Lambeth Conference of 1908* (Mowbray, 1911); while the texts, or the originals, of the following documents have been rendered more accessible :—

Nos. 1, 2, 6, 7, 8, 11, 12, 13, 19 in W. Köhler, *Dokumente zum Ablassstreit von 1517* (Leipzig, 1902).

No. 5, in F. G. Stokes, *Epistolae Obscurorum Virorum : the Latin text with an English rendering and an historical introduction* (Chatto & Windus, 1909).

No. 27, in Otto Seitz, *Der authentische Text der Leipziger Disputation* (Berlin, 1903).

No. 64, in *Die Wittenberger und Leisniger Kastenordnung* (No. 21 of Lietzmann's *Kleine Texte für Theologische Vorlesungen*; Bonn, 1907, 6d.).

No. 66, in *Martin Luthers Formula Missae et Communionis* (*Kleine Texte*, No. 36 ; 6d.).

No. 67, in *Martin Luthers Geistliche Lieder* (*Kleine Texte*, Nos. 24, 25, 6d.).

No. 83, in *Urkunden zur Geschichte des Bauernkrieges und der Wiedertaüfer* (*Kleine Texte*, Nos. 50, 51, 8d.).

No. 95, in *Martin Luthers Deutsche Messe* (*Kleine Texte*, No. 37, 4d.).

No. 107 in J. Ney, *Die Appellation und Protestation der Evangelischen Stände auf dem Reichstage zu Speier*, 1529, pp. 50 sq., 58 sq. (Leipzig, 1906).

www.ingramcontent.com/pod-product-compliance
Lightning Source LLC
Chambersburg PA
CBHW071212290426
44108CB00013B/1167